JFK

ECON Sachbuch

Michael R. Beschloss

JFK

Die Kennedy-Jahre
1960 bis 1963
Powergame

Aus dem Amerikanischen von Uta Angerer,
Karin Dufner, Gabriele Gockel, Barbara Steckhan,
Heinz Tophinke

ECON Taschenbuch Verlag

Die Deutsche Bibliothek — CIP-Einheitsaufnahme

Beschloss, Michael R.:
Kennedy: (Powergame); [Die Kennedy-Jahre 1960 bis 1963] /
Michael R. Beschloss. [Aus dem Amerik. übers. von Uta Angerer...].
— Düsseldorf; Wien ECON-Taschenbuch-Verl., 1993
(ETB; 26040: ECON-Sachbuch)
Einheitssacht.: The crisis years <dt.>
ISBN 3-612-26040-5
NE: GT

Lizenzausgabe

ECON Taschenbuch Verlag GmbH, Düsseldorf und Wien
April 1993
Titel des amerikanischen Originals:
The Crisis Years. Kennedy and Khrushchev, 1960 – 1963
© 1991 by Michael R. Beschloss, first published by Edward Burlingame Books
© 1991 für die deutsche Ausgabe by ECON Verlag, Düsseldorf, Wien,
New York und Moskau
Aus dem Amerikanischen übersetzt von Uta Angerer, Karin Dufner,
Gabriele Gockel, Barbara Steckhan, Heinz Tophinke
Umschlagfoto: dpa
Druck und Bindearbeiten: Ebner Ulm
Printed in Germany
ISBN 3-612-26040-5

Inhalt

Vorwort

Ziel dieses Buches ist es, die Beziehungen zwischen John F. Kennedy und Nikita Chruschtschow darzustellen und deren Auswirkungen auf den Kalten Krieg zu untersuchen. Vor allem soll der Frage nachgegangen werden, warum die beiden Staatsmänner, die ihr Amt in der Hoffnung antraten, die sowjetisch-amerikanischen Beziehungen zu entschärfen, statt dessen die Menschheit an den Rand einer atomaren Katastrophe geführt und in das schärfste Wettrüsten seit Menschengedenken verwickelt haben.

In meinem Buch mache ich mir die neuesten wissenschaftlichen Erkenntnisse und Informationen über die Kennedy-Chruschtschow-Ära zunutze. Wie jeder Wissenschaftler stütze ich mich auf die Forschungsergebnisse meiner zahlreichen Vorgänger, und ich möchte ihnen an dieser Stelle meinen Dank aussprechen. In den letzten Jahren sind zahlreiche Dokumente und Aufzeichnungen aus dem Besitz John F. Kennedys und anderen Quellen der Öffentlichkeit zugänglich gemacht worden, die Aufschluß über die amerikanische Politik gegenüber der Sowjetunion wie über die Beziehungen des Präsidenten zu Nikita Chruschtschow geben. Außerdem sind inzwischen Politiker, Militärs und Beamte des Geheimdienstes eher bereit, sich ausführlich zu sensiblen Bereichen ihrer Tätigkeit zu äußern. Einer Arbeitsgruppe der Universität Harvard ist es zu verdanken, daß sowjetische und amerikanische Staatsbeamte und Historiker gemeinsam die Berlin- und die Kubakrise einer erneuten Einschätzung unterzogen haben. In meinem letzten Buch *Mayday: Eisenhower, Krushchev, and the U-2 Affair* habe ich noch über »die geringe Zahl von sowjetischen Quellen« geklagt, „die westlichen Wissenschaftlern zur Verfügung gestellt werden«. Die erst in jüngster Zeit eingetretene neue Offenheit in der sowjetischen Politik hat Hoffnungen geweckt, daß zumindest Historiker bald in gleicher Weise Zugang zu sowjetischen wie zu amerikanischen Quellen haben werden. Dieses Buch stützt sich nicht zuletzt auf Hunderte mündlicher oder schriftlicher Äußerungen von Personen des öffentlichen Lebens in der Sowjetunion, die uns erst seit kurzem zur Verfügung stehen. Deshalb können wir heute auch besser nachvollziehen, wie Entscheidungen in der sowjetischen Politik zustande kommen.

Dennoch habe ich diese Quellen nur mit beträchtlicher Zurückhaltung hinzugezogen, da sie ebenso wie die westlichen nicht frei von Parteilichkeit, ungenauen Erinnerungen und anderen Mängeln sind. Anders als im Westen haben wir nämlich nach wie vor keinen Zugang zu einer Reihe von zeitgenössischen offiziellen Dokumenten der Sowjets, die ein genaueres Urteil über den Wahrheitsgehalt der Äußerungen von Zeitzeugen erlauben würden.

Informationen jedoch sind nicht der einzige wichtige Bestandteil der Geschichtsschreibung. Über wenige Staatsmänner sind innerhalb von drei Jahrzehnten so widersprüchliche Ansichten formuliert worden wie über Chruschtschow und Kennedy. Die Distanz von dreißig Jahren aber erlaubt uns, diese beiden Männer leidenschaftsloser zu betrachten, als es damals möglich gewesen wäre.

Das Ende des Kalten Krieges versetzt uns in die Lage, jene gefährlichen Jahrzehnte unseres Jahrhunderts nicht mehr nur als eine der gegenwärtigen Politik vorausgehende Phase zu sehen, sondern als eine eigene Epoche. Wenn die Historiker in Ost und West die Erinnerungen von Zeitzeugen und andere Quellen, welche uns in zunehmendem Maße zugänglich gemacht werden, ausgewertet haben, wird es Antworten auf viele offene Fragen geben, die beide Seiten beschäftigen. Vielleicht werden wir dann erfahren, wodurch der Kalte Krieg ausgelöst wurde und warum er zu Ende gegangen ist. Außerdem werden wir wahrscheinlich zu Einsichten gelangen, die es uns ermöglichen, eine derart tragische und folgenschwere Auseinandersetzung in Zukunft zu vermeiden.

Michael R. Beschloss
Washington, D. C.
März 1991

Kapitel 1

Fünf Minuten vor zwölf

Am Morgen des 14. Oktober 1962, einem Sonntag, erwachte John Fitzgerald Kennedy im Penn-Sheraton-Hotel in Pittsburgh, wo er die demokratischen Kandidaten im Wahlkampf unterstützen wollte. Zum damaligen Zeitpunkt ahnte er noch nicht, daß dieser Tag der Vorabend einer militärischen Konfrontation zwischen den Vereinigten Staaten und der Sowjetunion war, die vielleicht als die gefährlichste in der gesamten bisherigen Geschichte der Menschheit zu bezeichnen ist.

Der Präsident besuchte die Sonntagsmesse und flog dann nach Niagara Falls, New York, wo er in einen offenen Wagen stieg, um nach Buffalo zu fahren. Nach seiner Rede vor dem Rathaus von Buffalo sollte er am Nachmittag zurück nach Washington fliegen.

Doch dann teilte sein Pressesekretär Pierre Salinger den Reportern mit, daß »der Tagesablauf plötzlich geändert worden« sei: Der Präsident würde am Sonntag abend in New York zwischenlanden, um sich mit Adlai Stevenson, seinem Botschafter bei den Vereinten Nationen, zu beraten.

Stevenson war über das Wochenende auf Besuch bei Freunden in Rhinebeck am Hudson, als er erfuhr, daß der Präsident ihn dringend zu sehen wünsche. Als er um 18.35 Uhr in New York City am Idlewild Airport ankam und Kennedy die Hand schüttelte, um dann sofort in die Präsidentenlimousine zu steigen, trug er noch eine Freizeitjacke aus Tweed und einen Pullover.

Die beiden Männer wurden zum Carlyle-Hotel gefahren, wo der Präsident im 34. Stock eine Maisonette mit antiken französischen Möbeln und einem fabelhaften Blick auf Manhattan gemietet hatte. Nachdem er eine Stunde lang mit Stevenson über Kuba und den Kongo geplaudert hatte, verließ dieser das Hotel. Gegenüber den Reportern äußerte er, es habe sich lediglich um routinemäßige Instruktionen gehandelt.

Den Journalisten entging allerdings, daß der Kongreßabgeordnete Torbert Macdonald, der in Harvard das Zimmer mit Kennedy geteilt hatte, bald danach die Suite des Präsidenten betrat.

Vielleicht hatte der Präsident seine Pläne geändert, um ein paar Stunden allein mit seinem ehemaligen Zimmergenossen zu verbringen, bevor er nach Washington zurückkehrte. Wahrscheinlicher ist allerdings, daß er und Macdonald bei dem gemeinsamen Abendessen in der Suite nicht allein waren: Der Kongreßabgeordnete von Massachusetts gehörte nämlich zu einer kleinen Gruppe von engen Freunden, die immer dabei waren, wenn der Präsident sich mit anderen Frauen als seiner Gattin amüsierte.

Nach drei Stunden verließen Kennedy und Macdonald die Carlyle-Suite und ließen sich zum La Guardia Airport fahren, wo sie die *Air Force One* bestiegen, um nach Washington zu fliegen.

Als das Flugzeug den Luftraum über Washington erreichte, überflog es einen Stützpunkt der Central Intelligence Agency, der sich nur fünf Straßenzüge entfernt vom nächtlich angestrahlten Capitol im oberen Stockwerk eines Autohändlers befand. In den verdunkelten Räumen beugten sich Fachleute über Leuchttische und starrten ungläubig auf Luftaufnahmen, die am Vormittag über Fidel Castros Kuba gemacht worden waren. Ein U-2-Aufklärungsflugzeug hatte zum erstenmal seit fünf Wochen Objekte auf dem westlichen Teil der Insel fotografiert.

Geheimagenten und kubanische Flüchtlinge hatten der CIA berichtet, die Sowjetunion stationiere im westlichen Teil Kubas Raketen, die Atomsprengköpfe auf die Vereinigten Staaten abwerfen könnten. Kennedy hatte die U-2 losgeschickt, um sicherzugehen, daß diese Berichte nicht stimmten.

Nach Ansicht seiner Sowjetunion-Experten hätte Nikita Chruschtschow niemals geduldet, daß Nuklearraketen die Sowjetunion verließen. Daß der Parteichef aber heimlich Atomraketen in ein Gebiet schickte, das so nah bei den Vereinigten Staaten lag, hielten sie für völlig abwegig. Zudem glaubten sie, Chruschtschow hielte Castro für viel zu unberechenbar und launenhaft, als daß er einen derartig leichtsinnigen Schritt unternehmen würde.

Müde vom Wahlkampf und seinem letzten Abend im Carlyle-Hotel kam der Präsident am Montag erst um 11.27 Uhr ins Oval Office, also fast drei Stunden später als gewöhnlich. Er hatte Rückenschmerzen, als er sich an den berühmten Schreibtisch setzte, der aus dem Holz von einem Schiff des englischen Königshauses, der *Resolute*, gemacht war. Auf dem Rasen vor dem Weißen Haus stimmte eine Militärkapelle ihre Instrumente, und die Leute liefen zusammen, um die Landung des Marinehubschraubers von Ahmed Ben Bella, dem Premierminister des erst seit kurzer Zeit unabhängigen Algerien, zu erwarten.

Jeden Morgen setzte Kennedy seine Lesebrille aus Horn auf, die er nie in der Öffentlichkeit trug, und sah eine hochgeheime Akte durch – *The President's Intelligence Checklist*, einen Kurzbericht des Geheimdienstes für den Präsidenten. Bei der Abfassung dieses Papiers richtete sich die CIA nach den besonderen Lesegewohnheiten der jeweiligen Präsidenten. Unter Kennedy war diese Checklist in der ziemlich lässigen Sprache gehalten, die der Präsident und seine engsten Berater untereinander pflegten.

An diesem Morgen hieß es in dem Bericht: »Die Saudis haben es satt, daß ständig ägyptische Flugzeuge ihr Territorium überfliegen. Sie haben indirekte Warnungen an Kairo ausgesprochen, damit aufzuhören ... Aus gutunterrichteten Kreisen in Vientiane wissen wir, daß das Kabinett am Freitag in den Genuß einer flammenden Rede Phoumi Wongwitschits von der Pathet Lao kam.«

Die Leute von der CIA wußten genau, daß sie die Aufmerksamkeit dieses Präsidenten durch pikante Einzelheiten über ausländische Regierende erregen konnten. Kennedy war zum Beispiel ganz fasziniert, als er erfuhr, daß João Goulart, der Präsident Brasiliens, den Liebhaber seiner Frau hatte erschießen lassen. Er erhielt auch ein Protokoll, aus dem hervorging, wie der kriegslüsterne Verteidigungsminister Westdeutschlands, Franz Josef Strauß, »spricht, wenn er betrunken ist«. Ein anderes Mal wurde er über Gerüchte informiert, daß Chruschtschow eine Affäre mit seiner Kulturministerin Jekaterina Furzewa gehabt habe und daß die frechen Moskauer deshalb ein Gebäude in Moskau »*Nikitaskije Worota*« – »Nikitas Tor« – nannten.

Ben Bellas Helikopter landete am Montag mittag. Als der Präsident und sein dunkelhäutiger junger Staatsgast die Ehrengarde abschritten, sahen die fast fünfjährige Caroline Kennedy und ihre Kindergartengruppe von einem Fenster im oberen Stockwerk des Weißen Hauses aus zu. Jedesmal wenn die Kanone einen der 21 Salutschüsse abgab, schrien die Kinder: »Peng!« Der Präsident schaute zu dem Fenster hinauf und konnte sich nur mit Mühe ein Lachen verkneifen.

Charles de Gaulle, der in solchen Dingen äußerst heikel war, wäre entsetzt gewesen. Der Algerier hingegen war entzückt. Nach der Parade führte ihn Kennedy in den Rosengarten, wo seine Frau Jacqueline die Arme schützend um den kleinen John junior legte, weil die Kanonenschüsse ihn in Angst und Schrecken versetzt hatten. Lächelnd zwickte Ben Bella dem Präsidentensohn in die Wange.

In seinem Horst über dem Geschäft des Autohändlers rief ein CIA-Mann: »Schaut euch das hier an!« Seine übermüdeten Kollegen blickten ihm über die Schulter und betrachteten eine vergrößerte Aufnahme von San Cristóbal, das 160 Kilometer westlich von Havanna liegt. Der CIA-Experte deutete auf ein Wirrwarr von Zelten, Selbstfahrlafetten, Raketenträgern, Erektoren und Abschußrampen. »Keiner verläßt den Raum«, befahl sein Vorgesetzter Arthur Lundal. »Möglicherweise haben wir es hier mit der größten Story unseres Jahrhunderts zu tun.«
Als er Ray Cline, den stellvertretenden Direktor der CIA, informierte, sagte dieser: »Der ganze Scheiß wird natürlich eine Menge Staub aufwirbeln, wenn Sie ihm das erzählen.« Und da Cline aufgrund seines Dienstgrades nicht befugt war, Kennedy die schlimme Nachricht persönlich zu übermitteln, rief er McGeorge Bundy, den Sicherheitsberater an, den der Präsident seit 1941 kannte, als sie beide im vorletzten Studienjahr in Harvard gewesen waren.

Bundy und seine Frau Mary gaben gerade ein kleines Dinner für Charles und Avis Bohlen, die kurz vor ihrer Abreise nach Paris standen. Dort wartete eine schwierige Aufgabe auf den erfahrenen Diplomaten und Sowjetunion-Experten: Er sollte als Kennedys Gesandter bei de Gaulle fungieren. Als das Telefon klingelte, ging Bundy an den Apparat im Nebenraum. Cline drückte sich vorsichtig aus: »Das, was wir schon befürchtet haben – es sieht ganz so aus, als ob wir etwas gefunden hätten.«
Bundy fragte: »Sind Sie sicher?« Als Cline bejahte, erwiderte er: »Ich werde mich darum kümmern. Seid ihr bis morgen früh soweit?«
Bundy wußte, daß die Vereinigten Staaten und die Sowjetunion möglicherweise in wenigen Stunden »einem Atomkrieg näher waren als jemals zuvor während des Nuklearzeitalters«. Sein Telefongespräch mit dem Präsidenten konnte sich als verhängnisvoller erweisen als der Anruf bei Franklin Roosevelt nach Pearl Harbor.
Dann dachte er noch einmal nach: Sollte er den Präsidenten wirklich

jetzt schon anrufen? Unter den Gästen, die im Nachbarzimmer redeten und lachten, befanden sich französische Diplomaten und mindestens ein Journalist. Die Anwesenden »wären sicher erstaunt, wenn die Dinnerparty abgebrochen oder ich den Rest des Abends am Telefon verbringen würde. Sie wüßten sofort, daß es nur der Präsident sein kann, mit dem ich spreche, und niemand sonst.« Die höchsten Beamten der US-Regierung waren »über die ganze Stadt verteilt«. Würde sie der Präsident heute abend zusammenrufen, würde bald jeder in dieser Stadt von der geheimen Entdeckung Wind bekommen.

Bundy wußte auch, daß sein Chef nach seinem späten Flug von New York nach Washington sehr müde war. Später sagte er zu Kennedy: »Ich kam zu dem Schluß, daß ein ruhiger Abend und eine durchschlafene Nacht für Sie die beste Vorbereitung auf das waren, was in den nächsten Tagen auf Sie zukommen würde.«

Am 16. Oktober, einem Dienstag, fuhr Bundy um 8.30 Uhr mit dem kleinen Aufzug zu der Privatwohnung des Präsidenten im zweiten Stock des Weißen Hauses hinauf. Er ging durch den breiten Flur, in dem Gemälde von Catlin, Homer, Prendergast und Sargent hingen, und blieb vor der Eichentür zum Schlafgemach des Präsidenten stehen. Als er das Zimmer betrat, saß Kennedy in einem Armsessel. Er trug noch sein Nachthemd und Pantoffeln und frühstückte gerade von einem Tablett.

Bundy berichtete ihm, daß das Schlimmste eingetreten sei. Die erste Reaktion des wütenden Präsidenten war: »Das kann er mir nicht antun!« Aber unmittelbar darauf sagte er mit Nachdruck: »Wie auch immer, die Raketen müssen verschwinden.« Obwohl sie es nicht aussprachen, wußten beide Männer, welche schrecklichen Folgen die Bombardierung der Raketenstützpunkte nach sich ziehen konnte.

Kennedy setzte sich in die dampfende Badewanne, auf deren Rand die gelben Spielzeughunde und rosafarbenen Schweinchen seiner Kinder standen. Während er sich so rasch wie möglich ankleidete, wies er Bundy an, eine dringliche geheime Sitzung im Kabinettszimmer einzuberufen, und spulte die Namen der Männer herunter, die zu dieser Sitzung eingeladen werden sollten. Dann rief er seinen Bruder Robert, den Justizminister der Vereinigten Staaten, an, um ihm mitzuteilen, daß sie vor »großen Problemen« stünden.

Im Justizministerium hatte Robert Kennedy an diesem Morgen einen Termin mit Richard Helms, dem stellvertretenden CIA-Direktor für

Planung. Helms, der Mann mit dem Pokerface, hatte wegen eines kürzlich zum KGB übergelaufenen CIA-Mitarbeiters um ein Gespräch mit dem Justizminister gebeten. Als er das Büro betrat, blieb sein forschender Blick an den Zeichnungen von Kennedys Kindern hängen, die an die mit Mahagoni vertäfelten Wände geheftet waren.

Der schlaksige Kennedy schaute von seinem großen Schreibtisch aus auf. »Dick, stimmt es, daß sie russische Raketen in Kuba entdeckt haben?«

»Ja, Bob, das stimmt.«

»*Scheiße!*«

Helms und Kennedy sprachen über den Überläufer, aber ihre Gedanken kreisten dabei immer wieder um Kuba. Später begaben sich die beiden Männer zu dem alten Executive Office Building gegenüber dem Weißen Haus, wo eine Sitzung mit der Special Group angesetzt war. Diese Organisation hatte der Präsident ins Leben gerufen, um geheime Aktionen gegen die Insel zu überwachen. Nur einige wenige Mitglieder waren über die Raketen auf Kuba aufgeklärt, und Helms und Kennedy wußten, daß es unnötigen Verdacht erregen würde, wenn man das Treffen absagen würde.

Seit dem fehlgeschlagenen Versuch, die Insel im April 1961 von der Schweinebucht aus zurückzuerobern, hatte Helms den Eindruck, daß das Thema Kuba den Präsidenten »zur Weißglut« trieb, wie er es ausdrückte. Da sowohl Castro als auch die Sowjets übermäßige Provokationen vermieden, wagte Kennedy nicht, einer umfassenden militärischen Invasion zuzustimmen, die mehr als 100 000 Menschen das Leben hätte kosten können.

Ein Krieg der USA gegen Castro mußte daher als geheime Aktion geführt werden. Helms erinnerte sich: »Über Bobby hat der Präsident die ganze Zeit den Geheimdienst aufgefordert: ›Tut endlich was! Mein Gott, ihr müßt was unternehmen!‹ Er wollte Castro endlich da weghaben.« Im Januar 1962 hatte Robert Kennedy Helms in sein Büro gerufen und ihm mitgeteilt, das Ziel, Fidel Castro loszuwerden, habe »höchste Priorität für die Politik der US-Regierung. Alles andere ist zweitrangig. Dabei dürfen weder Zeit, Geld noch Mühen eine Rolle spielen.«

Das Ergebnis hiervon war die *Operation Mongoose*, die bald schon zur größten Geheimaktion der CIA wurde. Sie setzte sich aus mindestens 33 verschiedenen Einzelprojekten zusammen, die in der Beseitigung Castros gipfeln sollten. Dazu gehörten paramilitärische Angriffe,

Spionage, das Fälschen von Banknoten und Lebensmittelkarten, die Zerstörung von Ölraffinerien und Zuckerplantagen, die die kubanische Wirtschaft in den Ruin treiben sollte. Die CIA vergiftete kubanische Zuckerplantagen, ließ Bomben in Warenhäusern hochgehen und legte Feuer in Fabriken.

Außerdem hatte Helms zwei Jahre lang mit führenden Mafialeuten wie Sam Giancana aus Chicago zusammengearbeitet – mit dem Ziel, Fidel Castro zu ermorden. Im Oktober 1962 war Helms zu dem Schluß gekommen, daß die Verschwörungen zu nichts führten. Er hatte den Verdacht, daß mindestens eine der im verborgenen arbeitenden Kommandogruppen der Mafia auf Kuba von Castros Armee gefangengenommen und gefoltert worden war. Trotzdem war er der Ansicht, es könne kaum schaden, wenn die Gangster weiterhin versuchen würden, den Diktator umzubringen. Daran würde man sehen, ob die Mafia überhaupt irgendeinen brauchbaren Wert für die geheimdienstliche Arbeit habe.

Während dieser morgendlichen Sitzung der Einsatzgruppe tat Robert Kennedy so, als ob es keine aktuellen Neuigkeiten von der Insel gäbe. Hitziger als sonst beklagte er sich darüber, daß der Auftrag, Castro zu beseitigen, »verpfuscht« worden sei. Die *Operation Mongoose* liefe nun schon ein Jahr ohne Erfolg. Warum man nichts *unternehmen* könne? Der Präsident sei *nicht sehr glücklich*.

Nach der Besprechung ging er in Bundys Arbeitszimmer im Keller des Weißen Hauses, um sich persönlich die Bilder anzusehen, die die U-2 gemacht hatte. Als er sich mit einem Vergrößerungsglas über die Aufnahmen beugte, zischte er: »*Scheiße! Scheiße! Scheiße!*«

Im Oval Office bat der Präsident seinen Vertrauten und Redenschreiber Theodore Sorensen, festzustellen, zu welchen Zeitpunkten und in welcher Form er öffentlich vor der Stationierung sowjetischer Angriffsraketen auf Kuba gewarnt habe.

Die Antwort lautete: Zuwenig und zu spät. Vor Juli 1962 hatte Kennedy die Sowjetunion niemals vor einer Stationierung von Angriffswaffen auf der Insel gewarnt. Und damals mußten die Raketen schon auf dem Weg gewesen sein. Der Präsident hatte Chruschtschow also nicht rechtzeitig gewarnt und ihn somit indirekt ermutigt, sich auf dieses gefährliche Unternehmen einzulassen.

Mitarbeiter des Weißen Hauses, die über die Sache mit den Raketen nicht Bescheid wußten, fragten sich, warum Kennedy an diesem Morgen so gereizt war. Ständig strich er mit der Hand an seinem Kehlkopf entlang, fuhr sich mit dem Zeigefinger über die Lippen, preßte seinen Fuß gegen die Schreibtischschublade und wippte mit dem Knie auf und ab. David Powers, der seit den Kongreßwahlen im Jahre 1946 als Mädchen für alles für den Präsidenten arbeitete, dachte: Gott, er sieht aus, als ob ihm gerade jemand gesagt hätte, das Haus stünde in Flammen.

Salinger vermutete, Kennedy sei verärgert über Ben Bella. Nach dem grandiosen Empfang im Weißen Haus und einem nach Ansicht des Präsidenten freundschaftlich verlaufenen Gespräch im Oval Office hatte Ben Bella Kennedys heimliche Vorurteile bestätigt, die Führer neutraler Staaten seien alle Opportunisten. Ben Bella war nach seinem Besuch in den Vereinigten Staaten direkt nach Havanna geflogen, um Castro zu treffen. Und nun forderten die beiden gemeinsam, daß die Vereinigten Staaten ihren 99 Jahre andauernden Vertrag über den Flottenstützpunkt Guantanamo auf der Insel lösen sollten!

Um 11.50 Uhr ging Kennedy in den Kabinettssaal und setzte sich mit Außenminister Dean Rusk, Verteidigungsminister Robert McNamara und seinen anderen Vasallen um den hufeisenförmigen Tisch. Keiner der Anwesenden wußte, daß der Präsident angeordnet hatte, Mikrophone hinter den Vorhängen zu verstecken und die Besprechung heimlich auf Band aufzunehmen.

Als die Spulen des Gerätes sich zu drehen begannen, bat Kennedy Arthur Lundahl und den CIA-Raketenexperten Sidney Graybeal, den um den Tisch versammelten Laien die Aufnahmen der U-2 zu erklären. Die Aufzeichnung von diesem Gespräch wurde aufbewahrt:

Lundahl: Diese Aufnahmen wurden am Sonntag gemacht, Sir.
Kennedy: Yeah.
Lundahl: Es handelt sich um eine Abschußrampe für Mittelstreckenraketen und zwei neue Militärlager am südlichen Rand der Sierra del Rosario im westlichen Teil Zentralkubas.
Kennedy: Woher wissen Sie, daß es sich um eine Mittelstreckenrakete handelt?
Lundahl: Die Länge, Sir.
Kennedy: Die was? Die Länge?
Lundahl: Die Länge, die sie haben ... Mr. Graybeal, unser Rake-

ten... ähh ...experte, hat Bilder von vergleichbaren sowjetischen Waffen, die durch die Straßen von Moskau gefahren wurden.
Kennedy: Und sind sie schon abschußbereit?
Graybeal: Nein, Sir.
Kennedy: Wie lange haben wir noch? Wahrscheinlich kann man das nicht sagen, oder?
Graybeal: Nein, Sir ...

An diesem Morgen war Foy Kohler, Kennedys neuer Botschafter in der Sowjetunion, zum erstenmal im Kreml offiziell von dem Mann empfangen worden, der sowohl Vorsitzender des Ministerrats als auch Generalsekretär des Zentralkomitees der KPdSU war.

Nikita Sergejewitsch Chruschtschows Gesicht glänzte rötlich. Zusammen mit seiner Frau, seinem Sohn, seinen Töchtern und Enkelkindern hatte er zwei Monate mit Schwimmen, Sonnenbädern und Badminton auf seinem Landsitz in Pizunda am Schwarzen Meer verbracht. Das bedeutete allerdings nicht, daß er in dieser Zeit die Regierungsgeschäfte vernachlässigte. Seit der Zeit Stalins, der Moskau nur selten verlassen hatte, waren die sowjetischen Führer nahezu moralisch verpflichtet, gelegentlich über längere Zeit von der Hauptstadt fernzubleiben – als Zeichen ihres guten Willens, nicht erneut eine Herrschaft im Stalinschen Sinne zu errichten.

Während seines Urlaubs in Pizunda schlenderte Chruschtschow gern an den Stränden entlang und durch die Wälder, um über die – wie er immer wieder behauptete – »strahlende Zukunft« der Sowjetunion nachzudenken. Auch wenn ihm die Augen schon beinahe zufielen, blieb er doch gern bis spät in die Nacht auf und sang mit Freunden und der Familie jene Volkslieder, die er als Kind in seiner ukrainischen Heimat kennengelernt hatte: »Der breite Dnjepr rauscht und tost« und »Schwarze Wimpern, braune Augen«. Der Generalsekretär, der noch mit über dreißig Jahren ein halber Analphabet gewesen war, las nun mindestens einmal im Jahr *Krieg und Frieden*.

Als Chruschtschow Kohler und dessen politischen Berater Richard Davies im Kreml begrüßte, standen hinter ihm Wassili Kusnezow und Michail Smirnowski vom sowjetischen Außenministerium und Viktor Suchodrew, der erstklassige junge Dolmetscher des Parteivorsitzenden. Er ließ die Amerikaner sich gegenüber an dem mit grünem Boi überzogenen Tisch Platz nehmen, so daß ihnen die Sonne in die Augen schien.

Nun beklagte sich Chruschtschow darüber, daß amerikanische Aufklärungsflugzeuge sowjetische Handelsschiffe mit Kurs auf Kuba »behindern« würden. Warum machten sich die Vereinigten Staaten solche Sorgen wegen Kuba? Die sowjetische Regierung hege »keinerlei Absichten, Offensivwaffen dort zu stationieren«. Kohler erwiderte, ein Grund für die Besorgtheit der Amerikaner sei, daß Castro kürzlich verkündet habe, die Sowjetunion baue einen neuen Hafen auf der Insel.

Der Generalsekretär erwiderte: »Nur weil ich einen Fischereihafen in Kuba baue, wollen Sie einen Krieg beginnen. Eigentlich tue ich nichts anderes, als was Sie in der Türkei und im Iran getan haben.« Dann schimpfte er über die Jupiter-Raketen, die die Vereinigten Staaten 1959 in der Türkei entlang der Grenze zur Sowjetunion stationiert hatten. Obwohl er betonte, daß der kubanische Hafen keine militärische Bedeutung habe, räumte er ein, daß Castros Ankündigung Kennedy politisch in Schwierigkeiten gebracht habe: »Wenn ich in Moskau gewesen wäre, wäre das nie passiert.« Nach den Kongreßwahlen im November »sei noch Zeit genug, über all das zu reden«.

Nach dem Gespräch telegrafierte Kohler von der amerikanischen Botschaft aus nach Washington, Chruschtschow sei »charmant« und »äußerst liebenswürdig« gewesen. Da er nichts von den Raketen auf Kuba wußte, berichtete Kohler, das Gespräch sei »sehr beruhigend« verlaufen.

Am Nachmittag betrat der Präsident das Auditorium des Außenministeriums, um vor 500 Leitartiklern und Rundfunkreportern eine außerplanmäßige Pressekonferenz abzuhalten. Mehrere der Anwesenden fragten sich, warum Kennedy so durcheinander und angespannt wirkte.

Er erklärte, das alles überragende Problem der Vereinigten Staaten sei, das »Überleben des Landes« zu sichern, ohne »den dritten und vielleicht letzten Krieg« zu entfachen. Dann las er eine Strophe aus einem Gedicht von Robert Graves vor, die Robert Kennedy immer in seiner Brieftasche bei sich trug:

> Stierkampfkommentatoren ohne Zahl
> bevölkern die riesige Arena.
> Aber nur einer *weiß wirklich*, worum es geht:
> derjenige, der mit dem Stier kämpft.

Nach einer weiteren Kabinettsberatung wegen der Raketen fuhren er und Jacqueline am Abend desselben Tages nach Georgetown zu einem Dinner bei dem Kolumnisten Joseph Alsop und seiner Frau Susan Mary. Wie Alsop sich erinnert, »saß der Präsident am Kopfende des Tisches und war verdammt nahe daran, den Abend zu ruinieren, weil er so tief in Gedanken versunken war«. Zweimal erkundigte sich Kennedy bei zwei anderen Gästen, Chip Bohlen und dem Historiker Isaiah Berlin aus Oxford, wie die Sowjets sich in der Vergangenheit verhalten hätten, wenn sie sich in die Ecke gedrängt fühlten.

Mrs. Alsop war überrascht, daß der Präsident »immer wieder auf ein Thema zu sprechen kam, das nicht besonders wichtig zu sein schien«. Als sie an jenem Abend neben ihrem Mann im Bett lag, meinte sie: »Vielleicht bin ich verrückt, aber ich habe das Gefühl, daß etwas passiert ist.« Und Berlin fragte sich, als er sich an diesem Abend verabschiedete, ob »der Präsident tief in seinem Inneren vielleicht die Vorstellung hegte, daß er nicht lange leben würde ... und daß er sich rasch darum kümmern müsse, Spuren in der Geschichte zu hinterlassen«.

Heiterkeit und Optimismus kennzeichneten den Politiker Kennedy. »Wie eine Menge Flaggen auf einem Schiff«, beschrieb Charles Spalding, ein Freund des Präsidenten aus der Zeit in Harvard, seinen Eindruck. Doch der Historiker William Manchester bemerkte: »Hinter der Fassade verbirgt sich düstere Trauer, obwohl man dies kaum vermutet.« Walt Rostow, der außenpolitische Berater des Präsidenten, äußerte einmal, daß Kennedys »unersättliche Lebenslust« immer gefährdet war durch »das Gefühl, er könnte versagen und damit eine Tragödie auslösen«.

Kennedys Fatalismus war eine rationale Reaktion auf seine Lebenserfahrungen. Als Sohn eines irischstämmigen Vaters mit einer zutiefst pessimistischen Lebenseinstellung verlor er nie aus den Augen, in welchem Maße er seine Karriere dem Zufall verdankte. Hätte sein Vater nicht ein Vermögen angehäuft, hätte sein älterer Bruder Joe den Zweiten Weltkrieg überlebt und wäre in die Politik gegangen, hätte in jedem Wahlbezirk nur ein Wähler mehr für Nixon gestimmt, dann wäre John F. Kennedy niemals Präsident der Vereinigten Staaten geworden.

Das Thema Unfalltod beschäftigte den Präsidenten immer wieder. Sein Freund George Smathers erinnert sich, daß Kennedy ihn wohl

»zwanzigmal oder mehr« gefragt habe, welches die beste Art zu sterben sei: »Wie ist es wohl, wenn man ertrinkt? Würdest du lieber bei einem Flugzeugunglück umkommen? Oder lieber erschossen werden? Ist es besser, einen Schuß in den Kopf zu bekommen oder irgendwo in die Brust, so daß man nicht gleich stirbt? Würdest du dann an das Positive denken, was dir passiert ist, oder eher all das bedauern, was du versäumt hast?«

Manchmal, wenn Kennedy auf seiner Jacht *Honey Fitz* war, die er nach seinem Großvater John Fitzgerald aus Boston benannt hatte, verlor er sich in Grübeleien. Wenn zum Beispiel ein Flugzeug über ihm hinwegflog, fragte er sich, ob er es wohl steuern könnte, falls der Pilot sterben würde. Als er einmal mit Jacqueline und Freunden zur Erholung in Newport war, verfiel er auf einen makabren Scherz und mimte seinen eigenen Tod: Während die Filmkamera eines Freundes lief, faßte er sich plötzlich an die Brust und fiel zu Boden, wobei ihm künstliches Blut aus dem Mund strömte.

In den späten vierziger Jahren war seine geliebte Schwester Kathleen bei einem Flugzeugabsturz ums Leben gekommen, und etwa zur gleichen Zeit hatte er erfahren, daß auch er vielleicht bald an der Addisonschen Krankheit sterben würde. Damals gewann LeMoyne Billings, Kennedys Schulfreund in Cahote, den Eindruck, daß er »einfach davon ausging, es lohne sich nicht mehr, irgend etwas im voraus zu planen. Das einzige, was seiner Ansicht nach noch Sinn hatte, war, für den Augenblick zu leben, so zu tun, als sei jeder Tag der letzte, und ein intensives Leben voller Abenteuer und Vergnügungen zu führen.«

Selbst als er schon Präsident war, blieb dieses Lebensgefühl, daß »morgen schon alles vorbei sein könnte«. Es zeigte sich in seinem promiskuitiven Verhältnis zu Frauen und in einer Gleichgültigkeit gegenüber Gefahren für seine Person. Seine Sicherheitsbeamten beklagten sich häufig darüber, daß er »ein notorisch schlechter Fahrer war, der rote Ampeln mißachtete und zahlreiche unnötige Risiken einging«. Und manchmal entließ er die Leibwächter mit den Worten: »Wer mich kriegen will, der kriegt mich sowieso.«

Gegen Mitternacht verließ Kennedy das Haus der Alsops. Links neben ihm in dem schwarzen Lincoln saß Jacqueline. Der Präsident starrte hinaus auf die fast menschenleeren Straßen Washingtons.
Er sagte oft, Präsident zu sein wäre »der beste Job der Welt, wenn da

nicht diese Russen wären ... Man weiß nie, was diese Bastarde vorhaben.« Am Nachmittag jenes Tages hatte Rusk ihm Kohlers Telegramm aus Moskau mit dem Bericht über seine Unterhaltung mit Chruschtschow übergeben. Kennedys Gesicht rötete sich vor Zorn, als er es las. Keine Offensivwaffen in Kuba? Es bestehe nicht der Wunsch, ihn vor den Wahlen in Schwierigkeiten zu bringen? Wann hatte ein sowjetischer Führer einem amerikanischen Präsidenten jemals so unverschämte Lügen erzählt?

Der Präsident sagte zu seinem Bruder, Chruschtschows Verhalten sei das »eines Verbrechers ohne Moral und nicht das eines Staatsmannes, der Verantwortungsgefühl besitzt«. Später erzählte Robert: »Es waren alles Lügen gewesen. Eine gigantische Lügenfabrik. Wir hatten uns von Chruschtschow täuschen lassen, aber wir hatten auch uns selbst zum Narren gehalten.«

Kennedy war sich klar darüber, was ein thermonuklearer Krieg bedeutete: Flug zum unterirdischen Schutzbunker des Präsidenten in Virginia, der für den Tag des Jüngsten Gerichts gebaut worden war, Tumult und Panik, die todbringenden Wolken über amerikanischen und sowjetischen Städten. Nur wenige Tage hatten genügt, um ein Bild neu aufleben zu lassen, welches Eisenhower 1953 zur Beschreibung des Kalten Krieges benutzt hatte: Die beiden Mächte glichen zwei Kolossen, die sich über einer zitternden Welt gegenseitig in die Augen blicken.

Der Präsident sah sicher auch die Ironie in der Tatsache, daß diese globale Konfrontation durch Zufall und Fehleinschätzung herbeigeführt worden war – zwei gefährliche Faktoren also, gegen die er seit zwei Jahren sowohl in der Öffentlichkeit als auch unter Freunden beständig gepredigt hatte. Im Herbst 1962 las er gerade den Bestsellerkrimi *Fail Safe* von Eugene Burdick und Harvey Wheeler über den ungewollten Abwurf einer amerikanischen Atombombe, der zur Vernichtung der Städte Moskau und New York führt.

An diesem Oktoberabend war es drei Jahre und einen Monat her, daß Kennedy zum erstenmal dem sowjetischen Führer Chruschtschow während dessen Reise durch Amerika begegnet war. Damals war Kennedy frischgebackenes Mitglied im Senatsausschuß für auswärtige Angelegenheiten gewesen, und er kam zu spät – was der Generalsekretär ihm nie vergaß.

Kapitel 2

»Er ist jünger als mein Sohn«

Am Nachmittag des 16. September 1959, einem Mittwoch, stieg dieser frischgebackene Senator von Massachusetts am National Airport in Washington, D. C., aus der achtzehnsitzigen Convair *Caroline*, die seiner Familie gehörte. Nachdem er seinen Fahrer Muggsy O'Leary entdeckt hatte, schlüpfte Kennedy hinter das Lenkrad seines zerbeulten blauen Pontiac mit Schiebedach. O'Leary saß auf dem »Todessitz«, während sein Boß wieder einmal in halsbrecherischem Tempo zum Old Senate Office Building fuhr.

Kennedy hatte seine Reise durch Ohio (wo er den »Puls fühlen« wollte, wie man in seinem Büro sagte) unterbrochen, um im Capitol mit Nikita Chruschtschow sowie führenden Mitgliedern des Senats und des Senatsausschusses für auswärtige Beziehungen zum Nachmittagstee zusammenzutreffen. Mehrere Senatoren hatten es abgelehnt, sich mit dem berühmtesten Kommunisten der Welt an einen Tisch zu setzen.

Chruschtschow war der erste Führer der Sowjetunion, der die Vereinigten Staaten besuchte. Seine einwöchige Reise per Bahn und Flugzeug nach New York, Los Angeles, San Franciso, Des Moines und Pittsburgh sollte laut Plan mit einem privaten Wochenende mit Präsident Eisenhower und den Chefberatern beider Staatsmänner in Camp David enden.

Normalerweise war Kennedy verärgert, wenn er wegen einer wichtigen Abstimmung im Senat oder anderer verpflichtender Angelegenheiten plötzlich nach Washington zurückkehren mußte. Nicht so dieses Mal: Er war ausgesprochen interessiert daran, Chruschtschow persönlich kennenzulernen, und verzichtete gern darauf, in Ohio herumzureisen und Wahlreden zu halten, um diese einmalige Chance nicht zu verpassen.

Die Meinungsumfrage dieser Woche hatte ergeben, daß bei der Kraftprobe der Präsidentschaftskandidaten im Fernsehen Richard Nixon zum erstenmal in diesem Jahr Kennedy überrundet hatte. Der Vorsprung des Vizepräsidenten wurde seiner »Küchendebatte« mit dem Sowjetführer im Juli in Moskau zugeschrieben. Nun konnte er sich als der Mann präsentieren, der Chruschtschow die Stirn geboten hatte. Kennedy wußte, daß seine Anwesenheit bei einem Senatstreffen mit dem Parteiführer nur ein magerer Ersatz im Vergleich zu Nixons Auftritt war, aber so würde er den Wählern wenigstens sagen können, daß auch er bereits mit dem Führer der Sowjetunion gesprochen habe. Außerdem beneidete Kennedy auch den Senator Hubert Humphrey um das Ansehen, zu dem ihm die von den Medien ausführlichst dokumentierten zwölf Stunden verholfen hatten, die er 1958 mit Chruschtschow in Moskau verbracht hatte. Kennedy erwog einen kurzen Augenblick, selbst ein Gespräch mit dem Generalsekretär zu arrangieren, ließ diesen Gedanken aber sofort wieder fallen. Er wollte nicht den Eindruck erwecken, als würde er Humphrey nacheifern.

Anfang 1959 begann der salbungsvolle sowjetische Botschafter Michail Menschikow – der »lächelnde Mike«, wie er in Washington genannt wurde –, sich an diejenigen Senatoren zu wenden, die Aussichten hatten, bei den Präsidentschaftswahlen von 1960 als Kandidaten aufgestellt zu werden. Als Menschikow Kennedy in seinem Büro aufsuchte, »machte der Senator kurzen Prozeß mit ihm«, wie sich sein außenpolitischer Berater Frederick Holborn ausdrückte: »Kennedy widerstrebte es zutiefst, selbst mit den Sowjets zu verhandeln . . . Das Gespräch dauerte nicht lange, und Kennedy war nicht sonderlich daran interessiert, mit ihm über Dinge von größerer Bedeutung zu reden. Ich glaube, er war einfach äußerst argwöhnisch. Er wußte nicht, was Menschikow wollte – ihm gefiel diese Art, Politik zu machen, einfach nicht.«

Ein paar Wochen später lud Menschikow Kennedy schriftlich ein, ein Wochenende auf dem sowjetischen Landsitz an der Ostküste von Maryland zu verbringen. Wie Holborn berichtete, reagierte Kennedy darauf »sarkastisch und verächtlich«: Er hegte eine Abneigung gegen den Botschafter und befürchtete, daß die Sowjets oder die Rechten den Besuch dazu mißbrauchen könnten, ihn »in eine peinliche Situation zu bringen«. Außerdem war er sicher, daß er »sich zu Tode langweilen« würde.

In seinem Senatsbüro, Zimmer 362, sah Kennedy die Gesprächsnotizen zu den eingegangenen Telefonaten durch. Schließlich war es fast fünf Uhr. Die Begegnung mit Chruschtschow sollte jeden Augenblick beginnen. Als man Kennedy darauf aufmerksam machte, er würde zu spät kommen, ging er einfach darüber hinweg, da er unbedingt noch ein paar Anrufe zu politischen Fragen beantworten wollte. Anschließend begab er sich mit Holborn zum Capitol, wo es von Sicherheitskräften wimmelte. Amerikaner und Sowjets mit kreisenden Walkietalkies bewachten die schalldichte Tür zum Raum F-53, dem Sitzungssaal des Senatsausschusses für auswärtige Beziehungen.

Als Kennedy den Saal betrat, sah Chruschtschow auf. Seit fünf Jahren war er der mächtigste Mann im Kreml, und Unpünktlichkeit war ihm fremd. Außerdem registrierte er auch den leisesten Hinweis auf einen Affront seitens der Amerikaner mit großer Aufmerksamkeit. Daher mag er sich durchaus gefragt haben, ob es sich hier um eine gezielte Beleidigung handelte: Wollte der junge Mann mit seinem Verhalten demonstrieren, wie sehr er den mächtigen sozialistischen Staat und dessen Führer verachtete?

Aufgrund der Rangordnung nach Dienstjahren war Kennedy gezwungen zu schweigen, während William J. Fulbright, der Vorsitzende des Senatsausschusses, Lyndon Johnson, Everett Dirksen, Richard Russell, Theodore Green und Carl Hayden Chruschtschow mit Fragen bombardierten. Es ging um Themen wie amerikanische Stützpunkte in Übersee, Raumfahrt, subversive Aktionen seitens der Sowjetunion, Zensur und Störung der Rundfunksender. Kennedy, der nur dasitzen und zuhören konnte, machte sich derweil Notizen: »Tee, Wodka, wenn wir die ganze Zeit Wodka trinken würden, könnten wir keine Raketen zum Mond schießen ... gelbbrauner Anzug – französische Aufschläge –, klein, untersetzt, zwei rote Streifen, zwei Sterne.«

Als die für das Treffen angesetzten neunzig Minuten vorüber waren, stellte Fulbright dem Ehrengast jeden einzelnen Senator vor. Kennedy war sehr beeindruckt, weil Chruschtschow ganz genau zu wissen schien, wer von den Anwesenden großen Einfluß im Senat hatte oder gar als Präsidentschaftskandidat galt und daher besondere Aufmerksamkeit verdiente. Zu Kennedy sagte Chruschtschow, für einen Senator sehe er sehr jung aus: »Ich habe schon viel von Ihnen gehört. Man sagt, daß Sie eine große Zukunft vor sich haben.« Als Kennedy zu seinem Arbeitszimmer zurückging, meinte er zu Mike Mansfield: »Es war sehr wichtig, daß ich Chruschtschow persönlich kennengelernt habe.«

Als Chruschtschow Jahre später seine Memoiren diktierte, sagte er, er sei »von Kennedy sehr beeindruckt gewesen. Ich erinnere mich noch daran, daß mir sein Gesicht gefiel. Manchmal wirkte es etwas streng, aber immer wieder erschien ein gutmütiges Lächeln auf seinen Zügen.« Chruschtschow fragte damals auch den Botschafter Menschikow und dessen Mitarbeiterstab, was sie von Kennedy hielten. Der sowjetische Diplomat Georgi Kornjenko erinnert sich: »Ich zeichnete ein äußerst positives Bild von ihm und sagte, Kennedy sei zwar kein zweiter Roosevelt, aber er sei selbstbewußt und intelligent und man könne sicher damit rechnen, daß ein neuer Anfang gemacht werde, wenn er an die Regierung käme, Chruschtschow hörte mir interessiert zu.«

Ein paar Wochen später erhielt Kennedy eine schriftliche Mitteilung von Fulbright. Ihr lag eine der Tischkarten bei, die Chruschtschow nach jenem Nachmittag für die anwesenden Senatoren signiert hatte. »Lieber Jack«, hieß es darauf, »wenn die Revolution kommt, verhilft Ihnen dieses Schreiben vielleicht zu Ihrer Entlassung aus dem Gefängnis. Möglicherweise hat es auch noch einen anderen Wert für Sie . . .«

Da er noch nicht lange genug Senatsmitglied war, um zu dem Essen eingeladen zu werden, das Chruschtschow an jenem Abend in der sowjetischen Botschaft für Eisenhower gab, flog Kennedy zurück nach Columbus und traf verspätet bei einem Termin mit der Ohio Bankers Association ein. Als er dort über die Begegnung mit dem Parteichef berichtete, meinte er, Chruschtschow habe einen »Minderwertigkeitskomplex«, der in der Art zutage trete, wie er auf die »harmlosesten Fragen« reagiere. »Aber sein Humor zieht sich wie ein roter Faden durch alles hindurch. Er wirkt unverwüstlich . . . Er ist ziemlich klein, und man hat den Eindruck, als ob er es noch lange machen könnte.« Im darauffolgenden Jahr erwähnte Kennedy in jeder Rede, daß Chruschtschow den Senatoren des Ausschusses für auswärtige Beziehungen prophezeit habe, ihre Kinder und Enkel würden unter kommunistischer Herrschaft aufwachsen: »Ich glaube das nicht . . . Ich glaube eher, daß *seine* Kinder *in Freiheit* leben werden. Aber das hängt von uns ab.«

Schon als Jugendlicher verfolgte John F. Kennedy die Außenpolitik der dreißiger Jahre aufmerksamer als die durchschnittlichen Studenten von Choate und Harvard. In dieser Zeit bewegte sich sein Vater in wachsendem Maße auf internationalem Parkett: Er betätigte sich im europäischen Film- und Spirituosengeschäft, verhandelte als Vorsitzender von Franklin Roosevelts Börsenaufsichtsbehörde mit Bankiers, Geschäftsleuten und Beamten der Außenministerien und hatte während seiner verhängnisvollen Zeit als Roosevelts Botschafter am Hofe von St. James mit Neville Chamberlain und Winston Churchill zu tun. Joseph Kennedy glaubte, seine Söhne würden leichter jene gesellschaftliche und politische Stellung erlangen, die er sich für sie wünschte, wenn sie sich schon früh Wissen über die Weltpolitik aneigneten. Daher führte er mit ihnen die berühmt gewordenen Streitgespräche am Familientisch, schickte sie während seiner Tätigkeit in London auf Auslandsreisen und übertrug Joe junior und John verschiedene Aufgaben an der Botschaft.

Im Frühjahr 1934 fuhr der junge Joseph Kennedy, mit einem Tennisschläger bewaffnet, im Zug nach Moskau und Leningrad. Als er zurückkam, war er begeistert vom Leben in der Sowjetunion und forderte seinen Vater zu einer Debatte über Kapitalismus und Kommunismus heraus. Sein Bruder Jack spottete: »Joe scheint ein bißchen mehr Ahnung von der Lage dort zu haben als Dad.«

1936 besuchten Rose Kennedy und ihre älteste Tochter Kathleen das geheimnisvolle Land. Sie wohnten damals bei William Bullitt im Spaso-Haus in Moskau. Roosevelt hatte Bullitt zum Botschafter ernannt, nachdem im November 1933 Stalins Regierung anerkannt worden war. Mrs. Kennedy war entsetzt über den zwangsweise verordneten Atheismus und die sowjetische Geheimpolizei. Hingegen schwärmte sie begeistert von der neuen Moskauer Metro, bei der jede Station »ein Kunstwerk aus Marmor und Mosaiken« sei.[*] Am Ende ihrer Reise räumte sei ein, daß es den Massen »in vielerlei Hinsicht weitaus besser geht als unter dem zaristischen Regime«.

Im Sommer 1937 machte John eine Reise durch Frankreich, Italien und Spanien. In dieser Zeit las er John Gunthers Bestseller *So sehe ich Europa*, in dem sowohl Stalins Säuberungen und Schauprozesse als auch die allmähliche Verbesserung der Lebensverhältnisse in der Sowjetunion beschrieben wurden. Gunthers Schlußfolgerung lautete, daß die Weltrevolution zwar noch immer in Stalins Kopf herumspuke, die sowjetische Außenpolitik aber »in einem einzigen Wort ausgedrückt werden kann: Frieden«.

---

[*] Der Bau der Untergrundbahn war von Chruschtschow überwacht worden, der damals stellvertretender Chef der Moskauer KP war.

In Kennedys Tagebuch aus dieser Zeit heißt es: »Bin mit Gunther fertig und zu dem Schluß gekommen, daß der Faschismus [sic] eine Sache Deutschlands und Italiens ist, der Kommunismus zu Rußland gehört und die Demokratie zu Amerika und England.« 1938, in seinem vorletzten Studienjahr in Harvard, belegte er einen beliebten Kurs in russischer Geschichte bei Professor Michael Karpowitsch, einem Emigranten aus Weißrußland, der ihm die Note »Zwei minus« gab.

Zum Frühjahrssemester 1939 verließ er Harvard, da sein Vater ihm eine Stellung an der amerikanischen Botschaft in Paris vermittelt hatte. Von dort aus bereiste Kennedy, ausgerüstet mit einem Einführungsschreiben vom Außenminister Cordell Hull, Polen, Lettland, Moskau, Leningrad und die Krim, die Türkei, Palästina und die Balkanländer. Über seine Reise durch die Sowjetunion gibt es nur wenige Berichte. Kennedy meinte später, er habe das Land als »roh, zurückgeblieben und hoffnungslos bürokratisch« empfunden. Und er schlug seiner Mutter vor, Alice-Leone Moats Buch *Blind Date with Mars* zu lesen, das ein verbittertes, gegängeltes Volk schilderte, welches sich damit abgefunden habe, für alle Zeiten eingesperrt zu bleiben.

Chip und Avis Bohlen, die sich bei seinem Besuch in der amerikanischen Botschaft in Moskau ein wenig um den Sohn Joseph Kennedys kümmern sollten und mehrere Essen für ihn gaben, waren jedesmal überrascht von dem »Charme und der schnellen Auffassungsgabe des jungen Mannes« – besonders aber von seiner »Aufgeschlossenheit gegenüber der Sowjetunion«. Für Bohlen war dies eine »seltene Eigenschaft in diesen Vorkriegstagen«.

»Die Reise war großartig«, schrieb John Mitte Juli von London aus an Billings. »Der einzige Weg, um wirklich zu erfahren, wie es in nächster Zeit weitergeht, ist, sich alle Länder genau anzusehen . . . Ich glaube immer noch nicht, daß es in diesem Jahr Krieg geben wird . . . Deutschland wird versuchen, sich Danzig Stück für Stück anzueignen, so daß die Polen schwerlich sagen können, daß ihre Unabhängigkeit an *diesem* Punkt bedroht ist.* Dennoch glaube ich nicht, daß Deutschland damit Erfolg haben wird.« Nach dem Ausbruch des Krieges im September kehrte er nach Harvard zurück, um seine Abschlußarbeit über das »Appeasement von München« zu schreiben, die im Juli 1940

---

* Fast mit den gleichen Worten beschrieb Präsident Kennedy 1961 seine Befürchtungen im Hinblick auf Chruschtschows Taktik gegenüber West-Berlin.

unter dem Titel *Why England Slept* veröffentlicht und ein Bestseller wurde.

Nach Pearl Harbor schrieb Kennedy, damals Lieutenant beim Marine-nachrichtendienst, an Billings, der sich auf dem Weg nach Nordafrika befand: »Es mag Dir ziemlich merkwürdig erscheinen, wenn ich sage, daß es noch einer großen Zahl von Toten bedarf, um uns aufzurütteln. Anscheinend gibt es keinen anderen Weg. Offensichtlich erkennt niemand, daß zwischen uns und dem Erfolg unseres christlichen Kreuzzuges gegen das Heidentum weiter nichts steht als Millionen von Chinesen, die noch nie etwas von Gott gehört haben, und Millio-nen von Russen, die zwar von ihm gehört haben, ihn aber nicht wollen. Meiner Meinung nach können wir es uns in einer Zeit wie dieser nicht leisten, wählerisch zu sein. Wenn Du nach Afrika kommst, freunde Dich mit jedem Braunen, Schwarzen oder Gelben an, der Dir über den Weg läuft. In seinem Buch ›Der Untergang des Abendlandes‹ hat Herr Spengler nach einer sorgfältigen Untersuchung über das Auf und Ab der Kulturen prophezeit, daß die nächsten Jahrhunderte dem gelben Mann gehören.«

Nachdem er im Mai 1945 von seinem PT-109-Abenteuer im Südpa-zifik zurückgekehrt war, wohnte Kennedy als Berichterstatter für die Hearst-Presse der Gründungsversammlung der Vereinten Nationen in San Francisco bei. Aus den turbulenten Zusammenkünften und dem »ganzen Gerede, daß man die Russen in den nächsten zehn oder fünfzehn Jahren schlagen werde«, zog er folgenden Schluß: Es müsse noch viel Zeit vergehen, bis die Sowjets sich auf etwas anderes verlassen wurden als auf die Macht der Roten Armee. »Seit 25 Jahren schwelt das Mißtrauen zwischen Rußland und dem Rest der Welt, und das kann schließlich nicht in ein paar Jahren überwunden wer-den.«

Nachdem Kennedy 1946 von den katholischen irischen Arbeitern in Massachusetts in den Kongreß gewählt worden war, orientierte er sich in seinen Äußerungen über den Kalten Krieg stark an der vorherrschenden Wählermeinung. Wütend ließ er sich über die sowjetische Vorherrschaft in Osteuropa aus. Und gegenüber einer Gruppe von Amerikanern polnischer Abstammung meinte er ein-mal, Franklin Roosevelt habe Polen deshalb den Kommunisten über-lassen, »weil er das Denken der Russen nicht erfaßt hat«. 1949 wetterte er über den »verrückten Roosevelt«, der in Jalta die Kurilen und strategisch wichtige chinesische Häfen aufgegeben habe.

Aufgrund seiner Reiseerfahrungen und seiner Ambitionen auf ein höheres Amt tendierten Kennedys Ansichten immer mehr in Richtung der Parteilinie der Demokraten. Während seines Aufenthalts in Westeuropa im Jahre 1951 gewann er erneut den Eindruck, daß eine Invasion Europas durch die Rote Armee unwahrscheinlich sei. Bei einem Gespräch mit General Eisenhower in Paris stellte er die Frage, ob nicht die Gefahr bestehe, daß die Stationierung der Westmächte in Europa die Sowjetunion zu einem Angriff provozieren könne. Wie er in seinen Notizen festhielt, antwortete Eisenhower, »daß es lediglich zwei Möglichkeiten für einen bewußt herbeigeführten Krieg gebe: 1. wenn die Russen glaubten, sie könnten innerhalb kurzer Zeit den Sieg erringen; und 2. wenn sie davon ausgingen, einen langen, zermürbenden Krieg gewinnen zu können. Und im Augenblick können sie weder das eine noch das andere.

Aber er schließt die Möglichkeit eines ungewollten Krieges nicht aus. Auf meine Frage, welchen Rat er den Russen geben würde, erwiderte er, er würde ihnen empfehlen, weiterhin genau das zu tun, was sie im Augenblick täten – ja, er würde an ihrer Stelle sogar weiterhin die Hoffnung auf einen Wirtschaftskollaps in den USA nähren und darauf, daß ›diese Länder hier‹ in die Hände der Russen fallen ... Die große Preisfrage sei, ob die Kremlführer fanatische Dogmatiker seien oder nur rücksichtslos ihre Macht verteidigen wollten. Im ersten Falle stünden die Chancen auf einen Frieden weitaus schlechter als im zweiten.«

Als Kennedy dann 1953 Senatsmitglied wurde, hielt er sich mit seiner scharfen Kritik an der Außenpolitik Roosevelts und Trumans zurück. Erst 1957, als er Mitglied des Ausschusses für auswärtige Beziehungen war und seine Kandidatur vorbereitete, äußerte er sich wieder verstärkt zu außenpolitischen Fragen. Im Juli opponierte er vor dem Senat offen gegen die Außenpolitik der Regierung, indem er sich für die Unabhängigkeit Algeriens von Frankreich aussprach. Und im Monat darauf forderte er die Vereinigten Staaten auf, die Opposition in Polen und anderen Ländern des Ostblocks durch Handel und Wirtschaftshilfe zu unterstützen.

In den späten fünfziger Jahren herrschten in der Demokratischen Partei unterschiedliche Meinungen darüber, wie man sich den Sowjets gegenüber verhalten sollte. Dean Acheson und seine Gesinnungsgenossen argumentierten, die Welt habe sich seit Achesons Amtszeit als Außenminister Trumans wenig verändert. Chruschtschow drohe jetzt mit einem Atomkrieg, weil auch er das alte Stalinsche Ziel der kommunistischen Weltherrschaft verfolge. Adlai Stevenson, Chester Bowles, Averell Harriman und andere Demokraten hingegen glaubten, es sei Chruschtschows aufrichtiger Wunsch, seinen Militäretat zu senken, um den Lebensstandard in der Sowjetunion zu heben.

Kennedys Abneigung gegen jegliche Form von Ideologie war groß genug, daß er sich für keines der beiden Lager entschied. Außerdem hoffte er auf die Unterstützung beider Fraktionen für seine Nominierung im Jahre 1960. So lautete nach der Genfer Gipfelkonferenz von 1955 sein aggressiver Kommentar: »Der Barbar hat vielleicht das Messer aus dem Mund genommen, um zu lächeln, aber das Messer selbst steckt immer noch in seiner Faust.« Als George Kennan jedoch 1957 seinen umstrittenen Vorschlag machte, Ost-West-Gespräche über einen Rückzug der Großmächte aus Zentral- und Osteuropa zu führen, bescheinigte ihm Kennedy in einem Schreiben, seine Rede sei »brillant und anregend« gewesen.

1958 und 1959 benutzte er sowohl »rechte« als auch »linke« Argumente, um die Politik Eisenhowers zu diffamieren: Der Präsident sei zu träge, was die Rüstungskontrolle angehe, er habe zu großes Vertrauen in Atomwaffen, verhalte sich indifferent gegenüber der Dritten Welt und der sowjetischen Raketenaufrüstung. Und schließlich warnte er wie andere Demokraten und Republikaner vor einer Raketenlücke. Diese würde womöglich den Weg der Russen zur Weltherrschaft abkürzen, und zwar durch »Sputnik-Diplomatie, begrenzte lokale Kriege, indirekte, versteckte aggressive Akte, Einschüchterung und Subversion, das Anzetteln von Revolutionen ... und indem sie unsere Verbündeten rücksichtslos unter Druck setzen. Auf diese Weise wird die Peripherie der freien Welt langsam abbröckeln.«

Ein auf Tonband aufgezeichnetes Gespräch, das er im Juli 1959 mit James MacGregor Burns, seinem ersten Biographen, führte, macht Kennedys persönlichen Pessimismus deutlich, was die Beziehungen zu Moskau betraf:

Man muß zunächst einmal entscheiden, welches die Beweggründe der Sowjetunion sind. Wollen sie lediglich Sicherheit? Geht es ihnen darum, daß ihre Nachbarländer ihnen freundlich gesinnt sind, damit die Sicherheit des russischen Kernlandes garantiert ist? ... Oder entspricht es dem Dogma der Kommunisten, uns durch weiteren Druck so sehr zu schwächen, daß sie schließlich die Weltrevolution . . . erreichen können?

Ich vermute, ja ich halte es für offensichtlich, daß beides zutrifft. Daher glaube ich nicht, daß es da irgendeinen Knopf gibt, den man drücken kann, um eine Einigung mit der Sowjetunion zu erreichen. Sie bleibt hart und uneinnehmbar . . . Es handelt sich vielmehr um den täglichen Kampf gegen einen Feind, der ständig versucht, seine Macht auszudehnen . . . Es ist wie bei zwei Leuten, die beide guten Willens sind, aber beide nicht miteinander kommunizieren können, da sie verschiedene Sprachen sprechen . . .

Ich glaube nicht, daß es im Moment eine Zauberformel oder eine Erleichterung in den Ost-West-Beziehungen gibt . . . Es ist wie bei diesen Anzeigen auf der letzten Seite der Sonntagsausgabe der *New York Times,* wo irgend so ein Kerl mit Bart verkündet, er »befreie die magischen Kräfte, die in Ihnen stecken«. Die Zauberkraft besteht in dem Wunsch eines jeden Menschen wie eines jeden Landes, unabhängig zu sein. Das ist die elementare Kraft, die, glaube ich, unsere große Stärke ausmacht. Das ist die magische Kraft, und diese wird die Russen letztlich niederzwingen.

Das Wochenende, das Chruschtschow mit Eisenhower in Camp David verbrachte, führte zu unerwarteten Ergebnissen. Der Generalsekretär nahm von seiner Forderung Abstand, daß die Westmächte sich aus Berlin zurückziehen müßten. Die beiden Staatsmänner einigten sich auf ein offizielles Gipfeltreffen mit den Staatschefs von Großbritannien und Frankreich, und anschließend sollte Eisenhower zusammen mit Chruschtschow durch die Sowjetunion reisen. Trotz der Zurückhaltung von seiten des amerikanischen Präsidenten beschworen die Journalisten den »Geist von Camp David«, der die Welt vom Kalten Krieg befreien werde.

Und die republikanischen Wahlkämpfer waren hellauf begeistert: Eisenhower würde bahnbrechende Abkommen mit den Sowjets unterzeichnen, einen Monat vor den Parteikonventen in die Sowjetunion reisen und somit Richard Nixon als den Mann ins Weiße Haus katapultieren, der das Friedenswerk des Präsidenten fortsetzen würde. Doch bei einem Besuch an der Universität von Rochester spöttelte Kennedy, der Chruschtschow, den er kennengelernt habe, sei »keinen Deut« von seinem Glauben an den unausweichlichen Sieg des Kommunismus abgerückt: »Die eigentlichen Wurzeln des Konflikts zwischen den beiden Mächten können nicht ohne weiteres durch Verhandlungen beseitigt werden. Unsere elementaren nationalen Interessen prallen auf ihre – in Europa, im Mittleren Osten und überall auf der Welt.« Der *Washington Star* kommentierte: »In diesem Stadium des Wahlkampfs weiß er noch nicht, welche Richtung er einschlagen soll. Und wenn wir in seiner Haut stecken würden, wüßten wir es genausowenig.«

Zu Beginn des Frühjahrs 1960 hegten aber weder Kennedy noch seine Rivalen die Absicht, dem Präsidenten bei seinen Vorbereitungen auf den Pariser Gipfel Mitte Mai Steine in den Weg zu legen. Denn Eisenhower wollte mit Chruschtschow über Berlin und ein Atomteststopp-Abkommen verhandeln. Zudem war Kennedy, der soeben die Vorwahlen in New Hampshire, Wisconsin und Indiana gewonnen hatte, in erster Linie mit innenpolitischen Themen beschäftigt.

Doch dann kam jener 1. Mai, an dem eine amerikanische U-2 2000 Kilometer im Landesinneren der Sowjetunion abstürzte. Eisenhower beeilte sich zwar zu versichern, er werde derartige Flüge stoppen, wies aber Chruschtschows Forderung nach einer Entschuldigung zurück. Daraufhin brach der Generalsekretär das Gipfeltreffen in Paris abrupt ab, widerrief die Einladung Eisenhowers nach Rußland und erklärte, er werde erst wieder mit dem nächsten amerikanischen Präsidenten verhandeln.

Kennedy, der sich auf Wahlkampfreise durch Oregon befand, sagte, Chruschtschow habe »einen plumpen Versuch unternommen, unsere Zugehörigkeit zu unterschiedlichen Parteien auszunutzen und uns zu spalten«. Er versprach, im Falle seiner Wahl an Eisenhowers Verbot von Aufklärungsflügen festzuhalten, fügte aber hinzu, der Präsident hätte es niemals soweit kommen lassen dürfen, daß »durch ein simples technisches Versagen die Kriegsgefahr heraufbeschworen wurde«. Der U-2-Affäre sei es zu verdanken, daß die Amerikaner nun »die gefährlichste Zeit seit dem Koreakrieg durchleben«.

Zwei Tage nach dem Scheitern des Gipfels richtete ein High-School-Student in St. Helens, Oregon, die Frage an Kennedy, was er an Eisenhowers Stelle getan hätte. Dieser erwiderte, Chruschtschow habe zwei Bedingungen für die Fortsetzung des Gipfels genannt: »Die erste war, daß wir uns entschuldigen. Ich glaube, das hätten wir machen können. Die zweite war, daß wir diejenigen vor Gericht stellen, die für diesen Flug verantwortlich waren. Das konnten wir nicht tun ... Dies war eine Bedingung, auf die wir nicht eingehen konnten, und Mr.

Chruschtschow war sich dessen bewußt. Sie war also ein Zeichen dafür, daß er die Gespräche abbrechen wollte.«

Unmittelbar nachdem er diese Worte ausgesprochen hatte, wurde Kennedy klar, daß er vorsichtiger hätte sein sollen. Sofort ließ er Mervin Shoemaker, den politischen Redakteur des Portlander *Oregonian*, rufen und ihm mitteilen, er habe nicht gemeint, daß man sich bei Chruschtschow hätte entschuldigen müssen, sondern daß man ihm »unser Bedauern« hätte ausdrücken sollen. Aber Shoemaker schrieb einen Artikel, in dem er Kennedys »Gefolgsleute« beschuldigte, sie würden »Ausflüchte suchen«, um »eine Äußerung Kennedys umzudeuten, die vielleicht schwerwiegende Folgen haben könnte«.

Die Presseagenturen verbreiteten Kennedys Fauxpas sogleich in ganz Amerika. Im Sitzungssaal des Senats verlangte Hugh Scott aus Pennsylvania, er solle sich von dem Verdacht befreien, »Appeasement« betreiben zu wollen – ein Wort, auf das der Sohn Joseph Kennedys sehr empfindlich reagierte. Bevor er aber darauf antwortete, wollte Kennedy sichergehen, ob er wirklich »entschuldigen« gesagt hatte. Daher rief er den Direktor von St. Helens an, der eine Bandaufzeichnung von seinem Auftritt ausfindig machte und sie ihm am Telefon vorspielte.

Anschließend kehrte Kennedy in den Senatssaal zurück und behauptete, er könne gar nicht vorgeschlagen haben, sich bei Chruschtschow zu entschuldigen, um den Gipfel zu retten, da dieser zu dem Zeitpunkt schon gescheitert war. Doch inzwischen trafen im Zimmer 362 ganze Berge wütender Telegramme ein: »Wenn sich jemand bei Chruschtschow entschuldigt, ist das dasselbe, als würde er sich beim Teufel entschuldigen ... Zu behaupten oder auch nur anzudeuten, Eisenhower habe bei dem Gipfel Mist gebaut, nährt nur den Abscheu vor Ihnen und Ihrer Partei ... *Sie sind völlig ungeeignet für das Präsidentenamt*. Solche Betrüger wie Sie kann man in Rußland gut gebrauchen. Gehen Sie doch nach Rußland.«

Lyndon Johnson, der im Nordwesten auf Wahlkampfreise war, äußerte gegenüber seinem Publikum: »*Ich* bin nicht bereit, mich bei Mr. Chruschtschow zu entschuldigen – *Sie etwa?*« (»No-o-o-o-o-o!« schrien alle.) Und David Kendall, ein Mitarbeiter des Weißen Hauses, meinte einem Kollegen gegenüber, Kennedy hätte sich »zum Kandidaten des Kreml« gemacht.

Richard Nixon sah in Kennedys »naiven« Äußerungen einen neuen Beweis für dessen Unerfahrenheit: Kein Präsident müsse sich jemals dafür entschuldigen, »daß er versucht habe, die Vereinigten Staaten zu verteidigen«. In der *Time* hieß es, »die neuen Kaltluftmassen« aus Moskau hätten »das Klima in der US-Politik völlig verändert«. Senator Henry Jackson aus Washington meinte: »Die Öffentlichkeit erwartet jetzt einen sehr, sehr harten Kurs.«

Kennedy stand unmittelbar vor der Nominierung zum Kandidaten der Demokraten, und in diesem Moment zeigte sich, daß die Amerikaner ihre Sicherheit nicht ohne weiteres einem 43jährigen Senator von der Hinterbank anvertrauen wollten. Zwar führten die Klimaveränderungen nicht dazu, daß Kennedy die noch ausstehenden Vorwahlen verlor, doch sicherlich wäre er von einem erfahreneren Politiker wie Adlai Stevenson geschlagen worden, hätte die U-2 den Pariser Gipfel nicht im Mai, sondern im März zum Scheitern gebracht.

Im Juni 1960 stellte Kennedy dem Senat einen Zwölf-Punkte-Plan vor, der unter anderem erhöhte Verteidigungsausgaben vorsah, um gegen die »sowjetische Politik mit dem Ziel der Weltherrschaft« gewappnet zu sein: »Anstatt Politik zu machen, hat Präsident Eisenhower die Russen angelächelt, unser Außenministerium hat eine Drohgebärde eingenommen, und Mr. Nixon hat beides versucht ... Solange Mr. Chruschtschow aber überzeugt ist, daß das Gleichgewicht der Kräfte sich zu seinen Gunsten verschiebt, können kein Lächeln und keine Härte – also weder Gespräche in Camp David noch ›Küchendebatten‹ – ihn dazu zwingen, in fruchtbare Verhandlungen einzutreten.«

In jenem Sommer enteignete Fidel Castro amerikanische Besitzungen auf Kuba und bat die Sowjets um Hilfe. Antiamerikanische Proteste in Tokio zwangen den Präsidenten, einen Besuch in Japan abzusagen. Der Kongo forderte zur Durchsetzung seiner vollen Unabhängigkeit sowjetische Streitkräfte an. Die Sowjets brachen die Abrüstungsgespräche in Genf ab. Im Juli schossen sie eine amerikanische RB-47 über der Barentssee ab und nahmen die beiden Überlebenden fest. Im August führten sie gegen den U-2-Piloten Francis Gary Powers einen demütigenden Schauprozeß und verurteilten ihn zu einer Gefängnisstrafe.

Indem Chruschtschow Eisenhower in Camp David aufsuchte und den Pariser Gipfel zum Scheitern brachte, hatte er bereits zweimal Einfluß auf den Wahlkampf 1960 genommen. Ermutigt durch seine Erfolge im Sommer, fuhr er im September nach New York, um an der UNO-Vollversammlung teilzunehmen. 25 Tage lang wetteiferte er mit den beiden Präsidentschaftskandidaten um die Aufmerksamkeit der nervös gewordenen Amerikaner, hielt vom Balkon der sowjetischen Vertretung aus Pressekonferenzen ab, umarmte Castro in Harlem, prahlte vor der UNO und schlug dort mit seinem Schuh auf das Rednerpult ein.

Im Jahre 1952 hatte die Frage, welcher Kandidat dem damaligen Generalsekretär Stalin eher gewachsen sei, im Wahlkampf keine Rolle gespielt. Nun aber, nach Chruschtschows drei Zusammenkünften mit Eisenhower, seinem Säbelrasseln und seinen bombastischen Auftritten bei den Vereinten Nationen, überlegten die Amerikaner sehr genau, welcher der Kandidaten Chruschtschow am besten die Stirn bieten könne.

Nixon, der mit dem Wahlkampfslogan »Nur die Erfahrung zählt« angetreten war, prahlte mit seinen Begegnungen mit Chruschtschow und warnte, Kennedy sei »unbesonnen und unreif«, ein Mann, »aus dem Mr. Chruschtschow Hackfleisch machen würde«.

Kennedy schlug ebenfalls einen aggressiven Ton an, um den Angriff seines Gegners zurückzuweisen: »Mr. Nixon besitzt allerdings Erfahrung – Erfahrung in der Politik des Rückzugs, der Defensive und der Schwäche ... Es reicht nicht, Chruschtschow mit dem Zeigefinger zu drohen, wenn man die Position der Vereinigten Staaten stärken will.«*

Die Meinungsumfragen ergaben, daß Chruschtschows Phrasendrescherei vor den Vereinten Nationen die Wähler in das Lager von Nixon getrieben hatte. Kennedy persönlich erwartete, Nixon werde »uns Demokraten als die Partei, die zu sanft mit den Kommunisten verfährt, in die Defensive zu drängen versuchen«. Walt Rostow warnte ihn, dies sei die einzige Argumentation, die Nixon kennen würde. »Lassen Sie keine Angelhaken herumliegen. Sie müssen darauf gefaßt sein, daß er Ihnen am Ende einen Hieb versetzen wird.«

Rostow hatte recht. Heimlich bat Nixon seinen Freund William Rogers, den Justizminister, eine Rede zu entwerfen, in der es heißen sollte, Kennedy »würde ein sehr gefährlicher Präsident sein, gefähr-

---

* Stevenson hatte Kennedy nach dessen Nominierung geschrieben, daß »das Argument, er sei zu jung und unerfahren, im Kern falsch ist ... Entweder man hat Führungsqualitäten, oder man hat sie nicht ... Da die Republikaner offensichtlich die Betonung auf Nixons ›Erfahrung‹ im Umgang mit den Kommunisten legen ... sollten wir unbedingt deutlich machen, daß ... es nicht darum geht, wer einer Verbrecherbande gegenübertreten oder einem Diktator mit dem Zeigefinger drohen kann, sondern wer ein Programm aufstellen und sein Amt so ausfüllen kann, daß solche Vorfälle verhindert werden.«

lich für den Frieden und gefährlich in Hinblick auf eine mögliche Kapitulation. Damit können wir ihnen Angst einjagen.«

Daher begann Kennedy den Wahlkampf im Herbst mit schrillen antikommunistischen Parolen, die John Foster Dulles sicher gefallen hätten. Im September sprach er im Mormonentempel in Salt Lake City. »Der Feind ist das kommunistische System selbst – unnachgiebig, unersättlich und unaufhörlich nach Weltherrschaft strebend ... Dies ist nicht nur ein Kampf um militärische Überlegenheit. Es ist auch ein Kampf zweier Ideologien um die Vormachtstellung: Freiheit in Gott gegen unbarmherzige, gottlose Tyrannei.«

Chester Bowles, der wichtigste außenpolitische Berater des Senators, schrieb ihm, daß er den Wahlkampf auf brillante Weise »an den Punkt gebracht« habe, »wo niemand uns mehr vorwerfen kann, wir gingen zu sanft mit dem Kommunismus um«.

Aber die Probleme, die Kennedy im Herbst 1960 hatte, gingen weit über die Notwendigkeit hinaus, seine antikommunistische Haltung unter Beweis zu stellen. Er hatte die undankbare Aufgabe, gegen das Erbe eines Präsidenten anzutreten, der die Vereinigten Staaten während des Kalten Krieges in den Zenit ihrer Macht und ihres Einflusses geführt hatte. Als Atom- und Wirtschaftsmacht hatten die USA eine unangefochtene Führungsposition gegenüber allen anderen Ländern inne, wie sie sie später niemals wieder erlangen sollten.

Kennedy war sich der Tatsache bewußt, daß er bei den Wahlen nur geringe Chancen haben würde, wenn er den Wählern nicht ein düsteres Bild von der Stellung Amerikas in der Welt zeichnete. Daher bastelte er sich eine Argumentation zusammen, nach der die Vereinigten Staaten im Hinblick auf die Langstreckenraketen, das Wirtschaftswachstum und die politische Macht der Sowjetunion unterlegen waren oder hinter sie zurückzufallen drohten.

Im Mittelpunkt seines Vorwurfs, Eisenhower und Nixon hätten das Land in eine Position der Schwäche manövriert, stand die Problematik der Raketenlücke. Auf den Punkt gebracht, lautete die Argumentation, Eisenhowers leidenschaftliches Interesse an einem ausgeglichenen Staatshaushalt habe ihn gezwungen, das Langstreckenraketen-Programm zu beschneiden; und während die USA nun in gemächlichem Tempo Interkontinentalraketen bauten, spuckten die sowjetischen Fabriken, wie Chruschtschow sich rühmte, Langstreckenraketen »wie Würste« aus.

Dieses Thema ermöglichte Kennedy, Härte zu demonstrieren. Außerdem konnte er deutlich machen, daß die Doktrin der Demokraten vom Wert der Defizitfinanzierung durchaus vereinbar war mit dem Ziel, Amerika in eine Position der Stärke zu führen. Das Problem war nur, daß es gar keine Raketenlücke gab. Eisenhower hatte Zugang zu dem streng bewachten Material der U-2-Aufklärungsflüge und anderen Geheimpapieren. Daher war er fest davon überzeugt, daß es in der Sowjetunion keine rasche Aufrüstung gegeben hatte, sosehr Chruschtschow auch immer damit protzte. Die Vereinigten Staaten lagen also unangefochten in Führung.

Nixon wollte, daß Eisenhower dieses Thema ein für allemal vom Tisch brachte: Er sollte dem amerikanischen Volk die Daten bekanntgeben, die belegten, daß die USA auf dem Gebiet der Atomwaffen überlegen waren. Aber der Präsident wollte weder die geheimdienstlichen Quellen kompromittieren noch das stillschweigende Abkommen mit Chruschtschow brechen.

Schließlich wurde Eisenhower öffentlich aufgefordert, zu der Behauptung des sowjetischen Parteichefs Stellung zu nehmen, die Sowjetunion übertreffe die USA in der Produktion von Interkontinentalraketen. Doch Eisenhower berief sich einfach auf seine Glaubwürdigkeit als Held des Zweiten Weltkriegs und erwiderte, die amerikanische Rüstung sei völlig ausreichend. Solange Eisenhower die Illusion wahren half, die Sowjets besäßen mehr Langstreckenraketen als die Amerikaner, verzichtete Chruschtschow gern auf die riesigen Ausgaben, die eine rasche Aufrüstung mit Interkontinentalraketen mit sich gebracht hätte.

Indirekt versuchte der Präsident, Kennedy zu signalisieren, er solle im Wahlkampf dieses höchst sensible Abkommen nicht gefährden und das Land mit einer Raketenlücke in Angst und Schrecken versetzen, die gar nicht existierte. Jerome Wiesner, einer der wissenschaftlichen Mitarbeiter Eisenhowers vom Massachusetts Institute of Technology (MIT), der Einblick in die Geheimpapiere genommen hatte, erhielt zu seinem Erstaunen die Erlaubnis, Kennedy im Wahlkampf zu beraten. Nach Wiesners Ansicht verfolgte Eisenhower damit die Absicht, die Demokraten auf diese Weise von der Wahrheit über die angebliche Raketenlücke in Kenntnis zu setzen.

Im August fuhr Allen Dulles, der Direktor der CIA, nach Hyannis Port, um den beiden Präsidentschaftskandidaten den Lagebericht des Geheimdienstes zu übergeben. Vor seiner Abreise bat ihn Eisenhower, noch einmal auf die imponierende militärische Stärke der USA einzugehen. Als aber Kennedy Dulles fragte, wie das Land im Raketenwettlauf dastünde, erwiderte der CIA-Chef spröde, nur das Pentagon könne diese Frage angemessen beantworten.*

Ende August erstattete das strategische Bomber-Kommando (SAC) Kennedy in Omaha Bericht. Aber der Präsidentschaftskandidat war verärgert darüber, daß man ihm nicht alle geheimen Daten über die Bomber- und Raketenstärke der Amerikaner und Sowjets mitteilte. Er klagte, als Mitglied des Ausschusses für auswärtige Beziehungen habe er mehr Informationen erhalten. Wenn das SAC und die Luftwaffe ihm ihre genauen Daten vorenthielten, würde er sich im nächsten Jahr bei der Festlegung des Staatshaushaltes daran erinnern. Als ihm bei einem Lagebericht der Vereinigten Generalstabschefs im September versichert wurde, es gebe keine Raketenlücke, sagte Kennedy: »Habt ihr keine ungläubigen Thomasse im Pentagon?«

Kennedy konnte sich nun auf die Argumentation zurückziehen, man habe ihm keinen Einblick in das noch nicht ausgewertete Geheimmaterial gewährt, das den Präsidenten von der Nichtexistenz der Raketenlücke überzeugt hatte.

Er wußte, daß seine Taktik den Amerikanern Angst einjagen und die Handlungsfreiheit des nächsten Präsidenten einschränken würde. Denn die Öffentlichkeit würde Druck auf ihn ausüben, das Wettrüsten weiter voranzutreiben. Er wußte auch, daß sein Vorgehen die Sowjets im Falle seiner Wahl dazu anstacheln würde, in gleicher Weise zu reagieren. Gewiß drückte er sich sehr vorsichtig aus, indem er von dem sowjetischen Raketen»vorsprung« sprach, die Nennung von Zahlen und Daten vermied und unparteiische Fachleute zitierte. Aber er griff die Republikaner wiederholt als die Partei an, »die uns die Raketenlücke beschert hat«.

Außerdem warf er der Regierung vor, sie verlasse sich zu sehr auf die Atomwaffen, so daß in einem konventionellen Krieg den Amerikanern »die Hände gebunden« seien. Deshalb versprach er, die konven-

---

* Dulles erklärte später seine ausweichende Antwort damit, daß eine Raketenlücke so lange nicht vollkommen ausgeschlossen werden könne, solange mit den Satellitenfotos der USA nicht die gesamte Sowjetunion erfaßt werden könne. Richard Nixon äußerte im nachhinein den Verdacht, Dulles habe mit seiner Antwort Kennedy die Möglichkeit geben wollen, das Thema auch weiterhin auszuschlachten – ein Entgegenkommen, an das sich ein siegreicher Kennedy nach der Wahl sicher erinnern würde, wenn es darum ging, ob der CIA-Mann abgelöst werden sollte oder nicht.

tionelle Rüstung aufzustocken und dafür zu sorgen, daß die Vereinigten Staaten in Wissenschaft, Bildung und Raumfahrt nicht mehr an zweiter Stelle stünden.

Er beklagte, daß die Sowjetunion sich eines Wirtschaftswachstums erfreue, das »zwei- oder dreimal so hoch« sei wie das der Vereinigten Staaten. 1959 hätten »die USA prozentual das niedrigste Wirtschaftswachstum von allen großen Industriegesellschaften der Welt gehabt«. Allerdings wußte Kennedy mit seinen detaillierten Kenntnissen über die engen Grenzen der Planwirtschaft nur allzugut, daß keine Gefahr für die Vereinigten Staaten bestand, von der sowjetischen Wirtschaft überrollt zu werden.

Die beunruhigenden Daten, die er anführte, beruhten auf einer Manipulation. Im Jahre 1960 produzierten die Vereinigten Staaten annähernd ein Drittel der Weltgüter. Die Zahlen für die amerikanische Wirtschaft waren deshalb so niedrig, weil 1959 eine Rezession herrschte; die Angaben für die Sowjetunion waren unnatürlich hoch, weil die Sowjetunion sich wirtschaftlich immer noch von den Verwüstungen des Zweiten Weltkrieges erholte.

Kennedy warf der Regierung vor, sie hätte das Ansehen Amerikas in der Welt geschmälert, und verlangte ihre Entlassung. Dabei berief er sich auf statistische Erhebungen der United States Information Agency.* Im November ergaben Umfragen, daß fast die Hälfte der Amerikaner glaubte, das Ansehen der Vereinigten Staaten in der Welt sei im vergangenen Jahr gesunken.

Einer der Standardslogans Kennedys lautete: »Ich bitte Sie, sich meinem Weg in die sechziger Jahre anzuschließen, damit wir unsere Stärke zeigen können und wieder die Nummer eins werden. Ohne Wenn und Aber ... Ich will, daß die Völker der Welt nicht darauf achten, was Mr. Chruschtschow tut. Ich will, daß sie darauf schauen, was die Vereinigten Staaten tun.«

In Amerika werden während des Wahlkampfes außenpolitische Themen oft in grotesker Form vereinfacht. Das Duell zwischen Kennedy und Nixon bildete da keine Ausnahme. Kennedys Äußerungen gaben

---

* Als diese Daten an die Presse durchsickerten, äußerte der wütende Eisenhower denselben Verdacht gegenüber dem USIA-Direktor George Allen wie Nixon gegenüber Allen Dulles. Im privaten Kreise nörgelte er, Allen »mische sich in die Politik ein«, um im Falle von Kennedys Wahlsieg seinen Job zu behalten.

wenig Einblick in die Art und Weise, wie er mit den beiden heiklen Punkten im Kalten Krieg umzugehen gedachte, die seine Amtszeit beherrschen würden – Kuba und Berlin.

Kennedy mußte feststellen, daß ihm die Wähler öfter Fragen zu Kuba und Castro stellten als zu allen anderen außenpolitischen Themen. Wie sich sein Redenschreiber Richard Goodwin erinnerte, hatte das Auftauchen eines prosowjetischen Diktators 150 Kilometer vor der Küste Amerikas in weitaus höherem Maße dazu beigetragen, »das amerikanische Volk in Angst und Wut zu versetzen«, als Chruschtschow dies jemals hätte gelingen können. Das Kuba-Problem gab Kennedy erneut die Möglichkeit, Nixon von rechts anzugreifen. Er warf den Republikanern vor, sie hätten zugelassen, daß sich »nur acht Flugminuten von Florida entfernt … eine kommunistische Bedrohung« auftue: »Wir müssen zwei Dinge unmißverständlich klarstellen: Wir werden nicht zulassen, daß die Sowjetunion Kuba zu ihrem Stützpunkt in der Karibik macht – und wir haben die Absicht, die Monroe-Doktrin durchzusetzen.« Er forderte mehr Propaganda und Sanktionen, um die kubanische Revolution zu »isolieren«, und mehr Unterstützung für die Kubaner, die in Opposition zum Castro-Regime standen. Sein Wahlkampfmanager und Bruder Robert Kennedy hatte die Befürchtung geäußert, die Eisenhower-Regierung könne vor der Wahl die US-Truppen in Kuba einmarschieren lassen und auf diese Weise die Wahl Nixons sichern.

Ende Oktober instruierte der Kandidat seinen Redenschreiber auf dem Flug nach New York, er solle »eine Rede ausarbeiten, die Nixon wegblasen wird«. Noch am selben Abend verfaßte Goodwin für die Morgenzeitungen eine neue Attacke gegen die Republikaner und Kuba: Die Vereinigten Staaten müßten die demokratisch denkenden Kubaner stärken, die gegen Castro opponierten. »Bis heute haben diese Freiheitskämpfer praktisch keine Unterstützung durch unsere Regierung erhalten.« Laut Goodwin schlief der Präsidentschaftskandidat, als der Artikel fertig war, so daß dies die einzige Äußerung Kennedys während des Wahlkampfes war, die ohne seine Zustimmung veröffentlicht wurde.

Als Nixon am Morgen die Schlagzeilen las (»Kennedy befürwortet US-Intervention in Kuba«), reagierte er wütend. Seine erste Vermutung war, daß Dulles seinen Gegner über die Pläne der CIA informiert habe, in Kuba einzumarschieren. War Kennedy tatsächlich so feige, daß er, nur um Stimmen zu fangen, die Operation gefährdete? Über eine Geheimleitung rief der Innenminister Fred Seaton General Andrew Goodpaster, den Leiter des Mitarbeiterstabes des Präsidenten, an und erfuhr von diesem, daß Kennedy »in vollem Umfang informiert worden« sei.* Daraufhin beschwerte sich Nixon im Weißen Haus, er habe das Gefühl, »durch all das in die Klemme gebracht worden zu sein«. Nach dem Gespräch mit dem Präsidenten versuchte er dann, die Geheimhaltung der Operation zu wahren, indem er das Gegenteil von dem sagte, was er glaubte. Bei ihrem vierten Streitgespräch im Fernsehen griff er Kennedys Idee als »den gefährlichsten und unverantwortlichsten Vorschlag im Laufe dieses Wahlkampfs« an. »Es wäre eine offene Einladung an Mr. Chruschtschow, nach Lateinamerika einzumarschieren und uns in einen Bürgerkrieg und vielleicht sogar noch Schlimmeres zu verwickeln.«

Auf diese Vorwürfe und die Kritik seitens der Liberalen reagierte Kennedy mit der Erklärung, er befürworte keine Intervention, die gegen amerikanische Vertragspflichten verstoße. Er wolle den Freiheitskämpfern lediglich signalisieren, daß Amerika »mit ihnen sympathisiert« – ein »grober Schnitzer«, wie die New York Times diesen

---

* Im März 1962 verursachten Nixons Memoiren Six Crises einen öffentlichen Skandal. Darin warf er nämlich Kennedy vor, er habe die nationale Sicherheit seinen politischen Ambitionen untergeordnet. Nixon schrieb, Dulles habe dem Kandidaten der Demokraten mitgeteilt, daß die CIA seit Monaten »im Exil lebende Kubaner nicht nur unterstützt und ihnen geholfen, sondern auch als Verstärkung für eine eventuelle Invasion auf Kuba ausgebildet« habe.
McGeorge Bundy schrieb an den Präsidenten: »Diese Sache stellt sich als komplizierter heraus, als ich gehofft hatte.« Er hatte mit dem pensionierten Dulles und seinen Kollegen gesprochen, »darin übereinstimmen, daß Sie keinerlei Informationen über einen vorhandenen Plan für eine Invasion auf Kuba erhalten haben. Aber leider behauptet Nixon etwas anderes ... Allen Dulles berichtet, seine Notizen für einen Lagebericht im Juli zeigten deutlich, daß er vorgehabt habe, Sie über die Ausbildung von Exilkubanern zu Guerillaführern zu unterrichten ...
Auf der anderen Seite ... hat es den Anschein, daß Sie nur oberflächliche und bruchstückhafte Informationen über geheime Beziehungen zu Exilkubanern und keinerlei Hinweise auf einen bestimmten Plan für eine Invasion hatten. Die Schwierigkeit besteht darin, daß Dulles' Notizen Nixons Ansicht doch eher erhärten. Dulles steht offensichtlich zwischen den Fronten, und ich bin sicher, er wird es vorziehen, sich möglichst aus der Sache herauszuhalten.«
Bundy empfahl dem Präsidenten, eine Stellungnahme abzugeben, Dulles habe dem Präsidenten im Juli »einen allgemeinen Lagebericht« gegeben, der CIA-Direktor habe aber erst nach der Wahl »dem designierten Präsidenten die vollständigen Informationen über Geheimpläne im Hinblick auf Kuba zukommen lassen«. Kennedy aber schenkte diesem taktvollen Bemühen, seine politischen

plötzlichen Rückzieher Kennedys nannte. Und Adlai Stevenson schrieb einem Freund, Kennedy habe in der Kuba-Frage einen »entsetzlichen« Fehler gemacht. Absonderlicherweise bewirkte diese Auseinandersetzung, daß viele Amerikaner, die gegen eine Intervention in Kuba waren, für Nixon stimmten, der die CIA persönlich gedrängt hatte, diese Angelegenheit noch vor den Wahlen zu erledigen. Und viele Amerikaner, die einen Militäreinsatz gegen Castro befürworteten, wählten Kennedy, der persönlich allenfalls eine ambivalente Haltung gegenüber der Frage einer gewaltsamen Beseitigung Castros einnahm. Was seine tatsächlichen Absichten im Hinblick auf Berlin betraf, hielt sich Kennedy noch mehr bedeckt. Die Gründe hierfür waren taktischer Natur. Im August 1960 hatte Stevenson ihm unter vier Augen geraten, eine »ausgedehnte Debatte« über dieses Thema zu vermeiden, denn es wäre »schwierig, etwas Konstruktives zu einer Regelung für Berlin zu sagen, ohne zukünftige Verhandlungen zu behindern. Eine Absichtserklärung ... könnte zur Folge haben, daß wir größere Unnachgiebigkeit und Unbeweglichkeit an den Tag legen müßten als unser Gegenüber.«

Probleme zu lösen, ohne daß er dabei auf eine Lüge zurückgreifen müßte, keine Beachtung. Am 20. März gab das Weiße Haus bekannt, Kennedy sei »vor der Wahl von 1960 nicht über die Ausbildung von Truppen außerhalb Kubas oder irgendwelche Pläne zur ›Unterstützung einer Invasion auf Kuba‹ informiert worden«.

Außerdem bat der Präsident Dulles, bekanntzugeben, »daß der Präsident nie etwas davon erfahren habe«. Aber Dulles sagte zu den Reportern lediglich, Nixon müsse das Opfer »eines echten Mißverständnisses« sein. Kurze Zeit später wurde er gewisser Privilegien als ehemaliger Mitarbeiter der CIA beraubt. Am selben Tage, an dem sich Dulles in dieser Weise geäußert hatte, rief McCone Nixon in Kalifornien an und teilte ihm »klar und deutlich« mit, Dulles habe ihn soeben persönlich darüber in Kenntnis gesetzt, er habe Kennedy 1960 »über die geheime Operation unterrichtet«. Und er fügte hinzu, Senator Smathers habe ihm bestätigt, daß Kennedy »vor der Wahl« von den Kuba-Plänen gewußt habe.

Goodpaster berichtete dem Autor dieses Buches, Allen Dulles habe ihm im Oktober 1960 mitgeteilt, Kennedy sei tatsächlich über »die Pläne, einen Truppenverband zu formieren und auszubilden«, unterrichtet worden. Richard Goodwin meinte 1981, im Oktober 1960 könne Kennedy »sehr wohl« über die Invasionspläne der CIA »Bescheid gewußt haben«. In seinen 1988 erschienenen Memoiren *Remembering America* wurde Goodwin konkreter. Er schrieb, die Berichte, die die CIA Kennedy während des Wahlkampfes geliefert habe, »zeigten, daß wir eine Truppe von Exilkubanern für eine mögliche Invasion auf dem kubanischen Festland ausbildeten«. Man kann sicher davon ausgehen, daß diese ganze Episode nicht gerade dazu beitrug, Nixons Verbitterung gegenüber den Kennedys, Dulles und der CIA abzubauen.

Im Herbst 1960 erwähnte Kennedy das Berlin-Thema nur in einem halben Dutzend Reden, wobei er sich auf eine höchst simple populistische Argumentationslinie beschränkte: »Wenn man weiß, daß im nächsten Winter und Frühjahr die Vereinigten Staaten in Berlin einer höchst kritischen Situation gegenüberstehen werden, und das zu einer Zeit, da unsere Stärke im Vergleich zu der der Kommunisten nicht gerade zunimmt, muß man dann nicht sagen, daß unsere Macht schrumpft?«

Chruschtschow war während seines 25tägigen Aufenthalts in New York sicherlich hoch erfreut darüber, wie oft sein Name bei den ersten beiden Streitgesprächen zwischen Kennedy und Nixon auftauchte.
Das erste Streitgespräch eröffnete Kennedy mit den Worten: »Mr. Chruschtschow befindet sich in New York, und er hält daran fest, daß aufgrund der Produktivkraft der Sowjetunion der Kommunismus die ganze Welt beherrschen werde.«
Chruschtschow hatte nie besonderen Respekt vor den amerikanischen Wahlen an den Tag gelegt. »Das amerikanische Volk hat praktisch keinen Einfluß auf die Politik der Vereinigten Staaten«, hatte er einmal geäußert. »Während des Wahlkampfes werden die Leute geschickt getäuscht, und sie wissen eigentlich nicht einmal, wofür sie stimmen.« Seine Erfahrungen in New York sollten an seiner Überzeugung nichts ändern: »Der Kampf zwischen den Demokraten und Republikanern ist wie ein Ringkampf im Zirkus. Noch bevor sie die Arena betreten, stimmen sich die Ringer darüber ab, wer der Verlierer sein wird.«
Später meinte er, daß »die politische Propaganda in Amerika ziemlich laut und, ich würde sagen, theatralisch ist. Stellen Sie sich das einmal vor! Rund um die Uhr, von morgens bis abends, ergießen sich die Fernsehreden irgendwelcher Abgeordneter eines Esels oder eines Elefanten [die Maskottchen der beiden amerikanischen Parteien; d. Übers.] wie Sturzbäche in die Köpfe der Wähler!«
Trotz seiner Treue zur marxistischen Theorie, nach der das Individuum weitaus weniger Bedeutung hat als große historische Kräfte, war ihm klar, daß der Ausgang der amerikanischen Wahlen von 1960 eine wichtige Rolle für das Schicksal seines Landes und auch seiner eigenen Person spielten. Noch im Jahr zuvor hatte er Mitgliedern des Parteipräsidiums nach seinem Besuch in Camp David versichert, Eisenhower sei ein »ehrlicher« Mann, mit dem er ins Geschäft kommen

könne. Mit dieser Aussage hatte er sich jedoch lächerlich gemacht, als bekannt wurde, daß Eisenhower zwei Wochen vor dem Pariser Gipfel die U-2 losgeschickt hatte. Die Genossen im Kreml hegten nun massive Zweifel an seiner Urteilsfähigkeit. Daher hatte Chruschtschow ein Interesse daran, daß der Präsident von 1961 ein Mann sein würde, auf den man sich verlassen konnte.

Nachdem Nixon und Kennedy nominiert worden waren, sagte Chruschtschow zu seinen Mitarbeitern in Moskau, auch sie müßten sich innerlich für einen Kandidaten entscheiden: »Wir können die amerikanischen Wahlen beeinflussen.« Richard Nixon sei eine Nemesis, eine »Marionette« der amerikanischen Vertreter des Kalten Krieges, ein »Karrierist ohne Prinzipien«, ein Verbündeter »MacCarthys, dieses Teufels aus dem Reich der Finsternis«. Chruschtschows Befürchtungen wurden möglicherweise durch die Tatsache gedämpft, daß der Vizepräsident nicht mehr der Antikommunist alten Stils war, aber dennoch glaubte er: »Wir werden niemals eine gemeinsame Sprache mit ihm sprechen.«

Dennoch war die Entscheidung nicht einfach. »Wir hatten nicht viel Informationen über John Kennedy«, sagte Chruschtschow später. »Er war ein vielversprechender junger Mann und sehr reich, ein Millionär. Aus der Presse wußten wir, daß er durch seine Intelligenz, seine Bildung und seine politischen Fähigkeiten auffiel.«

Chruschtschow und seine Berater erkannten, daß Kennedys Weltbild seit seinen antisowjetischen Reden in der Zeit seiner Mitgliedschaft im Repräsentantenhaus und im Senat komplexer geworden war. Seit 1959 befürwortete der Senator einen Atomteststopp und breitere sowjetisch-amerikanische Kontakte. Chruschtschow war auch erfreut darüber, daß Kennedy die U-2-Affäre bedauerte und versprochen hatte, auf die Einhaltung von Eisenhowers Versprechen zu achten, es werde keine weiteren Spionageflüge mehr geben. Aber er machte sich Sorgen wegen Kennedys Rede von der Raketenlücke und der Notwendigkeit der amerikanischen Aufrüstung.

Die sowjetische Regierungszeitung *Iswestija* hielt sich an Chruschtschows mißbilligende Äußerungen über den Demokraten – was kein Zufall war, denn der Herausgeber war Chruschtschows Schwiegersohn und enger Berater Alexej Adschubej: »Wütend greift er die Politik Eisenhowers und Nixons an, aber er hat noch keinen Vorschlag gemacht, was er an ihre Stelle setzen will.« Eine andere sowjetische Zeitung hielt Kennedy für unentschlossen. Er sei ein »junger Millionär, der allen alles verspricht«, und nehme eine »flexible, um nicht zu sagen prinzipienlose Haltung« ein. Manchmal halte er es mit den Gewerkschaften, manchmal mit der Arbeitgeberseite. Sämtliche »bürgerlichen politischen Führer, Konservative und Liberale in gleichem Maße«, betrachteten Kennedy als »ihren Mann«.

Aber Kennedys antisowjetische Einstellung war längst nicht so kompromißlos wie die Nixons. Immerhin hatte er sich mit so gemäßigten Mitarbeitern wie Stevenson, Bowles, Fulbright, Mansfield und Harriman umgeben. Wie Arkadi Schewtschenko, der junge Beamte des Außenministeriums und spätere Überläufer, berichtet, sah Chruschtschow in Kennedys Ruf nach Verhandlungen »genau das, was er sich wünschte«. Chruschtschow selbst meinte später: »Wir hofften, die sowjetisch-amerikanischen Beziehungen würden sich verbessern, wenn Kennedy im Weißen Haus säße.«

Vielleicht glaubte er, man könne Kennedy leichter hinters Licht führen als Nixon. Ihm war bekannt, daß ein großer Teil des Washingtoner Establishments Kennedy für einen harmlosen und unbedeutenden Playboy hielt. Und die Sowjets registrierten sehr wohl Kennedys Rückzieher in der Kuba-Frage.

Es gab wohl kaum jemanden, der sich so gern seines Aufstiegs aus höchst bescheidenen Verhältnissen rühmte wie Chruschtschow. »Sie haben alle großartige Schulen besucht, berühmte Universitäten – Harvard, Oxford, die Sorbonne«, sagte er einmal zu westlichen Diplomaten. »Ich für meinen Teil habe nie eine entsprechende Ausbildung bekommen. Ich bin barfuß und in Lumpen herumgelaufen. Und während Sie in die Schule gingen, habe ich für zwei Kopeken Kühe gehütet ... Und doch bin ich jetzt in der Lage, Sie alle in die Tasche zu stecken ... Und nun sagen Sie mir doch, meine Herren, wie war das wohl möglich?«

Seit 1917, dem Geburtsjahr Kennedys, hatte Chruschtschow sich in der wandelnden sowjetischen Hierarchie hochgearbeitet, indem er um Gönner warb und sie hinterging, während der Säuberungsaktionen und im Krieg Tausende in den Tod schickte, sich Stalins Paranoia, sein Amt zu verlieren und umgebracht zu werden, entgegenstellte und dann, auf dem Höhepunkt der Macht, zwei *Putschversuche* von eigenen Mitarbeitern vereitelte. All das stärkte sein Vertrauen in die eigene Macht gegenüber einem Mann, der sich auf die Millionen seines Vaters stützte.

Chruschtschow konnte sich beim besten Willen nicht erklären, wie ein

Mann, der erst so kurze Zeit in der Regierung saß, plötzlich Präsident werden sollte. Gegenüber Freunden äußerte der Generalsekretär einmal: »Er ist jünger als mein Sohn.«

In der Öffentlichkeit hingegen zeigte sich Chruschtschow verblüffend unparteiisch. »Mr. Nixon hat sich den Mantel des Antikommunismus umgehängt«, erklärte er im August in Moskau. »Nun, er ist nicht der erste, bei dem deutlich werden wird, daß dieses Mäntelchen weder die Nacktheit der kapitalistischen Welt verhüllen noch ihre Wunden verbergen kann ... Von Mr. Kennedy weiß ich weniger. Ich habe ihn kennengelernt, als ich in Washington war, und wir haben ein paar Worte miteinander gewechselt. Aber ich weiß sehr wohl, daß sowohl Nixon als auch Kennedy Schergen des Monopolkapitals sind ... Wie wir Russen sagen, sind sie beide Stiefel ein und desselben Paares: Welcher ist nun besser, der rechte oder der linke Stiefel?«

Als er bei seinem Aufenthalt in New York gefragt wurde, welchen Kandidaten er bevorzuge, rief Chruschtschow den Schutzheiligen der sowjetisch-amerikanischen Zusammenarbeit an: »Roosevelt!«

Sowohl Nixon als auch Kennedy wußten, daß Chruschtschow, wenn er nur wollte, Einfluß auf die Wahlen nehmen konnte. Er brauchte lediglich irgendein Problem zwischen den beiden Großmächten zu schaffen, das die Wähler entweder in die Arme des erfahreneren Kandidaten trieb oder Eisenhowers und Nixons Unfähigkeit, mit den Russen fertig zu werden, zutage treten ließ. Ohne daß das amerikanische Volk die geringste Kenntnis davon hatte, nahmen daher wichtige Parteigänger beider Kontrahenten insgeheim Kontakt mit Chruschtschow auf und baten ihn um Unterstützung für ihren Kandidaten.

Im Februar 1960 fuhr Henry Cabot Lodge, der sieben Jahre lang für Eisenhower als Botschafter bei den Vereinten Nationen tätig gewesen war, in die Sowjetunion. Als Lodge sich mit dem Parteichef in Moskau traf, sagte er, »als Politiker, der zutiefst auf gute Beziehungen zwischen der UdSSR und den Vereinigten Staaten hofft«, müsse er darauf hinweisen, daß »es in den Vereinigten Staaten während des Wahljahres immer ein Minimum an Flexibilität in der Außenpolitik gibt. Was 1952 oder 1956 oder 1960 schwierig oder gar unmöglich erscheint, kann 1953 oder 1957 oder 1961 durchaus erreichbar sein.« Lodge versicherte Chruschtschow, er könne mit Nixon gut zurechtkommen: »Schenken Sie den Wahlkampfreden keinerlei Aufmerksamkeit. Denken Sie daran, es sind nur politische Äußerungen. Wenn Nixon erst einmal im Weißen Haus sitzt, dann wird er, da bin ich sicher

– ich bin absolut *sicher* –, eine andere Haltung einnehmen und unsere Beziehungen aufrechterhalten, ja vielleicht sogar verbessern.« Nach seiner Rückkehr teilte er dem Vizepräsidenten mit, er habe »mit Chruschtschow ein Gespräch geführt«, über das »das Außenministerium nicht informiert« worden sei.

Der Botschafter Llewellyn Thompson schrieb von Moskau aus an Nixon: »Verschiedene hochrangige Sowjets haben mir zu verstehen gegeben, daß sie gegen Sie eingestellt sind. Ich mußte ihnen insoweit zustimmen, als Sie ein eiserner und kampfbereiter Antikommunist sind, genauso wie sie eiserne Antikapitalisten sind. Aber ich habe auch gesagt, daß es ein Fehler ist, wenn sie annehmen, Sie wären gegen Verhandlungen oder Vereinbarungen mit der Sowjetunion, wo immer solche zu unser beider Nutzen möglich sind.«

Chruschtschows wichtigster Verbindungsmann bei den Demokraten war Averell Harriman. Der zweimalige Präsidentschaftskandidat war im Krieg Franklin Roosevelts Gesandter bei Stalin gewesen. Da er 1958 bei der Wiederwahl zum Gouverneur von New York Nelson unterlegen war, glaubten die Amerikaner, er habe keinen Einfluß mehr. Chruschtschow hingegen hatte keinerlei Zweifel, wer in Washington die Fäden zog. Im September 1959 hatte Harriman in seiner Villa an der Upper East Side für den Parteichef ein Essen gegeben, zu dem er ein kleines Pantheon der amerikanischen Finanzoligarchie geladen hatte. Im Oktober gab er Chruschtschow über Menschikow den Rat, beide Kandidaten scharf anzugreifen. Wenn er dagegen Kennedy lobte, sei das der sicherste Weg, um die Wahl Nixons zu erreichen.

In jenem Herbst übte die Eisenhower-Regierung heimlich Druck auf die Sowjets aus, Francis Gary Powers und die RB-47-Piloten freizulassen. Wie Chruschtschow sich erinnerte, traf sich ein hochrangiger Republikaner, »zu dem ich bei meiner Reise durch die USA ein ganz gutes Verhältnis hatte aufbauen können«, mit Botschafter Menschikow und bat ihn dringend um die Freilassung der Flieger: Wenn Nixon Präsident würde, würde die alte Eisenhower-Politik einer Revision unterzogen. »Wir wußten natürlich, daß Nixon hieraus schon vor den Wahlen Kapital schlagen wollte . . . Nixon wollte den Anschein erwecken, er habe bereits gewisse Kontakte zur sowjetischen Regierung hergestellt.«

In Moskau meinte Chruschtschow zu seinen Mitarbeitern: »Dieses Geschenk werden wir Nixon niemals machen.« Die beiden Kandidaten befänden sich in einer Pattsituation. »Wenn wir Nixon auch nur die geringste Schützenhilfe geben, wird man das als Ausdruck unseres Wunsches interpretieren, ihn im Weißen Haus zu sehen.« Chruschtschow hielt die Flieger weiterhin gefangen und stimmte somit schon vor der Wahl gegen »diesen Hurensohn Richard Nixon«.

Am Mittwoch, dem 9. November, gaben Llewellyn und Jane Thompson im Spaso-Haus ein Essen zum Wahltag. Über ein großes Radio konnten die Gäste, wenn auch nicht störungsfrei, die *Voice of America* hören, die über die Wahlen berichtete.

Ein amerikanischer Korrespondent fragte den Botschafter, wen er gewählt hätte. Thompson erwiderte, er sei ein Beamter des auswärtigen Dienstes. Washington, D. C., sei seine offizielle Adresse, so daß er ohnehin nicht hätte wählen können.* Seine achtjährige Tochter Jenny jedoch platzte heraus: »Stell dich nicht so an, Daddy. Du hättest doch für Kennedy gestimmt!« Die Anwesenden reagierten auf die Nachricht vom Siege Kennedys mit Applaus und Hochrufen, und Thompsons wasserblaue Augen glänzten. Wie seine Frau sich erinnerte, sei er »erfreut und begeistert« gewesen.

Thompson kannte den neuen Präsidenten bereits seit 1951. Damals hatte er als Angehöriger der Botschaft in Rom ein Mittagessen für Kennedy und andere Abgeordnete aus dem Kongreß gegeben. Im Sommer desselben Jahres hatte Thompsons Frau Jane Jacqueline und Lee Bouvier, die Töchter ihrer Freundin Janet Auchincloss, bei sich zu Gast. 1953 erhielten die Thompsons eine Einladung zu der Hochzeit zwischen Kennedy und Jacqueline, konnten ihr aber nicht Folge leisten. (Später kamen ihnen Gerüchte zu Ohren, daß der Bräutigam die Nacht vor der Hochzeit mit einer anderen Frau verbracht habe.)

In der Mitte der fünfziger Jahre, zur Zeit seiner Tätigkeit als Hochkommissar der Vereinigten Staaten in Österreich, pflegte Thompson Kennedy stets zu besuchen, wenn er sich in Washington aufhielt, um seinen Haushalt vor dem Kongreß zu verteidigen.

Thompson hoffte, der zukünftige Präsident werde ihm größeres Vertrauen entgegenbringen. Seit seinem Amtsantritt in Moskau vor drei Jahren war er immer wieder enttäuscht gewesen, weil Eisenhower seinen Telegrammen und Ratschlägen sowenig Beachtung schenkte.

---

* 1960 war das letzte Jahr, in dem die Bewohner Washingtons laut Verfassung nicht an der Präsidentschaftswahl teilnehmen durften.

Der Präsident und Foster Dulles hatten nur selten seinen Rat eingeholt. Aber schließlich waren Sowjetunion-Experten wie George Kennan und Harriman sieben Jahre lang ins politische Abseits verbannt, weil sie für Eisenhower in die gleiche politische Schublade gehörten wie Truman und die Demokraten.

Thompson hielt Kennedy für »intelligenter und belesener« als seinen Vorgänger. Und nun, da die Journalisten das Spaso-Haus verlassen hatten, um an ihren Artikeln zu feilen, ging er in sein Büro in der Botschaft und begann, Pläne zu schmieden, wie er Einfluß auf den nächsten Präsidenten nehmen könnte.

Nachdem er vor den laufenden Fernsehkameras die Wahl angenommen hatte, aß John Kennedy im Hause seines Vaters in Hyannis Port mit seiner Frau, seinen Brüdern und Schwestern, seinem Malerfreund William Walton und Ted Sorensen zu Mittag. Nun, da die Spannung der letzten Nacht von ihnen abgefallen war, konnten sie endlich wieder lachen. Sie debattierten darüber, wer sich im Wahlkampf am besten geschlagen hatte, und zogen über die Politiker her, die für Nixons Niederlage verantwortlich waren.

Nachdem die Tafel aufgehoben war, erhielt der designierte Präsident ein Telegramm von Nikita Chruschtschow, in dem dieser seiner Hoffnung Ausdruck gab, daß die sowjetisch-amerikanischen Beziehungen wieder dieselbe Herzlichkeit erreichen würden wie zur Zeit Franklin Roosevelts. Die ganze Menschheit, hieß es in dem Telegramm, »sehnt sich danach, von der Bedrohung durch einen neuen Krieg befreit zu werden ... Es gibt keine unüberwindlichen Hindernisse für die ... Festigung des Friedens.« Aus der Sorge, er könne mit einem falsch gewählten Wort ungünstige Voraussetzungen für das Verhältnis zu Chruschtschow schaffen, rief Kennedy sofort Chip Bohlen im Außenministerium an.

Kapitel 3

»Unser Schlüssel zur Sowjetunion«

Mit seinem Anruf bei Bohlen war Kennedy an den Ausgangspunkt seiner Beziehung zu den Sowjets zurückgekehrt. In diesem Augenblick eigener Unsicherheit erinnerte er sich an den berühmten Sowjetunion-Experten, der ihn 1939 in Moskau zu sich eingeladen hatte.

Bohlens Interesse für die Sowjetunion hatte bereits in den zwanziger Jahren in Harvard begonnen, wo er russische Literatur studierte und russische Lieder sang. Außerdem hatte er ein russisches Mädchen kennengelernt, das er für das »richtige Mittel« hielt, diese Fremdsprache zu lernen. Damals verteidigte er in den exklusiven Räumen des Porcellian Club einzelne Aspekte des bolschewistischen Experiments. Als Beamter des auswärtigen Dienstes kam er 1934 zu dem damaligen Botschafter William Bullitt nach Moskau. In Jalta war er Roosevelts Dolmetscher.

Um 1953 Eisenhowers Botschafter in Moskau zu werden, mußte er sich zunächst gegen Joseph McCarthys Anspielungen auf seine sexuellen Neigungen und seinen »häßlichen Ruf, in Jalta den großen Betrug begangen zu haben«, zur Wehr setzen. Damals weigerte sich Foster Dulles sogar, mit ihm zusammen fotografiert zu werden. Eisenhower aber setzte sich durch, denn er und Bohlen waren während des Krieges in Paris Golfpartner gewesen.

Später bedauerte Bohlen, daß er nicht Himmel und Hölle in Bewegung gesetzt hatte, um den Präsidenten davon zu überzeugen, man müsse das hoffnungsträchtige Klima nach dem Tode Stalins ausnutzen. Aber Foster Dulles sah in ihm einen möglichen Rivalen. Als Bohlen 1956 nach Washington zurückkehrte, hinderte ihn der Außenminister daran, sich an das Kabinett zu wenden: »Es würde ihn zu sehr in den Vordergrund stellen ... Schließlich arbeitet er nicht mit uns zusammen.«

1957 feuerte ihn Dulles mit einem undurchsichtigen Schreiben, in dem es hieß, er wisse, daß Bohlen »die Schriftstellerei zu seinem Beruf machen« wolle. Bohlen hatte aber weder den Wunsch noch die Fähigkeit, sich als Autor zu betätigen. Als er erfuhr, daß Thompson sein Nachfolger werden solle, hätte er ihm beinahe die Freundschaft gekündigt. Doch dann wurde Bohlen klar, daß Thompson ohne eigenes Wissen benutzt wurde, um ihn aus Moskau zu verdrängen.

Als man Bohlen dann einen Posten in Karatschi anbot, lehnte er ab, und auch die Versetzung nach Manila akzeptierte er nur widerstrebend. Nach Dulles' Tod im Jahre 1959 holte ihn der neue Außenminister Christian Herter aus dem »Exil« zurück und stellte ihn als Berater für sowjetische Angelegenheiten ein, wozu eine Bestätigung durch den Senat nicht erforderlich war.

Bei einem Telefongespräch mit Kennedy drückte Bohlen sich vorsichtig aus, da er trotz des langen Wahlkampfes nicht die »leiseste Ahnung« hatte, welchen Standpunkt Kennedy gegenüber der Sowjetunion einnahm. Schließlich fragte er den Präsidenten, ob er mit einer »großen Geste« beginnen oder ob er »sich lieber zurückhalten« wolle. Als Kennedy letzteres bejahte, empfahl ihm Bohlen, eine höfliche, aber nichtssagende Formulierung zu wählen, und entwarf eine Antwort, die nur aus einem einzigen Satz bestand. Da Kennedy diese Version jedoch für zu schroff hielt, fügte er später noch zwei weitere Sätze hinzu.

Am nächsten Morgen las Kennedy bei einer Pressekonferenz aus seinem Telegramm an Chruschtschow vor: »Einen echten und dauerhaften Frieden zu erreichen wird ein grundlegendes Ziel dieses Landes und die Hauptaufgabe seines Präsidenten bleiben.«

Während des Wahlkampfs hatte Botschafter Menschikow Bohlen, Dutzende von Senatoren und andere Regierungsbeamte wie den Obersten Richter des Bundesgerichtshofs William O. Douglas zu einem Abendessen in die sowjetische Botschaft eingeladen. Ziel dieser Einladung war, zu erfahren, was die Sowjetunion von dem nächsten Präsidenten zu erwarten habe.

Menschikow war stets geneigt gewesen, Chruschtschow das zu berichten, was er hören wollte: Millionen von Amerikanern seien arbeitslos und die Vereinigten Staaten stünden kurz vor einer proletarischen Revolution. Nachdem der Generalsekretär 1959 Amerika persönlich kennengelernt hatte, begann er jedoch, heftig an Menschikows

Berichten zu zweifeln.* Und ein Mitarbeiter Menschikows bezeichnete den Botschafter schließlich sogar als »*nasch durak*« – »unser Narr«.

In der Woche nach den Wahlen teilte Menschikow Adlai Stevenson mit, Chruschtschow hege »große Hoffnungen« auf neue Vereinbarungen mit den Vereinigten Staaten, zum Beispiel auf ein Atomteststopp-Abkommen. Aber solche Übereinkünfte könnten nur zustande kommen, wenn die beiden Staatsmänner vertraulich miteinander verhandelten. Wenn Kennedy und Chruschtschow über die üblichen offiziellen Kanäle miteinander kommunizierten, seien sie gezwungen, auf die »alten Vorwürfe« zurückzugreifen.

In der sowjetischen Botschaft in Washington übermittelte Menschikow Harriman eine Botschaft Chruschtschows, in der es hieß, der Parteichef habe Verständnis dafür, daß Kennedy im Wahlkampf antisowjetische Äußerungen habe machen müssen, und er sei bereit, über sie hinwegzusehen. Jetzt aber müßten die beiden Länder zu den herzlichen Beziehungen zurückkehren, die zwischen ihnen während Harrimans Amtszeit als Botschafter in Moskau geherrscht hätten. Harrimans Antwort lautete, wenn Chruschtschow es ernst meine, solle er zeigen, daß sein Ärger vom Sommer und Herbst verraucht sei. Vielleicht könne er endlich aufhören, über die U-2-Affäre zu schimpfen, und die RB-47-Piloten freilassen.

Ende November flogen Kennedys Wahlkampfberater Walt Rostow und Jerome Wiesner zu einem Treffen von Abrüstungsexperten nach Moskau. Chruschtschows stellvertretender Außenminister Kusnezow nutzte die Gelegenheit, die beiden Amerikaner anzusprechen: »Was können wir tun, um die neue Regierung zu unterstützen?« Daraufhin präsentierten ihm Wiesner und Rostow eine Liste von Themen, die sie mit Hilfe von Botschafter Thompson zusammengestellt hatten. Die RB-47-Piloten sollten freigelassen werden, »ohne daß Kennedy darum bitten oder darüber verhandeln muß«. Außerdem müsse der Druck auf Berlin nachlassen. Und schließlich müßten sich die Sowjets

---

* Als der stellvertretende Außenminister Kusnezow mit dem Parteichef und seinem Begleiter, Henry Cabot Lodge, von New York nach Los Angeles flog, meinte er, Chruschtschow werde auf dieser Reise »etwas lernen, und ich bin froh, daß er mit jemandem reist, der ihm den Standpunkt der Vereinigten Staaten nachdrücklich verdeutlicht«.

während der Verhandlungen über ein Atomteststopp-Abkommen »sehr großzügig« in der Frage von Inspektionen vor Ort erweisen.

Rostow fügte noch die Warnung hinzu: »Wir sind ein Land, das nicht gern eine zweigleisige Politik betreibt. Wenn es eine Berlin-Krise gibt, werden wir nicht besonders ernsthaft über Rüstungskontrolle sprechen können.« Auf die Frage der Amerikaner, was man von ihnen als Gegenleistung erwarte, erwiderte Kusnezow: »Nehmen Sie die Abrüstungsverhandlungen ernst.«

Bei anderer Gelegenheit erinnerte Rostow Chruschtschow und seine Mitarbeiter daran, daß Kennedy ein Mann der konkreten Praxis sei. Ein Gipfel müsse unter allen Umständen »gut vorbereitet und auf sehr konkrete Verhandlungen ausgerichtet« sein. Und erst wenn die Piloten der RB-47 freigelassen seien und man eine Einigung über einen Atomteststopp erreicht habe, könne man ein Gipfeltreffen zwischen Kennedy und Chruschtschow mit gleichzeitiger Unterzeichnung des Vertrages in New York ins Auge fassen. Auf jeden Fall aber müsse Chruschtschows Besuch vollkommen anders aussehen als der im Herbst. Der Generalsekretär solle »seinen Zylinder mitbringen und die Schuhe an den Füßen lassen«.

Aber die Sowjets gaben sich mit dieser Antwort nicht zufrieden: »Wie kann Kennedy ein Interesse an Abrüstung haben, wenn er gleichzeitig beabsichtigt, den Verteidigungshaushalt anzuheben?« Daraufhin erklärte Rostow, die Veränderungen, die Kennedy verlangt habe, würden die Angst der Amerikaner vor einem Überraschungsangriff verringern und »ein für allemal« sicherstellen, daß die Vereinigten Staaten keinerlei Absichten hegten, einen atomaren Erstschlag gegen den sowjetischen Block zu führen.

Kusnezow warnte, Kennedy könne nicht erwarten, daß die Sowjetunion »stillhalte«, wenn er seine Pläne für die Rüstung wahrmache. Später berichtete Rostow dem designierten Präsidenten, daß die Sowjets zwar bereit seien, über Rüstungskontrolle zu verhandeln, in der Berlin-Frage aber Unnachgiebigkeit zeigen und »uns in den Ländern der Dritten Welt die Hölle heiß machen werden«.

Bei einem Mittagessen am Montag, dem 12. Dezember, zu dem Menschikow Robert Kennedy in die Botschaft eingeladen hatte, lobte der Gesandte die »Intelligenz und Vitalität« des Präsidenten und gab die Schuld für die Schwierigkeiten der Vergangenheit amerikanischen Regierungsbeamten auf der mittleren Ebene, die die sowjetische Position »verzerrt« dargestellt hätten. Nun aber könnten die beiden Länder zu einem »klaren und freundschaftlichen Einverständnis« finden.

Drei Tage später führte Menschikow ein vertrauliches Gespräch mit Harrison Salisbury von der *New York Times*, der ein altbewährter Sowjetunion-Experte und Befürworter besserer Beziehungen war. »Die Zeit spielt eine wesentliche Rolle«, sagte er. Die beiden Staatsmänner müßten sich treffen, »bevor die Gegner einer Einigung handeln und dies verhindern könnten ... Ein einziger Tag ernsthafter und persönlicher, informeller Gespräche zwischen Chruschtschow und Kennedy kann mehr bringen als sämtliche Treffen von Unterhändlern zusammengenommen.«

Nie zuvor hatte ein sowjetischer Staatschef einen amerikanischen Präsidenten vor dessen Amtseinführung so zugesetzt, ein Gipfeltreffen abzuhalten. Wahrscheinlich lag Chruschtschows Ungeduld zum großen Teil darin begründet, daß am Morgen nach der Wahl Kennedys in Moskau eine geheime Sitzung begonnen hatte, an der die Delegierten von 81 kommunistischen Parteien teilnahmen.

In November 1960 fand die dramatischste Veränderung im Gleichgewicht der Kräfte seit 1945 statt: Das »unumstößliche« Bündnis der Sowjetunion mit China brach auseinander. Mao Tse-tung beteiligte sich am Wettlauf um den Bau von Atomwaffen und machte Chruschtschow die Führerrolle in der kommunistischen Weltbewegung streitig.

1957 hatte Mao, wie Chruschtschow sich später erinnerte, gemeint, der sowjetische Parteichef solle nicht vor einem Krieg mit den Westmächten zurückschrecken: »Wenn die Imperialisten Krieg mit uns anfangen, verlieren wir vielleicht mehr als 500 Millionen Menschen. Was soll's? Krieg ist schließlich Krieg. Die Jahre werden vergehen, und wir werden mehr Babys in die Welt setzen als je zuvor.«

Chruschtschow aber zog aus dieser und ähnlichen Äußerungen den Schluß, Mao sei ein »Wahnsinniger auf dem Herrscherthron«. Im Juni 1959 rückte er dann insgeheim von seinem Versprechen ab, den Chinesen den Prototypen einer Atombombe zur Verfügung zu stellen. Und Mao wiederum beschuldigte Chruschtschow nach dessen Treffen mit Eisenhower in Camp David, er habe China und den Kommunismus verkauft, um mit den Vereinigten Staaten ins Geschäft zu kommen.

Das war nicht ganz unrichtig. Indem Chruschtschow mit den Vereinigten Staaten verhandelte, wies er nämlich die chinesische Vorstellung zurück, ein Weltkrieg gegen den Imperialismus sei unausweichlich. Als dann die U-2-Affäre die Verständigung mit Eisenhower zunichte machte, sahen die Chinesen ihre Ansicht bestätigt, daß Chruschtschow vom Westen hereingelegt worden sei. Im Juni 1960 griffen sie ihn auf einer Geheimkonferenz in Bukarest dann auch persönlich an. Daraufhin zog Chruschtschow im August 12 000 technische Berater aus China ab.

Aber noch immer hoffte er, den chinesisch-sowjetischen Zwist vor dem Westen verbergen zu können. Aufgrund der Tatsache, daß er eine Milliarde Menschen regierte, gab er sich der Illusion hin, bei Verhandlungen mit den Vereinigten Staaten der Stärkere zu sein. Er hatte die 81 kommunistischen Delegationen vor allem deshalb nach Moskau berufen, um sie zu einer gemeinsamen Proklamation zu bewegen. Diese sollte aller Welt zeigen, daß die chinesisch-sowjetische Solidarität immer noch unerschütterlich sei.

Zunächst jedoch wandte er sich hinter verschlossenen Türen mit heftigen Worten gegen die chinesischen Vorwürfe, er habe sich von Lenin und Stalin entfernt und gehe zu sanft mit den Kapitalisten um. In diesem Zusammenhang nannte er Mao einen »größenwahnsinnigen Kriegshetzer«, der nur noch seine eigenen Interessen im Auge habe. Offensichtlich wolle China einen Halbgott, den man »dafür verantwortlich machen kann, wenn etwas schiefgeht ... jemand, dem man ans Bein pinkeln kann. Wenn ihr ohne Stalin nicht leben könnt, dann könnt ihr ihn haben – seinen Kadaver samt Sarg und allem!«*

---

* Die Staatschefs der Westmächte wußten allerdings schon mehr über den chinesisch-sowjetischen Konflikt, als Chruschtschow vielleicht hoffte. Im Januar des Jahres 1960 hatte Stevenson Menschikow unter vier Augen mitgeteilt, er wisse, daß die Sowjets Schwierigkeiten mit China hätten. Der Botschafter lächelte: »Ja, wir werden wohl wieder Verbündete werden.« Im selben Monat berichtete Thompson nach Washington, der Konflikt zwischen den beiden Ländern sei »ernst« und würde sich »wahrscheinlich noch verschärfen«, obwohl er »in absehbarer Zukunft keinen vollständigen Bruch« erwarte.
Im Oktober 1960 schrieb Thompson, Chruschtschows Hartnäckigkeit gegenüber den Vereinten Nationen zeige, »wie tief die Kluft zwischen China und der Sowjetunion« sei. Offensichtlich wolle »Chruschtschow unbedingt verhindern, daß die Chinesen den Satellitenstaaten das Bild vermittelten, er gehe zu sanft mit dem Westen um«. Am 28. November telegrafierte der Botschafter, eine Wirkung der Konferenz der 81 kommunistischen Delegationen werde »die Schwächung

Trotz alledem erreichte er einen Kompromiß mit den Chinesen, der allerdings auf unsicheren Beinen stand. Sie räumten schließlich ein, daß ein Krieg möglicherweise doch nicht unausweichlich sei. Als Gegenleistung versprach Chruschtschow, den politischen Kampf in den neuerdings unabhängig gewordenen Ländern der Dritten Welt mit mehr Engagement zu führen. Das Treffen endete mit einer öffentlichen Proklamation der unverbrüchlichen Einheit des sozialistischen Lagers.

In der westlichen Presse wurde Chruschtschow häufig der »Diktator« und »absolute Herrscher« der Sowjetunion genannt – eine Einschätzung, die er nicht ungern hörte. Niemand jedoch wußte besser als er, daß seine Autorität keineswegs unumschränkt war. 1957 hatte er nur mit knapper Not einen Putschversuch von Georgi Malenkow, Wjatscheslaw Molotow und andere Alt-Stalinisten überstanden, den er als »Anschlag auf die Partei« brandmarkte.

Nach der U-2-Affäre hatten neue Rivalen im eigenen Land wie Frol Koslow und Michail Suslow an Einfluß gewonnen. Diese beiden Männer hatten Chruschtschow wegen seines Vorschlags kritisiert, die sowjetische Armee um 1,2 Millionen Mann zu verkleinern. Außerdem machten sie ihm Vorwürfe, weil er mit den Imperialisten verhandelte und sich mit den Chinesen überwarf. Wie der Historiker Adam Ulam schrieb, wäre Chruschtschow im Sommer 1960 gestürzt worden, wenn dies »von den Chinesen nicht als Zeichen der Kapitulation« hätte interpretiert werden können.

Chruschtschows Butter-statt-Kanonen-Politik, die einen eventuellen Bruch mit den Chinesen nicht ausschloß, war abhängig von einer Periode relativer Entspannung im Verhältnis zu den Vereinigten Staa-

Chruschtschows sein ... Vermutlich wird es den Sowjets schwerer fallen, ihre Entscheidungen bei den anderen Blockmitgliedern durchzusetzen. Chruschtschow braucht zunehmend einen Erfolg, und er wird über immer weniger Möglichkeiten verfügen, in Fragen wie Berlin Zugeständnisse zu machen.«
Im April 1961 hatte die für die chinesisch-sowjetischen Beziehungen zuständige Arbeitsgruppe der CIA so viele Informationen gesammelt, daß sie dem Präsidenten einen 99seitigen Bericht mit dem Titel »Die chinesisch- sowjetischen Auseinandersetzungen und ihre Bedeutung« schicken konnte. Das Dokument sprach von einem »Durchbruch des Geheimdienstes« auf der Grundlage »geheimer Quellen«, zitierte Quellenmaterial von dem geheimen Treffen der 81 Delegationen und kam zu dem Schluß, es werde ein »echter, ernster und erbitterter« Kampf geführt. Doch die Sowjetunion und China hielten es »für sehr bedenklich, einen offenen und endgültigen Bruch ins Auge zu fassen ... Unserer Ansicht nach werden sie es nicht dazu kommen lassen.«

ten. Und er wußte, daß er nur dann einen gewissen Respekt für seine Verhandlungen mit dem Westen zurückgewinnen konnte, wenn er sich möglichst rasch mit Kennedy traf und bei den Verhandlungen mit dem Präsidenten Ergebnisse erzielte – eine Berlin-Regelung, einen Atomteststopp, der Peking und Bonn davon abhalten würde, in den Besitz von Atomwaffen zu kommen, und ein Abrücken Kennedys von seinem Wahlkampfversprechen, das konventionelle Wettrüsten weiterzutreiben.

Chruschtschow fürchtete, daß seine Verhandlungsposition gegenüber den Vereinigten Staaten um so schwächer würde, je länger man ein Gipfeltreffen mit Kennedy hinauszögerte. Jeder Monat, der verstrich, würde den Amerikanern mehr Gewißheit geben, daß die Raketenlücke ihnen einen Vorteil brachte und daß Peking mit Moskau gebrochen hatte. Chruschtschow war klar, daß er seine Pläne, die Truppen zu reduzieren und statt dessen etwas für den sowjetischen Verbraucher zu tun, fallenlassen mußte, wenn die Konfrontation zwischen den beiden Supermächten noch länger anhielt. Und er würde dann vielleicht seinen Posten an Rivalen aus dem Kreml verlieren, die einen harten Kurs vertraten, mit dem sowjetischen Militär und den Chinesen im Bunde standen und behauptet hatten, die Sowjetunion könne niemals mit den Vereinigten Staaten zusammenarbeiten.

Wenn ein Gipfel mit Kennedy hingegen frühzeitig stattfinden würde, würde der Parteichef seine Perspektiven für die Zukunft besser einschätzen können. Wie Thompson es ausdrückte, lief Chruschtschows »ganze Art, Politik zu machen«, darauf hinaus, »daß nur die Politiker an der Spitze Entscheidungen treffen konnten«. Aufgrund eines ungewöhnlichen Vertrauens in die eigene Fähigkeit, Motive und Personen beurteilen zu können, war Chruschtschow entschlossen, den neuen Präsidenten, der in der Vergangenheit keine eindeutige Position bezogen hatte, festzunageln.

Kennedys Jugend und sein anscheinend müheloser Aufstieg ließen Chruschtschow glauben, er sei leichter zu manipulieren als andere politische Führer wie beispielsweise Stalin oder Mao Tse-tung. Er wollte Einfluß auf den designierten Präsidenten ausüben, noch bevor dieser seine politische Linie festgelegt hatte.

Im November und Dezember verbrachte der designierte Präsident die meiste Zeit damit, sich im Hause seines Vaters auf sein Amt vorzubereiten. Er besetzte die Ministerposten, las die Ausschußberichte und stellte sich der Presse. In seiner Freizeit erholte er sich beim Golfspiel, sah sich Filme an und schwamm im Atlantik unter der Obhut eines Küstenwachschiffs, was ihm allerdings zutiefst mißfiel: »Erwarten die etwa, daß Castro in Palm Beach landet?«

Daneben jedoch machte sich Kennedy eingehend Gedanken über Chruschtschow. Stevenson, Harriman, Bohlen, Salisbury und andere Mitarbeiter hatten ihn über die Botschaften auf dem laufenden gehalten, die aus Moskau eintrafen. Da er mit Chruschtschows indirektem Vorgehen wenig anfangen konnte, bat Kennedy seinen Freund, den altgedienten Diplomaten David Bruce, Menschikow nach den genauen Plänen der Sowjets zu fragen. Die Antwort des sowjetischen Botschafters war ein Brief ohne Kopf und Unterschrift, in dem er seine, wie er es nannte, »persönlichen Gedanken« formulierte. In dem Schreiben wurde um sofortige Verhandlungen und ein Gipfeltreffen zwischen Kennedy und Chruschtschow ersucht.

Vermutlich hatte der sowjetische Staatschef geglaubt, er könne den neuen Präsidenten dazu bewegen, Harriman, Stevenson und andere Verfechter besserer Beziehungen zur Sowjetunion in hohe Posten einzusetzen, indem er, Chruschtschow, sie als seine Mittelsmänner benutzte. Doch schon bald mußte er feststellen, daß diese Hoffnungen auf Sand gebaut waren. »Das anschaulichste Beispiel für Kennedys Vorgehen bei der Regierungsbildung stellte das Schicksal des unglücklichen Adlai Stevenson dar, der das ehemalige Idol der Demokraten gewesen war«, schrieb ein sowjetischer Beobachter. »Er wurde nicht nur als Anwärter für das Amt des Außenministers verworfen, sondern bekam auch noch einen Posten in zweiter Reihe angeboten: als Botschafter bei den Vereinten Nationen.« Und Harriman erhielt den ausgesprochen schmückenden Titel eines Sonderbotschafters.

Kennedys Außenminister wurde niemand anderes als Dean Rusk, der Präsident der Rockefeller Foundation. Das Verteidigungsministerium erhielt Robert McNamara, der Präsident der Ford Motor Company. Nach Ansicht der Sowjets war er Kennedy von dem Unternehmen in Michigan aufgedrängt worden, das sein Vermögen nicht nur der Produktion von Autos, sondern auch von Waffen verdankte. Das Finanzministerium sollte Douglas Dillon übernehmen, der Finanzfachmann, der Eisenhowers Unterstaatssekretär im Außenministerium gewesen war. Chruschtschow kannte ihn bereits von Camp David her: »Es war offensichtlich, daß er uns nicht ausstehen konnte.«

Ebenfalls nicht begeistert war der sowjetische Staatschef von der Wiederernennung J. Edgar Hoovers und Allen Dulles', den die sowjetische Presse »den gefährlichsten Mann der Welt« zu nennen pflegte. Aber Chruschtschows Enttäuschung über Kennedys Wahl war keineswegs stärker als die mancher liberaler Demokraten. Diese hätten vielleicht ihre begeisterte Unterstützung für Kennedy noch einmal überdacht, wenn sie gewußt hätten, daß Kennedy nach seiner Wahl Stevenson und andere liberale Demokraten übergehen und statt dessen Republikaner ins Verteidigungs- und Finanzministerium sowie in den nationalen Sicherheitsrat berufen würde.

Am Dienstag, dem 10. Januar 1961, fragte Kennedy George Kennan während eines Fluges von New York nach Washington, wie er mit Chruschtschows Annäherungsversuchen umgehen solle, und zeigte dem Diplomaten eine Kopie von Menschikows unsigniertem Brief, in dem dieser ein Gipfeltreffen forderte. Kennan erschien dieser Brief »wesentlich formeller und offensiver« als Menschikows verbale Äußerungen. Allem Anschein nach sei er zwar »in Chruschtschows Amtszimmer abgefaßt, aber dann doch mit einem größeren Kreis abgestimmt worden«.
Deshalb empfahl Kennan dem designierten Präsidenten: »Ich würde Menschikow oder Chruschtschow vor Ihrem Amtsantritt nicht darauf antworten.« Die Sowjets hätten »überhaupt kein Recht«, ihn in dieser Weise zu drängen. Nach der Amtseinführung könne Kennedy Chruschtschow ja vielleicht in einer persönlichen Botschaft mitteilen, daß die USA sofort reagieren würden, wenn die Sowjets ernsthaftes Interesse an einem Gespräch über grundlegende Meinungsverschiedenheiten zeigten, jedoch liege die »Beweislast, darzulegen, warum diese Fragen nicht auf niedrigerer, das heißt auf der normalen Ebene behandelt werden können«, bei demjenigen, der den Gipfel fordere.
Anschließend riet Kennan dem designierten Präsidenten noch, er solle »auf seinem Recht auf Diskretion im Umgang mit dem sowjetischen Problem« bestehen: Eisenhower sei in dieser Hinsicht »viel zu weit gegangen, indem er davon ausging, alle geplanten Schritte gegenüber der Sowjetunion müßten sofort der Presse bekanntgegeben werden«.

Nach seinem knappen Wahlsieg war Kennedy klar, daß der sicherste Weg, den Kongreß und das Volk hinter sich zu bringen, über die Außenpolitik lief. Außerdem entsprach ein derartiges Vorgehen weitgehend seinem Naturell: Wer kümmere sich auch nur »einen Dreck« um den Mindestlohn, meinte er einmal, wo doch das eigentlich Interessante die Außenpolitik sei. »Lassen wir das ganze innenpolitische Zeug weg«, sagte er zu seinem Redenschreiber Sorensen. »Es wird sowieso zu lang.«

Die endgültige Fassung seiner Antrittsrede verband massive Warnungen an die Sowjetunion mit einem Friedensangebot. Die Vereinigten Staaten würden nicht zulassen, daß man die Menschenrechte »langsam untergräbt«. »In allen amerikanischen Ländern« würden die USA sich »der Aggression und Subversion entgegenstellen«. Das Land sei bereit, »jeden Preis zu zahlen, jede Last auf sich zu nehmen, sich jeder schwierigen Lage zu stellen, jeden Freund zu unterstützen, sich jedem Feind zu widersetzen«, wenn es darum ginge, die Freiheit zu verteidigen.

Aber beide Seiten müßten erneut mit »der Sondierung der Friedensmöglichkeiten« beginnen. Auf keinen Fall dürften sie sich »mit dem gegenwärtigen Kurs zufriedengeben – beide Seiten tragen schwer an den Kosten der modernen Waffen, beide sind mit Recht beunruhigt durch die immer weiter wachsende tödliche Gefahr eines Atomkrieges, und doch wetteifern beide darum, dieses unsichere Gleichgewicht des Schreckens zu ihren Gunsten zu verändern, das den Ausbruch des letzten Krieges der Menschheit bis jetzt noch verhindert hat. Deshalb sollten wir einen neuen Anfang machen und uns auf beiden Seiten in Erinnerung rufen, daß ein zivilisierter Umgang mit der Gegenseite kein Zeichen von Schwäche ist und Aufrichtigkeit nur durch Taten unter Beweis gestellt werden kann. Wir sollten niemals aus Angst heraus miteinander verhandeln, aber wir sollten auch niemals Angst haben, das Gespräch mit dem anderen zu suchen.«

Am Freitag, dem 20. Januar, hieß es in Radio Moskau: »In wenigen Stunden wird der neue Präsident in sein Amt eingeführt. Dies bedeutet das Ende des berüchtigten Eisenhower-Regimes, welches die Welt acht Jahre lang erdulden mußte.« Zur gleichen Zeit klatschte Barry Goldwater in Washington frenetisch Beifall für die kriegerischen Passagen der Kennedy-Rede. »Gott, ich hoffe, daß er sich auch daran hält, aber ich glaube es nicht«, äußerte er anschließend. Der immer vorsichtige Menschikow dagegen saß stocksteif da und hielt die behandschuhten Hände im Schoß verschränkt.

Am Samstag morgen stieg der amerikanische Botschafter in Moskau in seinen Cadillac, um sich zu einer Audienz unter vier Augen bei

Chruschtschow fahren zu lassen. Es war die erste Begegnung seit Monaten. Der Parteichef hielt selten offizielle Sitzungen am Wochenende ab, und noch nie zuvor hatte er Thompson in der Botschaft angerufen. Aber er war so begierig, Kontakte zu dem neuen Präsidenten zu knüpfen, daß er dieses Mal von seinen Gewohnheiten abwich. Nachdem Thompson den Hörer aufgelegt hatte, sagte er zu einem Berater: »Sie werden nie erraten, wer mich soeben angerufen hat.«

Llewellyn Thompsons Verhältnis zu Chruschtschow war enger als das irgendeines anderen Amerikaners zu einem sowjetischen Staatsoberhaupt vor ihm. Der Grund dafür lag darin, daß der ehemalige Bergarbeiter aus Kalinowka äußerst empfindlich war, was das Verhältnis westlicher Diplomaten ihm gegenüber betraf. Zum Beispiel hatte der westdeutsche Botschafter nach einem Badeausflug mit Chruschtschow ans Schwarze Meer in ganz Moskau verbreitet, der Parteichef benutze einen Schwimmreifen, was Chruschtschow sehr erboste.
Und Chip Bohlen hatte der Parteichef immer als »Klassenfeind« betrachtet. Bohlen habe verbreitet, er sei Alkoholiker, beschwerte er sich einmal im Jahre 1959 Harriman gegenüber. Er könne dies sogar »belegen«.*
Ein derartiges Verhalten wäre bei Thompson undenkbar gewesen. Vielmehr beklagten sich seine Mitarbeiter eher darüber, daß er ein zu enges Verhältnis zu Chruschtschow habe.
Der zurückhaltende Thompson mit dem rotwangigen freundlichen Gesicht war eine Art Gary Cooper auf der Diplomatenbühne. Wegen seiner Magengeschwüre achtete er stets darauf, daß sich ein Glas Milch und Zwieback in seiner Reichweite befanden. Der 1904 in Las Animas, Colorado, zur Welt gekommene Sohn einer armen baptistischen Farmerfamilie pflegte gegenüber Chruschtschow scherzhaft zu bemerken, sie beide hätten schließlich in ihrer Jugend Schafe gehütet. Um sein Studium an der Universität von Colorado zu finanzieren, hatte er als Tellerwäscher gearbeitet. Die diplomatische Laufbahn war für ihn deshalb so verlockend gewesen, »weil ich so viele Interessen hatte, und in diesem Beruf konnte ich ihnen nachgehen«.

---

* Thompson versuchte, auch wenn es wenig glaubwürdig klang, diese beleidigende Äußerung Bohlens zu korrigieren: Er habe Chruschtschow lediglich als »normalen« Trinker bezeichnet und gesagt, daß »der schwere Trinker im Präsidium Mr. Bulganin war«.

Das Auswärtige Amt schickte ihn 1940 als Zweiten Sekretär nach Moskau. Als die deutschen Panzer die sowjetische Grenze durchbrachen, wurde ein Großteil von Stalins Regierung und das diplomatische Korps an die Wolga evakuiert. Thompson aber blieb auch während des Bombenhagels in der verdunkelten Hauptstadt, um über die Überlebenschancen der Sowjetunion nach Hause zu berichten. Später bedankten sich die Sowjets bei ihm, weil er sie nicht »verlassen« habe. Nach dem Sieg in Europa nahm Thompson nahezu an jeder großen internationalen Konferenz teil, wobei ihm die Aufgabe zufiel, die Westmächte und die Sowjetunion einander näherzubringen.

1952 war er mit seiner späteren Frau, die er 1948 auf einer Europareise kennengelernt hatte, nach Wien gezogen. In einem Verhandlungsmarathon mit den Sowjets arrangierte Thompson das Abkommen, aufgrund dessen Österreich neutral und unabhängig wurde.

Im Jahre 1957 flogen die Thompsons in die sowjetische Hauptstadt. Sie waren gespannt, wie Chruschtschow den Putschversuch der Altstalinisten überstanden hatte. Der neue Botschafter schrieb an seinen nach Manila versetzten Vorgänger Bohlen, »das Auffälligste«, was er beobachtet habe, sei »die skeptische Haltung und die Unruhe der Bevölkerung«.

Thompsons fruchtbare Beziehungen zu Chruschtschow begannen, kurz nachdem der Parteichef 1958 an die Spitze der Macht gelangte. Damals hatte er Nikolai Bulganin aus dem Amt gedrängt und war auf diese Weise sowohl Vorsitzender des Ministerrates als auch Erster Sekretär der Kommunistischen Partei der Sowjetunion geworden. In jenem Sommer fand in Moskau ein Empfang statt, und der kanadische Botschafter stellte fest, daß Chruschtschow seinen Platz am Kopfende des Tisches verließ, um sich neben Thompson zu setzen und über eine Stunde mit ihm zu sprechen. So habe er »annähernd tausend Gästen« gegenüber demonstriert, daß er bessere Beziehungen zum Westen wünschte.

Thompsons Telegramme, in denen er über seine Gespräche mit dem Parteichef berichtete, erinnern an ein französisches Diplomatentagebuch aus dem siebzehnten Jahrhundert. Im November 1959 hieß es: »Als ich mich verabschieden wollte, brachte Chruschtschow noch die Hoffnung zum Ausdruck, unsere Familien könnten bald zu einem geselligen Abend zusammenkommen, aber er wolle mir jetzt schon ein Geheimnis anvertrauen – nämlich daß er bald in den Kaukasus fahren werde. Er habe in Rumänien einmal drei Bären geschossen.«

Ende Januar 1961 lud Chruschtschow Thompson und dessen Stellvertreter Boris Klosson mitsamt ihren Familien zu einem Wochenende in seine Datscha ein – es war das erstemal, daß Amerikaner über ein Wochenende Gäste des Parteichefs waren. Der Ausflug begann am Freitag abend. Die Thompsons wurden zu der steinernen Villa gefahren, wo Stalin einst mit Chruschtschow und seinen übrigen Günstlingen die berüchtigten nächtlichen Trinkgelage veranstaltet hatte.

Am nächsten Morgen tauchte der Hausherr mit rotem Gesicht und einer Pelzmütze auf und fuhr mit der sechsjährigen Jenny Thompson auf dem Schoß die Väter und ihre Kinder zu den Pferdeställen, die fast die Ausmaße eines Hippodroms hatten. Ein Stallbursche setzte die Jungen und Mädchen auf die Pferde, die Geschenke arabischer Scheichs und des Schahs von Persien an den Parteichef waren.

Abends begab sich die Gesellschaft dann in Stalins Eßzimmer. Die ganze Zeit über liefen zwei Thompson-Mädchen, drei Klosson-Jungen und zahllose Chruschtschow-Enkel, gejagt von Kindermädchen mit gestärkten weißen Hauben, hin und her, was Anastas Mikojan zu der Bemerkung veranlaßte: »Wenn Stalin uns jetzt mit dem amerikanischen Botschafter hier sitzen sähe, würde er sich im Grabe umdrehen.«

Bei diesem Besuch – wie auch bei späteren – zeigte Chruschtschow den Thompsons sein geliebtes, selbstgezüchtetes Getreide, verteidigte das Sowjetsystem und erklärte: »Die USA sind so reich, daß sie, jedenfalls im Augenblick, die Revolution hinauszögern können, indem sie die Arbeiter kaufen oder bestechen.« Dann erzählte er vom Todestag Stalins, wobei er den sterbenden Tyrannen nachahmte. »Wir hatten uns gewünscht, er wäre tot«, sagte er schließlich. Doch als er dann starb, »weinte ich. Ich war sein Schüler, und wir alle standen in seiner Schuld. Wie Peter der Große hat er die Barbarei mit Barbarei bekämpft. Aber er war ein großer Mann.«

Vier Monate nach diesem Wochenende passierte die Sache mit der U-2. Bei einem Empfang nach dem Abschuß des Flugzeugs äußerte Chruschtschow gegenüber den anwesenden Reportern: »Ich schätze den Botschafter der Vereinigten Staaten, und ich bin sicher, daß er nichts damit zu tun hatte ... Ich bin von der moralischen Integrität dieses Mannes vollkommen überzeugt ... und vermute, daß er über diesen Vorfall sehr unglücklich ist – um seiner selbst und um seines

Landes willen.« Dann führte er Thompson in ein Nebenzimmer und sagte: »Die Sache mit der U-2 hat mich in eine schreckliche Lage gebracht. Sie müssen mich da wieder rausholen.«

Aber auch Thompson konnte die neuerliche Annäherung zwischen den beiden Supermächten nicht retten. Im September 1960 beschimpfte ihn Chruschtschow vor Hunderten von Diplomaten wegen der U-2- und RB-47-Flüge. Er stampfte heftig mit dem Fuß auf: »Wenn Sie so etwas machen, sollten Sie ›Entschuldigung‹ sagen.« Daraufhin bat ihn Thompson, die gefangengenommenen Flieger freizulassen. Aber Chruschtschow erwiderte: »Das ist Ihre erste Forderung. Vermutlich werden Sie außerdem verlangen, sie nicht vor der Wahl vor Gericht zu stellen.«

Im Januar 1961 saß Thompson Chruschtschow gegenüber und fand, daß der Parteichef müde aussah und mit heiserer Stimme sprach. Aus vertraulicher Quelle wußte er, daß der Parteichef soeben eine Woche erneuter Kämpfe mit seinen Gegnern im Kreml hinter sich hatte. »Haben Sie die Antrittsrede gelesen?« fragte er.

»Ja, heute morgen«, erwiderte Chruschtschow. »Kennedy hat offensichtlich einen anderen Standpunkt als ich, aber ich erkenne in der Rede auch konstruktive Ansätze. Deshalb werde ich unsere Zeitungen dazu auffordern, den kompletten Text abzudrucken« – er lachte –, »*falls* sie zustimmen!«

Dann las Kusnezow eine Aktennotiz vor: Obwohl die RB-47 den sowjetischen Luftraum verletzt habe, sei die Regierung nun bereit, die beiden überlebenden Besatzungsmitglieder freizulassen. Es gebe »gute Gründe, den Abfall und die Überreste des Kalten Krieges zu beseitigen«. Und Chruschtschow fügte hinzu, er werde die Flieger gehen lassen, sobald die Vereinigten Staaten einer sowjetischen Stellungnahme zustimmten und versprächen, nie wieder den sowjetischen Hoheitsraum zu verletzen und die freigelassenen Flieger nicht zu Propagandazwecken zu benutzen. »Wenn das dennoch geschieht, so wird für uns die einzige logische Schlußfolgerung die sein, sie vor Gericht zu stellen.«

Thompson erwiderte, er habe noch keinerlei Anweisungen von Präsident Kennedy erhalten und könne nur für sich selbst sprechen. Er schätze die Grundhaltung, die hinter diesem Angebot stehe. Aber selbst unter der Gefahr, undankbar zu erscheinen, müsse er feststellen, daß die RB-47, anders als die U-2, nicht in den sowjetischen Luftraum eingedrungen sei. Wenn er den Parteichef richtig verstanden habe, würden die Flieger nur freigelassen, wenn Washington zugebe, daß die RB-47 bewußt über sowjetisches Gebiet geflogen sei.

»Nein, jede Seite darf gern an ihrem Standpunkt festhalten«, erwiderte Chruschtschow und wechselte dann das Thema. Er sagte, er bedauere Thompson, weil dieser acht Jahre lang die »unselige« Politik von Eisenhower und Dulles habe vertreten müssen.

»Ich bin überzeugt«, erwiderte Thompson, »daß ich ein schlechter Botschafter war, weil es auf beiden Seiten offensichtlich große Mißverständnisse gibt – besonders auf sowjetischer.« Weiterhin erklärte er, daß Moskaus Bestreben, die Welt zu beherrschen, den Westen beunruhige. Wenn sich ein Land erst einmal dem kommunistischen Block angeschlossen habe, setze die Sowjetunion alles daran, es darin festzuhalten, ganz gleich, was das Volk wolle. Man brauche sich ja nur Ungarn anzusehen.

Chruschtschow schüttelte den Kopf: Die Vereinigten Staaten seien diejenigen, die die Welt zu beherrschen versuchten. In Laos kämpften Guerilleros gegen den reaktionären »Säufer«, den die Amerikaner an die Macht gebracht hätten. Welche Bedeutung habe denn das »kleine Laos« eigentlich für Moskau oder Washington? »Wir sollten die Flammen löschen.« Und was denn mit dem Kongo sei? Nun, da die Belgier abgezogen seien, gebe es zwar keinen »weißen König« mehr, doch offensichtlich beabsichtigten die Belgier nun, die Kongolesen mit anderen Mitteln zu unterdrücken. Warum sollte man nicht beide Machtblöcke auflösen? Die Sowjetunion würde sich bereit erklären, ihre Truppen aus Osteuropa abzuziehen.

»Aber das sowjetische System bliebe auch dann noch monolithisch«, erwiderte Thompson. »Und ich bin so lange nicht vom Gegenteil überzeugt, solange ein Land, das einmal kommunistisch geworden ist, nicht die Möglichkeit hat, sich für ein anderes System zu entscheiden.« Vielleicht unterstütze das sowjetische Volk ja »im großen und ganzen« das kommunistische System. »Aber auf die meisten anderen kommunistischen Länder trifft dies nicht zu.«

»Hitler hat damit gerechnet, daß das Volk sich gegen die Regierung stellen würde, als er in die Sowjetunion einmarschierte«, entgegnete Chruschtschow. »Aber Hitler war ein Narr. Wenn er schlau gewesen wäre, wäre er nicht ein Hitler, sondern ein Stalin gewesen.« Aber es habe jetzt keinen Zweck, dieses Thema zu »strapazieren«. Vielleicht könnten sie an einem Wochenende in der Datscha leichter darüber sprechen. »Werden Sie als Botschafter hierbleiben?« fragte Chruschtschow.

»Ich weiß es noch nicht.«

»Wir würden uns glücklich schätzen, wenn wir für Sie stimmen könnten. Aber ich bin mir nicht sicher, ob Ihnen das nützen würde.« Dann bat er Thompson, Präsident Kennedy, Stevenson und den anderen amerikanischen Politikern, die er kennengelernt hatte, seine Grüße zu übermitteln.

Am Samstag nach seinem Amtsantritt las der Präsident Thompsons Telegramm über sein Treffen mit Chruschtschow. Darin riet ihm der Botschafter, auf das Angebot des Parteichefs hinsichtlich der RB-47-Flieger einzugehen. Am Montag nachmittag besprachen Kennedy, Rusk und dessen neuer Stellvertreter Chester Bowles die Angelegenheit mit McNamara, Bundy und Sorensen. Wie Bundy später berichtete, betrachtete der Präsident Chruschtschows Angebot mit »einer gewissen Skepsis, nach dem Motto: ›Hat die Sache nicht doch einen Haken?‹« Trotzdem beschloß Kennedy, ja zu sagen. Er hoffte, die Freilassung der Flieger am Mittwoch bei seiner ersten Pressekonferenz als Präsident der USA verkünden zu können. Also schickte Rusk ein Telegramm an Thompson, daß die Vereinigten Staaten diese Geste Moskaus nicht propagandistisch ausschlachten würden. Außerdem seien »Flüge der amerikanischen Luftwaffe in den Luftraum der Sowjetunion seit Mai 1960 aufgegeben worden ... Präsident Kennedy hat angeordnet, sie auch nicht wiederaufzunehmen.« Rusk brachte auch die Hoffnung des Präsidenten zum Ausdruck, die Männer könnten noch vor seiner Pressekonferenz freigelassen werden.

An jenem Abend hatten die Kennedys Charles Bartlett und dessen Frau Martha zum Essen ins Weiße Haus eingeladen. Anschließend zeigte Bartlett dem Präsidenten den Indian Treaty Room im Executive Office Building, wo sich Eisenhower gewöhnlich der Presse gestellt hatte. »Es war«, wie er später sagte, »wahrscheinlich der glücklichste Augenblick in Kennedys und Jackies Leben. Er hatte dieses wundervolle und erregende Gefühl, daß alles möglich war ...«

Wie Chruschtschow angekündigt hatte, druckten sowohl die *Prawda* als auch die *Iswestija* den kompletten Text der Antrittsrede ab – kommentarlos. Außerdem reduzierten die Sowjets die Störungsmanöver gegen den Sender *Voice of America*, die nach der U-2-Affäre verstärkt worden waren. Die Moskauer Zeitungen und die Radio- und Fernsehsender berichteten über die »großen Hoffnungen« des sowjetischen Volkes auf bessere Beziehungen zu den Vereinigten Staaten. Am Mittwoch morgen wurden Captain Freeman Olmstead und Captain John McKone der amerikanischen Botschaft in Moskau übergeben. Sie sollten unbemerkt außer Landes gebracht werden. Die Sowjets hatten auch die Leiche des verstorbenen Piloten mitgebracht, der entsprechend dem amerikanischen Gesetz in einem Zinksarg in die USA überführt werden sollte. (Die drei anderen Besatzungsmitglieder wurden nie gefunden.)

Der Präsident erfuhr erst eine Stunde vor dieser ersten Pressekonferenz, daß sich das Flugzeug bereits in der Luft befand. Dann wurde er zum Auditorium des Außenministeriums gefahren, wo 418 Reporter auf ihn warteten.

Zum erstenmal wurde eine Pressekonferenz des Präsidenten live im Fernsehen übertragen. Zur Zeit Eisenhowers waren die Aufnahmen erst im Weißen Haus zensiert worden, bevor sie über die Sender gingen. Kennedy hatte auf einer Live-Übertragung bestanden, obwohl Rusk, Sorensen und Bundy ihm davon abrieten: Ein einziger Ausrutscher könne einen weltweiten Konflikt hervorrufen. Aber, erinnert sich Salinger, der Präsident war »absolut sicher, daß er sich unter Kontrolle hatte«.

Er sei, sagte Kennedy, »glücklich«, die Freilassung der Flieger »ankündigen zu können«, »wodurch ein großes Hindernis bei der Verbesserung der sowjetisch-amerikanischen Beziehungen beseitigt worden« sei.

Walt Rostow jedoch betrachtete die Freilassung »lediglich als kleines, billiges Geschenk an Kennedy«. Und Dean Rusk äußerte seinen Mitarbeitern gegenüber: »Was ich befürchte, ist, daß die Amerikaner glauben könnten, die Russen hätten sich wirklich geändert, sie hätten einen weicheren Kurs eingeschlagen und das Schlimmste sei bereits ausgestanden.« Später sagte ein führender KGB-Mann in Washington zu einem Amerikaner, auch wenn in der Öffentlichkeit mehrfach behauptet worden sei, es habe sich bei der Freilassung der Flieger um kein Quidproquo gehandelt, erwarte die Sowjetunion als Gegenleistung »eine Reihe von Zugeständnissen seitens der Amerikaner«.

In der darauffolgenden Woche wäre es durch einen Vorfall, der bislang geheimgehalten wurde und in diesem Buch zum erstenmal geschildert wird, beinahe zum Bruch in den Beziehungen Kennedys zu Chruschtschow gekommen: Ein amerikanisches Aufklärungsflugzeug überflog nahe der Insel Wiese die Karasee. Daraufhin fragte Kusnezow den amerikanischen Botschafter, ob Kennedys Schwur, es werde keine solchen Flüge mehr geben, überhaupt das Papier wert sei, auf das er geschrieben wäre?

Wütend ordnete der Präsident an, das Pentagon solle die Sache untersuchen. Der Vorfall konnte sich schließlich zu einer weiteren U-2- oder RB-47-Affäre ausweiten. Kennedy wies Thompson an, Kusnezow mitzuteilen, es werde »eine gründliche Untersuchung des Vorfalls« stattfinden. Außerdem hoffe er, die beiden Regierungen könnten das Problem »in Ruhe und unter Ausschluß der Öffentlichkeit« bereinigen.

Im Juli 1960 war es Chruschtschows Interesse gewesen, die RB-47- Affäre hochzuspielen, um zu beweisen, wie »hinterhältig« die Amerikaner seien. Dieses Mal jedoch war es anders: Um »die internationale Situation nicht zu belasten«, akzeptierte Chruschtschow Kennedys Versicherung, es werde keine derartigen Verletzungen des Luftraums mehr geben, hielt die Sache vor der Öffentlichkeit geheim und brachte das Thema nie wieder zur Sprache.

Inzwischen machte Kennedy sich daran, das Klima zwischen Washington und Moskau zu verbessern, indem er das U. S. Post Office anwies, sowjetische Publikationen nicht mehr zu zensieren. Und er lud die Sowjets dazu ein, die Gespräche über die zivile Luftfahrt wiederaufzunehmen, die 1960 abgebrochen worden waren.

Admiral Arleigh Burke, der Chef des Marine-Geheimdienstes, und andere hohe Tiere wurde aufgefordert, in ihren Reden keine scharfen antisowjetischen Töne mehr zu gebrauchen. Burke schimpfte – und ließ die Anweisung des Präsidenten an die *New York Times* durchsickern. Daraufhin bezeichneten die Senatoren Strom Thurmond und Barry Goldwater die Tatsache, daß man Admiral Burke und die RB-47-Flieger »zum Schweigen verurteilt« habe, als »Knebeldiplomatie«.

Die strahlende Zukunft, die sich in den Beziehungen zur Sowjetunion ankündigte, sollte aber verblassen, als Kennedy von einer Rede erfuhr, die Chruschtschow in Moskau gehalten hatte.

Am Freitag, dem 6. Januar, erklärte Chruschtschow nämlich bei einer geheimen Sitzung mit sowjetischen Ideologen und Propaganda-Experten, der Kapitalismus befinde sich überall auf der Welt auf dem Rückzug. Der Sozialismus dagegen sei auf dem Vormarsch. Die Sowjets hätten die Vereinigten Staaten in der Entwicklung von Langstreckenraketen überholt. Und der Übergriff der revolutionären Unruhen von Vietnam auf Kuba zeige, daß die Dritte Welt nach und nach ins kommunistische Lager überwechseln würde.

Der Parteichef betonte, ein Weltkrieg sei unannehmbar, da er die gesamte zivilisierte Welt zerstören würde. Es gebe nunmehr »nur einen Weg, die Imperialisten gefügig zu machen« – den »heiligen« Kampf der Kolonialvölker. Die Sowjetunion würde diese nationalen Unabhängigkeitskriege voll und ganz unterstützen: »Kommunisten sind Revolutionäre, und es wäre schlecht, wenn sie neue Möglichkeiten nicht ausschöpfen würden.«

Chruschtschows Rede wurde zunächst geheimgehalten. Zwei Tage vor Kennedys Amtseinführung veröffentlichte der Kreml dann eine gekürzte Fassung. Eisenhower blieb gelassen. Er hatte sich schon längst an Chruschtschows großspurige Reden über Berlin, die sowjetischen Raketen und die Weltrevolution gewöhnt und insgeheim beobachtet, daß der Parteichef seine Drohungen nur selten wahrmachte: Die starken Worte ersetzten gewöhnlich das Handeln.

Und ein Großteil des Inhalts von Chruschtschows Rede war bereits in der Erklärung der 81 KP-Delegationen im Dezember 1960 formuliert worden. Indem Chruschtschow die Option eines Weltkriegs zurückwies, setzte er sich noch einmal über die Hardliner in Moskau und Peking hinweg. Wahrscheinlich glaubte er, damit den Westen zu beruhigen. Abgelenkt durch innenpolitische Probleme, bemerkte er nicht, daß Kennedy den Zeitpunkt und den Inhalt seiner Rede als Provokation auffaßte und als Versuch verstand, einen neuen, jungen Präsidenten auf die Probe zu stellen.

Da ihm die Erfahrungen eines Eisenhower fehlten, war Kennedy nicht in der Lage, die von ihm so genannte »Januarrede« vor dem Hintergrund von Chruschtschows jahrelangen Prahlereien und leeren Drohungen zu sehen. Außerdem mangelte es ihm an Kenntnissen über die sowjetische Politik, und so erkannte er nicht, daß diese Rede Ausdruck von Chruschtschows Problemen mit den Chinesen und seinen Rivalen im Kreml war.

Seit dem Tag seiner Wahl zum Präsidenten hatte Kennedy versucht, die widersprüchlichen Signale aus Moskau zu deuten: Hatte Chruschtschow die Absicht, mit den Vereinigten Staaten zusammenzuarbeiten, oder strebte er nach der Weltherrschaft? Angesichts dieser Rede glaubte Kennedy nun, die Antwort gefunden zu haben. Seit 1957 hatte er davor gewarnt, daß die Sowjets ihren Raketenvorsprung und andere Vorteile dazu nutzen würden, die Peripherie der freien Welt anzugreifen. Nun gewann er den Eindruck, daß er recht damit gehabt hatte.

Unmittelbar nach seinem Amtsantritt erhielt Kennedy ein Telegramm von Thompson, in welchem es hieß, die Rede fasse »Chruschtschows Standpunkt als Kommunist und Propagandist zusammen. (Er hat aber auch noch andere Seiten.)«

Aber Kennedy ignorierte Thompsons Hinweis, der die Äußerungen Chruschtschows relativierte. Deshalb reagierte er überzogen und betrachtete sie als Zusammenfassung von Chruschtschows Absichten. Zu seinen ranghöchsten Mitarbeitern sagte er: »Sie alle hier müssen diese Rede richtig verstehen. Sie ist der Schlüssel zur Sowjetunion.«

Zehn Tage nach seinem Amtsantritt nutzte er seinen ersten Bericht zur Lage der Nation, um auf die vermeintliche Herausforderung seitens Chruschtschows angemessen zu reagieren.

Kapitel 4

Nowosibirsk

Als Kennedy am Montag, dem 30. Januar, den Mittelgang des Repräsentantenhauses entlangschritt, wurde er von den Kongreßmitgliedern mit Hoch-Rufen empfangen, wobei Hugh Sidey von der *Time* den Eindruck hatte, der neue Präsident versuche, »so würdevoll auszusehen, wie es einem 43jährigen Mann möglich ist«. Leider sei ihm das aber »nicht besonders gut« gelungen.

Kennedy erklärte, die Nation befinde sich in einer Zeit der Gefahr, die allerdings auch eine Chance in sich berge. »Bevor meine Amtszeit endet, werden wir erneut unter Beweis stellen müssen, ob ein Land, das so organisiert ist und so regiert wird wie unseres, überdauern kann.« Die innenpolitischen Probleme der Vereinigten Staaten verblaßten »angesichts derer, denen wir uns überall auf der Welt gegenübersehen«. Die USA dürften sich niemals in dem Glauben wiegen, daß die Sowjetunion oder China »ihre Absicht aufgegeben hätten, die Weltherrschaft zu erlangen – eine Absicht, die sie erst vor kurzem wieder bekräftigt haben«.

Asien sei durch »unnachgiebigen Druck« seitens des kommunistischen China bedroht. Der Kongo sei »durch einen Bürgerkrieg brutal zerrissen«. In Lateinamerika »haben Handlanger des Kommunismus, die die hoffnungsvolle friedliche Revolution in dieser Region für ihre Zwecke auszunutzen suchen, einen Stützpunkt auf Kuba errichtet, das nur 150 Kilometer von unserer Küste entfernt liegt«. Er habe den Verteidigungsminister um eine »Überprüfung unserer gesamten Verteidigungsstrategie« gebeten. Außerdem beabsichtige er, das Programm für die Entwicklung des Polaris-U-Bootes und die Zahl der Raketen aufzustocken und 53 neue Transportflugzeuge für Luftbrükken in Krisenzeiten in Auftrag zu geben.

Dann riß er den rechten Arm hoch und las die Anmerkungen vor, die er neben Sorensens Text gekritzelt hatte: »Jeden Tag vermehrt sich die

Zahl der Krisen. Jeden Tag wird es schwieriger, sie zu lösen. Jeden Tag rücken wir der Stunde höchster Gefahr ein Stück weit näher, denn immer mehr Staaten haben Zugang zu Kernwaffen, und die feindlichen Armeen werden immer stärker.* Ich glaube, den Kongreß über die Analysen in Kenntnis setzen zu müssen, die wir in den letzten zehn Tagen vorgenommen haben: In jedem der Hauptkrisengebiete sind uns die Ereignisse davongelaufen – und die Zeit hat nicht für uns gearbeitet.«

Die Amerikaner, die achtzehn Tage zuvor Eisenhowers beruhigende letzte Botschaft an den Kongreß gelesen hatten, mußten den Eindruck gewinnen, plötzlich in einem anderen Land, in einer anderen Welt zu leben: In den letzten zehn Jahren hatte kein Präsident so apokalyptische Töne angeschlagen.

Die Rede hatte allerdings einen weitaus pessimistischeren Tenor als Kennedys persönliche Äußerungen. Zehn Tage lang hatte sich der Präsident mit seinem außenpolitischen Beraterstab zurückgezogen, um die neuesten Informationen des Geheimdienstes zu sichten. Daher wußte er, daß zwischen den Sowjets und den Chinesen kein harmonisches Verhältnis mehr herrschte und daß die sowjetische Aufrüstung nur langsam vonstatten ging. Außerdem war er sich darüber im klaren, daß Chruschtschow zur Zeit in Laos, Kongo und Kuba aktiv war und deshalb die Forderung der Chinesen zurückgewiesen hatte, alle seinem Land zur Verfügung stehenden Mittel zu mobilisieren, um in einem endgültigen Schlag den Weltkommunismus durchzusetzen. Ebenso war ihm bekannt, daß Chruschtschow, wenn man einmal von der Rede über die Befreiungskriege absah, dem amerikanischen Präsidentschaftskandidaten mehr Entgegenkommen signalisiert hatte als

* Daß Kennedy den Begriff »Stunde der höchsten Gefahr« benutzte, war kein Zufall. Der Nationale Sicherheitsrat bezeichnete das Jahr 1950 in der Akte NSC-68 1954 als das »Jahr der höchsten Gefahr«, in dem die Russen genügend Atombomben besitzen würden, »um dieses Land zu vernichten«, und daher »versucht sein könnten, einen Überraschungsangriff zu führen«. Während der Kontroverse um die Raketenlücke wurde der Begriff auf ein Szenario bezogen, das von der Voraussetzung ausging, die Sowjets könnten sich aufgrund ihres angeblichen Raketenvorsprungs so sicher fühlen, daß sie den Westen erpressen und zu Verhandlungen nach ihren Bedingungen zwingen oder tatsächlich einen atomaren Erstschlag erwägen würden. Kennedys Rückgriff auf diesen Begriff in seinem Bericht zur Lage der Nation zeigte, daß er weiterhin beabsichtigte, das Thema Raketenlücke gegen seinen Vorgänger zu verwenden.

zu jeder anderen Zeit seit Mai 1960. Aber nach Meinung Kennedys hatte Chruschtschows Rede allen anderen Worten und Taten des Parteichefs die Glaubwürdigkeit genommen.

Die Schwarzmalerei des Präsidenten diente aber auch innenpolitischen Zwecken. Kennedy brauchte eine Rechtfertigung für seine während des Wahlkampfs erhobenen Vorwürfe, Eisenhower sei angesichts der sowjetischen Gefahr zu zurückhaltend gewesen. Aufgrund seines knappen Wahlsiegs mußte er das Land hinter sich bringen, wenn er sein Verteidigungsprogramm und seine außenpolitischen Ziele im Kongreß durchsetzen wollte. Außerdem konnte er davon ausgehen, daß die Amerikaner in einem Klima wachsender internationaler Spannungen eher geneigt sein würden, sich hinter ihn zu stellen.

Der Mann, dessen Wahlslogan »Eine Zeit der Größe« gelautet hatte, wußte, daß große Präsidenten nicht in ruhigen Zeiten gemacht werden. Mit seiner Neigung zu aufwühlenden und dramatischen Reden im Stile Churchills geriet Kennedy als Präsident fast selbstverständlich in die Rolle eines Mannes, der ein zufriedenes Volk gegen eine Gefahr von außen mobilisierte.

Es gibt kaum Hinweise, daß Kennedy sonderlich viele Gedanken darauf verschwendete, wie seine Rede auf die Sowjets wirkte. Wahrscheinlich hatte er es eher darauf abgesehen, sich bei Chruschtschow für dessen Rede über die Befreiungskriege zu revanchieren. Allerdings hatte er sich noch nicht ernsthaft und ausführlich mit seinen Sowjetunion-Experten darüber beraten, wie seine Politik gegenüber Chruschtschow insgesamt aussehen sollte. Aber er mußte davon ausgehen, daß es seine Verhandlungen mit Chruschtschow über die Begrenzung des Rüstungswettlaufs nicht gerade erleichtern würde, wenn er erklärte, sein Land sei von »feindlichen Mächten« bedrängt, und behauptete, die »Stunde höchster Gefahr« rücke immer näher. Man kann wohl davon ausgehen, daß Chruschtschow Kennedys Bericht zur Lage der Nation als bewußten Schlag ins Gesicht empfand. Soweit es ihm möglich war, hatte er den neuen Präsidenten öffentlich als einen zweiten Roosevelt gelobt und durch Menschikow und Thompson signalisieren lassen, er wünsche bessere Beziehungen. Außerdem hatte er die RB-47-Flieger freigelassen.

Immer wieder ging Chruschtschow davon aus, die amerikanischen Staatsführer seien feinfühlig genug, seine Gedanken zu lesen. So glaubte er auch, Kennedy wisse, daß seine Rede über die Befreiungskriege hauptsächlich für die Ohren der Chinesen gedacht war. Er hatte seinen Rivalen klarmachen wollen, daß Verhandlungen mit den Imperialisten fruchtbarer seien als eine Konfrontation. Nun erschien ihm allerdings die Kongreßrede des Präsidenten als Versuch, seine Bemühungen zu unterminieren. Nach Kennedys Bericht zur Lage der Nation ließ die *Iswestija* alle Höflichkeit gegenüber dem Präsidenten fahren und wetterte, die Rede beschwöre »in empörender Weise den Kalten Krieg«.

Am Mittwoch, dem 1. Februar, führten die Vereinigten Staaten ihren ersten Probestart einer landgestützten Interkontinentalrakete vom Typ Minuteman durch. In der amerikanischen Presse hieß es, bis Mitte 1962 sei der Einsatz dieser Raketen in größerem Maßstab geplant. Im Kreml war man sich darüber im klaren, daß diese Raketen, die in befestigten Silos untergebracht waren, zu einem atomaren Erstschlag gegen die Sowjetunion benutzt werden konnten.

Zur gleichen Zeit kursierten Gerüchte über Pläne der Vereinigten Staaten, der türkischen Regierung Jupiter-Raketen und Hilfe beim Bau von Atomwaffen zukommen zu lassen. Nichts war mehr dazu geeignet, alte russische und sowjetische Ängste vor einer Einkreisung und einer Bedrohung an den Grenzen des Landes wieder aufkeimen zu lassen. Am 3. Februar bat Botschafter Nikita Ryschow den türkischen Außenminister um Aufklärung.

Am Montag, dem 6. Februar, gab Robert McNamara im Pentagon zum erstenmal Reportern Hintergrundinformationen zur Verteidigungspolitik. Bei dieser Gelegenheit fragte jemand nach der Raketenlücke, die Kennedy während des Wahlkampfs so nachdrücklich hervorgehoben hatte. Darauf erwiderte der Verteidigungsminister freimütig, er habe das geheime Material gesichtet: »Es gibt keine Raketenlücke.«

Dann erklärte er, die Vereinigten Staaten und die Sowjetunion verfügten ungefähr über die gleiche geringe Anzahl von gefechtsbereiten Raketen. (Hingegen hielt er die weitaus geheimere Information zurück, daß die Vereinigten Staaten etwa 6000 nukleare Sprengköpfe besaßen, während die Sowjets nur über 300 verfügten. Dies bedeutete einen Vorsprung von zwanzig zu eins!)

Wie McNamara sich später erinnerte, war er sich nach dieser Äußerung augenblicklich darüber im klaren, daß er einen »schrecklichen Fehler« begangen hatte: »Sie stürmten buchstäblich auf die Ausgangstür zu und schwärmten aus. In der Nachmittagsausgabe des [Washingtoner] *Evening Star* hieß es dann: ›McNamara erklärt, es gebe keine Raketenlücke.‹ Und am nächsten Tag forderten die Republikaner, daß die Wahl wiederholt werden müsse.«

Mit wachsendem Ärger las Kennedy die Kolumnen und Zeitungsberichte, in denen ihm unterstellt wurde, er habe die Präsidentschaftswahl durch arglistige Täuschung der Öffentlichkeit gewonnen. Bei einer Pressekonferenz am 8. Februar versuchte er, die Angelegenheit herunterzuspielen: »Es wäre verfrüht, jetzt schon zu beurteilen, ob es eine Raketenlücke gibt oder nicht.« Bei einer Kabinettsdebatte über Verteidigungsfragen meinte er später hämisch grinsend: »Wer hat denn jemals an die Raketenlücke geglaubt?«

Der Präsident befürchtete nun in erster Linie, sich durch die Ausschlachtung dieses Themas im Wahlkampf politisch in eine peinliche Lage manövriert zu haben. Viel gravierender aber war die Reaktion der Sowjets auf McNamaras Erklärung. Unwillentlich hatte der Verteidigungsminister Eisenhowers Taktik durchbrochen, Chruschtschows wortgewaltige Reden über eine rasche Raketenaufrüstung kommentarlos hinzunehmen. Der Vorgänger Kennedys hatte den sowjetischen Staatschef nicht dazu provozieren wollen, sein Raketenprogramm *wirklich* auszuweiten und andere Militärausgaben zu erhöhen.

Chruschtschow neigte zu der Annahme, politische Maßnahmen seien auch bei den Amerikanern das bewußte Ergebnis von Entscheidungen, die von einer hochzentralisierten Bürokratie gefällt wurden. Die Zurückweisung seiner Bitte um ein sofortiges Gipfeltreffen, der Vorfall mit dem Flugzeug über der Karasee, Kennedys scharfe Worte bei seinem Bericht zur Lage der Nation und die Ankündigung einer umfassenden Revision der amerikanischen Verteidigung, der Abschuß der Minuteman, die Stationierung der Jupiter-Raketen in der Türkei und nun McNamaras Erklärung, es gebe keine Raketenlücke – all das hatte sich innerhalb der siebzehn Tage seit dem Amtsantritt Kennedys ereignet.

Für Chruschtschow waren Kennedys frühere Äußerungen über die Sowjetunion so schwer zu entschlüsseln, daß er unvermeidlich zuviel in das hineinlas, was er nun wahrnahm. Vermutlich nahm er an, die scheinbaren Provokationen Kennedys in den ersten siebzehn Tagen seiner Amtszeit stellten keine isolierten Einzelfälle dar, sondern den bewußten Auftakt zu einem härteren Umgang mit Moskau.

Am Morgen des 11. Februar, einem Samstag, rief der neue Präsident Lyndon Johnson, Rusk, Bundy, Thompson und drei ehemalige Botschafter in Moskau – Harriman, Kennan und Bohlen – zu einer informellen Sitzung zusammen. Er wollte »unsere zukünftigen Beziehungen zur Sowjetunion entwerfen«. Kennan sollte bald als Botschafter nach Belgrad gehen, Bohlen blieb im Außenministerium.

Kennedy eröffnete die Sitzung mit den Worten: »Nun erzählen Sie mir mal etwas über Rußland.« Während die Diplomaten sprachen, unterbrach sie der Präsident lediglich, wenn er sie zu genaueren Schilderungen anregen oder klärende Fragen stellen wollte.

Kennan hob hervor, daß Chruschtschow sich einer »bemerkenswerten Opposition« von Stalinisten gegenübersehe, die sich Verhandlungen mit dem Westen widersetzten: »Die Kontrolle über den Parteiapparat wird heute kollektiv ausgeübt . . . und nicht von Chruschtschow persönlich.«

Thompson stimmte dem zwar zu, meinte aber, Chruschtschow sei nur dann »ernstlich bedroht«, wenn es »ungewöhnlich gravierende Schwierigkeiten« in der Agrar- und Außenpolitik gäbe. Die Sowjetunion habe »zwei wirklich katastrophale Jahre in der Landwirtschaft hinter sich, und gerade jetzt stehen die Aussichten nicht schlecht, daß es eine weitere Mißernte geben wird«.

Außerdem sei es »Chruschtschows größter Wunsch, Zeit zu gewinnen, um dem sowjetischen Wirtschaftswachstum bald zu einem Triumph zu verhelfen. Und um dies zu erreichen, möchte er unbedingt vermeiden, daß es in der Außenpolitik Schwierigkeiten gibt . . . Obwohl die sowjetische Einschätzung gegenüber der Weltlage im Prinzip optimistisch ist, käme es Chruschtschow doch sehr gelegen, wenn er 1961 ein paar diplomatische Erfolge erzielen könnte.« Die »größten langfristigen Probleme« sähen die Sowjets in Westdeutschland und in Rotchina. Chruschtschow sei sehr besorgt, daß beide Länder in den Besitz der Bombe kommen könnten.

Inzwischen nähmen der Parteichef und seine Mitarbeiter »jede sich bietende Gelegenheit wahr, ihren Zielen näherzukommen«. Die in letzter Zeit zu verbuchenden Erfolge in Laos, im Kongo und in Kuba veranlaßten sie aber wohl dazu, »ihre Aussichten bei derartigen Abenteuern zu überschätzen«.

Weiterhin meinte Thompson, die Vereinigten Staaten könnten mit Chruschtschow besser zurechtkommen als mit einem anderen Machthaber: »Im Vergleich zu den meisten anderen denkt er ausgesprochen pragmatisch. Er möchte die Zustände in seinem Land normalisieren ... Das wird ganz deutlich bei dem Streit mit den Chinesen, und ich glaube, dies ist unsere große Hoffnung für die Zukunft. Diese innere Entwicklung dort geht sehr schnell vor sich. Die Leute werden rasch bürgerlich.«

Chruschtschow, so berichtete Thompson, hatte davon gesprochen, im März zur UNO zu reisen, um sich ein erstes Mal mit dem Präsidenten zu treffen. Zwar stimmten alle vier Botschafter einem solchen informellen Treffen zu, nicht jedoch einem Gipfel mit ernsthaften Verhandlungen. Bohlen gab seiner Befürchtung Ausdruck, daß sich die Ereignisse bei der UNO vom Herbst 1960 wiederholen könnten: Chruschtschow würde nicht widerstehen können, zum Rednerpult zu gehen, und dann wäre es den Vereinigten Staaten unmöglich, »seiner Demonstration des guten Willens noch etwas hinzuzufügen«.

Zum Abschluß der Sitzung stellte Kennedy den Anwesenden die Frage, wie die Vereinigten Staaten ihrer Meinung nach nun insgesamt weiter verfahren sollten. Geschickt die Sprache der Wahlreden Kennedys aufgreifend, erwiderte Thompson darauf: »Alles dafür tun, daß unser eigenes System gut funktioniert ... Die Einheit des Westens erhalten ... Neue und wirksame Beziehungen zu den großen nationalistischen und antikolonialistischen Bewegungen knüpfen ... Und der Weltöffentlichkeit deutlich machen, daß wir diejenigen sind, die für die Zukunft stehen, und nicht die Sowjetunion.«

Bohlen äußerte sich in einem späteren Gespräch mit Thompson erstaunt darüber, wie wenig festgelegt Kennedy in seinen Ansichten über die Beziehungen zu Moskau war: »Er zeigte sich ... frei von übernommenen oder anderen vorgefertigten Meinungen ... fast, als hätte er alle Vorurteile, die normalerweise das Denken belasten, beiseite geschoben.«

Er war auch höchst erstaunt darüber, daß diese persönlichen Äußerungen des Präsidenten sehr wenig Ähnlichkeit mit der markigen Sprache seines Berichts zur Lage der Nation hatten: »Er sah Rußland als ein großes und mächtiges Land, genauso wie die Vereinigten Staaten, und er glaubte, daß es eine gemeinsame Basis geben müsse, auf der die beiden Länder leben könnten, ohne sich gegenseitig in die Luft zu jagen.« Bohlen befürchtete, Kennedy persönlich unterschätze möglicherweise die Ernsthaftigkeit, mit der Chruschtschow sich für den Weltkommunismus einsetzte.

Eine Woche später, an einem Sonntag morgen, versammelte Kennedy erneut seine Berater um sich und eröffnete ihnen, er trage sich mit dem Gedanken, dem sowjetischen Parteichef ein Treffen vorzuschlagen. Dean Rusk war entsetzt angesichts der Vorstellung, daß der Präsident zu einem so frühen Zeitpunkt seiner Amtszeit einen Gipfel mit Chruschtschow abhalten würde.

David Dean Rusk war 1909 als Sohn eines presbyterianischen Pfarrers und einer Volksschullehrerin in Cherokee County, Georgia, zur Welt gekommen. Seinen Namen verdankte er einem seiner Urgroßväter und dem Pferd, das den alten Arzt in einer stürmischen Nacht zu der Entbindung des Jungen getragen hatte. (Lange Jahre vermutete Rusk zu Unrecht, daß es sich bei diesem Arzt um einen Veterinär gehandelt habe.) Als 1912 das Farmland der Familie Rusk einer Überschwemmung zum Opfer fiel, zog der verzweifelte Vater mit der Familie nach Atlanta, wo er eine Anstellung als Briefträger fand.

Der junge Dean ging in Hosen, die seine Mutter aus Mehlsäcken genäht hatte, zur Schule, wärmte sich an kalten Tagen an heißen Backsteinen in einem Wollsack, buchstabierte »girl« mit G-A-L, bewunderte General Robert E. Lee und dessen »Beharrlichkeit, Mut, Patriotismus und Liebe zu seinen Leuten«. Im Jahre 1918, als Woodrow Wilson durch Atlanta zog, trat Rusk mit einem Transparent vors Haus, das für den Völkerbund warb.

Schon als Student am Davidson College in North Carolina war er fasziniert von der Politik, und sein einstiger Wunsch, Geistlicher zu werden, trat hinter seinem Interesse, am College zu unterrichten, zurück. Als Rhodes-Stipendiat bekam er dann in Oxford eine ordentliche Abreibung, und sein orthodoxer Südstaatler-Standpunkt gegenüber den Schwarzen wandelte sich. Als er zurückkehrte, unterrichtete er politische Wissenschaften am Mills College in Kalifornien und heiratete eine Studentin namens Virginia Foisie.

Bei Ausbruch des Krieges arbeitete Rusk beim militärischen Geheimdienst, schrieb sich in Fort Leavenworth, der Militärakademie des Generalstabs, ein und machte sich als Mitarbeiter des legendären Generals Stilwell in Neu-Delhi und an den Kriegsschauplätzen in China, Burma und Indien einen Namen. Damals schrieb er an seine Frau: »Ich empfinde diesen Krieg zutiefst als verlorene Zeit, in der ich mich mit anderen Dingen beschäftigen sollte.«

Nach dem Sieg in Europa wurde Rusk in das State-War-Navy Coordinating Committee in Washington berufen. Sein von Wilson inspiriertes leidenschaftliches Interesse für Fragen des Völkerrechts hatte er nicht abgelegt, und es schmerzte ihn, daß George Kennan eine Annäherung an die Sowjetunion auf der Grundlage des Gleichgewichts der Kräfte verfocht.

Im Außenministerium Trumans befaßte sich Rusk mit der Bedrohung des Iran durch die Sowjetunion, der Gründung der UNO, den ersten sowjetisch-amerikanischen Abrüstungsgesprächen, der Gründung Israels, der Berlin-Blockade, dem Entwurf der NSC-68 und Korea. 1950, als das Ministerium durch die Alger-Hiss-Affäre und die Niederlage Tschiang Kai-scheks unter Beschuß geriet, bat er tapfer um seine Versetzung in das Amt des Staatssekretärs für Fernost im Außenministerium.

Mit seiner Ernennung zum Außenminister, die er unter anderem der Fürsprache Dean Achesons, seines letzten demokratischen Vorgängers in diesem Amt, verdankte, wurde er in der amerikanischen Regierung zum wichtigsten Mitarbeiter eines Mannes, den er vor Dezember 1960 noch nicht näher gekannt hatte. Rusk besaß nicht die politische Unabhängigkeit eines Stevenson oder die persönliche Beziehung zum Präsidenten wie Robert Kennedy. Von seinem Chef wußte er nur soviel, daß er, anders als Truman, nicht zögern würde, seinen Außenminister zu feuern, sobald er ihm politisch lästig wurde.

Einer der Gründe für Rusks ablehnende Haltung gegenüber einem frühzeitigen Gipfeltreffen mit Chruschtschow war seine Befürchtung, Kennedy sei vielleicht noch zu unerfahren in der Außenpolitik. Zum Teil war es aber auch die grundsätzliche Aversion des erfahrenen Diplomaten gegen eine amerikanisch-sowjetische Gipfelpolitik. 1960 hatte er in einem Artikel der Zeitschrift *Foreign Affairs* geschrieben, die Verhandlungen erforderten Geduld und präzises Vorgehen – Qualitäten, die auf höchster Regierungsebene normalerweise nicht im Überfluß vorhanden waren:

»Stellen Sie sich zwei Männer vor, die sich zusammensetzen, um das Überleben der Systeme, die sie repräsentieren, zu besprechen. Beide sind sie in der Lage, unglaubliche destruktive Kräfte zu entfesseln ... Ist es klug, soviel aufs Spiel zu setzen? Sollte man diese beiden Männern nicht voneinander fernhalten, bis andere sicheren Boden für eine Begegnung bereitet haben, auf dem sie miteinander verhandeln können?«

Es ließ den Präsidenten keineswegs kalt, als Rusk ihm gegenüber diese

Argumente noch einmal wiederholte. Während des Wahlkampfes hatte er selbst ja das informelle Treffen zwischen Eisenhower und Chruschtschow in Camp David als »reichliche Sentimentalität« und »unbestimmten Wunsch, etwas Gutes zu tun«, kritisiert.

Wie Rusk Jahre später bekannte, hatte Kennedy jedoch »den Eindruck, daß vielleicht etwas Lohnendes dabei herauskäme, wenn er sich nur mit Chruschtschow zusammensetzte – zumindest eine Annäherung der Standpunkte in verschiedenen Fragen. Ein Außenminister steht einem Gipfeltreffen immer sehr skeptisch gegenüber, während ein Präsident immer dazu neigt, seinem Außenminister in diesem Punkt zu widersprechen.«

Am Nachmittag des 21. Februar, einem Dienstag, versammelte der Präsident noch einmal seinen Beraterstab im Kabinettssaal, um zum letztenmal seinen ersten wichtigen Brief an Chruschtschow zu besprechen. Thompson hatte bereits eine Seite geschrieben, was Kennedy aber als zu knapp empfand. »Bin an harmonischen Beziehungen interessiert – erkenne zwei verschiedene Systeme«, schrieb er an den Rand des Blattes. Schließlich vervollständigte Sorensen den Brief, den Bundy später als »einen eröffnenden Schachzug« beschrieb, »der nicht freundlicher hätte ausfallen können«.

Bei einem Gespräch am nächsten Morgen im Oval Office bat Kennedy Thompson, ihm Chruschtschows Haltung zur Abrüstung, zu Atomwaffentests, zum Verteidigungshaushalt, zum Kongo, zu Laos und Berlin zu erläutern. Schließlich entstand ein zweiseitiger Brief an Chruschtschow, den er mit seiner unleserlichen Handschrift unterzeichnete:

Sehr geehrter Herr Generalsekretär,
da Botschafter Thompson soeben aus Moskau zurückgekehrt ist, hatte ich die Gelegenheit, gemeinsam mit ihm und meinem Außenminister alle Aspekte unserer Beziehungen noch einmal zu überprüfen ...
In dieser kurzen Zeit konnte ich aber nicht zu einem endgültigen Schluß, unsere Haltung zu allen Fragen betreffend, kommen ...
Wenn wir ehrlich miteinander sind, müssen wir auch zugeben, daß wir bei manchen Problemen vielleicht keine Einigung erzielen werden. Doch wenn wir auch erkennen, daß wir nicht in allen Punkten gleicher Ansicht sind und es aller Wahrscheinlichkeit nach auch in Zukunft nicht sein werden, so glaube ich dennoch, daß die

Art und Weise, wie wir an diese Probleme, insbesondere auch an unsere verschiedenen Standpunkte, herangehen, von großer Bedeutung sein könnte ...

Ich hoffe, es wird möglich sein, daß wir uns in nicht allzu ferner Zukunft persönlich treffen, um zwanglos unsere Ansichten über einige dieser Punkte auszutauschen. Natürlich wird eine Begegnung dieser Art von der allgemeinen weltpolitischen Lage und von unseren jeweiligen Plänen abhängen.

Deshalb habe ich Botschafter Thompson gebeten, ein mögliches Treffen zwischen uns mit Ihnen zu besprechen. Botschafter Thompson, der mein vollstes Vertrauen genießt, ist auch in der Lage, Sie darüber zu informieren, wie ich über eine Reihe von außenpolitischen Themen denke, da wir hier darüber gesprochen haben ... Ich hoffe, daß ein derartiger Austausch uns dabei helfen wird, in verantwortlicher Weise mit unseren verschiedenen Standpunkten umzugehen, so daß wir schließlich eine Lösung finden können, die dem Frieden und der Sicherheit in der ganzen Welt dient. Sie können sicher sein, Herr Generalsekretär, daß ich die Absicht habe, alles in meiner Macht Stehende zu tun, um eine größere Harmonie in dem Verhältnis zwischen unseren beiden Ländern zu erreichen.

Nach der Amtseinführung Kennedys hatte sich Chruschtschow noch einmal mit Thompson getroffen und dann eine Reise in die landwirtschaftlichen Anbaugebiete angetreten, die ihm so große Schwierigkeiten bereiteten. In Kiew, Rostow am Don, Tiflin und Woronesch sprach er über den Wettkampf zwischen den Vereinigten Staaten und der Sowjetunion in äußerst friedlichen Tönen. Außerdem beschränkte er sich dabei auf wirtschaftliche Gesichtspunkte. Die Fleischproduktion in der Ukraine werde »in zwei bis drei, höchstens aber in vier Jahren« die der Vereinigten Staaten überrunden. Die sowjetische Industrie würde ihren amerikanischen Gegenspieler bis 1970 überholt haben. »Und wenn wir dies sagen, bedrohen wir niemanden ... Unser Erfolg und unser Wirtschaftswachstum gehen nicht auf Kosten anderer Völker.«

Während Chruschtschows Rundreise ertönten die schroffen Signale aus Washington, die die ersten siebzehn Tage der Amtszeit Kennedys kennzeichneten und in McNamaras Äußerungen über die Raketenlücke gipfelten. Am Samstag, dem 11. Februar (demselben Tag, an dem Kennedy mit seinen Beratern über die Sowjetunion sprach), wurde Chruschtschow plötzlich nach Moskau zurückgerufen. Nach Ansicht des Diplomatie-Historikers Robert Slusser hatten seine Rivalen in der sowjetischen Hauptstadt eine überraschende Präsidiumssitzung einberufen und forderten eine härtere Reaktion auf die scheinbare neue amerikanische Militanz.

Am Freitag, dem 17. Feburar, heizte Chruschtschow erneut den Konflikt um Berlin an. In Bonn überreichte sein Botschafter Kanzler Konrad Adenauer eine Demarche, in welcher er der westdeutschen Regierung »extensive militärische Vorbereitungen« vorwarf und Moskaus »unumstößlichen Entschluß« bekräftigte, einen Friedensvertrag mit Deutschland abzuschließen.

Eine Woche später fand in Moskau eine Konferenz über Fragen der Landwirtschaft statt. Chruschtschow hielt eine Rede, in der er auf die moderaten Töne verzichtete, deren er sich seit Kennedys Amtsantritt bedient hatte. Statt dessen rühmte er die sowjetischen Atomwaffen und die Interkontinentalraketen: »Der ganze Vorsprung, den die Amerikaner durch die Errichtung ihrer Stützpunkte um unser Land herum gewonnen haben, wäre dahin, wenn unsere Rakete sich erhöbe und nach Tausenden von Flugkilometern genau an dem Punkt landete, den unsere Wissenschaftler und Techniker vorausbestimmt haben.«

Am selben Tag gaben Chruschtschows Generäle zu, daß McNamaras Äußerung sie gezwungen habe, hinsichtlich der Raketenlücke Farbe zu bekennen. Jahrelang hatten sie große Reden geschwungen, die Sowjetunion sei den Vereinigten Staaten auf diesem Gebiet »überlegen«. Nun erklärten sie zum erstenmal in der Öffentlichkeit, daß die sowjetischen Interkontinentalraketen »ausreichten«, das Land zu verteidigen.

Chruschtschows Verhältnis zu Kennedy war aber darüber hinaus durch die Kongo-Frage belastet. Nachdem Belgien das Land in die Unabhängigkeit entlassen hatte, hatte sich im Juni 1960 Katanga, die reichste Provinz, mit Unterstützung durch belgische Bergwerksbesitzer abgespalten. Angehörige der neuen kongolesischen Armee, die Groll gegen die im Lande verbliebenen belgischen Truppen hegten, raubten weiße Siedler aus, brachten sie um und vergewaltigten ihre Frauen. Daraufhin schickte Belgien paramilitärische Truppen zu ihrem Schutz. Patrice Lumumba, der Premierminister des Kongo, warf Belgien vor, es wolle seine koloniale Herrschaft wiedererrichten. Schließlich traf eine UNO-Friedenstruppe von 20 000 Soldaten im Kongo ein.

Bei seinem Empfang im Kreml am Abend vor Kennedys Wahl hatte Chruschtschow erklärt: »Sie behaupten, daß die Sowjetunion im Kongo geschlagen worden sei. Wir aber sagen: Wer zuletzt lacht, lacht am besten.« Lumumba nahm das Angebot des sowjetischen Staatschefs an, ihm militärische Hilfe zu leisten, und warf dem Westen vor, er habe sich gegen ihn verschworen. Als der kongolesische Präsident Joseph Kasavubu Lumumba feuerte und sämtliches Personal, das aus dem Ostblock stammte, aus dem Land warf, forderten die Sowjets die Wiedereinsetzung Lumumbas. Aber er wurde verhaftet und ins Gefängnis geworfen. Am 13. Februar verkündeten die Katangesen, Lumumba sei umgebracht worden.

Als Chruschtschow mit einem Einmarsch im Kongo drohte, meinte Kennedy gegenüber Journalisten: »Ich kann kaum glauben, daß eine Regierung wirklich einen so gefährlichen und unverantwortlichen Schritt planen könnte« und ließ durchblicken, daß eine Intervention der Sowjets auf den Widerstand amerikanischer Streitkräfte stoßen würde.

Chruschtschow forderte, die UNO-Truppen müßten aus Afrika abziehen und der UNO-General Hammarskjöld solle durch ein dreiköpfiges Gremium – bestehend aus je einem Vertreter des Westens und des Ostens sowie einem aus einem neutralen Land – ersetzt werden. Bevor Thompson Washington wieder verließ, bat Kennedy ihn, er solle Chruschtschow gegenüber seine Hoffnung zum Ausdruck bringen, daß die Differenzen in der Kongo-Frage kein »ernstliches Hindernis« bei der Verbesserung ihrer Beziehungen darstellten.

Als der Botschafter am 27. Februar nach Moskau zurückkehrte, war Chruschtschow bereits darüber informiert, daß Thompson eine wichtige Botschaft von Kennedy mitbrachte. Aber am nächsten Morgen stieg der sowjetische Staatschef in sein Flugzeug, um seine Reise in die Agrarregionen fortzusetzen – ein durchaus kalkulierter Affront, da er sich in keiner Weise bemühte, den Brief von Thompson in Empfang zu nehmen.

Churschtschow versuchte nun, den Schaden auszugleichen, der durch McNamaras Enthüllung über die Raketenlücke entstanden war. Seine erste Station war Swerdlowsk: »Die Sowjetunion besitzt die besten Raketen der Welt und so viele Atom- und Wasserstoffbomben, daß sie damit jeden Aggressor vollständig auslöschen kann!«

Inzwischen teilte Thompson Gromyko mit, er würde »jederzeit überallhin reisen«, um Chruschtschow zu treffen. Eine Woche nach der

Rückkehr des Botschafters in die sowjetische Hauptstadt befand sich Chruschtschow in Nowosibirsk, um vor sibirischen Landarbeitern zu sprechen. Die über 3000 Kilometer von Moskau entfernte Stadt war normalerweise Amerikanern nicht zugänglich, aber Gromyko erlaubte Thompson, dorthin zu fliegen.

Thompson fuhr mit Boris Klosson bei starkem Schneetreiben zum Wnukowo-Flughafen außerhalb Moskaus. Den Brief des Präsidenten trug er in einem braunen Lederetui bei sich. Zusammen mit Anatoli Dobrynin vom Außenministerium stiegen die Männer in das Passagierflugzeug vom Typ Tupolew-104. Es war bereits dunkel, als sie in Nowosibirsk eintrafen und in das einzige Hotel der Stadt gefahren wurden.

Am darauffolgenden Morgen fand das Treffen mit Chruschtschow statt. An sonnenbeschienenen Stahlwerken und Blockhütten im Stil des neunzehnten Jahrhunderts vorbei wurden Thompson und Klosson zu der Datscha geführt, wo der Parteichef hofhielt. Die beiden Amerikaner wurden nach oben geführt, wo Chruschtschow in einem kleinen Raum mit Dobrynin und anderen Beratern an einem langen Tisch saß. Es war offensichtlich, daß die vergangenen Wochen nicht spurlos an ihm vorbeigegangen waren. Thompson fand, daß er »ausgesprochen müde« wirke, »und selbst die Sowjets, die mich begleiteten, waren über sein Aussehen erschrocken«.

Chruschtschow las die russische Übersetzung des fünfzehn Tage alten Kennedy-Briefes. »Das könnte ein guter Einstieg sein«, meinte er. Er müsse zwar Kennedys Vorschlag erst abwägen, sei aber »geneigt«, ja zu sagen, denn es sei »nützlich, Übereinstimmung mit dem Präsidenten zu erzielen«.

Im weiteren Verlauf des Gespräches erklärte Chruschtschow, er mache Dag Hammarskjöld »persönlich verantwortlich« für den Mord an Lumumba. Hammerskjöld habe bewußt geduldet, daß Kasavubu ihn nach Katanga schickte, wo der katangesische Führer Moïse Tschombé, »der Handlanger der belgischen Bergbau-Monopolgesellschaft«, ihn umgebracht habe. Die UNO sei von den »Kolonialisten« mißbraucht worden, die ihre Kolonien zurückerobern und die Völker der Dritten Welt unterdrücken wollten.

Die USA seien nicht immer glücklich über die Entscheidungen der UNO, erwiderte Thompson. Der Kalte Krieg dürfe nicht auf Afrika übergreifen und im Kongo gebe es nichts, was für die Amerikaner oder Sowjets von grundlegendem Interesse sei.

»Die Belgier sind aber Ihre Verbündeten!« meinte Chruschtschow daraufhin. Einst hätten die Vereinigten Staaten »die demokratische, bürgerliche Freiheit auf ihre Fahnen« geschrieben: »Nun zeigt sich aber leider, daß sie die Unabhängigkeitsbewegungen nicht unterstützen.« Noch einmal forderte er, daß Hammarskjöld durch ein dreiköpfiges Gremium ersetzt werde – »Einer von euch, einer von uns und ein Neutraler« –, und jeder müsse ein Vetorecht haben.

Thompson versicherte ihm, daß der Präsident Ende März, wenn die Gespräche über einen Atomteststopp zwischen den USA, der Sowjetunion und Großbritannien in Genf wiederaufgenommen würden, »energische Anstrengungen« unternehmen wolle, um ein faires Abkommen zu erreichen. Kennedy sehe die Gespräche als Vorreiter der Entspannung. »Seit zwei Jahren machen wir schon keine Atomtests mehr, und wir leben nicht schlecht damit«, erwiderte Chruschtschow. Aber die Atomtests seien nicht das größte Problem. »Selbst wenn die Tests aufhören, wird die Waffenproduktion weitergehen. Die Hauptfrage ist die Abrüstung.« Aber Thompson meinte, der Teststopp werde ein erster Schritt sein.

»Die UdSSR ist bereit, ein derartiges Abkommen zu schließen, aber würde auch Frankreich unterzeichnen?« fragte Chruschtschow.

Thompson erwiderte: »Und was ist mit China?«

»Frankreich führt Atomtests durch, China nicht. Gegenwärtig stellt China keine Atomwaffen her, wird aber wahrscheinlich auf diesem Gebiet Fortschritte machen«, erklärte Chruschtschow. Ein Teststopp-Abkommen müsse sowohl von Frankreich als auch von China unterzeichnet werden. »Es muß weltweit Übereinstimmung herrschen.«

Nach diesem Gespräch wurde in den unteren Räumen ein Mittagessen serviert, und als Chruschtschow sein Glas *Pertsowka* – der pfefferfarbene Wodka, den er am liebsten trank – hob, meinte er, er werde nicht wie üblich auf die Gesundheit des Präsidenten anstoßen: »Da er noch so jung ist, hat er derartige Wünsche nicht nötig.« Dann fügte er hinzu, er hoffe, daß es bald »möglich« sei, Präsident Kennedy in die Sowjetunion einzuladen. Das sowjetische Volk würde ihn und seine Familie gern willkommen heißen und ihnen sein Land zeigen. Die Zeit sei aber noch nicht reif dafür.

Dann teilte er Thompson mit, er werde an diesem Tag nach Akmolinsk und Alma-Ata fahren und in der letzten Märzwoche nach Moskau zurückkehren. Vielleicht hätte er bis dahin eine Antwort auf das Angebot des Präsidenten.

Am Abend fragten Reporter den amerikanischen Botschafter am Moskauer Flughafen, ob er nach dem Treffen mit Chruschtschow optimistisch sei: »Ich werde immer Optimist sein«, lautete die Antwort. Am nächsten Tag schickte er eine ganze Reihe von Telegrammen nach Washington und berichtete, Chruschtschow sei »offensichtlich erfreut« über den Vorschlag des Präsidenten, ein Gipfeltreffen abzuhalten. »Ich glaube, er hat seine Haltung zu verschiedenen besprochenen Problemen geändert.«

Aber Thompson stellte auch fest, daß der Geist der Hoffnung, der Menschikows persönliches Szenario und seine Begegnung mit Chruschtschow nach der Amtsübernahme des Präsidenten gekennzeichnet habe, fast verschwunden sei. Es sei »bemerkenswert«, daß Chruschtschow »sich jeder Äußerung zu einer möglichen Einigung« im Kongo »enthalten« habe und seine Begeisterung für ein Atomteststopp-Abkommen nachzulassen scheine. Er habe bis jetzt noch nicht mit Chruschtschow über die vom Präsidenten beabsichtigte Anhebung des Militärhaushaltes sprechen können. »Ich hoffe aber, daß dazu in Zukunft Gelegenheit sein wird. Ich habe nämlich der sowjetischen Presse entnommen, daß dieser Punkt den Sowjets ernstlich Sorgen bereitet.«

Am Montag, dem 20. März, aß Alexander Fomin, ein Mitarbeiter der sowjetischen Botschaft, mit Robert Estabrook von der *Washington Post* zu Mittag. Estabrook hatte bekanntermaßen engen Kontakt zu hohen Beamten der Kennedy-Regierung. Fomins eigentlicher Nachname war Feklisow, und seinem offiziellen Titel nach war er »Berater«. Das FBI jedoch wußte, daß er ein führender KGB-Mann in Washington war. 1959 hatte er Chruschtschow bei seiner Reise durch die Vereinigten Staaten begleitet.

Nun teilte Fomin Estabrook mit, die Sowjets seien »enttäuscht«, weil die Amerikaner sich nicht für die Freilassung der RB-47-Flieger erkenntlich gezeigt hätten.

Am nächsten Tag sollten die Gespräche über einen Atomteststopp zum erstenmal seit Kennedys Amtsübernahme wiederaufgenommen werden. Die Westmächte hatten auf zwanzig Inspektionen vor Ort jährlich bestanden, die Sowjets wollten sich jedoch nur auf drei einlassen. Dazu meinte Famon nun, ein Kompromiß zwischen diesen beiden Zahlen sei »möglich«.

Schon seit 1956 hatte John F. Kennedy ein Atomteststopp-Abkommen mit der Sowjetunion befürwortet. Sein Senatskollege Clinton Anderson aus New Mexico hatte ihn damals überzeugt, daß Amerika auch bei einem derartigen Abkommen leicht seinen Vorsprung vor den Sowjets halten könne, und Kennedy hielt einen Atomteststopp für die beste Möglichkeit, zu verhindern, daß andere Länder Zugang zur Atombombe erhielten.

Genauso wie seine anderen Äußerungen im Wahlkampf war auch Kennedys Umgang mit der Teststopp-Frage im Herbst 1960 ein Ausdruck seines neuerlichen Werbens um die Republikaner und unabhängigen Wählergruppen nach dem enttäuschenden Pariser Gipfel. Anders als Nixon strebte er eine Fortsetzung des freiwilligen Moratoriums für Atomtests an, das die Amerikaner, Briten und Sowjets seit 1958 eingehalten hatten. Aber er hatte das Thema nur zweimal aufgegriffen, und zwar in fast identischen Reden bei seiner Reise durch Wisconsin:

»Wenn wir jemals auf Verhandlungen mit dem Ziel eines wirksamen Abkommens über Rüstungskontrolle hoffen wollen, dann müssen wir sofort handeln. Denn mit jedem weiteren Jahr wird die Kontrolle über die immer komplexeren mobilen und versteckten modernen Waffen schwieriger. Und immer mehr Länder gelangen in den Besitz von Atomwaffen. 1964 oder 1965 könnten wir uns schon einer Welt gegenübersehen, in der zwanzig Länder die Atombombe besitzen ... Es gibt kein Problem von vitalerem Interesse.«

Eine der ersten Amtshandlungen des neuen Präsidenten war es, die Sowjets um einen Aufschub der Genfer Gespräche bis Ende März zu bitten, damit die Vereinigten Staaten Gelegenheit hätten, ihre Position zu überdenken. Außerdem forderte er John McCloy, seinen neuen Sonderberater für Abrüstung, auf, zu überprüfen, welche Zugeständnisse die Vereinigten Staaten machen könnten. Nach Durchsicht der Genfer Sitzungsunterlagen und der Befragung einer Gruppe von Wissenschaftlern kam McCloy zu dem Schluß, daß man mit den gegenwärtigen Methoden zwar die sowjetischen Atomtests in der Atmosphäre und unter Wasser von außerhalb der Sowjetunion ausmachen könne, nicht aber Versuche im All und unter der Erde. Die Schlüsselfrage seien Inspektionen vor Ort.

Die Differenz zwischen der von den Amerikanern genannten Zahl Zwanzig, von der einige Kongreßmitglieder nicht abzurücken bereit waren, und dem sowjetischen Angebot von drei Inspektionen pro Jahr war beträchtlich. Deshalb empfahl McCloy dem Präsidenten, einer jährlichen Mindestzahl von zehn zuzustimmen. Zusätzlich solle er aber eine weitere Inspektion für jeweils fünf nicht identifizierte Erderschütterungen verlangen, die die Stärke von 50 auf der Richter-Skala überschritten. Diese nämlich könnten auf heimliche unterirdische Tests hindeuten. Insgesamt sollte die Obergrenze bei zwanzig Inspektionen pro Jahr liegen. Trotz des Einspruchs von seiten der vereinigten Stabschefs erklärte sich Kennedy hiermit und mit anderen weitgehenden Zugeständnissen einverstanden. Da er den ausgewerteten Bericht über die Teststopp-Verhandlungen im Jahre 1960 gelesen hatte, wußte er, daß vor dem Fiasko bei dem Pariser Gipfel eine Einigung zwischen Amerikanern und Sowjets in greifbarer Nähe gewesen war.

Als aber die Gespräche am 21. März wiederaufgenommen wurden, warteten die Sowjets nicht einmal, bis die Amerikaner ihr neues Angebot unterbreitet hatten, sondern gaben sofort ihren nunmehr unnachgiebigen Kurs zu erkennen. Offensichtlich hatte sich der sowjetische Standpunkt seit Dezember und Januar verhärtet, als Menschikow Kennedy noch vertraulich bestätigt hatte, der Generalsekretär sei ernsthaft an einem Atomteststopp-Abkommen interessiert.

Nun stellte der sowjetische Chefdelegierte Semjon Zsarapkin eine neue Forderung. Den Vorsitz über das Kontrollgremium zur Überwachung des Abkommens solle nicht, wie bisher vereinbart, ein Neutraler führen, sondern ein dreiköpfiges Gremium, denn: »Es ist unmöglich, eine vollkommen neutrale Person zu finden.« Diesen Vorschlag jedoch bezeichnete Rusk als »völlig inakzeptabel«.

Der neue harte Kurs der Sowjets war möglicherweise vom Präsidium entgegen Chruschtschows im Februar geäußerten Wunsch eingeschlagen worden. Warum hatte Fomin einen Tag vor dem Beginn der Genfer Gespräche gegenüber dem Weißen Haus durchblicken lassen, ein Kompromiß sei möglich? Wenn der KGB-Mann diese Information von Chruschtschow selbst oder einem seiner Mitarbeiter hatte, wollte der Parteichef Kennedy möglicherweise signalisieren, er solle sich durch die zur Eröffnung der Gespräche eingenommene sowjetische Position nicht von ernsthaften Verhandlungen abbringen lassen.

Am 27. März, einem Montag, hielt ein Cadillac der sowjetischen Botschaft um die Mittagszeit vor dem Westflügel des Weißen Hauses. Andrej Gromyko und Menschikow stiegen aus und wurden von Kennedys Militärberater General Chester Clifton zum Oval Office begleitet, wo sie dem Präsidenten, Rusk, Stevenson, Bohlen und Kohler die Hand schüttelten.

Bei den nun folgenden Gesprächen war das Hauptthema Laos: »Die schlimmste Sache, die die Eisenhower-Regierung mir hinterlassen hat«, wie Kennedy es nannte. Im Dezember hatten die Sowjets damit begonnen, den Pathet-Lao-Rebellen über eine Luftbrücke Waffen zu liefern. Nun überschwemmten Einheiten dieser Rebellen den Nordwestteil des Landes und bedrohten den glücklosen, von den Amerikanern unterstützten Premier Prinz Boun Oum und seinen Stellvertreter General Phoumi Nosavan.

Das Pentagon ließ Kennedy wissen, daß im Falle amerikanischer Truppenentsendungen die Vereinigten Staaten wieder mit den Chinesen konfrontiert sein könnten. Um die Chinesen aus Südostasien herauszuhalten, seien wahrscheinlich 300 000 Truppen und die Hilfe des Westens erforderlich. In einem bestimmten Stadium könnten auch Atomwaffen eingesetzt werden. Die Sowjets würden daraufhin möglicherweise selbst Freiwillige mit Atomwaffen nach Laos schikken.

Thompson und Bohlen meinten, Chruschtschow sei möglicherweise genauso darauf erpicht, die Chinesen aus dem Konflikt herauszuhalten, und wolle außerdem nicht mit den amerikanischen Truppen aneinandergeraten. Aber der Präsident müsse trotzdem seine Bereitschaft zeigen, Truppen zum Schutz der Regierung einzusetzen.

Daraufhin ließ Kennedy 500 Marines auf die thailändische Seite des Mekong fliegen. Das US-Schiff *Midway* bewegte sich auf den Golf von Siam zu, und die Siebte Flotte steuerte das Chinesische Meer an. Außerdem erhielten die amerikanischen Stützpunkte um Laos Verstärkung.

Besonders seit Chruschtschows Rede über die Befreiungskriege war der Präsident von »einer Art Leidenschaft für den Guerillakrieg« gepackt, wie ein befreundeter Journalist schrieb. Er las die Schriften von Mao Tse-tung, Che Guevara und der IRA über Guerilla-Taktik. In einer Botschaft an den Kongreß über Verteidigungsfragen sagte er: »Wir brauchen mehr Mittel, um mit Guerilla-Armeen, Aufständen und subversiven Taktiken fertig zu werden.«

Kennedys Forderung nach einem neutralen Laos brachte die kommunistische Offensive nicht zum Stillstand. Daher bat er Rusk, bei der UNO ein letztes Gesuch an Gromyko zu richten. Als auch das erfolglos war, verlas Kennedy bei einer Pressekonferenz eine scharfe Drohung: »Wenn diese Angriffe nicht aufhören, werden die Befürworter eines wirklich neutralen Laos ihre Reaktion überdenken müssen.« Am nächsten Tag bat Gromyko Stevenson um einen Termin beim Präsidenten; er habe soeben eine Botschaft von Chruschtschow erhalten, der Kennedys Wunsch nach einem »neutralen, unabhängigen Laos« teile.

Bei ihrer Begegnung im Oval Office erklärten sowohl Gromyko als auch der Präsident, sie seien für Frieden und Neutralität in Laos. Außerdem fügte Gromyko hinzu, daß ihre beiden Länder an einer friedlichen Regelung arbeiten und »Schritte unternehmen« müßten, »um zu verhindern, daß der Konflikt sich ausbreitet«.

Dann brachte Gromyko seine Hoffnung zum Ausdruck, daß ihre Länder eines Tages »echte Freundschaft« schließen könnten. Aber der Präsident stellte fest, daß es Unterschiede in den Systemen und verschiedene nationale Interessen in bestimmten Gebieten wie Laos, Afrika und Kuba gebe. Das Problem sei, »ein Klima zu schaffen, in dem diese Konflikte gelöst werden können, ohne daß es zu einer militärischen Eskalation kommt«.

Kurz vor dem Ende des Gesprächs wiederholte Kennedy seine Bereitschaft, sich mit Chruschtschow zu treffen. Gromyko erwiderte, dem Generalsekretär »gefiele« diese Idee, er weigere sich aber bis jetzt, offiziell darauf zu reagieren.

Erschöpft von seiner Rundreise durch die ländlichen Regionen kehrte Chruschtschow am Freitag, dem 24. März, nach Moskau zurück. Er hatte vor, Urlaub am Schwarzen Meer zu machen, um zu schlafen, zu schwimmen und an dem Programm für den 21. Parteitag im Herbst zu arbeiten. Außerdem wartete seit zwei Wochen Kennedys Brief darauf, beantwortet zu werden. Warum sollte er nicht dem Gipfeltreffen zustimmen, um das er selbst einst so dringend gebeten hatte?

Kennedy hatte bereits eine bestimmte Außen- und Verteidigungspolitik eingeleitet. Daher konnte Chruschtschow vor dem Präsidium der Partei nicht mehr damit argumentieren, bei einem Treffen mit dem Präsidenten könne er diesen in eine Richtung lenken, die mit den sowjetischen Interessen übereinstimmte. Zum jetzigen Zeitpunkt, da Kennedy seine Absichten im Hinblick auf die Militärausgaben, Laos und andere Fragen offengelegt hatte, könnte ein Treffen den Präsidenten in seinem ungerechtfertigten harten Kurs bestätigen. Chruschtschow war sich darüber im klaren, daß ergebnislose Verhandlungen mit dem Westen eine Zusammenarbeit nur noch mehr in Mißkredit bringen und seine Gegner in Moskau und Peking stärken würden.

Aber der Hauptgrund, warum Chruschtschow sich nicht für ein Gipfeltreffen erwärmen konnte, lag wahrscheinlich in der Karibik. Er hatte schon länger den Verdacht, daß Kennedy eines Tages versuchen würde, in Kuba einzumarschieren und das Castro-Regime mit Hilfe amerikanischer Truppen zu beseitigen. Ganz offensichtlich jedoch hatte er nie geglaubt, daß dies schon so bald nach Kennedys Amtsantritt geschehen könne.

Zumindest ein sowjetischer Diplomat sprach den Gedanken aus, daß der neue Präsident Männer wie Rusk, Bowles und Stevenson um sich habe, die alle für ihre Abneigung gegen den Einsatz von Truppen bekannt waren. Würde Kennedy, der erst so kurz im Amt war, diese Berater übergehen? Würde er seine Beziehungen zur Sowjetunion und zu Lateinamerika schon im Anfangsstadium aufs Spiel setzen? Chruschtschow hielt Kennedy für viel zu besonnen, als daß er ein solches Risiko eingehen würde. Im Winter hatten ihm der sowjetische und der kubanische Geheimdienst Beweismaterial zukommen lassen, aus dem hervorging, daß der Präsident demnächst für eine Invasion ausgebildete Truppen von Exilkubanern und andere Gruppierungen entsenden würde. Aber je mehr solcher Informationen Chruschtschow erhielt, »desto weniger glaubte er daran«, wie ein späterer Überläufer berichtete.

Der Generalsekretär vermutete wahrscheinlich – und nicht ohne Grund –, daß die Kubaner die Gefahr hochspielten, um den Kreml dazu zu zwingen, weitere Hilfe zu schicken. Der KGB-Chef Alexander Schelepin verteidigte offensichtlich die Eindeutigkeit seines Beweismaterials, fügte sich aber schließlich der politischen Erfahrung Chruschtschows.

Dennoch konnte Chruschtschow nicht mit Sicherheit davon ausgehen, daß Kennedy nicht bald in Kuba einmarschieren würde. Deshalb hatte er wenig Lust, ein Gipfeltreffen mit einem Präsidenten zu befürworten, dessen Truppen zu diesem Zeitpunkt vielleicht gerade die erste Regierung der Welt gestürzt haben würden, die sich aus freien Stücken auf die Seite des sowjetischen Kommunismus geschlagen hatte.

Wie nervös Chruschtschow war, zeigte sich daran, daß er in der

Öffentlichkeit kein Wort über Kuba verlor. Wenn Kennedy tatsächlich amerikanische Truppen einsetzte, würde er kaum etwas für Castros Rettung tun können. Er konnte lediglich damit drohen, Atomwaffen gegen die Vereinigten Staaten einzusetzen.

Am Mittwoch, dem 29. März, betrat Richard Bissell von der CIA den Kabinettssaal und legte einen Bericht über die Operation *Zapata* vor – den geheimen Plan für eine Invasion in Kuba, die von der Schweinebucht aus durchgeführt werden sollte. Zur gleichen Zeit versuchten in Kuba Komplizen von Sam Giancana, sich mit Giftpillen an Fidel Castro heranzupirschen.

Kapitel 5

»Ich werde kein amerikanisches Ungarn riskieren«

Bei seinen Gesprächen mit Sowjetunion-Experten im Februar hatte Kennedy den Gedanken aufgeworfen, amerikanische Truppen nach Kuba zu schicken und Castros Regime durch eine konservative, proamerikanische Regierung zu ersetzen. Seine Berater stimmten mit ihm darin überein, daß Chruschtschow auf eine Intervention der USA nicht mit kriegerischen Akten reagieren würde: »Ein rasches Fait accompli würde wahrscheinlich nur zu verbalen Reaktionen führen. Andererseits könnte ein langer Bürgerkrieg starken Druck auf die sowjetische Regierung ausüben. Sie wäre gezwungen, sich einzumischen, um im großen Wettstreit mit dem Imperialismus ihre Stärke zu demonstrieren.«

Ende Februar versicherte Chip Bohlen Kennedy: »Chruschtschow würde wegen eines so unwichtigen Gebietes wie Kuba keinen Krieg beginnen. Wenn sich der Einmarsch lange hinziehen sollte, würden die Sowjets zwar Waffen an Kuba liefern, aber keine Truppen schicken.« Trotzdem war Bohlen gegen einen frühzeitigen Angriff auf Castro: Er könne sich an keinen einzigen Fall in der Geschichte erinnern, in dem Flüchtlinge in ihr Land zurückgekehrt seien und erfolgreich ein revolutionäres Regime beseitigt hätten. »Besonders dann nicht, wenn die Revolution noch keine Gelegenheit hatte, ihren Anfangsbonus auszuschöpfen.«

Vor 1959 wäre niemand auf die Idee gekommen, daß die Insel des Tabaks, des Zuckers, der melancholischen Erzählungen, der Tarponfischerei, der Hahnenkämpfe und des Mambo der erste sowjetische Satellitenstaat auf dem amerikanischen Kontinent werden könne. Seit 1898 war Kuba ein Vasall Amerikas gewesen: Nach dem Spanisch-Amerikanischen Krieg hielten die Vereinigten Staaten die Insel vier Jahre lang besetzt und zogen erst wieder ab, nachdem sie die kubanische Verfassung mit dem berüchtigten *Platt Amendment* in Kraft gesetzt hatten. Dieses Gesetz gestattete es den US-Truppen, jederzeit auf der Insel zu intervenieren, wenn die Unabhängigkeit Kubas bedroht war.

In der jüngeren Geschichte Kubas hatten die Herrscher eigentlich ständig gewechselt. Und jeder versprach Reformen, regierte dann aber doch mit Korruption und Gewalt. Niemand aber übertraf in dieser Hinsicht den größenwahnsinnigen und korrupten Präsidenten Fulgencio Batista y Zaldívar. Als Feldwebel gelangte er 1933 durch einen Staatsstreich an die Schaltstellen der Macht. Die fünf Präsidenten, die nun nacheinander das Land »regierten«, waren lediglich seine Marionetten. Während ihrer Amtszeit häufte er ein riesiges privates Vermögen an.

Im Jahr 1940 ließ sich Batista herab, persönlich die Präsidentschaft zu übernehmen. Während des Zweiten Weltkrieges unterstützte er die Alliierten, indem er den Flottenstützpunkt der Amerikaner in Guantanamo schützte und Kubas Zuckerernte 1941 zu Schleuderpreisen an die Vereinigten Staaten verkaufte. Nach dem Krieg zog er sich auf seinen Landsitz in Florida zurück, übernahm aber 1952 durch einen weiteren unblutigen Staatsstreich erneut die Macht.

In den fünfziger Jahren befanden sich vierzig Prozent der kubanischen Zuckerindustrie, achtzig Prozent der kubanischen Energiewirtschaft und neunzig Prozent der kubanischen Bergwerke in amerikanischem Besitz. Im Hinblick auf das Pro-Kopf-Einkommen, das Bildungsniveau und die Sozialleistungen nahm die Insel eine Spitzenposition unter den lateinamerikanischen Ländern ein. Aber der Reichtum, der so protzig und provokant in den Casinos und Nachtclubs von Havanna zur Schau gestellt wurde, blieb der Landbevölkerung und den Nichtweißen im wesentlichen versagt. Kubas wichtigster Industriezweig, »Seine Majestät, der König Zucker«, war im Niedergang begriffen, und viele Menschen verloren ihre Arbeit. Dadurch gewann die Opposition gegen Batista neue Anhänger.

Der Diktator reagierte auf diese Situation mit Gewalt. Bald hingen an den Königspalmen entlang der Landstraßen die blutüberströmten Leichen der Kubaner, die den Fehler begangen hatten, Fidel Castro, den Rebellen in den Bergen, zu unterstützen.

Wie Lenin, Mao und andere große Revolutionäre war Castro kein Sohn der Arbeiterklasse. Sein Vater, Angel Castro y Argiz, hatte als dreizehnjährige Waise Spanien verlassen, um im Mayari-Gebiet auf Kuba bei einem Onkel zu leben. In diesem Gebiet war die amerikanische Präsenz stärker spürbar als in anderen Regionen der Insel – dank der United Fruit Company. Diese hatte 1954 der CIA bei der Vertreibung der extrem linksgerichteten Regierung Guatemalas unter Präsident Jacobo Arbenz Guzman geholfen, der gedroht hatte, die Besitzungen des Unternehmens zu enteignen.

Angel Castro verlegte Schienen für die Eisenbahn der United Fruit Company, pachtete Land von der Gesellschaft und zog als Händler von *Finca* zu *Finca*. Mit dem dabei erzielten Gewinn kaufte er Land in der Provinz Oriente. Fidel Castro bekannte später, er habe »Scham« darüber empfunden, als Bürger einer von Amerika beherrschten »Pseudorepublik« aufzuwachsen.

Castros Mutter Lina war offenbar eine Bedienstete in Angels Haus, bevor Angel sie nach Fidels Geburt im Jahre 1926 heiratete. Der Junge bewunderte José Martí, der für die Unabhängigkeit Kubas gekämpft hatte und 1895 in dieser Gegend einem Überfall aus dem Hinterhalt zum Opfer gefallen war. Der leicht erregbare und trotzige junge Castro warf seinem Vater vor, er »täusche« seine Arbeiter in den Zuckerplantagen mit »falschen Versprechungen«. Aber seine Versuche, sie gegen ihn zu mobilisieren, blieben erfolglos. Später, nachdem er bereits in die Politik eingestiegen war, setzte er die Plantagen der Familie in Flammen.

Castro besuchte Belén, die bedeutendste Schule des kubanischen Establishment. Später meinte ein Freund, Klassenkameraden aus Havanna hätten »in ihm den Haß gegen die obere Gesellschaftsschicht entflammt«. An der Universität von Havanna, die bekannt war für ihre politisch engagierten Studenten, schloß er sich einem antiimperialistischen Bündnis an und hielt aufrührerische Reden gegen die bestehende Ordnung. Als ihn daraufhin der Chef der kubanischen Geheimpolizei warnte, er solle sich zurückhalten, begann er, einen Revolver zu tragen. 1947 schloß er sich einer zwölfhundertköpfigen Gruppe an, die aus Kubanern, Flüchtlingen der Dominikanischen Republik und anderen bestand. Diese Rebellen versuchten, gegen Rafael Trujillo, den Prototyp des lateinamerikanischen Diktators, vorzugehen, der sein Land ausländischen Interessen geöffnet hatte, um dafür Waffen gegen potentielle Gegner zu erhalten. Aber der Aufstand wurde durch kubanische und amerikanische Streitkräfte im Keim erstickt.

Castro nahm auch an einer Störaktion bei der Tagung lateinamerikanischer Außenminister in Bogotá teil, die zusammengekommen waren, um die Charta der Organisation Amerikanischer Staaten (OAS) zu unterzeichnen. Nach seiner Heirat mit Mirta Díaz Balart, der Schwester einer Schulkameradin, unternahm er mit ihr eine Hochzeitsreise in die Vereinigten Staaten. (1954 ließ er sich mit der Begründung von ihr scheiden, ihre Familie stehe Batista zu nahe.) Bei dieser Gelegenheit erstand er in New York einige Bücher von Marx und Engels, unter anderem *Das Kapital*. Als er sein Studium abgeschlossen hatte, eröffnete er eine Rechtsanwaltskanzlei und verteidigte Klienten aus ärmeren Bevölkerungsschichten. Außerdem plante er, für das kubanische Parlament zu kandidieren.

Im März 1952 war Batista von Florida auf seinen Landsitz bei Havanna zurückgekehrt. Am Tag seiner Ankunft marschierte er noch vor Anbruch der Morgendämmerung in das Hauptquartier der kubanischen Armee, und gleich am nächsten Tag zog er wieder in den Präsidentenpalast ein. Die Wahlen wurden abgesagt.

Am 26. Juli 1953 führte Castro einen Angriff auf die Moncada-Kasernen in Santiago an, der jedoch scheiterte. Siebzig Rebellen fanden bei dem Unternehmen den Tod, und Castro wurde vor Gericht gestellt. Bei dem Prozeß hatte er einen Band mit Zitaten von Martí in der Hand und hielt eine zweistündige Verteidigungsrede, aus der später das Glaubensbekenntnis der kubanischen Revolution hervorgehen solle: »Dante hat seine Hölle in neun Kreise eingeteilt. Der Teufel wird vor einer schwierigen Entscheidung stehen, wenn er den Kreis wählen muß, der zur Seele Batistas paßt!«

Castro forderte freie Wahlen, eine Landreform, Gewinnbeteiligung und Wohnungen für alle und erklärte, er kämpfe für Hunderttausende von Kubanern ohne feste Anstellung – Bauern, »die vier Monate arbeiten und dann den Rest des Jahres Hunger leiden«, Fabrikarbeiter, »deren Rente man gestohlen hat«, Lehrer, »die schlecht behandelt und bezahlt werden«. Er zitierte Thomas von Aquin, Luther, Calvin, Rousseau, Balzac, bezog sich auf die Revolutionen in England, Amerika und Frankreich und schloß mit den berühmten Sätzen: »Verurteilt mich! Das hat nichts zu bedeuten. Die Geschichte wird mich freisprechen.«

Nach seiner Begnadigung, die neunzehn Monate später erfolgte, ging Castro nach Mexiko, wo er mit anderen Kubanern den Plan für eine Landung auf der Insel ausarbeitete. Im November 1956 begab er sich mit 81 bewaffneten Männern an Bord einer weißen Jacht und brach in Richtung Kuba auf. Nach der Landung in Alegria de Pio bewegten sie sich auf Ellbogen und Knien durch die Zuckerrohrfelder auf die Berge zu, von denen aus sie ihren Kampf führen wollten. Aber Batistas Truppen griffen sie an, und alle bis auf sechzehn ergaben sich, flohen oder wurden getötet. Im Monat darauf verkauften die Vereinigten Staaten Batista sechzehn neue B-26-Bomber zum Einsatz gegen die Rebellen. Diese Bomber wurden am Flottenstützpunkt Guantanamo aufgetankt und mit Napalm ausgerüstet.

Aber Castros Guerilla-Armee in der Sierra Maestra erhielt immer mehr Zulauf. Und die CIA soll auf Nummer Sicher gegangen sein und seiner Bewegung mindestens 50 000 Dollar zugeschoben haben.* Doch nach einem der Angriffe Batistas mit Hilfe US-amerikanischer Flugzeuge und Bomben schrieb Castro an seine Geliebte: »Ich habe geschworen, daß die Amerikaner schwer für das bezahlen werden, was sie tun. Wenn dieser Krieg zu Ende ist, wird ein viel größerer Krieg für mich beginnen, ein Krieg, den ich gegen sie führen werde. Ich habe erkannt, daß dies meine wahre Bestimmung ist.«

Im Jahre 1958 schließlich war die Zeit für Castro gekommen. Landbesitzer und Geschäftsleute, die von Batista genug hatten, überschütteten die »Bewegung des 26. Juli« mit so viel Geld, daß Castro sich den Luxus leisten konnte, bis zu einen Dollar für eine Kugel zu bezahlen. Der britische Botschafter kabelte damals aus Havanna nach Hause: »Ohne Zweifel hat er eine beachtliche Zahl von Sympathisanten auf der ganzen Insel. Inzwischen betrachtet man ihn als romantischen Helden vom Typ eines Robin Hood.« Dann fügte er noch hinzu, man habe »den Verdacht, daß Castro die Sympathie der Kommunisten genießt«.

Am 5. Dezember 1958 schickte Arthur Gardner, ein republikanischer Finanzfachmann, der unter Eisenhower von 1953 bis 1957 Botschafter bei Batista gewesen war, eine kryptische Botschaft »von höchster Wichtigkeit« an Richard Nixon: »Die Miami-Sache . . . sollte sofort in die Wege geleitet werden. Unter Verzicht auf die offiziellen Kanäle der Botschaft sollte die Situation äußerst vertraulich und persönlich überprüft werden. Möglicherweise müßte man auch den Führer aufsuchen und ihm ein bißchen moralische Unterstützung geben. Man muß versuchen, Zeit zu gewinnen, und sich ein eigenes Urteil darüber bilden, was am besten zu tun ist.«

* 1958 zum Beispiel unterstützte die CIA sowohl das Sukarno-Regime als auch die oppositionellen Rebellen.

Nachdem der Vizepräsident die Botschaft erhalten hatte, setzte er sich mit Gardner in Verbindung. Er wollte mit ihm besprechen, wie man den Zusammenbruch der Regierung in Havanna verhindern und somit Schaden für die Vereinigten Staaten abwenden könne.

William Pawley war ein wohlhabender Mann und Botschafter in Brasilien und Peru gewesen. Er sprach fließend Spanisch, hatte großes Interesse an Kuba und stand der CIA sehr nahe. Wie Eisenhower einem Freund im Vertrauen schrieb, benutzte er Pawley »hin und wieder als Privatperson für verschiedene Aufgaben« während seiner beiden Amtszeiten. Später erfuhr Nixon, daß Pawley im Dezember 1958 nach Havanna gefahren war, »um Batista zum Rücktritt zu bewegen, damit man einen verantwortungsvollen Präsidenten ernennen und der Machtübernahme durch einen unzuverlässigen Präsidenten vorbeugen« könne.

Aber dazu war es bereits zu spät. Am Neujahrstag 1959 floh Batista kurz nach Mitternacht mit seiner Familie in die Dominikanische Republik.* Vom Balkon der Moncada-Kaserne aus, wo seine Bewegung ihren Anfang genommen hatte, hielt Fidel Castro seine erste Rede als Führer des neuen Kuba: »Die Revolution beginnt in diesem Augenblick ... Es wird nicht wie 1898 sein, als die Nordamerikaner kamen und sich zu Herren über unser Land machten ... Zum ersten Male ist die Republik wirklich vollkommen frei, und das Volk wird das bekommen, was es verdient ... Diesen Krieg hat das Volk gewonnen!« Überall hupten Chevrolets, die mit Fahnen der »Bewegung des 26. Juli« geschmückt waren, und niemand hielt sich an die Verkehrsregeln. Die Kubaner plünderten die Casinos und rissen die Parkuhren nieder, die eine berüchtigte Einnahmequelle für Batista gewesen waren. Als Castro in Havanna einfuhr, sein halbautomatisches Gewehr über der Schulter seiner grünen Uniform und seine Markenzigarre zwischen den Zähnen, weinten die Leute, sangen, umarmten sich und riefen: »*Gracias*, Fidel!«

---

* Laut dem Bericht eines britischen Diplomaten an die Londoner Regierung »zog« Rafael Trujillo »Batista ungefähr drei Millionen Dollar aus der Tasche ... was ich mir allerdings nicht recht erklären kann – vielleicht handelte es sich dabei um Ausgaben für gegenwärtige und zukünftige militärische Operationen der Dominikanischen Republik gegen Fidel Castro. Wie auch immer, als Batista sich sträubte, nach den ersten beiden Millionen noch mehr zu zahlen, warf ihn der Retter des Vaterlandes in den Kerker und schob eine Kiste mit hungrigen Ratten hinterher. Nach 24 Stunden öffnete sich Batistas Geldbörse erneut.«

Wenn *El Líder Maximo* von seinem neuen Wohnsitz im Havana Hilton aus seine Befehle erteilte, verfolgte er dabei eine vorsichtige Strategie. Er vermied allzu scharfe Töne gegen die USA, die Uncle Sam so in Rage hätten bringen können, daß er erneut seine Streitkräfte schickte und die neugewonnene Unabhängigkeit zunichte machte. Als die US-Amerikaner entsetzt auf die Prozesse und Hinrichtungen kubanischer »Kriegsverbrecher« reagierten, stellte er ihnen jedoch die Frage, warum sie nicht protestiert hätten, während Batista folterte und mordete: »Wenn es den Amerikanern nicht gefällt, was in Kuba passiert, dann sollen sie ihre Marines herschicken. Dann wird es 200 000 tote Gringos geben!«

Im April 1959 flog er nach Washington, um vor der American Society of Newspaper Editors (der US-amerikanischen Gesellschaft der Zeitungsverleger) zu sprechen. Bei dieser Gelegenheit bürgte er für eine freie kubanische Presse und teilte dem Senatsausschuß für Auswärtige Beziehungen (John F. Kennedy war zu dieser Zeit im Wahlkampf unterwegs) mit, er werde amerikanisches Eigentum nicht antasten. Doch Eisenhower weigerte sich, ihn zu empfangen.

Statt dessen traf sich Castro mit Nixon und dem Außenminister Christian Herter, denen er versicherte, er könne mit den Kommunisten »fertig werden«. Später berichtete Herter dem Präsidenten, Castro sei ihm »wie ein Kind vorgekommen«, er habe »ziemlich unreif« gewirkt und äußerst »irritiert über praktische Schwierigkeiten, denen er sich gegenübersah«. Er habe »um Geduld gebeten, solange seine Regierung versuche, mit der Situation in Kuba zurechtzukommen«. Wenn er Englisch gesprochen habe, habe er sich »zurückhaltend und in bemerkenswert persönlichem Ton ausgedrückt«. Sobald er aber ins Spanische überwechselte, sei er »wortreich, erregt und irgendwie heftig« geworden.

Am Abend sprach Castro im Central Park vor 30 000 Menschen und vor weiteren 10 000 im Dillon Field House von Harvard. Nathan Pusey, der Präsident der Universität, war nicht anwesend. Vielleicht hatte er sich mit Angehörigen der Harvard-Aktiengesellschaft beraten, die in Kuba große Aktienanteile durch Enteignung verloren hatten. Daher fiel die Aufgabe, Castro zur Seite zu stehen, dem Dekan McGeorge Bundy, Kennedys späterem Berater für Nationale Sicherheit, zu.

»Mein Spanisch ist viel besser als sein Englisch, was aber nicht viel sagt. Da er aber nicht Spanisch sprechen wollte, konnte ich kaum mit ihm reden ... Mir fiel auf, daß er sehr daran interessiert war, die Aufmerksamkeit des Publikums auf sich zu lenken. Ein persönliches Gespräch war so gut wie unmöglich.«

Castro war sich im klaren darüber, daß nichts die Amerikaner mehr gegen ihn aufbringen würde als der Verdacht, er wolle die Insel zum Kommunismus führen. Sein Bruder Raúl und sein Mitstreiter Che Guevara waren bekannte Marxisten-Leninisten, aber Castro selbst war stets davor zurückgeschreckt, sich in dieser Hinsicht festzulegen. Zwar hatte er spätestens seit 1958 insgeheim mit Kubanern zusammengearbeitet, die den traditionellen marxistischen Kurs vertraten, aber das bedeutete wohl kaum, daß er Kuba in einen Satellitenstaat Chruschtschows verwandeln wollte.

Die Sowjetunion hatte nur wenig unternommen, um die alten Ressentiments gegen die Vereinigten Staaten in Lateinamerika auszunutzen. Weder Stalin noch seine Nachfolger hatten es für wert befunden, die USA, die an der Monroe-Doktrin festhielten, herauszufordern, indem sie die Bananenrepubliken umwarben. Im Jahre 1959 unterhielt Moskau lediglich zu drei Ländern der Region diplomatische Beziehungen. Nach Camp David hegte Chruschtschow Hoffnungen auf bessere Beziehungen mit den USA und wollte Eisenhower nicht durch ein offenes Bündnis mit einem unberechenbaren jungen Rebellen verärgern, dessen Tage als Machthaber vielleicht schon gezählt waren.

Castro brauchte die Russen mehr als sie ihn. Die bittere Vergangenheit Kubas lehrte, daß die USA niemals ein feindliches Regime in so unmittelbarer Nachbarschaft dulden würden. Eisenhowers Regierung versuchte bereits, ihn am Kauf von Waffen zur Verteidigung gegen Guerilla-Kämpfer in den Bergen zu hindern. Daraus zog Castro den Schluß, daß jeder Versuch, den Vereinigten Staaten die Stirn zu bieten, scheitern würde, wenn er nicht die Unterstützung der anderen Supermacht besaß.

Aber die Sowjets nahmen vorerst nur zögernd Kontakt zu dem neuen kubanischen Staatschef auf. Im Oktober 1959 ließ sich Alexander Alexejew in Havanna nieder. Offiziell war er Korrespondent der sowjetischen Nachrichtenagentur TASS, in Wirklichkeit aber ein Agent des sowjetischen Geheimdienstes, dessen wirklicher Name Schitow war. Der »erste sowjetische Bürger auf der Insel«, wie Castro ihn einmal genannt haben soll, berichtete später: »Wir wußten so gut wie nichts über die kubanische Revolution ... Ich mußte feststellen, daß mindestens neunzig Prozent des Volkes hinter Fidel standen ... Sie verehrten ihn ... An der Wand jedes kubanischen Hauses stand: ›Fidel, dies ist dein Haus!‹«

Bald nach seiner Ankunft rief Alexejew Castro an und teilte ihm mit, die sowjetische Regierung hege »große Bewunderung« für seine Bemühungen um den sozialen Fortschritt. Castro erwiderte, er würde Handelsbeziehungen zu Moskau begrüßen. Vielleicht könne Mikojan die für Februar 1960 geplante Handelsmesse in Havanna eröffnen.

Daraufhin flog der stellvertretende Ministerpräsident der Sowjetunion nach Havanna und unterzeichnete ein sowjetisch-kubanisches Handelsabkommen. Laut Alexejew bat Castro Mikojan »nie«, ihm Waffen zu verkaufen. Im März wurde dann der französische Frachter *La Coubre* im Hafen von Havanna in die Luft gejagt. Alexejew berichtete: »Jedem war klar, daß die Zeitbombe von CIA-Agenten gelegt worden war ... Erst nach der Explosion der *La Coubre* forderten Castro und seine Regierung militärische Hilfe von der Sowjetunion.« Und als dann Esso, Texaco und Shell Castros Bitte, sowjetisches Rohöl zu verarbeiten, zurückwiesen, beschlagnahmte Castro die Raffinerien aller drei Unternehmen.

Schon im Juni 1959 hatte Eisenhower vertraulich gegenüber Kabinettsmitgliedern geäußert, er werde »vor den Kongreß gehen müssen, um einen Krieg gegen Kuba zu beginnen«, falls die Sowjetunion »Kuba übernehmen« sollte. Nun war seine erste Waffe ein Importverbot für kubanischen Zucker. »Das hätte den Tod für die kubanische Revolution bedeutet«, erinnerte sich Alexejew. »Daher sprach Fidel mit mir ... Er fragte mich, ob wir ihm einen Teil seines Zuckers abkaufen könnten – zumindest eine symbolische Menge. Er bereite gerade eine Kundgebung vor und wolle den Kubanern mitteilen, daß es sehr wohl eine Alternative gebe.«

Die Antwort auf Castros Bitte kam in Form eines Telegramms von Chruschtschow an Alexejew: »Ich übergab Fidel das Telegramm, in dem stand, daß die Sowjetunion bereit sei, den *gesamten* Zucker zu kaufen, jene 700 000 Tonnen, die die Amerikaner zurückgewiesen hatten. Und nicht nur in *diesem* Jahr, sondern auch in den *nächsten* Jahren. Das war wirklich ein Ereignis! Ich war bei der Kundgebung dabei – es waren eine Million Leute dort. Mit eigenen Augen habe ich gesehen, wie sich die Kubaner freuten. Sie warfen ihre Mützen in die Luft und tanzten.«

Castro erklärte, daß die in Kuba lebenden US-Bürger Eisenhowers Zuckerembargo teuer bezahlen müßten. Sie würden »bis aufs Hemd ausgezogen« werden. Entgegen seinen früheren Versprechungen verstaatlichte er nun Zuckermühlen, Plantagen, Raffinerien und Betriebe der Energiewirtschaft aus amerikanischem Besitz im Wert von 850 Millionen Dollar. Daraufhin verließen enttäuschte Anhänger Castros und ein Großteil der kubanischen Mittelklasse das Land und gingen in die Vereinigten Staaten. Insgeheim schwor nun der Präsident, er werde »die Marine und die Luftwaffe hinschicken, eine Blockade gegen Kuba errichten und als letzten Ausweg auch einmarschieren«, falls US-Bürger gefährdet seien.

Im Sommer 1960 war von der Annäherung zwischen Chruschtschow und den Vereinigten Staaten nichts mehr zu spüren. Daher bestand für die Sowjetunion keine Notwendigkeit mehr, die Chance, die Kuba bot, nicht zu nutzen. Sie hatten nun die Möglichkeit, im Hinterhof der Vereinigten Staaten einen strategischen Stützpunkt zu errichten, ohne etwas dafür bezahlen zu müssen. Außerdem konnte der Generalsekretär den Chinesen und anderen skeptisch gewordenen Verbündeten sein Engagement für den Weltkommunismus demonstrieren. Llewellyn Thompson informierte Washington darüber, daß Chruschtschow und die Sowjets »in dieser Kuba-Sache wieder einmal ganz ihre eigene revolutionäre Bewegung sehen«.

Als Gegenleistung für den kubanischen Zucker bot Chruschtschow Kuba Kredite für den Kauf sowjetischer Rohstoffe, Maschinen, Fabrikanlagen und Waffen. Im Juli 1960 erklärte er die Monroe-Doktrin für tot: »Das einzige, was man mit einer toten Sache machen kann, ist, sie begraben, so daß sie nicht die Luft verpestet.« Es sei »offensichtlich«, daß Washington »hinterlistige und verbrecherische Akte« gegen Kuba plane: »Sollten die Truppen des Pentagon Kuba angreifen wollen, werden die sowjetischen Artilleristen das kubanische Volk mit Raketen unterstützen.«

Kurze Zeit später erklärten Chruschtschows Mitarbeiter, dieser Schwur, Kuba mit Raketen zu verteidigen, sei lediglich »symbolisch« gemeint gewesen. Aber Che Guevara verkündete lauthals, von nun an werde das Castro-Regime von »der größten Militärmacht der Geschichte« verteidigt werden. Eisenhower reagierte mit einer erneuten Warnung. Die Vereinigten Staaten würden es nicht »dulden, daß auf dem amerikanischen Kontinent ein Regime errichtet wird, das vom Weltkommunismus beherrscht wird«. In jenem Herbst fand Chruschtschows turbulente Reise durch die Vereinigten Staaten statt, bei der es auch zu der berühmten herzlichen Umarmung zwischen ihm und Castro im Hotel Theresa in Harlem kam.

John F. Kennedys Beziehung zu Kuba begann im Dezember 1957 mit einer Reise, von der die Öffentlichkeit nichts erfuhr. Damals flog Kennedy, in dessen Ehe es offensichtlich gerade kriselte, heimlich nach Havanna, um dort mit George Smathers, seinem alten Freund und jetzigen demokratischen Senator von Florida, Urlaub zu machen. Hier stattete er dem US-Botschafter Earl Smith, einem Freund aus Palm Beach, einen Besuch ab, spielte Golf, segelte am Strand von Varadero und suchte den Club Tropicana und das Casino Parisien auf. »Kennedy war eigentlich kein großer Freund von Nachtclubs«, erinnert sich Smathers, »aber das Tropicana hatte eine unglaubliche Varieté-Show auf dem Programm. Es gab da ein Mädchen namens Denise Darcel, eine französische Sängerin, die wir kennenlernten . . . Kennedy gefiel Kuba. Er mochte den Lebensstil und die Leute. Überall, wo man hinkam, wurde man herzlich aufgenommen, sie waren äußerst freundlich . . . In Kuba gab es alles, vor allem eine Menge reicher Leute. Sobald sie sich um einen zu kümmern begannen, was bei einem Senator nur natürlich war, war es einfach Spitzenklasse.«
Im Wahlkampf des Jahres 1960 verurteilte Kennedy dann das Batista-Regime als »eine der blutigsten und repressivsten Diktaturen in der langen Geschichte der Unterdrückung Lateinamerikas« und klagte darüber, daß Batista »in sieben Jahren 20 000 Kubaner umgebracht« hatte. Doch damals, bei seinem Besuch im Jahre 1957, hatten ihn diese Fakten kaltgelassen. »Ich kann mich nicht erinnern, daß Kennedy sich jemals in irgendeiner Weise über Batista oder Castro geäußert hätte«, meinte Smathers später. »Wir machten einfach unbefangen Ferien.« Anfang 1958 kehrten die beiden Senatoren noch einmal zu einem Urlaub nach Kuba zurück.
Batistas Sicherheitspolizei hatte den Befehl, wichtige Besucher aus den Vereinigten Staaten, die nach Havanna kamen, zu überwachen. Mit Sicherheit zählte dazu auch der Senator aus Massachusetts, dem die *Time* vom Dezember 1957 als möglichem zukünftigen Präsidenten ihre Titelgeschichte gewidmet hatte. Als Castro 1959 die Macht übernahm, gehörten zu seinem Erbe vermutlich auch Akten mit Informationen über die beiden Besuche Kennedys in Havanna. Vielleicht brachte ihn der Inhalt dieser Dokumente dazu, anläßlich der

Wahl Kennedys sein öffentliches Verdikt auszusprechen: »Für die nächsten vier Jahre ein reicher Analphabet.«

Im Winter vor seiner Amtsübernahme unterhielt sich Kennedy mit der *Look*-Autorin Laura Bergquist über Castros messianisches Auftreten. Konnte man es mit dem Hitlers in den dreißiger Jahren vergleichen? Warum diese langen flammenden Reden? Hatte er überhaupt ein Privatleben, ein Liebesleben? »Kennedy war das komplette Gegenteil von Castro: distanziert, selbstbeherrscht, ein Rationalist mit Selbstdisziplin«, schrieb sie später. »Er schien es zu bedauern, daß er nicht das Charisma eines Castro besaß. Und ich war nicht die einzige, die sich fragte, ob Kennedy nicht innerlich Verständnis dafür hatte, daß der zornige Revolutionär ein solches Ansehen genoß.«

Genauso wie sich Kennedy in der Frage der Atomtests auf seinen Freund David Ormsby-Gore verließ, hatte er während des Wahlkampfes 1960 bei Earl Smith und George Smathers Rat über Kuba eingeholt. Da er als Senator einen Staat vertrat, in dem eine wachsende Zahl von Exilkubanern lebte, unternahm Smathers massive Versuche, Kennedy gegen Castro einzunehmen. Zu Beginn des Wahlkampfes 1960 meinte er, sein Freund sei zu stark auf Europa ausgerichtet. Außerdem erkenne er nicht die Gefahr, die aus Havanna drohe.

In dem Buch *Der Weg zum Frieden*, einer Anthologie seiner Äußerungen zur Außenpolitik, die Anfang 1960 veröffentlicht wurde, beschrieb Kennedy Castro als »Teil des Erbes von Bolívar«. Er fragte sich, ob Castro sich vielleicht rationaler verhalten hätte, wenn die Vereinigten Staaten Batista nicht »so lange und so unkritisch« gestützt und »dem aufgebrachten jungen Rebellen in der Stunde seines Triumphes mehr Sympathie entgegengebracht hätten«.

Zu einem Freund meinte der Senator Kennedy einmal: »Ich weiß nicht, warum wir Castro nicht mit offenen Armen empfangen haben, als er 1959 in dieses Land kam und um Hilfe bat . . . Statt dessen haben wir ihn zu unserem Feind gemacht, und nun werden wir ärgerlich, weil die Russen ihm Geld geben, also das für ihn tun, wozu wir nicht bereit sind.« Doch im Herbst 1960, als Castros feindliche Haltung gegenüber den USA deutlicher zutage trat, schwenkte Kennedy in der Kuba-Frage auf einen eindeutig rechten Kurs ein.

Anfang Oktober kritisierte Kennedy die Eisenhower-Regierung, weil sie die Warnungen im Hinblick auf die Kommunisten in Castros

Umgebung ignoriere: »Castro und seine Bande haben die Ideale der kubanischen Revolution und die Hoffnungen des kubanischen Volkes verraten ... Er hat die Insel Kuba in einen feindlichen und kriegerischen Satellitenstaat der Kommunisten verwandelt – einen Stützpunkt, von dem aus die kommunistische Infiltration und Subversion in die amerikanischen Länder getragen werden soll.« Noch im selben Monat ertönte dann der Ruf des Senators nach Unterstützung der kubanischen Freiheitskämpfer im Exil, um mit ihrer Hilfe das Castro-Regime zu beseitigen.

Dean Rusk, der den Wahlkampf vom Sitz der Rockefeller Foundation in New York aus beobachtete, meinte, Kennedy habe »es auf Castro abgesehen«. Als er später Außenminister wurde, war er erstaunt über die »Entschiedenheit«, mit der sich der Präsident gegen Castro wandte: »Es war eine natürliche Animosität von seiten Kennedys, die nicht nur in seiner politischen Haltung begründet lag. Sie war emotional bedingt.«

Einer der Gründe, warum Kennedy im Wahlkampf so heftig gegen Castro wetterte, war seine Angst, Eisenhower könnte im Oktober Truppen nach Kuba schicken, Castro stürzen und somit Nixon zur Wahl verhelfen. Es mag seinem Seelenfrieden sehr zugute gekommen sein, daß er damals nicht wußte, wie unnachgiebig Nixon hinter den Kulissen bereits auf Taten drängte.

Bereits seit März 1959 schmiedeten die US-Amerikaner geheime Pläne, um Castro zu beseitigen. Damals stellte man in Eisenhowers Nationalem Sicherheitsrat Überlegungen darüber an, wie man »in Kuba eine andere Regierung an die Macht bringen« könnte. Castro hatte bis zu diesem Zeitpunkt weder US-amerikanisches Eigentum beschlagnahmt noch diplomatische Beziehungen zu Moskau aufgenommen. Und die offizielle Politik der Vereinigten Staaten bestand immer noch darin, sich freundlich gegenüber der neuen Regierung in Havanna zu verhalten.

Im Januar 1960 versammelte sich ein Dutzend Veteranen des guatemaltekischen Staatsstreiches von 1954 im Büro von J. C. King, dem Chef der CIA für Angelegenheiten auf dem amerikanischen Kontinent. Warum, so lauteten die Überlegungen, sollte man nicht die kubanische Untergrundbewegung dazu benutzen, »einen politischen Aufruhr nach dem Vorbild anderer lateinamerikanischer Länder« anzuzetteln? In der Panamakanal-Zone könnte man dreißig Exilkubaner zu Guerillakadern ausbilden. Allen Dulles erklärte Eisenhower, wie man Sabotage gegen eine kubanische Zuckerraffinerie verüben könne. Aber die Antwort des Präsidenten lautete: »Wenn Sie etwas gegen Castro unternehmen wollen, sollten Sie sich nicht mit Zuckerraffinerien abgeben.«

Im März legte Dulles einen »Geheimen Aktionsplan gegen das Castro-Regime« vor, der eine Exilregierung, eine Propagandaoffensive, Geheimaktionen, die Sammlung von geheimem Material und paramilitärische Streitkräfte vorsah. Dulles ging davon aus, daß man die entscheidende Aktion noch vor den Wahlen im November durchführen könne. Als dies nicht geschah, schöpfte der geschlagene Nixon den Verdacht, »Liberale« beim Geheimdienst hätten die Aktionen gegen Kuba zurückgestellt, um den Sieg Kennedys zu sichern, genauso wie er den Eindruck hatte, daß die CIA Kennedy das erfolgsträchtige Thema Raketenlücke »geschenkt« habe.*

Am Samstag, dem 18. November 1960, fuhren Dulles und Richard Bissell, sein stellvertretender Direktor für geheime Operationen, nach Palm Beach, um dem designierten Präsidenten zum erstenmal einen vollständigen Geheimdienstbericht zu geben. Der CIA-Direktor hatte in den fünfziger Jahren oft bei dem Ölindustriellen Charles Wrightsman Urlaub gemacht und bei dieser Gelegenheit mit dessen Nachbar Kennedy Golf gespielt. Trotzdem hatte Robert Amory, sein stellvertretender Direktor für die Auswertung der Geheimmaterialien, den Eindruck, Dulles »fühlte sich nicht richtig wohl« mit dem neuen Präsidenten, der so jung war, »daß er sein Sohn hätte sein können«.

Vor dem Treffen hatte Dulles offensichtlich ein Gutachten über Kennedy gelesen, das die Psychologen der CIA erstellt hatten. Es beruhte auf Dokumenten, die bis in die dreißiger Jahre zurückreichten.

In den Unterlagen des FBI und wahrscheinlich auch in den CIA-Akten gab es Beweismaterial für Kennedys Affäre mit Inga Arvad Fejos im Jahre 1942 während seiner Tätigkeit für den Geheimdienst der Marine. Inga Arvad Fejos stand unter dem Verdacht, als Spionin für die

---

* Insgeheim schloß Nixon Eisenhower in seine Kritik ein. So schrieb er 1963 an einen Freund, sowohl Eisenhower als auch Kennedy verdienten Tadel für das, was in Kuba passiert sei – Eisenhower, weil »er nicht früher gehandelt hat«, und Kennedy, weil »er nicht entschieden genug handelte«.

Nationalsozialisten zu arbeiten, und es existierten Transkripte von Telefongesprächen und Gesprächen im Hotelzimmer, die das FBI auf Anordnung J. Edgar Hoovers abgehört hatte.

Kennedy und sein Vater wußten, daß in diesem Material das Potential steckte, seine politische Laufbahn zu zerstören. Die Angst, Hoover oder Dulles könnten seiner Karriere schaden, beeinträchtigte aber die Beziehung des neuen Präsidenten zu den beiden offenbar kaum. Nun, da er an der Macht war, war er sehr wohl in der Lage, einem illoyalen Amtsinhaber, der erpresserische Absichten hegte oder sogar auf seinen Sturz hinarbeitete, das Leben schwerzumachen. Dennoch beeinträchtigte das explosive Material in den Akten des FBI und der CIA die Handlungsfreiheit Kennedys. Wenn es um wichtige Dinge ging, würde er sich möglicherweise schwerer tun, Hoover oder Dulles zu überstimmen, als ein Präsident, der keine peinlichen Geheimnisse zu verbergen hatte.

Als Bissell dann Kennedy große Karten und Schaubilder vorlegte, mit deren Hilfe er dem designierten Präsidenten die Pläne der CIA gegen Castro erläutern wollte, hatte er den Eindruck, daß Kennedy sich lediglich für den Maßstab der Pläne interessierte.

Er und Dulles führten ihrem neuen Chef noch einmal vor Augen, daß Kuba inzwischen militärische Hilfe von der Sowjetunion erhielt: Je länger man mit der Invasion warte, desto schwieriger würde sie werden. Kennedy erwiderte darauf, er müsse erst darüber nachdenken. »Das ist verständlich, Mr. President«, meinte Dulles, »aber es bleibt nicht mehr viel Zeit.«

Im Januar 1961 sah man dann noch dringendere Gründe, etwas wegen des Líder Máximo zu unternehmen. Kuba würde »innerhalb kürzester Zeit vom chinesisch-sowjetischen Block absorbiert sein«, erklärte Dulles Mitgliedern des Senats. Die Insel könne »eine bedeutende Militärmacht werden und den Vereinigten Staaten somit große Sicherheitsprobleme bescheren«.

Die Sowjets schickten Waffen in großer Menge, und die in der Tschechoslowakei ausgebildeten kubanischen Piloten könnten »jeden Tag« eintreffen und von den Sowjets ausgerüstete MiGs fliegen. Und in Kuba selbst sei der »totalitäre Apparat«, den kommunistische Kräfte dazu benutzten, »eine ganze Bevölkerung« unter ihre Kontrolle zu bringen, bald fest installiert. Castro unterstütze Revolutionäre in Panama, Nicaragua, der Dominikanischen Republik und Haiti. Die CIA befürchte, daß es zumindest einer dieser Staaten »in den nächsten Monaten Castro gleichtun« werde.

Am alarmierendsten aber sei die Tatsache, daß »Kuba ein Raketenstützpunkt des chinesisch-sowjetischen Blocks auf diesem Kontinent werden könnte«. Dies wäre »eine ernstzunehmende Gefahr, nicht nur weil die Stationierung von Kurz- und Mittelstreckenraketen auf Kuba eine massive Bedrohung für die Vereinigten Staaten darstellen würde ... Jeder Versuch, auf politischer oder diplomatischer Ebene diese Entwicklung zu verhindern oder zu unterbrechen, würde uns in eine schwierige Verhandlungsposition ... mit ... der Sowjetunion bringen.«

Am Tage vor der Amtseinführung des neuen Präsidenten teilte Eisenhower Kennedy mit, das Kuba-Projekt der CIA laufe gut: Es läge in der »Verantwortung« des neuen Präsidenten, »alles Notwendige« zu tun, um diesen Plänen zum Erfolg zu verhelfen.

Am Samstag, dem 28. Januar, teilte Dulles Kennedy und dem Nationalen Sicherheitsrat mit, daß »Kuba jetzt praktisch ein kommunistisch regiertes Land ist«. Sowohl Castros militärische Stärke als auch »die Opposition des Volkes gegen sein Regime« nähmen rasch zu. »Die Vereinigten Staaten haben eine Reihe von geheimen Aktionen gegen Castro unternommen, wie Propaganda, Sabotage, politische Maßnahmen und die direkte Unterstützung bei der militärischen Ausbildung oppositioneller Kubaner.« Nun müsse man entscheiden, ob man »eine Gruppe solcher Kubaner, die sich momentan in einem Ausbildungslager in Guatemala befindet und nicht für alle Zeiten dort bleiben kann«, endlich einsetzen wolle.

In ihrem Wettlauf gegen die Zeit hatte die CIA den Gedanken an eine Infiltration durch Guerilla-Fallschirmspringer zugunsten einer militärischen Operation fallengelassen. Geplant war, einen Strandabschnitt zur Landung zu erobern, während B-26-Bomber die Luftherrschaft über diesen Bereich gewinnen und die Nachschub- und Kommunikationswege der Kubaner zerstören sollten. Gleichzeitig sollte Castro – genauso wie 1954 Arbenz in Guatemala – mit Gerüchten über die Landung zahlreicher Truppenverbände in die Irre geführt werden; und die Opposition sollte ermutigt werden, zu den Waffen zu greifen. Im Februar hatte sich der Plan dahingehend entwickelt, daß die Stadt Trinidad an der Südküste, die angeblich eine Brutstätte der Opposition gegen Castro war, beim Morgengrauen vom Meer her und aus der Luft angegriffen werden sollte.

Am Mittwoch, dem 8. Februar, teilte Bundy dem Präsidenten mit: »Sowohl das Verteidigungsministerium als auch die CIA sind vom Erfolg des Unternehmens vollkommen überzeugt ... Im schlimmsten Fall gehen sie davon aus, daß sich die einfallenden Truppen in die Berge zurückziehen müssen. Im besten Fall rechnet man mit einem Bürgerkrieg mit allem Drum und Dran, in dem wir dann die Castro-feindlichen Kräfte offen unterstützen könnten. Im Außenministerium sieht man die ganze Sache etwas distanzierter, vor allem weil man dort davon ausgeht, daß die politischen Konsequenzen sowohl in den Vereinten Nationen als auch im übrigen Lateinamerika sehr schwerwiegend wären.«

Kennedy wollte Castro loswerden, ohne derartige politischen Folgen auf sich nehmen zu müssen. Er glaubte an das, was er selbst 1960 gesagt hatte: Die Vereinigten Staaten sollten sich mit einer neuen, jungen, freiheitlichen Politik an die Seite der aufstrebenden Nationen der Welt stellen – wobei er besonders an die Länder Lateinamerikas dachte. Würde er seine Präsidentschaft mit dem eindeutigen Befehl zur Vernichtung der kubanischen Regierung beginnen, so würden er und sein Land als das alte imperialistische Schreckgespenst in neuem Gewande dastehen. Ihm war klar, daß das Resultat eines Einmarsches der US-Armee ein zweites Ungarn sein konnte. Dann gingen möglicherweise wieder Bilder von Panzern durch die Weltpresse, die – dieses Mal in den Straßen Havannas – skrupellos Menschen überrollten.

Aber noch stärker als all das beschäftigte Kennedy ein anderes Problem. Ein derartiges Vorgehen in einer Region, in der die konventionelle Streitkraft der Vereinigten Staaten überlegen war, konnte Chruschtschow möglicherweise dazu zwingen, sich durch einen Feldzug gegen Berlin zu rächen, wo die Sowjets konventionell einen Vorsprung hatten. Und da die Westmächte Garantien für die Unabhängigkeit Berlins gegeben hatten, würde Kennedy in diesem Falle kaum auf einen Gegenschlag verzichten können, zumal er erst drei Monate im Amt war. Wenn er sich nicht an die Verpflichtungen der Westmächte gegenüber Berlin hielt, würde er der Appeasement-Politik bezichtigt werden und womöglich erleben müssen, wie die NATO zusammenbrach. Falls er hingegen die Herausforderung annahm, würde er eventuell die beiden Supermächte in einen Atomkrieg hineinziehen ...

Daher bat der Präsident Bissell, eine weniger spektakuläre Landung auf der Insel und Kämpfe von den Bergen aus in Erwägung zu ziehen, anstatt der Welt »von den Yankees geschickte Invasionstruppen« zu präsentieren. Am 11. März erklärte Kennedy, er könne »angesichts der herrschenden Weltlage« keinen Plan billigen, »der so deutlich unsere Beteiligung offenbart«. Trinidad sei »zu spektakulär«: »Das sieht zu sehr nach einer Invasion wie im Zweiten Weltkrieg aus.«

Am Mittwoch, dem 15. März, legte die CIA einen neuen Plan unter dem Codenamen *Zapata* vor. Danach sollte die Landung westlich von Trinidad in der Schweinebucht stattfinden.

Bundy schrieb an Kennedy, der Geheimdienst habe »beachtliche Anstrengungen unternommen, den Plan für eine Landung so umzuarbeiten, daß diese unspektakulär und unauffällig verlaufen kann und im wesentlichen von Kubanern durchgeführt wird«. Der Präsident bat Bissell daraufhin, »den Geräuschpegel« bei der Landung »noch mehr zu verringern« und sicherzustellen, daß sämtliche Schiffe während der Nacht entladen würden. Weder Kennedy noch Bundy oder McNamara wurden darauf aufmerksam gemacht, daß im Falle eines Scheiterns die Exilkubaner bei diesem Plan nicht »in den Bergen verschwinden« konnten, wie es von Trinidad aus möglich gewesen wäre.

Am Donnerstag, dem 30. März, verließ der Präsident Washington, um die Ostertage in Palm Beach zu verbringen – zum erstenmal flog er mit der *Air Force One*. Noch immer war die Entscheidung nicht gefallen. William Fulbright hatte inzwischen seinen Mitarbeiter Pat Holt gebeten, ein Schriftstück aufzusetzen, aus dem hervorging, daß eine Invasion auf Kuba ein fürchterlicher Gedanke wäre. Kurz nachdem das Flugzeug gestartet war, übergab er das Memo dem Präsidenten. Die amerikanischen Pläne gegen Castro seien ein »offenes Geheimnis«, hieß es in dem Papier: »Selbst wenn die Unterstützung dieser Aktion unter Geheimhaltung erfolgt, so haftet ihr etwas von der Scheinheiligkeit und dem Zynismus an, den die Vereinigten Staaten ständig vor den Vereinten Nationen und anderswo der Sowjetunion vorwerfen.« Wenn die USA mit eigenen Truppen intervenieren würde, würde aus Kuba ein zweites Ungarn: »Dreißig Jahre, in denen wir versucht haben, frühere Eingriffe wiedergutzumachen, wären mit einem Schlage zunichte gemacht.« Man solle statt dessen lieber die kubanische Regierung dulden und die Insel isolieren. Castro sei »ein Stachel im Fleische«, aber kein »Dolch im Herzen«.

Am Karfreitag waren der Präsident und die First Lady bei Earl und Florence Smith zum Mittagessen eingeladen. Als Kennedy am Nachmittag mit seinem Vater und Bing Crosby im Palm Beach Country Club Golf spielte, erfuhr er von Mitarbeitern des Geheimdienstes, daß Castro-freundliche Kubaner angeblich seine Tochter Caroline entführen oder der Familie in anderer Weise Schaden zufügen wollten. Kurze Zeit später wurden ein kubanisches Pärchen und zwei Komplizen in der Nähe von Palm Beach gefaßt und verhört. Während die Familie des Präsidenten in der Kirche St. Edward dem Ostergottesdienst beiwohnte, war sie umringt von Sicherheitsbeamten und Polizisten aus Palm Beach.

Nachdem der Präsident am 4. April in die amerikanische Hauptstadt zurückgekehrt war, stellte Bundy erstaunt fest, daß Kennedy seine Ansicht in der Kuba-Frage radikal geändert hatte. Vor Ostern hatte Arthur Schlesinger noch in seinem Tagebuch notiert, der Präsident werde offenbar »immer skeptischer« und die Zeit arbeite »gegen das Projekt«. Nun mußte Bundy feststellen, daß Kennedy »es wirklich wollte«. »Nicht unbedingt in allen Punkten, aber als die Stunde der Wahrheit kam – die Entscheidung, ob ja oder nein –, *informierte* er uns über seinen Entschluß. Er hat uns nicht *gefragt*.«

Bundy hatte den Verdacht, daß Kennedy in Palm Beach beeinflußt worden war: »Es gibt verschiedene Kandidaten, die dafür in Frage kommen – Smathers sicherlich, sein Vater oder vielleicht Earl Smith. Auf jeden Fall ist dort irgend etwas passiert, so daß er zurückkehrte und sagte: ›Wir machen es.‹ Wenn ich ihn damals schon besser gekannt und ein Verhältnis zu ihm gehabt hätte, wie es sich später zwischen uns entwickelte, hätte ich gefragt: ›Was zum Teufel ist am Wochenende passiert?‹ Aber so sagte ich nur: ›*Ja, Sir*.‹«

Bundys Mutmaßungen waren wahrscheinlich richtig. Die beiden Männer, mit denen der Präsident an jenem Wochenende die meiste Zeit verbracht hatte, waren Joseph Kennedy und Earl Smith. Der alte Kennedy war ein Befürworter der kubanischen Operation. Mit Earl Smith war er fünfmal zusammengetroffen, insgesamt hatten sie mehr als sieben Stunden miteinander verbracht. Und mit George Smathers hatte er am Ostersonntag beim Mittagessen gesprochen. Alle drei äußerten sehr deutlich ihre Meinung zu Kuba und übten großen Druck auf Kennedy aus, wobei Joseph Kennedys Ansicht wahrscheinlich das meiste Gewicht hatte.

Kennedy bemühte sich zwar, zu verbergen, daß der Patriarch als sein

Resonanzboden fungierte, doch er rief ihn bis zu einem halben dutzendmal am Tag an. Wenn dies damals bekanntgeworden wäre, hätte es das Ansehen der Regierung sicher nicht gerade gefördert. Denn Joseph Kennedys Ansichten lagen kaum auf der Parteilinie der Demokraten. Er sprach sich gegen Auslandshilfe aus, betrachtete das Engagement der Westmächte für Berlin als »verdammten Fehler« und nannte während der Kongo-Krise die schwarzen Amerikaner abfällig »Lumumbas«.

Nach seiner Rückkehr von Florida begab sich der Präsident um sechs Uhr abends ins Außenministerium. Hinter verschlossenen Türen traf er sich dort mit etwa einem Dutzend Männern, darunter der Außen- und der Verteidigungsminister, Bissell, zwei der Vereinigten Stabschefs und Fulbright. Der Presse wurde mitgeteilt, es handle sich um eine Besprechung über Laos. Das tatsächliche Thema der Unterredung aber war die Operation *Zapata*.

McNamara setzte sich für einen baldigen Beginn der Aktionen ein, Rusk versuchte ihn zu bremsen. Zwar meinte er, ein irregulärer Krieg »rechtfertigt sich selbst«, wenn er erfolgreich sei: Wenn die Gründer Amerikas versagt hätten, »wären sie als Verräter gehängt worden«. Aber er machte sich Sorgen wegen der völkerrechtlichen Konsequenzen einer Invasion und der Meinung der Weltöffentlichkeit. Er sei bereit, dem Plan zuzustimmen, sofern Kennedy schwöre, auf ein Eingreifen durch US-Truppen zu verzichten.

Aber er hielt sich bei diesem Treffen eher zurück. Noch kämpfte er darum, das Vertrauen eines Präsidenten zu gewinnen, den er erst seit vier Monaten kannte. Außerdem war er der Ansicht, daß ein Außenminister dem Präsidenten nur persönlich seine Ratschläge erteilen sollte.

Kennedy äußerte abermals Bedenken, daß die Operation immer noch »zuviel Lärm« verursachen könnte, meinte aber: »Wenn wir nun zu dem Schluß kämen, die ganze Sache abzublasen, wüßte ich nicht, wie man denen dort drüben die Waffen wieder abnehmen sollte.« Schlesinger, der eine Invasion ablehnte, war wie Bundy überrascht darüber, um wieviel »militanter« der Präsident seit seinem Wochenende in Florida geworden war.

Chruschtschow, der sich auf seinem Landsitz am Schwarzen Meer erholte, betrachtete die Geheimdienstberichte über eine bevorstehende amerikanische Invasion auf Kuba mit Skepsis. Sein Sohn Sergej erinnerte sich, daß der Generalsekretär solchen Informationen immer mißtrauisch gegenübergestanden habe, da er den Verdacht hatte, sie seien »lanciert« worden. Nichtsdestoweniger erwartete Chruschtschow, daß die Vereinigten Staaten früher oder später Anspruch auf die Insel erheben würden: »Die kubanische Küste ist nur ein paar Kilometer von der amerikanischen entfernt, und die Insel liegt da wie eine Wurst. Ihre Form macht es Angreifern leicht und erschwert die Verteidigung der Insel unglaublich.«

Im Juli und Oktober 1960 drohte der Generalsekretär zunächst, er werde im Falle einer amerikanischen Invasion als Vergeltungsmaßnahme sowjetische Raketen einsetzen. Dann schwächte er diese Drohungen wieder etwas ab. Am 2. Januar 1961 äußerte er: »Aggressive amerikanische Monopolkapitalisten bereiten einen direkten Angriff auf Kuba vor. Sie versuchen sogar vorzutäuschen, daß auf Kuba Raketenstellungen der Sowjetunion errichtet würden ... Jeder weiß, daß es sich dabei um üble Verleumdung handelt.«

Und ohne Kennedy namentlich zu erwähnen, fügte er noch hinzu: »Ich hoffe, es gibt in den Vereinigten Staaten Leute, die genügend gesunden Menschenverstand besitzen, um die Durchführung derartiger aggressiver Vorhaben nicht zuzulassen. Diese sollten die reaktionären Kräfte daran hindern, die Welt an den Rand eines Krieges zu bringen«.

Vier Tage später – es war der Tag, an dem Eisenhower die diplomatischen Beziehungen zu Castro abbrach – hielt er seine Rede über die Befreiungskriege, in der er sich auf die Erklärung beschränkte, es sei die »Pflicht« aller sozialistischen Länder, »Solidarität mit dem revolutionären Kuba« zu üben. Daß der Parteichef nicht bereit war, sich auf eine bedingungslose Unterstützung für Kuba festzulegen, wurde noch deutlicher, als er im Januar und März mit Llewellyn Thompson zusammentraf. Bei seinen Gesprächen mit dem Botschafter erwähnte er Kuba nur am Rande.

Am Dienstag, dem 11. April, trafen Walter Lippmann und seine Frau Helen in Chruschtschows Zufluchtsort am Schwarzen Meer ein. Bevor er Washington verlassen hatte, war der Kolumnist durch Bohlen und die CIA instruiert worden und hatte mit dem Präsidenten zu Mittag gegessen.

Als nun der Wagen des Ehepaares durch das große Eisentor fuhr, trat ihr Gastgeber heraus, begrüßte sie und zeigte ihnen seinen Landsitz.

Chruschtschows Reich auf der Halbinsel Pizunda war an drei Seiten von einem riesigen staatlichen Landgut umgeben. Die vierte Seite bildete ein breiter Felsenstrand mit Plankenwegen, Piers und Strandhütten. Als einmal ein scharfer Wind vom Schwarzen Meer herwehte, sagte Chruschtschow zu einem amerikanischen Besucher: »Er kommt von Ihrem Verbündeten, der Türkei. Ich nehme an, wir können von einem NATO-Land nichts anderes als kalten Wind erwarten.«

Der Parteichef kam oft hierher, wenn er über ein wichtiges Problem nachdenken oder eine wichtige Rede schreiben mußte. Dann befahl er, das Telefon abzuschalten, und schlenderte am Strand entlang oder durch sein Silberpinienwäldchen. »Ein Huhn muß eine gewisse Zeit lang ruhig dasitzen, wenn es ein Ei legen will«, meinte er. »Wenn ich etwas ausbrüten will, muß ich mir Zeit nehmen, damit ich es richtig mache.« Hier in Pizunda hatte er 1956 beschlossen, seine unvergeßliche Geheimrede gegen Stalin zu halten.

Nachdem der Parteichef die Lippmanns zu einem Tennismatch aufgefordert und sie zusammen mit einer Pressesekretärin aus seinem Außenministerium problemlos geschlagen hatte, begann der offizielle Teil der Gespräche.

Chruschtschow meinte, in den vergangenen Jahren seien die beiden Weltmächte zu dem Schluß gekommen, daß es zwecklos sei, sich gegenseitig mit militärischen Mitteln auf die Probe zu stellen. Die wachsende Stärke der Kommunisten habe den Westen gezwungen, seine Kriegsdrohungen zu vermindern. Dann sagte er, Kennedys Politik werde von Kräften bestimmt, die im Hintergrund stünden – mit einem Wort: von »Rockefeller«.

Es sei eindeutig, daß die Vereinigten Staaten eine Landung auf Kuba vorbereiteten, wobei sie zwar keine amerikanischen Truppen, aber von Washington bewaffnete und unterstützte Kubaner einsetzen würden. Sobald dies geschehe, werde sich die Sowjetunion den Vereinigten Staaten »widersetzen«. Später schrieb Lippmann: »Ich hoffe, ich habe ihn nicht falsch verstanden, aber er meinte damit wohl den Widerstand in Form von Propaganda und Diplomatie, keine militärische Intervention.«

Lippmann hatte den Eindruck, daß Chruschtschow es als »normal« betrachtete, wenn eine Großmacht eine feindliche Regierung innerhalb ihrer eigenen Interessensphäre zu unterminieren versuchte: »Er hat es selbst ja in Laos und im Iran genauso gemacht. Über die amerikanische Unterstützung der Subversion in Kuba denkt er insgesamt ganz anders als über die Förderung des Widerstandes in den (sowjetischen) Satellitenstaaten Europas. Mr. Chruschtschow denkt eher wie Richelieu und Metternich als wie Woodrow Wilson.«

Der Parteichef gab den Lippmanns keinerlei Hinweis darauf, daß die Sowjetunion in wenigen Stunden den ersten Menschen in den Weltraum schicken würde. Dies war nämlich einer der Gründe dafür, daß er sich in Pizunda aufhielt. Sollte das Projekt mißlingen und ein solches Scheitern der Weltöffentlichkeit bekannt werden, wollte er jeden öffentlichen Auftritt vermeiden. Erst am nächsten Morgen, als Major Juri Gagarin seine Aufgabe triumphal erfüllt hatte, eilte Chruschtschow nach Moskau zurück, um sich im Ruhmesglanz des sowjetischen Kosmonauten zu sonnen.

Gekonnt benutzte Chruschtschow das Raumfahrtspektakel, um die militärische Unterlegenheit der Sowjetunion zu vertuschen und der Welt, insbesondere der Dritten Welt, vorzumachen, dem Kommunismus gehöre die Zukunft. »Wir haben versucht, Druck auf amerikanische Militärs auszuüben«, sagte er später, »und gleichzeitig die vernünftigeren Politiker dahingehend zu beeinflussen, daß die Vereinigten Staaten uns besser behandelten.«

Durch den Sputnik-Flug im Oktober 1957 ließ sich ein Großteil der Welt zu der falschen Vorstellung hinreißen, daß die Sowjets über Nacht die stärkste Macht der Welt geworden seien. Dieser Glaube hielt sich trotz der Tatsache, daß Moskau nicht einmal annähernd ein Leitsystem zustande gebracht hatte, mit dem die Sowjetunion militärische Ziele ausmachen konnte.

McNamara hatte in der Öffentlichkeit immer wieder betont, daß die Vereinigten Staaten in der Raumfahrt einen Vorsprung gegenüber der Sowjetunion besaßen. Dies mag Chruschtschow dazu veranlaßt haben, Druck auf seine Wissenschaftler auszuüben, um den ersten sowjetischen bemannten Raumflug zu beschleunigen. Am 23. März 1961 wurde bei einem geheimen Abschlußtraining Leutnant Valentin Bondarenko, der auserwählte Kosmonaut, in eine Druckkammer eingeschlossen. Nach den medizinischen Tests entfernte er die Sensoren von seinem Körper, reinigte sich die Haut mit in Alkohol getränkter Baumwolle und ließ dann den Wattebausch auf den Ring einer elektrischen Heizplatte fallen. Sofort züngelten Flammen in dem mit Sauerstoff gefüllten Raum empor und verbrannten Bondarenkos Haut, sein Haar und seine Augen. Er starb innerhalb weniger Stunden.

Auf Befehl Chruschtschows wurde der Unfall erfolgreich vertuscht. Bevor Moskau die Fotografien der ersten Kosmonautengruppe veröffentlichte, wurde Bondarenko wegretuschiert. Wir wissen nicht, ob der Parteichef jemals darüber nachdachte, daß Bondarenko wahrscheinlich nicht gestorben wäre, wenn er seine Raumfahrt-Wissenschaftler nicht gedrängt hätte, ihn so rasch wie möglich ins All zu schicken. Aber selbst wenn Chruschtschow den Vorfall irgendwie bedauerte, so hinderte es ihn nicht daran, unmittelbar darauf einen erneuten Versuch anzuordnen.*

Am Mittwoch, dem 12. April, wurde Juri Gagarin, der noch wenige Wochen zuvor am Totenbett seines Kollegen gestanden hatte, in einer Rakete zu einer Erdumkreisung ins All geschickt. Erst als die Mission eindeutig erfolgreich abgelaufen war, wurde der Flug der Öffentlichkeit bekanntgegeben. Die *Prawda* meldete, Gagarin habe bei seinem 108 Minuten langen Flug Grüße an die afrikanischen Völker geschickt, die unter ihm auf der Erde dafür kämpften, die Ketten des Imperialismus zu sprengen.

Nun, da er einen Helden präsentieren konnte, begrüßte Chruschtschow den Kosmonauten in Moskau mit einer freundschaftlichen Umarmung und wiederholten Küssen auf beide Wangen. Es wurde ein nationaler Feiertag ausgerufen, und die Leute sangen und tanzten auf den Straßen. Hunderte und Tausende glücklicher Sowjetbürger zogen auf dem Roten Platz an den riesigen Porträts von Gagarin vorbei. Drei Jahrzehnte später konnte man in jedem Winkel der Sowjetunion Skulpturen von Gagarin finden; nirgendwo aber sah man ein Denkmal für Bondarenko.

Prahlerisch verkündete Chruschtschow, Gagarins erfolgreicher Flug demonstriere die militärische Stärke der Sowjetunion und den Auftrieb, den die Technologie durch die sowjetische Wirtschaft erfahren habe: Bald werde die sowjetische Pro-Kopf-Produktion die der Vereinigten Staaten überholen. In Wirklichkeit aber zeigte sich hier nur,

---

* Hätte die NASA von diesem Unfall erfahren, wären die drei Apollo-1-Astronauten, die bei einer Übung im Januar 1967 in ihrer Kabine verbrannten, vielleicht am Leben geblieben. In diesem Falle hätten die amerikanischen Raumfahrtexperten sicherlich ihre Aufmerksamkeit auf das leicht entflammbare Material in der Apollo-1-Kabine gerichtet. Außerdem wäre es ihnen kaum entgangen, daß eine leicht zu öffnende Luke und ein wirksames Feuerlöschgerät fehlten.

welche immensen Mittel er in sein Raumfahrtprogramm hineingesteckt hatte.

Als Kennedy erfuhr, daß Gagarin sicher zurückgekehrt war, bestätigte er eine bereits geschriebene Erklärung, in der die »technische Leistung« der Sowjets gelobt wurde. Bei einer Pressekonferenz spielte er dann das Ereignis herunter: »Eine Diktatur genießt bei dieser Art von Wettkampf für kurze Zeit einen Vorteil, da sie in der Lage ist, alle Mittel für einen bestimmten Zweck zu mobilisieren.«

Dennoch sagte Edwin Newman an jenem Abend im NBC: »Dieser Tag war für den Großteil des amerikanischen Volkes genauso unangenehm wie für Präsident Kennedy und seine Mitarbeiter. Der heutige Tag gehörte den Russen.« Und in der *Time* hieß es, die Amerikaner empfänden »Enttäuschung, Scham, ja zum Teil sogar Wut«.

Freunden gegenüber meinte der Präsident: »Der russische Wohnungsbau ist in einem erbärmlichen Zustand, ihre Nahrungsmittelversorgung und ihre Landwirtschaft sind eine Katastrophe, aber diese Tatsachen werden ja nicht veröffentlicht. Plötzlich befinden wir uns in einem Wettstreit um das Weltall und haben es bisher nicht einmal gemerkt. Welche Fortschritte man auch immer erzielt, die Kritiker machen sie zunichte, indem sie darauf hinweisen, daß wir in der Raumfahrt nur an zweiter Stelle stehen.«

Im Jahre 1960 hatte Kennedy selbst keinerlei Anstrengungen unternommen, derartige Fakten über das sowjetische System an die Öffentlichkeit zu bringen. Privatgespräche wie das oben erwähnte zeigten, wie sehr sich seine Einschätzung der Stärke der Sowjetunion von den Behauptungen während des Wahlkampfes unterschied, die Vereinigten Staaten hinkten in der Raumfahrt hinterher und fielen auch auf anderen Gebieten zurück. Unter dem nun entstandenen Druck, irgendwo in der Welt einen deutlich sichtbaren Erfolg vorzuweisen, kümmerte er sich jetzt noch intensiver um die Pläne für die Landung in der Schweinebucht.

Sorensen berichtet, daß sein Chef von diesem Zeitpunkt an das Kuba-Projekt mit einer solchen Verbissenheit verfolgte, daß ihn jede skeptische Äußerung zu dem Unternehmen verärgerte. Am Mittwoch, dem 12. April, erwähnte einer seiner Mitarbeiter, daß für den Fall einer erfolgreichen Invasion eine kubanische Exilregierung möglicherweise militärische Hilfe brauche. Dann müßten die Vereinigten Staaten eventuell Truppen zur Unterstützung hinschicken.

»Unter gar keinen Umständen«, explodierte Kennedy. »Sobald ich auch nur einen Marinesoldaten hinschicke, stecken wir bis zum Hals drin. Ich kann die Vereinigten Staaten nicht in einen Krieg verwickeln und ihn dann verlieren, auf gar keinen Fall. Ich werde kein amerikanisches Ungarn riskieren. Das könnte nämlich dabei herauskommen: ein verdammtes Blutbad. *Ist das klar, meine Herren?*«

Am Nachmittag, bei derselben Pressekonferenz, bei der er sich über Gagarin äußerte, wurde er gefragt, wie weit die USA gehen würden, um einen Castro-feindlichen Aufstand oder eine Invasion auf Kuba zu unterstützen. Kennedy erwiderte: »Unter keinen Umständen wird es eine Intervention in Kuba von seiten der Truppen der Vereinigten Staaten geben.«

Nachdem er die Entscheidung mehrmals hinausgeschoben hatte, mußte der Präsident am Freitag, dem 14. April, schließlich sein Okay geben. In dem Telegramm eines Marine-Oberst, der soeben die Brigade 2506 in Guatemala inspiziert hatte, hieß es, die Offiziere dort würden »fanatisch darauf brennen, mit der Schlacht zu beginnen«, und sie »erwarten keine Hilfe durch US-Truppen«.

Kennedy rief Bissell an und gab seine Zustimmung zu den Luftangriffen auf die drei wichtigsten kubanischen Flugplätze, die für Samstag geplant waren. Dann fragte er, wie viele B-26-Bomber man denn hinschicken wolle. »Sechzehn«, antwortete Bissell. »Das sind zu viele. Ich möchte die Sache so klein wie möglich halten.« Daraufhin senkte Bissell die Anzahl der Bomber.

Am Samstag morgen erfuhr die Weltöffentlichkeit, daß sechs B-26-Bomber unter kubanischer Flagge Luftwaffenstützpunkte in Kuba bombardiert und weniger als die Hälfte der kleinen Luftwaffe Castros zerstört hätten. Den Anweisungen der CIA folgend, landete ein weiterer Pilot, ein Exilkubaner, mit seinem Bomber auf dem Miami International Airport und erklärte, er und zwei andere Überläufer aus Castros Luftwaffe hätten die Bombardierungen vorgenommen. Vor der UNO äußerte sich Castros Botschafter spöttisch über die Behauptung des Piloten und beschuldigte die USA, der Angriff sei das »Vorspiel zu einem umfassenden Invasionsversuch«.

Adlai Stevenson war nicht darüber informiert worden, daß die Story des Exilkubaners in Miami ein Täuschungsmanöver war. Noch am selben Nachmittag verteidigte er die Behauptungen des Piloten vor der Versammlung der Vereinten Nationen. Erst hinterher erfuhr er, daß er soeben eine Lüge verbreitet hatte. Stammelnd beschwerte er sich darüber, daß er von seiner eigenen Regierung »bewußt getäuscht« worden sei.

Nachdem der Außenminister über die Entwicklung Bericht erstattet hatte, erwiderte Kennedy: »Dafür bin ich nicht verantwortlich.« Und dann untersagte er weitere Luftangriffe, bevor nicht die Truppen der Exilkubaner einen Landekopf auf Kuba gesichert hätten. Erst dann könne man behaupten, die neuerlichen Angriffe gingen von kubanischem Boden aus.

Als Kennedy den Hörer aufgelegt hatte, wirkte er sehr beunruhigt. Jacqueline hatte den Eindruck, daß er vor allem über die anscheinend ziemlich chaotische Planung des Unternehmens verärgert war.

Bundy rief sofort Bissell an und teilte ihm mit knappen Worten die Anordnungen des Präsidenten mit. Bissell und General C. Pearre Cabell, Dulles' zweiter Mann, erörterten die Angelegenheit bis in den späten Abend hinein: Wenn es keine weiteren Angriffe gäbe, könnte Castros Luftwaffe die Invasoren leicht überwältigen. Aber Rusk widersprach: »Politische Erfordernisse« hätten im Augenblick »Vorrang«. Stevenson habe darauf »beharrt«, daß es im Falle weiterer Luftangriffe »absolut unmöglich« sei, »die amerikanische Position zu halten«. Rusk schlug Cabell und Bissell vor, selbst mit dem Präsidenten zu sprechen. Aber sie beugten sich – vielleicht aus Angst, Kennedy könne das ganze Kuba-Projekt abblasen.

Später machte sich der Präsident dann Vorwürfe, weil er einen zweiten Luftangriff untersagt hatte. Er hielt dies für einen Irrtum, wenn auch nicht unbedingt für den entscheidenden. Lem Billings gegenüber meinte er, wenn er »nicht das ganze Wochenende in Glen Ora geblieben und am Sonntag abend zurückgefahren wäre«, hätte er »vielleicht mehr über die Lage« in Kuba erfahren. Dann wäre möglicherweise alles anders verlaufen.

Am Morgen des 17. April, einem Montag, weckte Cabell den Außenminister, der im Sheraton-Park-Hotel wohnte, um 4.30 Uhr mit einem neuen Vorschlag auf: Man könnte doch die Schiffe mit den Exilkubanern in internationale Gewässer zurückkehren lassen und dann von dem in der Nähe liegenden US-Flugzeugträger *Essex* aus den Angriff aus der Luft unterstützen. Dies würde gegen das Verbot einer militärischen Intervention seitens des Präsidenten verstoßen, antwortete Rusk. Aber er erklärte sich bereit, Cabell ein Telefonat mit Kennedy in Glen

Ora zu vermitteln, damit er sein Angebot persönlich vortragen konnte. Der aus dem Schlaf gerissene Präsident lehnte jedoch ab.

In der Schweinebucht bewegten sich die rostigen alten Schiffe der Invasoren, die sich jetzt nur noch mit Maschinengewehrgarben verteidigen konnten, in der blaudunklen Nacht schwerfällig vorwärts. Durch Flutlicht geblendet, liefen einige von ihnen auf Korallenriffe auf. Es war eine ungeheure Ironie des Schicksals, daß zur Invasionsflotte auch Schiffe der United Fruit Company gehörten, deren Herrschaft über die Provinz Oriente der Auslöser für Castros oppositionelle Haltung gegenüber den USA gewesen war. Kurze Zeit später wurden die Schiffe von Castros Luftwaffe bombardiert.

An diesem Tag beging Chruschtschow seinen 67. Geburtstag. Nachdem er den Erfolg Gagarins gefeiert hatte, war er nach Pizunda zurückgekehrt und hörte nun über Radio Moskau: »Heute nacht hat eine militärische Intervention gegen Kuba begonnen.«

Kapitel 6

Ein kräftiger Tritt
in den Hintern

Als am Sonntag, dem 16. April, sieben Flieger beerdigt wurden, die bei dem amerikanischen Luftangriff ums Leben gekommen waren, riefen 10 000 Kubaner: »*Guerra! Guerra!*« Castro hob die Augen zum Himmel empor und gestikulierte mit den Armen: »Die ganze Welt weiß«, rief er, »daß der Angriff mit Flugzeugen der Yankees durchgeführt wurde, in denen vom Geheimdienst der Vereinigten Staaten bezahlte Söldner saßen.« Dann zitierte er aus den Berichten der Nachrichtenagentur über den »Überläufer« von Miami: »Selbst Hollywood würde sich weigern, seine Geschichte zu verfilmen!«[*]

Als Chruschtschow in Pizunda die Schlußworte der Castro-Rede las, war er überrascht: »Die Vereinigten Staaten«, so Castro, »haben den Angriff unterstützt, weil sie uns nicht verzeihen können, daß uns vor ihrer Nase eine sozialistische Revolution gelungen ist.« Dies war das erstemal, daß der Kubaner öffentlich seine Bewegung als »sozialistisch« bezeichnete. Der Parteichef meinte, das sei taktisch gesehen »nicht besonders klug«, da es »den Kreis derjenigen noch weiter einengt, die ihm Unterstützung gegen die Invasion zukommen lassen würden«.

In der *Prawda* hieß es, Allen Dulles, »der berüchtigte amerikanische Meisterspion«, dirigiere den Einmarsch inzwischen von einem »geheimen Kommandoposten« in Puerto Rico aus. (Tatsächlich hatte Dulles ein Wochenende lang eine Gruppe von Geschäftsleuten auf der Insel bearbeitet. Sie sollten alles Erdenkliche tun, um zu verhindern, daß die Kubaner und Sowjets von den Vorgängen Wind bekamen.)

---

[*] Möglicherweise hat Castro einen Teil seiner Formulierungen von Chruschtschow entlehnt. Nachdem elf Monate zuvor die U-2 abgestürzt war, hatte der Parteichef sich fast mit den gleichen Worten öffentlich und ausgiebig über die Täuschungsversuche der Amerikaner lustig gemacht.

Die *Iswestija* verkündete: »Kuba steht nicht allein. Der fortschrittlich denkende Teil der Menschheit unterstützt es.«

Am Montag morgen rief der Präsident den Justizminister an, der sich gerade in Williamsburg, Virginia, aufhielt, und bat ihn, »auf der Stelle« nach Washington zu kommen: »Ich glaube, es läuft nicht so gut, wie es eigentlich sollte.«

Da die Streitkräfte der Exilkubaner inzwischen heftig angegriffen wurden, hatte der Präsident der US-Marine die Erlaubnis gegeben, sich der kubanischen Küste weiter zu nähern; er wolle »lieber als Aggressor denn als Feigling gelten«. Dennoch machte er sich kaum Illusionen, daß dieser Schritt die Operation retten könnte. Seinem Pressesekretär Edwin Guthman gegenüber meinte Robert Kennedy: »Ich glaube, wir haben einen verdammten Fehler gemacht.« Als Guthman daraufhin fragte, ob er irgend etwas tun könne, erwiderte der Justizminister: »Sie können anfangen, für die Jungs dort an der Küste zu beten.«

Trotz der Ereignisse in Kuba verließ Llewellyn Thompson Moskau mit einem Flugzeug der US-Luftwaffe und flog nach Frankfurt, um wie geplant seinen Urlaub in Mitteleuropa anzutreten. Am Dienstag, dem 18. April, wurde Thompsons Geschäftsträger Edward Freers ins sowjetische Außenministerium gerufen, wo man ihm eine Botschaft Chruschtschows an Präsident Kennedy übergab. Der Inhalt des Schreibens war bereits 45 Minuten zuvor über Radio Moskau ausgestrahlt worden. Daß die Weltöffentlichkeit davon erfuhr, noch bevor Freers das Schreiben in Händen hielt, war ein bewußter Affront.

Chruschtschow, der seine Worte in der beschaulichen Atmosphäre Pizundas wohl überlegt hatte, warnte, die Invasion »gefährdet den Weltfrieden in höchstem Maße«. Es sei kein Geheimnis, daß die Vereinigten Staaten die Exilkubaner ausgebildet und bewaffnet hätten. Erst kürzlich hätten er und Kennedy darüber gesprochen, »daß beide Seiten den Wunsch hegten, gemeinsam alle Anstrengungen zu unternehmen, um die Beziehungen zwischen unseren Ländern zu verbessern und die Gefahr eines Krieges abzuwenden«. Und was habe es mit dem Versprechen des Präsidenten in der letzten Woche auf sich, er wolle sich auf keinen Fall militärisch in Kuba einmischen?

Die Vereinigten Staaten müßten nun zusehen, daß »das Feuer des Krieges« sich nicht »zu einem Flächenbrand ausweitet, den man unmöglich in den Griff bekommen wird«. Kennedy müsse der Aggression Einhalt gebieten. »Jeder sogenannte ›kleine Krieg‹ kann eine

Kettenreaktion in allen Teilen der Welt auslösen. Was die Sowjetunion betrifft, so darf es kein Mißverständnis geben, welche Position wir einnehmen: Wir werden dem kubanischen Volk und seiner Regierung alle notwendige Hilfe zukommen lassen, um den bewaffneten Angriff auf Kuba zurückzuschlagen.«

Am gleichen Nachmittag brach in Moskau die Hölle los. Tausende von Studenten und Arbeitern, die mit kubanischen Fähnchen und Transparenten ausgerüstet waren (Wir stehen hinter euch, Freunde … Es lebe Kuba … Spielt nicht mit dem Feuer), schleuderten Stahlkugeln und Flaschen mit schwarzblauer Tinte gegen die US-Botschaft und riefen: »Hände weg von Kuba!« und »Ins Meer mit den Befürwortern der Intervention!«

Auch in Warschau, Kairo, Tokio und Neu-Delhi wurden die Gebäude der amerikanischen Botschaft mit Steinen beworfen. Die staatliche chinesische Nachrichtenagentur verkündete, »eine Welle wütender Beschimpfungen«, die sich gegen die Vereinigten Staaten richteten, »zieht durch die Städte Chinas«. Besonders betroffen war Kennedy von den blutigen Demonstrationen in den lateinamerikanischen Ländern gegen den »Yankee-Imperialismus«. In Recife forderten Arbeiter, die mit Transparenten und Porträts von Castro auf die Straße gingen, die Entsendung brasilianischer Truppen nach Kuba. Und in Mexico City riefen die Studenten: »*Castro sí, Kennedy no!*«

Nachdem der Präsident die Botschaft Chruschtschows gelesen hatte, begab er sich ins Eßzimmer zum regelmäßig stattfindenden Dienstagsfrühstück mit führenden Kongreßmitgliedern. Er glaube nicht, sagte er, daß Chruschtschow – wie er 1956 im Suezkrieg gedroht hatte – »Freiwillige« nach Kuba schicken oder der Insel militärischen Nachschub liefern werde: Chruschtschow wisse, daß die Vereinigten Staaten eine größere Anzahl von Sowjets in Kuba nicht »dulden« würden. Genauso wie in den Wochen, in denen die geheimen Beratungen über die Landung in der Schweinebucht stattfanden, erwähnte Kennedy auch dieses Mal mit keinem Wort Berlin. Das letzte, was er jetzt brauchen konnte, waren Kongreßabgeordnete, die auf die Stufen vor dem Weißen Haus traten und vor den Fernsehkameras beklagten, der Präsident fürchte eine bewaffnete sowjetische Intervention in Berlin und würde deshalb die Exilkubaner, die an der Küste der Insel kämpften, im Stich lassen.

Dennoch sah Kennedy in der Botschaft des Parteichefs eine unverhüllte Drohung, Truppen gegen West-Berlin zu entsenden, wenn die Vereinigten Staaten ihre Aktion gegen Kuba nicht beendeten. Später teilte er einem Führer der Exilkubaner mit, Chruschtschows Schreiben habe ihn dazu gezwungen, zwischen zwei Möglichkeiten zu wählen: entweder eine Konfrontation in Berlin zu riskieren, was einen Krieg von größerem Ausmaß hätte auslösen können, oder aber den Weltfrieden zu erhalten und den Verlust von 1400 Mann in Kuba in Kauf zu nehmen. Es sei eine schwierige und quälende Entscheidung gewesen, aber der Weltfriede habe eindeutig Vorrang gehabt.

Um die Mittagszeit lag Kennedy eine Notiz von Bundy vor: »Sie werden vermutlich heute mittag feststellen, daß die Situation in Kuba nicht im geringsten gut steht. Die kubanischen Streitkräfte sind stärker, die Reaktion im Volk ist zurückhaltender, und unsere taktische Position ist schwächer, als wir gehofft hatten. Auf der einen Seite der Bucht sind bereits Panzer vorgerückt, und an anderen Stellen ist die Situation ebenfalls bereits sehr brenzlig.« Bundy sah voraus, daß die CIA »starken Druck ausüben« werde, »um eine zusätzliche Luftunterstützung durchzusetzen – dieses Mal allerdings sollten die B-26-Bomber, die die Panzer angreifen, von seiten der Marine Rückendeckung bekommen«.

Er riet dem Präsidenten, seine Zustimmung zu diesem Vorgehen zu geben, »da man uns das nicht leicht nachweisen kann und weil die Truppen in Not sind«. Die eigentliche Frage aber sei, »ob man noch einmal die Möglichkeit in Erwägung ziehen soll, die Intervention und die Unterstützung für die Exiltruppen zu verstärken, oder aber die hohe Wahrscheinlichkeit in Kauf nehmen, daß sich unsere Leute im besten Fall geschlagen in die Berge zurückziehen«. (Selbst zu diesem späten Zeitpunkt hatten die Mitarbeiter des Präsidenten noch nicht gemerkt, daß von der Schweinebucht aus gar nicht die Möglichkeit für eine solche Flucht bestand.) Bundy meinte, nun »wäre es an der Zeit, die Luftwaffe Castros auszuschalten, falls notwendig mit Hilfe von US-Flugzeugen ohne Hoheitszeichen, und dann einfach das Ende der Schlacht abzuwarten«.

Bei einem Mittagessen mit James Reston von der *New York Times* äußerte Kennedy, eine Niederlage in Kuba wäre ein Unfall, aber keine Katastrophe; wenn das kubanische Volk nicht bereit sei, einen Aufstand zu unterstützen, könnten die Vereinigten Staaten auch nicht mittels einer Invasion ein neues Regime installieren. Daraufhin fragte

Reston, ob denn nicht das Prestige der Vereinigten Staaten Schaden erleiden könne. »Was ist schon das Prestige?« erwiderte Kennedy. »Ist es das Schattenbild der Macht oder ihr wesentlicher Bestandteil? ... Ohne Zweifel kriegen wir in den nächsten Wochen ein paar Tritte in den Hintern, aber das wird unsere generelle Politik nicht sonderlich beeinträchtigen.«

Robert Kennedy, Lyndon Johnson, McNamara, Bohlen und andere stimmten mit dem Präsidenten im wesentlichen darin überein, daß Chruschtschow wegen eines Landes wie Kuba, das so weit von der Sowjetunion entfernt lag, keinen Krieg riskieren würde. In seiner Mitteilung an den Präsidenten hatte er geschworen, dem Land »jede notwendige Hilfe« zukommen zu lassen, aber mit keinem Wort die Raketen erwähnt, die er im Jahre 1960 zweimal zur Verteidigung Castros einzusetzen gedroht hatte.

Am Dienstag abend rief Rusk Menschikow um neunzehn Uhr ins Außenministerium und übergab ihm Kennedys Antwortschreiben. Darin hieß es, der Parteichef unterliege »einem schwerwiegenden Mißverständnis« im Hinblick auf Kuba: »Es kann doch nicht überraschen, daß angesichts des wachsenden Widerstandes innerhalb Kubas die Flüchtlinge alle zur Verfügung stehenden Mittel genutzt haben, um in ihr Land zurückzukehren und ihre Landsleute im Kampf für die Freiheit zu unterstützen.« Die Vereinigten Staaten würden nicht militärisch in Kuba intervenieren. Aber sie würden im Falle der Einmischung »gleichgültig, welcher ausländischen Armee ... ihrer Pflicht nachkommen und diesen Kontinent gegen eine Aggression von außen schützen«.

Außerdem ging der Präsident in seinem Schreiben auf Chruschtschows Äußerung ein, die Ereignisse in Kuba könnten möglicherweise dem Frieden in anderen Teilen der Welt schaden: »Ich vertraue darauf, daß die sowjetische Regierung die Situation in Kuba nicht als Vorwand benutzt, um in anderen Regionen der Welt einen Brand zu legen.«

Um 23.58 Uhr, nach dem jährlich im Weißen Haus stattfindenden Empfang für Mitglieder des Kongresses, ging Kennedy noch einmal in den Kabinettssaal. Der lange Tisch war übersät mit Notizblättern und Zeitungen. An einem Metallbügel hing eine Landkarte von Kuba und der Karibik, die winzige Magnetschiffchen zierten. Der Präsident, der Vizepräsident, Robert Kennedy, Rusk, McNamara, die Stabschefs General Lyman Lemnitzer und Admiral Arleigh Burke hörten Bissell zu, der die nunmehr verbleibenden Möglichkeiten darlegte.

Der CIA-Mann erklärte, die Operation könne noch gerettet werden, wenn der Präsident den Einsatz von Düsenjägern von der *Essex* aus genehmigen würde. Admiral Burke bestätigte: »Ich brauche nur zwei Düsenjäger, um die gesamte feindliche Luftwaffe zu erledigen.« Aber Kennedy erwiderte, er habe dem Pentagon »immer wieder« erklärt, er werde keine US-Streitkräfte einsetzen. Als Burke dann vorschlug, die Amerikaner sollten wenigstens ihre Stärke demonstrieren, indem sie Düsenjäger ohne Hoheitszeichen über die Küste fliegen ließen, wiederholte der Präsident: »Burke, ich möchte nicht, daß die Vereinigten Staaten in diese Sache verwickelt werden.«

Schließlich gab der Chef der Marine alle Rücksicht auf und rief: »Verdammt noch mal, Mr. President, wir *sind* bereits darin verwickelt.« Das Gespräch endete damit, daß Kennedy einem Kompromiß zustimmte. Sechs von der *Essex* startende Jets sollten eine Stunde lang über die Landestelle der Invasoren fliegen, um den Flugzeugen mit dem Nachschub für die Brigade und den sie begleitenden B-26-Bomber Rückendeckung zu geben. Die Düsenjäger dürften aber erst dann Castros Flugzeuge oder Ziele am Boden beschießen, wenn die Luftstreitkräfte der Brigade angegriffen würden. Noch einmal erinnerte Rusk den Präsidenten an sein Versprechen, keine amerikanischen Truppen einzusetzen: »Der Präsident sollte nicht als Lügner dastehen.« Kennedy fuhr sich mit der rechten Hand an den Nasenflügel und erwiderte: »Wir stecken aber schon bis hierher drin.«

Am Mittwoch, dem 19. April, hoben die sechs Jets der US-Marine, die der Präsident genehmigt hatte, kurz nach der Morgendämmerung von Bord der *Essex* ab. Aber ein Fehler in der Zeitplanung hatte zur Folge, daß sie zu früh über den Strand der Schweinebucht flogen und nicht zum richtigen Zeitpunkt in das Geschehen eingreifen konnten. So konnten die Flugzeuge mit dem Nachschub für die Brigade abgedrängt werden, und zwei der B-26-Bomber wurden abgeschossen. Am Nachmittag begannen die demoralisierten Exilkubaner, sich zu ergeben. 114 Männer waren tot. Die anderen 1189 wurden von Castros Truppen gefangengenommen.

Als Kennedy in die Privatwohnung im Weißen Haus ging, um mit Jacqueline zusammen eine Kleinigkeit zu essen, war er bereits informiert. Die Vorstellung peinigte ihn, daß die tapferen Männer in der

Schweinebucht nun wie Hunde abgeknallt oder in Castros Gefängnisse geschleppt würden. Er verbarg den Kopf zwischen den Händen und schluchzte. Dann nahm er Jacqueline in die Arme ...

Im Kabinettssaal fuhr Robert Kennedy die Kollegen an, sie müßten nun »endlich handeln, sonst hält Moskau uns für Papiertiger«.* Sie könnten nicht einfach »dasitzen und die Hände in den Schoß legen«. Es säßen doch so viele begabte Köpfe am Tisch, da müsse doch einer dabeisein, der wüßte, was zu tun sei.

Walt Rostow nahm ihn beiseite und warnte ihn: »Wenn man sich im Kampf befindet und einen Schlag versetzt bekommen hat, ist es sehr gefährlich, schwankend wieder aufzustehen.« Auf diese Weise würde man am ehesten wirklich schwer verletzt. In der jetzigen Situation sei es das beste, »innezuhalten und nachzudenken«. Es werde noch genügend Gelegenheiten und Schauplätze geben, um den Russen zu zeigen, daß Amerika kein Papiertiger sei: »Berlin, Südostasien und sonstwo.«

»Das ist ein konstruktiver Vorschlag«, erwiderte Robert und schrieb kurz darauf ein Memo an seinen Bruder, das sehr prophetisch klang: »Wenn wir nicht wollen, daß Rußland auf Kuba Raketenstützpunkte errichtet, müssen wir jetzt beschließen, was wir zu tun bereit sind, um sie davon abzuhalten.« Man müßte »möglicherweise noch einmal darüber nachdenken«, ob man Truppen nach Kuba entsenden solle. Man könnte aber auch eine Blockade gegen die Insel verhängen, ein kriegerischer Akt, der »überall auf der Welt Verbitterung« nach sich ziehen werde.

Eine dritte Möglichkeit hingegen sei, die Organisation der Amerikanischen Staaten aufzufordern, ein Waffenembargo über Kuba zu verhängen. Außerdem sollte die OAS eine Garantieerklärung für die territoriale Unversehrtheit der Insel abgeben, »so daß die kubanische Regierung nicht behaupten kann, man sei auf Gedeih und Verderb den Vereinigten Staaten ausgeliefert«. Vielleicht könne die OAS einem derartigen Vorgehen zustimmen, »wenn Berichte kursierten, daß ein oder zwei von Castros MiGs Guantanamo angegriffen hätten und die

---

* 1957 hatte Mao Tse-tung den Westen als »Papiertiger« verspottet. Diese Ansicht zählte zu den chinesischen Glaubenssätzen, die Chruschtschow im November 1960 bei dem Treffen der Delegationen von 81 kommunistischen Parteien in Moskau kritisierte.

Vereinigten Staaten deswegen Krach schlagen würden ... Vielleicht dient das nicht unbedingt dazu, die ganze Sache zu bereinigen, aber es muß ein durchschlagender und entschiedener Schritt getan werden ... Die Zeit ist reif, die Karten aufzudecken, denn in ein oder zwei Jahren wird die Situation noch weitaus schlimmer sein.«

Nach einem Mittagessen mit dem griechischen Premierminister Konstantin Karamanlis in der griechischen Botschaft kehrte Kennedy in den Kabinettssaal zurück. Wie Chester Bowles beobachtete, herrschte inzwischen anscheinend Konsens darüber, daß man »Castro eins auswischen« müsse. Er hatte den Eindruck, daß neunzig Prozent der Anwesenden ihre Zustimmung erteilt hätten, wenn der Präsident jetzt Truppen oder Bomben nach Kuba hätte schicken wollen. Bohlen brachte triftige Gründe für die Entsendung von US-Truppen vor, aber Rusk widersprach ihm. Andere Kabinettsmitglieder erwähnten die Möglichkeit einer Blockade.

Der Präsident entfernte sich schließlich, da er eine Rede vorbereiten mußte, die er am Donnerstag vor der American Society of Newspaper Editors halten sollte. Es war dieselbe Vereinigung, die Castro im Jahre 1959 in die Vereinigten Staaten eingeladen hatte. Mit raschem Schritt ging er durch den mit Aktenkästen bestückten Flur in Ted Sorensens Büro.

Dieser konzentrierte junge Mann war wahrscheinlich der ernsthafteste Liberale im engeren Kreise um Kennedy. Sorensen besaß ein instinktives Mißtrauen gegenüber oberflächlichem Charme und Gefühlsbetontheit, jenen Eigenschaften also, die so charakteristisch für New England und den amerikanischen Mittelwesten sind. Ein Hauptgrund, warum er Kennedy bewunderte, war der, daß »ein Liberaler, der sich auf rationale Weise engagiert, zuverlässiger ist als ein Liberaler, der emotional engagiert ist«.

Sorensens Vater war ein fortschrittlicher Rechtsanwalt in Nebraska gewesen, der Wahlkämpfe für den Außenseiter Senator George Norris managte und selbst zweimal zum Justizminister von Nebraska gewählt wurde. C. A. Sorensen galt bereits als berühmter Verbrechensbekämpfer und Feind des Großkapitals, als er seine spätere russisch-jüdische Frau Annis Tschaikin kennenlernte, die er neben anderen Pazifisten während des Ersten Weltkrieges verteidigte.

Der 1928 geborene Sohn meldete sich nach dem Zweiten Weltkrieg bei der Wehrpflichtbehörde als Nichtkombattant und beteiligte sich an der Gründung von Ortsgruppen des Congress of Racial Equality (Kongreß für die Gleichberechtigung der Rassen) und der Americans for Democratic Action (Amerikaner für die Demokratisierung). Nachdem er die University of Nebraska Law School besucht hatte, ging er nach Washington und arbeitete dort zwei Jahre lang als Rechtsanwalt der Regierung. Schließlich stellte er sich im Januar 1953 bei dem soeben gewählten Senator von Massachusetts vor.

Für die folgenden zehn Jahre war Kennedy »der einzige Mensch, der mich wirklich interessierte«. Ein Freund Sorensens meinte einmal, er habe Kennedy als »sein Kunstwerk« betrachtet. Von Anfang an widmete er sich der Aufgabe, aus dem Senator eine Persönlichkeit mit Präsidentenqualitäten zu machen, und schwor ihn auf die liberale Linie der Demokratischen Partei ein. Außerdem lieh er dem Senator seine Stimme. Die phrasenhaften Reden aus der Zeit im Kongreß wichen bald den stakkatohaften Äußerungen und kontrapunktischen Sätzen, der hochfliegenden Rhetorik und den Hinweisen auf große Zusammenhänge, die unvergeßlich werden sollten. Sorensen meinte einmal: »Eine Kennedy-Rede muß Klasse haben.«

Als Kennedy nun nach Mitternacht in Sorensens großes, kahles Büro stürmte, erklärte er ihm, wie seine Rede vor den Zeitungsverlegern aussehen sollte. Er wolle eventuellen Forderungen nach einem gewaltsamen Vergeltungsschlag gegen Castro zuvorkommen. Daher müsse er die freie Welt mit der Versicherung beruhigen, daß Amerika behutsam vorgehen werde, und gleichzeitig den Kommunisten signalisieren, daß eingeschränkte Handlungsfreiheit nicht gleichbedeutend sei mit Schwäche. Im Gespräch mit Sorensen, der sein volles Vertrauen genoß, gestand der Präsident, was er gegenüber anderen niemals zu äußern gewagt hätte: Der Hauptgrund für seine Abneigung gegen den Einsatz der amerikanischen Streitkräfte in Kuba sei seine Angst, Chruschtschow könne diesen als Vorwand benutzen, um gegen Berlin vorzugehen.

Am Donnerstag, dem 20. April, arbeitete der Präsident den ganzen Morgen über an seiner Rede vor der Vereinigung der Zeitungsverleger. »Er blickte nie zurück«, erinnerte sich Bohlen, »immer nur nach vorn.« Doch als Sorensen an diesem Tag mit seinem Chef über den Rasen vor dem Weißen Haus ging, hatte er den Eindruck, der Präsident sei »deprimiert und einsam«. Kennedy klagte, er habe die Beziehung zur

Sowjetunion gerade in dem Augenblick, da die Atomteststopp-Gespräche wiederaufgenommen worden seien, »ohne Not gefährdet«. Damit habe er seinen Kritikern reichlich Munition geliefert.

Vor den Zeitungsverlegern im Statler Hilton sagte er dann: »Unsere eingeschränkte Handlungsfreiheit dauert nicht ewig ... Ich möchte unmißverständlich klarmachen, daß diese Regierung nicht zögern wird, ihrer allerersten Verpflichtung nachzukommen, die lautet, die Sicherheit der Nation zu garantieren.« Die nun folgenden Worte bezogen sich auf den Kern von Chruschtschows Botschaft vom Dienstag: »Sollte es jemals soweit kommen, so beabsichtigen wir nicht, uns ausgerechnet von denen, deren Charakter sich *ein für allemal* auf dem blutbespritzten Pflaster der Straßen Budapests offenbart hat, der ›Intervention‹ bezichtigen zu lassen!« Tosender Beifall erfüllte den Saal.

»Wir erleben in jedem Winkel der Erde einen erbarmungslosen Kampf. Und dieser Kampf geht weit über den Zusammenprall zweier feindlicher Armeen hinaus, ja sogar über den zweier Atommächte ... Diese dienen in erster Linie als Schutzschild, hinter dem Subversion, Infiltration und eine ganze Reihe anderer Taktiken stetig zunehmen und – eine nach der anderen – auf besonders gefährdete Gebiete übergreifen, auf Gebiete, in denen wir nicht selbst militärisch eingreifen können ... Wir werden es uns nicht nehmen lassen, jede neue Idee, jedes neue Mittel, jede Notwendigkeit beim Schopfe zu packen, um dem zu begegnen, ob in Kuba oder in Südvietnam.«

Kennedy schloß seine Rede mit den Worten: »In der Geschichte wird es heißen, daß dieser erbitterte Kampf Ende der fünfziger, Anfang der sechziger seinen Höhepunkt erreicht habe. Als Präsident der Vereinigten Staaten erkläre ich hiermit feierlich, daß ich mich entschlossen für den Fortbestand und den Sieg unseres Systems einsetzen werde, ohne Rücksicht auf den Preis, den wir dafür zu zahlen haben, ohne Rücksicht auch auf die Gefährlichkeit dieses Kampfes!«

Die Anführer der Exilkubaner in Miami, die diese Rede im Radio verfolgten, schlugen sich gegenseitig auf die Schultern. Botschafter Menschikow hingegen, der am Freitag mit Stevenson zum Frühstück verabredet war, sagte den Termin ab, nachdem er Kennedys Botschaft gehört hatte.

Robert Kennedy hielt die Rede seines Bruders für »sehr wirkungsvoll«. Und Richard Goodwin, der mittlerweile Berater im Weißen Haus war, meinte zum Präsidenten, dessen Hinweis auf eine zukünftige Invasion in Kuba habe wie eine vage Drohung geklungen, obwohl die Vereinigten Staaten doch offensichtlich gar keine derartige Absicht hegten. Wie Goodwin sich erinnerte, antwortete sein Chef darauf mit »leiser, undeutlicher« Stimme: »Ich wollte nicht, daß wir als Papiertiger dastehen. Wir müssen den Leuten einen kleinen Schrecken einjagen. Ich habe das gesagt, damit man den Eindruck bekommt, wir seien hart und stark.« Dann zuckte Kennedy mit den Schultern. »Jetzt ist es sowieso zu spät. Sie haben vielleicht recht, aber nun ist es eben passiert.«

Mit dieser Rede wollte Kennedy tatsächlich »den Leuten einen Schrekken einjagen« und damit seinen Kritikern den Wind aus den Segeln nehmen. Barry Goldwater hatte erklärt, Kennedys Fiasko in Kuba müsse jeden Amerikaner mit »Besorgnis und Scham« erfüllen. Und General Lauris Norstad, der Oberste Befehlshaber der alliierten Streitkräfte in Europa, meinte zu einem Freund, Kuba sei die schlimmste Niederlage der Vereinigten Staaten »seit dem Krieg von 1812« gegen die Briten in Kanada.

Indem Kennedy in seiner Rede vor den Zeitungsverlegern den Kalten Krieg beschwor, machte er seiner Enttäuschung über sein Versagen bei dem Invasionsversuch Luft. Aber sie bewirkte auch, daß Chruschtschow es sich zweimal überlegte, Waffen in größerem Maßstab und sowjetische Truppen auf die Insel zu schicken. Dennoch erweckte der Schwur des Präsidenten, mit »neuen Ideen« und »neuen Mitteln« die kommunistischen Erhebungen zu bekämpfen, den Eindruck, daß er immer noch im Banne der Rede Chruschtschows über die Befreiungskriege stand und daher die Bedeutung des Debakels in der Schweinebucht verkannte.

Chruschtschow hatte einen Verbündeten gewonnen – nicht durch subversive Akte in Kuba, sondern in erster Linie durch pures Glück. Castro war nicht durch den KGB oder die Rote Armee an die Macht gekommen, sondern durch eine echte Volksrevolution. Nachdem Llewellyn Thompson Kennedys Rede vor den Zeitungsverlegern gelesen hatte, telegrafierte er nach Washington: »Auch auf die Gefahr hin, als Verteidiger der Sowjets dazustehen, möchte ich daran erinnern, daß die Sowjets an den gegenwärtigen Unruheherden – im Irak, im Kongo, in Kuba und, soweit ich informiert bin, auch in Laos – nicht die Krise heraufbeschworen haben, sondern lediglich ihre bisher schon verfolgte Politik fortgesetzt und die sich bietende Gelegenheit wahrgenommen haben.«

Eine der wichtigsten Lektionen, die den Vereinigten Staaten durch das Debakel in der Schweinebucht erteilt wurden, war die, daß Castros Regime den gegen ihn gerichteten Aktivitäten der USA so lange standhalten würde, bis er an Popularität verlor. Trotzdem hätte jeder, der Kennedys Rede genauer unter die Lupe nahm (einschließlich Chruschtschows Analytiker in Moskau), geschworen, der Präsident würde einen weiteren Versuch unternehmen, Castro zu stürzen: entweder durch den Geheimdienst oder durch eine nunmehr umfassende Invasion mit Hilfe der Streitkräfte der Vereinigten Staaten.

So schrieb auch der sowjetische Dichter Jewgeni Jewtuschenko ein Gedicht über eine kubanische Mutter, die am Strand neben dem Grab ihres in der Schweinebucht gefallenen Sohnes hockt:

> Das Meer . . .
> Von dorther kamen die Mörder!
> Ich weiß –
> Sie können zurückkehren!

Am Freitag, dem 21. April, stellte sich Kennedy vormittags der Presse. In herrischem Ton, den spätere Präsidenten wohlweislich vermeiden sollten, würgte er alle Fragen zu Kuba im voraus ab: »Ich habe meiner Stellungnahme von gestern nichts hinzuzufügen.« Weitere öffentliche Diskussionen über dieses Thema seien »dem nationalen Interesse« nicht dienlich. Trotzdem fragte Sander Vanocour vom NBC, warum man nichts über die »tatsächlichen Fakten«, die Hintergründe der Schweinebucht-Affäre, in Erfahrung bringen könne.

»Es gibt ein altes Sprichwort«, erwiderte Kennedy, »daß der Sieg hundert Väter hat und die Niederlage ein Waisenkind ist . . . Ich möchte weitere Stellungnahmen und detaillierte Debatten vermeiden – nicht etwa, weil ich verschleiern will, wer die Verantwortung trägt, denn ich bin der letztlich Verantwortliche in dieser Regierung, das ist doch ganz klar. Ich glaube nur nicht, daß eine derartige Diskussion uns in der augenblicklichen Schwierigkeit, äh, Situation weiterhelfen würde.« In den noch verbleibenden Minuten dieser Pressekonferenz stellte niemand mehr Fragen an Kennedy über das wichtigste Ereignis seiner bisherigen Amtszeit.

Als er nach dieser Pressekonferenz in sein Büro zurückkehrte, sprach Kennedy von dem Debakel in der Schweinebucht bereits in der Vergangenheitsform. »Wir können nicht alle auf unsere Seite bringen«, sagte er zu Johnson und Schlesinger, »und ich bin nahe genug an einem Desaster gewesen, um zu erkennen, daß diese Dinge, die momentan die Welt zu erschüttern scheinen, im nächsten Augenblick schon fast wieder vergessen sind. Wir haben einen kräftigen Tritt in den Hintern gekriegt – und wir haben es verdient. Aber vielleicht können wir daraus etwas lernen.«

Am Morgen des 22. April, einem Samstag, erhielt er Chruschtschows Antwort auf seine Botschaft vom Dienstag und seine Rede vor den Zeitungsverlegern: »Mr. President, Sie haben einen äußerst gefährlichen Weg eingeschlagen. Denken Sie noch einmal darüber nach . . . Niemand besitzt das Recht, Rebellen gegen die legitime Regierung eines souveränen Staates wie Kuba zu unterstützen.«

Dann erwähnte der Parteichef, einige Amerikaner meinten, Moskau verwandle Kuba in einen sowjetischen Stützpunkt: »Wir haben keinerlei Stützpunkte in Kuba, und wir haben auch nicht vor, dort welche zu errichten.« Wenn der Präsident sich durch Kuba gestört fühle, dann hätte die Sowjetunion »nicht weniger Gründe« für derartige Befürchtungen, da ihre Nachbarstaaten dazu benutzt würden, ihre Sicherheit zu bedrohen.

Außerdem stellte Chruschtschow fest, Kennedy habe wohl die Worte in seiner letzten Rede nicht gern gehört, als er gesagt habe, »daß es keinen dauerhaften Frieden geben könne, solange noch irgendwo Krieg herrsche. Aber . . . die Welt ist ein Ganzes, ob es einem paßt oder nicht. Ich kann mich nur wiederholen: Es hat keinen Sinn, in einer Region die Flammen zu löschen und dann in einer anderen einen neuen Brand zu entfachen.«

Der Präsident betrachtete dieses Schreiben als eine letzte Salve in der Propagandaschlacht um die Schweinebucht. Seine Sowjetunion-Experten riefen ihm ins Gedächtnis, Chruschtschow habe erst dann mit der Entsendung sowjetischer Freiwilliger in den Mittleren Osten gedroht, als der Suez-Krieg bereits seinem Ende zuging: »Er hat diese äußerst angenehme Angewohnheit, sich erst dann auf die Dinge zu stürzen, wenn die Gefahr vorüber ist, und nicht vorher.«

Nun, da die Aufregung um Kuba vorerst vorüber war, hatte Kennedy kein sonderliches Interesse, das Schreiben des Generalsekretärs einer Antwort zu würdigen. Das Außenministerium verkündete großspurig, er werde sich nicht »auf eine ausufernde Diskussion mit dem Generalsekretär« über »diese letzte . . . verzerrte Darstellung der grundlegenden Idee der Menschenrechte von seiten des kommunistischen Lagers einlassen«.

Im Rückblick betrachtet aber war Chruschtschows Botschaft von höchster Bedeutung. Wahrscheinlich zum erstenmal hatte Chruschtschow öffentlich erklärt, daß er eine Parallele sah zwischen den sowjetischen Interessen in Kuba und den amerikanischen Interessen entlang der sowjetischen Grenze, zum Beispiel in der Türkei, wo die Vereinigten Staaten einen wichtigen militärischen Stützpunkt hatten.

Die logische Folgerung war, daß die Sowjetunion das Recht hatte, den Verbündeten der Amerikaner entlang *ihrer* Grenze Schwierigkeiten zu machen, wenn die Vereinigten Staaten weiterhin feindliche Maßnahmen gegenüber Kuba ergriffen. Sollten die USA Raketen in der Türkei stationieren und sollten die Sowjets diese als offensiv einschätzen, so würde die Sowjetunion das gleiche Recht für sich in Kuba beanspruchen. Wie so viele andere diffizilere Aspekte in der langen Geschichte des Kalten Krieges wurde diese an Washington gerichtete Warnung vollkommen übersehen.

Als das Scheitern des Unternehmens in der Schweinebucht feststand, hatte Kennedy Sorensen gefragt: »Wie konnte ich nur so dumm sein und sie weitermachen lassen?« Aufgrund seines knappen Wahlsieges war Kennedy nicht gerade versessen darauf gewesen, seinen Vorgänger, den Nationalhelden aus dem Zweiten Weltkrieg, zu reizen. »Es war Eisenhowers Plan«, hielt Robert Kennedy in seinen Notizen fest. »Eisenhowers Leute haben alle versichert, die Sache würde gutgehen.«

Als Dulles und Bissell den designierten Präsidenten über den Plan informiert hatten, hatten sie sich bemüht, ihm deutlich zu machen, daß er keine Wahl hätte. Wenn Kennedy das Projekt abblasen würde, würden Tausende von Exilkubanern in den Ländern des amerikanischen Kontinents verbreiten, er sei ein Feigling und sein Land ein hilfloser Koloß.

Dem Präsidenten war klar, daß Anfang 1961 die letzte Chance bestand, die neue Regierung in Kuba zu stürzen. Wenn Chruschtschow Castro weiterhin Waffen und Know-how lieferte, würde eine amerikanische Invasion in vollem Umfang sicherlich einen Bürgerkrieg auf der Insel zur Folge haben und die Gefahr einer atomaren Konfrontation mit der Sowjetunion heraufbeschwören.

Später aber gewann Bundy den Eindruck, daß Kennedy die CIA-Pläne befürwortete: »Er wollte, daß sie zum Erfolg führten. Daher ließ er sich gern überzeugen, daß die Risiken durchaus tragbar waren.«

In dem brennenden Wunsch, dem Präsidenten den Plan zu verkaufen, neigten die Verantwortlichen natürlich dazu, die Risiken herunterzuspielen. Kennedy hätte eine Katastrophe vielleicht verhindern können, wenn er einer erfahrenen Expertengruppe die gleichen Geheimdienstinformationen hätte zukommen lassen, die Dulles und Bissell zur Verfügung standen.

Aber Kennedy hatte einen Großteil des von Eisenhower geschaffenen Apparates zur Kontrolle geheimer Aktionen abgeschafft. Daher war er gezwungen, die Einschätzungen seiner Minister und Regierungsbeamten für bare Münze zu nehmen, die noch nicht lange im Amt waren und alle eigennützige Zwecke verfolgten.

Bei der Abwägung des Kuba-Projekts war er durch dieselbe Unentschiedenheit gelähmt wie bei seinen Wahlkampfäußerungen über Kuba und die Sowjetunion. Einerseits wollte er sich nicht nachsagen lassen, er gehe zu sanft mit dem Kommunismus um. Andererseits wollte er Lateinamerika, die Dritte Welt und die Liberalen à la Stevenson nicht durch eine Invasion der US-Streitkräfte in Rage versetzen. Außerdem befürchtete er, ein solches Vorgehen gegenüber Kuba könne einen sowjetischen Einmarsch in West-Berlin nach sich ziehen. In seinem Wunsch, einzugreifen, ohne den Preis dafür zu zahlen, ordnete er daher eine Operation an, die für einen erfolgreichen Ausgang zu klein war, aber doch zu groß, um die Handschrift der Vereinigten Staaten verbergen zu können.

Das Vorgehen der CIA war keineswegs untadelig. In seinen Aufzeichnungen räumte Dulles später ein, daß er Kennedy nicht auf bestimmte Punkte aufmerksam gemacht habe, die möglicherweise seine ablehnende Haltung gegenüber dem Projekt »verhärtet« hätten. Dazu zählte beispielsweise die unrichtige Behauptung, die Exilkubaner könnten sich in den Bergen verschanzen. Dulles gab zu, er habe den Präsidenten nicht darauf hingewiesen, daß »Luftunterstützung für das Landungsunternehmen absolut erforderlich« sei. Jahre später betonte Bissell, daß »wir eine verdammt gute Chance gehabt hätten, wenn wir fünfmal soviel Bomben auf Castros Luftwaffenstützpunkte hätten abwerfen können«.

Dulles bemerkte allerdings, in den zehn Jahren bei der CIA habe er »ziemlich viele Operationen erlebt, die so begannen wie die in der

Schweinebucht«. Als zum Beispiel 1954 der Coup in Guatemala zu scheitern drohte, habe Eisenhower die Situation gerettet, indem er den Rebellen ganz offen Flugzeuge zu Hilfe schickte. Der CIA-Direktor ging davon aus, daß Kennedy im Falle Kubas ebenso reagieren werde: »Wenn die Würfel gefallen wären, wenn die Krise erst einmal da wäre – so dachten wir –, würde der Präsident jede Aktion, die für einen erfolgreichen Ausgang nötig wäre, absegnen. Wir glaubten nicht, daß er so weit gehen und das Unternehmen scheitern lassen würde.«

Nicht ohne Bitterkeit stellte Dulles schließlich fest, Kennedy sei nur »mit halbem Herzen bei der Sache« gewesen.

Während der Planungsphase für die Invasion hatte die CIA insgeheim noch eine zweite Aktion ausgearbeitet, um die Chance für die erfolgreiche Durchführung der Operation zu erhöhen: die Ermordung Fidel Castros.

Jahre später erklärte Bissell, die Operation zwei habe »parallel« zu den Invasionsvorbereitungen stattfinden sollen: »Das Attentat sollte den Plan abstützen. Die Vorstellung war, daß Castro schon vor der Landung tot sei.« Die Ermordung Castros, meinte Bissell sogar, hätte die Operation eins »entweder ganz unnötig gemacht oder zumindest sehr vereinfacht«.

An einem Sonntag im März 1960 hatten John und Jacqueline Kennedy in ihrem Haus in der N Street in Georgetown ein Abendessen gegeben. Einer der Gäste hatte den britischen Romanautor Ian Fleming mitgebracht, der damals gerade an *Feuerball* arbeitete. Beim Kaffee meinte Fleming, die Amerikaner machten »viel zuviel Aufhebens« um Castro; es sei ganz einfach, bei ihm die Luft rauszulassen. »Macht ihn einfach lächerlich.« Fleming vertrat die Ansicht, daß die Kubaner nur an drei Dingen interessiert seien: an Geld, Religion und an Sex. Also schlug er vor, über Havanna kubanisches Geld abzuwerfen und mittels Flugzeugen Kreuze in den Himmel zu zeichnen. Dann sollte man auf der ganzen Insel Flugblätter verteilen, in denen behauptet wurde, daß Atomtests die Atmosphäre über Kuba radioaktiv verseucht hätten. Und die Radioaktivität, die die Männer impotent werden ließe, setzte sich vor allem in Bärten fest. Die Kubaner würden sich dann die Bärte schleunigst abrasieren. Und ohne bärtige Kubaner wäre die Revolution bald am Ende.

Kennedy konnte nicht wissen, wie nahe Flemings Gedankenspielereien der Realität tatsächlich kamen. Denn gerade zu dieser Zeit diskutierten Experten des CIA, wie man Castros Schuhe mit einem Enthaarungsmittel präparieren könne, so daß ihm der Bart ausfiele und sein männliches Image zerstört würde.

Doch solcher Mumpitz blieb Episode am Rande. Im Dezember 1959 schrieb der CIA-Mann J. C. King ein Memo, in dem es hieß, man müsse die »Eliminierung« des kubanischen Diktators »ernsthaft in Erwägung ziehen«, weil dies »den Sturz der gegenwärtigen Regierung beschleunigen« würde.

Im September 1960 sprach Bissells Mitarbeiter Sheffield Edwards in Los Angeles mit einem früheren FBI-Agenten namens Robert Maheu, der für die CIA und für Howard Hughes tätig war. Maheu wiederum traf sich im Oktober in Miami Beach mit dem Chicagoer Gangster Sam Giancana, John Roselli, seinem Partner von der Westküste, und Santos Trafficante, einem Unterweltboß aus Havanna, den Castro 1959 ins Gefängnis hatte stecken lassen.* Giancana verlangte Gift, das man Castro ins Essen mischen könnte: irgend etwas »Nettes und Sauberes, das keine großen Umstände macht«.

Bissell meinte, die Methode, Gangster für die Ermordung Castros anzuheuern, sei ein »hervorragender Deckmantel«. »Das Risiko, daß eine Aktion der Mafia« mit der US-Regierung »in Verbindung gebracht werden könnte, ist sehr gering«.

Als in den siebziger Jahren die Anhörungen vor dem Kongreß über den Fall Kuba stattfanden, bestätigten CIA-Beamte unter Eid, die Verschwörung gegen Castro sei von einem hohen Regierungsbeamten Eisenhowers ausdrücklich gebilligt worden. Es wurde aber nie ein Name genannt. Aus irgendeinem Grund übersah der Untersuchungsausschuß, daß zur Zeit der Verschwörung Maheu Geschäftspartner eines der engsten Freunde des damaligen Vizepräsidenten der Vereinigten Staaten war.

Robert King, ein ehemaliger FBI-Mann, hatte Richard Nixon während des Krieges kennengelernt, als er in San Francisco Jagd auf sowjetische Spione machte und der spätere Vizepräsident dort als Leutnant bei der Marine stationiert war. Im Jahre 1955, King war inzwischen im Management von »Southern Comfort« gelandet, heuerte ihn der Vize-

---

* Unter den Besuchern, die Trafficante während seines Gefängnisaufenthaltes empfing, war nachweislich der aus Dallas stammende Nachtclubbesitzer Jack Ruby, der später den Mörder Kennedys tötete.

präsident als seinen Chefberater für außenpolitische Fragen an. Den Journalisten gegenüber sagte Nixon, King sei für ihn »eine Art Alter ego«. Nach zwei Jahren schied King aus Nixons Diensten aus und wurde später in Los Angeles Partner von Maheu.

Am 4. Januar 1960 telefonierte der CIA-Kontaktmann William Pawley mit Nixons Sekretärin Rose Mary Woods. Er erklärte, er wolle gern das Tischgespräch fortsetzen, das er einige Tage zuvor mit Nixon geführt habe. Sie hätten »über ein Problem« geredet, das »wir gerade südlich von Miami haben«.

Als der Vizepräsident von dem Anruf erfuhr, beauftragte er Woods, Pawley zu bestellen, daß »RN (= Richard Nixon) gerade eine sehr intensive Diskussion über die Lage in Kuba führt, und zwar mit Leuten außerhalb des Außenministeriums und außerhalb der Regierung. Spätestens in einer Woche oder in zehn Tagen wird er Genaueres zu unserer Haltung sagen können und dann wieder mit Ihnen in Kontakt treten.«

Am 9. Januar 1960 lud Nixon Pawley zum Mittagessen ein. Am 12. Januar traf er sich zu Hause mit King. Danach schrieb er folgende vieldeutigen Sätze an Pawley: »Im Hinblick auf die Angelegenheit, die wir diskutiert haben, hatten wir am Montag eine sehr zufriedenstellende Unterredung mit dem Präsidenten. Ihr Name wurde positiv erwähnt . . . Ich habe zwar noch keinen Bericht über unsere Nachforschungen an der Westküste, werde Sie aber unterrichten, sobald ich etwas Neues weiß.«

Bezog sich die Erwähnung von »Nachforschungen an der Westküste« auf Aktivitäten von King und Maheu? Im Juli schrieb Pawley an Nixon: »Ich habe fast täglich Kontakt mit den Leuten von Allen Dulles, und alles entwickelt sich ziemlich gut. Es handelt sich um ein sehr delikates Problem, und deshalb muß die Angelegenheit mit äußerster Vorsicht behandelt werden. Andernfalls könnte unser Land großen Schaden erleiden. Außerdem würde das unserem Wahlkampf nicht gerade zugute kommen.«

Im Jahre 1971 war der damalige Präsident Nixon sehr darauf bedacht, daß die CIA-Akten über Kuba nicht freigegeben wurden. Durch seinen Berater John Ehrlichman beauftragte er die CIA, ihm »*sämtliche* Unterlagen« über das Kuba-Projekt »*oder sonstiges*« auszuhändigen. Der Präsident »muß die Akten haben«, heißt es in Ehrlichmans Aufzeichnungen. Denn Nixon sei »tief involviert« gewesen.

Wir werden wahrscheinlich nie mit letzter Sicherheit erfahren, ob

Vizepräsident Nixon den Startschuß für einen von CIA und Mafia eingefädelten Anschlag auf Castro gegeben hat. Allerdings liegt der Verdacht nahe, daß er die Akten konfiszieren ließ, um zu verhindern, daß seine Verwicklung in ein Mordkomplott gegen einen ausländischen Staatschef öffentlich bekannt würde und Aufsehen erregte.

Derartige Befürchtungen mögen auch zu Watergate geführt haben. Das Risiko, bei dem Einbruch in das Büro von Lawrence O'Brien, dem Vorsitzenden der Demokraten, erwischt zu werden, schien in keinem Verhältnis zum potentiellen Nutzen einer solchen Tat zu stehen. Darauf ist des öfteren hingewiesen worden. Nixon wußte aber, daß O'Brien noch bis vor kurzem gemeinsam mit Maheu als Berater für Howard Hughes tätig gewesen war. Daher stand durchaus zu befürchten, daß Maheu O'Brien von der Verbindung zwischen Nixon, King, Maheu und Roselli erzählt hatte und daß O'Brien sein Wissen nun dazu benutzen könnte, dem Präsidenten in seinem Wahlkampf einen Strich durch die Rechnung zu machen.

Es gibt keinen Beweis dafür, daß die Männer, die in die Parteizentrale der Demokraten im Watergate-Gebäude einbrachen, in Nixons Auftrag handelten. Im Weißen Haus war jedoch allgemein bekannt, daß der Präsident gerne Kenntnis davon gehabt hätte, was denn nun in O'Briens Akten stand. Daher könnten Nixons Ängste durchaus Anlaß für die Operation gewesen sein.

Damit gelangen wir zu der Frage, was Kennedy über die Pläne zur Ermordung Castros wußte. Im Februar 1961, einen Monat nach der Amtsübernahme des Präsidenten, erhielt Roselli von Sheffield Edwards eine Packung mit Botulinum-Giftpillen aus CIA-eigener Produktion. Anfang März berichtete Roselli, daß sein Kontaktmann aus dem engeren Kreis um Castro entweder keinen Zugang zu dem kubanischen Staatschef mehr habe oder – was Roselli für wahrscheinlicher hielt – die Nerven verloren habe. Im selben Monat noch entwarf Trafficante einen weiteren Plan, wie man Castro vergiften könnte.

Anfang April, als die Exilkubaner die Landung in der Schweinebucht vorbereiteten, warteten die Verschwörer gespannt auf die Nachricht von Castros Erkrankung oder seinem Tod. Dies war die Zeit, in der Kennedy immer wieder seine Zustimmung zur Invasion Kubas hinausschob. Zögerte er, weil er ebenfalls auf diese Nachricht wartete? Es gibt weder offizielle Dokumente noch Aussagen der engen Mitarbeiter Kennedys, die belegen, daß der Präsident seine Einwilligung zur Ermordung Castros gab. Aber dies beweist noch nicht, daß der Präsident der CIA nicht zu erkennen gegeben haben könnte, er würde Castros Ermordung billigen. 1975 äußerte Bissell vor dem Senat die »rein persönliche Vermutung«, daß während des Treffens in Palm Beach, bei dem er und Dulles den designierten Präsidenten kurz über die Invasionspläne informierten, der CIA-Direktor Kennedy »indirekt von dieser unterstützenden Operation, dem geplanten Attentat«, unterrichtet habe.

Diese Hinweise des CIA-Direktors dürften kaum so »indirekt« gewesen sein, daß Kennedy nicht verstand, um was es ging. Unwahrscheinlich ist auch, daß Dulles und Bissell es riskiert hätten, dem Präsidenten einen Mordplan gegen Castro zu verheimlichen. Denn ein derartiger ohne sein Wissen erstellter Plan hätte seine gesamte Außenpolitik auf den Kopf stellen und ihn selbst in Lebensgefahr bringen können, falls Castro zurückgeschlagen hätte. Jahre später räumte McNamara ein, daß die CIA »eine höchst disziplinierte Organisation« gewesen sei, »die von hochrangigen Beamten in der Regierung umfassend kontrolliert wurde«.*

Helms brachte die Situation folgendermaßen auf den Punkt: »Man muß zwei Dinge wissen. Erstens: Kennedy wollte Castro loswerden. Und zweitens: Die CIA war nicht in der Lage, auf eigene Faust etwas in dieser Richtung zu unternehmen.«

In einem mündlichen Bericht aus dem Jahre 1964 erwähnte George Smathers, Kennedy habe ihn während eines Spaziergangs auf dem Gelände des Weißen Hauses im März 1961 gefragt, ob im Falle der Ermordung Castros »das Volk Genugtuung empfinden würde«. In einem 1988 geführten Gespräch mit dem Autor dieses Buches erinnerte sich Smathers an eine weitere Äußerung des Präsidenten: Aus ihr ging hervor, daß die CIA Kennedy »zu verstehen gegeben« hatte, Castro sei ein toter Mann, sobald die Invasoren in der Schweinebucht

---

* Als Mitte der siebziger Jahre der Untersuchungsausschuß des Senats das Komplott gegen Castro enthüllte, weigerten sich Helms, Bissell und andere frühere CIA-Beamte, die Verantwortung zu übernehmen, »und schoben statt dessen dem Präsidenten die Schuld in die Schuhe. Sie waren gute Soldaten – aber nur bis zu einem gewissen Punkt. Die Mitglieder der Regierung Kennedy waren so klug, sie nicht in die Enge zu treiben. Die einzige Antwort, die diese Beamten auf die Frage zu geben wußten, wie dies alles hatte geschehen können, war ein ratloses Kopfkratzen.«

landeten. »Angeblich sollte ihn jemand ausschalten. Und dann würde es ein wahres Inferno geben.«

Falls Kennedy gewußt haben sollte, daß die vom CIA gedungenen Mörder in Kuba bereitstanden und nur auf ihren Einsatz warteten, so würde dies besser erklären, warum er einem Invasionsplan zustimmte, der ansonsten sowenig einleuchtend war. Möglicherweise könnte der Präsident die so lebenswichtige Luftunterstützung für die Invasoren deshalb nicht genehmigt haben, weil er mittlerweile erfahren hatte, daß das Attentat auf Castro fehlgeschlagen war.

Fest steht aber auf jeden Fall, daß Robert Kennedy später ein Memo folgenden Inhalts von J. Edgar Hoover erhielt: »Im Zusammenhang mit der CIA-Operation gegen Castro« habe Sheffield Edwards mit Maheu Kontakt aufgenommen, um »Maheu als Mittelsmann für Kontakte mit Sam Giancana« einzusetzen. Da dies aber ein »schmutziges Geschäft« sei, dürfe Edwards »keine Kenntnis haben über die Aktionen von Maheu und Giancana, die im Auftrag der CIA stattfanden«. Hoover bezog sich dabei auf Bissell, der den Justizminister bereits unterrichtet habe, daß »bei dem zusätzlichen Plan auch Giancana und die Unterwelt gegen Castro eingesetzt werden sollen«.

Wäre Hoovers Mitteilung für den Justizminister und für den Präsidenten eine verwirrende Neuigkeit gewesen, so hätten sie sicherlich gründliche Nachforschungen darüber angestellt, was für ein »schmutziges Geschäft« denn nun gemeint sei und welche Art von »Kontakten« die CIA mit einem der berüchtigtsten Kriminellen der Vereinigten Staaten pflege. Es gibt jedoch keinen Hinweis darauf, daß eine solche Untersuchung eingeleitet wurde.

Nachdem Robert Kennedy Justizminister geworden war, kündigte er an, seine »Aufgabe Nummer eins« sei die Bekämpfung des organisierten Verbrechens: »Ich würde gerne als der Mann in Erinnerung bleiben, der die Mafia zerschlagen hat.« Auf seiner »Wunschliste« standen vierzig Namen, darunter Giancana, Roselli, Trafficante und sein Erzfeind James Hoffa, der Präsident der Transportarbeitergewerkschaft. Im Frühjahr 1961 wies das Justizministerium den in New Orleans agierenden Gangsterboß Carlos Marcello nach Mittelamerika aus. Dieser kehrte allerdings bald zurück.

Zur selben Zeit, als die CIA mit Giancana und anderen Mafiagangstern zusammenarbeitete, um Fidel Castro zu ermorden, war der

Justizminister bemüht, diese Leute ins Gefängnis zu bringen. Roselli beschwerte sich, daß sein Telefon vom FBI abgehört werde: »Ich helfe der Regierung, ich helfe dem Land, und was tut dieser Hurensohn? Er will mir an die Eier.«

Als später die Verbindung zwischen Kennedy, der Mafia und Castro untersucht wurde, äußerten Kennedys schärfste Kritiker, daß er 1960 eine Art unheilige Allianz mit Giancana und anderen führenden Köpfen des organisierten Verbrechens eingegangen sei. Daher habe er dann als Präsident zwischen den Bemühungen seines Bruders, die Unterwelt auszuräuchern, und den Vereinbarungen mit Giancana hin und her lavieren müssen. Und bei diesen Vereinbarungen könne es auch um die Frage der Durchführung polizeilicher Aktionen gegen die Unterwelt und die Ausschaltung Castros gegangen sein.[*]

Für Giancana war die Beseitigung Castros von nicht geringer Bedeutung. Durch Castros Maßnahmen gegen das Glücksspiel, den Drogenhandel und andere Geschäfte sollen der Chicagoer Gangsterboß und seine Bundesgenossen Verluste von einer Milliarde Dollar pro Jahr erlitten haben. »Dieser syphilitische Hurensohn«, fluchte Giancana im Beisein seiner Tochter. »Haben Sie überhaupt eine Vorstellung, was er mir angetan hat, mir und meinen Freunden?«

In den FBI-Akten über John F. Kennedy finden sich bemerkenswerte Indizien, die auf Verbindungen mit der Unterwelt während des Wahlkampfes 1960 hinweisen. In dem Bericht eines Informanten vom März 1960 zum Beispiel heißt es, daß Joseph Fischetti, Meyer Lansky und »andere, nicht identifizierte Ganoven« auf Veranlassung von Frank

---

[*] Giancana und Konsorten haben sich womöglich dadurch abgesichert, daß sie Kennedys Gegner ein ähnliches Versprechen abverlangten. Es ging das Gerücht um, daß Trafficante und Marcello eine Tasche mit 500 000 Dollar Jimmy Hoffa für Nixons Wahlkampf übergeben habe. Im Dezember 1959 rief der frühere kalifornische Kongreßabgeordnete Oakley Hunter Hoffa in Miami Beach an. Anschließend schrieb Hunter an Nixon, er habe Hoffa mitgeteilt, daß er an der »politischen Zukunft« des Vizepräsidenten »und an den Folgen, welche die Aktivitäten der Transportarbeitergewerkschaft auf diese haben werde«, interessiert sei.

Der Journalist Drew Pearson behauptete später, im August 1960 sei in Florida ein gerichtliches Verfahren gegen Hoffa wegen Mißbrauchs von Gewerkschaftsgeldern anhängig gewesen, aber die Regierung Eisenhower habe es »verhindert, während Hoffa den Republikanern im Präsidentschaftswahlkampf half«. Pearson schrieb, der Einfluß der Transportarbeitergewerkschaft sei ausschlaggebend gewesen, daß »die Wahl in Ohio, die Kennedy in der Tasche zu haben schien, zugunsten Nixons entschieden wurde«.

Sinatra*, dem Freund des Senators, Kennedys Wahl »finanziell unterstützen und aktiv abzusichern versuchen«. In einem anderen Bericht ist davon die Rede, daß Giancana seinen Bundesgenossen Paul »Skinny« D'Amato während der entscheidenden Vorwahl nach West-Virginia schickte, damit er dort zu Kennedys Gunsten seinen Einfluß gegenüber örtlichen Politikern geltend machte, die in D'Amatos Spielhöllen verkehrten.

Im Sommer 1960, vor dem Nominierungsparteitag der Demokraten, zog sich Joseph Kennedy in die Cal-Neva Lodge in Lake Tahoe zurück – eine sonderbare Entscheidung für einen Mann, der in jenem Jahr eigentlich nichts hätte tun dürfen, was seinen Sohn kompromittieren konnte. Dieses Feriendomizil gehörte nämlich zu einem Teil Sinatra und Giancana und galt als eine von der Mafia frequentierte Spielhölle. D'Amato war der ehemalige Manager von Cal-Neva. Aus einem Bericht in John F. Kennedys FBI-Akten geht hervor, daß Joseph Kennedy während seines dortigen Aufenthalts »häufig von Gangstern besucht wurde, die mit illegalem Glücksspiel Geschäfte betreiben«.**

Im November hatte Kennedy dank der Hilfe von Giancanas Leuten von der Chicagoer West Side im Bundesstaat Illinois mit einem Vorsprung von 8858 Stimmen gewonnen.

Ein noch eindeutigeres Indiz für die Verbindung zwischen Kennedy und dem organisierten Verbrechen stellt seine Beziehung zu dem jungen Starlet Judith Campbell dar, die in Beverly Hills als Malerin arbeitete. Die Affäre begann im Februar 1960, als Sinatra die beiden einander vorstellte. Und ein Jahr später hatte der Präsident der Verei-

---

* Die Akte des Sängers enthielt so viel Material über vermutliche Mafia-Verbindungen, daß Eisenhower die wiederholt durch ihren gemeinsamen Freund Freeman Gosden vorgetragene Bitte um eine Audienz Sinatras beim Präsidenten angewidert zurückwies. Im Januar 1961 sagte Eisenhower, er begreife nicht, wie Kennedy einem Mann wie Sinatra »bei seiner Kampagne für die Vorwahlen einen derartig prominenten Platz einräumen« könne.
Kennedy hatte Sinatra durch Peter Lawford kennengelernt. 1959 und 1960 besuchte er den Sänger in dessen Haus in Palm Springs und begleitete ihn in Nachtclubs von Las Vegas. In einem Bericht des Justizministeriums heißt es, daß sich in Las Vegas »Showgirls aus der ganzen Stadt in der Suite des Senators die Klinke in die Hand geben«.
** Gerüchte über Verbindungen des Vaters mit dem organisierten Verbrechen kursierten schon in den zwanziger und dreißiger Jahren, als er im Spirituosengeschäft ein Vermögen verdiente und mit der Witwe eines Mafia-Bosses, der in New York niedergeschossen worden war, ein Liebesverhältnis unterhielt.

nigten Staaten eine Liebesaffäre mit einer Frau, von der er wußte, daß sie Giancanas Mätresse war.

In den Verzeichnissen über die Telefongespräche des Weißen Hauses finden sich für die Jahre 1961 und 1962 über siebzig Telefonate zwischen Judith Campbell und dem Westflügel. George Smathers meinte sogar, er habe gesehen, daß William Thompson Miss Campbell in die Privaträume des Präsidenten brachte.

Judith Campbell erklärte 1988, sie habe auf Kennedys Wunsch während des Wahlkampfs von 1960 geheime Treffen arrangiert, bei denen Kennedy Giancana um Hilfe in verschiedener Form bat – und sie auch erhielt. Im Jahre 1961 habe sie sich mehrmals als Botin zwischen dem Präsidenten und dem Gangsterboß betätigt und versiegelte Umschläge überbracht.*

Durch das FBI, das Giancanas Telefon abhörte, wurde bekannt, daß der Mafiaboß im Laufe des Jahres 1961 immer ungehaltener wurde, weil Kennedy die Nachforschungen des Justizministeriums nicht bremste. Die Abschrift eines solchen Telefongesprächs zeigt, wie Roselli seinen Boß anstachelte: »Du hätschelst sie, du schmierst sie, und dann lassen sie dich hängen . . . Zeig ihnen doch mal deine andere Seite.« Einem FBI-Agenten gegenüber, der gegen ihn ermittelte, erklärte Giancana, er wisse »alles über die Kennedys« und er werde eines Tages »alles sagen«.

Campbell meinte 1988, daß sie durch ihre Botendienste möglicherweise »John dabei geholfen habe, das geplante Attentat auf Fidel Castro zu organisieren«. Das ist jedoch fraglich. Die logistische Planung war Angelegenheit der CIA. Und Giancana war im Jahre 1961 mehr damit beschäftigt, zu verhindern, daß er ins Gefängnis wanderte. Dennoch könnte der Chicagoer Gangsterboß den Präsidenten gedrängt haben, die Pläne der CIA gegen Kuba und gegen Fidel Castro, den Erzfeind der Unterwelt, endlich in die Tat umzusetzen.

Das Debakel in der Schweinebucht dämpfte »das belebende Gefühl, alles sei möglich«, das Bartlett in Kennedys erster Amtswoche festgestellt zu haben glaubte. Als in der *Time* ein Artikel über sein Versagen bei der Operation erschien, schleuderte er das Magazin in den offenen Kamin, noch bevor er es gelesen hatte. Robert Kennedy erinnerte sich:

---

* Sie behauptete auch, daß sich Kennedy und Giancana am 28. April heimlich im Ambassador-East-Hotel in Chicago getroffen hätten.

»Wir hatten zusammen schon eine Menge durchgemacht, aber diesmal war er wütender als je zuvor.«

In einem Memo über die Schweinebucht schrieb Robert: »Er war der festen Überzeugung, die Operation auf Kuba habe . . . seine Stellung als Präsident und die Stellung der Vereinigten Staaten insgesamt in den Augen der Weltöffentlichkeit erheblich beeinträchtigt. Unsere Rolle als führende Nation werde sich nun wesentlich schwieriger gestalten, da das Vertrauen in die Vereinigten Staaten gesunken sei. Die Vereinigten Staaten hätten gepfuscht.« Gegenüber seinem Anwalt und engen Berater Clark Clifford äußerte der Präsident, eine »zweite Schweinebucht« würde die »Regierung in den Abgrund stürzen«.

Dean Rusk befürchtete nun mehr denn je, daß Chruschtschow jetzt dazu übergehen könnte, Offensivraketen auf Kuba zu stationieren. Anfang Mai erinnerte er den Senatsausschuß für auswärtige Beziehungen bei einem inoffiziellen Treffen daran, daß die Sowjetunion kaum über Langstreckenbomber verfüge und ihr Bedrohungspotential gegenüber den Vereinigten Staaten auf einer geringen Zahl von U-Booten und Interkontinentalraketen beruhe. Von Kuba aus jedoch könnten sowjetische Bomber und Raketen »Teile unseres Landes erreichen, was sonst wesentlich schwieriger wäre«. Dies würde die Vereinigten Staaten »in gewisser Weise erpreßbar machen und unsere Handlungsfähigkeit in allen Teilen der Welt einschränken«.

Auf die Frage, warum die Vereinigten Staaten nicht einfach über Kuba eine Blockade verhängten, um so die Lieferung sowjetischen Materials zu verhindern, erwiderte der Außenminister, eine solche Maßnahme würde »sicherlich als ein kriegerischer Akt angesehen werden. Aber wenn wir feststellen, daß Abschußrampen und Dinge dieser Art dort installiert werden – und wir können das sehr genau erkunden –, müssen wir möglicherweise . . . diese Art von Entscheidung treffen.« Im Mai kam Kennedys Nationaler Sicherheitsrat zu dem Entschluß, daß die Vereinigten Staaten sich das »Recht zur Intervention« in Kuba vorbehalten sollten, falls Kuba zu »einer direkten militärischen Bedrohung für die Vereinigten Staaten« werden sollte oder »wenn Castro ein amerikanisches Land angreift«. Der vom Präsidenten einberufene Untersuchungsausschuß zu Kuba zog im Juni folgenden Schluß: »Auf lange Sicht ist ein gutnachbarliches Verhältnis zu Castro nicht möglich . . . Obgleich wir persönlich umgehende Maßnahmen gegen Castro befürworten, sind wir uns bewußt, welche Gefahr darin liegt, das kubanische Problem unabhängig vom weltpolitischen Zusammenhang zu betrachten.« Die Vereinigten Staaten seien in einem »Kampf auf Leben und Tod« mit der Sowjetunion verwickelt, »den wir verlieren könnten«.*

Im Juni notierte Robert Kennedy: »Die kubanische Sache gleitet uns langsam aus den Händen. Hauptsächlich deswegen, weil niemand wirklich eine Antwort auf Castro weiß. Kaum jemand möchte heute amerikanische Truppen hinüberschicken, aber vielleicht wäre genau das die richtige Antwort.«

Aus Moskau unterrichtete der kanadische Botschafter Arnold Smith seine Regierung, das Debakel in der Schweinebucht, welches so unmittelbar auf das Meisterstück Gagarins gefolgt sei, habe Chruschtschow ein neues, »wenn nicht vielleicht sogar übersteigertes Selbstbewußtsein« vermittelt. »Ich glaube, sie sind wirklich der Überzeugung, daß die geschichtliche Entwicklung im großen und ganzen zu ihren Gunsten verläuft.« Die Stimmung der Sowjets sei »vergleichbar mit jener der Engländer am Ende der Viktorianischen Ära«.

Wie viele Amerikaner in jenem Frühjahr machte auch der Kanadier Smith den Fehler, auf Chruschtschows Rhetorik hereinzufallen. Im privaten Kreise wirkte der Generalsekretär alles andere als selbstbewußt. Er wußte, daß sein Land auf dem Gebiet der Atomwaffen weiter denn je hinter die Vereinigten Staaten zurückgefallen war. Die sowjetischen Erfolge im Kongo, in Laos, Kuba und anderswo bedeuteten zwar einen Sieg auf ideologischer Ebene, aber sie kosteten ihn viele Rubel, die er lieber in die Wirtschaft gesteckt hätte. Chruschtschow war genauestens mit den ökonomischen Fakten vertraut und verheimlichte sie wohlweislich vor der Welt. Nur zu gut wußte er, wie schwierig es wäre, die Vereinigten Staaten »einzuholen und zu überholen«. Gewiß lieferte die Niederlage der Amerikaner in Kuba Chruschtschow Munition für eine Propagandaoffensive. Andererseits jedoch drohte Kennedys Einmischung in der Karibik die Pläne des Generalsekretärs zunichte zu machen. Arkadi Schewtschenko aus

* Dulles könnte diese Stillage angeregt haben. 1954 hatte Eisenhower einen ähnlichen Ausschuß eingesetzt, um die Aktivitäten der CIA zu untersuchen. Das Gremium kam zu folgendem Schluß: »Wir stehen einem unversöhnlichen Feind gegenüber, dessen erklärtes Ziel die Weltherrschaft ist . . . Wir müssen . . . lernen, unsere Feinde durch klügere und wirksamere Methoden als die, die gegen uns verwendet werden, zu unterwandern, zu sabotieren und zu zerstören.«

dem Außenministerium, der später in die Vereinigten Staaten überlief, erinnerte sich, daß die Schweinebucht »die antiamerikanische Stimmung« innerhalb des sowjetischen Militärs und des Zentralkomitees verstärkte: Chruschtschow war gezwungen, als Verteidiger Kubas zu sprechen, und dies hatte zur Folge, daß »sich seine Beziehung zu Kennedy verschlechterte, anstatt sich zu verbessern, wie er es beabsichtigt hatte«.

Nach Kennedys Wahl war die sowjetische Führung besorgt, die Unerfahrenheit des neuen Präsidenten und sein geringer Stimmenvorsprung könnten ihn vielleicht zu internationalen Abenteuern verführen, die ein erfahrener und von breiter Unterstützung getragener Präsident wie Eisenhower vermieden hätte. Die Sowjets waren daher verblüfft, als Kennedy in den ersten drei Monaten seiner Amtszeit zwischen versöhnlichen Gesten und militanter Rhetorik hin und her pendelte. Bisher war eine derartige Rhetorik Chruschtschow vorbehalten gewesen.

Dann kam Kennedys Entscheidung, die Invasion Kubas anzuordnen, und anschließend, ihr Scheitern in Kauf zu nehmen. Laut Schewtschenko hatte die Schweinebucht »Chruschtschow und den anderen Parteiführern den Eindruck vermittelt, Kennedy sei unentschlossen und wankelmütig«.

Ein osteuropäischer Diplomat erinnerte Chester Bowles daran, daß »Chruschtschow, als dieser das Problem mit Ungarn in Angriff nahm, entschlossen losgeschlagen hat, selbst um den Preis von 32 000 Toten in den Straßen von Budapest ... Chruschtschow ist davon ausgegangen, daß Kennedy genauso handeln würde.«

Der sowjetische Parteichef erinnerte sich noch sehr gut an die unangenehme Erfahrung, die er mit Kennedys Vorgänger gemacht hatte. Damals, nach dem Treffen in Camp David, hatte er seinen Genossen versichert, Eisenhower sei ein ernstzunehmender »Freund des Friedens«. Doch dann kam die U-2-Affäre, und die Sowjets begannen darüber nachzudenken, ob der Präsident Chruschtschow nicht vorsätzlich zum Narren gehalten hatte.

Der Generalsekretär wollte diesen Fehler nicht noch einmal begehen. Nach Kennedys Wahl hatte er öffentlich verkündet, er hoffe, daß der junge Mann sich als »ein neuer Roosevelt« erweisen werde. Es lag durchaus in Chruschtschows politischem Interesse, gute Beziehungen zu Kennedy zu pflegen. Dazu aber mußte er sich auf Kennedy zumindest so weit verlassen können, daß dieser ihn nicht, wie Eisenhower mit der U-2, brüskierte. Wenn sich der Generalsekretär trotz der angespannten Lage gegenüber den anderen sowjetischen Führern als ein Politiker präsentieren könnte, der mit Kennedy zu verhandeln verstand, würde dies seine Position gegenüber seinen Gegnern wesentlich stärken.

Nun jedoch, angesichts der Wankelmütigkeit von Kennedys Politik gegenüber Moskau und der Intervention in der Schweinebucht, war Chruschtschow zutiefst verunsichert. Wie sollte er mit einem seiner Ansicht nach unberechenbaren und unreifen amerikanischen Präsidenten umgehen, der sich offensichtlich zuwenig über seine persönlichen Prioritäten im klaren war, entschlossen handeln zu können? Wenige Wochen nach der Intervention in der Schweinebucht verlieh Chruschtschow wohl seinen persönlichen Empfindungen gegenüber Kennedy Ausdruck, als er im Nebensatz einer Rede meinte, er sei nicht der Führer der sowjetischen Regierung geworden, weil sein Vater ein reicher Mann gewesen sei.

Um seinen Genossen und den Kritikern aus China den Wind aus den Segeln zu nehmen, schlug Chruschtschow nun gegenüber den Vereinigten Staaten eine härtere Gangart ein. Das dreimonatige amerikanische Säbelrasseln gegen Kuba und die lächerliche Unfähigkeit und Schwäche, die bei dem Schweinebucht-Unternehmen zutage getreten waren, stellten eine zu große Herausforderung dar, als daß man sie hätte ignorieren können.

In Washington ließ ein Vertreter der Sowjets seinen amerikanischen Kollegen wissen, Kennedy habe in den Augen der sowjetischen Regierung »seine Prüfung nicht bestanden«. Der Präsident habe »sinnlos den politischen Kredit vergeudet, den Chruschtschow ihm eingeräumt hatte«.

Obwohl Kennedy peinlich darauf bedacht war, möglichst niemandem seine Befürchtung preiszugeben, Chruschtschow könne in Berlin einen Vorstoß unternehmen, dürfte es dem Parteichef und seinen Analytikern ohne große Mühe gelungen sein, den Diamanten im Kronleuchter zu entdecken. Die Sowjets kamen höchstwahrscheinlich zu dem Schluß, Kennedy sei in der Frage der amerikanischen Verpflichtungen gegenüber der geteilten Stadt so unentschieden, daß er zu diesem Zeitpunkt lieber die Demütigung in der Schweinebucht hinnehmen als eine neue Berlin-Krise riskieren würde. Gerade in dem Moment, als Chruschtschow zu der Ansicht gelangte, er habe nur wenig gegen Kennedy und den Westen in der Hand, könnte er auf den

Gedanken gekommen sein, daß Berlin sich sehr gut als Druckmittel eignen würde.

Neun Wochen waren vergangen, seit Thompson in Nowosibirsk Chruschtschow das geheime Schreiben des Präsidenten überreicht hatte, in dem Kennedy ein Gipfeltreffen vorgeschlagen hatte. Neun Wochen waren ohne Antwort verstrichen.

Kennedys Vorschlag zu einem Gipfeltreffen war eine Folge des hoffnungsvollen Klimas gewesen, das damals im Februar geherrscht hatte. Nun, nach der Blamage in Kuba und der Abkühlung der Beziehungen mit Moskau, war er froh, daß ihm die Tortur eines Treffens mit Chruschtschow erspart blieb. Laut Bohlen glaubte der Präsident, »die Sache sei gestorben«.

Der sowjetische Staatschef hatte seine Antwort neun Wochen lang hinausgezögert, weil er erst einmal abwarten wollte, was in Kuba geschehen würde. Bis jetzt hatte er um jeden Preis vermeiden wollen, sich womöglich ausgerechnet am Vorabend einer amerikanischen Invasion auf Kuba mit Kennedy zu treffen. Nun aber sah die Situation anders aus. Wenn jetzt ein Gipfeltreffen stattfände, wäre Kennedy in der Defensive. Chruschtschow meinte auch, es sei nun an der Zeit, sich nach den Monaten verwirrender Äußerungen aus Washington ein genaueres Bild von Kennedy zu machen.

Aber Chruschtschow hatte noch einen weiteren Grund, zu diesem Zeitpunkt ein Gipfeltreffen zu fordern. Er ging nämlich davon aus, daß der Präsident in naher Zukunft eine weitere Aktion gegen Kuba einleiten werde, bevor Castro seine internen Gegner ausgeschaltet und die Sowjets eine größere Zahl von Waffen und Beratern auf der Insel stationiert hätten. Er wußte, daß Kennedy kaum eine Invasion Kubas unmittelbar vor oder nach einem Gipfeltreffen durchführen würde. Die Vereinbarung über ein solches Treffen würde für Castro also einen Zeitgewinn von mehreren entscheidenden Monaten bedeuten, in denen er die Opposition ausschalten und mit dem Aufbau einer schlagkräftigen Verteidigung beginnen könnte.

Ende April gab der Parteichef einem Mitarbeiter des sowjetischen Nachrichtendienstes die Anweisung, mit den Amerikanern in Verbindung zu treten und dem Präsidenten ein Gipfeltreffen vorzuschlagen.

Kapitel 7

Der Geheimagent

Georgi Nikitowitsch Bolschakow, ein in Washington stationierter sowjetischer Agent, trat mit einem Wunsch an seinen Freund Frank Holeman von der *New York Daily News* heran: »Ich würde gern den Justizminister kennenlernen. Könnten Sie das für mich arrangieren?« Er fügte hinzu, daß er der einzige Mann bei der Botschaft sei, der in direktem Kontakt zu Chruschtschow stünde, und daß ein Treffen mit dem Bruder des Präsidenten sehr fruchtbar sein könne. Holeman und Bolschakow, ein jovialer, etwas clownesk wirkender und äußerst trinkfester Hüne mit wirrem, dunklen Haar, hatten sich bereits in den frühen fünfziger Jahren kennengelernt. Damals arbeitete der Russe offiziell als TASS-Korrespondent in Washington. Ende 1959 war er dann als Botschaftssekretär der sowjetischen Botschaft und Herausgeber der englischsprachigen sowjetischen Zeitschrift *USSR* in die amerikanische Hauptstadt zurückgekehrt.

In der offiziellen Rangliste der 67 Mitglieder der Sowjetbotschaft nahm Bolschakow den vierzigsten Platz ein, aber die Aufmerksamkeit, mit der sowohl das FBI als auch Mitarbeiter des sowjetischen Nachrichtendienstes alle seine Aktivitäten in Washington bedachten, ließ vermuten, daß er eine weitaus bedeutendere Rolle spielte. Holeman erinnerte sich später: »Hinter Georgi war die ganze Welt her.« Wie Alexej Adschubej Jahre später berichtete, war Bolschakow ein Agent des militärischen Nachrichtendienstes der UdSSR. Anhand von psychologischen Studien über die Kennedy-Brüder hatte der Nachrichtendienst klar erkannt, daß die beiden die langsam und unflexibel arbeitende Bürokratie gern umgingen und statt dessen lieber mit geheimdienstlichen Mitteln arbeiteten. Wenn man davon ausgeht, daß Bolschakows Vorgesetzte nach altbewährten Methoden arbeiteten, dürfte der KGB ihm alle zur Verfügung stehenden Informationen über den Präsidenten und seinen Bruder zugänglich gemacht haben –

ihre Ansichten und Gepflogenheiten, Neigungen und Abneigungen, Eß- und Trinkgewohnheiten und sogar ihre sexuellen Vorlieben. Holeman teilte also Robert Kennedys Mitarbeiter Edwin Guthman mit, Bolschakow wünsche eine Begegnung mit dem Minister. Robert beriet sich daraufhin mit dem Präsidenten, der mittlerweile wußte, daß Bolschakow ein »hochrangiger Agent des sowjetischen Geheimdienstes« war. Dann beauftragte John F. Kennedy seinen Bruder, herauszufinden, was der Russe wollte.

Holeman nahm Georgi Bolschakow mit ins Justizministerium, wo der Russe mit dem Privatlift Kennedys in dessen Büro fuhr. In fast perfektem Englisch erzählte er sodann dem Justizminister von seiner Zeit als Bauer und Landarbeiter. Seit Chruschtschows Amerikareise erfreute sich Bolschakow einer sehr engen Beziehung zu dem sowjetischen Staatschef.

Er meinte, der Präsident und der Generalsekretär hätten sich mit Sicherheit einiges zu sagen, wovon die Öffentlichkeit nicht unbedingt erfahren müsse. Er sei in der Lage, ein lebensnaheres Bild der Situation im Kreml zu vermitteln, als es die Kennedys durch die Medien und andere Quellen erhalten würden.

Dann kam Bolschakow direkt zur Sache: Der Präsident habe in seinem Brief vom Februar ein Gipfeltreffen mit dem Generalsekretär vorgeschlagen, er wolle wissen, ob dieser Vorschlag noch gültig sei.

Als Robert diese Frage an den Präsidenten weiterleitete, reagierte dieser verblüfft und verärgert auf Chruschtschows Ansinnen, unmittelbar nach dem peinlichen Debakel in der Schweinebucht ein Gipfeltreffen abhalten zu wollen. Kennedy schrieb an Adenauer, er sehe sich »mit dem Problem konfrontiert«, entweder einem Gipfel zuzustimmen oder aber »von meiner bisherigen Bereitschaft zu einem solchen Treffen Abstand zu nehmen«.

Bohlen erinnerte den Präsidenten daran, daß Eisenhower an ein Treffen mit Chruschtschow Bedingungen geknüpft hatte, woraufhin Kennedy beschloß, dem Beispiel seines Vorgängers zu folgen. Er ließ Bolschakow durch seinen Bruder mitteilen, er neige dazu, ein Gipfeltreffen zu befürworten, und werde dem Generalsekretär bis zum 20. Mai eine endgültige Antwort zukommen lassen. Sein Urteil würde davon abhängen, ob Amerikas Verbündete ihr Einverständnis erklärten und ob es bei den Gesprächen über Laos und die Atomwaffentests ernsthafte Fortschritte gebe.

Daraufhin versicherte Bolschakow dem Justizminister, es werde bei beiden Verhandlungskomplexen Fortschritte geben. Er deutete an, Chruschtschow werde wesentliche Zugeständnisse machen, um eine Einigung bei den Atomwaffentests zu erzielen. Der Bruder des Präsidenten sagte später: »Er gab mir eindeutig zu verstehen, daß es zu einer Einigung beim Testverbot kommen würde.« Laut Bolschakow war dies ein sehr verlockender Grund für den Präsidenten, einem Gipfeltreffen zuzustimmen.

Wie der Justizminister später berichtete, sprachen er und Bolschakow auch über die weiteren Themen, die die beiden Staatsmänner bei einem Gipfeltreffen möglicherweise erörtern würden: die Laos-Frage, die »Bedeutung, die es für uns hat, daß die Sowjets Verständnis für unser Engagement in Berlin aufbringen«, wie auch die Notwendigkeit, »sich einer Einigung über die Kontrolle atomarer Waffen anzunähern«.

In den nächsten anderthalb Jahren trafen sich Bolschakow und Robert Kennedy etwa zwei- bis dreimal pro Monat. Der Justizminister erklärte seinem Bruder, daß die Sowjets »den Kontakt offenbar nicht über ihren Botschafter laufen lassen wollen«. Bolschakow habe ihm gesagt, Menschikow würde »keine wirklichkeitsgetreuen Berichte an Chruschtschow« schicken. Dies sei der Grund, weshalb der Generalsekretär die Position der Vereinigten Staaten »bisher nicht richtig verstanden hat«.

Holeman half, diese Beziehung noch zu festigen: »Bobby war mein Klient, aber Georgi mochte ich.« Wenn Bolschakow nicht das Risiko eingehen wollte, direkt in Bobbys Büro anzurufen, rief Holeman bei Guthman an und sagte ihm: »Mein Mann möchte deinen Mann sehen.« Dann holte Holeman Bolschakow mit dem Taxi in einiger Entfernung von der sowjetischen Botschaft ab, um sowohl amerikanische als auch sowjetische Agenten abzuschütteln: »Ich wollte, daß mein Freund und der Justizminister vor diesen verdammten Kerlen ihre Ruhe hatten.« Meistens trafen Bolschakow und Robert Kennedy sich im Büro des Justizministers, manchmal aber auch in einem kleinen Imbißlokal neben dem Mayflower-Hotel. Oder aber sie machten einen Spaziergang über die Constitution Avenue zum Capitol.

Bolschakows großer Bekanntenkreis im Washington der Kennedy-Ära war eine hervorragende Tarnung für seine geheimen Treffen mit Robert Kennedy. Als Duzfreund von Präsidentenberatern wie O'Donnell und Sorensen genoß er großes Ansehen – nicht zuletzt auch deshalb, weil er davon absah, bei jeder Gelegenheit die sowjetische Parteilinie zu referieren. Bolschakow ließ jeden, der es hören wollte, wissen, daß seine Helden Chruschtschow und Kennedy hießen.

Der Präsident und sein Bruder waren die einzigen Regierungsmitglieder, die vollständige Kenntnis über die Gespräche zwischen Robert Kennedy und Bolschakow besaßen. Später erinnerte sich der Justizminister: »Unglücklicherweise machte ich mir kaum je Notizen. Ich gab die Mitteilungen nur mündlich an meinen Bruder weiter, der dann die entsprechenden Maßnahmen einleitete. Manchmal hat er wohl das Außenministerium informiert, aber manchmal vielleicht auch nicht.«

Thompsons Vorbehalte gegen diese direkte Achse Robert Kennedy–Bolschakow gingen weit über die Aversionen des Berufsdiplomaten gegen informelle Diplomatie hinaus. Er betrachtete sie als »grobe Fehleinschätzung ... Sie versuchten, mit folgender Idee hausieren zu gehen: ›Das Außenministerium ist so voreingenommen gegen uns, daß wir mit ihm auf keinen grünen Zweig kommen. Warum sollen wir also nicht direkten Kontakt aufnehmen?‹ Sie hofften, auf diese Weise den ganzen Verwaltungsapparat umgehen und gleichzeitig vermeiden zu können, daß alle Fakten bekannt würden; und überdies wollten sie den Präsidenten dazu bringen, seine Beschlüsse einfach aufgrund ihrer Präsentation der Fakten zu fällen – in der Annahme, so könne man Politik machen. Ich glaube, daß das ein großer Fehler war.«

Thompson warnte den Präsidenten, daß die Sowjets »unvorsichtigen Bemerkungen große Bedeutung beimessen könnten«. Seiner Ansicht nach sollten Mitglieder der amerikanischen Regierung, die mit Angehörigen der sowjetischen Botschaft sprachen, verpflichtet werden, ihre Gespräche aufzuzeichnen. Kennedy nickte zwar, ging jedoch letztlich über diesen Vorschlag hinweg.

Auch Rusk und Bundy waren nicht gerade erfreut über diese Art des Informationsaustauschs. Dabei wußte keiner von beiden, wie häufig sich der Bruder des Präsidenten mit Bolschakow traf. James Symington, der Assistent des Justizministers, stand Bolschakows »einschmeichelnder Fröhlichkeit« und seinem »fast uneingeschränkten Zugang zum ›Allerheiligsten‹« äußerst skeptisch gegenüber. Er war der Meinung, sein Chef habe sich auf ein »gefährliches Spiel« eingelassen.

Den Präsidenten selbst traf Bolschakow nur bei Zusammenkünften mit sowjetischen Delegationen. Doch für seinen Bruder barg der intensive Kontakt mit einem bekannten sowjetischen Agenten erhebliche Risiken in sich. Das FBI überwachte sowohl Bolschakow als auch den Justizminister: Wenn Bolschakow in Holemans Haus in Virginia zum Essen eingeladen war, saßen die FBI-Fotografen bereits bei seiner Ankunft in den Bäumen vor dem Haus. Aber Bartlett glaubte, daß Robert Kennedy dank seiner auffallend entschiedenen antikommunistischen Einstellung kaum in den Verdacht geraten würde, ein heimlicher Freund der Sowjets zu sein.

In ähnlicher Weise kommunizierte der Generalsekretär auch mit Castro. Der Meinungsaustausch zu hochsensiblen Themen lief nicht über Chruschtschows Botschafter in Havanna, den der kubanische Führer verachtete, sondern über Alexander Alexejew, einen Agenten, der wie Bolschakow offiziell als TASS-Korrespondent arbeitete.

Ein wichtiger Grund für Chruschtschows Rückgriff auf solche Kanäle war, daß er seinem Außenminister nur beschränktes Vertrauen entgegenbrachte. Er sagte einmal, wenn er Gromyko befehlen würde, »die Hosen herunterzulassen und sich einen Monat lang auf einen Eisblock zu setzen«, dann würde dieser gehorchen. Und doch vergaß er nie, daß Gromykos wichtigster Gönner Molotow gewesen war – Stalins Außenminister, der zu den führenden Drahtziehern bei dem versuchten Putsch gegen Chruschtschow im Jahre 1957 gehört hatte. Wäre es dem Generalsekretär nach 1957 gelungen, die Alleinherrschaft zu erringen, dann hätte er Molotow vielleicht ganz aus dem Führungskreis entfernt und sich einen anderen Außenminister mit weniger Bindungen zum Kreis der Stalinisten ausgewählt. Statt dessen aber hatte er ihn als Botschafter nach Ulan Bator geschickt, einen nicht unwichtigen Posten, und Gromyko ins Außenministerium berufen.* 1961 hatte Chruschtschow Molotow bereits zur Atomenergie-Behörde der UNO in Wien versetzt.** Trotzdem war er weiterhin beun-

---

* Gromykos unmittelbarer Vorgänger war Dimitri Schepilow, ein junger Mann, den Chruschtschow 1956 als Nachfolger von Molotow zum Außenminister ernannt hatte. Schepilow beging allerdings den Fehler, sich auf die falsche Seite zu schlagen und seinen Gönner beim »Putsch gegen die Partei« zu verraten.

** Molotow wurde möglicherweise deshalb von Chruschtschow aus der Mongolei zurückbeordert, weil die chinesische Führung keine Gelegenheit ausließ, ihn als den Zögling und rechtmäßigen Erben Stalins mit Lob zu überhäufen – und auf diese Weise Verachtung für ihren Gegner Chruschtschow zu demonstrieren. Dem sowjetischen Staatschef kamen Gerüchte über Komplotte Chinas mit Molotow und anderen seiner Gegner zu Ohren. Vielleicht dachte er, Molotow könne ihm in Wien nicht mehr so gefährlich werden, da es dort weniger Möglichkeiten gab, mit hohen chinesischen Funktionären zusammenzuarbeiten.

ruhigt, weil im Außenministerium und an anderen Stellen in Moskau nach wie vor Anhänger Molotows saßen. Die meisten von ihnen mißtrauten seiner Politik der Öffnung gegenüber dem Westen. Vielleicht vermutete er, daß sie jegliche Versuche einer Annäherung gegenüber Kennedy sabotieren oder aber sie benutzen würden, um zu demonstrieren, daß er »zu nachgiebig mit dem Kapitalismus umging«.

Dennoch war der Einsatz von Agenten als diplomatische Vehikel ebenso risikoreich wie der Weg über das Außenministerium. Chruschtschows Bemühungen, die Spannungen mit dem Westen abzubauen und den sowjetischen Polizeistaat zu entschärfen, unterminierten die Daseinsberechtigung von KGB und GRU und bedrohten Macht und Privilegien ihrer führenden Köpfe. Es lag nahe, daß der Chef des KGB Chruschtschows harter Linie gegenüber China ebenso kritisch gegenüberstand wie seinen Bemühungen, die amerikanisch-sowjetischen Beziehungen zu verbessern.

Nach Bolschakows Vorstoß hatte Kennedy keine andere Wahl, als einem Gipfeltreffen zuzustimmen. Andernfalls hätten die Sowjets eventuell seinen Brief vom Februar veröffentlicht und damit geprahlt, daß der amerikanische Präsident nach dem Debakel in der Schweinebucht Angst hätte, sich mit Chruschtschow an einen Tisch zu setzen.

Kennedy sah sich mehr oder weniger gezwungen, nun seinerseits die Initiative für den Gipfel zu ergreifen. Er bemerkte, daß »jede Krise, die ich bisher als Präsident erlebt habe, letzten Endes durch die Russen verursacht wurde«: Tatsächlich hatten die Ereignisse im Kongo, in Laos und in Kuba jedesmal zu einer bedrohlichen Konfrontation der beiden Supermächte geführt. Das gleiche konnte nun auch mit Berlin und Südvietnam passieren.

Im April hatte Kennedy Nixon gegenüber eingeräumt, daß seine Niederlage in Kuba bei Chruschtschow möglicherweise den Eindruck gefördert habe, er könne »jetzt überall in der Welt Druck auf uns ausüben«.

Ein Gipfeltreffen konnte dem Präsidenten nun die Gelegenheit geben, ihn vom Gegenteil zu überzeugen. O'Donnell gegenüber versicherte er: »Es ist eine Sache, in einen Krieg zwischen Kommunisten und Antikommunisten in Laos oder Kuba verwickelt zu werden. Jetzt aber muß man ihm (Chruschtschow) klarmachen, daß ein Showdown zwischen den USA und Rußland auf einer völlig anderen Stufe stehen würde.«

Schon seit seiner Amtseinführung trug sich Kennedy mit dem Gedanken, durch Verhandlungen mit Chruschtschow einen Waffenstillstand im Kalten Krieg herbeizuführen. Eine Periode relativer Entspannung konnte beide Mächte davor bewahren, sich in Konflikte zu verstricken, die den Weltfrieden und das Gleichgewicht der Kräfte bedrohten. Darüber hinaus würde sie die Gelegenheit bieten, eine vernünftige Basis für die sowjetisch-amerikanischen Beziehungen zu schaffen, bei der sowohl die Ziele der beiden Staatsmänner als auch die Innenpolitik ihrer Länder berücksichtigt werden konnten.

Der Präsident wußte, daß ein solcher Gipfel seine Position im eigenen Land wie auch auf internationaler Ebene stärken würde. Eisenhowers Begegnungen mit Chruschtschow in Genf und Camp David und sogar das Desaster in Paris hatten die Einheit des amerikanischen Volkes und des westlichen Bündnisses gestärkt. Und eine Fernsehdebatte, in der Kennedy sich gegen Chruschtschow behauptete, würde helfen, die Stimmen zum Schweigen zu bringen, die seit dem Debakel in der Schweinebucht behaupteten, er sei als Präsident zu jung und unerfahren.

Kennedy war erfreut darüber, wie sich das amerikanische Volk in Zeiten einer Bedrohung von außen hinter seinen Präsidenten stellte – sogar wenn dieser Präsident selbst die prekäre Situation herbeigeführt hatte, wie es bei Eisenhower mit der U-2-Affäre der Fall gewesen war. Als eine Meinungsumfrage nach der Niederlage in der Schweinebucht ergab, daß 82 Prozent der Amerikaner ihren Präsidenten unterstützten – was noch nie zuvor der Fall gewesen war –, meinte er, das sei ja wie bei Eisenhower: »Je mehr ich falsch mache, desto populärer werde ich.« (Später fügte er hinzu: »Wenn ich so weitergemacht hätte, wäre ich noch beliebter geworden.«)

Einige amerikanische Regierungsbeamte befürchteten allerdings, daß Chruschtschow einem Gipfel zustimmen könnte, um Kennedy einige unerhörte Forderungen zu stellen, die dieser dann zurückweisen müßte. Dann könnte der sowjetische Führer wie 1960 in Paris das Treffen platzen lassen, um den Kalten Krieg zu seinem Vorteil zu verschärfen.

Während Bolschakow und Robert Kennedy sich in Washington zu Geheimgesprächen trafen, unterbreitete Gromyko Thompson am 4. Mai einen offiziellen Vorschlag für ein Gipfeltreffen und sagte:

»Die Ereignisse der letzten Zeit lassen ein Treffen auf höchster Ebene noch dringlicher als bisher erscheinen.«

Thompson telegrafierte nach Washington, er hoffe, der Präsident würde seinen Plan eines Treffens mit Chruschtschow »aufrechterhalten«. Er wußte jedoch, daß Kennedys Kritiker einwenden könnten, die Schweinebucht-Affäre habe dem Präsidenten das Treffen aufgezwungen. Deshalb schlug er vor, bekanntzugeben, Kennedy habe das Gipfeltreffen schon zwei Monate vor dem kubanischen Fiasko anvisiert: »Darüber hinaus hat der Präsident seine feste Haltung zu dem Vorgehen der Sowjetunion im Kongo, in Laos und in Kuba eindeutig zum Ausdruck gebracht.«

Der Botschafter dachte, die Planung für ein Gipfeltreffen würde Chruschtschow für die kommenden Monate etwas mehr »zur Räson« bringen. Dieser war gerade dabei, wichtige Entscheidungen für den Parteitag am 22. Oktober zu treffen, und Thompson meinte, es liege »in unserem Interesse, Einfluß auf diese Entscheidungen zu nehmen«. Schon »die bloße Tatsache eines Treffens« würde »die sowjetisch-chinesischen Beziehungen belasten«. Trotz »harter Worte und Aktionen von sowjetischer Seite« hatten sich Chruschtschows Absichten seiner Meinung nach nicht gravierend verändert: »Zwar besteht nach wie vor kein Zweifel daran, daß die Sowjetunion den Weltkommunismus anstrebt, aber Chruschtschow spricht sich nach wie vor für friedliche Maßnahmen aus.«

Am Morgen des 5. Mai, einem Freitag, schossen die Vereinigten Staaten ihren ersten Astronauten ins All. Kennedy meinte nervös, daß ein Scheitern des Weltraumprogramms nach Gagarins Erfolg und dem Debakel in der Schweinebucht »schwierige Zeiten für die NASA und für uns alle« zur Folge haben würde.

Nach dem fünfzehnminütigen, knapp 500 Kilometer langen suborbitalen Flug atmete Kennedy erleichtert auf, als er erfuhr, daß der Astronaut, Commander Alan Shepard, wohlbehalten im Helikopter saß.

Das Gelingen des Raumfluges lag Kennedy besonders deshalb am Herzen, weil er sich in Laos einer neuen Herausforderung gegenübersah. Chruschtschow hatte Thompson einmal die rhetorische Frage gestellt, weshalb die Sowjetunion wegen eines so kleinen Landes irgendwelche Risiken eingehen sollte, und gleich selbst die Antwort gegeben: »Es wird uns sowieso in den Schoß fallen wie ein reifer Apfel.«

Nun schien sich die Prophezeiung des Generalsekretärs zu bewahrheiten: Im Weißen Haus traf die Nachricht ein, daß die von den USA unterstützten Royalisten in Laos »in den Seilen hängen« würden.

Botschafter Winthrop Brown in Vientiane bat Rusk, Luftangriffe zu genehmigen, um dem Feind wichtige Stellungen und Objekte zu nehmen. Brown war sich darüber im klaren, daß solch ein Angriff »die Waffenstillstandsverhandlungen völlig in Frage stellen« und »höchstwahrscheinlich« in eine amerikanische Intervention münden würde. Die Chefs der Streitkräfte begannen, Pläne für den Fall eines Krieges gegen Nordvietnam und sogar für einen möglichen Einmarsch in den Süden Chinas vorzubereiten.

So kurze Zeit nach den Vorfällen in der Schweinebucht wollte der Präsident weder Chruschtschow noch den Republikanern den Eindruck vermitteln, daß er nach Kuba nun auch noch in Laos Zurückhaltung üben würde. Andererseits war ihm klar, daß die Amerikaner, wenn sie aktiv eingreifen würden, »vielleicht gegen Millionen von chinesischen Soldaten im Dschungel kämpfen müßten«. Zu Billings sagte er, er könne es sich nicht leisten, »noch einmal einen Fehler zu machen«. Wenn es einen anderen Ausgang gäbe, würde er »lieber keine Truppen nach Laos schicken. Kuba betrifft mich weitaus mehr«. Falls jedoch die Kommunisten in Laos nicht gestoppt würden, »wäre als nächstes Vietnam an der Reihe. Dann Thailand – und so weiter«. Rusk meinte, das royalistische Regime sei »nicht einmal das Leben eines einzigen Farmerssohnes« wert. Die Führer im Kongreß teilten diese Ansicht. Und aus Neu-Delhi schrieb Botschafter John Kenneth Galbraith an den Präsidenten, daß Laos als militärischer Verbündeter »weniger Wert hat als ein ganzes Bataillon von Kriegsdienstverweigerern aus dem Ersten Weltkrieg«.

Die Stabschefs waren geteilter Meinung. Robert Kennedy erinnerte sich: »Die Heeresleitung sagte, wir würden in kürzester Zeit – ich glaube, dreißig Tagen – allein wegen Krankheiten, vor allem wegen der Ruhr, vierzig Prozent Verluste haben. Wir würden unsere Truppen also in ein Land schicken und sie dort umkommen lassen – ein Land, das überhaupt nicht daran interessiert ist, sich selbst zu verteidigen.« Nach dieser Information sagte Robert nur noch: »Wenn die Marines dort nicht hinwollen, bin sogar ich dagegen.«

Dem Justizminister zufolge wurde die Ansicht geäußert, daß »die Kommunisten für jeden unserer Soldaten fünf der ihrigen nach Laos schicken und die Flughäfen zerstören könnten, um so unseren Truppen den Rückzug abzuschneiden«. Um das royalistische Regime zu stützen, »müßten wir einen großen Atomkrieg mit China und Rußland vom Zaun brechen«.

Da der Präsident keinen Nuklearkrieg riskieren wollte, sperrte er sich gegen den Einsatz amerikanischer Streitkräfte in Laos. Das Debakel in der Schweinebucht hatte seine Skepsis gegenüber militärischen Ratschlägen beträchtlich bestärkt, und er bemerkte, wenn er diese Erfahrung nicht gemacht hätte, »dann würden wir jetzt bis zum Hals in Laos stecken«.

Geheime britisch-sowjetische Verhandlungen führten zu einem Waffenstillstand. Am Freitag, dem 12. Mai, wurde eine Konferenz zur Laos-Frage mit Teilnehmern aus vierzehn Ländern in Genf abgehalten. Kennedy sandte Averell Harriman als Bevollmächtigten, da dieser für ein begrenztes Engagement in Laos plädiert hatte. Er trug ihm auf, nicht ohne eine Übereinkunft nach Washington zurückzukommen. In Washington beriet sich Robert Kennedy mit Bolschakow über ein gemeinsames Vorgehen der Supermächte zur Lösung des Konflikts in Laos. Allerdings befürchtete der Justizminister, eine Übereinkunft könne die Probleme des Präsidenten in Südostasien noch vergrößern, weil sie »den Russen und den Kommunisten einen Zugang direkt ins Zentrum von Süd-Vietnam« schaffen würde.

Am Morgen des 16. Mai, einem Dienstag, übergab Michail Menschikow dem Präsidenten im Weißen Haus die englische Übersetzung eines Briefes von Chruschtschow vom 12. Mai. Der Generalsekretär beschwerte sich darin noch einmal über die Affäre in der Schweinebucht, nahm jedoch Kennedys Vorschlag für ein Gipfeltreffen an. Nachdem er 68 Tage auf Chruschtschows Reaktion hatte warten müssen, ließ sich der Präsident Zeit für seine Antwort. Er erklärte, er werde die Angelegenheit mit seinem Außenminister besprechen und innerhalb von 48 Stunden eine Antwort geben. Falls er sich zu einem Treffen mit dem Generalsekretär entschlösse, solle es in Wien stattfinden. Einer der Gründe, warum er mit Chruschtschow sprechen wolle, sagte er, seien die »bedeutsamen« Verhandlungen über einen Atomwaffentest-Stopp. Er wünsche jedoch nicht, daß in offiziellen Stellungnahmen angedeutet würde, er und Chruschtschow könnten eine Einigung im Hinblick auf Laos oder die Frage der Atomtests erzielen. Es dürften keine dementsprechenden Erwartungen in der Öffentlichkeit geweckt werden.

Bohlen rief den Außenminister an, der sich wegen der Laos-Konferenz in Genf aufhielt, und teilte ihm mit, Kennedy wolle einem Gipfel zustimmen, falls Rusk keine Einwände habe. Dieser zeigte sich darüber noch weniger erfreut als vor der Invasion in der Schweinebucht, erwiderte jedoch, daß die Situation im Hinblick auf Laos, »vom russischen Standpunkt aus betrachtet, nicht sehr gut ist, was vielleicht in Betracht gezogen werden sollte«.

Bohlen sagte, das Gerücht über ein bevorstehendes Gipfeltreffen mache bereits die Runde – der Präsident wünsche noch heute eine Entscheidung. Darauf erwiderte Rusk, »unter diesen Umständen« solle er »zustimmen«. Nachdem sein Außenminister den Gipfel mit dieser überschwenglichen Bekundung gebilligt hatte, benachrichtigte Kennedy Chruschtschow, daß er ihn in Wien treffen werde.

Am Samstag, dem 20. Mai, wurde das geplante Gipfeltreffen gleichzeitig in Moskau und Washington bekanntgegeben. Berater des Weißen Hauses versicherten Reportern, daß Chruschtschow den Präsidenten »sehr bald als entscheidungsfreudigen Mann« kennenlernen werde.

Die Ankündigungen früherer Gipfelgespräche, wie etwa der Treffen in Genf, Paris oder Camp David, waren jedesmal von großen Erwartungen begleitet gewesen. Dieses Mal jedoch reichten die Reaktionen in der westlichen Welt von vagen Hoffnungen bis zu ausdrücklicher Besorgnis. Senator William Fulbright räumte ein, es herrsche »große Nervosität« darüber, daß der junge Präsident mit Chruschtschow verhandeln wolle. Ein Geschäftsmann aus Jacksonville, Florida, bemerkte trocken: »Man verhandelt nicht mit jemandem, der einem gerade eine Tracht Prügel verpaßt hat.« Und ein Arbeiter aus Carson City, Nevada, meinte: »Chruschtschow macht mit ihm, was er will.«

Aus Madrid telegrafierte Botschafter Anthony Biddle: »Hier geht die Sorge um, daß der gerissene und korrupte alte Kreml-Chef den jugendlichen Präsidenten des ›idealistischen, jungen Amerika‹ beim Treffen in Wien übervorteilen wird.« Ein Newsweek-Korrespondent berichtete, Diplomaten in Westeuropa befürchteten, das Treffen werde »nur dazu dienen, Chruschtschows Prestige zu steigern«, und daß der sowjetische Führer »sich wohl kaum von amerikanischen Warnungen beeindrucken lassen wird«.

George Ball, der dritte Mann im Außenministerium, sagte zu einem

Freund, es sei »bedauerlich«, daß Kennedy Chruschtschow ausgerechnet »nach dieser Reihe von Niederlagen« – in der Raumfahrt, in Kuba und in Laos – treffen werde.

Mike Mansfield, Senator aus Montana, Fraktionsvorsitzender der Demokraten und ein Freund Kennedys, teilte dem Präsidenten brieflich mit, daß seine Außenpolitik seit Januar »sehr zu wünschen übriggelassen hat ... Falls das Treffen in einem bloßen verbalen Schlagabtausch endet, bei dem jeder nur versucht, sich als der Stärkere darzustellen, dann wäre es besser, es würde gar nicht stattfinden«.

Im Mai 1961 erklärte Kennedy, daß die Welt mehr und mehr daran interessiert sei, was Chruschtschow tue, und offenbar immer weniger Interesse für die USA zeige. In einer Kolumne, die auch in der sowjetischen Parteizeitung *Prawda* abgedruckt wurde, bemerkte James Reston, daß der Generalsekretär »ein leichtes Spiel hat. In Laos hat er uns in seiner Gewalt, und in Kuba hat er uns als die Dummen hingestellt«.

Die Rückschläge Amerikas in der Außenpolitik und der Raumfahrt gaben dem Präsidenten das Gefühl, von den Ereignissen überrollt zu werden. Er bemerkte: »Ich werde es jetzt wie Eisenhower machen und meine Leute die ganze Arbeit tun lassen.« Mit seiner Billigung stoppte die U. S. Information Agency stillschweigend die Meinungsumfragen über das Ansehen Amerikas, mit deren Hilfe er Eisenhower und Nixon im Wahlkampf 1960 so zugesetzt hatte.

Während seines Aufenthalts in Palm Beach Mitte Mai hatte Kennedy viel darüber nachgedacht, wie er die Initiative noch vor dem Treffen mit Chruschtschow wieder an sich reißen könne. Dann entschloß er sich, mit der Tradition zu brechen und am 25. Mai, zwölf Wochen nach seinem ersten Bericht zur Lage der Nation, einen zweiten abzugeben. Er hoffte, mit dieser mittäglichen Rede über »dringende nationale Angelegenheiten« vor seiner Abreise nach Wien erneut Kraft und Stärke zu beweisen. Den Warnungen von Beratern, er solle unmittelbar vor dem Gipfeltreffen keine neuen Aufrüstungsmaßnahmen fordern, begegnete er mit der Feststellung, wenn Chruschtschow beleidigt reagiere, dann sei das seine Sache.

Kennedy verlangte vom Kongreß die Aufstockung um 15 000 Marines, eine Stärkung der Guerilla-Kampfgruppen, Haubitzen, Helikopter, Truppentransporter und zusätzliche gefechtsbereite Kampfdivisionen von Reserveeinheiten – und eine Erhöhung der Mittel für den Bau von Atombunkern um das Dreifache.* Außerdem forderte er die größte zeitlich unbegrenzte finanzielle Zusage, die je in Friedenszeiten gemacht wurde, damit bis 1970 ein Amerikaner auf dem Mond landen würde.

Während seiner ersten Monate im Amt war dem Präsidenten empfohlen worden, sich vom Projekt Mercury zu distanzieren, damit sein Ansehen nicht durch explodierende Raketen oder tote Astronauten beeinträchtigt würde. Im März hatte er einen Antrag der NASA auf weitere Mittel für die bemannte Raumfahrt abgelehnt. Als er jedoch nach Gagarins Erfolg von Mitgliedern des Kongresses beschuldigt wurde, ein »sowjetisches Weltraum-Monopol« zu tolerieren, fragte er seine Experten: »Können wir sie irgendwie zu fassen kriegen? ... Können wir vor ihnen einen Mann auf dem Mond landen?«

Die Rückschläge in Kuba und Südostasien machten es für Kennedy schwierig, an einem maßvollen Raumfahrtprogramm festzuhalten. Johnson bediente sich in einem Brief an den Präsidenten Kennedys eigener rhetorischer Mittel: »Der erste im All zu sein bedeutet in den Augen der Welt, überhaupt der erste zu sein.« Wissenschaftler gaben jedoch zu bedenken, daß die Chancen, die Sowjets beim Wettlauf zum Mond zu schlagen, höchstens fünfzig zu fünfzig stünden und daß die immensen Kosten eines beschleunigten Mondlandeprogramms wissenschaftlich und technisch nicht zu rechtfertigen seien: Die entscheidenden Gründe müßten politischer Natur sein.

Politische Berater erinnerten Kennedy daran, daß ein Mondlandeprojekt die Wirtschaft des Landes ankurbeln würde. Es könne ferner Kongreßabgeordnete, Generäle und die Magnaten der Luft- und Raumfahrtindustrie beschwichtigen, die durch McNamaras Reform des Pentagon verärgert seien. Und natürlich würde es die Popularität des Präsidenten steigern: Sie malten sich bereits aus, wie er die mutigen, jungen Helden der Raumfahrt in Cape Canaveral und im Rosengarten des Weißen Hauses begrüßte.

Kennedy wußte, daß es ihm und seiner Regierung bei Rückschlägen aufgrund des Kalten Kriegs helfen würde, wenn die Vereinigten Staa-

---

* Die Entscheidung für die Bunker verstärkte nicht nur seinen Druck auf Chruschtschow, sondern auch auf Nelson Rockefeller, den stärksten Befürworter eines großangelegten nationalen Bunker-Programms, den der Präsident Sorensen zufolge als »mutmaßlichen Gegner« bei den Präsidentschaftswahlen von 1964 betrachtete.

ten bei einem Mondlandungsprogramm die ersten waren. Wie Chruschtschow könnte auch er Erfolge im Weltraum dazu benutzen, die Öffentlichkeit von Problemen im eigenen Land oder auf internationaler Ebene abzulenken.

Da Eisenhowers Ruf in der Verteidigungs- und Außenpolitik unangreifbar gewesen war, hatte er sich Forderungen nach einem raschen und kostspieligen »Griff nach dem Mond«, wie sie unter dem Einfluß des *Sputnik*-Schocks laut geworden waren, widersetzen können, ebenso wie er eine massive Erhöhung des Verteidigungsetats abgelehnt hatte. Kennedy konnte das nicht. Doch zwanzig Milliarden Dollar – die Kosten für eine amerikanische Mondlandung – waren ein hoher Preis, um das durch den Kalten Krieg verlorene Prestige zurückzugewinnen. Eisenhower schrieb an einen Freund, daß Kennedys Entscheidung »schon fast hysterisch« und »ein wenig unreif« sei. 1965 klagte er gegenüber dem Astronauten Frank Borman, daß die Bemühungen um eine Landung auf dem Mond »direkt nach dem Fiasko in der Schweinebucht drastisch überarbeitet und erweitert wurden ... Mit einem Schlag wurde ein einziges Projekt oder Experiment aus einem sorgfältig geplanten, umfassenden Programm herausgelöst, das Kommunikation, Meteorologie, militärische Aufklärung und zukünftige militärische und wissenschaftliche Leistungen zum Inhalt hatte. Damit wurde die höchste Priorität einem Wettlauf eingeräumt, in anderen Worten: einem Bravourstück, was ich persönlich bedauere.«

Senator Bush aus Connecticut beschwerte sich, Kennedy würde »eine Inflation entfesseln«, weil er nicht sagen wolle, aus welchen Steuern das neue Raumfahrt- und Verteidigungsprogramm finanziert werden solle. Joseph Kennedy pflichtete ihm bei. Zu Mitarbeitern des Weißen Hauses sagte er: »Verdammt noch mal, ich habe Jack etwas Besseres beigebracht als das! Mit diesem Blödsinn gehen wir noch pleite. *Ich* habe ihm gesagt, daß ich es für absolut lächerlich halte.«

Die letzte Maiwoche verbrachte der Präsident im Bett mit einem feuchten, heißen Kissen unter dem Rücken. Er beschäftigte sich mit den Druckfahnen von *The Grand Tactician*, [Chruschtschow unter Stalin], der neuen Chruschtschow-Biographie eines sowjetischen Emigranten namens Lazar Pistrak, sowie den Instruktionen des Außenministeriums und der CIA.

Das Außenministerium machte Kennedy darauf aufmerksam, daß Wien ihm eine Gelegenheit bot, Chruschtschow sein »Verständnis der

Weltlage« und die Interessen Amerikas zu erläutern. Da der Vorsitzende wegen China ohnehin besorgt sei, würde er »es begrüßen, wenn die Gespräche im Einvernehmen beendet werden« könnten. Chruschtschow würde daraus schließen, »daß eine Atmosphäre der Entspannung die Vereinigten Staaten eventuell von Gewaltmaßnahmen gegen Kuba und Laos absehen lassen könnte ... Er könnte auch hoffen, daß eine entspannte Atmosphäre der amerikanischen Aufrüstung etwas Wind aus den Segeln nehmen könnte.«

Ein von der CIA erstelltes Persönlichkeitsprofil bescheinigte Chruschtschow: »Seine Reden sind gespickt mit Bauernweisheiten und sogar Bibelsprüchen.« Er fühle sich am wohlsten, »wenn er sich auf den Feldern eines staatseigenen landwirtschaftlichen Betriebes in der Gesellschaft von Bauern befindet und ihnen Ratschläge über die besten Methoden zum Anbau von Kartoffeln oder Mais geben kann«. Der Vorsitzende sei »das Universalgenie für den kleinen Mann, das mit Lösungen für alle Probleme aufwarten kann ... ein Experte für alle Bereiche, von Silofutter bis hin zu Weltraumflügen. Einerseits ein ungehemmter Schmierenkomödiant, der seine Pointen häufig mit dem gröbsten Scheunendrescherhumor ausschmückt, legt er doch gelegentlich ein bemerkenswertes Bewußtsein der eigenen Würde an den Tag. Er ist zwar stolz auf seine proletarische Herkunft, besteht aber dennoch als Führer einer großen Weltmacht darauf, entsprechend anerkannt und gewürdigt zu werden.« Obwohl er »zu außerordentlicher Freizügigkeit fähig ist und sich sicher für ungewöhnlich aufrichtig hält«, sei Chruschtschow doch auch »eine Spielernatur, ein Heuchler und ein Experte in der berechnenden Verstellung ... Während er sich mit seinem Sinn für Realität und seiner meisterlichen Beherrschung der Realitäten des Gleichgewichts der Kräfte brüstet, ist er doch auch durchdrungen von der Vorstellung, er könne die Macht der Sowjetunion dazu benutzen, die ganze Welt noch zu seinen Lebzeiten dem Kommunismus näherzubringen.«

Die CIA warnte Kennedy, daß Chruschtschow in Wien versuchen werde, ihn zu verunsichern. Dies sei eine alte Taktik Chruschtschows: In Moskau war er einmal zu spät zum Interview für eine amerikanische Fernsehstation gekommen. Er ordnete an, die Kameras auszuschalten, und »brach in eine Schimpftirade gegen die Methoden der amerikanischen Presse aus. Genau in dem Augenblick, als jeder dachte, die Sendung sei gestorben, wies er die Techniker an, wieder einzuschalten, und war bei dem Interview die Freundlichkeit selbst.

Natürlich waren die Reporter jetzt die ganze Sendung über in der Defensive – und nicht etwa Chruschtschow.«

Der Geheimdienst legte auch die Ergebnisse von über einem Dutzend Internisten, Psychiatern und Psychologen vor, die 1960 vorgeladen worden waren, um Chruschtschows Persönlichkeitsstruktur zu ergründen. Die Experten hatten Filme gesehen, wie der sowjetische Führer Inder begrüßte, bei Feierlichkeiten einschlief und in der UNO-Vollversammlung mit seinem Schuh auf das Rednerpult drosch. Außerdem hatten sie abgehörte Telefonate, Briefe und Reden von ihm untersucht und Einsatzbesprechungen des Geheimdienstes mit Leuten analysiert, die mit Chruschtschow verhandelt und ihn beobachtet hatten. Aus alldem zogen sie den Schluß, der Sowjetführer sei »ein chronisch optimistischer Opportunist«.

Ein Mitglied dieser Projektgruppe, der Sozialpsychologe Bryant Wedge, warnte Kennedy brieflich, daß Bemühungen, Chruschtschows Meinung zu wichtigen Fragen ändern zu wollen, nutzlos seien: »Nur eine Argumentationsweise ist sinnvoll: die westlichen Positionen in unmißverständlichen Worten darzulegen, damit jegliche Fehleinschätzung vermieden und ein praktisches Übereinkommen erreicht werden kann. Erklärungen für bestimmte Standpunkte der USA, die nicht auf pragmatischen Gründen beruhen, werden auf taube Ohren stoßen.«

Der Präsident las Abschriften von Chruschtschows Gesprächen mit Eisenhower, Nixon, Stevenson, Humphrey, dem Maisfarmer Roswell Garst aus Iowa und Walter Reuther, dem Führer der United Auto Workers (einer einflußreichen Gewerkschaft der USA). Zu letzterem sagte der Vorsitzende: »Sie sind wie eine Nachtigall. Sie schließt die Augen, wenn sie singt, und sieht und hört nichts außer sich selbst.« (Chruschtschow mußte es ja wissen.)

Stevenson gab Kennedy eine kleine Abhandlung darüber, »wie sowjetische Führer die Welt sehen«. Der Präsident fragte Humphrey und James Reston, ob man bei Chruschtschow mit Logik durchdringen könne. Bohlen sagte ihm, die Persönlichkeit des Vorsitzenden sei am besten mit dem französischen Ausdruck »méchanceté«* beschrieben: »Ich kann Ihnen das nicht so gut übersetzen. Fragen Sie lieber Ihre Frau, wenn Sie es genau wissen wollen.« Chruschtschows hervorstechendster Charakterzug, fügte er hinzu, sei »ein ungewöhnlich hoher Anteil an animalischer Energie«.

---

* Boshaftigkeit oder Durchtriebenheit

In einer Mittagspause meinte Walter Lippmann zu dem Präsidenten, er würde mit Chruschtschow am besten zu Rande kommen, wenn er Selbstvertrauen und vor allem *Geduld* zeige: »Dieser Mensch ist unglaublich langsam. Man kann ihn auch nicht antreiben; Sie müssen sich einfach damit abfinden, daß das Ganze eine unheimlich langwierige Geschichte wird – oder es scheitert ... Drei Stunden für Chruschtschow? Da hat er noch nicht einmal angefangen!« Er warnte Kennedy, Chruschtschow sei ein »überzeugter Revolutionär«.
»Ein *wirklicher* Revolutionär ist er nicht«, entgegnete Kennedy. »Er wird eine Revolution nie so weit vorantreiben, daß er einen Krieg mit uns befürchten muß.«

Der dritte große Führer der Sowjetunion wurde 1894 in Kalinowka geboren, einem Dorf an der Grenze zwischen Rußland und der Ukraine. Der junge Muschik arbeitete als Schafhirte, bis er mit sechzehn Jahren in die Kohlegruben geschickt wurde, die er später »das Cambridge des Arbeiters, die Universität der Besitzlosen Rußlands«, nannte. Im Bürgerkrieg führte er angeblich ein Bataillon von Metallarbeitern zum Sieg über eine Kosakenarmee. Als die Kanonen verstummt waren, starb seine erste Frau an Scharlach, so daß er sich allein um die Kinder Leonid und Julia kümmern mußte.
Chruschtschow trat in eine Schule für Bergbau ein. Unterstützt von der Tscheka, der berüchtigten Geheimpolizei, war er dort nicht nur Student, sondern auch Kommissar, Polizeiinformant und Nachrichtendolmetscher. Er heiratete die Lehrerin Nina Petrowna Kuchartschuk, verbündete sich mit Lasar Kaganowitsch und folgte ihm in die sowjetische Hauptstadt. 1935 war Chruschtschow bereits Chef der Moskauer Parteizentrale. Als Mitglied des Kreises um Stalin wurde er stummer Zeuge der Ermordung von Hunderttausenden von Menschen während der Großen Säuberung.
Als Statthalter Stalins kehrte er 1938 nach Kiew zurück, um alle überlebenden ukrainischen Volksfeinde auszulöschen. In den Anfangsmonaten des Zweiten Weltkrieges folgte er den Panzern der Roten Armee ins östliche Polen, um die Einverleibung dieser Region ins Staatsgebiet der Sowjetunion zu überwachen. Er war an der Planung des verhängnisvollen Sturms auf Charkow beteiligt und arbeitete als politischer Kommissar, als die Sowjetarmee die Nazis in Stalingrad und Kursk besiegte.
Während der Hungersnot in der Ukraine 1946 begrüßte Chruschtschow

in Kiew eine Delegation der UNO, die von Marshall MacDuffie, einem der ersten Amerikaner, die er kennenlernte, geleitet wurde. Dieser erinnerte sich: »Er starrte mich fragend und überaus neugierig an, wie jemand, der ein Insekt auf einem Stein beobachtet.« Vor der Abreise der Delegation unterhielt Chruschtschow die Mitglieder zu ihrer Überraschung noch »bis in die frühen Morgenstunden auf der Veranda und diskutierte mit ihnen über ihr Privatleben und ihre Pläne«.

1949 gab Stalin Chruschtschow seinen ehemaligen Posten als Moskauer Parteichef zurück und machte ihn zum Sekretär des Zentralkomitees – und damit zu einem der sechs wichtigsten Männer in der Sowjetunion. Es war die Zeit von Stalins schlimmster Paranoia, die in der Kampagne gegen die angebliche »Ärzteverschwörung« gipfelte und in der Gerüchte über eine neue Säuberung in der Führungsspitze die Runde machten.

Dann, im März 1953, starb Stalin. Als neuer Parteichef begann Chruschtschow sofort, den neuen Premierminister Georgi Malenkow zu unterminieren. In opportunistischer Weise versicherte er sich der Unterstützung von Militär und Geheimpolizei, indem er Malenkows Annäherungsversuche an den Westen und die Umverteilung der Finanzmittel von Waffen auf Konsumgüter kritisierte. Außerdem griff er Malenkow wegen seiner »unstalinistischen« Bedenken an, daß ein Atomkrieg das Ende der menschlichen Zivilisation bedeuten würde. Nachdem Chruschtschow später allerdings die Macht übernommen hatte, vertrat er selbst diese politischen Standpunkte.

1956 wurde Malenkow ausgeschaltet. Chruschtschow regierte nun zusammen mit Ministerpräsident Bulganin. Auf einer geheimen Sitzung während des Zwanzigsten Parteitags hielt er jene Rede, die ihn unsterblich machen sollte. Viele Delegierte brachen in Tränen aus, als er Stalins Vergehen enthüllte, »die Intoleranz, Brutalität und den Machtmißbrauch«, politische Fehler, die »grobe Pervertierung« von Parteiprinzipien, den Personenkult. Die CIA erhielt eine Abschrift dieser Rede – sie wurde bald als »Geheimrede« bekannt – und leitete sie an die *New York Times* weiter. Stalins politische Gefangene konnten nun die Arbeitslager verlassen.

Chruschtschows Verrat an dem »Vater aller Werktätigen« ermutigte die osteuropäischen Satellitenstaaten zu größerer Liberalität. Nationalistische Rebellionen breiteten sich in Ostdeutschland und Polen aus. Bis zum Herbst war die Gefahr eines Umsturzes im ganzen Ostblock so groß geworden, daß Chruschtschow nach Warschau flog, wo er ein scharfes Vorgehen gegen aufrührerische Elemente forderte. In Ungarn schlug er den Aufstand nieder, was ihm im Westen den Beinamen »der Schlächter von Budapest« einbrachte. Bis zum Januar 1957 nahmen die Reaktionen auf die Entstalinisierung noch so sehr an Heftigkeit zu, daß Chruschtschow sich gezwungen sah zu erklären, wenn es um die Bekämpfung des Imperialismus gehe, »dann sind wir alle Stalinisten«.

Da Chruschtschows Stern nun zu sinken schien, sahen die anderen großen Stalinisten wie Molotow, Malenkow, Kaganowitsch und Bulganin ihre Zeit gekommen: Als sich Chruschtschow im Juni 1957 in Finnland aufhielt, beriefen sie das Präsidium ein und forderten seinen Rücktritt.

Chruschtschow lehnte ab mit der Begründung, daß dieser Beschluß nicht vom Zentralkomitee ratifiziert sei, und kommentierte: »Ihr habt doch Angst, den Mitgliedern des Zentralkomitees gegenüberzutreten!« Er wußte, daß die Mehrheit der ZK-Mitglieder von Funktionären außerhalb Moskaus gestützt wurde, die seine Bemühungen um eine Steigerung ihrer Autorität zu schätzen wußten. Sein Verteidigungsminister, Marschall Georgi Schukow, einer der Helden des Zweiten Weltkriegs, ließ mit Militärmaschinen aus den entlegensten Gebieten der Sowjetunion Mitglieder des Zentralkomitees nach Moskau einfliegen, und mit Hilfe dieser Unterstützung wurde Chruschtschows gefährliches Spiel von Erfolg gekrönt.

Chruschtschow besaß großes Talent, die Sprache als politisches Mittel einzusetzen. Indem er diese Episode als »Putsch gegen die Partei« bezeichnete, stempelte er sie zum Verrat an der Kommunistischen Partei ab. Sobald er die Macht wieder fest in den Händen hatte, entfernte er alle Gegner aus ihren Ämtern. Die Tatsache, daß Marschall Schukow zu seinem Sieg soviel beigetragen hatte, überzeugte ihn davon, daß der Verteidigungsminister zuviel Macht hatte. Also klagte er ihn kurzerhand des »Bonapartismus« an und entließ ihn.

Über Bulganin sagte Chruschtschow: »Dieser Dummkopf hat nicht einmal gemerkt, daß sie ihn sofort hinausgeworfen hätten, wenn sie an die Macht gekommen wären. Der Posten des Ministerpräsidenten der Sowjetunion ist schließlich nichts für einen Idioten.« 1958 übernahm er Bulganins Amt. Als Ministerpräsident und Generalsekretär der Partei war er damit wie Lenin und Stalin vor ihm der allmächtige Herrscher der Sowjetunion.

Während der Vorverhandlungen Anfang Mai machten die Amerikaner den Vorschlag, die Frage des Atomwaffentest-Stopps als ersten Tagesordnungspunkt in Wien zu behandeln; danach könnten sich Kennedy und Chruschtschow anderen Themen wie Berlin und Laos zuwenden. Doch die Sowjets bestanden auf Berlin als erstem Verhandlungsthema.

Bei der Potsdamer Konferenz im Jahre 1945 hatten die Vertreter der Vereinigten Staaten, der Sowjetunion und Großbritanniens Deutschland in vier Zonen aufgeteilt und die Kontrolle aller vier Mächte über Berlin beschlossen. Dieser Zustand sollte beibehalten werden, bis die Siegermächte sich auf einen endgültigen Friedensvertrag und eine gesamtdeutsche Regierung einigten. Doch diese Hoffnung wurde durch den Kalten Krieg zerstört. Das besetzte Deutsche Reich wurde in einen ostdeutschen und einen westdeutschen Staat geteilt – die Deutsche Demokratische Republik und die Bundesrepublik Deutschland.

Mitten in der »Ostzone« gelegen, stellte Berlin einen »Stachel im Fleisch« der DDR und ganz Osteuropas dar. Der westliche Sektor der Stadt war ein Eldorado antisowjetischer Propaganda und Spionage, die Verkörperung des Zweifels an der Behauptung, daß der Kommunismus Wohlstand bringe, und ein Ort pulsierenden Lebens, der sich erfolgreich gegen Stalins permanenten Versuch behauptete, jeden Hektar Osteuropas dem sowjetischen Machtbereich einzuverleiben. 1948 versuchte Stalin, das zwei Millionen Einwohner zählende West-Berlin durch eine Blockade zu unterwerfen. Als jedoch der Westen daraufhin die Berliner Luftbrücke einrichtete, schreckte er vor einer weiteren Eskalation des Konflikts zurück. 1949 erklärte er, die DDR sei ein souveräner Staat mit einer eigenen, von der Sowjetunion gesteuerten Regierung in Ost-Berlin – die der Westen nicht anerkennen wollte.

Chruschtschow erneuerte im November 1958 Stalins Offensive. Dreizehn Jahre nach Kriegsende, meinte er, gebe es immer noch keinen Friedensvertrag. Wenn der Westen nicht innerhalb von sechs Monaten einem solchen Schritt zustimmen würde, würde er einen separaten Friedensvertrag mit der DDR unterzeichnen, der Ostdeutschland die Kontrolle über die Zufahrtswege nach West-Berlin in die Hand gebe. Falls die DDR diese Verbindungen dann unterbräche und der Westen versuche, sie mit militärischer Gewalt wiederherzustellen, könne sich dieser Konflikt durchaus zu einem Atomkrieg ausweiten.

Der Kreml-Chef drohte mit seinen neuen Raketen, mit denen er jedes Ziel in Westeuropa erreichen könne: »Wir müssen sie nicht einmal aus Ostdeutschland abfeuern. Wir können sie aus der Sowjetunion starten ... Und unsere Truppen sind nicht zum Kartenspielen dort stationiert. Wir meinen es ernst!«

Das Ziel von Chruschtschows Vorstoß war es, die Westmächte dazu zu zwingen, die Existenz zweier deutscher Staaten anzuerkennen und die Teilung Deutschlands und Europas zu billigen. Berlin sollte eine »freie Stadt« werden. Sobald die 25 000 Soldaten der Westmächte abgezogen würden, würde die Stadt ganz von selbst der sowjetischen Einflußsphäre zufallen.
Eine solche Übereinkunft würde auch den wachsenden Flüchtlingsstrom in den Westen eindämmen und den Einfluß der Sowjetmacht in Europa stärken. Ein von der Sowjetunion diktierter Friedensvertrag würde ferner das Vertrauen in andere westliche Garantien untergraben und den blockfreien Ländern demonstrieren, daß der Ostblock wirklich die neue Weltmacht sei. Und er würde nicht zuletzt eine Wiedervereinigung Deutschlands in weite Ferne rücken, was Chruschtschow ja nur recht sein konnte.
Wie andere sowjetische Führer fürchtete auch er ein wiedervereintes, »revanchistisches« Deutschland innerhalb der NATO, dessen »Hitler-Generäle« Zugang zu nuklearen Waffen haben würden. Das CIA-Persönlichkeitsprofil sprach in warnendem Tonfall von Chruschtschows »tödlicher und äußerst gefährlicher Angst ... Die Sowjetunion verlor durch Hitler zwanzig Millionen Menschen – zehn Prozent der Gesamtbevölkerung. Chruschtschow selbst war während der Belagerung Stalingrads durch die deutsche Wehrmacht dort politischer Kommissar. Es ist also für ihn wesentlich, daß Deutschland schwach bleibt, und dieser Punkt sollte nicht unterschätzt werden.«
Die USA, Großbritannien und Frankreich wollten den Deutschen in Ost und West die Möglichkeit geben, eine gesamtdeutsche Regierung zu wählen. Die Westmächte zweifelten nicht daran, daß eine faire Volksabstimmung zu einem deutschen Staat führen würde, der sich am Westen ausrichtete und der NATO angehören würde. John Foster Dulles brachte gegenüber Mikojan seine Überzeugung zum Ausdruck, daß die Regierung der DDR »eine Form getarnter Okkupation« sei, die den Deutschen »gewaltsam aufgezwungen« und bei ihnen »verhaßt« sei.

Mikojan entgegnete scharf, die Führer der DDR »kamen nicht per Zufall an die Macht. Das sind Leute, die dort sehr bekannt sind.« Die DDR habe »weder die sowjetische Regierung noch die sowjetischen Streitkräfte« zu fürchten. Die beiden Länder seien »Verbündete«, genau wie die Vereinigten Staaten und Westdeutschland.

Chruschtschow sagte 1958 zu Humphrey: »Falls Sie über eine deutsche Wiedervereinigung reden wollen, ist die Antwort ein klares Nein. Es gibt zwei deutsche Staaten, und sie werden die Frage einer Wiedervereinigung miteinander ausmachen müssen.« Jede andere Regelung würde »nur durch Gewalt zustande kommen. Ein Angriff auf die DDR würde Krieg bedeuten, und im Kriegsfall unterstützen wir natürlich unseren Verbündeten.« Die besten Chancen für eine Wiedervereinigung bestünden in einer »Art Konföderation« zwischen der DDR und der BRD.

Humphrey fragte zurück, ob solch eine Konföderation es erforderlich machen würde, daß Westdeutschland die NATO verließe. Chruschtschows Antwort: »Die NATO würde sowieso verschwinden.« Darauf fragte Humphrey wieder: »Und der Warschauer Pakt? Würde auch er verschwinden?«

»Ja, jederzeit . . . Sie dürfen nicht vergessen, daß viele Ihrer Freunde, England und Frankreich, ein vereintes Deutschland gar nicht wirklich wollen. Sie haben Angst vor einer Wiedervereinigung – die UdSSR nicht.* Es ist nicht mehr so wie vor dem Krieg. Die USA und die Sowjetunion brauchen vor einem wiedervereinten Deutschland keine Angst zu haben. Wir können unsere Kräfte doch auch im wirtschaftlichen Wettbewerb messen. Wenn die USA und die Sowjetunion in der Berlin-Frage oder bei anderen Themen gemeinsam vorgehen, wird es keinen Krieg geben. Nur ein Dummkopf oder ein Verrückter würde so etwas denken.«

Trotz ihrer öffentlichen Beteuerungen, Deutschland habe ein heiliges Recht auf »Selbstbestimmung«, glaubten damals die meisten führenden amerikanischen Politiker, einschließlich John F. Kennedy, daß sie ein wiedervereintes Deutschland nie erleben würden. Ebenso wie die Sowjets reagierten sie überempfindlich auf den Gedanken an eine

---

* Da Chruschtschow entschlossen war, nicht das geringste Zeichen von Schwäche zuzugeben, war er auch nicht bereit, seine Angst vor einem wiedervereinten Deutschland in der NATO zu bekunden. Ebensowenig wollte er Schwächen der Sowjetunion in anderen Bereichen wie etwa Nuklearwaffen, Weltraumforschung, Landwirtschaft und wirtschaftliche Produktivität offenlegen.

wieder aufstrebende deutsche Nation, die die Welt in einen dritten globalen Krieg hineinziehen könnte. Während des Wahlkampfs von 1956 vertraute Stevenson einem seiner Berater an, eine Tatsache, die ein amerikanischer Politiker dem amerikanischen Volk niemals mitteilen dürfe, sei, daß Deutschland nie mehr vereinigt werden würde. Eine Ausnahme bildete Eisenhower. Der siegreiche General des Zweiten Weltkriegs hoffte auf ein wiedervereinigtes Deutschland, das Mitglied der NATO sein würde. Damit wäre gleichzeitig sichergestellt, daß deutsche Militärs nie mehr zu einer Bedrohung werden könnten. In einem geradezu prophetischen Brief an einen Freund schrieb er 1953, Westdeutschlands »stetiger sozialer, politischer, militärischer und wirtschaftlicher Fortschritt« würde dereinst die DDR magnetisch anziehen: »Es könnte für die Kommunisten sogar unmöglich werden, das Land mit Gewalt zu halten.«

Dank Eisenhowers Bemühungen wurde die BRD 1955 ein souveränes Mitglied der NATO. Die Stärke ihrer Armee wurde auf zwölf Divisionen beschränkt, deren oberster Befehlshaber der Oberkommandeur der alliierten Streitkräfte in Europa war. Die Regierung in Bonn verpflichtete sich zum uneingeschränkten Verzicht auf Atomwaffen.

Doch dieses Versprechen konnte Chruschtschow nicht überzeugen. Wie sich Mikojans Sohn Sergo später erinnerte, war der Parteichef davon überzeugt, daß die Bundesrepublik atomar bewaffnet werden würde: »Es war uns klar, daß sie die Bombe nicht offiziell bekommen würden, aber wir wußten auch, daß sich die Westdeutschen wie eine zweitklassige Macht vorkamen und Atomwaffen wollten, damit sie sich wie eine richtige Nation fühlen konnten.« Als die NATO bekanntgab, daß in der BRD Raketen mit Atomsprengköpfen stationiert würden, deren Einsatz jedoch nur der Oberkommandeur der Alliierten anordnen könne, fragte sich Chruschtschow, ob dadurch nicht doch irgendein untergeordneter bundesdeutscher Kommandant die Möglichkeit bekäme, einen nuklearen Angriff auf die Sowjetunion und Osteuropa zu unternehmen und so die Ergebnisse des Zweiten Weltkriegs zu revidieren.

In der Tat war die Angst des Parteivorsitzenden so groß, daß er im März 1958 einem Plan zustimmte, der von dem polnischen Außenminister Rapacki vorgeschlagen worden war. Darin wurde die Schaffung einer kernwaffenfreien Zone vorgesehen, welche Polen, die Tschechoslowakei und die beiden deutschen Staaten umfassen sollte. Ausgearbeitet wurde dieser Plan jedoch mit ziemlicher Sicherheit in Moskau.

Eisenhower beging den Fehler, dieses Angebot abzulehnen. Da der Westen nicht plante, die Bundesrepublik mit atomaren Waffen auszurüsten, hatte er nicht viel zu verlieren. Doch hätte eine kernwaffenfreie Zone in Mitteleuropa eine gewisse internationale Kontrolle über Ostdeutschland, Polen und die Tschechoslowakei bedeutet, die das sowjetische Imperium der osteuropäischen Satellitenstaaten vielleicht hätte erschüttern können.

Mit seiner ablehnenden Haltung ließ Eisenhower die Möglichkeit einer atomaren Bewaffnung Westdeutschlands offen und trug auf diese Weise dazu bei, Chruschtschow zum Berlin-Ultimatum von 1958 zu provozieren. Darauf reagierte der amerikanische Präsident mit einer Verstärkung der amerikanischen Truppen in Mitteleuropa, die gerade groß genug war, um eine allzu leichte Einnahme Berlins durch osteuropäische Verbände zu verhindern. Trotz mehrfacher Aufforderung durch den Kongreß weigerte er sich, die Mobilmachung der amerikanischen Streitkräfte anzuordnen und den Verteidigungshaushalt zu erhöhen. Er behauptete, einer der wichtigsten Gründe für »die von Chruschtschow künstlich herbeigeführte Krise« sei es, »freie Völker und Regierungen so weit einzuschüchtern, daß sie große Geldsummen unnötig verschleudern«.

Das Ultimatum lief ab, und nichts geschah. In Camp David räumte Eisenhower Chruschtschow gegenüber ein, daß der Status Berlins »anormal« sei. Er willigte ein, mit den Westmächten über Konzessionen zu diskutieren, um das Problem schrittweise zu entschärfen. Zu den von ihm ins Auge gefaßten Maßnahmen gehörte zum Beispiel eine Verminderung der westlichen Truppenstärke in Berlin sowie eine Verringerung der Spionage- und Propagandatätigkeit. Doch dann wurde diese Diskussion durch das Scheitern des Pariser Gipfeltreffens unterbrochen.

Während des amerikanischen Wahlkampfs von 1960 empfahlen Chruschtschows außenpolitische Berater dem Parteichef, in der Berlin-Frage keine harte Position zu vertreten, da sich Nixon und Kennedy sonst ihrerseits gezwungen sehen würden, sich gegenseitig an Härte zu überbieten. Doch auf dem Neujahrsempfang von 1961 im Kreml äußerte der Generalsekretär gegenüber dem westdeutschen Botschafter Hans Kroll, daß das Berlin-Problem innerhalb eines Jahres »gelöst« werden müsse.

Die Tatsache, daß sich Kennedy während des Wahlkampfes 1960 zum Thema Berlin nicht äußerte, bedeutete für ihn in erster Linie, daß er – anders als im Fall Kubas – sein Amt unbelastet von jeglichen Wahlkampfversprechen zu diesem Punkt antreten konnte. Dies hieß aber auch, daß er sich eine Politik zu der Berlin-Frage fast ohne jede Vorgabe erarbeiten mußte. Chruschtschow, Adenauer und andere politische Führer würden jede seiner Äußerungen zu Berlin sicher viel genauer unter die Lupe nehmen, als wenn er die Präsidentschaft mit einer eindeutigen Position zum Thema angetreten hätte.

Ihm war klar, daß ihn Berlin von allen außenpolitischen Problemen am ehesten in Gefahr bringen konnte, zwischen einer Katastrophe und einer Demütigung entscheiden zu müssen. Während der ersten Monate seiner Amtszeit, solange er sich noch nicht eingehend mit der Sache befaßt hatte, wollte er alles vermeiden, was ihn dazu zwingen konnte, eine derartige Entscheidung zu treffen. Außerdem wollte er sich zuerst den Respekt der Sowjetführung, des amerikanischen Volkes und der anderen westlichen Spitzenpolitiker als Führer der westlichen Welt verdienen.

John F. Kennedy versuchte also, dieses heikle Thema unter den Teppich zu kehren. Im Januar wies er Thompson an, Chruschtschow um Zeit zur Ausarbeitung seiner Position zu bitten. In seinem ersten Bericht zur Lage der Nation erwähnte er Berlin mit keinem Wort, obwohl er ausgiebig über andere globale Probleme, nämlich den Kongo, Kuba und Laos, sprach. Als er daraufhin von einem Reporter angesprochen wurde, antwortete Kennedy zögernd, es sei »doch schwierig, jedes Krisengebiet einzeln« aufzuführen. Die nächsten vier Monate erwähnte er das Wort »Berlin« kein einziges Mal in der Öffentlichkeit, als könnte sein kontinuierliches Schweigen Chruschtschow dazu ermutigen, das Problem fallenzulassen.*

Im Februar erinnerte ihn Thompson daran, daß in der BRD im September Bundestagswahlen stattfinden würden: Wenn Kennedy Chruschtschow mitteilte, daß »gute Fortschritte« in der Berlin-Frage »nach den westdeutschen Wahlen möglich seien«, würde der Parteichef »vielleicht dazu bereit sein, die Angelegenheit noch bis zu diesem

---

* Sogar in zwei Kommuniqués, die nach Konsultationen im Weißen Haus im Februar und April vom amerikanischen Präsidenten und vom Kanzler und Außenminister der Bundesrepublik gleichzeitig herausgegeben wurden, wurde Berlin nur als einer von vielen anderen Punkten erwähnt, die Kennedy mit seinen deutschen Besuchern besprochen haben soll.

Zeitpunkt hinauszuzögern«. Kennedy könne dann Eisenhowers Politik wiederaufnehmen und für September ein Treffen zwischen den Außenministern der vier Siegermächte vorschlagen, das im Falle eines erfolgreichen Abschlusses zu einem Gipfeltreffen über Berlin führen könne.

Wenn der Präsident den Stier nicht bei den Hörnern packe, warnte Thompson, dann werde Chruschtschow »mit größter Wahrscheinlichkeit seinen Friedensvertrag mit der DDR weiter vorantreiben« und so versuchen, »Berlin allmählich zu strangulieren«. Dies würde zu einer »äußerst gefährlichen Situation führen, die leicht außer Kontrolle geraten könnte«.

Kennedy ignorierte Thompsons ausgezeichneten Ratschlag. Bevor der Botschafter im März in Nowosibirsk bei Chruschtschow vorsprach, instruierte ihn der Präsident, Deutschland und die Berlin-Frage nicht anzusprechen. Als Chruschtschow selbst, wie nicht anders zu erwarten, das Thema anschnitt, erwiderte Thompson seinen Anweisungen gemäß, daß Kennedy es »schwer verständlich« fände, weshalb die Sowjets eine Situation in Frage stellten, mit der »beide Seiten trotz offensichtlicher Nachteile doch über Jahre hinweg zu leben gelernt haben«.

Gemäß seinen Anweisungen warnte Thompson nun den Generalsekretär: Falls er eine neue Berlin-Krise heraufbeschwören sollte, würde er »überrascht sein, mit welcher Einmütigkeit das amerikanische Volk eine harte Linie seiner Regierung unterstützen wird ... Wenn es etwas gibt, was zu einer massiven Erhöhung der amerikanischen Militärausgaben wie zur Zeit des Koreakriegs führen kann, dann die Überzeugung, daß die Sowjets wirklich versuchen, uns aus Berlin zu verdrängen, indem sie geographische Vorteile ausnutzen, die sie zusammen mit der DDR zugegebenermaßen haben.«

Nach dem Treffen in Nowosibirsk schickte Thompson eine neuerliche Warnung an Kennedy: »Alle meine Kollegen im diplomatischen Dienst ... glauben, daß Chruschtschow angesichts fehlender Verhandlungen noch in diesem Jahr einen Friedensvertrag mit der DDR abschließen und eine neue Berlin-Krise heraufbeschwören wird.« Der sowjetische Staatschef sei beunruhigt über die Tatsache, daß Kennedy »mehr Militanz« demonstriert habe als Eisenhower, was »chinesischen Behauptungen« Auftrieb gebe, daß »eine Annäherung zwischen Ost und West nicht möglich ist«.

Thompson schlug vor, der Präsident solle »Verhandlungen in Aussicht stellen, die es Chruschtschow wenigstens ermöglichen würden, das Gesicht zu wahren und seine Position beizubehalten ... Wenn wir von den Sowjets erwarten, das Berlin-Problem auf sich beruhen zu lassen, dann müssen wir zumindest von den ostdeutschen Behörden erwarten, daß sie die Sektorengrenze schließen, um den für sie nicht tolerierbaren Flüchtlingsstrom durch Berlin zu stoppen.«

Doch Kennedy beharrte auf seiner Vorstellung, der Kreml-Chef würde das Problem vielleicht schlucken. Der republikanische Kolumnist Walter Lippmann weiß zu berichten, daß ein »führender amerikanischer Politiker« ihn gebeten habe, »doch herauszufinden, ob er (Chruschtschow) nicht wenigstens ... für die nächsten fünf Jahre oder so alles beim alten belassen will. In fünf Jahren sind wir alle älter und klüger ... und dann können wir vielleicht verhandeln.« Als Lippmann diesen Vorschlag bei seiner Begegnung mit dem Generalsekretär im April vorbrachte, sah Chruschtschow ihn an, als sei er verrückt.

Da Chruschtschow nun immer noch keine Ergebnisse in der Berlin-Frage vorweisen konnte, riskierte er, zur Zielscheibe des Spotts zu werden. Wie seine Gegner verbittert bemerkten, hatte er sein Berlin-Ultimatum von 1958 einfach über Bord geworfen, nachdem Eisenhower ihm Verhandlungen versprochen hatte. Dieses Versprechen hatte sich jedoch als taube Nuß erwiesen. Kennedys Bitte, ihm Zeit zur Formulierung seiner Position im Hinblick auf Berlin zu geben, hatte der Parteichef großzügig entsprochen. Als Gegenleistung hatte der Präsident lediglich zu verstehen gegeben, Chruschtschow solle sich doch als Gentleman erweisen und die ganze Sache einfach vergessen. Eisenhower hätte sich nie dazu bereit erklärt, über Berlin zu verhandeln, wenn Chruschtschow 1958 keine Forderungen gestellt hätte; das wußte der Parteichef. Er wußte auch, daß die Verwundbarkeit des Westens in Berlin ihm eine seltene Chance gab, die volle Aufmerksamkeit der Westmächte auf sich zu ziehen und sie zu Verhandlungen über andere Streitpunkte zu zwingen. Die Erfahrung hatte ihn gelehrt, daß die Amerikaner so lange auf ihre nukleare und ökonomische Überlegenheit setzten, bis Druck auf sie ausgeübt wurde: »Wenn ich in die Kirche gehe und für den Frieden bete, hört mir niemand zu. Komme ich aber mit Bomben, dann horchen alle auf.«

Für Chruschtschow war eine Entfernung des »Krebsgeschwürs« Berlin aus Osteuropa und eine stille Festschreibung der permanenten Teilung Deutschlands gleichbedeutend mit einer Stabilisierung der Westgrenze des sowjetischen Imperiums. Eine neue Berlin-Krise, die zu seinen Gunsten ausginge, würde ihm ein weiteres Argument dafür an die Hand liefern, daß der Kommunismus auf dem Vormarsch sei. Sie würde ihn ferner dem alten Ziel näherbringen, den Glauben der NATO und der anderen westlich orientierten Staaten an die Garantien der Amerikaner zu untergraben. Und sie würde seinen eigenen Generälen demonstrieren, daß er nach wie vor nicht bereit war, den Westen mit Samthandschuhen anzufassen.

Bis zum Mai 1961 war er offensichtlich zu dem Schluß gekommen, daß er in der Berlin-Frage auf Kennedy Druck ausüben konnte. Ihm war bewußt, daß der Führer einer Weltmacht sicherlich nicht aus einer Position der Stärke heraus gewissen Themen in der Öffentlichkeit auswich und gleichzeitig über persönliche Kontakte um ein Stillhalteabkommen bat. Die Debakel in der Schweinebucht und Laos hatten denjenigen seiner Berater recht gegeben, die argumentiert hatten, daß Kennedy sich einerseits von seiner eigenen liberalen Wahlkampfrhetorik begeistern ließ, andererseits aber von seinen intellektuellen Beratern gebremst wurde, wenn es um den Einsatz von Gewalt ging.

Der Parteichef war sich im klaren darüber, daß der wichtigste Grund für Kennedys Scheitern bei der Invasion der Schweinebucht seine Furcht vor sowjetischen Vergeltungsmaßnahmen in Berlin war. Dies legte die Vermutung nahe, daß Kennedy nicht geneigt war, die amerikanischen Berlin-Garantien mit dem Einsatz nuklearer Waffen zu verteidigen.

Seine Niederlage auf Kuba hatte den Präsidenten in die Defensive gedrängt. Würde Chruschtschow ihm in Wien nun zu sehr entgegenkommen, so würden seine Rivalen den Parteichef rügen, die Gelegenheit nicht wahrgenommen zu haben, um Kennedys unvorteilhafte Situation zu nutzen. Und nach der Erfahrung mit Eisenhower wollte Chruschtschow beweisen, daß die Gegenwart eines amerikanischen Präsidenten ihn in keiner Weise nachgiebig stimmte.

Dringendere Probleme im Kongo, in Kuba und Laos sowie innenpolitische Schwierigkeiten hatten Kennedy daran gehindert, sich umfassend mit Deutschland und Berlin zu befassen. Im März hatte er Dean Acheson, den Veteranen der Berlin-Blockade, konsultiert, der ihm sagte, es sei kein Abkommen möglich, das nicht »einer baldigen Eliminierung des Westens in Berlin den Weg bereiten« würde.
Im selben Monat widerrief die Regierung öffentlich alle Konzessio-

nen, die Eisenhower auf dem Pariser Gipfeltreffen in bezug auf Berlin bereits gemacht hatte und noch machen wollte. Averell Harriman teilte der Presse mit: »Die gesamte Diskussion über Berlin muß noch einmal von Anfang an aufgerollt werden.«

Allan Lightner, Gesandter der USA in Berlin, befürwortete eine harte Gangart. In einem Telegramm schlug er Kennedy vor, »Chruschtschow klipp und klar zu sagen«, daß die Sowjets »ihre Finger von Berlin lassen sollten«: »Jegliche Zusage des Präsidenten, vorläufige Lösungen, Kompromisse oder den Modus vivendi zu diskutieren, falls die Sowjets einen separaten Friedensvertrag unterzeichnen, würde unsere Warnungen, daß eine Fehleinschätzung unserer Entschlossenheit ernsthafte Konsequenzen nach sich ziehen würde, zunichte machen.«

Thompson drängte Kennedy, Chruschtschow ein Angebot zu machen: »Wir sind es uns und der Welt schuldig, daß wir nichts unversucht lassen, um einen Weg aus der gegenwärtigen Sackgasse zu finden . . . Wenn wir eine friedliche Lösung erreichen wollen, gilt es, eine Formel zu finden, welche beiden Seiten gestattet, das Gesicht zu wahren. Das ist schwierig, doch nicht unmöglich. Meiner Meinung nach wäre es am vorteilhaftesten, wenn der Präsident sich mit Chruschtschow unter vier Augen besprechen und ihm offen mitteilen würde, was er zu tun gedenkt.« Andernfalls würde das Berlin-Problem zu einer »wirklich schweren Krise« führen, und ein Krieg »wäre dann durchaus denkbar«.

Bundy schrieb an den Präsidenten: »Die einen glauben, das größte Anliegen der Sowjetunion sei es, uns aus Berlin zu vertreiben und in Konsequenz dessen die europäische Allianz zu zerstören. Die anderen vertreten die Ansicht, daß es möglich sei, eine ernsthafte Krise durch den Versuch einer gütlichen Einigung zu verhindern . . . Was unter allen Umständen vermieden werden muß . . . ist der Eindruck, daß die Vereinigten Staaten in der Berlin-Frage Schwäche zeigen . . . Wir könnten zu einem späteren Zeitpunkt neue Vorschläge vorlegen.«

Rusk schlug Kennedy vor, Chruschtschow zu fragen, was die Sowjetunion an der gegenwärtigen Situation »so unbefriedigend findet«. Bundy stimmte dem zu: »Dabei besteht eine Chance, daß Sie ihn zu eindeutigeren Absichtserklärungen bewegen können. Sie ist allerdings nicht sehr groß, denn er muß wahrscheinlich ebenso wie Sie darauf achten, die Hand nicht zu weit auszustrecken.« Robert Kennedy teilte Bolschakow in unmißverständlicher Deutlichkeit mit, daß die USA »sich in der Berlin-Frage verpflichtet« fühlten.

Am Abend des 27. Mai, einem Samstag, flogen der Präsident und Lem Billings mit der *Air Force One* nach Hyannis Port. Joseph Kennedy schimpfte: »Er ist der Präsident der Vereinigten Staaten! Verdammt, da könnte man doch wirklich meinen, er hätte jemanden, der für ihn die Familie anruft und Bescheid gibt, wann er nach Hause kommt!« Als handgreiflichen Scherz hatte er überall im Schlafzimmer des Präsidenten Bilder üppiger Damen aufgehängt.

Am nächsten Morgen fegten ein eiskalter Wind und dichte Nebelschwaden über den Nantucket Sound. Der Präsident kam auf Krücken aus dem Haus seines Vaters, wickelte sich in eine graue Decke ein und setzte sich auf einen Gartenstuhl, um noch einige Informationen für Wien zu lesen. Seine Rückenschmerzen wurden schlimmer.

Bevor Kennedy am Montag morgen Hyannis Port verließ, sagte er seinem Vater noch sehr verlegen, daß er »nicht einen Cent in der Tasche« habe. Joseph Kennedy steckte ihm ein dickes Bündel Geldscheine zu. Der Präsident sagte bewegt: »Ich zahle es dir zurück, Dad« und ging die Treppe vor der Haustür hinunter. Der Vater sah ihm nach und murmelte: »Den Tag möchte ich erleben.«

Es war Kennedys vierundvierzigster Geburtstag. An diesem Abend nahm er an einer von 5000 Mitgliedern der Demokratischen Partei veranstalteten Feier in der mit grünen, roten, weißen und blauen Girlanden geschmückten Boston Armory teil, bei der ein Essen hundert Dollar kostete. Kennedys Berater hatten gebeten, seine Rede möglichst früh anzuberaumen, damit er zeitig nach Hause gehen könne. Nach lebhaften Verhandlungen wurde er auf Platz dreizehn der Rednerliste gesetzt – nach lokalen Parteigrößen, Richard Cardinal Cushing, dem der Kennedy-Familie nahestehenden Priester, und Robert Frost, der den Ehrengast drängte, in Wien »mehr den Iren als den Harvard-Absolventen« herauszukehren.

Als der Präsident für seine Rede aufstand, war der Applaus kaum größer als für den Sheriff von Middlesex County, der gerade unter Anklage stand und dessen Firma das Essen für diese triste Feier geliefert hatte. Kennedy erklärte, er würde »als der Führer des größten und revolutionärsten Landes der Welt« nach Wien gehen.

1960 hatte er oft erzählt, wie Samuel Adams dem britischen Kolonialgouverneur mit der Revolution gedroht und später geschrieben hatte: »Ich glaubte zu bemerken, daß seine Knie zitterten.« Jetzt unterlief Kennedy jedoch ein grober Fehler: Statt »Samuel Adams« sagte er »John Quincy Adams«. Doch niemand schien es zu bemerken, und er fuhr fort: »Uns zittern bei dem Wort ›Revolution‹ nicht die Knie. Wir glauben an unsere Revolution. Wir glauben an den Fortschritt der Menschheit.«

Auf dem Weg zur Armory hatte er die Statue des Bostoner Abolitionisten William Lloyd Garrison gesehen und einen begleitenden Polizisten zurückgeschickt, um die Worte auf dem Sockel für ihn zu notieren, die er nun vorlas: »Es ist mein voller Ernst, ich werde keine Ausflüchte machen, ich werde mich nicht entschuldigen, ich werde keinen Zentimeter nachgeben, und meine Stimme wird gehört werden.«

Chruschtschow reiste nach Wien in einem vornehmen Zug mit fünf Waggons. Seine Frau, Gromyko, Anatoli Dobrynin, Menschikow und die Adschubejs begleiteten ihn. In Kiew jubelten Tausende ihrem Landsmann zu. In Bratislava beteuerte der Parteichef vor einer riesigen Menschenmenge, daß die Sowjetunion »in internationalen Beziehungen immer für Entspannung« eintrete, er die »Ergebnisse dieses Treffens jedoch nicht vorwegnehmen« wolle.

Vor seiner Abfahrt aus Moskau hatte Chruschtschow Thompson eingeladen, mit ihm die Abendvorstellung der amerikanischen Eislauftruppe »Ice Capades« im Lenin-Sportpalast zu besuchen. Der Botschafter war seit Nowosibirsk nicht mehr privat mit dem Parteivorsitzenden zusammengetroffen. Als er und seine Frau Jane im Stadion ankamen, saß der Parteichef mit seinem Sohn Sergej und seiner Tochter Jelena bereits in seiner Loge. In der Pause lud er die amerikanischen Gäste zum Essen in einen Salon ein.

Chruschtschow bemerkte, er habe in seinem Leben »genügend Eis-Shows« gesehen. Er habe nur einen »Vorwand« gebraucht, um mit Thompson das Treffen in Wien zu besprechen. Ohne ein Blatt vor den Mund zu nehmen, warnte er Thompson: Wenn zwischen ihm und Kennedy in der Berlin-Frage kein Abkommen zustande käme, würde er nach den bundesdeutschen Wahlen im September und dem Parteikongreß im Oktober einen separaten Friedensvertrag mit der DDR abschließen. Er sei sich bewußt, daß das »eine Periode großer Spannungen nach sich ziehen« werde.

Thompson entgegnete in »vollem Ernst«, daß Chruschtschow den amerikanischen Standpunkt verstehen müsse: Wenn die Zufahrt nach Berlin gewaltsam unterbunden werde, würde diese Maßnahme mit Gewalt beantwortet. Chruschtschow erwiderte, »nur ein Verrückter«

könne einen Krieg wollen, doch wenn die Amerikaner einen Krieg haben wollten, könnten sie ihn bekommen.

Am Abend des 30. Mai, einem Dienstag, ging Kennedy in Idlewild Airport mit Jacqueline an Bord der *Air Force One*. Noch bevor das Flugzeug die Atlantikküste erreicht hatte, waren beide in den Etagenbetten im Privatabteil hinter der Pilotenkabine verschwunden.

In seiner Sorge, das Gipfeltreffen könne unrealistische Erwartungen wecken, hatte der Präsident Salinger instruiert, die Erfolgschancen eher herunterzuspielen. Andererseits hatten Georgi Bolschakows Beteuerungen in ihm den Glauben bestärkt, daß Chruschtschow bereit sei, über ein Verbot von Kernwaffentests zu verhandeln. Was immer in Wien schiefgehen würde, fiele nicht ins Gewicht, wenn ein erstes ernsthaftes Abkommen über Kernwaffen zwischen den Vereinigten Staaten und der Sowjetunion zustande käme. Ein Verbot der Kernwaffentests würde Kennedy helfen, die Rückschläge während der ersten Monate seiner Präsidentschaft zu überwinden, und sein Ansehen weltweit stärken.

Robert Kennedy erinnerte sich später, daß er und auch sein Bruder im Hinblick auf die Atomwaffentests in Wien »einigermaßen optimistisch« waren. Sie wußten nicht, daß Bolschakows beharrlich wiederholte Behauptung, Chruschtschow sei kompromißbereit, bestenfalls verfrüht und schlechtestenfalls eine vorsätzliche Täuschung war, um den Präsidenten zu einem Gipfelgespräch zu bewegen, das andernfalls vielleicht nicht in seinem Interesse gewesen wäre.

Kapitel 8

»Nicht als Krüppel«

Am Mittwoch, dem 31. Mai, rollte vormittags die *Air Force One* auf einer Landebahn des Pariser Flughafens Orly aus, während Kennedy sich noch den Krawattenknoten festzog und seine Haare kämmte. Zu Trommelwirbel stieg er dann durch die vordere Tür aus, gefolgt von Jacqueline, und winkte in seiner gewohnten, etwas eckigen Art und Weise. Am Fuß der Gangway empfing ihn Charles de Gaulle, der den Präsidenten aus Höflichkeit in seinem selten gebrauchten Englisch willkommen hieß: »*Hatten Sie eine gute Luftreise?*«

Hunderttausende jubelnder Franzosen säumten die Straßen, auf denen die fünfzig schwarzen Citroëns, begleitet von Reitern der Garde Républicaine, in die Stadt fuhren. Begeistert riefen sie: »*Kenn-a-dee!*« und »*Schack-ee!*« Dave Powers öffnete das Wagenfenster und schrie zurück: »*Commen-tally-vous, people!*«

Im Quai d'Orsay, dem französischen Außenministerium, wurde der Präsident in das in blaugrauer Seide gehaltene Schlafgemach Ludwigs XVI. geleitet. Sein Rücken schmerzte sehr, und er nahm sofort ein heißes Bad in der riesigen, goldenen Badewanne. »O Gott, so eine Wanne sollten wir im Weißen Haus auch haben«, seufzte er zufrieden. Wenn er sich mit de Gaulle gut stelle, könne er sie vielleicht als Souvenir mit nach Hause nehmen, meinte Powers.

1917, in Kennedys Geburtsjahr, hatte de Gaulle bereits als Hauptmann an der Westfront gekämpft. Er war fast so fest entschlossen wie die Sowjets, eine Wiederbewaffnung Deutschlands nicht zuzulassen. Seit dem Debakel in der Schweinebucht hielt er Kennedy für »etwas ungeschickt und übereifrig« und machte sich außerdem Sorgen, der »junge Mann« könnte in der Berlin-Frage nicht resolut genug vorgehen.

Vor dem Mittagessen wurde der amerikanische Präsident zum Elyséepalast gefahren, wo die erste Unterredung mit de Gaulle stattfand. Um die Bedenken des französischen Präsidenten zu zerstreuen und eine einheitliche Haltung des Westens vor dem Gipfeltreffen mit dem Generalsekretär zu sichern, erwähnte Kennedy gleich zu Beginn des Gesprächs Chruschtschows Forderung nach einem Friedensvertrag mit Deutschland. Er erklärte, die Alliierten hätten nun zwei Möglichkeiten: Sie könnten Verhandlungen ablehnen mit der Begründung, daß die Rechte der Westmächte in Berlin kein Verhandlungsgegenstand seien – oder, wie es schon Eisenhower getan habe, durch das Angebot unbedeutender Konzessionen »den Eindruck einer Verhandlungsbereitschaft« erwecken.

Am gleichen Ort hatte de Gaulle ein Jahr zuvor zu Eisenhower gesagt, »das ganze Berlin-Problem« entscheide sich daran, ob die Sowjets die Entspannung wünschten oder nicht. Jetzt erklärte er Kennedy, daß Chruschtschow seit zweieinhalb Jahren praktisch ununterbrochen neue Ultimaten stelle: Wenn er wegen Berlin einen Krieg vom Zaun brechen wolle, hätte er das längst getan. Kennedy erwiderte, das Problem sei, ob Chruschtschow wirklich vom Engagement des Westens überzeugt sei – sogar Präsident de Gaulle habe ja bezweifelt, daß die Vereinigten Staaten Paris auch um den Preis der Vernichtung New Yorks verteidigen würden!

De Gaulle riet ihm, Chruschtschow daran zu erinnern, daß es die Sowjets seien, die eine Veränderung der Lage wünschten, und nicht der Westen. Der sowjetische Staatschef müsse begreifen, daß schon der geringste Einsatz von Gewalt in Berlin einen Krieg bedeuten würde: »Und er will alles, nur das nicht.«

Bei ihrem zweiten Gespräch nach dem Essen bat Kennedy de Gaulle, die französische Militärpräsenz in Laos zu erhöhen. Laos und seine Nachbarn seien »fiktive« Länder, erwiderte der General. Man sollte sich weder mit westlichen Truppen noch mit westlicher Politik dort engagieren. Die beste Lösung sei eine Neutralisierung: »Je mehr Sie sich dort gegen den Kommunismus einsetzen, desto mehr werden die Kommunisten zu Helden der nationalen Unabhängigkeit. Damit treiben Sie ihnen das Volk in die Arme, und sei es auch nur aus Verzweiflung . . . Auch wenn Sie noch soviel Geld und Truppen investieren – Sie werden mit jedem Schritt immer nur tiefer in einem bodenlosen militärischen und politischen Sumpf versinken.«

Als Salinger sich für de Gaulles abendliches Galadiner im Elyséepalast umzog, erhielt er einen Anruf von O'Donnell: »Wegen der Lage in der

Dominikanischen Republik« könne Rusk morgen nicht wie geplant nach Paris kommen. Präsident Trujillo sei ermordet worden. Salinger erklärte später, O'Donnell habe das »mit einer derartigen Selbstverständlichkeit« gesagt, daß er angenommen habe, die Nachricht sei bereits allgemein bekannt. Deshalb verkündete er im Hotel Crillon, daß Rusks Eintreffen sich »wegen der Ermordung General Trujillos« verzögere.

Die Presseleute wunderten sich, daß Trujillos Tod in den USA so schnell bekannt geworden war, nachdem er in der Karibik noch überall in Abrede gestellt wurde. Bedeutete das etwa, daß die CIA ihre Hände im Spiel hatte? Salinger gestand dem Präsidenten seinen Fehler ein, der »noch nie so wütend über mich war wie in diesem Augenblick«. Rusk rief Salinger aus Washington an und fragte ihn entsetzt: *»Haben Sie den Verstand verloren?«*

Kennedy wußte mit ziemlicher Sicherheit, daß die CIA schon vor dem Debakel in der Schweinebucht Waffen für die Ermordung Präsident Trujillos in die Dominikanische Republik eingeschleust hatte. Würde Salingers Fehler nun die Presse veranlassen, Kennedy selbst mit einer amerikanischen Verschwörung gegen Trujillo in Verbindung zu bringen? Insbesondere am Vorabend des Gipfeltreffens fürchtete der Präsident wohl, daß nun auch die amerikanischen Attentatspläne gegen Castro entdeckt wurden.

Am Abend wurde die Nachricht von Trujillos Ermordung bestätigt. Darüber freute sich Salinger so sehr, daß er ausging und erst am nächsten Morgen um sechs ins Hotel zurückkehrte.

Obwohl Kennedy die »weltweite Bedeutung der Politik Frankreichs« hervorhob und das Land als »Amerikas ältesten Freund« bezeichnete, beharrte de Gaulle auf der weltpolitischen Unabhängigkeit Frankreichs, an deren Ausbau er in erster Linie interessiert sei. Frankreich werde zwar im Falle einer neuerlichen Berlin-Krise den Kurs der NATO nicht ins Wanken bringen, erklärte er Kennedy am Donnerstag, wolle aber danach auf jeden Fall eigene Ziele verfolgen.

In seiner Antwort wiederholte der Präsident die übliche amerikanische Position: Falls die Russen Westeuropa angriffen, würde er mit Kernwaffen antworten. Sollten einzelne europäische Staaten eine eigene Verteidigungsstrategie entwickeln, dann würden sich die Länder ohne Atomwaffen vor den Kopf gestoßen fühlen und förmlich in den Neutralismus getrieben.

Als Kennedy behauptete, für ihn seien die Verteidigung Europas und Amerikas ein und dasselbe, erwiderte de Gaulle nur: »Wenn Sie das sagen, Mr. President, dann glaube ich es.« Aber er schloß die Frage an, ob man so etwas wirklich mit absoluter Sicherheit sagen könne. Die Sowjetunion habe möglicherweise ein »zehnmal so großes Vernichtungspotential wie Frankreich«, aber sie würde vermutlich nicht angreifen, wenn sie wisse, daß Frankreich ihr wenigstens »einen Arm ausreißen« könne.

Am Ende des Besuches machte de Gaulle Kennedy ein Kompliment, das für die amerikanische Presse bestimmt war: »Ich habe jetzt mehr Vertrauen in Ihr Land.« Zu Freunden meinte Kennedy später, der General habe nur die »selbstsüchtigen« Interessen seines Landes im Auge gehabt. Aber er sei froh, daß de Gaulle ihre Meinungsverschiedenheiten über Berlin, Laos und die NATO nicht in die Öffentlichkeit trage.

Am Morgen des 3. Juni, einem Samstag, rollte die *Air Force One* in Orly auf die Startbahn. Während des Fluges sah der Präsident ein letztes Mal seine Unterlagen durch. Bei Brötchen und Orangensaft unterhielt er sich mit Jane Thompson, die ihn noch einmal warnte: »Vermeiden Sie alles, was nach Ideologie klingt, sonst redet Chruschtschow Sie nieder.«

Kennedy hatte immer noch starke Rückenschmerzen. Seine Ärzte hatten ihm geraten, Krücken auf seine Europareise mitzunehmen. Doch das hatte er kopfschüttelnd abgelehnt: Es käme »einfach nicht in Frage«, daß er Chruschtschow »als Krüppel« gegenübertrete. 1949 hatte er selbst als Kongreßabgeordneter behauptet, die Kurilen und andere strategisch wichtige Orte seien in Jalta von einem »kranken« Roosevelt an Stalin »verschenkt« worden. Dergleichen wolle er über sein Treffen in Wien nicht hören.

Am Tag von Kennedys Amtseinführung war Admiral Arthur Radford, der frühere Sprecher der Vereinigten Stabschefs, etwas zu früh zu einem Essen eingetroffen, das nach den Feierlichkeiten für Eisenhower in einem Restaurant in der F Street stattfand. Er verfolgte die Rede des neuen Präsidenten im Fernsehen und war erstaunt darüber, daß Kennedy dicke Schweißperlen von der Stirn rollten, obwohl er ohne Hut und Mantel in der Kälte stand.

»Der steht doch total unter Drogen!« rief General Howard Snyder, der pensionierte Arzt des Weißen Hauses. Eisenhower hatte ihm Zugang zu den Informationen des FBI und der CIA verschafft, und jetzt ließ er Radford wissen, daß Kennedy »jeden Morgen eine Dosis Cortison bekommt, damit er voll einsatzfähig bleibt. Aber heute morgen haben sie ihm offenbar zwei Dosen gegeben, weil er einen besonders harten Tag hat. Deshalb schwitzt er so.«

Snyder erklärte weiter, daß der gute Zustand eines Menschen, der mit Cortison behandelt wurde, ins Gegenteil umschlage, sobald die Wirkung des Mittels nachlasse: »Ich will gar nicht daran denken, was passieren könnte, wenn Kennedy um drei Uhr morgens eine Entscheidung treffen muß, bei der die Sicherheit des Landes auf dem Spiel steht.«

Neben seinen Rückenschmerzen war Kennedys gravierendstes gesundheitliches Problem seine Addisonsche Krankheit – ein Leiden, bei dem die Hormonbildung der Nebennierenrinde beeinträchtigt und das körpereigene Immunsystem geschwächt wird. Früher verlief diese Krankheit fast immer tödlich; aber 1947, als sie bei Kennedy diagnostiziert wurde, konnte man sie bereits mit cortisonhaltigen Hormonpräparaten behandeln, die eine Lebenserwartung von fünf bis zehn Jahren ermöglichten. Um 1953 begann Kennedy dann mit der Einnahme eines neu entwickelten oralen Cortisonpräparats, das eine durchschnittliche Lebenserwartung versprach.

Aber er wußte natürlich, daß ihm dieses Medikament keine absolute Sicherheit garantieren konnte und daß diese Krankheit grundsätzlich die Gefahr von Infektionen erhöhte, insbesondere bei chirurgischen Eingriffen. Nach seiner Operation an der Wirbelsäule 1954 hatte er sogar schon die Letzte Ölung empfangen. Auf diese extreme gesundheitliche Labilität dürfte wohl sein Interesse an früh verstorbenen Männern zurückzuführen sein. Auch seine unermüdliche Beschäftigung mit der Frage, welches die beste Art zu sterben sei, stand wohl damit in Zusammenhang. Er wollte jeden Tag so leben, als wäre es sein letzter.

Das Cortison schwemmte Kennedys Gesicht auf, und diese Nebenwirkung war ihm äußerst verhaßt. Als er sich einmal im Spiegel betrachtete, sagte er verbittert: »Das bin doch nicht ich!« Darüber hinaus kann Cortison auch zu einer Beeinträchtigung der Vitalität, der Libido und des allgemeinen Wohlbefindens führen und unvorhersehbare Stimmungsschwankungen auslösen.

Um Gerüchte über den Gesundheitszustand Kennedys zu zerstreuen, behaupteten seine Mitarbeiter, er leide gar nicht an der Addisonschen Krankheit. Seine Ärztin Dr. Travell erklärte öffentlich, daß Kennedys Nebennierendrüsen »funktionstüchtig« seien. Den Grund dafür – nämlich die Cortisongaben – ließ sie allerdings unerwähnt. Damit wurden die amerikanischen Wähler darüber in Unkenntnis gelassen, daß sich ihnen ein Präsident zur Wahl gestellt hatte, dessen chronisches Leiden seine Entscheidungs- und Verhandlungsfähigkeit schmälern und eventuell sogar seine Lebenserwartung drastisch verkürzen konnte.[*]

Noch schlimmer als die Addisonsche Krankheit waren für Kennedy jedoch seine ständigen Rückenschmerzen. Einmal sagte er zu Billings, er würde gern alle seine politischen Erfolge und sein ganzes Geld hergeben, »wenn ich nur keine Schmerzen mehr hätte«. Einer seiner Ärzte glaubte, er sei bereits mit einem »instabilen Rücken« geboren worden, dessen Zustand sich vermutlich durch Footballspielen verschlimmert habe. Als im Krieg sein Torpedoboot von einem japanischen Zerstörer getroffen wurde, trug er eine schwere Rückenverletzung davon. Der lebensgefährlichen Operation an der Wirbelsäule unterzog er sich nur, weil er »die Schmerzen einfach nicht mehr ertragen« konnte.

Später hörte er dann von Dr. Travell, die zu den ersten Medizinern zählte, welche Muskelerkrankungen mit Injektionen des Anästhetikums Procain behandelten. Diese Therapie, so erzählte Jacqueline später, »veränderte Jacks Leben«. 1960 bat er Dr. Travell, die Vereinigten Staaten während des Wahlkampfs nicht zu verlassen.

Bei seinem Aufenthalt in Paris verbrachte der Präsident fast jede freie Minute in seiner goldenen Badewanne im Quai d'Orsay, und zwei- bis dreimal am Tag bekam er von Dr. Travell eine Spritze. Admiral George Burkley, einer der Ärzte des Weißen Hauses, der noch aus der Ära Eisenhower stammte, stand dieser Therapie äußerst kritisch gegenüber. Er war der Ansicht, Kennedy solle seinen Rücken lieber mit konventionelleren Methoden wie Gymnastik und Bewegungstherapie behandeln. Immer wenn die Wirkung der Spritzen nachließ, kamen die Schmerzen wieder, und zudem mußten die Dosen allmählich erhöht werden. Burkley fürchtete, der nächste Schritt wäre der Einsatz von Narkotika.

---

[*] Diese Vertuschung wurde im November 1963 auf Anordnung Robert Kennedys hin fortgesetzt. In dem veröffentlichten Autopsiebefund wurde verschwiegen, daß »der Präsident an einer beidseitigen Atrophie der Nebennieren litt«.

Für diese Sorge gab es möglicherweise mehr Anlaß, als Burkley ahnen konnte. Kennedy wurde nämlich auch von einem New Yorker Exzentriker namens Jacobson behandelt, der in Manhattans »besseren Kreisen« als »Dr. Feelgood« bekannt war, weil er Laune und Lebensgefühl seiner Patienten mit »Vitamin- und Enzyminjektionen« – so nannte er es – zu heben wußte. Doch außer diesen beiden Substanzen enthielten seine Spritzen wohl auch Amphetamine, Steroide, Hormone und tierische Zellen – mit dem Effekt, daß seine Klientel, unter der sich so berühmte Namen wie Eddie Fisher, Truman Capote, Alan Jay Lerner und Tennessee Williams befanden, immer wieder zu ihm kam. Wenigstens einer seiner Patienten starb einem New Yorker Amtsarzt zufolge an »akuter Vergiftung durch Amphetamine«.

Kennedys Entscheidung, bei diesem zumindest sehr unkonventionellen Arzt Hilfe zu suchen, erscheint weniger bizarr, wenn man seinen damaligen Zustand berücksichtigt. Er befand sich Ende Mai 1961, unmittelbar vor dem Gipfeltreffen, in einer äußerst schwierigen Situation: Einerseits bedrängten ihn seine Berater, Chruschtschow gegenüber auf keinen Fall Schwäche oder Unentschlossenheit zu zeigen. Andererseits fühlte er sich elend, krank und von Schmerzen gepeinigt. Mehr noch, er mußte sogar die Möglichkeit ins Auge fassen, daß er dem Parteichef nach den drei anstrengenden Tagen mit de Gaulle auf Krücken gegenübertreten mußte.

Dank seiner langen Krankengeschichte hielt Kennedy von Ärzten und Medizinern nicht mehr als von jenen politischen Experten, die ihm 1952 prophezeit hatten, er habe keine Chance, in den Senat gewählt zu werden, und 1960 behauptet hatten, er würde die Wahl verlieren. Es war ihm bekannt, daß viele Schulmediziner Dr. Travells Procaintherapie ablehnten, doch aus seiner Sicht war diese Ärztin erfolgreich auf einem Gebiet, auf dem sogenannte Experten versagt hatten.

Und so hatte Kennedy auch nichts gegen Jacobson einzuwenden – wenn es dem Arzt nur gelang, den Präsidenten für Paris und Wien kampftüchtig zu machen. Über die Injektionen des zweifelhaften Wunderdoktors äußerte er dem Vernehmen nach: »Meinetwegen soll er mir Pferdepisse spritzen – Hauptsache, es hilft!«

Zu keinem Zeitpunkt seiner Europareise wurde die medizinische Behandlung des Präsidenten von einem seriösen Arzt überwacht. Daher konnte niemand die Gefahren abschätzen, denen er sich durch die unterschiedlichen Wirkungen von Cortison, Procain und Amphetaminen aussetzte. Niemand wußte, wie das Verhalten Kennedys in einer Situation beeinflußt wurde, die für die ganze Welt schlimme Konsequenzen haben konnte.

Schon in kleinen Dosen führen Amphetamine zu Nebenwirkungen wie Nervosität, Geschwätzigkeit, Beeinträchtigung des Urteilsvermögens, übersteigertem Selbstvertrauen und, wenn die Wirkung nachläßt, Depressionen. Was würde passieren, wenn Kennedy in Wien solchermaßen »gewappnet« einem Chruschtschow gegenübertrat, der jeden kleinsten Aspekt der Persönlichkeit seines Gesprächspartners genau unter die Lupe nehmen würde, um die Stärken und Schwächen seines Gegners herauszufinden?

Am Freitag nachmittag erreichte Chruschtschows Zug die österreichische Grenze, und um fünf Uhr fuhr er in Wien ein. Zu dem Empfangskomitee, das sich am Bahnhof eingefunden hatte, gehörte auch sein alter Gegner Molotow, der sardonisch lächelte. Ohne große Begeisterung meinte Chruschtschow zu ihm: »Wir müssen uns verständigen«, worauf er zur Antwort erhielt: »Schönes Wetter haben wir heute.«

Viele Menschen säumten die Straßen, als Chruschtschow im offenen Wagen zum Amtssitz des österreichischen Präsidenten Adolf Schärf fuhr. Danach ging die Fahrt weiter zu der mit Swimmingpool und Tennisplätzen ausgestatteten sowjetischen Botschaft.

Als die *Air Force One* am Samstag vormittag um zehn Uhr fünfzig in Wien landete, regnete es. Der Präsident wurde von Plakaten und Transparenten empfangen, auf denen zu lesen stand: *Zeig's Ihnen, Jack ... Hilf Berlin ... Weg mit dem Eisernen Vorhang ... Amerikaner im Ausland sagen hallo!* Österreichische Bürger verteilten Flugblätter mit dem Satz: »Mr. Kennedy, Europa hat Jalta nicht vergessen.«

In der Sorge, der amerikanische Präsident würde sehr viele begeisterte Menschen anziehen, hatten die Sowjets vorgeschlagen, daß weder für Kennedy noch für Chruschtschow eine Parade stattfinden sollte. Die Amerikaner hatten daraufhin noch mehr Limousinen und Fahnen aufgeboten. Wie überall, so tat die CIA auch hier alles, um für den Präsidenten einen herzlichen Empfang sicherzustellen.

Als die Kennedys durch den Regen zum Amtssitz des Bundespräsidenten in der Hofburg und dann weiter zur amerikanischen Botschaft fuhren, standen an den Straßen Lem Billings zufolge »mehr Menschen, als ich je zuvor gesehen hatte, und alle brüllten vor Begeisterung«.

Ein eisiger Wind fuhr durch die Bäume und rüttelte an den Fenstern, als der Präsident und die First Lady an dem finster wirkenden Gebäude der amerikanischen Botschaft ankamen. Es war von Stacheldraht umgeben und wurde von Polizeihunden bewacht. Früher hatte diese Villa einem jüdischen Kaufmann gehört, den die Nazis vertrieben hatten, und während des Krieges hatte sie Hitlers SS als Hauptquartier gedient.

Mittags um 12.45 Uhr hörten Kennedy und seine Berater ein Auto durch die Einfahrt fahren. Der Präsident ging hinaus auf die mit rotem Teppich ausgelegten Eingangsstufen, als die schwarze Limousine gerade zum Stehen kam. Chruschtschow, an dessen Brust zwei Orden glänzten, stieg schwungvoll aus.

Kennedy, der sich in ein steifes Korsett gezwängt hatte, um seinen Rücken gerade zu halten, beugte sich, so gut es ging, nach vorn und lächelte unverwandt. Dann streckte er die Hand aus, blickte Chruschtschow gerade in die Augen und sagte in bester Bostoner Manier: »Wie geht es Ihnen? Freut mich, Sie zu sehen!« Chruschtschow gab ihm die Hand, zog etwas gönnerhaft die Lippen hoch und ging die Stufen hinauf.

Jetzt riefen die anwesenden Fotografen: »Noch einen Händedruck!« Kennedy wies seinen Dolmetscher an: »Sagen Sie dem Parteichef, ich hätte nichts dagegen, wenn wir uns noch einmal die Hände schütteln, solange er nichts dagegen hat.« Nach einem abermaligen Händedruck machte er einen Schritt zurück. Menschikow folgte ihm, trat dabei Dean Rusk auf den Fuß und entschuldigte sich überschwenglich.

Mit zusammengepreßten Lippen und den Händen in den Rocktaschen blickte Kennedy jetzt Chruschtschow von oben bis unten neugierig an. Die Reporter machten sich fieberhaft Notizen. Später meinte der Präsident zu O'Donnell: »Jetzt habe ich fünf Wochen lang über ihn gelesen und geredet, da mußte ich ihn mir doch wenigstens einmal richtig ansehen!«

Chruschtschow betrat beherzt die amerikanische Botschaft. Nachdem der Präsident ihm einige seiner Mitarbeiter vorgestellt hatte, nahmen die beiden Staatsoberhäupter auf einem rosafarbenen Sofa im Musikzimmer Platz, das in Rot, Grau und Gold gehalten war. Im Halbkreis um sie herum saßen Gromyko, Dobrynin und Menschikow sowie Rusk, Kohler, Bohlen und Thompson als Berater. Direkt unter diesem Zimmer befand sich der Einstieg zu einem Fluchttunnel der SS.

Der Präsident begann das Gespräch* mit der Bemerkung, daß Chruschtschow natürlich »unseren Botschafter in Moskau« kenne, worauf Chruschtschow sofort konterte: »Sie meinen wohl *unseren* Botschafter.« Alles lachte.

Nach weiterem launigem Vorgeplänkel ging Kennedy zum geschäftlichen Teil der Begegnung über: Er erklärte, es solle ein gemeinsames Ziel ihrer beiden Länder sein, ihre Differenzen ohne eine Gefahr für den Frieden auszutragen: »Es geht darum, Situationen zu vermeiden, in denen unsere Länder zu Aktionen gezwungen werden, die ihre Sicherheit gefährden könnten.« Wie könnten zwei große und mächtige Staaten mit verschiedenen Gesellschaftssystemen, die sich überall auf der Welt gegenüberstünden, in diesen Zeiten rapiden Wandels einen Kollisionskurs vermeiden?

In seiner Erwiderung wies Chruschtschow darauf hin, daß die Sowjetunion seit langem versuche, freundschaftliche Beziehungen zu den Vereinigten Staaten aufzubauen. Dies könne jedoch nicht auf Kosten anderer Völker geschehen: »Die Vereinigten Staaten sind ein reiches Land mit allen notwendigen Ressourcen. Bis jetzt ist die Sowjetunion ärmer, und sie ist sich dieser Tatsache auch bewußt. Sie wird sich jedoch entwickeln, und zwar nicht auf Kosten der USA – wir haben keine räuberischen Absichten –, sondern durch das Ausschöpfen der eigenen menschlichen und natürlichen Ressourcen.« Er wolle auch keineswegs verschweigen, daß die Sowjetunion »reicher als die Vereinigten Staaten« werden wolle. Aber sie werde »den USA bei ihrer ökonomischen Entwicklung nicht im Wege stehen«.

Darauf entgegnete Kennedy, er sei sehr beeindruckt von der Wachstumsrate der Sowjetunion: Sie stelle für den Generalsekretär sicherlich ebenso »eine Quelle der Zufriedenheit« dar wie die amerikanische Wachstumsrate für die USA.

Chruschtschow bemerkte, er könne den amerikanischen Präsidenten wohl kaum zum Kommunismus bekehren, doch »der Westen muß anerkennen, daß der Kommunismus existiert und ein Recht hat, sich

---

* Die Wiedergabe der persönlichen Gespräche zwischen Kennedy und Chruschtschow stützt sich zwar auch auf Interviews des Autors und andere Primärquellen, basiert aber im wesentlichen auf den offiziellen Aufzeichnungen der Gespräche durch Alexander Akalowsky, den Dolmetscher des amerikanischen Präsidenten, die endlich zugänglich sind. Bis zum 5. September 1990, also 29 Jahre lang, hat die Regierung der Vereinigten Staaten diese Dokumente unter Verschluß gehalten.

zu entwickeln. Und diese Anerkennung sollte nicht nur *de jure* erfolgen, sondern auch *de facto*.« Unter John Foster Dulles sei es die Prämisse der amerikanischen Politik gewesen, »das kommunistische System zu liquidieren«. Langfristig würde jedoch der Kommunismus »durch die Verbreitung seiner Ideen« den Sieg davontragen.

Dazu meinte Kennedy, diese Ausführungen des Parteichefs würden ein sehr wichtiges Problem aufwerfen: »Sie wollen den Einfluß meines Landes in Gegenden der Welt unterbinden, in denen es seit langem präsent ist. Und Sie wollen das System der Freiheit in anderen Ländern stürzen.« Gleichzeitig wolle die Sowjetunion aber auch jeglichen Versuch unterbinden, kommunistische Systeme zu liquidieren.

Das bezeichnete Chruschtschow als »eine unkorrekte Interpretation der sowjetischen Politik. Die Sowjetunion will anderen Staaten nicht ihr eigenes System aufzwingen. Das wäre in der Tat eine nicht zu bewältigende Aufgabe. Aber die Sowjetunion behauptet, daß der Kommunismus triumphieren wird. Das ist etwas grundsätzlich anderes ... Die Sowjetunion geht nur von einer Voraussetzung aus – nämlich der, daß jede Veränderung eines Gesellschaftssystems vom Willen des betroffenen Volkes abhängen soll.«

Er erklärte, zwischen der Sowjetunion und dem kapitalistischen System herrsche der gleiche Gegensatz wie zwischen der Französischen Revolution und den feudalistischen Staaten. Sein Land habe »eine allgemeine und vollständige Abrüstung vorgeschlagen, um seine Absicht, keine Waffen einzusetzen, zu demonstrieren«. Die UdSSR sei zwar von ihrem System ebenso überzeugt wie der Präsident von dem seines Landes, doch das sei »kein Streitpunkt und schon gar kein Grund für einen Krieg«.

Kennedy erwiderte darauf, die amerikanische Position sei, »daß die Menschen freie Wahl haben«. Wenn kommunistische Gruppen in einem Land die Macht übernähmen, betrachteten die Sowjets das als historisch unabänderlich; die Vereinigten Staaten aber nicht. Offensichtlich könnten sie derartige Meinungsverschiedenheiten nicht ausräumen, doch er hoffe, daß zumindest eine direkte militärische Konfrontation vermeidbar sei.

Chruschtschow meinte, das habe er doch hoffentlich mißverstanden: Habe der Präsident wirklich sagen wollen, daß die Vereinigten Staaten jedesmal mit der Sowjetunion in Konflikt geraten müßten, wenn sich ein kommunistisches System irgendwo durchsetze? Dämme könnten die Entwicklung des menschlichen Geistes nicht aufhalten: »Die spanische Inquisition verbrannte diejenigen, die sich ihr widersetzten; Ideen verbrennen nicht – letzten Endes tragen sie doch den Sieg davon.«

Die Geschichte, so Chruschtschow, solle entscheiden: »Die Menschen werden Kapitalismus und Kommunismus nach den jeweiligen Ergebnissen beurteilen. Wenn der Kapitalismus ein besseres Leben ermöglicht, wird er siegen … Wenn sich der Kommunismus als besser erweist, wird er sich durchsetzen.« Er wolle »betonen«, daß sein Anliegen »ein Sieg im Kampf der Ideen, kein militärischer Siegeszug« sei: »Der militärische Aspekt ist heute sowieso nicht mehr wichtig … Ideen sollten nicht mit Bajonetten oder Raketen durchgesetzt werden.«

Sarkastisch bemerkte Kennedy, Mao Tse-tung habe gesagt, politische Macht komme aus den Läufen von Gewehren. Chruschtschow bezweifelte, daß Mao das wirklich gemeint habe: »Marxisten waren immer schon Kriegsgegner.«

Der Vorsitzende und er, fuhr Kennedy fort, schuldeten es ihren Völkern, daß »dieser Kampf um Ideen in unserer Zeit so geführt wird, daß die vitalen Sicherheitsinteressen beider Länder davon unberührt bleiben«. Sowohl Amerika als auch die Sowjetunion hätten gewisse grundlegende Interessen: »Der Kampf in anderen Ländern sollte so geführt werden, daß keiner der beiden Staaten direkt involviert wird. Nationales Interesse oder Prestige muß unberührt bleiben.«

Auch der Parteivorsitzende wisse aus der Geschichte, daß man leicht in einen Kampf hineingezogen werde, der den Weltfrieden bedrohe, sagte Kennedy und fuhr fort: »Mein oberstes Ziel ist die Sicherung des Friedens. Wenn wir in diesem Bemühen scheitern, dann werden unsere beiden Länder auf der Seite der Verlierer stehen … Wir haben beide moderne Waffen … Wenn wir einer Fehleinschätzung zum Opfer fallen sollten, müßten unsere Länder für lange Zeit große Verluste in Kauf nehmen.«

»Fehleinschätzung!« rief Chruschtschow aufgebracht. »Das einzige, was ich von Ihren Leuten, Ihrer Presse und Ihren Freunden in Europa und sonstwo zu hören bekomme, ist dieses verdammte Wort ›Fehleinschätzung‹! Ob Amerika wolle, daß die Sowjetunion brav dasitze und wie ein Schuljunge die Hände auf das Pult lege? »Wir machen keine Fehler. Wir fangen keinen Krieg aus Unachtsamkeit an.« Moskau werde seine grundlegenden Interessen verteidigen, auch wenn die Vereinigten Staaten meinten, sie könnten das »Fehleinschätzung«

nennen. »Dieses Wort sollten Sie begraben und nie wieder verwenden«, meinte er ärgerlich. Die UdSSR wolle keinen Krieg, aber sie lasse sich auch nicht »einschüchtern«.

Dem hielt Kennedy entgegen, auch Chruschtschow wisse doch aus den Erfahrungen der Geschichte, daß »es nicht möglich ist, den nächsten Schritt eines Landes exakt vorherzubestimmen ... Westeuropa hat viel gelitten, weil es nicht genau vorhersehen konnte, wie andere Länder sich verhalten würden.« Und erst vor kurzem habe er selbst »gewisse Fehleinschätzungen« der Vereinigten Staaten eingestehen müssen. Im Koreakrieg hätten die USA »nicht vorausgesehen, was die Chinesen tun würden ... Das Ziel dieses Treffens ist es, eine größere Genauigkeit in der Beurteilung beider Seiten und ein besseres gegenseitiges Verständnis unserer Nationen zu erreichen.«

Hier stimmte Chruschtschow zu: Sollte ihr Treffen erfolgreich verlaufen, dann wäre »der damit verbundene Aufwand voll gerechtfertigt«. Im Falle eines Mißerfolges jedoch »würden die Hoffnungen der Völker enttäuscht«. Um 14.00 Uhr unterbrachen sie das Gespräch für die Mittagspause.

Im Speisezimmer kippte Chruschtschow einen Martini Dry und kommentierte: »Schmeckt wie Wodka.« Zusammen mit jeweils neun ihrer Berater ließen sich die beiden Staatsoberhäupter *Beef Wellington* schmecken. Kennedy fragte den Vorsitzenden nach seinen Orden, und Chruschtschow deutete erklärend mit dem Kinn auf seine Brust: »Dies hier ist der Lenin-Friedenspreis.« Darauf sagte Kennedy dem Dolmetscher: »Sagen Sie ihm, ich hoffe, daß man ihn ihm nie wegnimmt.« Chruschtschow lachte.

Später meinte der Generalsekretär, er habe 1960 praktisch für Kennedy »gestimmt«, indem er die RB-47-Piloten erst nach der Wahl freigelassen habe: »Damit verhinderten wir, daß Nixon für sich in Anspruch nehmen konnte, er könne mit den Russen verhandeln.« Der Präsident lachte: »Richtig. So gesehen haben Sie sich tatsächlich an dieser Wahl beteiligt und Ihre Stimme für mich abgegeben.«

Als nächstes wollte Chruschtschow wissen, wie Kennedy mit Gromyko zurechtkäme. »Ganz gut« war die Antwort, »meine Frau sagt, er hat ein sympathisches Lächeln. Aber warum fragen Sie?« Darauf Chruschtschow: »Na ja, viele meinen, Gromyko würde aussehen wie Nixon.« Schallendes Gelächter am ganzen Tisch.

Dann stand Kennedy auf, erhob sein Glas und sagte, nachdem Chru-

schtschow schon 1959 in den USA willkommen geheißen wurde, freue er sich nun, ihn auch auf diesem kleinen Stück Amerika hier in Wien begrüßen zu dürfen. Anschließend hielt auch der Generalsekretär eine Tischrede, in der er sich zunächst lobend über Eisenhower äußerte: Er sei sich »so gut wie sicher«, daß der alte General von dem U-2-Aufklärungsflugzeug am 1. Mai 1960 nichts gewußt habe; aber trotzdem habe Eisenhower edelmütig die Verantwortung dafür auf sich genommen. Er habe den General stets sehr geachtet und immer bedauert, daß sein Besuch in der Sowjetunion nicht zustande kam. Doch hoffe er nun, Präsident Kennedy in der UdSSR willkommen heißen zu dürfen, »sobald die Zeit dafür reif ist ... Der Weg ist frei.«
Um seine Zuhörer für sich zu gewinnen, erzählte Chruschtschow, wie Nixon versucht habe, das russische Volk mit Hilfe einer »Traumküche«, die es nie gab und nie geben werde, zum Kapitalismus zu bekehren. »Entschuldigen Sie, daß ich so von einem Bürger der Vereinigten Staaten spreche, aber einen solchen Unsinn konnte sich nur Nixon ausdenken.«*
Dann beklagte er sich darüber, daß sich die Sprache bei Verhandlungen der USA mit der Sowjetunion so sehr an geschäftsmäßigem Feilschen orientierte: »Ihr gebt uns dies, und wir geben euch das.« Was solle er denn nur immer zugestehen? »Wir werden beschimpft wegen kommunistischer Parteien in anderen Ländern, aber ich kenne nicht einmal ihre Führer. Ich bin zu Hause schon viel zu sehr beschäftigt.« Verächtlich sprach er von der angeblichen Notwendigkeit, in Verhandlungen müßten stets beide Seiten Zugeständnisse machen.
Die Russen, fuhr er fort, bewunderten die Amerikaner – vor allem wegen ihrer technologischen Erfolge. Er und der Präsident sollten im Interesse der Zukunft ihrer Völker zusammenarbeiten. Habe die Sowjetunion nicht amerikanische Ingenieure ausgezeichnet, die sich nach der Revolution am Aufbau des Landes beteiligt hatten? Er erinnere sich noch, daß einer dieser Ingenieure später bei einem Besuch in der Sowjetunion erzählt habe, er würde jetzt Häuser in der Türkei bauen. Natürlich hätten die Sowjets gewußt, »daß er in Wirklichkeit

---

* Diese Bemerkung bezog sich auf die amerikanische Ausstellung in Moskau 1959, bei der Chruschtschow und Nixon ihre »Küchendebatte« abhielten. Jedes Einzelteil der gezeigten Modellküche war für amerikanische Verbraucher erhältlich, doch Chruschtschow weigerte sich beharrlich, das zu glauben.

militärische Stützpunkte dort baute. Aber das mußte er schließlich mit seinem Gewissen ausmachen.«

Zum Schluß brachte Chruschtschow einen Toast auf Kennedys Gesundheit aus und fügte hinzu, er beneide den Präsidenten um seine Jugend: »Wenn ich in Ihrem Alter wäre, würde ich mich für unsere gemeinsame Sache noch mehr einsetzen. Aber auch mit meinen siebenundsechzig Jahren nehme ich jede Herausforderung noch gerne an.«

Nach dem Essen lud Kennedy den Parteichef zu einem Spaziergang im Park der Botschaft ein, bei dem sie nur von den Dolmetschern begleitet wurden. Bei seiner Lektüre der Protokolle von Eisenhowers Gesprächen mit Chruschtschow in Camp David 1959 war ihm aufgefallen, daß der Parteichef bei Spaziergängen im Wald ohne seine Gefolgschaft etwas ruhiger und zugänglicher gewesen sein sollte.

Die Sonne war gerade wieder herausgekommen. O'Donnell, der die beiden Spaziergänger von einem Fenster im oberen Stockwerk aus beobachtete, fiel auf, daß Chruschtschow dem Präsidenten mit dem Finger drohte und nach ihm »schnappte wie ein Terrier«.

Kennedys Darstellung zufolge begann Chruschtschow das Gespräch mit der Feststellung, daß sie beide eine besondere Verantwortung für den Frieden hätten: »Am besten erkläre ich Ihnen zunächst, was in meiner Macht steht und was nicht und wo ich meine Probleme und Chancen sehe. Dann erstatten Sie mir auf die gleiche Weise Bericht.« Chruschtschow erklärte später, der Präsident habe ihn auf seinen knappen Wahlsieg von 1960 aufmerksam gemacht und ihn gebeten, nicht zu viele Konzessionen zu verlangen, da er sonst um seine Wiederwahl fürchten müsse.

Der Parteichef antwortete mit einer Tirade zum Thema Berlin. Er beschwerte sich über das Beharren der Amerikaner auf der deutschen Wiedervereinigung und fügte hinzu, daß sein eigener Sohn von den Deutschen getötet worden sei. Darauf erwiderte Kennedy, auch einer seiner Brüder sei in Europa gefallen. Er sei aber nicht nach Wien gekommen, »um über einen Krieg zu reden, der vor zwanzig Jahren stattgefunden hat«. Die Vereinigten Staaten könnten den Westdeutschen nicht einfach den Rücken kehren und Berlin verlassen.

Nachdem sie um 15.20 Uhr wieder ins Musikzimmer zurückgekehrt waren, kam der Präsident nochmals auf das Gespräch vom Vormittag zurück. Er griff Chruschtschows Hinweis auf das Ende des Feudalismus auf und meinte, er verstehe diese Bemerkung so, daß der Kapitalismus angeblich vom Kommunismus abgelöst werde. Das finde er »beunruhigend«. Wie der Vorsitzende sicherlich wisse, habe die Französische Revolution »große Unruhen und Aufstände in ganz Europa« ausgelöst. Kennedy fuhr fort: »Und davor führte der Kampf zwischen Katholiken und Protestanten ... zu einem ganzen Jahrhundert voller Kriege ... Wenn Systeme im Wandel begriffen sind, bedarf es großer Achtsamkeit; heute, mit unseren modernen Waffen, mehr denn je. Wie immer sich die gegenwärtige Weltlage auch entwickelt – und niemand kann mit Sicherheit sagen, wie sie sich verändern wird –, beide Seiten sollten sich so verhalten, daß direkte Konflikte vermieden werden und die Chance, einen dauernden Frieden zu erreichen, nicht geschmälert wird.« Auch die Russische Revolution habe zu politischen Erschütterungen und »Interventionen anderer Länder« geführt.

Er wolle, so Kennedy, noch einmal darlegen, was er am Morgen mit dem Begriff »Fehleinschätzung« gemeint habe. In Washington müsse er versuchen, über Ereignisse Urteile zu fällen – »Urteile, die sich später als zutreffend herausstellen oder auch nicht«. In der Hoffnung, Chruschtschow durch ein Eingeständnis für sich zu gewinnen, sagte er, im Falle der Schweinebucht in Kuba habe er sich verschätzt, ja, mehr noch: »Es war nicht nur ein Fehler. Es war ein Versagen.«

Diese Offenheit hatte jedoch nicht die gewünschte Wirkung. Enttäuscht platzte Kennedy heraus: »Wir geben unsere Fehler zu. Und wie steht es damit bei euch?« Der Generalsekretär antwortete: »Wir auch. In der Rede vor dem Zwanzigsten Parteikongreß habe ich Stalins Fehler eingestanden.« – »Das waren aber nicht *Ihre* Fehler«, entgegnete Kennedy.

Chruschtschow fuhr ungerührt fort: Die Rede des Präsidenten vor dem Kongreß im Mai habe ihm sehr gefallen. Damals habe Kennedy erklärt, daß es schwierig sei, Ideen zu verteidigen, welche den Lebensstandard der Menschen nicht verbessern. Allerdings habe er »die falschen Schlüsse« gezogen, wenn er glaube, daß »es ein Resultat der Aktivitäten Moskaus ist, wenn ein Volk sich gegen einen Tyrannen auflehnt. Das stimmt nicht. Die Vereinigten Staaten aber wollen das nicht einsehen und beschwören so immer neue Gefahren herauf. Die Sowjetunion schürt keine Revolutionen, doch die Vereinigten Staaten glauben immer, es seien Kräfte von außen am Werk, wenn irgendwo Umwälzungen stattfinden.«

Der Parteichef stellte die Frage, wie er und der Präsident je zu einem Ergebnis kommen sollten, wenn die Vereinigten Staaten jede Revolution, wo auch immer sie stattfände, sofort als kommunistische Intrige abstempelten. Die Sowjetunion »unterstützt das Streben der Völker nach Freiheit«; Anstifter von Revolutionen aber seien die USA, indem sie »diktatorische Regime« unterstützten.

Chruschtschow wies auf das Beispiel Kuba hin. Während der späten fünfziger Jahre hätten die amerikanischen Kapitalisten Batista gegen Castro unterstützt, »und darum wandte sich der Zorn des kubanischen Volks gegen die USA«. Der Entschluß des amerikanischen Präsidenten, Einheiten nach Kuba zu schicken, habe »nur die revolutionären Kräfte und Castros Position gestärkt, denn das kubanische Volk befürchtete, die Früchte der Revolution zu verlieren und wieder einen Batista zu bekommen«.

Castro, fuhr er mit warnendem Ton in der Stimme fort, sei gar kein Kommunist, »doch die Amerikaner sind auf dem besten Wege, ihn zu einem geradezu vorbildlichen Kommunisten zu machen«. Der Präsident habe den Angriff auf Kuba damit rechtfertigen wollen, daß die Sicherheit der Vereinigten Staaten bedroht sei, aber: »Können sechs Millionen Kubaner die mächtigen USA bedrohen?« Wenn sich die Vereinigten Staaten von Kuba bedroht fühlten – was solle die Sowjetunion da im Hinblick auf Länder wie die Türkei und den Iran sagen? »Diese Länder sind Verbündete der USA, und sie haben amerikanische Militärbasen und sogar Raketen.«

Dann mokierte sich Chruschtschow über den Anspruch des Schah, seine Macht sei von Gott gesandt. Es sei doch »allgemein bekannt«, daß der Vater des Schah die Macht einfach an sich gerissen habe, und der sei ja nun nicht Gott, sondern ein ganz einfacher Armeehauptmann. »Wenn die USA glauben, überall Handlungsfreiheit zu besitzen, was soll dann die UdSSR tun? Die USA haben mit ihrer Unterstützung des Schah einen Präzedenzfall geschaffen. Die UdSSR ist stärker als die Türkei und der Iran, ebenso wie die Vereinigten Staaten stärker sind als Kuba.« Er warnte, daß diese Situation, »um die Worte des Präsidenten zu gebrauchen«, ebenfalls zu einer »Fehleinschätzung« führen könne.

Kennedy erwiderte, er »habe nichts für Batista übrig«. Und wenn der Schah die Situation seines Volkes nicht verbessere, dann würden auch im Iran Veränderungen notwendig werden.* Er kritisiere an Castro

---

* Diese Bemerkung kam dem Schah zu Ohren, der daraufhin befürchtete, Kennedy könnte Pläne zu seiner Entmachtung schmieden.

nicht, daß dieser Handelsmonopole beseitigt habe, sondern daß »er das Recht auf freie Wahl zerstört und offen erklärt hat, er wolle Kuba als Basis für eine Expansion in benachbarte Regionen benutzen«. Dies könne »unter Umständen eine Bedrohung für die Vereinigten Staaten sein«. Zu den amerikanischen Militärstützpunkten in der Türkei und im Iran meinte Kennedy: »Diese Länder sind so schwach, daß sie für die UdSSR keinerlei Bedrohung darstellen können – ebensowenig wie Kuba für die Vereinigten Staaten.«

Der Präsident erinnerte Chruschtschow daran, daß die Sowjetunion erklärt habe, sie würde keine feindlichen Regierungen in ihrem Interessengebiet tolerieren. Was würde der Generalsekretär tun, wenn in Warschau eine proamerikanische Regierung an die Macht käme? »Die Vereinigten Staaten treten ein für die freie Entscheidung aller Völker.« Hätte Castro in diesem Geist gehandelt, dann hätte er vielleicht Unterstützung von den USA bekommen.

Kennedy wiederholte, es »wäre beunruhigend, wenn die weltweiten Veränderungen des Gleichgewichts der Kräfte ohne Rücksicht auf die vertraglichen Verpflichtungen und den Ruf unserer beiden Länder stattfänden«. Falls einzelne Regierungen es versäumten, ihren Völkern einen besseren Lebensstandard zu verschaffen, und sich statt dessen »nur für die Interessen einer kleinen Gruppe« engagierten, dann seien ihre Tage gezählt.

Darauf erwiderte Chruschtschow: »Daß Castro keine Wahlen abgehalten hat, ist eine innere Angelegenheit Kubas, und niemand kann daraus ein Recht auf Intervention ableiten. Wenn Castro seinem Volk keine Freiheit gibt, wird er es verlieren und ebenso gestürzt werden wie Batista.«

Der Generalsekretär fuhr fort, er hoffe, daß sich die amerikanisch-kubanischen Beziehungen verbessern würden: »Das mag für die Vereinigten Staaten vielleicht seltsam klingen, aber die UdSSR geht davon aus, daß eine derartige Änderung nicht nur auf dem amerikanischen Kontinent zu einer Verbesserung der Beziehungen führen könnte, sondern auf der ganzen Welt.« Noch einmal verglich er Kuba mit der Türkei: Als die Regierung in Ankara im Mai 1960 gestürzt wurde, sei die Sowjetunion neutral geblieben. »Sie hat den Regierungswechsel als interne Angelegenheit dieses Landes betrachtet.«

Nun wandte sich Chruschtschow dem nächsten Konfliktpunkt, nämlich der Laos-Frage, zu. Er begann mit der Feststellung, der Präsident wisse doch »sehr gut«, daß die Vereinigten Staaten hinter dem Putsch gegen Souvanna Phouma im Dezember 1960 gestanden hätten. Man solle doch »ehrlich sein und zugeben«, daß sowohl die USA als auch die UdSSR Waffen nach Laos schickten. Aber wie schon beim Sieg Mao Tse-tungs über Tschiang Kai-schek »wird auch hier die von der UdSSR unterstützte Seite schließlich erfolgreich sein, weil nämlich die von den Vereinigten Staaten gelieferten Waffen gegen das Volk gerichtet sind«.

Der Präsident und er müßten in der Laos-Frage Geduld zeigen: »Wenn die Vereinigten Staaten alte, zum Tode verurteilte, reaktionäre Regime unterstützen, schaffen sie dadurch einen Präzedenzfall für die Einmischung in interne Angelegenheiten. Das könnte zu einem offenen Konflikt unserer beiden Länder führen.«

Dem hielt Kennedy entgegen: »Wir sind der Meinung, daß zwischen den chinesisch-sowjetischen Streitkräften und den Streitkräften der Vereinigten Staaten und Westeuropas ein ungefähres Gleichgewicht besteht.« Er wolle das jeweilige militärische Potential dieser Länder nicht im Detail diskutieren, aber so sehe er die momentane Situation. Von dieser Erklärung Kennedys war Chruschtschow geradezu hingerissen. Bis zum Ende seines Lebens rühmte er sich, daß der Präsident der Vereinigten Staaten auf diesem Gipfeltreffen ein annäherndes Kräftegleichgewicht zwischen den beiden Supermächten anerkannt hatte. Als er in den späten sechziger Jahren seine Memoiren diktierte, lobte er Kennedy darin für seine Einsicht, daß die gewaltige ökonomische und militärische Macht des Ostblocks es den Vereinigten Staaten und ihren Verbündeten unmöglich gemacht habe, einen »Krieg gegen uns« in Erwägung zu ziehen.

Präsident Kennedy erklärte nun, die Vereinigten Staaten hätten drei grundlegende Ziele. Erstens: »freie Entscheidung durch freie Wahlen für alle Menschen«, zweitens: »Verteidigung unserer strategischen Interessen« und drittens: die Sicherstellung, daß eventuelle Veränderungen während der sechziger Jahre »das globale Gleichgewicht der Kräfte nicht ernsthaft stören« würden. Ein solcher Störfaktor wäre zum Beispiel das wachsende militärische Potential Chinas. Mit dieser Bemerkung wollte er möglicherweise ausloten, ob Chruschtschow an gemeinsamen Maßnahmen interessiert war, um China vom Erwerb nuklearer Waffen abzuhalten.

Doch der Generalsekretär erklärte dazu nur, die Vereinigten Staaten sollten China anerkennen, seiner Aufnahme in die UNO zustimmen und die »Okkupation« Taiwans beenden. Wäre die Sowjetunion an Chinas Stelle, so hätte sie Taiwan schon längst angegriffen. (Das war Unsinn: Tatsächlich hatten die Sowjets Mao in seinen Bestrebungen gebremst, gegen Taiwan vorzugehen.) Der Präsident wies auf Pekings »permanente Feindseligkeit« gegenüber den Vereinigten Staaten hin und bemerkte, daß die Taiwan-Frage strategische Interessen Amerikas berühre.

Von Bolschakow wußte Kennedy, daß Chruschtschow beim Thema Laos eventuell zu Zugeständnissen bereit sein könnte. Er sagte deshalb, Laos sei »zwar strategisch gesehen relativ unwichtig«, doch seien die Vereinigten Staaten durch die SEATO (den Südostasiatischen Sicherheitspakt) in diesem Teil der Welt Verpflichtungen eingegangen. Er gebe allerdings »ehrlich zu«, daß die amerikanische Politik in Südostasien nicht immer »weise« gewesen sei.

Bis jetzt habe er noch nicht feststellen können, »was die Leute in dieser Region wirklich wollen«. Es gäbe da neun- oder zehntausend Pathet Lao, die zwei klare Vorteile auf ihrer Seite hätten: »erstens, daß sie für Veränderung eintreten«, und zweitens, daß sie »nicht nur materielle Unterstützung, sondern auch personelle Verstärkung durch die Viet Minh bekommen. Das macht sie um einiges stärker.« Im März hätten er und der Generalsekretär sich auf ein »neutrales und unabhängiges Laos geeinigt«. Nun aber müßten sie »eine Lösung finden, die weder dem Ruf noch den Interessen unserer Länder schadet« und die einen Waffenstillstand und dessen Sicherung beinhalte.

Chruschtschow wechselte das Thema: Er wolle »ein paar Worte sagen über sogenannte Guerillakriege gegen Regime, die den Vereinigten Staaten nicht willkommen sind. Es ist in den USA viel über diese Art von Krieg geredet worden, aber das ist eine gefährliche Politik.«

Der Präsident könne ihm ruhig glauben, daß es »hoffnungslos« sei, wenn die Vereinigten Staaten Guerillakämpfer in ein Land schicken, die vom Volk nicht unterstützt würden. »Wenn es sich aber um einheimische Guerilleros handelt, ist jeder Busch ihr Verbündeter.« Er erinnerte daran, daß er in der Roten Armee gedient habe: »Obwohl sie sehr schlecht ausgerüstet war, siegte sie, weil das Volk auf ihrer Seite war.«

Chruschtschow argumentierte weiter: »In unserer modernen Zeit ist es nicht mehr wie früher. Die heutigen Waffen sind schrecklich.« Es sei ihm nicht bekannt, ob tatsächlich ein Gleichgewicht der Kräfte bestünde, aber das spiele auch gar keine Rolle: »Beide Seiten wissen ganz genau, daß sie genug Macht haben, um die andere Seite zu vernichten. Und aus diesem Grunde sollten solche Einmischungsversuche vermieden werden.«

Amerika, fuhr er fort, unterstütze kolonialistische Mächte, »und deshalb sind die Menschen gegen die USA. Es gab eine Zeit, in der Amerika ein Führer im Kampf für die Freiheit war. Damals weigerte sich der russische Zar sechsundzwanzig Jahre lang, die Vereinigten Staaten anzuerkennen, weil er diesen Staat als ungesetzlich betrachtete. Heute verweigern die Vereinigten Staaten dem neuen China die Anerkennung. Es hat sich einiges verändert, nicht wahr?«

Kennedy gab zu bedenken, daß die Rede des Generalsekretärs vom Januar, in der er nationale Befreiungskriege befürwortet hatte, die Amerikaner sehr beunruhigt habe: »Tatsache ist, daß immer eine bestimmte Gruppe die Macht ergreift, und zwar in der Regel durch militärische Gewalt.« Manche dieser Gruppen würden von der Sowjetunion unterstützt, manche auch von den Vereinigten Staaten. »Nehmen wir einmal die Situation in Vietnam. Dort gibt es etwa sieben- bis fünfzehntausend Guerillakämpfer. Wir glauben nicht, daß sie den Willen des Volkes repräsentieren ... Die UdSSR mag das glauben. Aber das Problem ist, daß wir bei der Unterstützung der jeweiligen Gruppen eine direkte Konfrontation vermeiden müssen.«

Chruschtschows Antwort darauf war, er und der Präsident hätten unterschiedliche Vorstellungen, was unter einem Befreiungskampf zu verstehen sei. Wenn die »einzige Zuflucht eines Volkes im bewaffneten Aufstand besteht«, dann sei das für die Sowjetunion ein gerechter Krieg. »Die Vereinigten Staaten selbst haben sich gegen die Briten erhoben – eine historische Tatsache, die sogar die Sowjetunion mit Stolz auf die Vereinigten Staaten erfüllt. Aber sie haben ihre Haltung geändert. Heute sind sie dagegen, daß andere Völker ihrem damaligen Beispiel folgen.«

Wenn ein afrikanisches Land das sozialistische System übernehme, »würde das nur ein paar Tropfen mehr im Eimer der kommunistischen Machtfülle bedeuten ... Aber es wäre ein Ausdruck des Volkswillens. Käme es in einem solchen Fall zu einer Einmischung, dann könnte das eine Kettenreaktion und möglicherweise sogar einen Krieg zwischen unseren beiden Ländern auslösen.«

Noch einmal beklagte sich Chruschtschow über die amerikanischen Militärstützpunkte rund um die Sowjetunion: »Das ist sehr unklug, und es belastet die Beziehungen zwischen unseren Ländern. Die

Staaten, in denen sich diese Stützpunkte befinden, verschwenden Geld für militärische Einrichtungen, während die Bevölkerung in größter Armut lebt. Auf diese Weise haben die Völker nur die Wahl zwischen einer militaristischen Entwicklung oder dem Aufstand. Wir müssen also besonnen sein und unsere Streitkräfte im eigenen Land belassen.«

Kennedy versuchte klarzustellen, daß er nicht gegen jedes Land mit einer anderen Gesellschaftsordnung sei: »Jugoslawien, Indien und Burma stellen für die Vereinigten Staaten absolut kein Problem dar ... Es wäre aber ein strategisches Problem, wenn der Kommunismus in gewissen Gebieten siegen und diese Länder sich dann fest mit der Sowjetunion verbünden würden.«

Für den Fall, daß Chruschtschow seine Anspielung auf die Situation in Kuba nicht bemerkt hatte, wiederholte der Präsident noch einmal, ob es den Generalsekretär nicht beunruhigen würde, wenn das polnische Volk sich dem Westen zuwendete: »Man könnte doch wirklich leicht zu der Ansicht kommen, daß es nicht unbedingt hinter der gegenwärtigen Regierung steht.«

Chruschtschow erwiderte ärgerlich, was in Polen geschehe, ginge den Präsidenten nichts an: »Polen hat eine gute Regierung, eine demokratischere Regierung als die USA. Die Wahlgesetze Polens sind ehrlicher als die der Vereinigten Staaten.« In Amerika gebe es doch nur deshalb Parteien, um die Menschen zu täuschen. Wenn es die Prämisse der amerikanischen Politik sei, lediglich das bestehende Kräftegleichgewicht zu erhalten, dann wollten die USA nicht wirklich eine friedliche Koexistenz. Vielleicht, meinte der Parteichef, suche Amerika nur einen Vorwand für einen Krieg.

Er erklärte, der Präsident irre sich, wenn er glaube, in Laos seien Streitkräfte der Viet Minh im Einsatz: »Tatsache ist, daß die Vereinigten Staaten die militärischen Aktionen begonnen haben, und zwar von Thailand aus!«

Bolschakows Versicherungen zum Trotz konnte Kennedy bei dem Generalsekretär keine Bereitschaft zu Zugeständnissen in der Laos-Frage erkennen. Schließlich einigten sie sich darauf, daß jede Seite ihre laotischen Mandanten zur Kooperation mit der Kommission bewegen sollte, die zur Ausarbeitung eines Waffenstillstands eingesetzt worden war. Mit einem Lächeln meinte der Präsident, wenn sie schon nicht einer Meinung über die Vorzüge des amerikanischen Wahlsystems seien, dann sollten sie doch wenigstens in diesem Punkt zu einer

Übereinstimmung gelangen. Unfreundlich gab Chruschtschow zurück, die amerikanischen Wahlen seien eine »interne Angelegenheit Amerikas«.

Um 18.45 Uhr begleitete Kennedy den Parteichef zu seinem Wagen. Henry Brandon von der *Sunday Times*, ein Freund des Präsidenten, hatte den Eindruck, Kennedy sei »etwas benommen« gewesen. Nach Chruschtschows Abfahrt erkundigte sich der Präsident bei Thompson: »Läuft das immer so?« Der Botschafter gab ihm zur Antwort: »Bis jetzt steht es eins zu eins.«

Während der Präsident sich bei einem heißen Bad entspannte, erzählte ihm Dave Powers, er habe ihn und Chruschtschow beim Spaziergang im Garten beobachtet: »Sie haben einen ziemlich ruhigen Eindruck gemacht, obwohl er Sie ganz schön zur Brust nahm.« Kennedy mußte wieder an die Schimpftirade des Parteivorsitzenden denken und gab zur Antwort: »Ich muß daran denken, nächstes Mal das Wort ›Fehleinschätzung‹ zu vermeiden.«

Es war Kennedy bekannt, daß der Generalsekretär Eisenhower für dessen weitgehendes Vertrauen in seine Berater verachtet hatte. Deshalb hatte er versucht, Chruschtschow durch Selbstsicherheit, Beherztheit, kraftvolles Auftreten und Sachkenntnis zu beeindrucken, ohne auf Aufzeichnungen oder seine Berater zurückzugreifen.

Dabei machte er allerdings den Fehler, daß er sich zu ideologischen Diskussionen verleiten ließ. Nach den sehr erfolgreichen Debatten mit Humphrey und Nixon im Präsidentschaftswahlkampf von 1960 und den hervorragenden Kritiken für seine Pressekonferenzen hatte er offensichtlich geglaubt, Chruschtschow in einer Diskussion über Kapitalismus versus Kommunismus zu schlagen.

Sein Kontrahent jedoch besaß nicht nur den Vorteil, daß er sich schon seit einem halben Jahrhundert als Agitator für seine Weltanschauung betätigte, sondern er verfocht die Sache des Kommunismus auch mit leidenschaftlichem Idealismus. Und dem konnte der skeptische Pragmatiker Kennedy mit seinen hauptsächlich für den Wahlkampf 1960 erarbeiteten Argumenten nichts entgegensetzen. Er behauptete, die Vereinigten Staaten seien eine revolutionäre und antikolonialistische Nation – auch wenn sie Boun Oum, den Somozas und dem Schah den Rücken stärkten. Als er sagte, die Tage einer Regierung seien gezählt, wenn sie sich »nur für die Interessen einer kleinen Gruppe engagiert«, hatte wohl nur die Höflichkeit Chruschtschow von der Bemerkung abgehalten, damit habe der Präsident sein eigenes Gesellschaftssystem exakt beschrieben.

Kennedys zynische Einstellung gegenüber Politikern und seine Unduldsamkeit gegenüber Ideologen leisteten ihm im Umgang mit Chruschtschow schlechte Dienste. Er hatte Thompsons Warnung ignoriert, die Lobeshymnen des Parteichefs für den Kommunismus seien mehr als bloße Worte: »Er ist wirklich davon überzeugt.« Kennedys Bemerkung, er könne nicht alle Meinungen und politischen Schritte seiner Vorgänger verteidigen, war für Chruschtschow zweifellos nicht mehr als ein Zeichen von Unentschlossenheit.

Wenn er Chruschtschow bat, einem Waffenstillstand im Kalten Krieg zuzustimmen, ging Kennedy davon aus, daß die öffentlich vertretenen Ansichten des Generalsekretärs zum Weltkommunismus ein politischer Standpunkt waren, den dieser im vertraulichen Gespräch revidieren könnte. Damit verlangte er aber von dem Parteichef, seine grundlegendsten Überzeugungen über Bord zu werfen und vor allem die amerikanische Vorherrschaft zu akzeptieren. In den Augen Chruschtschows dürfte ein solcher Vorschlag daher symptomatisch für die Arroganz amerikanischer Macht gewesen sein. Er konnte Kennedys Angebot nur zurückweisen und seinen eigenen Standpunkt um so kämpferischer vertreten.

Tausend Journalisten warteten im riesigen marmornen Ballsaal in der Hofburg. Salinger und Michail Charmalow verlasen zunächst eine amerikanisch-sowjetische Erklärung, welche besagte, die Gespräche des ersten Tages seien in einer offenen und freundlichen Atmosphäre verlaufen. Man habe dabei zahlreiche Themen berührt. Charmalow äußerte die Hoffnung, das Treffen am Sonntag werde »ebenso fruchtbar wie das heutige« sein. Chalmers Roberts von der *Washington Post* erkundigte sich bei Salinger, ob auch er der Meinung sei, daß die Gespräche »fruchtbar« verlaufen seien. Dieser verwies ihn auf die offizielle Erklärung, was Roberts für »einen offenkundigen Hinweis« darauf hielt, »daß nicht alles so rosig war, wie Charmalow uns glauben machen wollte«.

Im österreichischen Außenministerium hatte sich während der Gespräche des ersten Tages jemand einen seltsamen Scherz erlaubt: Für Chruschtschows Frau war der Besuch einer Cézanne-Ausstellung arrangiert worden, während Mrs. Kennedy zu einer Fabrikbesichtigung geschickt wurde. Wie schon in Paris brachte Jacqueline auch hier jedesmal den Straßenverkehr zum Erliegen, wenn sie in der Stadt unterwegs war. Als sie zum Mittagessen ein romantisches Restaurant aufsuchte, ging der *Maître d'hôtel* persönlich nach draußen, um anzukündigen, daß Mrs. Kennedy »bereits beim Dessert angekommen« sei. Die Menschen jubelten. Am Nachmittag sagte sie eine Klosterbesichtigung ab, um sich etwas auszuruhen.

Am Samstag abend wurde ein Galadiner in Schloß Schönbrunn gegeben. Die ehemalige Sommerresidenz der Habsburger war an diesem Abend mit Frühlingsblumen übersät. Als der Wagen mit den Kennedys an dem hell erleuchteten Tor ankam, rief jemand aus dem Dunkel: »Die amerikanische Prinzessin!«

Der Präsident begrüßte Chruschtschow und mußte sich dabei für eine kleine Verspätung entschuldigen. Der Parteichef trug keine schwarze Fliege um bürgerlichen Gepflogenheiten entgegenzutreten, hatte er für seine gesamte Delegation Geschäftskleidung angeordnet. Er hätte es auch vorgezogen, wenn Nina Petrowna, seine Frau, nicht nach Wien mitgekommen wäre, doch in diesem Punkt beugte er sich wie schon bei seiner Amerikareise von 1959 den westlichen Gepflogenheiten. Als Fotografen ihn baten, mit Kennedy einen Händedruck auszutauschen, warf er einen Seitenblick auf die amerikanische First Lady, die ein glitzerndes, ärmelloses langes Kleid und lange, weiße Handschuhe trug: »Zuerst möchte ich *ihr* die Hand geben.«

»Kennedys Frau war noch sehr jung, und die Journalisten bezeichneten sie stets als große Schönheit«, erinnerte sich der Parteichef später. »Auf mich hat sie ja nicht gerade wie eine fesselnde Schönheit gewirkt, aber sie war jung, lebendig und sehr angenehm ... Als Leiter der sowjetischen Delegation war es mir vollkommen egal, was für eine Frau er hatte. Es war seine Sache, wenn er sie mochte; man konnte ihnen nur Glück wünschen.«

De Gaulle hatte Jacqueline vor Chruschtschows Frau gewarnt: »*Plus maline que lui.*« Vielleicht stand sie zu sehr unter dem Eindruck dieser harten Aussage, als sie Nina Petrowna als »hart und zäh« beschrieb. Doch dieses Urteil tat ihr unrecht. Chruschtschows Frau war eine starke Persönlichkeit; in der Beurteilung von Menschen war sie scharfsichtiger als ihr Mann, und vielleicht war sie sogar eine noch idealistischere Kommunistin als er. Gleichzeitig aber war sie auch eine ungewöhnlich liebevolle und warmherzige Frau. Während der harten und brutalen Jahre unter Stalin hatte sie ihrem Mann sehr geholfen, seine Menschlichkeit zu bewahren.

Das Diner wurde auf feinem Habsburger Porzellan zu den Klängen der »Schönen blauen Donau« und anderer Wiener Walzer serviert. Dr. Travell schrieb in ihr Tagebuch: »In meinen kühnsten Träumen hätte ich mir nicht vorstellen können, mit Chruschtschow an einem Tisch zu speisen!« Während des Diners amüsierte der Parteichef Jacqueline mit Anekdoten. Er fand sie »sehr schlagfertig. Mit anderen Worten: Wenn man nicht auf der Hut war, konnte sie einen problemlos zum Schweigen bringen.«

Chruschtschow rückte näher an Jacqueline und gab für sie eine Geschichte nach der anderen zum besten. Da sie von Lesley Blanchs Roman *Sabres of Paradise* sehr begeistert war, erkundigte sie sich bei ihm über die Ukraine im neunzehnten Jahrhundert. Als Chruschtschow ihr daraufhin erzählte, es gebe dort jetzt wesentlich mehr Lehrer als damals in der Zarenzeit, winkte sie ab: »Bitte langweilen Sie mich nicht mit Statistiken.«

Der Parteichef mußte lachen, und für einen Augenblick fand sie ihn »fast gemütlich«. Dann fiel ihr ein, daß eine der Hündinnen, die von den Sowjets in den Weltraum geschickt worden waren, Junge bekommen hatte. Sie bat ihn: »Wollen Sie mir nicht eines davon schenken?«

Dem Diner folgten eine Opernaufführung und ein Ballett, und danach kehrten die Kennedys in die amerikanische Botschaft zurück. Bohlen hatte den Eindruck, der Präsident sei »ein bißchen bedrückt«, weil es ihm nicht gelungen war, Chruschtschow zur Erhaltung des gegenwärtigen globalen Gleichgewichts der Kräfte zu überreden, und versuchte ihn zu trösten: »Die Sowjets waren schon immer zähe Verhandlungspartner.«

Thompson war »sehr verärgert« darüber, daß Kennedy seinen Rat mißachtet hatte, er solle sich nicht auf Ideologisches einlassen. Der Präsident erkenne offenbar immer noch nicht, daß »ein Kommunist wie Mr. Chruschtschow« auf dieser Argumentationsebene »gar keine Zugeständnisse machen kann, selbst wenn er es wollte«. Kohler warf die Frage auf, ob es richtig war, daß sich die beiden Staatschefs so kurz nach dem Mißerfolg in Kuba getroffen hatten: »Jeder, der Chruschtschow kennt, hätte eigentlich wissen müssen, daß eine Sache wie die Schweinebucht seinen Appetit nur noch größer macht.«

Alle drei drängten Kennedy, am Sonntag nur über konkrete Themen zu sprechen. Der Präsident versuchte, ihre Bedenken zu zerstreuen: Wenn Chruschtschow Wien verlasse, »dann wird er den Standpunkt der Vereinigten Staaten begriffen haben«. Rusk schlug Kennedy vor, bei der nächsten Unterredung mit dem Generalsekretär den folgenden Ansatz zu wählen: »Sie machen keinen Kommunisten aus mir, und ich erwarte ebensowenig von Ihnen, daß Sie zum Kapitalisten werden – kommen wir also zur Sache.«

Am Sonntag wurden Kennedy und Rusk zu der von Kastanienbäumen umgebenen sowjetischen Botschaft gefahren, die sich gleich neben einer russisch-orthodoxen Kirche befand. Tausende von Wienern, die gekommen waren, um die amerikanische First Lady zu sehen, waren enttäuscht, weil nur der Außenminister mit im Wagen saß. Ironisch bemerkte Kennedy: »Rusk, Sie sind ein toller Ersatz für Jackie!« Der Außenminister befürchtete, daß diese überschwengliche öffentliche Anteilnahme an der amerikanischen Delegation die Verhandlungen mit Chruschtschow erschweren könnte.
Kennedy stieg aus dem Wagen aus, und Chruschtschow kam ihm freudestrahlend entgegen: »Ich begrüße Sie auf diesem kleinen Stückchen sowjetischen Territoriums. Manchmal trinken wir nur aus kleinen Gläsern, aber wir reden mit um so mehr Gefühl.« Kennedy nickte: »Das höre ich gerne.« Mit diesen Worten gingen sie ins Haus.

Kapitel 9

»Er machte mir die Hölle heiß«

In der sowjetischen Botschaft geleitete Chruschtschow den Präsidenten die große Treppe hinauf in das in rotem Damast gehaltene Empfangszimmer. Rusk, Bohlen, Thompson, Kohler, Gromyko, Dobrynin und Menschikow nahmen an einem langen Tisch Platz. »Warum so distanziert«, wandte sich der Generalsekretär an die beiden Außenminister, »kommen Sie doch näher, und machen Sie ein bißchen bei uns mit!«

Kennedy folgte dem Rat seines Außenministers, sogleich zur Sache zu kommen, und meinte, falls sie sich schon auf sonst nichts einigen könnten, dann doch wenigstens im Hinblick auf Laos. Die Vereinigten Staaten hätten diesem kleinen Land gegenüber zwar vertragliche Verpflichtungen, wollten aber andererseits ihr Engagement dort reduzieren. Er hoffe, die Sowjetunion werde ebenso verfahren: »Laos ist nicht so wichtig, daß wir uns dort so sehr hineinziehen lassen sollten.«

Chruschtschow erwiderte, auch die Sowjetunion habe nicht den Wunsch, in solch abgelegenen Regionen Verpflichtungen zu übernehmen. Sie habe sich nur auf Ersuchen Souvanna Phoumas, der die »einzige legitime Regierung« des Landes repräsentiere, in Laos engagiert. Kennedys Hinweis auf amerikanische Verpflichtungen beeindruckte ihn nicht: »Die USA haben kein Recht, sich überall auf der Welt mit ›Gefälligkeiten‹ einzumischen«, meinte er.

Der Präsident möge seine schonungslose Offenheit entschuldigen, fuhr der Parteichef fort, aber die ganze amerikanische Politik sei doch nur ein Ausdruck von Größenwahn: »Die Vereinigten Staaten sind so reich und mächtig, daß sie glauben, sie hätten Privilegien und könnten es sich leisten, die Rechte anderer Nationen mit Füßen zu treten.«

Die Sowjetunion werde auch weiterhin andere Völker in ihrem Kampf um Unabhängigkeit unterstützen. »Wie der Präsident festgestellt hat, sind unsere militärischen Potentiale etwa gleich ... Große

Zurückhaltung ist geboten, denn es geht hier um Prestige und nationale Interessen. Wir sollten uns nicht gegenseitig auf die Füße treten, und wir sollten auch nicht gegen die Rechte anderer Nationen verstoßen.«

Kennedy entgegnete, die amerikanischen Verpflichtungen in Laos stammten aus der Zeit vor seinem Amtsantritt am 20. Januar. Aus welchen Gründen sie eingegangen worden seien, stehe hier nicht zur Debatte. Er jedenfalls wolle sich aus Laos zurückziehen: »Was also zur Debatte steht, ist die Zusicherung eines Waffenstillstands und die Einstellung aller Kampfhandlungen.«

Der Parteichef erwiderte, er könne in Laos Kennedys »eigene Handschrift« erkennen. »Ich habe alle Ihre Reden gelesen.« Schließlich habe der Präsident selbst angeordnet, daß die US-Militärberater in Laos amerikanische Uniformen tragen sollten. Außerdem habe er selbst den Einsatz von Marines befohlen und diesen Befehl später wieder rückgängig gemacht.

Als Kennedy einwarf, daß er nie Marines nach Laos beordert habe, entgegnete Chruschtschow, in der amerikanischen Presse habe er aber etwas anderes gelesen. Der Westen sei, wenn »es um versteckte Drohungen geht, viel raffinierter als der Ostblock. Immer wieder gibt man zu verstehen, daß Marines zum Einsatz kommen könnten. Aber jeder Ingenieur weiß, es ist ein physikalisches Gesetz, daß jede Aktion eine Reaktion zur Folge hat. Sollten also die Vereinigten Staaten ihre Marines einsetzen, so könnten andere Länder mit dem Einsatz ihrer Streitkräfte reagieren. Ein weiteres Korea oder sogar noch Schlimmeres könnte das Resultat sein.«

Chruschtschow versprach, alles zu tun, um die laotischen Streitkräfte dazu zu bewegen, eine wirklich neutrale Regierung einzusetzen. Man solle den sowjetischen und den amerikanischen Außenminister »so lange in ein Zimmer einsperren, bis sie eine Lösung gefunden haben«. Gromyko meinte scherzhaft, das Palais des Nations in Genf sei ja »ein großes Gebäude mit vielen Zimmern«.

Kennedy betonte ein weiteres Mal, es liege ihm viel daran, »die US-Armee aus Laos herauszubekommen«. Er habe den Einsatz von Marines dort nicht einmal in Erwägung ziehen wollen, da er gewußt habe, daß eine solche Aktion eine »Reaktion« zur Folge haben würde, die den Frieden in dieser Gegend gefährden könnte.

Dem pflichtete Chruschtschow bei und fügte hinzu: »An der Front ist die Lage nie stabil. Schon ein einziger, versehentlich abgegebener

Schuß kann von der anderen Seite als Verletzung des Waffenstillstands betrachtet werden. Deshalb sollte man an einen Waffenstillstand auch nicht andere Bedingungen knüpfen ... Das grundlegende
Problem in Laos besteht darin, daß die drei involvierten Mächte zu
einer Einigung kommen müssen, die die Bildung einer wirklich neutralen Regierung gewährleistet.«

Anschließend ging der Parteivorsitzende auf das Thema Nukleartests
ein. Im Mai hatte Georgi Bolschakow Robert Kennedy gegenüber
geäußert, Chruschtschow sei bereit, bis zu zwanzig Inspektionen vor
Ort im Jahr zu tolerieren, wenn diese Regelung einem Teststopp-
Vertrag dienlich wäre.
Falls der Präsident damit rechnete, daß dies das letzte Wort wäre,
wurden seine Erwartungen enttäuscht. Chruschtschow erklärte, drei
Inspektionen pro Jahr würden »genügen«: »Mehr kämen Spionagetä-
tigkeit gleich, und darauf kann sich die Sowjetunion nicht einlassen.«
Der Westen solle doch einfach einer vollständigen Abrüstung zustimmen. Dann wäre Spionage nicht mehr möglich, »weil es dann einfach
keine Waffen mehr gäbe«. Wenn beide Seiten guten Willen zeigten,
dann könne ein solches Übereinkommen innerhalb von zwei Jahren
erreicht werden.
Der Generalsekretär fügte hinzu, eine Kommission zur Überwachung
des Atomteststopp-Abkommens müsse von einem Dreiergremium
geleitet werden: Das Verhalten von Hammarskjölds UN-Truppen im
Kongo habe gezeigt, daß es zwar neutrale Staaten gebe, aber keine
neutralen Menschen. Entmutigt erkundigte sich Kennedy, ob Chruschtschow wirklich glaube, es sei »unmöglich, einen Menschen zu
finden, der sich sowohl den USA als auch der UdSSR gegenüber
neutral verhalten könnte«. Der Parteichef nickte.
Doch Kennedy verweigerte sein Einverständnis gegenüber einem
Vertrag, der den Sowjets ein Vetorecht bei Kontrollmaßnahmen eingeräumt hätte. Das sei, wie wenn er und Chruschtschow in benachbar-
ten Zimmern leben würden und »keiner ohne die Zustimmung des
anderen in dessen Zimmer hinein könnte«, um nachzusehen, wenn
etwas Verdächtiges passierte. Einen solchen Vertrag »könnte der US-
Senat nicht gutheißen«. Er warf die Frage auf, wie der Generalsekretär
ohne geeignete Verifizierungsmaßnahmen seine eigenen Leute, die
den USA die Durchführung geheimer Tests vorwarfen, überzeugen
wolle. Allerdings sei dieses Problem für die Russen nicht so schwer-

wiegend, weil die Vereinigten Staaten ja eine offene Gesellschaft seien.

Der Generalsekretär erklärte, ein Teststopp- Abkommen sei nicht so wichtig: »Die Gefahr eines Krieges würde bleiben, denn die Produktion von nuklearer Energie, Raketen und Bomben würde unvermindert fortgesetzt werden. Aber was die Menschen wollen, ist Frieden, und deshalb sollte es ein Abkommen über allgemeine und vollständige Abrüstung geben«. In diesem Falle würde die Sowjetunion jeglichen Kontrollen zustimmen, »ohne überhaupt den Text des Dokuments zu lesen«.

Kennedy räumte ein, daß ein Teststopp die Anzahl der Atomwaffen auf beiden Seiten nicht automatisch verringern würde. »Er würde auch die Produktion solcher Waffen nicht einschränken«, argumentierte er weiter, »aber er würde die Entwicklung atomarer Waffen in anderen Ländern sehr erschweren – wenngleich man natürlich nicht sagen kann, was die Zukunft bringt ... Großbritannien besitzt eine gewisse Anzahl solcher Waffen, und auch Frankreich ist auf dem besten Weg dazu. Wenn wir uns nicht auf ein Abkommen über ein Atomwaffenverbot einigen können, werden zweifellos auch andere Länder bald mit der Produktion von Atomwaffen beginnen.« Der Präsident vermied es aus diplomatischen Gründen, den Namen China zu nennen, und meinte statt dessen nur: »Wenn wir kein Abkommen abschließen, wird es in ein paar Jahren zehn oder fünfzehn Atommächte geben.« Chruschtschow müsse trotz seiner Furcht vor Spionage auch »die Risiken einer Ausbreitung nuklearer Waffen« in angemessener Weise berücksichtigen.

Der Generalsekretär räumte ein, daß Kennedys Position »einigermaßen logisch« klinge. Dies sei ja auch der Grund, weshalb die Sowjetunion in Genf verhandle. »Doch die Praxis hat gezeigt, daß diese Logik nicht ganz korrekt ist, denn während die UdSSR, die USA und Großbritannien miteinander verhandeln ... spuckt ihnen Frankreich einfach ins Gesicht und setzt seine Tests unverdrossen fort ... Wenn das Atomtestverbot nicht mit einer allgemeinen Abrüstung verbunden wird, können andere Länder einfach behaupten, sie seien davon nicht betroffen, und sich genau so verhalten, wie Frankreich es derzeit tut.«

Bei einer allgemeinen und vollständigen Abrüstung hingegen, fuhr Chruschtschow fort, »würden atomare Waffen vernichtet werden, so daß alle Länder in derselben Position wären« und kein Geld für die

Entwicklung von Nuklearwaffen verschleudern müßten. Dies sei »die radikalste Maßnahme, einen Krieg zu verhindern... Wir sollten jetzt mit diesem wichtigsten Thema beginnen und dabei auch ein Testverbot berücksichtigen.«

Der Präsident entgegnete, bei dem gegenwärtigen Entwurf für einen Teststopp-Vertrag sei vorgesehen, daß jeder der Unterzeichner den Vertrag aufheben könne, »falls ein Land, das mit einer der Vertragsparteien verbündet ist, Tests durchführen sollte. Die Vereinigten Staaten unterstützen die französischen Tests in keiner Weise. Wir hoffen, daß, sobald ein Vertrag abgeschlossen ist, die meisten Länder ihm beitreten werden. Ein Verbot von Atomwaffentests ist ein relativ leicht zu bewältigendes Problem... Warum also nicht mit dieser relativ einfachen Sache beginnen?«

Als Chruschtschow hierauf schwieg, stellte Kennedy die Frage, ob ein sowjetischer Plan für allgemeine und vollständige Abrüstung »Inspektionen an allen Orten der UdSSR« mit einschließen würde. Darauf antwortete der Parteichef: »An allen.«

In diesem Falle, meinte Kennedy, könne man doch erklären, daß beide Länder sich verpflichten würden, einen solchen Plan stufenweise zu verwirklichen, wobei ein Atomtestverbot die erste Stufe darstelle. Doch Chruschtschow bat ihn, »nicht mit dieser Maßnahme zu beginnen, weil es nicht die wichtigste ist«. Es sei besser, mit einem Verbot der Produktion atomarer Waffen anzufangen »oder mit der Zerstörung von Raketenstellungen und anderen militärischen Basen«.

Doch dem hielt Kennedy entgegen: »Ein Verbot von Atomtests wäre, wenn nicht der wichtigste, so doch ein sehr bedeutender Schritt, und er würde das Zustandekommen eines Abrüstungsvertrags sehr erleichtern. Ein chinesisches Sprichwort besagt, daß eine Reise von tausend Meilen mit einem einzigen Schritt beginnt. Lassen Sie uns also diesen Schritt tun.«

Chruschtschow blickte ihn ein wenig spöttisch an und meinte, der Präsident scheine die Chinesen ja wirklich sehr gut zu kennen, doch das könne er wohl auch von sich selbst behaupten. Darauf erwiderte Kennedy, der Generalsekretär werde »sie vielleicht sogar noch besser kennenlernen«. Diese Bemerkung verstand Chruschtschow offenbar als spöttischen Hinweis darauf, daß der Präsident Kenntnis von Maos Vorbehalten gegenüber der sowjetischen Führung besitze, und er entgegnete steif: »Ich kenne sie bereits sehr gut.«

In der Frage eines Teststopps seien sie jetzt wieder am Ausgangspunkt angelangt, klagte Kennedy. Drei Jahre lang hätten beide Länder sich an ein nicht überwachtes Stillhalteabkommen gehalten. Wenn der Teststopp jetzt in Diskussionen über allgemeine Abrüstung hineingezogen würde, müsse dieses Moratorium noch um einige Jahre verlängert werden. Diese Vorstellung würde die Amerikaner »sehr beunruhigen«. Aus diesem Grunde sollte man wenigstens den Versuch unternehmen, sich auf einen Teststopp zu einigen.

Chruschtschow entgegnete, daß er durchaus zu Verhandlungen bereit sei. Die Sowjetunion könne jedoch keine Kontrollen akzeptieren, bei denen Spionen Tür und Tor geöffnet würden. Und das sei es doch, »was das Pentagon schon die ganze Zeit erreichen will«.

Kennedy sagte darauf in warnendem Ton: »Diese Sicht der Dinge beeinträchtigt die Sicherheit unserer Länder und erhöht die Gefahr größerer Konflikte.«

Anschließend wandten sich die beiden Gesprächspartner der Berlin-Frage zu. Dieses Thema schien Chruschtschow mehr zu erregen als jedes andere: »Sechzehn Jahre sind seit dem Zweiten Weltkrieg vergangen. Die UdSSR hat in diesem Krieg zwanzig Millionen Menschen verloren; viele Gebiete wurden verwüstet. Und Deutschland, das Land, das diesen Krieg entfacht hat, ist heute schon wieder eine Militärmacht und besitzt eine führende Rolle innerhalb der NATO!« Von diesem Lande ginge eine große Gefahr aus, die einen Dritten Weltkrieg heraufbeschwören könne.

Die Sowjetunion, so Chruschtschow weiter, wolle einen Schlußstrich unter den Zweiten Weltkrieg ziehen: »Es gibt keine vernünftige Begründung dafür, daß sechzehn Jahre nach Kriegsende immer noch kein Friedensvertrag existiert.« Er halte sich schlicht und einfach an die Tatsache, »daß es zwei deutsche Staaten gibt. Ungeachtet unserer eigenen Wünsche oder Bemühungen ist ein vereintes Deutschland nicht machbar, weil die Deutschen selbst es gar nicht wollen.«

Er betonte, er wolle mit Kennedy eine Übereinkunft in der deutschen Frage erreichen. Andernfalls werde er mit der DDR einen Friedensvertrag abschließen, und dann »werden alle Vereinbarungen, die aus der deutschen Kapitulation erwachsen sind, gegenstandslos. Das würde alle Institutionen, Besatzungsrechte und die Zufahrtswege nach Berlin einschließlich der Luftkorridore betreffen.«

Falls Berlin den Status einer »freien Stadt« erhielte, fuhr der Generalsekretär fort, erkläre er sich bereit, »Nichteinmischung und die Aufrechterhaltung der Verbindungen zur Außenwelt zu garantieren. Unter bestimmten Voraussetzungen ließe sich auch darüber reden, daß die USA auch weiterhin Truppen in Berlin behalten könnten. Allerdings sollten in diesem Fall auch sowjetische Truppen in der Stadt verbleiben. Falls die Vereinigten Staaten diesen Vorschlag ablehnten, so würde er dies als ein Resultat des »Drucks von seiten Adenauers« betrachten. Die Sowjetunion würde in diesem Falle »einen einseitigen Friedensvertrag unterzeichnen«. Alle Verpflichtungen, den Zugang nach Berlin zu gewährleisten, »werden dann mit dem Kriegszustand enden«.

Kennedy dankte dem Parteichef für seine Offenheit, meinte jedoch: »Wir reden hier nicht nur über die rechtliche Situation, sondern auch über die . . . Fakten, die die Sicherheit unserer Länder wesentlich berühren. Wir reden hier nicht über Laos. Diese Angelegenheit ist für die Vereinigten Staaten von überaus großer Bedeutung. Wir sind nicht in Berlin, weil wir dort geduldet werden – wir haben uns unseren Weg dorthin erkämpft, wenngleich unsere Verluste vielleicht nicht so hoch waren wie die der UdSSR. Wir sind auch nicht deshalb in Berlin, weil Ostdeutschland uns seine Zustimmung gegeben hat, sondern aufgrund vertraglich geregelter Rechte.

Jeder Präsident der Vereinigten Staaten seit dem Zweiten Weltkrieg hat in dieser Angelegenheit . . . betont, daß er zu seinen Verpflichtungen steht. Wenn wir uns aus Berlin vertreiben ließen und den Verlust unserer Rechte akzeptieren würden, könnte niemand mehr dem Engagement und den Versprechungen der Vereinigten Staaten Vertrauen entgegenbringen . . . Wenn wir diesem sowjetischen Vorschlag zustimmen würden, wären die vertraglichen Verpflichtungen der USA nicht mehr wert als ein Stück Papier. Westeuropa ist für unsere nationale Sicherheit von höchster Bedeutung, und deshalb haben wir es in zwei Kriegen unterstützt. Würden wir Berlin aufgeben, so käme das einer Preisgabe Europas gleich. Wenn wir also über West-Berlin sprechen, sprechen wir gleichzeitig über Westeuropa.«

Chruschtschow erwiderte, so wie der Präsident die Sicherheit der USA definiere, würde dies auch ein Vordringen der Amerikaner bis nach Moskau rechtfertigen. Kennedy hielt dagegen: »Wir reden nicht darüber, ob die Vereinigten Staaten in Moskau einmarschieren oder die UdSSR in New York. Wir reden darüber, daß wir bereits seit fünfzehn Jahren in Berlin sind – und unser Vorschlag ist, daß wir dort auch bleiben.«

Er räumte ein, daß die Situation in Berlin nicht befriedigend sei; Eisenhower habe sie Chruschtschow gegenüber in Camp David sogar als »anormal« bezeichnet. In der Tat »ist die Situation in *vielen* Teilen der Welt heute unbefriedigend, aber dies ist nicht der richtige Zeitpunkt, um die Lage in Berlin oder das Kräfteverhältnis ganz allgemein zu verändern«. Die Sowjetunion »sollte nicht versuchen, unsere Position zu verändern und auf diese Weise das Gleichgewicht der Kräfte zu stören. Wenn sich dieses verändern würde, ergäbe sich daraus eine Veränderung der Lage in ganz Westeuropa, und das wäre für die Vereinigten Staaten ein schwerer Schlag.« Auch Chruschtschow würde eine Veränderung der globalen Verhältnisse zuungunsten seines Landes nicht hinnehmen, »und wir können das ebensowenig akzeptieren«.

Dieser Ton Kennedys war denkbar schlecht gewählt. Unablässig hatte er Chruschtschow zu einem Waffenstillstand im Kalten Krieg überreden und ihn davon überzeugen wollen, daß das Gleichgewicht der Kräfte stabil sei. Doch mit diesen letzten Worten verlangte er von ihm letztlich nichts Geringeres als die Aufgabe seiner Idee eines sich unaufhaltsam ausbreitenden Weltkommunismus, die für ihn eine Herzenssache darstellte. Diesen Gedanken hatte er auch immer wieder in der Öffentlichkeit vertreten, wobei natürlich auch der Druck aus China eine Rolle spielte.

Nur sechs Wochen nachdem er selbst mit der Invasion in der Schweinebucht das Kräftegleichgewicht zu seinen Gunsten hatte verändern wollen, bestand Kennedy jetzt darauf, daß Chruschtschow derartige Bemühungen gefälligst zu unterlassen habe.

Zwanzig Monate zuvor hatte Eisenhower in Camp David zur Entschärfung des Berlin-Problems einen Kompromiß vorgeschlagen. Aber Kennedy hatte die Zugeständnisse Eisenhowers abgelehnt. Und jetzt drohte der Präsident nach Ansicht Chruschtschows in arroganter Art und Weise mit der Überlegenheit der Vereinigten Staaten. Obwohl er eben noch von einem Gleichgewicht gesprochen hatte, schien er nun zu verstehen geben zu wollen, daß Amerika es sich aufgrund seiner Vormachtstellung leisten könne, Chruschtschows Besorgnis wegen Berlin zu ignorieren.

Der Parteichef wurde allmählich zornig. Er erklärte, Berlin sei »der gefährlichste Ort auf der ganzen Welt. Die UdSSR will diesen Gefahrenherd endlich beseitigen und diesen Schandfleck, dieses Geschwür eliminieren.« Ein Friedensvertrag würde die Sache »der Revanchisten in Westdeutschland, die nur einen neuen Krieg wollen, erschweren . . . Heute sagen sie, die Grenzen sollten geändert werden . . . Hitler sprach von einem Bedürfnis der Deutschen nach *Lebensraum* bis zum Ural. Und jetzt . . . sind seine Generäle hohe NATO-Befehlshaber.« Es tue ihm sehr leid, doch »keine Macht der Erde wird die UdSSR davon abhalten, einen Friedensvertrag zu unterzeichnen«. Er frage sich, wie lange man denn noch damit warten solle: »Noch einmal sechzehn Jahre etwa? Oder vielleicht dreißig?«

Im Zweiten Weltkrieg, fuhr der Parteichef fort, »habe die USA Tausende von Opfern gehabt, die UdSSR aber hat mehrere Millionen Menschen verloren. Doch die amerikanischen Mütter trauern um ihre Söhne nicht weniger als die sowjetischen.« Er selbst habe einen Sohn verloren, Gromyko zwei Brüder, Mikojan einen Sohn: »Es gibt nicht eine einzige Familie in der UdSSR, die nicht wenigstens ein Mitglied ihrer Familie in diesem Krieg verloren hat.«

Der von ihm angestrebte Friedensvertrag mit den Deutschen, so Chruschtschow weiter, solle keineswegs »die Spannungen verschärfen«, sondern »genau das Gegenteil« erreichen: »die Hindernisse beseitigen, die einer positiven Entwicklung unserer Beziehungen im Weg stehen«. Nach der Unterzeichnung des Vertrages werde die Sowjetunion Verletzungen der Souveränität der DDR als »offene Aggression gegen ein friedliebendes Land« betrachten und entsprechend reagieren.

Kennedy erwiderte, auch er sei gegen eine »Aufrüstung Westdeutschlands, die eine Gefahr für die Sowjetunion bedeuten könnte. Doch die Entscheidung, einen Friedensvertrag zu unterzeichnen, hätte sehr weitreichende Folgen . . . Die UdSSR sollte sie im Lichte ihrer nationalen Interessen betrachten.« Er wiederholte, daß auch er einen Bruder im Krieg verloren habe, und fuhr dann fort, Chruschtschows Vorschlag würde »über Nacht zu einem grundlegenden Wandel der Verhältnisse führen und uns unserer Rechte berauben . . . Es ist nicht absehbar, welche Konsequenzen das haben würde . . . Wir diskutieren hier nicht nur über West-Berlin, sondern über ganz Westeuropa und auch über die Vereinigten Staaten.«

Doch Chruschtschow führte seinen Vorschlag weiter aus: »Die polnische und die tschechische Grenze sollten anerkannt werden. Der Status der DDR sollte normalisiert und ihre Souveränität garantiert werden. Damit all das erreicht werden kann, müssen die Besatzungsrechte in Berlin aufgehoben werden.«

Als Kennedy erwiderte, die Sowjetunion habe kein Recht, das Potsdamer Abkommen zu brechen, wies Chruschtschow darauf hin, daß der Krieg schon seit sechzehn Jahren zu Ende sei, und fügte hinzu: »Präsident Roosevelt selbst hat damals angedeutet, daß die Truppen nach zwei bis zweieinhalb Jahren zurückgezogen werden könnten.« Darauf erwiderte der Präsident: »Roosevelt konnte weder die jetzige Situation vorhersehen noch die Tatsache, daß unsere Länder heute auf verschiedenen Seiten stehen.«

Aber sie wüßten doch beide »sehr gut«, meinte der Generalsekretär, »daß Berlin keinerlei militärische Bedeutung hat. Der Präsident spricht von Rechten, aber was sind das für Rechte? Sie stammen aus der Zeit des Krieges. Wenn also der Kriegszustand beendet ist, dann existieren auch diese Rechte nicht mehr.«

Er erinnerte daran, daß er und Eisenhower in Camp David eine »Interimsregelung« getroffen hätten. »Vielleicht könnte dies jetzt als Grundlage für eine Übereinkunft dienen. Die UdSSR kann ein solches Übereinkommen auch heute noch akzeptieren. Adenauer behauptet zwar, er wolle die Wiedervereinigung, aber dem ist nicht so. Was eine Wiedervereinigung anbelangt, sollten wir den Standpunkt vertreten, daß die beiden deutschen Regierungen sich treffen und selbst über die Frage . . . entscheiden sollten.«

Man solle »eine Frist von vielleicht einem halben Jahr setzen, und wenn bis dahin keine Einigung erzielt worden ist, können wir unsere Verpflichtungen aufkündigen. Dann hätten alle Beteiligten die Möglichkeit, einen Friedensvertrag abzuschließen.« Das wäre »ein Ausweg«, bei dem keine der beiden Seiten fürchten müsse, das Gesicht zu verlieren.

Im Mai 1960, fuhr Chruschtschow fort, habe er gehofft, ein derartiges Abkommen mit Eisenhower auf dem Pariser Gipfel zu erreichen, »aber der U-2-Zwischenfall hat das leider verhindert . . . Die UdSSR kam damals zu dem Schluß, daß vor dem Hintergrund der Spannungen, die aus diesem Vorfall resultierten, diese Frage zurückgestellt werden sollte.« Doch jetzt glaube er, daß »die Zeit für einen derartigen Schritt reif ist«.

Sie dürften sich nicht benehmen wie »mittelalterliche Kreuzritter« und sich »nur aus ideologischen Gründen gleich gegenseitig die Kehle durchschneiden«. Die Sowjetunion könne das Berlin-Problem nicht länger hinausschieben: »Wir werden wahrscheinlich gegen Ende des Jahres einen Friedensvertrag unterzeichnen . . . Wenn die Vereinigten

Staaten sich weigern, einen Friedensvertrag zu unterzeichnen, wird der UdSSR nichts anderes übrigbleiben, als ihn allein zu unterschreiben.«

Die Geschichte, so Chruschtschow weiter, werde über ihre Taten richten: »Der Westen hat behauptet, ich könne mich leicht verkalkulieren ... Wenn die USA wegen Deutschland einen Krieg beginnen wollen, dann sollen sie es eben tun. Vielleicht sollte die UdSSR sofort einen Friedensvertrag unterzeichnen, damit die Sache endlich überstanden ist. Das hat doch das Pentagon die ganze Zeit schon gewollt. Aber Adenauer und Macmillan wissen sehr genau, was ein Krieg bedeutet. Jemanden, der so verrückt ist, einen Krieg zu wollen, sollte man in eine Zwangsjacke stecken!«

Kennedy erwiderte: »Es ist von großer strategischer Bedeutung für uns, der Welt glaubhaft zu machen, daß die USA eine Nation sind, auf die man zählen kann.«

Daraufhin erklärte Chruschtschow wutentbrannt, die Absichten der Amerikaner würden zu »nichts Gutem« führen. Nach Unterzeichnung des Friedensvertrags werde die Sowjetunion »nie, unter keinen Umständen« US-amerikanische Rechte in Berlin akzeptieren, und er sei »absolut sicher«, daß die Welt das verstehen werde. Schließlich hätten die Vereinigten Staaten die Sowjetunion ihrer Rechte in Westdeutschland beraubt und überdies einseitig einen Friedensvertrag mit Japan abgeschlossen.

»Wenn sich die Vereinigten Staaten weigern, einen Friedensvertrag zu unterzeichnen«, fuhr der Generalsekretär fort, »dann wird die UdSSR allein unterschreiben. Ostdeutschland wird die volle Souveränität bekommen, und alle aus der deutschen Niederlage resultierenden Verpflichtungen werden annulliert.« Die Vereinigten Staaten könnten ihre Politik der Willkür nicht ewig weiterverfolgen.

»Es ist doch ganz offenkundig, daß die Bevölkerung von Berlin unsere Position in dieser Stadt sehr unterstützt«, wandte Kennedy ein. »Außerdem fühlen wir uns dieser Stadt verpflichtet. Mr. Chruschtschow behauptet, wir würden einen Krieg befürworten. Das ist nicht richtig. Es wäre gut, wenn die Entwicklung der Beziehungen zwischen den USA und der UdSSR eine Lösung des gesamten deutschen Problems gestatten würde.«

Seit Chruschtschow das Amt des Ministerratsvorsitzenden innehabe, fuhr er dann fort, habe es schon viele Veränderungen gegeben. Doch jetzt wolle der Generalsekretär »einen Friedensvertrag innerhalb von sechs Monaten, ein Schritt, der uns aus Berlin hinausdrängen würde«. Er möge ja noch jung sein, wie der Parteichef bemerkt habe, aber er habe »das Präsidentenamt nicht übernommen, um Vereinbarungen zuzustimmen, die in völligem Widerspruch zu den Interessen der USA stehen«.

Noch einmal schlug Chruschtschow jetzt eine Interimsregelung vor, die »einer Übergabe der Verantwortung für das ganze Berlin-Problem an die Deutschen gleichkäme. Falls die USA eine derartige Übereinkunft ablehnen sollten, bleibt der Sowjetunion nichts anderes übrig, als einen einseitigen Friedensvertrag zu unterzeichnen. Niemand kann die USA zwingen, einem Friedensvertrag zuzustimmen, aber ebensowenig können die Vereinigten Staaten die Sowjetunion zwingen, die amerikanischen Forderungen zu akzeptieren.«

Kennedy aber lehnte es ab, über eine Interimsregelung zu diskutieren. Anders als Eisenhower in Camp David ging Kennedy davon aus, daß Chruschtschow glauben könne, der Präsident würde das amerikanische Engagement für Berlin nicht ernst nehmen, wenn er in dieser Frage Kompromißbereitschaft zeigte.

Dann unterbrachen die beiden Staatsmänner ihre Verhandlungen, um ein gemeinsames Mittagessen einzunehmen. Unmittelbar davor teilte Kennedy seinen Beratern mit, er wolle Chruschtschow noch einmal für etwa zwanzig Minuten allein sprechen, um Klarheit über die sowjetische Position zu Berlin zu gewinnen und dem Parteichef zu verdeutlichen, daß an seiner Entschlossenheit nicht zu zweifeln sei.

In der sowjetischen Botschaft wurde dem Generalsekretär, dem Präsidenten und ihren Delegationen Kaviar, Fischpastete und Krabbenfleisch serviert. Chruschtschow bemerkte, er habe die Rede über den Verteidigungshaushalt, die der Präsident im Mai vor dem Kongreß gehalten hatte, studiert: Offensichtlich werde Amerika von Monopolisten kontrolliert und könne es sich gar nicht leisten abzurüsten.

Kennedy steckte sich eine Zigarre an und erklärte, nicht ein einziger der Financiers und Großindustriellen, die der Parteichef 1959 bei Harriman in New York kennengelernt habe, habe für ihn gestimmt. Chruschtschow erklärte, die amerikanische Aufrüstung werde ihn zwingen, die sowjetische Armee aufzustocken. Kennedy erwiderte, er habe nicht die Absicht, die amerikanische Armee zu vergrößern, »abgesehen von den zehntausend Mann, mit denen drei Divisionen der Marines auf volle Stärke gebracht werden«.

Chruschtschow bemerkte daraufhin: »Aber die eigentlichen Kriegsgötter sind heute die Raketen.« Der Präsident werde sicher ebenso wie er von den Wissenschaftlern bedrängt, die Nukleartests wiederaufzunehmen: »Wir warten schon darauf, daß ihr den Anfang macht, und wenn es soweit ist, dann beginnen wir auch wieder. Wir werden mit Sicherheit nicht als erste das Moratorium verletzen. Aber Amerika wird es tun, und das zwingt uns, die Tests wiederaufzunehmen.«

Später überreichte der Präsident Chruschtschow sein Geschenk: eine Nachbildung der *U.S.S. Constitution*. Seine guten Manieren verboten es ihm, Chruschtschow wissen zu lassen, daß das Schiffsmodell ein Geburtstagsgeschenk seines Vaters war – eine Zurückhaltung, die sich der Parteichef an seiner Stelle sicher nicht auferlegt hätte. Chruschtschow revanchierte sich mit einem tschechischen Kaffeeservice aus Silber, einem goldenen Feuchthaltebehälter, Kaviar und Schallplatten.

Billings erinnerte sich später, Kennedy habe das Kaffeeservice als »Beute eines versklavten Volkes« betrachtet und gemeint, »wenn er auch bei dem Treffen schwer hätte einstecken müssen, so hätte er doch wenigstens bei den Geschenken etwas herausgeholt ... Aber später wünschte er sich, er hätte die *Constitution* lieber doch behalten ... Wir konnten einfach kein so gutes Modell mehr finden.«

Dann erhob sich der Parteichef und hielt eine Tischrede. Persönliche Kontakte, sagte er, seien »immer besser als Verhandlungen zwischen Botschaftern, mögen es auch die allerbesten sein«. Wenn schon die Führer zweier Staaten »diese höchst komplexen Probleme« nicht lösen könnten, wie sollten dann untergeordnete Beamte eine solche Aufgabe bewältigen? Obwohl der Präsident und er sich intensiv ausgesprochen hätten, seien sie doch zu »keiner gemeinsamen Sicht der Dinge« gelangt.

Jedoch, fuhr er fort, »wenn die Menschen alle schwierigen Fragen schon beim ersten Versuch lösen könnten, dann gäbe es keine schwierigen Fragen«. Ein Friedensvertrag mit Deutschland wäre »ein schmerzhafter Schritt, vergleichbar einem chirurgischen Eingriff. Aber die UdSSR will diese Sache hinter sich bringen, und das wird sie auch.« Das werde »große Spannungen« mit den Vereinigten Staaten heraufbeschwören, doch er sei sicher, daß »sich die Wolken auflösen werden, und die Sonne wird wieder hervorkommen und freundlich scheinen«.

Es sei zwar richtig, »daß das amerikanische Prestige in dieser Angelegenheit eine Rolle spielt, doch der einzige, dem wirklich etwas an

Berlin liegt, ist Adenauer – und der ist zwar intelligent, aber alt«. Und indem er Kennedy zunickte, fügte der Generalsekretär hinzu: »Die Sowjetunion kann es nicht gutheißen, daß Greise, die am Rande des Grabes stehen, die Jungen und Tatkräftigen behindern.«

Anschließend kam er auf den bundesdeutschen Verteidigungsminister Franz Josef Strauß zu sprechen, den, wie er sagte, »aggressivsten Politiker in Westdeutschland. Aber sogar jemand wie er hat manchmal Lichtblicke. Einmal hat Strauß mir gegenüber in weiser Einsicht zugegeben, daß er sehr gut wisse, wie sehr Deutschland unter einem neuen Krieg zu leiden hätte und welches Ausmaß die Zerstörungen annehmen würden.«

Abschließend erhob der Parteichef das Glas auf Kennedy und die Lösung der angesprochenen Probleme. »Sie sind ein religiöser Mensch«, meinte er, »und würden jetzt wahrscheinlich sagen, Gott möge uns bei unserem Bemühen helfen. Ich für meinen Teil wünsche mir, unser gesunder Menschenverstand möge uns helfen.«

Kennedy begann seine Erwiderung mit der Feststellung, die UdSSR wie die USA seien mächtige Nationen, deren Völker sich Frieden und ein besseres Leben wünschten. Wie er schon Mr. Gromyko gegenüber geäußert habe, sei es sein Bestreben, »eine direkte Konfrontation zwischen den USA und der UdSSR in dieser Ära von Entwicklungen, deren Ausgang wir nicht vorhersehen können, abzuwenden«. Er habe die Macht der Sowjetunion nie unterschätzt und wisse, daß beide Länder über »ein großes Arsenal an Vernichtungswaffen« verfügten.

Dann deutete er auf das Modell der *Constitution* und bemerkte, die Geschütze dieses Schiffes hätten nur eine Reichweite von knapp einem Kilometer gehabt. Damals, in den Tagen der *Constitution,* hätten sich Länder von einem Krieg noch erholen können – heute sei das nicht mehr möglich. Und deshalb hoffe er auch, Wien nicht »mit der Aussicht zu verlassen, daß eines unserer Länder eines Tages mit einer Bedrohung seiner nationalen Interessen konfrontiert werden könnte«. Deutschland sei »wegen seiner geographischen Lage von zentraler Bedeutung«. Chruschtschow und er könnten den Frieden nur bewahren, »wenn wir weise sind und jeder in seiner Sphäre bleibt«.

Um 15.15 Uhr trafen sich die beiden Männer ein letztes Mal. Außer ihnen waren nur die Dolmetscher bei dem Gespräch zugegen. Kennedy äußerte nochmals die Hoffnung, der Parteichef möge die Bedeutung Berlins verstehen und ihn nicht konfrontieren »mit einer Situation, die unsere nationalen Interessen so tief berührt«. Auf der ganzen Welt seien evolutionäre Veränderungen im Gange: »Niemand kann voraussagen, welchen Verlauf das alles nehmen wird.«

Chruschtschow dankte dem Präsidenten für seine Offenheit, klagte dann jedoch: »Die Vereinigten Staaten wollen die UdSSR demütigen. Das können wir nicht akzeptieren.« Er hätte eine Interimsregelung zur Deutschlandfrage und zu Berlin »mit einer zeitlichen Begrenzung« sehr begrüßt. Gewalt hingegen würde nur wieder mit Gewalt beantwortet. Als Kennedy fragte, ob eine Interimsregelung es dem Westen erlauben würde, seine Präsenz in Berlin und die Zufahrtswege aufrechtzuerhalten, erwiderte der Parteichef, dies sei möglich – aber nur für »sechs Monate«.

Daraufhin meinte der Präsident, wenn Chruschtschow eine derartig »drastische Maßnahme« ins Auge fasse, dann müsse er daraus schließen, daß der Generalsekretär die Verpflichtung der USA gegenüber Berlin »nicht ernst« nehme. In Kürze werde er sich in London mit dem britischen Premierminister Macmillan treffen. Diesem werde er dann mitteilen müssen, daß ihm die UdSSR nur die Wahl gelassen habe, »die sowjetischen Maßnahmen in bezug auf Berlin zu akzeptieren oder sich einer direkten Konfrontation gegenüberzusehen«.

Chruschtschow entgegnete, um dem Westen einen Gesichtsverlust zu ersparen, »könnten wir uns darauf einigen, Truppenkontingente – auch sowjetische – als Alibi in Berlin zu belassen. Das müßte jedoch auf der Basis eines mit der UNO abgesprochenen Abkommens geschehen, nicht auf der Grundlage der Besatzungsrechte. Die Zufahrtswege müßten natürlich der Kontrolle der DDR unterliegen, es ist schließlich ihr Hoheitsgebiet.« Dann wurde sein Blick plötzlich eiskalt, und er schlug mit der Hand auf den Tisch: »*Ich will Frieden. Aber wenn Sie einen Krieg wollen, dann ist das Ihr Problem!*«

Im Raum herrschte Todesstille; nur das Ticken einer Uhr auf dem Kaminsims war zu hören. Dann erwiderte Kennedy: »*Sie sind es, der eine Veränderung erzwingen will, nicht ich.*«

Chruschtschow sagte, die Sowjetunion habe »keine andere Wahl, als diese Herausforderung anzunehmen. Sie muß und sie wird reagieren. Die Kriegsfolgen müssen gerecht aufgeteilt werden; einen neuen Krieg wird es nur geben, wenn die USA die UdSSR dazu zwingen. Es liegt in der Hand der Vereinigten Staaten, ob es Krieg geben wird oder nicht.« Seine Entscheidung, einen Friedensvertrag zu unterzeichnen, sei »fest und unwiderruflich . . . Falls die USA eine Interimsregelung ablehnen, wird die Sowjetunion ihn im Dezember unterzeichnen.«

Mit zusammengepreßten Lippen saß Kennedy da. »*Wenn es so ist, dann kann es ein kalter Winter werden*«, meinte er bedrückt.

Jahre später erzählte der Parteichef, Kennedy habe in diesem Moment »nicht nur ängstlich dreingeschaut, sondern auch sehr zornig . . . Ich hätte mich sehr gern in besserer Stimmung von ihm verabschiedet, aber ich konnte nichts mehr für ihn tun.« Politik sei nun einmal »ein gnadenloses Geschäft«. Für einen letzten Händedruck traten die beiden Staatschefs hinaus auf die Eingangsstufen der Botschaft. Die Fotografen fragten sich, warum das Lächeln vom Gesicht des Präsidenten verschwunden war.

Auf der Rückfahrt zur amerikanischen Botschaft, bei der er von Rusk und Salinger begleitet wurde, trommelte der Präsident nervös mit den Fingern auf die Armlehne an der Wagentür. Der Außenminister war über Kennedys letztes Gespräch mit Chruschtschow schockiert. »In diplomatischen Verhandlungen wird das Wort ›Krieg‹ so gut wie nie ausgesprochen«, äußerte er geraume Zeit später. »Kennedy war sehr erregt . . . Er war auf Chruschtschows brutales Vorgehen nicht vorbereitet gewesen.« Der Parteichef habe alles versucht, um den jungen Präsidenten der Vereinigten Staaten einzuschüchtern.

Kurz darauf überreichte die sowjetische Delegation den Amerikanern ein Memorandum, in dem eine Einigung in der Deutschlandfrage in »nicht mehr als sechs Monaten« gefordert wurde. Kennedy beschloß, es nicht vor den Sowjets zu veröffentlichen. Ihm war klar, daß seine Entscheidung, den Parteichef so kurz nach dem Debakel in der Schweinebucht zu treffen, auf um so härtere Kritik stoßen würde, sobald bekannt würde, daß Chruschtschow bei dem Gipfeltreffen eine neue Berlin-Krise hatte provozieren wollen. Eine Veröffentlichung des Ultimatums würde zudem nur den Parteichef unter Druck setzen, so daß er sich schließlich gezwungen sehen könnte, seine Drohungen wahr zu machen.

Der Präsident wollte nicht, daß sich die Öffentlichkeit ein falsches Bild von dem Gipfeltreffen machte. Jede Schönfärberei würde sich rächen, sobald Chruschtschows neue Berlin-Forderung bekannt wurde. Der unglückselige Bohlen informierte bereits die Presse über die »freundliche Atmosphäre«, in der die Gespräche stattgefunden hätten, als

Kennedy beschloß, den Reportern mitzuteilen, daß die Atmosphäre in Wirklichkeit »bedrückend« gewesen sei. Und er wies Salinger an, noch einige Stunden in Wien zu bleiben und sich mit möglichst vielen einflußreichen Korrespondenten in Verbindung zu setzen.

Der Präsident selbst hatte sich mit James Reston von der *New York Times* verabredet, der bereits in der amerikanischen Botschaft auf ihn wartete. Kennedy ließ sich neben Reston auf ein Sofa fallen und stieß einen lauten Seufzer aus. »War es so hart?« fragte der Kolumnist.

»Die härteste Sache meines Lebens« war die Antwort. Dann fuhr Kennedy fort, er habe Chruschtschow seine Optionen dargelegt und ihm vorgeschlagen, ebenso zu verfahren. Das Ergebnis sei jedoch nur eine heftige Attacke auf den amerikanischen Imperialismus gewesen, wobei Chruschtschow sich vor allem auf Berlin eingeschossen habe.

»Ich habe jetzt zwei Probleme«, meinte der Präsident. »Erstens, herauszufinden, warum er das getan hat und warum er so feindselig war. Zweitens, herauszufinden, was wir dagegen tun können.

Der erste Punkt ist, glaube ich, leicht zu erklären. Ich denke, der Grund war die Schweinebucht. Wahrscheinlich dachte er, wenn einer so jung und unerfahren ist, sich auf so eine Sache einzulassen, dann kann man ihn leicht packen. Und einer, der sich in so einen Schlamassel begibt und dann nicht durchhält, hat keinen Mumm in den Knochen. Also hat er mir tüchtig die Hölle heiß gemacht . . . Es war wirklich schlimm. Wenn er glaubt, ich sei unerfahren und würde mir nichts zutrauen, werden wir so lange nichts bei ihm erreichen, bis wir ihn vom Gegenteil überzeugt haben. Wir müssen also etwas tun.«

Als die *Air Force One* zum Flug nach London startete, bemerkte Godfrey McHugh, Kennedys Luftwaffenberater, wie still und deprimiert der Präsident und seine Mitreisenden waren: »Es war, als wäre ich nach den Basketball-World Series mit der Verlierermannschaft unterwegs.«

Schließlich beorderte der Präsident O'Donnell in sein Privatabteil und machte seinem Ärger Luft, indem er Chruschtschow einen »Bastard« und »Hurensohn« nannte. Nach zwei Tagen äußerster Angespanntheit konnte er jetzt seine Gefühle nicht mehr beherrschen. »Wir befinden uns in einer absolut lächerlichen Situation«, schimpfte er. »Es wirkt doch einfach idiotisch, daß wir wegen eines Vertrages mit der Gefahr eines Atomkriegs konfrontiert sind, der Berlin als zukünftige Hauptstadt eines wiedervereinten Deutschland vorsieht – wo wir doch alle wissen, daß Deutschland wahrscheinlich nie mehr wiedervereinigt wird!«

Kennedy fuhr fort, er müsse »an die Kinder« denken – »nicht meine oder eure – die Kinder auf der ganzen Welt ... Ich bin bei Gott kein Isolationist, aber es erscheint mir wirklich mehr als idiotisch, das Leben von einer Million Amerikanern aufs Spiel zu setzen für das Recht, eine Autobahn zu benutzen ... oder weil die Deutschen Deutschland wiedervereinigt haben wollen. Wenn ich Rußland mit einem Atomkrieg drohe, dann muß das wesentlich triftigere Gründe haben als so etwas. Bevor ich Chruschtschow an die Wand drücke, muß schon die Freiheit von ganz Westeuropa auf dem Spiel stehen.«

Der Hauptgrund dafür, daß Chruschtschow Berlin abriegeln wollte, war seiner Meinung nach der Flüchtlingsstrom aus Ostdeutschland: »Man kann Chruschtschow nicht böse sein, daß er deswegen sauer ist.« Er wetterte, Adenauer behindere die amerikanischen und britischen Anstrengungen, eine friedliche Regelung zu finden. Die Besetzung Berlins durch die vier Mächte, meinte er, sei »ein Fehler gewesen; weder wir noch die Russen hätten uns darauf einlassen sollen«.

Jetzt erwarte Westdeutschland von den Vereinigten Staaten, »daß wir die Russen aus Ostdeutschland verjagen. Nicht genug damit, daß wir einen Haufen Geld für die militärische Verteidigung Westeuropas hinauswerfen ... während gleichzeitig Westdeutschland bald die Industriemacht mit den höchsten Zuwachsraten der Welt sein wird. Na gut, wenn sie glauben, wir stürzen uns wegen Berlin in einen Krieg – außer als letzten Versuch, die NATO zu retten –, dann haben sie sich eben getäuscht.«

Vom Flughafen Heathrow fuhren die Kennedys mit Harold Macmillan und seiner Frau, Lady Dorothy, in einem offenen Bentley in die Londoner City. Am Trafalgar Square wurden sie von Demonstranten mit Spruchbändern empfangen: *Keine Polaris-U-Boote ... Weg mit der Bombe ... Nehmen Sie uns die Angst!* Der Premierminister notierte in seinem Tagebuch, Kennedy habe »während der ganzen Fahrt über seine Erlebnisse in Wien geredet«. Er habe »große Hoffnungen« auf den Gipfel gehabt, doch sei er nun zum erstenmal »einem Menschen begegnet, der völlig unzugänglich für seinen Charme gewesen« sei. Am Montag, dem 5. Juni, begab sich Kennedy vormittags zu offiziellen Gesprächen mit Macmillan ins Admiralitätsgebäude, da in Downing Street Nummer 10 Renovierungsarbeiten stattfanden. Doch der

Premierminister bemerkte, daß sein Gast sehr müde war, und schlug daher vor: »Verzichten wir doch auf ein Treffen im Außenministerium und die ganzen Formalitäten. Warum setzen wir uns nicht einfach auf einen Drink zusammen und plaudern ein wenig?« Darüber, meinte er, sei der Präsident »dankbar und erleichtert« gewesen.

Im November des Vorjahres hatte sich Macmillan noch besorgt gefragt, wie er wohl mit dem dreiundzwanzig Jahre jüngeren »anmaßenden Iren« zurechtkommen würde: »Ich war schließlich ein Politiker der vorigen Generation ... und überhaupt jemand mit ganz anderen Erfahrungen und einem anderen Hintergrund.« Der Premierminister teilte den Abscheu des britischen Establishment gegenüber Joseph Kennedy, der sich als Roosevelts Botschafter in London einer Unterstützung der Briten im Kampf gegen Hitler widersetzt hatte. Die Tatsache hingegen, daß Kennedys verstorbene Schwester Kathleen mit Lady Dorothys Neffen, Lord Hartington, verheiratet gewesen war, bevor dieser bei der Invasion in Frankreich fiel, brachte die beiden Staatsmänner einander näher.

Botschafter David Bruce hatte dem Präsidenten aus London telegraphisch mitgeteilt, Macmillan wirke auf den ersten Blick wie eine Verkörperung »viktorianischer Indolenz«; tatsächlich aber sei er »ein Politiker mit großem Spürsinn, mit allen Wassern gewaschen und ein geschickter Taktiker«. Er besitze »Charme, Höflichkeit, trockenen Humor, Selbstbewußtsein, ein lebendiges Verständnis für Geschichte, Würde und Charakter«.

Die Begegnungen der beiden Politiker in Washington und Key West hatten dazu beigetragen, die Beziehung Kennedys zu Macmillan zu vertiefen. Zu keinem anderen Staatschef hatte der Präsident ein so herzliches Verhältnis wie zu dem britischen Premier.

Doch Jahre später meinte Macmillan bissig, daß Kennedy »die Hälfte seiner Zeit mit Gedanken an Ehebruch zubrachte, die andere Hälfte mit Ideen aus zweiter Hand, die ihm seine Berater eingaben«. Andererseits sagte er: »Wissen Sie, wie das ist, wenn man jemanden trifft und sofort das Gefühl hat, als habe man sich immer schon gekannt? So ging es mir mit Jack. Wir mußten nicht viele Worte miteinander wechseln.«

Jetzt erzählte der Präsident ihm, Chruschtschow habe sich »weit barbarischer benommen«, als er es erwartet habe. Macmillan notierte in sein Tagebuch, Kennedy »schien fast wie gelähmt ... wie jemand, der zum erstenmal Napoleon (auf der Höhe seiner Macht) trifft«.

Das Bild von den Ereignissen in Wien, das Chruschtschow im Kreml seinen Mitarbeitern vermittelte, war gemischt: Zwar habe Kennedy nicht wie Eisenhower andauernd seinen Außenminister zu Rate gezogen, doch scheine er »zu intelligent und zu schwach« zu sein.

Dann berichtete er, wie erstaunt er gewesen sei, als Kennedy seine eigenen Argumente unterhöhlte, indem er sagte, er habe viele politische Vorgaben von seinen Vorgängern übernommen und habe keine andere Wahl, als deren Politik zu verteidigen. Einem politischen Führer vom Kaliber Chruschtschows mußte das Fehlen tief empfundener Überzeugungen als Schwäche erscheinen; wenn Kennedy nur aus abstrakten, weltpolitischen Überlegungen heraus handelte, dann mußte er durch Druck kleinzukriegen sein. Auch sorgte sich der Parteichef wegen Kennedys »hauchdünner Mehrheit bei seiner Wahl zum Präsidenten«. Dieser Umstand könne den Präsidenten in einer kritischen geopolitischen Situation leicht zu übertriebenem Säbelrasseln verführen, um sein Ansehen beim eigenen Volk zu verbessern. Chruschtschows Berater Fjodor Burlazki meinte, auf den Generalsekretär habe Kennedy wohl »eher wie ein politischer Berater als ein Entscheidungsträger oder Präsident« gewirkt. Er hatte den Eindruck, als würde Chruschtschow Kennedy mit der typischen Herablassung eines Selfmademan betrachten: »Dieser Mann gelangte nach Wien aufgrund seines persönlichen Einsatzes. Und er verstand das Volk, die einfachen Menschen. Solch ein Gefühl kannte John Kennedy nicht. Sein Verhältnis zu Arbeitern und Bauern beruhte vielleicht nur auf politischem Kalkül.«

Sergej Chruschtschow erinnerte sich später, sein Vater habe Kennedy »als achtbaren Partner und starken Politiker betrachtet – und einfach als einen netten Menschen, den er wirklich mochte ... Er vertraute Kennedy und fühlte große Sympathie für ihn, und bei Vater spielten Gefühle immer eine wichtige Rolle.« Der Parteichef habe den Präsidenten als »ernstzunehmenden Politiker« eingeschätzt, mit dem »man ins Geschäft kommen konnte«.* Georgi Kornjenko zufolge zitierte Chruschtschow seinen Bericht von 1959, in dem es hieß, Kennedy sei »in seinem Denken unabhängig, intelligent und jemand, auf den man

---

* Natürlich ist es möglich, daß die Erinnerungen Sergej Chruschtschows an die Äußerungen seines Vaters nach dem Gipfel in Wien durch dessen spätere wohlwollendere Haltung gegenüber Kennedy positiv eingefärbt worden sind.

in der Zukunft zählen kann«. Dann meinte er zu Kornjenko: »Sie hatten recht.«

Salinger hatte die drei großen Fernsehsender um Sendezeit für Dienstag abend gebeten. Bundy riet Sorensen, die Rede des Präsidenten solle den Gipfel Wien als einen »direkten, offenen und freimütigen Austausch« darstellen, bei dem Kennedy amerikanische »Vitalität und Zuversicht« demonstriert habe. »Kein Mensch konnte erwarten, daß ein einziges Wochenende die Kluft zwischen beiden Ländern überbrücken würde«, meinte er.

Um 19 Uhr an jenem Abend begann Kennedy mit seiner Rede vor den surrenden Kameras. »Guten Abend, liebe Mitbürger. Heute morgen bin ich von einer einwöchigen Reise nach Europa zurückgekehrt, und ich möchte Ihnen ausführlich darüber berichten . . .« Nach einigen Worten über die gesellschaftlichen Höhepunkte ging er kurz auf seine Gespräche mit de Gaulle ein und wandte sich dann dem Thema Wien zu. »Ich möchte Ihnen an dieser Stelle sagen, daß es zwei sehr nüchterne Tage waren.« Dennoch seien die Gespräche mit Chruschtschow »ausgesprochen nützlich« gewesen. Er sei dem Generalsekretär gegenüber »sehr offen und direkt« gewesen, habe versucht, die Dinge auf den Punkt zu bringen und sie realistisch zu betrachten. Durch die Gespräche sei die Gefahr vermindert worden, daß einer der beiden Seiten eine »gefährliche Fehleinschätzung« unterlaufen könnte.

Trotzdem »unterlegen die Sowjets und wir denselben Worten – Krieg, Frieden, Demokratie, dem Volkswillen – vollkommen unterschiedliche Bedeutungen. Wir haben völlig verschiedene Auffassungen darüber, was richtig und falsch, was eine innere Angelegenheit und was ein aggressiver Akt ist. Und vor allem haben wir vollkommen unterschiedliche Ansichten darüber, in welcher Situation sich die Welt augenblicklich befindet und in welche Richtung sie sich entwickelt.« Chruschtschow »glaubt, die Welt werde sich ohne die Anwendung von Gewalt in seine Richtung bewegen«. In der Laos-Frage »Aussicht auf eine Einigung«. Doch die Hoffnungen auf einen Atomteststopp hätten »einen empfindlichen Rückschlag erlitten«.

Am wenigsten fruchtbar sei der Austausch über die Themen Deutschland und Berlin gewesen: »Wir und unsere Verbündeten dürfen unsere Verpflichtungen gegenüber den Menschen in West-Berlin nicht vernachlässigen.« Kennedy war so fest entschlossen, Chruschtschows Ultimatum zu verheimlichen, daß er dem amerikanischen Volk eine glatte Lüge unterbreitete und erklärte, es habe »von keiner Seite Drohungen oder Ultimaten« gegeben.

Sein Täuschungsversuch war erfolgreich. In der Schlagzeile der *New York Times* vom Mittwoch wurde Berlin nicht einmal erwähnt: *Kennedy sagt, die Gespräche mit Chruschtschow hätten die Gefahr einer »Fehleinschätzung« vermindert.*

Am nächsten Tag erfuhr der Präsident, daß die Streitkräfte der Pathet Lao in Laos das über 1500 Meter hoch gelegene Dorf Padong eingenommen hätten. Diese Nachricht machte ihn sehr wütend: Erst ein paar Stunden zuvor hatte er in seiner Rede betont, er und Chruschtschow seien im Hinblick auf Laos zu einer Übereinstimmung gekommen. Nun, nach diesem erneuten aggressiven Vorstoß, würden sich die Amerikaner fragen, ob er nicht übers Ohr gehauen worden sei.

Rusk machte ihn darauf aufmerksam, daß Padong »eine Art Sonderfall« sei, da es nur knapp 25 Kilometer vom Hauptquartier der Pathet Lao entfernt und für sie »von Anfang an ein Stachel im Fleische« gewesen sei. Thompson wiederum rief dem Präsidenten ins Gedächtnis, daß Chruschtschow sich hauptsächlich deshalb in Laos engagiert habe, weil er verhindern wollte, daß die Chinesen sich einmischten; der Fall von Padong sei kein Grund, an seinem Wunsch nach einem »Arrangement auf Zeit« zu zweifeln. Aber die Kritiker Kennedys spotteten über seine Tatenlosigkeit, die seiner Warnung gegenüber Chruschtschow, er würde die amerikanischen Interessen in Laos schützen, hohnspräche. Der Präsident wies Harriman an, die Genfer Gespräche zu boykottieren. Doch als die Waffen wieder schwiegen, forderte er ihn auf, an den Verhandlungstisch zurückzukehren. »Ich möchte über Verhandlungen zu einer Einigung kommen. Ich möchte nicht, daß wir militärisch in die Sache verwickelt werden.«

Kennedy hatte gehofft, bei dem Gipfeltreffen ein Atomteststopp-Abkommen unter Dach und Fach zu bringen und ein gutes Einvernehmen mit Chruschtschow zu erreichen. Mit diesen und anderen Erfolgen hätte er seinen knappen Wahlsieg und die außenpolitischen Rückschläge vom Frühjahr 1961 wettmachen können. Statt dessen hatte Chruschtschows Berlin-Ultimatum nun die beiden Supermächte in die vielleicht gefährlichste Konfrontation seit Anfang der fünfziger Jahre hineinmanövriert. Er könne nicht begreifen, meinte Kennedy zu

Reston, warum der Parteichef »das getan hat, und dann noch in einer so feindseligen Art und Weise«.

Tatsächlich hätte man Chruschtschow im Jahre 1961 wohl kaum dazu bringen können, die Berlin-Frage auf sich beruhen zu lassen, selbst wenn er dies gewollt hätte. Zweieinhalb Jahre lang hatte er betont, wie wichtig es sei, die Probleme in Berlin und Deutschland zu lösen. Während dieses Zeitraums hatte er zugelassen, daß Verhandlungen über seine Forderung immer wieder aufgeschoben wurden; und im Mai 1959 hatte er sogar sein Ultimatum für einen Friedensvertrag fallengelassen, um die Genfer Gespräche nicht zu gefährden.

Nach dem Scheitern dieser Verhandlungen einigte er sich mit Eisenhower auf Vier-Mächte-Gespräche beim Pariser Gipfel im Mai 1960, der in einem Debakel endete. Daraufhin stellte er das Problem bis zum Amtsantritt des neuen Präsidenten zurück. Schließlich hatte er Kennedys Wunsch nachgegeben, ihm ein paar Monate Zeit zu lassen, um die Berlin-Politik der Vereinigten Staaten neu zu bestimmen. Aber er konnte das Problem nicht ewig hinausschieben, ohne sich zum Narren zu machen.

Von Chruschtschows Warte aus war der Preis für die Bereitschaft, den Status quo in Deutschland hinzunehmen, höher als jemals zuvor: Immer mehr Ostdeutsche flohen in den Westen, und es wuchs die Gefahr, daß ein remilitarisiertes »revanchistisches« Westdeutschland Zugang zu Atomwaffen bekam. Wenn er dagegen in der Berlin-Frage einen harten Kurs einschlug, konnte er möglicherweise Vorwürfen entgegentreten, er gehe zu sanft mit Washington um. Außerdem konnte er mit einer Demonstration sowjetischer Stärke seine Kritiker im eigenen Land, die Chinesen und die Dritte Welt beeindrucken. Nachdem er seine Zustimmung zu einem Waffenstillstand in Laos gegeben hatte, sah er sich um so mehr gezwungen, zu beweisen, daß seine großen Worte vom unmittelbar bevorstehenden kommunistischen Zeitalter nicht nur leeres Gerede waren.

All diese Gründe hätten Chruschtschow in jedem Fall gezwungen, in der Berlin-Frage eine für ihn vorteilhafte Lösung anzustreben. Dabei spielte es keine Rolle, wer 1961 Präsident war. An der Heftigkeit allerdings, mit der er nun diese Lösung zu erzwingen suchte, war im wesentlichen Kennedys Verhalten während der ersten fünf Monate seiner Amtszeit schuld. Nicht ohne Grund hatte Chruschtschow den verhängnisvollen Eindruck gewonnen, daß der neue Präsident einerseits passiver, andererseits aber militanter war als Eisenhower.

Einige Berater des Parteichefs meinten, da Kennedy bei dem Versuch der Wiedereroberung Kubas, dieser Insel inmitten der amerikanischen Einflußsphäre, so zögernd agiert habe, könne man kaum erwarten, daß er in anderen Konfliktsituationen mehr Entschlossenheit an den Tag legen würde. Und Chruschtschow selbst wußte von den heimlichen Zweifeln des Präsidenten an dem Engagement der Vereinigten Staaten in Berlin und von seinen Ängsten während der Schweinebucht-Affäre, die Sowjetunion könne mit einem Schlag gegen den Westsektor der geteilten Stadt reagieren. Wenn er Kennedy jetzt nicht an die Wand drückte, würden seine Kritiker ihm vorwerfen, er habe die günstige Gelegenheit verpaßt, den im Augenblick relativ verwundbaren Präsidenten einzuschüchtern.

Zugleich hatte Chruschtschow in diesen fünf Monaten den Eindruck gehabt, daß Kennedy eine zermürbende Aggressivität an den Tag legte. Während Eisenhower im wesentlichen darauf verzichtet hatte, der Sowjetunion mit der atomaren Überlegenheit der Vereinigten Staaten zu drohen, tat sich der neue Präsident in dieser Hinsicht keinen Zwang an. Und trotz Moskaus Warnungen hatte er den Kongreß schon dreimal aufgefordert, den Verteidigungshaushalt zu erhöhen, zuletzt in seinem »zweiten Bericht zur Lage der Nation« Ende Mai. Wahrscheinlich hielt Chruschtschow daher die Zeit für gekommen, ihm endlich einen Dämpfer zu versetzen.

Am meisten aber verärgerte ihn Kennedys ständig wiederkehrender Appell, er solle endlich seine Forderungen zu Berlin fallenlassen. Dabei hatte der Generalsekretär immer wieder betont, daß das Problem im Jahre 1961 gelöst werden müsse. In Chruschtschows Augen war dies ein Affront. Denn damit bewies Kennedy nicht nur, daß er das Anliegen des Generalsekretärs nicht ernst nahm, sondern ließ Chruschtschow auch deutlich spüren, daß er angesichts der atomaren Überlegenheit der Vereinigten Staaten gar keine Chance hatte, seine Forderungen durchzusetzen. Der Gedanke, daß Kennedy das Thema Berlin weiterhin auf sich beruhen lassen würde, wenn Chruschtschow nicht eine neue Berlin-Krise heraufbeschwor, war also keineswegs abwegig.

Hätte der Präsident Anfang 1961 angekündigt, er wolle die Vier-Mächte-Verhandlungen über Berlin – ein Instrumentarium, dessen sich Eisenhower bedient hatte – wiederaufnehmen, dann hätte sich Chruschtschow wohl nicht auf diese Weise gedrängt gefühlt, Kennedys Aufmerksamkeit durch ein neues Berlin-Ultimatum zu erregen. Als er dann in Wien eine Art Interimslösung vorschlug und Kennedy darauf beharrte, daß Chruschtschow sich mit der bestehenden Situation in Berlin abfinden müsse, blieb dem Generalsekretär kaum eine andere Wahl, als eine große Konfrontation heraufzubeschwören.

All das erklärt Chruschtschows beinahe theatralisch wirkenden aggressiven Auftritt in Wien – eine Show, die so gut einstudiert war, daß der Parteichef Jahre später meinte, Kennedy könne ihm »nur leid tun« angesichts seiner damaligen harten Worte. Aber er mußte den Präsidenten davon überzeugen, daß er wegen Berlin notfalls auch einen Atomkrieg riskieren würde. Sonst hätte Kennedy womöglich angenommen, er schlage wieder einmal blinden Alarm.

Die Frage aber ist, warum Chruschtschow trotz Georgi Bolschakows Zusicherung, es werde in Wien zu einem Atomteststopp-Vertrag kommen, keine Verhandlungsbereitschaft in dieser Frage erkennen ließ. Bolschakow meinte später zu Robert Kennedy, offensichtlich habe der Parteichef vor dem Gipfel »seine Meinung geändert«. Es ist durchaus möglich, daß Chruschtschow niemals die Absicht hegte, bei diesem Thema Zugeständnisse zu machen. Vielleicht hat er Bolschakow gezielt auf die Kennedys angesetzt, um den Präsidenten durch Vorspiegelung falscher Tatsachen zur Teilnahme an dem Gipfel zu bewegen. Aber man kann sich nur schwer vorstellen, daß Chruschtschow das Risiko einging, mit derartigem Vorbedacht die Beziehung zu einem Präsidenten zu vergiften, der wahrscheinlich acht Jahre an der Macht bleiben würde.

Daher scheint es naheliegender, anzunehmen, daß Chruschtschow im Mai seine Pläne änderte und den Beschluß faßte, eine neue Berlin-Krise zu provozieren. Ein Abkommen über Atomtests hätte sich mit seinem Ziel, den Präsidenten mit seiner aggressiven Haltung zu Berlin in Angst und Schrecken zu versetzen, nicht vereinbaren lassen. Sowjetische Wissenschaftler und Generäle drängten ihn, die Erlaubnis zur Zündung der größten Wasserstoffbombe zu geben, die jemals produziert worden war. Chruschtschow erkannte, daß ein solcher Schritt vor dem Hintergrund einer neuerlichen Berlin-Krise die atomare Stärke der Sowjets und seine eigene Bereitschaft, von ihr Gebrauch zu machen, eindrucksvoll demonstrieren würde.

Wahrscheinlich war es ihm völlig ernst mit seiner Zusicherung gegenüber Kennedy, die Sowjets würden nicht als erste die Atomversuche

wiederaufnehmen. Er wußte ja, daß die Mehrheit der Amerikaner für die Wiederaufnahme der Tests war. Und daher nahm er an, diese Mehrheit würde den Präsidenten zu einer Aufkündigung des Moratoriums drängen, sobald erkennbar wurde, daß 1961 kein Atomteststopp-Abkommen zustande kommen würde.
Wenn die Vereinigten Staaten als erste die Tests wiederaufnahmen, würde sich der Sturm der weltweiten Empörung auf Kennedys Haupt entladen. Und dann wäre Chruschtschow zu seinem Bedauern gezwungen, mit der Zündung seiner viel größeren »Superbomben« zu reagieren, und wie nach dem Start von *Sputnik* und *Wostok* würde die Welt beeindruckt von der sowjetischen Stärke sein.

Lem Billings mußte feststellen, daß Chruschtschows aggressives Auftreten Kennedy »zutiefst erschüttert hatte«; der Präsident sei »niemals zuvor so hautnah mit dem Bösen konfrontiert gewesen«. Auch Harriman hatte den Eindruck, Kennedy sei »völlig am Boden zerstört«. Robert Kennedy glaubte, daß sein Bruder zum erstenmal einem Menschen begegnet sei, »mit dem er nicht in vernünftiger Weise Gedankenaustausch betreiben konnte«. Und der Präsident selbst klagte, mit Chruschtschow zu verhandeln sei genauso, wie »mit Dad zu verhandeln. Man gibt nur und bekommt nichts dafür.« Mike Mansfield kam zu dem Schluß, daß Chruschtschow den Präsidenten »als jungen Spund« betrachtete, »der noch eine Menge lernen mußte und nicht viel zu bieten hatte«. Und Lyndon Johnson sagte zu alten Freunden: »Chruschtschow hat den armen kleinen Jungen zu Tode erschreckt.« Später, als er selbst Präsident war, behauptete er, Kennedy habe sich in Wien vor Chruschtschow erniedrigt, und schwor, daß er in der Vietnam-Frage keine derartige Schwäche zeigen werde. Kennedy selbst war über die Kritik, die ihm entgegenschlug, sehr erbost und meinte zu Dave Powers: »Was hätte ich tun sollen, um zu zeigen, wie hart und entschlossen ich war? Meine Schuhe ausziehen und damit auf den Tisch einschlagen?«
Georgi Bolschakow äußerte Frank Holeman gegenüber, die Sowjets seien »überrascht«, daß der Präsident durch die Äußerungen Chruschtschows derartig »betroffen und verängstigt« sei: »Wenn man das Kleid eines Mädchens berührt, erwartet man, daß es schreit, aber nicht, daß es erschrickt.«

Kennedy hatte in privatem Kreis die Vermutung geäußert, Chruschtschow werde vielleicht noch vor Ende 1961 eine Friedenskonferenz über Berlin einberufen, meinte jedoch, daß der Parteichef seine Drohungen nur selten wahr mache: »Wie de Gaulle sagt, Chruschtschow blufft, er wird diesen Vertrag niemals unterzeichnen ... Das wäre verrückt, und ich bin sicher, daß er nicht verrückt ist.« Rusk meinte, falls die Sowjets Chruschtschows Ultimatum geheimhielten, so zeige dies ihre Bereitschaft, eine neue Berlin-Krise zu vermeiden. Aber am Samstag, dem 10. Juni, veröffentlichte die *Prawda* den vollen Wortlaut von Chruschtschows Memorandum.

Obwohl Kennedy zu diesem Zeitpunkt wieder große Probleme mit seinem Rücken hatte, flog er sofort nach Washington. Die Fotografen hielten den Atem an, als sie sahen, daß er auf Krücken ging und mit einer hydraulischen Leiter an Bord der *Air Force One* gehievt werden mußte. Nach seiner Ankunft im Weißen Haus steckten seine Ärzte ihn sofort mit einem Heizkissen in sein Himmelbett. Seinen Beratern, die sich vor seinem Zimmer drängten, teilte er mit, möglicherweise stünden die Vereinigten Staaten bald »am Rande eines Krieges« mit der Sowjetunion.

Robert Kennedy sah in dem Berlin-Ultimatum »den ersten Versuch Chruschtschows, den Präsidenten auf die Probe zu stellen«, da er nach der Schweinebucht-Affäre wahrscheinlich erwarte, daß John F. Kennedy in jeder gefährlichen Situation nachgeben werde. Und Macmillan schrieb in sein Tagebuch: »Möglicherweise steuern wir in Berlin auf eine Katastrophe, eine schreckliche diplomatische Niederlage (aus Gründen purer Unfähigkeit) oder einen Atomkrieg zu.«

Seinen Mitarbeitern gegenüber meinte der Präsident, er wisse nicht genau, was Chruschtschow in Berlin unternehmen werde; vielleicht werde er wie Stalin versuchen, den Westsektor durch eine Blockade an sich zu reißen. Dann fragte er McNamara, inwieweit die Versorgung der amerikanischen Truppen und der 2,4 Millionen Westberliner gewährleistet sei, falls Chruschtschow und die Ostdeutschen den Zugang zu der Stadt sperren würden.

Kapitel 10

Die Uhr läuft

Am Mittwoch, dem 21. Juni, hielt Chruschtschow im Großen Saal des Kreml anläßlich des 20. Jahrestages des deutschen Überfalls auf die Sowjetunion eine militärische Gedenkfeier ab, die im Fernsehen gesendet wurde. Chruschtschow, der seine grüne Generalleutnantsuniform aus dem Zweiten Weltkrieg trug, bat die versammelten Marschälle, Generäle und Admiräle um ihre Unterstützung bei der Bewältigung der Berlin-Krise und sicherte ihnen zu, die Rote Armee werde mit allem versorgt werden, was sie zur Verteidigung des Vaterlandes benötige. Chruschtschow meinte später, daß »die Uhr lief«.

Vier Tage später bezeichnete Chruschtschow die Berlin-Frage als »das wichtigste Problem«, widmete jedoch den größten Teil seiner Rede dem friedlichen wirtschaftlichen Wettbewerb zwischen der Sowjetunion und den USA. Er prophezeite, daß die Sowjetunion ihren Konkurrenten, diesen »in die Jahre gekommenen Läufer«, spätestens im Jahre 1970 überholt haben würde.

Botschafter Menschikow traf mit einem vollkommen verängstigten kleinen weißen Hund namens Puschinka im Weißen Haus ein. In seinem Begleitschreiben behauptete Chruschtschow, das Tier sei »ein direkter Nachfahre des weltberühmten Kosmonauten Strelka«. Als der Präsident sich bei seiner Frau erkundigte, was es mit diesem Tier denn auf sich habe, meinte sie, sie habe Chruschtschow in Wien gebeten, ihr einen Welpen des Weltraumhundes zu schicken.

Das Geschenk des sowjetischen Staatsführers kam sicher von Herzen, aber Chruschtschow gefiel natürlich auch der Gedanke, ein Symbol der sowjetischen Vorherrschaft im Weltraum in den Haushalt des amerikanischen Präsidenten zu verpflanzen. Noch im Wahlkampf hatte sich Kennedy bitter darüber beklagt, daß die ersten Lebewesen, die in den Weltraum geschickt werden konnten, »Strelka und Belka hießen und nicht Rover oder Fido«. Doch nachdem man Puschinka genauestens auf Abhörgeräte untersucht hatte, wurde sie bald zu »einem verwöhnten und verhätschelten Mitglied der Familie«, wie O'Donnell berichtet.

Chruschtschow schickte der Präsidentenfamilie außerdem noch das handgeschnitzte Modell eines amerikanischen Walfangbootes. »Solche Segel-Dampfschiffe setzte man Ende des 19. Jahrhunderts in der Tschuktschen-See zum Walfang ein, und sie ankerten in russischen Häfen.« Im Antwortschreiben des Präsidenten hieß es, das Boot sei jetzt in seinem Arbeitszimmer im Weißen Haus vor Anker gegangen. Weiter hieß es in seiner Botschaft an Chruschtschow, Puschinkas Flug von der Sowjetunion in die Vereinigten Staaten sei ja bei weitem nicht »so dramatisch wie die Reise ihrer Mutter« gewesen und sie habe ihn »gut überstanden. Wir freuen uns beide, daß ein vielbeschäftigter Mann wie Sie an solche Dinge denkt.«

Kennedy hatte seit dem Tag, an dem die *Prawda* den Wortlaut von Chruschtschows Berlin-Ultimatum abgedruckt hatte, keine öffentliche Erklärung mehr abgegeben. In den Wochen, in denen der Präsident sich in Schweigen hüllte, ließ Mike Mansfield verlautbaren, seiner Meinung nach werde »Berlin früher oder später zum Brennpunkt einer weltweiten Katastrophe« werden. Er machte den Vorschlag, die NATO und der Warschauer Pakt sollten Berlin den Status einer »freien Stadt« zusichern und damit den ersten Schritt zur Wiedervereinigung Deutschlands tun.

Auf einer Pressekonferenz am Mittwoch, dem 28. Juni, distanzierte sich der Präsident von Mansfields Erklärung: Chruschtschows Vorschlag einer »freien Stadt« bedeute nichts anderes, als daß »die Bürger West-Berlins langsam, aber sicher all ihrer Rechte beraubt werden sollen ... Die Sowjets begehen einen schweren Fehler, wenn sie glauben, die Einheit und Entschlossenheit der Alliierten könne durch Drohungen und neuerliche aggressive Handlungen untergraben werden.«

Der Präsident ging in seiner Ansprache auch auf Chruschtschows großspurige Zukunftsvision ein, daß die Sowjetunion die Vereinigten Staaten bis zum Jahr 1970 wirtschaftlich überflügelt haben würde. »Mir liegt nichts daran, auf die Übertreibungen des sowjetischen Parteichefs mit ebensolchen Übertreibungen zu reagieren«, erklärte er, »aber ich muß sagen, er erinnert mich an einen Großwildjäger, der sich schon genau überlegt, wo er das Tigerfell an die Wand hängen will, bevor er den Tiger überhaupt vor die Flinte bekommen hat. Der Tiger seinerseits aber sieht die Sache vollkommen anders.«* Kennedy betonte, die Vereinigten Staaten seien den Russen so weit voraus, daß diese nicht einmal bis zum Jahr 2000 in der Lage seien, den Vorsprung aufzuholen.

Nach diesen Äußerungen rief Roscoe Drummond in der *New York Herald Tribune* seinen Lesern Kennedys Wahlkampfaussage in Erinnerung, das ökonomische Wachstum der Vereinigten Staaten falle bedenklich hinter das der Sowjetunion zurück. »Ich dachte schon, ich wäre in der falschen Pressekonferenz gelandet oder daß . . . der Mann, der da redete, Präsident Richard Milhous Nixon wäre.«

Wie schon bei Kennedys Versuchen, die nukleare Unterlegenheit der Sowjetunion nachzuweisen, mußte sich Chruschtschow auch jetzt fragen, mit welcher Absicht der amerikanische Präsident ihn wohl diesmal demütigen und seine großsprecherischen ökonomischen Prophezeiungen als Lügen darstellen wollte. Höchstwahrscheinlich aber kam dem Parteichef nicht in den Sinn, daß er selbst durch das Heraufbeschwören der neuen Berlin-Krise den amerikanischen Präsidenten mehr oder weniger dazu gezwungen hatte. Kennedy glaubte nämlich, den Alliierten und dem Rest der Welt noch einmal das volle Ausmaß der amerikanischen Stärke demonstrieren zu müssen.

Es gab wohl kaum einen Staatschef, den die Wahl von Kennedy mehr beunruhigte als den 85jährigen Kanzler der Bundesrepublik Deutschland. Konrad Adenauer hätte es wesentlich lieber gesehen, wenn Eisenhower und Dulles an der Macht geblieben wären.

Adenauer, ein tief im Katholizismus verwurzelter Rheinländer, Enkelsohn eines Bäckers, fühlte sich den Süddeutschen, den Holländern und den Franzosen innerlich viel enger verbunden als den »heidnischen Steppen« im protestantischen Nordosten Deutschlands. Seiner Meinung nach gehörte dieser »fast schon zu Asien«, und Berlin war für ihn ein »unchristliches Babylon«.

Adenauer hatte Hitler vor allem wegen des heidnischen Mystizismus gehaßt, der die Herzen der Kinder ihren Eltern entfremdete. Er wurde von den Nazis aus dem Amt gejagt und zweimal von der Gestapo

---

* Die Mitarbeiter des Präsidenten kicherten, denn im Westflügel hatte Kennedy den Spitznamen »der Tiger«.

verhaftet. Während des Dritten Reiches verbrachte er die meiste Zeit in seinem Haus in Rhöndorf bei Bonn, wo er Rosen züchtete und an Uhren herumbastelte. Als 1949 die Bundesrepublik gegründet wurde, unterstützten Truman und Acheson die Kanzlerkandidatur des Christdemokraten Adenauer gegen den Widerstand des englischen Premierministers, der der Labour Party angehörte und lieber den Sozialdemokraten Kurt Schumacher an der Spitze der neuen Republik gesehen hätte.

Als Führer der christdemokratischen Mehrheit des westdeutschen Parlaments verhalf »der Alte« der Bundesrepublik zu neuem Ansehen als wohlhabendste Nation des europäischen Kontinents, deren Politik, Verteidigung und Wirtschaft fest im westlichen Bündnis verankert waren. Vorurteile gegenüber bestimmten Regionen und die Furcht vor dem seiner Ansicht nach typisch deutschen Hang zu törichten Handlungen hinderten ihn daran, sich vorbehaltlos und mit ganzem Herzen für die Wiedervereinigung einzusetzen.

Ein Artikel Kennedys in der Zeitschrift *Foreign Affairs* aus dem Jahre 1957, in dem dieser andeutete, die Zeit des deutschen Kanzlers sei abgelaufen und Eisenhower verlasse sich allzusehr auf die Christdemokraten, versetzte Adenauer in Rage. Gegenüber Freunden äußerte der Kanzler die Ansicht, Kennedy habe »noch viel zu lernen« und wäre als Präsident eine »Katastrophe«. Kennedy wiederum hatte den Eindruck, Adenauer sympathisiere mehr oder weniger offen mit Richard Nixon.

Bereits wenige Stunden nachdem er von Kennedys Wahlsieg erfahren hatte, kündigte Adenauer an, er werde dem neuen Präsidenten im Februar 1961 einen Besuch abstatten. Dies war wohl ein Versuch, in dieser Situation Haltung zu zeigen. Doch die Mitarbeiter des neuen Präsidenten, die Adenauer seine reservierte Haltung gegenüber Kennedy verübelten, beschieden dem Kanzler kühl, der Termin sei verfrüht und der deutsche Kanzler müsse sich noch eine Weile gedulden. Als dann endlich für Anfang April ein Besuchstermin im Weißen Haus vereinbart wurde, war der Kanzler fest entschlossen, Kennedy das Versprechen abzuringen, zu Berlin und Westdeutschland eine ebenso eiserne und verläßliche Position zu beziehen wie Eisenhower. Im September standen Bundestagswahlen ins Haus, und Adenauer wollte seinen Wählern zeigen, daß er in der Lage war, mit Kennedy zusammenzuarbeiten. In Meinungsumfragen hatte sich nämlich ein Stimmungsumschwung zugunsten einer Koalition unter Willy Brandt bemerkbar gemacht. Und von Willy Brandt, dem jungen Bürgermeister von West-Berlin, hieß es damals oft, er habe eine gewisse Ähnlichkeit mit Kennedy.

Kurz vor Adenauers Ankunft wies Henry Kissinger den Präsidenten in einem Schreiben darauf hin, daß das überwältigende Interesse, das die Amerikaner im Frühjahr für William Shirers *The Rise and Fall of the Third Reich* gezeigt hätten, sowie der Prozeß gegen den Nazimörder Adolf Eichmann in Israel erneut die »alte unbestimmte Angst« der Westdeutschen geschürt habe, »im Stich gelassen zu werden«. Von Adenauer Flexibilität zu fordern hätte etwa den gleichen Effekt, als »wollte man einem Mitglied der Anonymen Alkoholiker einreden, daß ein Martini vor dem Essen doch bestimmt nicht schaden könnte«.

Der Kanzler war auf seinen Besuch sehr gut vorbereitet und versuchte mit allen Mitteln, gegenüber Kennedy den Eindruck von Spontaneität und Entspanntheit zu vermitteln. Der amerikanische Präsident jedoch spürte deutlich, daß er es »nicht nur mit einer anderen Generation, sondern auch mit einer anderen Ära, einer ganz anderen Welt« zu tun hatte. Jacqueline gegenüber äußerte er, der Kanzler schaffe offensichtlich den Absprung aus der Politik nicht und werde langsam gemein und bitter. Adenauers unstillbares Verlangen nach »ununterbrochenen ... Liebes- und Treueschwüren«, wie Sorensen sich ausdrückte, ging Kennedy ziemlich auf die Nerven.

Nach seiner Rückkehr nach Bonn lobte Adenauer in privatem Kreis Kennedys Fähigkeit, sich auf Grundlegendes zu konzentrieren, beklagte sich aber auch, der Präsident sei eine Mischung aus einem Seekadetten und einem römisch-katholischen Pfadfinder.

Auch das Debakel in der Schweinebucht beunruhigte den Kanzler. Der Chef seines Militärischen Abschirmdienstes, General Gerhard Wessel, meinte, das Vertrauen der Bundesrepublik in die Führerrolle der Amerikaner sei enorm gesunken.

Am Donnerstag, dem 29. Juni, berief der Präsident den Nationalen Sicherheitsrat in den Kabinettssaal und fragte Dean Acheson, wie er das Berlin-Problem angehen solle. Der elegante, zynische Diplomat Acheson, der Kennedy eher skeptisch gegenüberstand, gehörte zwar nicht der Regierung an, beriet den Präsidenten aber auf dessen Wunsch in deutschlandpolitischen Fragen.

Kennedy vertrat die Ansicht, Chruschtschow habe die jüngste Berlin-

Krise provoziert, um die NATO zu schwächen, das DDR-Regime zu stabilisieren und die Oder-Neiße-Linie festzuschreiben, die die Sowjets als Ostgrenze der DDR betrachteten.* Vor allem aber wolle der sowjetische Staatschef Amerika zu einer Kraftprobe herausfordern. Die Vereinigten Staaten könnten bei der Verteidigung Berlins keinen Rückzieher machen. Chruschtschow würde eine grundsätzliche Verhandlungsbereitschaft vielleicht schon als Zeichen der Schwäche auslegen.

Unter Eisenhower hatte das Außenministerium unter Ausschluß der Öffentlichkeit »drei Essentials« festgelegt, die es in Berlin um jeden Preis – selbst den eines Atomkrieges – zu verteidigen galt: der freie Zugang im Luftraum und am Boden, Militär- und andere Einrichtungen westlicher Präsenz in Berlin und die ungehinderte Freizügigkeit im Westsektor der Stadt.

Dean Acheson betonte, man müsse Chruschtschow unmißverständlich klarmachen, daß die Vereinigten Staaten »zu allem bereit« seien, um diese drei Essentials zu verteidigen. Er schlug dem Präsidenten daher vor, für eine zügige konventionelle und atomare Aufrüstung zu sorgen, zwei oder drei Divisionen zusätzlich nach Westdeutschland abzukommandieren, drei bis sechs weitere für die Verlegung nach Europa abmarschbereit zu halten und den nationalen Notstand auszurufen.

---

* Auf der Potsdamer Konferenz im Juli 1945 hatten die Alliierten die Oder-Neiße-Linie zur provisorischen Grenze zwischen den ehemaligen westlichen und östlichen Gebieten Deutschlands erklärt; letztere wurden dabei Polen zugesprochen. Die Abspaltung der vor dem Krieg zu Deutschland gehörenden Ostgebiete blieb in der Bundesrepublik aber immer ein aktuelles politisches Thema. Adenauers Berater Felix von Eckhardt übermittelte sowohl Kennedy als auch Nixon im Juli 1960 vertraulich die Bitte Adenauers, der die beiden Präsidentschaftskandidaten ersuchte, die Oder-Neiße-Linie in ihrem Wahlkampf nicht zu erwähnen. Von Eckhardt erklärte, dem Kanzler sei klar, daß von den Polen in den USA ein gewisser Druck ausgehe. Alle vernünftigen Deutschen wüßten, daß die Oder-Neiße-Grenze nicht verändert werden könne. Aber da im September 1961 Bundestagswahlen bevorstünden, könne jede Erklärung der Vereinigten Staaten in örtlichen Wahlkampfkampagnen zum Nachteil des Kanzlers und seiner Partei verwendet werden.
Da Kennedy ohnehin die Themen Berlin und Deutschland ausklammern wollte, erfüllte er Adenauers Bitte gern. Seine deutlichsten Äußerungen zum Thema Oder-Neiße-Grenze machte er im Herbstwahlkampf, als er vor dem Polnisch-Amerikanischen Kongreß in Chicago erklärte: »Wir müssen Polen die Furcht vor dem Westen nehmen, eine Furcht, die ihre ganz realen Gründe hat, und das ist vor allem auch die Furcht vor Deutschland.«

Weiter lautete sein Rat, sich nicht in Details zu verzetteln, falls Chruschtschow bereit wäre, einen Friedensvertrag zu unterzeichnen. Wenn die Sowjets und die DDR den Zugang zu Berlin abriegelten, solle der Präsident sofort wieder eine Luftbrücke errichten. Sollten die westlichen Flugzeuge von den Sowjets behindert werden, sei es seiner Ansicht nach ratsam, zwei Divisionen Bodentruppen aufmarschieren zu lassen, die die DDR ohne sowjetische Hilfe nicht aufhalten könne. Nicht wenige der Anwesenden waren äußerst beunruhigt darüber, wie unbekümmert Acheson das Risiko eines Atomkriegs einzukalkulieren schien. Sie vertraten die Ansicht, man solle zunächst Verhandlungen anstreben. Dies würde Chruschtschow zeigen, daß der Westen einerseits bereit sei, das heikle Thema Berlin zu entschärfen, andererseits aber ganz entschieden auf seinen Rechten beharre.

Llewellyn Thompson, der nach Washington zurückgekehrt war, um den Präsidenten in der Berlin-Frage zu beraten, vertrat die Meinung, daß Chruschtschow die Vereinigten Staaten in der neuen Berlin-Krise nicht demütigen wolle, sondern vielmehr beabsichtige, die Position der Kommunisten in Osteuropa zu stärken und die NATO zu spalten. Thompsons Lösungsvorschlag war, heimlich Maßnahmen für eine militärische Aufrüstung des Westens zu treffen und nach den deutschen Bundestagswahlen im September eine diplomatische Offensive einzuleiten. Wenn dann die Sowjetunion die westlichen Vorschläge zur Vermeidung eines Atomkrieges nicht akzeptieren würde, zöge sie die Feindschaft der ganzen Welt auf sich.

Thompson argumentierte weiter, die Ausrufung des nationalen Notstandes würde in der Weltöffentlichkeit den Eindruck erwecken, die USA reagierten »hysterisch«. Eine solche Maßnahme könne Chruschtschow außerdem zu einem unüberlegten und übereilten Gegenzug veranlassen.

Als Kennedy fragte, ob es denn »wirklich von Vorteil« sei, die alte Forderung des Westens nach der Wiedervereinigung Berlins aufrechtzuerhalten, antwortete Rusk: »Selbstbestimmung ist eine bessere Grundlage als Wiedervereinigung.« Der Präsident bat ihn daraufhin, den Entwurf für die Forderung nach einer Volksabstimmung vorzubereiten, in der die Einwohner von Berlin selbst über ihr Schicksal entscheiden sollten – niemand hegte auch nur den geringsten Zweifel daran, wie eine solche Abstimmung ausgehen würde. Dann brachte Kennedy seine Sorge zum Ausdruck, daß die Sowjetunion bei einer Aufrüstung des Westens sofort mit den gleichen Maßnahmen antwor-

ten würde. Auch Acheson räumte ein, daß »solche taktischen Drohgebärden von beiden Seiten so weit wie möglich« vermieden werden
müßten.

Dann fragte Kennedy, welche Schritte eingeleitet werden sollten,
»falls Chruschtschow für den Sommer ein Gipfeltreffen vorschlägt«.
Acheson antwortete: »Das sollten wir einfach auf uns zukommen lassen
und uns nach der aktuellen Entwicklung entscheiden.« Der Präsident
solle am besten erst einmal Gespräche auf unterer Ebene vorschlagen.
Es gebe »genug ältere arbeitslose Leute« wie ihn selbst, »die endlose
Gespräche führen können, ohne dabei wirklich zu verhandeln«.

In derselben Woche veröffentlichte *Newsweek* geheime Informationen über die Pläne des Pentagon angesichts der Berlin-Krise, die unter
anderem die Mobilisierung amerikanischer Streitkräfte vorsahen. Der
Präsident schien sich Sorgen zu machen, wie Chruschtschow diese
Enthüllungen aufnehmen würde, und schaltete das FBI ein. Möglicherweise aber hatten der Präsident selbst oder seine engsten Berater
die Information eigenhändig lanciert, um Chruschtschow eine nach-
drückliche Warnung zukommen zu lassen.

Ganz ohne Zweifel kam die Botschaft bei Chruschtschow an. Bei einer
Rede in Moskau hatte er für die Mobilisierungspläne des Westens nur
Hohn und Spott übrig. Während einer Vorstellung der Tänzerin Mar-
got Fonteyn ließ er den britischen Botschafter in seine Loge rufen und
warnte ihn, daß er alle Versuche des Westens vereiteln würde, einem
Friedensvertrag für Deutschland Steine in den Weg zu legen. Und die
Sowjetunion werde mit hundertfacher Kraft zurückschlagen, falls die
Westmächte tatsächlich zusätzliche Divisionen in Deutschland statio-
nieren sollten.

Schon sechs seiner Wasserstoffbomben genügten »voll und ganz«, um
die Britischen Inseln zu zerstören. Neun von ihnen könnten Frankreich erledigen. »Aber warum sollten 200 Millionen Menschen für
zwei Millionen Berliner in den Tod gehen?« fragte Chruschtschow, der
sich im klaren war, daß die Briten wesentlich eher bereit zu Verhandlungen über Berlin waren als die Amerikaner.

Am Dienstag, dem 4. Juli, erschienen Chruschtschow und seine Frau
zum erstenmal seit drei Jahren zu dem Empfang, den Jane und Llewellyn Thompson regelmäßig anläßlich des amerikanischen Unabhän-
gigkeitstages im Spaso-Haus gaben. In ihrem Gefolge befanden sich

Mikojan und Koslow, Verteidigungsminister Rodjon Malinowski und fünf weitere sowjetische Marschälle. Diese demonstrative Geste war für den Parteichef durchaus nicht untypisch; wenn er befürchtete, daß eine Krise mit dem Westen außer Kontrolle zu geraten drohte, machte er gern solche Aufwartungen.

Als jemand rief: »Der Angriff der Reporter geht los!«, meinte Chruschtschow: »Wir werden zurückschlagen, aber nicht mit Raketen.« Daraufhin fragte einer der Reporter: »Unsere einzige Waffe ist die Schreibmaschine. Haben Sie eine Geheimwaffe?« – »Wir brauchen keine Waffen und keine Uniformen. Alles, was wir brauchen, ist Köpfchen«, konterte der Generalsekretär, und Mikojan fügte hinzu: »Seine beste Waffe ist seine scharfe Zunge.« – »Das ist eine gute Waffe, und sie gibt uns auch reichlich Munition«, warf ein anderer Journalist ein, »aber sie ist bestimmt keine Geheimwaffe.«

Am Samstag, dem 8. Juli, gab Chruschtschow sein Vorhaben auf, die Rote Armee um 1,2 Millionen Soldaten zu reduzieren. Der Druck der Militärs war so stark geworden, daß er nun von seinem Argument abrücken mußte, Soldaten könnten durch Raketen ersetzt werden. Statt dessen wurde nun der Plan gefaßt, den Verteidigungshaushalt der Sowjetunion um ein Drittel aufzustocken. »Wir sehen uns zu diesen Maßnahmen gezwungen, Genossen, denn wir dürfen die Sicherheit des sowjetischen Volkes nicht aufs Spiel setzen.«

Mehrmals betonte er, Adenauer schreie »sich heiser, um Atomwaffen zu bekommen«. Und Kennedy habe das Militärbudget erhöht. »Das ist die Antwort der Westmächte auf die einseitige Reduzierung der Streitkräfte und des Rüstungshaushalts, wie sie die Sowjetunion seit Jahren praktiziert.«

Um seiner Ankündigung ein wenig von ihrer Schärfe zu nehmen, zitierte Chruschtschow schließlich auch den Aufruf des amerikanischen Präsidenten zum friedlichen wirtschaftlichen Wettbewerb. »Das ist natürlich viel besser, als sich in der Entwicklung immer zerstörerischerer Waffen gegenseitig zu übertrumpfen.« Arkadi Schewtschenko erinnerte sich jedoch später: ». . . es herrschte eine Krisenstimmung vor, während wir abwarteten, welche Gegenmaßnahmen Kennedy treffen würde.«

Als der Präsident in Hyannis Port die Nachricht von der Rede des sowjetischen Staatsoberhauptes erhielt, meinte er, Chruschtschow habe damit in der Berlin-Frage offensichtlich eine noch härtere Position bezogen. In der Woche zuvor hatte er John McCloy nach Moskau entsandt, um die Genfer Friedensgespräche wieder in Gang zu bringen. Jetzt fragte er Bundy: »Sollen wir die Verhandlungen mit dem Hinweis auf die jüngsten Aufrüstungspläne der Sowjetunion abbrechen und verlangen, daß die Angelegenheit vor die UNO gebracht wird?«

Am Morgen vor diesem Gespräch hatte sich der Präsident mit seiner Frau, Rusk, McNamara, Maxwell Taylor und den Spaldings bei Fischsuppe und Hot dogs auf der Yacht *Marlin* getroffen. Jacqueline sprang über Bord, um Wasserski zu fahren, Taylor und McNamara gingen schwimmen. Kennedy saß mit dem Außenminister, der noch immer seinen dunklen Anzug trug, im Heck des Bootes. Er bemerkte unzufrieden, daß ein ganzer Monat verstrichen sei, ohne daß Chruschtschow eine Antwort auf sein Berlin-Memorandum erhalten habe. Aber Rusk erinnerte ihn daran, daß der Text einer solchen Antwort mit den Alliierten abgestimmt werden müsse, denn die Sowjets würden die geringste Unstimmigkeit in den Erklärungen der Westmächte ausnutzen, um sie gegeneinander auszuspielen. Aufbrausend erwiderte daraufhin der Präsident, er habe nicht die Absicht, sich von den Alliierten abhängig zu machen! Ob Rusk denn nicht begreife? Die *Vereinigten Staaten* trügen die Hauptlast der Verantwortung für Berlin, also sei es nur recht und billig, daß sie auch bestimmten, wie in dieser Sache vorzugehen sei.

Kennedy hatte eine Verlautbarung von Schlesinger und zwei anderen Mitarbeitern des Weißen Hauses gelesen, die Achesons einseitige Konzentration auf die militärischen Aspekte des Berlin-Problems kritisierten. Sie hatten darauf hingewiesen, Acheson richte sein Augenmerk ausschließlich auf das, was sie selbst für die »unwahrscheinlichste Entwicklung der Dinge« hielten, nämlich eine unmittelbar bevorstehende Blockade West-Berlins. Kennedy schloß sich dieser Argumentation an und gab nun Rusk zehn Tage Zeit, um einen Plan für Verhandlungen in der Berlin-Frage zu entwerfen.

Inzwischen kletterten Taylor und McNamara wieder an Bord. Der Präsident war immer noch in schlechter Stimmung und bemängelte die militärischen Pläne für Berlin. Wenn die Sowjets sich tatsächlich entschlössen, den Zugang zu Berlin zu blockieren, würde die NATO sich genötigt sehen, mit konventionellen Mitteln zu reagieren. Aber er wolle mehr Wahlmöglichkeiten haben als die zwischen »einem Holocaust und einer Demütigung«.

So erhielt auch McNamara eine Frist von zehn Tagen, um einen Plan für einen nichtatomaren Gegenschlag zu entwerfen. Der Plan sollte umfassend sein und zeigen, daß der Westen jederzeit in der Lage sei, die DDR daran zu hindern, Berlin »für einen einmaligen Schleuderpreis« einzuheimsen. Der Plan müsse ihm und Chruschtschow eine Denkpause einräumen – nicht nur eine Stunde, sondern einen ganzen Monat –, um die beiden Alternativen, sich entweder zurückzuziehen oder einen Atomkrieg zu riskieren, gegeneinander abwägen zu können.

Am Donnerstag, dem 13. Juli, meinte Rusk bei einer Sitzung im Kabinettssaal, daß »Chruschtschows Zeitplan nicht unserer Kontrolle« unterliege. Wenn der Präsident jetzt Verhandlungen anböte, sei der Krise »die Spitze genommen«. Das Problem war nur, daß die Vereinigten Staaten sich, wie Acheson bereits betont hatte, »im Moment in keiner guten Verhandlungsposition« befanden. Wäre Chruschtschow willens, »unsere Grundrechte anzuerkennen«, hätte er diese Konfrontation gar nicht erst heraufbeschworen.

McNamara schlug daher vor, den nationalen Notstand auszurufen, um das amerikanische Volk auf die Gefahr für Berlin aufmerksam zu machen und die Menschen auf die Opfer vorzubereiten, die möglicherweise von ihnen verlangt würden. Der Präsident solle die Reservisten und die Nationalgarde einberufen, die Dienstzeit der Wehrpflichtigen verlängern, die amerikanischen Zivilisten aus Europa zurückholen und den Kongreß um zusätzlich 4,3 Milliarden Dollar zu Verteidigungszwecken bitten.

Doch Rusk äußerte die Besorgnis, die Ausrufung des nationalen Notstandes könne »einer Mobilmachung gefährlich nahe kommen«, und fuhr fort: »Wir sollten alles vermeiden, was für ein vernünftiges militärisches Vorgehen nicht unbedingt erforderlich ist und was als Provokation angesehen werden könnte.« Es hätte sicher wesentlich größere Wirkung auf Chruschtschow, wenn »wir erst dann zu drastischeren Maßnahmen greifen, nachdem die Krise sich weiter verschärft hat«. Seine Alternative lautete, der Präsident solle den Kongreß um eine Ermächtigung ersuchen, die ihm erlaube, bei Bedarf Truppen einzuberufen.

Doch Acheson widersprach: Wenn der Präsident erst zu einem späteren Zeitpunkt die Reservisten einberiefe, hätte das keine große Wirkung mehr auf Chruschtschow. Das sei, »als werfe man die Bomben erst, nachdem er das Problem schon längst auf die Spitze getrieben hätte«. Schließlich meinte Lyndon Johnson, der Präsident solle »die Initiative ergreifen«, denn andernfalls könne im Kongreß der Eindruck entstehen, er wälze die Last der Entscheidung auf die Kongreßmitglieder ab. Nach der Besprechung führte der Präsident McNamara ins Oval Office und wies ihn an, er solle in nächster Zeit bei seinen politischen Entscheidungen davon ausgehen, daß die Vereinigten Staaten bereit seien, Gewalt anzuwenden, falls West-Berlin direkt bedroht werde. Es gebe nur zwei Dinge, auf die es in der momentanen Krise ankäme: »die amerikanische Präsenz in Berlin« und »der freie Zugang zu Berlin«. Dagegen hätten die Vereinigten Staaten nicht vor, sich in den Einflußbereich der Sowjetunion einzumischen.

Die amerikanische Regierung hatte auf Chruschtschows Berlin-Memorandum immer noch nicht geantwortet. Martin Hillenbrand vom Außenministerium erinnerte sich später, daß der Entwurf eines Antwortschreibens direkt nach den Wiener Gesprächen abgeschickt worden war, doch die Bürokratie im Weißen Haus sei damit »dermaßen schlampig« umgegangen, »daß das Schriftstück schließlich im Safe eines Präsidentenberaters namens Ralph Dungan landete, der gerade vierzehn Tage Urlaub genommen hatte . . . Als man schließlich zugab, daß das Schreiben im Weißen Haus nicht mehr aufzutreiben war, fertigten wir einen neuen Entwurf an. Der Präsident erfuhr anscheinend nichts von der ganzen Sache, und man gab dem Außenministerium die Schuld an der Verzögerung.«
Als das Schreiben schließlich doch ins Oval Office gelangte, reagierten Kennedy und Bundy ablehnend; ihrer Meinung nach war es nichts weiter als eine schludrige Aneinanderreihung uralter Vorschläge und abgegriffener Erklärungen, die aus der Zeit der Berlin-Krise von 1958 stammten. Sie fanden, die Verfasser hätten sich nicht ernsthaft über den Inhalt der Erklärung Gedanken gemacht, sondern nur ein weiteres Dokument des Kalten Krieges fabriziert, das bald in Vergessenheit geraten würde.
Daher bat der Präsident Sorensen, eine »kürzere, einfachere Version« auszuarbeiten. Sechs Wochen nach den Gesprächen in Wien wurde die Antwort auf Chruschtschows Memorandum endlich abgesandt. Im gleichen Monat beklagte sich der Präsident bei Bundy über Lyndon Johnsons Entwurf eines Briefes an Tschiang Kai-schek: »Die Vorstellung, sie hätten ihn zu lesen bekommen, entsetzt mich.« Schon bei seinem Amtsantritt war Kennedy mit den Entwürfen für

Briefe an Staatschefs anderer Länder so unzufrieden gewesen, daß er sich schließlich hingesetzt und sie selbst diktiert hatte. Robert Kennedy berichtete, daß alle wichtigen Dokumente »vom Präsidenten selbst oder von einem engen Mitarbeiter aus dem Weißen Haus verfaßt oder überarbeitet werden mußten. Und das ärgerte ihn . . . sie [die Briefentwürfe] waren nicht nur einfallslos, sondern auch noch unglaublich schlecht geschrieben.«

Mit der Zeit verließ sich der Präsident mehr und mehr auf McGeorge Bundy. Er erklärte Jacqueline, mit Ausnahme von David Ormsby-Gore sei sein Berater für nationale Sicherheit der klügste Mann, den er je gekannt habe: »Verdammt, Bundy und ich können an einem Tag im Weißen Haus mehr zustande bringen als das Außenministerium in sechs Monaten.«

Bundy sorgte dafür, daß die außenpolitische Arbeit mit jenem Quantum an Loyalität, Effektivität und neuen Ideen angereichert wurde, auf das Kennedy von seiten des Außenministeriums nicht hoffen konnte. Er holte sich verwegene junge Männer in seinen Mitarbeiterstab beim Nationalen Sicherheitsrat, die sich darum kümmerten, daß die Bürokraten Kennedys Absichten nicht unterliefen und daß der Präsident ständig mit alternativen Entscheidungsmöglichkeiten vertraut gemacht wurde, die andernfalls im Kampf um bürokratische Zustimmung verlorengegangen wären.

Bundy brach mit alten Gewohnheiten, hielt Reden, in denen er politische Schwerpunkte setzte, und weigerte sich grundsätzlich, wie Andrew Goodpaster lediglich als Vermittler von Informationen zwischen dem Weißen Haus und den ausführenden Organen zu fungieren. Kennedy meinte einmal scherzhaft: »Ich kann bloß hoffen, daß er mir wenigstens ein paar unbedeutende Aufgaben übrigläßt.« Und zu Ben Bradlee bemerkte er: »Es geht nichts über einen klugen Kopf und das entsprechende Urteilsvermögen . . . Er arbeitet unglaublich viel. Und er klappt auch nicht zusammen oder wird nervös, wenn er unter Beschuß gerät.«

Bundy hatte auch einen ausgeprägten Sinn für staatsmännische Verantwortung und zeigte eine geradezu bewundernswerte Bereitschaft, den Kopf hinzuhalten, um politischen Schaden vom Präsidenten abzuwenden. Voll Selbstironie schrieb er einmal: »Ich glaube, das Weiße Haus sollte sich wieder mal gegen den guten alten Sündenbock McBungle [Bungle = Pfuscher] zusammenrotten.«

Bundy war es auch zu verdanken, daß im Westflügel mehr Mitarbeiter unterschiedlicher ethnischer Herkunft eingestellt wurden. In der ersten Reihe des Mitarbeiterstabs von Kennedy war er der einzige mit rein angelsächsisch-protestantischer Abstammung. Außerdem unterstützte er wie McNamara, Dillon, McCloy und andere Kennedys Bestreben, aus Gründen des Selbstschutzes Republikaner in außenpolitischen Ämtern einzusetzen. 1962 erkundigte sich Bundy bei Kennedy, ob es nicht vielleicht »nützlich« sei, wenn er in die Demokratische Partei einträte. Nachdem er jetzt schon so lange für ihn gearbeitet habe, fühle er sich »als Demokrat«. Der Präsident erwiderte: »Für mich ist es noch ein kleines bißchen nützlicher, wenn ich sagen kann, daß Sie Republikaner sind.« Von da an brachte Bundy das Thema nie wieder auf den Tisch.

Bundy wurde 1919 als dritter Sohn einer, wie er sagte, »hochnäsigen Bostoner« Familie geboren.

Schon in seiner Jugend machte er die Bekanntschaft von Stimson, Acheson und anderen Mitgliedern der außenpolitischen Elite der Neuenglandstaaten. Obwohl die meisten seiner Vorfahren in Harvard studiert hatten, schrieb er selbst sich in Yale ein, wo er in der Aufnahmeprüfung als erster Studienanfänger drei Spitzenergebnisse zustande brachte. Nach seiner Graduierung im Jahr 1940 zog es ihn dann aber doch nach Harvard.

Nach dem Überfall auf Pearl Harbor lernte er die Buchstabentabelle für medizinische Augentests auswendig, um dem militärischen Nachrichtendienst beitreten zu können. Ein Freund der Familie, Vizeadmiral Alan Kirk, Kommandeur der Amphibienstreitkräfte im Atlantik, machte ihn bei der Invasion in Sizilien zu seinem Adjutanten. 1943 schrieb Bundy an den Theaterkritiker John Mason Brown: »Es gibt im Krieg viel Ruhm und Ehre, aber an sich ist der Krieg weder ruhmreich noch ehrenvoll – er ist nur häßlich.«

Im August 1944, als das amerikanische Kampfschiff *Augusta* die Normandie erreichte, stand Bundy zusammen mit Kirk auf der Kommandobrücke. Als der Admiral dann sein Hauptquartier in Paris bezog, kamen ihm Bundys exzellente Französischkenntnisse sehr zupaß. Nach dem Sieg in Europa wurde Bundy zur Infanterie in den Pazifik versetzt, wo man die später nicht durchgeführte Invasion in Japan vorbereitete. Im Jahr 1948 arbeitete er zusammen mit Richard Bissell, seinem ehemaligen Wirtschaftsprofessor aus Yale, am Marschallplan.

Mit einer Vorlesung über »Die Vereinigten Staaten und die Weltpolitik« ging Bundy nach Harvard und wurde mit 35 Jahren Dekan der Fakultät.

Im September 1953 bot Robert Cutler, Eisenhowers Berater für nationale Sicherheit, dem jungen engagierten Republikaner den Posten seines Stellvertreters an. Dazu aber hätte Bundy Harvard verlassen müssen, und da er erst einen Monat zuvor zum Dekan ernannt worden war, schlug er das Angebot aus. Außerdem hegte er auch »keine große Liebe« für Foster Dulles. Hätte Bundy die Stellung angenommen und wäre dann Nachfolger von Cutler geworden, hätte er im Herbst 1960 an exponierter Stelle Eisenhowers Außenpolitik gegen die Angriffe von John F. Kennedy verteidigt.

Bundy hatte mit dem späteren Präsidenten und dessen älterem Bruder die Dexter School in Brookline besucht. »Ich bezweifle aber, daß ich damals immer wußte, welcher Kennedy welcher war ... Schließlich landeten wir auch noch auf zwei verschiedenen Colleges im selben Kurs, und ich traf ihn in Boston damals auch bei gesellschaftlichen Anlässen. Allerdings interessierte ich mich mehr für seine Schwester Kathleen, aber das ist ja wohl normal.«

1960 gewann Bundy immer stärker den Eindruck, daß der Eisenhower-Regierung im Kalten Krieg die Initiative aus der Hand glitt. Da er Kennedy für »wesentlich besser als Nixon« hielt, erklärte er dem Senator bei der Feier anläßlich der Verleihung der akademischen Grade in Harvard, er werde ihn unterstützen.

Vor seinem Amtsantritt spielte Kennedy sogar eine Zeitlang mit dem Gedanken, Bundy ins Außenministerium zu berufen. Letztendlich jedoch gelangte er zu der Ansicht: »Zwei Milchgesichter wie er und ich auf einmal sind einfach zuviel.«

Kurz vor Weihnachten, als Bundy gerade zusammen mit seiner Familie den Christbaum schmückte, rief Kennedy an und bot ihm den Posten als Sonderberater des Präsidenten für nationale Sicherheit an. Im Jahr 1960 hatte diese Stellung noch nicht die Bedeutung, die sie später durch Bundy selbst und seine Nachfolger erhielt. Dennoch folgerte Bundy scharfsichtig, daß er bei diesem Posten wenigstens die Chance hatte, eng mit dem Präsidenten zusammenzuarbeiten: »Das allein schon schien mir die Sache wert zu sein, obwohl ich kaum etwas über diese Arbeit wußte.«

Bundy konnte sich später nicht erinnern, auch nur fünfmal ein Dankeschön von dem Präsidenten gehört zu haben. Dennoch waren die

Jahre der Zusammenarbeit mit Kennedy eine goldene Zeit für Bundy. Die verheißungsvolle Aufbruchstimmung dieser Jahre mag ihm rückblickend vielleicht noch angenehmer erschienen sein, als er dann unter Präsident Lyndon Johnson als Vietnamberater tätig war.

Im Juli 1961 meinte Botschafter Menschikow in Washington gegenüber jedem, der es hören wollte: »Wenn es hart auf hart geht, wird das amerikanische Volk nicht um Berlin kämpfen.« Wie Chruschtschows Berater Fjodor Burlazki sich später erinnerte, war in der sowjetischen Regierung kaum jemand der Meinung, daß die Amerikaner zur Verteidigung Berlins Atomwaffen einsetzen würden. »Mag sein, daß wir unrecht hatten, mag sein, daß wir dumm waren.«
Robert Kennedy arrangierte nun ein Treffen mit Bolschakow. Offensichtlich war er inzwischen willens, über die Tatsache hinwegzusehen, daß der sowjetische Agent ihn über Chruschtschows Haltung zur Frage des Atomtestverbots vollkommen falsch informiert hatte; die Kennedys waren nämlich zu dem Schluß gekommen, daß der sowjetische Staatschef tatsächlich seine Ansicht geändert hatte. Jetzt warnte Bolschakow, Menschikow erzähle Chruschtschow wieder einmal das, »was er gerne hören will«: Wenn man den Präsidenten unter Druck setze, würde er nachgeben und die Sowjetunion könne »Berlin übernehmen«. Der sowjetische Agent versprach, dieses falsche Bild zu korrigieren.
Bei einem Essen in der sowjetischen Botschaft bekräftigte der Justizminister gegenüber Menschikow eindringlich, daß er selbst und der Präsident lieber sterben als nachgeben würden. Als der Botschafter darauf zwar höflich, aber doch sehr skeptisch reagierte, wurde Robert Kennedy so wütend, daß er drauf und dran war, das Zimmer zu verlassen. Zornig starrte er Menschikow an und erklärte, die Vereinigten Staaten würden Berlin niemals aufgeben – das sollte der Botschafter Chruschtschow mitteilen, und zwar ohne jede Beschönigung.
Auch andere Amerikaner versuchten Menschikow klarzumachen, daß die USA in der Berlin-Frage keinen Schritt von ihrer Position zurückweichen würden. Als Paul Nitze sich im *Metropolitan Club* mit Menschikow zum Essen traf, warnte er ihn, man werde die Sowjetunion nötigenfalls mit Atombomben von mehreren Megatonnen vernichten, wie es im amerikanischen Kriegsplan vorgesehen sei. Und Walt Rostow erinnerte Menschikow, daß Leute, die mit dem Rücken an der Wand stünden, oft Heldentaten vollbrächten.

McNamaras Berater Henry Rowen und Carl Kaysen vom Nationalen Sicherheitsrat hegten die schlimmsten Befürchtungen, wenn sie an die amerikanischen Pläne für den Kriegsfall dachten. Laut Kaysen sahen diese Pläne vor, »mit allen uns zur Verfügung stehenden strategischen Mitteln gegen die Sowjetunion, die Ostblockstaaten und auch gegen China loszuschlagen«, falls der Konflikt in Mitteleuropa »ein militärisches Niveau erreichen und sich gegen uns richten sollte«.

Kaysen und Rowen beschlossen daher, sich mit folgender Frage auseinanderzusetzen: »Wie gering kann der militärische Schlag sein, den man führen muß, damit er ... als eindeutige Warnung verstanden wird, aber nur so viele Opfer fordert, wie sie bei einem Einsatz von Atomwaffen einfach unvermeidlich sind?« Sie entwarfen einen Plan für einen atomaren Erstschlag, der die sowjetischen Atomwaffen außer Gefecht setzen würde, bevor die Sowjetunion selbst angreifen konnte. Nach diesem Plan sollten in Europa taktische Atomwaffen, atomare Flugzeugträger und Bomber eingesetzt werden, um »sowjetische Raketen- und Flugzeugbasen« auszuschalten. Dabei sollten Menschen und Sachwerte, die sich nicht direkt auf sowjetischem Militärgelände befanden, sowenig wie nur möglich zu Schaden kommen.

Paul Nitze lehnte den Plan jedoch mit der Begründung ab, dieses Vorgehen sei zu unsicher. Immerhin könne der Kreml seine zahlreichen atomaren Kurz- und Mittelstreckenraketen gegen Westeuropa einsetzen, wobei Millionen Menschen den Tod fänden. Marcus Raskin, ein Außenseiter im Nationalen Sicherheitsrat, meinte zu Kaysen: »Wenn wir das tun, sind wir wohl kaum besser als die Leute, die für die Nazis die Gaskammern errichtet haben, oder die Ingenieure, die die Gleise für die Todestransporte gelegt haben.«

Als Kaysen seinen Plan Sorensen vorlegte, reagierte auch dieser entsetzt: »Sind Sie verrückt? Leute wie Sie sollte man hier überhaupt nicht frei herumlaufen lassen.« Der Plan sei »empörend«, der Präsident würde ihn »niemals auch nur in Erwägung ziehen«. Sorensen konnte sich ein paar Jahre später nicht einmal mehr daran erinnern, ob der Plan jemals bis ins Oval Office vordrang.

Am Nachmittag des 19. Juli, einem Mittwoch, berief der Präsident die, wie Bundy meinte, »bislang wichtigste Sitzung des Nationalen Sicherheitsrats« ein. Kennedy mußte eine Entscheidung über Achesons Vorschlag einer raschen konventionellen Aufrüstung treffen, die den

Sowjets demonstrieren sollte, daß die Vereinigten Staaten »unwiderruflich zur Verteidigung Berlins entschlossen« waren.

Eisenhower hatte in der Zeit »seiner« Berlin-Krise derartige Gedanken
weit von sich gewiesen. In der absoluten Gewißheit, daß die Sowjets
um keinen Preis das Risiko einer Zerstörung des Kreml eingehen
würden, hatte er damals gemeint, die Vereinigten Staaten brauchten
nur »weiter standhaft und einsatzbereit« zu bleiben; solange Chruschtschow überzeugt sei, der Präsident werde die Bombe einsetzen,
um die Rechte des Westens in Berlin zu verteidigen, bestünde keine
Notwendigkeit, die Truppenzahl zu verstärken.*

Aber Kennedy konnte sich nicht hundertprozentig darauf verlassen,
daß Chruschtschow seinen Willen respektierte. Eine Aufrüstung mit
konventionellen Waffen würde dem sowjetischen Staatschef vielleicht
deutlicher vor Augen führen, daß er kein Hampelmann war. Außerdem
eröffnete sie möglicherweise einen Ausweg aus der momentan einzigen Alternative »Holocaust oder Demütigung« – beziehungsweise
»Selbstmord oder Unterwerfung«, um ein anderes Schlagwort jener
Zeit zu gebrauchen. Kennedy hegte die Befürchtung, Chruschtschow
würde den Zugang zu Berlin ganz langsam und allmählich erschweren,
so daß die Vereinigten Staaten Gefahr liefen, die Stadt zu verlieren, ehe
sie überhaupt einen atomaren Angriff in Erwägung ziehen konnten:
»Wenn Mr. Chruschtschow glaubt, die Atombombe sei das einzige
Mittel, das uns zur Verfügung steht, dann wird er auch davon ausgehen,
daß es ... eher unwahrscheinlich ist, daß wir sie einsetzen.«

Die Berlin-Krise gab dem Präsidenten sowohl einen Grund als auch
einen Vorwand an die Hand, für seine Doktrin der »flexible response«
zu werben. Unabhängig von dem Berlin-Problem hatten McNamaras
Leute schwerwiegende Mängel in der Struktur der konventionellen
Streitmacht Amerikas aufgedeckt: eine große Anzahl von Torpedos,
bei denen die Batterien fehlten, Gewehre ohne Munition, funktions-
untüchtige Flugabwehrgeschosse.

Schließlich stimmte Kennedy einem umfassenden Aufrüstungspro-
gramm zu. Die Vereinigten Staaten würden bis Dezember, wenn die

---

* Eisenhower schrieb im Juni 1961 an McCloy: »Ich glaube, es ist ganz klar, daß
Rußland unsere Kampfkraft respektiert und fürchtet ... Rußland ist seit dem
Zweiten Weltkrieg fest entschlossen, eine militärische Konfrontation mit uns zu
vermeiden, und hat deshalb nur Truppen seiner Satelliten- oder Marionettenstaa-
ten eingesetzt, einmal abgesehen von dem Einzelfall Ungarn, einem Land, das
sich bereits hinter dem Eisernen Vorhang befand.«

von Chruschtschow gesetzte Frist für den Abschluß eines Friedensvertrags mit Deutschland ablief, eine neue Luftbrücke für Berlin vorbereiten und gleichzeitig so weit aufrüsten, daß sie gegebenenfalls sechs weitere Divisionen nach Europa schicken konnten. Die Schlagkraft der Marine, die Anzahl der einsatzbereiten landgestützten Bomber sowie der taktischen und der Transportflugzeuge sollte erhöht werden. Mit den zusätzlichen 3,5 Milliarden Dollar, die diese Aufrüstungsmaßnahmen schluckten, stiegen die Rüstungsausgaben seit Kennedys Amtsantritt um eine Summe von sechs Milliarden Dollar. Außerdem wollte sich der Präsident vom Kongreß ermächtigen lassen, nötigenfalls die Einberufungszahlen zu verdreifachen, die Reservisten mobil zu machen und wirtschaftliche Sanktionen gegen die Staaten des Warschauer Pakts zu verhängen.

Kennedy hatte damit Achesons ursprüngliche Forderung um 800 Millionen Dollar zurückgestutzt und seinen Vorschlag, die amerikanischen Truppen sofort mobil zu machen, verworfen. Teilweise war dies auf ein Telegramm Thompsons aus Moskau zurückzuführen, in dem dieser die Ansicht vertrat, daß eine allmähliche Aufrüstung über einen längeren Zeitraum auf Chruschtschow wesentlich mehr Eindruck machen würde als ein rasch durchgezogenes Rüstungsprogramm.

Unter Hinweis auf die von Bohlen, Thompson und den meisten seiner Kollegen aus dem Weißen Haus geäußerte Einschätzung warnte Sorensen den Präsidenten, »Chruschtschows Prestige nicht allzusehr zu strapazieren. Sonst bekommt er möglicherweise den Eindruck, sich jetzt nicht mehr vor einer entscheidenden Kraftprobe drücken zu können, und provoziert seinerseits eine Verschärfung des Wettrüstens.« Da der Präsident Achesons Ansicht nicht teilte, Chruschtschow werde jede Verhandlungsbereitschaft bereits als Zeichen der Schwäche werten, beschloß er, sich um Gespräche zu bemühen, sobald er die Entschlossenheit der Amerikaner in unmißverständlicher Weise deutlich gemacht habe. Denn er wollte es auf keinen Fall Chruschtschow überlassen, »den Rahmen der Verhandlungen« abzustecken.

Auch Achesons Vorschlag, den nationalen Notstand auszurufen, wurde von Kennedy verworfen. Kissinger hatte eingewandt, eine solche Maßnahme würde »unnötig« den Eindruck »der Kriegstreiberei, vielleicht sogar einer gewissen Hysterie« erwecken. Wie so oft beanstandete der Präsident, daß er nicht wisse, welchen Standpunkt Rusk in dieser Sache einnahm.

Kennedy war zu der Ansicht gelangt, die Ausrufung des nationalen

Notstands sei »eine Alarmglocke, die man nur einmal läuten kann«. Eine solche Maßnahme würde den Sowjets nur den Eindruck vermitteln, daß bei der amerikanischen Regierung »Panik« herrsche.

Einige Präsidentenberater schlugen vor, die Erhöhung des Rüstungshaushalts durch eine Erhöhung der Einkommensteuer um mindestens ein Prozent auszugleichen. Robert Kennedy meinte, eine Steuererhöhung würde den Amerikanern klarmachen, »wie ernst die Lage ist, und alle hätten dann das Gefühl, daß es sie direkt etwas angeht«. Rusk, McNamara und Lyndon Johnson stimmten dem Justizminister zu. Douglas Dilon jedoch wandte ein, die Steuererhöhung würde bewirken, daß das Land sich nicht von der Rezession erholen könne. Daraufhin wies der Präsident den Vorschlag zurück. Später meinte er gegenüber O'Donnell, er könne »nicht glauben«, daß sein Bruder, ein »angeblich erfahrener Politiker«, überhaupt »auf die Idee kommen konnte, zu einem solchen Zeitpunkt für eine Erhöhung der Einkommensteuer zu plädieren«.

Schließlich kam der Präsident auf das Thema der Luftschutzbunker zu sprechen. Man hatte Kennedy erklärt, daß bei einem Atomangriff 79 Millionen Menschen ums Leben kommen würden und daß diese Anzahl durch den Bau von Bunkern auf 50 Millionen gesenkt werden konnte. Daher kündigte der Präsident jetzt an, er werde den Kongreß um 207 Millionen Dollar für den Ausbau des Zivilschutzes bitten.

Acheson zeigte sich verärgert, weil der Präsident seine Empfehlungen nicht vollständig übernommen hatte. Er erklärte, daß die Ausrufung des nationalen Notstandes unumgänglich sei und daß die Reservisten bis spätestens September eingezogen werden müßten. McNamara erwiderte, es sei »ein Fehler, sich von vornherein auf einen Zeitplan festzulegen«. Er lehne »eine Massierung von Reservestreitkräften, die keinerlei Aufgabe haben«, entschieden ab. Die neu geschaffenen Divisionen der Landstreitkräfte und der Marine könnten unverzüglich nach Europa geschickt werden, wenn es Ärger gebe. Erst danach solle man die Reservisten einberufen, um die fehlenden Soldaten zu ersetzen.

Später äußerte Acheson gegenüber Mitarbeitern: »Gentlemen, blikken Sie doch den Tatsachen ins Auge: Unserer Nation fehlt eine starke Hand.«

Eines der beiden wichtigsten Ziele der neuen Berlin-Politik Kennedys war es, Chruschtschows Chancen, die Stadt im Handstreich zu nehmen, möglichst gering zu halten. Außerdem galt es, den Generalsekretär davon zu überzeugen, daß Kennedy im Fall einer ernsthaften Bedrohung der westlichen Positionen in Berlin sehr wohl die Option des »Holocaust« derjenigen der »Niederlage« vorziehen könnte.

Im selben Sommer stellte Kennedy bei einem Gespräch mit Acheson, bei dem auch Bundy anwesend war, die Frage, in welchem Stadium der Krise seiner Meinung nach der Einsatz von Atomwaffen unvermeidlich werden könnte. Acheson antwortete: »Ich an Ihrer Stelle würde mir das gut überlegen und niemanden wissen lassen, zu welcher Entscheidung ich gelangt bin«.[*]

McNamara behauptete später, daß es während der Berlin-Krise »weder von seiten des Präsidenten noch von mir oder von Minister Rusk Überlegungen im Hinblick auf den Einsatz von Atomwaffen gegeben hat«. Bundy dagegen drückte sich etwas vorsichtiger aus: »Niemand wußte«, was Kennedy tun würde, wenn er vor die Wahl gestellt würde, »zwischen einer Niederlage und dem Einsatz von Atomwaffen zu wählen«.

Für Dienstag, den 25. Juli, war um zehn Uhr abends eine Fernsehrede des Präsidenten geplant. Am Spätnachmittag schickte Sorensen Teile des endgültigen Textes der Rede zu Kennedy ins Obergeschoß der West Hall im Weißen Haus. Um mit Dave Powers zusammen die Redezeit festzustellen, las Kennedy jeden Abschnitt laut vor. Sorensen fand den Text pessimistischer als alle Präsidentenreden, seitdem die Sowjetunion im Besitz von Atombomben war.

Im Oval Office herrschte ein heilloses Gedränge: Sieben Fernseh- und Wochenschaukameras, Scheinwerfer, Berater aus dem Weißen Haus, Geheimdienstleute, Techniker, Fotografen und Journalisten, unter denen sich auch ein Korrespondent der sowjetischen Nachrichtenagentur TASS befand. Als Kennedy hereinkam, machte er nach Aussage eines der anwesenden Reporter einen »angespannten und nervösen

---

[*] 1959 hatte Acheson in einem Artikel der *Saturday Evening Post* geschrieben, wenn die einzige Alternative ein Atomkrieg wäre, sei es wahrscheinlich die richtige Entscheidung nachzugeben. Bundy schrieb ein paar Jahre später, Acheson habe »sich vielleicht mit dem Gedanken getröstet, daß ein Geheimnis nirgends besser aufgehoben ist als in einer zwei Jahre alten Tageszeitung«. 1961 jedoch gruben ein paar findige Reporter den Artikel aus und veröffentlichten ihn. Die Tatsache, daß selbst der militanteste unter Kennedys Berlin-Beratern einen Atomkrieg wegen dieses Konflikts für nicht besonders klug hielt, wurde im Umkreis Chruschtschows bestimmt zur Kenntnis genommen und bestärkte den Staatschef sicher in seiner Überzeugung, daß Kennedy die Bombe niemals einsetzen würde.

Eindruck«. Der Präsident beklagte sich über die Hitze im Raum, wischte sich den Schweiß von der Oberlippe und ging erst noch einmal hinaus an die frische Nachtluft, ehe er sich an seinem Schreibtisch niederließ.

Kennedy blickte in die Kamera und begann zu sprechen. »Heute vor sieben Wochen kam ich aus Europa zurück, um über mein Treffen mit Staatschef Chruschtschow und den anderen zu berichten ... Wie Sie sicher noch wissen, hat er die Absicht, *erstens* unser verbrieftes Recht, in West-Berlin präsent zu sein, mit einem einzigen Federstrich vom Tisch zu fegen – und *zweitens* unsere Fähigkeit, unsere Verpflichtung gegenüber den zwei Millionen freien Menschen in dieser Stadt zu erfüllen. Das dürfen wir nicht zulassen.«

Im folgenden erneuerte er das Bekenntnis zur amerikanischen Verantwortung für die geteilte Stadt: »Wir haben unser Wort gegeben, daß wir einen Angriff auf Berlin als Angriff auf uns alle betrachten ... Wir können und wollen nicht zulassen, daß die Kommunisten uns aus Berlin vertreiben.« Die dann folgende Passage beruhte auf einem Vorschlag General Taylors: »Man behauptet, daß West-Berlin militärisch nicht zu halten ist. Aber das galt auch für Bastogne. Und für Stalingrad. Jeder gefährdete Punkt kann verteidigt werden, wenn die Menschen – tapfere Menschen – sich dafür einsetzen. Wir wollen keinen Krieg, aber es wäre nicht das erstemal, daß wir kämpfen müssen.«

Dann gab er die geplante Erhöhung des Rüstungshaushalts und die Einberufung der Reservisten bekannt und sagte: »Ich bin mir bewußt, daß viele amerikanische Familien die Lasten dafür tragen müssen ... Bei vielen wird es zu Unterbrechungen in der Ausbildung oder der beruflichen Laufbahn kommen. Ehemänner und Söhne werden von ihren Familien weggerissen. Manche werden gezwungen sein, sich mit einem geringeren Einkommen zufriedenzugeben. Aber diese Lasten müssen wir auf uns nehmen, wenn wir die Freiheit verteidigen wollen. Das amerikanische Volk hat sie in der Vergangenheit bereitwillig auf sich genommen, und es wird auch jetzt nicht davor zurückschrecken.« Er bat um die Bereitstellung von Geldmitteln, um »Orte auszumachen und zu registrieren«, die »im Falle eines Angriffs als atomare Luftschutzbunker« dienen konnten, und diese mit »Nahrungsmitteln, Wasser, Erste-Hilfe-Materialien und anderen lebenswichtigen Dingen« auszustatten. Kein Präsident hatte je so offen und direkt über die Möglichkeit eines Atomangriffs gesprochen. »Das Leben der Familien, die von dem atomaren Schlag nicht betroffen werden, kann gerettet werden – *wenn* sie rechtzeitig aufgerufen werden, in den Bunkern Schutz zu suchen, und *wenn* diese Bunker *zur Verfügung stehen*.«

Um die Verhandlungsbereitschaft des Präsidenten deutlich zu machen, hatte Sorensen einen Satz in die Rede eingefügt, den Kennedy bei den Beratungen über Berlin geprägt hatte: »Wir wollen nicht, daß militärische Erwägungen das Denken beherrschen, weder im Osten noch im Westen.« Einem Rat Bundys folgend, drückte der Präsident dann sein Verständnis für die »historische Sorge« der Sowjetunion im Hinblick auf ihre Sicherheit in Europa aus – nach all den »verheerenden Invasionen«, die sie habe über sich ergehen lassen müssen. Die Vereinigten Staaten seien zwar bereit, »alle Irritationen in West-Berlin zu beseitigen«, aber sie würden auf keinen Fall die Freiheit der Stadt preisgeben. Anschließend zitierte Kennedy eine Formulierung von Edward R. Murrow, dem legendären Fernsehreporter, den er zum Direktor der amerikanischen Nachrichtenagentur ernannt hatte: »Wir können nicht mit Leuten verhandeln, die sich auf den Standpunkt stellen: ›Was mir gehört, gehört mir, und über das, was dir gehört, müssen wir erst verhandeln.‹«

Dann wandte er sich an die Menschen im Ausland mit den Worten: »Die Quelle für die Krisen und Spannungen in der Welt befindet sich in Moskau, nicht in Berlin. Und wenn es zum Krieg kommt, dann hat er in Moskau angefangen und nicht in Berlin ... Die Sowjets haben die Krise geschürt, sie sind es auch, die eine Veränderung erzwingen wollen ... Zusammenfassend möchte ich sagen: Wir wollen den Frieden, aber wir sind nicht bereit nachzugeben.«

Zum Abschluß seiner Rede las der Präsident die Sätze vor, die er sich in seinem Schlafzimmer notiert hatte. »Ich möchte mit einer persönlichen Bemerkung schließen. Als ich für das Amt des Präsidenten der Vereinigten Staaten kandidierte, wußte ich, daß dieses Land vor schweren Herausforderungen stehen würde. Aber ich konnte nicht wissen – und ich glaube, das weiß niemand, der nicht selbst die Last dieses Amtes auf seinen Schultern trägt –, wie schwer und dauerhaft diese Last sein würde ... Ich weiß, daß wir alle von Zeit zu Zeit ungeduldig werden ... Aber ich kann Ihnen versichern, daß es keine schnellen und einfachen Lösungen gibt. Die Kommunisten beherrschen mehr als eine Milliarde Menschen, und sie wissen, daß sie, sollte uns ein Fehler unterlaufen, einen gewaltigen Erfolg für sich verbuchen könnten ...

Wenn ich als Präsident meiner Verantwortung in den kommenden Monaten mit aller Kraft nachkommen soll, brauche ich Ihr Wohlwollen und Ihre Unterstützung – und vor allem Ihre Gebete. Danke, und gute Nacht.«

Nachdem die Scheinwerfer ausgegangen waren, verließ der Präsident schweigend und ohne ein Lächeln das Oval Office und kehrte allein und ohne Begleitung in seine Wohnung zurück.

»Der Junge hat Nerven«, meinte Lyndon Johnson. »Wenn er auf den Knopf drücken muß, dann wird er es auch tun... Er ist zäh. Ich muß es ja wissen, schließlich hat er *mich* geschlagen!« Auch Richard Nixon begrüßte Kennedys unerbittliche Haltung in Hinblick auf Berlin, stellte jedoch die Frage, warum der Präsident nicht auch die Atomversuche wiederaufnahm und gegen Castro vorging. Nixon und auch andere Republikaner meinten, der Präsident hätte die Steuern erhöhen oder die Sozialprogramme kürzen sollen, um seine neuen militärischen Vorhaben zu realisieren. Das gleiche stand in den meisten der zwanzigtausend Briefe und Telegramme, die im Weißen Haus eingingen. Einige enthielten auch die Aufforderung, Chruschtschow ermorden zu lassen.

Die *Indianapolis News* schrieben: »Amerika hat schon lange darauf gewartet, solche Töne aus dem Weißen Haus zu hören.« TASS hingegen behauptete, die von Kennedy eingeleitete Erhöhung des Rüstungshaushaltes habe zum Ziel, seine Herren und Meister aus der Industrie vor den Folgen eines Konjunkturrückgangs zu bewahren. Die Londoner *Times* titelte: »*Mr. Kennedy bereit, einen Weg zum Frieden zu suchen*«*. Die meisten amerikanischen Blätter dagegen erwähnten mit

---

* In der vorhergehenden Woche hatte Botschafter David Bruce aus London telegrafiert: »Die Aussicht, daß die Berlin-Krise einen Atomkrieg provozieren oder zur Folge haben könnte ... ruft hier großes Entsetzen hervor.« Bruce vermerkte, so beherzt die Briten auch an eine entscheidende Kraftprobe herangingen, »so sehr sind sie aufgrund ihres politischen Temperaments doch auch zu Kompromissen bereit, selbst wenn dafür Prinzipien geopfert werden müßten ... Außerdem macht der Reichtum der Deutschen, ihre Steuerrate ... und ihre widerstandslose Unterordnung unter die Obrigkeit ihre Bürger und Institutionen bei den Briten nicht gerade besonders beliebt. Freude durch Arbeit ist im Gegensatz zu Westdeutschland in Großbritannien kein Ideal. Der Neid auf die wachsende Macht Deutschlands ist besonders bitter für diejenigen, die seit mehr als einem Jahrhundert der Meinung sind, daß die Ausübung von Macht in Europa ihr besonderes Vorrecht ist. Die gleiche Überlegung trifft übrigens in geringerem Ausmaß auch für das Mißtrauen und den Neid der Briten uns gegenüber zu.«

keinem Wort, daß Kennedy seine Verhandlungsbereitschaft erklärt hatte. Fast alle legten den Akzent auf die Erhöhung des Verteidigungshaushalts und den Bau der Atombunker. Aber Kennedy wollte nun, nachdem die Vereinigten Staaten vor der Weltöffentlichkeit ihre Entschlossenheit demonstriert hatten, seine Verhandlungsbereitschaft gegenüber den Sowjets signalisieren. Daher verlautbarte aus »gutunterrichteten Kreisen«, daß der Präsident durchaus flexibel sei.

In der *New York Times* berichtete James Reston: »Über die Ostrgrenze Deutschlands kann verhandelt werden, ebenso über die Truppenstärke in Berlin, in ganz Deutschland und in Osteuropa.« Marguerite Higgins von der *New York Herald Tribune*, deren Tochter das Patenkind des Justizministers war, schrieb, Kennedy denke an »eine Art … Nichtangriffspakt mit der Sowjetunion«, der eine Laufzeit von zwanzig bis fünfzig Jahren haben solle und gegen »das Wiederaufleben des deutschen Nationalismus« gerichtet sei.

Als Chruschtschow erfuhr, daß Kennedy seine Entscheidungen zu Berlin am 25. Juli publik machen wollte, lud er John McCloy, der sich in Moskau befand, nach Pizunda ein. Wahrscheinlich wollte er mit Hilfe des Diplomaten einen direkten Kontakt zum Präsidenten herstellen, falls dies nach dessen Berlin-Rede nötig wäre.

Chruschtschow war ausgesprochen gut gelaunt. Die beiden Männer gingen in den üppigen Gärten spazieren und spielten zusammen Federball. Als der sowjetische Staatschef dann jedoch die russische Übersetzung der Rede Kennedys zu Gesicht bekam, war seine heitere Stimmung wie weggeblasen.

Am nächsten Morgen teilte er McCloy mit, die Rede des Präsidenten stelle »die Vorstufe eines Krieges« gegen die Sowjetunion dar. Anscheinend habe er in seiner Rede über die Befreiungskriege recht gehabt: Die kapitalistische Welt glaube offensichtlich nicht mehr daran, auf friedliche Art und Weise überleben zu können. Präsident Kennedy habe auf ihn wie ein »vernünftiger junger Mann« gewirkt. Aber wenn es zum Krieg käme, wäre er »der letzte Präsident der Vereinigten Staaten«. Im nächsten Krieg werde derjenige siegen, der die größten Raketen habe – und die stünden unter dem Kommando der Sowjetunion.

Dann setzte er McCloy darüber in Kenntnis, daß die Sowjets inzwischen eine Hundert-Megatonnen-Wasserstoffbombe besäßen – die größte Bombe der Welt. Und seine Wissenschaftler würden darauf brennen, sie auszuprobieren. Er habe ihnen bereits versichert, die Vereinigten Staaten würden ihnen bald die Möglichkeit dazu verschaffen, indem sie die Atomtests wiederaufnähmen. »Macht euch nicht ins Hemd«, habe er zu ihnen gesagt, »ihr werdet eure Chance schon bald kriegen.«

Chruschtschow erklärte McCloy, er werde einen Friedensvertrag mit Deutschland unterschreiben, »komme, was da wolle«. Berlin werde abgeriegelt und die Vereinigten Staaten würden mit Ostdeutschland »verhandeln müssen«. »Wenn die Amerikaner sich ihren Weg mit Gewalt erzwingen wollen, werden wir ihnen mit Gewalt antworten. In diesem Krieg werden Atomwaffen eingesetzt werden, und selbst wenn Ihr Land und mein Land überleben sollten, werden alle Ihre europäischen Verbündeten vernichtet werden.«

Wie immer, wenn Chruschtschow versprach, seine Wasserstoffbomben über London, Paris oder anderen Städten abzuwerfen, milderte er auch diesmal seine Drohung ab, indem er versicherte, er glaube nach wie vor an die Vernunft des Präsidenten. Dann fügte er noch hinzu, nach einem Gewitter entspanne man sich doch erst einmal und ließe sich die Dinge erneut durch den Kopf gehen. Die Sowjets und die Amerikaner seien zwei große Nationen und sollten Freunde werden. Wenn sich beide Seiten einigermaßen vernünftig verhielten, gebe es doch keinen denkbaren Grund für einen Krieg. Dann plädierte Chruschtschow für Verhandlungen über den Zugang zu Berlin und die deutsche Frage – »das einzig Gravierende, das zwischen uns steht«. Nach seiner Rückkehr nach Moskau telegrafierte McCloy an Kennedy in Hyannis Port, daß Chruschtschow »am Donnerstag fürchterlich wütend war, nachdem er sich die Rede des Präsidenten zu Gemüte geführt hatte. Er schlug einen brutalen, kriegerischen Ton an, aber als der Sturm vorbei war, wurde er wieder freundlicher ... Ich denke, die Situation ist noch nicht reif für Verhandlungsangebote unsererseits. Andererseits wäre es zu gefährlich, wenn wir uns durch vermeintlichen Zeitmangel zu unbedachten Schritten verleiten ließen.«

In Ostdeutschland fürchtete man mehr denn je, daß der Zugang zum Westen über Berlin endgültig versperrt würde. Der Flüchtlingsstrom war in den vorhergehenden Jahren durch die unerbittliche Durchsetzung der Kollektivierung der Landwirtschaft und die Reformen in der Schwerindustrie immer stärker geworden. Chruschtschow hatte die DDR-Führung zwar mehrfach nachdrücklich gebeten, die Veränderungen nicht »so schnell« voranzutreiben, aber die Sowjets konnten sie nicht davon abhalten. Rückblickend meinte Burlazki dazu: »Chruschtschow wußte, daß er kein Stalin war, der nur mit den Fingern zu schnippen brauchte, und schon hatte er den ganzen Ostblock unter Kontrolle.«

Seit der Rede Chruschtschows vom 8. Juli, in der der sowjetische Staatschef die Erhöhung des Rüstungshaushalts um ein Drittel angekündigt hatte, waren 26 000 DDR-Bürger in den Westen geflohen. Harold Macmillan sprach in seinem Tagebuch von einem »Flüchtlingsrekord«: »Die Menschen haben den marxistischen Himmel verlassen und gegen die kapitalistische Hölle (oder jedenfalls das Fegefeuer) in West-Berlin eingetauscht.«

Am Morgen des 30. Juli, einem Sonntag, fragte man Senator Fulbright im amerikanischen Fernsehen, ob es seiner Meinung nach die Berlin-Krise entschärfen würde, wenn man die Fluchtwege nach Berlin ein für allemal abriegelte. Fulbright antwortete: »Die Wahrheit ist doch, und davon gehe ich aus, daß die Russen sowieso jederzeit die Grenze dichtmachen können. Ich meine, wir geben da nicht allzuviel auf . . . denn wenn sie die Grenze abriegeln wollen, könnten sie das schon nächste Woche machen – und sogar, ohne vertragsbrüchig zu werden. Ich verstehe nicht, weshalb die Ostdeutschen ihre Grenze nicht schon längst zugemacht haben, denn ich glaube, sie haben jedes Recht dazu.«

Der West-Berliner *Tagesspiegel* reagierte empört. Die Zeitungen in Ostdeutschland hingegen jubelten, Fulbright habe eine »realistische« Kompromißformel angeboten. Bundy gab Kennedy eine, wie er es nannte, »Auswahl von Kommentaren aus Bonn und Berlin. Darunter befand sich auch der Hinweis, Senator Fulbrights Bemerkungen seien sehr hilfreich.«

Jahre später versicherte Bundy, das Wort »hilfreich« sei ironisch gemeint gewesen. Man fragte sich jedoch, ob Fulbrights Vorschlag nicht genauso wie Mansfields Erwähnung der »freien Stadt« im Juni dieses Jahres vom Präsidenten selbst angeregt worden war. Vielleicht benutzte er die beiden demokratischen Senatoren mit dem stärksten Einfluß auf die Außenpolitik als Sprachrohr, um Chruschtschow seine Bereitschaft zu einem Kompromiß in der Berlin-Frage zu signalisieren.

Am Montag, dem 31. Juli, traf sich Kennedy abends in seiner Privatwohnung im Weißen Haus mit McCloy und ließ sich von ihm über seine Gespräche mit Chruschtschow informieren. Ein paar Tage später, als er mit Rostow den Säulengang vor dem Oval Office entlangschlenderte, machte er sich Gedanken darüber, wie es wohl weitergehen würde. Thompson hatte im März aus Moskau telegrafiert: »Wenn wir von den Sowjets erwarten, daß sie das Berlin-Problem auf sich beruhen lassen, dann müssen wir auch davon ausgehen, daß die Ostdeutschen die Sektorengrenze schließen, um den Flüchtlingsstrom nach West-Berlin zu stoppen. Denn diesen können sie auf keinen Fall länger hinnehmen.«

Jetzt meinte der Präsident zu Rostow: »Ostdeutschland gleitet Chruschtschow allmählich aus der Hand, und das kann er nicht zulassen. Wenn Ostdeutschland erst einmal weg ist, passiert das gleiche mit Polen und ganz Osteuropa. Er muß etwas unternehmen, um den Flüchtlingsstrom zu stoppen. Vielleicht baut er eine Mauer. Und wir werden nichts dagegen unternehmen können. Ich kann das Bündnis auf die Verteidigung West-Berlins einschwören, aber ich kann nichts tun, um Ost-Berlin offenzuhalten.«

Kapitel 11

»Eine Mauer ist verdammt noch mal besser als ein Krieg«

Am Samstag, dem 5. August, bat der ostdeutsche Parteichef Walter Ulbricht um Chruschtschows Zustimmung für eine Schließung der Grenze zwischen Ost- und West-Berlin. Es war nicht das erstemal, daß er dieses Thema ansprach – seit Januar hatte er den sowjetischen Parteichef wegen dieser Frage regelmäßig bearbeitet.

Ende März hatte Chruschtschow gemeint, für eine solche Maßnahme sei es »noch zu früh«. Zu diesem Zeitpunkt planten die Amerikaner die Landung in der Schweinebucht, und möglicherweise wollte der Parteichef Kennedy keinen Anlaß geben, US-Truppen nach Kuba zu entsenden. Daher teilten Chruschtschow und seine Berater damals Ulbricht lediglich mit, er solle »alle Vorbereitungen« für eine mögliche Schließung der Grenze zu einem späteren Zeitpunkt treffen.

Am Montag, dem 31. Juli, war Ulbricht dann mit dem Vorschlag nach Moskau gekommen, man solle die Luftverbindung zwischen Berlin und Westdeutschland kappen, über die täglich Hunderte von Flüchtlingen ausgeflogen wurden. Chruschtschow weigerte sich jedoch mit dem Argument, damit würde man einen Krieg provozieren. Als Ulbricht dann erneut die Schließung der Grenze ansprach, bat Chruschtschow ihn, wenigstens bis zur Konferenz der Führer des Warschauer Pakts zu warten, die auf Ulbrichts Bitte hin für den folgenden Donnerstag angesetzt war.

Bei diesem Treffen warnte Ulbricht, daß die DDR ihre Produktionsverpflichtung gegenüber dem Ostblock nicht erfüllen könne, wenn nichts gegen die Abwanderung qualifizierter ostdeutscher Arbeitskräfte unternommen werde. Täglich pendelten etwa vierzigtausend Menschen nach West-Berlin, um dort zu arbeiten, und seit 1949 hatten bereits zweieinhalb Millionen Menschen die DDR ganz verlassen. Es gebe deutliche Zeichen von Unruhe, erklärte Ulbricht. Ein zweiter Aufstand wie im Jahre 1953, der beinahe seine Regierung gestürzt hatte, könnte zum jetzigen Zeitpunkt durchaus Aussicht auf Erfolg haben. Das Flüchtlingsproblem müsse »hier und jetzt« gelöst werden.

Nun billigte Chruschtschow die Schließung der Grenze unter der Voraussetzung, daß Ulbricht die Aufrechterhaltung der Ordnung durch seine Sicherheitstruppen garantieren könne. Außerdem müsse gewährleistet sein, daß die Wirtschaft der DDR auch dann überleben könne, wenn Westdeutschland seine Handelsbeziehungen abbräche. Daraufhin verkündete Ulbricht öffentlich, er müsse sich mit einer in Westdeutschland ausgebrochenen »Polioepidemie« befassen, und kehrte eilig nach Ost-Berlin zurück. Dort rief er sofort Erich Honecker und andere wichtige Minister in seiner Nobelvilla im Vorort Wandlitz zusammen. In der nun folgenden Nachtsitzung ließ er sich von den Anwesenden versichern, daß die ostdeutsche Wirtschaft und die Staatssicherheit die Situation nach einer Schließung der Grenze meistern würden. Alle stimmten darin überein, daß der Bau der Grenzbefestigung an einem Wochenende beginnen sollte, wenn der Pendelverkehr zwischen Ost- und West-Berlin ruhte und sich die meisten Politiker überall auf der Welt im Urlaub befänden.

Sehr früh am Samstag morgen war Ulbricht bereits wieder in Moskau. Doch unter dem Vorwand, er sei mit anderen Aufgaben beschäftigt, ließ Chruschtschow ihn mehrere Stunden warten. Möglicherweise wollte er dem arroganten SED-Chef eine Lehre erteilen. Im Kreis der übrigen Staatschefs des Warschauer Pakts trug Ulbricht dann seine Bitte erneut vor. Er betonte, daß die Amerikaner sicher nichts gegen die Schließung der Grenze unternehmen würden, und zitierte Fulbright, der einmal geäußert hatte, die DDR habe das »Recht« zu einer solchen Maßnahme.

Chruschtschow gab seine Zustimmung, da er wie Ulbricht der Ansicht war, daß sich die Vereinigten Staaten zurückhalten würden: In Wien, sagte er, habe er den Eindruck gewonnen, daß der amerikanische Präsident als ein vom Militär und den Interessen der Industrie unabhängiger Staatschef dastehen wolle. Dennoch soll Chruschtschow Ulbrichts Forderung abgelehnt haben, West-Berlin mit einer Mauer aus Stahlbeton zu umgeben. Statt dessen solle man die Grenze mit Stacheldraht verschließen. Erst wenn der Westen nicht mit dem Einsatz von Militär darauf reagieren würde, könne man diesen durch eine Mauer ersetzen. Unter keinen Umständen dürften Ulbrichts Truppen auf westliches Territorium vordringen.

Nach seiner Rückkehr nach Ost-Berlin ordnete Ulbricht sogleich die Ausführung der Pläne für eine Schließung der Grenze an, die seit den fünfziger Jahren immer wieder überarbeitet worden waren. Seit Chruschtschow im März diesen Plänen im Prinzip zugestimmt hatte, hatte Honecker heimlich Beton und Stacheldraht einlagern lassen.

Bis kurz vor der entscheidenden Stunde um Mitternacht am Samstag, dem 12. August, waren nur etwa zwanzig Regierungsbeamte der DDR in den Plan eingeweiht. Auf Ulbrichts Anordnung hin hatte man anderen wichtigen Mitgliedern des Militärs und der Behörden nur ausgedehnte »Übungen« angekündigt. Erst bei Baubeginn sollten die Befehle mündlich, nicht schriftlich, ausgegeben werden. Honeckers Mannschaft arbeitete rund um die Uhr. Um keine Aufmerksamkeit zu erregen, mußten sich seine Männer in vier Räumen zusammendrängen.

In einer Fernsehansprache am Montag, dem 7. August, verkündete Chruschtschow, er werde auf Kennedys neuerliche Aufstockung des Militärhaushaltes nicht mit entsprechenden Aufrüstungsmaßnahmen reagieren. Die Imperialisten »benutzen West-Berlin als Basis für subversive Aktionen gegen die DDR und andere sozialistische Länder«. Aber man werde ihnen entgegenrufen: »Halt, meine Herren! . . . Wir werden einen Friedensvertrag abschließen und Ihnen das Schlupfloch zur DDR verstopfen.«

Die Ostdeutschen ahnten, was Chruschtschow damit meinte. In den 24 Stunden nach dieser Rede flohen fast zweitausend Menschen nach West-Berlin.

Am nächsten Tag informierte Chruschtschow seine Generäle von der geplanten Schließung der Grenze: »Wir werden einfach Stacheldrahtrollen auslegen, und dann steht der Westen da wie ein blödes Schaf. Währenddessen bauen wir dann eine Mauer.«

Unter den applaudierenden Zuhörern befand sich auch Hauptmann Oleg Penkowski, ein Offizier des militärischen Geheimdienstes, der der wertvollste Maulwurf des Westens in der Sowjetunion war. Hätte er den Westen vor der geplanten Grenzschließung warnen wollen, dann hätte er in einem toten Briefkasten in Moskau eine Nachricht hinterlegen müssen. Aber das wäre äußerst gefährlich gewesen. Später berichtete er seinen Kontaktleuten: »Ich wußte, daß ihr diese Information gerne gehabt hättet. Aber ich wäre ein großes Risiko eingegangen, und außerdem war mir klar, daß Ihr sowieso nichts dagegen hättet unternehmen können.«

Im Weißen Haus las Kennedy einen geheimen Bericht des italienischen Premierministers Amintore Fanfani, der Chruschtschow drei Tage lang im Kreml besucht hatte. Darin hieß es, der Parteichef habe ihm »ungefähr zwölfmal« erklärt, daß jeder Krieg um Berlin von Anfang an mit Atombomben geführt werden würde.
Chruschtschow ging mit ziemlicher Sicherheit davon aus, daß seine Äußerungen gegenüber Fanfani Kennedy erreichen würden. Möglicherweise wollte er auf diese Weise testen, ob der Präsident wirklich nichts gegen eine Schließung der Grenze unternehmen werde. Falls diese Annahme falsch war, dann würde ihm Kennedy höchstwahrscheinlich öffentlich oder über vertrauliche Kanäle eine Warnung zukommen lassen. Während der Schweinebucht-Affäre hatte der Präsident beispielsweise nicht gezögert, den Generalsekretär vor einem Gegenschlag in Berlin zu warnen. Aber eine derartige Vorwarnung blieb dieses Mal aus, so daß Chruschtschow sich ermutigt fühlte, den eingeschlagenen Weg weiterzuverfolgen.

Am Donnerstag, dem 10. August, hielt Kennedy vormittags eine Pressekonferenz ab. Bei dieser Gelegenheit erkundigte sich jemand nach Fulbrights Äußerung zu einer Schließung der innerdeutschen Grenze: »Können Sie uns sagen, wie hoch Sie diese Gefahr einschätzen? Hat Ihre Regierung politische Pläne im Hinblick auf die Flüchtlinge, die in immer größerer Zahl aus Ostdeutschland in den Westen kommen? Werden Sie irgend etwas unternehmen, um den Flüchtlingsstrom zu stoppen oder weiter zu fördern?«
Kennedy wies weder Fulbrights Ansicht zurück, noch nahm er die Gelegenheit wahr, Chruschtschow vor einer Schließung der Grenze zu warnen. Er sagte nur, daß die US-Regierung nicht versuchen werde, »in irgendeiner Weise auf den Flüchtlingsstrom einzuwirken«.

Bei einem sowjetisch-rumänischen Freundschaftstreffen, das am Freitag, dem 11. August, im Kreml stattfand, warnte Chruschtschow, die Sowjetunion werde die westliche Allianz angreifen, falls die Imperialisten wegen Berlin einen Krieg entfachen sollten. Dabei ginge es nicht nur um »die Orangenhaine in Italien, sondern auch um die Leute, die sie angelegt haben«. Er würde auch nicht zögern, seinen Generälen

»die Zerstörung der NATO-Stützpunkte in Griechenland« zu befehlen.

Anschließend zog er sich zu einem Gespräch mit Diplomaten aus Kanada, Großbritannien und Frankreich zurück. Es werde Verhandlungen über Berlin geben, sagte er, und wenn der Westen diese Angelegenheit nicht als »Kraftprobe« ansehe, dann werde es nicht zu einem Krieg kommen.

Am nächsten Tag reiste der Parteichef nach Kiew, um eine Rede über die Agrarpolitik zu halten. Danach wollte er sich bis Anfang September in Pizunda erholen. Chruschtschow machte seinen Urlaub zwar jedes Jahr im August, aber dieses Mal kam ihm der Zeitpunkt besonders gelegen. Seine Abwesenheit aus der Hauptstadt würde den Westen in Sicherheit wiegen, daß nichts Entscheidendes in Berlin geschehen werde.

Am 13. August fuhren um Mitternacht schwere Lastwagen und Truppentransporter an der Grenze zu West-Berlin auf. An den Übergängen wurden ostdeutsche Soldaten mit Maschinengewehren postiert. Mitglieder der Betriebskampfgruppen, die von Offizieren mit Megaphonen angeleitet wurden, begannen, das Pflaster aufzureißen und Bäume zu fällen. Schließlich wurden Zementpfosten in den Boden gerammt, zwischen die man dichten Stacheldraht spannte.

Auf Chruschtschows Anordnung hin hatten um die ganze Stadt herum sowjetische Infanteristen und Panzerdivisionen an taktisch bedeutsamen Stellen Aufstellung genommen. Sie standen für den Fall bereit, daß die Ostdeutschen rebellierten oder der Westen einen Gegenschlag unternahm.

Als die Ostberliner von der Schließung der Grenze erfuhren, rannten sie zu Tausenden zu den Bahnhöfen und U-Bahn-Stationen. Aber sie mußten feststellen, daß es bereits zu spät war. Manche tobten, andere weinten. Westberliner drohten den ostdeutschen Soldaten mit der Faust.

In der Erklärung, die Ulbricht und Honecker herausgaben, wurde die Schließung der Grenze als ein nebensächlicher Vorgang dargestellt: Die errichteten Kontrollen sollten, wie es an den Grenzen »jedes souveränen Staates« üblich sei, die feindlichen Aktivitäten der »revanchistischen und militärischen Kräfte« und deren »Diversionstätigkeit« unterbinden. Wie Chruschtschow gefordert hatte, enthielt die Erklärung die Zusicherung, daß diese Maßnahmen den Verkehr und die

Kontrolle an den Strecken zwischen West-Berlin und Westdeutschland nicht behindern würden.

Die Kommunikationseinrichtungen waren 1961 noch so dürftig, daß das neue Operationszentrum des Außenministeriums erst um Mitternacht Washingtoner Zeit von den Vorgängen in Berlin erfuhr – sechs Stunden nach dem Beginn der Aktion an der Grenze. Um diese Zeit erhielt John Ausland, ein Beamter in Foy Kohlers Berlin-Abteilung, einen Anruf: Eine Nachrichtenagentur teile mit, daß »in Berlin etwas vor sich gehe«, aber es sei »nicht klar, was«. Ausland begab sich wieder ins Bett.

Kurz vor vier Uhr wurde Ausland erneut geweckt: Der CIA-Stützpunkt in Berlin hatte ein dringendes Telegramm geschickt, in dem es hieß, ostdeutsche Truppen hätten »den Verkehr nach West-Berlin abgeriegelt«. Bisher gebe es »noch keine Auswirkungen auf den Verkehr zwischen West-Berlin und Westdeutschland«. Die Botschaft enthielt das Codewort, aufgrund dessen eine sofortige Unterrichtung des Präsidenten zu erfolgen hatte.

Sofort eilte Ausland ins Außenministerium und suchte nach einem Einsatzplan für diesen Fall. Endlich fand man in einer Schublade einen Ordner – er war leer. Seit Jahren hatte man im Außenministerium befürchtet, West-Berlin könne von Westdeutschland abgeschnitten werden – nicht aber von der DDR und Ost-Berlin.

Kurz vor zehn Uhr traf Dean Rusk in einem Freizeitanzug in seinem Büro ein. Foy Kohler machte ihn darauf aufmerksam, daß die Westmächte Ost-Berlin nie als Anlaß für einen Krieg betrachtet hätten. Auch wenn sie nun die Teilung noch so sehr »beklagen« würden, sollten sie doch keinesfalls »eine gewaltsame Änderung der Demarkationslinie« in Erwägung ziehen.

Rusk stimmte zu. Auch er hielt die Schließung der Grenze für einen Akt der Verteidigung und nicht für »einen Schlag gegen West-Berlin«. Daher beschloß er, den Präsidenten nicht zu informieren, ehe er nicht genauer unterrichtet war: Kennedy würde Einzelheiten wissen wollen, und er wollte sich erst einmal einen Überblick verschaffen.

Nachdem die Familie Kennedy der Zehn-Uhr-Messe in der St.-Francis-Xavier-Kirche beigewohnt hatte, ging sie um 12.17 Uhr an Bord der *Marlin*, um nach Great Island zu fahren. Dort war ein Mittagessen mit John Walker geplant, dem Direktor der National Gallery, der Jacqueline bei der Restauration des Weißen Hauses behilflich war. Der Präsident trug ein Polohemd und weiße Hosen. Noch immer wußte er wenig oder gar nichts über das Drama, das vor nunmehr achtzehn Stunden in Berlin begonnen hatte.

Als eine Botschaft »allerhöchster Wichtigkeit« aus Washington eintraf, wurde das Schiff zurückgerufen. General Clifton erwartete es bereits am Dock und übergab Kennedy sofort das gelbe Papier mit der Fernschreibermitteilung. Kaum hatte der Präsident die Zeilen gelesen, fuhr er Clifton wütend an: »Warum haben wir davon bis jetzt nichts erfahren?« Dann rief er Rusk in Washington an: »Was zum Teufel ist da los? Seit wann wissen Sie davon? Gab es denn keine Warnung in den letzten zwei bis drei Tagen?«

Rusk meinte, sie wüßten noch nicht sicher, ob die Russen nur die Flüchtlingswelle eindämmen wollten oder ob sie mit dieser Maßnahme weitergehende Ziele verfolgten. Die Zufahrtswege nach West-Berlin seien nicht betroffen. Er sehe keine Notwendigkeit für eine sofortige Rückkehr des Präsidenten nach Washington.

Dann las er Kennedy den Entwurf einer Erklärung der Vereinigten Staaten vor, in der es hieß: »Eine Verletzung der bestehenden Vereinbarungen wird heftigen Protest auf geeignetem Wege nach sich ziehen.« Diese karge Antwort sollte vermeiden helfen, daß sich in Ostdeutschland ein Aufstand mit all den schrecklichen Folgen wiederholte, wie er 1956 mit Unterstützung der Vereinigten Staaten in Ungarn stattgefunden hatte. Man wollte der Sowjetunion signalisieren, daß die Vereinigten Staaten die Ruhe bewahrten und nicht zu einer Überreaktion neigten.

Der Präsident wies Rusk an, diese Erklärung zu veröffentlichen und sicherzustellen, daß nichts unternommen werde, was die Situation verschärfen könnte. An diesem Nachmittag hatte Rusk ein Baseballspiel besuchen wollen. »Gehen Sie nur zu diesem Spiel«, meinte Kennedy. »Ich gehe segeln.«

Im Außenministerium übergab Kohler die Erklärung an Ausland, der jedoch zu bedenken gab: »Die Leute werden wissen wollen, was wir außer Protesten noch unternehmen werden.« Aber Kohler meinte: »Wir sollten abwarten, wie sich die Dinge entwickeln. Schließlich haben uns die Ostdeutschen eigentlich einen Gefallen getan. Dieser Flüchtlingsstrom begann doch schon, unangenehm zu werden.«

Chruschtschow befand sich auf dem Weg nach Pizunda. »Wir machten Witze darüber, daß der Dreizehnte im Westen als Unglückstag angesehen wird«, erinnerte er sich später. »Aber ich meinte, daß er für uns und das ganze sozialistische Lager ein Glückstag sei.«

Willy Brandt, dem Regierenden Bürgermeister von Berlin, der sich als Kanzlerkandidat der Sozialdemokraten auf einer Wahlkampfreise befand, wurde im Schlafwagenabteil des Zuges von Nürnberg nach Kiel ein Telegramm aus Berlin übergeben. Obwohl er unter den Nachwirkungen eines »ausgelassenen« Samstagabends litt, verließ Brandt den Zug in Hannover, flog nach Berlin und begab sich sofort zum Brandenburger Tor, das nun von ostdeutschen Soldaten mit Maschinenpistolen abgesperrt war.

Brandt verlangte sofort ein Treffen mit den Vertretern der Westmächte in Berlin und hielt den westlichen Generälen vor: »Meine Herren, Sie haben sich letzte Nacht von Ulbricht in den Arsch treten lassen! ... Schickt mindestens sofort Patrouillen an die Sektorengrenze, um dem Gefühl der Unsicherheit zu begegnen und den Westberlinern zu zeigen, daß sie nicht gefährdet sind!« Nachdem man ihm mitgeteilt hatte, daß ein Einsatz von Truppen nicht in Frage komme, sagte Brandt vor Journalisten: »... dann lacht der ganze Osten von Pankow bis Wladiwostok.«

Mit Argwohn hatte der konservative Bundeskanzler Adenauer stets das offenbar gute Verhältnis zwischen Brandt und dem neuen amerikanischen Präsidenten betrachtet, das in der Presse der USA und Westdeutschlands viel Beachtung fand. Im März 1961 waren die beiden Männer zum erstenmal in Berlin zusammengetroffen.* Obwohl er nicht zur Heldenverehrung neigte, war der Berliner Bürgermeister sehr von Kennedy eingenommen. Er sah in ihm einen »ultramodernen Konservativen«, der aber erstaunlich frei von Vorurteilen sei. Außerdem verfüge er über die glückliche Kombination von politischem Scharfsinn, persönlicher Autorität und einer raschen Auffassungsgabe. Sie seien Männer der gleichen Generation, die über »die gleichen Beobachtungen und Pointen« lachen könnten.

Jetzt jedoch fragte sich Brandt, ob sein Vertrauen in den amerikanischen Präsidenten berechtigt war. An dem Tag, als die Grenze geschlossen wurde, rief er in Gegenwart seines Mitarbeiters Egon Bahr

---

* Es entging der Öffentlichkeit nicht, daß Kennedy Adenauer erst einen Monat nach Brandts Besuch zum erstenmal empfing.

aus: »Kennedy haut uns in die Pfanne.« Nach Meinung von Freunden hatte die scheinbare Zurückhaltung des Präsidenten angesichts der Schließung der Grenze zu West-Berlin großen Einfluß auf Brandts spätere politische Haltung. Sie soll ein Grund für seine Hinwendung zur Entspannungspolitik gewesen sein.

»Am 13. August wurden wir erwachsen«, bemerkte Bahr später. Brandt glaubte, daß die Sowjetunion durch die Schließung der Grenze »die Führungsmacht der westlichen Welt herausgefordert . . . sogar gedemütigt« hätte. Später meinte er: »Der Vorhang ging auf, und die Bühne war leer.«

Am Montag traf Kennedy im Weißen Haus mit Thompson und Bundy zusammen, die ihm erklärten, daß die Sowjetunion »von der ersten Stunde an« die Macht gehabt habe, diese Maßnahme zu ergreifen. »Früher oder später mußten sie es tun.«

Vor diesem Gespräch hatte Bundy sich bei Robert Amory von der CIA erkundigt: »Und was zum Teufel sollen wir jetzt tun?« Amory gab ihm den Rat, »die Verpflichtung gegenüber Berlin unmißverständlich zum Ausdruck zu bringen«. Man solle »noch an diesem Nachmittag eine Einheit über die Autobahn« schicken, um den Zugang des Westens zur Stadt sicherzustellen.

An diesem Vorschlag fand zwar Bundy Gefallen, nicht aber Maxwell Taylor: »Das ist eine gefährliche Situation . . . Sämtliche Truppen, die jetzt in Berlin stationiert sind, würden im Falle eines Kampfes innerhalb der ersten sechs Stunden geschlagen.« Der Präsident stimmte Taylor zu.

Dann teilte Bundy Kennedy mit, sein Führungsstab sei der Ansicht, daß die Vereinigten Staaten jetzt innerhalb der nächsten zehn Tage eine »deutliche Initiative« für Verhandlungen über Berlin unternehmen müßten. Aber der Präsident hatte den Eindruck, daß dies nicht der richtige Zeitpunkt dafür sei. Wenn sich die Amerikaner über die Schließung der Grenze empörten, dann »würden wir mehr und mehr unter Druck geraten, eine härtere militärische Haltung einzunehmen«.

Schließlich diktierte er ein Memo für Rusk: »Welche Schritte werden wir in dieser Woche unternehmen, um die Schließung der Grenze politisch und propagandistisch auszunützen? Man könnte zeigen, wie hohl die Phrase von der ›freien Stadt‹ und wie verachtungswürdig diese ostdeutsche Regierung ist, die die Sowjetunion in ein so positives

Licht zu rücken sucht ... Die ganze Sache gibt uns ausgezeichnetes Propagandamaterial in die Hand. Wäre die Situation umgekehrt, dann würde sie ja auch gegen uns verwendet.«

Am Dienstag empfing der Präsident einen Besucher aus Belgrad: George Kennan. Dieser riet ihm, Ruhe zu bewahren: Chruschtschow habe die Grenze geschlossen, um eine Konfrontation zu vermeiden, nicht um sie heraufzubeschwören. Kennan hatte 1957 Gespräche über den Rückzug der Supermächte aus Zentral- und Osteuropa angeregt. Nun führte Kennedy ihn in seine Privatwohnung, so daß die Presse nichts von dem Gespräch erfuhr.

Am Mittwoch, dem 16. August, versammelten sich 300 000 Westberliner auf dem Platz vor dem Schöneberger Rathaus. Sie riefen laute Parolen und hielten Schilder in die Höhe: »Vom Westen betrogen ... Wo sind die Schutzmächte? ... Ein zweites München.«

Schwitzend begann Brandt seine Rede auf den Stufen des Rathauses. Er wußte, daß die Leute abwandern würden, wenn man ihnen nicht die Freiheit West-Berlins garantieren konnte. Daher erinnerte er die aufgebrachte Menge nun an die Rolle der Westmächte bei der Sicherung der Unabhängigkeit West-Berlins: »Ohne sie wären die Panzer weitergerollt.« Aber »Berlin erwartet mehr als Worte!« In einem vertraulichen Brief an Präsident Kennedy habe er dies in aller Deutlichkeit klargemacht.

Brandts Brief kam per Fernschreiber im Weißen Haus an. Darin warnte er vor einem Massenexodus der Westberliner und schlug vor, die westlichen Truppen zu verstärken. »Ich schätze die Lage ernst genug ein, um Ihnen, verehrter Präsident, mit dieser letzten Offenheit zu schreiben, wie sie nur unter Freunden möglich ist, die einander voll vertrauen.«

Kennedy war in seiner politischen Empfindlichkeit getroffen, als er diesen Brief las: »Vertrauen? Ich traue diesem Mann ganz und gar nicht! Er steht mitten im Wahlkampf gegen den alten Adenauer und möchte mich da mit hineinziehen!« Als er den Brief seiner Freundin Marguerite Higgins zeigte, meinte er, daß ihn der Bürgermeister lieber hätte anrufen oder gleich nach Washington fliegen sollen, anstatt sich so in Szene zu setzen. Aber Mrs. Higgins stimmte ihm nicht zu: »Ich muß Ihnen offen sagen, daß in Berlin allmählich der Eindruck entsteht, Sie würden die Westberliner verkaufen.«

Konrad Adenauer hatte die Schließung der Grenze sehr viel ruhiger aufgenommen als Brandt. In der Nacht zu Sonntag weckte man ihn, um ihn von den Ereignissen in Kenntnis zu setzen. Als man ihm jedoch mitteilte, der westdeutsche Geheimdienst rechne nicht mit einem Angriff des sowjetischen Blocks, legte er sich gleich wieder schlafen. Und auch am nächsten Tag wies er den Rat seiner Mitarbeiter, in die Stadt zu fliegen, mit dem Hinweis zurück, er wolle den Aufstand in Ost-Berlin vermeiden, der wie im Jahre 1953 von sowjetischen Panzern niedergeschlagen werde.

Die nun herrschende Notsituation dämpfte auch in keiner Weise seine feindselige Haltung gegenüber seinem politischen Gegner. An diesem Abend sprach er in Regensburg vor 25 000 Anhängern von seinem Gegenkandidaten als »Herr Brandt alias Frahm«, womit er auf die uneheliche Herkunft des Regierenden Bürgermeisters anspielte. Brandt, der von dieser Verunglimpfung während einer Senatssitzung in West-Berlin erfuhr, verließ empört den Saal.

Andrej Smirnow, Chruschtschows Botschafter in Bonn, teilte Adenauer mit, die Sowjetunion wolle die Berlin-Krise nicht verschärfen, aber der Westen müsse sich ebenfalls zurückhalten. Der Generalsekretär fürchtete offenbar, daß die Empörung in den Vereinigten Staaten oder die Forderungen Brandts und der West-Berliner Bevölkerung Kennedy zu einer Ausweitung der Krise veranlassen könnten – besonders deshalb, weil die Ostdeutschen den Stacheldraht gerade durch eine feste Betonmauer ersetzten und damit jede Hoffnung auf eine nur zeitweilige Schließung der Grenze zerstörten.

Inzwischen schickte Allan Lightner von der amerikanischen Vertretung in West-Berlin alarmierende Berichte über die sinkende Moral in der Stadt nach Hause. Edward R. Murrow, der sich zufällig in Berlin befand, telegrafierte, daß es möglicherweise zu einem Massenexodus der Westberliner kommen würde: »Es besteht die Gefahr, daß jene leichtverderbliche Ware zerstört wird, die man Hoffnung nennt.« CIA-Agenten berichteten von »einer plötzlichen Furcht unter den Westberlinern, es könne zu einem militärischen Angriff kommen«.

Walt Rostow schrieb an den Präsidenten: »Vergessen Sie nicht, was hier auf dem Spiel steht – und von Chruschtschow aus gesehen immer auf dem Spiel stand –: die langfristigen Erwartungen der Westberliner. Ob sie weiterhin in dieser Umgebung leben und arbeiten wollen, hängt in erster Linie davon ab, ob sie sich ihrer Zugehörigkeit zum Westen sicher sein können.«

Um die amerikanischen Garantien gegenüber West-Berlin zu bestätigen, beschloß Kennedy schließlich, 1500 Mann Verstärkung durch Ostdeutschland nach West-Berlin zu entsenden. Außerdem schickte er den Vizepräsidenten Bohlen und General Lucius Clay, den Helden der Berlin-Blockade, in die bedrängte Stadt.

Auch acht Tage nachdem die Grenze geschlossen worden war und der Stacheldraht allmählich durch eine Betonmauer ersetzt wurde, hatte sich Kennedy noch immer nicht in der Öffentlichkeit zu den Geschehnissen in Berlin geäußert. Wie zu Beginn des Jahres 1961 lag der Grund für Kennedys Schweigen wohl darin, daß er keine innenpolitische Kontroverse vom Zaun brechen wollte, die ihn möglicherweise zu einem härteren Kurs gezwungen hätte.

Es ist erstaunlich, daß er damit Erfolg hatte. Zu einem späteren Zeitpunkt hätten es weder die amerikanische Presse noch die Öffentlichkeit einem Präsidenten erlaubt, sich länger als eine Woche jeden Kommentars zu einem derart bedeutsamen Ereignis wie dem Bau der Berliner Mauer zu enthalten. Aber im August 1961 wurde Kennedys Schweigen in keiner Zeitung kritisch kommentiert.

Der Mitarbeiterstab im Weißen Haus nutzte die Zeit, um die Nachricht zu verbreiten, der Präsident sei »schockiert und niedergeschlagen« wegen der Schließung der Grenze und dem Bau der Mauer.[*]

---

[*] Kennedy muß Anfang Juli bereits geahnt haben, daß Chruschtschow etwas gegen den Flüchtlingsstrom unternehmen würde. »Vielleicht baut er eine Mauer«, hatte er Rostow gegenüber geäußert.
Es ist kaum anzunehmen, daß Kennedy nicht die politischen Vorwürfe gegen Franklin Roosevelt in den vierziger Jahren kannte. Damals hieß es, der Präsident habe gewußt, daß der Angriff auf Pearl Harbor bevorstand, und er habe die Hinweise darauf um seiner eigenen großen außenpolitischen Pläne willen ignoriert. Die Lehre, die Kennedy hieraus ziehen konnte, bestand darin, daß es in einem solchen Falle günstiger für den Präsidenten war, sich wegen des Versagens der Geheimdienste Vorwürfe machen zu lassen – ein Schluß, zu dem auch Roosevelt gelangt war. Andernfalls würde nämlich das Verhalten des Präsidenten – damals im Falle von Pearl Harbor und nun im Hinblick auf die Berliner Mauer – als zynisches Einverständnis mit dem Ziel, andere außenpolitische Zwecke besser verfolgen zu können, interpretiert werden. Nach der Raketenkrise versuchte Kennedy in gleicher Weise die Schuld auf die CIA abzuwälzen, weil sie es versäumt habe, die Sowjets vor den Folgen der Stationierung ihrer Raketen auf Kuba zu warnen.

Dies mag der Wahrheit entsprochen haben, aber es war wohl kaum der einzige Grund für sein Schweigen. Wie O'Donnell später schrieb, »sah er die Mauer als Wendepunkt an, der das Ende der Berlin-Krise einleiten würde«.

In vertraulichen Gesprächen sagte Kennedy zu seinen Mitarbeitern: »Chruschtschow hätte doch keine Mauer bauen lassen, wenn er wirklich West-Berlin will. Wenn er die ganze Stadt besetzt, dann braucht er keine Mauer. Es ist vielmehr der Ausweg aus der Zwangslage, in der er sich befindet. Keine besonders angenehme Lösung, aber eine Mauer ist verdammt noch mal besser als ein Krieg.« Bei anderer Gelegenheit äußerte er sich weniger zurückhaltend: Seine Sympathien für die Ostdeutschen seien begrenzt, denn schließlich hätten sie fünfzehn Jahre Zeit gehabt, »ihr Gefängnis zu verlassen«.

In der Öffentlichkeit hätte sich der Präsident allerdings nicht in dieser Weise zu äußern gewagt. Hätten die Amerikaner und die Westeuropäer erfahren, was manche schon vermuteten – daß Kennedy nämlich insgeheim die Mauer eher als eine Lösung denn als ein Problem betrachtete –, dann hätte man ihm wieder einmal Schwäche gegenüber Chruschtschow vorgeworfen. In der nicht gerade zimperlichen Sprache dieser Zeit hätten seine Kritiker womöglich die Frage gestellt, welche anderen Völker er denn noch zu verkaufen bereit sei, um nur ja den Einsatz amerikanischer Truppen zu vermeiden.

Chruschtschow benötigte keine ausdrückliche Mitteilung des amerikanischen Präsidenten, um sicher sein zu können, daß die Amerikaner wegen der Schließung der Grenze und der Mauer keinen Krieg beginnen würden. Obwohl die »drei Essentials« in Berlin, bei deren Verletzung der Westen zu den Waffen greifen würde, nur informell innerhalb der NATO vereinbart worden waren, wußte der Parteichef doch durch seine Spione, die Zugang zu NATO-Geheimnissen hatten,* daß

---

* Einer dieser Geheimagenten war Georges Paques, ein französischer Mitarbeiter bei der NATO, der Informationen über die »drei Essentials« und die Pläne im Falle eines Atomkrieges an Moskau weiterleitete, bevor er Ende 1961 verhaftet wurde. Dean Rusk erinnerte sich Jahre später, er habe den Verdacht gehabt, es gebe in der NATO sowjetische Spione, und deshalb seine Verbindungen mit den Alliierten dazu genutzt, Moskau davon zu überzeugen, daß die Vereinigten Staaten hundertprozentig hinter Berlin stehen würden. Er habe angenommen, daß derartige Informationen die Aufmerksamkeit der Sowjets eher erregen würden, wenn sie durch ihre Spione bei der NATO davon erfahren würden. Daher habe er sie nicht über Thompson an Chruschtschow beziehungsweise Gromyko übermitteln lassen.

eine Grenzschließung nicht zu diesen drei grundlegenden Punkten gehörte.

Auffälligerweise hatte schon in Kennedys Rede vom 25. Juli jeglicher Hinweis auf den freien Zugang von Ost- nach West-Berlin gefehlt, wie er im Potsdamer Abkommen von 1945 vereinbart worden war. Statt dessen sagte er: »Heute verläuft die gefährdete Grenze zur Freiheit mitten durch das geteilte Berlin ... Allein die sowjetische Regierung kann die friedliche Grenze in Berlin als Vorwand für einen Krieg benutzen.« Die Bezeichnung »friedliche Grenze« konnte wohl kaum auf Mißbilligung stoßen. Allerdings hatte der Präsident in seiner Rede mehrmals von »West-Berlin« anstatt von »Berlin« gesprochen.*

Erst Jahre später gestand Bundy ein, daß Kennedys Ansprache »Chruschtschow ermutigt haben« könnte, die Grenze zu schließen: »Man könnte die Meinung vertreten, daß es besser gewesen wäre, sich weniger deutlich zu äußern. Damit hätte man Chruschtschow im unklaren gelassen – und er hätte befürchten müssen, daß so eine Mauer einen Krieg zur Folge haben könnte. Natürlich hätte Kennedy sich unklarer ausdrücken können, indem er häufiger von Berlin und weniger von West-Berlin gesprochen hätte.«

Durch direkte und indirekte Kommunikation mit Chruschtschow erreichte Kennedy eine vorläufige Lösung der Berlin-Krise. Indem er den Generalsekretär ermutigte, die Grenze zu schließen und den Flüchtlingsstrom einzudämmen, gelang es ihm, die Situation zu entschärfen. Außerdem ließ sich die Mauer als Beispiel für die Brutalität und das Scheitern des sowjetischen Systems ausschlachten.

Da die Amerikaner damals die außenpolitischen Entscheidungen ihres Präsidenten sehr viel weniger in Frage stellten als zu einem späteren Zeitpunkt, entging es der Öffentlichkeit weitgehend, daß Kennedy wenig gegen den Mauerbau einzuwenden hatte. Man kritisierte eher seine Weigerung, militärisch einzuschreiten, als die Mauer bereits stand. In den Vereinigten Staaten selbst schadete es dem Prestige des Präsidenten kaum, daß er den Bau der Mauer nicht zu verhindern suchte.

---

* Ebenfalls fehlte der Ruf nach der Wiedervereinigung Deutschlands, der lange Zeit ein wichtiges Thema bei allen amerikanischen Äußerungen zu Deutschland und Berlin gewesen war. Auch dies mag den Eindruck verstärkt haben, daß Kennedy bereit war, eine Schließung der Grenze hinzunehmen, die die Teilung der Stadt und des Landes festschreiben würde.

Wie Sorensen später bemerkte, war es den meisten Amerikanern klar, daß »wir früher oder später einen militärischen Konflikt mit Ostdeutschland gehabt hätten, wenn wir die Mauer niedergerissen hätten. Dann hätten die Deutschen nämlich hundert oder fünfhundert Meter weiter gleich eine neue Grenzbefestigung gebaut.«

Laut Burlazki hätten die Ostdeutschen auch ohne eine militärische Auseinandersetzung diese Mauer immer wieder aufbauen können, »bis die andere Seite keine Lust mehr hat, sie niederzureißen«. Zu dieser Zeit war Franz Josef Strauß davon überzeugt, mit einer sofortigen Aktion gegen die Grenzbefestigung würde man einen Dritten Weltkrieg riskieren. Erst im Oktober erkundigte sich ein Reporter bei Kennedy, warum er »den Mauerbau nicht mit Waffengewalt verhindert« habe. Der Präsident antwortete: »Wie Sie wissen, befinden sich Ost-Berlin und Ostdeutschland seit 1947 oder 1948 unter der Kontrolle der Sowjetunion.«

Kennedy vermied es demonstrativ, die Berliner Mauer in der Öffentlichkeit zu erwähnen. Der Grund dafür war entweder seine Abneigung gegen Demagogie oder seine Angst, Flammen zu schüren, die ihm politisch hätten den Garaus machen können. Für einen Präsidenten, der oft und gern von den tragischen Unterschieden zwischen Kapitalismus und Kommunismus sprach, muß eine solche Zurückhaltung eine enorme Kraftanstrengung bedeutet haben. Denn es gab wohl kein deutlicheres und bewegenderes Symbol für die moralische Überlegenheit Amerikas im Kalten Krieg als die grausame Teilung Berlins.

Abgesehen von seinem Besuch in Westdeutschland im Juni 1963 erwähnte Kennedy zwischen August 1961 und seinem Tod die Mauer nur in drei Reden. Und auch da widmete er diesem Thema nicht mehr als einen einzigen Satz.[*]

Am Freitag, dem 18. August, landeten der Vizepräsident, General Clay, Bohlen und ihre Begleiter vormittags in Bonn. Während des Flugs hatte Bohlen Johnson erklärt, seine wichtigste Aufgabe sei es, »die Moral der Westberliner wiederherzustellen«. Bohlen erinnerte

---

[*] Jahre später schrieb Bundy, »es wäre außerdem besser gewesen, wenn Kennedy selbst die Mauer eher verurteilt hätte«. Dem kann kaum widersprochen werden, vor allem wenn man bedenkt, daß der Präsident die Mauer erst im Juni 1963 in angemessener Weise verurteilte!

sich später, daß Johnson »mich so oft um meinen Rat gebeten hat, daß
es mir direkt schmeichelte. Er war sehr darauf bedacht, keine Fehler zu
machen.«

Vor den Journalisten verlas der Vizepräsident eine vorbereitete Erklärung: »Zuallererst möchte ich die Auswirkungen dieser tragischen
Situation kennenlernen ... die geteilten Familien, die Flüchtlinge, die
Heim und Freunde hinter sich lassen mußten, die sich von ihren
Wurzeln lossagen mußten, um in der Freiheit ein neues Leben zu
beginnen.« Selbst diese Aneinanderreihung von Klischees war über-
zeugender als alles, was Kennedy bislang über die Lippen gekommen
war.

Am Bonner Flughafen zeigte Adenauer auf ein Schild, das eine alte
Frau in die Höhe hielt: »Taten statt Worte.« Er persönlich wolle keines
von beiden, erklärte er Johnson. Noch immer hatte der Kanzler die
Mauer nicht mit eigenen Augen gesehen. Er erbot sich, die Amerikaner auf ihrem Flug nach Berlin zu begleiten, aber Bohlen überzeugte
den Vizepräsidenten unter vier Augen davon, daß dies nur den Eindruck erwecken würde, man wolle Adenauer gegenüber Brandt bei
den Wahlen im September einen Vorteil verschaffen.

Am späten Nachmittag landete die Air-Force-Maschine auf dem Flug-
feld in Tempelhof, dem Schauplatz der Berliner Luftbrücke, die Clay
so erfolgreich geleitet hatte. Jack Bell von der Associated Press hatte
das Gefühl, Johnson habe vor dem Flug über Ostdeutschland Angst
gehabt: »Er dachte wohl, die Russen würden Ernst machen und sein
Flugzeug abschießen.« Eine halbe Million Menschen standen am
Straßenrand, als der Vizepräsident mit Brandt vorüberfuhr. Sie jubelten und warfen Blumen. Johnson küßte Babys, schüttelte viele Hände
und verschenkte amerikanische Filzstifte. Aus seinem Verhalten zog
Egon Bahr den Schluß, daß er sich bereits im Wahlkampf für die
Präsidentschaft im Jahre 1968 befand.

Vor dem Rathaus erwarteten ihn weitere 350 000 Berliner. Johnson
hielt eine Rede, die Walt Rostow unter Kennedys Anleitung geschrieben hatte. Er wollte den Vizepräsidenten daran hindern, »Unsinn zu erzählen«, wie Robert Kennedy berichtet. Johnson sagte: »Für
den Fortbestand und die lebendige Zukunft dieser Stadt haben wir
Amerikaner das verpfändet, was unsere Vorfahren bei der Gründung
der Vereinigten Staaten eingesetzt haben – ›unser Leben, unser
Vermögen und unsere heilige Ehre‹. Der Präsident möchte Sie wissen lassen, und auch ich möchte Ihnen versichern, daß er fest zu

seinen Versicherungen steht, die Freiheit von West-Berlin und das Recht des Westens auf freien Zugang zu Berlin zu schützen . . . Diese Insel steht nicht allein!«

Nachdem der Präsident die 1500 Mann der 1. Kampfgruppe aus der 8. Infanteriedivision der US-Army am frühen Sonntag vormittag nach Berlin beordert hatte, hielt er sich im Weißen Haus auf: Sollte es zum Schlimmsten kommen, »dann sollten wir den Krieg nicht von Hyannis Port aus erklären«.

Doch bereits kurze Zeit später befielen ihn Zweifel. Auch wenn der Westen durchaus das Recht zu diesem Schritt hatte, konnte die Verlegung der Truppe doch die Russen provozieren. Robert Kennedy erinnerte sich: »Es war eine gefährliche Zeit . . . Er wußte nicht, ob sie nicht versuchen würden, den Truppenverband aufzuhalten.« Der Präsident war so unruhig, daß er beschloß, sich einen Film zeigen zu lassen. Aber es war nur ein mittelmäßiger Western aufzutreiben. Schon nach einer Stunde verließ er den Kinosaal des Weißen Hauses und befahl General Clifton, ihn im Notfall zu wecken.

Um Mitternacht Washingtoner Zeit überquerten Truppentransporter mit den 1500 Mann die innerdeutsche Grenze und rollten über die Autobahn auf Berlin zu.* Acht Stunden später fuhren sie in West-Berlin über den Kurfürstendamm. Die Berliner schrien, weinten und warfen Blumen, die sich die Soldaten an die Helme steckten. Ihr Kommandeur fühlte sich an die Befreiung von Paris erinnert. Eine Army-Band spielte, während Johnson und die anderen Amerikaner bis zum späten Nachmittag die Truppen begrüßten. Der Vizepräsident erklärte: »Alles, was die stärkste Nation der Welt aufzubieten hat, steht hinter Ihnen!«

Die Berlin-Politik, die Kennedy in seiner Rede vom 25. Juli im Oval Office proklamierte, sollte in erster Linie Chruschtschow, den amerikanischen Kongreß und das amerikanische Volk von seiner Entschlossenheit überzeugen, die Interessen des Westens in der Stadt zu verteidigen.

---

* Um die Durchfahrt seiner Kampfgruppe zu beschleunigen, willigte der Kommandeur in die sowjetische Forderung ein, seine Truppe sollte zu einem Zählappell absteigen. Frühere Kommandeure hatten derartige Manöver stets verweigert. Dieses amerikanische Zugeständnis drang nicht an die Öffentlichkeit, blieb aber als offizielle Praxis bestehen.

Bei diesen Bemühungen war der Präsident äußerst erfolgreich. Er konnte Chruschtschow deutlich machen, daß der sowjetische Staatschef einen Atomkrieg riskierte, wenn er versuchte, den Westen von Berlin abzutrennen. Aber wäre es Kennedy bereits im Frühjahr und auch auf dem Gipfel in Wien gelungen, in der Berlin-Frage Stärke zu demonstrieren, dann hätte er sich wohl kaum genötigt gesehen, die Amerikaner und die gesamte Welt mit einer Erhöhung seines Militäretats um 3,5 Milliarden Dollar und einem beschleunigten Bunkerbau-Programm in Alarmbereitschaft zu versetzen.

Der Präsident mußte seine Ängste nicht vortäuschen: Er nahm Chruschtschows Herausforderung äußerst ernst. Aber er wußte auch zweifellos, daß er durch eine aufrüttelnde Rede die notwendige Stimmung im Volk erzeugen konnte, um seine Maßnahmen zu einer konventionellen Aufrüstung, die er auch ohne eine Berlin-Krise gefordert hätte, im Kongreß durchzusetzen.

Drei Tage nach der Ankunft der 1500 US-Soldaten in Berlin wurde eine sowjetische Erklärung veröffentlicht, in der es hieß, wenn der Westen weiterhin »Extremisten, Saboteure und Spione« nach Berlin schicke, müsse der Zugang versperrt werden. Kennedy hörte aus dieser Äußerung das Signal zu einem weitergehenden Schritt heraus. Wollte Chruschtschow nun den westlichen Zugang nach Berlin behindern?

Der Parteichef befand sich zu dieser Zeit in Pizunda. Vermutlich war die Erklärung also von Regierungsmitgliedern in Moskau verbreitet worden, die davon ausgingen, daß der Präsident weitere Herausforderungen in Berlin dulden werde. Allerdings ist es auch möglich (wenn auch wenig wahrscheinlich), daß Chruschtschow diese Erklärung selbst verfaßt hat, um Kennedys Entschlossenheit zu testen: Falls der Präsident scharf reagierte, konnte er die Äußerung noch immer zurückziehen oder behaupten, man habe ihn mißverstanden.

Jedenfalls handelte Chruschtschow schnell, um die Wirkung der Äußerung abzumildern. Er betonte seinen ernsthaften Wunsch nach Verhandlungen über Berlin in einem Brief an Premierminister Fanfani und in einem eilig anberaumten Interview mit dem amerikanischen Kolumnisten Drew Pearson.

Pearson und seine Frau Luvie wurden nach Sotschi geflogen. Bei ihrer Ankunft in Pizunda empfing sie der Parteichef mit einem Panamahut, einem ukrainischen Bauernhemd und hochgekrempelten braunen Hosen.

Zunächst führte er sie an seinen Swimmingpool. Dies sei der beste Ort für Gespräche, meinte er, denn wenn die Unterhaltung zu hitzig werde, könne man ins Wasser springen und sich abkühlen. Dann betonte er immer wieder, daß es keinen Krieg geben werde: Wenn die beiden Weltmächte zusammenhielten, »dann kann kein anderes Land auf der Welt jemals einen Krieg beginnen«. Er sei jederzeit zu einem Gipfel zu Berlin mit Präsident Kennedy und anderen westlichen Staatschefs bereit.

Als Mrs. Pearson sich erkundigte, warum seiner Ansicht nach so viele Ostdeutsche in den Westen geflohen seien, erklärte Chruschtschow, daß es in der DDR weniger Konsumgüter gebe. Die Ostdeutschen müßten an andere osteuropäische Länder Reparationen zahlen. Außerdem hätte es, anders als in Westdeutschland, auch vor dem Zweiten Weltkrieg wenig Fabriken in Ostdeutschland gegeben.

Pearson versicherte ihm, daß »Kennedy ein gutes Herz hat. Er hat sehr gelitten während des letzten Krieges ... und will bestimmt keinen neuen Krieg.« Aber der Präsident müsse sich »mit der Opposition auf der äußersten Rechten« auseinandersetzen. »Je mehr man ihn von sowjetischer Seite her drängt, desto schwieriger wird es für ihn, die Berlin-Frage zu klären. Dann sieht es nämlich aus, als kapituliere er vor Ihren ständigen Angriffen.« Er warnte Chruschtschow auch, »so moderaten Politikern wie Kennedy das Wasser abzugraben«. Die meisten Amerikaner »wollen wegen Berlin keinen Krieg beginnen, aber wenn sie das Gefühl hätten, ihr Präsident würde herumgeschubst, würden sie ihn verteidigen und jeden Krieg befürworten.«

Nach Ende des offiziellen Gesprächs lud Chruschtschow seine Gäste zu einem Bad im Schwarzen Meer ein und bat sie, über Nacht zu bleiben. Pearson könne dann sein Interview bereits hier tippen und gleich die Freigabe erhalten.

Als sie am nächsten Tag beim Mittagessen saßen, hörten sie eine laute Explosion über dem Schwarzen Meer. Chruschtschow meinte, dieser Lärm stamme möglicherweise von einem amerikanischen Stützpunkt in der Türkei. »Vielleicht wollen sie uns in die Luft jagen. Ich habe gehört, daß sie jetzt Manöver veranstalten.« Daraufhin meinte Mrs. Pearson: »Sie scheinen ja keine große Angst zu haben.« – »Habe ich auch nicht«, erwiderte der Parteichef. »Es wird keinen Krieg geben.«

In seinem Artikel, der am Montag, dem 28. August, veröffentlicht wurde, betonte Pearson Chruschtschows friedliche Absichten. Dies kam dem Parteichef sehr gelegen, denn er plante, die Konfrontation mit den Vereinigten Staaten zu verschärfen.

Kapitel 12

»Am liebsten würde ich mich aus dem Staub machen«

Am Nachmittag des 28. August, einem Montag, wurde der Präsident von einer unangenehmen Neuigkeit überrascht: Ein amerikanischer Horchposten hatte gemeldet, daß die sowjetische Regierung demnächst eine neue Serie von Atombombentests ankündigen würde.
Kennedy fluchte: »Haben sie uns also wieder mal reingelegt!« Noch auf dem Gipfeltreffen in Wien hatte Chruschtschow ihm versichert, daß die Sowjetunion »niemals als erste Nation« den freiwilligen Atomwaffenteststopp aufheben werde, der immerhin seit 1958 von beiden Seiten eingehalten worden war. Diese Zusicherung hatte er im Juli gegenüber McCloy noch einmal wiederholt.
Der Präsident war wütend auf Chruschtschow, weil dieser ihn offensichtlich kaltblütig getäuscht hatte. Zugleich haderte er mit sich selbst, weil er sich hatte hereinlegen lassen. Seine wissenschaftlichen Berater erklärten ihm, daß die Sowjets schon zu dem Zeitpunkt, als Chruschtschow ihm in Wien sein Versprechen gab, insgeheim an einer neuen Testserie gearbeitet haben mußten.

Seit Januar hatte der Präsident mutig dem Druck der Öffentlichkeit widerstanden, die immer entschiedener die Wiederaufnahme der Atombombentests forderte. Laut einer Meinungsumfrage im Juli waren immerhin zwei von drei Amerikanern für neue Atomwaffenversuche, unabhängig davon, ob die Sowjets das freiwillige Teststoppabkommen weiter einhielten oder nicht. Auch die Stabschefs drängten den Präsidenten, wieder mit den Tests zu beginnen.
In einem Brief an Freunde schrieb der ehemalige Präsident Eisenhower, daß er bereits im Dezember 1960 die Wiederaufnahme der Tests geplant hatte. ». . . damals ging ich davon aus, daß Dick Nixon gewählt werden würde.« Doch angesichts des »unglücklichen Ausgangs der Wahl« beschloß Eisenhower, Kennedy solle »freie Hand haben«.

Anfang August des Jahres 1961 hatten sich auch sämtliche Berater Kennedys der Meinung angeschlossen, daß erneute Atombombenversuche unvermeidlich seien, wenn sich die Sowjets weiterhin derartig entschieden gegen ein Atomteststopp-Abkommen sperrten. Der Präsident schrieb an Macmillan, er hege »keine großen Hoffnungen«, die Wiederaufnahme der Atomversuche länger als bis Anfang 1962 hinauszuzögern zu können. »Ohne ein wirksames Kontrollsystem können wir nie sicher sein, ob die Sowjets nicht doch heimlich Versuche durchführen, und wenn sie ihre Bomben testen, gewinnen sie einen Erfahrungsvorsprung ...« Ein solcher Rückstand könne Amerika »teuer zu stehen kommen«.

Auf Thompsons Drängen hin erwog Kennedy nun die Möglichkeit, auf einen eingeschränkten Teststopp hinzuarbeiten. Wenn man die Versuche in der Atmosphäre und unter Wasser verhindern konnte, würde der vom Wind verbreitete nukleare Niederschlag vermieden, der die Welt so sehr in Angst und Schrecken versetzte. Außerdem blieben dadurch bestimmte Gebiete von den Versuchen verschont, womit allerdings den Russen mehr gedient wäre als den Vereinigten Staaten. Aber zugleich befürchtete Kennedy, ein solcher Vorschlag zu diesem Zeitpunkt würde die amerikanische Verhandlungsposition schwächen: In seinen Augen war es besser, einen umfassenden Verzicht anzustreben und dann, wenn nötig, einen begrenzten Teststopp zu akzeptieren.

Mitte August waren die Genfer Verhandlungen zu einem Stillstand gekommen. Kennedy gab die Anweisung, einen unterirdischen Atombombentest vorzubereiten. Bevor er jedoch den Befehl für die Durchführung des Versuchs gab, wollte er zunächst die Weltöffentlichkeit davon überzeugen, daß er alles in seiner Macht Stehende unternommen hatte, um den Teststopp aufrechtzuerhalten. Daher schickte er am 28. August den Botschafter Arthur Dean noch einmal mit einem neuen Kompromißvorschlag nach Genf. Die Russen jedoch zeigten kein Interesse.

Nachdem der Präsident von Chruschtschows Entscheidung erfahren hatte, die Atomversuche wiederaufzunehmen, kam Drew Pearson in das Oval Office, um über seine Gespräche mit dem Generalsekretär zu berichten. Kennedy, der in Gedanken noch immer bei den neuesten Entwicklungen im Kreml war, fragte sich laut, ob es in den Geschichtsbüchern einmal heißen würde, daß es »Chruschtschow und Kennedy waren, die die Welt in den Atomkrieg trieben«.

Nach dem Gespräch schrieb Pearson an Chruschtschow, der Präsident sei über seine Entscheidung, die Versuche wiederaufzunehmen, »äußerst empört« gewesen: »Dies könnte, so fürchte ich, in der amerikanischen Öffentlichkeit zu einem Unmut führen, der nicht so leicht zu überwinden sein dürfte.« Und sollte der Parteichef nur deshalb wieder mit den Tests beginnen, um »auf Kennedy in der Berlin-Frage Druck auszuüben«, so möge er »sich doch bitte an unser Gespräch erinnern, in dem von bestimmten politischen Kräften in den USA die Rede war«. Kennedy rief Botschafter Dean aus Genf zurück und veröffentlichte eine Erklärung, in der es hieß, durch die Wiederaufnahme der Atomwaffentests in der Sowjetunion habe sich »die Gefahr einer thermonuklearen Katastrophe« vergrößert. Diese Maßnahme zeige zugleich, »wie verlogen« der sowjetische Ruf »nach einer generellen und totalen Abrüstung« sei.

Bei einem Geheimtreffen im Kreml am Montag, dem 10. Juli, machte Chruschtschow Andrej Sacharow und andere sowjetische Kernforscher mit seiner Entscheidung bekannt. Bereits zwei Tage zuvor hatte er die Verstärkung der Streitkräfte in Berlin angekündigt. Er erklärte, da sich die politische Situation in der letzten Zeit verschärft habe, müsse die Sowjetunion ihre nukleare Schlagkraft ausbauen und den Imperialisten ihre Stärke demonstrieren.
Sacharow war überzeugt, daß Chruschtschows Entscheidung politisch begründet war. Er schob dem Parteichef eine Notiz zu, in der er ihm mitteilte, die Wiederaufnahme der Tests würde »nur den Vereinigten Staaten Nutzen bringen ... Haben Sie denn gar nicht daran gedacht, daß die neuen Atomwaffenversuche eine ernste Bedrohung für den Erfolg der Verhandlungen und ein Teststoppabkommen, für die Abrüstungsgespräche und für den Weltfrieden darstellen?«
Beim Mittagessen erhob sich Chruschtschow und hielt sein Weinglas in die Höhe, als ob er einen Toast aussprechen wollte. Dann stellte er das Glas jedoch wieder hin und begann zu sprechen, wobei er immer mehr in Wut geriet: »Nach Meinung Sacharows brauchen wir keine neuen Atomwaffentests. Aber ich bin im Besitz einer Aufstellung, die zeigt, daß wir sehr viel weniger Versuche durchgeführt haben als die Amerikaner. Will Sacharow mir etwa einreden, daß wir mit unseren wenigen Tests mehr wertvolle Informationen gesammelt haben als die Amerikaner? Sind sie etwa soviel dümmer als wir?
Ich kann mich unmöglich über alle technischen Einzelheiten infor-

mieren. Und deshalb ist es für mich die *Anzahl* der Versuche, die zählt. Wie kann man eine neue Technologie entwickeln, ohne sie zu testen? Genosse Sacharow geht zu weit, er verläßt den Bereich der Naturwissenschaften und wagt sich vor in die Politik. Damit steckt er seine Nase in Dinge, die ihn nichts angehen . . .

Lassen Sie die Politik unsere Sorge sein – denn darin sind wir die Spezialisten. Bauen Sie lieber Ihre Bomben, und testen Sie sie . . . Und vergessen Sie nie, daß wir mit unserer Politik die Position der Stärke vertreten . . . Denn dies ist nun mal die einzige Sprache, die unsere Gegner verstehen.

Bedenken Sie, daß wir im letzten Jahr Kennedy geholfen haben, die Wahl zu gewinnen. Dann trafen wir in Wien mit ihm zusammen, und diese Gespräche hätten ein Wendepunkt sein können im Verhältnis unserer beiden Staaten. Aber was hat Kennedy uns gesagt? ›Verlangt nicht zuviel von mir. Ich möchte hier noch keine Verpflichtungen eingehen. Wenn ich jetzt zu viele Zugeständnisse mache, werde ich aus dem Amt gejagt.‹ Der hat vielleicht Nerven! Kommt zu einem Treffen, aber hat nicht den geringsten Handlungsspielraum! Was, zum Teufel, können wir mit so einem Kerl überhaupt anfangen? Und warum sollen wir da noch unsere Zeit mit Verhandlungen verschwenden? Also, Sacharow, erzählen Sie uns nicht, was wir tun oder wie wir uns verhalten sollen . . . Wenn ich auf Leute wie Sacharow hören würde, wäre ich ein Waschlappen und nicht der Vorsitzende des Ministerrats!«

Mit der Wiederaufnahme der Atomwaffentests erreichte Chruschtschow vor allem ein wesentliches innenpolitisches Ziel: Er demonstrierte der Welt erneut die Stärke der Sowjetunion. Doch bereits bei dem Treffen mit seinen Kernforschern wußte er, daß er das Hauptziel, das er mit dem Berlin-Ultimatum verfolgte, nicht erreichen würde: Auch durch die Drohung mit Atomwaffen konnte er den Westen nicht zu einer diplomatischen Anerkennung der DDR zwingen und ganz Berlin in den Machtbereich des Ostblocks integrieren.

Immerhin hatte er durch die Errichtung der Berliner Mauer sein erstes Etappenziel erreicht: Der Flüchtlingsstrom war eingedämmt worden. Außerdem bedeutete der Mauerbau einen Propagandasieg: Damit hatte Chruschtschow der Welt bewiesen, daß der Ostblock gegen das Potsdamer Abkommen verstoßen konnte, ohne daß der Westen ernsthafte Vergeltungsmaßnahmen durchführte. Vermutlich war Chruschtschow sich darüber im klaren, daß er sein eigentliches Ziel nur dann erreichen konnte, wenn er auch bereit war, wegen Berlin einen Atomkrieg in Kauf zu nehmen. Aber das lag offensichtlich nicht in seiner Absicht. Sein Berater Burlazki beschrieb die Situation später so: Der Parteichef habe in der Berlin-Krise »viel verlangt«, sich aber dann doch mit dem zufriedengegeben, »was er erreichen konnte«.

Für den Fall, daß sich sein Hauptziel nicht verwirklichen ließ, erwartete Chruschtschow allerdings neue innenpolitische Probleme. Wie schon im Jahre 1959 würden sich die Militärs beklagen, daß er durch die Aufgabe seines Berlin-Ultimatums die Sowjetunion in eine peinliche Situation gebracht habe. Bereits jetzt wurden Fragen laut, warum er Kennedys verstärkte Aufrüstung nicht mit einer entsprechenden Nachrüstung begegnete. Sergej Chruschtschow schreibt in seinen Erinnerungen, daß die sowjetischen Militärführer »vom Kopf her genau wußten, daß sie die Fragen nicht mit Gewalt lösen konnten, doch in ihren Herzen hofften sie, daß es möglich sein würde«.

Der Generalsekretär befürchtete, die Staatsmänner der Dritten Welt könnten eine Verhandlungsbereitschaft der Sowjets als indirektes Eingeständnis werten, daß die atomare Schlagkraft der USA trotz gegenteiliger Behauptungen Moskaus weitaus stärker sei als die Militärmacht der Sowjetunion. Falls es mit dem Westen zu Gesprächen über die Berlin-Frage kommen sollte, wollte er nicht von einer weltpolitisch schwachen Position aus operieren.

Chruschtschow wußte, daß er mit einer Wiederaufnahme der Atomwaffentests Kennedy, Macmillan und auch einige neutrale Staatschefs verärgern würde. Aber es ging ihm darum, der Sowjetunion als politischem Faktor und als Atommacht ein größeres Gewicht zu verleihen. Letztendlich wollte er den Politikern, die bis jetzt noch an seinen Aussagen über die Macht der Sowjetunion zweifelten, zeigen, daß eine Nation, die derartig riesige und vernichtende Bomben zünden konnte, auch in der Lage sei, die Welt zu beherrschen.

Nach der Ankündigung Chruschtschows, die Atomwaffentests wiederaufzunehmen, rief Kennedy am Donnerstag, dem 31. August, den Nationalen Sicherheitsrat zusammen. Für Robert Kennedy war es das »deprimierendste« Treffen im Weißen Haus »seit Beginn der Berlin-Krise«. Der Präsident stellte die Frage, ob er die unverzügliche Wiederaufnahme der amerikanischen Tests anordnen solle.

Lyndon B. Johnson meinte: »Ich persönlich glaube, es wäre gut, Chruschtschow für eine Weile allein im Kreuzfeuer der öffentlichen Kritik stehenzulassen. Außerdem sollten wir nicht den Eindruck erwecken, daß wir immer sofort reagieren, wenn er etwas unternimmt.« Er war der Ansicht, daß Chruschtschows Ankündigung als »Reaktion auf seinen vergeblichen Versuch« zu werten sei, »den Westen in der Berlin-Frage einzuschüchtern«.

Rusk schlug vor, der Präsident solle eine öffentliche Erklärung abgeben, in der er Vorbereitungen zu einer neuen Versuchsreihe ankündigte. Eine endgültige Entscheidung für deren Durchführung sollte aber noch nicht getroffen werden. Auf diese Weise würde der Eindruck vermieden, der Präsident sei unentschlossen, ohne daß man gleich vollendete Tatsachen schaffte. Gegen diesen Vorschlag wendete Edward Murrow ein, daß die USA mit einem derartigen Schritt »den größten Propagandavorteil« aus der Hand geben würden, den sie seit langem gehabt hätten.

Kennedy gab Murrow recht, doch hielt er es für unwahrscheinlich, daß er dem Druck des Kongresses lange standhalten konnte, der auf eine Wiederaufnahme der Atomwaffentests drängte. »Die Russen sind nicht dumm. Sie schätzen offensichtlich die Nachteile, die ihre Entscheidung mit sich bringt, geringer ein als die Vorteile. Anscheinend meinen sie, daß sie am meisten erreichen, wenn sie Härte und Skrupellosigkeit zeigen.« Er äußerte die Befürchtung, die Sowjets könnten die Krise verschärfen, indem sie westliche Flugzeuge auf dem Weg nach West-Berlin attackierten. Darauf meinte McNamara, in diesem Falle müßten die angegriffenen Flugzeuge zuerst um Erlaubnis ersuchen, bevor sie auf Ziele am Boden feuerten.

Nach diesem Treffen erklärte Robert Kennedy seinem Bruder: »Am liebsten würde ich mich aus dem Staub machen.« – »Und wohin?« fragte der Präsident. Der Justizminister antwortete: »Da bleibt wohl nur noch der Mond.« Und er fügte hinzu, daß er den scherzhaft gemeinten Rat eines Freundes nicht annehmen werde, bei den Präsidentschaftswahlen 1964 gegen seinen Bruder anzutreten. »Auf diesen Job kann ich gut und gerne verzichten.«

In seinen privaten Notizen hielt Robert fest, daß die Vereinigten Staaten von den Russen »niemals mehr ernst genommen werden, wenn sie unseren Willen in der Berlin-Frage brechen. Dann haben die Sowjets die Schlacht von 1961 gewonnen ... Offensichtlich ist es ihre Strategie, nicht als die beliebteste, sondern als die am meisten gefürchtete Nation dazustehen, die der Welt ihren Willen aufzwingt. Ich habe zwar nicht den Eindruck, daß sie einen Krieg anstreben, aber sie haben wohl vor, uns bis an seine Schwelle zu treiben.«

Bei den nervenzerrenden Rangeleien um Berlin und die Wiederaufnahme der Atomwaffentests wurde deutlich, wie wichtig Robert Kennedys Ratschläge für die Außenpolitik seines Bruders waren. Als der Präsident im Februar und im März mit seinen Beratern über das Gipfeltreffen in Genf und eine mögliche Invasion in Kuba diskutiert hatte, war der Justizminister praktisch nie dabeigewesen. Doch nach den Ereignissen in der Schweinebucht meinte der Präsident zu seinem jüngeren Bruder: »Ich hätte ihn von Anfang an hinzuziehen sollen.« Als Joseph Kennedy seinem Sohn vorschlug, er solle Robert in das Kabinett aufnehmen, hielt der designierte Präsident dies zunächst für ein peinliches Beispiel irischen Stammesdenkens. »Aber nun sah er ein, wie recht sein Vater gehabt hatte«, erinnert sich Lem Billings. »Wenn es hart auf hart geht, sind Familienmitglieder ein einzigen, auf die man zählen kann. Und so konnte er nur bei Bobby ganz sicher sein, daß er ihn wirklich unterstützte. Jack hätte es bestimmt niemals zugegeben, aber von diesem Zeitpunkt an war seine Präsidentschaft so eine Art von Gemeinschaftsarbeit der beiden.«

»Dreimal darfst du raten, wer bei den Konferenzen – ganz gleich, worum es geht – der ausschlaggebende Berater ist«, sagte Lyndon B. Johnson zu einem Freund. »Nein, es ist nicht McNamara, und es sind auch nicht die Stabschefs. Es ist immer nur Bobby. Bobby ist derjenige, auf den er hört.«

Robert Francis Kennedy, Jahrgang 1925, war zwar nur acht Jahre jünger als der Präsident, aber trotzdem verlief seine Kindheit völlig anders als die des älteren Bruders. Dieser konnte sich noch an das bescheidene Haus in Brookline erinnern, an die Sommerferien in den irisch-katholischen Enklaven an der Küste, an die Sparsamkeit der Mutter, die das Geld zusammenhielt, um die Familie durchzubringen, und an den Arbeitseifer des Vaters, der gerade dabei war, seine erste Million zu machen.

John F. Kennedys Kindheit war geprägt vom finanziellen und sozialen Aufstieg seiner Familie. In dieser Zeit zogen die Kennedys aus dem irischen Stadtviertel Bostons, in dem die Großeltern gelebt hatten, zunächst nach Brookline, einem Viertel der aufstrebenden Mittelklasse.

Dann folgten Landhäuser in Palm Beach, Bronxville und Hyannis Port. Anschließend kam das Washington des New Deal, wo der Vater als Freund Roosevelts in den Kreis der Prominenten aufgenommen wurde, und schließlich die Botschaft in London.

John hatte also die Zeiten kennengelernt, in denen es noch keineswegs gewiß war, daß er sich niemals seinen Lebensunterhalt würde verdienen müssen. In jener Zeit pflegte die Familie noch den Kontakt zu anderen irisch-katholischen Clans; zu dem Schulterschluß mit den Reichen und Mächtigen der Welt war es noch nicht gekommen. Diese Erfahrungen fanden ihren Ausdruck in verschiedenen Eigenschaften, die seine Persönlichkeit noch im Erwachsenenalter prägen sollten – zum Beispiel in dem unverhüllten Respekt für Männer, die sich wie sein Vater nach oben gearbeitet hatten (allerdings nur solange sie ihm politisch nicht in die Quere kamen . . .). Und selbst nachdem er Präsident geworden war, blieb bei ihm eine gewisse Unsicherheit in bezug auf seinen sozialen Status zurück. Privat machte Jackie gern Witze über die »Einwanderermentalität« ihres Mannes. Lem Billings hatte den Eindruck, daß sich John »in vielerlei Hinsicht noch als Emporkömmling fühlte; er blieb der katholische Ire, der sich bei den alteingesessenen Familien Neuenglands abgucken muß, wie man sich benimmt«.

Im Gegensatz zu seinem Bruder war Robert Kennedy praktisch von Geburt an Millionär. Das dadurch entstandene Gefühl von finanzieller und sozialer Sicherheit gab ihm wahrscheinlich die psychologische Ausgeglichenheit, die er brauchte, um seine Rolle als Emporkömmling zu verarbeiten.

Wegen seiner zarten Statur wurde Robert, das siebte Kind der Familie, so sehr von seinen Schwestern verhätschelt, daß seine Mutter manchmal befürchtete, sie würden ihn zu einer »Tunte« erziehen. Um ihr das Gegenteil zu beweisen, hat er sich vielleicht noch mehr als sein Bruder veranlaßt gefühlt, sein Durchsetzungsvermögen zu beweisen – besonders dem starrsinnigen Vater gegenüber.

In Roberts politischer Einstellung vereinigten sich Härte und Nonkonformismus. Zu Johns Vorbildern gehörte der Vicount Melbourne; Roberts Held hätte durchaus Castro sein können, hätte er eine andere Ideologie vertreten. Als man Robert einmal sagte, er gehöre eigentlich zu dem kubanischen Führer und Che Guevara in den Untergrund, antwortete er lakonisch: »Ich weiß.« Aber zugleich war der jüngere Kennedy ein engagierter Verfechter des Establishments, auf seinem

Schreibtisch lag ein Green Beret, und manchmal ließ er Sondereinsatztruppen nach Hyannis Port kommen, wo sich die Soldaten dann vor seinen Kindern, Nichten und Neffen von Bäumen und über Zäune schwangen.

Nachdem Robert 1948 in Harvard graduiert hatte, absolvierte er ein Jurastudium an der Universität von Virginia. 1951 begleitete er seinen Bruder, den damaligen Kongreßabgeordneten John F. Kennedy, auf eine Reise, die sie in einem weiten Bogen über Israel bis nach Japan führte. Dieses Erlebnis brachte die beiden Brüder einander so nahe wie nie zuvor. Auf dieser Reise verschärfte sich der Unmut der Kennedys über die Subkultur des Auswärtigen Dienstes mit seinen zaudernden Diplomaten, die nicht einmal die jeweilige Landessprache sprachen und darauf beharrten, daß die einzig nennenswerten Probleme der Welt die Konflikte zwischen Moskau und Washington waren. In Indien hatte Nehru bei einem Dinner ihnen gegenüber geäußert, daß der Kommunismus auf die Unzufriedenen einen großen Reiz ausübe. Wie Robert später in seinem Tagebuch notierte, hatte der indische Staatschef außerdem bemerkt, daß der Kommunismus eine Ideologie sei, »für die es sich zu sterben lohnt... Wir müssen der Demokratie einen ähnlichen Nimbus geben... Bis jetzt können wir den Leuten nichts anderes anbieten als den Status quo.«

Nach dieser Reise begann Robert seine juristische Laufbahn, indem er zunächst für Trumans Justizministerium sowjetische Agenten verhörte. Dann wechselte er über in die Strafverfolgung, wo er sich mit den Korruptionsvorwürfen gegen zwei frühere Mitarbeiter Trumans befaßte. Nur widerstrebend verließ er diesen Posten, um den Wahlkampf seines Bruders bei den Senatswahlen gegen Henry Cabot Lodge zu leiten. Nachdem sich John erfolgreich durchgesetzt hatte, vermittelte der Vater Robert den Posten als stellvertretender Ankläger im ständigen Untersuchungsausschuß Joseph McCarthys, der ein Freund Joseph Kennedys war.

»In jener Zeit glaubte ich, die innere Sicherheit der Vereinigten Staaten sei ernsthaft bedroht«, sagte Robert später. »Und ich hatte den Eindruck, Joseph McCarthy wäre der einzige, der etwas dagegen unternahm.« John F. Kennedy mag sich über den positiven Eindruck gefreut haben, den der neue Posten seines Bruders auf seine Wähler in Massachusetts machte, die der Ansicht waren, daß ihr neuer Senator nicht scharf genug die Linie McCarthys vertrat. Aber während McCarthy und sein Hauptankläger Roy Cohn Kommunisten in der amerikanischen Regierung jagten, analysierte Robert lediglich Handelsstatistiken. Dabei mußte er beispielsweise feststellen, daß zur gleichen Zeit, als amerikanische Soldaten in Korea von chinesischen Truppen getötet wurden, 75 Prozent der Schiffe mit Handelsgütern für China unter westlicher Flagge segelten. Seit August 1953 arbeitete er als rechte Hand seines Vaters in der zweiten Hoover-Kommission, die mit der Reorganisation der Führungsebene beauftragt war.

Im Juli 1955 begleitete Robert den Richter William O. Douglas auf eine fünfwöchige Reise durch den zentralasiatischen Teil der Sowjetunion. Douglas berichtete später, daß diese Reise seiner Meinung nach eine »Veränderung bei Bobby« herbeigeführt habe. »Trotz seiner fanatischen Feindschaft gegen den Kommunismus begann er allmählich, die grundlegenden, wichtigen Kräfte Rußlands wahrzunehmen – die Leute, ihre täglichen Sorgen, ihre humanistische Einstellung und ihren Wunsch, mit der Welt in Frieden zu leben.« Laut Douglas begriff Robert auf dieser Reise, daß die Russen keine seelenlosen Fanatiker waren, sondern Menschen, von denen viel verlangt wurde, »Menschen, die unter großem Druck standen«. Damit war für Robert Kennedy das »Kapitel McCarthy endgültig abgeschlossen«.

Bei einem Vortrag vor der Virginia State Bar Association erklärte Robert, daß sich das Verhalten der Sowjets »als Kolonialismus von einer besonders üblen und hartnäckigen Sorte« bezeichnen ließe. Doch im Gegensatz zu anderen Vertretern des Kalten Krieges machte er sich nicht für ein amerikanisches Imperium als Bollwerk gegen die rote Flut stark. Er war auch nicht der Ansicht, daß die antikolonialistischen Freiheitsbewegungen Afrikas und Asiens von Moskau gesteuert seien. Allerdings warnte er in einem Vortrag an der Universität von Georgetown, daß es sich in der Geschichte als geradezu »selbstmörderisch« erwiesen habe, Moskau gegenüber Zugeständnisse zu machen, ohne eine Gegenleistung zu verlangen: »Bevor wir drastische Schritte unternehmen, verlange ich, daß uns die Sowjetunion mehr gibt als ein freundliches Lächeln und ein Versprechen – denn dieses Lächeln konnte sich als ebenso falsch und das Versprechen als ebenso hohl erweisen wie jene, die wir schon in der Vergangenheit erhalten haben.«

Als Harris Wofford zu Beginn des Jahres 1957 die Reise seines Vorgesetzten Chester Bowles in die Sowjetunion plante, bat er auch Robert Kennedy um Ratschläge. Dieser gab ihm einen »kurzen und äußerst deprimierenden Bericht über seine Rußlandreise und warnte, daß man

Tag und Nacht beobachtet werde . . . Dann begann er eine Schimpftirade gegen das Sowjetregime, das seiner Meinung nach ein großes Übel und eine ständige Bedrohung darstellte, und verabschiedete sich anschließend von mir.«

Im August 1956 nahm Robert zum erstenmal an einem Parteitag der Demokraten teil. Er unterstützte seinen Bruder, der für die Nominierung zum Amt des Vizepräsidenten kandidierte. Nach Johns Niederlage sei Robert »verbittert« gewesen, berichtete ein Delegierter, der mit ihm zusammen von Chicago nach Boston zurückflog. »Er war der Ansicht, sie [die Kennedys] hätten gewinnen müssen. Irgend jemand habe seine Finger im Spiel gehabt und er hätte gern gewußt, wer das war.« Robert versicherte seinem Bruder, er habe »großartig gekämpft«, die anderen würden »nicht gewinnen« und das nächstemal werde »er der Kandidat« sein.

Im Herbst jenes Jahres stellte er sich dann dem demokratischen Kandidaten Stevenson als Wahlkampfhelfer zur Verfügung, weil er in diesem Bereich Erfahrungen sammeln wollte.

Danach wurde er Hauptankläger im neugegründeten Senatsausschuß für Amtsmißbrauch in der Wirtschaft, in dem auch sein Bruder als Senator von Massachusetts saß. Damals ging er gegen Gewerkschaftsführer Jimmy Hoffa vor, der sich wegen undemokratischer Praktiken in der Transportarbeitergewerkschaft zu verantworten hatte. Robert Kennedy warf ihm vor, er habe seine Gegner in der Gewerkschaft durch Schlägertrupps und möglicherweise sogar Mordanschläge einzuschüchtern versucht und mindestens 9,5 Millionen aus der Gewerkschaftskasse veruntreut. In dieser Zeit gewann Robert zum erstenmal einen Eindruck davon, wie groß die verborgene Macht des organisierten Verbrechens im amerikanischen Alltagsleben tatsächlich war.

In seinem Bestseller *Gangster drängen zur Macht* schrieb Robert, daß »die Gangster von heute über ausgeklügelte Organisationsformen verfügen und weitaus mächtiger sind als jemals zuvor. Sie kontrollieren Politiker und terrorisieren ganze Ortschaften«. Gemeinsam mit seinem Bruder forderte er die Einrichtung einer nationalen Kommission, bei der sämtliche Informationen über einzelne Kriminelle gesammelt werden sollten. Im Sinne der beiden Brüder äußerte sich auch Ken O'Donnell, als er 1959 klagte, daß »die Leute vom FBI sich nie ernsthaft um die großen Verbrechen gekümmert« hätten. »Irgendwann einmal sind sie auf die

Kommunisten losgegangen, und dabei sind sie geblieben.« Diese Kritik gefiel J. Edgar Hoover überhaupt nicht.

Laut John McCormack aus Massachusetts gab Joseph Kennedy seinem Sohn einmal folgenden Rat: »Wenn du ins Weiße Haus kommst, gibt es zwei Posten, die du mit deinen Leuten besetzen mußt – das Justizministerium und die Finanzbehörde. Ken O'Donnell hatte den Eindruck, daß »Bobby eigentlich gar nicht Justizminister werden wollte«. Er habe seinen Bruder so sehr geliebt, daß er nicht in die Situation kommen wollte, »ihn verletzen zu müssen ... Aber der Präsident wollte Bobby bei sich haben, weil sie sich als Brüder nahestanden und Bobby zu den Personen gehörte, die ihn niemals hereinlegen würden.«

In den ersten drei Monaten der Amtsperiode hatten die Brüder relativ wenig Kontakt zueinander, weil Robert sich mit seinen neuen Aufgaben als Justizminister vertraut machen mußte. Seine gründliche Einarbeitung war besonders wichtig, da noch immer der Vorwurf der Vetternwirtschaft im Raum stand. Und so wandte der Präsident sich in der ersten Zeit seiner Amtsperiode mit seinen täglichen Fragen, die besonders auch den Bereich der Außenpolitik betrafen, nicht an seinen Bruder, sondern an diejenigen, die offiziell dafür zuständig waren. Zu Beginn des Jahres 1961 kam Robert nur insoweit mit amerikanisch-sowjetischen Angelegenheiten in Berührung, als er sich im Rahmen seiner Arbeit als Justizminister mit Spionagefällen beschäftigen mußte.

Aber nach den Ereignissen in der Schweinebucht war der Präsident so unzufrieden über fragwürdige Ratschläge von Männern, die er kaum kannte, daß er sämtliche Skrupel fallenließ. Hatte er sich bislang gescheut, seinen Bruder auch in anderen Aufgabenbereichen einzu-

---

* Bereits 1957 hatte der Botschafter in einem Interview vorausgesagt, daß John eines Tages Präsident und Robert Justizminister werden würde. Joseph Kennedys Ambitionen lagen wohl hauptsächlich darin begründet, daß er J. Edgar Hoover Robert unmittelbar unterstellen und diesem somit auch Zugang zu dessen Akten verschaffen wollte.
In seiner Amtszeit als Botschafter in London hatte er außerdem Einblick bekommen, wie sehr sich Franklin Roosevelts Justizminister Frank Murphy und Robert Jackson auch mit diplomatischen Fragen befassen mußten. Daraus zog er möglicherweise den Schluß, daß der Posten des Justizministers Robert in die Lage versetzen würde, sich sowohl in der Innen- als auch in der Außenpolitik zu betätigen und somit seinem Bruder die größtmögliche Hilfe zu bieten.

setzen als dem Justizministerium, so war Robert Kennedy von nun an sein Feuerwehrmann, Blitzableiter, Ratgeber, Neinsager und Aufpasser – »Little Brother is Watching!« Außerdem wurde er zur inoffiziellen Kontrollinstanz über das FBI und die CIA und diente John als Sprachrohr für Gedanken und Wünsche, die der Präsident nicht persönlich in die Öffentlichkeit tragen wollte.

Für den Präsidenten, der ganz im Stil seiner irischen Vorfahren aus Boston wenig mit Emotionen im Sinn hatte, wenn es um Politik ging, fungierte der Justizminister auch als soziales Gewissen im Kampf für mehr Bürgerrechte und gegen die Armut im Lande. Billings berichtete später, daß der Präsident »nicht gerade glücklich« über eine Rede gewesen sei, die Robert vor Bürgerrechtlern an der Universität von Georgia im Mai 1961 gehalten hatte. »Er meinte, es würde ihm nicht unbedingt nutzen, wenn diese Art von Bürgerrechtsgerede direkt ins Zentrum der Südstaaten gebracht würde.«

Robert sah keine Veranlassung, sich wie die anderen, eher konservativen Minister des Kabinetts zu verhalten, die allerdings weitaus öfter Gefahr liefen, den Zorn des Präsidenten auf sich zu ziehen.

Im Jahre 1962 wurde in einer vom Gallup-Institut durchgeführten Meinungsumfrage festgestellt, welche »schlechten Dinge« die Amerikaner in der letzten Zeit über ihren Präsidenten gehört hatten. Eine der häufigsten Aussagen war: »Zu viele Kennedys im öffentlichen Leben.«

Natürlich avancierte Robert Kennedy nach dem Debakel in der Schweinebucht nicht zum führenden Sowjetunion-Experten seines Bruders, denn mit dem Erfahrungsschatz, den Bohlen und Thompson auf diesem Gebiet besaßen, konnte er nicht konkurrieren. Aber er war der Mann, der die Ratgeber seines Bruders überprüfte und begutachtete, damit sich derartige Ereignisse niemals wiederholen konnten. Der Präsident erkannte bald, daß Robert der einzige Berater war, der nahezu ausschließlich im Sinne des Präsidenten arbeitete, ohne sich von den Erwartungen des Außen- und Verteidigungsministers oder der Mitglieder des Nationalen Sicherheitsrats beeinflussen zu lassen. Als Verbindungsmann des Präsidenten zur CIA war Robert wahrscheinlich der einzige, der im vollen Umfang über alle Geheimoperationen informiert war, die der Präsident gutgeheißen und im Interesse seiner Außenpolitik angeordnet hatte. Außerdem waren die beiden Kennedy-Brüder die einzigen Regierungsmitglieder, die über die Gespräche zwischen Robert und Georgi Bolschakow Bescheid wußten.

Für einen Mann, der sich in den fünfziger Jahren so entschieden gegen den Sowjet-Kommunismus gewandt hatte, handelte Robert als Justizminister erstaunlich unorthodox. Ohne erkennbares Unbehagen führte er geheime Gespräche mit einem Agenten des sowjetischen Nachrichtendienstes, und während der Beratungen über die Berlin-Krise und andere außenpolitische Konflikte erwies er sich häufig als der am wenigsten militante Mann im Raum. Allerdings war er in anderer Hinsicht so rigoros wie kein anderer Berater des Präsidenten: Beispielsweise beharrte er darauf, daß Castro gestürzt werden müsse.

Wie der Präsident gab auch er dem Krisenmanagement den Vorzug vor planendem Vorausdenken, bei dem immer ideologische Gesichtspunkte ins Spiel kommen. So machten sich Acheson und Stevenson mit ihren tiefverwurzelten Vorurteilen über die Motive und die Strategie der Sowjets kaum die Mühe, die Hintergründe ihrer Ratschläge noch einmal kritisch zu überprüfen, als es darum ging, ob Kennedy nun mit Chruschtschow über Berlin verhandeln solle oder nicht. Robert hingegen wurde in dieser Situation zur rechten Hand des Präsidenten, indem er alle erhältlichen Informationen zusammentrug, mögliche Lösungen durchspielte und handlungsorientierte Schlüsse zog.

Da er die Wiederwahl seines Bruders im Jahre 1964 wünschte, vergaß Robert Kennedy nie, wie wichtig die Unterstützung der Parteibasis für den Präsidenten war. Dabei mußte man sowohl auf den Flügel Achesons Rücksicht nehmen, der ernsthafte Unterhandlungen mit der Sowjetunion ablehnte, wie auch auf die Anhänger Stevensons, die diese Verhandlungen befürworteten. Und wie der Präsident hatte auch Robert stets die amerikanische Rechte im Auge, die seit Mitte der vierziger Jahre dafür sorgte, daß ein amerikanischer Präsident auch immer erklärter Antikommunist war.

Da Robert Kennedy ständig auf der Suche nach Möglichkeiten war, die moralische Überlegenheit der Amerikaner über die Sowjets zu demonstrieren, sah er in der Wiederaufnahme der sowjetischen Atomwaffentests einen willkommenen Anlaß für eine amerikanische Propagandaoffensive.

Am Freitag, dem 1. September, zündeten die Sowjets zum erstenmal seit drei Jahren wieder eine Atombombe, die sich als riesiger Feuerball über den Ebenen des zentralasiatischen Teils der UdSSR erhob. In

Bundys Büro forderten Arthur Dean und McCloy, der Präsident möge unverzüglich die Wiederaufnahme der amerikanischen Atomwaffentests bekanntgeben. Doch Kennedys wissenschaftliche Berater Jerome Wiesner, Murrow, Bundy und Schlesinger schlugen statt dessen eine Erklärung vor, in der der Präsident die Welt aufforderte, diesen Schritt der Sowjets zu verurteilen.

Zu diesem Zeitpunkt hielt Kennedy gerade sein Mittagsschläfchen. Als Bundy an seine Schlafzimmertür klopfte, erschien der Präsident mit einiger Verzögerung im Bademantel. Offensichtlich verärgert über die Störung hörte er sich ungeduldig Bundys Fragen an, wie man auf den sowjetischen Atomwaffenversuch reagieren solle. McCloy meinte, daß die Amerikaner diesen Tiefschlag der Kommunisten nicht ohne Gegenwehr hinnehmen dürften.

Aber Kennedy antwortete, daß er nicht vorhabe, eine sofortige Wiederaufnahme der Atomwaffentests anzuordnen. Allerdings ging er davon aus, daß er eine neue Versuchsreihe der Amerikaner nicht mehr lange würde hinauszögern können.

Am Samstag, dem 2. September, unternahm Kennedy einen letzten Versuch, neue Atomwaffentests der Amerikaner zu vermeiden. Von Hyannis Port aus rief er Rusk an und teilte ihm mit, er und Macmillan sollten den Sowjets ein sofortiges Teststoppabkommen vorschlagen, das alle Versuche in der Atmosphäre umfassen solle und bei dem der Westen auf jegliche Verifizierungsmaßnahmen verzichten würde. Dies hätte ein gewichtiges Zugeständnis bedeutet: Bisher hatte der Westen immer auf solchen Inspektionen bestanden. Eine gemeinsame Note der amerikanischen und der britischen Regierung wurde nach Moskau gesandt, in der den Sowjets dieser Vorschlag unterbreitet wurde.

Am folgenden Nachmittag rief General Clifton den Präsidenten von einer Kreuzfahrt zurück: Die Sowjets hatten ihre zweite Atombombe gezündet. Sobald er zu Hause angekommen war, befahl Kennedy: »Sehen Sie zu, daß Sie Dean Rusk ans Telefon bekommen! Und meinen Bruder!« Carl Kaysen vom Nationalen Sicherheitsrat schlug vor, der Präsident solle sich nicht auf das schmutzige Spiel der Russen einlassen. Darauf antwortete Kennedy: »Die Sowjets haben mir einen Tiefschlag versetzt – soll ich sie etwa ungestraft davonkommen lassen?«

Zu diesem Zeitpunkt fand gerade ein Treffen der neutralen und blockfreien Staaten in Belgrad statt. Die teilnehmenden Nationen weigerten sich, die Sowjets zu verurteilen, verabschiedeten jedoch andererseits ihre gewohnte Resolution, in der sie den Kolonialismus des Westens verurteilten. Kennedy reagierte darauf mit einem Schwall von Flüchen.

Bei seiner Rückkehr ins Oval Office am Dienstag nachmittag erfuhr der Präsident von Bundy, daß die Sowjets soeben ihren dritten Atomversuch durchgeführt hatten. Jetzt war Kennedys Geduld am Ende, und er gab den Befehl, die amerikanischen Atomwaffentests wiederaufzunehmen. Seine Erlaubnis beschränkte er allerdings auf unterirdische Tests und Laborversuche, um radioaktive Niederschläge zu vermeiden. »Ich hatte keine andere Wahl«, erklärte er später. »Schließlich hatte ich bereits zwei Tage auf Chruschtschows Antwort auf die Note gewartet, die Macmillan und ich ihm gesandt hatten. Sie hatten also genügend Zeit. Aber als Antwort haben sie lediglich zwei weitere Bomben gezündet!« Gegenüber Rusk äußerte er seine Vermutungen, warum die Sowjets sowenig Interesse an weiteren Verhandlungen zur Berlin-Frage hätten. Offensichtlich seien sie der Ansicht, daß »die Zeit dafür noch nicht reif ist ... Bevor sie nicht die Welt zu Tode erschreckt haben, wollen sie nicht verhandeln ... Jetzt haben die Leute noch nicht genügend Angst vor ihnen«.

Als Stevenson sich über die Wiederaufnahme der amerikanischen Versuche beschwerte, entgegnete ihm Kennedy: »Hatten wir denn eine andere Wahl? Sie haben uns dreimal ins Gesicht gespuckt. Da können wir uns doch nicht im Sessel zurücklehnen und gar nichts tun.« Stevenson entgegnete, daß Amerika immerhin in der Propagandaschlacht vorn gelegen habe.

»Wie meinen Sie das?« fragte der Präsident. »Hat denn schon irgend jemand ein Fenster eingeschlagen, weil die Sowjets wieder ihre Atomwaffentests durchführen? Die neutralen Staaten haben sich widerlich verhalten. Die Sowjets haben zwei Bomben gezündet, *nachdem* wir ihnen unser Angebot für einen Verzicht auf Versuche in der Atmosphäre unterbreitet haben ... All das läßt Chruschtschow ganz schön stark aussehen. Im Moment kann er einen Sieg nach dem anderen vorweisen: erst im Weltraum, dann in Kuba – und schließlich noch die Berliner Mauer. Er möchte den Eindruck erwecken, daß er uns in Atem hält ... Nun, die Entscheidung ist jetzt sowieso schon gefallen. Ich behaupte auch gar nicht, daß sie die einzig richtige war. Wie, zum Teufel, soll ich das auch wissen?«

Um Kennedy eine Botschaft zu übermitteln, bediente sich Chruschtschow eines *Times*-Kolumnisten. Am 5. September erklärte er C. L. Sulzberger im Kreml, daß er bereit sei für ein neues Gipfeltreffen. In Wien hätten sich die beiden Politiker zunächst einmal »beschnuppert«. Nun müßte man sich »Gedanken machen, wie wir die Spannungen abbauen und einen Friedensvertrag für Deutschland aushandeln können, bei dem West-Berlin den Status einer freien Stadt erhält«. Das »wichtigste Problem« aber sei die »Abrüstung«.

Der Parteichef klagte abermals, daß Kennedy »zu jung« sei. »Ihm fehlt es an der nötigen Autorität und am Renommee, um dieses Problem bewältigen zu können ... Wenn Kennedy sich an sein Volk wenden würde, wenn er seine ureigensten Gedanken ausdrückte und zugäbe, daß es sich nicht lohnt, wegen Berlin zu kämpfen ... könnte die Sache schnell bereinigt sein.« Hätte Eisenhower eine solche Meinung vertreten, dann »hätte ihn niemand beschuldigt, zu jung, zu unerfahren oder zu ängstlich zu sein«. Aber sobald Kennedy etwas Derartiges äußern würde, »wird die Opposition ihre Stimme erheben und ihm seine Jugend, Feigheit und mangelnde Erfahrung als Staatsmann vorwerfen. Und davor hat er Angst.«

Bei einem Verbot von Atomversuchen in der Atmosphäre, wie er von Kennedy und Macmillan vorgeschlagen worden sei, habe Frankreich noch immer die Möglichkeit, Nukleartests durchzuführen. Bisher habe der Westen weitaus mehr Atomwaffen getestet als die Sowjetunion und daher hätten die Sowjets ein »moralisches Recht« aufzuholen. »Was, zum Teufel, können wir schon mit unseren Versuchen bezwecken? Wir können sie nicht in die Suppe tun und können uns auch keinen Mantel daraus nähen.« Er würde die neue Hundert-Megatonnen-Bombe zünden lassen und damit die »Möchtegern-Aggressoren das Fürchten lehren«.

Bevor die endgültige Fassung des Sulzberger-Interviews die Zensur passierte, verlangten die Russen zwei wichtige Änderungen, die Chruschtschows ursprüngliche Aussagen abschwächten. Der Generalsekretär wolle den Fortschritt in der Abrüstung und in der Berlin-Frage nicht mit zwingender Notwendigkeit von einem Gipfeltreffen abhängig machen, sondern lediglich seine Bereitschaft zum Ausdruck bringen, »jederzeit gern« mit dem amerikanischen Präsidenten zusammenzutreffen. Außerdem habe er auch nicht mit der Zündung einer Hundert-Megatonnen-Bombe drohen wollen; vielmehr solle bloß der Zünder dieser Bombe getestet werden.

Einige Tage später dankte der Parteichef dem Journalisten Sulzberger auf einem Empfang im Kreml für seinen geschickten Umgang mit dem Interview. Auf Sulzbergers trockene Erwiderung – »Bedenken Sie bitte, daß wir 20 000 kanadische Fichten abholzen mußten, um diesen ganzen Mist zu drucken« – brach Chruschtschow in brüllendes Gelächter aus.

Zum Abschluß des Interviews hatte der Generalsekretär Sulzberger noch gebeten, eine Geheimbotschaft an Kennedy zu übermitteln. »Ich bin nicht abgeneigt, mit ihm auf irgendeine Weise in Kontakt zu treten.« Er sei durchaus an einem »Übereinkommen« interessiert, »das auch dem Ansehen der USA nicht schadet – aber nur auf der Grundlage eines Friedensvertrages und eines freien Berlins«.

Sulzberger erklärte Chruschtschow, daß er Nachrichten am schnellsten über Botschafter Thompson übermitteln könnte. Chruschtschow entgegnete: »Thompson ist ein fähiger Mann, aber er ist der Botschafter. Das bedeutet, daß er eine solche Botschaft an Rusk schicken muß. Rusk würde Kennedy sofort erklären, was daran falsch ist . . . und schließlich würde Kennedy alles durch Rusks Brille sehen. Also könnte sich Kennedy kein unvoreingenommenes Urteil über meine Vorschläge bilden. Rusk ist ohnehin nur ein Werkzeug der Rockefellers.«

Sulzberger flog daraufhin nach Paris und sandte Chruschtschows Nachricht durch einen Sonderkurier ins Weiße Haus. Nachdem Kennedy die Mitteilung Chruschtschows gelesen hatte, meinte er, es sei ihm »nicht klargeworden«, was der sowjetische Staatschef damit erreichen wollte.

Am Donnerstag, dem 13. September, informierte General Lemnitzer, der Vorsitzende der Stabschefs, den Präsidenten über die Geheimpläne für einen Atomkrieg gegen den »chinesisch-sowjetischen Block«.

Nach Auswertung der neuesten Satellitenbilder könne die Sowjetunion mit ihren Kurz- und Mittelstreckenraketen zwar Westeuropa auslöschen, doch sie habe nur 10 bis 25 Raketen, die auch die USA treffen könnten. Den Schätzungen nach verfüge sie außerdem über 28 mit Nuklearwaffen ausgerüstete U-Boote und ungefähr 200 Bomber, die bei einem Angriffsschlag auch das Gebiet der Vereinigten Staaten bedrohen könnten. Diese Waffen stellten eine »ernsthafte Bedrohung für die dichtbesiedelten Gebiete Amerikas« dar, doch sei »die Gefahr angesichts der amerikanischen Atomwaffen nicht mehr so groß wie in den vergangenen Monaten«.

Nur ein Bruchteil des sowjetischen Potentials sei auch umgehend einsatzbereit. Die Interkontinentalraketen und Jagdbomber benötigten zum Teil mehr als eine Stunde Vorbereitungszeit bis zum Start. Auch könnten nur sehr wenige der U-Boote sofort einen Atomschlag gegen die USA ausführen. Trotzdem warnte Lemnitzer den Präsidenten, daß »ein gewisser Anteil der sowjetischen Langstreckenraketen auf dem Gebiet der Vereinigten Staaten einschlagen« könnte.

Unter dem Strich ergab sich folgendes Bild: Die Vereinigten Staaten verfügten zwar über eine gewaltige Übermacht an Atomwaffen, waren jedoch nicht unverletzbar. Sobald der Präsident von einem bevorstehenden Überraschungsangriff der Sowjets erfuhr, konnte er nahezu auf Anhieb 1004 Trägerraketen mit 1685 Atomsprengköpfen für einen »Preemptive«-Schlag gegen den Ostblock mobilisieren. Man müsse mit zwei bis fünfzehn Millionen Opfern im eigenen Lande rechnen; hinzu kämen »Millionen und aber Millionen von Toten in Europa«. Zugleich aber würde der Großteil der sowjetischen Bevölkerung ausgelöscht werden.

Abschließend erklärte Lemnitzer, daß die »Bilanz des Schreckens« für die USA noch günstiger ausfallen würde, wenn der Präsident einen »Angriff aus heiterem Himmel« anordnen würde, wie es einige Strategen des Pentagon in den vierziger und fünfziger Jahren offen gefordert hatten.

Ende September sollte Kennedy seine Jungfernrede vor den Vereinten Nationen halten. Er war noch immer wütend über die Weigerung der blockfreien Staaten, die Atomwaffentests der Sowjets zu verurteilen, und fragte sich, ob Nehru und andere Staatsoberhäupter neutraler Länder sich zu diesem Anlaß in New York einfinden würden.

Während er seine Rede entwarf, überlegte der Präsident, ob er einen Vier-Punkte-Plan zur Lösung des Berlin-Problems aus westlicher Sicht zur Diskussion stellen sollte: Die rechtlichen Aspekte der Berlin-Frage sollten vor dem Internationalen Gerichtshof behandelt werden, die Autobahn nach Berlin würde unter die Kontrolle der UNO gestellt werden, die Bürger Berlins sollten selbst entscheiden, auf welche Weise sie von der UNO verwaltet werden wollten, und außerdem könnte man überlegen, ob Berlin nicht als neuer Hauptsitz der UNO in Betracht käme. Im privaten Gespräch meinte Kennedy zu diesem Thema: »Es gibt in der Berlin-Frage zwei mögliche Entwicklungen – entweder kommt es zum Krieg, oder wir verlieren die

Stadt nach und nach an die Kommunisten. Ich möchte nicht ausschließen, daß wir uns durch die Vermittlung der UNO nicht möglicherweise einen Atomkrieg einhandeln.«

Auch Kennedy benutzte die Presse als Sprachrohr, um Chruschtschow seine Botschaft zu übermitteln: Er bat seinen Freund James Wechsler von der *New York Post*, einige seiner Aussagen zu veröffentlichen. Darin hieß es, der Präsident würde eines Tages möglicherweise das Risiko auf sich nehmen, Chruschtschow davon zu überzeugen, daß Zugeständnisse nicht gleichzeitig auch eine Demütigung bedeuten. »Wenn Chruschtschow mich mit der Nase in den Dreck stoßen will, ist alles vorbei.« Wechsler schrieb, daß man mit Kennedy über alles verhandeln könne, »außer über die Würde des freien Menschen«: »Wir können über die Zukunft Deutschlands und Chinas ebenso verhandeln wie über jedes andere hochexplosive Thema. Voraussetzung ist nur, daß Mr. Chruschtschow zu Verhandlungen bereit ist, anstatt uns seinen Willen aufzwingen zu wollen.«

Am Morgen des 18. September erfuhr der Präsident beim Aufwachen in Hyannis Port, daß Dag Hammarskjölds Flugzeug wahrscheinlich im Kongo abgestürzt sei. Kennedy meinte: »Es hätte zu keinem schlechteren Zeitpunkt passieren können.« Kurze Zeit später erreichte ihn die Nachricht, daß Hammarskjöld bei dem Unglück ums Leben gekommen war. Augenblicklich wurde Kennedy klar, daß Chruschtschow sich nun möglicherweise gute Chancen für seine Pläne ausrechnen würde, den Posten des Generalsekretärs durch ein Dreiergremium zu ersetzen.

Schon vorher hatte Kennedy Rusk gebeten, herauszufinden, ob Gromyko Gespräche über die Berlin-Frage befürworten würde. Am folgenden Tag wollte der amerikanische Außenminister dann seinen sowjetischen Kollegen im Anschluß an die UNO-Vollversammlung abfangen, doch Gromyko verschwand inmitten einem Schwarm von Reportern in einem Fahrstuhl. Daraufhin zog sich Rusk zurück, da er nicht den Eindruck entstehen lassen wollte, er liefe dem Außenminister hinterher.

Dann arrangierte Bohlen für die beiden Männer am Donnerstag, dem 21. September, ein gemeinsames Mittagessen in der Windsor-Suite des Waldorf-Astoria-Hotels. Rusk erklärte Gromyko, ernsthafte Verhandlungen über Berlin seien »schwierig, wenn nicht sogar unmöglich, solange derartige Drohungen im Raum stehen. Wenn die Atmosphäre sich verbessert, sind wir sofort zu sachlichen und konstruktiven Diskussionen bereit«.

Rusk betonte, der Haupteinwand der Vereinigten Staaten richte sich gegen »die Drohung der Sowjets, unsere Rechte in West-Berlin zu beschränken«. – »Mit Sicherheit« würden die Amerikaner für die Verteidigung der drei Essentials kämpfen, die der Präsident in seiner Rede vom Juli noch einmal erläutert habe. »Unsere Anwesenheit in West-Berlin beruht nicht allein auf dem Besatzerstatus, sondern entspricht auch dem Willen der Bevölkerung in dieser Stadt. Wir treten für das ein, was die Leute wollen.« Darauf antwortete Gromyko, wegen Berlin einen Krieg zu beginnen sei unsinnig, »undenkbar und unnötig«. Nach dem Gespräch meinte Bohlen: »In der sowjetischen Position könnte sich eine Korrektur vollzogen haben.«

Pierre Salinger, der Pressesprecher des Präsidenten, war ein jovialer, überschwenglicher und herzlicher Mann von jüdisch-französischer Herkunft, der Wein und Schnaps, gutes Essen, Frauen, Musik und Politik liebte. 1925 war er in San Francisco zur Welt gekommen, doch seine Familie zog bald darauf nach Toronto, wo der Vater als Bergwerksingenieur arbeitete. Die nächste Station war Salt Lake City, und hier verdiente sein Vater den Lebensunterhalt der Familie als Impresario. Salinger lernte Klavier und Violine, gab aber bereits mit elf Jahren den Gedanken an eine Musikerkarriere auf, da er zu diesem Zeitpunkt weder gleichaltrige Freunde hatte noch Baseball spielen konnte. Nach seinem Militärdienst auf einem Minensuchboot der Marine im Pazifik studierte er an der Universität von San Francisco, arbeitete anschließend als Nachtredakteur beim *San Francisco Chronicle* und später beim Magazin *Collier's*.

Nachdem er durch die Einstellung dieser Zeitschrift arbeitslos geworden war, engagierte Robert Kennedy ihn als Mitarbeiter bei dem Untersuchungsausschuß des Senats, der sich mit den unsauberen Machenschaften bei den Gewerkschaften befaßte. Auf Roberts Vorschlag hin wurde Salinger dann John F. Kennedys Pressesprecher für den Wahlkampf, obwohl sich die beiden Männer zu diesem Zeitpunkt kaum kannten. Schon bald gewann Salinger das Vertrauen sowohl des Kandidaten als auch des Pressekorps, so daß Theodore White schrieb: »Jeder, der Kennedys Wahlkampf von 1960 verfolgt hat, erinnert sich nur mit Respekt und Wohlwollen an Salinger.«

Bolschakow hatte Salinger angerufen und ihm mitgeteilt, es sei »äußerst wichtig«, daß er sich mit Charmalow treffe, der gerade mit Gromyko in New York weilte. Daraufhin bat Salinger die beiden für Sonntag, den 24. September, zu einem Abendessen in seine Suite im Carlyle-Hotel.

Wie Salinger ihn in weiser Voraussicht gebeten hatte, brachte Bolschakow Charmalow zum Seiteneingang des Hotels, von wo aus ein Agent des Secret Service die beiden Männer nach oben geleitete. Als Salinger die Tür öffnete, trat Charmalow ihm mit einem strahlenden Lächeln entgegen und sagte: »Der Sturm um Berlin ist vorüber.« Salinger war fast sprachlos vor Erstaunen. »*Vorüber?*«

Dann bat der Russe Salinger, er möge Kennedy ausrichten, daß Chruschtschow zu einem baldigen Gipfeltreffen bereit sei. Dabei sollten die amerikanischen Vorschläge zu Berlin besprochen werden. Die Festlegung des genauen Zeitpunktes würde er Kennedy überlassen. Aber der Gipfel müsse bald stattfinden, denn die sozialistischen Staaten übten massiven Druck auf den Generalsekretär aus. Außerdem bestünde nach wie vor die Gefahr, daß es in Berlin zu einem größeren militärischen Zwischenfall käme. Charmalow fügte hinzu, der Generalsekretär hoffe, daß »die Ansprache des Präsidenten vor der UNO kein ähnliches säbelrasselndes Ultimatum wird wie die Rede vom 25. Juli. Die hat ihm nämlich gar nicht gefallen.«

Am Montagmorgen berichtete Salinger dem Präsidenten von dem Gespräch. Kennedy blickte nachdenklich aus dem Fenster seines Appartements auf die glitzernde Skyline von Manhattan. Dann meinte er, Chruschtschows Botschaft könne man »nur auf eine einzige Weise deuten. Wenn er bereit ist, sich unsere deutschlandpolitischen Vorstellungen anzuhören, wird er das Ulbricht-Regime nicht anerkennen – zumindest nicht in diesem Jahr. Und das ist eine gute Nachricht.«

Kennedy rief Rusk hinzu. Dieser war wie der Präsident der Meinung, daß sie Chruschtschow auf dem gleichen Weg antworten sollten – nämlich ohne etwas Schriftliches aus der Hand zu geben. Also diktierte der Präsident einige Sätze, die Salinger auf einem Briefbogen des Hotels notierte. Anschließend überflog Kennedy noch einmal seine UNO-Rede unter dem Aspekt von Chruschtschows Warnung vor »säbelrasselnden« Tönen. Er änderte jedoch kein einziges Wort. Ursprünglich hatte Jacqueline Kennedy nicht vorgehabt, sich die Rede ihres Mannes vor der UNO anzuhören, doch in letzter Minute änderte sie ihre Meinung. Sie dürfte nicht enttäuscht gewesen sein. Denn die literarische Qualität dieser Rede übertraf noch den ohnehin hohen Standard der Ansprachen Kennedys.

Zu Beginn gedachte der Präsident Dag Hammarskjölds. »Wenn die Menschheit nicht bald den Kriegen ein Ende macht, werden die Kriege der Menschheit ein Ende machen. Also lassen Sie uns hier gemeinsam bekräftigen, daß Dag Hammarskjöld nicht umsonst gelebt hat und gestorben ist.« Kennedy wies darauf hin, daß der Verstorbene besser durch eine Person als durch ein Dreiergremium ersetzt werden solle: »Auch die drei Pferde der Troika wurden nicht von drei verschiedenen Kutschern gelenkt.«

Heutzutage lebe »jeder Mann, jede Frau und jedes Kind unter dem Damoklesschwert des Atomkrieges, das an einem seidenen Faden hängt. Dieser Faden kann jeden Augenblick durch Zufall, durch eine Fehleinschätzung oder durch die Tat eines Wahnsinnigen zerrissen werden. Deshalb müssen wir die Waffen des Krieges abschaffen, bevor sie uns abschaffen«. Er wolle die Sowjetunion nicht »zu einem Wettrüsten, sondern zu einem Wett*befrieden*« auffordern.

In der Berlin-Frage sei nach Meinung der Amerikaner »eine friedliche Übereinkunft möglich, bei der die Freiheit West-Berlins, die Anwesenheit der Alliierten sowie ein freier Zugang zur Stadt garantiert werden. Dabei erkennen wir auch die historisch begründeten, legitimen Interessen anderer Mächte an, um die Sicherheit in Europa zu gewährleisten.«

Sowohl Kennedy als auch Sorensen hatten Entwürfe für den Schluß der Rede verfaßt und dann die besten Gedanken und Wendungen für die abschließenden Sätze der Rede zusammengestellt. Langsam und mit deutlicher Betonung schloß der Präsident: »An uns, die wir hier in diesem Saal sind, / wird die Nachwelt sich erinnern / entweder als die Generation, / die die Welt in Flammen setzte, / oder als die Generation, / die die Herausforderung annahm, / die nachfolgenden Generationen / von der Geißel des Krieges zu befreien. / Die Entscheidung liegt bei uns. / Gemeinsam können wir unseren Planeten retten – oder wir werden in seinen Flammen untergehen.«

Um sicherzustellen, daß niemand diese rhetorischen Wendungen als Zeichen der Schwäche auffaßte, hatte sich Robert Kennedy am vorhergehenden Tag der Presse gestellt und erklärt, wenn man Chruschtschow unterschätzte, liefe man Gefahr, »die Zerstörung der Welt zuzulassen. Ich hoffe, in den letzten Wochen hat er erkannt, daß der Präsident seine Atomwaffen auch einsetzen würde.«

Während der Präsident die letzten Worte seiner Rede vor der UNO-Vollversammlung sprach, trafen Charmalow und Bolschakow in Salingers Suite im Carlyle-Hotel ein. Dort übermittelte ihnen der Pressesprecher mündlich Kennedys Antwort auf Chruschtschows Botschaft: Wenn die Sowjetunion Kennedys Zugeständnisse in Laos honorieren würde, hätte auch ein Gipfel zu der weitaus schwierigeren Deutschlandfrage eher Aussicht auf Erfolg. Auf jeden Fall fühle sich der Präsident »zutiefst ermutigt« durch die Bereitschaft des Generalsekretärs, seine Haltung zu Deutschland neu zu überdenken.

Nach der Vollversammlung brach Kennedy mit seinen Mitarbeitern nach Newport auf, wo sich der Präsident und seine Familie eine Woche lang im Sommerhaus von Jacquelines Mutter am Meer erholen wollte. Dort erreichte Salinger noch am Freitag, dem 29. September, ein Anruf von Bolschakow aus New York. Der Russe erklärte, er müsse »unverzüglich« mit Salinger zusammentreffen. Er wolle deshalb ein Flugzeug mieten und noch am gleichen Abend nach Newport kommen. Aber Salinger bat Bolschakow, noch nichts zu unternehmen, bevor er sich nicht wieder bei ihm gemeldet hatte.

Salinger informierte daraufhin den Präsidenten und Rusk, die vermuteten, daß Bolschakow Chruschtschows Antwort auf Kennedys Mitteilung überbringen wollte. Doch Salinger befürchtete, ein unerwartetes Auftauchen Bolschakows könnte für die über zwanzig Korrespondenten, die sich in Newport aufhielten, eine »Sensation mittleren Ranges« darstellen. Aus diesem Grunde schlug er Bolschakow vor, sich am folgenden Nachmittag mit ihm im Carlyle-Hotel zu treffen. Bolschakow erwiderte: »Wenn Sie wüßten, was ich hier für Sie habe, ließen Sie mich nicht so lange warten.«

Am folgenden Morgen flog Salinger nach New York. Pünktlich zur verabredeten Zeit betrat Bolschakow mit einer Tageszeitung unter dem Arm die Suite des Pressesprechers im Carlyle-Hotel. In der Zeitung versteckt befand sich ein dicker Umschlag. Salinger öffnete ihn und zog einen Stapel Blätter heraus. »Sie dürfen das lesen, aber ansonsten ist es ausschließlich für die Augen des Präsidenten bestimmt.«

Kapitel 13

Sehr geehrter Mr. President, sehr geehrter Herr Ministerrats- vorsitzender

Chruschtschows Brief, den Bolschakow Kennedy in einer englischen und einer russischen Fassung überbrachte, umfaßte 26 Seiten. Bolschakow hatte die ganze Nacht an der Übersetzung ins Englische gearbeitet. Der einzige Russe, der außer ihm von Chruschtschows Brief wußte, war Gromyko; Botschafter Menschikow war nicht informiert.

Nachdem Bolschakow die Suite verlassen hatte, rief Salinger in Newport an. Kennedy wies ihn an: »Zeigen Sie den Brief so schnell wie möglich Dean Rusk, und dann bringen Sie ihn mir.«

Rusk las den Brief im Waldorf-Hotel zweimal durch, doch er weigerte sich, eine voreilige Einschätzung des Inhalts zu geben. Am Abend nahm er ihn mit nach Washington, und tags darauf sandte er ihn per Kurier zurück an Salinger nach New York. Salinger flog nach Providence und übergab dem Präsidenten persönlich das Schreiben Chruschtschows in Kennedys Haus in Newport.

Nach der Anrede »Sehr geehrter Mr. President« und einigen einleitenden Sätzen über den augenblicklichen Aufenthalt des Generalsekretärs in Pizunda bemerkte Chruschtschow, er habe bereits unmittelbar nach Kennedys Treffen mit seinem Schwiegersohn an den Präsidenten schreiben wollen. Aber dann hätte sich Kennedy so militant über Berlin geäußert, daß er befürchtet habe, es könne zu kriegerischen Handlungen zwischen den beiden Ländern kommen, was er aber auf jeden Fall habe vermeiden wollen.

Zu Kennedys vertraulichen Mitteilungen über die Probleme in Laos und Berlin erklärte Chruschtschow, daß er keinen Grund sehe, warum bei ernsthaften Verhandlungen nicht in beiden Fällen eine Lösung gefunden werden könne.

Als Führer der beiden mächtigsten Staaten der Welt hätten sowohl der amerikanische Präsident als auch er eine besondere moralische Verpflichtung, einen Krieg zu verhindern. Aus diesem Grunde schlage er einen inoffiziellen Briefwechsel zwischen den beiden Staatsmännern vor. Auf diese Weise könne man die amerikanische und sowjetische Bürokratie umgehen und außerdem auf Propagandafloskeln verzichten, die ohnehin lediglich für die Öffentlichkeit gedacht seien. Vor allem aber müsse man nicht ständig befürchten, daß bestimmte Formulierungen von der Presse ausgeschlachtet würden.

Wenn der Präsident anderer Meinung sei, könne er diesen Brief als nicht existent betrachten, denn er, Chruschtschow, würde sich unter keinen Umständen jemals in der Öffentlichkeit darauf beziehen. Das Schreiben schloß mit den Worten: »Mit vorzüglicher Hochachtung, N. Chruschtschow, Vorsitzender des Ministerrats der UdSSR.«

Chruschtschow hatte auch schon mit Eisenhower korrespondiert, doch damals waren lediglich unpersönliche Noten ausgetauscht worden.* Warum fühlte sich der Parteivorsitzende nun veranlaßt, den direkten Kontakt zu dem Präsidenten zu suchen? Möglicherweise wollte er in der krisenhaften weltpolitischen Situation den Fortgang der sowjetisch-amerikanischen Beziehungen nicht allein von den zweifelhaften diplomatischen Fähigkeiten Rusks und Gromykos abhängig machen.

Ein weiterer Grund für sein Vorgehen mag der Wunsch gewesen sein, gegenüber seinen Kritikern im Kreml durch einen fruchtbaren persönlichen Kontakt zu dem amerikanischen Präsidenten bedeutende Erfolge in der Außenpolitik vorweisen zu können.

Außerdem machte sich Chruschtschow Sorgen wegen des Zweiundzwanzigsten Parteitages im Oktober. Er wußte, daß der Verlauf dieses Kongresses nicht vorhersehbar war und daß mit Sicherheit zahlreiche scharfe Angriffe gegen die Vereinigten Staaten erfolgen würden. Ein

---

* Chruschtschow und Bulganin, sein Vorgänger im Amt des Ministerratsvorsitzenden, korrespondierten weitaus häufiger mit Eisenhower, als allgemein angenommen wurde. Zwischen dem Gipfeltreffen in Genf im Jahre 1955 und Bulganins Amtsenthebung 1958 wechselten die beiden Staatschefs beispielsweise 22 Briefe. Vor dem Gipfeltreffen in Paris im März 1960 teilte Chruschtschow in einem persönlichen Brief Eisenhower mit, welche Sorgen ihm die Vorstellung bereite, daß Bonn in den Besitz von Nuklearwaffen gelangen könnte. Eisenhower sprach sich in seiner Antwort für einen ernsthaften Atomwaffenteststopp und andere Abrüstungsmaßnahmen aus: »Wir müssen beide akzeptieren ... daß die zur Produktion von Atomwaffen notwendigen Kenntnisse ... all jenen Staaten der modernen Welt nicht lange verborgen bleiben können, die sowohl in der Wissenschaft als auch auf industriellem Gebiet hoch entwickelt sind.«

persönlicher Briefwechsel mit dem Präsidenten jedoch würde ihm einen ungestörten Meinungsaustausch ermöglichen, bei dem sich die Feindseligkeiten in Grenzen hielten.

Und warum diese Mantel-und-Degen-Politik? Zu Eisenhowers Regierungszeit hatte Chruschtschow seine Briefe durch Menschikow und Smirnowski überbringen lassen. Aber jedesmal, wenn einer der Russen im Westflügel des Weißen Hauses erschien, belagerte laut Foy Kohler »das gesamte Pressekorps die Regierungsbüros, bis irgend jemand den Reportern einen Wink über den Inhalt der Mitteilung gab«.

Im März 1960 war Eisenhower gezwungen gewesen, Chruschtschow ein Telegramm mit folgendem Inhalt zu schicken: »Ich bedauere zutiefst, daß der Inhalt unserer Korrespondenz der vergangenen Wochen an die Presse durchgesickert ist. Ich versichere Ihnen, daß ich der festen Überzeugung war, jede nur mögliche Vorkehrung getroffen zu haben, um diese Dinge nicht bekanntwerden zu lassen.« Daraufhin traf er Vorkehrungen, damit die sowjetische Botschaft Chruschtschows Briefe über das Außenministerium zustellen konnte.

Dadurch war zwar die Geheimhaltung sichergestellt, doch Chruschtschow wollte auch vermeiden, daß seine Briefe zusammen mit einer angehefteten Notiz irgendeines »Kalten Kriegers« aus dem Außenministerium auf Kennedys Schreibtisch landeten. Dies konnte er verhindern, indem er seine Briefe einfach von Bolschakow oder anderen Boten überbringen ließ. Zudem entsprach Chruschtschow damit Kennedys Vorliebe für verdeckte Aktionen und schmeichelte der Eitelkeit des Präsidenten, denn im Umgang mit Eisenhower hatte er solche Wege nie beschritten.

Nachdem er Chruschtschows Brief gelesen hatte, rief Kennedy Rusk in Washington an. Sie vereinbarten, Salinger solle Bolschakow ausrichten, daß der Präsident dem Generalsekretär wahrscheinlich noch innerhalb derselben Woche antworten werde.

Ein Briefwechsel mit Chruschtschow entsprach Kennedys bereits mehrfach geäußertem Wunsch nach direkter Kommunikation mit dem sowjetischen Staatschef. Möglicherweise konnte er auf diese Weise eine Zuspitzung in der Berlin-Frage vermeiden. Aber eine derartige Korrespondenz barg auch Gefahren. Eine eindeutig negative Antwort auf Chruschtschows Vorschläge zur Lösung der Berlin-Frage konnte Chruschtschow möglicherweise zu unüberlegten Aktionen veranlassen. Eine zu positiv formulierte Antwort des Präsidenten konnte dagegen leicht zu einem Bumerang werden: Chruschtschow brauchte sie nur den Franzosen und den Westdeutschen zugänglich zu machen, um so den Beweis zu liefern, daß Kennedy hinter dem Rücken dieser Länder Intrigen schmiedete.

Bohlen bemerkte, daß Kennedys Antwort »möglicherweise der wichtigste Brief ist, den der Präsident je schreiben wird«.

Am Mittwoch, dem 4. Oktober, gab Kennedy C. L. Sulzberger im Oval Room ein Interview. Ohne den vertraulichen Brief des Parteichefs zu erwähnen, berichtete er, daß die Haltung des sowjetischen Staatschefs zur Berlin-Frage in der letzten Zeit weitaus »flexibler« geworden sei. Noch in Wien habe Chruschtschow nicht das geringste Verständnis dafür gezeigt, daß auch das Prestige der Amerikaner auf dem Spiel stünde: »Nun bezieht er auch diese Seite des Problems mit ein, und seine Haltung ist nicht mehr so starr.«

Sulzberger wollte wissen, ob das Gipfeltreffen in Wien überhaupt Ergebnisse erbracht habe. Darauf antwortete Kennedy: »Ja, für mich war es das wichtigste Ergebnis, daß ich diesen Mann jetzt besser einschätzen kann. Im allgemeinen geht man ja immer davon aus, daß persönliche Gespräche von der Vernunft geleitet werden, aber für mich war vor allem wichtig, daß ich mir ein Bild von seiner Persönlichkeit machen konnte. Und jetzt weiß ich, daß weitere Gespräche überflüssig sind.« Ein neuerliches Treffen mit Chruschtschow wäre für ihn nur sinnvoll, wenn dort letzte Absprachen zu einem Übereinkommen getroffen würden, das bereits vorher ausgearbeitet worden sei.

Nach Kennedys Einschätzung war die amerikanische Bevölkerung bereit, in der Berlin-Frage »bis an die Schwelle des Krieges« zu gehen. »Derzeit stehen die Chancen, diese Sache ohne einen Krieg zu lösen, nicht gut.« Mehr als einmal gebrauchte er die Wendung »wenn wir auf den Knopf drücken«. Zu dem häufig geäußerten Vorwurf, er sei nicht bereit, die Nuklearwaffen auch einzusetzen, meinte er nur, er glaube, er habe zumindest Chruschtschow mittlerweile vom Gegenteil überzeugt.

Am Abend des 6. Oktober, einem Freitag, erschien Gromyko im Weißen Haus. Der Präsident hatte den Außenminister der Sowjetunion kennengelernt, als er 1945 über die Gründungskonferenz der UNO in San Francisco für die Hearst-Presse berichtete. Damals beschrieb er Gromyko als höflich, angenehm und sehr menschlich;

wenn er lachte, dann sei das ein echtes Lachen – anders als »bei unserem gegenwärtigen sowjetischen Botschafter in Washington«.

Gromyko galt allgemein als jemand, in dessen Persönlichkeit sich das Stehvermögen Talleyrands – der sich sowohl während der Französischen Revolution als auch unter Napoleon und der Bourbonischen Restauration an der Macht halten konnte – mit der übertriebenen Zurückhaltung von Tolstois Alexej in *Anna Karenina* vereinigte. Er war ein Minister, »der so wenig von sich preisgibt, daß jede seiner Bemerkungen und Gesten ein neues Rätsel aufwirft«. Als er einmal gefragt wurde, ob ihm das Frühstück geschmeckt habe, erwiderte er: »Vielleicht.«

Einem Reporter erklärte Gromyko einmal: »Meine Persönlichkeit interessiert mich nicht.« Harriman war der Ansicht, Gromyko habe »jegliche menschliche Schwäche bei sich ausgemerzt«. Einem britischen Diplomaten fiel »seine Ungeduld, seine Kälte und sein böser, manchmal schon makabrer Humor« auf.

Gromyko war 1909 als Sohn eines Vaters zur Welt gekommen, der laut seinem eigenen Urteil »halb Bauer und halb Arbeiter« gewesen sei. Im Jahre 1931 ging er nach Minsk, wo er in die Kommunistische Partei eintrat, heiratete und marxistische Theorie und Agrarökonomie studierte. Gegen Ende des Jahrzehnts befand er sich als wissenschaftlicher Mitarbeiter an der Akademie der Wissenschaften bereits in den Startlöchern zu einer Karriere, die ihn nach Moskau führen sollte.

Im Alter von dreißig Jahren trat er in den diplomatischen Dienst ein – einen Bereich, in dem es in jenen Jahren einen großen Mangel an qualifizierten Mitarbeitern gab. Denn im Verlauf von Stalins Säuberungen waren viele sowjetische Diplomaten der ersten Generation hingerichtet oder in Arbeitslager geschickt worden. Sein jüdischer, antifaschistisch eingestellter Außenminister Maxim Litwinow hatte 1933 mit Franklin D. Roosevelt die ersten diplomatischen Kontakte zu den Vereinigten Staaten geknüpft. Doch dann war er durch Molotow ersetzt worden, der bei seiner Amtsübernahme gesagt haben soll: »Schluß mit Litwinows Liberalismus. Ich werde das Hornissennest dieses Juden ausräuchern!«

Als Stalin und Molotow ihren Pakt mit Hitler schlossen und sich wenige Jahre später mit Großbritannien und den Vereinigten Staaten verbündeten, bewies Gromyko seine Fähigkeit, sein Mäntelchen in den Wind zu hängen. Und so erhielt er einen Beraterposten in Washington, wo Litwinow als Botschafter an der Festigung der Anti-

Hitler-Koalition arbeitete. Im Jahre 1943, als ein Sieg über Hitler absehbar war und man sich somit über die Machtposition der Sowjets in der Nachkriegsordnung Gedanken machen mußte, entließ Stalin Litwinow und rief Gromyko nach Moskau zurück. Damals witzelten Stalins Vasallen, daß Gromyko entweder wieder nach Westen, also nach Washington, gesandt werden würde oder aber nach Osten – nämlich nach Sibirien.

Im Alter von 34 Jahren wurde Gromyko sowjetischer Botschafter in den Vereinigten Staaten, wo er Stalins Interessen nachhaltig zu vertreten wußte. Bei den Vorgesprächen zur Gründung der Vereinten Nationen war er es, der darauf bestand, daß jeder wichtigen Nation ein Vetorecht eingeräumt werden müsse. Damit stellte er sicher, daß die Sowjetunion in wesentlichen Fragen nicht überstimmt werden konnte. Anschließend ernannte Stalin ihn zum stellvertretenden Außenminister und zum ersten ständigen Vertreter der UdSSR im UNO-Sicherheitsrat. Da er von dem Vetorecht der UdSSR inflationären Gebrauch zu machen pflegte, bezeichneten ihn westliche Journalisten schon bald als »Mr. Njet«.

1949 kehrte Gromyko zurück ins Außenministerium. Dann jedoch wurde Molotow von dem militanten Antiamerikanisten Andrej Wischynski abgelöst, der Gromyko übertriebene Kompromißbereitschaft vorwarf. So wurde Gromyko 1952 entlassen und in die Verbannung an den englischen Königshof geschickt. Nach Stalins Tod im darauffolgenden Jahr erhielten Molotow und Gromyko ihre alten Posten wieder.

Molotow war der Ansicht, daß Chruschtschow dem Westen zu viele Zugeständnisse machte, und versuchte daher den österreichischen Staatsvertrag zu verhindern. Auf der anderen Seite erreichte er eine Verbesserung der sowjetischen Beziehungen zu Japan und Jugoslawien. 1956 wurde Molotow entlassen und durch Dimitri Schepilow ersetzt. Kurz darauf jedoch fiel dieser junge, ehrgeizige Mann seinem Gönner in den Rücken und schloß sich Molotow und den anderen Unzufriedenen an, die 1957 den Sturz Chruschtschows planten. Gromyko überstand den Putsch und seine Folgen unbeschadet. In einem seiner seltenen Versuche, Esprit zu zeigen, äußerte er später: »Es ist wie beim Bermuda-Dreieck. Hin und wieder verschwindet einer von uns.«

Als er zum Außenminister ernannt wurde, paßte er sich Chruschtschows Führungsstil an und diente ihm so ergeben, wie er zuvor

Stalin gedient hatte. Der Generalsekretär bezeichnete ihn oft etwas geringschätzig als »nüchternen Bürokraten«. Einem jungen sowjetischen Diplomaten erklärte Chruschtschow einmal in Gromykos Anwesenheit: »Andrej Andrejewitsch ist ein ausgezeichneter Diplomat und Taktiker ... Aber als Ideologe und Theoretiker ist er ziemlich unbrauchbar ... Doch ich glaube, wir können trotzdem noch etwas aus ihm machen.«

Zwar war es Gromyko verhaßt, vor Untergebenen lächerlich gemacht zu werden, aber er ertrug diese Demütigung schweigend. Als Chruschtschow 1960 das Rednerpult der UNO mit Fäusten bearbeitete, schlug auch Gromyko mannhaft mit der Faust auf den Tisch. Doch dabei waren seine Mundwinkel verächtlich nach unten gezogen.

Mikojans und Chruschtschows sentimentale Verherrlichung der Oktoberrevolution und ihre emotionale Verbundenheit mit der Idee des Kommunismus gingen Gromyko völlig ab. Trotzdem setzte er sich engagiert für das Sowjetsystem und seine Ausbreitung in der ganzen Welt ein. Die Jahre im New York der Nachkriegszeit prägten seine Haltung gegenüber dem kapitalistischen Amerika. »Der erbarmungslose Filter, durch den alles gesehen wird – sei es Kultur, Kunst oder das geistige Leben der Nation –, ist der Profit«, schrieb er später in seinen Memoiren. »Nur die Dinge, die einen Kapitalzuwachs versprechen, können dort bestehen.«

Zu keinem der fünf sowjetischen Staatschefs, denen er diente, hatte er eine so komplizierte Beziehung wie zu Chruschtschow.* Wahrscheinlich spürte der Generalsekretär, daß Gromyko ihm nie die Ergebenheit entgegenbringen könnte, die er gegenüber Stalin und Molotow gezeigt hatte. Außerdem wußte der Parteichef, daß Gromyko insgeheim Breschnew unterstützte, der gute Aussichten hatte, eines Tages Chruschtschows Nachfolger zu werden. Vom Charakter her waren Chruschtschow und Gromyko wie Feuer und Wasser.

---

* Dies gilt nicht für Michail Gorbatschow, der ihn kurz nach seiner Amtsübernahme entließ und ihm das ehrenvolle, aber politisch unbedeutende Amt des Staatspräsidenten der Sowjetunion übergab. 1989, ein Jahr vor seinem Tod, trat Gromyko zurück, nachdem man ihn als »zu alt« bezeichnet hatte. Es war sicher eine Gnade, daß er den Zusammenbruch der kommunistischen Regime in Osteuropa, deren Aufbau sein Lebensinhalt gewesen war, nicht mehr erleben mußte.

Chruschtschows Unzufriedenheit mit Gromyko weist einige Parallelen zu Kennedys Unzufriedenheit mit Rusk auf. Die beiden Staatschefs hatten auch ähnliche Strategien entwickelt, die Probleme mit ihren Außenministern zu bewältigen. In Fragen der Außenpolitik, vor allem wenn es um seine persönlichen Kontakte zu den Sowjets ging, verließ sich Kennedy im wesentlichen auf seinen Bruder, Berater aus dem Weißen Haus und andere Getreue. Chruschtschow ließ sich oft von seinem Schwiegersohn, politischen Beratern und Mikojan Ratschläge erteilen.

Gromyko und Rusk sahen ihre Aufgabe zu Beginn der sechziger Jahre hauptsächlich darin, dafür zu sorgen, daß ihre theatralischen, unerfahrenen und manchmal auch unberechenbaren Vorgesetzten nichts Unüberlegtes taten. Beide waren höchst irritiert über den Einfluß von »Amateuren« wie Robert Kennedy und Adschubej auf die Außenpolitik. Überhaupt fiel in jenen Jahren vielen Diplomaten auf, daß zwischen Gromyko und seinem amerikanischen Gegenspieler offensichtlich ein unausgesprochenes kollegiales Einverständnis bestand. Als ein sowjetischer Diplomat Rusk wegen einer Belanglosigkeit schärfstens kritisierte, rief Gromyko dazwischen: »Lassen Sie den amerikanischen Außenminister in Ruhe!«

Als Gromyko im Weißen Haus eintraf, bat ihn der Präsident in den Oval Room im ersten Stock und zeigte ihm die eindrucksvolle Aussicht vom Truman Balcony über den Potomac auf das Washington Monument.

Anschließend las Gromyko eine geschlagene Stunde lang aus einem sowjetischen Positionspapier zur Berlin-Frage vor. Kennedy, der in der Zwischenzeit eine Zigarre rauchte, gewann rasch den Eindruck, daß Gromyko nichts wesentlich Neues vortrug – außer daß Chruschtschow inzwischen eher bereit schien, den Status quo zu akzeptieren. So erklärte er Gromyko, daß bei der sowjetischen Haltung zwar eine »größere Flexibilität« festzustellen sei, doch habe die Sowjetunion bisher noch kein akzeptables Angebot für Verhandlungen über Berlin gemacht.

Daraufhin wies Gromyko auf den altbekannten Vorschlag der Sowjets hin, nach dem Berlin den Status einer freien Stadt erhalten sollte. Zum Ausgleich wollte man den Westmächten mit außerordentlich unklaren Formulierungen die Zufahrtswege garantieren. Kennedy lehnte ab: »Sie wollen uns für dumm verkaufen. Aber mit Leuten aus unserem Land kann man das nicht machen.« Dann schlug er vor, Gromyko solle in Moskau mit Thompson über das Berlin-Problem verhandeln. Am Abend desselben Tages sagte der Präsident bei einem Empfang für den Staatspräsidenten des Sudan zu Lippmann, er sei mit Gromyko »keinen Schritt weiter« gekommen. Lippmann antwortete, Gromyko sei der »hölzernste Mensch«, mit dem Kennedy je zu tun haben werde. Dem stimmte der Präsident zu: »Ich mag ihn nicht.« Einige Zeit später wurde der genaue Wortlaut einzelner Sätze aus dem Gespräch an die Presse weitergegeben, um zu demonstrieren, daß Kennedy mit Gromyko nicht gerade milde umgegangen war.

Auf dem Rückweg machte der sowjetische Außenminister Zwischenstation in London. Im Anschluß an seine Gespräche mit ihm schrieb Macmillan an Kennedy: »Ich glaube, die Russen suchen (ebenso wie wir) nach einem Ausweg, bei dem sie nicht das ›Gesicht verlieren‹.«

Am Wochenende feilte Kennedy in Hyannis Port an seinem vertraulichen Antwortschreiben an Chruschtschow, wobei er sich auch auf Entwürfe stützte, die Sorensen und Bundy verfaßt hatten. Auf die Anrede »Sehr geehrter Herr Ministerratsvorsitzender« folgten zunächst einige Bemerkungen über Kennedys Wochenendsitz und darüber, daß der räumliche Abstand zu Washington ihm eine klarere und ausgewogenere Sicht der Dinge ermöglichte. Der Präsident legte Wert auf einen freundschaftlichen Ton und scheute sich auch nicht, private Gedanken und Empfindungen zu erwähnen – was er im allgemeinen in seinen Reden peinlichst vermied.

Er begrüßte Chruschtschows Gedanken eines inoffiziellen persönlichen Meinungsaustausches zwischen den beiden Staatsmännern. Die offiziellen Kanäle könne man dabei gern umgehen, aber seinem Außenminister wolle er die Briefe auf jeden Fall zugänglich machen. Sicherlich könnten sie sich mit ihren Briefen nicht gegenseitig bekehren, aber zumindest könne darin die polemische Sprache des Kalten Krieges vermieden werden.

Im Anschluß ging Kennedy auf einzelne Punkte in Chruschtschows Brief ein, mit denen er übereinstimmte, wenngleich er sie manchmal nach eigenem Gutdünken interpretierte. So griff er Chruschtschows Hinweis auf die besondere Verpflichtung, die sie als Staatsmänner hätten, zustimmend auf. Zwar seien sie für die Beschlüsse am Ende des Zweiten Weltkrieges, die zur gegenwärtigen Berlin-Krise geführt hätten, nicht persönlich verantwortlich, doch man würde ihnen Vorwürfe machen, wenn sie keine friedliche Lösung für diesen Konflikt finden könnten.

In anderen Punkten hingegen ließ er dagegen keinen Zweifel daran aufkommen, daß er eine völlig entgegengesetzte Position vertrat: Der Vorschlag des Parteichefs, in West-Berlin sowjetische Truppen zu stationieren, sei »sowohl für die Vereinigten Staaten als auch für die anderen beiden Westmächte, deren Truppen sich in Berlin befinden, völlig unannehmbar«. Kennedy schloß mit Grüßen seiner Familie an Chruschtschows Angehörige und drückte noch einmal seine Hoffnung aus, daß sie auf dem Weg zu einem gerechten und dauerhaften Frieden Fortschritte machen würden.

Offensichtlich gefiel Chruschtschow Kennedys Antwortschreiben gut genug, um die geheime Korrespondenz fortzusetzen. Um die offiziellen Kanäle des Außenministeriums zu umgehen und Kennedy zugleich in dem Eindruck zu bestärken, daß er dem Präsidenten seine intimsten Gedanken anvertraute, bediente sich Chruschtschow auch weiterhin höchst konspirativer Methoden, um ihm seine Briefe zu übermitteln. Irgendein Mitarbeiter der sowjetischen Botschaft traf sich mit Robert Kennedy, Sorensen oder Salinger an einer Straßenecke oder in einem Lokal und schob aus der Tasche seines Trenchcoats oder aus einer zusammengefalteten Zeitung dem Empfänger einen Umschlag zu.

In dem riesigen neuen Kongreßsaal des Kreml eröffnete Chruschtschow den Zweiundzwanzigsten Parteitag der Kommunistischen Partei der Sowjetunion mit einer sechsstündigen Rede. Über Gromykos Treffen mit Kennedy hieß es: »Wir hörten kürzlich den Vorwurf, jemand wolle die USA in der deutschen Frage für dumm verkaufen. Dieser Satz mag zwar seinem Schöpfer sehr gefallen, aber er trifft keineswegs auf die Situation zu.«

Die neuen sowjetischen Atomtests verliefen »zufriedenstellend ... Möglicherweise werden wir sie noch intensivieren und eine Wasserstoffbombe mit einer Sprengkraft von fünfzig Millionen Tonnen TNT zünden.« Die Sowjetunion sei sogar im Besitz einer Hundert-Megatonnen-Bombe, aber »diese werden wir nicht zünden, denn durch ihre Detonation würden selbst noch an entferntesten Orten die Fensterscheiben zerbersten!« Mit diesen Worten erntete er stürmischen Beifall.

»Möge Gott geben – wie man früher so schön sagte –, daß wir niemals gezwungen sein werden, eine dieser Bomben auf dem Gebiet einer anderen Nation zur Explosion zu bringen. Dies ist unser größter Wunsch!« Noch stärkerer Beifall.

Eine andere Passage in Chruschtschows Rede bereitete dem amerikanischen Präsidenten großes Kopfzerbrechen: »Wir glauben, daß die Kräfte des Sozialismus ... heute weitaus stärker sind als die aggressiven Kräfte der Imperialisten.« Ein Friedensvertrag für Deutschland, »in dem Berlin den Status einer freien Stadt und einer entmilitarisierten Zone erhält, muß und wird unterzeichnet werden«. Unterschwellig wurde in dieser Passage suggeriert, der Westen würde sich letztendlich Chruschtschows Forderungen in der Berlin-Frage beugen, da sich das Kräfteverhältnis zugunsten der Sowjetunion verschoben habe.

In einer Note des Weißen Hauses wurden die Sowjets aufgefordert, ihre Fünfzig-Megatonnen-Bombe nicht zu zünden, weil dadurch zusätzlich zu den »in den letzten Wochen freigewordenen« radioaktiven Stoffen noch weitere Mengen freigesetzt würden. Gleichzeitig wurde darauf hingewiesen, daß die Vereinigten Staaten »das technische Know-how und die Mittel« besäßen, Bomben mit »einer Sprengkraft von fünfzig Megatonnen und mehr« zu produzieren.

Auf einer Pressekonferenz in der vergangenen Woche war Kennedy auf Vorwürfe angesprochen worden, denen zufolge er nicht deutlich genug auf »die ... Vormachtstellung unseres nuklearen Abschreckungspotentials« hingewiesen habe und es ihm nicht gelungen sei, Chruschtschow davon zu überzeugen, »daß wir entschlossen sind, ihm sowohl in Berlin als auch anderswo gegebenenfalls mit Gewalt zu begegnen«. Als Antwort gab der Präsident Zahlenmaterial über den Umfang der Aufrüstung der Vereinigten Staaten seit Januar bekannt; die Frage, welche der beiden Supermächte die stärkere sei, ließ er allerdings unbeantwortet.

Wenn er Chruschtschow jetzt, da dieser mit den gewaltigsten Atomwaffentests in der Geschichte die Welt einzuschüchtern versuchte, nicht Kontra geboten hätte, wären jegliche Verhandlungen über Berlin als Zeichen der Schwäche der Amerikaner gewertet worden. Möglicherweise hätten sich die Alliierten in diesem Falle veranlaßt gesehen, ihr Bündnis mit den Vereinigten Staaten neu zu überdenken. Und im eigenen Land hätte die republikanische Opposition den Präsidenten in Stücke gerissen.

Bei einem Mittagessen im Weißen Haus erschreckte E. M. »Ted«

Dealey, der als bösartig verschriene Herausgeber der *Dallas Morning News*, die Anwesenden mit der Verlesung einer an Kennedy gerichteten Drohung: »Wir könnten Rußland von der Landkarte löschen, und das sollten wir der sowjetischen Regierung auch deutlich machen.« Unglücklicherweise aber »sind Sie und Ihre Regierung ein Haufen Schlappschwänze«. Was das Land jetzt brauche, sei ein Mann, »der die Zügel fest in der Hand hält ... Viele Bürger aus Texas und dem Südwesten unseres Landes haben aber den Eindruck gewonnen, daß Sie lieber mit [Tochter] Carolines Dreirad fahren.«

Wütend antwortete Kennedy: »Es ist leichter, über einen Krieg zu reden, als ihn zu führen. Ich bin genauso hart und entschlossen wie Sie – schließlich bin ich nicht Präsident geworden, indem ich Konflikten aus dem Weg gegangen bin.«[*]

Schon seit Februar hatten McNamara und andere immer wieder der Öffentlichkeit versichert, die militärische Stärke der Amerikaner sei einzigartig auf der Welt. Allerdings waren diese Aussagen auch immer recht unkonkret gehalten. Denn wie schon Eisenhower vor ihm wollte auch Kennedy die Sowjets nicht zu einer massiven Aufrüstung provozieren. Er war sich allerdings auch nie ganz sicher darüber, welche Waffen die Sowjets tatsächlich besaßen und welche nicht.

Als McNamara im Februar der Öffentlichkeit erklärte, es gäbe eine Raketenlücke zugunsten der Amerikaner, verließ er sich im wesentlichen auf unpräzise, oft auch unterbelichtete und unscharfe Aufnahmen, die von Spionagesatelliten stammten.

Im Frühjahr baten die westlichen Geheimdienste ihren Agenten Penkowski um neue Informationen über das sowjetische Raketenprogramm. Aus drei Mikrofilmen von Penkowski und anderen Quellen schloß die CIA im Juni, daß die Russen über fünfzig bis hundert einsatzbereite Interkontinentalraketen verfügten.

Im August, als der Präsident in das Tauziehen um Berlin verwickelt war, bat er die CIA erneut um eine Einschätzung der Situation. Daraufhin korrigierte der Geheimdienst seine frühere Aussage: Die Schätzung vom Juni sei zu hoch angesetzt gewesen, die Sowjetunion

---

[*] Die *Dalles Morning News* behauptete, im Anschluß an Dealeys Schlagabtausch mit dem Präsidenten mehr als zweitausend Anrufe, Telegramme und Briefe erhalten zu haben, darunter auch ein begeistertes Schreiben des exzentrischen, rechtsextremen Magnaten H. L. Hunt. 84 Prozent der Schreiber hätten Dealeys Meinung geteilt.

verfüge vielmehr über weniger als 35 Langstreckenraketen. General Lemnitzer sprach eine Woche später bei einer Unterweisung des Präsidenten sogar nur noch von 10 bis maximal 25 Interkontinentalraketen.

Solange ihr Standort unentdeckt war, waren die sowjetischen Raketen für einen Angriff im Stil von Pearl Harbor oder für einen Vergeltungsschlag nach einem Angriff der Vereinigten Staaten einsetzbar. Doch seit den Amerikanern durch Satellitenaufnahmen der Standort praktisch jeder einzelnen sowjetischen Interkontinentalrakete bekannt war, war ihr Nutzwert für einen Erstschlag begrenzt und für einen Vergeltungsschlag praktisch gleich Null. Wie Roger Hilsman, der Spionagechef des Außenministeriums, später meinte, war »das gesamte Potential an Interkontinentalwaffen der Sowjets plötzlich nutzlos«.

Allerdings war sich Kennedy bewußt, daß die Sowjets sofort mit verstärkter Kraft die Aufrüstung mit Interkontinentalraketen vorantreiben würden, wenn die Vereinigten Staaten ihre Überlegenheit öffentlich demonstrierten. Andererseits wäre Chruschtschow in diesem Falle vielleicht zurückhaltender mit seinen Forderungen in bezug auf Berlin. Vor allem würde er die Konfrontation wahrscheinlich nicht bis an die Schwelle eines Krieges treiben, wenn die USA ein absolutes Vertrauen in ihre Vormachtstellung demonstrierten. Für Kennedy war durch Chruschtschows Eröffnungsrede auf dem Zweiundzwanzigsten Parteitag noch einmal deutlich geworden, welche Gefahren es in sich barg, wenn der sowjetische Staatchef in aller Öffentlichkeit seine Phantasien von einer sowjetischen Überlegenheit im Bereich der Atomwaffen verbreitete.

Aus diesem Grunde entschloß sich der Präsident, die Weltöffentlichkeit wissen zu lassen, welche Nation wirklich die Vormachtstellung innehatte. Allerdings wollte er das nicht persönlich bekanntgeben: »Wenn ich . . . solche Dinge sage, klingt das zu angriffslustig.«

Am Samstag, dem 21. Oktober, sollte McNamaras Stellvertreter Rosewell Gilpatric vor dem Business Council in Hot Springs, Virginia, eine Rede halten, in der deutlicher als je zuvor auf die gewaltige atomare Übermacht der Vereinigten Staaten hingewiesen wurde.

Jahre später sagte Gilpatric, Sinn und Zweck dieser Rede sei es gewesen, die Sowjetunion davon zu »überzeugen, daß die Vereinigten Staaten jeder Bedrohung in Berlin entschlossen entgegentreten würden«. Außerdem sollte sie Westdeutschland und die anderen Verbündeten dazu bewegen, »die konventionelle Streitmacht der Allianz zu verstärken. Unter dem Eindruck der sowjetischen Atomtests und im Hinblick auf mögliche Gespräche zur Berlin-Frage wollte Kennedy dem amerikanischen Volk noch einmal die militärische Stärke vor Augen führen, die unter seiner Präsidentschaft gewahrt und ausgebaut worden war.

Gilpatric erklärte vor dem Business Council, es sei das Anliegen des Präsidenten, »sicherzustellen, daß unsere militärische Schlagkraft ausreicht, um auch nach einem unerwarteten nuklearen Angriff auf unser Land oder auf unsere Verbündeten einen Erstschlag zu überstehen. Und zwar mit einem ausreichenden Waffenpotential, um die Verteidigungslinien des Gegners zu durchbrechen und ihm nicht wiedergutzumachende Schäden« zuzufügen.

Gilpatric zählte die konventionellen Aufrüstungsmaßnahmen auf, die im Zusammenhang mit dem Berlin-Problem ergriffen worden waren, und betonte dann jedoch, die »entscheidende Frage« sei das nukleare Gleichgewicht. »Unsere Nation verfügt über derart todbringende Mittel für einen Vergeltungsschlag, daß ein Angriff des Feindes einem Selbstmord gleichkäme.

Die USA besitzen derzeit mehrere hundert bemannte Langstreckenbomber ... sechs Polaris-U-Boote mit insgesamt 96 Raketen und Dutzende von Interkontinentalraketen. Unsere Trägerraketen und mobilen Landstreitkräfte können noch einmal mehrere hundert Megatonnen abfeuern.

Insgesamt beläuft sich die Zahl unserer atomaren Feuersysteme ... auf mehrere zehntausend, und natürlich haben wir für jedes System mehr als einen Sprengkopf.« Selbst wenn die Russen einen Angriff im Stil von Pearl Habor wagten, hätten sie keine Aussichten auf einen Sieg. »Unsere Streitkräfte sind so gut verteilt und geschützt, daß auch ein Überraschungsangriff uns nicht ... entwaffnen könnte.

Das Zerstörungspotential, das die Vereinigten Staaten auch nach einem sowjetischen Überraschungsangriff noch einsetzen können, ist also ebenso groß, wenn nicht sogar größer als das gesamte ... Potential, das ... dem Feind für einen Erstschlag gegen die USA zur Verfügung steht. Kurz gesagt: Wir besitzen ein Zweitschlagspotential, das mindestens ebenso groß ist wie das Potential, das der Feind bei einem Erstschlag einsetzen kann. Aus diesem Grunde sind wir fest davon überzeugt, daß die Sowjets keine nukleare Auseinandersetzung provozieren werden.«

Als zusätzliche Warnung an Chruschtschow deutete Gilpatric an, daß die Vereinigten Staaten über den wachsenden Konflikt zwischen der Sowjetunion und China sehr wohl informiert seien: Die Drohung, eine Fünfzig-Megatonnen-Bombe zu zünden, sei »die Antwort der Sowjetunion auf die disharmonischen Töne von seiten ihres volkreichen Nachbarn im Süden«.*

Um zu demonstrieren, daß Gilpatric in seiner Rede nicht einfach nur seine persönliche Meinung dargestellt hatte, gab Rusk am folgenden Morgen ein Fernsehinterview: »Mr. Chruschtschow soll wissen, wie stark wir sind … Wir wollen im Zusammenhang mit Sondierungsgesprächen oder sonstigen Kontakten mit der sowjetischen Regierung gar nicht erst die Frage aufkommen lassen, ob wir schwach sind oder nicht. Wir sind nicht schwach.«

Bei einer Pressekonferenz erklärte der Präsident, daß die Vereinigten Staaten »mit keiner anderen Nation die Plätze tauschen müssen … Ich sagte bereits, daß wir uns in einer ausgesprochen machtvollen Position befinden – Mr. Gilpatric nannte sie ›einzigartig auf der Welt‹.«

Zwar hatte Kennedy durch Gilpatrics Rede seine politische Position im eigenen Land verbessert und das Vertrauen der anderen NATO-Staaten in die Bündnistreue der USA gestärkt, aber gleichzeitig hatte er damit auch Chruschtschows Position in der Kremlhierarchie und in der Welt in Frage gestellt.

Sowohl die innenpolitische als auch die außenpolitische Macht des Parteichefs basierte auf der Illusion, daß die Sowjetunion die führende Nuklearmacht sei. Und nun, da die Welt erfahren hatte, daß der Kaiser in Wirklichkeit ohne Kleider dastand, mußte Chruschtschow befürchten, daß befreundete Nationen in der Dritten Welt und vielleicht sogar die Verbündeten der Sowjets, die zuvor der Macht der Sowjetunion einen so ehrfürchtigen Respekt entgegengebracht hatten, sich allmählich von Moskau abwenden könnten. Die Chinesen konnten ihn jetzt

---

* Nach Chruschtschows Eröffnungsansprache auf dem Parteitag zeigte sich Tschou En-lai auffallend unbeeindruckt: Während andere Würdenträger gratulierten, beachtete er den Parteichef nicht. Am 21. Oktober verließ der chinesische Politiker noch vor dem offiziellen Abschluß des Parteitages Moskau, nicht ohne zuvor noch einen Kranz auf Stalins Grab niedergelegt zu haben. TASS versuchte, seine Abreise mit der Behauptung herunterzuspielen, Tschou En-lai müsse sich auf eine neue Sitzungsperiode des chinesischen Volkskongresses vorbereiten. Diese Sitzungen begannen jedoch erst im März 1962.

empört der Täuschung und der Nachgiebigkeit gegenüber dem Kapitalismus bezichtigen. Seine Rivalen im Kreml konnten ihm die Frage stellen, warum er sich angesichts der beschämenden militärischen Unterlegenheit der Sowjetunion auf die Produktion von Konsumgütern und die Weiterentwicklung der Landwirtschaft konzentriert habe.

Chruschtschow hatte vor allem deshalb versucht, die Illusion einer sowjetischen Überlegenheit zu erwecken, damit die Vereinigten Staaten die UdSSR als gleichwertig anerkannten. Nun hatte Kennedy ihn offensichtlich demütigen wollen – und das ausgerechnet während des Parteitages, auf dem er ohnehin schon von den Orthodoxen in der Parteispitze und den Chinesen unter Druck gesetzt wurde.

Möglicherweise fragte er sich jetzt, ob die »Verrückten aus dem Pentagon« einen Präsidenten, der sich wegen seiner schwachen Position im eigenen Land Sorgen machte, dazu zwingen könnten, einen atomaren Erstschlag gegen die Sowjetunion zu führen. Schon seit Jahren zeigte sich der Kreml über Strömungen in den Vereinigten Staaten beunruhigt, die einen Überraschungsangriff befürworteten. Der sowjetische Geheimdienst hatte bereits entsprechende Hinweise geliefert. Natürlich war es möglich, daß Kennedy sich den Forderungen seiner Generäle widersetzen würde. Aber wie konnte Chruschtschow jetzt noch mit Sicherheit davon ausgehen, daß der Präsident die nukleare Vormachtstellung der USA nicht dazu einsetzen würde, den Kalten Krieg im Sinne der Amerikaner zu beenden?

Um den Schaden von Gilpatrics Rede möglichst gering zu halten, ordnete Chruschtschow die Zündung einer Dreißig-Megatonnen-Bombe an. Zwei Tage nach der besagten Rede wurde die Welt von der schwersten Detonation erschüttert, die die Menschheit je auf der Erde entfesselt hatte.

Auf dem Parteitag erklärte Verteidigungsminister Malinowski, Gilpatric habe »in seiner Rede vor dem Business Council wahrscheinlich nicht ohne Präsident Kennedys Wissen« die Macht Amerikas beschworen und »uns mit seiner Stärke gedroht. Was können wir auf diese neuerliche Drohung, auf diese erbärmliche Ansprache, entgegnen? Darauf gibt es nur eine Antwort: *Diese Drohung schreckt uns nicht!* Unseren . . . Vorschlägen für einen Friedensvertrag mit Deutschland und die Beendigung der abnormen Situation in West-Berlin setzen sie tatsächlich weiter nichts entgegen als eine Drohung . . . Eine realistische Einschätzung der Lage könnte zu der Vermutung Anlaß geben, daß die Imperialisten gegen die UdSSR und die sozialistischen Bruderländer einen atomaren Überraschungsangriff planen.«

Malinowski bezeichnete den Anspruch Amerikas auf die atomare Vormachtstellung als irreführend: Gilpatrics Einschätzung beziehe sich lediglich auf Fünf-Megatonnen-Sprengköpfe. Die Sowjetunion hingegen besitze eine große Anzahl von Sprengköpfen mit einer Kraft von zwanzig bis fünfzig Megatonnen, die »an jedem Ort auf der Erde« zur Explosion gebracht werden konnten. Die Amerikaner müßten also in ihren Schätzungen »offensichtlich einige grundlegende Korrekturen vornehmen«. Was Westeuropa betreffe, so müßten diese »Wahnsinnigen« doch endlich einsehen, »daß es nur weniger Atombomben mit Multimegatonnen-Sprengkraft bedarf, um ihre kleinen, dichtbesiedelten Länder auszulöschen und ihre gesamte Bevölkerung jämmerlich umkommen zu lassen«.

Die Zündung der Dreißig-Megatonnen-Bombe und Malinowskis militanten Töne mögen die Delegierten auf dem Parteitag vorübergehend beschwichtigt haben, aber die ernsthaften Schwierigkeiten, in die Gilpatrics Rede Chruschtschow gebracht hatte, waren damit nicht mehr aus der Welt zu schaffen. Der Generalsekretär stand jetzt unter dem Druck, die Welt durch eine spektakuläre Aktion zu einer neuen Einschätzung des Kräfteverhältnisses zwischen den Vereinigten Staaten und der Sowjetunion zu veranlassen.

Einen Tag nach Gilpatrics Rede machte sich Allan Lightner, der ranghöchste amerikanische Zivilbeamte in West-Berlin, mit seiner Frau auf den Weg nach Ost-Berlin, um sich das Gastspiel eines tschechoslowakischen Ensembles anzusehen. Am Grenzübergang Checkpoint Charlie jedoch weigerten sich die ostdeutschen Volkspolizisten, Lightner mit seinem Volkswagen nach Ost-Berlin einreisen zu lassen, ohne zuvor die Pässe der Amerikaner überprüft zu haben. Bis dahin hatten die Autokennzeichen immer zur Identifizierung von offiziellen Vertretern der westlichen Besatzungsmächte ausgereicht.

Da die Vereinigten Staaten die DDR und ihren Anspruch auf Ost-Berlin nicht anerkannten, verlangte Lightner, daß ein Vertreter der sowjetischen Besatzungsmacht eingeschaltet würde. Das aber lehnten die Vopos ab. Daraufhin wandte sich Lightner an Lucius Clay, der als persönlicher Vertreter Kennedys in Berlin weilte.

Auf Clays Anweisung hin geleiteten mit Gewehren bewaffnete amerikanische Soldaten Lightners Wagen nach Ost-Berlin. Wenn die Vopos »auf uns geschossen hätten, hätten wir sie alle töten müssen . . . Dann wäre in kürzester Zeit die Hölle los gewesen«, erinnerte sich Lightner später.

In Moskau mag sich Chruschtschow gefragt haben, ob Lightners Verhalten unter dem Eindruck von Gilpatrics Rede darauf hinweis, daß die Vereinigten Staaten kriegerische Auseinandersetzungen in Erwägung zogen. Er konnte nicht wissen, daß Lightner nicht durch eine Anweisung aus dem Weißen Haus, sondern durch den willensstarken Exgeneral Clay zu dieser standhaften Haltung ermutigt worden war. Als Kennedy von dem Vorfall erfuhr, soll er kritisch bemerkt haben: »Wir haben ihn nicht dorthin geschickt, damit er in Ost-Berlin die Oper besucht.«

Am nächsten Tag verkündete die ostdeutsche Regierung mit Einverständnis der Sowjets, daß es in Zukunft nur noch offiziellen Vertretern der Alliierten gestattet sei, in Uniform die Grenze zu passieren, ohne sich ausweisen zu müssen. Clay rief daraufhin Kennedy in Washington an und meinte, daß etwas geschehen müsse, denn andernfalls würden die Kommunisten die Rechte der Westmächte immer weiter beschneiden. Nur widerstrebend stimmte Kennedy ihm zu.

Am Mittwoch, dem 25. Oktober, fuhren zwei junge amerikanische Militärpolizisten in einem Wagen mit einem Kennzeichen der amerikanischen Besatzungsmacht auf den Checkpoint Charlie zu. An dem Übergang weigerten sie sich, ihre Pässe vorzuzeigen. Als die Vopos den Wagen anhielten, wurden die jungen Männer unter Mißachtung des ostdeutschen Erlasses von drei Jeeps der amerikanischen Armee mit kampfbereiten Soldaten nach Ost-Berlin geleitet.

Zugleich bezogen an der Grenzlinie drei gepanzerte Mannschaftswagen Stellung. Außerdem rollten zehn Panzer mit Bulldozeraufsätzen heran, mit denen die Berliner Mauer hätte niedergewalzt werden können. In der Folge wurden weitere Zivilfahrzeuge von amerikanischen Jeeps nach Ost-Berlin eskortiert.

Am Freitag rollten zehn Panzer der Sowjets auf die Grenze zu und blieben knapp hundert Meter vor den amerikanischen Panzern stehen. Dies war das erstemal in der Geschichte, daß sowjetische und amerikanische Panzer einander gegenüberstanden.

Noch während der Präsident am Telefon mit Clay die Lage erörterte, erhielt der Exgeneral die Information, daß zwanzig weitere sowjetische Panzer entlang der Grenze Stellung bezogen hätten. Clay meinte zu Kennedy: »Sie können gut rechnen ... Wir haben dreißig Panzer in Berlin, also haben sie jetzt noch einmal zwanzig in die Stadt kommen lassen, so daß auf jeden unserer Panzer einer von ihren kommt.« Für Clay war das ein zusätzlicher Beweis für seine These, daß sie »nichts im Schilde führen«.

»Nun, da bin ich aber froh«, meinte Kennedy. »Und ich weiß, daß Sie da drüben die Nerven behalten haben.« Clay erwiderte: »Mr. President, um unsere Nerven brauche ich mir keine Sorgen zu machen. Was mir Sorgen macht, das sind die Nerven von euch in Washington.« Ohne Clay davon zu informieren, ließ Kennedy Bolschakow durch seinen Bruder ausrichten, daß er es sehr begrüßen würde, wenn die Russen ihre Panzer innerhalb von 24 Stunden zurückziehen würden. Walentin Falin, der spätere sowjetische Botschafter in Bonn, beharrte auch noch Jahre später auf seiner Ansicht, daß die Mitteilung der Amerikaner weitergehende Vorschläge enthalten habe. Der Präsident habe versichert, daß er »bei einem produktiven ... politischen Meinungsaustausch eine gewisse Flexibilität« in der Berlin-Frage an den Tag legen würde, falls ein Rückzug der amerikanischen und sowjetischen Panzer stattfinden würde, bei dem keine der beteiligten Nationen einen Prestigeverlust erlitte.[*]

Bolschakow leitete Roberts Mitteilung an Chruschtschow weiter. Wie Adschubej später berichtete, hatten die amerikanischen Panzer in Berlin zwar die sowjetischen Generäle nervös gemacht, doch der Generalsekretär selbst hatte sich davon nicht aus der Ruhe bringen lassen. Chruschtschow erklärte seinem Befehlshaber in Berlin, die Amerikaner könnten »ihre Panzer nicht wenden und umkehren las-

---

[*] In seinen 1964 und 1965 auf Tonband aufgezeichneten Erinnerungen an seine Gespräche mit Bolschakow und anderen Russen versucht Robert Kennedy, den Eindruck zu erwecken, die Sowjets hätten in entscheidenden Momenten gegenüber seinen und des Präsidenten Forderungen bedingungslos nachgegeben. Dabei läßt er aber außer acht, daß oft die Zugeständnisse der Amerikaner für die Beilegung einer Krise entscheidend waren. Dies zeigt sich am deutlichsten an seinem Bericht über die Beendigung der Kuba-Krise, in dem er sowohl das Verhandlungsgeschick seines Bruders als auch das seine übertrieben darstellt. Damit beweist Robert Kennedy die Richtigkeit von Dean Achesons These, daß ein Diplomat in seiner eigenen Erinnerung niemals als Verlierer aus einer Verhandlung hervorgeht. Zu Robert Kennedys Verteidigung muß man anführen, daß diese Interviews kurz nach dem Attentat auf seinen Bruder stattfanden. Zu diesem Zeitpunkt war es dem Justizminister sicherlich wichtig, die Kennedy-Regierung in einem möglichst guten Licht darzustellen.

sen, solange wir auf sie zielen ... Ich bin sicher, sie suchen nach einem
Ausweg, also sollten wir ihnen auch einen bieten.«

Am nächsten Morgen verließen die sowjetischen Panzer ihre Stellung
an der Grenze. Daraufhin wurden auch die amerikanischen Panzer
abgezogen. Wahrscheinlich war diese Beilegung des Konflikts durch
ein weiteres Angebot von Robert Kennedy an Bolschakow möglich
geworden, das den Sowjets half, ihr Gesicht zu wahren: Amerikanische Zivilisten wurden angewiesen, in der gegenwärtigen Situation
Fahrten nach Ost-Berlin zu unterlassen.

Falin behauptete später, laut sowjetischen Informationen hätten die
amerikanischen Panzerkommandeure den Befehl gehabt, »die Berliner Mauer zu zerstören«. Und immerhin hatte Clay ohne Wissen der
amerikanischen Regierung bereits geplant, in einem Wald in Berlin
Mauern errichten zu lassen, die dann zu »Übungszwecken« von Panzern niedergewalzt werden sollten.

Nach Falins Ansicht wäre die Gefahr eines Dritten Weltkriegs so akut
geworden wie nie zuvor, wenn die Amerikaner gegen die Mauer
vorgegangen wären; denn dann hätten die Sowjets das Feuer auf sie
eröffnet. »Hätte damals in Berlin ein Panzergefecht stattgefunden –
und alles wies darauf hin, daß es soweit kommen würde –, wären die
Dinge wahrscheinlich völlig außer Kontrolle geraten.«

Chruschtschow hatte gehofft, auf dem Zweiundzwanzigsten Parteitag
als legitimer Nachfolger von Marx, Engels und Lenin anerkannt zu
werden. Doch nun mußte er sich nicht nur mit den Folgen von
Gilpatrics Rede auseinandersetzen, sondern auch noch mit Kritik von
seiten seiner sowjetischen, chinesischen und albanischen Gegner.

Gegen Ende des Parteitages versuchte der Generalsekretär, seine Position zu stärken, indem er die Entstalinisierungskampagne fortsetzte,
die er 1956 mit seiner Geheimrede begonnen hatte. Am Montag, dem
30. Oktober, wurde der mumifizierte Leichnam des Diktators aus dem
Mausoleum entfernt, das nun nicht länger Lenin-Stalin-Mausoleum
heißen sollte. Außerdem wurde angeordnet, daß Stalingrad sowie die
62 Stalinskis, die sieben Stalinos und die beiden Stalinsks neue Namen
erhielten.

Außer Chruschtschow ging keiner der Parteitagsredner auf die Berlin-
Krise ein. Auch die Forderung, den Posten des UNO-Generalsekretärs
künftig durch ein Dreiergremium zu ersetzen, wurde fallengelassen.
Die Sowjets erhoben keine Einwände gegen den Burmesen U Thant,

der daraufhin einstimmig zum Generalsekretär der Vereinten Nationen gewählt wurde.* Am 7. November erklärte Chruschtschow auf einem Empfang zum 44. Jahrestag der Oktoberrevolution gegenüber Reportern, er werde nicht »unbegrenzte Zeit« auf eine Lösung des Berlin-Problems warten. Doch es sei »in der augenblicklichen Lage nicht gut für Rußland und die Vereinigten Staaten, wenn sie Druck aufeinander ausüben«.

Zwei Tage später sagte er zu dem deutschen Botschafter Hans Kroll, die Beziehungen zwischen ihren beiden Ländern müßten verbessert werden: »Eine endgültige Aussöhnung zwischen dem deutschen und dem sowjetischen Volk wäre die Krönung meines Lebenswerks im Bereich der Außenpolitik.« Ganz offensichtlich versuchte er, Zeit zu gewinnen.

In Washington erstattete Bolschakow Robert Kennedy von den Ereignissen auf dem Zweiundzwanzigsten Parteitag Bericht. Seiner Darstellung nach versuchte der Parteichef die sowjetische Regierung zu »kennedysieren«, indem er »junge Leute mit großer Vitalität und neuen Ideen« heranzog. Als der Präsident dies hörte, lachte er und meinte: »Vielleicht sollten wir die amerikanische Regierung ›chruschtschowisieren‹.«

Am 9. und 10. November schickte Chruschtschow zwei weitere vertrauliche Schreiben an den amerikanischen Präsidenten: eine ziemlich aggressive Botschaft, die sich auf Berlin bezog, und eine weniger militante zum Thema Südostasien. Nach Bundys Ansicht sollte mit dem Brief zur Berlin-Frage »der Preis hochgetrieben werden, bevor die Verhandlungen beginnen«. Bohlen riet Kennedy, die Sache »ein bißchen abkühlen« zu lassen.

Daher beantwortete der Präsident nur das Schreiben zu Südostasien. Darin erklärte er, er sei sich vollauf bewußt, daß es überaus schwierig sei, zwischen zwei Nationen mit derartig unterschiedlichen Denksystemen eine offene Kommunikation herzustellen. »Dabei handelt es sich keineswegs um Übersetzungsprobleme, sondern vielmehr um den kulturellen Hintergrund, von dem wir geprägt sind ... Immerhin

---

* Privat erklärte Rusk gegenüber Senatoren, auf U Thant sei »... voll und ganz Verlaß. Obwohl er sich nach außen hin neutral gibt, ist er eigentlich erklärter Antikommunist und gleichzeitig sowohl äußerst integer wie auch erfahren und politisch geschickt.«

haben Sie und ich mittlerweile erkannt, daß keiner von uns den anderen zu seinem Gesellschaftssystem und seiner philosophischen Weltanschauung bekehren wird.

Trotzdem führen diese Unterschiede zu einer großen Kluft in unserem gegenseitigen Verständnis, da dieselben Worte für zwei Menschen eine verschiedene Bedeutung haben können, wenn die gemeinsame Basis fehlt. Aber ich kann mir nicht vorstellen, daß es zwischen dem sowjetischen und dem amerikanischen Volk keine solchen gemeinsamen Interessen geben sollte. Aus diesem Grunde möchte ich eine Brücke über die Kluft zwischen uns schlagen, auf der wir uns mit unseren Vorstellungen begegnen und einen Weg finden können, um den Weltfrieden zu bewahren.«

Eine Einigung in der Laos-Frage »müßte möglich sein«, wenn Chruschtschow und er »die notwendigen Schritte« unternähmen, um das Land in die Neutralität und Unabhängigkeit zu führen. »Wie ich Ihnen bereits . . . versichert habe, verfolgen die Vereinigten Staaten keinerlei nationale Interessen in Laos.« Die USA wollten in Laos weder Militärstützpunkte errichten, noch würden sie ein Bündnis mit diesem Lande anstreben.

Kennedy sprach sich in seinem Brief für eine Koalitionsregierung unter Prinz Souvanna Phouma aus und versprach, auf die »Führung der königlich laotischen Regierung Druck auszuüben, damit sie diese Lösung wohlwollend in Erwägung zieht«. Bislang habe der kommunistische Prinz Souphanouvong in dieser Frage jedoch keinerlei Entgegenkommen gezeigt: »Ich kann nur der Hoffnung Ausdruck geben, daß Sie . . . Ihren Einfluß in ähnlicher Richtung geltend machen.«

Im April 1961, also nach dem Debakel in der Schweinebucht, als die Lösung der Laos-Frage an den Konferenztisch verwiesen wurde, hatte Kennedy seine Strategie im Hinblick auf Vietnam geändert. Nun wollte er demonstrieren, daß seine Kompromißbereitschaft in Laos keineswegs bedeutete, daß sich die Vereinigten Staaten in Vietnam ebenso verhalten würden.

Schon früher war Robert Kennedy darauf hingewiesen worden, der beste Ort, um sich in Südostasien zu behaupten, sei nicht Laos, sondern Vietnam. Dieses Land besaß eine homogenere Bevölkerung und eine größere und besser ausgebildete Armee. Außerdem verfügte es über einen direkten Zugang zum Meer. Somit war es von seinen geographischen Bedingungen her amerikanischen Luft- und Seestreitkräften besser zugänglich. Als Lyndon Johnson das Land im Mai besuchte, übergab er Diem einen Brief von Kennedy, in dem der Präsident die Bereitschaft der Vereinigten Staaten bekräftigte, den vietnamesischen Staatschef bei seinen »Anstrengungen . . . im Kampf gegen den Kommunismus« zu unterstützen.

In Wien hatte Kennedy unmittelbar nach der hitzigen Berlin-Debatte mit Chruschtschow zu James Reston gesagt: »Jetzt müssen wir versuchen, unsere Macht glaubwürdig zu demonstrieren, und Vietnam scheint dafür der richtige Ort zu sein.«

Einige Wochen später hieß es in einem Brief Rostows an den amerikanischen Präsidenten, Chruschtschow habe offensichtlich die Absicht, »in stärkerem Maße Druck auf uns auszuüben«. Damit möchte er »eine Situation schaffen, in der wir nur reagieren können, indem wir einen Atomkrieg riskieren oder ihn zumindest heraufbeschwören. Angesichts dieser Tatsache bleibt uns nichts anderes übrig, als einen Kompromiß zu suchen. Daraufhin wird er den Druck ein wenig lockern, und dann wird ein Kompromiß ausgehandelt, der ihn in eine vorteilhafte Lage versetzt und uns benachteiligt.«

Darauf zielten »aus Chruschtschows Perspektive seine Aktivitäten in Berlin ab, und über kurz oder lang wird man uns einen Kompromiß zum Vietnam-Problem vorschlagen. Darin wird man uns wahrscheinlich anbieten, die Übergriffe der Guerilla einzustellen, wenn das Land dafür die Neutralität erhält.« Deshalb, so Rostow, solle man Moskau, Peking und Hanoi unmißverständlich deutlich machen, daß »weitere Angriffe gegen das Diem-Regime direkte Vergeltungsschläge gegen Nordvietnam« zur Folge haben würden.

Im September fügte der Vietcong dem Diem-Regime zahlreiche militärische Niederlagen zu, die die Regierung demoralisierten. In dieser Situation schien ein Vertrag angebracht zu sein, der Südvietnam die militärische Unterstützung der Vereinigten Staaten zusicherte. Kennedy schickte General Taylor und Rostow nach Vietnam, damit sie die Situation an Ort und Stelle überprüften. Sie berichteten, daß das Vertrauen in die Regierung in Saigon zusehends abnehme. Aufgrund der Ereignisse in Laos befürchteten die Südvietnamesen, daß die Vereinigten Staaten sie im Stich lassen würden. Außerdem deuteten die Erfolge des Vietcong darauf hin, daß sich Diems korrupte, unpopuläre und unfähige Regierung sowieso nicht gegen den Feind würde halten können.

Taylor und Rostow empfahlen dem Präsidenten, Militärhilfe für

Vietnam zu genehmigen und amerikanische Regierungsbeamte aller Dienstränge nach Saigon zu schicken, um die Regierung in Saigon »von oben bis unten umzukrempeln«. Taylor befürwortete außerdem, eine Sondereinsatztruppe, vorzugsweise ein Pionierbataillon, in das Mekong-Delta zu entsenden, wo vor kurzem eine große Überschwemmung stattgefunden hatte und der Vietcong am meisten Einfluß besaß. Diese Truppe könnte jedoch in Kampfhandlungen verwickelt werden, bei denen eventuell Soldaten zu Tode kommen würden.

McNamara und die Stabschefs hingegen bezweifelten, daß die Entsendung von 8000 Soldaten den Sowjets klarmachen würde, daß »wir es ernst meinen«. Taylors Vorschlägen wollten sie nur dann zustimmen, wenn die Vereinigten Staaten zugleich versicherten, Südvietnam mit »allen notwendigen militärischen Mitteln« zu verteidigen. Falls Nordvietnam und China den offenen Kampf aufnehmen sollten, wären dazu mindestens 205 000 Mann notwendig.

Kennedy befürchtete, die Entsendung von Kampfeinheiten könnte den Waffenstillstand in Laos gefährden und zugleich in Südvietnam zu einer Eskalation führen. Gegenüber Schlesinger äußerte er: »Dann wird es wie in Berlin. Die Truppen marschieren ein; die Kapellen spielen dazu, und die Menge jubelt. Aber ein paar Tage später ist alles vergessen, und man sagt uns, wir müßten noch mehr Soldaten schikken. Es ist wie beim Alkohol; die Wirkung läßt nach, und nach einer Weile braucht man mehr.«

In einem gemeinsam verfaßten Memo warnten Rusk und McNamara den Präsidenten, ein Sieg der Kommunisten in Vietnam könne ganz Südostasien zu einer »Tolerierung der kommunistischen Systeme, wenn nicht gar zu einer offiziellen Eingliederung in den kommunistischen Block« führen. Der Verlust Vietnams »würde nicht nur die SEATO zerstören, sondern die Glaubwürdigkeit des amerikanischen Engagements auf der ganzen Welt in Frage stellen«. Angesichts der Berlin-Krise würde eine derartige Niederlage zudem »bittere Auseinandersetzungen in den Vereinigten Staaten nach sich ziehen«. Extreme Elemente könnten das Problem aufgreifen, die Einheit der Nation gefährden und die Regierung in Bedrängnis bringen.

Kennedy folgte der Empfehlung der beiden Minister und schickte militärische Berater nach Südvietnam. General Lemnitzer wies noch einmal darauf hin, daß in den Augen der Stabschefs ein Krieg »eine von den Kommunisten eingeplante Etappe auf dem Weg zur Weltherrschaft« sei. Wenn die besprochenen Maßnahmen keinen Erfolg zeigen, sähen seine Kollegen und er keine andere Alternative, als amerikanische Truppen nach Südvietnam zu schicken.

Mitte Oktober äußerte Kennedy in einem privaten Gespräch mit Arthur Korock, einem Kolumnisten der *New York Times*, die Ansicht, amerikanische Truppen sollten sich nicht an Auseinandersetzungen auf dem asiatischen Festland beteiligen. Dies gelte besonders für ein Land, dessen Bevölkerung sowohl der Kalte Krieg als auch ihre persönliche Freiheit und Selbstbestimmung gleichgültig sei. Die Vereinigten Staaten dürften sich nicht in von Guerillatruppen angezettelte bürgerkriegsähnliche Konflikte einmischen; und es ließe sich schließlich nur »schwer beweisen«, daß nicht gerade das in Vietnam der Fall war.

Er persönlich sei kein Anhänger der »Dominotheorie«. »In absehbarer Zeit wird Rotchina zwangsläufig über Atomwaffen verfügen, und von diesem Augenblick an sind die chinesischen Kommunisten ohnehin die führende Macht in Südostasien.« Den Konflikt um Berlin beizulegen sei »eine verdammt schwierige Aufgabe«, während die Kommunisten gleichzeitig »aggressive Auseinandersetzungen überall im Ausland ermutigen«. Er erwäge, Chruschtschow in einem Schreiben aufzufordern, diese aggressiven Elemente in Vietnam, Laos und andernorts zurückzupfeifen.

In einem Brief an Chruschtschow schrieb er dann, in Südvietnam »versuchten Kräfte von außen mit allen Mitteln, die momentane Regierung zu stürzen. Diese drücken ihre Ziele mit Hilfe von subversiven Aktionen, Waffenschmuggel, Propaganda, Terroranschlägen und allen anderen Mitteln durch, die Kommunisten unter diesen Umständen für gewöhnlich einsetzen. In diesem Falle werden all diese Machenschaften ausnahmslos von Nordvietnam aus gesteuert.«* Dies stehe »eindeutig im Widerspruch« zu den Genfer Verträgen von 1954. Wenn Chruschtschow dafür sorgte, daß Nordvietnam sich an die Genfer Verträge hielte, »würde er dem Frieden einen großen Dienst

---

* Am 15. Dezember antwortete Kennedy auf ein Schreiben von Präsident Diem: »Mit wachsender Empörung erfuhren wir von dem tatsächlichen Ausmaß, in dem die Kommunisten willkürlich zu Mordanschlägen, Entführungen und Gewalttätigkeit greifen. Mit Ihrem Brief bestätigen Sie noch einmal, was wir bereits wissen – nämlich daß die Welle der Gewalt und des Terrors gegen Ihr Volk und Ihre Regierung von außen, von den Machthabern in Hanoi, unterstützt und dirigiert wird.«

erweisen, der ja, wie Sie auf dem Zweiundzwanzigsten Parteitag betont haben, im Zentrum Ihrer Politik stehen soll«. Chruschtschow möge darauf hinwirken, daß »die Bündnispartner Ihres Landes sich aus Südvietnam heraushalten«. Im Gegenzug dazu würden die Vereinigten Staaten »versichern, daß Nordvietnam nicht zum Ziel eines direkten oder indirekten Angriffs werden wird ... Ich breche jetzt für eine mehrtägige Reise in den Westen unseres Landes auf und werde mich nach meiner Rückkehr im Zusammenhang mit anderen Fragen mit Ihnen in Verbindung setzen.«

Während seines Aufenthalts im Westen wollte Kennedy mehrere Reden halten, um die Öffentlichkeit auf die Berlin-Verhandlungen vorzubereiten, die, wie er glaubte, bald beginnen würden. Meinungsumfragen hatten ergeben, daß in diesem Teil des Landes der Widerstand gegen Verhandlungen mit dem Ostblock größer war als in jedem anderen Gebiet, wenn man einmal von den Südstaaten absah. So erklärte Kennedy seinen Zuhörern während einer Ansprache in der University of Washington in Seattle: »Gerade mit jenen Ländern, in denen keine Freiheit herrscht, müssen wir zusammenarbeiten und verstärkt für die Sache der Freiheit eintreten ... Wir müssen uns mit denjenigen Problemen auseinandersetzen, die sich nicht schnell, einfach und auf Dauer lösen lassen ... Solange wir uns im klaren darüber sind, was unseren vitalen Interessen und unseren langfristigen Zielen schaden könnte, müssen wir Verhandlungen nicht scheuen ...
Im Hinblick auf eventuelle Verhandlungen über Berlin zum Beispiel können wir unsere Vorschläge nicht einfach auf eine Reihe von Kompromissen beschränken. Andererseits dürfen wir aber keinesfalls die Sicherheit des freien Deutschlands und West-Berlins gefährden oder ihre Einbindung in die westliche Hemisphäre aufs Spiel setzen, indem wir übersteigerte Forderungen stellen ... Nur wenn wir die Tatsache akzeptieren können, daß man Verhandlungen nicht als Wettkampf betreiben darf, werden wir wirklich politische Vernunft beweisen.«

Um sich zusätzlich vor Aufnahme der Verhandlungen über Berlin abzusichern, lud Kennedy Konrad Adenauer nach Washington ein. Der deutsche Kanzler, der bei den Bundestagswahlen im September gerade in seinem Amt bestätigt worden war, und auch sein Botschafter in Washington, Wilhelm Greve, waren sehr beunruhigt wegen der bevorstehenden Berlin-Gespräche zwischen Thompson und Gromyko.

Um Adenauers Befürchtungen aufgrund der Sowjetunion zu zerstreuen und ihn zu einem größeren Beitrag Westdeutschlands zur NATO zu bewegen, hatte Robert Armory eine Argumentationslinie vorbereitet, die die Behörde dem Präsidenten vorstellte. Darin hieß es, die Truppenstärke der sowjetischen Divisionen umfasse nur ein Drittel der der NATO und sei somit auch entsprechend weniger schlagkräftig. Daraus könne man schließen, daß die »russischen Bodentruppen in Deutschland und die Einheiten, durch die sie verstärkt werden könnten, in einem konventionellen Krieg nicht unbesiegbar« wären.

In General Lemnitzers Augen war diese Darstellung allerdings »allzu optimistisch und in vieler Hinsicht übertrieben«. Außerdem führte er mit dem Präsidenten einen »heftigen Disput«, da sie vertrauliche Informationen enthielt, die Adenauer ansonsten niemals zugänglich gewesen wären. Auch Franz Josef Strauß hatte seine Zweifel, da diese Darstellung in seinen Augen »eher auf Wunschdenken als auf der Realität« beruhte.

In einem Brief an die 59 Labour-Abgeordneten des britischen Parlaments vom Oktober des vergangenen Jahres hatte Chruschtschow folgende Punkte zur Lösung der Berlin-Frage vorgeschlagen: Er garantiere den freien Zugang der Westmächte nach West-Berlin und fordere als Gegenleistung die Anerkennung der Oder-Neiße-Grenze sowie die Aufnahme der DDR in die UNO. Darüber hinaus hatte er verlangt, die Bundesrepublik und auch die DDR sollten auf Atomwaffen verzichten. Mitteleuropa sollte zur entmilitarisierten Zone werden.

Bei den Gesprächen im Weißen Haus gab Adenauer dem Drängen Kennedys nach und stimmte amerikanisch-sowjetischen Verhandlungen über den Status von Berlin zu, solange die Rechte der Westmächte gewährleistet seien. Außerdem erklärte er sich bereit, den Beitrag Bonns zur NATO von acht auf zwölf Divisionen zu erhöhen. Kennedy verpflichtete sich im Gegenzug, daß er mit Chruschtschow weder über die Anerkennung der DDR noch über die Oder-Neiße-Grenze oder die Neutralität Mitteleuropas verhandeln werde. Jedoch lehnte der amerikanische Präsident die Bitte Adenauers ab, die Bundesrepublik im Fall eines möglichen Atomkriegs an den Entscheidungsprozessen der NATO zu beteiligen.

Am Vorabend von Kennedys Rede vor den Vereinten Nationen im September hatte Salinger Charmalow darauf hingewiesen, daß Chruschtschow jederzeit das Interesse der amerikanischen Öffentlichkeit erwecken konnte, indem er Lippmann, Pearson oder Sulzberger in die Sowjetunion einlud. Warum sei es denn nicht möglich, daß die UdSSR einen entsprechenden Schritt unternahm?

Charmalow fand jedoch den Zeitpunkt »für diese Bitte ausgesprochen ungünstig«. Das amerikanische Außenministerium hatte soeben fünfzehn sowjetischen Korrespondenten die Aufenthaltsgenehmigung verweigert. Nachdem Salinger diese Angelegenheit bereinigt hatte, wurde Adschubej beauftragt, Kennedy für die *Iswestija* in Hyannis Port zu interviewen. Wie sich Adschubej später erinnerte, hatte ihn sein Schwiegervater gebeten, bei dieser Gelegenheit auf ein besseres Verhältnis zu dem Präsidenten hinzuarbeiten.

In einem Bericht der CIA im Sommer des Jahres hieß es über Adschubej, er habe »aufgrund seines angeborenen Talents und der Heirat mit der Tochter Chruschtschows Karriere als Journalist gemacht«. Auf diese Weise habe er hinter den Kulissen erheblichen Einfluß auf die Regierungsgeschäfte gehabt. »Adschubej ist mehr als ein Redenschreiber seines Schwiegervaters, sondern er ist in den letzten zwei oder drei Jahren auch zu einem der wichtigsten Ratgeber des Ministerratsvorsitzenden aufgestiegen, besonders in Fragen, die die Vereinigten Staaten betreffen.«

Er legte eine »gewisse Rücksichtslosigkeit« an den Tag und sei »sich sowohl in bezug auf seine eigene Position völlig sicher als auch von der Überlegenheit der Sowjetunion überzeugt«. Als er seinen Schwiegervater 1959 auf dessen Amerikareise begleitete, sahen viele in ihm »den arrogantesten Menschen«, dem sie jemals begegnet waren. Dabei erwies sich seine Haltung gegenüber den Vereinigten Staaten als eine »Mischung aus ... mit Neid gepaarter Bewunderung und der für einen überzeugten Kommunisten typischen Abscheu vor der kapitalistischen Welt«.

Thompson berichtete, daß zahlreiche Mitarbeiter des sowjetischen Außenministeriums beklagten, sie hätten »in der Außenpolitik nichts mehr zu sagen«, seit Adschubej der offizielle Ratgeber seines Schwiegervaters auf diesem Gebiet geworden sei. »Allerdings verweigert Chruschtschow Adschubej einen Posten in Partei oder Regierung, der seinen tatsächlichen Leistungen entspricht, um sich gegen den Vorwurf der Vetternwirtschaft abzusichern.«

Nachdem er während des Krieges im sowjetischen Militär gedient hatte, studierte der 1924 geborene Adschubej an der Moskauer Uni-

versität Journalismus und Literatur. Dort zog er auch sein »Glücks-
los«*, wie der Generalsekretär es genannt hätte: Er lernte Chruschtschows Tochter Rada kennen und heiratete sie.

Nachdem er sich bei der *Komsomolskaja Prawda* bis zum Posten des
Chefredakteurs hochgedient hatte, wurde er 1959 Chefredakteur der
Iswestija, die jahrelang als langweiligste Tageszeitung der Sowjetunion
galt. Unter Stalin hatte sich die *Iswestija* auf den Abdruck bürokrati-
scher Erlasse beschränkt, doch Adschubej polierte die Schlagzeilen auf,
verwendete eine verständliche Sprache und lockerte den Text durch
eine größere Anzahl von Bildern auf. Außerdem brachte die Iswestija
nun Auslandsnachrichten und eine farbige Sonntagsbeilage, woraufhin
sich ihre Auflage verdoppelte.

Im Jahre 1959 begleitete er Chruschtschow auf dessen Reise nach
Washington. 1960 flog er mit ihm zur UNO-Vollversammlung, und
1961 war er auch in Wien dabei. Schon bald galt Adschubej bei den
westlichen Diplomaten als die Verkörperung der neuen herrschenden
Klasse der Sowjetunion. Ein britischer Journalist bezeichnete ihn als
eine »höchst zweifelhafte Mischung aus ›Jet-set‹ in seiner schauerlich-
sten Ausprägung, politischem Ehrgeiz und Intrigantentum. Wenn ihm
der Sinn danach stand, setzte er sich für junge Talente ein, aber er
konnte sich auch als ausgesprochener Zyniker erweisen. Sicher wäre
es manchmal für die jungen Schriftsteller, Maler, Soziologen und
Philosophen besser gewesen, wenn es in Chruschtschows Haus nicht
diesen Schwiegersohn mit seiner Vorliebe für abstrakte Malerei und
großem Verständnis für die Probleme der Jugend gegeben hätte. Denn
dann hätten sie besser gewußt, an was sie sich halten sollten.«

Das Interview mit Adschubej war für Samstag, den 25. November,
angesetzt. Am Abend zuvor ließ sich der Präsident noch einmal von
McNamara und seinen Beratern aus dem Weißen Haus über die
tatsächliche Schlagkraft der amerikanischen Armee im Vergleich zur
sowjetischen informieren.

Am Samstag morgen führte Salinger Adschubej und Bolschakow
in ebenjenes Wohnzimmer im Landhaus in Hyannis Port, in dem
der Präsident am Abend zuvor noch über die Vernichtung der

---

* Mit diesen Worten jedenfalls beschrieb Chruschtschow seine Schulfreundschaft
  mit Stalins zweiter Frau in den dreißiger Jahren, die seiner Karriere äußerst
  dienlich gewesen war.

Sowjetunion durch amerikanische Langstreckenraketen debattiert hatte.

Zu Beginn wies Adschubej auf Kennedys »gute Absichten« zur Verbesserung der sowjetisch-amerikanischen Beziehungen hin, die der Präsident zu Beginn des Jahres geäußert hatte. Dann klagte er, die Vereinigten Staaten würden sich überall auf der Welt in die internen Angelegenheiten anderer Länder einmischen. »Wir wären glücklich, wenn Sie, Mr. President, eingestehen könnten, daß Ihr Eingreifen in Kuba ein Fehler war.« Darauf entgegnete Kennedy, daß der Streit zwischen Amerika und Kuba durch Castros Weigerung entstanden sei, auf der Insel freie Wahlen abzuhalten.

Adschubej warf ein, daß »die gesamte kapitalistische Welt aufgeschrien« habe, als die Bolschewisten an die Macht kamen, »weil das russische Volk nicht mehr frei sei. Aber in den letzten 24 Jahren ist unser Land zur Supermacht geworden.« Der Präsident unterbrach ihn mit den Worten: »Sie sehen das vom Standpunkt eines Journalisten und Politikers aus.« Adschubej erwiderte: »Bei uns ist jeder Bürger ein Politiker, denn wir alle lieben unser Land.«

Kennedy sagte: »Die Sowjetunion hat mehr als jedes andere Land unter dem Zweiten Weltkrieg gelitten, auch mehr als die Vereinigten Staaten. Doch der Krieg ist seit langem vorüber. Wir müssen dafür sorgen, daß von deutschem Boden kein neuer Krieg mehr ausgehen wird.«

Weder er noch Chruschtschow seien für die Nachkriegsordnung und das Berlin-Problem verantwortlich zu machen. »Immerhin hat in den letzten fünfzehn Jahren in Europa wirklich Frieden geherrscht . . . was in ferner Zukunft in der Welt alles geschehen mag, kann niemand voraussagen. Aber wir sollten wenigstens in der Deutschland- und Berlin-Frage eine Lösung finden.« Nichts würde die Vereinigten Staaten glücklicher machen als Frieden zwischen ihren beiden Nationen, damit alle in den »Genuß eines ständig steigenden Lebensstandards« kämen.

Zum Schluß sagte Kennedy die Worte, an die sich Adschubej nach eigener Aussage immer erinnern sollte: »Als Stalin, Churchill und Roosevelt über Hitler siegten, waren sie alle drei schon alte Männer . . . Die Welt war damals völlig aus den Fugen geraten, und sie gaben sich keine große Mühe, die Dinge wieder ins Lot zu bringen. Vielleicht konnten sie es auch gar nicht . . . Aber wenn wir jetzt auch nur eine winzige Möglichkeit sehen, sollten wir die Gelegenheit nutzen. Sonst haben wir vielleicht in zwanzig Jahren eine Weltsituation, die sich nicht mehr ändern läßt.«

Um etwas in der Hand zu haben, falls Adschubej ihn falsch zitieren sollte, hatte Kennedy sein Wohnzimmer mit versteckten Mikrofonen ausstatten lassen. Normalerweise wäre deren Installation in den Aufgabenbereich der Fernmeldetruppe der Armee gefallen, aber Kennedy hatte der Abschirmeinheit des Geheimdienstes den Auftrag gegeben, weil auf diese Weise weniger Leute ins Vertrauen gezogen werden mußten.

Auch im Kabinettssaal, im Oval Office, in der Bibliothek und selbst am Telefon im Schlafzimmer des Präsidenten waren Mikrofone installiert, die alle mit einem Tonbandgerät im Keller verbunden waren. Sobald eine Spule voll war, steckte man sie in einen braunen Umschlag, versiegelte sie und brachte sie zu Kennedys Sekretärin Evelyn Lincoln, die sie in einem eigens dafür vorgesehenen Safe deponierte. Sie und O'Donnell waren wahrscheinlich die einzigen Mitarbeiter des Präsidenten, die in vollem Umfang über die Abhöreinrichtungen informiert waren.[*]

Wie schon sein Vorgänger, der allerdings ein einfacheres Abhörsystem hatte installieren lassen und von diesem auch weniger Gebrauch machte, wollte Kennedy sich vermutlich mit diesen geheimen Tonbandaufzeichnungen gegenüber seinen politischen Gegnern absichern. Nach dem Mißlingen der Operation in der Schweinebucht hatten beispielsweise verschiedene Mitarbeiter des Pentagon und der CIA gegenüber Reportern behauptet, sie hätten dem Präsidenten von diesem Vorhaben abgeraten. Mit Hilfe der Tonbandaufnahmen würde Kennedy jedoch das Gegenteil beweisen können, damit diese Leute in Zukunft vorsichtiger mit ihren Behauptungen umgingen. Als Kennedy gemeinsam mit Sorensen an seinen Memoiren arbeitete, nutzte er das vorliegende Beweismaterial, um die Darstellung der Ereignisse in der Öffentlichkeit zu korrigieren.[**]

---

[*] Als Jahre später bekannt wurde, daß Richard Nixon Personen ohne deren Wissen hatte abhören lassen, behaupteten ehemalige Mitglieder der Kennedy-Regierung, es sei »unvorstellbar«, daß ihr Chef jemals derartige Maßnahmen angeordnet hätte.

[**] Auch Robert Kennedy griff auf die Tonbänder zurück, als er seine Erinnerungen an die Kuba-Krise, *Thirteen Days*, schrieb, in der er seine eigenen Leistungen hervorhob.

Drei Tage nach Adschubejs Besuch bei Kennedy veröffentlichte die *Iswestija* das Interview. Zum erstenmal in der Geschichte hatten die fünf Millionen Leser der Zeitung die Gelegenheit, die Ansichten des amerikanischen Präsidenten zum Kalten Krieg kennenzulernen. Beispielsweise konnte man in diesem Artikel lesen, die Sowjets ließen »das Interesse an ernsthaften Verhandlungen vermissen«.*

In Washington erklärte Kennedy seinen Mitarbeitern, das Interview habe sich gelohnt. Zumindest sei »es ein Versuch gewesen, sie davon zu überzeugen, daß wir gar nicht so blutrünstig sind, wie sie immer denken. Allerdings war es auch ein Propagandaerfolg für Chruschtschow. Denn nun hat er all denen den Wind aus den Segeln genommen, die immer behaupten, der Kreml verheimliche dem russischen Volk die Wahrheit ... Trotzdem ist das wichtigste Ergebnis dieser ganzen Aktion, daß Chruschtschow sie zugelassen hat. Glauben Sie, er taut allmählich ein wenig auf?«

In der darauffolgenden Woche verfaßte Kennedy einen weiteren persönlichen Brief an Chruschtschow. Dieser hatte sich in seinem Schreiben vom 9. November beklagt, das »aggressive« Westdeutschland versuche, gewaltsam die territorialen Verhältnisse der Vorkriegszeit wiederherzustellen. Jetzt entgegnete Kennedy, Westdeutschland sei »die einzige Nation auf der Welt, deren Armee vollständig unter internationaler Kontrolle« stünde. Die Wiederbewaffnung habe erst im Jahre 1955 begonnen, zu einem Zeitpunkt also, als jedem in der Welt klargewesen sei, daß das Regime in Ostdeutschland bereits seit längerem über eigene Truppen verfüge.

Schließlich seien es die Sowjets gewesen, die 1948 den Alliierten Kontrollrat in Berlin verlassen hätten. »Angesichts der Tatsache, daß Ost-Berlin frühzeitig von dem ostdeutschen Regime einverleibt wurde, kann die Sowjetunion keine ernsthaften Einwände erheben ... gegen den Status, den die Westmächte West-Berlin geben wollen ... Ein wichtiger Punkt jedoch, über den noch zu

---

* Eine Textstelle wurde allerdings geändert. In Hyannis Port hatte Abschubej erwähnt, Chruschtschow sei mit seinem Amerika-Besuch im Jahre 1959 »nicht völlig zufrieden« gewesen. Für den Abdruck des Interviews in der *Iswestija* hatte Adschubej diese Bemerkung umformuliert, damit niemand Grund hatte, seinen Schwiegervater zu kritisieren: »Da die amerikanische Regierung nicht von ihrer üblichen Vorgehensweise abrückte, war der Effekt der Reise gleichsam null und nichtig.« Salinger scherzte später, er hätte das gleiche getan, wäre der als jähzornig bekannte Chruschtschow sein Schwiegervater gewesen.

verhandeln wäre, sind bindende Abmachungen über unseren Zugang zu Berlin.«

Schließlich warnte er: »Ich möchte Sie wissen lassen, daß wir einer Einschränkung bestehender Rechte oder deren Übertragung auf das Regime in Ostdeutschland niemals zustimmen werden. Wir werden nicht dulden, daß der freie Zugang nach West-Berlin behindert ... oder eingeschränkt wird ... Ich fürchte allerdings, daß eine inoffizielle Korrespondenz dieser Art ... auch gar nicht das geeignete Medium ist, um über derartig komplexe und ernste Probleme zu verhandeln ... Ich sende Ihnen herzliche Grüße und hoffe, daß wir angenehmere Dinge zu besprechen haben, wenn wir das nächstemal miteinander in Verbindung treten.«

Am Samstag, dem 9. Dezember, ging Chruschtschow zum erstenmal in einer Rede vor Gewerkschaftern auf den vertraulichen Brief ein, den er soeben von Kennedy erhalten hatte. Er erklärte, er wünsche sich »ernsthafte« Gespräche über die Deutschlandfrage, aber einige westliche Politiker würden »die Verhandlungen gern darauf beschränken, die Besatzungsregierung in West-Berlin auf Dauer zu etablieren«.

Es war auch das erstemal, daß er mit Entschlossenheit die Behauptung Gilpatrics zurückwies, die Vereinigten Staaten seien der Sowjetunion atomar überlegen. Er warnte den Westen: »Machen Sie sich bewußt, welche Macht sich Ihnen entgegenstellen wird: Wir sind im Besitz von Fünfzig- und Hundert-Megatonnen-Bomben und noch weiteren Waffensystemen, Sie nicht.« Diese Superbomben würden als Damoklesschwert über den »imperialistischen Aggressoren« hängen. Die gleichen sowjetischen Raketen, die die Kosmonauten in die Erdumlaufbahn katapultierten, könnten jeden beliebigen Punkt auf dem Erdball treffen. Dann warf er dem Westen vor, er habe auf die sowjetischen Vorschläge zur Lösung des Berlin-Problems »mit Kriegshysterie und einer Verschärfung des Wettrüstens reagiert. Sie rüsten auf ... und drohen uns offen mit Krieg, falls die Sowjetunion mit Ostdeutschland einen Friedensvertrag unterzeichnet. *Aber wir lassen uns nicht einschüchtern*!«

Bundy betonte viele Jahre später, der Präsident habe in den vier Monaten nach dem Mauerbau niemals das neugewonnene Vertrauen der Amerikaner in ihre nukleare Überlegenheit ausgenutzt, um Chruschtschow zu drohen. Im Gegenteil, im September, als sich die Panzer am Checkpoint Charlie gegenüberstanden, gelang es Kennedy, mit Besonnenheit und auf dem Wege der Geheimdiplomatie einen Konflikt zu lösen, der leicht hätte außer Kontrolle geraten können. Und im Herbst legte er zusehends die eindeutige Bereitschaft an den Tag, die Alliierten und das amerikanische Volk davon zu überzeugen, daß Verhandlungen über das Schicksal von Berlin in ihrem Interesse seien. Doch seine Aversion gegen nukleare Drohgebärden ging nicht so weit, daß er Gilpatrics Rede genehmigte. Dadurch brachte Kennedy endgültig zum Ausdruck, daß er im Umgang mit der Sowjetunion einen anderen Weg als sein Vorgänger einschlagen wollte. Eisenhower, den Chruschtschow 1958 vor ein ähnliches Berlin-Ultimatum gestellt hatte, hatte es abgelehnt, die amerikanische Öffentlichkeit in Angst und Schrecken zu versetzen, und auf diese Weise die Krise entschärft.

Aus der Überzeugung heraus, daß ein Krieg in Europa niemals nur auf Bodentruppen beschränkt sein würde, hatte Eisenhower sich geweigert, im konventionellen Bereich aufzurüsten. Er wollte vermeiden, daß die atomare Abschreckung ihre Wirkung verlor, und gleichzeitig das Wettrüsten beschränken. Außerdem hatte er Chruschtschows Behauptung, die Sowjetunion sei den USA im atomaren Bereich überlegen, unwidersprochen hingenommen, um den Parteichef nicht zu noch größeren Verteidigungsanstrengungen zu treiben.

Kennedy hingegen fehlte der Instinkt, mit dem Eisenhower internationale Krisen einzudämmen versuchte. Außerdem galt er auch als weniger entschlossen und kompetent in Verteidigungsfragen als sein Amtsvorgänger. Wie Truman gegen Ende der vierziger Jahre baute er darauf, eine Erhöhung der Verteidigungsausgaben im Kongreß durchsetzen zu können, indem er die Situation vor der amerikanischen Öffentlichkeit möglichst dramatisch darstellte. Zugleich sicherte er sich auf diese Weise gegen Vorwürfe ab, er habe die Drohungen der Sowjets nicht genügend ernst genommen.* Außerdem hing Kennedy der diffusen Vorstellung an, die er schon in seinem Buch *Zivilcourage* zum Ausdruck gebracht hatte: »Aus schweren Krisen gehen große Persönlichkeiten hervor.«

---

* Wahrscheinlich ist er in dieser Einstellung von ehemaligen Mitarbeitern der Truman-Regierung beeinflußt worden, von denen viele zum engeren Kreis des Präsidenten gehörten: Rusk, Gilpatric, Nitze und Acheson.

Als überzeugter Anhänger der »flexible response« ließ er eine Warnung der Sowjets außer acht, die diese ihm schon vor seiner Amtsübernahme hatten zukommen lassen: Die Sowjetunion würde »nicht untätig zusehen«, wenn er die konventionelle Aufrüstung weiter fortsetzte, wie er während seines Wahlkampfes angekündigt hatte. Weit mehr als Eisenhower war Kennedy beunruhigt, da eine Eskalation des Konfliktes in Europa zu einem Atomkrieg immer wahrscheinlicher zu werden schien. Außerdem konnte er sich im Gegensatz zu seinem Amtsvorgänger nicht vorstellen, daß Chruschtschow seine Drohung, Atomwaffen auch wirklich einzusetzen, ernst nehmen würde.

Darüber hinaus war Kennedy sehr daran gelegen, Chruschtschows Ansehen in den Entwicklungsländern zu unterminieren. Dieser nämlich hatte die Staatschefs der Dritten Welt nicht ohne Erfolg umworben und sie mit dem Mythos der sowjetischen Vormachtstellung beeindruckt. Er wollte das amerikanische Volk und die Alliierten davon überzeugen, daß er aus einer Position der Stärke heraus Verhandlungen mit der Sowjetunion zustimmte. Zugleich wollte er verhindern, daß Chruschtschow dem Irrtum unterlag, Kennedy glaube noch immer an die Raketenlücke. Nur wenn dieses Mißverständnis aus der Welt geschafft war, konnte der amerikanische Präsident sichergehen, daß Chruschtschow keine drastischen Schritte in Berlin unternahm.

All dies waren für Kennedy gute Gründe, sein Placet zu Gilpatrics Rede zu erteilen, die so detailliert und provokativ wie nie zuvor die Kampfkraft der Amerikaner offenlegte. Doch es sollte sich später zeigen, daß der amerikanische Präsident damit einen Fehler gemacht hatte.

Mit dem Auftrag zu dieser Rede verstieß Kennedy gegen seinen eigenen Grundsatz, seinen Feind niemals in die Ecke zu treiben.* Leider hatte der Präsident nicht gründlich genug darüber nachgedacht, welche Auswirkungen Gilpatrics Rede auf Chruschtschow haben würde. Höchstwahrscheinlich wird sich der Parteichef gefragt haben, warum Kennedy ihm ausgerechnet während eines äußerst wichtigen Parteitages die Unterlegenheit der Sowjets unter die Nase

---

* In einer Buchrezension von Liddell Harts Titel *Deterrent or Defense* hob Kennedy 1960 lobend die Ansicht des Autors hervor: »Treibe einen Gegner nie in die Enge, sondern hilf ihm, sein Gesicht zu wahren. Versetze dich an seine Stelle – so als ob du die Welt nur durch seine Augen sähest.«

rieb und ihn somit öffentlich demütigte. War diese Ansprache vielleicht sogar der Vorbote eines amerikanischen Erstschlags gegen die Sowjetunion?

Chruschtschow war sich darüber im klaren, daß die Kritiker aus den Reihen der Militärs und der Kreml-Hierarchie nun von ihm verlangen würden, endlich seinen Widerstand gegen eine umfangreiche militärische Aufrüstung aufzugeben. Außerdem war Chruschtschow nach Gilpatrics Rede und Kennedys weiteren demonstrativen Hinweisen auf die Überlegenheit der Amerikaner gezwungen, umgehend und mit möglichst geringem finanziellem Aufwand das Gleichgewicht der Kräfte zu seinen Gunsten zu verändern. Waren seine Bemühungen erfolgreich, würde er endlich berechtigterweise behaupten können, daß die UdSSR die führende Rolle unter den Weltmächten innehatte. Kennedy hatte also, wie Chruschtschow es ausdrücken würde, mit dem Feuer gespielt, indem er Gilpatric seine Rede halten ließ.

Chruschtschow erreichte mit seiner Berlin-Krise nur wenige der Ziele, die er für 1961 anvisiert hatte. Denn trotz seiner Erpressungsversuche und Drohungen konnte er die Westmächte nicht dazu bewegen, dem Willen der Sowjets in der Berlin-Frage nachzugeben und diese Unterwerfung des Westens unter die Macht der UdSSR vor der Weltöffentlichkeit dramatisch zu inszenieren.

Statt dessen trat all das ein, was er eigentlich hatte vermeiden wollen: eine größere Einigkeit und Entschlossenheit unter den westlichen Nationen, Aufrüstungsanstrengungen der Amerikaner in Höhe von sechs Milliarden Dollar, die seine Pläne zunichte machten, den Verteidigungshaushalt möglichst gering zu halten, und die Zusicherung der Westdeutschen, zusätzliche Divisionen dem Befehl der NATO zu unterstellen. Außerdem hatten die Vereinigten Staaten nunmehr die Behauptungen der Sowjetunion, sie sei die führende Atommacht, als Lüge entlarvt. Als Chruschtschow dann sein Ultimatum für einen Friedensvertrag aussprach, erklärten seine Kritiker in Ost und West wie schon 1959, der sowjetische Staatschef habe damit nur eine leere Drohung ausgesprochen.

Bundy staunte oft über die große Kompromißbereitschaft, die Chruschtschow bei Verhandlungen an den Tag legte. Dagegen sei im Weißen Haus, wie er sich später erinnerte, die Bereitschaft zu Zugeständnissen auf dem Höhepunkt der Berlin-Krise größer gewesen, als »Kennedy jemals öffentlich zugegeben hätte«. So schlug Bundy im

August 1961 eine generelle Änderung der Taktik vor: Die Vereinigten Staaten sollten die DDR und die Oder-Neiße-Linie anerkennen und einen Nichtangriffspakt unterzeichnen. Jahre später meinte er, wenn in jenen Tagen »derartige Vorschläge aus Moskau gekommen wären und die Sowjets gleichzeitig bindende Zusicherungen im Hinblick auf Berlin gemacht hätten, hätten wir triftige Gründe gehabt, Bonn zu Zugeständnissen zu bewegen – eine Chance, die sich innerhalb der nächsten zehn Jahre so nie wieder ergeben sollte«.

Im Verlauf der Krise beachtete Chruschtschow peinlich genau die »drei Essentials« der Amerikaner zu Berlin, um nicht die Gefahr eines Atomkrieges heraufzubeschwören. Ehe er dem Bau der Berliner Mauer zustimmte, ließ er in weiser Voraussicht zwei sowjetische Divisionen um Berlin herum Stellung beziehen. Auf diese Weise wollte er verhindern, daß die Situation aufgrund einer eventuellen Fehlentscheidung Ulbrichts außer Kontrolle geriet.

Noch zwei Tage vor der endgültigen Schließung der Grenze versicherte er, daß es nicht zum Krieg kommen werde. Gleichzeitig wiederholte er aber seine üblichen Drohungen gegenüber Westeuropa. Chruschtschow wußte sehr gut, daß ein Atomkrieg, ganz gleich, wie das nukleare Kräfteverhältnis auch aussehen mochte, auf beiden Seiten Millionen von Menschenleben fordern würde – ein reichlich hoher Preis für einen Friedensvertrag mit Deutschland.

Wie Sergej Chruschtschow dem Autor berichtete, sei sein Vater während der Krise durchaus »entspannt« gewesen: »Sämtliche Truppen standen entweder unter amerikanischem oder unter sowjetischem Befehl. Und da er nicht die Absicht hatte, eine militärische Reaktion der USA zu provozieren, nahm er an, ein Krieg sei äußerst unwahrscheinlich.« Burlazki bezeichnete später die Berlin-Krise als »ein weiteres Scharmützel im Kalten Krieg . . . Wir übten ein bißchen Druck aus, und sie übten ein bißchen Druck aus, aber eine wirkliche Gefahr bestand eigentlich nicht. Es war nur ein Spiel – ein politisches Spiel, nicht mehr.«

Um einen dauerhaften Frieden sichern zu können, mußte Chruschtschow mit Hilfe einer spektakulären Aktion das peinliche Bild von der Unterlegenheit der Sowjets korrigieren, das Gilpatric zwei Monate zuvor in seiner Rede gezeichnet hatte. Dies war schon allein deswegen notwendig, weil seine Position innerhalb der sowjetischen Hierarchie gefährdet war und er in den Berlin-Verhandlungen und auf anderen Schauplätzen des Kalten Krieges Kennedy sonst nicht als gleichwertiger Partner hätte gegenübertreten können. So kam es Chruschtschow sicherlich nicht ungelegen, daß Fidel Castro zu Beginn des Jahres 1962 bat, ihm bei Vorkehrungen gegen eine mögliche zweite Invasion der Amerikaner in Kuba zur Seite zu stehen.

Kapitel 14

»Ihr Präsident hat einen schweren Fehler gemacht«

Als die Glocken während des Silvesterempfangs im Kreml um Mitternacht zu läuten begannen, wandte sich Chruschtschow an seine Gäste und hob das Glas: »Im letzten Jahr galt es als wichtigstes Ziel unserer Politik, dafür zu sorgen, daß im größten Teil der Welt Frieden herrscht ... Und auch 1962 wollen wir alles tun, um einen Krieg zu verhindern.«

Westlichen Diplomaten fiel auf, daß der Generalsekretär »alles andere als gut« aussah und daß auch seine engeren Mitarbeiter »geistesabwesend und sehr angespannt« wirkten. Chruschtschows Rede war ungewöhnlich einfallslos; die für ihn typischen Improvisationen und Scherze fehlten völlig. Bald darauf verließ er den Empfang, ohne auch nur mit einem einzigen ausländischen Gast ein Wort gewechselt zu haben.

Kurze Zeit später ließ der Kreml verlautbaren, Chruschtschow leide an einer Grippe. Doch in Moskau kursierte das Gerücht, er sei ernstlich erkrankt oder werde demnächst von seinem Amt zurücktreten. Diese Gerüchte verstummten auch nicht, als Chruschtschow am Freitag, dem 12. Januar, in Minsk seine erste größere Rede im neuen Jahr hielt. Dort sagte er: »Ich bin eigentlich in dem Alter, in dem man sich pensionieren läßt. Doch ich finde es äußerst unangenehm, plötzlich ohne Beschäftigung dazustehen ... Dieser Zustand ist für einen Mann höchst schmerzlich.«

Chip Bohlen versicherte Kennedy, der Parteichef könne sich nicht ernstlich in Bedrängnis befinden, denn ansonsten hätte er Moskau nicht verlassen. Auch John McCone, der neue Direktor der CIA, war der Ansicht, Chruschtschow brauche »um sein Amt nicht zu fürchten. Allerdings muß er sich mit Mitarbeitern abgeben, die ihm nicht ebenbürtig sind, aber immerhin sind sie noch besser als die verängstigten Lakaien, mit denen Stalin sich umgeben hat.«

McCone und seine Analytiker empfanden es als »ausgleichende Gerechtigkeit«, daß die Sowjetunion und China auf einen vollständigen und öffentlichen Bruch zusteuerten. Allerdings warnte Llewellyn Thompson von Moskau aus, »jedes Anzeichen, daß wir den Streit ausnutzen wollten«, könnte Chruschtschow dazu veranlassen, eine Aussöhnung mit China zu suchen: »Je weniger wir in offiziellen Verlautbarungen darauf eingehen, um so besser.«

Auch Georgi Bolschakow gab gegenüber Ben Bradlee zu, die Sowjetunion habe mit China, Albanien und anderen radikalen kommunistischen Staaten »ernsthafte Probleme«. Für den Westen sähe die Sache einfach aus: »Sie haben ja bereits gemerkt, daß Sie mit Chruschtschow leben können. Mit den Albanern hingegen hätten Sie es nicht so leicht.« Man könne Chruschtschow aber unterstützen, indem man an einer Lösung des Berlin-Konflikts arbeite: »Verhelfen Sie uns zu einer stärkeren Position gegenüber jenen, die immer wieder behaupten, die Politik der friedlichen Koexistenz sei zum Scheitern verurteilt. Dann können wir für alle Zeiten in Frieden leben.«

Wegen ihres Konflikts mit China konnte die Sowjetunion sich gegenüber dem Westen nun nicht mehr auf die geballte Macht von über einer Milliarde Kommunisten berufen. Und auch das winzige Albanien hatte Chruschtschow die Stirn geboten. All seinen Reden von der Ausbreitung des Weltkommunismus zum Trotz gab es seit Chruschtschows Amtsübernahme nur ein Land, das in das kommunistische Lager übergewechselt war: Kuba.

Zu Beginn des Jahres 1962 wurden der Präsident und seine Mitarbeiter von Theodore White interviewt, der an einem Porträt von Dean Rusk für das Magazin *Life* arbeitete. Zuvor hatte Kennedy seine Mitarbeiter gewarnt, White gegenüber »kein abschätziges Wort« über den Minister zu äußern.

Er selbst konnte sich allerdings im Anschluß an den offiziellen Teil des Interviews einige Bemerkungen über Rusk nicht verkneifen: »Bei ihm weiß man nie, woran man ist, nie legt er seine Karten auf den Tisch.« Rusk sei zwar »ruhig, nachdenklich und intelligent« und sicherlich »ein ausgezeichneter Minister, wenn man der Außenpolitik keinen großen Stellenwert beimißt – aber das tue ich leider nun einmal«.

Um seine Kritik abzuschwächen, sagte er später, Rusk wisse »besser als jeder andere im Weißen Haus oder im Außenministerium über all diese Probleme – die Befreiungsbewegungen – Bescheid. Aber er ist zu beschäftigt mit anderen Dingen, um sein Ministerium zu leiten. Das ist auch verständlich. McNamara beispielsweise kann immerhin Divisionen auf der Landkarte hin und her marschieren lassen. Und was kann Rusk tun? Gar nichts! Deshalb ist seine Aufgabe auch viel schwerer.« Schon während der Schweinebucht-Affäre hatte Kennedy geklagt: »Wie soll man einen Außenminister feuern, der gar nichts tut – weder etwas Gutes noch etwas Schlechtes?« Gegenüber Roger Hilsman äußerte der Präsident, er sei »unglücklich« mit Rusk, aber er könne nichts anderes tun, als die Aufgaben des Außenministers selbst zu erfüllen.

Diese Kritik des Präsidenten kam zwangsläufig auch Rusk zu Ohren. Und der stolze und sensible Mann dürfte sehr verletzt gewesen sein, denn offensichtlich wurde seine unverkennbare Loyalität gegenüber dem Präsidenten nicht erwidert. Doch sein Stoizismus hinderte ihn daran, sich darüber zu beklagen. Aber sicher machte er sich Gedanken darüber, daß weder Truman noch Eisenhower jemals ihren Außenminister gegenüber einem Reporter kritisiert hätten, geschweige denn gegenüber dessen eigenen Untergebenen.

Kennedy profitierte von Rusks Verschwiegenheit, seiner Zurückhaltung, seinen ausgezeichneten Beziehungen zum Kongreß und seiner Fähigkeit, auch Hiobsbotschaften an den Mann zu bringen. Was Rusk hingegen fehlte, war die Begeisterung, mit der Kennedy zum Telefon griff, und die Fähigkeit, sich knapp und präzise auszudrücken. Er besaß keine der Eigenschaften, die Kennedy an anderen Mitarbeitern wie Bundy und McNamara, welche er vorher kaum gekannt hatte, von Anfang an so sehr anzogen: unkonventionelles Herangehen, Originalität, Flexibilität, Ungeduld, Aggressivität, Sarkasmus, Ungezwungenheit, Kontaktfreudigkeit und ein nahezu unbeirrbares Selbstvertrauen.

Zu Beginn der Amtszeit Eisenhowers mußte Rusk miterleben, was passierte, wenn ein Minister seine Behörde nicht vor politischer Einflußnahme von außen bewahrte. Foster Dulles warf lieber einen Diplomaten nach dem anderen den Wölfen zum Fraß vor, als sich gegen Joseph McCarthy aufzulehnen. Als Außenminister versuchte Rusk nun eines dieser Opfer, den China-Spezialisten John Paton Davies, zu rehabilitieren. Aber Robert Kennedy verweigerte in diesem Fall seine Unterstützung, denn offensichtlich befürchtete er, der Präsident könne dadurch Schwierigkeiten bekommen. Derartige Vorfälle brachten Rusk den Ruf eines unkooperativen Eigenbrötlers ein; und vor allem der Justizminister äußerte diese Ansicht. Später erinnerte sich Rusk: »Robert Kennedy wollte nur die Personen in der Regierung behalten, die richtige Kennedy-Leute waren … In einigen Fällen, als es um die Besetzung von Posten ging, hatte ich mit Robert kleinere Meinungsverschiedenheiten … Manchmal stritt er bis aufs Messer mit mir … Anders als zwischen Robert und McNamara entstand zwischen Bobby und mir niemals eine persönliche Freundschaft.«

Für Robert Kennedy und seinen Bruder wurde Rusk schließlich zum Symbol der Opposition des Außenministeriums gegenüber den Zielen des Präsidenten. Die Aufzeichnungen, die Arthur Schlesinger für seine Memoiren machte, zeigen noch einmal deutlich, wie der Justizminister und seine Anhänger über Rusk dachten: »Er lebte in der ständigen Furcht, zu versagen und sich lächerlich zu machen … Sein farbloses Auftreten wirkte geradezu zwanghaft, und aufgrund seines monotonen Tonfalls und seines stoischen Temperaments war bei ihm nie eine innere Regung zu erkennen … Man mußte sich fragen, ob die Realitäten dieser Welt – wie radikale revolutionäre Bewegungen und unterentwickelte Länder – überhaupt jemals sein enges System von festgefahrenen Gedankengängen durchdrangen, das seine Außenpolitik prägte.«

Insgeheim stimmte der Präsident Rusks Kritikern zu, schreckte jedoch davor zurück, ihn zu entlassen. Als er einmal gemeinsam mit O'Donnell überlegte, ob sie sich nicht eine Person »mit ein bißchen mehr Pep« suchen sollten, entgegnete der Berater: »Hätten Sie lieber jemanden wie Dean Acheson im Weißen Haus? Also jemanden, der grundsätzlich gegen alles ist, was Sie unternehmen, der den Kongreß gegen uns aufbringt … und außerdem gegenüber der Presse den Mund nicht halten kann?« Kennedy antwortete: »Vielen Dank, das hatte ich ganz vergessen.« Im Laufe der Zeit ließ er sich in außenpolitischen Fragen mehr und mehr von seinem Bruder, McNamara, Bundy und anderen Mitarbeitern beraten.

Im Januar teilte Bolschakow Salinger bei einem Treffen in der Bar des Hay-Adams-Hotels mit, es würde den Sowjets »sehr gelegen« kommen, wenn Robert Kennedy auf seiner unmittelbar bevorstehenden Weltreise auch in Moskau Station machen würde. Die Familie Adschubej befände sich im übrigen augenblicklich in Havanna und würde in Kürze auch nach Washington kommen.

Als Salinger dem Präsidenten am Abend von diesem Gespräch berichtete, beschloß Kennedy, die Familie Adschubej zum Abendessen einzuladen. Mit einem Besuch seines Bruders in Moskau war er allerdings nicht einverstanden. »Die Presse würde die Angelegenheit nur hochspielen und ihr eine Bedeutung geben, die sie gar nicht hat. Außerdem würde das im Außenministerium eine Menge Staub aufwirbeln.«

Doch irgendwie sickerte die Meldung von der Einladung Robert Kennedys nach Moskau an die *New York Times* durch. Salinger vertrat sogar die Ansicht, Bolschakow selbst habe geplaudert, um Robert unter Druck zu setzen. Als er nun dem sowjetischen Agenten mitteilte, der »enge Zeitplan« des Justizministers ließe einen Besuch Moskaus nicht zu, erklärte Bolschakow gegenüber Reportern, dies sei ein »Affront gegen die Sowjetunion«. Aufgrund dieser extremen Wortwahl kamen die Kennedys zu dem Ergebnis, daß Chruschtschow einem Besuch Robert Kennedys offensichtlich eine große Bedeutung beigemessen hätte. Der Justizminister schrieb daraufhin einen beschwichtigenden Brief an Chruschtschow und erhielt ein zwölfseitiges Schreiben zur Antwort.

Am 30. Januar, einem Dienstag, fand im Weißen Haus das Abendessen für die Familie Adschubej statt, zu dem auch Bolschakow geladen war. Bei dieser Gelegenheit entkräftete der Herausgeber der *Iswestija* die Gerüchte über politische Probleme seines Schwiegervaters. Er erzählte, Chruschtschow habe einmal gemeint, wenn im Jahre 1957 eine Volksabstimmung stattgefunden hätte, hätten 95 Prozent der Stimmberechtigten für Molotow und 5 Prozent für ihn votiert. Heute jedoch würde das Ergebnis genau umgekehrt ausfallen.

Später zog sich Kennedy mit Bolschakow und Adschubej in den Oval Room zurück. Dort warnte er die beiden Politiker nochmals davor, die Berlin-Erklärung der Amerikaner falsch einzuschätzen. Als das Gespräch auf Kuba kam, fragte Adschubej, ob die Vereinigten Staaten eine Invasion planten. Der Präsident antwortete mit »Nein«.

Fidel Castro erhielt eine Kopie des Berichts, den Adschubej über sein Gespräch mit Kennedy angefertigt hatte. Nach Castros Erinnerungen soll Kennedy damals betont haben, ein verstärkter Einfluß der Sowjetunion in Kuba sei für die Vereinigten Staaten »nicht akzeptabel«. Adschubej möge sich vor Augen führen, daß die Vereinigten Staaten nichts unternommen hätten, als die Russen in Ungarn einmarschiert seien.

Castro kam damals zu dem Schluß, daß Kennedy mit diesen Worten die Russen aufforderte, sich nicht einzumischen, falls die Amerikaner eine großangelegte Aktion gegen Kuba durchführen sollten Adschubejs Bericht war für ihn ein Beweis dafür, daß die Vereinigten Staaten trotz gegenteiliger Beteuerungen eine erneute Invasion planten. Daher setzte er alles daran, um die Moskauer Führung davon zu überzeugen, daß er massive Unterstützung von seiten der Sowjetunion brauchte, um einen derartigen Angriff zurückschlagen zu können. Als er Jahre später befragt wurde, welches die auslösenden Momente für die Kuba-Krise gewesen seien, meinte er: »Mit der Kopie dieses Berichts fing alles an.«

Im Dezember hatte Macmillan Kennedy gefragt, ob es nicht möglich sei, einen erneuten Anlauf zu unternehmen, um mit Chruschtschow zu einer Einigung zu kommen und den Teufelskreis des nuklearen Wettrüstens zu durchbrechen. Damals hatte der Präsident entgegnet, daß die Sowjets offensichtlich kein Teststoppabkommen wünschten, denn sie hätten ja schließlich schon seit Februar 1961 ihre neue Testreihe vorbereitet. Und mittlerweile müsse er sich fragen, wie das Kräfteverhältnis im Jahre 1964 aussehen würde, wenn die Sowjets weiterhin ihre Waffen testeten, der Westen hingegen nicht. Prinzipiell sei er zwar ein Gegner der Atomtests, aber wenn es weder in der Berlin-Frage noch in den Abrüstungsgesprächen einen entscheidenden Durchbruch gäbe, sei es an der Zeit, eine neue Serie von Versuchen vorzubereiten und durchzuführen.

Auch bereiteten ihm Berichte westlicher Geheimdienste Sorgen, nach denen die Sowjets große Fortschritte in der Konstruktion einer Raketenabwehr-Rakete machten. In Anknüpfung an die Versuche im Jahre 1958 sollte nun in einer neuen amerikanischen Testreihe festgestellt werden, ob auf die Vereinigten Staaten abgefeuerte sowjetische Raketen durch eine Atomexplosion in großer Höhe und die dadurch entstehende Druckwelle, durch die Hitze und die Radioaktivität zerstört und ihre Sprengköpfe neutralisiert oder ihre Leitsysteme unwirksam gemacht werden könnten.

Aber schließlich erklärte sich Kennedy doch bereit zu einer letzten Initiative, um einen Abrüstungsprozeß herbeizuführen. Im Gegenzug versprach der britische Premierminister, falls auch dieser letzte Versuch scheitern sollte, werde er den Amerikanern gestatten, überirdische Atomversuche auf den Christmas Islands, einer ungefähr 1600 Kilometer von Hawaii entfernten britischen Kolonie, durchzuführen.*

Anfang Januar schrieb Macmillan an Kennedy, wenn die Technik, mit der man die Menschheit zerstören könne, »Diktatoren, Reaktionären, Revolutionären oder Wahnsinnigen« in die Hände fallen würde, dann »glaube ich, daß das große Verbrechen entweder aus Versehen, aus Leichtsinn oder aus Wahnsinn noch vor dem Ende dieses Jahrhunderts begangen werden wird«.

Als Bundy das Antwortschreiben des Präsidenten entwarf, meinte Foy Kohler zu ihm: »Warum machen wir uns überhaupt so viele Gedanken über diesen hysterischen Erguß? . . . Wir können uns doch nicht von Macmillan moralisch erpressen lassen!«

In einem gemeinsam von Kennedy und Macmillan verfaßten Schreiben an Chruschtschow hieß es: »Wir alle drei müssen uns der persönlichen Verantwortung stellen und jeden nur möglichen Weg prüfen, durch den die Eskalation des Wettrüstens abgebremst oder rückgängig gemacht werden kann.« Bei den für März geplanten Abrüstungsverhandlungen in Genf sollten sich die Außenminister der achtzehn teilnehmenden Nationen »für eine weitestgehende Abrüstung zum frühestmöglichen Zeitpunkt« einsetzen.

In seinem Antwortbrief fragte der Generalsekretär, warum sie diese Aufgabe den Außenministern überlassen wollten. Schließlich läge die letzte Entscheidungsgewalt bei den Staatschefs, und deshalb sollten die Führer aller achtzehn Nationen in Genf zusammentreffen. »Vielleicht kommt Ihnen dieser Vorschlag ungewöhnlich vor, aber Sie werden mir zustimmen, daß das große Ziel, das wir uns gesetzt haben, ihn vollständig rechtfertigt.« Kennedy jedoch erwiderte, es sei sinnvoller, auf Ministerebene mit den Gesprächen zu beginnen. Wenn es dann Fortschritte gäbe, sei er »sofort bereit«, mit dem Generalsekretär in Genf zusammenzutreffen.

Daraufhin schickte Chruschtschow ein 24seitiges Antwortschreiben, in dem er erklärte, die Haltung des Präsidenten habe ihn »verärgert«. Er warf Amerika und Großbritannien vor, sie wollten »die bittere

---

* Kennedy wollte das Testgelände in Nevada nicht benutzen, denn »der politische Preis für einen weiteren Atompilz« über US-amerikanischem Territorium war ihm zu hoch.

Pille« der Wiederaufnahme der Atomwaffentests durch eine »Geste« in Richtung auf Abrüstung »versüßen«.

Kennedy entgegnete, Rusk habe bei den Verhandlungen in Genf volle Handlungsfreiheit und er hoffe, sie könnten noch vor Juni zu einem Gipfeltreffen zusammenkommen. Außerdem ließ er Bolschakow durch den Justizminister ausrichten, daß die Verhandlungen über Berlin festgefahren seien. Daher hielte er es für notwendig, über die Themen zu verhandeln, bei denen man am ehesten zu einer Einigung kommen könne – also über Fragen der Abrüstung und ein Atomwaffenteststopp-Abkommen.

Am Freitag, dem 2. März, kündigte der Präsident in einer Fernsehansprache die Wiederaufnahme der amerikanischen Atomwaffentests für den Fall an, daß ein Teststoppabkommen mit der Sowjetunion nicht zustande käme. Als man ihn fragte, ob die Regierungsmitglieder im wesentlichen mit der Entscheidung einverstanden seien, antwortete er: »Ich glaube, Adlai hat Bauchschmerzen bei der Sache.«

Die Nachricht, daß Kennedy die Wiederaufnahme der Atomwaffentests angekündigt habe, erreichte Chruschtschow am Abend vor einem wichtigen Treffen des Zentralkomitees. Daraufhin schrieb der Parteichef an Kennedy: »Ihre Militärs brüsten sich öffentlich, sie könnten die Sowjetunion und andere Länder aus dem kommunistischen Lager von der Erdoberfläche wegradieren. Andererseits behaupten Sie nun, die Vereinigten Staaten müßten ihre Atomwaffen testen, um in der Aufrüstung gegenüber der Sowjetunion nicht ins Hintertreffen zu geraten.«

Wenige Tage später erklärte Bolschakow beinahe entschuldigend gegenüber Sorensen, seine Regierung sei gezwungen gewesen, mit derartig scharfen Worten auf die Wiederaufnahme der amerikanischen Atomwaffentests zu reagieren.

Zur gleichen Zeit mußte Chruschtschow eine der schmerzlichsten Niederlagen seit seiner Machtübernahme hinnehmen: Das Zentralkomitee verweigerte ihm seine Zustimmung zu dem Plan, den Verteidigungshaushalt zu reduzieren und statt dessen die Landwirtschaft zu fördern, und zwang ihn, die Butter- und Fleischpreise um 25 und 30 Prozent zu erhöhen. Die Sowjetbürger erinnerten sich wehmütig an die letzten Jahre der Regierungszeit Stalins, als die Einzelhandelspreise Jahr für Jahr heruntergesetzt wurden. Die westlichen Geheimdienste stellten fest, daß es in der gesamten Sowjetunion zu Protesten gegen Chruschtschow kam.

Bei den häufigen Zusammenkünften mit Thompson im siebten Stock des sowjetischen Außenministeriums hatte Gromyko immer wieder versichert, die Sowjetunion werde in der Berlin-Frage keinen Zentimeter von ihren Forderungen abweichen. Er sprach sich auch erneut gegen eine internationale Kontrolle der Autobahn aus und verlangte die Stationierung sowjetischer Truppen im Westteil der Stadt.
Insgeheim hoffte Rusk, daß diese Gespräche unendlich lange fortgesetzt werden könnten und beide Seiten sich weiterhin an die stillschweigende Übereinkunft halten würden, den Status quo in der geteilten Stadt aufrechtzuerhalten. Abgesehen von leichteren Behinderungen des westlichen Flugverkehrs – die Sowjets störten das Radarsystem mit Hilfe großer Mengen von Metallfolie – gab es zu dieser Zeit keine größeren Zwischenfälle in Berlin. Und nachdem sich die Vereinigten Staaten inoffiziell darüber beschwert hatten, hörten die Behinderungen auf.
Verärgert über die Tatsache, daß sich in den Berlin-Gesprächen zwischen Thompson und Gromyko keine Ergebnisse abzeichneten, griff der Präsident dieses Thema Anfang März in einem Brief an Chruschtschow auf.
In seiner Antwort schrieb der Generalsekretär, er sei bereit, mit Kennedy über eine internationale Kontrolle der Zufahrtswege nach West-Berlin zu sprechen. Doch dies könne nur geschehen »unter der Voraussetzung, daß alle Einheiten, die dort den Status von Besatzertruppen innehaben, aus West-Berlin abgezogen werden ... Dies steht natürlich im Zusammenhang mit der Umwandlung West-Berlins in eine freie, entmilitarisierte Stadt und dem gleichzeitigen Übereinkommen über eine Anerkennung der existierenden Grenzen Deutschlands und ähnlicher Fragen, die Ihnen sehr wohl bekannt sein dürften.«
Der Präsident war jedoch nicht bereit, die Position der Westmächte in Berlin aufzugeben und einer Vorherrschaft der Sowjetunion in Osteuropa zuzustimmen. Alles, was ihm dafür geboten wurde, war ein vages Versprechen Chruschtschows, die Zufahrtswege nach West-Berlin unter internationale Kontrolle zu stellen. Und so verliefen die Gespräche in Moskau und Genf im Sande. In einem Gespräch mit Senatoren bemerkte Thompson, zwar seien »die sowjetisch-amerikanischen Be-

ziehungen nicht mehr so schlecht wie noch vor ein oder zwei Jahren«, doch er warnte, daß Chruschtschow und die Russen »zu Überraschungen fähig sind und jederzeit einen plötzlichen Richtungswechsel vornehmen können«.

Im Januar war Menschikow von seinem Botschafterposten in Washington abberufen worden. Der Parteichef ernannte den 42jährigen Anatol Dobrynin zum neuen Botschafter der Sowjetunion in den Vereinigten Staaten, und im März nahm Kennedy dessen Akkreditierungsschreiben entgegen.

Der Sohn eines Moskauer Architekten hatte ursprünglich Geschichtswissenschaften studiert. Im Zweiten Weltkrieg hatten sowohl er wie auch seine Frau als Flugzeugtechniker gedient. Anschließend hatte er sich für die diplomatische Laufbahn entschieden. Ende der fünfziger Jahre war er bei den Vereinten Nationen in New York und hatte später als Leiter der USA-Abteilung im Außenministerium in Moskau gearbeitet. In dieser Funktion begleitete er Chruschtschow zu den Verhandlungen nach Wien.

Thompson erklärte dem Präsidenten, Chruschtschow habe Dobrynin deshalb für diesen Posten gewählt, weil er die »neue Generation« Rußlands verkörperte und auf diese Weise sicher gut mit Kennedy zusammenarbeiten könne. Gegenüber Senatoren sagte er: »Unsere Beziehungen zu ihm sind ebensogut wie zu den anderen Diplomaten in unserem Lande auch ... Er hat lange genug hier gelebt, um zu wissen, wie wir arbeiten. Man kann mit ihm also wenigstens einen gemeinsamen Nenner finden.«

Bei einem gemeinsamen Mittagessen erklärte Dobrynin Salinger, er wisse über Bolschakows Dienste als Mittelsmann zwischen Kennedy und Chruschtschow Bescheid: »Aber das hört jetzt auf. Alle weiteren Kontakte zwischen dem Parteichef und dem Präsidenten laufen ausschließlich über mich.«

Dean Rusk setzte in Washington seine Berlin-Gespräche mit dem neuen sowjetischen Botschafter fort. Kennedy versprach sich davon immerhin so viel, daß er General Clay aus Berlin abzog.

Zur gleichen Zeit verhandelte Rusk in Genf mit Gromyko über einen Atomwaffenteststopp-Vertrag. Dabei ließ jedoch der sowjetische Außenminister »keinen großen Spielraum ... indem er die Anzahl der Inspektionen von vornherein auf Null festsetzte«. Aus diesem Grunde riet Rusk dem Präsidenten, »mit den Vorbereitungen für die Ende April geplante Testserie zu beginnen, es sei denn, es geschieht noch ein Wunder«.

So kam es am Donnerstag, dem 25. April, auf den Christmas Islands zum ersten überirdischen Atomversuch der Vereinigten Staaten seit dem Jahr 1958. Kennedy hatte die Testreihe auf insgesamt vierzig Versuche beschränkt, die sich auf sechs Monate verteilen sollten. Insgesamt sollte die Sprengkraft bei ungefähr zwanzig Megatonnen liegen, also einem Drittel der von den Sowjets gezündeten Bomben.*

Wie die Zeitschrift *Life* berichtete, beobachteten Touristen von der Küste Hawaiis aus die Explosion: »Der dunkelblaue tropische Nachthimmel verfärbte sich plötzlich zu einem leuchtenden Giftgrün, und es war heller als beim höchsten Stand der Sonne. Dann verwandelte sich das Grün in ein grelles Rosa . . . und schließlich in ein tiefes Rot. Es war, als habe jemand einen Eimer voll Blut über den Himmel gegossen.«

Andrej Sacharow berichtete, daß der sowjetische Geheimdienst »keine Mühe scheute«, um herauszufinden, welche Ziele der Westen mit dieser neuen Testreihe verfolgte: »Einmal zeigte man uns abfotografierte Dokumente . . . Zwischen den Fotokopien befand sich ein einzelnes, völlig zerknittertes Original. Ohne mir etwas zu denken, fragte ich, warum es so aussehe. Man antwortete mir, es sei in einer Miederhose versteckt worden.«

Im Februar 1962 berichtete Robert McNamara auf einem privaten Treffen mit Mitgliedern des Senatsausschusses für außenpolitische Fragen, die mit Atomwaffen ausgerüsteten Einheiten der amerikanischen Armee würden keine Probleme haben, »einen Überraschungsangriff zu überstehen«. Die Hälfte der 1550 Bomber der strategischen Luftwaffe seien innerhalb von fünfzehn Minuten startbereit. Die Polaris-U-Boote benötigten keine Vorwarnzeit, und wenn sie sich unter

---

* Britische Wissenschaftler befürchteten, die Anti-Raketen-Versuche könnten schädliche Auswirkungen auf den Van-Allen-Strahlengürtel haben, indem sie ihn mit Elektronen anreicherten. Entgegen vorherigen amerikanischen Beteuerungen stellte sich während eines Tests heraus, daß ihre Vermutung richtig war. In Seaborgs Augen sollte dies »eine ernüchternde Wirkung auf all jene haben, die glauben, die äußere Schutzhülle der Erde würde bei einem . . . nuklearen Schlagabtausch nicht ernsthaft beschädigt werden«.

Wasser befänden, hätten ihre Raketen eine Reichweite von mindestens 1800 Kilometern.

Die Vereinigten Staaten seien »im Falle eines nuklearen Konflikts eindeutig überlegen ... selbst wenn die Sowjetunion einen Erstschlag ausführt. Diese Überlegenheit besitzt steigende Tendenz, und wir sind entschlossen, sie zu bewahren.« Bei einem atomaren Schlagabtausch würden zum einen die Nuklearwaffen, aber auch die soziale und ökonomische Struktur der Sowjetunion weitestgehend zerstört. Zwar wäre der »Schaden«, der den »menschlichen und materiellen Ressourcen« in den Vereinigten Staaten und Europa zugefügt würde, »erheblich«, aber die westlichen Nationen würden überleben.

McNamara wollte mit diesem von Kennedy abgesegneten Bericht über die militärische Überlegenheit der Vereinigten Staaten nicht nur die Verbündeten beeindrucken, sondern auch um Unterstützung für die Aufrüstungsbestrebungen des Präsidenten im konventionellen Bereich werben. Außerdem wollte er beweisen, daß Kennedy bei den amerikanisch-sowjetischen Gesprächen über Berlin, ein Teststopp-Abkommen und andere Punkte aus einer Position der Stärke heraus verhandeln würde. Wie schon Gilpatrics Rede im Oktober war diese Ansprache außerdem auch an die Adresse Chruschtschows gerichtet. Denn McNamara wußte, daß ein Großteil seiner Aussagen dem sowjetischen Geheimdienst bekannt werden würde.

Kennedy und McNamara hatten, wie sie glaubten, Chruschtschow mittlerweile hinreichend davon überzeugt, daß der Präsident auch eine nukleare Auseinandersetzung nicht scheuen würde, um West-Berlin zu verteidigen. Indem sie dem Parteichef auf indirektem Wege detailliertes und exaktes Zahlenmaterial übermittelten, wollten sie ihm eine konkretere Vorstellung von einem möglichen Atomkrieg geben, damit er seine Illusionen von der Überlegenheit der Sowjetunion mit ihrer Hundert-Megatonnen-Bombe aufgeben würde. In dieser Hinsicht war ihre Strategie richtig, denn vom Augenblick von Gilpatrics Rede an lockerte Chruschtschow den Druck auf Berlin.

Um Chruschtschow nicht unnötig gegen sich aufzubringen und die Welt nicht über Gebühr in Angst und Schrecken zu versetzen, überließ Kennedy es McNamara, Gilpatric, Nitze und anderen Mitarbeitern, von der Überlegenheit der Amerikaner zu berichten. Als er im März seinem Freund Stewart Alsop ein Interview gab, ließ er jedoch alle Vorsicht beiseite.

»Spätestens seit dem Jahre 1954 hat sich das Gleichgewicht im Bereich der Nuklearwaffen und Luftstreitkräfte zu unseren Gunsten verschoben. Durch die Raketen veränderte sich dieser Zustand 1958 oder 1959. Nun müssen wir akzeptieren, daß beide Seiten über diese vernichtenden Waffen verfügen... Natürlich müssen wir unter bestimmten Umständen bereit sein, als erste Atomwaffen einzusetzen... beispielsweise im Falle eines... Angriffes auf Westeuropa. Aber wenn man diese Waffen einsetzt, ist es wichtig, daß man es gezielt tut.«

In einem Artikel mit dem Titel »Kennedys große Strategie«, der Ende März in der *Saturday Evening Post* veröffentlicht wurde, schrieb Alsop, Kennedy habe die Doktrin, »die Vereinigten Staaten würden niemals als erste Macht Nuklearwaffen einsetzen«, eindeutig als ungültig erklärt. »Chruschtschow kann also nicht sicher sein, daß die Vereinigten Staaten keinen Erstschlag führen, wenn sie sich in ihren vitalen Interessen bedroht fühlen. Laut Kennedy können wir uns ›unter bestimmten Umständen gezwungen sehen, die Initiative zu ergreifen‹.«

Daraufhin erkundigte sich Chalmers Roberts von der *Washington Post* bei Bundy, ob der Präsident tatsächlich ebendiese Formulierung gebraucht habe. Bundy konnte es nicht ableugnen: Niemandem im Weißen Haus war die Brisanz dieser Wendung aufgefallen, als man den Artikel vor der Veröffentlichung noch einmal durchgelesen hatte. Sowohl Kennedy als auch Bundy und Salinger hatten den Artikel gelesen, bevor er erschien. Daß diese Wendung als Androhung eines Überraschungsangriffs gegen die Sowjetunion verstanden werden konnte, war ihnen allen entgangen. Bei einem inoffiziellen Treffen mit Journalisten im Außenministerium versuchte Kennedy, seine Worte zu entschärfen, indem er erklärte: »Ich meinte damit keineswegs einen Präventivschlag oder Überfall von unserer Seite.« Aber zu diesem Zeitpunkt war der Schaden nicht mehr zu beheben.

Eigentlich hatte der Präsident mit diesem Interview bei den Westeuropäern um Sympathie für seine Strategie der »flexible response« werben wollen. Aber die durchschlagendere Wirkung erzielte Alsops Artikel bei Chruschtschow. Noch nie hatte der amerikanische Präsident mit derartig ungeschminkten Worten das Szenario eines Erstschlags gegen die Sowjetunion entworfen.

Unmittelbar nach der Veröffentlichung des Artikels versetzte der Kreml die Armee in Alarmbereitschaft. Die *Prawda* äußerte »Erstaunen«: Kennedys Worte könnten nur in dem Sinne interpretiert werden, daß die Vereinigten Staaten »glauben, sie hätten ein Recht, als erste Macht einen Atomschlag zu führen und damit einen Angriffskrieg zu beginnen ... Es ist unverständlich, welche verqueren logischen Schlüsse ihn zu dieser unbedachten und provokativen Äußerung über einen möglichen präventiven Atomschlag der Vereinigten Staaten veranlaßt haben.«

Unter dem Eindruck der Rede Gilpatrics und anderer Aussagen über die Überlegenheit der Amerikaner mußte Chruschtschow sich nach diesen Worten Kennedys fragen, ob das Verteidigungsministerium und die amerikanische Rechte den Präsidenten massiv unter Druck setzten, um ihn zu einem atomaren Erstschlag gegen die Sowjetunion zu veranlassen. Wie der Präsident wußte auch er, daß der Vorsprung der Vereinigten Staaten im atomaren Wettrüsten vielleicht nie wieder so groß sein würde. Falls die Vereinigten Staaten einen Angriff auf die Sowjetunion planten, wäre jetzt der günstigste Zeitpunkt dafür gekommen gewesen.

Doch so schwerwiegend dieser politische Druck auf Kennedy auch sein mochte, so war der Generalsekretär doch mit fast hundertprozentiger Sicherheit davon überzeugt, daß der Präsident nicht so verrückt sein würde, die Sowjetunion anzugreifen. Aber indem er auf derartig herausfordernde Weise die Macht der Amerikaner betonte, hatte Kennedy Chruschtschows innenpolitische Probleme enorm verschärft.

Bis jetzt hatte der Parteichef mit seinem Raumfahrtprogramm, seiner Fünfzig-Megatonnen-Bombe und den angsterregenden Ultimaten zu Berlin die Illusion von der Vormachtstellung der Sowjets aufrechterhalten können. Doch nun, da Kennedy und seine Mitarbeiter, aus welchen Gründen auch immer, diese Behauptung als Chimäre enttarnt hatten, war Chruschtschow ein für allemal bewiesen worden, daß in der Auseinandersetzung mit den Vereinigten Staaten solche Behelfsmaßnahmen nicht ausreichen.

Am Freitag, dem 11. Mai, traf Salinger zu einem seit langem geplanten Besuch in Moskau ein. Bereits am Flughafen informierte ihn Thompson: »Adschubej will Sie von hier direkt zur Regierungsdatscha außerhalb der Stadt bringen. Dort sollen Sie morgen den größten Teil des Tages mit Chruschtschow verbringen.« Da er auf ein Zusammentreffen mit dem Parteichef nicht vorbereitet war, bestand Salinger darauf, zuerst ein Telegramm an den Präsidenten zu senden, und erhielt als

Antwort die Anweisung, nichts Wesentliches zu besprechen.* Am folgenden Tag erklärte Chruschtschow gegenüber Salinger, er wolle sich mit dieser Einladung für die Gastfreundschaft revanchieren, die die Kennedys der Familie Adschubej entgegengebracht hätten. »Ich möchte Ihrem Präsidenten dafür danken, daß er meine Tochter ins Weiße Haus eingeladen hat.«

Auch Chruschtschow selbst vermied zunächst alle politisch brisanten Themen. Die einzigen Ausnahmen waren ein Hinweis auf Adenauer, den er als »gefährlichen und senilen alten Mann« bezeichnete, und eine Reaktion auf eine Bemerkung Kennedys über die Wichtigkeit der Berlin-Verhandlungen, die er »sehr gut« fand.

Doch nach dem Essen verwandelte sich Dr. Jekyll ganz abrupt in Mr. Hyde. Wütend funkelte er Salinger an. »Ihr Präsident hat einen schweren Fehler gemacht, für den er teuer bezahlen muß ... Er hat gesagt, er werde die Bombe als erster einsetzen ... Und dieser Kriegstreiber Alsop – ist er Ihr neuer Außenminister? Nicht einmal Eisenhower oder Dulles haben solche Dinge gesagt wie Ihr Präsident. Damit zwingt er uns, unsere Position neu zu überdenken.«

Salinger entgegnete, es sei die Strategie der Amerikaner, den Einsatz von Atomwaffen zu vermeiden, solange nicht der Westen einem massiven Angriff von seiten der Kommunisten ausgesetzt sei. Chruschtschow meinte dazu: »Ich kenne diese Position, aber ich muß die Äußerungen des Präsidenten in dem Artikel wörtlich nehmen. Und dabei handelt es sich ganz klar um eine neue Doktrin.« Mit erhobenem Zeigefinger drohte er dann, daß er nach der Unterzeichnung eines Friedensvertrages eine analoge Doktrin zur Verteidigung Ostdeutschlands verkünden werde: Falls westliche Truppen die Grenze überschritten, würde er sofort mit einem atomaren Angriff antworten. »Und das meine ich ganz konkret, mein lieber Freund, und nicht theoretisch.«

Später am Abend – außer den beiden Männern war nur noch Chruschtschows Dolmetscher im Raum – bekräftigte der Parteichef noch einmal, wie sehr ihn Kennedys Äußerungen zum Atomkrieg verärgert hatten. Dennoch »hat Ihr Präsident viel erreicht und sich als großer Staatsmann erwiesen.

* Während Salingers Besuch in der Sowjetunion mußte jeden Tag ein Telegramm an Adenauer geschickt werden, in welchem dem Kanzler versichert wurde, daß der Pressesekretär nicht insgeheim mit über die Zukunft Deutschlands verhandelte.

Bitte teilen Sie Ihrem Präsidenten mit, daß ich sein Freund sein möchte ... Natürlich wäre dies nur eine begrenzte Freundschaft, denn er ist ein großer Kapitalist, und meine Haltung als Kommunist gegenüber Kapitalisten ist recht eindeutig ... Es ist äußerst unklug, uns mit Krieg zu drohen ... Adenauer selbst sagte, daß nicht einmal ein Verrückter wegen Berlin einen Krieg beginnen würde.« Die Vereinigten Staaten bräuchten Berlin »wie ein Hund sein fünftes Bein«.

Wie ihre Beziehungen sich in Zukunft gestalten würden, wisse er nicht. »Die Initiative liegt jetzt in Händen Präsident Kennedys, denn er wird den ersten Schuß abfeuern müssen. Schließlich hat er gesagt, es könne sich eine Situation ergeben, in der die USA als erste Macht einen Atomschlag ausführen müßten ... Was also wollen Sie? Wir sind bereit, diesem Schlag zu begegnen. Aber ich möchte Sie warnen: Unser Vergeltungsschlag wird nicht lange auf sich warten lassen.«

Während seiner Gespräche mit Salinger ging Chruschtschow kaum auf das Thema Kuba ein. Seit den Ereignissen in der Schweinebucht hatte Castro seine Herrschaft auf der Insel ausgebaut. Im Dezember 1961 verkündete er ein »marxistisch-leninistisches Programm« für Kuba, das »den realen Bedingungen in unserem Lande angepaßt« sei.* Im April 1962 gab Bundy Kennedy die »neuesten Einschätzungen« der CIA zu der Lage auf der Insel bekannt, die »nicht gerade ermutigend« ausgefallen waren. Durch politische Morde, Castros ausgeprägten »Antiamerikanismus« und die Waffenlieferungen aus der Sowjetunion hatte sich der kubanische Staatschef der Unterstützung oder zumindest der stillschweigenden Duldung eines »beträchtlichen Teils« der kubanischen Bevölkerung versichern können. Über die oppositionellen Kubaner, die sich noch im Lande befanden, hieß es, sie hätten »resigniert«, und zwar nicht nur aufgrund des Terrors, sondern auch, weil sie »keine gangbaren Möglichkeiten« sähen. Castro schickte mittlerweile Waffen und Versorgungsgüter an revolutionäre kommunistische Bewegungen in ganz Lateinamerika.

---

* Nach dieser Ankündigung schrieb Eisenhower an einen Freund, Castro habe jetzt den Vereinigten Staaten »endgültig einen ... Anlaß für eine Intervention geliefert ... mit dieser Erklärung stellt er sich eindeutig auf die Seite des Kreml. In meinen Augen hat er sich damit offen dazu bekannt, daß Chruschtschow sein Lehnsherr ist ... Daß darauf keine Reaktion unsererseits erfolgte, finde ich reichlich seltsam.«

Im gleichen Monat ordnete der Diktator dreitägige Feierlichkeiten aus Anlaß des Sieges über die Vereinigten Staaten in der Schweinebucht an. In einer zweieinhalbstündigen Rede in Havanna warnte er, weitere amerikanische »Söldner sollten besser vorher ihr Testament machen«, falls sie einen erneuten Angriff auf Kuba planten, ». . . denn die neuen Aggressoren müßten gegen besser ausgebildete und ausgerüstete Truppen kämpfen . . . mittlerweile ist die Revolution unbesiegbar geworden.«

Wie Chruschtschow versuchte auch Castro häufig, uneingestandene Befürchtungen mit übertriebenen Behauptungen zu kompensieren. Die kubanische Landwirtschaft stand zu diesem Zeitpunkt kurz vor dem Zusammenbruch.

Trotz Castros Säuberungen in den Jahren 1960 und 1961 hatten sich ungefähr dreitausend Gegner des kubanischen Führers in die Berge von Escambray zurückgezogen, und Castros Bruder Raúl, der neue Verteidigungsminister, befürchtete, daß sie einen »zweiten Bürgerkrieg« entfesseln könnten.

Doch alle diese Probleme waren geringfügig im Vergleich zu der Bedrohung, die von Nordamerika ausging. Im Frühjahr 1962 war der kubanische Geheimdienst zu dem Ergebnis gekommen, die Regierung Kennedy würde »alle ihr zur Verfügung stehenden Mittel einsetzen«, um Castro zu vertreiben. So erschien auch eine zweite Invasion, bei der dieses Mal das gesamte Militärpotential der Vereinigten Staaten eingesetzt würde, nicht unmöglich.

Im Frühsommer des Jahres 1961 erklärte der Taylor-Ausschuß in einem geheimen Dokument, daß es »langfristig mit Castro als Nachbarn kein Auskommen« geben könne. Allen Dulles äußerte daraufhin in einem Gespräch mit Senatoren die Ansicht, diese »Bedrohung« müsse »so rasch wie möglich« beseitigt werden, »denn wenn sie über Jahre hinweg bestehenbleibt, müssen wir uns ernstlich Sorgen über das Schicksal der Karibikstaaten und ganz Lateinamerikas machen«.

Damit sprach er auch dem Präsidenten aus dem Herzen. Denn Castro war in Kennedys Augen ein Symbol für Chruschtschows Behauptung, der Kommunismus sei auf dem Vormarsch. Dieser Mann stellte einen Brückenkopf für den sowjetischen Einfluß in Lateinamerika dar und erinnerte den Präsidenten durch seine bloße Präsenz schmerzlich an die Niederlage in der Schweinebucht. Dean Rusk stellte überrascht fest, daß »dieser Mann mit Eiswasser in den Venen« auf Castro so »emotional« reagierte. Und McNamara erinnerte sich später, daß damals alle »hysterisch« waren.

Hinter verschlossenen Türen verlangte Robert Kennedy, daß gegen den kubanischen Diktator »Himmel und Hölle« in Bewegung gesetzt werde. Zu diesem Zwecke schöpfte man einerseits die Möglichkeiten der Diplomatie aus. Und tatsächlich überzeugten die Vereinigten Staaten alle Mitglieder der Organisation Amerikanischer Staaten außer Mexiko von der Notwendigkeit, Kuba auszuschließen, indem sie Castro als Feind des Westens brandmarkten. Außerdem wurde gegen Kuba ein Embargo verhängt.

Ein weiteres Mittel im Kampf gegen Castro waren Geheimdienstoperationen. Im November des Jahres 1961 sagte der Justizminister im Weißen Haus: »Mir schwebt vor, durch Spionage, Sabotage und beständige Unruhen, die im wesentlichen von Kubanern selbst herbeigeführt werden, auf der Insel ein Chaos zu entfesseln.« Der Präsident ordnete an, »unsere verfügbaren Kräfte zum Sturz Castros« einzusetzen.

Der Plan für die *Operation Mongoose* entstand unter der offiziellen Leitung von General Edward Lansdale, einem Spezialisten der Spionageabwehr, der in Manila und Saigon bei der Konsolidierung des Diem-Regimes Erfahrungen gesammelt hatte. Das Projekt wurde unter anderem von Bundy, Taylor, McCone, Lemnitzer, Gilpatric und U. Alexis Johnson vom Außenministerium beaufsichtigt, aber der faktische Leiter der Operation und Verbindungsmann zum Oval Office war Robert Kennedy. Der Umsturz Castros war für den Oktober 1962 geplant.

Außerdem wurde für die Verunreinigung kubanischen Zuckers, die Fälschung kubanischen Geldes und kubanischer Lebensmittelkarten, Sabotageaktionen, paramilitärische Aufstände, Propagandamaßnahmen, Spionage und für den Guerrillakampf ein Betrag zwischen fünfzig und hundert Millionen Dollar aufgewandt. Zur Leitung dieser Aktionen errichtete man auf dem Campus der Universität von Miami ein Spionagezentrum mit dem Namen JM/Wave, das als größter Stützpunkt der CIA außerhalb von Langley galt.

Flugzeuge, Schiffe und Schnellboote brachten mehr als dreitausend kubanische Agenten, getarnt als Geschäftsleute, auf die Insel, die von amerikanischen Geheimagenten instruiert wurden. Außerdem gaben die früheren Besitzer von enteigneten Fabriken, Zuckermühlen, Raffinerien und Minen genaue Anweisungen für die Durchführung von Sabotageakten gegen ihre ehemaligen Anlagen.*

Doch Castro hatte, wie die CIA zugab, seit den Tagen der Schweinebucht einen umfassenden und sehr wirkungsvollen Polizeiapparat aufgebaut. Und so kam ein Geheimbericht vom März des Jahres 1962 zu dem Ergebnis, »der wachsende Unmut gegen das System« führe nur »zu einem begrenzten Anstieg der Zahl unkoordinierter Sabotageakte oder offener Widerstandsaktionen von seiten einiger verzweifelter Männer«. Die einzig guten Nachrichten seien Meldungen über Probleme der kubanischen Wirtschaft, die möglicherweise zu einem Aufstand der Kubaner gegen Castro führen konnten.

Da viele führende CIA-Mitarbeiter daran zweifelten, daß man mittels Geheimdienstoperationen in Havanna einen Machtwechsel herbeiführen konnte, arbeitete man verstärkt an Mordplänen gegen Castro. Im April 1962 händigte in Miami William Harvey, der Boß der *Operation Mongoose,* seinem Mitarbeiter John Roselli vier vergiftete Tabletten aus. Im gleichen Monat, so erfuhr man in Moskau und Havanna, probten amerikanische Soldaten in der Karibik eine Invasion auf der Insel.

Castro interpretierte den Ausschluß seines Landes aus der OAS, die Wirtschaftsblockade, die Pläne für die *Operation Mongoose* und die Manöver amerikanischer Truppen als Indizien dafür, daß Kennedy nicht zögern würde, Hunderttausende von Soldaten für einen Überfall auf die Insel einzusetzen. In seinen Augen stellten diese Maßnahmen lediglich das Vorspiel dar: »Wir haben die Sowjetunion davon informiert, daß wir eine direkte Invasion der Vereinigten Staaten in Kuba befürchten und daß wir uns Gedanken machen müssen, wie wir die Verteidigungsfähigkeit unseres Landes erhöhen können.«

Nach der Erinnerung eines sowjetischen Diplomaten war die Einstellung des Parteichefs zu Kuba noch immer von »Romantik« geprägt: »Er glaubte tatsächlich ... daß der Sozialismus in Kuba und auf der ganzen Welt triumphieren würde.« Als Castros Sohn Felix, ein Mitglied der Jungen Pioniere Kubas, im November 1961 Moskau besuchte, hatte Chruschtschow mit ihm fröhlich lachend für Fotos posiert.

---

* Ausmaß und Anzahl dieser Aktionen veranlaßten einen Autor mit engen Verbindungen zur CIA 1986 zu der Bemerkung, daß kein anderer Präsident so viele verdeckte Aktionen der CIA angeordnet hatte wie Kennedy.

Aber im Frühling 1962 hatte sich Castro zu einem unangenehmen Bündnispartner entwickelt. In einer Phase, in der Chruschtschow unter dem Druck stand, sowohl seinen Verteidigungshaushalt zu finanzieren als auch die Lebensbedingungen der Sowjetbürger zu verbessern, fiel es seinen Beratern zusehends schwerer, Castros immer größer werdende Forderungen nach sowjetischer Militär- und Wirtschaftshilfe zu befriedigen. Auch das unberechenbare Auftreten des kubanischen Führers und seine Grobheiten gegenüber Botschafter Kudrjazew führten zu Verstimmungen in Moskau. Und natürlich trugen die Verfolgung kubanischer Altkommunisten und Castros Annäherung an Peking, die im März in einen chinesisch-kubanischen Handelsvertrag mündete, auch nicht gerade zur Verbesserung der sowjetisch-kubanischen Beziehungen bei.

Deshalb hatte Chruschtschow auch ein ungutes Gefühl bei dem Gedanken, sich auf das aussichtslose Unterfangen einer konventionellen Verteidigung Kubas einzulassen, und er sperrte sich gegen Castros Ansinnen, dem Warschauer Pakt beizutreten.* Außerdem reduzierte er in der ersten Hälfte des Jahres 1962 die sowjetischen Waffenlieferungen an Kuba. Aber trotz oder vielleicht gerade wegen des Handelsvertrags mit den Chinesen ließ der Generalsekretär im April das Handelsvolumen mit Kuba von 540 auf 750 Millionen Dollar anheben. Außerdem berief er auf Drängen des kubanischen Führers Botschafter Kudrjazew von seinem Posten ab und ersetzte ihn durch einen Gesandten, der Castro genehm war.

In diesem Frühjahr versuchten Chruschtschow und Castro einander davon zu überzeugen, daß die Amerikaner eine erneute Invasion auf Kuba planten. Und diese Vorstellung kam beiden keineswegs ungelegen. Castro hoffte, damit alle Vorbehalte der Sowjets gegen eine Unterstützung seines Regimes ausräumen zu können: Schließlich würde es einen schlechten Eindruck erwecken, wenn Chruschtschow nichts unternähme, um den einzigen Verbündeten der Sowjets auf dem amerikanischen Kontinent zu schützen. Und Chruschtschow nahm an, Castro werde seine Reserviertheit gegen die zunehmende

* Privat erklärte Thompson im April gegenüber Senatoren, daß die Russen »an der Tatsache, daß Kuba sich zu einem marxistischen Land erklärt hat und Anspruch auf Mitgliedschaft im Klub erhebt, gar keinen Gefallen finden. Denn das brachte für sie Verpflichtungen mit sich, die sie nicht übernehmen wollen. Sie wissen, daß sie sie gar nicht erfüllen könnten.«

Einschränkung der nationalen Unabhängigkeit durch die Sowjets aufgeben, wenn man ihn von der Bedrohung durch Nordamerika überzeugen konnte.

So führte eine falsche Interpretation der Geheimdienstmeldungen in Moskau und Havanna – vielleicht aufgrund politischen Wunschdenkens – Castro und Chruschtschow zu der verhängnisvollen Schlußfolgerung, daß Kennedy demnächst eine großangelegte Invasion auf Kuba anordnen werde.

Aber wie schon im April 1961 hatte der Präsident auch jetzt nicht den Wunsch, ein »zweites Ungarn« zu initiieren, da ein solcher Schritt dem Ansehen der Vereinigten Staaten in der ganzen Welt, besonders in Lateinamerika, schweren Schaden zufügen würde. Außerdem befürchtete er nach wie vor, Chruschtschow könnte auf eine Invasion in Kuba mit einer entsprechenden Maßnahme in Berlin reagieren. Jahre später äußerte McNamara zu diesem Thema: »Ich kann mit Sicherheit erklären, daß wir damals *auf keinen Fall die Absicht* hatten, in Kuba einzumarschieren ... Selbstverständlich bestanden Pläne für den Fall, daß etwas Unvorhergesehenes eintreten würde ... für eine Anzahl von Umständen, die aber für die Regierung zu diesem Zeitpunkt rein hypothetischer Natur waren.«[*]

Nichts läßt darauf schließen, daß sich Kennedy und seine Berater der Gefahr bewußt waren, Chruschtschow und Castro könnten die militärischen Vorbereitungen Amerikas sowie die diplomatischen, wirtschaftlichen und geheimdienstlichen Aktionen gegen Kuba als Vorgeplänkel für eine großangelegte Invasion auslegen. Im nachhinein räumte auch McNamara ein: »Wenn ich in jenen Tagen in Kuba Regierungschef gewesen wäre, hätte ich ebenfalls den Eindruck gewonnen, daß eine Invasion der Vereinigten Staaten bevorstand ... Und als sowjetischer Staatschef wäre ich wahrscheinlich zu der gleichen Schlußfolgerung gelangt.«

Chruschtschow und Castro konnten sich in ihrer gefährlichen Fehleinschätzung noch durch das Verhalten des Präsidenten bestätigt fühlen, das Bundy als »öffentlichen Balanceakt« zum Thema Kuba bezeich-

[*] In Erwiderung auf diese Aussage McNamaras sagte Gromyko auf einer amerikanisch-sowjetisch-kubanischen Konferenz im Jahre 1989 zur Kuba-Krise: »Mr. McNamara, Sie behaupten, sie hatten damals nicht die Absicht zu intervenieren. Nun gut, wir nehmen Ihre Behauptung zur Kenntnis.« Diese Reaktion zeigte deutlich, daß der ehemalige sowjetische Außenminister auch 27 Jahre später immer noch davon ausging, daß Kennedy eine Invasion geplant hatte.

nete. Sicherlich war den Russen und Kubanern aufgefallen, daß der Präsident in dem Zeitraum zwischen dem Debakel in der Schweinebucht und dem April 1962 nie wieder seine eindeutige Zusage in der Öffentlichkeit wiederholt hatte, es werde keine Invasion amerikanischer Truppen in Kuba geben.

Auf die Frage, was er tun würde, falls Castro Guantanamo bedrohen sollte, antwortete der Präsident im März 1962: »Der Verteidigung amerikanischen Territoriums, wo immer es auch liegen mag, gilt unsere Hauptsorge, und wir würden auch in diesem Falle die notwendigen Schritte ergreifen.« Ein ohnehin beunruhigter kubanischer oder sowjetischer Zuhörer konnte aus diesen Worten womöglich den Schluß ziehen, die Vereinigten Staaten würden ihre Sorge um die Sicherheit Guantanamos (das entgegen Kennedys Behauptung kein amerikanisches Hoheitsgebiet ist) als Vorwand benutzen, um in Kuba einzumarschieren.

In vertraulichen Gesprächen warnte der Präsident einflußreiche Kongreßabgeordnete: »Sobald die Vereinigten Staaten einen Schritt gegen Castro in Kuba unternehmen, wird Chruschtschow die Berlin-Krise anheizen, in Laos einmarschieren und im Iran oder im Nahen Osten intervenieren.« Angesichts dieser Äußerung stellt sich die Frage, warum Kennedy weiterhin in der Öffentlichkeit die Möglichkeit einer großangelegten Invasion nicht ausschloß, obwohl diese Haltung dazu beitrug, die Spannungen zu vergrößern?

Vielleicht hoffte Kennedy, die Furcht vor einer Invasion würde Chruschtschow und Castro davon abhalten, weiterhin den Vereinigten Staaten ihre Hegemonie in der westlichen Hemisphäre streitig zu machen. Außerdem wurde das Thema Kuba im Wahljahr 1962 für ihn mit jeder Woche zu einem heißeren Eisen.

Der Meinungsforscher Louis Harris informierte Kennedy, daß »ein großer Teil der Bevölkerung ... jede nur mögliche Aktion gegen Kuba, sogar den bewaffneten Einmarsch«, befürwortete. Und eine Umfrage des San Francisco Chronicle ergab, daß 62 Prozent der Bevölkerung mit der Haltung der Regierung Kennedy gegenüber Kuba nicht einverstanden war. Aus diesem Grunde vermied es der Präsident, sich in einer weiteren öffentlichen Erklärung zu einem Verzicht auf eine Invasion in Kuba zu verpflichten, da er befürchtete, daß es in diesem Falle zu einem Einbruch seiner Partei bei den Kongreßwahlen kommen könnte.

Während seiner gesamten politischen Laufbahn war Chruschtschow stets kalkulierte Risiken eingegangen, selbst wenn er sich dabei keine großen Erfolgschancen ausrechnen konnte. So hielt er 1956 seine Geheimrede gegen Stalin, obwohl er wußte, daß 95 Prozent der Delegierten auf dem Zwanzigsten Parteitag seine Auffassung nicht teilten, wie sein Berater Burlazki später berichtete. Und doch hatte er Erfolg: Indem er die Kritiker Stalins um sich scharte, schuf er die Voraussetzung für seinen Aufstieg in das Zentrum der Macht.

Als während der Rebellion der Altstalinisten gegen den Generalsekretär die Führungsriege im Kreml Chruschtschows Rücktritt verlangte, berief der Parteichef das Zentralkomitee ein. Und es gelang ihm, die Mehrheit auf seine Seite zu ziehen. Da er besser als Eisenhower begriffen hatte, welche wichtige Rolle Erfolge in der Raumfahrt für das Ansehen einer Nation in der Weltöffentlichkeit spielten, schickte er den ersten Kosmonauten ins All und rief damit die Illusion von der sowjetischen Vorherrschaft ins Leben. Zudem stellte er 1959 sein erstes Berlin-Ultimatum, obwohl er bereits wußte, daß die Sowjetunion im atomaren Wettrüsten den Amerikanern bei weitem unterlegen war. Doch auf diese Weise zwang er den Westen trotz dieses Ungleichgewichts, in allen Fragen der Weltpolitik mit der Sowjetunion als gleichberechtigtem Partner zu verhandeln.

In all diesen Fällen war es sein Einfallsreichtum, mit dem er aus offensichtlich ausweglosen Situationen immer noch das Beste herauszuholen wußte. Deshalb hatte Chruschtschow auch nahezu unbegrenztes Vertrauen in die Wirkung seiner Gerissenheit und Unverfrorenheit. Diese Eigenschaften hatten ihm während seines Aufstiegs zur Macht, im Überlebenskampf in der Stalin-Ära und in seiner Zeit als Staats- und Parteichef der Sowjetunion die besten Dienste geleistet. Seit 1956 war er zudem jeder neuen Entwicklung einen Schritt voraus. Es gelang ihm, seine blutrünstigen Rivalen im Kreml auszuschalten, die Aufhebung der wesentlichsten stalinistischen Dogmen durchzusetzen, Proteste der Verbraucher und Rebellionen der Militärs zu verhindern, Strategien für die Weiterentwicklung der Landwirtschaft zu entwickeln und die Moskauer Bürokraten zu entmachten. Obwohl er auf dem außenpolitischen Parkett ein Neuling war, konnte er den Großteil der Welt von der militärischen Überlegenheit der Sowjetunion überzeugen, ohne sie tatsächlich unter Beweis stellen zu müssen. Geschickt nutzte er die Erfolge der UdSSR auf dem Gebiet der Raumfahrt und in Krisenregionen wie Laos, dem Kongo und Kuba, um seine Behauptungen zu untermauern, daß die Sowjetunion in wenigen Jahren die Vereinigten Staaten auf politischem und ökonomischem Gebiet auf den zweiten Platz verweisen würde.

Als im April 1962 neue Gefahren am Horizont auftauchten, entwarf Chruschtschow ganz instinktiv einen noch wirksameren Plan zum Schutze Castros, der ihm zugleich die Möglichkeit gab, auf schnelle und bequeme Weise die Raketenlücke zu schließen. Außerdem wollte er mit diesem Vorhaben die Westmächte zu ernsthaften Zugeständnissen in der Berlin-Frage zwingen und seinen Kritikern in China und im eigenen Land den Wind aus den Segeln nehmen. Vielleicht würde er damit sogar erreichen können, daß der Westen seine militärischen Stellungen entlang der sowjetischen Grenze aufgab, gegen die der Generalsekretär schon seit Jahren schärfstens protestierte.

Im selben Monat ging Chruschtschow mit Malinowski am Ufer des Schwarzen Meeres spazieren. Der Verteidigungsminister erklärte, die am gegenüberliegenden Ufer stationierten amerikanischen Raketen »könnten in kürzester Zeit alle unsere Städte im Süden zerstören ... Warum lassen wir das zu? Sie haben uns mit ihren Stützpunkten eingekreist, und wir haben weder die Möglichkeit noch das Recht, es ebenso zu machen!«

Schon seit langem hatte es sich der Parteichef zur Gewohnheit gemacht, amerikanische Gäste auf die Raketenstellungen an der sowjetischen Grenze anzusprechen. Gegenüber Stevenson klagte er im Jahre 1958: »Wie können wir unser Verhalten Ihnen gegenüber ändern, wenn wir von Ihren Stützpunkten eingekreist sind?«

Stevenson entgegnete darauf, die Stützpunkte hätten rein »defensiven Charakter«. Aber Chruschtschow ließ nicht locker: »Was würden die Amerikaner sagen, wenn die Russen plötzlich in Mexiko oder irgendwo anders Militärstützpunkte errichteten? Wie würden Sie sich da fühlen?«

Als Harriman 1959 Moskau besuchte, war er erstaunt darüber, daß Chruschtschow die Atomraketenstützpunkte an der türkisch-sowjetischen Grenze als eine solche »Demütigung« empfand. Als Drew Pearson im August 1961 als Gast in Pizunda weilte, wies der Generalsekretär ihn einmal auf die türkischen Basen am gegenüberliegenden Ufer des Schwarzen Meeres hin und meinte: »Vielleicht jagen die uns nächstens in die Luft. Soweit ich informiert bin, findet dort gerade ein Manöver statt.«

Ende April spazierte Chruschtschow mit Mikojan durch den Garten, der in der Nähe ihrer Datschas vor den Toren Moskaus gelegen war. »Sie hatten eine eigenartige Beziehung«, erinnerte sich Sergo, der Sohn des stellvertretenden Ministerpräsidenten, der zugleich auch ein enger Berater Chruschtschows war. »Zwar waren sie befreundet, aber Chruschtschow war neidisch auf das Elternhaus und die Bildung meines Vaters.«

Sergo zufolge äußerte Chruschtschow die Befürchtung, die Vereinigten Staaten könnten das Unternehmen in der Schweinebucht wiederholen – wobei Kennedy allerdings bestimmt nicht die gleichen Fehler machen würde wie vor einigen Jahren. Selbst wenn der Präsident möglicherweise lieber auf eine Invasion verzichten wollte, müßte er sich wahrscheinlich doch »den Empfehlungen der CIA beugen«. Chruschtschow glaubte, daß »eine Invasion unvermeidlich war« und daß die Amerikaner dabei ihre »geballte militärische Macht« einsetzen würden.

Darauf gab es für Chruschtschow nur eine Antwort: Er wollte Atomraketen nach Kuba schicken! Sergo erinnert sich: »Seine Vorstellung war, daß die Amerikaner durch ihre bloße Präsenz von einer Invasion abgehalten werden würden. Es würde also gar nicht nötig werden, sie auch abzufeuern ... Die Stationierung sollte vor allen Dingen relativ rasch, also noch im September und im Oktober durchgeführt werden, aber nicht vor den amerikanischen Wahlen im November in der Öffentlichkeit bekanntwerden.«

Nach dem amerikanischen Kongreßwahlen wollte Chruschtschow Kennedy in einem Brief von der Stationierung der Raketen auf Kuba informieren. Er ging davon aus, daß der Präsident sich mit diesem Schritt abfinden würde – so wie auch er selbst sich einst mit der Stationierung amerikanischer Raketen in der Türkei hatte abfinden müssen.

Diese Gedankengänge machen auf beklemmende Weise deutlich, wie falsch der Generalsekretär Kennedy und die Position der Vereinigten Staaten einschätzte. So ging Chruschtschow beispielsweise davon aus, eine derartig notwendige Operation wie die Stationierung von Raketen auf Kuba könnte den amerikanischen Geheimdiensten über einen Zeitraum von acht Wochen hinweg verborgen bleiben. Außerdem glaubte er, Kennedy würde die unangenehme Nachricht bis nach den Kongreßwahlen im November vor der Bevölkerung seines Landes geheimhalten, falls er wider Erwarten doch zu einem früheren Zeitpunkt von den Raketen auf Kuba erfahren sollte. Anschließend würde der Präsident es dann mit einer relativ milden Reaktion bewenden lassen können.

Aber der Parteichef war nicht ohne Grund zu diesen Schlußfolgerungen gelangt. Er wußte, daß Kennedy in weitaus höherem Maße von innenpolitischen Prozessen abhängig war als Eisenhower. Und ihm war auch bewußt, daß der Präsident die Hoffnung hegte, bei den Wahlen von 1962 seine Position gegenüber dem Kongreß zu stärken. Außerdem wäre es nicht das erstemal gewesen, daß der Präsident der Öffentlichkeit Informationen vorenthielt, die ihm politisch hätten schaden können. Während der Invasion in der Schweinebucht hatte er seine Befürchtungen verschwiegen, daß die Sowjets in Berlin Vergeltungsaktionen durchführen könnten. Weiterhin hatte er nach dem Gipfeltreffen in Wien Chruschtschows Berlin-Ultimatum hartnäckig geheimgehalten, so daß sich schließlich der Kreml genötigt sah, die Weltöffentlichkeit davon zu informieren. Und nach dem Mauerbau in Berlin war es Kennedy überraschend gut gelungen, die Öffentlichkeit von der Tatsache abzulenken, daß die Vereinigten Staaten Ulbricht und Chruschtschow indirekt grünes Licht für ihr Vorgehen gegeben hatten.

Gelegentlich hatten Washington und Moskau in der Vergangenheit sogar gemeinsam und in beiderseitigem Interesse bestimmte Geheimnisse gewahrt. Bis zum Mai 1960 hatten beide Länder der Öffentlichkeit verheimlicht, daß amerikanische Piloten in der Lage waren, mit ihren U-25-Bombern sowjetisches Gebiet zu überfliegen. Und erst im Jahre 1962 enthüllten die Vereinigten Staaten, daß die Behauptungen des Generalsekretärs, die Sowjetunion sei den Vereinigten Staaten atomar überlegen, nicht der Wahrheit entsprachen.

Angesichts seiner Erfahrungen aus der Vergangenheit vermutete Chruschtschow wahrscheinlich, daß Kennedy über Bolschakow oder andere inoffizielle Kanäle den Abzug der Raketen fordern würde, falls er vor den Wahlen im November von der Stationierung erfuhr. Offensichtlich glaubte Chruschtschow nicht, daß Kennedy einen Atomkrieg riskieren würde, um einen Abzug der Raketen aus Kuba zu erreichen. Obwohl Chruschtschow bereits im Juli 1960 angedeutet hatte, daß er eines Tages möglicherweise sowjetische Atomraketen auf Kuba stationieren würde, hatte Kennedy ihn niemals vor der Verwirklichung solcher Pläne gewarnt. Und Chruschtschow dürfte wahrscheinlich angenommen haben, daß diese Zurückhaltung nicht auf Zufall beruhte. Schließlich hatte Kennedy während der Berlin-Krise gegenüber der Sowjetunion ganz eindeutig klargestellt, welche Interessen die Vereinigten Staaten in Berlin notfalls auch mit militärischen Mitteln verteidigen würden und welche nicht.*

Auch eine Äußerung Kennedys auf einer Pressekonferenz im März 1962 könnte Chruschtschow in der Vermutung bestärkt haben, daß der Präsident gegen eine Raketenstationierung auf Kuba keine ernsthaften Einwände erheben würde. Damals hatte Kennedy gesagt, er sehe keinen Unterschied darin, ob eine Rakete aus der Nähe oder aus einer Entfernung von 8000 Kilometern abgefeuert würde. Möglicherweise hatte Chruschtschow diese Worte dahin gehend interpretiert, daß der Präsident gegen eine Stationierung sowjetischer Mittelstreckenraketen in unmittelbarer Nähe der Vereinigten Staaten nicht mehr einzuwenden hätte als gegen Langstreckenraketen, die die USA vom Territorium der Sowjetunion aus bedrohten.

Gegenüber der Weltöffentlichkeit wollte Chruschtschow die Stationierung der Raketen in Kuba als legitime Verteidigungsmaßnahme gegen die aggressive Haltung der Vereinigten Staaten darstellen. Mit dem Hinweis, daß die Raketen auf Kuba mit denen in der Türkei und in Italien vergleichbar seien, die laut Aussage der Vereinigten Staaten defensiven Charakter besaßen, glaubte er, seine Maßnahme gegenüber der Weltöffentlichkeit rechtfertigen zu können. Wahrscheinlich hätte er sich nie träumen lassen, daß die Geheimhaltung dieser Aktion und die Täuschungsmanöver, die sie begleiteten, weltweit eine solche Empörung hervorrufen würde.

Wie Burlazki später bemerkte, gehörten für Chruschtschow geheime Aktionen zum politischen Alltag in der Sowjetunion. Deshalb machte sich der Generalsekretär auch keine Vorstellungen davon, wie verärgert Kennedy auf sein Täuschungsmanöver reagieren würde.

---

* Die massiven Investitionen der UdSSR in die Raketenstationierung auf Kuba weisen auf den festen Glauben des sowjetischen Parteichefs hin, Kennedy werde den Konflikt um die Raketen nicht eskalieren lassen. Nach Ansicht des Politologen Richard Ned Lebow waren die auf Kuba stationierten Lang- und Mittelstreckenraketen dauerhafte Einrichtungen, die ziemlich große Kosten verursacht hatten. Hätte Chruschtschow geplant, mittels dieser Raketen Zugeständnisse von den Vereinigten Staaten zu erpressen, hätte er dieses Ziel höchstwahrscheinlich auch mit einer geringeren Anzahl Raketen erreicht. Auch dann hätte er genauso gut den Südosten der Vereinigten Staaten bedrohen können. Gleichzeitig wären die Raketenstellungen in diesem Fall weniger verwundbar und leichter zu tarnen gewesen.

Jedoch war Kennedy an Chruschtschows Fehleinschätzung nicht ganz unschuldig. Als sich herausstellte, daß der sowjetische Staatschef entgegen Bolschakows Versicherungen auf dem Gipfeltreffen in Wien nicht zu Verhandlungen über ein Teststoppabkommen bereit war, hatte Kennedy sich stillschweigend damit abgefunden. Und er hatte auch nicht reagiert, als Chruschtschow sein Versprechen, die Sowjetunion würde nicht als erste Nation die Atomwaffentests wiederaufnehmen, gebrochen hatte. So mußte der Generalsekretär zwangsläufig zu dem Ergebnis gelangen, daß Kennedy derartige Täuschungsmanöver als taktische Maßnahmen in der internationalen Politik akzeptierte.

Selbst wenn der Generalsekretär gewußt hätte, wie sehr seine Täuschungsmanöver den Präsidenten verärgern und die Weltöffentlichkeit gegen seine Raketenpolitik aufbringen würden, hätte er möglicherweise keine andere Wahl gehabt. Angesichts der Reaktion Kennedys auf den Bau der Berliner Mauer war es nicht verwunderlich, daß Chruschtschow annahm, der Präsident werde sich leichter mit einem Fait accompli abfinden als mit einer im voraus angekündigten Raketenstationierung.

Laut Sergos Aussagen war Mikojan mit Chruschtschows Plänen keineswegs einverstanden, denn er befürchtete, die Amerikaner würden eine Stationierung von sowjetischen Atomraketen in Kuba niemals dulden. Zum einen würden die Vereinigten Staaten mit Sicherheit von der Existenz der Raketenbasen auf Kuba erfahren, bevor Kennedy durch Chruschtschows Brief davon informiert wurde; zum anderen wäre auch sicher Castro mit diesen Plänen nicht einverstanden, weil eine solche Maßnahme mit großer Wahrscheinlichkeit eine Intervention der Vereinigten Staaten gegen Kuba nach sich ziehen würde.

Nach Sergos Ansicht hatte »Chruschtschow nicht genau genug durchdacht, wie die Reaktion der Amerikaner aussehen würde. Er glaubte, daß sich die Beziehungen zu den Vereinigten Staaten sogar verbessern würden, wenn sie erst einmal von der Existenz der Raketen erfahren hatten.« Vermutlich glaubte der Parteichef, daß die Amerikaner nach der Stationierung sowjetischer Raketen vor ihrer Haustür weniger arrogant auftreten würden.

Nach Ansicht des stellvertretenden Ministerpräsidenten verfolgte Chruschtschow mit seinem Raketenpoker vorrangig das Ziel, Kuba zu verteidigen. Erst in zweiter Linie ging es ihm um eine Korrektur des Gleichgewichts der Kräfte. Wie Mikojans Sohn Sergo später sagte, war der Parteichef »besorgt, irgend jemand in den Vereinigten Staaten könnte auf die Idee kommen, daß man bei einer Überlegenheit von siebzehn zu eins einen Erstschlag ins Auge fassen könne ... Unsere Unterlegenheit war in unseren Augen einfach nicht mehr tragbar.« Sergo Mikojan hatte also damals den Eindruck, daß bei Chruschtschows Absicht, in Kuba Raketen zu stationieren, »nur zwei Gedanken« eine Rolle spielten: »Die Verteidigung Kubas und das Ende des atomaren Ungleichgewichts. Aber Kuba stand für ihn an erster Stelle.«

Indem er in Gesprächen mit Mikojan diesen Aspekt hervorhob, verschleierte Chruschtschow jedoch möglicherweise seine wahren Beweggründe. Schließlich wußte er, wie sehr sich Mikojan für Castro und seine Revolution begeisterte. Somit konnte er den Verteidigungsminister am besten von seinem riskanten Vorhaben überzeugen, wenn er es als Maßnahme zur Verteidigung Kubas darstellte.

Möglicherweise waren Chruschtschow die Unterlegenheit der Sowjetunion und die Tatsache, daß er die Schuld daran trug, so unangenehm, daß er selbst in Gesprächen mit seinen Vertrauten diese Themen mied.

Jedenfalls stellte er die Stationierung der Raketen auf Kuba gegenüber Mikojan und anderen Genossen als Akt der brüderlichen Hilfe gegenüber einem revolutionären Land dar und nicht als einen Versuch, die in seiner Amtszeit entstandene Raketenlücke zu schließen.

Um seine guten Absichten gegenüber Kuba zu demonstrieren, plante Chruschtschow darüber hinaus, mehr als 42 000 Soldaten auf die Insel zu schicken, die die Raketenbasen bewachen und im Falle einer US-amerikanischen Invasion den Eindringlingen einen gebührenden Empfang bereiten sollten.

Als er viele Jahre später seine Memoiren diktierte, behauptete Chruschtschow, die Pläne für die Stationierung der Atomraketen in Kuba seien ihm während seiner Reise nach Bulgarien in den Sinn gekommen, die er zwischen dem 14. und 20. Mai, also unmittelbar nach dem Besuch Salingers, unternommen hatte. »Während der Zeit in Bulgarien ging mir diese Vorstellung immer wieder durch den Kopf. Ich bin im Zimmer hin und her gegangen und habe ständig darüber nachgedacht, was ich tun soll. Aber ich habe niemandem von meinen Überlegungen erzählt. Ich habe diese quälenden Gedanken für mich behalten.«

Und weiter schrieb Chruschtschow: »Ich dachte mir folgendes:

Wenn wir die Raketen heimlich stationieren könnten und wenn die Amerikaner erst von ihrer Existenz erführen, nachdem sie bereits ... einsatzbereit waren, würden sie es sich zweimal überlegen, unsere Stellungen durch einen militärischen Schlag zu eliminieren ... Und selbst wenn nur ein Viertel oder auch nur ein Zehntel unserer Raketen einen Angriff überstehen würde – oder wenn auch nur eine oder zwei große [Raketen] übrigblieben –, könnten wir damit immer noch New York beschießen, und von dieser Stadt würde dann nicht mehr viel übrigbleiben ... Die Stationierung von Atomraketen in Kuba würde meiner Ansicht nach die Vereinigten Staaten davon abhalten, voreilige Militäraktionen gegen Castros Regierung durchzuführen.«

Chruschtschow räumte ein, daß er mit der Stationierung der Raketen auch noch einen weiteren Zweck verfolgt hatte: Er habe durch diese Maßnahme »das ›Gleichgewicht der Kräfte‹, wie es die Westmächte nennen«, wiederherstellen wollen. Das Ungleichgewicht sei dadurch entstanden, daß »die Amerikaner unser Land mit Militärstützpunkten eingekreist hatten und uns mit Atomwaffen bedrohten«.

Auf dem Rückflug von Sofia nach Moskau erklärte Chruschtschow Gromyko: »Ich möchte mit Ihnen unter vier Augen über eine wichtige Angelegenheit sprechen.« Der Außenminister erinnerte sich: »Es war niemand in unserer Nähe, und deshalb wußte ich, daß es sich um etwas Wichtiges handeln mußte. Normalerweise liebte Chruschtschow keine ›vertraulichen‹ Gespräche über politische Fragen.«

Der Generalsekretär wies darauf hin, daß die Situation für Kuba mittlerweile sehr gefährlich geworden sei: »Um die Unabhängigkeit des Landes zu erhalten, ist es notwendig, daß wir eine gewisse Anzahl unserer Raketen dort stationieren ... Denn Washington wird sich durch die Niederlage in der Schweinebucht von weiteren Maßnahmen abhalten lassen. Was meinen Sie dazu?«

Gromyko dachte nach und antwortete dann: »Ehrlich gesagt, glaube ich, daß es in den Vereinigten Staaten eine politische Explosion geben wird, wenn wir unsere Raketen in Kuba stationieren. Davon bin ich sogar absolut überzeugt, und dies sollten wir bei unserer Planung bedenken.« Gromyko nahm an, daß seine Worte Chruschtschow »in Rage bringen« würden. Zwar bestätigte sich seine Befürchtung nicht, doch zugleich wurde ihm klar, daß der Parteichef »sich nicht von seinem Vorhaben abbringen lassen würde«.

Chruschtschow erklärte: »Wir wollen keinen Atomkrieg, und wir haben nicht die Absicht zu kämpfen.« Als Gromyko dies hörte, fühlte er sich »erleichtert. Selbst Chruschtschows Stimme ... war ein biß-chen weicher geworden.« Der Parteichef beschloß, diese Frage dem Präsidium vorzulegen.

Chruschtschow bemerkte oft scherzhaft, die Mitglieder des Parteipräsidiums debattierten derartig ausgiebig über geheime Sitzungen, daß der Sender »Voice of America« deren Inhalt mit nur halbstündiger Verspätung in aller Welt verbreiten könnte. Laut Sergo Mikojan entschloß sich der Parteichef aus diesem Grunde, die Frage der Raketenstationierung mit lediglich fünf Mitgliedern des Präsidiums zu besprechen – nämlich mit Mikojan, Koslow, Malinowski, Gromyko und Marschall Sergej Birjuzow, dem stellvertretenden Verteidigungsminister und Kommandanten der strategischen Raketeneinheiten.

Nach Chruschtschows eigenen Aussagen fand dieses Treffen nach seiner Rückkehr aus Bulgarien statt. Wie Sergo Mikojan später berichtete, fragte Chruschtschow Malinowski, wie lange die Sowjetunion brauchen würde, um eine 140 Kilometer entfernte Insel zu besetzen und dort die Herrschaft zu übernehmen. Der Marschall antwortete: »Drei oder vier Tage, vielleicht auch eine Woche.« Daraus schloß der Generalsekretär, daß eine Aktion der Vereinigten Staaten gegen Kuba auch nicht länger dauern würde – und in diesem Zeitraum würde die Sowjetunion keine Maßnahmen ergreifen können, um die Insel erfolgreich zu verteidigen, selbst wenn sie an einem anderen Ort einen Vergeltungsschlag durchführten. Durch die Stationierung von Raketen aber würde man eine Invasion von vornherein unmöglich machen.

Malinowski war wahrscheinlich nicht besonders erfreut von der Aussicht, daß er die gigantischen Kosten für diese Operation aus dem Verteidigungshaushalt würde bestreiten müssen.[*] Ebensowenig dürfte ihm die Vorstellung gefallen haben, daß die gefährlichsten und geheimsten Waffen der UdSSR in ein so fremdartiges, weit entferntes und exponiertes Land wie Kuba geschickt werden sollten, wo sie in die Hände der Kubaner oder Amerikaner fallen könnten. Zudem war es das erstemal, daß die Sowjetunion Raketen, die mit Atomsprengköpfen ausgestattet werden konnten, außerhalb ihres Territoriums stationierte.

---

[*] Die CIA schätzte später die Kosten auf eine Milliarde Dollar.

Dennoch gewann Gromyko den Eindruck, daß Malinowski »Chruschtschows Vorschlag uneingeschränkt unterstützte«.

In Chruschtschows Memoiren heißt es, erst »nach zwei oder drei langen Diskussionsrunden« seien seine Genossen und er zu dem Ergebnis gekommen, »daß sie das Risiko auf sich nehmen wollten«. Gromyko meinte später, die Entscheidung sei ihm dadurch erleichtert worden, daß der Generalsekretär in Gesprächen mit mehreren Mitgliedern des Präsidiums versichert habe, »daß die Sowjetunion niemals so weit gehen dürfe ... einen Atomkrieg zu riskieren«. Doch, wie Gromyko erklärte, »bestand natürlich trotzdem das Risiko, daß es zu einem Atomkrieg kommen konnte, denn wir kannten ja die genauen Absichten der Amerikaner nicht«.

Chruschtschow schlug seinen Mitarbeitern vor: »Wir wollen Marschall Birjuzow nach Kuba schicken, damit er feststellt, ob wir dort Raketen stationieren können, ohne daß es die Amerikaner bemerken, und er soll meinen Brief an Fidel mitnehmen, in dem ich ihn nach seiner Meinung frage.«

Alexander Alexejew, TASS-Korrespondent, Geheimdienstagent und nach eigenen Aussagen der erste sowjetische Bürger, der nach der Revolution in Kuba eintraf, wurde Anfang Mai unerwartet nach Moskau zurückgerufen. Dort stellte ihn Mikojan Gromyko mit folgenden Worten vor: »Andrej Andrejewitsch, das ist Genosse Alexejew, unser neuer Botschafter in Kuba.« So erfuhr Alexejew von seiner Ernennung, über die Castro hoch erfreut war.

Mit einer Delegation, der auch das Präsidiumsmitglied Raschidow und Birjuzew angehören würden, sollte er nun nach Kuba fliegen und dort feststellen, welche Haltung Castro zu den Plänen der Sowjetunion einnahm, und zu sondieren, ob es möglich sein würde, die Stationierung der Raketen geheimzuhalten.

Zehn Tage vor der Abfahrt der Gruppe erklärte ihnen Chruschtschow in Gegenwart von Gromyko und dem Parteipräsidium: »Ich sehe keine andere Möglichkeit, die Revolution in Kuba zu retten, also sozusagen die Sicherheit Kubas gegen die Sicherheit der Vereinigten Staaten zu setzen. Und dies können wir nur mit unseren Atomraketen erreichen – und zwar mit unseren Langstreckenraketen. Versuchen Sie das bitte Fidel klarzumachen.«

Anfang Juni trafen Alexejew, Radischow und Birjuzow auf der Insel ein, um »Bewässerungsprobleme zu untersuchen«, wie es offiziell hieß. Bei vertraulichen Gesprächen mit Fidel und Raúl Castro legten sie den beiden Brüdern die Pläne vor, mit denen Chruschtschow »die kubanische Revolution retten« wollte. Alexejew berichtete, daß der kubanische Führer erst nachdachte und dann sagte: »Wenn es dem Sozialismus dient und wenn es die Amerikaner von imperialistischen Übergriffen auf dem Kontinent abhält, werde ich wohl zustimmen. Aber eine definitive Antwort kann ich erst geben, nachdem ich mich mit meinen Genossen beraten habe.«

Daraufhin informierte Castro Che Guevara, Präsident Osvaldo Dorticos, den alten kubanischen Parteiführer Blas Roca und seinen Vertrauten und Berater Major Emilio Aragones über das Angebot des sowjetischen Staatschefs. Alle erklärten sich ohne Wenn und Aber mit dem Plan Chruschtschows einverstanden. »Aber wir sechs, besonders Fidel Castro, waren sicher, daß dies . . . nicht in erster Linie der Verteidigung Kubas diente, sondern vor allem einer Korrektur des Kräfteverhältnisses zwischen Kapitalismus und Sozialismus«, erinnerte sich Aragones. »Warum? Wir glaubten, daß es zur Verteidigung Kubas auch andere Mittel gab als die Stationierung von Raketen.«

In Anwesenheit von Raúl, Che Guevara, Dorticos und Blas Roca erklärte Castro gegenüber der sowjetischen Delegation: »Jawohl, Sie können Raketen auf Kuba stationieren. Sie sollen sowohl der Rettung der kubanischen Revolution als auch der Stärkung des Sozialismus dienen.«

Alexejew war überrascht über Castros Zustimmung. Wie er später berichtete, hatte der kubanische Staatschef hinzugefügt, »wenn es der Sache des Weltkommunismus dienen würde und wenn es die Amerikaner tatsächlich davon abhalten würde, Kuba und andere Gebiete oder Länder zu bedrohen, dann wolle er den Vorschlag annehmen«.

Sergo Mikojan erinnerte sich: »Fidel glaubte, das Risiko eingehen zu können. Wie immer war er bereit, bis zum letzten Soldaten zu kämpfen, aber er wußte, daß er keine Chance hätte, wenn die Vereinigten Staaten ihre ganze Macht einsetzen würden.«

Nach der Rückkehr nach Moskau berichtete die Delegation Chruschtschow, daß Castro sein Einverständnis erklärt hatte. Birjuzow versicherte außerdem, daß man die Stationierung geheimhalten könne: In den kubanischen Bergen gebe es Gegenden, wo selbst die Vereinigten

Staaten die Raketen nicht entdecken würden. (Mikojan hielt ihn wegen dieser Aussage für einen »Idioten«.)

Nach Alexejews Erinnerungen glaubte der Parteichef, »wenn wir vorsichtig vorgingen und nicht gleich eine ganze Flotte [nach Kuba] entsenden würden, wäre es vielleicht möglich, daß wir erst am 6. November unsere Maßnahmen öffentlich bekanntgeben müssen.« Dies war das Datum der amerikanischen Kongreßwahlen.

Castro berichtete später, Chruschtschows Vorschlag »kam für uns völlig überraschend, und zunächst wußten wir nicht, was wir davon halten sollten ... Wir erklärten uns schließlich einverstanden: Zum einen hatten uns die Russen davon überzeugt, daß die Vereinigten Staaten sich von konventionellen Waffen nicht abschrecken lassen würden, und zum anderen fühlten wir uns einfach verpflichtet, das Risiko, das die Sowjetunion zu unserem Schutz einzugehen bereit war, mitzutragen.« Seiner Meinung nach hatten die Kubaner »kein Recht, das Angebot abzulehnen«. In seinen Augen war es besser, »eine große Krise« zu riskieren, als »wie gelähmt« auf die Invasion durch die Vereinigten Staaten zu warten.

Später beklagte sich Castro darüber, daß Chruschtschow ihn nicht von der Unterlegenheit der Sowjetunion im nuklearen Wettrüsten informiert hatte: »Es kam mir gar nicht in den Sinn, ihn darauf anzusprechen. Außerdem konnte ich doch nicht einfach fragen: ›Wie viele Raketen habt ihr, und wie viele Raketen haben die Amerikaner, und wie sieht denn überhaupt das Kräfteverhältnis aus?‹ Damals vertrauten wir darauf, daß zumindest sie genau wußten, worauf sie sich einließen.«

Da er aus der schwierigen Situation nun einen Ausweg gefunden hatte, besserte sich seine Stimmung. Aber er war trotzdem immer noch verwirrt und wütend auf die Vereinigten Staaten und ihren Präsidenten.

In diesem schweren Moment der Entscheidung erwies sich der Parteichef nach Aussage Burlazkis letztlich doch als »ein sehr gefühlsbetonter Mensch«. Chruschtschow konnte einfach nicht verstehen, warum Kennedy und seine Mitarbeiter ihn gedemütigt hatten, indem sie die Schwäche der Sowjetunion enthüllt und ihr nach Meinung des Generalsekretärs unverhohlen mit einem atomaren Erstschlag gedroht hatten. Und unter all den Gefühlen, die den Parteichef in diesem Frühsommer des Jahres 1962 bewegten, befanden sich mittlerweile auch ein gehöriges Ausmaß von beinahe kindlicher Rachsucht und Trotz.

»Jetzt war es höchste Zeit, daß Amerika begriff, wie es ist, wenn Land und Leute bedroht werden«, schimpfte er in seinen Memoiren. »Wir Russen haben in den letzten fünfzig Jahren drei Kriege durchstehen müssen ... Amerika hat auf eigenem Boden nie Krieg geführt, zumindest nicht in den vergangenen fünfzig Jahren. Es hat seine Truppen in den beiden Weltkriegen nach Übersee geschickt und damit ein Vermögen verdient. Mit ein paar Tropfen Blut haben sie für die Milliarden gezahlt, die sie verdienen, indem sie den Rest der Welt auspressen.« Jetzt wollte Chruschtschow den Amerikanern »ein wenig von ihrer eigenen bitteren Medizin« zu schlucken geben: »Sie sollen einmal am eigenen Leibe verspüren, wie das ist, wenn man von feindlichen Atomraketen bedroht ist.«

Kapitel 15

Am Vorabend der Krise

Ende Mai besuchte Chruschtschow ein Benny-Goodman-Konzert im Moskauer Sportpalast der Roten Armee. Eigentlich hielt er Jazz für »dekadent«, aber auf Jane Thompsons Bitte hin hatte er eine Rußlandtournee des »King of Swing« genehmigt.

Bereits in der Pause brach der Parteichef auf und verabschiedete sich bei Jane Thompson mit den Worten: »Es wird mir ein bißchen zuviel.« Sie entgegnete: »Das liegt sicher daran, daß Sie diese Musik zum erstenmal hören.« Chruschtschow meinte: »Nun ja, Hauptsache, die anderen haben ihren Spaß.« Adschubej erinnerte sich später, daß sein Schwiegervater Jazz »für eine Erfindung unkultivierter Menschen hielt ... Obwohl er Marxist war und keinen Unterschied zwischen Schwarz und Weiß machte, hatte er diese Einstellung.«

Im Anschluß an das Konzert gaben die Thompsons im Spaso-Haus einen der letzten großen Empfänge vor ihrer geplanten Rückkehr in die Vereinigten Staaten im Juli. »Tommy und ich gingen noch vor dem Ende des Fests schlafen«, erinnerte sich Jane. »Aber die Adschubejs amüsierten sich noch prächtig. Überall wurde bei offenen Fenstern improvisiert, und in den nächsten zwei Wochen konnte man an jeder Ecke in Moskau Jazz hören. Das war ein wunderbarer Abschluß für unsere Zeit dort.«

Während im Frühling 1962 in Genf Kennedys und Chruschtschows Unterhändler über ein »neutrales und unabhängiges« Laos unter der Führung Prinz Souvanna Phoumas verhandelten, begann der kommunistische Pathet Lao eine neue militärische Offensive. »Ich fürchte, Washington und Moskau können da nicht viel tun«, äußerte Rusk in einem vertraulichen Gespräch im März. »Ich habe den Eindruck, die Sowjets sähen es lieber, wenn die Situation bereinigt wird, aber die Chinesen sorgen dort für Unruhe.«

Im Januar hatte Kennedy Adschubej gewarnt, die Vereinigten Staaten würden ihr Engagement in Südostasien verstärken, falls die laotischen Kommunisten weiterhin Einheiten unterstützten, die Südvietnam angriffen. Aber noch im gleichen Monat erklärte er vor dem Nationalen Sicherheitsrat, daß er sich nach »sorgfältigem Abwägen der Risiken« und angesichts des »Nachschubproblems« (es gab keinen Seehafen) entschlossen habe, die amerikanischen Truppen aus Laos »abzuziehen«. Bei einer Pressekonferenz im Februar bestritt er dieses Vorhaben allerdings wieder, um die amerikanische Position bei den Verhandlungen in Genf nicht zu schwächen. Sorensen bemerkte Jahre später, daß Kennedy beim Thema Laos »immer halb bluffte und halb wirklich entschlossen war ... was davon jeweils überwog, *das wußte niemand genau.*«

Im März ließ der Präsident Chruschtschow durch ein Interview in der *Saturday Evening Post* eine neue Warnung im Hinblick auf Laos zukommen. Mit gespielter Lässigkeit meinte er, der Generalsekretär wisse ja sicherlich genausogut wie er, daß es zum Einsatz von Atomwaffen kommen könne, falls die Vereinigten Staaten gezwungen wären, in Laos einzugreifen.

In den ersten Maitagen brachen Prinz Souphanouvong und der Pathet Lao mit Billigung Nordvietnams den Waffenstillstand. Die Königliche Laotische Armee mußte fliehen. Offensichtlich wollten die Kommunisten bis zur Grenze nach Thailand vorrücken. Kennedy überlegte, wie er den Pathet Lao zu einem neuen Waffenstillstand bewegen konnte, ohne dadurch den rechtsgerichteten General Phoumi Nosavan zu dem Gedanken zu verleiten, er könnte eine Koalitionsregierung verhindern und die Gespräche in Genf scheitern lassen.

Über Thompson ließ Rusk Gromyko ausrichten, er solle bei dem Pathet Lao »seinen Einfluß geltend machen«. George Ball erkundigte sich bei Dobrynin, ob Chruschtschows in Wien gegebenes Versprechen, er werde sich für ein unabhängiges und neutrales Laos einsetzen, mittlerweile nicht mehr aktuell sei: »Die Vereinigten Staaten haben auf Phoumi Druck ausgeübt. Im Gegenzug erwarten wir, daß die Sowjetunion jetzt Souphanouvong in die Schranken weist.« In seiner Antwort bestätigte Dobrynin, daß Chruschtschows Versprechen nach wie vor Gültigkeit habe, und verlangte von den Vereinigten Staaten, dafür zu sorgen, daß rechte laotische Politiker nicht länger die Bildung einer Koalitionsregierung sabotierten.

Am Donnerstag, dem 10. Mai, erwog der Präsident, unter anderem durch Abkommandierung von Teilen der Siebten Flotte in den Golf von Siam wenigstens annähernd Stärke zu demonstrieren. General Bernard Decker, der Stabschef der Armee, äußerte dazu den fast schon unverschämten Kommentar: »Letztes Frühjahr haben Sie Alarm geschlagen, und dann mußten Sie sich zurückziehen. Ich fürchte, wenn Sie nicht genau abschätzen, ob Sie derartige Maßnahmen auch bis zu Ende führen können, werden wir schließlich wieder als die Dummen dastehen.«

Am Samstag, dem 12. Mai, brach die Siebte Flotte auf. Thompson telegrafierte aus Moskau, es sei »höchst bemerkenswert«, daß Chruschtschow und Gromyko gegen diesen Schritt nicht öffentlich protestiert hätten: »Die Sowjets ermutigen uns ja schon beinahe dazu, dem Pathet Lao klarzumachen, daß er eine gefährliche Politik verfolgt . . . Eigentlich kann ich mir nicht vorstellen, daß Chruschtschow nicht reagieren würde, wenn die Sowjets in diesem Gebiet tatsächlich eine Konfrontation mit uns riskieren wollten.« Deshalb schlug er vor, man solle »es so darstellen, als handelte der Pathet Lao eigenmächtig oder unter dem Druck der Chinesen«. Washington solle den Sowjets auch mitteilen, daß »wir Phoumi jetzt erst recht unter Druck setzen werden«.

Nachdem die Vereinigten Staaten die Regierung in Bangkok heimlich dazu bewegt hatten, die Amerikaner um militärische Hilfe zu ersuchen, wurden zwei Flugzeugstaffeln und 5000 Marine- und Infanteriesoldaten der Vereinigten Staaten sowie Truppen aus Großbritannien, Australien und Neuseeland an die thailändische Grenze zu Laos verlegt. Chruschtschow beschwerte sich daraufhin bei einem westlichen Diplomaten, der Präsident betreibe »ein gefährliches Spiel«.

Rusk, der der Meinung war, Kennedy solle dem Parteichef zu diesem Problem einen Brief schreiben, schickte auch gleich einen entsprechenden Entwurf ans Weiße Haus. Doch Robert Kennedy bat lediglich Georgi Bolschakow, Chruschtschow auszurichten, der Präsident habe sich auf die Zusicherungen der Sowjets verlassen, daß es in Laos nicht mehr zu Kämpfen kommen würde. Durch die neuen Angriffe des Pathet Lao fühle er sich »hereingelegt«.

Wenige Tage später kehrte Bolschakow mit einer »persönlichen« Botschaft von Chruschtschow zurück: Der Generalsekretär versicherte, daß in Laos keine militärischen Aktionen mehr stattfinden würden. Es sei ein Anliegen der Sowjetunion, »daß dieses Problem auf friedlichem Wege gelöst wird«. Nach Rücksprache mit seinem Bruder antwortete der Justizminister, die Botschaft habe ihn »erfreut«. Die Vereinigten Staaten würden ihr Bestes tun, um ihren Einfluß auf Souvanna Phouma geltend zu machen, aber der sowjetische Staatschef müsse auch »auf die Leute von der anderen Seite einwirken«.

Der Pathet Lao erklärte sich zur Wiederaufnahme der Verhandlungen bereit. Und so wurde am 12. Juni eine Koalitionsregierung mit Souvanna Phouma als Premierminister und Phoumi und Prinz Souphanouvong als dessen Stellvertretern gebildet.

Chruschtschow telegrafierte an Kennedy: »Aus Laos kommen gute Nachrichten . . . Ohne Zweifel bedeutet dies einen Wendepunkt nicht nur in der Geschichte des laotischen Volkes, sondern auch für unsere Bestrebungen, den Frieden für ganz Südostasien zu sichern . . . Unsere bei dem Gipfeltreffen in Wien . . . begonnenen Anstrengungen, Laos den Status eines unabhängigen und neutralen Landes zu geben, zeigen erste Erfolge.« Der Präsident antwortete darauf: »Ich teile Ihre Ansicht, daß die Berichte aus Laos sehr ermutigend sind.«

Sechs Wochen später wurde in Genf eine »Erklärung der Neutralität von Laos« unterzeichnet. Gleichzeitig erklärte Georgi Bolschakow gegenüber Robert Kennedy, der Generalsekretär sei zwar »über die Regelung, die für Laos getroffen wurde, sehr erfreut«, aber die Anwesenheit westlicher Truppen in Thailand beunruhige ihn. Natürlich wisse Chruschtschow, daß diese Truppen lediglich für den Fall bestimmt gewesen seien, daß es in Laos zu Kampfhandlungen käme. Deshalb hoffe er, daß sie nun abgezogen würden.

Nach Rücksprache mit seinem Bruder teilte Robert Kennedy Bolschakow mit, daß der Präsident noch innerhalb der nächsten zehn Tage mit dem Truppenabzug beginnen werde. Chruschtschow antwortete, dies bedeute »sehr viel«.

Die Lösung der laotischen Frage war allerdings nicht von Dauer. Der Pathet Lao verließ die neue Regierung, und der Vietcong nutzte auch weiterhin das laotische Hinterland für die Versorgung seiner Rebellen in Südvietnam. Kennedy ließ daraufhin die verdeckten Aktionen der CIA gegen diese beiden feindlichen Organisationen verstärken.

Anfang Juli trafen Castros Bruder Raúl und sein Berater Major Aragones in Moskau ein. In Geheimgesprächen verabredeten sie mit Chruschtschow, Malinowski und Mikojan, daß die sowjetischen Atomraketen unter dem Deckmantel eines offiziellen sowjetisch-kubanischen Militärhilfeabkommens ins Land gebracht werden sollten.

Raúl und Malinowski entwarfen ein Dokument, das die sowjetische Luftwaffe verpflichtete, kubanische Gesetze und Hoheitsansprüche zu respektieren. Der Vertrag sollte eine Gültigkeit von fünf Jahren haben und nach Ablauf dieses Zeitraums verlängert werden können. Allerdings enthielt er auch eine Klausel, die besagte, daß er von beiden Seiten mit einjähriger Frist gekündigt werden konnte. In diesem Falle sollten die sowjetischen Einrichtungen in den Besitz der kubanischen Regierung übergehen und die sowjetischen Truppen das Land mit ihrer Ausrüstung und ihrem Kriegsmaterial verlassen.

Nach Aussage von Jorge Riquet, einem späteren Mitglied des kubanischen Politbüros, schlugen die Kubaner Chruschtschow vor, im Interesse beider Länder die Stationierung sowjetischer Atomraketen auf der Insel öffentlich anzukündigen. Alle anderen Wege würden »in eine Sackgasse führen; denn wenn man die Vereinigten Staaten auf diese Weise vor vollendete Tatsachen stellen würde, »kämen sie nicht umhin, mit Gewalt zu reagieren«. Schließlich sähen sie sich mit »einer Maßnahme konfrontiert, die man als eine Art Täuschungsmanöver einschätzen könnte«.

Doch Chruschtschow lehnte diesen Vorschlag ab. Wie Aragones sich erinnerte, wollte der Parteichef »Zeit gewinnen. Er versicherte uns, es werde keine Probleme geben, es werde nichts passieren und auch nichts entdeckt werden.«

Die Kubaner beharrten darauf, daß sie einen Präemptivschlag »der Vereinigten Staaten mit schwerwiegenden Folgen für unser Land befürchten« müßten, wenn Washington von der Stationierung der Raketen erfuhr, bevor diese einsatzbereit waren. Chruschtschow aber versicherte ihnen, daß er ihr Land auch in einem solchen Fall verteidigen werde. Außerdem würde er Präsident Kennedy nachträglich über seine Maßnahmen informieren.

Die Sowjets und die Kubaner kamen überein, daß der Vertrag sofort in Kraft treten sollte, sobald ihn die Leiter der Delegationen abgezeichnet hatten. Die tatsächliche Unterzeichnung durch Chruschtschow und Castro sollte dann im November nach dem Abschluß der Raketenstationierung stattfinden, wenn der sowjetische Generalsekretär Kuba besuchte.

Im Sommer 1962 war der politische Einfluß des Verteidigungsministers größer als je zuvor. Bei seiner Amtsübernahme hatte Robert Strange McNamara sich mit jungen Männern umgeben, »die klüger sind als ich«: Alain Enthoven, Charles Hitch, Adam Yarmolinsky und anderen, von denen er viel über die neuesten Erkenntnisse zum Thema Verteidigung gelernt hatte, die während der Amtszeit Eisenhowers in Universitäten und »Denkfabriken« aufgekommen waren.

Schon bald arbeitete McNamara eifrig an der Erfüllung der Versprechen, die in den Wahlreden Kennedys im Jahre 1960 explizit und implizit gemacht worden waren – er baute die amerikanische Atomstreitmacht aus und rüstete im konventionellen Bereich auf, damit die Vereinigten Staaten auf Provokationen, die keine direkten Kriegshandlungen darstellten, flexibler reagieren konnten. Außerdem setzte er den Rivalitäten innerhalb der Armee ein Ende, indem er sie einer zivilen Kontrollinstanz unterstellte.

Wenn es um die Verteidigung seiner Politik ging, nahm McNamara kein Blatt vor den Mund. »Er geht fast nie, er läuft immer nur«, bemerkte Landwirtschaftsminister Orville Freeman und fügte hinzu, daß McNamara »selbst Rolltreppen herauf- und hinunterrennt«. Sowohl Militärs als auch Kongreßabgeordnete beschwerten sich über die brüske Art des Verteidigungsministers. Als Entschuldigung führte dieser selbst einen Ausspruch seiner Frau an: »Bob kann Dummheit nicht ausstehen.«

Gegenüber dem Außenminister verhielt sich McNamara stets äußerst korrekt. Er vermied es, in der Öffentlichkeit den Eindruck zu erwecken, er würde sich in Rusks Arbeitsgebiet einmischen. Aber es lag einfach in seiner Natur, ein vorhandenes Machtvakuum auszufüllen. Weder in Debatten hinter verschlossenen Türen noch in öffentlichen Diskussionen konnte sich Rusk gegen seinen wortgewandten und scharfzüngigen Ministerkollegen aus dem Pentagon behaupten.

Da er eingefahrene Vorgehensweisen verabscheute, suchte der Präsident auch in Fragen, die nicht ins Verteidigungsressort gehörten, immer öfter McNamaras Rat. Noch nie hatte er einen erfolgreichen Manager kennengelernt, der so belesen war und Hochschullehrern, Kongreßabgeordneten und Journalisten ohne weiteres Paroli bieten konnte. McNamaras Entschlossenheit, seine rasche Auffassungsgabe, seine Redegewandtheit und sein Sachverstand faszinierten ihn. Außerdem bewunderte Kennedy die Unbestechlichkeit und starke Persönlichkeit seines Verteidigungsministers und die Tatsache, daß dieser für politische Phrasen unempfänglich war.

Da er selbst sich seines mangelnden Organisationstalents bewußt war, fand Kennedy es beeindruckend, wie schnell McNamara im Pentagon Ordnung schaffen konnte. Außerdem schätzte er die Entschlußfreudigkeit des Verteidigungsministers. Anders als Rusk »listete er zuerst zwanzig verschiedene Möglichkeiten auf und sagte schließlich: ›Ich glaube, Mr. President, ich habe eine Lösung.‹ So etwas gefällt mir, denn es erleichtert mir die Arbeit.«

McNamara verkörperte in Kennedys Augen den neuen Politikertyp der sechziger Jahre, denn der Präsident war der Ansicht, daß die Probleme dieses Jahrzehnts eher im administrativen als im ideologischen Bereich zu suchen waren.

Im Laufe der Zeit lernte der Präsident jedoch auch McNamaras Schwächen kennen. O'Donnell, der den Verteidigungsminister nicht leiden konnte, wies Kennedy darauf hin, daß er eines Tages durch McNamaras Unerfahrenheit in große Schwierigkeiten geraten könnte.

Der im Jahre 1916 geborene McNamara wuchs im Norden von San Francisco auf, in einem, wie er es selbst beschrieb, »dichtbevölkerten Viertel, das ausschließlich von Angehörigen der unteren Mittelschicht bewohnt wurde«. Sein Vater war irisch-katholischer Herkunft und stammte aus Boston; seine Mutter war eine schottisch-englische Protestantin. Als Verkaufsleiter einer Schuhgroßhandlung zog sein Vater 1924 mit der Familie nach Oakland, wo der Sohn die angesehene High-School in dem wohlhabenden Städtchen Piedmont besuchte.

Nach seinem College-Abschluß in Berkeley studierte er Rechnungswesen an der Harvard Business School und lehrte dieses Fach dort auch später. Nach seinem Militärdienst im Zweiten Weltkrieg, wo er als Logistikexperte für die Luftwaffe tätig war, wollte er eigentlich nach Harvard zurückkehren. Durch die Polio-Erkrankung seiner Frau Margaret sah er sich aus finanziellen Gründen gezwungen, eine Laufbahn in der freien Wirtschaft einzuschlagen. Als Henry Ford II. eine Umorganisation des Managements vornahm, um die altmodischen und unübersichtlichen Strukturen seines Konzerns zu reformieren, wurde McNamara in dieses neugegründete Team aufgenommen, das man allgemein die »Wunderkinder« nannte. Rasch machte er Karriere, und 1960 übernahm er die Leitung der Firma. Obwohl er eigentlich Republikaner war, sprach er sich öffentlich für Kennedy als neuen Präsidenten aus. Diese Tatsache jedoch blieb bei Kennedys Wahlhelfern unbeachtet.

Nach Kennedys Wahl schlug Robert Lovett unter anderen auch McNamara für das Amt des Verteidigungsministers vor, da er sich noch an dessen ausgezeichnete Arbeit während des Krieges erinnerte. In einem persönlichen Gespräch mit dem Präsidenten erklärte McNamara, das Amt des Verteidigungsministers stelle für ihn eine faszinierende Herausforderung dar. Da McNamara wußte, daß sich Führungspersönlichkeiten durch selbstbewußtes Auftreten beeindrucken lassen, fragte er Kennedy, ob dieser sein Buch *Zivilcourage* tatsächlich selbst geschrieben habe. Kennedy bejahte diese Frage, räumte jedoch ein, daß andere »selbstverständlich« viel Recherchearbeit geleistet hätten. Nach diesem Gespräch meinte Kennedy: »Ich glaube, er ist genau der richtige Mann für dieses Amt.«

Als McNamara das nächstemal beim Präsidenten vorsprach, übergab er ihm ein Schreiben. Darin forderte er, seine Mitarbeiter selbst auswählen und sich ein unabhängiges Urteil über kontroverse Ergebnisse in Ausschußberichten zu Verteidigungsfragen bilden zu dürfen. Außerdem verlangte er, bei Entscheidungsprozessen sowohl auf Verwaltungs- als auch auf militärischer Ebene niemand anderem als nur dem Präsidenten Rede und Antwort stehen zu müssen. Abschließend hieß es in dem Brief, daß er bereit sei, das Amt des Verteidigungsministers zu übernehmen, wenn der Präsident sich mit ihm in diesen Punkten einigen könne.

Andere Präsidenten hätten es vermutlich als Anmaßung empfunden, wenn ein Anwärter auf einen Ministerposten sofort schriftliche Forderungen stellte. Aber im Fall McNamaras waren beide Kennedy-Brüder »beeindruckt von der Tatsache, daß er so selbstbewußt auftrat«.

Als Sohn eines Iren und einer Schottin war McNamaras Charakter geprägt vom Widerstreit der unterschiedlichen Mentalitäten. Er war ein sehr engagierter Mensch, der viel Energie hatte und oft emotional reagierte. Aber er bemühte sich, diese Eigenschaften hinter einer rationalen Fassade des Selbstbewußtseins zu verbergen. Außerdem gab er sich stets unparteiisch und war zu gewaltigem Arbeitseifer fähig. Nach Robert Kennedys Ansicht war McNamara der »gefährlichste Mann im Kabinett, weil er so überzeugend und scharf argumentieren« konnte.

Seit seiner Zeit auf der Harvard Business School war es stets McNamaras Leidenschaft gewesen, Verwaltungsabläufe so rational zu organisieren, daß sie für menschliches Versagen weniger anfällig und von

Faktoren wie Glück oder Zufall möglichst unabhängig wurden.* Die Folge von McNamaras Umstrukturierungsmaßnahmen war, daß sowohl die amerikanische Verteidigungspolitik als auch die Arbeit der Regierung systematischer funktionierten. Der Schwachpunkt seiner Vorgehensweise lag jedoch darin, daß kulturelle Eigenarten einzelner Völker wie zum Beispiel des vietnamesischen oder der Charakter einzelner Staatsmänner wie Nikita Chruschtschows keine Berücksichtigung fanden.

In diesem Winter zog McNamara in Erwägung, die Nuklearstrategie der Vereinigten Staaten in einem wichtigen Punkt zu verändern. Falls ein Atomangriff durch die Sowjetunion drohte, wollten die USA nicht sowjetische Städte, sondern zuerst sowjetische Bomber- und Raketenstellungen beschießen.
Mit dieser Strategie der Abschreckung hoffte McNamara, de Gaulles Annahme entgegenwirken zu können, der amerikanische Präsident würde New York wohl kaum für Paris opfern. Mit der neuen Strategie hätte der französische Präsident in Kennedys Augen keinen Grund mehr, weiterhin so vehement eine eigene französische *Force de frappe* zu fordern. Im Februar erklärte der Präsident in einer Rede in Chicago: »Vielleicht wird es uns möglich sein, den Schaden für uns und unsere Verbündeten zu begrenzen, indem wir die Möglichkeit eines Vergeltungsschlags nutzen. Wir würden die feindlichen Stellungen zerstören, bevor der Gegner eine zweite Salve abfeuern kann.«
Einer seiner Berater meinte später: »Er hat immer auf seine Wunderknaben gehört und deren Ratschläge unbesehen angenommen. Eigentlich hätte er wissen müssen, daß es so etwas wie einen primären Vergeltungsschlag gar nicht gibt. Wenn man vorhat, auf Raketen zu schießen, plant man damit auch immer einen Erstschlag.«
McNamaras Äußerungen über die neue Abschreckungsstrategie schürten, vor allem in Zusammenhang mit Kennedys Bemerkung, man müsse die »Initiative« ergreifen, Chruschtschows Ängste vor einem

---

* Der Verteidigungsminister war entsetzt, als er entdeckte, daß praktisch keine Vorkehrungen getroffen worden waren, um zu verhindern, daß durch einen unglücklichen Zufall ein Atomkrieg ausgelöst würde. So gehörte es zu seinen ersten Amtshandlungen, die sogenannten »Permissive-Action-Links« (PALs) zu installieren, die den Abschuß von Raketen ohne ausdrücklichen Befehl unmöglich machten. (Er ordnete außerdem an, daß diese Technik insgeheim den Sowjets zugänglich gemacht wurde.)

Erstschlag der Vereinigten Staaten gegen die Sowjetunion. Und wie ein trotziges Kind wehrte er sich jetzt noch verzweifelter gegen die Behauptung der Amerikaner, sie seien nuklear überlegen.

Am Mittwoch, dem 11. Juni, erklärte er auf einem »Friedenskongreß« in Moskau, Eisenhower und Kennedy hätten in der Vergangenheit das Kräfteverhältnis zwischen der Sowjetunion und den Vereinigten Staaten »realistisch« als ausgeglichen eingestuft: »Diese Position vertrat auch Präsident Kennedy noch auf dem Gipfeltreffen in Wien. Doch nun will die Regierung der USA ihren Bürgern und auch den Verbündeten weismachen, das Kräfteverhältnis habe sich zugunsten der Vereinigten Staaten verschoben ... Diese gefährliche Behauptung ist nichts weiter als eine Provokation, die jeglicher Grundlage entbehrt.« Chruschtschow fuhr fort, die Sowjetunion läge deutlicher denn je in Führung. Der Grund dafür seien nicht nur die Hundert-Megatonnen-Bomben, sondern auch eine neue Antiraketenrakete. McNamaras »ungeheuerlicher Vorschlag« sei »durchdrungen von Menschenhaß, ja, von einem Haß gegen die gesamte Menschheit ... Gibt es denn keine Kampftruppen, die in der Nähe großer Städte stationiert sind? Und würde man nicht, wenn man nach den Vorstellungen Mr. McNamaras eine Atombombe etwa in einem Vorort New Yorks zünde, die ganze wunderbare Stadt in Schutt und Asche legen?«

Wenige Tage später brüstete sich Chruschtschow in Moskau vor amerikanischen Verlegern, seine Abwehrrakete sei so treffsicher, »daß sie auch eine Fliege im Weltraum nicht verfehlen würde«. Die Sowjetunion sei »nicht Laos, nicht Thailand oder ein anderer kleiner Staat«. Offensichtlich sah er in Gedanken schon Raketen in Kuba stehen, als er meinte: »Denen, die uns bedrohen, werden wir das mit gleicher Münze heimzahlen.«

Nachdem die Nachricht vom Rücktritt Thompsons vom Botschafterposten in Moskau bekanntgeworden war, trafen von allen Seiten Vorschläge für einen möglichen Nachfolger ein. In den Augen der Presse war John Kenneth Galbraith der beste Mann, doch die Republikaner liefen Sturm dagegen, einen »Sozialisten« nach Moskau zu senden. Daraufhin sprach sich auch Kennedy gegenüber Bradlee gegen Galbraith aus: »Wir brauchen einen Mann, der Russisch spricht.«

Das Auswärtige Amt kämpfte mit allen Mitteln darum, den Posten mit einem Mann aus den eigenen Reihen zu besetzen. Schließlich einigte man sich auf Foy Kohler. Der Justizminister erklärte allerdings gegenüber seinem Bruder, er bekomme bei der Vorstellung, Kohler auf den Botschafterposten zu berufen, eine Gänsehaut. In seinen Augen war er nicht »der richtige Mann, um bei den Sowjets etwas zu erreichen«.

Kohler gehörte zu jenen inflexiblen Bürokraten, deren Einfluß die Brüder Kennedy immer bekämpft hatten. Ihm fehlte es an der sozialen Anpassungsfähigkeit, die sie an anderen Sowjetexperten wie Harriman, Kennan, Bohlen und Thompson immer geschätzt hatten. Bevor Kohler 1931 in den diplomatischen Dienst eingetreten war, hatte er als Kassierer in einer Bank in Toledo gearbeitet.

Charles Bartlett erinnerte sich, daß Kennedy letztlich zu folgendem Schluß gelangte: »Wenn man jemanden, der nicht dem diplomatischen Dienst angehört, in problematische Länder schickt, wird das Auswärtige Amt den Betreffenden wahrscheinlich auflaufen lassen.« So bekam Kohler den Posten.

Bei einem gemeinsamen Mittagessen im Juli erkundigte sich Frank Holeman bei Bolschakow, was die Russen von der Ernennung Kohlers hielten. Schon sechs Monate zuvor hatte Bolschakow den Amerikanern mitgeteilt, Chruschtschow sähe einen »bewährten Freund« des Präsidenten in diesem Amt lieber als einen Karrierediplomaten. Nun beklagte sich Bolschakow, Kohler sei kein Anhänger des »New-Frontier-Gedankens«.

Schon im Vorgriff auf seinen künftigen Posten als Berater des Außenministers in sowjetischen Angelegenheiten berichtete Thompson aus Moskau, »selten habe es in der Politik des Kreml einen derartig deutlichen Mangel an langfristiger Planung gegeben wie in den letzten sechs Monaten«. Innenpolitisch befände sich Chruschtschow in der Defensive. Mittlerweile habe er schon eine Kürzung der Ausgaben auf dem Sektor des Wohnungsbaus, des Schulwesens und der Kultur ankündigen müssen. Außerdem seien die Preise für Fleisch und Milchprodukte um nahezu ein Drittel angehoben worden, was in der Gegend von Rostow auch schon zu Protesten geführt habe.

Walt Rostow beschrieb die Probleme des Parteichefs in der Außenpolitik in einem Arbeitspapier, das im August unter der Überschrift »Chruschtschow in Bedrängnis« erschien. Darin kam er zu dem Ergebnis, daß Chruschtschow in der Berlin-Frage und im Kongo in eine

Sackgasse geraten sei. Seine Pläne in bezug auf Südostasien wiederum seien durch die Lösung der Laos-Frage und durch Kennedys Engagement in Südvietnam hinfällig geworden. Kuba stehe isoliert da. Auf der anderen Seite verlangten die Ostdeutschen und die Chinesen, er solle die Initiative ergreifen. Indem er den Mythos von der atomaren Überlegenheit der Sowjetunion zerstört habe, habe ihn zudem der Westen zu einer Erhöhung des Verteidigungshaushalts gezwungen, der wiederum eine Verschlechterung der Wirtschaft nach sich ziehen würde.

Chruschtschow müsse sich nun nach Rostows Meinung um einen »schnellen Erfolg« bemühen, denn nur so könne er seine Machtposition und sein Ansehen in Moskau und im internationalen Kommunismus wieder festigen. Dieser Erfolg müsse auf möglichst billige Weise einen Ausgleich im militärischen Kräfteverhältnis herbeiführen, der UdSSR in Berlin einen Vorsprung verschaffen und dafür sorgen, daß die Ressourcen der Sowjetunion den Verbrauchern in Form von Konsumgütern zugute kämen. Rostow meinte, die Vereinigten Staaten würden möglicherweise in Kürze mit der »risikoreichsten Aktion seit dem Kriege konfrontiert werden«.

Abgesehen von einem kurzen Aufenthalt in Moskau, wo er zwei Kosmonauten nach ihrer Rückkehr aus dem Weltraum begrüßte, verbrachte Chruschtschow den August mit seinen Enkelkindern am Schwarzen Meer. Während er sich erholte, kündigte der Kreml an, Chruschtschow habe eine Fahrt nach New York in Erwägung gezogen, um an einer Sitzung der UNO-Vollversammlung teilzunehmen und sich mit Kennedy zu treffen. Möglicherweise trug sich der Parteichef mit dem Gedanken, im Rahmen der UNO-Versammlung die Stationierung der Raketen auf Kuba bekanntzugeben. Auf diese Weise hoffte er seine Position zu stärken, um dann mit dem amerikanischen Präsidenten über die dringendsten Probleme des Kalten Krieges verhandeln zu können. Vielleicht hatte er auch noch vor, im Anschluß daran nach Kuba zu fliegen, wo er dann die Raketenstellungen inspizieren und mit Kuba das Militärhilfeabkommen unterzeichnen würde.

Wahrscheinlich plante Chruschtschow, mit Kennedy ein Übereinkommen zu erörtern, um sicherzustellen, daß weder China noch Westdeutschland in den Besitz von Atomwaffen gelangten. Tatsächlich teilte Dobrynin Rusk Ende August mit, die Sowjets seien möglicherweise daran interessiert, sich mit den Amerikanern »an einen Tisch zu setzen und eine Regelung auszuarbeiten, durch die die Weitergabe von Atomwaffen an Länder, die bis jetzt noch keine Atommächte seien, verhindert werde«.

Chinesischen Dokumenten zufolge setzten die Sowjets im gleichen Monat Peking vertraulich davon in Kenntnis, Rusk habe ein Abkommen vorgeschlagen, das den Atommächten untersagte, Waffen oder technisches Know-how an andere Länder weiterzugeben. Die Sowjetunion habe diesem Ansinnen zugestimmt. Als Antwort warnte Peking Moskau davor, die Rechte Chinas zu verletzen.

Die Vorbereitungen für die *Operation Mongoose* gingen weiter. Im August zog die Sondereinsatzgruppe alle möglichen Aktionen in Erwägung, mit deren Hilfe sie einen Aufstand gegen Castro im Oktober initiieren konnte. Robert Kennedy sagte: »Lieber einen Ausfall wagen als einen Rückzieher machen.«

Wie sie in ihren Aussagen vor dem Senat im Jahre 1975 zugab, diskutierte die Gruppe sogar »die Liquidation Castros«. Laut Richard Goodwin sagte McNamara: »Die einzige Möglichkeit, wie wir Castro loswerden können, ist, ihn zu ermorden ... und das meine ich so, wie ich es sage.« Goodwin erinnerte sich auch, daß Robert Kennedy McNamara nicht widersprach. Vor dem Senat behauptete McNamara jedoch, er könne sich an diese Worte nicht mehr erinnern.

In diesem Monat erklärte Taylor dem Präsidenten, man solle besser auf ein politisches Scheitern des Castro-Regimes hinwirken, als dessen Sturz herbeizuführen. Daraufhin erließ Kennedy am Donnerstag, dem 23. August, einen Geheimbefehl, in dem es hieß, daß ab sofort die »Phase B« der *Operation Mongoose* zur Ausführung kommen solle – das bedeutete massive Propaganda und weitere Provokationen mit dem Ziel, die kubanische Wirtschaft zu schädigen und Spannungen zwischen Kuba und der Sowjetunion hervorzurufen. Die CIA verunreinigte eine für die Sowjetunion bestimmte Lieferung kubanischen Zuckers auf einem Frachter, der in San Juan im Hafen lag. Außerdem wurden Sabotagekommandos auf die Insel geschickt.

Mittlerweile befanden sich sowjetische Schiffe auf dem Weg nach Kuba, die neben Tausenden von Soldaten gut versteckt die ersten Teile der für Kuba bestimmten Raketen an Bord hatten. Es handelte sich um insgesamt 24 Abschußrampen für Mittelstreckenraketen und 16 Abschußrampen für Interkontinentalraketen, die mit jeweils einem Atomsprengkopf und zwei Raketen bestückt werden konnten.*

Die meisten der Soldaten auf den Schiffen kannten das Ziel der Fahrt nicht. Um das Geheimnis möglichst lange zu wahren und die Öffentlichkeit irrezuführen, hatten die Oberbefehlshaber sie sogar mit Winterkleidung und Skiern ausrüsten lassen. Einige erfuhren ihren wahren Bestimmungsort erst, als die Schiffe die Felsen von Gibraltar passierten.

Alexander Alexejew erinnerte sich, daß Marschall Birjuzow annahm, die Schiffe könnten Kuba unentdeckt erreichen, »aber unglücklicherweise wollten die Militärs den Befehl rasch ausführen. Statt zehn Schiffen schickten sie eine ganze Armada auf die Reise.« Selbstverständlich hätte da auch der Dümmste erkennen müssen, daß etwas nicht in Ordnung war. Auch Sergo Mikojan bestätigte, der Fehler hätte »eindeutig bei den Russen selbst gelegen. Wir hatten es eilig, und so schickten wir zu viele Schiffe auf einmal los. Das fiel den Amerikanern natürlich auf.« Castro meinte später, wenn er für die Aktion verantwortlich gewesen wäre, hätte er die geheime Fracht als landwirtschaftliche Produkte getarnt.

Luftaufnahmen der CIA zeigten, daß sich an Bord der Schiffe höchst verdächtige Kisten befanden. Außerdem waren die Ladeluken größer als normal. Da die Schiffe außerdem geringen Tiefgang hatten, schien die Ladung zwar offensichtlich sperrig zu sein, war aber vermutlich verhältnismäßig leicht.

Zur gleichen Zeit berichteten Agenten auf Kuba und auch Flüchtlinge, die von der CIA verhört wurden, die Sowjets würden auf der Insel SAM-Stellungen sowie Radar- und Kommunikationsanlagen errichten, die offenbar alle Teil eines großangelegten Luftabwehrsystems seien. Daraufhin setzte die CIA das Weiße Haus von den eigenartigen Vorgängen auf Kuba in Kenntnis. Man stellte fest, daß die Sowjetunion noch nie in diesem Ausmaß Truppen und Waffen in einem blockfreien Land stationiert habe.

John McCone, der über einige Erfahrung in Fragen der Technik, der Verteidigung und der Weltwirtschaft verfügte, konnte sich nicht vor-

---

* Die Mittelstreckenraketen hatten eine geschätzte Reichweite zwischen 300 und 1800 Kilometern, die Interkontinental- oder Langstreckenraketen von 2000 bis 3400 Kilometern.

stellen, daß die Sowjetunion ohne einsichtigen Grund etwas so Kostspieliges wie ein Luftabwehrsystem stationierte. Offenbar wollte man die amerikanischen Spionageflugzeuge unbedingt von Flügen über Kuba abhalten.

McCone teilte dem Präsidenten schriftlich seine Befürchtungen mit, daß die Sowjetunion möglicherweise die Stationierung von Atomraketen auf Kuba plane. Kennedy nahm das Schreiben zwar zur Kenntnis, ließ aber nicht außer acht, daß der Direktor der CIA ein überzeugter Antikommunist war. Am Mittwoch, dem 22. August, äußerten Kennedy, Rusk und McNamara noch Zweifel darüber, ob Chruschtschow wirklich ein derartiges Risiko eingehen würde. Aber sieben Tage später entdeckte dann ein U-2-Aufklärungsflugzeug zwei Raketenstellungen in Kuba und fotografierte zudem noch sechs verdächtige Standorte, die für die Stationierung weiterer Raketen in Frage kamen. Außerdem machte die U-2 eine »beträchtliche« Anzahl sowjetischer Soldaten und viele raketenbestückte Torpedoboote ausfindig.

Nachdem noch weitere Aufklärungsflüge stattgefunden hatten, machte McCones Stellvertreter, General Marshall Carter, dem Senatsausschuß für auswärtige Angelegenheiten die vertrauliche Mitteilung, die Sowjetunion beabsichtige offensichtlich, im Schnellverfahren mindestens 24 Raketenstellungen zu errichten. Seit Mitte Juli waren ungefähr 56 sowjetische Schiffe auf ihrem Weg zur Insel gesichtet worden, von denen ungefähr zehn vermutlich militärische Ausrüstung an Bord hatten.

Dean Rusk erklärte gegenüber Senatoren, bisher unterschieden sich die Maßnahmen auf Kuba nicht von der sowjetischen Militärhilfe an andere blockfreie Nationen wie den Irak, Indonesien und Ägypten. Die Situation würde sich aber sofort ändern, »falls die Sowjetunion dort eigene militärische Stützpunkte errichten sollte – beispielsweise U-Boot-Basen – oder wenn sie auf Kuba Boden-Boden-Raketen stationieren würde, die für das Gebiet der Vereinigten Staaten oder Kubas Nachbarn, die Karibikstaaten, eine direkte Bedrohung darstellen würden«.

Im September beschuldigte Senator Kenneth Keating die Regierung Kennedy, sie enthielte der Öffentlichkeit vertrauliche Informationen vor, denen zufolge die Sowjetunion auf Kuba Raketenstellungen für Mittel- und Langstreckenraketen errichtete. Der Republikaner behauptete, er habe »gute Gründe anzunehmen«, die Brüder Kennedy hätten sein Telefon anzapfen und sein Büro mit Abhöreinrichtungen versehen lassen.

Auf die Frage eines Freundes, woher Keating seine Information habe, antwortete der Präsident: »Es gibt in diesem Land ungefähr fünfzigtausend kubanische Flüchtlinge, die nur auf den Tag warten, an dem wir Kuba den Krieg erklären, und die verbreiten diesen Unsinn.«

Auch andere Senatoren befürchteten, die Sowjetunion könne in Kuba militärische Stellungen errichten. Richard Nixon und die Senatoren Barry Goldwater, Strom Thurmond, John Tower und Hugh Scott verlangten von Kennedy, er solle vor der Küste Kubas eine Seeblokkade errichten, um weitere Waffenlieferungen an Castro zu verhindern. Nixon erklärte, die 5000 sowjetischen Soldaten, die bekanntermaßen auf Kuba stationiert waren, stellten eine »eindeutige« Gefahr für die Vereinigten Staaten dar.

Mittlerweile hatte der Kongreß der Forderung des Präsidenten zugestimmt, 150 000 Reservisten einzuberufen, falls eine Reaktion auf die militärische Präsenz der Sowjetunion in Kuba notwendig werde und amerikanische Interessen gewahrt werden müßten. Als er im September an der Rice University in Houston eine Rede hielt, demonstrierten kubanische Flüchtlinge mit Schildern, auf denen stand: »Wir Kubaner erinnern Sie an die Versprechungen, die Sie uns gemacht haben. Kuba steht immer noch allein da.« Zur gleichen Zeit kreiste ein kleines Flugzeug über dem Gelände, hinter dem ein Spruchband mit dem Satz flatterte: »Setzen Sie die Monroe-Doktrin durch.«

Bisher hatte Kennedy komplizierte Probleme wie die Bürgerrechte, die Armut im eigenen Land und die Schwierigkeiten mit China und Vietnam stets auf die lange Bank geschoben. Seiner Ansicht nach reichten sein knapper Wahlsieg und die Mehrheitsverhältnisse im Kongreß nicht aus, um solche heißen Eisen anzufassen. Im Senat verfügten die Demokraten gegenüber den Republikanern über eine Mehrheit von dreißig Sitzen, und auch im Kongreß waren sie mit einem Verhältnis von 263 zu 174 Sitzen deutlich überlegen. Aber dort wurde Kennedy durch konservative Ausschußvorsitzende aus den Südstaaten behindert. Im Senat gab es ebenfalls eine Koalition von Abgeordneten aus den Südstaaten, die ihm zusammen mit den Republikanern Steine in den Weg legten. Deshalb hegte er nun die Hoffnung, die kommenden Kongreßwahlen würden dieses Mal anders verlaufen als sonst während einer Legislaturperiode üblich. Gewöhnlich büßte nämlich die Regierungspartei anläßlich solcher Wahlen durchschnittlich vierzig Sitze in Kongreß und Senat ein.

Mit seiner randlosen Brille, dem weißen Haar, seiner rosigen Haut und der stets betont konservativen Kleidung wirkte McCone wie der Inbegriff eines Parteivertreters. Ein Berater beschrieb ihn als einen Menschen zwischen Snob und Puritaner. Er sei ein Mann, »der im Hotel stets das beste Zimmer verlangt und auch bekommt«. McCone war irisch-katholischer Abstammung und hatte 1958 als Vertreter Eisenhowers dem Begräbnis von Papst Pius XII. beigewohnt. Er gehörte zu der Sorte Katholiken, denen, wie Kennedy es ausdrückte, im Zweifelsfall Geld mehr bedeutet als der Glaube.
1958 wurde McCone unter Eisenhower Vorsitzender der Atomenergie-Kommission. Aus Protest gegen die Verhandlungen mit der Sowjetunion über einen Atomteststopp, die in seinen Augen eine »nationale Bedrohung« darstellten, hätte er allerdings beinahe sein Amt niedergelegt.
McCone war nicht Kennedys erste Wahl als Nachfolger für Alan Dulles gewesen. Der Präsident hatte auch mit dem Gedanken gespielt, seinen Bruder als Direktor nach Langley zu schicken. Allerdings hätte er in diesem Fall nie mehr glaubwürdig versichern können, daß irgendeine Aktion der CIA ohne sein Wissen stattgefunden habe.
Der Anruf des Präsidenten erreichte McCone in Los Angeles, als er gerade mit Nixon Golf spielte. Kennedy legte Wert darauf, auch konservative Republikaner in seine Administration zu integrieren. Damit wollte er seinen politischen Kritikern von vornherein Wind aus den Segeln nehmen. Außerdem ging er davon aus, die Ernennung McCones zum Direktor der CIA würde davon ablenken, daß er vorhatte, die Behörde nach dem Debakel in der Schweinebucht zu verkleinern.

Jeder, der erwartet hatte, daß der neue Direktor der CIA hilflos der Auflösung seiner Organisation zusehen würde, wurde bald eines Besseren belehrt. Unverzüglich entließ McCone die altgedienten Vizedirektoren und auch die meisten der Abteilungsleiter. Weiterhin verhinderte er, daß sein Posten auf Empfehlung des wieder ins Leben gerufenen Beratergremiums für Geheimdienstfragen dem Weißen Haus unterstellt wurde. Von McNamara forderte er außerdem, dieser solle ihn mehr Einfluß auf den Einsatz von Aufklärungsflugzeugen und Satelliten nehmen lassen, und zudem verlangte er eine bessere Zusammenarbeit mit dem Verteidigungsministerium im Bereich der Logistik und Einblick in streng vertrauliche Dokumente des Pentagon. Indem der Präsident einen Monat nach McCones Amtsübernahme grünes Licht für die *Operation Mongoose* gab, bewies er sein Vertrauen in die CIA und ihren neuen Direktor.

Ende August war McCone trotz seiner Befürchtungen, auf Kuba könnten sich Atomraketen befinden, nach Südfrankreich in die Flitterwochen geflogen. Von dort aus telegrafierte er jeden Tag nach Langley und verlangte, daß man ihm die neuesten Luftaufnahmen der Insel schickte. »Warum sollten die Sowjets auf der ganzen Insel diese Stellungen errichten, wenn sie da nicht etwas unterbringen wollten, was uns Probleme machen wird?« meinte er.

Robert Kennedy befürchtete, McCone könne doch recht haben, und gab daher zu, daß »es für uns ein großes politisches Problem wäre, wenn Kuba von der Sowjetunion Raketen bekäme«. Am Dienstag, dem 4. September, erklärte er Dobrynin im Justizministerium, der Präsident sei »zutiefst besorgt« über die große Anzahl von militärischen Lieferungen an Kuba.

Daraufhin teilte ihm der Botschafter mit, er solle dem Präsidenten in Chruschtschows Namen zusichern, daß »weder Boden-Boden-Raketen noch Offensivraketen auf Kuba stationiert« würden. Der Parteichef wolle nichts unternehmen, was »in dieser Zeit vor der Wahl die Beziehungen zwischen unseren beiden Ländern stören könnte«. Schließlich möge er den Präsidenten und wolle ihm keine Schwierigkeiten bereiten. Robert Kennedy antwortete darauf, Chruschtschow »habe eine recht seltsame Methode, seine Bewunderung zu zeigen«. Und da er der Versicherung Dobrynins kein Vertrauen schenkte, überredete er den Präsidenten, die Sowjets öffentlich zu warnen. Kennedy solle hervorheben, daß es »die größten Probleme« gäbe, wenn die Vereinigten Staaten auf Kuba »jemals Boden-Boden-Raketen« entdeckten.

Jahre später erklärte Bundy: »Wir taten das lediglich aus innenpolitischen Erwägungen heraus, und nicht, weil wir ernstlich glaubten, die Sowjetunion würde etwas – von unserem Standpunkt aus – so Verrücktes tun, wie Atomwaffen auf Kuba zu stationieren.« Es sei ihnen, wie Bundy berichtete, »nie in den Sinn gekommen«, eine solche Warnung früher auszusprechen.

In seiner Rede erklärte der Präsident, er werde umfangreiche sowjetische Militärhilfe an Kuba akzeptieren, aber keine Offensivraketen auf der Insel dulden. Viel später meinte Sorensen dazu, daß »der Präsident damit die Grenze genau an jenem Punkt gezogen hatte, den die Sowjets nach seiner Meinung noch nicht erreicht hatten und auch nie erreichen würden ... Hätten wir gewußt, daß die Sowjets dabei waren, vierzig Raketen nach Kuba zu schicken, so hätten wir diese Grenze vermutlich nach oben verlegt und lauthals verkündet, wir würden auf keinen Fall mehr als hundert Raketen auf Kuba dulden.« Als Kennedy nun seine Warnung an die Sowjetunion richtete, war es Chruschtschow bereits nicht mehr möglich, seine Operation in Kuba rückgängig zu machen. Da sich der amerikanische Präsident aber eindeutig festgelegt hatte, beraubte er sich jeglicher Möglichkeit, auf eine eventuelle Entdeckung von sowjetischen Raketen auf Kuba anders zu reagieren als mit einer direkten Konfrontation. Hätte der Präsident diese Warnung fünf Monate früher ausgesprochen oder sich mehrere Optionen offengehalten, dann hätte die Weltgeschichte womöglich einen anderen Verlauf genommen.

Dobrynin hatte Sorensen dringend um ein Treffen gebeten. Nachdem sich Sorensen mit Kennedy abgesprochen hatte, begab er sich daher am 6. September zur sowjetischen Botschaft. Schon zwei Wochen zuvor hatte er bei einem Arbeitsessen mit Dobrynin klargestellt, daß der Wahlkampf den Präsidenten keinesfalls davon abhalten würde, auf »mögliche neue Erpressungsversuche im Zusammenhang mit Berlin« entsprechend zu reagieren.

Nun teilte der Botschafter dem Mitarbeiter des Präsidenten mit, Chruschtschow habe auf ihr damaliges Gespräch mit einer persönlichen Mitteilung reagiert, und las vor: »Wir werden vor den amerikanischen Kongreßwahlen nichts unternehmen, was die innenpolitische Situation in Ihrem Land komplizieren oder die Spannungen im Verhältnis unserer beiden Länder vergrößern könnte ... vorausgesetzt allerdings, Sie unternehmen keine Schritte, die die bestehende Situation verändern könnten.«

Der für den Herbst geplante Besuch Chruschtschows in den Vereinigten Staaten »kann erst in der zweiten Novemberhälfte stattfinden. Der Parteichef möchte sich nicht in Ihre innenpolitischen Angelegenheiten mischen«. Sorensen antwortete, Chruschtschows Botschaft klinge »hohl« und käme »zu spät«. Die Militärhilfe für Kuba habe »die Spannungen in der Welt bereits vergrößert und in unserem Land zu innenpolitischen Schwierigkeiten geführt«.

Sorensen berichtete Kennedy im Anschluß an das Treffen, Dobrynin habe weder zugestimmt noch widersprochen, als »ich die große Anzahl sowjetischer Soldaten und elektronischer Geräte und die Vorbereitungen zur Stationierung von Raketen erwähnte. Er wiederholte jedoch mehrmals, sie unternähmen in Kuba keinerlei neue oder außergewöhnliche Schritte ... er könne bestätigen, daß alle Maßnahmen rein defensiven Zwecken dienten und somit für die Sicherheit der Vereinigten Staaten keine Bedrohung darstellen würden.«

Indem Chruschtschow dem amerikanischen Präsidenten signalisierte, daß die Sowjetunion ihm vor den Wahlen keine Schwierigkeiten bereiten wollte, versuchte er zum einen, Kennedy in Sicherheit zu wiegen. Zum anderen wollte er damit möglicherweise erreichen, daß der Präsident die Raketen auf Kuba im Falle ihrer Entdeckung durch den Geheimdienst vor seinen Generälen als reine Defensivwaffen herunterspielte und ihre Existenz bis nach den Wahlen vor der Öffentlichkeit geheimhielt.

Am Dienstag, dem 11. September, reagierte TASS auf die Warnung Präsident Kennedys vor einer Stationierung sowjetischer Boden-Boden-Raketen auf Kuba: Die sowjetischen Raketen seien so stark, daß es »gar nicht nötig« sei, sie in anderen Ländern zu stationieren. Die Waffen, die nach Kuba geschickt würden, seien »ausschließlich für Verteidigungszwecke gedacht«.

Bei seiner Pressekonferenz am Mittwoch verlas Kennedy eine noch deutlichere Warnung: Wenn die kommunistische Aufrüstung in Kuba die Sicherheit der Vereinigten Staaten bedrohe, wenn Kuba aggressiv mit Gewalt oder der Androhung von Gewalt »gegen irgendein Land in dieser Hemisphäre« vorginge oder wenn die Sowjetunion das Land als »offensiven Militärstützpunkt von beträchtlicher Bedeutung« benutzte, dann würden die Vereinigten Staaten tun, »was getan werden muß«, um ihre Sicherheit und die ihrer Verbündeten wiederherzustellen.

Währenddessen erklärte Chruschtschow in Moskau einem Vertreter der österreichischen Regierung, die Sowjetunion würde sich gegen jegliche Blockade Kubas durch die Vereinigten Staaten zur Wehr setzen. Natürlich wurden diese Worte, wie der Parteichef sicher gehofft hatte, an Washington weitergeleitet. Kaysen überreichte Kennedy die Meldung mit der Bemerkung: »Wieder einmal rauhe Töne von Chruschtschow.« Und Bundy empfahl dem Präsidenten, es sei

»jetzt wohl angebracht, sowohl öffentlich als auch in vertraulichen Gesprächen wieder Tacheles zu reden«.

Am 8. September traf der sowjetische Frachter *Omsk* mit einer geheimen Ladung von Mittelstreckenraketen in Kuba ein. Unter den wachsamen Blicken von KGB-Beamten schleppten sowjetische Transportfahrzeuge die erste in Einzelteile zerlegte Abschußrampe aus Havanna heraus.

Als am 5. September eine U-2 Kuba überflogen hatte, hatte sie noch keinerlei Hinweise auf Mittel- oder Interkontinentalraketen entdekken können. Derartige Spionageflüge wurden seit zwei Jahren zweimal im Monat durchgeführt, da die amerikanischen Satelliten Kuba nicht erfaßten. Jetzt forderte das Geheimdienstkomitee für Überwachung aus der Luft (COMOR) eine Erhöhung der Anzahl der Aufklärungsflüge.

Am 9. September wurde über dem chinesischen Festland von einer Raketenstellung aus eine U-2 der Nationalchinesen abgeschossen. Da es sich hier um eine Abschußbasis gleicher Bauart wie der in Kuba handelte, waren die Amerikaner durch diesen Vorfall gewarnt, bei Flügen über Kuba mehr Vorsicht walten zu lassen. Von nun an mußte jeder Aufklärungsflug über Kuba dem Präsidenten gemeldet werden, eine Praxis, die schon Eisenhower bei den U-2-Flügen über der Sowjetunion zwischen 1956 und 1960 angewandt hatte.

Am 15. September traf der sowjetische Frachter *Poltawa* mit der zweiten Lieferung von Mittelstreckenraketen in Kuba ein. Inzwischen hatte man mit der Anlage der Abschußrampen begonnen, doch Washington blieb dies verborgen: Bei der Entwicklung der Aufnahmen einer U-2, die ohnehin schon wegen schlechten Wetters mit neuntägiger Verspätung die Insel überflogen hatte, stellte man fest, daß die Kameras von Wolken eingehüllt worden waren.

In Miami wurde das Büro von JM/Wave von Berichten geradezu überschwemmt. Zum Beispiel hatte ein kubanischer Agent beobachtet, daß Teile einer sowjetischen Rakete, die mit den Beschreibungen der CIA übereinstimmten, hinter seinem Haus vorbeitransportiert wurden. Dieser Bericht wurde jedoch erst Ende September nach Washington weitergeleitet.

Am Dienstag, dem 25. September, kündigte Castro an, daß die Sowjetunion für die Kubaner einen Fischereihafen in Mariel bauen wolle. Daraufhin äußerten die Republikaner den Verdacht, daß sich dieser Hafen als sowjetischer Stützpunkt für Atom-U-Boote entpuppen könne.

Wohl zum Teil, um Kennedy auch weiterhin in Sicherheit zu wiegen, setzte Chruschtschow in diesen Wochen den vertraulichen Briefwechsel fort und stellte ein Atomteststopp-Abkommen in Aussicht. Später, nachdem Kennedy von den Raketenstellungen auf Kuba erfahren hatte, verglich er Chruschtschows Vorgehen mit der Doppelzüngigkeit der japanischen Unterhändler in Washington im Dezember 1941, die durch nichts zu erkennen gegeben hatten, daß Tokio bereits die Bombardierung Pearl Harbors vorbereitete.

In einem Schreiben an Kennedy vom 4. September erklärte Chruschtschow, er sei in »unmittelbarer Zukunft« bereit, ein eingeschränktes Teststopp-Abkommen zu unterzeichnen, allerdings nur unter der Voraussetzung, daß auch die Franzosen mit einbezogen würden.

Der Präsident antwortete am 15. September mit einer vertraulichen Botschaft, die er von seinem Bruder übergeben ließ: »Ich glaube, wir sollten uns ernsthaft bemühen, einen derartigen Vertrag rechtzeitig auszuarbeiten, so daß wir noch vor dem 1. Januar 1963 zu einem Ergebnis kommen ... In Ihrem Schreiben gehen Sie auf die Rolle Frankreichs ein ... Die Vereinigten Staaten würden in engster Zusammenarbeit mit Frankreich vorgehen und hoffen, daß Frankreich sich dem Abkommen anschließen wird.«

In seiner Antwort vom 28. September stimmte Chruschtschow dem Vorschlag zu, daß ein Atomteststopp-Abkommen noch bis zum Ende des Jahres 1962 ausgearbeitet werden sollte. Wahrscheinlich wollte er bei seinem Besuch im November mit Kennedy diese Frage besprechen, nachdem er seine erfolgreiche Raketenstationierung bekanntgegeben haben würde.

Ende September überflogen mehrere U-2 zweimal den östlichen Teil Kubas, die Insel Pines und einen Teil Westkubas. Dabei mieden sie bewußt die bereits bekannten Raketenstellungen. Hinzu kamen noch weitere Flüge über die Randgebiete der Insel.

Als die Spezialisten anschließend die Aufnahmen der Raketenstellungen auswerteten, erkannten sie das gleiche trapezförmige Muster um die Basen, das sie bereits auf Spionagefotos von der Sowjetunion gesehen hatten. Das Zentrum dieses Trapezes bildete der Ort San Christobál im Westen Kubas. Bei zwei Spionageflügen über Ostkuba in der ersten Oktoberwoche fand man keine weiteren strategischen Raketen. Zwar ordnete der Präsident auch den höchst gefährlichen Flug über den Westteil der Insel an, aber über Tage hinweg anhaltendes schlechtes Wetter verhinderte diesen Einsatz.

Dean Rusk äußerte gegenüber dem Präsidenten die Vermutung, Chruschtschows Aktivitäten auf Kuba hätten lediglich den Zweck, von neuerlichen Schachzügen in Berlin abzulenken. Daraufhin ließ sich der Präsident aus dem Pentagon den großen Stapel von Akten kommen, die die Pläne für den Fall einer neuen Berlin-Krise enthielten.

Am Mittwoch, dem 10. Oktober, wurde Rusk von einem Reporter gefragt, warum die Regierung nicht mit den Sowjets über deren Maßnahmen zur Raketenstationierung auf Kuba gesprochen habe. Rusk erwiderte, die Sowjets hätten dann die amerikanischen Atomwaffen in der Türkei und die amerikanische Unterstützung des Iran angesprochen – zwei Länder also, die an Rußland grenzten, so wie Kuba an die Vereinigten Staaten.

Drei Tage später entdeckten die Beamten der CIA bei der Auswertung der Aufklärungsfotos auf dem Deck des sowjetischen Schiffes *Kasimow,* das sich in den Gewässern vor Kuba befand, zehn große Kisten. Diese glichen aufs genaueste jenen Kisten, in denen normalerweise IL-28-Bomber transportiert wurden. Solche Flugzeuge hatte man bereits in Ägypten und Indonesien aufgespürt. Ihre Reichweite betrug lediglich 900 Kilometer, was nicht genügte, um beispielsweise New Orleans oder Atlanta zu treffen, aber bis Tampa reichte. Daher betrachtete man auch diese Bomber als Offensivwaffen, die gegen die Vereinigten Staaten eingesetzt werden konnten. McCone versuchte noch Robert Kennedy anzurufen, erreichte ihn jedoch nicht.

Chester Bowles, der mittlerweile Sonderbotschafter war, wollte gerade zu einem Treffen mit Dobrynin aufbrechen, als ihm sein Mitarbeiter Thomas Hughes von den IL-28 berichtete. Daraufhin konfrontierte er Dobrynin sogleich mit dem Vorwurf: »Wir haben erfahren, daß Sie Offensivwaffen nach Kuba bringen! ... Das wird unsere Beziehungen auf eine schwere Probe stellen.«

Dobrynin gab sich überrascht und beteuerte, daß die Berichte unwahr seien. Schließlich sei er sich doch »voll und ganz darüber im klaren«, wie gefährlich ein derartiges Unternehmen wäre.

Ohne Zweifel sandte Dobrynin eine Zusammenfassung dieses Gesprächs an Chruschtschow, der wohl davon ausging, daß Bowles seine Äußerungen zuvor ausführlich mit Kennedy abgesprochen habe. Da sich die warnenden Worte des Präsidenten im September auf Offensivwaffen mit »erheblichem Zerstörungspotential« bezogen hatten, als die man die IL-28 kaum betrachten konnte, verstand Chruschtschow Bowles wohl dahin gehend, daß die Vereinigten Staaten mittlerweile Kenntnis hatten von der Stationierung sowjetischer Atomraketen auf Kuba. Wenn das tatsächlich der Fall war, so hätte Chruschtschow sich fragen müssen, warum Kennedys erste Reaktion auf diese Entdeckung ein so milder, eher persönlicher Protest von seiten eines zweitrangigen Diplomaten war, der zudem, wie allgemein bekannt war, inzwischen das Vertrauen des Präsidenten verloren hatte.

Ob nun als Reaktion auf Dobrynins Telegramm oder nicht, Chruschtschow ordnete jedenfalls an, die Arbeit an den Raketenstellungen in Kuba zu beschleunigen – ja er gab ihnen sogar Vorrang vor der Fertigstellung der Flugabwehreinrichtungen.

Am Nachmittag des 14. Oktober, einem Sonntag, stand Bundy in der Fernsehsendung *Issues and Answers* Rede und Antwort zu dem Thema der Raketenstellungen in Kuba. Er erklärte, es gäbe »gegenwärtig keinen Hinweis« und es sei auch nicht wahrscheinlich, daß die Sowjets und die Kubaner auf der Insel »eine größere Anzahl offensiver Waffen« zu stationieren versuchten.

Die Beantwortung der Frage, ob eine Pistole zum Angriff oder zur Verteidigung benutzt wurde, hinge »unter anderem auch davon ab, auf welcher Seite man steht«. Kampfflugzeuge vom Typ MiG und andere seien »prinzipiell auch in der Lage, Einsätze gegen die Vereinigten Staaten zu fliegen. Aber ich glaube, wir sollten uns einmal die Größenordnung vor Augen halten . . . Bis jetzt fallen alle Waffen, die an Kuba geliefert wurden, in die gleiche Kategorie von militärischer Hilfe, die die Sowjetunion neutralen Staaten wie beispielsweise Ägypten oder Indonesien hat zukommen lassen. Es sollte mich nicht wundern, wenn die Kubaner zukünftig noch weitere militärische Hilfe dieser Art erhalten würden.«

An diesem Abend weilten Chruschtschow und die meisten Präsidiumsmitglieder im Kreml beim Abschiedsempfang für den chinesischen Botschafter Liu Hsiao, der nach achtjähriger Amtszeit Moskau verließ. Der Gesandte hatte erst kürzlich nach Peking gemeldet, Chruschtschow habe eine raffinierte »neue Lösung« für die Berlin-Krise gefunden. In der Dunkelheit der Nacht fielen die ersten Schneeflocken dieses Winters. Der Parteichef hob sein Glas und sprach einen Toast auf die »unverbrüchliche und ewige Freundschaft zwischen der Sowjetunion und China«.

Am gleichen Abend empfing Kennedy in New York im 33. Stockwerk des Carlyle-Hotels Adlai Stevenson zu einem hastig einberufenen Gespräch, bevor er um Mitternacht in der *Air Force One* nach Washington zurückkehrte. Dort studierten die besten Aufklärungsspezialisten der Regierung den Film, den eine U-2 an diesem Morgen von Westkuba aufgenommen hatte.

Am nächsten Tag meldeten sie sich bei McCones Assistenten Walter Elder, der unverzüglich seinen Chef anrief: »Das, was Sie als einziger vorausgesagt haben, ist tatsächlich eingetroffen.«

Kapitel 16

»Er benimmt sich,
als wäre er Gott«

Am Dienstag, dem 16. Oktober, hatten sich Kennedy und seine Berater um zwölf Uhr mittags um den Kabinettstisch versammelt und betrachteten eingehend die Fotos der Mittelstreckenraketen-Stützpunkte in Kuba, die vor zwei Tagen gemacht worden waren. Die Vergrößerungen befanden sich auf einem Ständer vor dem Kamin, über dem ein von Stuart gemaltes Porträt George Washingtons thronte. Hinter den Vorhängen waren Mikrophone versteckt, und das geheime Tonbandgerät des Präsidenten lief. Kennedy »wirkte sehr angespannt. Ich kann mich nicht erinnern, ihn je so besorgt erlebt zu haben«, stellte Roswell Gilpatric fest.

Kurz vor diesem Treffen hatte Kennedy Bohlen zu sich gerufen und ihm anvertraut, was er von Bundy nach dem Frühstück in seinem Schlafzimmer erfahren hatte. Bohlen beurteilte die Angelegenheit als »eine waghalsige Spekulation Chruschtschows«. Doch der Präsident schien »absolut entschlossen«, die Raketen aus Kuba zu entfernen.

Dean Rusk hatte am Montag abend von der Existenz der Raketen erfahren. Jetzt sagte er zu den Männern, die im Kabinettssaal versammelt waren: »Wir alle haben nicht wirklich daran geglaubt, daß die Sowjets so weit gehen würden ... Ich denke, wir müssen jetzt die Reihe von Maßnahmen einleiten, um diese Raketenstellungen auszuschalten. Meiner Meinung nach dürfen wir nicht einfach die Hände in den Schoß legen. Die Frage wird sein, ob wir das Problem durch einen Überraschungsschlag lösen – oder ob wir die Krise bis zu einem Punkt treiben, an dem sich die Gegenseite sehr ernsthaft überlegen muß nachzugeben. Vielleicht können wir sogar die Kubaner zwingen, sich in irgendeiner Weise einzuschalten.«*

---

* Dieses und die folgenden Zitate aus den Besprechungen im Kabinettssaal an diesem Tag sind den Abschriften der geheimen Tonbänder des Präsidenten und den verfügbaren Tonkopien dieser Mitschnitte entnommen.

Während der geheimen Besprechungen zur *Operation Mongoose* hatte Rusk verdeckte Aktionen verlangt, die einen Keil zwischen die Russen und die Kubaner treiben sollten. Jetzt schlug er vor, Castro auf geheimdienstlichem Weg die vertrauliche Mitteilung zukommen zu lassen, »Kuba solle geopfert werden und die Sowjets beabsichtigten, das Land zu zerstören oder zu verraten«.

Am Montag war in der *Times* die Vermutung geäußert worden, die Russen wollten Kuba möglicherweise gegen Berlin eintauschen. »Man sollte Castro auf dieses Problem aufmerksam machen«, meinte Rush. »Außerdem muß Castro aufgefordert werden, jetzt die Interessen des kubanischen Volkes zu vertreten, indem er mit der Sowjetunion bricht und dadurch verhindert, daß dieser Raketenstützpunkt einsatzbereit wird.«*

Der Außenminister fügte hinzu, ihm sei »völlig bewußt«, daß »die Vereinigten Staaten nicht allein handeln können. Unser Land ist durch seine 42 Verbündeten so eng mit den Krisenherden in der ganzen Welt verknüpft, daß jede Aktion von unserer Seite das Risiko eines Angriffs entweder auf ein befreundetes Land oder auf unsere Truppen außerordentlich erhöhen würde.«

Abgesehen von einer Mitteilung an Castro sehe er zwei grundsätzliche Handlungsalternativen: »Zum einen könnten wir einen schnellen Erstschlag durchführen. Oder wir machen unsere Verbündeten *und* Mr. Chruschtschow darauf aufmerksam, daß sich hier eine äußerst ernsthafte Krise anbahnt ... Zum jetzigen Zeitpunkt ist sich Mr. Chru-

---

* Irgend jemand verfaßte sogar den Entwurf eines vierundzwanzigstündigen Ultimatums an »Mr. F. C.«. Darin wurde Castro mitgeteilt, daß die Sowjets, »um ihren eigenen Interessen zu dienen«, den »Ländern des amerikanischen Kontinents gegenüber einen Angriff auf Kuba gerechtfertigt hätten, der zu einem Sturz Ihrer Regierung führen könnte«. Wenn die Vereinigten Staaten »von Ihnen keine Zusicherung erhalten ... daß Sie diesen Mißbrauch des kubanischen Territoriums nicht dulden werden ... dann müssen wir und unsere Freunde selbstverständlich handeln«.
Eine Begleitnotiz räumt ein, es sei wohl »kaum zu erwarten, daß Castro sich in so kurzer Zeit auf ein Hilfsangebot der Vereinigten Staaten einlassen könnte. Wir müssen natürlich mit einem vierstündigen Fernsehauftritt rechnen, in dem unser Vorschlag auf denunziatorische Weise enthüllt wird. Aber vielleicht wird ihm wenigstens deutlich, daß die sowjetischen Unterstützungsangebote nicht sehr konkret sind und seine eigene innenpolitische Position nicht besonders stark ist ... Vermutlich würden die orthodoxen kommunistischen Elemente auf eine eindeutige Zurückweisung des Angebots dringen. Das könnte zu einer größeren Auseinandersetzung zwischen den beiden Lagern führen, was für uns nur von Vorteil sein kann.«

schtschow selbst vielleicht noch nicht darüber im klaren.« Die Situation »könnte sehr wohl zu einem weltweiten Krieg führen«. Wie es der Präsident in seiner Warnung im September angekündigt habe, müsse man nun gegen die Angriffswaffen in Kuba »tun, was zu tun ist«. Aber man müsse das Problem in den Griff bekommen, »ehe es sich zu sehr ausweitet«.

Darauf antwortete McNamara, ein Luftangriff gegen die Raketen sei nur dann sinnvoll, solange sich diese noch nicht in Gefechtsbereitschaft befänden. Würden die Raketen von Kuba aus abgeschossen, »dann käme es mit großer Sicherheit zu chaotischen Zuständen an der Ostküste und in allen anderen Gebieten, die zwischen 1000 und 1500 Kilometer von Kuba entfernt liegen«.

Deshalb dürfe sich ein solcher Luftangriff nicht nur gegen die Raketenstellungen richten, sondern müßte auch Flugplätze, getarnte Luftfahrzeuge und mögliche Atomwaffenlager einbeziehen. Außerdem müsse man annehmen, daß die Flugzeuge mit nuklearen Sprengköpfen oder zumindest mit »erheblichen Zerstörungspotential« ausgerüstet seien. Bei einem derartig schweren Luftangriff wäre mit 2000 bis 3000 kubanischen Opfern zu rechnen.

Weiterhin berichtete McNamara, die Stabschefs benötigten für die Vorbereitung eines solchen Angriffs sicherlich mehrere Tage. Aber wenn es »absolut nötig ist, dann kann der Schlag auch innerhalb weniger Stunden durchgeführt werden ... Wir haben das Potential, die Luftangriffe, falls erforderlich, einige Tage lang fortzusetzen. Voraussichtlich wird es vor oder auch während dem Angriff politische Auseinandersetzungen geben. Doch ganz gleich, was geschieht, wir sind in jedem Fall darauf vorbereitet, nach einem Luftangriff ... aus der Luft und vom Meer her eine Invasion durchzuführen«.

Ergänzend zu einem Überraschungsangriff aus der Luft sei die Mobilisierung von Bodentruppen notwendig, die »entweder sofort danach oder einige Zeit später« eingreifen müßten. Das hängt davon ab, wieviel Mann wir für eine mögliche Invasion benötigen. Die Maßnahmen der ersten Phase seien durch die Resolution des Kongresses zu Kuba abgedeckt, die der Präsident vor einer Woche unterzeichnet hatte. Der zweite Teil der Aktion erfordere die Ausrufung des nationalen Notstandes, einen Schritt, den Kennedy auch während der Berlin-Krise 1961 erwogen hatte.

Dazu meinte Maxwell Taylor, der erst vor kurzem vereidigte Sprecher der Vereinigten Stabschefs: »Nachdem wir so viele dieser Waffen wie möglich zerstört haben, sollten wir ... verhindern, daß neue nachkommen. Das bedeutet eine Seeblockade ... Gleichzeitig aber müssen wir weitere Truppen in Guantanamo stationieren und die Familienangehörigen evakuieren.« Erst nach dem Luftangriff könne entschieden werden, »ob wir eine Invasion wagen sollen oder nicht. Ich halte das militärisch gesehen für die schwierigste Frage bei der ganzen Angelegenheit. Diesen Punkt sollten wir äußerst gründlich abwägen, ehe wir uns in Kuba auf ein gefährliches Abenteuer einlassen.«

Rusk meinte dazu: »Ich halte es nicht für wesentlich, ob wir eine einzelne Rakete erwischen, bevor *sie* startet. Denn wenn *diese* Raketen abgeschossen werden, haben wir sowieso einen Atomkrieg.« Falls Chruschtschow es jedoch wirklich auf einen Atomkrieg abgesehen habe, dann verfüge er über bessere Möglichkeiten, als Mittelstreckenraketen von Kuba aus abzuschießen.

McNamara, den ständig die Sorge bewegte, ein Atomkrieg könnte durch einen Zufall ausgelöst werden, äußerte die Überlegung, daß irgend jemand vielleicht gegen den Willen des Kreml Zugriff auf die Atomraketen bekommen könne: »Wir wissen nicht, wie die Sowjets mit diesen Raketenstützpunkten kommunizieren oder wie sie die Gefechtsköpfe unter Kontrolle halten.«

Endlich brach auch der Präsident sein Schweigen: »Was ist der Vor – es muß einen wesentlichen Grund dafür geben, daß die Russen diese Raketen – offenbar sind sie mit ihren Interkontinentalraketen nicht zufrieden. Was könnte der Grund dafür sein, daß sie –«

Die Raketen auf Kuba würden die »eher defensiven Interkontinentalraketen« der Sowjetunion ergänzen, erläuterte General Taylor.

Darauf meinte Kennedy: »Nun weiß ich aber leider gar nicht, wie wir eine weitere Lieferung mit U-Booten verhindern sollen. Ich meine, wenn wir die Militärs die Sache blockieren lassen, dann bringen sie die Dinger eben mit U-Booten.«

McNamara antwortete: »Offen gesagt, bin ich der Meinung, daß es nur einen Weg gibt, um den Nachschub zu verhindern. Wir müssen den Sowjets deutlich machen, daß wir die Waffen zerstören werden, sobald sie hergebracht werden. Nachdem wir die Raketen ausgeschaltet haben, setzen wir die ... Überwachung fort.«

Jetzt sprach wieder Rusk: »Noch einmal zu dem Punkt, warum die Sowjets sich so verhalten. Mr. McCone hat vor einigen Wochen die Vermutung geäußert, daß Chruschtschow vielleicht so denkt: Er weiß, daß wir über eine beträchtliche atomare Überlegenheit verfügen, aber er weiß auch, daß wir nicht im Angesicht der Bedrohung durch seine Atomwaffen leben müssen, im Gegensatz zu ihm, der sich von unseren Raketen direkt bedroht fühlt. Schließlich haben wir ja Atomwaffen in seiner Nähe stationiert – in der Türkei und an ähnlichen Orten.«*

Daraufhin erkundigte sich der Präsident, wie viele Raketen die Vereinigten Staaten eigentlich in der Türkei stationiert hätten. Etwa fünfzehn Mittelstreckenraketen vom Typ Jupiter, lautete die Antwort.

Rusk verwies auf McCones Vermutung, »Chruschtschow halte es vielleicht für nötig, daß auch wir uns daran gewöhnen, im Angesicht der Bedrohung von Mittelstreckenraketen zu leben. So schafft er eine Art Ausgleich, eine . . . politische, psychologische Tatsache. Außerdem glaube ich, daß Berlin viel damit zu tun hat. Zum erstenmal kommen mir Zweifel, ob Chruschtschow in der Berlin-Frage wirklich ganz rational denkt.«

Vielleicht nahmen die Russen an, sie könnten »Berlin und Kuba gegeneinander aufrechnen oder . . . uns in Kuba zu einer Handlung provozieren, die ihnen einen Vorwand für eine Intervention in Berlin liefert« – so wie Chruschtschow 1956 die Suez-Krise ausgeschlachtet hatte, um die Aufmerksamkeit und Verachtung der Weltöffentlichkeit von seinem Einmarsch in Ungarn abzulenken. »Aber ich muß gestehen, daß ich eigentlich kaum Sinn in der sowjetischen Handlungsweise entdecken kann. Es sei denn, sie schätzten die Bedeutung Kubas für unser Land völlig falsch ein.«

Douglas Dillon, der über acht Jahre diplomatische Erfahrung unter Eisenhower verfügte, warnte, daß »eine Aktion von seiten der OAS und die Weitergabe von Informationen an die NATO« vor einem Luftangriff auf Kuba gefährlich sei. Damit zwinge man die Russen möglicherweise »in die Position, daß sie Vergeltung üben müßten, sobald wir zuschlagen. Ein schneller Überraschungsangriff hingegen, begleitet von einer gleichzeitigen Erklärung, daß nichts mehr nachfolgen wird, ließe ihnen die Möglichkeit offen, sich zurückzuziehen und keine weiteren Schritte zu unternehmen«.

Bundy äußerte seine Sorge über »den Lärm, den unsere Verbündeten machen werden. Sie werden sagen, daß sie schließlich auch mit sowjetischen Mittelstreckenraketen leben müssen – wieso also könnten wir das nicht?« Außerdem »hätten die Deutschen bestimmt das Gefühl,

---

* Chruschtschow selbst hätte es nicht besser formulieren können.

wir würden aufgrund unserer Befürchtungen wegen Kuba Berlin gefährden«.

Rusk ergänzte: »Und wenn wir uns für einen raschen Schlag entscheiden, werden wir zu hören bekommen:... Ihr habt eure Verbündeten ... dieser enormen Gefahr ausgesetzt ... ohne die geringste Rücksprache, Warnung oder Vorbereitung.«

Dazu meinte Kennedy: »Aber mir scheint, wenn wir sie warnen, warnen wir jedermann. Es ist ja klar, daß man nicht erklären kann, man würde in vier Tagen die Raketen zerstören. Dann verkünden die Russen nämlich, daß sie ihre Waffen innerhalb von drei Tagen mit Gefechtsköpfen ausstatten werden: Wenn wir angreifen, würden sie die Raketen abfeuern. Und was – was machen wir dann? Dann zerstören wir sie eben nicht. Natürlich, wir könnten dann sagen, wenn sie das tun, dann werden wir mit atomaren Waffen angreifen.«

Der Präsident war fest entschlossen, nur »denjenigen davon Mitteilung zu machen, denen wir es unbedingt sagen müssen«, und erkundigte sich, wie lange es wohl dauern würde, bis das Geheimnis die obersten Regierungskreise erreicht habe.

McNamara antwortete: »Ich glaube, wenn wir realistisch sind, müssen wir davon ausgehen, daß die Sache ziemlich schnell bekannt sein wird, in ... sagen wir, einer Woche – wenn nicht durch die Zeitungen, dann doch auf jeden Fall durch Politiker der beiden Parteien. Ich bezweifle, daß wir diese Angelegenheit den Mitgliedern des Kongresses länger als eine Woche verschweigen können.« – »Nicht länger als bis Donnerstag oder Freitag dieser Woche«, entgegnete Rusk.

Kennedy schärfte allen Anwesenden ein, der endgültige Beschluß sei ein »absolutes« Geheimnis: »Denn sonst versauen wir alles.«

Robert Kennedy wies darauf hin, daß durch einen großangelegten Luftangriff »eine ziemliche Menge Leute getötet würden. Da muß man sich auf eine harte Reaktion gefaßt machen ... Als Grund für diese Aktion geben wir an, daß wir es tun, weil sie diese Raketen schicken. Nun, dann bleibt den Russen eigentlich kaum etwas anderes übrig, als zu sagen: ›Nun, wir werden wieder welche schicken, und wenn ihr das noch mal macht ... dann machen wir es in der Türkei genauso – oder ... im Iran.‹ «

Der Präsident stellte die Frage, wie wohl das kubanische Volk auf einen Luftangriff reagieren würde. »Mit großer Verwirrung und Panik«, erwiderte Taylor. McNamara meinte: »Es ist durchaus möglich, daß man einmarschieren *muß*. Ein Überraschungsangriff aus der

Luft könnte zu einem Aufstand führen, und um dann das Abschlachten von ... von ... von den freien Kubanern zu verhindern, müßten wir einmarschieren, um ... um die Ordnung im Land wiederherzustellen ... Es ist nicht wahrscheinlich, aber denkbar, daß ein Luftangriff einen landesweiten Aufruhr auslösen könnte.«

Bundy sprach von der Notwendigkeit eines möglichst kleinen und gezielten Schlages.

Dazu sagte Kennedy: »Es wäre von Vorteil, wenn wir diese Flugzeuge ausschalten könnten, denn es würde uns vor einem Vergeltungsschlag bewahren. Ich glaube, man muß davon ... ausgehen, daß sie konventionelle, keine atomaren Waffen einsetzen würden, denn es gibt ja offensichtlich keinen Grund für die Sowjets, auf so eine blödsinnige Art einen Atomkrieg anzufangen.«

Dann kam er auf das eigentliche Problem zurück: »Ich glaube nicht, daß wir für diese Raketen viel Zeit haben ... Möglicherweise müssen wir gleich ... wir können nicht zwei Wochen warten, während wir uns ... uns startbereit machen. Möglicherweise müssen wir sie zuerst *ausschalten* und dann weitere Aktionen vorbereiten, falls wir uns überhaupt dafür entscheiden. Das ist das Problem, vor dem wir eigentlich stehen.

Ich meine, wir werden mit Sicherheit den Schritt Nummer eins unternehmen – wir werden diese Raketen ausschalten. Die Frage stellt sich nur bei dem ... was ich Nummer zwei nenne, bei einem allgemeinen Luftangriff ... Nummer drei wäre dann die groß angelegte Invasion. Wenigstens Nummer eins werden wir durchführen, deshalb glaube ich, daß wir nicht mehr lange warten sollten. Wir müssen uns wenigstens *darauf* vorbereiten.«

Bundy befürchtete, der Präsident könne sich zu rasch auf einen Luftangriff festlegen. Höflich bemerkte er: »Man müßte sich erst darüber klarwerden, Mr. President, ob wir uns *definitiv gegen* ein politisches Vorgehen entschieden haben.«

Warum wurde Kennedy von der Entdeckung der Raketen so vollständig überrascht? Schließlich hatte Chruschtschow doch im Sommer 1960 und während des Schweinebucht-Unternehmens öffentlich angekündigt, daß Kuba möglicherweise mit Raketen verteidigt werde. Außerdem hatten Dean Rusk und Allen Dulles bereits zu Beginn des Jahres 1961 im Senatsausschuß für Auswärtige Angelegenheiten dieses Thema im kleinen Kreis angesprochen. Walt Rostow löste dann im August 1962 mit einem Memo zu Kuba deutlichen Alarm aus. Mehrmals erwähnte auch John McCone im August und September 1962 diese Möglichkeit: Wenn er Chruschtschow wäre, sagte er, würde er Offensivraketen nach Kuba schicken.

Doch seltsamerweise zeigte Kennedy bei diesem Thema nicht seine sonst übliche Skepsis. Wie seine Sowjet-Experten war er noch bis Mitte Oktober 1962 davon überzeugt, der Generalsekretär werde sich an seine Ankündigung halten, keine Atomraketen außerhalb des sowjetischen Territoriums zu stationieren. Laut Bundy waren der Präsident und sein Kreis der Meinung, Chruschtschow sei »viel zu vernünftig, als daß er uns auf eine so offensichtliche Weise wie mit Atomraketen in Kuba herausfordern würde«.

Kennedys Anhänger priesen später seine außerordentliche Fähigkeit, Probleme aus der Sicht der Gegenseite zu betrachten. Er habe sich stets bemüht, den Gegner nicht an die Wand zu drücken. Diese Eigenschaften stellte er allerdings in der Beziehung zu Chruschtschow 1961 und Anfang 1962 nicht gerade unter Beweis. Der Präsident begriff ganz offensichtlich nicht, wie sehr seine Bemerkungen über die amerikanische Atomüberlegenheit und einen möglichen Erstschlag Chruschtschow in die Enge treiben und verunsichern mußten. Nach Bundys Erinnerung glaubten Kennedy und seine Berater 1962, »daß wir uns, verglichen mit der Sowjetunion, noch immer in der Defensive befänden. Schließlich waren es nicht wir, die mit destabilisierenden Veränderungen der Lage in Berlin oder Südostasien drohten ... Wir gingen damals auch nicht davon aus, daß unsere atomare Überlegenheit ein wirksames politisches Druckmittel darstellte, was Chruschtschow aber selbstverständlich annahm.«

Im Sommer 1962 hatte sich der Präsident von McNamara endlich davon überzeugen lassen, daß atomare Überlegenheit nur wenig wert war, solange eine andere Nation genügend Gefechtsköpfe und Trägersysteme besaß, um im Land unermeßlichen Schaden anzurichten. Kennedy war von dieser Argumentation so gefangen, daß er gar nicht darüber nachdachte, ob Chruschtschow ebenfalls dieser Meinung war. So schob er McCones Argument, Chruschtschow habe sowohl ein Motiv als auch die Fähigkeit, seine Raketenlücke durch die Entsendung von Mittelstreckenraketen längerer und kürzerer Reichweite nach Kuba zu schließen, kurzerhand beiseite.

Daß Kennedy in seiner öffentlichen Warnung im September Boden-Boden-Raketen erwähnte, bedeutet nicht, daß er seinen Fehler bemerkt hätte. Vielmehr war es ihm ganz offensichtlich noch immer nicht bewußt, daß Chruschtschow solche Raketen nach Kuba schicken mußte oder wollte. Kennedys Erklärung war auf der Basis von Robert Kennedys Äußerung formuliert, Offensivraketen würden »hier ein größeres politisches Problem darstellen«. Eigentlich war es das Hauptziel dieser Rede, seinen Kritikern aus der Republikanischen Partei zu demonstrieren, daß der Präsident fähig war, im Hinblick auf Kuba eine Grenze zu setzen, die nicht überschritten werden durfte. Er wußte jedoch nicht, daß die Stationierung bereits angelaufen war.

Erst in zweiter Linie machte sich Kennedy Gedanken darüber, wie seine Warnung den Lauf der Weltgeschichte beeinflussen würde, denn er hatte vorher nicht einmal alle seine Berater nach ihrer Meinung gefragt. Trotz der Bedenken von Allen Dulles, Rusk und McCone sowie der Äußerungen des Generalsekretärs selbst war der Präsident noch immer davon überzeugt, daß Chruschtschow nicht im Traum daran dachte, Offensivraketen nach Kuba zu entsenden. Er ließ sich nur deshalb darauf ein, diese Drohung auszusprechen, weil er annahm, daß sie nie militärisch wirksam werden würde.

Hätte der Präsident seine Warnung bereits im März 1962 verkündet, so hätte Chruschtschow sich wahrscheinlich nicht einfach darüber hinweggesetzt, besonders angesichts seiner damaligen Befürchtungen wegen der amerikanischen Erstschlagsfähigkeit. Im September aber konnte der Parteichef seinen Kurs nicht mehr ändern, ohne sich im Kreml und im ganzen Ostblock zum Gespött zu machen. Castro hätte sonst vielleicht aller Welt verkündet, daß die Sowjets ihm die vertraglich zugesicherten Raketen verweigerten.

Hätte Kennedy sich die Zeit genommen, seine Berater ausführlich zu konsultieren und die Gefahren einer solchen Ankündigung genau zu überdenken, dann hätte man ihm die mögliche Gefahr einer Stationierung sowjetischer Mittelstreckenraketen nach Kuba vielleicht vor Augen führen können. Und dann hätte er vermutlich seine Rede etwas vager formuliert.

Natürlich kann man die Meinung vertreten, daß die Amerikaner angesichts der gefährlichen politischen Lage im Herbst 1962 auf keinen Fall Atomraketen in Kuba tolerieren konnten. Vielleicht hätte sich jeder Präsident dazu verpflichtet gefühlt, ihren Abzug zu fordern. Das Problem bei Kennedys Rede war allerdings, daß er sich darin auf eine bestimmte Handlungsweise festlegte. Da er es so eilig hatte, seine politische Stellung im eigenen Land zu festigen, und sich in seiner

Beurteilung der Motive Chruschtschows und der Sowjets so sicher war, sprach Kennedy eine pauschale Warnung aus. Die Folge war, daß jede Entscheidung des Präsidenten das Risiko eines Atomkrieges nach sich zog, falls in Kuba Raketen entdeckt wurden.

Am Dienstag nachmittag brütete Kennedy im Oval Office über Kohlers telegrafischem Bericht zu dessen dreistündigem Treffen mit Chruschtschow am Vormittag. Der Generalsekretär hatte Kohler versichert: »Mir liegt sehr viel daran, dem Präsidenten während des Wahlkampfes nicht zu schaden.«

Weiterhin erklärte er, er beabsichtige nicht, vor den amerikanischen Wahlen im November weitere Schritte im Hinblick auf Deutschland und Berlin zu unternehmen. Aber danach müsse endlich eine Lösung des Deutschlandproblems gefunden werden. Außerdem denke er noch immer an einen Besuch bei den Vereinten Nationen und bei Präsident Kennedy im November.

Überrascht vernahm Kohler Chruschtschows Beschwerde über die Aufstellung von amerikanischen Jupiter-Raketen in der Türkei und in Italien. Das Außenministerium hatte dem Botschafter nicht mitgeteilt, wie er auf einen derartigen Vorwurf zu reagieren habe, da man die Angelegenheit für unwesentlich gehalten hatte. Nicht so Chruschtschow, denn dieser wußte, daß die Jupiter-Raketen in sechs Tagen unter türkisches Kommando gestellt werden sollten.

Da der »Sputnik-Schock« die Angst vor einer Raketenlücke geschürt hatte, hatte die NATO Ende 1957 beschlossen, Mittelstreckenraketen auf europäischem Boden zu stationieren. Sechzig Thor-Raketen waren für Großbritannien bestimmt, dreißig Jupiter-Abschußrampen für Italien und fünfzehn für die Türkei.

Nachdem sich Chruschtschow in Washington über diese Mittelstreckenraketen beschwert hatte, sagte Eisenhower seinem Verteidigungsminister Neil McElroy in einem vertraulichen Gespräch im Juni 1959, er sehe gute Gründe für eine Stationierung in der Bundesrepublik Deutschland, in Frankreich und Großbritannien. Aber er halte es für »sehr fragwürdig«, die Russen durch die Stationierung von Raketen nahe an ihrer Grenze, also beispielsweise in Griechenland, zu provozieren.

McElroy erinnerte den Präsidenten daran, daß Chruschtschow gedroht habe, »Westeuropa auszulöschen«. Die Verbündeten »ließen erkennen, daß sie diese Drohung sehr betroffen gemacht habe«. Eines Tages könnten die Mittelstreckenraketen zudem ein wichtiges Tauschobjekt werden. Eisenhower gab zurück, daß die Raketen wohl kaum »die Spannungen zwischen uns und den Sowjets reduzieren« würden. Er äußerte außerdem seine Sorge, die Sowjets könnten zum Ausgleich dafür Raketen an der Südflanke der NATO aufstellen – »in Kuba oder in Mexiko«.

Etwa gleichzeitig mit Chruschtschows erstem Besuch in den Vereinigten Staaten waren die Jupiter-Raketen 1959 in die Türkei geschickt worden. Eisenhowers Berater Karl Harr äußerte dem Präsidenten gegenüber, daß »mit Rücksicht auf die Öffentlichkeit« die Stationierung möglichst lautlos vor sich gehen sollte, vor allem angesichts Chruschtschows »großer politischer Empfindlichkeit« gegenüber Mittelstreckenraketen direkt an seiner Grenze.

Bald machten die amerikanischen Interkontinentalraketen und die U-Boot-gestützten Polaris-Raketen die Jupiter-Raketen überflüssig. Dean Rusk erfuhr, daß man die oberirdisch stationierten Raketen in der Türkei ohne weiteres vom Auto aus mit Luftgewehren treffen konnte. Außerdem seien die Jupiter-Raketen bereits so veraltet, daß die Vereinigten Staaten nicht sicher sein konnten, wohin sie nach dem Abschuß fliegen würden.

Wie die Russen sorgte sich auch der Kongreßausschuß zu Atomenergiefragen, ob die Kontrolle der Amerikaner über die Raketen in der Türkei ausreichend gewährleistet sei. Kennedy bat im März 1961 darum, die Möglichkeit eines Abzugs noch einmal zu prüfen. Aber angesichts von Chruschtschows »harter Position« in Wien kam man im Juni zu dem Schluß, daß es »als Zeichen von Schwäche angesehen werden könnte«, wenn die Jupiter-Raketen jetzt zurückgezogen würden. General Norstad warnte Kennedy, die Türken könnten sich durch einen Abzug der Raketen vor den Kopf gestoßen fühlen. Darauf spottete der Präsident: »Was die Türken wollen und brauchen, ist der Sold der dort stationierten amerikanischen Soldaten.«

Im August 1962 kündigten die Briten an, die Thor-Raketen würden stufenweise abgezogen (diese Maßnahme war im Dezember beendet). Wieder dachte Kennedy über einen Abbau der Jupiter-Raketen nach, aber er wußte, daß er dazu mit der NATO verhandeln mußte. Wie sich Rostow erinnert, »waren weder das Pentagon noch das Außenministerium mit den diplomatischen Gesprächen über einen Abzug der Raketen in der Türkei und Italien vorangekommen«. Wäre dem Präsidenten bewußt gewesen, daß die Raketen in der Türkei

am 22. Oktober in einem feierlichen Akt der türkischen Armee übergeben werden sollten, dann hätte er diese Geste nur als Beitrag zu guten
Beziehungen unter den Alliierten betrachtet. Wahrscheinlich maß er
der Eigentumsfrage keine große Bedeutung bei, solange die Vereinigten
Staaten die Kontrolle über die atomaren Gefechtsköpfe behielten.
Vielleicht wußte Chruschtschow nicht, daß die atomaren Gefechtsköpfe der Raketen unter amerikanischer Kontrolle blieben. Er hatte
schon immer befürchtet, irgendein Kommandeur eines Stützpunkts
in Westdeutschland oder anderswo könnte Zugang zu Atomwaffen
bekommen. Möglicherweise maß Chruschtschow dem Abzug der
Jupiter-Raketen aus der Türkei nur deshalb so hohe Bedeutung bei,
weil er fälschlicherweise annahm, die Türken seien im Begriff, Atomwaffen gegen die Sowjetunion zu richten.

Um 18.30 Uhr kehrten Kennedy und seine Mitarbeiter in den Kabinettssaal zurück. General Carter, McCones Vertreter, berichtete, daß
der jüngste Aufklärungsflug über Kuba eine »Kapazität von 16 oder
möglicherweise 24 Raketen« gezeigt habe. Man habe »keinerlei Anzeichen« dafür entdecken können, daß sich atomare Sprengköpfe auf
Kuba befänden, obwohl das natürlich kein Beweis für ihr Nichtvor-
handensein sei. Die sowjetischen Abschußrampen in Kuba »könnten
innerhalb von zwei Wochen operationsbereit sein« oder aber sogar
»noch viel schneller«, wenn man sich zunächst auf eine einzige be-
schränke. Wären sie erst einmal einsatzbereit, könnte man von ihnen
»in sehr kurzer Frist« Raketen abschießen.
Rusk verfolgte weiterhin seine Idee, man solle Castro dazu bringen,
den Abzug der sowjetischen Raketen aus Kuba zu fordern. Er glaubte,
daß Castro »mit Moskau brechen würde, wenn er erst einmal wüßte,
daß er sich in einer tödlichen Gefahr befand. Vielleicht stehen die
Chancen nur eins zu hundert. Aber auf jeden Fall wären wir sehr daran
interessiert, direkt sowohl mit Castro als auch mit Chruschtschow in
Verbindung zu treten«.
Würden sich die Vereinigten Staaten für einen Luftangriff entscheiden, dann »müßten wir mit einer sehr heftigen Reaktion von seiten
der Kommunisten in Lateinamerika rechnen«. Etwa sechs lateinamerikanische Regierungen »könnten ohne weiteres gestürzt werden«.*

* Er erklärte weder, um welche Regierungen es sich handelte, noch führte er aus,
 wie dieser Umsturz vonstatten gehen sollte.

Nach einem Luftangriff »würden die Sowjets mit ziemlicher Sicherheit irgendwo in Aktion treten«. Wäre ein amerikanischer Angriff überhaupt vertretbar, »ohne daß wir unsere engsten Verbündeten von einer Maßnahme unterrichten, die sie in große Gefahr bringen könnte?« Es wäre möglich, daß die Vereinigten Staaten sich dadurch »isolieren würden. Die Allianz könnte brüchig werden.«

McNamara widersetzte sich jeder Kontaktaufnahme mit Castro, Chruschtschow oder der NATO-Führung vor der Durchführung eines Überraschungsangriffes: »Das würde jede weitere militärische Aktion beinahe *unmöglich* machen.« Dann brachte er eine neue, mittelfristige Option ins Gespräch: »eine ständige Blockade gegen Angriffswaffen, die in Zukunft nach Kuba gebracht werden sollen«, und eine dauernde Überwachung der Insel.

Dann warnte er, daß jede direkte Militäraktion »zu einer militärischen Antwort der Sowjetunion irgendwo in der Welt führen wird«. Außerdem könnte ein Angriff in Kuba einen Aufstand gegen Castro auslösen. Wie damals in der Schweinebucht müßten die Vereinigten Staaten möglicherweise einen »unzulänglichen Aufstand« in Kauf nehmen oder andernfalls einmarschieren.

Jetzt meldete sich der Präsident zu Wort: »Ich bin ebenfalls der Meinung, daß wir uns mit einer öffentlichen Erklärung, es würden Stellungen für Mittelstreckenraketen gebaut ... insbesondere nach meiner Rede sehr viel politische Unterstützung sichern könnten. Und die Tatsache, daß wir unseren Wunsch zur Zurückhaltung gezeigt haben, würde die politische Verantwortung ganz und gar der Sowjetunion aufbürden.«

Kennedy stimmte jedoch zu, daß es auch Nachteile habe, wenn die Vereinigten Staaten vor einem Angriff auf Kuba der Welt die Existenz der Raketen enthüllten: »Dann verlieren wir alle Vorteile eines Erstschlags. Denn wenn wir öffentlich verkünden, daß die Raketen dort stehen, dann ist es für sie [die Sowjetunion] ja ziemlich offensichtlich, daß wir wohl etwas dagegen unternehmen werden – *vermute* ich.« Er bezweifelte, daß eine Botschaft an Castro den Kubaner tatsächlich gegen Moskau einnehmen könnte: »Ich glaube nicht, daß er da mitspielt.«

Ebensowenig glaubte er, daß eine Mitteilung an Chruschtschow die gewünschte Wirkung hätte. Offensichtlich habe der Parteichef im September seine Warnungen vor einer Raketenstationierung in Kuba ignoriert: »Mir scheint, daß meine Erklärung hinreichend *deutlich* die

Bedingungen beschrieben hat, unter denen wir *nichts* unternehmen würden,* und auch, wann wir etwas tun *müßten*. Er muß wissen, daß wir es [die Raketenstationierung] herausfinden werden, und deshalb habe ich den Eindruck, daß er nur ...«

Bundy meinte dazu: »Deshalb erklärt er natürlich in seinen Mitteilungen an uns sehr, sehr ausführlich, wie gefährlich das ist, zum Beispiel in der TASS-Erklärung [vom 11. September] und in seinen anderen Botschaften.«

Kennedy stimmte ihm zu: »Das ist richtig. Aber er ist es doch, der die Gefahr heraufbeschworen hat, nicht wahr?«

Das Tonbandgerät des Präsidenten drehte sich weiter, und nun hört man auf dem Band eine gemurmelte Bemerkung über Chruschtschow, die in Kennedys Bostoner Akzent klingt wie: »Er ist es, der die Karten ausspielt, nicht wir.« Möglich ist auch, daß er folgendes sagte: »Er, nicht wir, benimmt sich, als wäre er Gott.«**

Rusk bekräftigte: »Und dann seine Bemerkung zu Kohler über das Thema seines Besuchs und so weiter. *Nichts als Scheinheiligkeit.*«

Nun wies McNamara noch einmal darauf hin, daß die sowjetischen Raketen auf Kuba »schnell in Operationsbereitschaft« gebracht werden konnten. Ob in sechs Stunden oder in zwei Wochen, könne man nicht sagen, denn »wir wissen nicht, wieviel Zeit bereits vergangen ist«.

Rusk erklärte: »Wir könnten uns natürlich völlig irren, aber wir haben doch niemals *wirklich* geglaubt, daß Chruschtschow wegen Kuba einen Atomkrieg anfangen würde.«

Auch Kennedy meinte: »Wahrscheinlich sind wir falsch gelegen, was seine Pläne in Kuba betraf. Da gibt es gar keinen Zweifel ... [Nicht] viele von uns haben vermutet, daß er tatsächlich Mittelstreckenraketen nach Kuba bringen würde.«

»Richtig. Außer John McCone«, warf Bundy ein.

Kennedy bestätigte: »Stimmt.«

Zum erstenmal an diesem Tag im Kabinettssaal sprach Bundy endlich den wesentlichsten Punkt an: »Ganz abgesehen davon, was wir bisher

---

* Kennedy hatte ein Eingreifen ausgeschlossen, falls auf Kuba rein defensive militärische Anlagen errichtet würden.

** Diese Interpretation beruht auf einer gründlichen Untersuchung des Tonbandes durch den Autor. (Das englische Wort »card« [»Karte«] wird im Bostoner Akzent wie »kaahd« ausgesprochen, das Wort »god« [»Gott«] klingt sehr ähnlich. Anm. d. Ü.)

gesagt haben – und das war alles sehr wesentlich, ich weiß –, welche strategischen Auswirkungen haben eigentlich die Mittelstreckenraketen in Kuba auf die Position der Vereinigten Staaten? Wie sehr verändern sie das strategische Gleichgewicht?«

McNamara antwortete: »Mac, diese Frage habe ich heute nachmittag den Stabschefs gestellt, und sie haben geantwortet: ›Entscheidend.‹ Meine persönliche Meinung ist: *überhaupt nicht.*«

Taylor verteidigte die Stabschefs: »Die Raketen *können* eine sehr« – er korrigierte sich –, »eine *ziemlich* wesentliche Ergänzung und Verstärkung der sowjetischen Militärmacht sein. Wir wissen ja überhaupt nicht, welche Reichweite sie haben. Aber was noch viel wichtiger ist . . . für unser Land bedeutet es noch um einiges mehr – dessen sind Sie sich ja alle bewußt –, wenn sie in Kuba stehen und nicht drüben in der Sowjetunion.« Damit meinte er, die Amerikaner würden sich wesentlich unsicherer fühlen, wenn sie erfuhren, daß sowjetische Raketen ganz in der Nähe auf dem amerikanischen Kontinent stationiert waren.

Dillon äußerte sich nicht zu diesem Punkt, aber er und Paul Nitze beurteilten die Raketen auf Kuba als »einen wesentlichen Schritt zur Herstellung des atomaren Gleichgewichts« von seiten der Sowjetunion, wie Nitze Jahre später erzählte. »Nicht zahlenmäßig, aber was den militärischen Wirkungsgrad angeht. Denn ihre Fähigkeit, von diesen Raketenstützpunkten aus einen Erstschlag zu führen, war ungeheuer besorgniserregend . . . Die Mittelstreckenraketen kürzerer und längerer Reichweite konnten fast jeden Teil der Vereinigten Staaten treffen.«

Kennedy kam wieder auf die Möglichkeit zurück, daß diese Raketen bereits einsatzfähig sein könnten: »Dann sollte man sie besser nicht zerstören . . . Das wäre ein zu gefährliches Spiel. Erst fangen sie an, dort diese Abschußrampen zu bauen, und dann bedrängen sie uns immer mehr . . . Und schließlich werden sie uns auch noch in Berlin unter Druck setzen.« Er stimmte aber McNamara zu, daß die sowjetische Militärmacht nun nicht notwendigerweise stärker war als vor der Entsendung der Raketen nach Kuba: »Es macht eigentlich keinen Unterschied, ob man eine Interkontinentalrakete auf den Kopf bekommt, die aus der Sowjetunion abgeschossen wurde, oder eine Rakete aus 150 Kilometern Entfernung. Geographie hat keine so entscheidende Bedeutung.«

Darauf erklärte Taylor kategorisch: »Wir müßten sie mit unseren

Raketen ins Visier nehmen und ihnen genauso die Pistole vor die Brust setzen, wie sie das mit uns tun.«

Kennedy bemerkte, daß man die gegenwärtige Krise hätte vermeiden können, wenn die Invasion in Kuba im April 1961 erfolgreich gewesen wäre: »Jetzt zeigt sich, daß das Schweinebucht-Unternehmen richtig war.«

»Ein anderes Problem stellt sich in vielleicht einem Jahr in Südamerika«, meinte Robert Kennedy. »Wenn die Kubaner jetzt *diese* Dinger in den Händen haben und ... irgendein Problem in Venezuela auftaucht. Und dann sagt Castro: ›Wenn ihr in Venezuela einmarschiert, werden wir diese Raketen abschießen.‹«

Edwin Martin, der Staatssekretär im Außenministerium für Lateinamerika-Fragen, meinte dazu: »Das ist ein psychologisches Problem. Im Falle Venezuelas würde das nicht funktionieren.«

»Aber es würde funktionieren, was die Vereinigten Staaten betrifft. Das ist der *Punkt*«, erwiderte McNamara.

Martin erklärte: »Nun, es ist eine psychologische Tatsache, daß wir uns zurückgelehnt haben und das mit uns haben machen lassen. Das ist wesentlicher als die direkte Bedrohung.«

Der Präsident stimmte zu: »Im letzten Monat habe ich gesagt, wir würden es nicht tun.« Damit meinte er, daß die USA keine Offensivwaffen auf Kuba dulden würden. Mit einem sarkastischen Lachen fuhr er fort: »Im letzten Monat hätte ich sagen sollen, daß es uns nichts ausmacht. Aber wenn wir gesagt haben, daß wir es *nicht* dulden werden, und dann probieren sie es doch, und wir unternehmen nichts dagegen, dann wächst das Risiko für uns ... Ich nehme an, das ist ebensosehr eine politische wie eine militärische Frage.«

Dann meinte er: »Ich glaube nicht, daß eine Botschaft an Castro viel bringt.« Als neuen Vorschlag brachte er ein, daß die Vereinigten Staaten »vierundzwanzig Stunden bevor wir irgend etwas unternehmen«, die Öffentlichkeit von den Raketen in Kuba informieren sollten: »Aber das sollte nur eine Bekanntmachung sein, daß sie existieren. Dann könnte jeder seinen eigenen Schluß daraus ziehen.«

McNamara war anderer Meinung: »In der Zeit, die zwischen unserer Ankündigung und dem tatsächlichen Angriff liegt«, könnten die Raketen gefechtsbereit gemacht werden. »Das ist eine sehr, sehr große Gefahr für unsere Küste ... Wenn Sie wirklich angreifen wollen, dann sollten Sie es nicht bekanntmachen.«

Kennedy ging noch einmal auf die Frage ein, wie umfassend ein militärischer Angriff auf Kuba sein sollte: »Ich glaube nicht, daß wir uns schon zurückziehen müßten, wenn wir diese Raketenbasen ausgeschaltet haben . . . Es wäre sehr viel nützlicher, sinnvoller und politisch oder auch sonstwie befriedigender, wenn uns so ein Angriff bis nach Havanna bringen würde.«

Bundy stimmte zu: »Damit entspricht dann die Strafe dem Verbrechen, politisch gesprochen.« Damit würden die Amerikaner nur tun, »wovor wir mehrmals *gewarnt* haben und was wir auch öffentlich als *notwendig* bezeichnet haben«.

Kennedy stellte fest: »Wenn wir erst einmal angefangen haben, diese Stellungen zu bombardieren, dann stecken wir drin. Da müssen wir uns auf viel Flugabwehr gefaßt machen . . . Ich meine, dann wird diese Aktion wesentlich umfangreicher. Deshalb wächst die Gefahr von weltweiten Auswirkungen* für die Vereinigten Staaten. Ich bin allerdings auch der Meinung, daß wir mutig sein sollten, was Kuba betrifft, damit wir diese Sache einigermaßen unter Kontrolle bekommen.«

Er stellte die Frage, wieso die Russen diese Raketen aufgestellt hätten, wenn sie »damit ihre strategische Stärke nicht entscheidend verbessern«. War Chruschtschow denn nicht auch während der ganzen Verhandlungen um Berlin sehr vorsichtig gewesen?

George Ball wies darauf hin, daß der Generalsekretär im November einen Besuch in New York erwogen habe: Möglicherweise wolle er bei dieser Gelegenheit enthüllen, daß »Kuba jetzt gegen die Vereinigten Staaten gerichtete Waffen besitzt. Oder er will den Besuch dazu nutzen, um einen Handel wegen Berlin vorzuschlagen. Er bietet an, die Waffen aus Kuba abzuziehen, wenn wir auf einige unserer Ansprüche in Berlin verzichten und auf ein Arrangement eingehen.«

Bundy erklärte: »Ich bin immer noch davon überzeugt, daß er Fidel Castro keine Atomsprengköpfe überlassen will.«

Nachdenklich meinte Kennedy: »Das stimmt, aber was ist denn der Vorteil dabei? Es ist ungefähr so, als ob wir plötzlich einen Haufen Mittelstreckenraketen in der Türkei stationieren würden. Und das wäre doch verdammt gefährlich, oder?«

»Nun, das *haben* wir getan, Mr. President«, bemerkte irgend jemand. Kennedy erwiderte: »Ja, aber das ist schon fünf Jahre her . . . Das war doch damals eine ganz andere Situation.« Der Präsident verriet mit keinem Wort, ob er wußte, daß die Jupiter-Raketen in der nächsten

---

* Damit ist mit ziemlicher Sicherheit ein sowjetischer Angriff auf Berlin gemeint.

Woche den Türken übergeben werden sollten. Niemand sprach das Thema an.

Robert Kennedy sagte: »Vielleicht sollten wir überlegen, ob es nicht noch einen anderen Weg gibt, uns in die Sache einzuschalten, über die Guantanamo Bay oder so. Oder ob es da ein Schiff gibt, das . . . wissen Sie, die *Maine* noch einmal versenken oder so.« Es war ein gefährlicher Vorschlag, einen so durchsichtigen Vorwand zu benutzen, um eine Militäraktion gegen Kuba zu rechtfertigen, für die die Vereinigten Staaten einen ziemlich plausiblen Grund hatten. Ein solches Vorgehen hätte der amerikanischen Sache im Bewußtsein der Weltöffentlichkeit sehr geschadet.[*]

Dem Präsidenten fiel ein, daß er in zwei Tagen im Oval Office einen Termin mit Gromyko hatte. Er bat um Ratschläge, »ob wir irgend etwas zu ihm sagen sollten, ob wir ihm in der Sache ein Ultimatum stellen sollten oder ob wir handeln sollen, ohne mit ihm darüber zu reden«. Dobrynin habe dem Justizminister und anderen erklärt, »daß sie keine Waffen auf Kuba stationieren würden. Entweder lügt er, oder er weiß es wirklich nicht.«

Bundy meinte, er »würde jede Wette eingehen«, daß Dobrynin Bescheid wisse.

Kennedy schlug vor, daß Robert Dobrynin sagen solle, falls man Offensivraketen in Kuba entdecken würde, »wären die Vereinigten Staaten gezwungen, etwas zu unternehmen«. Vielleicht würde das die Sowjets dazu bringen, »ihre Entscheidung noch einmal zu überdenken . . . Ich kann ihren Standpunkt nicht nachvollziehen. Sie wissen doch, was wir auf den Pressekonferenzen gesagt haben . . . Ich kann mich nicht erinnern, daß die Russen uns seit der Berlin-Blockade jemals so direkt bedroht haben.«

Mutig konfrontierte Bundy seinen Chef mit einer unangenehmen Wahrheit, die dieser sicher nicht hören wollte: »Wir müssen uns darüber klar sein, Mr. President, daß sie diese Entscheidung getroffen haben, und zwar aller Wahrscheinlichkeit nach, *bevor* Sie Ihre Erklärung abgegeben haben.«

Bundy las laut aus einer TASS-Erklärung vom September vor, in der es hieß, die Sowjetunion besitze so wirksame Raketen, daß es »keine

---

[*] Rückblickend dürfte auch Robert dieser Meinung gewesen sein. In seinem Buch *Dreizehn Tage* erwähnte er seinen Vorschlag über Guantanamo und die *Maine* nicht.

Notwendigkeit« gebe, sie außerhalb des eigenen Territoriums zu stationieren.

Kennedy erkundigte sich: »Ach, und wann ist das veröffentlicht?«
»Am 11. September«, erwiderte Bundy.

Der Präsident war immer noch verblüfft über die Kühnheit der Sowjetunion in Kuba: »So einen Fall hatten wir wirklich noch nie – schließlich sind sie 58 auch vor den chinesischen Kommunisten zurückgewichen.* Sie sind nicht in Laos einmarschiert und haben dort auch einer Waffenruhe zugestimmt ... Ich weiß nicht genug über die Sowjetunion, aber wenn mir jemand einen anderen Vorfall seit der Berlin-Blockade nennen kann, durch den uns die Russen so klar provoziert haben, dann weiß ich nicht, wann das gewesen sein soll. Denn bisher sind sie wirklich immer schrecklich vorsichtig gewesen ... Nun, es war vielleicht unser Fehler, daß wir nicht irgendwann *vor* diesem Sommer gesagt haben, daß wir handeln [müssen], wenn sie das tun.«

McNamara erklärte: »Ich will ganz offen sein. Ich glaube nicht, daß es sich hier *überhaupt* um ein militärisches Problem handelt ... Es ist eigentlich ein innenpolitisches Problem. Diese Warnung – wir haben ja nicht gesagt, wir gehen jetzt dorthin ... und bringen sie alle um. Wir haben nur gesagt, wir würden *handeln*. Nun, und wie werden wir handeln? ... Zuerst beginnen wir mit einer offenen Überwachung, damit wir wissen, was sie tun ... Ab sofort, vierundzwanzig Stunden am Tag ... Und dann verhindern wir, daß weitere Offensivwaffen eingeführt werden. Mit anderen Worten, wir blockieren die Lieferung solcher Waffen.«
Die Vereinigten Staaten sollten außerdem »vor der Weltöffentlichkeit

---

* Diese Bemerkung bezog sich auf die Formosa-Krise von 1958, als Rotchina durch Artilleriefeuer und eine Seeblockade die Versorgung von Quemoy und Matsu durch Nationalchina zu unterbinden suchte. Eisenhower hatte erklärt, daß Amerika eingreifen werde, falls Rotchina versuchen sollte, Quemoy unter seine Kontrolle zu bringen. Er entsandte die »stärkste Luft-See-Streitmacht« der amerikanischen Geschichte in die Region, die auch mit Atomwaffen ausgestattet war. In einem Brief an den Präsidenten beschwerte sich Chruschtschow über die amerikanische »Bedrohung und atomare Erpressung«, aber die Sowjetunion hielt sich bei der Unterstützung der Chinesen zurück.
In einer Rede im September 1959 sagte Kennedy, er habe aus der Formosa-Auseinandersetzung gelernt, daß man einem Tschiang Kai-schek nicht erlauben dürfe, Entscheidungen zu treffen, die die Welt in einen Weltkrieg »hineinziehen« könnten – eine Lektion, die er sowohl nach dem Bau der Berliner Mauer als auch während der Kuba-Krise beherzigt hat.

und besonders gegenüber Chruschtschow deutlich sagen, daß wir ...
falls es irgendein Anzeichen gibt, daß die Raketen gegen unser Land
eingesetzt werden sollen, unsere Antwort nicht nur an Kuba richten
werden, sondern direkt an die Sowjetunion – mit einem vollen Atomschlag. Jetzt mag diese Option noch nicht akzeptabel wirken, aber
warten Sie, bis Sie die anderen Möglichkeiten durchdacht haben ...
Wie ich bereits gesagt habe, glaube ich nicht, daß wir hier in erster
Linie ein militärisches Problem zu lösen haben. Es ist vor allem ein
innenpolitisches Problem.«

Ball erwiderte: »Tatsächlich? Nun, soweit es das amerikanische Volk
betrifft, bedeutet Handeln militärisches Handeln. Punktum.«

Mit der ihm eigentümlichen eindringlichen Sprechweise stellte
McNamara weitere Fragen in den Raum: »Was erwarten wir im Hinblick auf *Castro*, nachdem wir diese Raketen angegriffen haben? Wird
er überleben als – als politischer Führer? Wird er gestürzt? ... Kann es
sich Chruschtschow überhaupt *leisten*, unsere eventuelle Aktion auf
sich beruhen zu lassen, ohne auf irgendeine Weise zurückzuschlagen?
Ich glaube nicht. Er wäre zu einem Gegenschlag gezwungen ... Und
wo würde dieser stattfinden? Wie würden *wir* dann darauf reagieren?
Was passiert, wenn wir *tatsächlich* mobil machen? In welcher Weise
würde das die Unterstützung unserer *Verbündeten* in der Berlin-Frage
berühren?«

Gilpatric schlug vor, daß sie sich alle die »Stellen, an denen Amerika in
der Welt verwundbar ist«, noch einmal genau anschauen sollten,
besonders Berlin, den Iran, die Türkei und Korea. McNamara warnte
die Versammlung, daß »das Risiko einer Katastrophe enorm wäre«,
falls Chruschtschow in Berlin zurückschlagen sollte.

Die Aufzeichnungen über Kennedys Besprechungen im Kabinettssaal
erhärten nicht gerade die späteren Behauptungen, daß der Präsident
die Krise von Anfang an hervorragend im Griff gehabt habe.* Selbst
wenn man annimmt, daß er den Ideenfluß nicht bremsen wollte,
indem er die Gespräche dominierte, so warf er doch nur Kommentare
und Fragen ein und unternahm wenig, um die Sitzungen diszipliniert

---

* Die vollständigen Aufzeichnungen von diesen Sitzungen wurden den Histori-
kern erst zugänglich, nachdem die Kennedy Library die Abschriften und Kopien
der geheimen Tonbänder des Präsidenten 1983 freigegeben hatte. Aus Gründen
der nationalen Sicherheit waren sie teilweise bearbeitet worden.

und straff zu führen. Erst nachdem die erste Hälfte der Zeit bei der abendlichen Besprechung bereits verstrichen war, brachte Bundy das Gespräch auf die zentrale Frage, ob die Mittelstreckenraketen in Kuba eigentlich das Kräftegleichgewicht zwischen der Sowjetunion und Amerika veränderten.

Der Ideenfluß bei diesen Besprechungen an diesem Dienstag wurde vor allem insofern gebremst, als Kennedy von Anfang an voraussetzte, daß die Vereinigten Staaten »selbstverständlich diese Raketen ... ausschalten würden« – auf diplomatischem oder militärischem Weg, wobei er eventuell auch das Risiko eines Atomkrieges in Kauf nehmen wollte. Auf einer Pressekonferenz im März 1962 hatte er noch geäußert, es gebe keinen »wesentlichen Unterschied« zwischen einem atomaren Gefechtskopf, der »in dieser Region stationiert sei«, und einem in 8000 Kilometer Entfernung.

McNamara war davon überzeugt, daß Atomraketen auf Kuba die massive amerikanische Überlegenheit nicht im mindesten beeinträchtigten, auch wenn sie die Geschwindigkeit, Durchschlagskraft und Präzision eines sowjetischen Erstschlags verbessern würden. Jahre später sagte er, wenn Chruschtschow 1962 »annahm, daß er zahlenmäßig im Verhältnis siebzehn zu eins unterlegen sei, meinen Sie, daß er dann geglaubt hätte, er könnte mit 42 zusätzlichen Raketen auf Kuba, von denen jede nur einen Gefechtskopf tragen kann, nun seine Atomraketen wirklich einsetzen? Auf gar keinen Fall!«

Nicht die Verletzung der Monroe-Doktrin war der Grund dafür, daß der Präsident der Meinung war, er müsse diese Raketen unbedingt loswerden. Kennedy vertrat privat die Auffassung, daß der Doktrin im internationalen Recht wenig Bedeutung zukam. Aber er wollte nicht der erste Präsident sein, der öffentlich eingestand, daß diese Doktrin nur eine marginale Bedeutung habe. Denn ein solches Bekenntnis hätte sicher einen Sturm der Entrüstung ausgelöst.

Im August 1962 gab Kennedy folgende Antwort auf die Frage, welche Bedeutung die Doktrin für ihn habe: Sie »bedeutet, was sie immer bedeutet hat, seit sie von Präsident Monroe und John Quincy Adams aufgestellt worden ist. Wir werden uns jeder feindlichen Macht entgegenstellen, die ihren Einflußbereich auf den amerikanischen Kontinent ausweitet. Und deshalb wehren wir uns ... gegen das, was heute in Kuba geschieht.« Als ihn jedoch zwei Wochen später ein Beamter aus dem Justizministerium privat darauf ansprach, daß die Doktrin den Vereinigten Staaten in ihrer Hemisphäre bestimmte Rechte verleihe, fuhr Kennedy den Mann an: »Die Monroe-Doktrin – was zum Teufel ist das?«

Er war verärgert, daß Chruschtschow seine Operation in Kuba so geheim durchführte, denn dieses Vorgehen stand im Gegensatz zu den öffentlichen und auch den vertraulichen Versicherungen, die ihm der Generalsekretär seit Anfang September gegeben hatte.* Andererseits konnte man schlecht behaupten, daß sowjetische Raketen auf Kuba für die Vereinigten Staaten eine größere Bedrohung darstellten als die NATO-Mittelstreckenraketen in der Türkei für die Sowjetunion.

Bundy hatte den Präsidenten erst darauf aufmerksam machen müssen, daß er seine Erklärung zur Stationierung von Raketen in Kuba zu einem Zeitpunkt abgegeben haben dürfte, als Chruschtschow seine Entscheidung zur Entsendung dieser Raketen bereits gefällt hatte. Jetzt war sich Kennedy bewußt, daß er einen schweren Fehler begangen hatte, als er McCones Warnungen in den Wind schlug, daß Chruschtschow sich auf ein solches Risiko durchaus einlassen könnte. Statt dessen hatte er dem amerikanischen Volk im September das eindeutige Versprechen gegeben, er werde »tun, was zu tun ist«, falls Chruschtschow Boden-Boden-Raketen nach Kuba schicken sollte.

Wie anders wären die Gespräche im Kabinettssaal verlaufen, wenn Kennedy seine Erklärung, er würde keine Raketen auf Kuba dulden, etwas vager formuliert oder gar nicht erst abgegeben hätte! Statt darüber zu diskutieren, wie man die Raketen am besten ausschalten könnte, hätten er und seine Berater einen Weg suchen können, um den Amerikanern zu erklären, daß sie von den Raketen auf Kuba wenig zu fürchten hatten.

Dabei hätte Kennedy jedoch vermutlich mit Vorwürfen rechnen müssen, daß er die sowjetische Bedrohung zu leicht nehme. Gewiß war es Eisenhower in der Zeit des »*Sputnik*-Schocks« und der hysterischen Ängste wegen einer angeblichen Raketenlücke gelungen, die Amerikaner zu beruhigen, aber Kennedy verfügte in militärischen Angelegenheiten nicht über die Autorität des Weltkriegsgenerals. Deshalb

---

* Bundy erinnert sich an den »starken Eindruck, man habe uns absichtlich in die Irre geführt«. Sorensen war später der Meinung, daß Kennedy »sehr viel größere Schwierigkeiten gehabt hätte, die Sympathien der Weltöffentlichkeit zu mobilisieren«, wenn die Sowjets die Stationierung der Raketen auf Kuba ebenso angekündigt hätten wie die Vereinigten Staaten ihre Raketen in der Türkei.

hätte ein solches Vorgehen möglicherweise 1962 zu einer Wahlniederlage der Demokraten geführt.

Aber das wäre immer noch dem kafkaesken Alptraum vorzuziehen
gewesen, dem sich der Präsident nun ausgesetzt sah – der Möglichkeit,
das Risiko eines Atomkrieges einzugehen, um Raketen zu beseitigen,
die nach seiner Meinung und auch nach der Ansicht seines Verteidigungsministers eigentlich gar keine große Gefahr für die Sicherheit
Amerikas bedeuteten.

Doch jetzt ließ sich die Uhr nicht mehr zurückdrehen. Kennedy hatte
seine gefährliche Warnung ausgesprochen. Wie Chruschtschow bei
seiner Entscheidung, die Raketen aufzustellen, hatte er genau jene
schicksalhafte *Fehleinschätzung* begangen, vor der er den Parteichef in
Wien gewarnt hatte. Seine Rede vom September konnte er nun nicht
mehr zurücknehmen, ohne seine politische Karriere erheblich zu
gefährden und weltweit das Vertrauen in Amerikas Drohungen und
Versprechen zu erschüttern. Später sagte er zu seinem Bruder Robert,
er »wäre unglaubhaft geworden«, wenn er nichts gegen die Raketen
unternommen hätte.

Am Mittwoch, dem 17. Oktober, ging der Präsident nach einem Treffen mit dem deutschen Außenminister Gerhard Schröder schwimmen. Dann bat er Dave Powers, mit ihm zur St. Mathew's Cathedral zu
fahren: »Haben Sie vergessen, daß ich den heutigen Tag zum Nationalen Tag des Gebets ausgerufen habe?«

Am Tag zuvor hatte er Adlai Stevenson nach einem Mittagessen für
den libyschen Kronprinzen in seine Privatwohnung mitgenommen
und ihm von der Stationierung der Raketen berichtet. Vielleicht dachte Stevenson bei dieser Mitteilung an sein erstes Treffen mit Chruschtschow 1958, als sich der Generalsekretär über die amerikanischen
Raketenbasen in der Türkei und in Griechenland mit folgenden Worten beschwert hatte: »Was würden wohl die Amerikaner davon halten,
wenn die Sowjets Raketenbasen in Mexiko oder in einem ähnlichen
Land errichten würden? Wie würden sie sich fühlen?«

Nun überreichte Stevenson Kennedy eine handschriftliche Notiz:
»Wir müssen uns auf die Reaktion gefaßt machen, die Sowjetunion
habe das Recht auf eine Raketenbasis in Kuba, solange wir Raketen in
der Türkei und anderswo rund um die Sowjetunion stationiert haben.
Wenn wir Kuba, einen Verbündeten der UdSSR, angreifen, ist dann
nicht auch ein Angriff auf NATO-Stützpunkte gerechtfertigt?« Der
Präsident müsse »deutlich machen, daß die Existenz sämtlicher Atom-

raketen-Stützpunkte *Verhandlungsgegenstand* ist, bevor wir irgend etwas unternehmen«.

Kennedy zeigte Sorensen dieses Memo und meinte bedeutungsvoll: »Sagen Sie mir mal, auf welcher Seite er steht.«

Um ein Gegengewicht zu Stevensons Haltung zu schaffen, berief er Acheson, McCloy und Robert Lovett unter strengster Geheimhaltung in seinen Krisenstab. Achesons Anwesenheit stellte sicher, daß der harte Flügel der Demokratischen Partei vertreten war. Außerdem konnte sich der Präsident auf Achesons Sonderbericht über Berlin berufen.

Der Präsident bat Bohlen, seine Reise nach Frankreich zu verschieben, wo er als neuer Botschafter akkreditiert war. Doch Bohlen meinte, dies würde nur Mißtrauen wecken, es sei denn, »er würde sich auf dem Bahnsteig ein Bein brechen«. Außerdem würde de Gaulle darauf empfindlich reagieren. Statt dessen hinterließ er dem Präsidenten schriftlich seine Meinung, daß ein Luftangriff »unausweichlich zum Krieg führen würde«. Eine vertrauliche Mitteilung an Chruschtschow würde es dem Vorsitzenden ermöglichen, nachzugeben, ohne sein Gesicht zu verlieren.

An diesem Nachmittag flog Kennedy nach Connecticut zu einer vierstündigen Wahlveranstaltung für seinen langjährigen Anhänger Abraham Ribicoff. Dieser kandidierte als Nachfolger des abtretenden Prescott Bush für den Senat. Für den Fall, daß die Öffentlichkeit von der Stationierung der sowjetischen Raketen in Kenntnis gesetzt wurde, würden sich die Republikaner bestimmt damit brüsten, im Hinblick auf Kuba recht behalten zu haben. Im Vertrauen sagte Kennedy zu Mitarbeitern: »Der Wahlkampf ist bereits gelaufen. Das ruiniert alles – wir haben sowieso schon verloren.«

Allerdings ließ er in der Öffentlichkeit keine Spur von dieser pessimistischen Haltung erkennen. Auf dem Hauptplatz in Waterbury, Connecticut, wo er auch seine letzte Veranstaltung im Präsidentschaftswahlkampf abgehalten hatte, sagte er: »Unsere Zusammenkunft hier vor zwei Jahren um drei Uhr morgens war der Höhepunkt des Wahlkampfes 1960, und wir werden uns um drei Uhr morgens in der letzten Woche des Wahlkampfes 1964 wiedersehen ... Ich möchte nicht, daß in den nächsten zwei Jahren die Republikaner die Macht im Kongreß übernehmen ... und nichts getan wird, um dieses Land vorwärtszubringen .«

Um in Washington keine öffentliche Aufmerksamkeit zu erregen, traf sich der Krisenstab des Präsidenten in George Balls fensterlosem Konferenzraum im Außenministerium. Als er am Dienstag von der Existenz der Raketen erfahren hatte, hatte Kennedy einfach jene Namen heruntergerattert, die ihm gerade ins Gedächtnis kamen.

Der Krisenstab nannte sich *Executive Committee of the National Security Council*, kurz *ExComm*. In ihm waren vertreten: der Präsident, Rusk, Ball, U. Alexis Johnson, Thompson, Edwin Martin, McNamara, Gilpatric, Nitze, Robert Kennedy, General Taylor, George Anderson, der Chief of Naval Operations, Sorensen und Bundy. Sofern es ihnen ihre eigentlichen Verpflichtungen gestatteten, nahmen außerdem der Vizepräsident, Stevenson, Dillon und McCone oder General Carter an den Sitzungen teil.

Wie schon bei dem Konflikt um den Bau der Berliner Mauer zeigte Kennedy auch bei der Auseinandersetzung um die Raketen größere Fähigkeiten, die Krise zu bewältigen, als sie zu vermeiden. Und wie der Krisenstab zur ständigen Beratung während der Auseinandersetzung um Berlin wies das ExComm eine beeindruckende Vielfalt von Erfahrungen und politischen Meinungen auf. Bei einem vergleichbaren Stab unter Eisenhower wäre das wohl kaum der Fall gewesen. James Blight und David Welch erklärten in ihrer Studie über die Raketenkrise, daß das Gremium grob in zwei Lager eingeteilt werden konnte, die die Situation unterschiedlich beurteilten.

Mitglieder wie Acheson, Nitze, McCone und Dillon, die bereits in der Zeit des amerikanischen Atommonopols an den Schalthebeln der Macht gesessen hatten, glaubten, daß sich Chruschtschow wie bei den Berlin-Krisen von 1948, 1958 und 1961 durch Amerikas atomare Überlegenheit zur Annahme der Forderungen des Präsidenten zwingen lassen würde. McNamara, Robert Kennedy und Sorensen, die erst in den Jahren der gegenseitigen atomaren Bedrohung in Führungspositionen aufgestiegen waren, vertraten die Ansicht, daß ein Luftangriff auf die Raketen-Basen, dem auch sowjetische Soldaten zum Opfer fallen würden, ein zu hohes Risiko bedeuten würde.

Jede Fraktion konnte zur Untermauerung ihrer Ansicht auf die Berlin-Krise von 1961 verweisen. Acheson und seine Gefolgsleute konnten anführen, daß Chruschtschow sogar in Berlin, wo er über eine deutliche konventionelle Überlegenheit verfügte, sein Ultimatum aus Furcht vor der großen atomaren Übermacht der Amerikaner wieder zurückgezogen hatte. Dagegen konnte die Gruppe um McNamara den Erfolg von Kennedys Berlin-Politik auf den sorgfältig abgewogenen, schrittweisen Einsatz von Machtmitteln gegen die Provokation Chruschtschows zurückführen.

Als Kennedy im September seine Warnung aussprach, hatte er sich gar nicht die Frage gestellt, ob Mittelstreckenraketen kürzerer und längerer Reichweite in Kuba das atomare Gleichgewicht zwischen den Vereinigten Staaten und der Sowjetunion entscheidend verändern würden. Dillon, McCone, Nitze und die Stabschefs waren der Meinung, daß die Raketen die sowjetische Bedrohung deutlich erhöhen würden. Den Vereinigten Staaten fehle ihrer Ansicht nach ein Frühwarnsystem an der Südflanke – und die neuen sowjetischen Raketen könnten daher die Gefahr eines sowjetischen Erstschlags verstärken. Die Mehrheit des ExComm schloß sich allerdings McNamaras Ansicht an, daß die Raketen das atomare Gleichgewicht nicht im geringsten veränderten.

Nach einiger Überlegung hatte Kennedy am Dienstag McNamara beigepflichtet, es mache keinen Unterschied, ob man eine Interkontinentalrakete oder eine Rakete aus 150 Kilometern Entfernung »auf den Kopf bekommt«. Später äußerte er allerdings die Überlegung, daß die Raketen auf Kuba deshalb so wichtig seien, weil sie »den Eindruck erweckten«, das Machtgleichgewicht zu verändern – und »Eindrücke beeinflussen die Realität«.

Laut General Wolkogonow hatte die Sowjetunion 1962 nur 20 Interkontinentalraketen aufgestellt und nicht 45 oder 50, wie McNamara im Februar geschätzt hatte. Damit hätten die für Kuba bestimmten Mittelstreckenraketen kürzerer und längerer Reichweite die Zahl der Gefechtsköpfe vervierfacht, die sowjetische Raketen auf die Vereinigten Staaten abschießen konnten.

Da sich der Präsident aber gezwungen fühlte, seine Zusage vom September zu erfüllen, hatte diese Frage nur noch akademischen Charakter. Daß Kennedy jedoch die These, die Raketen auf Kuba hätten nur geringen militärischen Wert, so bereitwillig übernahm, läßt vermuten, daß er auch zu diesem späten Zeitpunkt noch annahm, Chruschtschow und seine Generäle würden dem atomaren Ungleichgewicht ebensowenig Bedeutung zumessen wie er und McNamara.

Rusk versuchte, den Terminkalender seiner öffentlichen Auftritte so gut wie möglich einzuhalten, um keinen Argwohn zu erregen. Bei den Treffen des ExComm sah er seine Aufgabe darin, die Mitglieder vor zu weit gehenden oder übereilten Entscheidungen zu bewahren.* Mit Rücksicht auf Rusks verfassungsgemäße Rolle versuchte McNamara mit wechselndem Erfolg, seinen eigenen Führungsinstinkt zu bremsen und ihm die Angelegenheit nicht aus der Hand zu nehmen.

In Abwesenheit des Präsidenten übernahm Robert Kennedy de facto die Rolle des Versammlungsleiters. Sein Verhalten dabei zeigt, wie vorteilhaft es ist, wenn bei der Erörterung wichtiger Staatsangelegenheiten zumindest ein Teilnehmer nicht um sein Amt zu fürchten braucht.

Da es Robert Kennedy also nicht nötig hatte, seine Gedanken in höfliche Floskeln zu kleiden oder die politische Dynamik innerhalb der Versammlung zu berücksichtigen, waren seine Einwürfe für seine Kollegen im Krisenstab eine ständige, gelegentlich sogar inquisitorische Herausforderung. Sein Talent, Vorschläge von allen Seiten kritisch und ohne ideologische Vorurteile zu durchleuchten, hatte bereits bei den Beratungen zur Schweinebucht dazu beigetragen, daß die gefährlichen Punkte offen und direkt angesprochen wurden. Außer ihm hatte es wohl niemand gewagt, sich so unverblümt zu äußern.

Gleichzeitig bedeutete seine Anwesenheit eine gewisse Hemmschwelle. Jeder Teilnehmer wußte aus Erfahrung, daß alles, was in Roberts Gegenwart geäußert wurde, dem Präsidenten zu Ohren kam und daß dabei das Urteil nicht immer schmeichelhaft ausfiel. Ein ExComm-Mitglied erinnerte sich: »Wir wußten, daß der kleine Bruder

* Darauf weist auch Rusks Bemerkung hin, er hätte stets die »Rolle des Narren übernommen«. Beispielsweise behauptete Robert Kennedy in einem Interview mit einem Historiker, daß Rusk, sein wichtigster Gegenspieler in der Regierung, »einen völligen geistigen und körperlichen Zusammenbruch gehabt« hätte. Es gibt absolut keinen Beweis oder Anhaltspunkt, der eine derartige Behauptung stützt. Auch Rusk selbst hat diese Darstellung später bestritten. Historiker, die auf Aussagen von Robert Kennedy zurückgreifen, müssen berücksichtigen, daß die Authentizität seiner Aussagen gelegentlich durch starke Gefühle der Sympathie oder Antipathie beeinträchtigt wird. Als Robert Kennedy 1965 in einem Interview diese Bemerkung über den ehemaligen Außenminister machte, waren er und Rusk nicht mehr unfreiwillige Kollegen im Kabinett seines Bruders, sondern politische Gegner.
In einem Interview mit dem Autor dieses Buches äußerte Rusk später, daß Robert »während der Krise um die Raketen in Kuba gar nicht soviel Einfluß hatte. Seine Rolle ist immer ein wenig übertrieben dargestellt worden . . . Das Buch *Dreizehn Tage* ist sehr emotionsgeladen. Aber dieser Tenor entsprach ganz und gar Bobby Kennedys Sicht der Dinge. Es war eben seine erste derartige Erfahrung. Glücklicherweise blieben Präsident Kennedy und andere wichtige Berater in diesen Tagen sehr ruhig und gelassen.«

uns beobachtete und seine kleine Liste führte, wer auf welcher Seite stand.«

Erstaunlicherweise schlugen am Mittwoch einige Mitglieder des Ex-Comm vor, daß man das Problem genauso lösen sollte, wie »es bereits bei der U-2-Episode 1960 angebracht gewesen wäre – indem man einfach so tut, als sei gar nichts geschehen«. Die Vereinigten Staaten könnten öffentlich feststellen, daß die Raketen »ein Fehler des Kreml sind, der im Widerspruch zu Chruschtschows mehrfach wiederholten Versprechen steht ... Ihre Vernichtung durch einige nichtatomare Bomben korrigiert diesen Fehler lediglich. Damit wäre dann die Sache beendet. Vermutlich hätten die Sowjets kein Interesse, eine peinliche Situation aufzubauschen, in der sie in flagranti erwischt wurden.«
Das offizielle Protokoll hält fest, daß »die meisten Mitglieder der Gruppe während der ersten Stunden des Gesprächs diese Vorgehensweise favorisierten«. Dann wurde allerdings deutlich, daß »ein Luftangriff, der sämtliche Angriffsraketen zerstören sollte, ein größeres Unternehmen sein mußte und keine Affäre mit ein paar Bomben in ein paar Minuten«.
Sorensen, der noch im Monat zuvor wegen eines Magengeschwürs im Krankenhaus gelegen hatte, nannte die verschiedenen Optionen für das Vorgehen der USA: erstens »politisches Handeln, Druck und Warnungen, gefolgt von einer militärischen Aktion, wenn keine befriedigende Lösung gefunden werden kann ... Dann ein militärischer Angriff ohne Vorwarnung, ohne vorherigen Druck oder Verhandlungen, begleitet von einer Mitteilung, die deutlich macht, daß es sich um eine begrenzte Aktion handelt ... Oder politische Verhandlungen, Druckmaßnahmen und Vorwarnungen und danach eine vollständige Blockade des Schiffsverkehrs ... Oder schließlich eine richtiggehende Invasion, um ›Castro Kuba wegzunehmen‹.«
Dann führte er einige problematische Punkte auf: War Moskau willens und fähig, die sowjetischen oder kubanischen Militärkommandanten von einem Raketenangriff auf die Vereinigten Staaten abzuhalten? Drohte eine »entsprechende Attacke« der Sowjets auf die US-Raketen in der Türkei oder Italien, oder würden sie gar »in Berlin oder sonstwo angreifen«? Welche Wirkungen hatte ein Luftangriff auf das Schicksal der Gefangenen aus dem Schweinebucht-Unternehmen?
An diesem Abend holten Sorensen und der Justizminister den Präsi-

denten am National Airport in Washington ab. Auf dem Weg zum Weißen Haus überzeugte Robert seinen Bruder davon, daß er den Sitzungen des ExComm eine Zeitlang besser fernbleiben sollte: Andernfalls würde er die anderen durch seine Meinungsäußerungen womöglich dazu bringen, »sich einfach seiner Linie anzuschließen«.

Donnerstag, 18. Oktober. Um 11.10 Uhr rief der Präsident das ExComm im Kabinettssaal zusammen. Sorensen berichtet, daß sich der Außenminister bei dieser Sitzung für einen »chirurgischen« Luftangriff ohne vorherige Warnung aussprach. Dem hielten »die Diplomaten (Bohlen, Thompson, möglicherweise Martin) entgegen, daß vorherige politische Verhandlungen unverzichtbar seien ... Die Militärs (McNamara, Taylor und McCone) erklärten, daß ein Luftangriff nicht begrenzt werden könne ... Auch die Befürworter einer Schiffsblockade lehnten seinen Vorschlag ab.«

Laut Sorensen hatte Bohlen eine Mitteilung hinterlassen, in der er sich für einen »sofortigen Brief an Chruschtschow aussprach. Erst nach Erhalt einer Antwort solle die Entscheidung über Luftangriff oder Schiffsblockade fallen«. Dieser Vorschlag wurde von allen unterstützt, die für die Blockade waren. General Taylor lehnte dieses Vorgehen ab, »außer für den Fall, daß jetzt die Entscheidung für eine Blockade bereits getroffen wird«.

Wenn Tausende von Russen durch einen Luftangriff umkämen, würde Chruschtschow möglicherweise »den Befehl für einen sowjetischen Gegenschlag geben«, der sich gegen die türkischen Raketenstützpunkte oder gegen Berlin richten würde, warnte Thompson. Und das könne »letztendlich, wenn nicht sogar sofort, zu einem Atomkrieg führen«. Falls ein Luftangriff nötig sei, müsse man dem Generalsekretär »Zeit zum Überdenken seiner Handlungen geben«, damit »seine Berater Gelegenheit hätten, ihm Ratschläge zu geben«.

Jemand stellte die Frage, was die Vereinigten Staaten unternehmen sollten, falls Chruschtschow die Raketenstellungen in der Türkei angreifen würde. Man solle die Stützpunkte der angreifenden Raketen beschießen, erwiderte ein anderer. In einer späteren Sitzung erkundigte sich jemand: »Was passiert, wenn Chruschtschow Berlin zerstört?« Kennedy antwortete: »Dann haben wir den Dritten Weltkrieg.«

Sorensen arbeitete bereits an einer Fernsehrede, die der Präsident nach einem eventuellen Luftangriff halten sollte. Sein Entwurf begann folgendermaßen: »Zu meinem Bedauern mußte ich heute unseren Streitkräften den Befehl erteilen, die atomaren Einrichtungen in Kuba anzugreifen und zu zerstören.« Mit dem Angriff wollten die Vereinigten Staaten beweisen, daß sie »die Freiheit verteidigen, wo immer sie bedroht ist. Das betrifft jeden Ort der Welt, nicht nur Kuba. Dabei meine ich insbesondere Berlin.« Die Amerikaner sollten »ruhig bleiben und weiterhin ihren täglichen Geschäften nachgehen in dem festen Bewußtsein, daß unser freiheitsliebendes Land niemandem erlaubt, seine Sicherheit zu gefährden«.

Bohlens Vorschlag einer vertraulichen Botschaft an Chruschtschow fand Anklang bei Sorensen. Er entwarf daher einen »wasserdichten Brief«, der im Namen Kennedys von einem hochrangigen amerikanischen Boten Chruschtschow überbracht werden sollte. Das Schreiben begann mit der Feststellung, zum erstenmal seit Korea sähen sich die Vereinigten Staaten einer Situation gegenüber, in der sie die »unausweichliche Verpflichtung« hätten, mit Waffengewalt zu reagieren: »Infolgedessen ist es der Zweck dieser Note, Sie zu informieren, daß ... ich keine andere Wahl habe, als entsprechende militärische Aktionen gegen die Insel Kuba einzuleiten.«

Falls Chruschtschow dem Überbringer des Briefes versichern würde, daß er seine Angriffswaffen aus Kuba zurückziehen werde, könne der Präsident auf den Einsatz von Waffen verzichten. Bei einem Besuch des Generalsekretärs in New York würde sich Kennedy »sehr über ein Treffen mit Ihnen freuen«. Dabei könne man dann »auch andere anstehende Probleme diskutieren, zu denen auch die NATO-Stützpunkte in der Türkei und in Italien gehören könnten, die Sie in Ihrem Gespräch mit Botschafter Kohler angesprochen haben. Diese sind allerdings in keiner Weise [mit den Raketen in Kuba] vergleichbar, weder vor den Augen der Geschichte noch nach dem Völkerrecht oder der Meinung der Weltöffentlichkeit.«

Als Sorensen seinen Entwurf nochmals durchlas, war er nicht zufrieden damit. Er stellte fest, daß der Brief »ungeachtet aller meiner Hinweise auf einen möglichen Gipfel die friedlichen Intentionen und die vorhergegangenen Warnungen und Zusagen ... immer noch ein Ultimatum war, das keine Großmacht annehmen konnte«. Darum meinte er vor dem ExComm, ein Brief an Chruschtschow, in dem es hieß, daß »der Überbringer hier wartet, bis Sie uns eine Antwort geben«, sei »lächerlich«.

Am Donnerstag nachmittag sagte Thompson, es sei »wahrscheinlich, aber nicht sicher«, daß im Falle einer Seeblockade die sowjetischen Schiffe umdrehen oder eine Inspektion erlauben würden. Möglicherweise wären die Vereinigten Staaten allerdings gezwungen, sie vorher zu beschießen.

Rusk meinte, falls die Sowjets am Dienstag noch immer an der Aufstellung der Raketen arbeiteten, sollten die USA Großbritannien, Frankreich, der Bundesrepublik Deutschland, Italien und der Türkei mitteilen, daß sie diese Raketen mit Waffengewalt entfernen würden. Während die Luftwaffe ihren Schlag gegen Kuba durchführte, sollten die Sowjets vor einem Vergeltungsschlag gewarnt werden: »Ohne eine solche Vorwarnung könnten wir auf jämmerliche Weise untergehen. Vielleicht ist es besser, mit einem großen Knall unterzugehen.«

Nachdem er geschwommen war und zwei Stunden in seiner Privatwohnung verbracht hatte, traf sich Kennedy mit Acheson im Oval Office. Der ältere Mann war ungeduldig, denn er hielt den Krisenstab für »eine Zeitverschwendung«. Truman hätte Probleme nie durch eine einvernehmliche Entscheidungsfindung gelöst. Die Gruppe sei »führungslos und wiederhole ständig die gleichen Phrasen«.

Um fünf Uhr sollte Gromyko ins Oval Office kommen. Rusk und Thompson empfahlen dem Präsidenten, dem sowjetischen Außenminister weder die U-2-Bilder zu zeigen noch den Abzug der Raketen zu fordern. Andernfalls würde er Chruschtschow die Initiative überlassen, weil die Linie der amerikanischen Politik noch nicht festliege. Thompson sagte später: »Es ist so, als würde man seine Frau beim Ehebruch ertappen. Vielleicht ahnt sie, daß man Bescheid weiß, aber erst wenn man sie darauf anspricht, beginnen die Auseinandersetzungen. Deshalb sollte man darauf vorbereitet sein.«

Für den Fall, daß Gromyko das Thema der Raketen selbst ansprach, gab Bundy Kennedy den Rat, ihn »möglichst ausreden zu lassen, bevor Sie antworten. Aber Sie sollten sich darauf einstellen, ihn zu unterbrechen, sobald er irgendeine direkte Drohung ausspricht.«

Als Dobrynin, Gromyko und der Dolmetscher Viktor Suchodrew eintrafen, führte sie der Präsident zu dem cremefarbenen Sofa, das rechts von seinem Schaukelstuhl stand. Rusk und Thompson nahmen den Russen gegenüber auf einem weiteren Sofa Platz. Anwesend waren außerdem Wladimir Semjonow, der stellvertretende Außenminister und Experte für Deutschlandfragen, Martin Hillenbrand vom Berlin-Einsatzverband und Alexander Akalowsky, der Dolmetscher, der den Präsidenten auch nach Wien begleitet hatte.

Gromyko wiederholte den sowjetischen Standpunkt zum Berlin-Problem: Sollte man sich nach den amerikanischen Wahlen im November nicht darauf einigen können, Berlin zur »freien Stadt« zu erklären, dann sehe sich die Sowjetunion gezwungen – er wiederholte: *gezwungen* –, einen Friedensvertrag mit Deutschland zu unterzeichnen. Daraufhin erläuterte Kennedy – ebenfalls zum wiederholten Male – den Standpunkt der Amerikaner: Die Vereinigten Staaten seien jederzeit bereit, über Berlin zu verhandeln, aber ohne die westlichen Truppen seien das Überleben und die Freiheit der Stadt nicht gesichert.

Gromyko kündigte an, daß Chruschtschow nach den Wahlen Ende November einen Besuch bei der Generalversammlung der Vereinten Nationen plane. Ein Treffen mit Präsident Kennedy sei sicher nützlich. Kennedy erwiderte, er würde gerne mit Chruschtschow sprechen, aber es könne keine Verhandlungen über Berlin geben, da auch andere befreundete Nationen ein Interesse an der Zukunft der Stadt hätten.

Als der Außenminister dann sagte, daß er gerne das Thema Kuba ansprechen würde, fragten sich die Amerikaner, ob er nun wohl die Existenz der Raketen enthüllen würde. Er tat es nicht. Statt dessen beschwerte er sich über die »antikubanische Kampagne« der Amerikaner. Indem sie Exilkubaner ausschickten, um Schiffe des Inselstaats anzugreifen, betrieben die Vereinigten Staaten »Hochseepiraterie«. Offenbar würden die Amerikaner eine vollständige Seeblockade für Kuba planen.

Eine solche Maßnahme könne tragische Folgen für die gesamte Menschheit haben, fuhr Gromyko fort. Die Sowjetunion könne nicht zusehen und abwarten, wenn aggressive Handlungen geplant würden und ein Krieg drohe. Kuba gehöre den Kubanern und nicht den Vereinigten Staaten. Hier stehe ein »Säugling einem Riesen gegenüber« – ohne daß jemand bedroht werde. Oder habe Castro nicht immer wieder seinen Wunsch nach Frieden unterstrichen?

Dann holte Gromyko seine Aufzeichnungen über seine Konsultationen mit Chruschtschow hervor. Er habe »die Anweisung, klarzustellen«, daß die sowjetische Hilfe an Kuba »in keinem Fall offensiv« sei. Ihr einziger Zweck sei ein »Beitrag zur Verteidigungsfähigkeit Kubas . . . Andernfalls hätte sich die Sowjetunion niemals zu einer Hilfeleistung bereit gefunden.«

Ohne erkennbare Reaktion ließ sich Kennedy ein Exemplar seiner Rede vom September bringen, in der er vor der Stationierung von Offensivwaffen auf Kuba gewarnt hatte, und las eine Schlüsselstelle laut vor. Rusk bemerkte, daß Gromykos Gesicht unbewegt blieb, während Suchodrew bleich wurde. Später sagte der Präsident zu O'Donnell: »Ich hätte ihm nur zu gern unsere Beweise vorgelegt. Statt dessen machte ich ihm klar, daß es besser wäre, wenn in Kuba keine Raketen auftauchten. Und er sagte, daß Chruschtschow niemals eine solche Idee in Erwägung gezogen habe. Es war ein unglaubliches Gefühl, dazusitzen und seine Lügen anzuhören.«

Gromyko verteidigte sich später, er habe nicht gelogen. Zwei Monate nach diesem Gespräch behauptete er immer noch, die Waffen auf Kuba seien tatsächlich defensiv gewesen. Er habe Kennedy gegenüber niemals von Atomraketen gesprochen. Kurz vor seinem Tod im Jahr 1989 erklärte er: »Warum ich nicht darüber gesprochen habe? Weil Präsident Kennedy mich nicht danach gefragt hat. Das Wort ›Atomraketen‹ fiel in diesem Gespräch nicht. Hätte er mich gefragt, dann hätte ich ihm eine Antwort geben können.«

Gromyko erinnerte sich, daß er auf eine entsprechende Frage sagen sollte, die Sowjetunion bringe eine »kleine Anzahl Raketen von defensivem Charakter« nach Kuba, »die niemanden bedrohen würden«. Falls der Präsident protestiert hätte, sollte er geheime diplomatische Verhandlungen anregen.*

Er habe den Präsidenten gewarnt, daß die Sowjetunion »kein bloßer Zuschauer bleiben« werde, falls in Zusammenhang mit Kuba oder anderswo ein größerer Krieg ausbreche. Kennedy habe geantwortet, er plane »keinen Angriff auf Kuba« und halte jene Leute zurück, »die eine Invasion fordern«.

Bevor Gromyko sich verabschiedete, wiederholte Kennedy noch einmal das, was er bereits zu Chruschtschow in Wien gesagt hatte: Wie die Vereinigten Staaten sei die Sowjetunion ein großes Land. Die Geschichte würde entscheiden, wer stärker sei. Aber in der Zwischenzeit dürften weder er noch der Generalsekretär »etwas unternehmen, was zu Auseinandersetzungen zwischen unseren beiden Ländern führen könne«. Seit seiner Amtsübernahme habe er versucht, die amerikanisch-sowjetischen Beziehungen zu »ordnen«. Laos sei »ein Erfolg gewesen – zumindest bis jetzt«, aber Deutschland oder West-Berlin leider nicht. Was in Kuba seit Juli geschehe, sei »unerklärlich«, wenn man bedenke, daß Chruschtschow die Vereinigten Staaten ja kenne.

---

* Auch wenn Gromyko es nicht aussprach: Ein solches Manöver hätte den Russen mehr Zeit gegeben, um die Raketen einsatzbereit zu machen.

Gromyko fand, daß der Präsident »nervös war, auch wenn er sich bemühte, es nicht zu zeigen«. Als sie um 19.18 Uhr auseinandergingen, sagte der Präsident: »Ich hoffe, Sie werden uns noch zu weiteren Gelegenheiten hier im Weißen Haus besuchen.«

Sobald Gromyko gegangen war, bedauerte Kennedy, daß er den Außenminister nicht auf die Raketen in Kuba angesprochen hatte. Vielleicht kam ihm plötzlich der Gedanke, daß seine politischen Widersacher ihn wie nach dem Gipfel in Wien der Feigheit beschuldigen könnten, weil er seinen sowjetischen Gesprächspartner nicht mit den Beweisen konfrontiert hatte. Aber Rusk und Thompson versicherten ihm, er habe sich richtig verhalten.

Der Präsident überlegte auch, ob es vernünftig gewesen war, daß er den Vorschlag eines Gipfeltreffens mit Chruschtschow im November so wohlwollend zur Kenntnis genommen hatte. Später äußerte Rusk, es liefe ihm »kalt über den Rücken« bei der Vorstellung, der Präsident wäre auf dem Höhepunkt der Raketenkrise mit Chruschtschow zusammengetroffen. Thompson korrigierte Kennedys Fehler, indem er Dobrynin mitteilte, daß ein Gipfeltreffen unter den gegenwärtigen Umständen nicht »angemessen« erschiene.

Der Präsident war wütend, weil »mir Gromyko mehr glatte Lügen aufgetischt hat, als ich jemals in so kurzer Zeit gehört habe«. Robert Lovett empfahl eine Blockade Kubas, der, wenn nötig, zunehmender Druck auf die Sowjets folgen sollte: »Wir würden uns lächerlich machen, wenn wir eine Fliege mit einem Vorschlaghammer erschlagen wollten ... Wir können bei dem Gefecht jederzeit das Tempo erhöhen, aber es ist schwer zu bremsen, wenn die Schlacht einmal begonnen hat.«

Robert Kennedy kam aus dem Rosengarten herein und stellte gezielte Fragen zu dem Ablauf und den Folgen einer Blockade. Dabei bemerkte Lovett, daß zwischen den Brüdern weitgehend Einigkeit darüber herrschte, »zuerst einen relativ moderaten und nicht so blutrünstigen Schritt zu unternehmen«.

Ein Stockwerk tiefer tagte das ExComm. Allmählich einigte man sich auf eine Seeblockade und ein schrittweises Vorgehen. McNamara verteidigte diese Handlungsweise damit, daß eine Blockade im Gegensatz zu einem Luftangriff alternative Möglichkeiten zur Lösung der Krise nicht automatisch ausschließen würde. Bei einer Probeabstimmung fanden sich sechs Stimmen für einen Luftangriff und elf für eine Blockade.

Um zehn Uhr abends verließen die Männer erschöpft das Weiße Haus. Um nicht durch eine große Autokolonne Aufmerksamkeit zu erregen, quetschten sich neun von ihnen in Robert Kennedys Limousine. Sorensen hatte das Gefühl, als sei seit der Entdeckung der Raketen bereits ein Monat vergangen.

Freitag, 19. Oktober, vormittags. Bevor der Präsident zu seiner Wahlkampfreise aufbrach, teilten ihm Rusk, Bundy und die Stabschefs mit, sie würden sich mittlerweile für einen Luftangriff aussprechen. Nach diesem Gespräch bat Kennedy den Justizminister und Sorensen, das ExComm zusammenzurufen: »Rufen Sie mich an, falls es Schwierigkeiten gibt. Dann breche ich meine Reise ab und komme zurück.« Sorensen bemerkte, daß er ungeduldig und »etwas empört« war, weil seine Mitarbeiter ständig ihre Meinung änderten – besonders Bundy, mit dem er bisher so problemlos zusammengearbeitet hatte.

Der kleine Bruder war wie immer dabei. Hinterher klagte er, Bundy sei »erst für einen Angriff und dann für eine Blockade gewesen. Dann hat er gemeint, es wäre besser, gar nichts zu unternehmen, weil das die Situation in Berlin belasten würde. Und nun trat er wieder für einen Angriff ein – und zwar für einen unangekündigten Luftangriff à la Pearl Harbor.« Sorensen meinte später, dies sei nicht eine von Bundys besten Wochen« gewesen. Der Präsident, der mittlerweile eher für eine Blockade eintrat, sei darüber »nicht erfreut« gewesen.

Vor dem ExComm berichtete Bundy an diesem Vormittag, er sei mit dem Präsidenten vor dessen Abreise zusammengetroffen. Dann teilte er mit, er selbst sei inzwischen der Meinung, man solle »entschieden handeln, die Vorteile eines Überraschungsangriffs nutzen und die Welt mit einem *Fait accompli* konfrontieren«. Sorensen hielt dagegen, es sei nicht fair gegenüber dem Präsidenten, eine Angelegenheit nochmals in Frage zu stellen, die bereits am Donnerstag abend entschieden worden sei. Aber auch Robert Kennedy beharrte darauf, dieses Problem sei so wesentlich, daß alle ihre Meinung dazu frei äußern sollten.

Acheson erklärte, Chruschtschow stelle die Willensstärke der Vereinigten Staaten auf die Probe; je früher daher der Showdown komme, desto besser. Damit wiederholte er den Ratschlag, den er auch während der Berlin-Krise gegeben hatte. Ein Luftangriff müsse »jetzt oder nie« erfolgen, meinte Taylor. Wenn der Angriff am Sonntag morgen über die Bühne gehen solle, dann müßten sie sich jetzt sofort dafür entscheiden. McNamara erklärte sich bereit, die Vorbereitungen anzuordnen, sprach sich aber gegen einen solchen Schritt aus.

Mit einem schwachen Lächeln meinte der Justizminister, auch er habe am Morgen mit dem Präsidenten gesprochen und sein Bruder könne sich nur schwer mit dem Gedanken anfreunden, einen Luftangriff anzuordnen. Seit 175 Jahren hätten die Vereinigten Staaten nicht mehr ohne Vorwarnung angegriffen, und bei einem solchen Schlag würden Tausende von Kubanern und Russen getötet. Er hielte es daher für eine vernünftigere Reaktion, den Sowjets die Möglichkeit zu geben, sich von ihrer »Position in Kuba, mit der sie einen Schritt zu weit gegangen seien«, wieder zurückzuziehen.

Douglas Dillon erinnert sich: »Während er sprach, hatte ich das Gefühl, einen historischen Wendepunkt mitzuerleben . . . Nun wußte ich sicher, daß wir diesen Luftangriff nicht ohne Vorwarnung unternehmen durften . . . Mit einer oder zwei Ausnahmen ließen sich alle Mitglieder des ExComm durch Roberts Argument überzeugen.« Man braucht die Beredsamkeit des Justizministers nicht in Zweifel zu ziehen; aber man darf doch annehmen, daß ihm die meisten Mitglieder vor allem deshalb zustimmten, weil sie wußten, in wessen Namen er sprach.

An diesem Abend sah Bundy neue Luftaufnahmen aus Kuba an, und man erklärte ihm, daß einige der Mittelstreckenraketen bereits gefechtsbereit wären. Er rief O'Donnell an, der sich mit dem Präsidenten im Sheraton-Blackstone-Hotel in Chicago befand: Die Situation sei nun »so haarig, daß er wohl besser nach Hause käme«.

Allmählich verbreiteten sich Gerüchte, daß es in Kuba Schwierigkeiten gab. Salinger, der nicht eingeweiht worden war, erfuhr, daß Carleton Kent von der *Chicago Sun-Times* und die Kolumnisten Robert Allen und Paul Scott über eine unmittelbar bevorstehende amerikanische Militäraktion gegen Kuba berichten wollten. Kennedy bat ihn, Kent folgendes mitzuteilen: »Wir planen nicht, in Kuba einzumarschieren.« McNamara forderte er auf, mit Allen und Scott zu sprechen. Außerdem wies der Verteidigungsminister seinen Sprecher an, einen Bericht des *Miami Herald* über gefechtsbereite Boden-Boden-Raketen in Kuba zu dementieren.

Gestärkt durch seine erste warme Mahlzeit seit Tagen, arbeitete Sorensen am Freitag bis drei Uhr nachts an einem Entwurf für die Fernsehansprache des Präsidenten. Er hatte dafür die Reden Woodrow Wilsons und Franklin Roosevelts studiert, mit denen sie vor dem Kongreß für den Eintritt der Vereinigten Staaten in die beiden Weltkriege plädiert hatten.

Samstag, 20. Oktober. Im kastellartigen Spiridonowka-Palais in Moskau, der offiziellen Residenz des Außenministers, saß Foy Kohler mit Frol Koslow beim Mittagessen. Dem Botschafter war mitgeteilt worden, daß Koslow trotz seines Widerstands gegen einige Aspekte von Chruschtschows Programm auf dem Zweiundzwanzigsten Parteitag noch immer als Nachfolger Chruschtschows gehandelt würde. Deshalb solle er versuchen, ihn kennenzulernen.
Koslow kam spät. Er war »sehr dick«, erinnerte sich Kohlers politischer Berater Richard Davies, »saß mit aufgestützten Ellbogen am Tisch, aß wie ein Schwein und trank wie ein Loch. Er war bald völlig betrunken – ein widerlicher Trunkenbold ... Koslow gab keinen einzigen vernünftigen Gedanken von sich ... Kohler versuchte alles, um ihn in ein Gespräch zu ziehen, aber seine Antworten blieben einsilbig.«
Kohler und Davies betrachteten Koslows schlechtes Benehmen als eine offene »Beleidigung für die Vereinigten Staaten«. Hätten sie von den Raketen in Kuba gewußt, so hätten sie sich vielleicht gefragt, ob Koslow die Sowjetunion jetzt für so stark hielt, daß er mit seinen feindseligen Gefühlen gegenüber den Vereinigten Staaten nicht mehr hinter dem Berg halten mußte.

In Chicago gab Salinger bekannt, der Präsident müsse wegen einer Erkältung nach Washington zurückkehren. Um 1.35 Uhr in der Nacht landete Kennedy mit dem Hubschrauber auf dem Rasen vor dem Weißen Haus. Während der Landung sah er unbeweglich aus dem Fenster und hielt das Kinn in die Hand gestützt. Er begab sich ins Oval Office, las Sorensens Entwurf seiner Fernsehansprache. Für 2.30 Uhr berief er eine Sitzung des Nationalen Sicherheitsrates ein.
Nach dem Urteil der CIA waren mittlerweile vier Stellungen mit Mittelstreckenraketen kürzerer Reichweite gefechtsbereit. Falls die Sowjetunion sich zu einem Angriff entschloß, konnten die Raketen auf den Abschußrampen innerhalb von acht Stunden abgeschossen werden. Außerdem waren noch zwei Stellungen mit Mittelstreckenraketen längerer Reichweite entdeckt worden, von denen eine in sechs

und die andere in acht bis zehn Wochen einsatzbereit sein konnte. Die amerikanischen Aufklärungsflugzeuge hatten auch 22 IL-28-Bombenflugzeuge (nur eines von ihnen war vollständig montiert), 39 MiG-21-Kampfflugzeuge (35 von ihnen waren noch verpackt) und 24 SAM-Stellungen entdeckt.*

Robert Kennedy wollte seinen Bruder über die Probeabstimmung aus dem ExComm informieren, aber wie bei seinem Treffen mit den Stabschefs dachte der Präsident vor allem an die möglichen innenpolitischen Probleme, falls sein Krisenmanagement fehlschlug: »Ich möchte sie gar nicht sehen. Vielleicht entscheide ich mich für die falsche Politik, und dann haben es die Leute, die recht behalten haben, auch noch schriftlich.«

McCone war besorgt: Sobald man im Kreml erfuhr, daß die Vereinigten Staaten die Raketen entdeckt hatten, würden die Sowjets vermutlich annehmen, Amerika wolle einen Krieg beginnen. Dann würden sie vielleicht einen Atomangriff anordnen. In seiner typischen Art listete Rusk die Argumente auf, die jeweils für einen Luftangriff und für eine Blockade sprachen. Dann reichte er dem Präsidenten eine handgeschriebene Empfehlung für die Blockade, die Kennedy las und ihm wieder zurückgab.

McNamara meinte, daß die Sowjets in jedem Fall irgendwo – möglicherweise in Berlin – zurückschlagen würden, was immer die Vereinigten Staaten auch unternahmen. Sie könnten nicht darüber hinwegsehen, daß bei einem Luftangriff Tausende von sowjetischen Bürgern ums Leben kommen würden: »Die Vereinigten Staaten könnten die Kontrolle über die Situation verlieren, und dann würde es zu einem Krieg kommen.« Die Blockade sei die einzige militärische Maßnahme, die Amerikas Führungsrolle in der freien Welt angemessen sei. Nur wenn die Amerikaner im Gegenzug etwas anzubieten hätten, würden die Raketen abgezogen. Möglich sei »der Rückzug von strategischen US-Raketen aus der Türkei und aus Italien und vielleicht auch die Zustimmung, die Nutzung von Guantanamo auf eine bestimmte, absehbare Zeit zu begrenzen«.

Taylor mahnte zur Eile, denn bald würden die Sowjets Maßnahmen

---

* Nach einem Bericht von General Wolkogonow aus dem Jahr 1989 hatte das sowjetische Verteidigungsministerium die Stationierung von 42 IL-28-Bombern, 42 MiG-21 und 24 SAM-Batterien auf Kuba geplant. Dazu sollten noch zwölf mit Raketen ausgestattete Torpedoboote und Cruise-Missile-Batterien kommen.

ergreifen, um die Raketen zu tarnen. Gilpatric meinte: »Grundsätzlich, Mr. President, haben wir die Wahl zwischen einer begrenzten und einer unbegrenzten Aktion. Die meisten von uns glauben, daß es besser ist, mit einer begrenzten Aktion zu beginnen.«

Der Präsident erklärte, vor einer endgültigen Entscheidung wolle er sich noch mit Experten beraten, um sicherzugehen, daß ein chirurgischer Schlag aus der Luft wirklich absolut unmöglich sei. Ansonsten könnten sie davon ausgehen, daß er sich für die Blockade entscheiden würde. Er meinte auch, daß die Sowjets vermutlich mit einer Aktion gegen Berlin reagieren würden. Dieses Risiko bestünde jedoch auch, wenn er sich anders entschiede. Vielleicht aber würden es sich die Sowjets nach einer Demonstration amerikanischer Stärke zweimal überlegen, ehe sie gegen Berlin vorgingen. Die schlechteste Alternative wäre, gar nichts zu tun, meinte er. Wenn die Raketen in Kuba blieben, dann könnten sowohl Chruschtschow als auch Castro in der Welt machen, was immer sie wollten.

Adlai Stevenson war mit dem Flugzeug aus New York gekommen. Am Abend zuvor hatte er einem Kollegen anvertraut, er werde »im Namen der Geschichte darauf bestehen, daß wir noch einen letzten Tag lang alles unternehmen, um einen Zusammenstoß zu verhindern«.

Noch 1960 war Stevenson der populärste demokratische Politiker im Land gewesen. Jetzt aber bekleidete er einen Posten, den er unter seiner Würde fand, und arbeitete für einen Präsidenten, den er für »kalt und rücksichtslos« hielt. An eine Freundin schrieb er, daß er »Gottes Hilfe und Seconal« brauche, um schlafen zu können.

Kennedy wußte, daß Stevenson abgesehen vom Vizepräsidenten das einzige Mitglied seiner Regierung war, das über eine ernstzunehmende politische Anhängerschaft verfügte. Noch immer war der frühere Gouverneur von Illinois und zweimalige Präsidentschaftskandidat der Demokraten bei vielen Parteimitgliedern beliebter als Kennedy selbst. Solange Stevenson diese starke Position innehatte, konnte er besonders auf dem Gebiet der Außenpolitik innerhalb der Regierung Druck auf den Präsidenten ausüben. Sollte er jemals aus Protest zurücktreten*, so konnte er damit Kennedys Stellung innerhalb des führenden Flügels der eigenen Partei in Gefahr bringen.

---

* Kurz vor seinem Tod im Jahre 1965 erwog Stevenson einen solchen Schritt, um gegen Präsident Lyndon Johnsons Haltung zu Vietnam zu protestieren.

Aus diesem Grunde setzte der Präsident alles daran, Stevensons Position weiter zu schwächen. Kennedy hoffte, daß er ihn spätestens 1965 ohne größeren Protest auf den Botschafterposten nach London abschieben konnte, wo er wenig Einfluß auf eine zweite Regierung Kennedy nehmen konnte.

Im Jahre 1961 hatte Kennedy sich noch bemüht, seinen UNO-Botschafter bei Laune zu halten. Während seines zweiten Amtsjahres, in dem er zwar eine Krise nach der anderen meistern mußte, aber im Weißen Haus fester im Sattel saß, kümmerte sich der Präsident dann allerdings immer weniger um Stevenson.

Harlan Cleveland, Staatssekretär im Außenministerium für UN-Angelegenheiten, schrieb, daß »Kennedy ein Pragmatiker war, während Stevenson sich mehr für langfristige und emotionale Aspekte interessierte. Kennedy dachte überhaupt nicht langfristig, er wollte wissen, was in der nächsten Woche zu tun war.«

Robert Kennedy sagte: »Ich mag das Wort hart nicht, aber er war einfach viel zu weich. Er sah die Realitäten in der Welt nicht, auch dann nicht, wenn sie ihn selbst betrafen ... Stevenson sprach ausgezeichnet, aber er kam erst zur Sache, und dann schweifte er ab ... Die ganze Zeit jammerte er ... Jack äußerte sich gelegentlich über ihn – was für eine Nervensäge er sei.«

Nun, bei der Besprechung im ovalen Zimmer, meinte Stevenson, daß die Fernsehansprache des Präsidenten über Kuba ein konkretes Verhandlungsangebot an die Sowjetunion enthalten solle: Nach einem Abzug der Raketen wären die Vereinigten Staaten bereit, über eine »Entmilitarisierung« Kubas zu reden. Damit meinte er einen Abbau der gesamten sowjetischen Einrichtungen und als Gegenleistung die Aufgabe des amerikanischen Stützpunktes in Guantanamo. Vielleicht sollte man auch erwägen, die Jupiter-Raketen aus der Türkei und aus Italien abzuziehen.

McNamara hatte einen ähnlichen Vorschlag gemacht, lehnte es jedoch ab, in dieser frühen Phase des Konflikts Zugeständnisse in Aussicht zu stellen. Auch Sorensen meinte, es seien »nicht wir, sondern die Russen, die sich zu etwas verpflichten sollten«. Dillon und McCone vertraten die Ansicht, daß Zugeständnisse zu diesem frühen Zeitpunkt wie eine indirekte Rechtfertigung für Chruschtschows Handlungsweise wirken könnten.

Der Präsident meinte, in dieser Phase sei es völlig undenkbar, einen Rückzug von dem Stützpunkt in Guantanamo auch nur in Erwägung zu ziehen. Damit würde der Eindruck erweckt, »wir wären so eingeschüchtert, daß wir sogar unsere Position aufgeben«. In einem geeigneten Moment müßten die Vereinigten Staaten dann ihre Bereitschaft signalisieren, strategische Raketen aus der Türkei und aus Italien abzuziehen, falls die Russen dieses Thema ansprechen würden.

Aber Stevenson gab nicht auf: Sie sollten ihre Bereitschaft erklären, »solche Stützpunkte aufzugeben, um die Russen zum Abbau der strategischen Raketen zu bewegen«. Kennedy jedoch beharrte darauf, daß es »keinen Tauschhandel mit unseren Raketenbasen in der Türkei und Italien« geben werde.

Als sie nach der Besprechung auf dem Truman-Balkon standen, klagte Robert gegenüber dem Präsidenten, daß Stevenson nicht »stark und hart genug« sei, »um uns in Zeiten wie diesen bei den Vereinten Nationen zu vertreten«. Man müsse »jemand anderen suchen«. Der Präsident antwortete, daß Stevenson möglicherweise »mit seinem Vorschlag einer Aufgabe von Guantanamo zu weit gegangen sei«. Aber er habe »viel Stärke und Mut gezeigt«, indem er das Risiko eingegangen sei, »in den Ruf eines Beschwichtigungspolitikers zu geraten«.

An diesem Abend meinte Stevenson zu O'Donnell: »Ich weiß, daß mich wegen meiner heutigen Äußerung die meisten dieser Kerle für den Rest meines Lebens einen Feigling nennen werden, aber vielleicht muß immer ein Feigling dabeisein, wenn über den Atomkrieg gesprochen wird.«

Bundy hatte erfahren, daß die *New York Times* einen Bericht über die bevorstehende Krise plante. Deshalb rief Kennedy James Reston an und teilte ihm mit, daß er am Montag eine Rede halten wolle. Falls aber die *Times* ihren Artikel veröffentlichen würde, wäre er womöglich »mit einem Ultimatum aus Moskau konfrontiert«, bevor er überhaupt etwas gesagt habe. Reston sorgte dafür, daß der Artikel zurückgehalten wurde.

Bevor er Chicago verließ, rief der Präsident Jacqueline in Glen Ora an und bat sie, mit Caroline und John ins Weiße Haus zurückzukommen. Als er am Samstag abend mit Dave Powers zum Schwimmen ging, sagte er die gleichen Worte, die er bereits auf dem Rückflug nach London im Anschluß an den Gipfel in Wien geäußert hatte: »Wenn wir nur an uns selbst denken würden, wäre alles ganz einfach. Aber ich muß immer an die Kinder denken, deren Leben ausgelöscht werden würde.«

Sonntag, den 21. Oktober, vormittags. Im Licht der tiefstehenden Herbstsonne wirkte Washington schöner denn je. Der Präsident gab im ovalen Zimmer ein Frühstück für das ExComm. Wie sich McNamara erinnert, befürworteten zu diesem Zeitpunkt neun Mitglieder einen Luftangriff, während sieben sich dagegen aussprachen.

Nach der Messe beriet sich der Präsident mit General Taylor und General Walter Sweeney, dem Chef der taktischen Luftstreitkräfte, der einen Luftangriff auf Kuba kommandieren würde. Die Militärs rechneten im besten Falle mit einer Zerstörung von neunzig Prozent des bekannten Raketenpotentials. Da bislang nur etwa 30 der 48 in Kuba vermuteten Raketen entdeckt waren, würde ein solcher Angriff mindestens 21 Raketen unzerstört lassen. McNamara und die beiden Generäle sagten, daß einem ersten Angriff Hunderte von Einzeleinsätzen folgen müßten, was beinahe unausweichlich zu einer Invasion in Kuba führen würde.

Robert Kennedy, der nach einem Ausritt am Hickory Hill noch immer seinen Reitanzug trug, gesellte sich zu ihnen. Sie sollten mit einer Blockade beginnen und danach »den Durchbruch versuchen«, meinte er. McCone sagte, daß im Falle eines Fehlschlags der Blockade ein Luftangriff und die Invasion folgen müßten.

Der Präsident stimmte zu. Rusk sagte später: »Wir *glaubten* nicht, daß Chruschtschow die Blockade mit einem Atomschlag beantworten würde, aber wir konnten uns nicht *sicher* sein.« Und selbst wenn er es nicht tat, konnte sich die Krise über Monate hinziehen. Robert Kennedy erwartete einen »sehr, sehr schwierigen Winter«.

Nachdem der Präsident von den Raketen erfahren hatte, hatte er versucht, sich und seinem Krisenstab sechs ruhige Tage zu verschaffen, um ungestört das Problem aus jedem Blickwinkel betrachten zu können. Ein anderer Präsident hätte vielleicht übereilt gehandelt. Daß Kennedy sich Zeit nahm, erwies sich als glücklicher Umstand: »Hätte er die Entscheidung innerhalb von Stunden treffen müssen, dann hätte er womöglich für einen Luftangriff optiert.

Auch seine Vorliebe für Geheimhaltung und sein außerordentliches Feingefühl bei außenpolitischen Entscheidungen erwiesen sich als positive Faktoren. Von Anfang an wußte er, daß die Weltöffentlichkeit auf jede bewaffnete Intervention der USA mit Abscheu reagieren würde, wenn sie nicht zuvor von der Stationierung der sowjetischen Raketen in Kuba und der amerikanischen Antwort darauf informiert würde. In diesem Falle hätte man mit dem Vorwurf rechnen müssen, die Vereinigten Staaten riskierten einen Atomkrieg wegen einiger Raketen, die nicht bedrohlicher seien als jene an der türkisch-sowjetischen Grenze. Ein anderer Präsident hätte vielleicht auch nicht in gleicher Weise Sorge getragen, daß die Existenz der Raketen weder durch die Russen noch durch die *New York Times* oder CBS in der Öffentlichkeit bekannt wurde, und wäre so bei seinen Entscheidungen möglicherweise unter erheblichen Druck geraten.

Vermutlich wird nie wieder ein amerikanischer Präsident in einer ähnlichen Zwangslage die Möglichkeit haben, wie Kennedy sechs Tage lang in Ruhe seine Entscheidung abwägen zu können. Wäre es unter den Bedingungen der politischen und journalistischen Kultur der neunziger Jahre zu dieser Krise gekommen, dann hätte höchstwahrscheinlich der Satellit einer amerikanischen Fernsehstation die Raketen entdeckt. Dann wäre deren Existenz, nur wenige Stunden nachdem der Präsident selbst davon erfahren hätte, bekannt geworden.

Die Staatschefs der verbündeten Staaten hätten von der amerikanischen Regierung sicher Zurückhaltung gefordert, wenn sie früher von den Raketen erfahren hätten. Schließlich stellten die Raketen auf Kuba für die Vereinigten Staaten keine größere Bedrohung dar als jene, mit denen Westeuropa bereits seit Jahren konfrontiert war. Die republikanischen Wahlkämpfer hätten vermutlich gefordert, daß der Präsident seine Drohung vom September wahr mache und einen Luftangriff mit nachfolgender Invasion anordne. Andere wiederum hätten die Frage aufgeworfen, ob er nicht vielleicht schon seit Wochen von den Raketen gewußt hätte, aber diese peinliche Tatsache bis nach den Wahlen im November verschweigen wollte.

Durch eine solche öffentliche Diskussion wäre es für Kennedy weitaus schwieriger gewesen, Unterstützung für einen moderaten Kurs zu erhalten. In einem derart aufgeheizten politischen Klima hätte ihm jedes behutsamere Vorgehen mit nichtmilitärischen Mitteln den Vorwurf eingebracht, er ließe sich von Chruschtschow in die Knie zwingen.

Nachdem die Sowjets 1949 ihre erste Atombombe gezündet hatten, waren von den amerikanischen Verteidigungsexperten Pläne für eine Evakuierung des Präsidenten und seiner höchsten Regierungsbeamten ausgearbeitet worden. Das Heeresspionierkorps hatte einen riesigen unterirdischen Bunker im Mount Weather, einem Berg in Virginia, gebaut. Falls ein Atomangriff drohte, sollten der Präsident, andere führende Regierungsmitglieder und ihre Familien mit dem Helikopter dorthin gebracht werden.

Dean Rusk hielt den Plan für »dumm, vom psychologischen Standpunkt aus«. Nach einer nuklearen Auseinandersetzung mit der Sowjetunion würde »die erste Gruppe zitternder Überlebender, die des Präsidenten oder eines Ministers habhaft werden konnte, diesen sofort am nächsten Baum aufknüpfen«. Dennoch bat man Kennedy, das Thema mit Jacqueline zu besprechen.

Und so fragte der Präsident seine Frau, ob sie sich in den großen, höhlenartigen Schutzraum begeben wolle, der für die Regierung in den Berg gebaut worden war. Doch Jacqueline, die 1963 den Justizminister mit der Frage verblüffen sollte, was denn der Unterschied zwischen Geschichte und Drama sei, erwiderte, daß sie beim Ausbruch eines Atomkrieges lieber bei ihm im Oval Office sein und sein Schicksal, wie es sich auch immer gestalten mochte, teilen wolle.

Kapitel 17

»Wir hatten gehofft, dieser Moment würde niemals kommen«

Als Hale Boggs, der parlamentarische Geschäftsführer der Demokraten, am Montag, dem 22. Oktober, gerade im Golf von Mexiko angelte, fiel plötzlich vor ihm eine Flasche ins Wasser, in der er folgende Mitteilung fand: »Rufen Sie Operator 18 in Washington an. Dringende Nachricht des Präsidenten.« Kurze Zeit später flog die Luftwaffe Charles Halleck, den Sprecher der Republikaner im Kongreß, eilends aus Indiana in die amerikanische Hauptstadt. Auch andere führende Kongreßmitglieder brachen ihre Wahlkampfreisen ab und begaben sich nach Washington, nicht ohne sich damit zu brüsten, daß der Präsident ihren Rat benötige.

Ungefähr zur selben Zeit flog Dean Acheson zu einer nördlich von London gelegenen SAC-Basis, um David Bruce zu informieren. Außerdem beauftragte er einen Beamten der CIA, gemeinsam mit Bruce Harold Macmillan die U-2-Bilder zu präsentieren. Nachdem der britische Premierminister einen Blick auf das Material geworfen hatte, meinte er: »Jetzt wird den Amerikanern endlich klarwerden, was wir hier in England seit so vielen Jahren ertragen müssen.« Unwissentlich hatte er damit fast wörtlich eine Äußerung Chruschtschows vor der Stationierung der Raketen auf Kuba wiederholt.

Anschließend reiste Acheson nach Paris weiter und begab sich in den Élyséepalast zu Charles de Gaulle. Der französische Präsident erkundigte sich zunächst, ob man ihn lediglich informieren wolle oder ob Kennedy an seiner Meinung interessiert sei. »Lassen Sie uns nicht um den heißen Brei herumreden«, erwiderte Acheson. »Mein Auftrag ist, Sie von einer Entscheidung in Kenntnis zu setzen, die der Präsident bereits getroffen hat.« Daraufhin meinte de Gaulle, er brauche die U-2-Fotos gar nicht erst zu sehen: »Eine große Nation« würde sicher nicht handeln, wenn »irgendwelche Zweifel an den Beweisen bestünden«.

Zur selben Zeit rief Kennedy bei Eisenhower in Gettysburg an und berichtete ihm von der Rede, die er am Abend halten wollte. Der General meinte, ohne genaue »Kenntnis der Sachlage, der Gespräche und der internationalen Besprechungen« könne er natürlich keine Ratschläge erteilen, aber er werde jede von der Regierung getroffene Entscheidung unterstützen.

Daraufhin äußerte der Präsident die Hoffnung, daß die Krise nicht von einflußreichen Republikanern »für Parteizwecke« ausgenutzt würde. Eisenhower erwiderte, er sei sich »sicher, daß sie das nicht tun werden«.

Um diese Zeit wurde in Moskau Hauptmann Oleg Penkowski festgenommen, der anderthalb Jahre lang zahlreiche sowjetische Geheimdokumente an den britischen und den amerikanischen Geheimdienst weitergeleitet hatte.

In westlichen Geheimdienstkreisen war man keineswegs überrascht darüber, daß die Sowjets ausgerechnet jetzt einen westlichen Agenten verhafteten, den sie offenbar schon seit Monaten überwachten. Während der Auseinandersetzung um die Raketen konnte es sich der Kreml nicht leisten, einen Verräter in einer Funktion zu belassen, in der er der Sowjetunion noch weiteren Schaden zufügen konnte.

Wäre Penkowski ein Jahr früher verhaftet worden, hätten die Vereinigten Staaten möglicherweise nicht so schnell feststellen können, daß die Fotos der U-2-Aufklärungsflugzeuge Mittelstreckenraketen kürzerer und längerer Reichweite zeigten. Laut Richard Helms wäre der Präsident ohne die von Penkowski in den Westen geschmuggelten Informationen »vor einer schweren Entscheidung gestanden. Denn er hätte nicht gewußt, ob er wirklich noch ein paar Tage abwarten konnte. Vielleicht waren die Raketen ja schon einsatzbereit? Wie zum Teufel hätte er das wissen sollen? Aufgrund der geheimdienstlichen Informationen gewann er Zeit.«*

---

* Raymond Garthoff, einer der CIA-Mitarbeiter, die Penkowskis Enttarnung analysierten, berichtete 1987: Ein für Penkowski zuständiger Geheimdienstoffizier der CIA habe ihm 1962 verraten, daß sich der Agent, als er verhaftet wurde, noch ein letztes Mal bei seinen westlichen Kontaktleuten gemeldet habe. Dabei habe er bestimmte, vorher vereinbarte Telefonsignale gegeben, die vor einem unmittelbar bevorstehenden sowjetischen Angriff warnen sollten. »Glücklicherweise entschieden sich seine westlichen Kontaktleute ... dafür, Penkowskis Nachricht nicht ernst zu nehmen und deshalb auch nicht weiterzuleiten. Nicht einmal die Verantwortlichen in den höheren Etagen der CIA wurden von Penkowskis provokativem Abschiedsgruß informiert.« Garthoff erklärte, er könne für die Richtigkeit dieses Berichts zwar keine Garantien übernehmen, halte ihn aber für wahr. Helms erklärte 1988 gegenüber dem Autor, er sei da wesentlich skeptischer.

Am Montag nachmittag erklärte der Präsident im Kabinettssaal gegenüber seinen Ministern und Beratern, daß die Blockade »eine sehr heikle Sache werden wird. Wir werden niemals erfahren, ob wir wirklich die beste Entscheidung getroffen haben ... Der Gedanke an einen Luftangriff ist sehr verführerisch, und ich hätte diese Maßnahme auch gebilligt – bis gestern vormittag.« Aber solange man nicht mit Sicherheit wüßte, ob damit wirklich alle Raketen zerstört werden könnten, würde eine Blockade »in weitaus geringerem Maße die Gefahr eines atomaren Gegenschlags« heraufbeschwören.

Die Stationierung von Raketen außerhalb der Sowjetunion stelle eine »drastische Veränderung« der bisherigen sowjetischen Politik dar. Wenn er nichts dagegen unternehme, könnten die Russen womöglich annehmen, die Vereinigten Staaten würden auch anderswo, insbesondere in Berlin, untätig bleiben. »Es würde zu gravierenden Problemen in Lateinamerika führen, wenn wir nicht handeln. Dort würde der Eindruck entstehen, daß sich das Kräfteverhältnis auf dem amerikanischen Kontinent zu unseren Ungunsten verschieben und die Russen direkt vor unserer Haustür aktiv werden könnten.«

Es gebe »einen großen Unterschied« zwischen den Raketen in Kuba und jenen in der Türkei und Italien: »Unsere Waffen sind ein Versuch, das Gleichgewicht der Kräfte in Europa wiederherzustellen ... In Kuba hingegen passiert etwas völlig anderes – nämlich eine provokante Veränderung des empfindlichen Status quo in dieser Hemisphäre ... Die Tatsache, daß diese Operation unter absoluter Geheimhaltung durchgeführt wurde ... weist auf eine offensichtliche Gefahr hin, die wir nicht einfach ignorieren dürfen ... Der nächste Schritt muß von den Russen kommen.«

Wie sich Fidel Castro erinnert, hatten ihn die »Aktivitäten in Washington, die Gespräche und die außerordentlichen Sitzungen«, aufs höchste alarmiert. »Wir spürten instinktiv, ja, wir rochen es geradezu, daß etwas passieren würde.«

Um auf eine amerikanische Invasion vorbereitet zu sein, gab er noch am gleichen Nachmittag den Befehl zur Einberufung von 270 000 Soldaten. Der kubanische Heeresstabschef Sergio del Valle rechnete mit mehr als hunderttausend Opfern, betonte aber, das kubanische Volk sei »bereit, für die Verteidigung der Revolution zu sterben«.

Um 17.30 Uhr eröffnete Kennedy sein Treffen mit siebzehn führenden Kongreßpolitikern. Alle Anwesenden waren zutiefst betroffen, als Kennedy von den Raketen auf Kuba berichtete. George Smathers rief: »Aber das ist ja unmittelbar neben meinem Heimatstaat! Und wir haben absolut nichts davon gewußt!«

Nachdem der Präsident seinen Blockadeplan erläutert hatte, erklärte Senator Richard Russell, er müsse jetzt unbedingt seinem Herzen Luft machen: Eine Blockade sei »eine halbe Sache ... Wenn wir die Kommunisten so glimpflich davonkommen lassen, werden sie uns auch weiterhin auf der Nase herumtanzen.« Warum marschiere »man nicht in Kuba ein und beseitigt die Raketen und gleichzeitig auch Mr. Castro ...?« Anschließend könne man dann gleich eine neue Regierung einsetzen.

Eigentlich sprach er damit Johnson aus der Seele, aber der Vizepräsident wagte nicht, seine Zustimmung offen zu äußern. Während Kennedy die Blockade verteidigte, bemerkte sein Bruder, daß Johnson »ablehnend den Kopf schüttelte«.

Zu Kennedys Erstaunen sprach sich auch Fulbright gegen eine Blockade aus: Eine Invasion sei »weniger provokativ« und vermindere das Risiko eines Krieges mit den Russen.

Verärgert meinte der Präsident zu Fulbright: »Sie sind für einen *Einmarsch* in Kuba, Bill? Sie und Senator *Russell?* ... Am letzten Dienstag war ich selbst noch für einen Luftangriff oder eine Invasion. Inzwischen aber sind vier Tage vergangen, und nach reiflicher Überlegung bin ich zu dem Schluß gelangt, daß so ein Schritt nicht besonders klug wäre. Sicherlich würden Sie genauso entscheiden, wenn Sie mehr Zeit zum Nachdenken gehabt hätten.«

Nachdem sich die beiden demokratischen Senatoren offen gegen Kennedys Vorschlag ausgesprochen hatten, wurden weitere Stimmen laut, eine Blockade würde nicht rasch genug wirken und sei der Brisanz der Situation nicht angemessen. Einige Augenblicke lang redeten alle gleichzeitig. Dirksen und Halleck erklärten zwar, daß sie den Präsidenten unterstützen würden, ließen aber im Protokoll festhalten, daß man sie »wie de Gaulle« nur informiert, nicht aber um Rat gefragt habe.

Als Kennedy sich anschließend zusammen mit O'Donnell in seine Privatwohnung begab, um sich für die Rede umzuziehen, äffte er in spöttischem Tonfall die führenden Senatsmitglieder nach: »O ja, Mr. President, wir unterstützen Sie. Aber ... wenn es schiefgeht, dann werden wir Ihnen in den Rücken fallen.« Dann sagte er: »Das Problem ist, daß sich bei einer solchen Gruppe von Senatoren alle immer nach demjenigen richten, der die radikalste und härteste Linie vertritt ... Nachdem Russell seine Meinung geäußert hatte, wollte sich niemand mit ihm anlegen.«

Dean Rusk bedauerte nun, daß er nicht wenigstens einige der Senatoren früher konsultiert hatte: »Wenn man die führenden Leute im Kongreß erst zwei oder drei Stunden vor einer wichtigen Rede ... die eine größere Krise auslösen könnte, zusammenruft, kann man diesen Kongreßmitgliedern eigentlich nur die eine Frage stellen: ›Sind Sie bereit, Ihr Land in einer Krisensituation zu unterstützen?‹«

Die meisten Senatoren machten Kennedy wegen seiner Geheimhaltungspolitik keinen direkten Vorwurf. Dennoch blieb es eine Tatsache, daß er den Kongreß in der ersten Woche der Raketenkrise nicht konsultiert hatte. Als der Kongreß 1973 den War Powers Act verabschiedete, dürfte diese Erfahrung eine wesentliche Rolle gespielt haben. Mit diesem Gesetz wollte das Parlament im Falle außenpolitischer Krisen größeren Einfluß auf den Entscheidungsprozeß gewinnen.[*]

Während der Präsident sein blaues Hemd für die Fernsehansprache anzog, stellte Sorensen fest, daß ihn die Auseinandersetzung mit den Senatoren offenbar mehr angestrengt hatte als die Nervenanspannung der ganzen vorausgegangenen Woche, in der er um eine Entscheidung in der Kuba-Frage gerungen hatte. Kennedy sagte sogar: »Wenn sie diesen Job haben wollen, können sie mir den Buckel runterrutschen. Sie können ihn haben. Er macht mir nicht gerade Spaß.«

Dann traf eine Botschaft von Harold Macmillan ein, die den Präsidenten vor möglichen sowjetischen Vergeltungsschlägen in Berlin und an »den verwundbaren Punkten des Verteidigungssystems der freien Welt« warnte.

Rusk rief Dobrynin ins Außenministerium und gab ihm eine Kopie der Rede des Präsidenten. »Das wird eine schreckliche Geschichte

---

[*] Gerald Ford, der damals eines jener führenden Kongreßmitglieder gewesen war, die man nicht eingeweiht hatte, meinte 1990 allerdings: »Diejenigen von uns, die noch nach den alten Spielregeln gearbeitet haben, glauben, daß es damals besser war als heute.« Während seiner Amtszeit als Präsident vertrat Ford die Ansicht, der War Powers Act sollte außer Kraft gesetzt werden.

werden«, meinte der Botschafter, der von seiner Regierung nicht über die Stationierung der Raketen auf Kuba informiert worden war.* Rusk berichtete, daß »Dobrynin während unseres Gesprächs um zehn Jahre zu altern schien«.

Als der sowjetische Botschafter das Außenministerium verließ, stellte ein Reporter fest, daß er »aschfahl im Gesicht und sichtbar erschüttert« war. Auf die Frage, ob eine Krise bevorstehe, antwortete Dobrynin: »Was glauben Sie denn?« Dabei wedelte er mit Rusks braunem Umschlag und ließ sich auf den Sitz seiner Limousine fallen.

In Moskau erhielt Kohler ein Telegramm von Rusk: »Die folgende Botschaft des Präsidenten sollte eine Stunde vor der Übertragung seiner Rede an das Außenministerium zur Weiterleitung an Chruschtschow gehen.«

Kennedys Mitteilung war weitgehend von Thompson entworfen worden. Sie begann nicht mit dem üblichen »Sehr geehrter Herr Ministerratsvorsitzender«, sondern mit dem weniger höflichen »Sir«. Am meisten beunruhigte ihn die Vorstellung, schrieb der Präsident, daß Chruschtschows Regierung vielleicht Amerikas Ziele und Absichten falsch einschätze: »Ich nehme aber nicht an, daß Sie oder irgendein anderer klar denkender Mensch beabsichtigen, die Welt im Atomzeitalter in einen Krieg hineinzuziehen, aus dem, wie jeder weiß, kein Land als Sieger hervorgehen würde. Ein solcher Krieg hätte katastrophale Folgen für die gesamte Welt, von denen auch der Aggressor nicht verschont bliebe.«

Seit dem Gipfel in Wien habe er immer wieder deutlich gemacht, daß die Vereinigten Staaten »keinen Schritt von Ihrer Seite dulden können, durch den das existierende Gleichgewicht der Kräfte in der Welt erheblich gestört würde«. Darum sei er »entschlossen«, die Bedrohung in Kuba zu beseitigen: »Gleichzeitig möchte ich betonen, daß unsere Maßnahmen das notwendige Minimum darstellen … Ich

---

* Bei einer Konferenz über die Raketenkrise, die im Januar 1989 in Moskau stattfand und an der amerikanische, sowjetische und kubanische Wissenschaftler teilnahmen, beharrte Dobrynin darauf, daß er nicht informiert gewesen sei. Gromyko sagte erstaunt: »Was, Anatoli Fjodorowitsch, Sie behaupten, ich hätte Ihnen, unserem Botschafter, nichts von den Raketen erzählt?« Dobrynin: »Nein, Sie haben mir nichts gesagt.« Gromyko: »Das bedeutet, daß es sich wirklich um ein sehr großes Geheimnis gehandelt haben muß!« (Gelächter.)

hoffe, daß Ihre Regierung jeden Schritt vermeidet, der zur Ausweitung oder Verschärfung dieser schweren Krise führen könnte, und daß wir uns darauf verständigen werden, auf den Weg friedlicher Verhandlungen zurückzukehren.«

Um 18.55 Uhr ging Kennedy zu seinem mit Leinwand abgedeckten Schreibtisch hinüber, der von Reportern umringt war. Eingeschnürt in sein enges Korsett, ließ sich der Präsident steif auf zwei Kissen nieder und hielt dabei den Rücken so gerade, als habe er einen Ladestock verschluckt. Sein Gesicht wirkte schmaler als sonst. Dunkle Ringe zeigten sich unter seinen Augen, und in seine Stirn hatten sich tiefe Furchen eingegraben.

Wenige Minuten später begann der Präsident, die wichtigste Ansprache der Ära des Kalten Krieges zu verlesen.

»Guten Abend, liebe Mitbürger. Die Regierung dieses Landes hat sich an ihr Versprechen gehalten und die sowjetischen Militäranlagen auf der Insel Kuba ständig aufs strengste überwacht. In den vergangenen Wochen ergaben sich dabei unzweifelhafte Beweise für die Tatsache, daß auf dieser versklavten Insel eine Anzahl von Offensivraketen stationiert wird.« Ziel dieser Maßnahme sei »die Fähigkeit, einen atomaren Angriff auf den amerikanischen Kontinent durchführen zu können«.

Die Vereinigten Staaten hätten Mittelstreckenraketen entdeckt, die in der Lage seien, »Washington, D. C., den Panamakanal, Mexico City oder jede andere Stadt im Südosten der USA, in Mittelamerika oder in der Karibik zu treffen«. Andere Stellungen, die noch nicht fertiggestellt seien, würden offensichtlich für Mittelstreckenraketen errichtet, die so weit entfernte Ziele wie »die kanadische Hudson Bay im Norden und das peruanische Lima im Süden« erreichen könnten.

Diese Maßnahme stelle »eine eindeutige Bedrohung für den Frieden und die Sicherheit aller Amerikaner« dar, es handle sich dabei um eine offene Mißachtung der historischen Tradition, des Rio-Pakts von 1947*, der Kongreßresolution vom September, der Charta der

---

* In diesem Vertrag von 1947, der zur gegenseitigen Hilfeleistung verpflichtete, hatten sich die Vereinigten Staaten und die lateinamerikanischen Länder gegen aggressive Akte von außen zusammengeschlossen, wozu man auch »nichtbewaffnete Angriffe« zählte.

Vereinten Nationen sowie der öffentlichen Warnungen des Präsidenten vom 4. und 13. September.*

Da die Stationierung bereits ziemlich weit fortgeschritten sei, müsse man vermuten, »daß die Vorbereitungen schon seit mehreren Monaten laufen«. Noch vor einem Monat aber habe die Regierung in Moskau erklärt, sie sehe »keine Notwendigkeit«, außerhalb der Sowjetunion Raketen zu stationieren. »Diese Behauptung war *unwahr*.« Am Donnerstag habe Gromyko ihm, dem Präsidenten, in seinem Arbeitszimmer mitgeteilt, »er habe Anweisung, noch einmal deutlich zu machen, daß die sowjetischen Hilfsleistungen für Kuba lediglich – ich zitiere – ›ein Beitrag zur Verteidigungsfähigkeit Kubas seien‹ . . . Auch diese Behauptung war *unwahr*.«

Keine Nation könne eine solche »bewußte Täuschung« und »aggressive Bedrohung« dulden . . . Atomwaffen haben ein so hohes Zerstörungspotential, und Raketen sind so schnell, daß es eine eindeutige Gefährdung des Friedens bedeutet, wenn sich das Risiko ihres Einsatzes wesentlich erhöht und sie an einem anderen Ort stationiert werden.« Jahrelang hätten die Vereinigten Staaten und die Sowjetunion darauf geachtet, nicht an dem »prekären Status quo zu rütteln, der sicherstellte, daß diese Waffen nur im Fall einer Bedrohung der vitalen Interessen eines Landes eingesetzt würden«. Niemals seien amerikanische Raketen »unter dem Deckmantel der Geheimhaltung und der Täuschung« an eine andere Nation weitergegeben worden. Diese »verdeckte, eilig durchgeführte und außerordentliche Aufrüstung« in einer Region, deren »besonderes historisches Verhältnis zu den Vereinigten Staaten bekannt ist«, diese »plötzliche, geheimgehaltene Entscheidung, zum erstenmal außerhalb der Sowjetunion strategische Waffen zu stationieren«, sei dagegen eine »provokative und ungerechtfertigte Veränderung des Status quo, den unser Land nicht einfach hinnehmen kann, wenn unsere Freunde und Verbündeten auch weiterhin auf unseren Mut und unsere Zusagen vertrauen sollen«. Amerikas »unbeirrbares Ziel« sei es, den Einsatz der Raketen zu verhindern und ihren Abzug sicherzustellen.

Kennedy kündigte »*sofortige*« Schritte an. »Um diese offensive Aufrü-

---

* Die Hinweise auf die historischen Tatsachen, den Rio-Pakt und die UN-Charta sollten die Aufmerksamkeit der Öffentlichkeit von der Tatsache ablenken, daß der Präsident den Sowjets zum erstenmal im September 1962 zu verstehen gegeben hatte, daß er keine Offensivraketen auf Kuba dulden würde.

stung zu stoppen, wird eine strikte Seeblockade für jegliche Art von offensivem Militärmaterial angeordnet. Jedes Schiff mit Kurs auf Kuba, ganz gleich, unter welcher Flagge es fährt oder aus welchem Hafen es kommt, wird zurückgeschickt, wenn an Bord Offensivwaffen entdeckt werden.«*

Die »strenge Überwachung« Kubas werde verstärkt. Falls der Bau der Raketenbasen fortgesetzt würde, habe der Präsident »die Streitkräfte angewiesen, sich auf alle Eventualitäten einzustellen.«** Jede Rakete, die von Kuba aus gegen irgendeine Nation auf dem Kontinent abgeschossen werde, werde einen »massiven Vergeltungsschlag gegen die Sowjetunion zur Folge« haben. Außerdem werde der Stützpunkt in Guantanamo verstärkt. Weiterhin forderten die USA sowohl die OAS als auch die Vereinten Nationen auf, unverzüglich Sondersitzungen anzuberaumen.

»Ich appelliere an den Ministerratsvorsitzenden Chruschtschow, diese verdeckte, unverantwortliche und provokative Bedrohung im Interesse des Weltfriedens rückgängig zu machen und die Beziehungen zwischen unseren beiden Nationen wieder zu stabilisieren. Weiterhin fordere ich ihn auf, sein Streben nach der Weltherrschaft aufzugeben und gemeinsam mit den Vereinigten Staaten in einer historischen Anstrengung das Wettrüsten zu beenden und dem Verlauf der Menschheitsgeschichte damit eine neue Richtung zu geben.***

Er hat jetzt die Chance, zu verhindern, daß die Welt in den Abgrund der Vernichtung stürzt. Dazu muß er sich lediglich auf die Worte seiner eigenen Regierung besinnen, daß es nicht *nötig* sei, Raketen außerhalb des eigenen Staatsgebiets zu stationieren. Ich erwarte, daß

---

* In Sorensens Entwurf vom 20. Oktober stand noch eine Passage, die in der endgültigen Fassung fehlte: »Lassen Sie mich klarstellen, daß diese Blockade nicht nur die gegenwärtige Aufrüstung Kubas mit Offensivwaffen verhindern soll. Sie soll außerdem die Sowjetunion vor die Wahl stellen, entweder mit der amerikanischen Marine in amerikanischen Hoheitsgewässern zu kämpfen oder von ihren Verpflichtungen gegenüber Mr. Castro abzurücken.«

** Douglas Dillon hatte vergeblich versucht, an dieser Stelle eine deutlichere Drohung einzufügen: »Sollten die Vorbereitungen für einen militärischen Angriff nicht abgebrochen werden, wird eine militärische Aktion zur Zerstörung dieser Waffen notwendig sein.«

*** Nach Sorensens Entwurf vom 20. Oktober hätte Kennedy Chruschtschow um ein Gipfeltreffen gebeten, bei dem die Raketenfrage im Mittelpunkt stehen sollte: »Ich fordere den sowjetischen Staatschef Chruschtschow auf ... sich angesichts dieser ernsten Bedrohung des Weltfriedens so bald wie möglich mit mir zu treffen.«

die Sowjetunion diese Waffen aus Kuba abzieht und sich jeder weiteren Handlung enthält, die zu einer Ausweitung oder Verschärfung der gegenwärtigen Krise führen könnte. Anschließend sollte sie gemeinsam mit uns nach friedlichen und dauerhaften Lösungen suchen.« Der Präsident warnte vor jeglichem »feindseligen Schritt« gegen die USA oder ihre Verbündeten, insbesondere »die tapferen Menschen in West-Berlin«.

Die letzten Worte seiner Rede zeigen, daß er nicht mit einer raschen Lösung der Raketenkrise rechnete. Er mahnte das amerikanische Volk, daß »viele Monate der Opfer und der Anstrengung vor uns liegen ... Unser Ziel ist nicht der Sieg in einem Kampf um die Vorherrschaft, sondern die Verteidigung des Rechts ... Mit Gottes Willen werden wir dieses Ziel erreichen.* Vielen Dank und guten Abend.«

Um 19.17 Uhr gingen die Scheinwerfer aus. Kennedy sagte: »Nun, das war's. Wenn es dieser Dreckskerl bloß nicht vermasselt.«

Jahre später meinte Bundy: »Natürlich haben wir uns keineswegs so wohl in unserer Haut gefühlt, wie es diese Rede vermuten ließ.« Im Rückblick fragte er sich, ob die Worte des Präsidenten nicht übertrieben und gekünstelt geklungen und ziemlich an den Nerven der Zuhörer gezerrt hätten.**

Diese Ansprache war wahrscheinlich die beunruhigendste Rede, die je ein amerikanischer Präsident gehalten hatte. Gewiß erinnerte sie sowohl im Tonfall als auch in der Länge an die Botschaft Franklin Roosevelts nach dem Angriff auf Pearl Harbor. Während allerdings Roosevelt mit seiner Rede beruhigend wirken wollte, war es Kennedys Absicht gewesen, seinen Landsleuten einen Schrecken einzujagen. Roosevelt wollte den Amerikanern den Glauben an den sicheren Sieg erhalten, und er konnte außerdem davon ausgehen, daß nach dem Überfall auf Pearl Harbor das gesamte Land bereits geschlossen hinter

---

* Sorensens Entwurf vom 2. Oktober stellte an dieser Stelle lakonisch fest: »Deshalb sage ich Ihnen, daß diese Raketen in Kuba eines Tages verschwinden werden – und daß keine neuen an ihre Stelle treten werden.« Der Präsident hielt es vermutlich für klüger, kein so eindeutiges Versprechen zu äußern, das später von seinen innenpolitischen Gegnern gegen ihn hätte verwendet werden können.

** Allerdings meinte Bundy auch, er wisse von »keinem öffentlichen Dokument des Atomzeitalters, das die Handlungsweise eines Präsidenten und die Gründe für seine Entscheidung wahrheitsgetreuer wiedergibt«.

den Kriegsvorbereitungen stand. Kennedy hingegen wußte, daß die Haltung der amerikanischen Bevölkerung zu den Raketen in Kuba und seiner eigenen Politik längst nicht so eindeutig war.

Um die Aufmerksamkeit der Öffentlichkeit davon abzulenken, daß die Raketen – wie Kennedy selbst glaubte – die Gefahr eines sowjetischen Angriffs nicht sonderlich erhöhten und daß er zudem Chruschtschow erst viel zu spät vor den Folgen eines solchen Schrittes gewarnt hatte, griff der Präsident auf die Rhetorik seines ersten Berichts zur Lage der Nation zurück. Mit einer weniger apokalyptischen Rede hätte er die Amerikaner wohl kaum dazu gebracht, sich so einmütig hinter ihren Präsidenten zu stellen.

Im »War Room« des Pentagon zeigte das Aufleuchten der bunten Lichter auf der riesigen Wandkarte, daß die US-Kommandeure in der ganzen Welt Kennedys Befehl befolgten. Zum erstenmal seit dem Koreakrieg wurden alle großen Truppenverbände der Vereinigten Staaten in erhöhte Alarmbereitschaft versetzt.

Ein kubanischer Regierungssprecher nannte die Blockade »nicht nur einen kriegerischen Akt, sondern auch eine Provokation, die tragische Ereignisse auf der ganzen Welt zur Folge haben kann«. Beinahe alle größeren britischen Zeitungen warfen die Frage auf, warum der Präsident so massiv reagiert habe: Schließlich müsse die britische Bevölkerung bereits seit Jahren mit der ständigen Bedrohung durch sowjetische Mittelstreckenraketen leben. Der pazifistische britische Philosoph Bertrand Russell schickte ein Telegramm an Kennedy: »Ihre Aktion ungeheuerlich . . . keine nachvollziehbare rechtliche Grundlage.« An Chruschtschow telegrafierte er: »Unsere einzige Hoffnung ist, daß Sie weiterhin Geduld haben.«*

Die Mehrheit der US-Bürger unterstützte ihren Präsidenten. Die *Time* sagte voraus, daß Kennedys »Entscheidung« sich als »eines der entscheidendsten Ereignisse des zwanzigsten Jahrhunderts« erweisen könne.

Obwohl er zu den Gegnern der Blockade und Befürwortern einer Invasion gehörte, schrieb Richard Russell in einem Wahlaufruf der Demokraten, daß »alle guten Amerikaner unseren Oberkommandierenden unterstützen werden«. »Willkommen, aber verspätet«, nannte

---

* Kennedy antwortete, daß Russell seine Vorwürfe »besser gegen den Einbrecher richten soll und nicht gegen diejenigen, die ihn gestellt haben«.

Barry Goldwater Kennedys Aktion. Hugh Scott beklagte, daß keiner der vom Präsidenten angekündigten Schritte »5000 Russen und eine halbe Million Tonnen militärischer Ausrüstung aus Kuba entfernen können«.* Der republikanische Parteivorsitzende William Miller forderte die Amerikaner auf, darum zu »beten«, daß Kennedys Handeln nicht von »der gleichen Furchtsamkeit und Unentschiedenheit« bestimmt werde, die damals »zu dem Desaster in der Schweinebucht geführt hat«. Der *Harvard Crimson*, für den Kennedy selbst früher einmal Leitartikel geschrieben hatte, beklagte die »übereilte Absage« an die Diplomatie.

Nach dieser Rede des Präsidenten sei »das Kuba-Problem nicht mehr politisch zu lösen«, erklärte Kenneth Keating. Richard Nixon sah seine Wahlhoffnungen in Kalifornien wie eine Seifenblase zerplatzen: »Jetzt weiß ich, wie sich Stevenson gefühlt haben muß, als 1956 in den letzten Tagen vor der Wahl die Suez-Krise und der Ungarn-Aufstand ausbrachen.«

Ein Schulmädchen aus Massachusetts schrieb an eine Freundin: »Kannst Du Dir vorstellen, daß wir vielleicht nie mehr das Weihnachtsfest, Thanksgiving, Ostern, unseren Geburtstag oder eine Party erleben werden? . . . Wir sind doch noch viel zu jung zum Sterben!«**

Im Madison Square Garden buhten 8000 Mitglieder der Konservativen Partei den Präsidenten aus und grölten: »Krieg, Krieg, Krieg!«

In Moskau reagierte Chruschtschow überrascht und verärgert. Laut Mikojans Sohn Sergo war es der erste Gedanke des Generalsekretärs gewesen, die Blockadelinie durchbrechen zu lassen und zugleich die Arbeit am Bau der Raketenbasen zu beschleunigen. Doch der stellvertretende Ministerpräsident warnte ihn vor übereilten Handlungen.

Am Dienstag um 15.10 Uhr Moskauer Zeit rief Kusnezow Botschafter Kohler ins Außenministerium und übergab ihm einen Brief des Parteichefs an Kennedy. Darin wurde die Blockade als »ernsthafte Bedro-

---

* Was hätte Scott wohl gesagt, wenn er gewußt hätte, daß auf Kuba über 40 000 Sowjets stationiert waren?

** Frazier Cheston, der Präsident der National Association for Mental Health (Nationale Vereinigung für geistige Gesundheit), riet den Amerikanern, die Krise nicht vor ihren Kindern zu verschweigen: »Als Erwachsener sollte man den Kindern eine Welt schildern, in der Frieden und Gerechtigkeit gegen die Sklaverei und das Böse stehen, und außerdem erklären, daß zum Schutz der Freiheit keine Mühe zu groß ist.«

hung des Friedens« verurteilt. Diese Maßnahme der US-Regierung sei eine »massive Verletzung« der UN-Charta und der Freiheit der Schiffahrt auf den Meeren«. Die »Waffen, die sich jetzt in Kuba befinden, dienen ausschließlich Verteidigungszwecken und sollen die kubanische Republik gegen einen Angriff von außen schützen«. Der Präsident müsse diesen Schritt »rückgängig machen«.

Außerdem überreichte Kusnezow Kohler die Kopie einer offiziellen sowjetischen Erklärung, die um vier Uhr über Radio Moskau gesendet werden sollte. Darin wurde dem sowjetischen Volk mitgeteilt, daß Kennedy Kuba mit einer Seeblockade belegt und die amerikanischen Streitkräfte in »Kampfbereitschaft« versetzt habe. Allerdings wurde mit keinem Wort erwähnt, daß diese Maßnahmen die Antwort auf die Stationierung sowjetischer Raketen auf Kuba darstellten.

Wahrscheinlich wollte Chruschtschow die Stationierung der Raketen geheimhalten, damit das sowjetische Volk nicht empört reagierte, falls doch ein Abzug der Waffen aus Kuba nötig werde. Außerdem konnte Moskau so die Handlungsweise des amerikanischen Präsidenten als unbegründete Aggression darstellen.

Sowohl Chruschtschows Brief als auch diese Verlautbarung machten deutlich, weshalb ihm soviel daran gelegen war, die Stationierung der Raketen auf Kuba als eine defensive Maßnahme darzustellen. Im Gegensatz zu später geäußerten Vermutungen war er schon zu einem früheren Zeitpunkt auf die Möglichkeit vorbereitet gewesen, der amerikanische Präsident könne von den Raketen erfahren und ihre Existenz öffentlich bekanntmachen. Wahrscheinlich wollte er nun der Weltöffentlichkeit zeigen, daß Amerika mit brutaler Gewalt eine Sorte von Waffen aus dem »kleinen Kuba« entfernen wollte, die die NATO selbst in der Türkei und Italien stationiert hatte. Damit hoffte er wohl, Kennedy als den eigentlichen Missetäter anzuschwärzen und ihn durch öffentlichen Druck zu zwingen, die Blockade wieder aufzuheben.

Während der vorhergegangenen Krisen des Kalten Krieges hatte Chruschtschow seine Vorliebe für schonungslose Rhetorik nur dann gezügelt, wenn die Situation bereits so aufgeladen war, daß ein Atomkrieg drohte. Daß beide sowjetischen Botschaften sowohl auf eine provokative Sprache als auch auf persönliche Angriffe gegen Kennedy verzichteten (auch wenn die Rundfunkerklärung die Drohung des Präsidenten, auf einen eventuellen Atomangriff mit einem Gegenschlag zu reagieren, »scheinheilig« nannte), weist auf die Absicht des Generalsekretärs hin, die Wogen zu glätten.

Beide Dokumente stellen das Vorgehen des amerikanischen Präsidenten in erster Linie als ein Problem zwischen den Vereinigten Staaten und Kuba dar. Vielleicht glaubten die Sowjets, ein eventuell notwendiger Abzug der Raketen werde weniger peinlich erscheinen, wenn er als Lösungsversuch in einem Konflikt zwischen den Vereinigten Staaten und einem Drittland – das noch nicht einmal ein Mitglied des Warschauer Pakts war – dargestellt wurde.

Dennoch wurde eine Mobilmachung der Truppen des Warschauer Pakts angekündigt, die sich aber letztendlich auf harmlose symbolische Akte wie die Rücknahme von geplanten Entlassungen und bereits genehmigten Urlauben beschränkte. Weder wurden sowjetische Truppenteile verlegt, noch versetzte man sie in erhöhte Alarmbereitschaft. »... die bisherige sowjetische Reaktion ist äußerst vorsichtig und läßt vermuten, daß sich die Sowjetunion einen Rückzugsweg offenhalten will, falls wegen Kuba der Ausbruch eines Krieges droht«, teilte das Außenministerium dem Weißen Haus mit.

Am Dienstag abend ließ sich Chruschtschow zum erstenmal, seit die Welt von der Raketenkrise erfahren hatte, wieder in der Öffentlichkeit sehen. Zusammen mit Mikojan, Koslow, Breschnew und rumänischen Gästen besuchte er eine Aufführung von Mussorgskis Oper *Boris Godunow* im Bolschoi-Theater, die von einem amerikanischen Ensemble unter Mitwirkung von Jerome Hines dargeboten wurde. (Man fragt sich, was wohl in dem Parteichef vorging, als auf der Bühne ein Adliger namens Chruschtschow von Bauern gefangengenommen und geschlagen wurde, während sich in Rußland die Anarchie ausbreitete.)

Hätte der Parteichef die Krise eskalieren lassen wollen, dann wäre er der Vorstellung eines amerikanischen Ensembles mit Sicherheit ferngeblieben. Doch er begab sich sogar nach der Vorstellung noch hinter die Bühne und hob sein Champagnerglas, als Mikojan einen Toast auf die Kultur und die amerikanischen Frauen ausbrachte.

Am selben Abend verkündete Radio Moskau, bei der amerikanischen Blockade handle es sich um einen »Akt der Piraterie ... eine noch nie dagewesene Verletzung des Völkerrechts«. Aber die sowjetische Regierung könne den Vereinigten Staaten versichern, »daß nicht eine einzige Atombombe ihr Land treffen wird, solange es selbst keinen Angriff unternimmt«. Die Arbeit am Bau der Raketenstützpunkte wurde allerdings weiter vorangetrieben, und noch immer nahmen sowjetische Schiffe Kurs auf Kuba.

Als Kennedy am Dienstag morgen in Washington erwachte, stellte er erleichtert fest, daß die Sowjets weder die Jupiter-Raketen in der Türkei und Italien beschossen noch die Dardanellen abgeriegelt oder die Transitstrecke nach Ost-Berlin blockiert hatten.

Daß Chruschtschow »Berlin einschließen« könnte, war seine größte Sorge gewesen, denn Kennedy wußte genau, daß die Westberliner eine sowjetische Blockade nicht länger überstehen konnten als die Kubaner eine Blockade durch die Vereinigten Staaten. Wie Ben Bradlee berichtete, äußerte der Präsident noch Wochen später sein Erstaunen darüber, daß Chruschtschow diesen Schritt vermieden hatte, obwohl er in Wien »immer und immer wieder davon geredet« habe. »Warum hat er es nicht getan?«

Bundy meinte später, daß Kennedy und andere, die einen Gegenschlag in Berlin fürchteten, sich »zu sehr von unseren eigenen langjährigen Befürchtungen leiten ließen, anstatt wahrzunehmen, wieviel Geduld die Sowjets an den Tag legten«. Nach Bundys Ansicht war während der Berlin-Krise »deutlich geworden, daß Chruschtschow keinen offenen Krieg riskieren wollte«.

Bei der nächsten ExComm-Sitzung, an der auch der Präsident teilnahm, gab McCone zu bedenken, daß West-Berlin durch eine Blockade leichter auszuhungern sei als Kuba.*

Dennoch entstand bei Robert Kennedy der Eindruck, daß bei dieser

---

* Die CIA war der Meinung, daß Castro sich monatelang würde halten können, selbst wenn die Vereinigten Staaten die Blockade auf alle Schiffslieferungen außer Lebensmitteln und Medikamenten ausweiten würden. »Zwar würde es viel Verwirrung und Schwierigkeiten im alltäglichen Leben geben, aber die Regierung wäre wahrscheinlich in der Lage, ein wirtschaftliches Chaos zu verhindern und die Grundbedürfnisse der Bevölkerung zu erfüllen.« Sollte Castros Wirtschaft tatsächlich zusammenbrechen, könnte der Diktator sich womöglich mit Hilfe seiner von Sowjets ausgebildeten Geheimpolizei an der Macht halten. Außerdem würde er die Bevölkerung gegen die Vereinigten Staaten aufwiegeln. Die Gegner Castros würden wahrscheinlich nichts unternehmen, ehe sie nicht mit einer bevorstehenden amerikanischen Invasion rechnen könnten.

Falls Chruschtschow tatsächlich West-Berlin blockieren sollte, würde die Stadt nach Einschätzung der CIA über genügend Vorräte an Lebensmitteln, Treibstoff, Medikamenten und Rohstoffen verfügen, um vier bis sechs Monate lang durchzuhalten und die Arbeitsplätze der Bevölkerung zu sichern. Das Problem sei eher psychologischer Natur: »Eine totale Blockade, gegen die es keinen Widerstand gibt, würde die Westberliner innerhalb weniger Wochen verzweifeln lassen.« Selbst wenn man wie 1948 eine Luftbrücke einrichte, »würde die Bevölkerung sehr bald am Ende sein, wenn nicht abzusehen wäre, daß die Vereinigten Staaten die Blockade beseitigen könnten«.

Zusammenkunft eine etwas entspanntere Atmosphäre herrschte. »Wir hatten den ersten Schritt getan, alles war nicht so schlimm, und wir lebten immer noch.«

Alle Anwesenden waren sich darüber einig, daß amerikanische Bomber und Jagdflugzeuge eine SAM-Stellung zerstören sollten, falls eine der U-2-Maschinen über Kuba abgeschossen wurde. Allerdings würde man in diesem Fall eine Sondergenehmigung des Präsidenten abwarten. Kennedy bat McNamara, einen eventuellen Einsatz der Streitkräfte gegen Kuba vorzubereiten.

Der Präsident und Rusk hatten befürchtet, daß die OAS die Blockade nicht mit der notwendigen Zweidrittelmehrheit unterstützen werde. In diesem Falle hätten die Vereinigten Staaten größere Schwierigkeiten gehabt, sich gegen den sowjetischen Vorwurf der »Piraterie« zur Wehr zu setzen. Doch um 16.45 Uhr stimmten alle zwanzig OAS-Mitglieder zu.

Als das ExComm um 18.00 Uhr wieder zusammentraf, segnete der Präsident eine Antwort auf Chruschtschows Brief ab, die George Ball entworfen hatte: »Ich hoffe, daß Sie Ihren Schiffen augenblicklich die nötigen Anweisungen erteilen und sich an die Bedingungen der Blockade halten . . . die am 24. Oktober um 14.00 Uhr Greenwich-Zeit in Kraft treten wird.«

Die Blockade sollte von sechzehn Zerstörern, drei Kreuzern, einem gegen U-Boot-Angriffe gesicherten Flugzeugträger und sechs Versorgungsschiffen durchgeführt werden. Zusätzlich standen etwa hundertfünfzig weitere Schiffe auf Abruf bereit. Da man Kuba zum momentanen Zeitpunkt nicht von Mineralöl, Petroleum und Schmierfetten abschneiden wollte, sollten alle sowjetischen Tanker durchgelassen werden.

Falls ein Schiff sich weigerte, an der Blockadelinie haltzumachen, war die Navy von Kennedy angewiesen, es nach Möglichkeit nicht zu versenken und ein Blutvergießen zu vermeiden: Man solle nur auf das Steuerruder oder die Schiffsschraube zielen.

McNamara meinte, die Navy könnte das feindliche Schiff auch nach Jacksonville oder Charleston schleppen.

Aber der Präsident wandte ein, man würde »sich dann all diese Mühe machen und vielleicht nur Babynahrung finden«. Er ordnete an, die Marine solle der Suche nach sowjetischen U-Booten in der Karibik Priorität einräumen. Außerdem solle sie sich um den Schutz der amerikanischen Flugzeugträger und anderer Schiffe kümmern.

Um 19.06 Uhr unterschrieb er in sichtbar nervöser Stimmung die offizielle Anordnung zur Verhängung der Blockade. Während die Blitzlichter der Fotografen geisterhafte Schatten auf die Wände des Oval Office warfen, erkundigte sich der Präsident dreimal nach dem Datum. Die Reporter bemerkten, daß er nicht so sorgfältig wie sonst gekleidet war. Eine Ecke seines Hemdkragens ragte über das Revers, und das Einstecktuch in seiner Brusttasche war nicht wie üblich so gefaltet, daß man die Initialen »J. F. K.« lesen konnte. Einer der Anwesenden bemerkte, daß Kennedy an diesem Tag zum erstenmal in seinem Leben älter aussähe, als er wirklich sei.

Später kam er auf jenes Problem zu sprechen, das ihn ständig beunruhigte: »Die große Gefahr und das Risiko bei dieser Sache ist eine mögliche Fehleinschätzung, eine falsche Beurteilung der Lage.« Vor kurzem erst hatte Kennedy Barbara Tuchmans Bestseller *August 1914* gelesen, der sich mit den falschen Annahmen befaßt, die zum Ausbruch des Ersten Weltkrieges führten. Zwar war er sicher, daß weder die Vereinigten Staaten noch die Sowjetunion wegen Kuba eine große Auseinandersetzung beginnen wollten, aber er fürchtete, die beiden Supermächte könnten aufgrund von Mißverständnissen und falschem Stolz in einen Krieg verwickelt werden.

Bei einem Empfang in der sowjetischen Botschaft am selben Abend verkündete ein sowjetischer Militärattaché, daß die sowjetischen Kapitäne mit Kurs auf Kuba den Befehl erhalten hätten, die amerikanische Blockade zu mißachten. »Auch wenn es ihren Tod bedeuten sollte, werden diese Männer den Befehlen gehorchen und ihren Kurs beibehalten.« Diese Äußerung wurde in Gegenwart ausländischer Gäste gemacht, und daher konnte der Sprecher sicher sein, daß sie an westliche Geheimdienste weitergeleitet werden würde.[*]

Um 21.30 Uhr suchte Robert Kennedy Dobrynin in dessen Wohnung im dritten Stock des sowjetischen Botschaftsgebäudes auf. Dobrynin erinnerte sich später: »Kennedy sagte, er sei allein gekommen, um einige Gedanken und Befürchtungen in Zusammenhang mit ... der kubanischen Krise zu erörtern.« Als der Justizminister die Äußerung

---

[*] Die CIA meldete dem Präsidenten am nächsten Morgen die Äußerung des Attachés. Weiterhin wurde berichtet, daß der Direktor der TASS anläßlich eines Besuches in Hiroshima und ein Mitglied der sowjetischen UN-Delegation ähnliche Bemerkungen in Gegenwart westlicher Zuhörer gemacht hätten.

des Militärattachés erwähnte, antwortete Dobrynin: »Er weiß besser als ich darüber Bescheid, was unsere Marine vorhat.«

Der Botschafter habe ihm doch Anfang September versichert, die Sowjets hätten nicht die Absicht, auf Kuba Offensivraketen zu stationieren, bemerkte Robert Kennedy. Auf der Grundlage dieser und ähnlicher Zusicherungen habe der Präsident eine »weit weniger kriegerische Position« eingenommen als andere Politiker, beispielsweise Senator Keating. Er habe »dem amerikanischen Volk auch versichert, daß es keine Sorgen haben müsse«, der Konflikt um Kuba könne sich ausweiten.

Außerdem sei der Präsident davon ausgegangen, daß er eine »sehr hilfreiche persönliche Beziehung zu Mr. Chruschtschow auf der Basis sicheren gegenseitigen Vertrauens« aufgebaut habe. Aber die heimliche Stationierung von Atomraketen entlarve die Versprechungen der sowjetischen Führung als »scheinheilig, irreführend und falsch«. Dobrynin antwortete, Chruschtschow habe ihm mitgeteilt, es gebe keine solchen Raketen auf Kuba. Er persönlich habe auch bis jetzt keine gegenteiligen Informationen. Dann erkundigte er sich, warum Präsident Kennedy nicht Gromyko bei dessen Besuch in der letzten Woche auf die Raketen angesprochen habe: »Dann hätte er auf diese Frage eine ehrliche Antwort erhalten.« Robert Kennedy wollte daraufhin wissen, weshalb Gromyko den Präsidenten nicht von sich aus informiert hätte. Dann erkundigte er sich, wie sich die sowjetischen Schiffe bei Erreichen der Blockadelinie verhalten würden.

Die sowjetischen Kapitäne »haben den Befehl, ihren Kurs auf Kuba fortzusetzen«, erklärte Dobrynin. Präsident Kennedys Handlungsweise »widerspricht dem Völkerrecht«. Schließlich befänden sich die sowjetischen Schiffe »in internationalen Gewässern«, und es bestehe daher »kein Grund, sich einer willkürlichen Entscheidung des Präsidenten eines anderen Landes zu unterwerfen«. Bei dieser Antwort sei Robert Kennedy »etwas nervös« geworden, meinte Dobrynin später. »Unsere Schiffe haben Befehl vom Präsidenten, die Ihren aufzuhalten«, erklärte der Justizminister daraufhin. Und Dobrynin gab zurück: »Und unsere Schiffe haben Befehl weiterzufahren.« Abschließend meinte Robert Kennedy: »Ich weiß nicht, wie diese Sache enden wird.« Dobrynin übermittelte den Inhalt dieses Gesprächs sofort telegrafisch nach Moskau. Später erinnerte er sich: »Alle meine Telegramme waren chiffriert ... Ein schwarzer Angestellter der Western Union kam mit dem Fahrrad zu unserer Botschaft, und wir händigten ihm die

Telegramme aus. Dann radelte er so schnell wie möglich – wir hatten ihn zu höchster Eile angetrieben – zum Büro der Western Union, von wo aus die Telegramme nach Moskau durchgegeben wurden ... Es war eine nervenzermürbende Situation, weil wir nur hoffen konnten, daß er dieses wichtige Schreiben auch wirklich schnell genug abliefern würde.«

Am Dienstag abend saß Präsident Kennedy zusammen mit Sir David Ormsby-Gore im großen Wohnzimmer seiner Privatwohnung. Ormsby-Gore war der Urenkel von Lord Salisbury und ein Cousin von Kathleen Kennedys Ehemann Lord Hartington. Als Parlamentsmitglied hatte Ormsby-Gore dem progressiven Flügel der Konservativen Partei angehört. Später war er Staatsminister für auswärtige Angelegenheiten geworden und hatte dabei sein Augenmerk auf Fragen der Abrüstung gerichtet.
Nach der Wahl 1960 hatte der designierte Präsident erklärt, Ormsby-Gore müsse unbedingt als britischer Botschafter nach Washington kommen, und auf einem Flug von Key West nach Washington besprach er dieses Thema dann mit Macmillan. Nachdem Ormsby-Gore tatsächlich zum Botschafter ernannt worden war, schrieb er an Kennedy: »Ich möchte Ihnen mitteilen, daß ich es als große Ehre empfinde, in der aufregenden Zeit Ihrer Präsidentschaft die Botschaft in Ihrem faszinierenden Land übernehmen zu dürfen.« Er sei »überzeugt«, daß ihre beiden Länder gemeinsam den Lauf der Geschichte »in unserem Sinne beeinflussen können und der Kommunismus bezwungen werden wird«.
Trotz seiner Freundschaft zu Kennedy hatte der Botschafter allerdings am Montag abend an Macmillan telegrafiert, er glaube nicht, daß die Raketen, die »bisher in Kuba angekommen« seien, »irgendeine bedeutsame militärische Bedrohung für die Vereinigten Staaten« darstellten. Nun, bei ihrem abendlichen Gespräch, teilte er dem Präsidenten mit, daß viele Engländer vermuteten, das Beweismaterial der U-2, durch das die Krise ins Rollen gebracht worden sei, könne möglicherweise gefälscht sein. Der Labour-Vorsitzende Hugh Gaitskell habe sogar von den »sogenannten Raketen« in Kuba gesprochen. Vielleicht sei es daher sinnvoll, diese Bilder zu veröffentlichen?
Dasselbe Argument hatten bereits Salinger und David Bruce vorgebracht, aber erst Ormsby-Gore gelang es, den Präsidenten zu überzeugen. Kennedy ließ sich daraufhin Abzüge der U-2-Bilder bringen, und

während den anderen Gästen nach dem Abendessen Drinks serviert wurden, suchte er mit seinem britischen Freund das überzeugendste Bild aus. Dann ordnete er für den nächsten Tag die Veröffentlichung an.

Als der Justizminister nach seinem Gespräch mit Dobrynin zu ihnen stieß, wirkte er niedergeschlagen und erschöpft. Nach Robert Kennedys Bericht über die Unterhaltung mit dem sowjetischen Botschafter dachte der Präsident laut darüber nach, ob er nicht ein sofortiges Gipfeltreffen mit Chruschtschow einberufen sollte. Er ließ einen wahren Wortschwall auf die Anwesenden niederprasseln. Doch plötzlich hielt er inne, denn ihm waren Zweifel gekommen. Wie bei den Verhandlungen über die Berlin-Frage mußte Kennedy mehr Trumpfkarten in der Hand haben, bevor es zu einem Gipfeltreffen kommen konnte. Chruschtschow sollte unter allen Umständen erkennen, daß es dem Präsidenten mit seiner Forderung nach einem Abzug der Raketen aus Kuba wirklich ernst war.

Ormsby-Gore machte den Präsidenten darauf aufmerksam, daß die US-Marine die Blockadelinie 1250 Kilometer vor der kubanischen Küste gezogen habe: Möglicherweise müsse man deshalb, bereits wenige Stunden nachdem die Blockade in Kraft getreten sei, ein sowjetisches Schiff aufhalten. Angesichts der schweren Entscheidungen, die Chruschtschow zu treffen habe, könne ihm jede zusätzliche Stunde den ehrenvollen Rückzug erleichtern. Wäre es nicht besser, die Blockadelinie näher an Kuba zu verlegen, um den Russen etwas mehr Zeit zu geben?

Kennedy rief McNamara zu sich und befahl ihm trotz der heftigen Proteste von seiten der Navy, die Blockadelinie auf 800 Kilometer zurückzuverlegen.

Der Präsident und das ExComm gingen zwar davon aus, daß sich auf Kuba auch atomare Sprengköpfe befanden, aber der amerikanische Geheimdienst hatte bisher noch keinen Beweis für die Präsenz solcher Waffen.*

---

* Als McNamara der Presse nach Kennedys Rede vom 22. Oktober Hintergrundinformationen gab, stellte er folgendes fest: »Atomare Gefechtsköpfe sind zu klein, um sie mit den uns zur Verfügung stehenden Aufklärungsmethoden aufzuspüren. Meiner Ansicht nach ist es jedoch äußerst unwahrscheinlich, daß sich dort nur Raketen ... ohne entsprechende Gefechtsköpfe befinden.«
Am nächsten Tag teilte die CIA dem Präsidenten mit: »Auch wenn wir die

Laut der späteren Aussage des sowjetischen Generals Dimitri Wolkogonow waren tatsächlich Ende September oder Anfang Oktober zwanzig Atomsprengköpfe auf der Insel eingetroffen. Zwanzig weitere befanden sich an Bord der *Poltawa,* die Mitte September in Kuba angelegt hatte, dann nach Odessa zurückgekehrt war und nun wieder Kurs auf die Insel nahm.*

Wolkogonow erinnerte sich, daß die Sowjets die zwanzig Atomsprengköpfe »weit entfernt« von den Mittelstreckenraketen lagerten, um die Gefahr zu verringern, daß irgendein Verrückter eine atomare Auseinandersetzung anzettelte. Hätte Chruschtschow angeordnet, die Raketen in Gefechtsbereitschaft zu bringen, dann hätte es vier Stunden gedauert, um sie in Stellung zu bringen. Weitere fünfzehn Minuten hätte man für den Countdown benötigt.**

Am Mittwoch brachte Richard Davies noch vor dem Morgengrauen eine Liste mit den Blockadeanweisungen zum sowjetischen Außenministerium. Als er dort in einem oberen Stockwerk aus dem Fahrstuhl trat, sah er einen Russen vorbeilaufen, der eine Gasmaske trug. Davies war überzeugt davon, daß dieser Vorfall extra für ihn in Szene gesetzt worden war.

Er teilte den sowjetischen Diplomaten mit, man brauche den Vereinigten Staaten lediglich zu gestatten, die sowjetischen Schiffe vor ihrer Abfahrt nach Kuba in Leningrad, Odessa und Wladiwostok auf verbotene Ladung hin zu überprüfen. Dann könnten alle Schiffe ohne weiteres die Blockadelinie passieren. Später erklärte er: »Das war

---

Existenz von atomaren Gefechtsköpfen nicht beweisen können, zeigen doch unsere Fotos verschiedene Gebäude, die unserer Vermutung nach als Lager für *Atomraketen* dienen sollen.« Am 24. Oktober hieß es: »Offensichtlich wird pro Raketenstützpunkt ein Lager für nukleares Material gebaut.«

 * Nach unbestätigten Informationen des amerikanischen Geheimdienstes waren in Odessa Atomsprengköpfe auf die *Poltawa* verladen worden. Dieses Schiff soll im Atlantik mit drei U-Booten der sowjetischen Nordflotte zusammengetroffen sein.

** Offensichtlich verfügten diese Raketen nicht über die sogenannte »Permissive-Action-Link«-(PAL-)Vorrichtung, die die Vereinigten Staaten zu dieser Zeit einführten, um den mißbräuchlichen Einsatz von Atomraketen zu verhindern. Dieses System erlaubt niemandem außer dem Präsidenten, die Raketen auszulösen. McNamara erinnerte sich später an seine Befürchtungen während der Krise, daß in Kuba vielleicht »irgendein Unterleutnant einen Atomkrieg anfangen könnte«.

ziemlich unverschämt. Natürlich haben sie uns nie in diese Häfen hineingelassen.«

Die sowjetischen Beamten hatten ganz offensichtlich die Anweisung, nichts zu unternehmen, was die Krise in irgendeiner Weise hätte verschärfen können. Davies stellte fest, daß sie »ganz im Gegensatz zu ihrer sonstigen brüsken und oft unhöflichen Art« außerordentlich leutselig waren.

Der amerikanische Botschafter Foy Kohler beschloß, seine bereits vereinbarten Gesprächstermine mit sowjetischen Regierungsvertretern einzuhalten. Zu seiner Überraschung sagte auch niemand ab.

Aber in sowjetischen Fabriken und Kolchosen wurden »spontane« Demonstrationen gegen die Vereinigten Staaten organisiert, und in Moskau versuchten zahlreiche Menschen, die Mitarbeiter der amerikanischen Botschaft mit Hilfe von Taschenspiegeln zu blenden. Unter Rufen wie »Hände weg von Kuba!« warfen sowjetische Demonstranten Steine in die Fenster der Botschaft und beschädigten Kohlers Cadillac. Um die Kinder der Botschaftsangehörigen zu schützen, ließ sie der Botschafter ins Spaso-Haus bringen.

Chruschtschow beabsichtigte, einen weiteren Brief an Kennedy zu schicken. Wäre Thompson noch Botschafter gewesen, hätte er ihn möglicherweise rufen lassen. Kohler jedoch war in seinen Augen ein Bürokrat, der außerdem während der Berlin-Krise den Präsidenten zu einer starrsinnigen Haltung ermuntert hatte. Deshalb versuchte der Parteichef auf anderem Wege sein Glück.

William Knox, der Präsident der Westinghouse Electric International Company, befand sich gerade in Moskau, um über Patentrechte zu verhandeln. Ihn hatte Chruschtschow 1960 in New York kennengelernt. Am Mittwoch nach dem Mittagessen erfuhr Knox, daß Chruschtschow ihn innerhalb einer Stunde zu sehen wünsche. Als er daraufhin im Kreml eintraf, bemerkte er, daß Chruschtschow »sehr müde« wirkte.

Chruschtschow eröffnete das Gespräch mit der Bemerkung, der Montag sei ein »sehr schwarzer Tag« gewesen. Vor der Rede des Präsidenten hätte zwischen Rusk und Gromyko »praktisch Einigkeit« geherrscht, daß man über die Atomtests und Berlin verhandeln werde. Trotz seiner zahlreichen Schwierigkeiten mit Eisenhower sei er der Meinung, daß das kubanische Problem in einer sehr viel »reiferen« Art behandelt worden wäre, wenn der General noch im Weißen Haus säße. Er hoffe nicht, daß ein Zusammenhang zwischen Präsident Kennedys Handlungsweise in der Kuba-Frage und den bevorstehenden Kongreßwahlen stünde.

Dann warnte er, daß Schiffe der US-Marine, die ein unbewaffnetes sowjetisches Handelsschiff anhielten und durchsuchten, von sowjetischen U-Booten versenkt würden.

Anschließend gab Chruschtschow seine eigene Definition von offensiven und defensiven Waffen zum besten: »Wenn ich mit einer Pistole auf Sie ziele, um Sie anzugreifen, dann ist diese Pistole eine offensive Waffe. Aber wenn ich die Pistole auf Sie richte, um Sie daran zu hindern, auf mich zu schießen, dann ist sie defensiv, nicht wahr?« Die Vereinigten Staaten würden zwar immer behaupten, die türkischen Stützpunkte seien defensiv. Aber angesichts der Reichweite der dort stationierten Raketen sei das wohl kaum anzunehmen.

Zum erstenmal gab Chruschtschow einem Amerikaner gegenüber zu, daß sich auf Kuba Boden-Boden-Raketen und atomare Sprengköpfe befanden.* Die Kubaner, sagte er, seien »sehr launische« Menschen. Deshalb dürften diese Raketen nur auf den ausdrücklichen Befehl des sowjetischen Staatschefs hin abgefeuert werden.

Dann erzählte er eine seiner Lieblingsgeschichten. Sie handelte von einem Mann, der plötzlich verarmt und daher mit seiner Ziege in einem Raum leben muß. Zwar haßt er ihren Gestank, aber schließlich gewöhnt er sich daran. Nun, die Russen hätten sich ebenfalls daran gewöhnen müssen, mit Ziegen in der Türkei, Griechenland, Italien und anderen NATO-Ländern zu leben. Jetzt hätten die Amerikaner ihre Ziege in Kuba. »Sie sind darüber nicht glücklich ... aber Sie werden sich daran gewöhnen.« Er erklärte weiter, daß er so bald wie möglich mit Präsident Kennedy zusammentreffen wolle. Bei einem Gipfeltreffen, bei dem eine »Zirkusatmosphäre« vermieden werden sollte, könnten einige der anstehenden Probleme gelöst werden.

In einer öffentlichen Antwort auf Bertrand Russells Telegramm äußerte Chruschtschow noch am gleichen Tag, daß ein Gipfeltreffen »die Gefahr eines thermonuklearen Krieges bannen« könne. »Im Falle eines amerikanischen Angriffs wird so ein Treffen allerdings unmöglich und nutzlos.«

---

* Vermutlich wollte er mit diesem Geständnis die sowjetische Position stärken. Daß Kennedy ohnehin davon ausging, daß sich nicht nur Raketen, sondern auch Sprengköpfe auf Kuba befanden, wußte er nicht.

Der Generalsekretär machte sein Angebot zu einem Gipfeltreffen vermutlich in der Hoffnung, daß die Blockade und eine mögliche Militäraktion hinausgezögert würden, falls Kennedy dem Vorschlag zustimmte. Währenddessen könnte Chruschtschow die Raketen in Gefechtsbereitschaft versetzen lassen und weitere Gefechtsköpfe nach Kuba schaffen. Dadurch wäre er in einer wesentlich günstigeren Verhandlungsposition gewesen.

In derselben Nacht machte die *Poltawa* mit ihrer geheimen Fracht von zwanzig nuklearen Sprengköpfen an Bord kehrt, noch ehe sie die Blockadelinie erreichte. Andere Schiffe, deren Laderäume groß genug waren, um Raketenteile unterzubringen, folgten ihrem Beispiel. Chruschtschow befürchtete sicherlich, daß die Vereinigten Staaten die Schiffe aufhalten, durchsuchen und ihre wertvolle Fracht beschlagnahmen könnten. Aber die *Juri Gagarin* und die *Komiles*, die von U-Booten begleitet wurden, hielten weiterhin Kurs auf Kuba.
Vor der Vormittagssitzung des ExComm, die am Mittwoch um zehn Uhr stattfinden sollte, bemerkte der Präsident zu seinem Bruder: »Die Sache scheint jetzt wirklich unangenehm zu werden.« McNamara teilte den Anwesenden mit, daß sich die *Komiles* und die *Gagarin* der 800-Kilometer-Blockadelinie näherten. Falls die Schiffe nicht umdrehten, wären die Vereinigten Staaten gezwungen, sie entweder aufzuhalten oder die Blockade zu lockern. Robert Kennedy schrieb später: »Auf diesen Moment waren wir zwar vorbereitet, aber wir hatten gehofft, er würde niemals kommen.«
McNamara berichtete weiterhin, daß sich zwischen den beiden Schiffen ein sowjetisches U-Boot befinde. Die *Essex* habe den Befehl erhalten, es zum Auftauchen und zur Identifizierung aufzufordern. Für den Fall, daß sich der Kommandant weigerte, war die *Essex* angewiesen, das U-Boot mit Hilfe von Wasserbomben und kleineren Sprengladungen zum Auftauchen zu zwingen. Später schrieb der Justizminister: »Stand nun die Welt am Rande des Untergangs? Hatten wir einen Fehler gemacht oder eine falsche Entscheidung getroffen? Hätte man sonst noch etwas anderes unternehmen können?«
Der Präsident hielt eine Hand vor den Mund und ballte die andere zur Faust. Über den Kabinettstisch hinweg starrten sich die beiden Brüder an. Robert schrieb: »Es war beinahe, als wären wir allein und als wäre er nicht mehr der Präsident ... Ich mußte an die Zeit denken, als er krank war und beinahe gestorben wäre, als er sein Kind verlor, als wir

erfuhren, daß unser ältester Bruder umgekommen war, an all die tragischen Ereignisse in seinem Privatleben.«

Dann fragte der Präsident: »Gibt es nicht noch eine Möglichkeit, wie wir unsere erste Konfrontation mit einem russischen U-Boot verhindern können? Alles ist besser als das!«

»Nein, alles andere ist für unsere Schiffe zu gefährlich«, antwortete McNamara. »Unsere Kommandeure haben zwar die Anweisung, Feindseligkeiten soweit wie möglich zu vermeiden, aber wir müssen damit rechnen und auch darauf vorbereitet sein.«

»Dann müssen wir auch damit rechnen, daß sie Berlin abriegeln«, sagte Kennedy. »Treffen Sie für diesen Fall Vorbereitungen.« Der Justizminister hatte das Gefühl, »als befänden wir uns am Rande des Abgrunds . . . Und zwar genau in diesem Augenblick, nicht in der nächsten Woche . . . nicht in acht Stunden, ›so daß wir noch eine Botschaft an Chruschtschow senden können, damit er endlich versteht‹ . . . Was sollten wir jetzt sagen? – Was konnten wir noch tun?«

Um 10.25 Uhr wurde McCone eine Notiz überreicht. Daraufhin wandte er sich an den Präsidenten und sagte: »Mr. President, hier ist ein Vorausbericht, der andeutet, daß einige der russischen Schiffe haltgemacht haben.« Um 10.32 Uhr verkündete er: »Der Bericht wurde bestätigt, Mr. President. Sechs Schiffe, die vermutlich mit Kurs auf Kuba fuhren, haben an der Blockadelinie gestoppt oder fahren in Richtung Sowjetunion zurück.«

Dann erfuhren die ExComm-Mitglieder, daß die zwanzig sowjetischen Schiffe, die sich der Blockadegrenze am weitesten genähert hatten, angehalten oder gewendet hatten. Der Präsident erteilte den Befehl, »den Schiffen Gelegenheit zum Wenden zu geben . . . Nehmen Sie direkten Kontakt mit der *Essex* auf, und teilen Sie dem Kommandanten mit, er soll nichts unternehmen . . . Wir müssen schnell handeln, denn die Zeit wird knapp.«

Rusk versetzte Bundy einen Rippenstoß. In seiner sarkastischen Art, die er allerdings in der Öffentlichkeit selten zeigte, flüsterte er: »Jetzt stehen wir uns Auge in Auge gegenüber, aber ich glaube, der andere Kerl hat gerade geblinzelt.«

Dies sollte zwar der berühmteste Ausspruch der Raketenkrise werden, aber Rusk irrte sich, denn Chruschtschow hatte lediglich beschlossen, die Wirksamkeit der Blockade nicht mit Schiffen auf die Probe zu stellen, die Waffen geladen hatten. Der sowjetische Parteichef wollte vermeiden, daß geheime sowjetische Militärtechnologie in die Hände der Amerikaner fiel. Außerdem war es wohl seine Absicht, dem Präsidenten auf diese Weise Zeit zu geben, über seinen Vorschlag zu einem Gipfeltreffen nachzudenken.

Nach unseren heutigen Informationen aus sowjetischen Quellen hatte die Umkehr der Schiffe zur Folge, daß statt der ursprünglich vorgesehenen 80 Raketen nur 42 und von vierzig atomaren Sprengköpfen lediglich zwanzig Kuba erreichten. Außerdem traf offenbar keine einzige der 32 Mittelstreckenraketen längerer Reichweite, deren Stationierung vorgesehen war, auf der Insel ein.

Diese Entscheidung hatte für den Parteichef schwere innenpolitische Konsequenzen. Noch Jahre später war kein sowjetischer Kommandeur bereit zuzugeben, daß die Schiffe wirklich umgekehrt waren. Sogar bei der Niederschrift seiner Memoiren fand Chruschtschow die Wahrheit offensichtlich so schmerzlich, daß er behauptete, seine Schiffe seien »einfach durchgefahren«.

Ohne die 39 Stunden Frist, die ihm vor Beginn der Blockade noch geblieben waren, hätte Chruschtschow die Schiffe vielleicht nicht wenden lassen. Dies zeigt, wie klug es von Präsident Kennedy war, nicht sofort mit einem Luftangriff zu reagieren. Im Gegensatz zu den sanfteren Druckmitteln, die Chruschtschow Zeit gaben, seine Schritte abzuwägen, hätte man eine derartige Maßnahme nicht mehr rückgängig machen können.

Um 18.00 Uhr abends ging Kennedy die Treppe hinunter zum Lageraum im Erdgeschoß des Westflügels, wo er um 19.00 Uhr ein Telefongespräch mit Harold Macmillan führen sollte.

Am Nachmittag hatte Ormsby-Gore Bundy im Weißen Haus mitgeteilt, daß der Premierminister, »falls es nicht zu einem Krieg komme«, Kennedy und Chruschtschow zu einem Abrüstungsgespräch »einladen« wolle. Wenn es keine Umstände mache, würde Macmillan bei diesen Verhandlungen gerne eine wichtige Rolle übernehmen.* Bis zu

---

* Der Premierminister wurde dabei möglicherweise von der Aufforderung des Vorsitzenden der Labour Party Hugh Gaitskell beeinflußt, er solle nach Washington fliegen, um mit Kennedy über den Blockadebefehl zu sprechen. Harold Wilson, damals Außenminister des oppositionellen Schattenkabinetts, erklärte am gleichen Tag in einer Fernsehsendung, daß der Präsident das Problem besser zuerst der UNO vorgelegt hätte.

diesem Treffen solle es ein »Stillhalteabkommen« geben, bei dem die Waffentransporte und die Blockade ausgesetzt würden.

Nachdem Ormsby-Gore den Vorschlag des Premierministers übermittelt hatte, äußerte er sich kritisch darüber. Zu Bundy meinte er, es sei »keine gute Idee, weil die beiden Seiten zu weit auseinander sind und die Franzosen nicht berücksichtigt werden«. Der Präsident solle dem »Premierminister eindeutig klarmachen«, daß er diesen Vorschlag nicht für akzeptabel hielte »und daß die Vereinigten Staaten ihre Blockade nicht beenden können, bevor nicht erste Schritte zu einem Abzug der Raketen unternommen werden«.

Während des Telefonats um 19.00 Uhr erkundigte sich Macmillan bei Kennedy, ob die Umkehr der sowjetischen Schiffe am Vormittag nicht zeige, daß Chruschtschow es nun »ein wenig mit der Angst zu tun bekommen« habe.

Darauf erwiderte der Präsident: »Die Schiffe, die jetzt umgekehrt sind, hatten vermutlich Offensivwaffen an Bord, und die Sowjets wollten wohl verhindern, daß uns dieses Material in die Hände fällt.« Inzwischen näherten sich angeblich weitere sowjetische Schiffe der Blockadelinie. »Innerhalb der nächsten zwölf Stunden werden wir wissen, ob sie umkehren oder durchsucht werden müssen.«

Georgi Bolschakow hatte versucht, eine Mitteilung von Chruschtschow und Mikojan zu übermitteln, die besagte, die Stationierung der Raketen auf Kuba sei eine rein defensive Maßnahme. Robert Kennedy berichtete später, er habe es abgelehnt, sich mit Bolschakow zu treffen. Nach der Rede des Präsidenten am Montag abend hatte der Justizminister Charles Bartlett angerufen: »Versuchen Sie, Georgi zu erreichen, und sagen Sie ihm, wie er uns betrogen hat und wie enttäuscht wir sind.«

Bartlett hatte Bolschakow noch nie leiden können: »Er war ein verschüchtert wirkender Mann, ein komisches, zähes kleines Kerlchen, das 150 Liegestütze am Stück fertigbrachte.« Am Dienstag nachmittag rief er den Agenten an und teilte ihm mit: »Georgi, der Justizminister ist sehr enttäuscht über dich.« Bartlett erinnerte sich: »Fünf Minuten später rief Bobby an, der offenbar das Gespräch mitgehört hatte, und sagte: ›Das war ja nicht sonderlich taktvoll. Ich hoffe, daß Sie beim nächstenmal etwas diplomatischer vorgehen werden.‹«

Am Mittwoch aß Bartlett auf Bolschakows Bitte hin mit ihm zu Mittag und fand, daß der Russe »verwirrt und verstört« wirkte. Nach dem Essen zog Bolschakow sein blaues Notizbuch heraus und las Bartlett die Notizen über sein Gespräch mit Chruschtschow und Mikojan vor. Dann meinte er, er könne »einfach nicht glauben«, daß sich auf Kuba Boden-Boden-Raketen befänden. Außerdem warnte er, daß die sowjetischen Schiffe die Blockade »durchbrechen« würden.

Bartlett, der vom Justizminister informiert worden war, zeigte Bolschakow die beiden U-2-Fotos von Mittelstreckenraketen auf Kuba. Als dieser mehrmals betonte, es handle sich dabei sicher um SAM-Raketen, forderte ihn Bartlett auf, sich bei seinem Militärattaché zu erkundigen, ob die UdSSR über SAM-Raketen von mehr als fünfzehn Metern Länge verfüge. Außerdem erklärte er ihm, daß die Pläne, diese Raketen aufzustellen, bereits aus dem Frühsommer stammen müßten. Daraufhin meinte Bolschakow, wenn Bartletts Behauptungen den Tatsachen entsprächen, habe ihn seine Regierung offenbar belogen.[*]

Wenige Stunden nach seinem Gespräch mit Bolschakow fand im Weißen Haus ein Dinner statt, zu dem der Präsident und die First Lady Bartlett, Robert Kennedy und weitere Gäste gebeten hatten. Bartlett schlug vor, die Umkehr der sowjetischen Schiffe an diesem Morgen zu feiern.

Aber der Präsident lehnte ab: »Eine Feier ist in Anbetracht der Situation noch verfrüht.« Bundy, der während des Abendessens mehrmals den Raum verlassen hatte, berichtete, daß sich die sowjetischen Schiffe noch immer vor der Blockadelinie befänden. »Nun, dann stehen unsere Chancen für einen Krieg mit Rußland immer noch zwanzig zu achtzig«, meinte Kennedy.

Nachdem die Gäste aufgebrochen waren, wurde dem Präsidenten um 22.50 Uhr telefonisch eine neue Botschaft von Chruschtschow übermittelt:

Mr. President, stellen Sie sich einmal vor, was wohl geschehen wäre, wenn wir Ihnen ein solches Ultimatum gestellt hätten ... Wie hätten Sie darauf reagiert? ... Auf wessen Veranlassung hin haben

---

[*] Es ist wie bei allen ihren Gesprächen nicht genau dokumentiert, wieviel Robert Kennedy im Oktober 1962 tatsächlich von Bolschakow erfuhr. In Sorensens Memoiren mit dem Titel *Kennedy* (1965) und in Arthur Schlesingers 1978 erschienenem Buch *Robert Kennedy und seine Zeit* wird behauptet, Bolschakow sei mit einer Botschaft von Chruschtschow zurückgekommen. Nicht erwähnt wird, ob er sie auch tatsächlich dem Justizminister übergeben hat. Andere Quellen stellen die nicht sehr wahrscheinliche Behauptung auf, er habe sie wirklich an Robert Kennedy weitergeleitet, aber der Justizminister sei so wütend gewesen, daß er sich geweigert habe, sie dem Oval Office zu übermitteln.

Sie sich für so einen Schritt entschieden? ... Eigentlich, Mr. President, verhängen Sie keine Blockade, sondern stellen ein Ultimatum und drohen mit Gewalt, falls wir uns Ihren Forderungen nicht beugen.

Sie sollten Ihre Worte noch einmal überdenken! ... Sie appellieren nicht mehr an die Vernunft, sondern wollen uns einschüchtern ... Und der Grund für Ihre Handlungsweise ist nicht nur Ihr Haß auf das kubanische Volk und seine Regierung, sondern es spielen auch Überlegungen, die mit dem Wahlkampf in den USA zusammenhängen, eine Rolle ... Die Aktionen der Vereinigten Staaten gegenüber Kuba stellen offenes Banditentum dar oder, besser noch, Tollheiten eines degenerierten Imperialismus.

Unglücklicherweise können solche Tollheiten großes Leid über die Menschen aller Länder bringen – und nicht zuletzt auch über das amerikanische Volk. Denn durch die Entwicklung moderner Waffensysteme haben die Vereinigten Staaten ihre Unverwundbarkeit eingebüßt ... Auch Sie hätten an meiner Stelle solche unannehmbaren Bedingungen zurückgewiesen. Und wir sagen ebenfalls nein ... Wir werden die Piratenakte amerikanischer Schiffe auf den Weltmeeren nicht tatenlos hinnehmen. Wir sehen uns gezwungen, notwendige und angemessene Maßnahmen zu ergreifen, um unsere Rechte zu verteidigen.

Vermutlich wollte Chruschtschow den Präsidenten durch diese Botschaft zwingen, in ein Gipfeltreffen einzuwilligen.

Einen derart scharfen Brief hatte seit Stalin kein sowjetischer Staatschef mehr an einen amerikanischen Präsidenten geschrieben. Besonders grob war die Behauptung, Kennedy habe die Welt an den Rand eines Krieges geführt, um die Chancen der Demokraten bei den Kongreßwahlen zu verbessern. Die herausfordernde Frage »Auf wessen Veranlassung hin haben Sie sich für so einen Schritt entschieden?« unterstellte zudem, Kennedy sei ein ängstlicher junger Mann, der die Blockade unter dem Druck von den Kalten Kriegern im Außenministerium, dem Pentagon und bei der CIA sowie von den Rockefellers, Morgans und du Ponts verhängt hatte.

Sofort rief der Präsident Bartlett in dessen Privatwohnung an: »Vielleicht interessiert es Sie, daß ich einen Brief von unserem Freund bekommen habe. Er schreibt, daß seine Schiffe die Blockade mißachten werden. Morgen werden sie durchbrechen.«

Kennedy hielt die wichtigsten Stichworte für seine Antwort an Chruschtschow auf einem kleinen Notizblock mit dem Briefkopf des Weißen Hauses fest. Anschließend ergänzten Sorensen, Bundy, Rusk, Ball, Gilpatric und Thompson den Entwurf, und um 1.45 Uhr wurde der Brief zur sowjetischen Botschaft gebracht.

In seinem Schreiben erklärte der Präsident, er habe trotz der »ausdrücklichen Versicherungen Ihrer Regierung und deren Repräsentanten sowohl in der Öffentlichkeit als auch im privaten Rahmen« inzwischen »zweifelsfrei festgestellt, was mittlerweile nicht einmal mehr Sie bestreiten ... daß alle diese öffentlichen Beteuerungen Lügen waren und daß Ihre Militärs dabei sind, eine Reihe von Raketenstützpunkten auf Kuba zu errichten«. Er hoffe, der Parteichef sei bereit, die »Verschlechterung unserer Beziehungen« zu beseitigen.

Am Mittwoch nachmittag hatte Stevenson den Präsidenten telefonisch vorgewarnt, daß der Generalsekretär der Vereinten Nationen U Thant beabsichtige, eine zwei- bis dreiwöchige Unterbrechung sowohl der Blockade als auch der Waffentransporte nach Kuba vorzuschlagen.

Daraufhin meinte Kennedy, daß eine solche Maßnahme die Vereinigten Staaten zur Aufhebung der Blockade zwingen würde, während die Sowjetunion lediglich versprechen müßte, keine Waffen mehr nach Kuba zu schaffen. Doch die Arbeit an den Raketenbasen, die sich bereits auf der Insel befanden, könnte ungehindert weitergehen. Er würde es begrüßen, wenn U Thant mit seinem Vorschlag noch bis zum Donnerstag warten würde. »Er will es heute abend zur Sprache bringen, und ich glaube, wir sollten sofort darauf reagieren«, erwiderte Stevenson.

Am Mittwoch abend informierte der UNO-Generalsekretär Kennedy und Chruschtschow in gleichlautenden Briefen von seinem Vorschlag. Daraufhin bat George Ball Stevenson, einen Brief des Präsidenten an U Thant weiterzuleiten, in dem es hieß, daß die Vereinigten Staaten den Vorschlag ablehnten. Aber Stevenson weigerte sich, denn er war der Ansicht, Kennedy solle sich wenigstens bereit erklären, diesen Gedanken zu diskutieren.

Da müsse er erst mit dem Präsidenten Rücksprache halten, erklärte Ball. Als er um Mitternacht in der Privatwohnung im Weißen Haus anrief, hatte Kennedy gerade den überaus deutlichen Brief Chruschtschows erhalten.

Ball erinnerte ihn daran, daß innerhalb der nächsten Stunden amerikanische und russische Schiffe aufeinander schießen könnten. Vielleicht konnte man ja U Thant dazu bringen, mit den Sowjets zu verhandeln, damit sie »ihre Schiffe anhalten lassen, bis man mehr Klarheit gewonnen habe«. Damit verschaffe man Chruschtschow »einen Vorwand gegenüber der Weltöffentlichkeit, damit er so handeln kann, wie er es sowieso vorhatte«. Der Präsident stimmte zu. Ein Versuch könne nicht schaden, meinte er.

Mit dieser Vollmacht rief Ball bei Stevenson an und bat ihn, U Thant diesen Gedanken zu unterbreiten. Zuerst zögerte der UNO-Botschafter, da er U Thant nicht wecken wollte*, aber nach einigem Drängen durch Ball gab er schließlich nach. Am nächsten Tag um 0.20 Uhr meldete er sich erneut bei Ball und sagte, U Thant habe sich bereit erklärt, einen entsprechenden Appell an die Sowjets zu richten. Aber da man nachts nur schwer jemanden erreichen könne, wolle er damit bis zum Morgen warten.

Bei der Vormittagssitzung des ExComm am Donnerstag, dem 25. Oktober, berichtete McCone, Gromyko habe sich am Tag zuvor in Ost-Berlin als erster sowjetischer Regierungsbeamter seit Montag öffentlich zu Berlin geäußert. Seine Worte hätten keinen Hinweis auf Vergeltungsmaßnahmen gegen den Westsektor der Stadt enthalten. Unterdessen arbeiteten die Sowjets mit erhöhtem Tempo am Bau der Raketenstützpunkte. Nach Schätzungen der CIA waren mittlerweile

---

* Nicht zum erstenmal mußten die Kennedys feststellen, daß Stevensons Manieren à la neunzehntes Jahrhundert ihn handlungsunfähig machten. Als Martin Luther King während des Wahlkampfs 1960 verhaftet wurde, hatte sich Stevenson zum Ärger der beiden Brüder nicht entschließen können, der Frau des Bürgerrechtlers telefonisch das Bedauern der Kennedys zu übermitteln. Er wandte ein, er und Mrs. King seien »einander nie vorgestellt« worden.
Ball meinte sehr viel später, daß auch Stevensons Verhältnis zu U Thant von seinen Rassenvorurteilen bestimmt gewesen sei: »Er dachte: ›Wie kann ein Burmese so eingebildet und so stolz auf seine Rassenzugehörigkeit sein?‹ Ich erinnere mich, daß wir vor Jahren einmal miteinander die Loop [in Chicago] entlanggegangen sind und einige Schwarze uns anhupten. Da sagte Stevenson: ›Ich finde, wir sollten diese Kerle nicht frei herumlaufen lassen.‹ Das war scherzhaft gemeint, aber dahinter steckte sehr viel Überheblichkeit.« Als der burmesische Presse- und Informationsminister U Thant Stevenson 1952 kurz nach der Niederlage des Gouverneurs im Präsidentschaftswahlkampf kennenlernte, bezeichnete er ihn als einen »sehr zivilisierten und kultivierten Herrn mit hohen Idealen«.

zwei Stellungen für Mittelstreckenraketen kürzerer Reichweite gefechtsbereit; drei weitere würden möglicherweise noch an diesem Tag einsatzbereit sein, und eine sechste würde am 28. Oktober folgen. Außerdem vermutete die CIA, daß eine der insgesamt drei Stellungen für Mittelstreckenraketen längerer Reichweite am 1. Dezember und die beiden anderen am 15. Dezember einsatzbereit sein würden. Alle 24 SAM-Stellungen hielt man für gefechtsbereit.

Als erstes sowjetisches Schiff hatte der Tanker *Bukarest* um 7.15 Uhr die Blockadelinie erreicht. Obwohl Tanker von der Blockade nicht betroffen waren, hatten einige ExComm-Mitglieder gefordert, man solle das Schiff aufhalten und an Bord gehen, damit Chruschtschow sich keinen Illusionen über »unsere Entschlossenheit« hingeben würde.

Daraufhin forderte der amerikanische Zerstörer *Gearing* den Tanker mit Lichtsignalen auf, sich zu identifizieren. Von dem sowjetischen Schiff kam die Antwort: »*Bukarest*, sowjetisches Schiff vom Schwarzen Meer mit Kurs auf Kuba.« Da Kennedy Chruschtschow nicht unter Druck setzen wollte, ließ er die *Bukarest* – begleitet von einer Eskorte amerikanischer Kriegsschiffe – passieren.* Aber der amerikanische Präsident hielt es für notwendig, auch einmal ein sowjetisches Schiff aufzuhalten, um zu demonstrieren, daß es den Vereinigten Staaten mit der Blockade ernst war. Darum befahl er, die Überprüfung eines »geeigneten« Schiffs aus dem Ostblock für den Freitag einzuplanen.

Um 13.15 Uhr waren sich Kennedy und Stevenson über eine Antwort an U Thant einig geworden. Bereits am frühen Morgen hatte der Präsident Stevenson eine Kopie von Chruschtschows letztem Brief zukommen lassen, um dem UN-Botschafter klarzumachen, unter welchem Druck er stand.

Die endgültige Fassung der Botschaft des Präsidenten an den Generalsekretär der Vereinten Nationen wurde um 14.19 Uhr übermittelt. Darin hieß es, obwohl die einzige Lösung der Raketenkrise im Abzug der Offensivwaffen aus Kuba bestünde, sei Stevenson »zu vorbereitenden Gesprächen« bereit. Wie Kennedy erwartet hatte, hatte Chruschtschow U Thants Vorschlag vom Mittwoch abend zugestimmt.

In einem Schreiben an Chruschtschow bat U Thant den Generalsekretär um die Zusicherung, daß sich sowjetische Schiffe mit Kurs auf

---

* McCone berichtete später, daß die Kubaner in Havanna feierten, als sie hörten, daß die *Bukarest* durchgelassen worden war.

Kuba zumindest für eine begrenzte Zeit nicht der Blockadelinie nähern würden. Währenddessen würde man versuchen, Gespräche über eine Lösung der Krise in Gang zu bringen. In seiner Botschaft an Kennedy ersuchte U Thant den Präsidenten um das Versprechen, daß alle amerikanischen Schiffe in der Karibik versuchen würden, »in den nächsten paar Tagen eine Konfrontation mit sowjetischen Schiffen zu vermeiden«.

Dann begab sich Stevenson in den Sitzungsraum des Sicherheitsrats. Leider ahnte er nicht, daß der sowjetische Botschafter Valerian Sorin bereits seit Monaten unter geistiger Verwirrung litt. Arkadi Schewtschenko berichtete später, daß Sorin bei vertraulichen Gesprächen »plötzlich schwieg, uns dann bestürzt ansah und fragte: ›Welches Jahr haben wir eigentlich?‹«

Bedingt durch seine Krankheit oder aufgrund mangelhafter Abstimmung mit dem Außenministerium hatte Sorin U Thants Vorschlag fast im selben Moment abgelehnt, in dem Chruschtschow ihn in Moskau gebilligt hatte. Am Nachmittag, also einen vollen Tag nachdem Chruschtschow gegenüber William Knox zugegeben hatte, daß sich auf Kuba Boden-Boden-Raketen und Atomsprengköpfe befänden, bestritt Sorin dies vor dem Sicherheitsrat und behauptete, die Aufnahmen der amerikanischen U-2-Aufklärungsflugzeuge seien »gefälscht«.

Am Morgen hatte William S. White in seiner Kolumne Stevensons Rücktritt gefordert. Kennedy solle sich von »inoffiziellen Experten befreien, die ... die Furcht vor dem kubanischen Kommunismus nicht ernst nähmen«. Die *Chicago Tribune*, die schon seit dessen Zeit in Springfield ständig gegen Stevenson hetzte, schimpfte über »unsichere Kandidaten« bei den Vereinten Nationen, deren »erklärte Absicht« es sei, »uns an die Sowjetunion auszuliefern«.

Nach den Auseinandersetzungen im ExComm am Samstag und seiner Diskussion mit Kennedy in der vergangenen Nacht ergriff Stevenson dankbar die Gelegenheit, seine Loyalität unter Beweis stellen zu können. Er fragte: »Botschafter Sorin, leugnen Sie, daß die UdSSR auf Kuba Mittelstreckenraketen kürzerer und längerer Reichweite stationiert hat und noch stationiert? ... Warten Sie nicht auf die Übersetzung! Ja oder nein?«

Sorin antwortete: »Ich bin hier nicht in einem amerikanischen Gerichtssaal, Sir, und solange Sie mich verhören wie ein Staatsanwalt, werde ich Ihre Frage nicht beantworten.«

Darauf stellte Stevenson fest: »Im Moment befinden Sie sich im Gerichtssaal der öffentlichen Meinung, und Sie können mit Ja oder Nein antworten. Sie haben geleugnet, daß diese Raketen existieren, und ich möchte wissen, ob ich Sie richtig verstanden habe.«

Sorin meinte nur: »Bitte fahren Sie in Ihrer Rede fort ... Sie werden meine Antwort in Kürze erhalten, nur keine Angst.«

Aber Stevenson blieb hart: »Falls Sie es wünschen, bin ich bereit, bis zum Jüngsten Tag auf diese Antwort zu warten. Außerdem bin ich in der Lage, die Beweise hier an Ort und Stelle vorzulegen.«[*]

»Ich wußte gar nicht, daß soviel in Adlai steckt«, meinte der Präsident, der sich diesen Schlagabtausch im Fernsehen ansah. »Zu schade, daß er während des Wahlkampfs 1956 nicht mehr von diesem Feuer an den Tag gelegt hat.« Auch republikanische Freunde aus Illinois, die immer gegen Stevenson gestimmt hatten, lobten ihn nun: »Du hast dich bei den Vereinten Nationen wacker geschlagen.« Jane Dick, eine Freundin Stevensons, hatte den Eindruck, daß er »wie ein Mensch wirkte, der sich von etwas befreit hat. Er hatte wieder Oberwasser und fühlte sich offenbar unschlagbar, denn er war ein Risiko eingegangen und hatte damit Erfolg gehabt.«

Doch schon bald kam Stevenson die bittere Erkenntnis, daß künftige Generationen sich ausgerechnet wegen einer Auseinandersetzung mit einem Sowjet an ihn erinnern würden. Wahrscheinlich hätte er seinen Triumph noch weniger genossen, wenn ihm klargeworden wäre, daß er ihn gegen einen kranken Mann errungen hatte.

Sorensen sagte später, Kennedy habe Stevensons Vorgehen zwar »für wirklich sehr gut« gehalten, aber eigentlich sei es »vom Standpunkt der Logik aus betrachtet unsinnig« gewesen. »Wir hatten ja wirklich nicht vor, bis zum Jüngsten Tag zu warten, sondern wollten, daß die Sowjets so schnell wie möglich reagierten.«

Der Präsident schrieb erneut an U Thant und versicherte, daß er eine Konfrontation mit sowjetischen Schiffen während der Vorgespräche vermeiden würde, solange die Sowjets bereit wären, sich nicht der

---

[*] Stevensons Stellvertreter Francis Plimpton erinnerte sich später, daß Stevenson »zögerte«, die U-2-Fotos von den Raketen auf Kuba zu zeigen. Er dachte wohl an den peinlichen Vorfall während der Schweinebucht-Affäre, als er gefälschte »Beweise« vorgelegt hatte (weshalb ihn Kennedy privat »meinen offiziellen Lügner« nannte). »Es hat eine Weile gedauert, um ihn dazu zu überreden.« Man habe ihn erst davon überzeugen müssen, daß diese Fotos »o.k.« waren.

Blockadezone zu nähern. Diese Angelegenheit sei »sehr dringend«. Die Arbeit an den Raketen gehe weiter, und »bestimmte sowjetische Schiffe nähern sich Kuba und der Sperrzone«.

Während der drei Tage nach seiner Fernsehansprache war Kennedys Krisenmanagement beinahe makellos gewesen. Um Chruschtschow eine Denkpause zu verschaffen, hatte er die Blockadelinie näher an die kubanische Küste zurückverlegt, ohne die Kritik seiner politischen Gegner und der Stabschefs zu fürchten. Er versuchte jetzt mit allen Mitteln, einen amerikanisch-sowjetischen Zwischenfall auf See zu vermeiden, der zu einer Eskalation der Lage führen konnte.

Verspätet traf der Präsident bei der für 17.00 Uhr anberaumten Ex-Comm-Sitzung ein. Dort erklärte er nochmals, jeder Zwischenfall müsse verhindert werden, bis man erfahren hätte, ob Chruschtschow U Thants Vorschlag angenommen habe. Trotz Einwänden von seiten der Militärs ordnete Kennedy an, der *Bukarest* die Weiterreise nach Kuba zu gestatten. Schließlich dürfe man Chruschtschow nicht zu »übereilten Schritten treiben. Gebt ihm Zeit zum Nachdenken. Ich will ihn nicht in die Ecke drängen.«

Das ostdeutsche Schiff *Völkerfreundschaft* näherte sich mit 1500 Passagieren an Bord der Blockadelinie. Da das Schiff nicht unter sowjetischer Flagge fuhr, würde es nicht gegen die Zusicherungen des Präsidenten gegenüber U Thant verstoßen, wenn man es aufhalte, meinte Bundy zu Kennedy. Aber McNamara warnte vor einer derartigen Aktion. Wenn man das Schiff beschieße oder ramme und dabei Passagiere zu Schaden kämen, würde sich die Weltöffentlichkeit fragen, »warum wir sowjetische Schiffe die Blockadelinie passieren lassen, aber ein ostdeutsches Schiff aufhalten« – insbesondere wenn sich keine Raketen an Bord befänden. Nach einer hitzigen Debatte beschloß Kennedy, das Schiff weiterfahren zu lassen.

Rusk berichtete, U Thant werde sich innerhalb der nächsten zwei oder drei Tage mit Sorin und Stevenson zu Einzelgesprächen über eine Beilegung des Konflikts treffen. Falls man keine Einigung erreiche, werde man wenigstens versuchen, »eine gemeinsame Basis für zukünftige Schritte zu finden«. Diese Gespräche »sollten auf sehr wenige Tage begrenzt werden, denn die Raketenstellungen in Kuba werden bereits in Gefechtsbereitschaft versetzt, und auch die IL-28-Bomber sind bald einsatzfähig«. Man müsse auf jeden Fall so bald wie möglich herausfinden, ob sich die Sowjets »auf Verhandlungen« oder »einen Angriff gegen uns« vorbereiten.

Nun ordnete der Präsident an, die Blockade auch auf Flugzeug- und Raketentreibstoff auszuweiten. Er stimmte auch den Plänen für abendliche Aufklärungsflüge in geringer Höhe zu, bei denen die Piloten Leuchtfeuer auf die Raketenstellungen abwerfen sollten. Laut McNamara würden diese Nachtflüge vor allem einen »psychologischen Effekt« haben. Sie sollten dazu beitragen, »die Öffentlichkeit davon zu überzeugen, daß wir den Druck auf die Russen verstärken«. Außerdem gab der Präsident Anweisung, daß amerikanische Schiffe die sechs U-Boote verfolgen sollten, die in den Gewässern um die Insel kreuzten. Der Befehl lautete, sie ein wenig zu schikanieren und zum Auftauchen zu zwingen.

Robert Kennedy machte die Anwesenden darauf aufmerksam, daß »inzwischen fünfzehn Schiffe umgekehrt sind«. Er hielt das für einen »höchst bemerkenswerten Schritt der Russen«. Die Vereinigten Staaten müßten jetzt »deutlich machen, daß wir es ernst meinen. Aber wir sollten momentan eine direkte Konfrontation vermeiden.« Später könne man vielleicht überlegen, ob es nicht »besser wäre, die Russen nicht durch das Abfangen eines ihrer Schiffe zu provozieren, sondern statt dessen gleich die Raketenstützpunkte auf Kuba anzugreifen«.

Doch der Präsident äußerte Bedenken: »Wir müssen rasch handeln, denn die Arbeiten an den Raketenstellungen gehen immer noch weiter. Deshalb sollten wir die entschlossene Haltung, die wir bisher gezeigt haben, sehr bald noch einmal bekräftigen ... Morgen werden wir wissen, was die Sowjets zu U Thants Vorschlag zu sagen haben.« Falls Chruschtschow ihn ablehne, müßten die Vereinigten Staaten weitere Schritte in Erwägung ziehen. Laut Bundy kamen dabei zwei Maßnahmen in Frage: die Ausweitung der Blockade oder die Zerstörung der Raketenstützpunkte durch einen Luftangriff.

Kapitel 18

»Ich weiß nicht, wie wir einen erfolgreichen Krieg führen wollen«

Am Freitag, dem 26. Oktober, um sieben Uhr morgens, wurde die Blockade der Vereinigten Staaten zum erstenmal wirksam. Der amerikanische Zerstörer *Joseph P. Kennedy, Jr.*, auf dem Robert Kennedy 1946 gedient hatte, brachte den Frachter *Marucla* durch Signale zum Halten.

Die *Marucla* gehörte Reedern aus Panama, fuhr unter libanesischer Flagge und war von der Sowjetunion gechartert worden. Eine Abordnung der Navy ging an Bord, überprüfte die Frachtliste und kontrollierte den Laderaum. Nachdem sich die Offiziere überzeugt hatten, daß keine verbotene Ladung an Bord war, ließen sie das Schiff weiterfahren.

Zur Sitzung des ExComm um zehn Uhr vormittags war auch Stevenson aus New York angereist. Er äußerte die Vermutung, daß die Russen im Gegenzug zu einem Abzug der Raketen eine Garantie der USA für die territoriale Integrität Kubas und außerdem den Abzug der Jupiter-Raketen aus der Türkei verlangen würden. McCone wies diesen Vergleich zwischen den Raketen in der Türkei und auf Kuba zurück und erklärte, die Raketen auf der Insel vor der Küste der USA zielten »auf unser Herz. Solange sie dort stationiert sind, können wir kaum unsere Verpflichtungen gegenüber der freien Welt einhalten.« Mittlerweile war Kennedy zu dem Schluß gekommen, daß die Blockade allein nicht ausreichte: Die einzigen Wege, die Raketen loszuwerden, seien »Verhandlungen oder ein Einmarsch«. Er verwies auf einen brasilianischen Vorschlag, der eine atomwaffenfreie Zone und eine Garantie der territorialen Unversehrtheit für alle Staaten in Lateinamerika anregte, und fragte, ob die Vereinigten Staaten sich nicht »verpflichten könnten, nicht in Kuba einzumarschieren«.

Den Gedanken, daß »Kuba weiterhin unter Castros Herrschaft bleiben« könnte, fand McCone unerträglich. »Selbst wenn die sowjetischen Raketen abgezogen werden, hat Castro, falls er an der Macht bleiben sollte, eine ausgezeichnete Ausgangsposition, um ganz Lateinamerika kommunistisch zu machen.«

Jemand wiederholte einen Vorschlag aus der ersten Woche der Krise: Der brasilianische Botschafter in Havanna solle Castro deutlich machen, daß er von der Sowjetunion mißbraucht werde. Jede Lösung dieser Krise werde den Sturz seines Regimes, wenn nicht sogar seinen eigenen Tod zur Folge haben.

Kennedy bezweifelte, daß ein solcher Vorstoß irgendeine Wirkung haben könnte: Da die Arbeit an den Raketenstellungen inzwischen verstärkt weiterginge, gebe er den Gesprächen in New York noch 48 Stunden; dann müsse eine Lösung vorliegen. Sollten die Verhandlungen fehlschlagen, dann müsse er zwischen drei grundsätzlichen Alternativen wählen.

Die erste Option wäre ein Tauschhandel. Walt Rostow sagte: »Offensichtlich streben die Sowjets ein Verhandlungsergebnis an, bei dem sie entweder das behalten können, was sie bereits in Kuba haben ... (verstärkt durch weitere heimliche Lieferungen von notwendigen Teilen, einschließlich atomarer Gefechtsköpfe).« Oder sie würden auf das, was sie haben, verzichten, wenn der Westen eine entsprechende Gegenleistung erbrächte, also zum Beispiel seine Raketen aus der Türkei oder aus Italien abziehen würde.

Die zweite Option wäre die Ausweitung der Blockade auf Petroleum, Öl und Schmiermittel. Das würde die kubanische Wirtschaft »zum Stillstand bringen und die militärischen Möglichkeiten radikal einschränken«, hieß es aus dem Außenministerium. »Regierung und Bevölkerung müßten mit einem völligen wirtschaftlichen Zusammenbruch innerhalb von sechs Monaten rechnen.« Damit würde man »Zeit gewinnen für eine Lösung, bei der man das Gesicht wahren könnte«. Das Ziel sei dann eine Lösung, bei der der Westen abgesehen von der Aufhebung der Blockade keinerlei Gegenleistung für den Abzug der sowjetischen Raketen erbringen müßte.

Die dritte Möglichkeit wäre ein Luftangriff. Kennedy wurde mit eindringlichen Warnungen konfrontiert, ein solcher Angriff könne »Chruschtschow zu einer massiven Reaktion veranlassen. Möglicherweise könnte dies zu einem Krieg führen.« Der Parteichef »würde den Abschuß einer Rakete von Kuba aus nur dann anordnen, wenn er auch anderswo zu einem Krieg bereit ist«. Wahrscheinlicher sei allerdings »eine Antwort auf gleicher Ebene« – zum Beispiel ein Angriff auf den

Raketenstützpunkt in der Türkei. Aber zu welchen schrecklichen Folgen würde ein solcher Gegenschlag letztendlich führen?

Am Tag zuvor hatte der Vizepräsident Jack Krueger, den Chefredakteur der *Dallas Morning News*, angerufen und ihm brühwarm mitgeteilt: »Die Chancen für einen Angriff auf Kuba stehen fünfzig zu fünfzig. Wenn Sie einen Reporter bereithalten, sorge ich dafür, daß er in die erste Pressemaschine steigen darf.«
Die beiden Kennedys hätten vor Wut geschäumt, wenn sie gewußt hätten, daß der Vizepräsident in diesem höchst gefährlichen Moment Regierungsgeheimnisse preisgab, um seine schwache politische Position in Texas zu verbessern.* Über Johnsons Rolle im Krisenstab klagte Robert Kennedy später, daß der Vizepräsident »der Ansicht gewesen war, wir seien zu zaghaft«, aber »nie deutlich machte, was *er* eigentlich tun würde«.**

Johnson stellte später fest, daß »niemand weniger über den Kongreß Bescheid wußte als John Kennedy ... Als jungem Mann waren ihm

---

* Johnsons Gefälligkeit zahlte sich offenbar aus. Kurz nach der Raketenkrise schrieb die *Morning News* in einem Leitartikel, daß der Vizepräsident sich als »einer der Anwälte einer Politik der Stärke gegenüber Castro und dem Kommunismus« hervorgetan habe.

** Sogar die Zahl der ExComm-Sitzungen, denen Johnson beigewohnt hatte, wurde zum Streitpunkt mit Robert Kennedy. Beim Präsidentschaftswahlkampf 1964 sagte Johnson vor einem Publikum in Los Angeles: »Ich traf mit Präsident Kennedy während der Kuba-Krise zu 38 Sitzungen zusammen, und bis zu den letzten Stunden haben wir alles gemeinsam durchgestanden ... Ich sah die Generäle mit ihren Schultersternen in den Raum treten und die Admiräle mit ihren Litzen und den Außenminister mit all seiner diplomatischen Erfahrung. Ich habe jedes Wort mit angehört. Wenn ich am Morgen das Haus verließ, dann wußte ich nie, ob ich am Abend noch zurückkommen würde, um Lady Bird und meine Töchter wiederzusehen ...«
Vier Monate später bezichtigte Robert Kennedy Johnson in einem Interview mit einem Historiker der Prahlerei: »Er war bei keiner der entscheidenden Sitzungen anwesend ... Bei dem ersten Treffen war er noch dabei, glaube ich. Dann ist er nach Hawaii gefahren, weil man nicht zeigen wollte, daß eine Krise bevorstand. Er war ganz einfach nicht dabei, als die Entscheidungen gefällt wurden.«
Kennedy behauptete, daß Johnson erst ab Samstag, dem 27. Oktober, wieder an den Treffen teilgenommen habe. Tatsächlich war der Vizepräsident von seiner Vortragsreise bereits am Samstag, dem 20. Oktober, zurückgekehrt und bei fast jedem der 42 ExComm-Treffen zwischen der Rede des Präsidenten am 22. Oktober und der Auflösung des Gremiums am 29. März 1963 anwesend. Er fehlte nur bei fünf Sitzungen Anfang November und Ende Dezember.

seine verlängerten Wochenenden in Boston oder Florida wichtiger ...
Er hatte keine Bindung zum Kongreß und auch gar kein Interesse an
der Arbeit. Und der Kongreß hatte das Gefühl, daß er nie wußte, wo
der Ball gerade war.«

Laut Robert Kennedy hatte sich Kennedy 1960 in Los Angeles, als er
zum Präsidentschaftskandidaten der Demokraten gekürt worden war,
einen Mitkandidaten aufzwingen lassen, den er eigentlich nicht wollte. John F. Kennedy äußerte damals gegenüber seinem Mitarbeiter Hy
Raskin: »Sie wissen, daß wir Johnson nie in die engere Wahl gezogen
haben, aber ... er und Sam Rayburn ... erinnerten mich daran, daß bis
zur Wahl mit Sicherheit noch eine Kongreßsitzung stattfindet. Sollte
Lyndon dann nicht Kandidat für die Vizepräsidentschaft sein, würde
ich dort möglicherweise Schwierigkeiten bekommen. Ich hatte keine
Zeit mehr, der Sache genauer nachzugehen oder darüber zu diskutieren ... Wir haben schon genug Probleme mit Nixon. Es hat keinen
Sinn, sich auch noch mit diesen texanischen Mistkerlen auseinanderzusetzen.«

Man weiß nicht, ob er jemals zugegeben hat, daß er sein Präsidentenamt auch der Mitkandidatur Johnsons verdankte: Wäre der Kandidat
für die Vizepräsidentschaft nicht aus dem Süden gekommen, hätte er
große Schwierigkeiten gehabt, die Südstaaten zu erobern, in denen
Eisenhower 1952 und 1956 einen Sieg davongetragen hatte.* Doch
Bradlee stellte fest: »L. B. J.s bloße Anwesenheit scheint ihn in Rage zu
bringen.«

In der Vizepräsidentschaft sah Johnson sicherlich die Chance, den Ruf
eines beschränkten Südstaatlers loszuwerden und genügend politischen Einfluß zu gewinnen, um 1968 selbst für die Präsidentschaft zu
kandidieren.

Zur Amtseinführung überreichte er dem neuen Präsidenten ein Dokument zur Unterschrift, das dem Vizepräsidenten eine noch nie
dagewesene Macht über die Exekutive verliehen hätte. Kennedy gelang es, dieses Papier unauffindbar zu verlegen. Die demokratischen
Senatoren hatten es abgelehnt, Johnson den Vorsitz in der demokratischen Wahlversammlung einzuräumen, und Kennedy meinte, daß

---

* Nach der Wahl schrieb Nixon in sarkastischem Ton an Henry Cabot Lodge, er sei
»im Gegensatz zu dem designierten Präsidenten immer stolz darauf« gewesen,
daß er mit seinem »Kandidaten für die Vizepräsidentschaft in jedem Bundesstaat
aufgetreten« sei.

»die Luft aus Lyndon raus war, nachdem sie ihn bei dieser Wahlversammlung nicht drangelassen haben«.

Der Präsident eröffnete ihre gemeinsame Amtsperiode mit der üblichen Ankündigung, daß Johnson der »bedeutendste Vizepräsident« in der Geschichte der Vereinigten Staaten sein werde. Bevor er wichtige Reden hielt, schickte er den Text vorher an Johnson und sagte zu Kabinettsmitgliedern: »Sprechen Sie mit Lyndon oder mit mir über Ihre Probleme.« Aber ansonsten versuchte er, die politische Stellung des Vizepräsidenten zu unterminieren. Das führte dazu, daß er Johnsons unbestrittenes Geschick, die Senatoren und Kongreßmänner auf die Entscheidungen seiner Regierung einzuschwören, nicht nutzte.[*]

Einmal sagte Kennedy zu Charles Bartlett: »Wenn etwas Wesentliches entschieden werden muß, dann zieht man doch keine Leute hinzu, die nicht einmal die Telegramme gelesen haben ... Und Lyndon hat die Telegramme nicht gelesen.« Während seines zweiten Amtsjahres hatten sowohl Johnson als auch Stevenson für den Präsidenten ihren Nimbus als Wortführer der Demokraten verloren. Er hielt sie mittlerweile für politische Dilettanten, die von seinem Wohlwollen abhängig waren.

Selbst Robert Kennedy mußte jedoch zugeben, daß Johnson »sehr loyal war und nie etwas gegen den Präsidenten sagte«. Johnsons Vorsicht war sicher einerseits von echter Loyalität bestimmt, auf der anderen Seite aber wußte er natürlich, daß er wenig Chancen für eine Nominierung zum Präsidentschaftskandidaten der Demokraten hätte, falls sich Kennedy 1968 gegen ihn stellen würde.

Gegenüber Johnsons langjährigem engen Vertrauten Bobby Baker äußerte der Präsident einmal: »Ich weiß, daß er mit dem Amt des Vizepräsidenten nicht glücklich ist. Es ist ein beschissener Job, der gräßlichste, den ich mir vorstellen kann ... Ich beobachte ihn bei den Kabinettssitzungen ... aber er ist so vorsichtig, daß er fast gar nichts sagt und daher auch keine wesentlichen Beiträge leistet. Ich weiß, daß er sich aus Loyalität zu mir zurückhält, aber mir würde es helfen, wenn er offen seine Meinung äußern würde.«

Baker gab diese Botschaft weiter. Johnson erklärte: »Wenn ich ein einziges Wort gegen ein Regierungsmitglied oder sonst jemanden aus

---

[*] Nach der Wahl 1960 kündigte Johnson gegenüber einem Reporter der *New York Times* an, er erwarte, als Kennedys innenpolitischer »Feuerwehrmann« zu fungieren. Sicher könne seine Kenntnis des Kongresses »sehr nützlich beim Durchbringen von Gesetzen sein«.

dem Weißen Haus sage, werden sie behaupten ... ich sei ein ver-
dammter Verräter ... Ja, sicher, auf diesen Sitzungen verhält sich Jack
Kennedy mir gegenüber sehr aufmerksam und rücksichtsvoll, aber
ich weiß, daß sein hochnäsiger Bruder und diese ganzen Harvard-
Leute mit ihrem hochtrabenden Geschwätz mir eins auswischen wollen. Wenn ich denen nur den geringsten Anlaß gebe, hauen sie mich in
die Pfanne.« In späteren Jahren sagte Johnson über seine Zeit als
Vizepräsident: »Ich habe jede Minute davon gehaßt.«

John Scali, der neuernannte Auslandskorrespondent beim Fernsehsen-
der ABC, aß gerade an seinem Schreibtisch im Außenministerium zu
Mittag, als der sowjetische Botschaftsrat Alexander Fomin anrief:
»Könnten wir uns in zehn Minuten im Restaurant *Occidental* treffen? Es
ist sehr wichtig.«
Fomin war jener sowjetische Diplomat, der bereits 1961 über Robert
Estabrook von der *Washington Post* eine Botschaft an das Weiße Haus
weitergeleitet hatte. Seit man Bolschakow bei dem Täuschungsmanöver über die Raketen eingesetzt hatte, war er als Überbringer von
Botschaften an die Kennedys ungeeignet. In diese Lücke sprang Fomin.
Wie Scali sagte, haben sich er und Fomin seit ihrem ersten Kontakt im
Herbst 1961 siebenmal zum Mittagessen getroffen. Scali beschrieb
den Russen als »einen ruhigen, vernünftigen und intelligenten Mann,
der nicht zögerte, von der offiziellen kommunistischen Linie abzuwei-
chen, wenn er es für nötig hielt«. Über den amerikanischen Geheimdienst erfuhr Scali, daß Fomin ein Offizier des KGB sei, der
sowjetische Geheimdienstoperationen in den Vereinigten Staaten organisieren sollte.
Laut Fomin hatten sie sich einige Stunden vor der Rede des Präsidenten
zum Mittagessen getroffen. Nachdem der Kellner ihre Bestellung aufgenommen hatte, sagte Fomin: »Es sieht nach Krieg aus. Man muß etwas
tun, um die Situation zu retten.« – »Daran hätten Sie denken sollen,
bevor Sie die Raketen nach Kuba gebracht haben«, entgegnete Scali.
Fomin beugte sich über den Tisch: »Vielleicht gibt es einen Weg aus
der Krise ... Was halten Sie von dem Vorschlag, daß wir die Raketen
unter Aufsicht der Vereinten Nationen abziehen und Chruschtschow
vor diesem Gremium das Versprechen abgibt, daß er nie wieder solche
Angriffswaffen auf Kuba stationiert? Wäre der Präsident der Vereinigten Staaten dann seinerseits bereit, öffentlich zuzusichern, daß es
keine Invasion der Vereinigten Staaten in Kuba geben würde?« Fomin

meinte, falls Stevenson eine solche Regelung vor den Vereinten Nationen vorschlüge, würde sich Sorin interessiert zeigen.

Scali erwiderte, daß er nicht wisse, ob Kennedy zu einem solchen Versprechen bereit sei. »Das können Sie doch bestimmt leicht bei Ihren hochrangigen Freunden im Außenministerium herausfinden«, meinte Fomin. Scali verlor keine Zeit, fuhr ins Außenministerium und verfaßte ein Protokoll dieses Gesprächs, das er Roger Hilsman brachte. Die Amerikaner gingen davon aus, daß Fomins Vorschlag von Chruschtschow abgesegnet worden sei. 1989 erklärte Fomin allerdings, er habe aus eigenem Antrieb gehandelt, aber Dobrynin von diesem Gespräch informiert, der offenbar einen Bericht darüber nach Moskau telegrafierte. Allerdings war Fomin 1989 bereits schwer krank, und möglicherweise hat die Zeit seine Erinnerung getrübt.*

Fast zur selben Stunde unterbreitete in New York U Thant Adlai Stevenson den gleichen Vorschlag. Ob dieser Gedanke von Chruschtschow oder vom Generalsekretär selbst stammte, erfuhr Kennedy nicht. Aber Dean Rusk erinnert sich, daß »der Präsident nicht den Eindruck hatte, ihm sei von russischer Seite irgendein konkreter Vorschlag angeboten worden«.

Einige Jahre später enthüllte U Thant dem Außenminister, daß die Quelle seines Vorschlags ein offizieller Vertreter der Sowjets war. Rusk berichtete: »U Thant nannte auch den Namen dieses Russen. Wir kannten ihn als KGB-Mann . . . Laut U Thant hat auch Gromyko davon gewußt. Natürlich wäre alles anders gewesen, wenn wir das geahnt hätten.«

Falls der KGB tatsächlich im Auftrag Chruschtschows gleichlautende Geheimvorschläge in New York und Washington vorgelegt hätte, wäre dies ein Beleg dafür, daß der Parteichef sich wieder auf seine früher verfolgte Strategie der Vermeidung von Konfrontationen besonnen hatte. Er schickte einen Geheimagenten, um nicht öffentlich die Verantwortung für einen solchen Vorschlag übernehmen zu müssen.

In Moskau warfen sowjetische Studenten die Fenster des Spaso-Hauses ein, als Foy und Phyllis Kohler gerade ein Mittagessen für den Romanautor Irving Stone gaben.

---

* Georgi Kornjenko beharrte 1991 darauf, daß Fomin tatsächlich ohne Anweisung aus Moskau gehandelt habe. Der KGB-Mann und andere Botschaftsangehörige hätten sich aller Verbindungen zu Amerikanern bedient, um einen Weg aus der Krise zu finden.

Um 16.42 Uhr erschien ein atemloser sowjetischer Kurier am Eingang der Botschaft und übergab einen Brief an Kennedy. Das Schreiben war in violetter Tinte mit »N. Chruschtschow« unterzeichnet. Richard Davies war erstaunt, denn gewöhnlich bat man einen Botschaftsangehörigen, solche Dokumente im Außenministerium abzuholen. »Bitte verzeihen Sie, daß der Brief kein Siegel trägt«, sagte der Kurier zu ihm. »Aber ich komme direkt vom Kreml, und man hat mich angewiesen, ihn so schnell wie möglich abzugeben, ohne vorher ins Ministerium zu gehen und ihn versiegeln zu lassen.«

Davies entdeckte noch andere Anzeichen dafür, daß der Parteichef in großer Eile gewesen war: »Es war alles etwas durcheinander. In einer Handschrift, die der Unterschrift entsprach, waren mit violetter Tinte Korrekturen angebracht... Einzelne Wörter waren ausgestrichen und durch andere ersetzt worden.« Wie schon bei den früheren Briefen des Parteichefs übersetzten mehrere Beamte der Botschaft den Brief eilig ins Englische. Kohler telegrafierte nach Washington, es könne sich um einen »Durchbruch« handeln.

Die ganze Woche schon hatte sich der Präsident über Verzögerungen bei der Übermittlung von Nachrichten aus Moskau geärgert. Auch dieser Brief erreichte ihn erst um 18.00 Uhr Washingtoner Zeit, also acht Stunden nachdem Davies ihn erhalten hatte. Rusk rief Ball, McNamara, Robert Kennedy, Bundy, Thompson und andere in sein Büro. Gemeinsam studierten sie das Schreiben:

Ich glaube nicht, daß ein fortgesetzter Meinungsaustausch in geheimen Briefen dem, was beide Seiten bereits geäußert haben, noch viel hinzufügen kann... Aber ich muß feststellen, Mr. President, daß Sie offenbar keine allzu große Angst verspüren angesichts des möglichen Schicksals der Welt...

Wir dürfen uns nicht berauschen oder kurzfristigen Gefühlen hingeben, unabhängig davon, ob in diesem oder jenem Land Wahlen bevorstehen.* ... Sollte tatsächlich ein Krieg ausbrechen, dann wird es nicht in unserer Macht liegen, ihn wieder zu been-

---

* Mit dieser taktlosen Unterstellung, Kennedy habe seine Entscheidungen mit Blick auf die bevorstehenden Kongreßwahlen getroffen, bewies der Parteichef zwar eine bemerkenswerte Offenheit, ließ aber gleichzeitig erkennen, wie wenig er die Motive des Präsidenten nachvollziehen konnte und daß er von Kennedys Schwäche überzeugt war.

den . . . Aus den zwei Kriegen, an denen ich teilgenommen habe, weiß ich, daß ein Krieg erst dann endet, nachdem er durch Dörfer und Städte gezogen ist und überall Tod und Verderben hinterlassen hat.

Im Namen der sowjetischen Regierung und des sowjetischen Volkes versichere ich Ihnen, daß Ihre Befürchtungen im Hinblick auf Offensivwaffen in Kuba unbegründet sind . . . Sie sind ein militärisch denkender Mann, und ich hoffe, daß Sie mich verstehen werden. Was für eine Waffe ist beispielsweise eine einfache Kanone – eine offensive oder eine defensive? Wenn sie aufgestellt wird, um Landesgrenzen oder befestigtes Gebiet zu verteidigen, ist sie eine Verteidigungswaffe. Aber sammelt man Artillerie und die nötige Anzahl Truppen, dann kann dieselbe Kanone zu einer Offensivwaffe werden, denn sie bereitet den Angriff der Infanterie vor. Ebenso ist es mit Atomraketen . . .

Wenn Sie glauben, unter unseren Waffen auf Kuba gäbe es irgendwelche Angriffswaffen, befinden Sie sich im Irrtum. Aber lassen Sie uns darüber nicht streiten, denn offensichtlich kann ich Sie doch nicht überzeugen. Doch ich sage Ihnen – und als Mann mit militärischem Wissen sollten Sie wissen, was ich meine –, selbst wenn man enorme Mengen von Raketen verschiedenster Reichweite und Sprengkraft auf seinem Territorium lagert, kann man doch mit solchen Waffen allein nicht angreifen. Solche Raketen sind zwar Werkzeuge der Ausrottung und der Zerstörung, aber an sich keine Angriffswaffen, weil nur Menschen – Soldaten – angreifen können. Eine Waffe ist ohne die entsprechenden Menschen, die sie einsetzen, nicht offensiv, ganz gleich, wie groß ihre Wirkung ist.

Daher verstehe ich nicht, wie Sie zu Ihrer vollständig falschen Einschätzung gelangen konnten, einige der Waffensysteme auf Kuba seien zum Angriff gedacht. Ich versichere Ihnen, daß alle dort stationierten Waffen defensiven Charakter haben und sich nur zur Verteidigung auf Kuba befinden. Wir haben sie auf Wunsch der kubanischen Regierung nach Kuba geschickt . . .

Mr. President, glauben Sie wirklich, daß Kuba die Vereinigten Staaten angreifen kann oder daß wir zusammen mit Kuba Ihr Land von kubanischem Gebiet aus angreifen könnten? . . . Hat sich denn die militärische Strategie so geändert, daß man einen derartigen Angriff für möglich halten kann? Ich sage bewußt Angriff und nicht

Zerstörung, denn nur Barbaren – also Leute, die nicht ganz bei Sinnen sind – zerstören...

Sie können uns mißtrauen, aber Sie dürfen mir glauben... daß wir bei klarem Verstand sind und genau wissen, daß Sie im Falle eines solchen Angriffes auf die gleiche Weise antworten werden... Mein Gespräch mit Ihnen in Wien erlaubt mir, so mit Ihnen zu reden...

Dies zeigt, daß wir geistig normal sind und fähig, die Situation zu verstehen und richtig einzuschätzen. Warum sollten wir also derart unangemessen handeln, wie Sie uns das unterstellen? Nur Verrückte oder Selbstmörder, die sich umbringen und vor ihrem eigenen Tod die Welt zerstören wollen, wären dazu fähig. Doch wir wollen leben und haben nicht das geringste Interesse daran, Ihr Land zu vernichten.

Was wir wollen, ist ein Wettkampf mit Ihrem Land auf friedlicher Grundlage. Wir streiten uns mit Ihnen, wir sind sowohl in ideologischen als auch in wirtschaftlichen Fragen anderer Meinung, aber all das sollte nicht militärisch, sondern durch friedlichen Wettbewerb gelöst werden...

Ihre jetzigen Maßnahmen sind nur mit mittelalterlicher Piraterie zu vergleichen, als Schiffe in internationalen Gewässern rücksichtslos angegriffen wurden... Bald werden unsere Schiffe jene Zone erreichen, in der Ihre Marine patrouilliert. Ich versichere Ihnen, daß alle Schiffe, die jetzt Kurs auf Kuba nehmen, nur völlig harmlose, friedliche Ladung an Bord haben...

Meinen Sie wirklich, wir hätten nichts anderes zu tun, als sogenannte Angriffswaffen und Atom- und Wasserstoffbomben spazierenzufahren? Auch wenn sich Ihre Militärexperten vorstellen, es handle sich um eine besondere Art von Waffen, kann ich Ihnen versichern, daß es ganz gewöhnliche, friedliche Güter sind. Daher, Mr. President, lassen Sie uns vernünftig sein. Ich versichere Ihnen, daß sich auf den Schiffen, die jetzt Kurs auf Kuba nehmen, keine Waffen befinden. Die Waffen, die für die Verteidigung Kubas notwendig sind, befinden sich bereits dort...

Man sollte sich seinen Emotionen nicht einfach hingeben, sondern versuchen, sie unter Kontrolle zu halten... Lassen Sie uns daher unsere Beziehungen normalisieren. Wir haben einen Aufruf von...
U Thant erhalten... dessen Vorschlag folgendermaßen lautet: Unsere Seite darf keinerlei Waffen mehr nach Kuba einführen, solange Verhandlungen stattfinden... und die andere Seite darf

keine Piraterie gegen Schiffe auf hoher See unternehmen ... Dies wäre ein Ausweg aus dieser Situation, der zur Folge haben würde, daß die Menschen wieder ruhig schlafen können.

Sie haben unseren Außenminister gefragt ... wodurch die Lieferung von Waffen nach Kuba veranlaßt worden ist. Ich will Ihnen offen antworten. Schon in Wien habe ich Ihnen erklärt, daß wir sehr bestürzt waren über die Tatsache, daß ein Landemanöver stattgefunden hat. Bei diesem Angriff auf Kuba sind viele Kubaner umgekommen. Sie selbst haben mir gegenüber zugegeben, daß diese Aktion ein Fehler gewesen ist, und diese Erklärung respektiere ich. Sie haben bei unserem Gespräch auch mehrmals wiederholt, daß nicht jeder, der eine so hohe Position innehat wie Sie, seine Fehler so offen eingestehen würde ...

Eine derartige Offenheit schätze ich hoch ein. Ich meinerseits habe Ihnen bereits gesagt, daß auch wir den Mut hatten, die Fehler, die in der Geschichte unseres Staates gemacht wurden, einzugestehen, und sie ... sogar auch aufs schärfste verurteilt haben. Wenn Ihnen der Weltfriede und das Wohlergehen Ihres Volkes wirklich am Herzen liegen – und das dürfte als Präsident wohl Ihre Aufgabe sein –, so bin ich als Vorsitzender des Ministerrats ebenfalls um mein Volk besorgt. Außerdem sollte die Erhaltung des Friedens in der Welt unsere gemeinsame Sorge sein. Denn wenn unter den gegenwärtigen Bedingungen ein Krieg ausbräche, wäre es ein ... grausamer und zerstörerischer Weltkrieg.

Warum haben wir Kuba militärische und wirtschaftliche Hilfe zukommen lassen? ... Unser Volk vollbrachte seine Revolution, als Rußland noch ein rückständiges Land war. Wir wurden ... von vielen Ländern angegriffen, und auch die USA haben sich an diesem Abenteuer beteiligt ... General Graves, der zu dieser Zeit das amerikanische Expeditionskorps kommandierte, hat sogar ein Buch darüber geschrieben ... Wir wissen, wie schwierig es ist, eine Revolution durchzuführen und ein Land auf neuen Grundlagen wiederaufzubauen, daher haben wir große Sympathie für Kuba und das kubanische Volk ...

Sie haben einmal gesagt, die Vereinigten Staaten würden keine Invasion vorbereiten. Aber zugleich unterstützen Sie die konterrevolutionären kubanischen Emigranten und helfen ihnen, ihre Pläne gegen die gegenwärtige Regierung Kubas zu verwirklichen. Es ist kein Geheimnis, daß die Drohung eines bewaffneten Angriffs ständig über Kuba hing und noch hängt. Nur diese Tatsache hat uns dazu gezwungen, die Bitte der kubanischen Regierung um Hilfe bei der Verstärkung ihrer Verteidigungsfähigkeit zu erfüllen.

Wenn der Präsident und die Regierung der Vereinigten Staaten zusichern würden, daß sich die USA nicht an einem Angriff auf Kuba beteiligen und auch andere von einer solchen Aktion abhalten werden, und wenn Sie außerdem Ihre Flotte zurückriefen, dann würde das sofort alles verändern. Ich spreche nicht im Namen Fidel Castros. Aber ich glaube, daß auch er und die kubanische Regierung dann die Demobilisierung der Streitkräfte anordnen könnten und das Volk auffordern würden, wieder friedlich an die Arbeit zu gehen ...

Waffen können nur zu Katastrophen führen. Wenn man sie anhäuft, leidet die Wirtschaft darunter, und wenn man sie verwendet, vernichtet man Menschen auf beiden Seiten ...

Darum sollten wir staatsmännische Klugheit zeigen. Ich schlage folgendes vor: Wir erklären unsererseits, daß unsere Schiffe nach Kuba keinerlei Waffen geladen haben. Sie wiederum erklären, daß die Vereinigten Staaten nicht mit ihren Streitkräften in Kuba einmarschieren und auch keine Kräfte unterstützen werden, die eine solche Invasion planen. Damit entfiele die Notwendigkeit für die Präsenz unserer militärischen Berater auf Kuba ...

Mr. President, ich appelliere an Sie, sich gründlich zu überlegen, welche Folgen die aggressive Piraterie hätte, die die USA Ihrer Erklärung nach in internationalen Gewässern planen. Sie wissen doch selbst, daß kein vernünftig denkender Mensch einer solchen Vorgehensweise zustimmen kann ... Sollten Sie diesen ... ersten Schritt zur Entfesselung eines möglichen Krieges machen ... so bleibt uns logischerweise nichts anderes übrig, als die Herausforderung anzunehmen.

Wenn Sie Vernunft walten lassen, Mr. President, dann werden Sie einsehen, daß wir jenes Seil, in das Sie den Knoten eines Krieges geschlungen haben, nicht bis zum Ende aufrollen sollten. Denn je fester wir beide daran ziehen, desto fester zieht sich auch der Knoten zusammen. Und irgendwann kommt der Moment, an dem wir nicht mehr die Kraft haben, ihn wieder aufzuknüpfen ... Lassen Sie uns nicht nur die Kräfte reduzieren, die an den Seilenden ziehen, sondern auch Maßnahmen ergreifen, um den Knoten wieder aufzuknüpfen.

Dies, Mr. President, sind meine Überlegungen. Mit Ihrer Hilfe könnten wir diese gespannte Situation entschärfen, die alle Menschen beunruhigt. Meine Vorschläge sind von dem ernsthaften Wunsch bestimmt, einen drohenden Krieg zu verhindern.

Die Politiker studierten den Brief sehr genau. Thompson vermutete, daß ihn der Generalsekretär nicht mit dem Zentralkomitee oder dem Außenminister abgesprochen hatte. Er nahm an, daß Chruschtschow dieses Schreiben »entgegen seiner Gewohnheit persönlich diktiert hat. Ich glaube, daß er ... unter beträchtlichem Druck stand.«[*]
Rusk meinte, der Brief zeige, daß der Parteichef »sehr beunruhigt« sei und »versuche, einen Ausweg« aus seiner Zwangslage zu finden. Ball stimmte zu: Dies sei »unzweifelhaft ein *Cri de cœur* von Chruschtschow«. Er spüre Chruschtschows »quälende Besorgnis in jedem Satz«. Auch Robert Kennedy war der Meinung, daß der Brief »möglicherweise den Beginn eines Entgegenkommens« zeige. Dean Acheson fand den Text des Briefes »verwirrt und beinahe weinerlich«: Chruschtschow müsse »entweder besoffen oder völlig verängstigt« gewesen sein. Er vermutete, daß Chruschtschows Kollegen »diesen Brief liebend gern verbrannt hätten. Solange wir dem Parteichef die Daumenschrauben angelegt haben, sollten wir sie jeden Tag noch ein wenig weiter anziehen.«

Nachdem er von Scalis Gespräch mit Fomin erfahren hatte, nahm Rusk den Journalisten mit ins Weiße Haus. Kennedy wollte Scalis Geschichte aus erster Hand hören. Anschließend bat er Scali, sich mit dem Botschaftsrat noch einmal zu treffen, »aber lassen Sie meinen Namen aus dem Spiel. Das würde gegen die Regeln verstoßen ... Sagen Sie ihm, daß Sie eine positive Antwort von höchster Stelle innerhalb der Regierung erhalten hätten.«
Um 19.35 Uhr traf Scali sich mit Fomin im Sheraton-Parkhotel. In der Tasche trug er eine handschriftliche Notiz von Rusk: Scali solle sagen, er habe »Grund zu der Annahme«, daß die Vereinigten Staaten in Fomins Vorschlag »tatsächlich eine Möglichkeit« sähen. Aber »die

---

[*] Drei Monate später meinte Rusk in einem vertraulichen Gespräch mit Senatoren: »Aus dem, was sie [die Sowjets] seit diesem Brief verlautbaren ließen, schließen wir, daß dieses Schreiben von Chruschtschow persönlich ohne genauere Abstimmung mit der Regierungsspitze verfaßt und abgeschickt worden ist.«

Zeit dränge«. Als Scali beim Kaffee diese Botschaft weitergab, ließ sich Fomin zweimal versichern, daß sie auch wirklich aus höchsten Regierungskreisen stammte. Scali beruhigte ihn: »Würde ich in einem so kritischen Moment lügen ... dann wäre ich wohl der verantwortungsloseste Mann der Welt.«

Da offensichtlich Einigkeit über eine Überprüfung der kubanischen Raketenstützpunkte durch die Vereinten Nationen bestehe, meinte Fomin, könne man die UNO doch auch um eine Überprüfung der amerikanischen Stützpunkte in Florida und in der Karibik ersuchen. Auf diese Weise könne man sicherstellen, daß die amerikanischen Invasionstruppen aufgelöst worden seien. Scali antwortete in scharfem Ton, dies sei eine völlig neue Forderung. Fomin zuckte mit den Schultern: Er sei »nur eine kleine Nummer« und habe nur eine Frage gestellt. Auch er sei nur ein Überbringer von Botschaften, erwiderte Scali, aber ein solcher Vorschlag würde den Präsidenten in erhebliche politische Schwierigkeiten stürzen. Man dränge ihn ohnehin, sofort in Kuba einzumarschieren.

Laut Scali antwortete Fomin: »Sehr gut. Ich verspreche Ihnen, daß ich Ihre Botschaft sofort an die höchsten sowjetischen Führungsstellen weitergeben werde und außerdem an Herrn Sorin bei den Vereinten Nationen.«

Chruschtschows Brief zeigte, daß dem Parteichef bewußt war, daß Kennedys Blockade funktionierte und daß sie noch verschärft werden konnte. Zu seinem Erstaunen war es dem Präsidenten außerdem gelungen, die Unterstützung der OAS, der UNO und der meisten Länder der Welt zu erhalten.

Das Risiko eines Atomkrieges, das aus einer sowjetischen Blockade in Berlin als Antwort auf die Maßnahme Kennedys erwachsen konnte, wollte er nicht eingehen. Zudem wußte er, daß die Vereinigten Staaten in der Karibik eine so deutliche konventionelle Überlegenheit hatten, daß die sowjetischen und kubanischen Streitkräfte nicht hoffen konnten, eine Invasion der USA auf der Insel abzuwehren.

Wäre Chruschtschows Brief früher in Washington eingetroffen, hätte der Präsident ihn sicher als Grundlage für eine Lösung begrüßt. So aber konnte Kennedy ihn nicht vor Freitag abend beantworten.

Nachdem Kennedy den Brief gelesen hatte, gab er ihn an O'Donnell weiter, der von dem Schreiben »tief bewegt« war. Sorensen fand den

Brief »lang, ausschweifend, voller Polemik, aber die Kernpunkte scheinen eine vernünftige Lösung zu beinhalten«.

Um zehn Uhr abends traf sich der Präsident mit dem ExComm. Die letzten zehn anstrengenden Tage hatten offensichtlich weder seinem Sinn für Humor noch seiner Libido Abbruch getan. Gegen Ende der zweiten Krisenwoche stach ihm eine Sekretärin ins Auge, die aus dem Wirtschaftsministerium ins Weiße Haus abkommandiert war, um bei der Bewältigung der beträchtlichen Mehrarbeit behilflich zu sein. Er flüsterte McNamara zu: »Finden Sie ihren Namen heraus. Schließlich verhindern wir heute abend einen Atomkrieg.«

Rusk und Thompson meinten, Chruschtschows Brief sei sehr vage. Er spreche nur von Zusicherungen, die andere Leute machen sollten – der Präsident solle nicht einmarschieren, Castro seine Soldaten entlassen –, gebe aber keine Zusage für einen Abzug der Raketen oder gar für eine Möglichkeit, diese Maßnahme zu überprüfen. Natürlich könnten Chruschtschows Überlegungen in Kombination mit Fomins Vorschlägen zu einer akzeptablen Regelung führen. Die meisten Anwesenden bei dieser Sitzung hatten das Gefühl, der Brief sei »der Silberstreifen am Horizont, auf den wir gewartet hatten«, berichtete George Ball.

Der Präsident kam zu dem Schluß, daß Chruschtschows Brief zusammen mit dem von Fomin übermittelten Vorschlag einer ernsthaften Antwort würdig sei. Er wies Hilsman und seine Leute an, das Schreiben noch einmal auf versteckte Fallen zu untersuchen. Nach der Sitzung bat Kennedy Salinger ins Oval Office und fragte ihn: »Was meinen Sie, ist den Leuten in diesem Raum klar, daß es 200 Millionen Tote geben kann, wenn wir einen Fehler machen?«

Samstag, 27. Oktober. Am Vormittag saß Chruschtschow in seinem Büro im Kreml und hörte sich einen Vortrag von Malinowski an, der mit Hilfe einer Karte die militärische Situation der Sowjetunion erläuterte. Der Parteichef fragte den Marschall und die anderen militärischen Berater, ob sie ihm zusichern könnten, »daß ein Festhalten an der Raketenstationierung nicht den Tod von 500 Millionen Menschen zur Folge haben wird«.

Die Reaktion der anderen schilderte Chruschtschow später so: »Sie blickten mich an, als sei ich verrückt oder, noch schlimmer, ein Verräter. In ihren Augen wäre die größte Tragödie nicht die Verwüstung unseres Landes und der Verlust aller Errungenschaften gewesen, sondern die Vorstellung, daß die Chinesen oder Albaner uns einer versöhnlicheren Politik und der Schwäche bezichtigen könnten.« Er fragte sich, ob er in seiner letzten Stunde »irgend etwas davon gehabt hätte, wenn die nationale Ehre der Sowjetunion zwar gerettet wäre, unsere große Nation und die Vereinigten Staaten aber in Schutt und Asche lägen«.

Wie Kennedy hatte auch ihn die ganze Woche über der Gedanke bedrückt, daß es so lange dauerte, bis eine seiner Mitteilungen über den Atlantik gelangte. Charmalow, der inzwischen Leiter des sowjetischen Rundfunks war, wurde herbeizitiert und beauftragt, über Radio Moskau eine neue Botschaft an Kennedy durchzugeben.

Am Samstag vormittag kam Robert Kennedy in Washington mit »beträchtlicher innerer Unruhe« zur Zehn-Uhr-Sitzung des ExComm. Gerade hatte er in einem Bericht von J. Edgar Hoover gelesen, die sowjetischen Diplomaten bereiteten in New York angeblich eine Vernichtung ihrer Geheimdokumente vor, weil sie mit einem Krieg rechneten.* Die CIA teilte mit, die *Grosni,* ein sowjetischer Tanker, habe sich von den anderen Schiffen gelöst und steuere auf die Blockadelinie zu.

Als die ExComm-Sitzung begann (es war 17.00 Uhr Moskauer Zeit), sendete Radio Moskau Chruschtschows neue Botschaft an Kennedy:

> Sie wollen die Sicherheit Ihres Landes garantieren. Das ist verständlich, aber das möchte Kuba auch … Wie können wir, die sowjetische Regierung, Ihre Handlungsweise abschätzen, da Sie die Sowjetunion und auch unsere Verbündeten mit Militärbasen umstellt haben? … Ihre Raketen stehen in Großbritannien und Italien und sind auf uns gerichtet. Auch in der Türkei sind Ihre Raketen stationiert.
>
> Sie sagen, Sie seien beunruhigt wegen Kuba, weil es neunzig Seemeilen von der Küste der Vereinigten Staaten entfernt liegt. Aber die Türkei grenzt an unser Land. Unsere Grenzposten können

---

* Jahre später bestritt Dobrynin, daß man offizielle Papiere verbrannt habe, räumte aber ein, man habe Vorbereitungen für zahlreiche Eventualitäten getroffen. Wie bei der Gasmaskenszene, die Richard Davies im Moskauer Außenministerium erlebt hatte, wollten die Russen in New York den Amerikanern möglicherweise vorspiegeln, daß sie sich auf einen drohenden Krieg vorbereiteten.

einander bei den Patrouillengängen beobachten. Glauben Sie wirklich, Sie könnten für Ihr eigenes Land Sicherheit und den Abzug von Waffen verlangen, die Sie Angriffswaffen nennen, uns aber das gleiche Recht nicht zugestehen?

Sie haben Raketen mit zerstörerischer Wirkung, die Sie aber defensiv nennen, in der Türkei, also direkt neben uns, aufgestellt. Wie lassen sich diese ungleichen Verhältnisse zwischen unseren beiden Staaten mit dem angestrebten militärischen Gleichgewicht in Einklang bringen? ...

Es ist gut, Mr. President, daß Sie einer Zusammenkunft ... von Beauftragten unserer Regierungen zugestimmt haben. Diese Gespräche sind insbesondere durch die Vermittlung von Generalsekretär U Thant zustande gekommen ... Ich glaube, daß man den Konflikt schnell beilegen und die Situation wieder normalisieren kann ... Darum mache ich Ihnen folgenden Vorschlag:

Wir sind bereit, aus Kuba jene Waffen abzuziehen, die Sie als Angriffswaffen bezeichnen ... Ihre Vertreter erklären, daß die Vereinigten Staaten ... angesichts der Sorgen und Befürchtungen der Sowjetunion ihre vergleichbaren Waffen aus der Türkei entfernen. Lassen Sie uns eine Übereinkunft treffen über die Zeit, die Sie und ich benötigen, um diese Maßnahmen durchzuführen ... Vertreter des UNO-Sicherheitsrats könnten vor Ort die Erfüllung der Forderungen überprüfen. Natürlich ist es nötig, daß die Regierungen Kubas und der Türkei diesen Beauftragten die Einreise erlauben ...

Um die Völker Kubas und der Türkei zufriedenzustellen, ihnen neue Hoffnung zu geben und das Vertrauen in ihre Sicherheit zu stärken, werden wir im Rahmen des Sicherheitsrats eine Erklärung veröffentlichen. Darin verspricht die sowjetische Regierung, die Souveränität der Türkei zu respektieren, sich nicht in die inneren Angelegenheiten dieses Landes einzumischen, in der Türkei nicht einzumarschieren und auch keine Invasion von unserem Territorium oder von anderen Staaten aus zu dulden. Die Regierung der Vereinigten Staaten gibt eine entsprechende Erklärung ... gegenüber Kuba ab ...

Darin wird erklärt werden, daß die Vereinigten Staaten die Unverletzlichkeit der kubanischen Grenzen und die Souveränität Kubas respektieren, sich nicht in innere Angelegenheiten des Landes einmischen und weder selbst in Kuba einmarschieren noch eine Invasion dulden, die vom Territorium der Vereinigten Staaten ausgeht. Weiterhin werden die USA all jene, die Angriffe auf Kuba planen –

sei es von US-amerikanischem Gebiet oder von einem der anderen Nachbarstaaten Kubas aus –, an der Ausführung ihrer Pläne hindern. Natürlich müßten wir uns bei so einer Erklärung auf ein bestimmtes Zeitlimit einigen. Um unnötige Verzögerungen zu verhindern, schlage ich einen Zeitraum von zwei bis drei Wochen, allerhöchstens aber einem Monat vor.

Die von Ihnen erwähnten Waffen auf Kuba, die Sie als Störung empfinden, befinden sich unter der Kontrolle von sowjetischen Offizieren. Deshalb ist jeder versehentliche Einsatz, der die Vereinigten Staaten betreffen könnte, ausgeschlossen. Diese Waffen sind auf Bitten der kubanischen Regierung auf der Insel stationiert worden und dienen lediglich Verteidigungszwecken. Solange es nicht zu einer Invasion auf Kuba oder einem Angriff auf die Sowjetunion oder einen ihrer Verbündeten kommt ... bedrohen diese Waffen niemanden und werden es auch in Zukunft nicht tun. Denn sie sind nicht zum Angriff gedacht ...

Die gesamte Welt ... erwartet, daß wir vernünftig handeln ... Kämen wir zu einer Vereinbarung, so wäre dies eine große Freude für alle Völker ... Es könnte ein positiver Anfang sein, der insbesondere ein künftiges Verbot von Atomtests erleichtern würde ... Unsere und Ihre Position in dieser Sache sind nicht weit voneinander entfernt. Eine solche Übereinkunft kann auch als gutes Vorzeichen für die Suche nach entsprechenden Lösungen bei anderen kontroversen Fragen gewertet werden ... Dies, Mr. President, sind meine Vorschläge.

Warum hatte Chruschtschow gleichsam über Nacht seine Forderungen weiter hochgeschraubt? In seinem vertraulichen Brief vom Freitag abend hatte er die türkischen Raketen mit keinem Wort erwähnt. Die einzige Forderung an die Amerikaner war gewesen, nicht in Kuba einzumarschieren.

Georgi Kornjenko und andere Sowjets vermuteten 1991, daß der Parteichef am Freitag abend noch davon überzeugt war, eine US-amerikanische Invasion auf Kuba stehe unmittelbar bevor. Offenbar ließ er die Forderung nach einem Abzug der Raketen aus der Türkei fallen, um zu einer schnellen Regelung zu gelangen. Im Kreis seiner Generäle erschien ihm dann am Samstag ein solcher Überfall nicht mehr so wahrscheinlich, und so fügte er diese Forderung in seinen zweiten Brief ein.

Am Samstag morgen erhielt Kennedy kurz nach zehn Uhr einen Bericht über Chruschtschows neue Botschaft überreicht. Der Präsident las laut vor: »Der Ministerratsvorsitzende Chruschtschow übermittelte Präsident Kennedy die Nachricht . . . er werde seine Angriffsraketen aus Kuba abziehen, wenn die Vereinigten Staaten ihre Raketen aus der Türkei entfernen.«

Kennedy meinte: »Das stand aber nicht in dem Brief, den wir [am Freitag] bekommen haben, nicht wahr?«[*]

Darauf meinte Bundy: »Das ist sehr seltsam, Mr. President. Falls er seine Forderungen aus dem Schreiben an Sie und dem dringenden Appell, den der Botschaftsrat [Fomin] erst gestern abend an uns gerichtet hat, inzwischen geändert hat, dann scheint es mir . . . die einzig richtige Haltung zu sein, daß wir uns an dieser ursprünglichen Linie orientieren. Dabei war nur von Kuba die Rede . . . Ich würde etwa folgendermaßen antworten: ›Ich würde es vorziehen, wenn wir auf der Basis Ihrer . . . interessanten Vorschläge von gestern abend verhandeln könnten.‹« Mit »gestern abend« meinte Bundy Chruschtschows Brief vom Freitag.

Doch Kennedy gab zu bedenken, daß die Vereinigten Staaten in eine »unhaltbare Position« geraten könnten, wenn sie Chruschtschows neue Forderung nach einem Abzug der in der Türkei stationierten Raketen zurückweisen würden. Schließlich hätten die USA »schon im letzten Jahr versucht, diese Raketen loszuwerden, weil sie militärisch nutzlos sind«. Für »jeden rational denkenden Menschen« würde der Abzug der Raketen aus der Türkei nach »einem sehr fairen Geschäft aussehen«. Sollten sich die Vereinigten Staaten weigern, »dann könnten Sie wohl kaum erklären, wieso wir gegen Kuba eine feindselige militärische Aktion unternehmen . . . Ich meine, wir sind da an einem ziemlich wichtigen Punkt angelangt.«

Der Präsident beklagte, daß Chruschtschow seine neue Forderung »in einer Weise« geäußert hat, »die große Spannungen und Peinlichkeiten« verursachen könne. »Es ist nicht so wie bei einem vertraulichen Vorschlag, wo wir Gelegenheit gehabt hätten, uns mit den Türken abzusprechen. Aber er hat sich in einer Art geäußert, daß die Türken gezwungen sind, nein zu sagen.«

---

[*] Der Präsident hatte wieder sein verstecktes Tonbandgerät angeschaltet. Dieses und alle folgenden Zitate aus den ExComm-Sitzungen vom 27. Oktober sind wörtlich der Abschrift entnommen.

McNamara fragte: »Wie können wir überhaupt mit jemandem verhandeln, der sein Angebot ändert, noch ehe wir überhaupt die Chance zu einer Antwort hatten, und der seine Forderungen veröffentlicht, ehe wir sie zu Gesicht bekommen haben?«

»Lassen Sie mich ein Szenario entwerfen«, schlug Bundy vor. »Auf vertraulicher Ebene sagen wir zu Chruschtschow: ›Schau her, deine öffentliche Äußerung war sehr gefährlich, weil sie eine Diskussion deines vertraulichen Vorschlags unmöglich macht und uns zwingt, die von uns geplanten Maßnahmen rasch einzuleiten.« Damit meinte Bundy eine Militäraktion gegen Kuba.

Weiterhin meinte er, man solle Chruschtschow – »beispielsweise durch Fomin« – eine Botschaft übermitteln. »Diese Sache von gestern abend [der Brief Chruschtschows vom Freitag] war ziemlich gut, aber *das hier* ist in diesem Stadium des Spiels völlig *absurd,* und die Zeit wird langsam knapp . . . Wenn sie irgendwelche weiteren Aktionen gegen Kuba verhindern wollen, dann müssen sie uns etwas Besseres bieten als *so eine* öffentliche Äußerung.«

Der Präsident versuchte die Männer von der Notwendigkeit des Tauschhandels zu überzeugen. Es sei jetzt »die beste Stellungnahme«, sagte er, wenn man Chruschtschow wissen lasse, die Vereinigten Staaten »würden gerne« mit ihm über die in der Türkei stationierten Raketen verhandeln – »sobald wir Anzeichen dafür sehen, daß sie ihre Aktivitäten in Kuba eingestellt haben«.

Doch Bundy warnte: »Wenn wir zu erkennen geben, daß wir uns auf diesen Handel einlassen wollen, dann bekommen wir *wirkliche* Schwierigkeiten mit unseren NATO-Partnern und allen Ländern, die mit uns verbündet sind. Dann müsse man mit einem »massiven Niedergang« des Vertrauens der Welt in die Vereinigten Staaten rechnen.

»Ja, aber . . . wenn wir das jetzt sofort zurückweisen und dann gegen Kuba eine Militäraktion einleiten müssen, dann müssen wir auch mit einem solchen Niedergang rechnen«, entgegnete Kennedy. Er räumte aber ein, daß die Verbündeten mit Sicherheit einen solchen Handel ablehnen würden. »Ihnen ist aber nicht klar, daß wir dann möglicherweise in zwei oder drei Tagen einen militärischen Angriff starten müssen, der die Besetzung Berlins oder einen Angriff gegen die Türkei zur Folge haben könnte.

Und dann werden sie sagen: ›Mein Gott, wir hätten es annehmen sollen.‹ . . . Wir werden folgende Situation haben: Weil wir die Raketen nicht aus der Türkei abziehen, müssen wir möglicherweise in Kuba einmarschieren oder einen massiven Angriff unternehmen, wodurch wir vielleicht *Berlin* verlieren. Das ist es, was mich beunruhigt.« Daher gab es für ihn nur eine Konsequenz: »Wir müssen unsere Waffen aus der Türkei abziehen.«

Thompson wandte sich gegen ein Tauschangebot zum jetzigen Zeitpunkt: »Ich glaube, für Chruschtschow ist es wichtig, sagen zu können: ›Ich habe Kuba gerettet, ich habe eine Invasion verhindert.‹« Was »diese Sache mit der Türkei« beträfe, so könnte man sie auch später noch diskutieren.

Bundys Ratschlag, auf Chruschtschows Angebot vom Freitag zu antworten und die Botschaft vom Samstag zu ignorieren, wurde auch von Robert Kennedy unterstützt. Der Justizminister schlug seinem Bruder vor, Chruschtschow mitzuteilen, daß »er ein Angebot gemacht hat und daß wir dieses Angebot annehmen«.*

Der Präsident bezweifelte den Erfolg eines solchen Schrittes. »Wir können es zwar versuchen, aber er wird wieder darauf zurückkommen. Da bin ich sicher.«

Als das Thema der türkischen Raketen zum erstenmal bei Beratungen des ExComm aufgetaucht war, hatte der Präsident darauf beharrt, daß es »keine Tauschgeschäfte mit unseren Stützpunkten in der Türkei und Italien geben wird«. Während der ersten Woche der Raketenkrise hatten einige ExComm-Mitglieder betont, es sei ein Grundprinzip des Atomzeitalters, daß die Stationierung von Atomraketen öffentlich angekündigt werden müsse. Außerdem sollten solche Waffen nicht an so neuralgischen Gebieten wie Berlin, Iran, Laos oder Kuba stationiert werden. Es wurde die Befürchtung geäußert, Chruschtschow könne für den Abbau der kubanischen Raketenstellungen verlangen, daß eine Kontrollkommission der Vereinten Nationen »alle Raketenstellungen der Welt« überprüft. Dann würde es zu »umfangreichen Verhandlungen über sämtliche ausländischen Raketenstützpunkte« kommen.

---

* Insbesondere während seines Präsidentschaftswahlkampfes 1968 nahm Robert Kennedy die Urheberschaft für diese Idee für sich in Anspruch. McNamara, zu dieser Zeit bereits Weltbankpräsident, lobte in einem Wahlwerbespot den Kandidaten für seinen genialen Vorschlag, der Präsident solle Chruschtschows ersten Brief mit der für die USA vorteilhafteren Position beantworten. Bundy war so höflich, ihre Erinnerungen nicht zu korrigieren.

Nach Kennedys Rede am Montag abend erkundigten sich Reporter bei McNamara, warum ein Abzug der in der Türkei stationierten Raketen nicht als Gegenleistung für den Abbau der sowjetischen Raketenstellungen in Frage komme. Der Verteidigungsminister erwiderte gewunden: »Zwischen der Lieferung von Waffen an Nationen, die von einem Angriff bedroht sind ... und der Aufrüstung Kubas, das eindeutig keiner Bedrohung durch einen nuklearen Angriff oder einen Angriff von unserem Land her ausgesetzt ist, gibt es keine Vergleichsbasis.«*

Am Dienstag schlugen Rostow und William Tyler Rusk vor, die Vereinigten Staaten sollten versuchen, die Türken in vertraulichen Gesprächen zum Abbau ihrer Mittelstreckenraketen längerer Reichweite zu bewegen, da für den östlichen Teil des Mittelmeers ohnehin seegestützte Raketen vorgesehen seien. Dann könnte man mit der Sowjetunion eine Übereinkunft treffen, weder in der Karibik noch im Nahen Osten Mittelstreckenraketen zu stationieren. Ein solches Vorgehen würde außerdem den westeuropäischen Regierungen klarmachen, daß Washington langfristig denke und die Krise nicht benutze, um ihnen den Schutz zu entziehen.

Bereits am Montag hatte Walter Lippmann in einer Kolumne die Parallele zwischen Kuba und der Türkei aufgezeigt: »Wenn wir über Kuba eine Blockade verhängen oder die Insel besetzen, dann müssen wir uns darauf einstellen, daß in der Türkei oder anderswo an der sowjetischen Grenze ähnliches geschieht.«

Am Donnerstag schlug er dann einen Tauschhandel vor: »Die Türkei ist die einzige Region, die wirklich mit Kuba vergleichbar ist. Dort sind strategische Waffen direkt an der Grenze zur Sowjetunion stationiert ... Der sowjetische Militärstützpunkt auf Kuba ist für Verteidigungszwecke unbrauchbar, und der Stützpunkt in der Türkei ist längst überflüssig. Diese beiden Raketenbasen könnten abgebaut werden, ohne daß sich das Kräftegleichgewicht in der Welt im geringsten ändert.«

---

* 1989 räumte McNamara gegenüber Gromyko und anderen früheren sowjetischen Regierungsmitgliedern ein, daß die Sowjetunion damals die Jupiter-Raketen in der Türkei »sehr wohl als deutliches Zeichen von Aggression interpretieren konnte«. Er meinte aber auch, daß es »Handlungen von Ihrer Seite gegeben hat, die uns ebenso empfinden ließen«, und nannte in diesem Zusammenhang die erdrückende konventionelle Überlegenheit der Sowjets in Europa.

Chruschtschows Berater dürften bei der Lektüre dieses Artikels mit größter Wahrscheinlichkeit davon ausgegangen sein, daß er vom Weißen Haus lanciert worden war. Kennedy beklagte sich immer wieder darüber, daß Chruschtschow der Ansicht sei, Lippmanns Kolumne sei ein Sprachrohr des Präsidenten. Dabei war diese Vermutung gar nicht so weit hergeholt: Bei seinem Treffen mit dem Generalsekretär im April 1961 überbrachte Lippmann einen vertraulichen Vorschlag zur Berlin-Frage, von dem Chruschtschow vermutete, er stamme von den Kennedys.

Es gibt keinen Hinweis, daß Kennedy Lippmann gebeten hätte, diesen Versuchsballon zu starten. Außerdem erscheint es mehr als zweifelhaft, daß der Präsident oder seine Berater die Rede vom Montag durch einen Kompromißvorschlag unterhöhlt hätten, noch bevor die Blockade in Kraft getreten war.

Dennoch mag Kennedy im stillen Lippmanns Vorschlag vom Donnerstag als nützlich empfunden haben, um Chruschtschow auf Verhandlungsmöglichkeiten für eine Beendigung der Krise aufmerksam zu machen. Hätte er dem Generalsekretär signalisieren wollen, daß ein solcher Tauschhandel nicht in Frage käme, dann hätte er nur Salinger beauftragen brauchen, derartige Vorstöße in einer öffentlichen Erklärung zurückzuweisen. Indem er aber auf einen solchen Schritt verzichtete, ließ Kennedy Chruschtschow in dem Glauben, daß Lippmann in seinem Namen spräche.

Nach dem Mittagessen entwarf der Präsident an diesem Samstag einen neuen Brief an Chruschtschow, den er dann Evelyn Lincoln diktierte. Sie hatte das Gefühl, daß »die Spannung jetzt allmählich unerträglich wurde«.

Ein U-2-Flugzeug, das sich offenbar auf einem routinemäßigen Aufklärungsflug befand, geriet über der Tschuktschen-Halbinsel in den sibirischen Luftraum, kehrte aber trotz der Verfolgung durch sowjetische Kampfflugzeuge wohlbehalten nach Alaska zurück. Den Sowjets dürfte klargewesen sein, daß ein Aufklärungsflug in dieser Region kein Indiz für einen unmittelbar bevorstehenden amerikanischen Überraschungsangriff war.

Chruschtschow mag sich gefragt haben, ob dieser Zwischenfall eine offene Provokation darstellen sollte. Wollten die USA durch diese Verletzung des sowjetischen Luftraums ihre Überlegenheit demonstrieren? Er dürfte sich bestimmt an jenen ähnlichen Vorfall erinnert gefühlt haben, über den er sich gegenüber Kennedy kurz nach dessen Amtsübernahme beschwert hatte. Dennoch kam er offensichtlich rasch zu dem Schluß, daß es sich bei der Sache um ein Versehen handeln mußte. Immerhin mag ihm diese Episode klargemacht haben, daß die Gefahr einer militärischen Konfrontation der beiden Supermächte immer größer wurde, je länger die Raketenkrise dauerte.

Als der Präsident von dem Vorfall erfuhr, verwies er darauf, daß er die Einstellung solcher Flüge angeordnet habe. Mit einem nervösen Kichern fügte er hinzu: »Es gibt doch immer irgendeinen Hundesohn, bis zu dem sich das nicht herumgesprochen hat.«*

Bei der ExComm-Sitzung am Nachmittag erklärten die Stabschefs dem Präsidenten, daß jetzt der Zeitpunkt für einen massiven Luftangriff und einen Einmarsch in Kuba gekommen sei. Die Aktion solle »spätestens am Montag, dem 29. Oktober, am Vormittag beginnen, falls es bis dahin nicht einen unwiderlegbaren Beweis gibt, daß die Angriffswaffen auf Kuba abgebaut ... werden.«

Inzwischen war ein Bulletin eingetroffen: Eines der U-2-Flugzeuge, die immer wieder Aufklärungsflüge über Kuba unternommen hatten, war abgeschossen worden.** Nach einem ExComm-Beschluß vom Dienstag sollte das taktische Luftkommando im Falle eines solchen feindlichen Aktes mit der Zerstörung einer sowjetischen SAM-Stellung auf Kuba antworten. Dieser Angriff konnte durch den Befehl des Präsidenten innerhalb von zwei Stunden eingeleitet werden.

Da sich nach seinen Informationen alle SAM-Stellungen in Kuba unter sowjetischer Kontrolle befanden, nahm der Präsident an, daß Moskau den Abschuß der U-2 angeordnet hatte: »Das ist ein Akt der Eskalation, nicht wahr?«

»Ja, sehr richtig«, stimmte McNamara zu: »Ich glaube, wir könnten einen Luftangriff auf Kuba noch bis Mittwoch oder Donnerstag hinausschieben, aber *nur*, wenn wir unsere Überwachungsmaßnahmen fortsetzen können und ... auf alles schießen dürfen, was unsere Aufklärungsflugzeuge angreift. Außerdem muß die Blockade in der Zwischenzeit fortgesetzt werden.«

---

* Das war eine stehende Redewendung Kennedys.
** Der Pilot Major Rudolph Anderson, der dabei ums Leben gekommen war, hatte am Sonntag, dem 14. Oktober, von seiner U-2 aus die beiden Aufnahmen gemacht, durch die die Vereinigten Staaten auf die Raketen in Kuba aufmerksam wurden.

Kennedy meinte: »Wir können wohl kaum noch eine U-2 rüberschikken, oder? Dann wird ja morgen wieder einer getötet.« General Taylor stimmte ihm zu: »Das sollten wir bestimmt nicht tun. Erst müßten wir einen Gegenschlag führen und klarstellen, daß wir bei jedem weiteren Angriff auf eines unserer Flugzeuge mit einer großen Streitmacht anrücken werden.«

In Wirklichkeit war der Abschuß der U-2 weder von Chruschtschow noch von irgendeinem anderen Regierungsmitglied angeordnet worden. Alexejew berichtet, man habe ihm Jahre später erzählt, daß die Sowjets am Samstag morgen ein amerikanisches Flugzeug über dem Ostteil der Insel entdeckt hatten.

Laut Alexejew war es dem sowjetischen Kommando auf Kuba »nicht ausdrücklich verboten« worden, auf amerikanische Flugzeuge zu schießen. Zwei stellvertretende Kommandeure der sowjetischen Truppen hatten zwanzig Minuten Zeit, sich für oder gegen einen Angriff auf das Flugzeug zu entscheiden. Nachdem sie ohne Erfolg versucht hatten, ihre Vorgesetzten zu erreichen, beschlossen sie, auf eigene Verantwortung den Befehl zur Beschießung des Flugzeugs zu geben. Von einer Batterie in der Nähe des kubanischen Hafens Banes wurde eine SA-2 abgefeuert, die Andersons Flugzeug einen Volltreffer verpaßte.*

Sergej Chruschtschow erzählte später, daß der Parteichef darüber »sehr verärgert war«. Als er vom Abschuß der U-2 erfuhr, »sagte er, unsere Seite habe einen großen Fehler gemacht«. Wie bei dem U-2-Zwischenfall über der Tschuktschen-Halbinsel zeigte sich, daß er und Kennedy

---

* Fast drei Jahrzehnte lang blieben die Umstände ungeklärt, unter denen die U-2 abgeschossen worden war. Carlos Franqui, ein Mitstreiter Castros, der später das Land verließ, behauptete 1981, Castro habe sich zu dem sowjetischen Stützpunkt bei Pinar del Rio begeben, um einen Zwischenfall zu provozieren. Damit habe er ausprobieren wollen, »ob es einen Krieg geben würde oder nicht«. Als auf dem Radarschirm eine U-2 auftauchte, habe er sich bei den Sowjets erkundigt, wie man ein angreifendes Flugzeug abschieße. Dann habe er selbst den Auslöseknopf gedrückt: »Das Flugzeug fiel herunter, während die sowjetischen Generäle konsterniert danebenstanden.« Diese Geschichte ist mit größter Wahrscheinlichkeit ins Reich der Legende zu verweisen. Während der gesamten Krise ist Castro in Havanna geblieben. 1985 kommentierte Castro diese Erzählung mit den Worten: »Ich hatte nicht die Ehre, das amerikanische Aufklärungsflugzeug abzuschießen.« Am Tag nach dem Abschuß des Flugzeuges schrieb Castro an Chruschtschow: »Um einen Überraschungsangriff zu verhindern, mußten wir unserer Artillerie Feuerbefehl erteilen. Die sowjetischen Kommandeure können Ihnen über den Flugzeugabschuß weitere Informationen geben.«

angesichts der Krise allmählich die Kontrolle über die Situation verloren. Sergej berichtete von der Sorge seines Vaters, »der bereits zwei
Kriege erlebt hatte und wußte, was geschehen kann, wenn die Soldaten
nervös sind und einander direkt gegenüberstehen«. In einer solchen
Situation könne »durch eine unerwartete Entscheidung, einen unerwartet abgefeuerten Schuß ... die Situation außer Kontrolle geraten«.*

Malinowski schickte umgehend einen strengen Verweis an die sowjetischen Truppen auf Kuba: Sie hätten das Flugzeug »übereilt« abgeschossen, als »gerade ein friedlicher Weg zur Verhinderung einer Invasion
Gestalt anzunehmen begann«.

Die Kubaner feierten den Abschuß der U-2 voller Begeisterung. Einige
kubanische Regierungsmitglieder fürchteten aber, daß der Zwischenfall die Krise anheizen könnte. Jorge Risquet erinnerte sich: »Wir
billigten die Aktion. Dieses Ereignis rief in unserem Volk Freude und
Genugtuung hervor, denn jetzt wußten die Menschen, daß wir uns
verteidigen konnten.«

Am späten Nachmittag dieses Samstags erklärte McNamara vor dem
ExComm, er habe Chruschtschows Brief vom Freitag noch einmal
studiert: »Mein Gott! ... Ich würde niemals ein Geschäft aufgrund *eines
solchen Vertrages* abschließen ... Verdammt noch mal, da ist nicht ein
Punkt, der wie ein Angebot klingt. Sie haben ja alle seine Botschaft
sorgfältig gelesen. Eigentlich hat er gar nicht gesagt, daß er die Raketen
abzieht ... Es sind zwölf Seiten voll mit ... mit heißer Luft ... Und noch
bevor wir das verdammte Ding wirklich analysieren konnten, sieht die
Sache schon wieder ganz anders aus.« Damit bezog er sich auf Chruschtschows Mitteilung vom Samstag. »Völlig anders. Das alles bringt
mich zu dem Schluß, daß es *höchstwahrscheinlich* nicht so bald zu einer
Unterschrift kommt.«

Darauf sagte McCone: »Ich würde ihm einen Brief mit einer Drohung
schicken. Darin würde ich sagen: ›Sie haben uns [am Freitag] öffentlich
ein Angebot gemacht. Wir werden dieses Angebot annehmen. Aber
noch bevor wir Gelegenheit hatten, Ihnen eine Antwort zu schicken,
haben Sie heute ein Flugzeug abgeschossen. Dabei *wußten* Sie doch,
daß wir unbewaffnete Flugzeuge zur Überwachung Kubas einsetzen.

* Eine ähnliche Befürchtung hegte Chruschtschow während der Panzerkonfronta-
tion an der Friedrichstraße in Berlin im Oktober 1961.

Wir möchten Sie jetzt warnen, Mr. Chruschtschow: Wir schicken weiterhin unbewaffnete Flugzeuge, und wenn eines von ihnen beschossen wird, werden wir die dort stationierten [offensiven] Waffen vernichten; darauf können Sie Gift nehmen.«»

Lyndon Johnson bat um eine Erklärung, warum Chruschtschow seine Forderungen über Nacht hochgeschraubt hatte. Thompson antwortete, der Parteichef sei vielleicht von anderen Regierungsmitgliedern überstimmt worden. Oder er sei von den Vorschlägen Walter Lippmanns und des österreichischen Außenministers Bruno Kreisky angetan gewesen, die beide ein Tauschgeschäft mit den Raketen in der Türkei befürwortet hatten.

Thompson erklärte: »Wir sollten mehr Druck ausüben. Ich glaube, sie werden ihre Meinung ändern, wenn wir weiterhin entschieden handeln – indem wir beispielsweise ein Schiff anhalten oder eine SAM-Stellung zerstören. Dabei würden dann einige Russen umkommen.« Er befürwortete sogar die Zerstörung einer SAM-Basis ohne vorherige Warnung, »denn ich glaube nicht, daß sich da ein Ultimatum empfiehlt«. Später meinte er: »Wir haben auf jeden Fall die Wahl . . . Entweder halten wir uns an den beschlossenen Kurs und greifen Kuba an . . . oder wir versuchen wieder, Chruschtschow zu einer friedlichen Lösung zu drängen. In diesem Fall sollten wir nicht signalisieren, daß wir bereit sind, die Sache mit der Türkei zu akzeptieren . . . Mir scheint . . . Sie haben plötzlich gemeint, daß Sie den Preis höherschrauben können. Sie haben den Preis erhöht und auch entsprechend gehandelt . . . Ich glaube, daß wir sie wieder auf den Boden zurückholen müssen, indem wir unsere eigenen Aktionen verstärken und sie auf die Sache von vorher [den ursprünglichen Vorschlag] zurückbringen, ohne die Raketen zu erwähnen . . . Wir müssen ihm [Chruschtschow] einheizen und ihn damit wieder an den Punkt bekommen, wo er offenbar am Abend zuvor war. Seine Mitteilung vom Freitag war ziemlich konfus, und das zeigt, daß sie besorgt waren. Dann hat der Lippmann-Artikel und vielleicht auch die Rede von Kreisky sie glauben lassen, daß sie mehr bekommen könnten . . .«

Laut Bundy war der Präsident hin und her gerissen. Da war einerseits die Hoffnung, die Chruschtschows Brief vom Freitag geweckt hatte, und andererseits der Ärger über die plötzlich verhärtete Position des Parteichefs. Dazu kam noch die Sorge, daß weitere Zwischenfälle wie der amerikanische Aufklärungsflug über Sibirien und der Abschuß von Andersons U-2 die beiden Supermächte gleichsam »versehentlich« auf einen Kollisionskurs bringen könnten, besonders da nun die Stabschefs ihrer Forderung nach einer militärischen Aktion gegen Kuba verstärkt Nachdruck verliehen.

Kennedy legte sein Veto gegen einen Vergeltungsschlag als Antwort auf den Abschuß der U-2 über Kuba ein. Auf Thompsons Ausführungen erwiderte er: »Nun, ich glaube ... ich werde einfach [zu Chruschtschow] sagen: ›Natürlich müssen wir es auf dem Weg versuchen, den Sie zuerst vorgeschlagen haben.‹ ... Aber mir scheint doch, daß wir wegen der türkischen Raketen *unbedingt* mit der NATO sprechen müssen.* Wir können uns nicht auf einen Einmarsch in Kuba mit all seinen Risiken einlassen, wenn wir die Raketen auch durch einen Tauschhandel mit den entsprechenden Raketen in der Türkei herausbekommen würden. Wenn das aktenkundig wird, weiß ich nicht, wie wir einen erfolgreichen Krieg führen wollen.«

Da Rusk ihn gebeten hatte, noch einmal mit Fomin zu sprechen, trafen sich John Scali und der Russe in einem leeren Tanzsaal im Statler Hilton. Der Journalist fragte Fomin, weshalb Chruschtschow die Raketen in der Türkei ins Spiel gebracht habe.

Scali berichtete, Fomin, der außerordentlich nervös war, habe erwidert, daß der Parteichef seine gestrige Nachricht vielleicht zu spät erhalten habe. Dann meinte er, auch Lippmann habe schließlich einen ›kubanisch-türkischen‹ Tauschhandel vorgeschlagen.

---

* Inzwischen hatte das Außenministerium zu bedenken gegeben, daß die Türkei, der Iran und andere Verbündete ein ›kubanisch-türkisches‹ Tauschgeschäft möglicherweise als einen »ersten Schritt zu einem Rückzug der Vereinigten Staaten aus Europa« betrachten würden. Vielleicht würde man diese Maßnahme auch als Hinweis verstehen, daß die Vereinigten Staaten nicht mehr der sowjetischen Bedrohung an anderen Orten, vor allem in Berlin, entgegentreten würden«. Die Türkei würde dieses Zugeständnis als einen »Handel« ansehen, bei dem »Waffen, die für die Sicherheit der Türkei wichtig sind«, entfernt würden, »um größere Stabilität für die Vereinigten Staaten selbst zu erreichen«. Die sowjetischen Appelle, die Türkei solle sich auf Kemal Atatürks Außenpolitik zurückbesinnen und wieder freundschaftliche Beziehungen zu Moskau aufnehmen, »würden dann ein willigeres Ohr finden als in der Vergangenheit«. Als Reaktion auf Chruschtschows öffentliche Botschaft hatte der türkische Außenminister bereits erklärt, daß eine Aufgabe der Raketenstellungen in seinem Land »nicht in Frage« komme.

Darauf erklärte Scali: »Es ist mir egal ... ob es Walter Lippmann oder Kleopatra war ... Wir sind absolut entschlossen, diese Raketen von dort zu entfernen. Ein amerikanischer Einmarsch in Kuba wird in wenigen Stunden beginnen.«[*]

Um den Verlauf der Verhandlungen zu beschleunigen und die Weltmeinung für sich zu gewinnen, beschloß Kennedy, seinen nächsten Brief an Chruschtschow zu veröffentlichen. Am späten Samstag nachmittag arbeitete er mit Rusk, Ball und Thompson an einem Entwurf. Darin wurde kritisiert, daß Chruschtschow die europäischen Stützpunkte in die Diskussion gebracht habe, während gleichzeitig die Raketenbasen auf Kuba »in fieberhafter Eile« fertiggestellt würden: »Die Zeit wird knapp, Herr Generalsekretär ... Die Arbeiten an diesen Raketenstellungen sind unverzüglich einzustellen. Innerhalb der nächsten Tage muß dann mit Maßnahmen für ihren Abbau begonnen werden. Ansonsten sehe ich mich gezwungen, weitere Schritte zum Schutz unserer Sicherheit einzuleiten.«

Robert Kennedy meinte, diese Formulierung sei zu negativ. »Wenn es dir nicht gefällt, dann schreib doch selbst einen Entwurf«, entgegnete der Präsident. Daraufhin begab sich der Justizminister mit Sorensen in einen Nebenraum und kehrte mit einem eigenen Vorschlag zurück. Nach weiteren Überarbeitungen segnete Kennedy schließlich den endgültigen Text ab. Er teilte Chruschtschow mit, daß er seine Leute in New York angewiesen habe, mit U Thant und den Sowjets über »eine abschließende Lösung des kubanischen Problems zu verhandeln. Als Grundlage sollten die Vorschläge aus Ihrem Brief vom 26. Oktober dienen.«

Danach wäre der Parteichef bereit, alle Waffen in Kuba, die »offensiv eingesetzt werden können«, unter Überwachung durch die UNO abzuziehen und keine weiteren derartigen Waffen mehr auf die Insel zu bringen. Im Gegenzug dazu würde der amerikanische Präsident die Blockademaßnahmen beenden und zusichern, daß es keinen Ein-

---

[*] Wie die vorhergehenden Gespräche zwischen Fomin und Scali wurde auch dieser Informationsaustausch häufig als ein entscheidender Faktor in der Krise bezeichnet. Aber Georgi Kornjenko bemerkte 1991, selbst über die Kanäle des KGB habe damals die Weitergabe von Nachrichten nach Moskau so lange gedauert, daß Fomins Bericht Chruschtschow kaum rechtzeitig erreicht haben konnte, um dessen nächste Entscheidung zu beeinflussen.

marsch auf Kuba geben werde. Er sei »zuversichtlich«, daß sich auch andere Staaten in der Region dieser Zusage anschließen würden.

Wie Bundy vorgeschlagen hatte, wurde in diesem Brief Chruschtschows Botschaft vom Samstag mit keinem Wort erwähnt. Von den in der Türkei stationierten Raketen war überhaupt nicht die Rede, denn Kennedy wollte schriftliche Zugeständnisse in dieser Frage vermeiden. Er bemerkte lediglich, daß die Beendigung der Krise es »uns ermöglichen würde, ähnliche Vereinbarungen über ›andere Waffen‹ zu treffen, wie Sie das in Ihrem zweiten Brief vorgeschlagen haben ... Falls ... Sie bereit sind, über Entspannung zwischen der NATO und dem Warschauer Pakt zu verhandeln, sind wir bereit, alle konstruktiven Vorschläge mit unseren Verbündeten zu diskutieren.«*

Nach der ExComm-Sitzung erkundigte sich der Vizepräsident bei George Ball, weshalb die Vereinigten Staaten die Jupiter-Raketen in der Türkei nicht gegen die Raketen in Kuba »tauschen« wollten. Ball erklärte, das ExComm sei in der letzten Woche zu dem Schluß gekommen, ein solcher Handel »sei möglich«, falls er »Berlin rette«: Die NATO könnte die Türkei statt dessen »mit den in diesem Gebiet stationierten Polaris-U-Booten« verteidigen.

Der Präsident bat Thompson, eine Kopie seines Briefes Dobrynin zu überbringen und ihm das Schreiben zu erläutern. Aber Thompson meinte: »Nein, das sollte ich nicht tun. Diese Botschaft sollte einen ganz persönlichen Charakter besitzen.« Damit wollte er ausdrücken, daß Robert Kennedy den Botschafter aufsuchen sollte. Jane Thompson berichtete, daß ihr Ehemann den Justizminister vor dem Gespräch »auf jede mögliche Erwiderung Dobrynins vorbereitete«.

Bevor sich sein Bruder auf den Weg machte, bat der Präsident ihn, Rusk, Bundy, McNamara und Sorensen ins Oval Office. Er instruierte den Justizminister noch einmal: »Sag ihm, daß wir eine Militäraktion gegen Kuba einleiten werden, wenn wir bis Montag keine Antwort haben.« Dann bat er seinen Bruder im Beisein der anderen engen Berater, Dobrynin mündlich noch eine zusätzliche Botschaft zu übermitteln: Die Raketen in der Türkei dürften nicht zwischen Krieg und Frieden entscheiden.

---

* Mit dieser Formulierung signalisierte der Präsident, daß er bereit war, über das in Chruschtschows Brief vom Samstag angesprochene Thema des Abzugs der Raketen aus der Türkei zu diskutieren.

Sorensen schrieb, der Präsident sei sich sehr wohl bewußt gewesen, daß es für Chruschtschow sehr nützlich sein würde, wenn er die Ankündigung des Abzugs der Raketen vor dem Zentralkomitee mit der folgenden Information koppeln konnte: »Und wir haben die Zusicherung, daß die Raketen aus der Türkei entfernt werden.««[*]

Um 19.45 Uhr, fünfzehn Minuten vor der Veröffentlichung von John F. Kennedys Brief, traf Dobrynin im Justizministerium ein. Der Justizminister übergab ihm eine Kopie des Briefes an Chruschtschow und warnte ihn, daß die Vereinigten Staaten zurückschlagen würden, falls noch weitere amerikanische Flugzeuge über Kuba abgeschossen würden. Laut einem Memo, das er kurz nach dem Gespräch diktierte, erklärte er gegenüber Dobrynin, die US-Regierung benötige »die feste Zusage, daß diese Stützpunkte spätestens ab morgen abgebaut werden. Das solle kein Ultimatum sein, erläuterte ich, sondern eine reine Feststellung der Tatsachen.«
Robert Kennedy berichtete außerdem, daß er Dobrynin noch folgendes mitgeteilt habe: Wenn nach der Zustimmung der Sowjetunion zum Abzug der Raketen »Kuba und Castro ihre subversiven Aktivitäten in anderen zentral- und lateinamerikanischen Ländern einstellen, wären wir auch bereit, den Frieden in der Karibik zu garantieren und keine Invasion von amerikanischem Boden aus zu erlauben«.
Dann erklärte Robert Kennedy, daß der Präsident bereit sei, über die Raketen in der Türkei zu verhandeln: »Aber das darf nicht veröffentlicht werden und kann auch nicht Teil eines Junktims sein . . . Soweit es dabei um einen NATO-Beschluß geht, muß der übliche Weg der Entscheidungsfindung in der NATO eingehalten werden.« Andernfalls müßte der Präsident sich vorwerfen lassen, »er habe eine eigenmächtige Entscheidung gefällt«.
Der Justizminister betonte, daß »es kein Quidproquo geben könne . . . Die Entscheidung liege bei der NATO. Ich sagte, ein solcher Schritt käme angesichts der augenblicklichen bedrohlichen Haltung der So-

---

[*] Sorensen »gestand« 1989: »Ich habe Robert Kennedys Buch *Dreizehn Tage* redigiert. Es war ursprünglich tatsächlich ein Tagebuch über diese dreizehn Tage. Und in seinem Tagebuch wurde klar und deutlich beschrieben, daß dieser Punkt Teil des Geschäfts war. Da aber diese Tatsache zu jener Zeit selbst auf amerikanischer Seite noch geheimgehalten wurde . . . beschloß ich, das aus seinem Tagebuch zu streichen . . .«

wjetunion für die NATO nicht in Frage.« Aber wenn man noch vier bis fünf Monate abwarte, sei er »überzeugt, daß diese Angelegenheit zufriedenstellend gelöst werden könne«. Er fügte hinzu, daß diese Vereinbarung sofort ihre Gültigkeit verliere, falls die Sowjets eine öffentliche Zusage für den Abzug der Raketen aus der Türkei verlangen würden.

Laut Dobrynin äußerte Kennedy zum Abschluß ihrer Begegnung: »Die Zeit bleibt nicht stehen. Und wir dürfen sie nicht ablaufen lassen.« Jahre später berichtete der Botschafter, daß der Justizminister zwar »kein Ultimatum gestellt hat ... aber er bat mich doch sehr eindringlich«, dafür zu sorgen, daß »er ... am Sonntag eine Antwort« auf den Brief des Präsidenten bekäme.

Der Botschafter schrieb ein Telegramm an Chruschtschow und Gromyko. Wieder einmal mußte er befürchten, daß der Fahrradbote von der Western Union die Nachricht nicht rechtzeitig überbringen würde.

Als Robert im ersten Stock des Weißen Hauses aus dem Fahrstuhl trat, saß sein Bruder gerade mit Dave Powers beim Abendessen. Der Präsident fragte ihn: »Nun, wie lief es in der Botschaft?« Robert berichtete, daß Dobrynin es vorgezogen habe, ins Justizministerium zu kommen. Nachdem der Präsident den Bericht über das Gespräch gehört hatte, meinte er, daß die Chancen für eine Beilegung der Krise noch im Lauf dieses Wochenendes jetzt »eigentlich sehr gut« stünden.

Auf der ExComm-Sitzung am Samstag abend um neun Uhr stimmte der Präsident der Mobilisierung von 24 Luftreservestaffeln zu: Falls am Sonntag über Kuba amerikanische Flugzeuge angegriffen würden und die Gespräche in New York ergebnislos blieben, würden die Vereinigten Staaten die SAM-Stellungen in Kuba »ausschalten«. Da sich die *Grosni* in der Nähe der Blockadelinie befand, sollte Stevenson U Thant bitten, die Russen an ihre Zusage zu erinnern, während der UN-Gespräche mit ihren Schiffen nicht in kubanischen Gewässern zu kreuzen.

Robert Kennedy sagte, die Vereinigten Staaten dürften das Thema Türkei auf dem am Sonntag angesetzten NATO-Treffen nicht ansprechen. Sonst könnten die Sowjets »davon erfahren ... und glauben, daß wir uns auf irgendeinen Handel wegen der Türkei einlassen. Wenn ich sie wäre, würde ich mich sowieso auf diesen Punkt stürzen – und danach auf Italien. Denn wenn die Amerikaner schon das eine schlukken, dann können sie auch noch einen Schritt weiter gehen.« Wenn also die Vereinigten Staaten »in diesem entscheidenden Punkt *hart* bleiben«, würde Moskau die Krise vielleicht »auf die Weise lösen, die sie ursprünglich angeboten haben«.

McNamara meinte pessimistisch: »Ich glaube, Bobby ... wir sollten zwei Sachen bereithalten – eine Regierung für Kuba, denn wir werden eine brauchen ... und zweitens Pläne, wie wir der Sowjetunion in Europa antworten, denn sie werden mit tödlicher Sicherheit dort irgend etwas unternehmen.« Jemand meinte sarkastisch: »Ich finde, wir sollten Bobby zum Bürgermeister von Havanna machen.«

Die Sitzung dauerte fast bis Mitternacht. Für den nächsten Morgen traf der Präsident Vorbereitungen, um die Pläne für den Luftangriff noch einmal zu überprüfen: »Jetzt kann kommen, was will.« Dann begab er sich mit Powers in den Kinosaal des Weißen Hauses und sah sich einen Film mit Audrey Hepburn, einer seiner Lieblingsschauspielerinnen, an.

Offenbar wußten nur Rusk und die Kennedy-Brüder, daß der Präsident noch eine weitere geheime Vorsichtsmaßnahme getroffen hatte. Während Robert Kennedys Gespräch mit Dobrynin waren der Präsident und sein Außenminister übereingekommen, daß U Thant im geheimen gebeten werden solle, einen Tauschhandel mit den in der Türkei stationierten Raketen vorzuschlagen, falls Chruschtschow die Bedingungen in dem Brief des Präsidenten nicht bis zum Montag akzeptiert habe. Kennedy würde dieses Tauschgeschäft dann in einer öffentlichen Erklärung akzeptieren.

In Havanna warnte Fidel Castro am Freitag Alexejew vor einem angeblich unmittelbar drohenden amerikanischen Schlag gegen Kuba.

Mit Alexejews Unterstützung schrieb er dann einen geheimen Brief an Chruschtschow, in dem er einen Luftangriff der Vereinigten Staaten in den nächsten 24 bis 72 Stunden voraussagte. Die Moral des kubanischen Volkes sei »ausgezeichnet und man werde dem Aggressor heldenhaft gegenübertreten«. Sollte aber den Vereinigten Staaten die Besetzung Kubas gelingen, wäre es »verheerend für die Menschheit«, wenn ein solcher Angriff nicht beantwortet werde.

Castro bat Chruschtschow inständig, zu verhindern, daß die »Imperialisten« die »Gelegenheit zu einem Erstschlag in einem Atomkrieg« erhielten. Ein atomarer Schlag wäre in diesem Fall ein »Akt der

Selbstverteidigung«, denn es gebe »keine andere Lösung, so hart das auch sein mag«.

Alexejew und Aragones verteidigten Jahre später den kubanischen Staatschef, indem sie betonten, Castro habe nur eine Politik der Stärke gegenüber den Vereinigten Staaten verlangt. Chruschtschow interpretierte diese Botschaft allerdings anders: Er fühlte sich von Castro gedrängt, »der Invasion zuvorzukommen und einen atomaren Angriff gegen die Vereinigten Staaten einzuleiten«.* Für Chruschtschow war dieser Brief ein weiteres Zeichen, daß er und Kennedy in dieser Krise die Kontrolle über die Situation verlieren könnten.

Am Samstag abend fürchtete Chruschtschow mehr denn je, daß das Pentagon seinen Druck auf den Präsidenten verstärken könnte. Schon im Juli hatte er Thompson von seinem Verdacht erzählt, die Generäle könnten in der amerikanischen Regierung die Macht übernehmen. In seinem eigenen politischen Machtbereich kamen solche Dinge schließlich ständig vor. Als Dobrynin in seinem Telegramm nach Moskau von Robert Kennedys Bemerkung berichtete, das Pentagon dränge seinen Bruder zu einem Luftangriff, nahm Chruschtschow offenbar an, daß ein Sturz des Präsidenten drohe.

---

* Die Umstände, unter denen die Öffentlichkeit von Castros Forderung erfuhr, machte den politischen Druck deutlich, der noch vier Jahre nach dem Beginn der Glasnost-Ära auf der sowjetischen Geschichtsschreibung lastete. In einer Sitzungspause während der amerikanisch-sowjetisch-kubanischen Konferenz über die Raketenkrise im Januar 1989 in Moskau hatte ein Teilnehmer offenbar Bill Keller von der *New York Times* vertraulich mitgeteilt, daß Castro Chruschtschow um einen Atomangriff auf die Vereinigten Staaten gebeten habe. Keller veröffentlichte diese Geschichte. Da zu dieser Zeit gerade ein Besuch von Präsident Gorbatschow bei Castro in Havanna bevorstand, war die sowjetische Regierung offensichtlich der Ansicht, daß es äußerst peinlich für den kubanischen Staatschef wäre, wenn die Geschichte undementiert bliebe. Vermutlich wurde Sergej Chruschtschow aufgefordert, diese Angelegenheit öffentlich abzuleugnen, was er auch tat.
Im Februar 1989 erfuhren James Blight und David Welch bei ihren Nachforschungen zur Raketenkrise aus einer »vertraulichen Quelle«, daß Castro der Meinung gewesen sei, die sowjetischen Atomraketen hätten nur bei einer nordamerikanischen Invasion, nicht aber nach einem Luftangriff abgeschossen werden müssen. Del Valle bekannte gegenüber Blight und Welch, daß er 1962 ebenfalls dieser Ansicht war.
Die Zitate aus dem Briefwechsel zwischen Castro und Chruschtschow während der Raketenkrise stammen aus einem im November 1990 erschienenen *Le-Monde*-Artikel von Jean-Edern Hallier, dem Castro Kopien dieser Briefe überlassen hatte. Er wollte sich damit gegen Vorwürfe zur Wehr setzen, daß er kaltblütig versucht habe, den Parteichef zu einem Atomkrieg zu drängen.

Alexejews Telegramm aus Havanna schürte noch die Angst des Generalsekretärs vor einem unmittelbar bevorstehenden Einmarsch, bei dem viele Sowjets und Kubaner umkommen würden.*

Am Sonntag, dem 28. Oktober, entwarf Chruschtschow vormittags in seiner Datscha eine Antwort auf Kennedys Brief vom Samstag abend. Ein nervöser Bote brachte sein Schreiben zu Radio Moskau.

Gromyko erinnerte sich später: »In diesem Moment war für uns jede Minute kostbar. Wir mußten sehr darauf achten, daß es nicht wieder zu einer Verzögerung kam ... Jetzt ging es darum, etwas Grundsätzliches zu sichern – wir mußten Kuba als einen unabhängigen sozialistischen Staat stärken.«

Es war ein herrlicher Herbsttag in Washington. Während George Ball zu Fuß zum Weißen Haus ging, betrachtete er den südlichen Rasen, der ganz in goldenes Licht getaucht war.

Kurz vor neun Uhr Washingtoner Zeit kündigte Radio Moskau an, daß zur vollen Stunde eine wichtige Mitteilung gesendet werde. Viele Mitglieder des ExComm nahmen an, es handele sich um Chruschtschows Ablehnung von Kennedys Angebot vom Samstag abend. In diesem Fall würde der Präsident für den Dienstagmorgen einen Luftangriff auf Kuba anordnen müssen.**

---

* In seinen Memoiren berichtet Chruschtschow, Dobrynin habe telegrafisch mitgeteilt, daß Robert Kennedy weinend erklärt hätte: »Falls diese Situation noch länger andauert, kann sich der Präsident nicht mehr sicher sein, daß ihn das Militär nicht stürzt und die Macht übernimmt.« Diese Erinnerung zeigt vermutlich eher Chruschtschows eigene Ängste als die Realität.

** Maxwell Taylors persönlicher Assistent William Smith berichtete 1989, er habe damals bezweifelt, daß es dem Präsidenten noch längere Zeit möglich sein würde, sich der Forderung nach einem Luftangriff zu widersetzen.

McNamara behauptete, daß er dem Präsidenten den Rat gegeben habe, einen Luftangriff und eine Invasion noch hinauszuzögern. »Das wäre eine blutige Schlacht gewesen, bei der die kubanischen und sowjetischen Streitkräfte unter schweren Verlusten geschlagen worden wären. Ich kann mir nämlich nicht vorstellen, daß es keine militärische Antwort der Sowjetunion gegeben hätte.« Raymond Garthoff hat darauf hingewiesen, daß die amerikanischen Verluste bei einem umfassenden Einmarsch in Kuba damals auf 20 000 Mann geschätzt wurden.

McNamara glaubte, daß der Präsident vor einem Angriff zunächst die Blockade verschärft hätte. Vermutlich hätte er sie auf Mineralöl und andere für Kuba lebensnotwendige Dinge ausgedehnt. »Wohin es geführt hätte, wenn die Raketen nicht innerhalb von einer oder zwei Wochen oder einem Monat abgezogen worden wären, kann ich nicht sagen.« Sorensen bemerkte, daß Kennedy schließlich »kein Diktator« gewesen sei, daß »von seiten der Militärs Druck auf ihn ausgeübt wurde« und »daß ein einzelner Mann sich der steigenden Flut nicht unbegrenzte Zeit lang widersetzen kann«.

Um neun Uhr Washingtoner Zeit begann ein Sprecher von Radio Moskau den neuen Brief Chruschtschows an Kennedy zu verlesen.

Ich habe Ihre Mitteilung vom 27. Oktober erhalten und möchte meine Befriedigung ausdrücken über Ihr Augenmaß und Ihr Wissen um die Verantwortung für den Weltfrieden, die Sie jetzt tragen. Ich verstehe Ihre Befürchtungen und die Ängste des amerikanischen Volkes sehr gut angesichts der Tatsache, daß es sich bei den Waffen, die Sie als offensiv bezeichnen, wirklich um furchterregende Waffen handelt ...
Um den Konflikt, der den Frieden bedroht, so schnell wie möglich aus der Welt zu schaffen ... hat die sowjetische Regierung eine neue Anweisung gegeben. Sie ergänzt die bereits zuvor erfolgten Instruktionen, daß die Arbeit an den im Bau befindlichen Raketenstellungen einzustellen ist. Diese neue Anweisung sieht vor, daß die Waffen abgebaut, verladen und in die Sowjetunion zurückgebracht werden sollen ...

»*Abgebaut ... verladen und ... zurückgebracht.*« Bundy wurde von den ersten Absätzen der Botschaft Chruschtschows unterrichtet, als er gerade in der Kantine des Weißen Hauses frühstückte. Jubelnd eilte er hinaus und rief den Präsidenten an. Derselbe Mann, der Kennedy als erster auf die Raketenkrise aufmerksam gemacht hatte, überbrachte ihm nun jene Mitteilung, die endlich eine Lösung einzuleiten schien. Bundy schilderte die Situation folgendermaßen: »Es war ein wunderschöner Vormittag, und plötzlich schien alles noch einmal so schön. Und ich bin sicher, daß der Präsident ebenso empfand, denn das spürte ich während unseres Gesprächs ... Wir alle waren der Meinung, daß sich die Welt zum Besseren gewandelt hatte.«
Chruschtschows Worte tönten weiter aus den Lautsprechern der amerikanischen Horchposten in der ganzen Welt:

Mr. President ... mit Respekt und Vertrauen nehme ich die Zusicherung in Ihrer Botschaft zur Kenntnis, daß es keinen Angriff und keine Invasion auf Kuba geben wird, und zwar weder von seiten der Vereinigten Staaten noch von anderen Ländern des amerikanischen Kontinentes aus ... Dadurch sind die Gründe, die uns zur Hilfe für Kuba bewogen haben, hinfällig geworden ...
Wir sind bereit, eine Vereinbarung zu treffen, die Vertreter der

Vereinten Nationen ermächtigt, den Abbau dieser Waffen zu kontrollieren. Durch die Zusicherungen, die Sie uns gegeben haben, und unsere Anordnungen für einen Abbau ist jede Bedingung erfüllt, die zur Beilegung des gegenwärtigen Konflikts nötig ist ...

Telefonisch gab Dean Rusk die Neuigkeit an Robert Kennedy weiter, der mit seinen Töchtern eine Reitveranstaltung besuchte. Im Außenministerium schalteten Harriman, Thompson, Edwin Martin und William Tyler das alte Fernsehgerät ein, das Foy Kohler hinterlassen hatte, und sahen sich das Baseballspiel zwischen den New York Giants und den Washington Redskins an.

Chruschtschows Botschaft ging weiter:

Ich möchte noch etwas zu der Entspannungspolitik zwischen der NATO und den Ländern des Warschauer Pakts sagen, die Sie ansprachen ... Seit der Oktoberrevolution hat unser Volk gewaltige Erfolge erzielt ... Es möchte ... seine weitere Entwicklung auf einer Straße des Friedens und des sozialen Fortschritts verwirklichen ...
Vielleicht wissen wir mehr als andere Völker den Frieden zu schätzen, denn wir mußten den schrecklichen Krieg gegen Hitler ertragen. Dennoch würde unser Volk im Angesicht einer [weiteren] Prüfung nicht wanken ... Falls Provokateure einen Krieg entfesseln würden, würden sie die harten Folgen zu spüren bekommen. Aber wir sind zuversichtlich, daß die Vernunft siegen wird, daß es nicht zum Krieg kommt und daß Frieden und Sicherheit erhalten bleiben!

Bundy ging zur Privatwohnung des Präsidenten, um ihm den vollständigen Text zu übergeben. Kennedy sagte zu Dave Powers: »Ich fühle mich wie neugeboren. Ist Ihnen klar, daß wir für Dienstag einen Luftangriff geplant hatten? Gott sei Dank ist alles vorbei.«
Um elf Uhr suchte Dobrynin Robert Kennedy im Justizministerium auf. Lächelnd sagte er, daß sich nun alles lösen werde: Chruschtschow wolle »dem Präsidenten seine besten Grüße« übermitteln.
Nach dem Zehn-Uhr-Gottesdienst in St. Stephen's rief der Präsident frohgelaunt das Kabinett zusammen. Während der Sitzung berichtete McNamara, daß die *Grosni* Samstag nacht unmittelbar vor der Blockadelinie haltgemacht habe. Kennedy gab der Navy die Anweisung, alle provokativen Operationen von Exilkubanern zu unterbinden, die die Konfrontation erneut anheizen könnten.

Rusk erklärte, alle Mitglieder des ExComm hätten dazu beigetragen, daß es zu dieser »äußerst vorteilhaften Lösung« der Raketenkrise gekommen sei. Bundy unterbrach ihn und sagte, jeder wisse ja, wer die Falken und wer die Tauben seien. Heute aber sei der Tag der Tauben. Der Präsident ermahnte alle Anwesenden, der Presse gegenüber vorsichtig zu sein: »Chruschtschow hat genug schlucken müssen. Wir sollten ihm das nicht auch noch hinreiben.«* Die nationale Euphorie »wird sich spätestens in einer Woche legen«. Nach der Sitzung erinnerte er sich daran, daß Abraham Lincoln kurz nach seinem größten Sieg im Theater ermordet worden war. Er sagte zu seinem Bruder: »Heute ist ein Abend, an dem ich ins Theater gehen sollte.« Robert Kennedy erwiderte: »Wenn du gehst, möchte ich mitgehen.«
Nachdem der Vizepräsident von Chruschtschows Botschaft erfahren hatte, lud er Hugh Aynesworth von der *Dallas Morning News* in sein Washingtoner Haus ein. Im Gespräch mit dem Journalisten machte Johnson seinem Chef ein widerwilliges Kompliment: »Eines muß ich sagen: Er spielt verdammt gut Poker.«

Als Alexejew in Havanna von Chruschtschows Zusage hörte, fühlte er sich »als der unglücklichste Mann der Welt, wenn ich an Fidels Reaktion dachte«. Der Parteichef hatte es mit der Lösung dieser Krise so eilig gehabt, daß er sich nicht die Zeit genommen hatte, Castro davon zu unterrichten. Dieser hatte offenbar aus dem Radio von der Beilegung des Konflikts erfahren.
Chruschtschow schrieb an den kubanischen Revolutionsführer: »Wir haben soeben unsere Antwort auf die Botschaft des amerikanischen Präsidenten abgefaßt. Ich werde Ihnen den Inhalt hier nicht mitteilen, da Sie die Erklärung über den Rundfunk hören werden ... Angesichts der Krisensituation möchten wir Ihnen raten, sich nicht von Emotionen übermannen zu lassen.« Castro dürfe kein weiteres amerikanisches Flugzeug abschießen: »Der Konflikt steht kurz vor seiner Lösung – einer für Sie vorteilhaften Lösung. Künftig wird es keine Invasion auf Kuba geben. Die verrückten Militaristen im Pentagon

---

* In einem Hintergrundgespräch sagte Rusk später vor Reportern: »Wenn Sie darüber schreiben, dann stellen Sie es bitte nicht als eine große Kapitulation der Russen dar ... Wir möchten es ihnen in dieser Situation nicht noch schwerer machen, als es ohnehin bereits ist ... Es wäre verfrüht, zu sagen, daß es schon vorbei ist.« Im Unterschied zu der Praxis der heutigen Medien haben die meisten Journalisten im Jahr 1962 dieser Aufforderung Folge geleistet.

möchten aber ganz offensichtlich eine solche Vereinbarung verhindern und versuchen, Sie zu Handlungen zu treiben, die dann gegen Sie verwendet werden können. Wir bitten Sie daher inständig, ihnen keine derartige Handhabe zu geben.«

Castro bezeichnete Chruschtschow als »Hundesohn ... Bastard ... Arschloch«, als »maricón« (Homosexuellen) und als einen Führer ohne »cojones«. Dann trat er mit dem Fuß gegen die Wand und zerschmetterte einen Spiegel. Er weigerte sich, Alexejews verzweifelte Telefonanrufe entgegenzunehmen. In Miami erklärten empörte Exilkubaner, Kennedys Verzicht auf eine Invasion sei »eine zweite Schweinebucht ... Jetzt geht es uns genauso wie den Ungarn.«

Die Sowjetbürger reagierten erstaunt auf die Radioübertragung von Chruschtschows Botschaft. Die ganze Woche lang hatten Presse, Radio und Fernsehen in der Sowjetunion die Bedeutung der Krise heruntergespielt. Nun erfuhren sie, daß ihr Staatschef aus Kuba Raketen abzog, die eine Woche lang als »amerikanische Erfindung« bezeichnet worden waren. Und warum hatte der Parteichef Kennedy gestattet, seinen Vorschlag, der Westen solle die Raketen aus der Türkei zurückziehen, einfach zurückzuweisen?

Erschöpfte Mitarbeiter des Weißen Hauses versammelten sich vor dem Oval Office und sahen zu, wie der Präsident die *Marine One* zum Flug nach Glen Ora bestieg. Dort feierte er zusammen mit Jacqueline, den Kindern und Lem Billings die Beendigung der Krise. Danach kehrte er ins Weiße Haus zurück und segnete eine Antwort an Chruschtschow ab, die Thompson und Ball entworfen hatten. Um 16.35 Uhr wurde dieses Schreiben der Presse übergeben.

Darin erklärte Kennedy, er betrachte den Inhalt des Briefwechsels mit Chruschtschow an diesem Wochenende als »verbindliche Verpflichtung«, die »umgehend in die Tat umgesetzt werden sollte. Ich hoffe, daß die Vereinten Nationen sofort die nötigen Maßnahmen einleiten, von denen Sie in Ihrer Botschaft sprechen, damit die Vereinigten Staaten ihrerseits die Blockade aufheben können.«* Jetzt müsse man

---

* In Kennedys vorhergegangenem Entwurf hieß es: »Ich hoffe, daß die Vereinten Nationen augenblicklich die nötigen Schritte einleiten können, um die Notwendigkeit einer Überwachung des kubanischen Gebiets von unserer Seite her überflüssig zu machen. Sie haben sich verpflichtet, die Waffen, die ich als Angriffswaffen bezeichne, aus Kuba zu entfernen, und ich habe Ihnen zugesichert, daß kein Angriff auf Kuba erfolgen wird.«

sich den Problemen der atomaren Aufrüstung zuwenden und »große Anstrengungen« unternehmen, um einen Atomteststopp durchzusetzen: »Vielleicht gelingt es uns jetzt, nachdem wir die akute Gefahr verringern konnten, wirkliche Fortschritte auf diesem lebenswichtigen Gebiet zu erzielen.«

Um der Kritik an seiner wackligen Abmachung zuvorzukommen, bat der Präsident McNamara und Gilpatric, die Stabschefs in den Kabinettssaal zu holen. Er erklärte ihnen: »Ich möchte Ihnen meine Hochachtung ausdrücken. Von Ihren Ratschlägen, Überlegungen und Ihrer Haltung während dieser äußerst schwierigen Zeit habe ich sehr viel profitiert.«

Admiral Anderson schrie: »Wir sind hereingelegt worden!«, und General LeMay, der Stabschef der Luftwaffe, schlug auf den Tisch: »Das ist die größte Niederlage unserer Geschichte, Mr. President ... *Wir sollten noch heute einmarschieren!*« Daraufhin blickte McNamara zu Kennedy und bemerkte, daß dieser »völlig schockiert war. Bei seiner Antwort stotterte er.«

Der Präsident meinte zu Schlesinger, daß man in der letzten Woche des Kongreßwahlkampfes mit Angriffen der Republikaner rechnen müsse. »Sie könnten uns vorwerfen, daß wir endlich eine Chance hatten, Castro loszuwerden, und ihm statt dessen eine Garantie gegen einen Einmarsch gegeben haben. Ich werde McNamara bitten, mir die Zahlen über die möglichen Todesopfer bei so einem Invasionsversuch zu geben ... Die Militärs sind verrückt. Sie wollten das unbedingt durchziehen. Es ist ein Glück für uns, daß wir McNamara haben.«

Kennedy rief die Sprecher der Parteien im Kongreß im Weißen Haus zusammen. Obwohl er seine Mitarbeiter ermahnt hatte, die Abmachung nicht als Sieg zu deklarieren, erklärte er selbst: »Wir haben einen großen Sieg errungen ... Wir haben eine der großen Krisen der Menschheit gemeistert ... Bald könnte es allerdings eine weitere geben – wenn ... die Chinesen die Wasserstoffbombe haben.«

Kapitel 19

»Jetzt haben wir endlich die Hände frei«

Am Montag, dem 29. Oktober, überbrachte Dobrynin Robert Kennedy einen weiteren Brief Chruschtschows, in dem der Parteichef die geheime Abmachung über die türkischen Raketen festgehalten hatte. Vielleicht wollte Chruschtschow sich durch dieses Schreiben gegen die Vorwürfe seiner Generäle verteidigen, er habe die Katze im Sack gekauft.*

Nach Dobrynins Aussage habe Robert Kennedy beim Empfang des Schreibens gesagt, die Vereinigten Staaten könnten diesen Brief nur »sehr schwer« akzeptieren. Zuerst müsse der Abzug der Raketen aus der Türkei von der NATO genehmigt werden, und dies würde nicht von heute auf morgen geschehen. Doch Robert Kennedy erneuerte im Namen des Präsidenten das Versprechen, daß die Raketen innerhalb von vier bis fünf Monaten abgezogen würden.

Am nächsten Tag teilte der Justizminister dem sowjetischen Botschafter mit, daß er und der Präsident den Brief über Nacht gründlich gelesen hätten. Es könne »kein Quidproquo« geben. In seinen stichwortartigen Aufzeichnungen für dieses Gespräch hatte der Justizminister notiert: »Ziehen Sie Ihren Brief zurück – denken Sie noch einmal darüber nach, und wenn Sie glauben, daß es nötig ist, Briefe zu schreiben, dann werden wir auch einen schreiben, der Ihnen aber bestimmt nicht gefallen wird. Sollten Sie irgendein Dokument veröffentlichen, das auf unsere geheime Absprache hinweist, ist unser Handel hinfällig, und wenn Sie das nach dem Abzug der Raketen tun, wird es ebenfalls die Beziehungen belasten.«

Er versicherte Dobrynin, daß die in der Türkei stationierten Raketen

---

* An diesem Tag sendete der sowjetische Rundfunk einen Aufruf an die Regierung Kennedy, der »weisen Forderung der Menschen« Folge zu leisten und »die Atomraketen aus der Türkei abzuziehen«.

bald abgezogen würden. Aber es sei »wichtig«, daß diese Vereinbarung geheim bliebe. Andernfalls würde der Eindruck entstehen, daß er und der Präsident »mit der amerikanischen Öffentlichkeit ein falsches Spiel treiben«. Laut Dobrynin war Chruschtschow in seinem Brief auch auf Guantanamo eingegangen. Robert Kennedy aber habe Verhandlungen zu diesem Punkt kategorisch abgelehnt.*

Der Botschafter nahm daraufhin den Brief zurück. Doch die Tatsache, daß Chruschtschow noch im letzten Moment versucht hatte, eine günstigere Vereinbarung zu erreichen, trübte das Vertrauensverhältnis zwischen ihm und den Brüdern Kennedy. Als Dobrynin Robert Kennedy zusicherte, seine Regierung würde Chruschtschows geheimen Briefwechsel mit dem Präsidenten über die Raketen nicht veröffentlichen, antwortete der Justizminister: »Sie haben ja auch behauptet, Ihre Regierung würde niemals Raketen auf Kuba stationieren.«

Warum hatte der Präsident so großen Wert darauf gelegt, daß in öffentlichen Verlautbarungen nicht von einem Sieg über Chruschtschow gesprochen wurde? Bestimmt spielte dabei die Befürchtung eine Rolle, der Parteichef könne sich durch solche Äußerungen provoziert fühlen. In diesem Fall hätte Chruschtschow nämlich möglicherweise enthüllt, daß es sich eigentlich gar nicht um einen Sieg der Amerikaner gehandelt habe.

Falls aber das amerikanische Volk erfahren hätte, daß Kennedy dem Generalsekretär heimlich Zugeständnisse gemacht hatte, hätte das bestimmt verheerende Folgen für das Ansehen des Präsidenten gehabt. Zum anderen hätte die Weltöffentlichkeit Chruschtschow als den eigentlichen Sieger bei dieser Konfrontation angesehen. Und mit Sicherheit hätten die NATO-Partner den Wert anderer amerikanischer Zusagen stark in Zweifel gezogen, falls damals bekanntgeworden wäre, daß der Präsident eigenmächtig den Abzug der Raketen aus der Türkei zugesichert hatte. Damit wäre dann offenkundig gewesen, daß die Sowjetunion in dieser Auseinandersetzung nicht die einzige Supermacht war, die einen kleinen Verbündeten ausgenutzt hatte, um den Weltfrieden zu erhalten.

Deshalb verfolgte Kennedy die Berichte über die Krise genau. Auf

---

* Walt Rostow warnte Bundy am 31. Oktober, daß die Russen die Themen Türkei und Guantanamo »in Kürze auf offizieller diplomatischer Ebene« wieder ansprechen würden.

Anweisung des Präsidenten gab sein Pressesprecher Salinger auf die Frage, wie viele Briefe Kennedy mit Chruschtschow während der dreizehn Tage gewechselt hätte, eine nichtssagende Antwort: »Nun, Sie kennen ja die Briefe, über die wir uns bereits geäußert haben.«

Der Kolumnist Rowland Evans hatte von Chruschtschows emotionalem Brief vom Freitag erfahren und erwähnte ihn in einem Artikel. Daraufhin wies der Präsident Salinger an, offiziell zu dementieren, daß dieser Brief »von einem aufgeregten oder erschöpften Menschen geschrieben worden« sei. Über Evans' Artikel war Kennedy so erbost, daß er sogar persönlich Nachforschungen anstellte, um herauszufinden, wer geplaudert hatte. Bald erfuhr er, daß Evans' Quelle ein französischer Diplomat war, mit dem der Kolumnist auf einer Dinnerparty zusammengetroffen war.

Nach diesem Vorfall ordnete Kennedy an, daß sämtliche ausgegebenen Kopien seines Briefwechsels mit Chruschtschow zurückgefordert wurden. Vor dem ExComm, das weiterhin seine Sitzungen abhielt, erklärte er: »Jeder von Ihnen wird ab jetzt ständig von der Presse belagert werden.« Aber die »einzigen Informationsquellen zur kubanischen Situation« sollten Bundy und Sorensen sein: »Wir müssen selbst entscheiden können, welche Informationen wir an die Presse geben. Es darf nichts durchsickern.«

Wie beim Gipfeltreffen in Wien und auch den verschiedenen Gesprächen mit Gromyko hielt sich der Präsident nur in sehr beschränktem Maße an seine eigene Anweisung.

Als Bartlett ihn um ein offizielles Interview über die Krise bat, lehnte er mit folgenden Worten ab: »Dabei würde ich mich nur selbst loben. Es gibt keinen Grund, sich auf die Schulter zu klopfen.« Doch die Hintergrundgespräche des Präsidenten mit Bartlett, Lippmann, Sulzberger und Bradlee sowie die geschickt durch die Mitarbeiter des Weißen Hauses verbreiteten Informationen sorgten dafür, daß die Amerikaner nicht im unklaren darüber blieben, wer der eigentliche Sieger in der Kuba-Krise war. In einer Unterhaltung mit engen Freunden über seine Auseinandersetzung mit Chruschtschow sagte der Präsident in aller Bescheidenheit: »Ich habe ihn fertiggemacht.«*

---

* Gegenüber Hugh Sidney äußerte er sogar, daß »unserem Land die kubanische Blockade eigentlich Spaß gemacht hat. Sie war eine aufregende Abwechslung, und man hatte das Gefühl, daß etwas passierte.« Hastig fügte er jedoch hinzu, daß »es wohl anders ausgesehen hätte, wenn in einer langen Schlacht Tausende von Menschen ihr Leben verloren hätten«.

Obwohl Chruschtschow zu diesem Zeitpunkt noch keine Antwort des Präsidenten auf seinen offenen Brief erhalten hatte, hatte die Sowjetunion bereits am Sonntag mit dem Abbau der Raketenstellungen begonnen. Mit Preßlufthämmern wurden die Abschußrampen zerlegt. Die Raketen verlud man auf Schiffe, die Kurs auf das Schwarze Meer und die Ostsee nahmen. Als amerikanische Aufklärungsflugzeuge über jene Schiffe flogen, winkten ihnen sowjetische Matrosen fröhlich zu. Dann zogen sie die Abdeckplanen beiseite und zeigten den amerikanischen Piloten die Raketenteile.

Der wütende und enttäuschte Castro setzte den sowjetischen Maßnahmen erbitterten Widerstand entgegen. Am Sonntag, zwei Stunden nachdem Chruschtschows Brief im Radio gesendet worden war, hatte der kubanische Staatschef seine eigenen Forderungen gestellt: Die Vereinigten Staaten sollten die militärische und wirtschaftliche Blockade Kubas aufheben, ihre subversiven Aktivitäten sowie die Verletzungen des kubanischen Luftraums und seiner Hoheitsgewässer einstellen und sich außerdem aus Guantanamo zurückziehen. Castro drohte, die amerikanischen Flugzeuge abzuschießen, die über die Insel flogen, um den sowjetischen Rückzug zu fotografieren: »Wer Kuba inspizieren will, muß sich auf einen Kampf gefaßt machen!«

U Thant flog nach Havanna, um die Wogen zu glätten. Im Kampfanzug und mit einer großen Pistole bewaffnet, schimpfte Castro zwei Stunden lang auf die Vereinigten Staaten. U Thant versicherte, daß Washingtons Garantie gegen eine Invasion sofort in Kraft treten würde, sobald eine Abordnung der UNO die sowjetischen Raketenstellungen besichtigt habe. Aber Castro kritisierte diesen Vorschlag als »einen weiteren Versuch, unser Land zu demütigen«. Auf den Straßen von Havanna sangen Demonstranten im Conga-Rhythmus: »Nikita, Nikita/was du uns geschickt hast/geben wir nicht wieder her!«

Weiterhin erklärte Castro: »Kuba läßt sich nicht herumschieben wie ein Bauer auf dem Schachbrett ... Ich bin auf keinen Fall damit einverstanden, daß Chruschtschow Kennedy den Abzug der Raketen zusichert, ohne sich auch nur im geringsten um die dafür nötige Zustimmung der kubanischen Regierung zu kümmern.« Castro bezeichnete Chruschtschows Handeln als »unmoralisch«: »Freunde benehmen sich einfach nicht so!«

In einem vertraulichen Brief schrieb Chruschtschow an Castro, er wisse schon, daß es einigen Kubanern »lieber wäre, die Raketen wären nicht abgezogen worden ... Aber wir, die Politiker und Staatsmänner, sind die Führer der Volksmassen, und die Volksmassen wissen nicht alles ... Daher ist es unsere Aufgabe, den richtigen Weg zu weisen.« Ohne eine Vereinbarung mit den Vereinigten Staaten »wäre es sicherlich zu einem Krieg gekommen, der Millionen von Opfern gefordert hätte. Dann hätten die Überlebenden den Politikern den Vorwurf gemacht, diese hätten nicht die nötigen Schritte unternommen, um die Katastrophe zu verhindern.« Der Generalsekretär stellte fest, Castros Telegramm vom Samstag, dem 27. Oktober, habe davon gesprochen, ein Angriff sei »nur noch eine Frage der Zeit – zwischen 24 und 27 Stunden. Da wir Ihren Mut kennen, maßen wir diesem alarmierenden Telegramm große Bedeutung bei. Zeigt das nicht, daß wir Ihre Meinung ernst nehmen?«

In diesem Telegramm habe Castro einen sowjetischen atomaren Erstschlag auf das feindliche Territorium gefordert. »Sie wissen sehr wohl, welche Auswirkung so eine Aktion für uns gehabt hätte. Es wäre kein einfacher Angriff gewesen, sondern der Beginn eines weltweiten Atomkrieges.« Beim Abschuß der kubanischen Raketen »hätten die Vereinigten Staaten zwar enorme Verluste hinnehmen müssen, aber die Sowjetunion und alle anderen Staaten der sozialistischen Welt wären ebenfalls betroffen gewesen ... Das kubanische Volk wäre heldenhaft untergegangen.«

Weiter schrieb Chruschtschow: »Im Kampf gegen den Imperialismus ... versuchen wir, unsere Verluste möglichst gering zu halten ... um den Kommunismus nach einem Sieg in triumphale Höhen führen zu können ... Durch die jetzt getroffenen Vereinbarungen haben wir das Ziel erreicht, das wir mit der Entsendung von Raketen nach Kuba verfolgten. Es ist uns gelungen, von den USA die Zusage zu erhalten, daß sie weder selbst in Kuba einmarschieren noch ihren lateinamerikanischen Verbündeten eine solche Invasion erlauben. Und wir haben dies alles erreicht, ohne einen Atomkrieg führen zu müssen.«

In einem Brief an Chruschtschow schrieb Castro: »Wir waren uns bewußt ... daß wir vollständig ausgelöscht würden, wenn es zu einem thermonuklearen Krieg gekommen wäre. Aber trotzdem haben wir Sie nicht gebeten, die Raketen abzuziehen. Und wir wollten auch nicht, daß Sie nachgeben ... Genosse Chruschtschow, meine Empfehlung lautete nicht, daß sich die UdSSR durch einen Erstschlag zum Aggressor machen sollte ... Das wäre unmoralisch und unwürdig gewesen. Ich habe lediglich vorgeschlagen, im Fall eines Angriffs der

Imperialisten auf Kuba und auf die sowjetischen Truppen, die sich zu unserer Verteidigung im Land befinden, zurückzuschlagen und sie zu vernichten . . .

Genosse Chruschtschow, ich kann nur hoffen, daß Sie das Richtige tun und ich unrecht habe. Es sind nicht nur einige Menschen auf Kuba, wie man Ihnen vielleicht erzählt hat, sondern sehr viele, die in diesen Augenblicken ein unbeschreibliches Gefühl der Bitterkeit und der Trauer empfinden. Man spricht bereits von der Möglichkeit einer neuen Invasion der Imperialisten, denn wir wissen, daß man ihren kurzlebigen Versprechen nicht glauben darf.«

Chruschtschow war tief verletzt durch die Auseinandersetzung mit seinem Schützling, der für ihn »beinahe wie ein Sohn« war. Den Tränen nahe, sagte er zu einem kubanischen Diplomaten: »Wegen Fidel habe ich schlaflose Nächte!«

Dennoch wußte der Parteichef genau, daß die ganze Vereinbarung hinfällig war, falls Castro sich den Inspektionen in Kuba widersetzte: Denn in diesem Falle mußten sich die Vereinigten Staaten nicht mehr an ihr Versprechen gebunden fühlen, auf einen Einmarsch zu verzichten. Außerdem befürchtete Chruschtschow, Castros laute Klagen, er sei betrogen worden, könnten andere Freunde der Sowjetunion beunruhigen und seinen eigenen politischen Gegnern im Kreml und in Peking Munition liefern. Aus diesen Gründen beschloß er, Mikojan nach Havanna zu schicken.

Kein Mitglied der sowjetischen Führung stand Castro näher als Anastas Iwanowitsch Mikojan, der 1960 als erster hochrangiger Sowjetbürger Castro besucht hatte. Der Armenier, der gewöhnlich seine Gefühle nicht offen zeigte, konnte seine Vorliebe für den jungen Revolutionär nicht verbergen. Rusk gegenüber hatte er einmal erklärt: »Ihr Amerikaner müßt euch darüber klar sein, was Kuba für uns alte Bolschewiken bedeutet. Unser ganzes Leben lang haben wir darauf gewartet, daß sich ein Land ohne Hilfe der Roten Armee für den Kommunismus entscheidet. In Kuba ist es schließlich geschehen, und deshalb fühlen wir uns wieder jung.«

Der 1895 geborene Mikojan war schon seit 1935 Vollmitglied des Parteipräsidiums. Über ihn erzählte man sich folgenden Witz: Falls Rußland jemals zum zaristischen Regime zurückkehren sollte, wäre die erste Frage des neuen Monarchen: »Nun, Anastas, und was soll ich jetzt machen?« Stalin hatte ihn »ein Verhandlungsgenie« genannt.

Außerdem war er es gewesen, der amerikanische Eiskremsandwiches in der Sowjetunion eingeführt hatte.

Chruschtschow sagte einmal zu Mikojan, sein Pech sei, daß er eine Generation zu spät geboren wurde: Im Zarenreich hätte er sicherlich ein Vermögen gemacht. 1957 war der Armenier der einzige aus Stalins engstem Kreis gewesen, der sich gegen die orthodoxen Frondeure gestellt hatte – ein Wagnis, für das ihm Chruschtschow lebenslang dankbar war.* Harriman war erstaunt, wie häufig Chruschtschow von »Anastas und ich« sprach, so als bildeten Mikojan und er ein Duumvirat.

Auf seinem Weg nach Havanna machte Mikojan in New York Station, um mit Kusnezow und Stevenson zu dinieren. Er warnte sie, daß Castro möglicherweise eine direkte Überprüfung sowjetischer Militärstützpunkte auf Kuba nicht zulassen würde. Gleich nach seiner Ankunft in der kubanischen Hauptstadt verkündete Mikojan: »Das sowjetische Volk ist mit dem kubanischen ein Herz und eine Seele.« Am zweiten Tag von Mikojans Gesprächen mit Castro starb in Moskau seine Frau, mit der er vierzig Jahre verheiratet gewesen war. Aber seine Mission war so wichtig, daß er nicht einmal zu ihrer Beerdigung zurückkehrte.

Der kubanische Führer zeigte sich Mikojan gegenüber mürrisch und reizbar und erklärte ihm, daß es nicht genüge, sich nur bei ihm für Chruschtschows überhebliche Handlungsweise zu entschuldigen: Er müsse das ganze kubanische Volk um Verzeihung bitten. Als Mikojan daraufhin in kubanischen Versammlungssälen sprach, wurde er wiederholt mit faulem Obst beworfen.

Rusk erklärte vor dem ExComm, daß kein »gültiger Vertrag mit Chruschtschow« existiere. Ein Briefwechsel sei schließlich kein formales Abkommen: Die Vereinigten Staaten müßten »daher versuchen, aus diesen Briefen noch soviel wie möglich herauszuholen«. Robert Kennedy erinnerte seinen Bruder daran, »wie durcheinander und verstört« Stevenson während der Krise gewirkt habe. Darum stellte Kennedy dem konsternierten UNO-Botschafter für die Ver-

---

* Chruschtschow vertraute dem jugoslawischen Gesandten in Moskau an, Mikojan habe seine Rede vor dem Zentralkomitee während dieser Auseinandersetzung so formuliert, daß er sich – selbst für den Fall, daß sich die Gegner des Parteichefs durchsetzten – ganz der Stimmung im Saal anpassen konnte.

handlungen mit Sorin und dem stellvertretenden Außenminister Kusnezow den Republikaner John McCloy zur Seite.

Am Dienstag, dem 30. Oktober, aß Stevenson in New York mit Kusnezow, den er 1958 in Moskau kennengelernt hatte, zu Mittag. Der sowjetische Minister erklärte, er hoffe, nicht nur die »kubanische Angelegenheit« zu einem Abschluß zu bringen, sondern würde auch gerne »andere wichtige Themen erörtern«, wie beispielsweise die Militärstützpunkte auf der ganzen Welt. Außerdem wolle er die Möglichkeiten für ein Gipfeltreffen zwischen Kennedy und Chruschtschow ausloten.

Solche Gespräche wären wohl sehr im Interesse des Parteichefs gewesen, denn dieser hielt Stevenson für einen verständnisvolleren Verhandlungspartner als die harten jungen Männer der New-Frontier-Bewegung. Die Aussicht auf ausführliche Gespräche, bei denen er selbst eine wichtige Rolle spielen würde, war Musik in Stevensons Ohren. Deshalb berichtete er eilig nach Washington, Kusnezow sei »äußerst herzlich« gewesen und habe »eindringlich« seine Bereitschaft zu Gesprächen bekundet, bei denen alle aktuellen Probleme zwischen ihren beiden Ländern erörtert werden könnten.

Kennedy jedoch fand die Vorstellung, daß ausgerechnet Stevenson über die amerikanisch-sowjetischen Beziehungen verhandeln könnte, in höchstem Maße beunruhigend. Ebensosehr aber irritierte ihn Kusnezows Erwähnung der amerikanischen Militärstützpunkte auf der ganzen Welt, denn er befürchtete, die Sowjets würden erneut versuchen, öffentlich eine Verbindung zwischen den Raketen in Kuba und jenen in der Türkei herzustellen.

Stevenson wußte seinerseits nichts von Robert Kennedys geheimen Zusicherungen an Dobrynin. Der Präsident verspürte auch nicht den Wunsch, ihm diese Informationen zukommen zu lassen: Sollte Stevenson jemals wegen seiner zu nachgiebigen Haltung während der Raketenkrise angegriffen oder gar lächerlich gemacht werden, könnte er womöglich der Versuchung nicht widerstehen, darauf hinzuweisen, daß der Gedanke eines ›türkisch-kubanischen‹ Tauschhandels ursprünglich von ihm stammte. Deshalb telegrafierte Kennedy an Stevenson, er solle sich bei den Verhandlungen auf die endgültige Beilegung der Kuba-Krise beschränken.

Kusnezow war zutiefst beunruhigt über Castros Drohung, amerikanische Aufklärungsflugzeuge anzugreifen. Da er wußte, daß der Abschuß eines Flugzeuges die Krise erneut entfachen würde, drängte er die Amerikaner, sich mit ihren Flügen auf die kubanischen Küstengebiete zu beschränken. Der Präsident verweigerte zwar eine diesbezügliche Zusage, war aber vorsichtig genug, die Aufklärungsflüge nur auf Einzelgenehmigungen hin zu gestatten.[*]

McCone stellte in einer ExComm-Sitzung fest, daß zwar die Raketen aus Kuba abgezogen, aber alle anderen Baumaßnahmen, einschließlich der Errichtung von Funkzentralen und möglicherweise sogar eines U-Boot-Stützpunktes, fortgesetzt würden. Auch die Montage von IL-28-Bombern ginge weiter.[**]

Noch unter der Wirkung von Chruschtschows letztem Brief hatte Kennedy am Sonntag, dem 28. Oktober, zu seinen ExComm-Mitarbeitern gesagt, sie sollten »sich nicht an den IL-28-Bombern festbeißen«. Aber auch die IL-28 waren als Offensivwaffen einsetzbar. Darum bat Kennedy Stevenson, er solle Kusnezow mitteilen, daß die IL-28-Bomber abgezogen werden müßten. Auf diese Forderung antwortete der sowjetische Minister, dies sei ein »neuer Punkt«, der in dem Briefwechsel zwischen Kennedy und Chruschtschow bisher nicht behandelt worden sei.

Thompson gab dem Präsidenten den Rat, er solle Chruschtschow »etwas geben, was er seinen Genossen im Kreml vorzeigen kann«. Daher wurde Robert Kennedy am Abend des 3. November, einem Samstag, zur sowjetischen Botschaft geschickt. In einem vertraulichen Gespräch teilte er Dobrynin mit, daß »wir bereit wären, sofort das Ende der Blockademaßnahmen bekanntzugeben«. Allerdings müsse die Sowjetunion zuvor mit dem Abzug von den IL-28-Bombern be-

---

[*] Die ExComm-Mitglieder waren sich darüber einig, daß es sich mit größter Sicherheit um einen »bewußten sowjetischen Willensakt« handeln würde, falls eine U-2 von einer SAM-Stellung auf Kuba angegriffen werden sollte. Die Vereinigten Staaten sollten auf einen solchen Schritt mit einem Luftangriff gegen diese Raketenstellung reagieren. Außerdem würde in diesem Fall Kennedy eine Botschaft an Chruschtschow senden, in der auf »die dringende Notwendigkeit einer weiteren Überwachung aus der Luft« hingewiesen werde. Falls eine U-2 abgeschossen würde, sollten die Vereinigten Staaten die dafür verantwortliche SAM-Stellung zerstören und »abermals mit Moskau Kontakt aufnehmen«. Sollte von dort »keine befriedigende Antwort kommen«, müßte man auch die restlichen SAM-Raketen-Stellungen auf Kuba »eliminieren«.

[**] Die CIA nahm an, daß die Sowjets 42 IL-28-Bomber nach Kuba geschickt und sieben davon montiert hätten. Wie inzwischen bekannt wurde, sind jedoch nur zwölf geliefert worden: Drei davon waren für die kubanische Luftwaffe bestimmt und zu diesem Zeitpunkt noch nicht einmal ausgepackt worden.

ginnen und zusichern, daß dieser innerhalb von dreißig Tagen abgeschlossen werde.

Am Dienstag, dem 6. November, übergab Dobrynin Robert Kennedy einen Brief von Chruschtschow, in dem dieser es ablehnte, die Forderung des Präsidenten nach dem Abzug der IL-28-Bomber zu erfüllen. Robert Kennedy führte bei diesem Anlaß, wie er sich später erinnerte, »das unangenehmste Gespräch, das ich jemals mit Dobrynin hatte«. In seiner Antwort an Chruschtschow schrieb der Präsident, er sei äußerst »überrascht«, daß der Parteichef die Situation durch die IL-28-Bomber »komplizieren« würde. In seinem Brief vom 27. Oktober spräche er schließlich von allen Waffen, die für einen Angriff geeignet wären. Zwar habe er »nicht den Wunsch«, Chruschtschow »Schwierigkeiten zu machen«, aber der Parteichef müsse einsehen, daß die Stationierung von Raketen auf Kuba für die Vereinigten Staaten ein »tiefer und gefährlicher Schock« gewesen sei.
Jetzt sei es »lebenswichtig«, das gegenseitige Vertrauen wiederherzustellen. Das Thema der Verifizierungsmaßnahmen in Kuba könne »wirklich sehr ernst werden«. Diese Inspektionen seien eine »ausdrückliche Bedingung« gewesen, die sie in ihrem Briefwechsel festgehalten hätten.
Der Präsident meinte vor dem ExComm, daß die Situation »sehr rasch gefährlich werden könnte«. Deshalb hatte ein erster Entwurf seines Briefes an Chruschtschow sogar mit der Drohung »einer erneuten Aktion von unserer Seite« geendet.

An diesem Tag wurden die in der Mitte der Wahlperiode fälligen Kongreßwahlen abgehalten. Kennedy gab in Beacon Hill in Boston seine Stimme ab, flog dann mit dem Hubschrauber nach Hyannis Port, um seinen Vater zu besuchen, und kehrte schließlich ins Weiße Haus zurück. Zusammen mit Jacqueline sah er sich im ovalen Zimmer die Wahlberichterstattung an.
Das Gallup-Institut hatte ermittelt, daß die Popularität des Präsidenten aufgrund der Kuba-Krise von 62 auf 74 Prozent gestiegen war. Aber schon Ende Oktober hatte Harriman geklagt, daß die Republikaner im Begriff seien, den guten politischen Ruf des Präsidenten »zu unterminieren«. So meinte beispielsweise der Kongreßabgeordnete Thomas Curtis aus Missouri, daß die Krise »zu Wahlkampfzwecken erfunden« worden sei. Barry Goldwater erklärte, der Präsident habe

mit seiner Zusage, er werde nicht in Kuba einmarschieren, »Castro und den Kommunismus an Lateinamerika festgeschlossen und den Schlüssel weggeworfen«.

Kennedy hatte an dem Wahlkampf der Demokraten nicht sehr aktiv teilgenommen. Er wußte, daß er seiner Partei am meisten helfen konnte, wenn er sein Krisenmanagement möglichst gut verkaufte. Als Exilkubaner behaupteten, die Sowjets hätten ihre Atomraketen gar nicht abgezogen, sondern sie in Höhlen auf Kuba versteckt, bat der Präsident die ExComm-Mitglieder, gezielte Dementis zu lancieren. Außerdem versuchte das Weiße Haus, die Exilkubaner am Kauf von Radiosendezeit zu hindern.

Nachdem der Präsident in der Nachrichtensendung *Today* der NBC gesehen hatte, wie ein Exilkubaner seinem Herzen Luft machte, gab er die Anweisung, »innerhalb von 24 Stunden jeden kubanischen Flüchtling, der sich über Waffenlieferungen nach Kuba äußert, durch Polizeibeamte zu verhören. Natürlich versuchen die Flüchtlinge ihre Situation aufzubauschen, um uns zum Einmarsch zu bewegen.«

Kennedy wußte, daß der unerwartete Besuch eines FBI-Agenten den Exilkubanern nicht nur Informationen entlocken würde, die für die Regierung nützlich waren. Die Verhöre sollten den Exilkubanern vor allem Angst einjagen. Als die Stahlindustrie im April ihr Versprechen gebrochen und die Preise erhöht hatte, war man ähnlich vorgegangen. Robert Kennedy erinnerte sich: »Ich wies das FBI an, alle Manager zu verhören – gleich am nächsten Tag sollten die Beamten geradewegs in die Chefetagen spazieren.« Einige dieser Befragungen fanden auch nachts in den Wohnungen der Betroffenen statt.[*]

Tatsächlich hatten sie die Stahlbosse gewaltig eingeschüchtert. Man kann sich also leicht vorstellen, wie eine solche Maßnahme auf kubanische Flüchtlinge wirken mußte, über deren Einwanderungsbescheid noch nicht entschieden war. Das einzige Verbrechen dieser Leute war der öffentlich geäußerte Verdacht, der Präsident könnte ihr Land für immer Fidel Castro überlassen.

---

[*] Robert Kennedy meinte später, diese nächtlichen Verhöre seien »eine Entscheidung des FBI gewesen . . . Mit mir haben sie darüber nicht gesprochen, und ich wußte auch gar nicht, wen sie befragten.« William Sullivan vom FBI bestätigte diese Aussage: ». . . wir selbst haben diese nächtlichen Verhöre beschlossen, nicht Kennedy.« Douglas Dillon erinnerte sich später, Robert Kennedy habe den Verdacht gehegt, »daß Edgar Hoover solche Sachen möglicherweise absichtlich machte, um ihn in Verlegenheit zu bringen«.

Die Wahlbeteiligung bei den Kongreßwahlen 1962 war größer als jemals zuvor bei einer Wahl zwischen den Legislaturperioden. Die Demokraten gewannen vier Sitze im Senat dazu und verloren im Kongreß zwei Sitze. Damit erzielten sie das beste Ergebnis seit 1934. Die Annahme, daß die Raketenkrise für diesen Wahlausgang gesorgt habe, wurde zu einer politischen Legende. So beklagte sich Richard Nixon nach seiner Wahlniederlage in Kalifornien, daß »diese Sache in Kuba« ihn daran gehindert hätte, »unsere politischen Ziele deutlich zu machen«.*

Tatsächlich aber zeigten die Umfragen, daß die Landwirtschaftspolitik, die Auseinandersetzung über Bürgerrechte und andere innenpolitische Themen einen weitaus größeren Einfluß auf die Wahlen gehabt hatten als die Kuba-Krise. Zweifellos wirkte sich die Krise positiv für jene Kandidaten aus, die bereits im Kongreß saßen. Der Kongreßabgeordnete Curtis meinte später, daß Kuba »allen Amtsinhabern, die sich zur Wiederwahl stellten, sehr geholfen hat: Wir waren wichtig.« Kennedy freute sich natürlich darüber, daß seine Partei die traditionellen Verluste in der Mitte der Präsidentschaftsperiode hatte vermeiden können, denn das kam seinem politischen Renommee zugute. Aber er war dennoch der Meinung, daß er sich auf dem Capitol Hill »etwa in derselben Position wie in den letzten zwei Jahren« befand. Zu Freunden sagte er: »Wartet bis 1964«, denn er rechnete mit einem erdrutschartigen Sieg bei den Präsidentschaftswahlen.

Alexander Sintschuk übergab Charles Bartlett eine weitere vertrauliche Mitteilung, von der Bartlett dem Präsidenten berichtete: »Es wäre ein Fehler, die Russen jetzt zu sehr zu bedrängen.« Sintschuk glaube, daß sie jetzt »die Sache so rasch wie möglich bereinigen wollen«.** Chruschtschow schrieb dennoch vier vertrauliche Briefe an

---

* Nixon äußerte außerdem die Vermutung, daß Kennedy und Chruschtschow möglicherweise eine geheime »Vereinbarung über die NATO und den Warschauer Pakt« getroffen hätten, um die Krise beizulegen.

** Sintschuks Botschaft dürfte aus einer erstklassigen Quelle stammen. Bartlett berichtete Kennedy über das übrige Gespräch: »Der offensichtliche Anlaß – nicht der Grund – für die Einschleusung der Raketen nach Kuba dürfte die türkische Episode gewesen sein, die gegen den ausdrücklichen Protest der Sowjets geschah. In der Türkei wurden damals sogar Landkarten veröffentlicht, auf denen die Ziele in der Sowjetunion eingezeichnet waren. Chruschtschow wollte ihnen mit dieser Handlungsweise offenbar deutlich machen, wie man sich fühlt, wenn solche Dinger auf einen gerichtet sind.«

den Präsidenten, in denen er sich weigerte, die Bomber abzuziehen, ehe nicht die Blockade aufgehoben sei.*

Am Mittwoch, dem 14. November, meinte Kennedy in einem Telefonat mit Macmillan: »Wir können die [IL-28-]Bomber herausbekommen, aber die Sowjets wollen, daß wir dafür die Blockade und die Überflüge einstellen und außerdem in Florida die gleichen Inspektionen wie in Kuba dulden ... Wir könnten sagen, daß sich der ganze Handel inzwischen erledigt hat. Dann könnten wir unser Versprechen, nicht einzumarschieren, zurückziehen und sie ordentlich schikanieren.« Der britische Premierminister antwortete: »Sie dürfen ihm [Chruschtschow] gegenüber nicht nachgeben.«

Die Stabschefs gaben Kennedy den Rat, die Blockade auf Petroleum, Öl und Schmierstoffe auszuweiten, falls Chruschtschow die IL-28-Bomber nicht abziehen sollte. Falls diese Maßnahme fehlschlagen würde, »sollten wir uns darauf vorbereiten«, die Flugzeuge »durch einen Luftangriff ... zu eliminieren«.

Kennedy war so mit den IL-28-Bombern beschäftigt, daß er zwei weiteren sowjetischen Baumaßnahmen keine Aufmerksamkeit schenkte. In seinem Brief vom 7. November hatte er Chruschtschow zwar mitgeteilt, er messe der Zusicherung des Parteichefs, auf Kuba werde kein sowjetischer U-Boot-Stützpunkt errichtet, »größte Bedeutung« bei. Diese Zusage hatte Chruschtschow am 16. Oktober gegenüber Kohler gegeben. Danach jedoch erwähnte Kennedy dieses Thema nie wieder.

Auf Geheiß des Präsidenten beschwerte sich McCloy bei Kusnezow darüber, daß weiterhin sowjetische Truppen auf der Insel stationiert seien. Am Ende aber gab sich Kennedy mit den Versicherungen der Sowjets zufrieden, diese Kontingente würden zusammen mit den Angriffswaffen abgezogen.** Diese Nachlässigkeit sollte er später noch bereuen.

---

* Zum Zeitpunkt der Niederschrift dieses Buches hielten die amerikanische und die sowjetische Regierung den Wortlaut von Kennedys Brief vom 15. November und von Chruschtschows Schreiben vom 6., 12., 14. und 15. November immer noch geheim.

** Raymond Garthoff weist darauf hin, daß Kennedy die Zahl der auf Kuba stationierten sowjetischen Soldaten wohl zu einem wesentlicheren Punkt in den Verhandlungen gemacht hätte, wäre ihm bewußt gewesen, daß dort insgesamt 42 000 Mann standen, von denen sehr viele gar nicht mit den Angriffswaffen befaßt waren. In seiner Warnung an Chruschtschow vom September hatte er explizit »sämtliche organisierten Kampfverbände auf Kuba« erwähnt.

Am Sonntag, dem 18. November, spielte McCloy mit Kusnezow die russische Version von Billard und speiste mit ihm auf dem Landsitz der sowjetischen Botschaft in Locust Valley auf Long Island. Beim Kaffee erklärte McCloy seinem Gastgeber, daß der Abzug der IL-28-Bomber »nicht ewig hinausgeschoben werden könne«.

Dann stellte er dem sowjetischen Minister ein Ultimatum: Am Dienstag um 18.00 Uhr finde die nächste Pressekonferenz des Präsidenten statt. Sollten die Sowjets bis dahin nicht den Abzug der IL-28-Bomber zusichern, dann »müßten wir daran zweifeln, ob überhaupt eine Vereinbarung zu Kuba mit der Sowjetunion besteht«. Sobald das IL-28-Problem gelöst sei, würden sich die Vereinigten Staaten in einer feierlichen Erklärung vor der UNO verpflichten, nicht in Kuba einzumarschieren. Außerdem würden die USA im gleichen Sinne auf die Staaten des Kontinents einwirken.

Darauf antwortete Kusnezow: »Bitte erschweren Sie die Situation nicht noch, indem Sie auf endlosen Inspektionen vor Ort bestehen. Es ist unmöglich, jeden Stein auf ganz Kuba umzudrehen und in jeden Keller und jedes Badezimmer zu schauen, ob noch irgendwo Atomwaffen herumliegen.«

McCloy erwiderte: »Wir sind ebenso wie die Sowjetunion daran interessiert, diese Sache endlich abzuschließen. Schließlich gibt es noch viele andere Punkte, die wir besprechen müssen, damit wir nicht noch einmal in so eine Situation geraten. Heute haben uns Kuba und dieser bärtige Kerl, der Diktator von Kuba ist, zusammen mit einer . . . Fehleinschätzung von seiten der Sowjetunion fast in einen Krieg gestürzt. Morgen ist es vielleicht irgend etwas anderes.«

Am Nachmittag des 19. November, einem Montag, informierte Robert Kennedy Bolschakow darüber, daß die Vereinigten Staaten ihre Aufklärungsflüge in niedriger Höhe über Kuba eingestellt hätten. Falls die Sowjetunion die IL-28-Bomber allerdings nicht abziehe, würden die Flüge wiederaufgenommen. Sollte Castro ein amerikanisches Flugzeug abschießen, dann könnte die Situation eskalieren. Robert Kennedy betonte, daß er noch vor der Pressekonferenz des Präsidenten eine Antwort brauche.

Die Kennedys verschärften dieses Ultimatum noch durch eine weitere massive Drohung. Am gleichen Tag funkte der Präsident eine Erklärung an die NATO-Führung, die Vereinigten Staaten müßten die

IL-28-Bomber durch einen Luftangriff zerstören, falls diese nicht sofort abgezogen würden. Diese Botschaft wurde so übermittelt, daß die Sowjets mit Sicherheit davon erfuhren.

Ein weiteres Signal an Chruschtschow und Castro war wohl auch die Zerstörung einer kubanischen Fabrik durch ein Sabotagekommando von Exilkubanern aus den Vereinigten Staaten. Da der Präsident alle verdeckten Operationen gegen Castro abgesagt hatte, tobte Robert Kennedy, als er von der Entsendung von drei Kommandos erfuhr. Die Sprengung der Fabrik dürfte den Sowjets und den Kubanern vor Augen geführt haben, daß die Amerikaner sowohl fähig als auch bereit waren, das Castro-Regime so lange zu schikanieren, bis das Kuba-Problem zu ihrer Zufriedenheit geregelt war.

In Havanna hatte Castro Mikojan gewarnt: »Wenn Sie gegenüber den Amerikanern auch nur ein kleines Stück nachgeben, dann verlangen sie immer mehr und mehr . . . Zur Hölle mit den Imperialisten!« Wie Aragones berichtete, hatte Mikojan darauf mit einer »langen, verwirrenden Ausführung über die sowjetisch-kubanische Freundschaft geantwortet. Er erwähnte den Sturz des Zaren und alle möglichen Sachen . . . Es wirkte alles sehr seltsam und surreal.«

Als Mikojan den kubanischen Staatschef nach tagelangen Verhandlungen bat, den gordischen Knoten dieser festgefahrenen Situation zu lösen, indem er dem Abzug der IL-28-Bomber zustimmte, wurde Castro zunächst sehr wütend. Danach, so berichtete Aragones, lehnte er sich zurück, winkte mit der Hand ab und schrie: »Zur Hölle mit diesen Flugzeugen!«

Castro war sich darüber im klaren, daß es schwer sein würde, die Sowjets an einem Abzug der Flugzeuge zu hindern, da die drei IL-28-Bomber, die für die kubanische Luftwaffe bestimmt waren, noch nicht formell übergeben waren. Aber er hatte die Macht, gegen Inspektionen vor Ort auf seiner Insel ein Veto einzulegen, und von dieser Möglichkeit machte er Gebrauch.

Am Dienstag, dem 20. November, erschien Dobrynin im Justizministerium: »Ich habe ein Geburtstagsgeschenk für Sie.« Es war ein neuer Brief von Chruschtschow. Darin klagte der Parteichef darüber, daß Kennedy in ihrem Briefwechsel vom Oktober nicht »ein einziges Mal ein Bombenflugzeug erwähnt« habe. IL-28-Bomber seien veraltet und könnten »nicht als Angriffswaffen bezeichnet werden«. Aber man würde die Flugzeuge innerhalb von dreißig Tagen abziehen, wenn im Gegenzug dazu die Blockade aufgehoben werde.

Der Präsident schloß daraus, daß Castro wohl wegen der lärmenden Aufklärungs-Tiefflüge, die die Vereinigten Staaten andernfalls über Kuba veranstalten würden, klein beigegeben habe: Er »kann einfach nicht zulassen, daß wir bis in alle Ewigkeit täglich breit gestreute Flüge in sechzig Meter Höhe über seiner Insel durchführen. Außerdem wußte er, daß er einen ernsten Gegenschlag in Kauf nehmen müßte, falls er eines unserer Flugzeuge abschießen sollte.«

Am späten Nachmittag kam Bolschakow in das Büro des Justizministers. Bei einem Cocktail sahen sich die beiden Männer die Pressekonferenz des Präsidenten im Fernsehen an. Kennedy verkündete den Abzug der IL-28-Bomber und die Aufhebung der Blockade: »Sollten wir in Kuba erfolgreich sein, dann können wir auch in anderen Gebieten auf Entspannung hoffen ... Ich glaube, daß wir uns in einer entscheidenden Periode befinden.«

An Macmillan, de Gaulle und Adenauer telegrafierte Kennedy: »Es scheint, daß dies der zweite Wendepunkt in der Kuba-Krise ist. Chruschtschow hat sich wieder für den sichereren Kurs entschieden.«

Am folgenden Tag schrieb Kennedy an den Parteichef: »Mit Freude habe ich Ihren Brief vom 20. November zur Kenntnis genommen, der gestern pünktlich hier eintraf. Wie Sie sicher bemerkt haben, konnte ich die Aufhebung der Blockade bereits auf meiner Pressekonferenz verkünden, nachdem Sie uns freundlicherweise versichert haben, daß die IL-28-Bomber innerhalb eines Monats abgezogen werden.«

Er bedauerte, »daß Sie Mr. Castro nicht überzeugen konnten, Verifizierungsmaßnahmen in geeigneter Form auf Kuba zu akzeptieren, so daß wir uns weiterhin auf eigene Faust Informationen beschaffen müssen. Aber wie ich gestern bereits sagte, ist keine Invasion in Kuba zu befürchten, wenn die Dinge sich weiterhin so positiv entwickeln wie bisher.«

Chruschtschow verstand mit Sicherheit die Bedeutung des letzten Halbsatzes. Da Castro sich immer noch weigerte, eine dem Briefwechsel vom Oktober entsprechende Überwachung zuzulassen, gab Kennedy keine formale Versicherung, auf eine Invasion in Kuba zu verzichten. Auf seiner Pressekonferenz hatte er den Verzicht auf jegliche US-amerikanische Intervention in der Karibik an mehrere Bedingungen geknüpft: Alle Offensivwaffen müßten »aus Kuba abgezogen und auf Dauer aus der Region verbannt werden«; dieser Tatbestand müsse durch »angemessene Verifizierungs- und Sicherheitsmaßnahmen« bestätigt werden. Ferner dürfe Kuba nicht für den »Export der Revolution« benutzt werden.

Am Vormittag des 23. November, einem Freitag, berief der Präsident eine ExComm-Sitzung in Hyannis Port ein. Anwesend waren Rusk, McNamara, der Justizminister, Taylor, McCloy, Ball, Gilpatric, Sorensen und Bundy. Die Russen drängten darauf, die Abmachungen, die Kennedy und Chruschtschow getroffen hatten, in einem offiziellen Dokument festzuhalten, das bei der UNO registriert werden konnte. Die Gruppe erarbeitete einen Entwurf, in dem es hieß, daß die Vereinigten Staaten »Sicherheiten gegen eine Invasion« geben könnten, solange auf Kuba keine Angriffswaffen stationiert wären. Allerdings bleibe diese Zusage ohne die vereinbarten Inspektionen und andere Sicherheitsmaßnahmen nur wirksam, wenn Kuba nicht versuchen würde, andere Mittel zur Beschaffung »zufriedenstellender Informationen« – also Aufklärungsflüge – zu verhindern.

Kennedy wies McCloy an, Kusnezow mitzuteilen, daß dies alles sei, »was wir tun können«, solange Kuba sich gegen die Verifizierungsmaßnahmen sperre. Er wollte ein »langes und fruchtloses Gefeilsche« mit den Russen über dieses Dokument vermeiden: »Einige der Streitpunkte werden sich mit der Zeit sowieso lösen, wenn alles gut läuft.« Luftaufnahmen zeigten, daß bereits zwei Wochen nach Chruschtschows Versprechen die IL-28-Bomber abgezogen waren. In New York bat Kusnezow McCloy inständig, den Punkt über die Beschaffung »zufriedenstellender Informationen« zu streichen, weil er Castro in Rage bringen würde. Doch McCloy weigerte sich.

Den ganzen Dezember über versuchten die amerikanischen und sowjetischen Delegationen bei ihren Verhandlungen in New York wie auch Kennedy und Chruschtschow in ihrem Briefwechsel, sich auf eine gemeinsame Erklärung zu einigen, mit der die Raketenkrise endgültig beigelegt werden konnte. Doch ihre Bemühungen scheiterten. Im Monat darauf baten Stevenson und Kusnezow gemeinsam U Thant, das Thema von der Tagesordnung des Sicherheitsrates zu streichen.

So blieb Kennedys Erklärung vom 20. November das abschließende Wort des Präsidenten zu dieser Abmachung. Wie sich Sorensen erinnert, hätte Kennedy »eine klarere Lösung bevorzugt, aber es zeigte sich, daß es auch auf diese Weise sehr gut funktionierte. Wir konnten unsere Aufklärungsflüge fortsetzen, und Chruschtschow erhielt keine klare Zusage, daß wir nicht einmarschieren würden.«*

Chruschtschow behauptete später, sein Schachzug mit den Raketen habe für ihn das gewünschte Ergebnis gebracht – ein Versprechen, daß die Vereinigten Staaten nicht in Kuba einmarschieren würden. Ende der sechziger Jahre schrieb er in seinen Memoiren, daß »die amerikanische imperialistische Bestie zum erstenmal in der Geschichte gezwungen worden war, etwas zu schlucken, woran sie bis heute herumkaut … Ich bin stolz auf das, was wir getan haben.«

Dies war jedoch nur der Versuch, einen Fehlschlag in einem möglichst positiven Licht erscheinen zu lassen. Immerhin hatte der Transport von Truppen und achtzig Mittelstreckenraketen mit allem Zubehör Kosten in Milliardenhöhe verursacht, und das war ein stolzer Preis für ein fragwürdiges Versprechen, nicht einzumarschieren, das zudem jederzeit widerrufen werden konnte. Und angesichts der Schimpftiraden Castros dürften die Erwartungen potentieller sowjetischer Verbündeter, die auf Moskaus Verteidigung gegen die amerikanische Bedrohung hofften, erheblich gesunken sein.

Auch Chruschtschows Ambitionen, die sowjetische Position im Wettstreit der Supermächte zu stärken, hatten einen Rückschlag erlitten. In der Weltöffentlichkeit betrachtete man seinen eiligen Rückzug der Raketen weitgehend als ein deutliches Indiz für die atomare Schwäche

---

* Obwohl die Abmachung zwischen Kennedy und Chruschtschow niemals in einem formellen Vertrag festgehalten wurde, wurde sie von späteren Präsidenten und Sowjetführern als bindende Vereinbarung behandelt. Nachdem die Vereinigten Staaten 1970 entdeckt hatten, daß die Sowjets auf Kuba in der Cienfuegos-Bucht einen U-Boot-Stützpunkt errichteten, prüfte Henry Kissinger, der damalige Sicherheitsberater von Richard Nixon, die Aktenlage von 1962 und teilte dem Präsidenten mit, daß die Vereinbarung »niemals in einem offiziellen Dokument niedergelegt« worden sei.
Obwohl der Briefwechsel zwischen Kennedy und Chruschtschow nichts über U-Boot-Stützpunkte aussagte, reagierte Kissinger so, als gelte das Verbot, Mittelstreckenraketen und Bomber auf der Insel zu stationieren, auch für U-Boote an der kubanischen Küste. Er teilte dem sowjetischen Geschäftsträger Juri Woronzow mit, daß die Vereinigten Staaten die Abmachung von 1962 noch immer für gültig erachteten. Woronzow war froh, auch in Castros Namen die Absprache noch einmal bestätigen zu können, denn dieser fürchtete, daß Nixon eine Invasion anordnen könnte. Er antwortete, auch die Sowjets seien der Meinung, daß die Vereinbarung noch immer Gültigkeit besäße. TASS dementierte den Bau eines U-Boot-Stützpunktes auf Kuba und bekräftigte die feste Absicht der Sowjets, die Absprache von 1962 einzuhalten.

der Sowjetunion. Wie schon bei seinen Versuchen, die Vereinigten Staaten mit den Berlin-Ultimaten 1958 und 1961 herauszufordern, war er auch dieses Mal gescheitert. Die Raketen und IL-28-Bomber, die nun zerlegt aus Kuba abtransportiert wurden, schienen die Behauptung in seiner Rede auf dem Zweiundzwanzigsten Parteitag 1956, daß sich der Kapitalismus auf dem absteigenden Ast befinde, Lügen zu strafen.

Gromyko meinte dazu 1989, daß »es für die Welt günstiger gewesen wäre«, wenn Chruschtschow die Raketen gar nicht erst auf Kuba stationiert hätte. Als eine »Demütigung« bezeichnete Georgi Arbatow vom USA-Kanada-Institut die ganze Episode: »Allein die Tatsache, daß die Raketen abgezogen werden mußten, und das nicht gerade unter besonders großartigen Bedingungen, beweist, daß es ein Fehler war.«

Chruschtschow hatte sich zwar eifrig bemüht, im Präsidium Unterstützung für die Raketenstationierung in Kuba zu finden, mußte nun aber feststellen, daß jeder Sieg tausend Väter hat, die Niederlage jedoch nur einen. Viele sowjetische Politiker sahen in seinem Schachzug ein Beispiel für »unbedachte Planung« – und dies war auch einer der Vorwürfe, mit denen man später seine Entmachtung begründete. Früher hatte der Parteichef gemeint, eine kleine Anzahl von Raketen, die ausreiche, um Westeuropa und den amerikanischen Kontinent zu zerstören, genüge, um den Westen in Schach zu halten: Schließlich hatte Kennedy in Wien selbst eingeräumt, daß zwischen den beiden Supermächten ein atomares Gleichgewicht herrsche.

Jetzt hatte die Raketenkrise* dieser Argumentation den Todesstoß versetzt. Sie machte deutlich, daß Chruschtschows Politik der atomaren Erpressung zu riskant war. Die Kuba-Krise verhalf Chruschtschows Widersachern im sowjetischen Militär zu ihrem zweiten großen Sieg nach dem Juli 1961. Damals hatte Chruschtschow seinen massiven Truppenabbau und die Verringerung der Verteidigungsausgaben rückgängig machen müssen, um sein Berlin-Abenteuer militärisch abzusichern und beim Wettrüsten mit den USA mithalten zu können.

Sowohl im Sommer 1961 wie auch im Herbst 1962 erklärten die

---

* Die Sowjets sprechen bis heute von der »Karibik-Krise«. Bei dieser Formulierung wird der Akzent nicht auf die Stationierung sowjetischer Angriffswaffen, sondern auf die US-amerikanische Bedrohung in der Karibik gelegt.

sowjetischen Militärs, die Sowjetunion müsse jetzt aufrüsten, um gegenüber den USA nicht ins Hintertreffen zu geraten. Bei ihren Mittagessen in Stamford warnte Kusnezow nun McCloy wiederholt: »Ihr Amerikaner könnt so etwas nie wieder mit uns machen.«

Chruschtschow wollte sich durch die Krise allerdings nicht von seinem Vorhaben abbringen lassen, die dringlichsten Probleme des Kalten Krieges zu lösen. Die Gefahr, die von den Nuklearraketen ausging, war ihm während der Raketenkrise so deutlich bewußt geworden, daß er um so mehr von der Notwendigkeit eines Atomtestverbots und einer Periode der sowjetisch-amerikanischen Détente überzeugt war. Auch andere sowjetische Politiker und Militärs befürworteten eine solche Phase der Entspannung. Doch sie betrachteten sie lediglich als Überbrückungszeit bis zu jenem triumphalen Moment, da die Sowjetunion eine Position der atomaren Parität oder besser noch Überlegenheit erreicht haben würde und den Vereinigten Staaten als ebenbürtiger Gegenspieler entgegentreten könnte.

Zu seinen Lebzeiten wurde Kennedy offenbar niemals wegen seiner Politik kritisiert, die Chruschtschow zur Stationierung der Raketen auf Kuba veranlaßt hatte. Hätte der Kongreß 1963 die Ursachen der Krise untersucht, wie man es nach dem japanischen Überfall auf Pearl Harbor getan hatte, dann hätte das am Vorabend des Präsidentschaftswahlkampfs unangenehme Folgen für Kennedy haben können.*

Der Großteil der amerikanischen Medien und der Öffentlichkeit war über den friedlichen Ausgang der Krise erleichtert. Deshalb glaubte man gerne die offizielle Version der Dinge, wie sie Kennedy in seiner Rede vom 22. Oktober darstellte – daß nämlich Chruschtschow durch einen skrupellosen und provokativen Akt die Welt an den Rand des Abgrunds gebracht habe.

Wie bereits beim Bau der Berliner Mauer glaubte die Öffentlichkeit bereitwillig den Aussagen des Präsidenten und der Public-Relations-Talente im Weißen Haus. So vergaßen die Amerikaner damals – wie später auch viele Historiker –, danach zu fragen, ob Kennedy wirklich schuldlos an dem Ausbruch der Krise gewesen war. Einige Jahre später, als man gegenüber den Handlungen und Beweggründen amerikanischer Politiker bereits eine etwas zynischere Einstellung an den

---

* Wie nach dem Debakel in der Schweinebucht verhinderte die Kennedy-Regierung solche Hearings.

Tag legte, wäre der Präsident nicht mehr so glimpflich davongekommen.

Rückblickend gesehen darf man bezweifeln, daß Chruschtschow dieses enorme Risiko auf Kuba eingegangen wäre, wenn Kennedy ihn nicht durch seine ständigen Hinweise auf die atomare Überlegenheit der Amerikaner dazu provoziert hätte. Immer wieder äußerten sich der amerikanische Präsident und andere Mitglieder der Regierung in einem Ton, der die Sowjets einen Erstschlag der Vereinigten Staaten fürchten ließ. Durch die *Operation Mongoose* und die militärischen Vorbereitungen zu einem Einmarsch der USA in Kuba 1962 wurde dieser Eindruck noch verstärkt.

Hätte der Präsident genügend Verständnis für das sowjetische Denken und Handeln aufgebracht und außerdem seine Warnung vom September bereits im März 1962 ausgesprochen, wäre Chruschtschows Vorstoß mit größter Wahrscheinlichkeit unterblieben. Der Einsatz wäre zu hoch geworden, wenn die Vereinigten Staaten schon damals ihre Bereitschaft zu einem Atomkrieg erklärt hätten.

Erst in den späten siebziger Jahren meldeten sich einzelne Stimmen zu Wort, die die Meinung vertraten, daß der amerikanische Präsident aus der Raketenkrise nicht als Sieger hervorgegangen sei. Senator Daniel Patrick Moynihan, der unter Kennedy Staatssekretär im Arbeitsministerium war, beklagte 1977, daß Chruschtschow eigentlich »mit einer Menge Ärger« hätte rechnen müssen, als er die Raketen auf Kuba stationierte. Statt dessen habe es geheißen: »›In Ordnung, Sie können Ihren Mann dort unten auf Dauer behalten.‹«

1982 fragte der Kolumnist George Will: »Wieso muß Finnland eigentlich ständig darauf achten, seinen Nachbar Sowjetunion nicht zu verärgern, während Kuba die Revolution in Länder des amerikanischen und afrikanischen Kontinents exportieren und sogar Streitkräfte dorthin entsenden kann? Weil es den Vereinigten Staaten, die damals Macht und Recht auf ihrer Seite hatten, 1962 nicht gelungen ist, einen wirklichen Erfolg zu erzielen – und die militärischen Verbindungen zwischen der Sowjetunion und Kuba zu zerschlagen.«

Die angebliche Zusicherung Kennedys, nicht in Kuba einzumarschieren, ist oft kritisiert worden. Aber eine genaue Prüfung der Vereinbarung zeigt, daß es der Präsident möglicherweise absichtlich vermied, eine eindeutige Verpflichtung einzugehen. In einem ersten Entwurf seines Briefes an Chruschtschow vom 27. Oktober war noch von »bindenden Zusicherungen, die territoriale Integrität und die politische Unabhängigkeit Kubas zu respektieren«, die Rede. Diese Passage strich Kennedy jedoch aus und bot nun lediglich »Zusicherungen gegen eine Invasion« an. Diese Sprachregelung schloß beispielsweise Angriffe gegen die Insel im Stil der *Operation Mongoose* nicht aus.

Außerdem verwässerte er diese »Zusicherungen« in seinem Brief vom 27. Oktober noch, in dem er als Bedingung »effektive UN-Maßnahmen« nannte. Womöglich hat er bereits zu diesem Zeitpunkt geahnt, daß Castro Inspektionen vor Ort niemals zulassen würde. Wenn der kubanische Staatschef hingegen seine Zustimmung gegeben hätte, hätten die Inspekteure vielleicht Informationen sammeln können, die für eine verdeckte amerikanische Aktion gegen Kuba nützlich gewesen wären . . .

In seinem Brief vom 28. Oktober versuchte Chruschtschow, das Angebot des Präsidenten günstiger zu interpretieren, indem er von »Ihrer Aussage« sprach, »daß es keinen Angriff und keinen Einmarsch auf Kuba« geben werde. Kennedy aber durchschaute die Absicht des Parteichefs. Deshalb stellte er in seiner Antwort auf Chruschtschows Brief nur fest, daß er bei dem bleiben würde, was er ihm am Samstag geschrieben habe.

In der Rede auf der Pressekonferenz vom 20. November verschärfte der Präsident allerdings seine Bedingungen: Es werde nur dann »Frieden in der Karibik« geben, wenn alle Angriffswaffen aus Kuba abgezogen würden. Außerdem müßten »angemessene Verifizierungs- und Sicherheitsmaßnahmen« ermöglicht werden, *und* es dürfe kein »Export der Revolution« von Kuba aus stattfinden. Kuba dürfe zudem den Vertrag von Rio und die UN-Charta nicht verletzen.[*]

Diese zusätzlichen Bedingungen, die in der Öffentlichkeit kaum wahrgenommen wurden, machten Kennedys Zusicherungen gegen einen Einmarsch praktisch wertlos. Die Formulierungen in der UN-Charta und dem Vertrag von Rio waren so vage, daß es den Vereinigten Staaten nicht schwerfallen würde, zu jedem beliebigen Zeitpunkt zu erklären, Kuba habe gegen diese Vereinbarungen verstoßen, und

---

[*] In einem früheren Entwurf wurde außerdem noch hinzugefügt, daß die Vereinigten Staaten »sich im Moment weiterer Militäraktionen gegen das kommunistische System auf Kuba enthalten. Wir sind aber, falls es nötig werden sollte, auch für andere Aktionen gerüstet.«

auf diese Weise eine Invasion zu rechtfertigen.* Ende November wußte er schließlich, daß die Chancen, »angemessene Verifizierungs- und Sicherheitsmaßnahmen« durchzusetzen (eine wohl absichtlich vage Formulierung), beinahe gleich Null waren.

Man muß daher annehmen, daß der Präsident seine »Zusicherungen gegen eine Invasion« absichtlich so raffiniert angelegt hat, um weitere amerikanische Aktivitäten, die auf den Sturz des Castro-Regimes hinzielten, nicht zu behindern. Es ist ihm gelungen, die Welt von der Tatsache abzulenken, daß er Chruschtschow über den Tisch gezogen hatte.

Nachdem er sich im November 1962 erneut kundig gemacht hatte, mit welch hohen Verlusten bei einem breit angelegten Militäreinsatz gegen Kuba zu rechnen war, war Kennedy noch weniger als vor der Raketen- krise geneigt, eine Invasion ins Auge zu fassen. Aber er konnte sich noch immer nicht an den Gedanken gewöhnen, die innen- und außen- politischen Konsequenzen einer fortdauernden Regierung Castro bis zum Ende seiner zweiten Amtszeit 1969 zu ertragen. Für den Fall, daß die öffentliche Kritik an seiner Haltung zu Kuba zu massiv werden sollte und seine Wiederwahl in Gefahr geriet, wollte er sich vermutlich ein Hintertürchen offenhalten. So konnte er dem amerikanischen Volk jederzeit zusichern, daß die Vereinbarungen mit Chruschtschow ihn nicht zwangen, Castros Herrschaft auf ewig zu tolerieren.

Der Präsident hatte allerdings anscheinend auch keine öffentliche Zusicherung der Sowjets erhalten, daß Kuba nicht als Ausgangsbasis für die Verbreitung des Kommunismus in ganz Lateinamerika dienen werde. Aus den Entwürfen zu seinem Brief an Chruschtschow vom 27. Oktober hatte er die Forderung nach »bindenden Zusagen« von seiten der kubanischen Regierung, »daß man weder durch militäri- sche Angriffe noch durch verdeckte Aktionen versuchen würde, sich in die Angelegenheiten anderer amerikanischer Staaten einzumi-

---

* Diese neuen Bedingungen hat Kennedy möglicherweise auf Druck der Stabs- chefs eingefügt. Diese teilten dem Präsidenten am 16. November mit, daß »alle Garantien gegenüber Castro durch die Bedingungen aus dem Rio-Vertrag abge- sichert sind«. Die Zusicherungen seien also an die Bedingung gebunden, daß Castro »Wohlverhalten« an den Tag lege und die US-amerikanischen Maßnah- men zur Luftüberwachung dulde. Ein ExComm-Dokument vom 12. November hält fest: »Falls die Kubaner anfangen würden ... auf diesem Kontinent Schwie- rigkeiten zu machen, dann würde natürlich die OAS gemäß dem Vertrag von Rio etwas unternehmen müssen. Das könnte bis zur Invasion gehen.«

schen«, wieder gestrichen. Allerdings äußerte Robert Kennedy eine solche Forderung offenbar mündlich, als er sich an dem bereits erwähnten Samstagabend mit Dobrynin traf.

Es gibt keinen Anhaltspunkt dafür, daß Chruschtschow Zusagen gemacht hat oder daß Kennedy das Thema den Sowjets gegenüber noch einmal angesprochen hat. Auf seiner Pressekonferenz vom 20. November bezeichnete Kennedy Kubas Verzicht auf einen Export der Revolution als Bedingung für den Frieden in der Karibik.* Durch die Erwähnung dieser Bedingung in jener Erklärung, deren Inhalt er als Teil der Vereinbarungen über die Beendigung der Krise betrachtete, erweckte Kennedy den Eindruck, es sei nur ihm zu verdanken, wenn die Sowjets Kuba nicht als Ausgangsbasis für die Verbreitung des Kommunismus nutzten.

Kurzfristig diente dieser Schachzug dazu, die Lösung der Raketenkrise als einen amerikanischen Sieg hinzustellen. Längerfristig jedoch hätte er unangenehme Folgen haben können: Im Falle der Entdeckung neuen Beweismaterials für revolutionäre Untergrundaktionen in Lateinamerika wäre der Präsident unter einen enormen Rechtfertigungsdruck geraten. Denn dann hätte er einer immer ungehaltener werdenden innenpolitischen Opposition erläutern müssen, weshalb er nach diesem offensichtlichen Bruch der Vereinbarungen durch Chruschtschow und der Kubaner keine Invasion anordnete.

Kritiker meinten später, Kennedy hätte im November mit einer Verstärkung der Blockade drohen oder in Kuba einmarschieren sollen, um eine für die Vereinigten Staaten günstigere Vereinbarung zu erreichen. Darauf antwortete Bundy sehr vernünftig, der Präsident habe die Blockade nur zu dem Zweck errichtet, daß die Offensivwaffen aus Kuba entfernt würden. Hätte er sie aufrechterhalten, um ein Wohlverhalten der Sowjets in der Karibik oder gar einen vollständigen Rückzug ihrer Truppen aus Kuba zu erzwingen, »dann wäre sehr bald die Unterstützung zu Hause wie auch im Ausland geschwunden«.**

---

* Am 11. Dezember unterstrich der Außenminister diese Aussage in einem Telegramm an McCloy: Rusk wies ihn an, er solle die Russen nochmals daran erinnern, daß »die Vereinigten Staaten oder andere amerikanische Länder sich nicht an die Zusagen gegen einen Einmarsch gebunden fühlen, falls Kuba neuerlich aggressive Aktionen unternimmt«.

** Bundy, der unmittelbar vor der Krise die IL-28-Bomber auf Kuba als akzeptabel bezeichnet hatte, hielt die Forderung des Präsidenten nach einem Abzug der Flugzeuge für »das Äußerste dessen, was gerade noch sinnvoll war«.

Bei den Resultaten von Kennedys Krisenmanagement kann man also weder von einem Sieg noch von einer Niederlage des Präsidenten sprechen. Zumindest aber hatte er sein wichtigstes Ziel erreicht: nämlich die Wiederherstellung des *Status quo ante* in Kuba. Chruschtschow hatte zwar zugesichert, daß die Sowjetunion keine Angriffswaffen auf der Insel stationieren würde, doch dieses Versprechen verlor bald an Bedeutung, als die Russen ihre U-Boot-Präsenz im Westatlantik und der Karibik verstärkten und außerdem auf Kuba Waffensysteme wie den MiG-23-Kampfbomber stationierten, der ohne Probleme zum Trägerflugzeug für atomare Waffen umgerüstet werden konnte.*

Seinen eigentlichen Sieg errang Kennedy in der amerikanischen Öffentlichkeit. In einer dramatischen Situation, die für die meisten Amerikaner sehr viel anschaulicher war als die Lage im weit entfernten Berlin, hatte Kennedy Chruschtschow herausgefordert und gewonnen. Ein Regierungsbeamter ließ sich sogar dazu hinreißen, die Raketenkrise als »als Gettysburg des Kalten Krieges« zu bezeichnen. Die meisten Amerikaner erkannten 1962 nicht, daß der Präsident diese Krise durchaus provoziert hatte, sondern betrachteten sie als eine Demonstration der Stärke und des meisterlichen Umgangs mit den Waffen des Kalten Krieges. Während nach dem Debakel in der Schweinebucht, den Auseinandersetzungen in der Laos-Frage, dem Gipfel in Wien und dem Mauerbau in Berlin häufig der Vorwurf geäußert worden war, daß der Präsident zu nachgiebig und zu unerfahren sei, schienen solche Bedenken jetzt zerstreut zu sein.

Richard Rovere schrieb im *New Yorker,* daß Kennedy »vielleicht den größten persönlichen, diplomatischen Sieg« errungen habe, »der jemals einem Präsidenten in der Geschichte der Vereinigten Staaten geglückt ist«. Die Zeitschrift *Newsweek* meinte, daß Kennedys Verhalten während der Krise »den Amerikanern ein tiefes Gefühl des Vertrauens in die Persönlichkeit ihres Präsidenten und seiner Mitarbeiter gegeben hat«. Kennedy habe »bewiesen, daß die ›weiche‹ Periode unserer Geschichte vorbei ist«, sagte der Kolumnist George Sokolsky, der eine eher harte Linie vertrat.

Nun mußte der Präsident nicht länger befürchten, der politischen

---

* Nachdem man von der Lieferung von MiG-23 nach Kuba in den Jahren 1978 und 1982 erfahren hatte, kam das Außenministerium zu der Auffassung, daß die Vereinbarung zwischen Kennedy und Chruschtschow nur im Falle eines entsprechenden Umbaus der Flugzeuge verletzt würde.

Nachgiebigkeit bezichtigt zu werden. Zwar waren die Umfrageergebnisse und die Mehrheitsverhältnisse im Kongreß im Dezember 1962 nur geringfügig besser als in den ersten 21 Monaten seiner Präsidentschaft. Da Kennedy jedoch davon ausgehen konnte, daß er beinahe einstimmig wieder als Präsidentschaftskandidat der Demokraten aufgestellt werden würde, fühlte er sich jetzt sehr viel sicherer. Nun konnte er Maßnahmen für jenen Entspannungskurs gegenüber der Sowjetunion ins Auge fassen, den er gerne schon im Januar 1961 verfolgt hätte.

Eine Verbesserung der sowjetisch-amerikanischen Beziehungen würde auch die Gefahr vermindern, daß eine weitere Konfrontation nach Art der Raketenkrise zu einem Atomkrieg führen könnte. Bei einem Abendessen im Weißen Haus erinnerte der Präsident Ben Bradlee daran, daß ein falscher Schritt während der Kuba-Krise »uns alle, wie wir hier sitzen, samt unseren Kindern« hätte auslöschen können.

Am 1. Dezember veröffentlichte die *Saturday Evening Post* einen Nachruf auf die Raketenkrise, den Charles Bartlett und Stewart Alsop verfaßt hatten. Doch der anonyme Kommentar eines »wenig bewundernden« Regierungsmitglieds erregte wesentlich größeres Aufsehen. In dem Artikel hieß es, daß Stevenson bei der entscheidenden Ex-Comm-Sitzung am 20. Oktober »ein [zweites] München gewollt hat. Er wollte einen Handel, bei dem die türkischen, italienischen und britischen Raketenstützpunkte gegen die in Kuba eingetauscht werden sollten.«[*]

Daraufhin tönte *New York Daily News*: »Adlai wegen pazifistischer Haltung zu Kuba auf dem absteigenden Ast.« Der tief verletzte Stevenson war überzeugt, daß Kennedy selbst diesen Artikel angeregt hatte, vielleicht, um ihn auf diese Weise zum Rücktritt zu zwingen. Aber der Präsident schrieb ihm, er habe »die Kuba-Krise oder irgendeines der Ereignisse in deren Umfeld mit *keinem* Pressevertreter diskutiert«.[**]

Das entsprach jedoch nicht der Wahrheit. In der Zeit, als er für seinen

---

[*] Tatsächlich hatte Stevenson Großbritannien überhaupt nicht erwähnt.

[**] Bartlett erzählte, daß er während der Recherchen zu diesem Artikel durch einen Tip auf Stevensons Äußerung aufmerksam gemacht worden sei. Danach habe er ExComm-Mitglieder auf diese Geschichte angesprochen. »Die meisten von ihnen mochten Adlai Stevenson sowieso nicht und waren sehr froh, daß sie die Sache bestätigen konnten.« Robert Pierpoint von CBS berichtete, das »wenig

Artikel recherchierte, hatte Bartlett bei einem Abendessen Kennedy gegenüber Stevensons abtrünnige Haltung erwähnt. Wie Bartlett sich erinnerte, schien es dem Präsidenten »nicht ungelegen, daß dieser Punkt zur Sprache gekommen war«. Offenbar habe ihn Stevensons Vorschlag »ziemlich erschreckt«. Jedenfalls schien Kennedy nichts gegen eine Veröffentlichung einzuwenden zu haben. Er bat sich lediglich aus, daß Sorensen nicht als »Taube« innerhalb des Exekutivkomitees bezeichnet werden sollte, da sich sonst all jene auf ihn stürzen würden, die von seiner Vergangenheit als Nichtkombattant wußten. An einer Schonung für Stevenson war er dagegen offenbar nicht interessiert.

Wenn die Presse den ›Tausch‹ der Raketen in der Türkei gegen die in Kuba als eine verrückte Pazifistenidee darstellte, würde die Öffentlichkeit wohl kaum vermuten, daß Kennedy durch ebendiese Zusage die Konfrontation mit Chruschtschow beendet hatte. Dessen war sich der Präsident mit Sicherheit bewußt. Erst 1987, als Kennedys Bereitschaft zu einem solchen Tauschhandel dank Andrew Cordier endlich ans Licht gekommen war, wurde Stevenson postum rehabilitiert. Richard Harwood schrieb in der *Washington Post*: »Heute sieht es so aus, als sei Stevenson während der Krise nicht die einzige ›Taube‹ im Weißen Haus gewesen.«

Eine Woche nachdem der Artikel von Bartlett und Alsop erschienen war, kündigte Stevenson auf einem großen festlichen Dinner in Washington Kennedy mit folgenden Worten an: »Meine sehr verehrten Damen und Herren . . . der Au-tor . . . der Pro-du-zent . . . der Re-gisseur . . . und der Star . . . von Mr. Chruschtschows neuem Sensationsstück in Moskau . . . ›Mein seltsames Erlebnis auf dem Weg nach Kuba‹ . . . der Präsident der Vereinigten Staaten!« Man hatte den Eindruck, als stünde er unter Drogeneinfluß. Das Publikum brüllte vor Lachen.

George Ball stellte fest, daß Stevenson nach dieser Affäre »ohne innere Beteiligung und wie mechanisch« weitergemacht habe. Offensichtlich habe er das Gefühl gehabt, »es würde niemandem etwas

bewundernde« Regierungsmitglied sei Bundy gewesen: »Es ist in Washington sehr wohl bekannt, daß der Republikaner Bundy kein Freund von Stevenson ist.«Bundy dementierte das. George Ball tippte auf Nitze, andere nannten Acheson. Ball war höchst erstaunt darüber, daß so viele Regierungsmitglieder mit Alsop und Bartlett gesprochen hatten, nachdem der Präsident doch Stillschweigen angeordnet hatte.

ausmachen, wenn er plötzlich eine Herzattacke bekäme und tot umfiele«.

Während der zweiten Woche der Raketenkrise hatte der Präsident zu Ormsby-Gore gesagt: »Eine Welt, in der es solche Mengen von Atomwaffen gibt, kann man nicht regieren. Wenn wir diese Krise gemeistert haben, müssen wir wirklich versuchen, zu einer Abrüstung zu kommen ... denn das ist einfach zuviel.«

Auch Chruschtschows Interesse an Maßnahmen zu einer Eindämmung der atomaren Gefahr war durch die knapp vermiedene Katastrophe gewachsen. Nachdem die akute Phase der Krise vorüber war, meinte Schukow, der Auslandsredakteur der *Prawda*, zu Harriman, Kuba habe gezeigt, daß ein Atomkrieg »undenkbar« sei. Man müsse »versuchen, zu einem Abkommen über Atomtests zu gelangen«. Ein Atomtestverbot würde beiden Seiten ermöglichen, die Verteidigungsausgaben zu verringern und sich »auf die Konkurrenz im wirtschaftlichen Bereich zu konzentrieren«.

Dann erkundigte sich Harriman nach China. Schukow erwiderte, daß nicht mehr viel Zeit bliebe, um die Chinesen zu bremsen. Aber falls Washington und Moskau sich über ein Atomtestverbot einigen könnten, würde »die Weltöffentlichkeit andere Nationen, also auch China, zur Zustimmung zwingen«.

Rostow meinte gegenüber Bundy, daß die Sowjets nach dem fehlgeschlagenen Versuch, durch Raketen auf Kuba das nukleare Gleichgewicht zu verändern, nun bestimmt auf anderem Wege versuchen würden, dieses Ziel zu erreichen. Er denke dabei an Atomwaffen im Weltraum oder eine forcierte Aufstockung der Langstreckenraketen. Die Vereinigten Staaten müßten daher versuchen, »denjenigen Leuten in Moskau zu mehr Einfluß zu verhelfen, die der Meinung sind, der einzige Weg zur Sicherheit Rußlands läge in einer Abrüstung mit entsprechenden Verifizierungsmaßnahmen.«

Am Dienstag, dem 11. Dezember, schrieb Chruschtschow einen neunseitigen Brief an Kennedy, in dem er die Themen Kuba und Berlin erörterte.* Außerdem kündigte er eine Initiative an, um die festgefahrenen Verhandlungen über einen Atomteststopp neu zu beleben.

---

* Dieser Brief unterlag während der Niederschrift dieses Buches noch immer der Geheimhaltung.

Nach der Raketenkrise hatte Peking dem Parteichef »Abenteurertum« und »Kapitulantentum« vorgeworfen. Vor dem Obersten Sowjet entgegnete Chruschtschow auf diese Vorwürfe, die Chinesen seien sehr viel schlimmere Kapitulanten als er: Schließlich würden sie direkt vor ihrer Haustür »übelriechende« Kolonien wie Hongkong und Macao tolerieren.

Wenn es nach diesen »Großsprechern« gegangen wäre, »dann hätten wir jetzt einen neuen Weltkrieg ... unser riesiges Land hätte ihn vielleicht überlebt, aber Millionen und aber Millionen Menschen wären dabei umgekommen! Kuba würde wahrscheinlich überhaupt nicht mehr existieren.« Zum erstenmal hätten die Amerikaner »den sengenden Atem eines Atomkrieges direkt vor ihrer Türschwelle« gespürt.

»Es ist ihnen allmählich klargeworden, daß ein Atomkrieg nicht nur irgendwo auf der anderen Seite des Ozeans ausbrechen könnte – in Europa oder Asien –, sondern überall, auch in den USA selbst.« Ein solcher Krieg »würde Millionen von Amerikanern Verderben und Tod bringen«. Die Kongreßwahlen hätten gezeigt, daß die Amerikaner sich dessen sehr wohl bewußt wären: »Das amerikanische Volk hat gegen einige der agressiveren Politiker gestimmt, vor allem gegen einen Kriegstreiber wie Nixon.«

Nachdem Kennedy diese Rede gelesen hatte, rief er Arthur Schlesinger zu sich und las ihm zwei besonders gelunge Sätze vor. »Chruschtschow hat ein paar ganz gute Redenschreiber«, meinte er. Schlesingers Antwort darauf lautete, er und seine Mitarbeiter könnten für den Präsidenten ebenso schreiben, wenn er sich verpflichten würde, nur noch zweistündige Reden zu halten.

In seiner Antwort auf das letzte Schreiben des sowjetischen Staatschefs schrieb der Präsident, er erwarte mit großem Interesse »Vorschläge zur Frage des Atomteststopps«. Er sei der Ansicht, daß »wir allen Grund haben, weiterhin an diesem Problem zu arbeiten. Außerdem hoffe ich, in Ihrem nächsten Schreiben auch zu erfahren, wie Sie die Einstellung der Chinesen zu diesem Problem einschätzen.«

Am Mittwoch, dem 19. Dezember, antwortete Chruschtschow: »Jetzt haben wir endlich die Hände frei und können uns mit ganzer Kraft anderen dringenden internationalen Problemen zuwenden.« Die Zeit sei reif, um die Atomtests »ein für allemal« zu beenden.

»Mr. President, Sie und die Vertreter Ihrer Regierung erklären, daß es

Ihnen ohne ein Minimum an Verifizierungsmaßnahmen vor Ort nicht möglich sei, den US-Senat zur Ratifizierung eines Abkommens zu bewegen ... Nun, wenn das die einzige Schwierigkeit ist, wären wir bereit, Ihnen auf halbem Wege entgegenzukommen.«

Arthur Dean habe Kusnezow gegenüber erklärt, zwei bis vier jährliche Inspektionen vor Ort würden genügen. Um »den toten Punkt in den Verhandlungen zu überwinden«, schlug Chruschtschow »zwei bis drei Inspektionen pro Jahr in den seismischen Gebieten jeder Atommacht vor, in denen verdächtige Erdstöße vorkommen könnten«.

Kennedy war über Chruschtschows Brief sehr erfreut, wunderte sich aber über Deans Hinweis, daß zwei bis vier jährliche Inspektionen ausreichen würden. Dean leugnete, daß er gegenüber Kusnezow jemals so etwas geäußert habe. Mitarbeiter des Weißen Hauses meinten in diesem Zusammenhang, Dean sei für seine vagen Äußerungen bekannt.*

Daraufhin schrieb der Präsident an Chruschtschow, daß es in bezug auf die Inspektionen vor Ort »offenbar ein Mißverständnis gegeben hat ... Botschafter Dean teilte mir mit, er habe in seinen Gesprächen mit Kusnezow lediglich von acht bis zehn Inspektionen gesprochen und ansonsten keine konkreten Zahlen genannt.« Dieser Vorschlag liege schon »beträchtlich niedriger« als die von den Vereinigten Staaten »ursprünglich geforderten zwölf bis zwanzig Inspektionen«. Aus diesem Grunde habe er gehofft, daß auch die Sowjetunion Zugeständnisse machen würde.

Chruschtschow reagierte außerordentlich verärgert auf diesen Brief, denn seiner Ansicht nach war er mit seinem Angebot den amerikanischen Forderungen sehr weit entgegengekommen. Nach Thompsons Ansicht hielt der Parteivorsitzende das Mißverständnis »möglicherweise für Absicht«.

Nachdem die amerikanische Presse Georgi Bolschakow als den Übeltäter identifiziert hatte, der den Präsidenten über die Raketen auf Kuba hatte täuschen sollen, wurde der Geheimagent von heute auf morgen nach Moskau zurückgerufen. Der Justizminister wollte ihn

---

* Später meinte Warren Heckrotte, einer der amerikanischen Unterhändler bei den Gesprächen über ein Atomtestverbot in Genf, er glaube wie die meisten seiner Kollegen, daß Kusnezows Bericht an Chruschtschow »eine wahrheitsgetreue Wiedergabe dessen« gewesen sei, »was man ihm seiner Ansicht nach erzählt hatte«.

nicht ohne Abschied ziehen lassen, durfte sich aber natürlich nicht in der Öffentlichkeit mit dem Russen sehen lassen, der seinen Bruder hatte hereinlegen sollen. Darum bat er Bartlett, Bolschakow in seinem Haus ein Abschiedsessen auszurichten.

Bei diesem Essen erhob sich ein sowjetischer Diplomat und hielt eine lange Rede, in der er die Lügen, die sein Land im Hinblick auf die Raketen verbreitet hatte, als »Mißverständnis« abtat. Als Robert Kennedy nach dem Essen mit Bolschakow nach Hause fuhr, fragte er den Russen, weshalb er selbst nichts zur Unterstützung seines Landsmannes gesagt habe. Daraufhin meinte Bolschakow: »Weil *er* nicht weiß, was *ich* weiß.«

Nach seiner Rückkehr nach Moskau wurde Bolschakow Nachrichtenchef der Presseagentur *Nowosti*. Der Justizminister sandte ihm einen handgeschriebenen Brief: »Wir haben noch immer Frieden, obwohl Sie die Vereinigten Staaten bereits vor zwei Monaten verlassen haben. Das hätte ich nicht für möglich gehalten . . . Hoffentlich erzählen Sie allen Ihren kommunistischen Freunden, was für nette Leute wir sind – und ich hoffe auch, daß man Ihnen glaubt . . . Herzliche Grüße, Ihr Freund Bob.«

Zum Jahresende flog der Präsident nach Palm Beach. Am Samstag, dem 29. Dezember, fuhr er mit Jacqueline in einem offenen weißen Auto zum Orange-Bowl-Stadion in Miami. 40 000 Amerikaner und Exilkubaner hießen dort die überlebenden Veteranen der Schweinebucht willkommen, die aus kubanischen Gefängnissen entlassen worden waren.

Rusk und Bundy hatten sich gegen einen Auftritt des Präsidenten bei dieser Versammlung ausgesprochen. Auch O'Donnell äußerte gegenüber Kennedy seine Bedenken: »Das sieht aus, als ob Sie eine neue Invasion der Exilkubaner auf Kuba unterstützen würden.« Aber der Justizminister meinte, die Anwesenheit bei dieser Veranstaltung würde seinem Bruder helfen, die Schuldgefühle loszuwerden, die er seit dem Scheitern des Schweinebucht-Unternehmens verspürte.

Auch während der Raketenkrise hatte Robert Kennedy die in Kuba inhaftierten Schweinebucht-Kämpfer nicht vergessen. Bei den Vorbereitungen für eine mögliche Invasion hatte er sich bei den Brigadeführern erkundigt, ob sie bereit seien, in Havanna zu landen, eine neue Regierung einzusetzen und die 1113 Gefangenen aus den Gefängnissen zu holen. Ende November erfuhr er dann, daß er »Leichen befreien« würde, wenn man die Männer nicht bald rette. Beide Kennedy-Brüder waren vom Schicksal der Gefangenen sehr betroffen. Außerdem wußten sie, daß wieder Rufe nach einer Militäraktion gegen Castro laut werden würden, wenn eine größere Zahl der Inhaftierten in den kubanischen Gefängnissen starb. Damit wäre das Thema Kuba wieder aktuell geworden, nachdem gerade unter großen Mühen eine Vereinbarung mit Chruschtschow ausgehandelt worden war.

Um Castros Forderungen zu erfüllen, überzeugte der Justizminister verschiedene Industrielle davon, Medikamente, Babynahrung und pharmazeutische sowie chirurgische, zahn- und tierärztliche Instrumente im Wert von insgesamt 44 Millionen Dollar zu spenden. Das Landwirtschaftsministerium stiftete Trockenmilch im Wert von neun Millionen Dollar.* Aber Castro zögerte die Freilassung der Gefangenen immer noch hinaus, bevor nicht die im April geforderten 2,9 Millionen Dollar Lösegeld bezahlt waren. Robert wandte sich an Kardinal Cushing, der mit Hilfe der »Freunde Lateinamerikas« rasch eine Million Dollar auftreiben konnte. Lucius Clay half dabei, die Restsumme aufzubringen.

Eine Liste der Spender wurde nie veröffentlicht. Doch die Vermutung liegt nahe, daß die Familie Kennedy selbst einen Teil des Geldes gegeben hat. Hy Raskin, der 1960 Wahlhelfer des Präsidenten gewesen war, behauptete, daß ein weiterer »sehr beträchtlicher« Teil des Geldes von »Jake«, dem Friseur«, (Jake Factor) gestammt habe, einem wohlhabenden kalifornischen Demokraten, der wegen betrügerischen Aktienhandels im Gefängnis saß. Gouverneur Pat Brown hatte bereits zuvor ein Gnadengesuch bei den Kennedy-Brüdern eingereicht, das diese jedoch abgelehnt hatten. Raskin berichtete später, Kennedy habe nach Factors Spende seine Meinung geändert und dem Gnadengesuch zugestimmt.

Am Weihnachtsabend wurden die letzten Gefangenen nach Miami ausgeflogen. Im Orange-Bowl-Stadion übergab Pepe San Roman, der Kommandeur der Brigade, dem Präsidenten jene Fahne, die drei Tage lang über der Invasionsstelle geweht hatte: »Wir übergeben Ihnen diese Flagge, damit Sie sie für einige Zeit sicher aufbewahren.«
Kennedy entfaltete die Flagge und rief: »Ich kann Ihnen versichern,

* Nicht alle diese Spenden wurden aus Menschenfreundlichkeit gegeben. Da die Firmen nach den damaligen Steuergesetzen die Spenden zum Verkaufspreis absetzen konnten, machten sie damit Gewinne.

daß die Brigade diese Fahne in einem freien Havanna zurückerhalten wird!«

Auch Chruschtschow las den Text dieser Rede. Nachdem er noch immer keine formelle Zusage erhalten hatte, daß es keine Invasion auf Kuba geben werde, fragte sich der Parteichef möglicherweise, ob diese herausfordernde Formulierung der Vorbote eines neuen Versuchs war, das Castro-Regime zu stürzen.
Deshalb schrieb er am Silvesterabend an Präsident Kennedy: »Das Jahr 1962, das ab morgen der Geschichte angehört, war Zeuge von Ereignissen, die nur dank der Vernunft und Kompromißbereitschaft beider Seiten keine verhängnisvolle Entwicklung genommen haben.«
In Washington erklärte Dobrynin, daß die Chancen für bessere Beziehungen zu den Vereinigten Staaten günstiger stünden als jemals zuvor seit dem Frühjahr 1960.

Kapitel 20

Die »Friedensrede«

Im Januar 1963 berichtete Kennedy vor dem Nationalen Sicherheitsrat im Kabinettssaal, er habe in seinem kürzlichen Briefwechsel mit Chruschtschow die Frage einer Ächtung von Atomwaffentests erörtert. Wenn ein entsprechender Vertrag lediglich die Vereinigten Staaten und die Sowjetunion beträfe, würde er nur von »begrenztem Wert« sein, doch »wenn er dazu beiträgt, zu verhindern, daß das kommunistische China zu einer Atommacht wird, ist es die Sache wert«.

Der Präsident war besorgt über die bereits seit Anfang des Jahres kursierenden euphorischen Behauptungen, die USA hätten die Sowjetunion schon 1962 in ihrer Vormachtstellung abgelöst. Doch in einer inoffiziellen Pressekonferenz teilte er Reportern mit, man habe Chruschtschow deutlich gemacht, daß die USA in einigen Bereichen die notwendigen Schritte unternehmen würden. Jetzt sei der Parteichef vielleicht vorsichtiger mit solch riskanten Unternehmungen wie Kuba, obwohl er sein Bekenntnis zum Weltkommunismus nicht widerrufen habe.

Am Mittwoch, dem 9. Januar, schrieb Chruschtschow erneut wegen des Atomteststopps an Kennedy. Obwohl der Generalsekretär über die Uneinigkeit in Hinblick auf die Verifikationsmaßnahmen verärgert war, erklärte er sich dazu bereit, zwei Radarüberwachungsstationen in der Sowjetunion zu verlegen, falls den Sowjets auch ein Mitspracherecht bei der Ansiedlung derartiger Einrichtungen in den Vereinigten Staaten eingeräumt würde.

Die CIA übermittelte dem Präsidenten die Botschaft eines sowjetischen Regierungsbeamten, die besagte, es sei »keine Frage«, daß Chruschtschow sein Angebot von zwei Verifizierungsmaßnahmen vor Ort auf vier erhöhen würde. Seit der Kuba-Krise und den Wahlen im November genösse Kennedy »große persönliche Macht und Ansehen und kann es sich deshalb leisten, den Kongreß zu übergehen«. Damit die amerikanischen und sowjetischen Unterhändler, die in New York über ein Testverbot berieten, ohne Druck miteinander verhandeln konnten, verschob der Präsident eine Serie unterirdischer Tests in Nevada. Nach dem Scheitern der Verhandlungen ordnete er dann allerdings die Durchführung der Tests an. Außerdem kam er zu dem Schluß, sechs Inspektionen seien »in den Augen der Amerikaner die absolute Obergrenze«. Er teilte Rusk und McNamara mit, ein Teststopp sei nur dann die Auseinandersetzungen mit dem Kongreß wert, wenn man mit dieser Maßnahme verhindern könnte, daß außer den USA und der Sowjetunion noch andere Länder, insbesondere China, Atomwaffen entwickelten.

Währenddessen erklärte der amerikanische Chefunterhändler William Foster Kusnezow in Genf, die Vereinigten Staaten seien mit jährlich sieben Verifizierungsmaßnahmen vor Ort einverstanden, wenn die Sowjetunion den amerikanischen Bedingungen für den Ablauf dieser Inspektionen zustimmen würde.

Gleichzeitig beklagte Foy Kohler in einem Telegramm aus Moskau, er werde über den Stand der Teststoppverhandlungen im dunkeln gelassen: »Als ich Gromyko gestern auf einem Empfang in der indonesischen Botschaft begegnete, befand ich mich ganz entschieden im Nachteil.« Nachdem er sich mit Kennedy beraten hatte, schickte Rusk dem Botschafter ein höfliches Telegramm mit der Aufforderung, sich aus den Verhandlungen herauszuhalten. In Gegenwart von sowjetischen Regierungsangehörigen solle er weder Kuba noch Berlin erwähnen. Jedoch sei es erwünscht, daß »er die Hoffnung äußere, die momentane Diskussion über einen Teststopp möge erfolgreich sein«.

Kohler, Jahrgang 1908, war nach seinem Abschluß an der Ohio State University in den diplomatischen Dienst eingetreten. Seine ersten Erfahrungen in Moskau hatte er in den späten vierziger Jahren unter Botschafter Walter Bedell Smith gemacht, der im Krieg Eisenhowers Generalstabschef gewesen war.

1952 hätte Kohlers Karriere beinahe ein jähes Ende gefunden. Als er mit seiner Frau um zwei Uhr morgens nach einer Dinnerparty in Washington nach Hause raste, verlor er die Kontrolle über den Wagen und fuhr gegen einen Telefonmasten. Er wurde wegen Alkohols am Steuer festgenommen. Außerdem fand die Polizei vertrauliche Dokumente bei Kohler, die er nicht aus dem Außenministerium hätte entfernen dürfen. Die Boulevardpresse in Washington blies den Vorfall zu einem Skandal auf.

Doch Kohler hatte nicht umsonst Jahre damit zugebracht, Verbindungen zum Auswärtigen Amt anzuknüpfen. Nachdem er einen Monat lang ohne Bezahlung vom Dienst suspendiert worden war, versetzte man ihn nach Ankara. Dort war er am Aufbau der russischen Abteilung von Voice of America und der Einrichtung von Abhörstationen entlang der Grenze beteiligt. 1959 kam er als Staatssekretär für Europa und die Sowjetunion zurück nach Washington.

Die Kohlers hatten Kennedy in den späten dreißiger Jahren bei einem Besuch des Botschaftersohnes in Athen kennengelernt. Ihre Aufgabe war es, ihn zum Essen einzuladen und ihm mit einem Auto der Botschaft die Sehenswürdigkeiten zu zeigen. Nach den Wahlen 1960 nahm Kohler an, man werde ihn als Mann der Regierung Eisenhower seines Postens entheben. Doch der neugewählte Präsident hielt es für nützlich, einen hohen Regierungsbeamten im Außenministerium zu belassen, der sich während der Regierung Eisenhower eingehend mit der ersten Berlin-Krise beschäftigt hatte.

Wie John Foster Dulles hielt Kohler Chruschtschow für gefährlicher als Stalin: Dieser sei ein zynischer und vorsichtiger Realist gewesen, während Chruschtschow fest an den Kommunismus glaube. Deshalb waren die Sowjets nicht sonderlich erfreut, daß Kennedy ihre Bitten ignoriert hatte, einen Botschafter zu entsenden, der das Vertrauen des Generalsekretärs genoß. Würde dank Kohlers Anwesenheit in Moskau Dulles vom Grabe aus die Außenpolitik bestimmen?

Der Senat bestätigte Kohlers Ernennung, nachdem dieser einige Fragen zum Thema Trunkenheit am Steuer beantwortet hatte: »Ich werde nie mehr einen solchen Fehler begehen.«

Bei seiner Ankunft in Moskau zeigte sich der neue Botschafter erstaunt darüber, daß die Sowjetunion sich seit Stalins Tagen »völlig verändert« habe. Es herrschte größere Bewegungsfreiheit. Allerdings nahm Kohler an, daß die Dienstboten im Spaso-Haus immer noch für den KGB arbeiteten, und gab ihnen manchmal Kopien der Gästelisten, »damit sie nicht ihre Zeit dabei verplemperten, herauszufinden, wer die Gäste waren«.

Nach seinem Scheitern in Kuba hatte Chruschtschow jetzt mit Widersachern in Moskau und Peking zu kämpfen, die seine Führungsrolle in Frage stellten. Im Februar wich die sowjetische Führung von Chruschtschows bisheriger politischer Linie gegenüber China ab, die auf einen offenen Bruch hinzielte. Statt dessen wurde den Chinesen ein Versöhnungstreffen »auf jeder beliebigen Führungsebene und zu jedem Zeitpunkt« angeboten.*

Aus diesem Grunde brachen die Sowjets noch im gleichen Monat die Teststoppverhandlungen mit dem Westen ab, die den Chinesen so sehr im Magen gelegen hatten. Die sowjetische Presse verstärkte daraufhin ihre antiamerikanische Propaganda. Kohler kabelte an Rusk, daß es im Hinblick auf die Atomtests keine Fortschritte geben werde, ehe die sowjetische Führung »sich nicht entscheidet, wie sie mit den chinesischen Kommunisten umgehen soll, und dementsprechend handelt«.

Die innenpolitischen Gegner Chruschtschows hatten seinem antistalinistischen Kurs einen Riegel vorgeschoben. Der neue Kurs verdammte avantgardistische Musik, Kunst und Literatur als Bedrohung der nationalen Sicherheit der Sowjetunion. Aus Opportunismus und um Unterstützung in wichtigeren Angelegenheiten zu gewinnen, schloß sich Chruschtschow dieser neuen Bewegung an. Bei einem Treffen hinter verschlossenen Türen, das im Dezember stattfand, griff er vor 400 Schriftstellern und Künstlern die abstrakten Maler als eine »Horde Kinderschänder« an, die »nicht für ihr Vaterland sterben würden«.

Leonid Iljitschew vom Zentralkomitee trat vor und kritisierte *Babi Jar*, Jewtuschenkos Aufschrei gegen den Antisemitismus. Als er energisch betonte, daß es in der Sowjetunion keinen Antisemitismus gebe, ging ein Raunen durch die Reihen der Schriftsteller und Künstler. Um nicht ins Hintertreffen zu geraten, erklärte Chruschtschow: »Es gibt immer nur Ärger, wenn zu viele Juden an der Macht sind. Genau das ist

---

* Die Botschaft besagte weiterhin, die Chinesen sollten ihren Dissens im »Kampf gegen den Imperialismus« nicht »überbewerten«. Die »Bemühungen um den Frieden« und »die Verhinderung eines thermonuklearen Krieges«, die seit 1960 routinemäßig in derartigen Botschaften auftauchten, blieben unerwähnt. Bundy meinte zu Kennedy, die Botschaft sei »lesenswert«. Am 9. Februar sagte Chruschtschow: »Wir werden immer gut Freund mit den Chinesen sein.« Diese Aussage ähnelte in groben Zügen seiner Beteuerung »Wir sind alle Stalinisten«, die er 1957 unter ähnlichem Druck abgegeben hatte.

damals in Ungarn passiert, und wir mußten dann wieder Ordnung schaffen.«*

Außerdem verweigerte der Kreml die Zustimmung zu den Bemühungen des Parteichefs, die Wirtschaft zu dezentralisieren, die Rüstungsproduktion einzuschränken und die Subventionen für die Landwirtschaft zu erhöhen. Die Männer, die Schlüsselpositionen in der Wirtschaft innehatten, wurden allgemein den Gegnern des Generalsekretärs zugerechnet. Der französische Kreml-Experte Michel Tatu sprach von »Chruschtschows Niederlage«.

Als er sich im Februar um die Wiederwahl in den Obersten Sowjet bewarb, schien der Parteichef am Ende seiner Weisheit angelangt zu sein: »Sie wissen ja alle, wie alt ich demnächst werde.** Vielen Dank dafür, daß Sie heute gekommen sind, um mich aufzuheitern«, erklärte er auf einer »Wahlversammlung«. Er kündigte an, daß die militärischen Anstrengungen »enorme« Summen verschlingen würden. Wenn der Verteidigungsetat zu kurz käme, würden die sowjetischen Wähler dies als »Verbrechen verurteilen«.

Kohler telefonierte nach Washington, daß Chruschtschow einen »unruhigen und entmutigten« Eindruck mache. In Kohlers Augen war es ein Zeichen »unbewußter Selbstkritik«, daß der Parteichef »unrealistischen Versprechungen« eine Absage erteilt hatte.

Ungefähr zur gleichen Zeit erbrachte eine Umfrage des Gallup-Instituts, daß die Amerikaner Kuba und Castro immer noch für das wichtigste Problem der Vereinigten Staaten hielten. Die meisten Anhänger der Republikanischen Partei lehnten Kennedys Vorgehen in dieser Angelegenheit ab. George Bush, der Vorsitzende der Republikaner in

---

* Die CIA hatte Bundy einen Bericht über dieses Treffen übermittelt, den dieser »faszinierend« fand. Er fragte Kennedy, »ob wir eine Gelegenheit finden sollen, die Welt von Chruschtschows Antisemitismus in Kenntnis zu setzen«. Richard Helms bat den Präsidenten um die Genehmigung, einen Zeitschriftenartikel zu plazieren, der die »religiöse Verfolgung in der Sowjetunion aufdeckt«. Der Artikel sollte auch über die Schikanen gegen evangelische Christen und die zwangsweise Unterbringung jüdischer Kinder in Internaten berichten. »In unseren Verhandlungen mit dem Autor und Verleger wurde beschlossen, daß die endgültige Entscheidung über den Inhalt des vorgeschlagenen Artikels Ihrer Behörde obliegt.« Kennedy gab seine Zustimmung und meinte, daß »es den Sowjets wohl keine schlaflosen Nächte bereiten würde«.

** Im April wurde er 69 Jahre alt.

Houston, forderte, Kennedy solle »den Mut aufbringen«, Kuba anzugreifen.

Senator Keating schwor, seinen Hut auf den Stufen des Kapitols zu verzehren, wenn der Präsident beweisen könne, daß alle Offensivwaffen aus Kuba abgezogen worden seien. Nun bat Kennedy McCone um eine »eingehende Überprüfung der gesamten Insel«, worauf ihm der Direktor der CIA entgegnete, daß es unmöglich sei, »die Nichtexistenz einer Sache zu beweisen«.

Als die Überprüfung abgeschlossen war, gab McNamara einen zweistündigen Bericht über die Ergebnisse ab, der live von allen drei amerikanischen Fernsehgesellschaften übertragen wurde. Mit Hilfe von Aufnahmen, die von U-2 und Tiefffliegern der Navy und der Air Force stammten, wies er nach, daß alle Raketen und IL-28 verschwunden waren. Über Keating sagte er: »Ich besitze zwar keinen Hut, aber ich hoffe, er hat einen, da er ihn wegen der heute erbrachten Beweise wird verspeisen müssen.«

Daraufhin ließ Keating seine Behauptungen fallen, erwähnte aber die »nicht unbeträchtliche Anzahl sowjetischer Truppen und militärischer Einrichtungen«, die sich immer noch auf der Insel befänden. In diesem Zusammenhang schrieb Eisenhower an McCone, die Sowjets verfolgten offensichtlich die Absicht, »Kuba zu einer wesentlich stärkeren militärischen Macht zu verhelfen, als irgendein anderes lateinamerikanisches Land sie besitzt«. Goldwater forderte, der Präsident solle »alles Notwendige tun, um dieses Krebsgeschwür zu beseitigen. Wenn das den Krieg bedeutet, dann gibt es eben Krieg.«

Nach Schätzung von Kennedys Beratern befanden sich am Ende der Kuba-Krise 20 000 sowjetische Militärs, Techniker und anderes Personal in Kuba. Wenn Chruschtschow sich tatsächlich an die Abmachung gehalten hatte, die Offensiveinheiten abzuziehen, würde dies bedeuten, daß sich immer noch 17 000 Mann auf der Insel befänden. (Heute wissen wir, daß sich am Ende der Krise 42 000 Russen in Kuba aufhielten, so daß sich im Februar 1963 immer noch 37 000 auf der Insel befunden haben dürften.)

In seinem Brief an Chruschtschow vom 6. November forderte der Präsident den Generalsekretär auf, die vier verstärkten sowjetischen Regimenter aus Kuba abzuziehen. Daraufhin versprach Chruschtschow in seiner Antwort vom 20. November, die sowjetischen Truppen in Kuba »zu einem angemessenen Zeitpunkt« zurückzurufen. Kennedy drang nicht auf eine Erläuterung, wie viele Sowjets denn eigentlich dann auf der Insel verbleiben würden. »Wir glaubten nicht, daß einige Bodentruppen der Sowjets eine ernsthafte Gefahr darstellten«, erinnerte sich Bundy später.

Bei einer Pressekonferenz am Donnerstag, dem 7. Februar, wurde der Präsident gefragt: »Wollen Sie wirklich zulassen, daß sich die Sowjets auf Kuba einnisten?« Seine Antwort lautete, die »fraglichen Truppen« stellten »keine militärische Bedrohung« dar. Weiterhin stellte er fest, Chruschtschow habe zugesichert, sie zu einem angemessenen Zeitpunkt abzuziehen. »Der Zeitpunkt steht noch nicht fest, weshalb wir uns bemühen, eine befriedigendere Antwort zu erhalten.«

Anläßlich eines Essens bei Ben Bradlee und dessen Frau meinte Kennedy, man müsse die 17 000 sowjetischen Soldaten in Kuba im Zusammenhang mit den 27 000 amerikanischen Soldaten an der türkischen Grenze zur Sowjetunion sehen. Er warnte den *Newsweek*-Journalisten, diese Information zu veröffentlichen: »Es ist politisch unklug, Chruschtschows Probleme auf diese Art und Weise zu interpretieren.«

Bei einem anderen kleinen Dinner im selben Monat beklagte der Präsident in Gegenwart von Bradlee, Theodore White und Harry Labouisse, dem amerikanischen Botschafter in Griechenland, daß er wegen der sowjetischen Truppen auf Kuba »Ärger bekommen habe«.

Anschließend kam er wieder auf die Türkei zu sprechen. Labouisse erinnerte ihn an das Nike-Zeus-Raketen-Abwehrprogramm der NATO, das gerade auf Kreta in Angriff genommen worden war: Sicherlich würden die Russen das als neue amerikanische Raketenbasis ansehen. Entnervt zog Kennedy eine Karte aus der Tasche und kritzelte eine Notiz darauf. Als Bradlee ihn bat, einmal die Arbeit zu vergessen und sich zu entspannen, erwiderte der Präsident: »Wenn irgend etwas schiefläuft, geben alle mir die Schuld ... Wozu brauchen wir diese verdammten Raketen überhaupt?«

Kennedys neu erwachtes Interesse an einem Abbau der sowjetischen Truppen auf Kuba entsprang eher politischen Bedenken als der Sorge um die nationale Sicherheit. Nach Ansicht der CIA hatte die Anwesenheit sowjetischer Soldaten auf Kuba sogar den positiven Nebeneffekt, »Castros Abenteuerlust« einzudämmen. Robert Kennedy äußerte einmal sogar in einem vertraulichen Gespräch, ihm sei es lieber, »die Russen sind für die SAM-Stützpunkte verantwortlich als die Kubaner«.

Der Justizminister und Rusk teilten Dobrynin mit, das amerikanische Volk befürchtete, daß mit Hilfe der sowjetischen Truppen auf Kuba eine von SAMs geschützte Inselfestung errichtet werden sollte. In seiner Antwort darauf übermittelte Dobrynin am Montag, dem 18. Februar, den Amerikanern Chruschtschows Ehrenwort, daß noch einige tausend Soldaten innerhalb dieses Monats abgezogen werden sollten.

Tatsächlich konnte der Präsident Mitte März bestätigen, daß weitere 4000 Russen aus Kuba abgezogen seien. Falls die Sowjets ihre Strategie nicht radikal ändern würden, erzählte er seinen Beratern, würde das Thema Kuba bis 1964 niemanden mehr interessieren.

Im April jedoch berichtete Hanson Baldwin in der *New York Times*, daß sich laut »einiger Abwehrspezialisten« möglicherweise immer noch 30 000 bis 40 000 Sowjets auf der Insel befänden. Baldwin bezog sich aller Wahrscheinlichkeit nach auf die Informationen von Regierungsbeamten, die verärgert darüber waren, daß die Regierung das Thema im Sande verlaufen lassen wollte.*

Wütend verlangte der Präsident zu erfahren, wer Baldwin gegenüber geplaudert hatte. McComes Berater Walter Elder erklärte, daß sich »kein hochrangiger CIA-Beamter in der letzten Zeit auf gesellschaftlicher Ebene mit Baldwin getroffen hatte«. (Die bedeutsamen Worte in diesem Zusammenhang waren wahrscheinlich »hochrangig« und »gesellschaftlich«.)

Am Tag nach dem Erscheinen von Baldwins Artikel sprach Richard Nixon vor der American Society of Newspaper Editors, der amerikanischen Vereinigung der Zeitungsverleger: »Wir haben die Invasion vermasselt, unsere Gefangenen von Castro freigekauft und dann den Sowjets Besatzerrechte direkt in unserem Hinterhof eingeräumt ... Wir dürfen eine zwingende Entscheidung nicht länger hinausschieben und müssen alles tun, um die sowjetischen Brückenköpfe zu zerstören.«

Seit März hatte sich Chruschtschow in Pizunda aufgehalten und war in dieser Zeit »immer mehr in Ungnade gefallen«, wie Michel Tatu feststellte. Und wie bereits während des Zweiundzwanzigsten Parteitages wandte sich vor allem Frol Koslow gegen ihn.

---

* Sowjetisches Beweismaterial zeigte viele Jahre später, daß die Kritiker recht gehabt hatten.

Koslow war 1908 als Sohn armer Bauern geboren und bezeichnete sich selbst gerne als »heimatlose Waise«. Er hatte ein Studium zum Metallingenieur absolviert und war während des Krieges als Parteichef in einem Stahlwerk gewesen. Koslow verbarg seinen Ehrgeiz hinter seinem Leningrader Charme, und ein britischer Diplomat stellte einmal fest, er sei »wahrscheinlich der einzige Sowjetbürger, der ein durchgeknöpftes Oberhemd trägt«. Der ehemalige Protegé Malenkows war einer der wenigen hochrangigen Politiker gewesen, die Chruschtschow 1957 unterstützt hatten. Später bekleidete Koslow das Amt eines Sekretärs des Zentralkomitees. Schließlich ernannte Chruschtschow ihn und Mikojan zu stellvertretenden Ministerpräsidenten und teilte Harriman 1959 mit, daß Koslow wahrscheinlich als sein Nachfoger vorgesehen sei: »Trotz seines weißen Haares, das die Damen so sehr lieben, ist Koslow immer noch jung und ein überzeugter Kommunist. Wir können in Frieden sterben, da er sicherlich Lenins Werk weiterführen wird ... Ich empfehle ihn wärmstens, denn er ist bescheiden und nicht so ein Barbar wie wir anderen.«

Thompson telegrafierte nach Hause, es sei unwahrscheinlich, daß Koslow sich an der Macht würde halten können. Wahrscheinlich habe Chruschtschow ihn als »Strohmann ausgewählt, während der wahre Machtkampf hinter den Kulissen tobte«.

Es sollte sich jedoch herausstellen, daß Koslow politisch wesentlich konservativer war als Chruschtschow. Im April 1963 kam sein neostalinistisches Programm in Mode, das einen erhöhten Militäretat, Versöhnung mit Peking und einen Sturz von Chruschtschows »Ein-Mann-Regierung« vorsah.

Am Mittwoch, dem 3. April, lieferte Dobrynin einen Beweis für die neue harte Linie seines Landes, indem er Robert Kennedy in Washington eine beißende Anklageschrift gegen die amerikanische Außenpolitik überreichte. Nachdem der Justizminister das Schreiben gelesen hatte, meinte er, es sei »so beleidigend und unhöflich«, daß er es nicht an den Präsidenten weiterleiten könne. Wenn Dobrynin »eine solche Botschaft übergeben« wolle, solle er damit »ins Außenministerium gehen«. Noch in der gleichen Woche erhielt Kennedy den ersten persönlichen Brief Chruschtschows seit drei Monaten. In dem Schreiben erwähnte der Parteichef die sowjetischen Truppen auf Kuba und beschwerte sich über die Haltung der Amerikaner zu dem Problem der Verifizierungsmaßnahmen vor Ort. Eine Woche später ließ ihm der Präsident eine dreiseitige Antwort zukommen.* Er teilte Bohlen, der für kurze Zeit aus Paris zurückgekommen war, mit: »Für mich gibt es keinen Grund, Chruschtschow jemals wiederzusehen, da ich mir nichts davon verspreche. Doch ich bin trotzdem froh, ihn kennengelernt zu haben, weil es eine heilsame Wirkung auf mich hatte.«

Anfang April trafen acht ordentliche Mitglieder des Parteipräsidiums ohne Chruschtschow in Moskau zusammen, um eine Abordnung französischer Kommunisten willkommen zu heißen. Es war das erstemal seit Stalins Tod, daß sich so viele hochrangige Regierungsbeamte in Abwesenheit des Parteichefs zusammengefunden hatten. Möglicherweise hat Koslow diese Gelegenheit genutzt, um das Präsidium für eine Aktion gegen Chruschtschow zu gewinnen.

Am Mittwoch, dem 10. April, kündigte die *Prawda* eine Versammlung des Zentralkomitees zu »aktuellen ideologischen Fragen« im Mai an. Es heißt, Koslow habe dieses Treffen in Chruschtschows Abwesenheit angeordnet, um die Pläne des Vorsitzenden zu durchkreuzen. Zudem gab es Gerüchte, man werde Chruschtschow bei der Sitzung im Mai zum Rücktritt zwingen.

Binnen 24 Stunden nach dieser Ankündigung in der *Prawda* erlitt Koslow einen lebensbedrohlichen Anfall, der von manchen als Herzinfarkt, von anderen wiederum als Schlaganfall bezeichnet wurde. Auf jeden Fall war die Erkrankung so ernst, daß Koslow sich für immer aus der Politik zurückziehen mußte. 22 Monate später war er tot.**

---

* Beide Briefe sind sowohl auf Wunsch der amerikanischen als auch der sowjetischen Regierung der Öffentlichkeit nicht zugänglich gemacht worden.
** Wäre Koslow nicht genau in diesem Moment von der politischen Bühne verschwunden, hätte man Chruschtschow wahrscheinlich gestürzt. Wahrscheinlich hätte Koslow dann die Sowjetunion in eine neostalinistische Ära geführt, die Chinesen hofiert und die alte Feindschaft mit den Vereinigten Staaten wiederaufleben lassen. Bislang besitzen wir keine konkreten Hinweise darauf, daß Koslow nicht eines natürlichen Todes gestorben wäre. Tatsächlich hatte Koslow bereits mehrere Herzanfälle erlitten, den schlimmsten davon im April 1961. Außerdem war in Moskau ein Gerücht im Umlauf, das besagte, Chruschtschow und Koslow hätten sich am Abend des 10. April am Telefon heftig gestritten. Auf diesen Streit hin habe Koslow seine Herzattacke erlitten.
Der sowjetische Politiker, der am meisten von Koslows Ableben profitierte, war natürlich Chruschtschow, und bekanntermaßen hatte der Parteichef wenig Skrupel, wenn es darum ging, Mord zu seinem politischen Vorteil einzusetzen. Schließlich hatte er ja in den dreißiger und vierziger Jahren den Massenmord in der Ukraine und in Polen gebilligt. Wie er Llewellyn Thompson mitteilte, hatten

Nachdem Koslow von der politischen Bühne der Sowjetunion abgetreten war, wurden die sowjetischen Verlautbarungen gegenüber den USA zusehends von einem milderen Ton geprägt. Die *Prawda* veröffentlichte einen Nachdruck eines Artikels aus der *Washington Post*, der Präsident Kennedy zu seinen »ehrlichen Bemühungen« um den Frieden beglückwünschte. In der Zeitschrift *Kommunist* erschien ein »lange verschollenes« Dokument aus der Feder Lenins, das die Notwendigkeit gelegentlicher Zugeständnisse gegenüber den »bourgeoisen Kräften« zum Wohle der sowjetischen Wirtschaft einräumte.

Am Freitag, dem 12. April, weniger als zwei Tage nach Koslows Erkrankung, empfing Chruschtschow Norman Cousins, den Herausgeber der *Saturday Evening Post*, der ein Befürworter der Entspannungspolitik war.

Der Präsident hoffte, es würde vielleicht Cousins gelingen, den Parteichef davon zu überzeugen, daß ein eindeutiges Mißverständnis vorliege. »Ich strebe wirklich einen Teststoppvertrag an«, versicherte er Cousins vor dessen Abreise. Rusk fügte noch hinzu, daß die USA von ihrer Forderung nach acht Inspektionen nicht heruntergehen könnte.*** Vielleicht könnten amerikanische und sowjetische Unterhändler alles übrige vereinbaren. Danach würden Chruschtschow und Kennedy gemeinsam eine endgültige Lösung erarbeiten.

Als Cousins und seine beiden Töchter auf Chruschtschows Landsitz ankamen, erwartete sie der Generalsekretär bereits in der Auffahrt.

---

er und seine Genossen wahrscheinlich bei Stalins Ableben ein wenig nachgeholfen, indem sie ihm nach seinem schweren Schlaganfall die notwendige medizinische Hilfe verweigerten. Im gleichen Jahr ließ Chruschtschow Lawrenti Beria, den Chef der Geheimpolizei, ermorden. Außerdem war er 1956 nicht davor zurückgeschreckt, 30 000 Ungarn niedermetzeln zu lassen. Leonid Breschnew jedoch hatte durch Koslows Ableben mindestens ebensoviel zu gewinnen. Koslows Erkrankung ermöglichte es ihm, dessen Posten als Generalsupervisor des Parteiapparates zu übernehmen und gleichzeitig den Vorsitz des Präsidiums des Obersten Sowjets zu behalten. Es wurde allgemein angenommen, daß Breschnew nun zu Koslows Nachfolger bestimmt war, obwohl dessen Posten zwischen ihm und Nikolai Podgorny aufgeteilt worden waren. Chruschtschow wollte es nicht noch einmal zulassen, daß sich ein Mann zum Kronprinzen und dadurch zum potentiellen Konkurrenten aufschwang. Deshalb konnten westliche Geheimdienste auch nicht mit Sicherheit feststellen, ob nun Breschnew oder Podgorny einen höheren Rang in der sowjetischen Hierarchie einnahmen.

*** Dies geschah zu einer Zeit, als der Präsident seinem Verteidigungsminister vertraulich mitteilte, sechs Inspektionen seien die »absolute Obergrenze« für ihn.

Während die beiden Mädchen im teilweise überdachten Swimmingpool ihre Bahnen zogen, saßen der Parteichef und Cousins auf der angrenzenden verglasten Terrasse. Cousins wußte nichts von den dramatischen Vorfällen zwischen Chruschtschow und Koslow, doch er stellte trotzdem fest, daß Chruschtschow »niedergeschlagen, ja sogar in sich gekehrt« wirkte. Er hatte den Eindruck, daß der Generalsekretär »unter erheblichem Druck« stand.

Chruschtschow beugte sich vor und sagte: »Falls die Vereinigten Staaten wirklich einen Vertrag wollten, hätten sie einen haben können . . . Wir wollten auch einen Vertrag, aber die USA bestanden auf den Inspektionen. Wir haben zugestimmt, und jetzt ändern Sie schon wieder Ihren Standpunkt.«

Daraufhin gab Cousins die Einschätzung des Präsidenten wieder. Dazu meinte Chruschtschow: »Ein Mißverständnis?« Er berief sich auf Wiesners Zusicherung, »daß die Vereinigten Staaten bereit wären, weiter zu verhandeln, falls man sich auf einige wenige jährliche Inspektionen einigen könne«. Nach Kuba habe es für beide Länder eine »wirkliche Chance« gegeben, den Frieden zu sichern. Deshalb habe er auch angenommen, eine Einigung über die Atomversuche stünde unmittelbar bevor, und es sei ihm gelungen, den Ministerrat zu einem Angebot von zwei oder drei Verifizierungsmaßnahmen zu bewegen. Jetzt aber habe Kennedy ihn als »Idioten« hingestellt.

Cousins antwortete darauf: »Der Präsident würde die Frage nach der Anzahl der Inspektionen gerne bis zum Schluß aufheben. Dann können Sie gemeinsam eine Lösung finden.«

Chruschtschow schüttelte den Kopf: »Ich kann aus verschiedenen Gründen nicht nach Washington reisen*, und ich habe Gründe anzunehmen, daß der Präsident auch nicht nach Moskau kommen wird . . . Wenn Sie Ihre Forderung aus heiterem Himmel von drei auf acht Verifizierungsmaßnahmen erhöhen können, hindert uns nichts daran, von drei auf null zu gehen.« Seine Wissenschaftler und Generäle drängten ihn bereits, endlich grünes Licht für eine neue Atomtestreihe zu geben. »Vielleicht werde ich mich entschließen, diesen Wünschen zu entsprechen.«

Cousins erwiderte: »Ihr letztes Wort ist also, daß Sie mit den Atom-

---

* Offensichtlich wagte er es zu diesem Zeitpunkt aus innenpolitischen Gründen nicht, die Sowjetunion zu verlassen. Denn auch der Putsch der Altstalinisten gegen Chruschtschow hatte stattgefunden, während er sich im Ausland befand.

waffentests fortfahren wollen . . . Auf diese Weise verhindern Sie, daß wir auch andere Nationen von einem Teststopp überzeugen können. Erst im letzten Sommer wurde Präsident Kennedy durch einen sowjetischen Abgesandten informiert, daß keine Raketenabschußrampen auf Kuba installiert werden sollten. Oder wollen Sie jetzt etwa behaupten, auch das sei nur ein Mißverständnis gewesen . . . Könnte dann ein Mißverständnis das andere nicht vielleicht ungeschehen machen?«

Dazu meinte Chruschtschow: »Sie erwarten also von mir, ich solle Präsident Kennedys Ehrenwort vertrauen? In Ordnung, ich vertraue ihm . . . Sie wollen, daß ich die Mißverständnisse vergesse und einen neuen Anfang mache? In Ordnung, ich werde auch das tun . . . Und wir werden Ihnen etwas geben, das Sie eigentlich nicht brauchen. Wir werden Ihnen Inspektionen in unserem Land zugestehen, um Sie davon zu überzeugen, daß wir Sie nicht betrügen. Wir machen ein Angebot, Sie nehmen es an, und dann ist Schluß mit den Atomversuchen. Endgültig. Falls der Präsident wirklich ein Abkommen will, hier ist es.«

Cousins erwiderte: »Der Präsident ist von seiner ursprünglichen Forderung nach 22 Inspektionen schon außerordentlich weit abgerückt, aber er kann sich beim besten Willen nicht auf drei drücken lassen. Der Senat würde das niemals billigen.«

Chruschtschow zog eine Uhr aus seiner Brusttasche und spielte damit: »Ich kann unmöglich noch einmal zum Ministerrat gehen und ihn bitten, erneut unseren Beschluß zu ändern, nur um den Vereinigten Staaten einen Gefallen zu tun. Warum bin immer nur ich derjenige, der Verständnis mit den Schwierigkeiten anderer haben muß? Vielleicht ist es langsam an der Zeit, daß die andere Seite auch *meine* Lage versteht.«

Am Montag, dem 22. April, sprach Cousins im Oval Office vor, wo sich Kennedy zuerst erkundigte, ob Chruschtschows »Haus am Schwarzen Meer wirklich so schön« sei, »wie alle sagen«. Als der Verleger von ihrem gemeinsamen Badmintonspiel erzählte, meinte der Präsident: »Sieht aus, als ob er gut in Form wäre.« Dann berichtete Cousins von den innenpolitischen Spannungen, die Chruschtschow zwängen, in der Frage der Atomwaffentests einen harten Kurs zu vertreten.

Kennedy erwiderte, die CIA habe ihm bereits das gleiche mitgeteilt: »Es ist Ironie des Schicksals, daß Mr. Chruschtschow und ich innerhalb unserer Regierungen annähernd dieselben Schwierigkeiten haben.

Ebenso wie ich möchte er gerne einen Atomkrieg verhindern, aber wird von den Hardlinern in seiner Umgebung unter Druck gesetzt ... Mir geht es ganz ähnlich ... Die Hardliner in der Sowjetunion und in den Vereinigten Staaten provozieren sich immer wieder gegenseitig und rechtfertigen dann ihr eigenes Handeln mit der Reaktion der Gegenseite.«

Der Präsident zeigte zwar Verständnis für Chruschtschows Schwierigkeiten, sah sich aber außerstande, die Anzahl der Inspektionen zu »verringern«: »Uns stehen sowieso noch einige harte Auseinandersetzungen bevor, wenn wir den Vertrag durch den Senat bekommen wollen, selbst wenn die Sowjets all unseren Bedingungen zustimmen.«

Als im September des Vorjahres die Verhandlungen über die Atomwaffentests an einem toten Punkt angelangt waren, hatte Bundy an Kennedy geschrieben: »Meiner Ansicht nach ist es jetzt an der Zeit, einen hochrangigen Abgesandten mit politischem Weitblick nach Moskau zu schicken. Ich denke dabei an Harriman.«

Jetzt wurde dieser Vorschlag wieder aufgegriffen. Ende April reiste Harriman als Abgesandter des Präsidenten zu Chruschtschow. Für den 71jährigen war das der krönende Abschluß seiner Bemühungen, wieder an den Schaltstellen der amerikanisch-sowjetischen Beziehungen Fuß zu fassen.*

In Kennedys Augen war Harriman lange Zeit nichts anderes gewesen als ein reicher, starrsinniger, schwerhöriger alter Mann und ein gescheiterter Politiker, der mit den Russen etwas zu sanft umging. Der designierte Präsident hatte Harriman lediglich einen Posten als »Sonderbotschafter« angeboten. In diesem Zusammenhang erwähnte Harriman im April 1961 gegenüber einem Freund: »Ich bin noch nicht in den engeren Kreis der Regierung vorgedrungen ... Aber auch unter Roosevelt habe ich als Gefreiter angefangen und mich bis an die Spitze hochgearbeitet, und das werde ich wieder tun.«

---

* Im gleichen Monat wurde die letzte Jupiter-Rakete aus der Türkei abgezogen. Die NATO hatte im Januar 1963 offiziell beschlossen, die Interkontinentalraketen sowohl aus der Türkei als auch aus Italien abzuziehen und sie durch Polaris-U-Boote zu ersetzen. Jahre später erinnerte sich McNamara, daß er sich am Ende der Kuba-Krise sofort ins Pentagon begeben habe. »Ich habe angeordnet, sie abzuziehen, zu demontieren und dann zu fotografieren, damit ich mich persönlich davon überzeugen konnte, daß diese Raketen wirklich zerstört worden waren.«

Zur allgemeinen Überraschung behielt er damit recht. Beeindruckt von Harrimans Erfolgen in der Laos-Frage, beförderte Kennedy ihn zum Staatssekretär für den Fernen Osten, worauf Harriman meinte: »Verdammt, ich hatte eigentlich auf Europa gehofft.«

Im April 1963 wurde er Staatssekretär für Politische Angelegenheiten, also der dritte Mann im Außenministerium. Nachdem er den Amtseid geleistet hatte, sagte er in einem vertraulichen Gespräch: »Dieser Laden ist völlig tot. Ich möchte ihm etwas von dem Kämpfergeist vergangener Tage wiedergeben.«

Trotz seines Comebacks hielten die Kennedys ihn von seiner großen Liebe, der Sowjetunion, fern. Eigentlich konsultierte ihn der Präsident nur, weil seine Schwester Eunice ihn dazu drängte. Während der Berlin-Krise wurden Harrimans Argumente, man solle es doch erst mit Diplomatie versuchen, ehe man Panzer über die Autobahnen rollen ließ, ignoriert. Auch während der Kuba-Krise fragte ihn niemand nach seiner Meinung. Er war sogar gezwungen, sich an Schlesinger zu wenden, um Kennedy seine Ratschläge zu übermitteln.*

Da der Präsident übergroßen Wert auf Schnelligkeit legte, mißverstand er Harrimans Schwerhörigkeit und langsame Sprechweise wahrscheinlich als Zeichen von mangelnder geistiger Flexibilität, die er vielleicht in Verhandlungen gerade noch für ausreichend hielt, nicht jedoch bei der Entwicklung politischer Strategien. Möglicherweise hat er es vor dem Oktober 1962 auch aus Gründen der Vorsicht vermieden, jemanden, der den Russen offensichtlich so nahe stand, um Rat zu fragen.

Doch nachdem Kennedy sich während der Kuba-Krise seine Sporen verdient hatte, konnte er es sich leisten, Harriman in die Sowjetunion zu schicken. Er wußte, daß Kohler nicht sonderlich viel daran lag, die amerikanisch-sowjetischen Beziehungen zu verbessern, und daß Chruschtschow den Botschafter nicht besonders mochte. So schickte Kennedy Harriman nach Moskau, ohne vorher mit Kohler Rücksprache zu halten. Er schrieb an Chruschtschow: »Sie und Ihre Mitarbeiter kennen ihn sehr gut, und ich setze große Hoffnungen in Ihre Gespräche mit ihm.«

---

* Harriman meinte, daß Chruschtschow sich nicht wie jemand benehmen würde, der den Krieg wünschte: »Wenn wir nur immer unnachgiebiger werden, zwingen wir sie, Gegenmaßnahmen zu ergreifen. Wir müssen Chruschtschow einmal eine Verschnaufpause einräumen.«

Zu Beginn des Frühjahrs hatten die amerikanische und die sowjetische Regierung sich gegenseitig beschuldigt, in unzulässiger Weise Einfluß auf die Lage in Laos zu nehmen. Der sowjetische Botschafter stellte fest, daß unter Mißachtung des Genfer Abkommens immer noch amerikanische Truppen »gemeinsam mit Anhängern von Tschiang Kai-schek« in Laos operierten.

Nach Ansicht des Präsidenten hatten jedoch die Nordvietnamesen das Abkommen zuerst gebrochen, indem sie »eine große Anzahl Truppen« nach Laos entsendet hatten. Von dort aus wollten sie offensichtlich in »innenpolitische Angelegenheiten« Südvietnams eingreifen. Außerdem erklärte er, das gesamte amerikanische Militärpersonal mit Ausnahme einer Handvoll diplomatischer Attachés sei fristgemäß im Oktober 1962 abgezogen worden.

Im Gespräch mit Harriman erklärte Chruschtschow dem Sonderbotschafter, die Verschlechterung der Lage in Laos sei für die Sowjets sehr unangenehm, da sie über »sehr geringe« Möglichkeiten verfügten, die Situation zu beeinflussen. Harriman erinnerte ihn daran, daß die USA General Phoumi im übertragenen Sinne den Arm verrenkt hätten, damit dieser dem Abkommen von 1962 zustimmte. Chruschtschow erwiderte: »Nach einer russischen Redensart verrenkt man dem Betreffenden ein anderes Körperteil.« Lachend mußte Harriman zugeben, daß Washington auf »die russische Methode Phoumi sicherlich schneller« zum Einlenken hätte veranlassen können.

Harriman teilte Chruschtschow ferner mit, Kennedy wäre über eine Entspannung der Weltlage sehr erfreut: »Der Präsident betrachtet Laos als Symbol . . . Wenn wir in diesem Bereich nicht zusammenarbeiten können, wie soll es uns denn dann in anderen Bereichen gelingen?« Harriman fügte hinzu, die USA verfügten über »eindeutige Informationen«, daß die Viet Minh in Laos operierten.

»Sind Sie religiös?« erkundigte sich der sowjetische Parteichef. Harriman erwiderte, sein Großvater sei Geistlicher gewesen.

Daraufhin fragte Chruschtschow: »Würden Sie auf die Bibel schwören, daß die Viet Minh in Laos aktiv sind?« Harriman bejahte und meinte: »Würde auch Mr. Gromyko auf die Bibel schwören, daß Tschiang Kai-scheks Truppen sich in Laos befinden?«

Chruschtschow erinnerte ihn, Gromyko sei Atheist: Vielleicht könne er statt dessen eine Ausgabe des *Kapitals* benutzen oder »beim Bart von Karl Marx schwören«. »Warum wetten wir nicht eine Million Dollar, ob die Viet Minh jetzt dort sind oder nicht. Sie haben doch so viele Millionen, und es würde Sie sicherlich nicht umbringen, eine davon zu verlieren.«

Harriman meinte, er sei willens, eine Million Dollar dafür zu geben, um die Viet Minh aus Laos herauszubekommen. Darauf kamen sie auf Kuba zu sprechen. Chruschtschow zog Kennedys Besorgnis über Truppen in Kuba ins Lächerliche und spulte eine Liste derjenigen Länder herunter, in denen die Vereinigten Staaten Soldaten stationiert hatten. Harriman erklärte: »Natürlich verfolgen wir beide unsere Interessen, aber Kuba ist der kritische Punkt. In den USA gibt es viele Hitzköpfe, die nach drastischen Schritten schreien, und der Präsident braucht Hilfe, um diese Strömungen unter Kontrolle zu halten. Wir würden uns sehr freuen, wenn Sie etwas in diesem Sinne unternehmen würden ... selbstverständlich ohne Ihre eigenen nationalen Interessen zu gefährden. Sie sollten noch wissen, daß der Präsident persönlich Ihnen Unterstützung zugesagt hat, vorausgesetzt natürlich, daß unsere eigenen nationalen Interessen nicht dadurch gefährdet werden.« Er fügte hinzu, er habe »einen sehr ernsten Vorschlag zu machen«.

Chruschtschow schlug auf den Tisch: »Heraus damit!«

»Streben Sie eine Einigung in der Atomteststopp-Frage an. So könnten Sie einen viel größeren Teil Ihrer Mittel auf die zivile Produktion konzentrieren.« Weiterhin meinte Harriman, daß man Berlin »auf Eis« legen könne. »Warum kümmern sich die Sowjets nicht lieber um wichtigere Dinge wie zum Beispiel das Verbot der Atomwaffentests?« Der Parteichef betonte noch einmal, er und seine Genossen hegten die größte Hochachtung gegenüber Harriman: »Wir würden uns freuen, wenn unsere Beziehungen wieder den gleichen Stand erreichen würden wie zu Ihrer Zeit als Botschafter. Deswegen schlage ich Ihnen einen Handel vor.« Warum könne man nicht das Atomwaffentestverbot mit einer Einigung in der Deutschlandfrage verbinden? Harriman antwortete, die USA könnten nicht die »Katze im Sack« kaufen. Sie seien jedoch »immer bereit, sowohl über die Atomwaffentests als auch über Deutschland zu verhandeln«.

Lächelnd sagte Chruschtschow, Harriman sei ein »alter Diplomat«, der »reden könne, ohne wirklich etwas zu sagen«.

Seit dem vorangegangenen Herbst hatten Alpha 66, Kommando L-66 und andere unabhängige radikale Exilgruppen immer wieder Terroranschläge auf kubanische Einrichtungen verübt. Sie operierten von

Florida und den Bahamas aus und schossen sogar Torpedos auf kubanische und sowjetische Schiffe ab. Die sowjetische Regierung beschwerte sich Ende März, daß die amerikanische »Unterstützung solcher Aktionen« die Vereinbarungen im Anschluß an die Kuba-Krise verletzten.

Gegenüber Kennedy äußerte Rusk, daß diese Überfälle »unsere Beziehungen mit der UdSSR komplizieren könnten, ohne uns einen Vorteil zu bringen«: »Es ist besser, wir lassen derartige Aktionen von anderen ausführen, als daß wir uns die Finger schmutzig machen.« Daraufhin nahmen die Amerikaner einige Exilkubaner fest und beschlagnahmten ihre Schnellboote.

Die neue ständige Arbeitsgruppe Kuba im Nationalen Sicherheitsrat, die das ExComm abgelöst hatte, erwog Schritte zu einer »Einigung mit Castro«. Im April erklärte der kubanische Staatschef, die »Behinderung der Überfälle der Exilkubaner« durch die Amerikaner seien »der erste Schritt zu einer Einigung«.

Castro war mit den Russen immer noch unzufrieden. Nachdem Chruschtschow erfahren hatte, daß der kubanische Staatschef sogar so weit gegangen war, sich mit chinesischen Regierungsbeamten zu treffen, lud er Castro in die Sowjetunion ein und bereitete ihm einen der wärmsten Empfänge, der je einem ausländischen Staatsoberhaupt zuteil geworden war. Während seines vierzigtägigen Besuches inspizierte Castro die nördliche Flotte und sowjetische Raketenabschußbasen und verbrachte viele Stunden mit Chruschtschow im Kreml und in Pizunda.

Der Parteichef verteidigte seine Lösung der Kuba-Krise und stellte fest, daß Stalin niemals das Risiko eingegangen wäre, zur Verteidigung der Insel Raketen zu entsenden. Laut seiner eigenen Aussage erwähnte er Castro gegenüber mit keinem Wort Kennedys Zugeständnis im Hinblick auf die Raketen in der Türkei. Er erhöhte die Subventionen für kubanischen Zucker und versprach, sich nicht mehr um die Altkommunisten in Kuba zu kümmern, die Castro soviel Ärger bereitet hatten. Am Ende seines Besuchs lobte Castro die Russen öffentlich dafür, daß sie »einen ernsthaften Krieg« riskiert hätten, »um unser kleines Land zu verteidigen ... Das ist der wahre Kommunismus!«

Im April kam die CIA Kennedy gegenüber zu der Schlußfolgerung, daß die Sowjetunion »eine wie auch immer geartete Militärpräsenz« in Kuba als eine Art »Stolperdraht gegen eine mögliche amerikanische Invasion« aufrechterhalten würde. Außerdem beschäftige sie sich mit Umsturzplänen gegen lateinamerikanische Regierungen. »Es besteht die Möglichkeit, daß Castros Stellung in Kuba in einem Jahr stärker ist als momentan und daß die Kommunisten in Lateinamerika einiges von dem Terrain zurückgewinnen könnten, das sie in der Kuba-Krise verloren haben.«

Kennedy war sich darüber im klaren, daß Revolutionen wie die Castros auf dem amerikanischen Kontinent nicht nur die Sicherheit des Westens, sondern auch seine Wiederwahl zum Präsidenten der Vereinigten Staaten gefährden konnten. Diese Gefahr bestand seiner Ansicht nach besonders deshalb, weil er noch im November behauptet hatte, seine Lösung des Kuba-Konflikts habe den kubanischen Umsturzversuchen in Lateinamerika einen Riegel vorgeschoben.

Während einer ExComm-Sitzung im November hatte Kennedy um die Entwicklung eines langfristigen Plans gebeten, »Druck auf Castro auszuüben und andere Regime in der Karibik zu unterstützen«. Er ging davon aus, daß eine erneute verdeckte Aktion der Amerikaner gegen Castro die innenpolitische Stabilität auf Kuba gefährden und Castros Ehrgeiz, sich auf dem gesamten amerikanischen Kontinent auszubreiten, eindämmen würde.

Bundy jedoch warnte, daß »sinnvolle und organisierte Sabotage immer noch sehr schwierig zu bewerkstelligen ist«. Trotzdem teilte Robert Kennedy der Arbeitsgruppe im Mai mit, daß die Vereinigten Staaten »etwas gegen Castro unternehmen müssen, auch wenn wir nicht glauben, daß unsere Aktivitäten ihn wirklich stürzen werden«. Im folgenden Monat stimmte der Präsident einem neuen Programm der CIA zu, das kubanische Elektrizitätskraftwerke, Petroleumraffinerien, Lagerhäuser, Fabriken, Schienennetze und Straßen zum Ziel von Sabotageakten machte.

Macmillan und Kennedy befürchteten mittlerweile, daß sie mit einem Atomwaffenteststopp-Vertrag kaum noch verhindern konnten, daß China und andere Länder in den Besitz von Atomwaffen kamen. Deshalb schickten sie Chruschtschow einen gemeinsamen Brief, in dem sie die Meinung vertraten, die Differenzen zwischen dem sowjetischen Angebot von drei Verifizierungsmaßnahmen und dem amerikanischen von sieben »sollte nicht so schwer aus der Welt zu schaffen sein«. Was die seismischen Stationen anbelangte, schienen die Meinungsverschiedenheiten ohnehin »ziemlich gering« zu sein.

Der Präsident und der Premierminister seien bereit, »sehr hochrangige Repräsentanten mit der Vollmacht zu entsenden, in unserem Namen zu sprechen und in Moskau direkt mit Ihnen zu verhandeln«. Sie hofften auf ein baldiges »Treffen zwischen uns dreien, bei dem eine endgültige Einigung über einen Atomwaffenteststopp vertraglich festgelegt werden kann«.

Am Mittwoch, dem 8. Mai, schrieb Chruschtschow an Kennedy, er habe die Vorschläge des Präsidenten zu einem Testverbot auswendig gelernt, »genauso wie wir das Vaterunser auswendig zu lernen pflegten«. Jedoch habe er bereits zwei oder drei Verifizierungsmaßnahmen zugestimmt, um dem Präsidenten die Auseinandersetzung mit dem Senat zu erleichtern. Für all das aber habe er sich nur Streitereien mit dem Westen um Zahlen und Bedingungen eingehandelt.

Falls keine wirkliche Hoffnung für eine Einigung bestünde, bliebe der Sowjetunion nichts anderes übrig, als ihre Verteidigungsmaßnahmen zu verstärken. Trotzdem sei die Sowjetunion bereit, »Ihre hochrangigen Repräsentanten zu empfangen«.

Der harte Ton der Botschaft Chruschtschows entsprang einerseits seiner wirklichen Erbitterung, andererseits aber war der Grund dafür auch in seinen eigenen innenpolitischen Schwierigkeiten zu suchen. Da er den Eindruck hatte, Kennedy habe ihn schon einmal in der Teststoppfrage übervorteilt, wollte er im Hinblick auf die kürzlichen Probleme mit Koslow seine Vorstellungen nicht in einer Sprache schriftlich niederlegen, die es dem Präsidenten ermöglichte, ihn noch einmal vor seinen Parteigenossen als »Narren« hinzustellen.

In Washington deutete Dobrynin vertraulich an, der Parteichef sei zu größerer Flexibilität bereit. Er teilte Wiesner mit, es sei zuviel in der Öffentlichkeit über Zahlen diskutiert worden: »Fünf oder sechs Inspektionen wären vielleicht akzeptabel gewesen, wenn die Dinge sich anders entwickelt hätten.« Gegenüber Bowles erwähnte er, es wäre »tragisch«, wenn man sich jetzt nicht auf ein Testverbot einigen könne. Die »Spaltung würde viele Jahre andauern«. Vielleicht könne man sich auf eine »pauschale Anzahl« von Inspektionen einigen: ». . . sagen wir einmal, 25 oder 27 über einen Zeitraum von fünf Jahren.«

Kennedy und Macmillan schlugen Chruschtschow vor, ihre Abgesandten könnten Ende Juni oder Anfang Juli nach Moskau kommen.

Zwar stimmte Chruschtschow dem zu, war jedoch ungeduldig, da er befürchtete, seine Bürokraten könnten die Verhandlungen zu verhindern suchen. Er hätte ein Gipfeltreffen mit dem Präsidenten vorgezogen, war aber auch bereit, mit Rusk zu sprechen.

Im Februar erneuerte Alexander Fomin seine Beziehungen zu John Scali und schlug vor, Rusk solle den Kreml besuchen.* Gromyko erinnerte Kohler daran, daß er bereits dreimal im Weißen Haus gewesen sei, aber der Außenminister bis jetzt noch nie nach Moskau gereist wäre. Mitte Mai wiederholte Chruschtschow in einem Brief an Kennedy diese Einladung.

Aber der Präsident befürchtete, die Position seines Unterhändlers zu untergraben oder seinen Außenminister in unsichere Verhandlungen zu verwickeln. Deshalb antwortete er, Rusk sei »bereit, zu jeder Zeit im Juli oder August nach Moskau zu kommen, die Ihnen angenehm ist«.

Nach einem Treffen mit Chruschtschow im April drängte Norman Cousins Kennedy, den Sowjets ein öffentlichkeitswirksames Friedensangebot zu machen. Im Juni sollte der Präsident an der American University in Washington eine Rede halten.

Kennedy war der Meinung, daß die Zeit für eine großangelegte Rede über den Frieden gekommen war. So kurz vor den Verhandlungen in Moskau würde er den Sowjets mit einer solchen Rede seine ehrlichen Absichten unter Beweis stellen. Gleichzeitig könnte er das amerikanische Volk dazu bewegen, den geplanten Atomwaffenteststopp-Vertrag zu unterstützen. Kennedy beabsichtigte, in dieser Rede das positive Element in den amerikanisch-sowjetischen Beziehungen hervorzuheben und sich jeglicher Drohungen und Machtdemonstrationen oder eines erhobenen Zeigefingers zu enthalten.

Deshalb forderte Bundy die Mitarbeiter des Weißen Hauses auf, ihre besten Einfälle Sorensen zukommen zu lassen und sich gegenüber Dritten in Schweigen zu hüllen. Die anderen Ministerien wurden nicht um offizielle Stellungnahmen ersucht. Sorensen schöpfte aus Beiträgen von Cousins, Bundy, Thompson, Kaysen, Bowles, Schlesinger und anderer. Er orientierte sich am Stil von Kennedys Antrittsrede,

---

* Fomin war offensichtlich über die Gedanken der obersten sowjetischen Führungsebene gut informiert. Er beklagte, die Regierung Kennedy habe Moskau »betrogen«, weil sie von ihrem Versprechen, zwei oder drei Inspektionen zu akzeptieren, abgewichen sei.

seiner Ansprache von 1961 vor den Vereinten Nationen sowie der Entwürfe zu der unglückseligen Fernsehdebatte mit Chruschtschow im Jahre 1962.

Kennedy flog nach Honolulu, wo er vor der amerikanischen Bürgermeisterkonferenz eine Rede zum Thema Bürgerrechte hielt und einen Entwurf zu der Ansprache absegnete, die er nun »die Friedensrede« nannte. Eine Kopie wurde ins Weiße Haus gesandt, wo Carl Kaysen mit Rusk, McNamara und Taylor letzte Hand anlegen sollte. Es war kein Zufall, daß den Mitarbeitern der Minister keine Zeit mehr blieb, den Text zu verwässern.

Am Sonntag, dem 9. Juni, flog der Präsident an die Ostküste und nahm im Flugzeug noch letzte handschriftliche Ergänzungen am Text der Rede vor. Kaysen schlug telefonisch noch kleinere Änderungen vor, die sich auf Chruschtschows letzten Brief bezogen. Nach seiner Ankunft auf dem Flughafen Andrews montags um 8.51 Uhr wurde Kennedy auf dem schnellsten Wege ins Weiße Haus gefahren. Dort zog er ein frisches Hemd an und eilte zur American University. Den müden Reportern von *Air Force One* und dem diplomatischen Korps in Washington hatte man mitgeteilt, diese Rede würde von »äußerster Wichtigkeit« sein.

Kennedy begann mit den Worten, der Weltfriede sei »ein Thema, bei dem allzuoft die Unwissenheit regiert . . . Welchen Frieden meine ich, und welcher Friede liegt uns am Herzen? Ich meine nicht eine Pax Americana, die der Welt mit amerikanischer Waffengewalt aufgezwungen wird. Auch nicht eine Friedhofsruhe oder die vermeintliche Sicherheit der Sklaverei.

Ich spreche von wirklichem Frieden . . . dem Frieden, der das Leben auf dieser Erde lebenswert macht, dem Frieden, der es Menschen und Nationen ermöglicht, zu wachsen und ein besseres Leben für ihre Kinder aufzubauen. Nicht nur ein Frieden in unserer Zeit, sondern ein Frieden für alle Zeiten.«

Er betonte da der Krieg ein »neues Gesicht« erhalten habe, sei der Friede um so wichtiger geworden. Ein totaler Krieg sei sinnlos in einem Zeitalter, da die Supermächte eine »relativ unverwundbare Nuklearstreitmacht« besäßen. Heute habe »eine Atomwaffe beinahe zehnmal soviel Sprengkraft wie alle Bomben der Alliierten im Zweiten Weltkrieg zusammengenommen«. Zudem würde sich die tödliche radioaktive Strahlung »in alle entfernten Zonen des Erdballs« ausbreiten und sogar auf »noch ungeborenen Generationen« auswirken.

Manche würden ihm raten zu warten, bis die Sowjets bereit seien, sich neuen Ideen zu öffnen: »Ich hoffe, das wird bald geschehen, und ich glaube, wir können ihnen dabei helfen.« Doch bei der Annahme, der Friede sei unmöglich, handle es sich um »einen gefährlichen Irrglauben, der zu der Schlußfolgerung führt, der Krieg sei unvermeidlich . . . die Menschheit sei zum Untergang verurteilt und wir befänden uns in der Hand unkontrollierbarer Mächte . . . Unsere Probleme sind vom Menschen geschaffen, und deswegen können sie auch vom Menschen gelöst werden.* Der Mensch kann alles erreichen, was er nur will . . . Der Verstand und Geist des Menschen haben schon so oft scheinbar unüberwindbare Probleme gelöst . . . und wir glauben, daß uns das auch diesmal gelingen wird.«

Deshalb »laßt uns unsere Einstellung gegenüber der Sowjetunion noch einmal überdenken . . . Als Amerikaner empfinden wir den Kommunismus von Grund auf als abstoßend . . . Trotzdem können wir das russische Volk zu seinen vielen Errungenschaften beglückwünschen . . . in der Wissenschaft und in der Raumfahrt, im wirtschaftlichen und industriellen Wachstum, in der Kultur und im mutigen Handeln.«

Sowohl das amerikanische als auch das sowjetische Volk lehnten den Krieg ab: »Unter den mächtigen Staaten dieser Erde ist es fast schon einzigartig, daß unsere beiden Länder noch nie Krieg gegeneinander geführt haben.« Keine Nation habe während des Krieges so gelitten wie die Sowjetunion, wo mindestens zwanzig Millionen Menschen ihr Leben verloren hätten. Ein Drittel des sowjetischen Staatsgebiets »ist in eine Wüste verwandelt worden, deren Größe mit dem Gebiet der Vereinigten Staaten östlich von Chicago vergleichbar ist«. Die grundlegendste Verbindung zwischen den beiden Ländern sei, »daß wir alle diesen kleinen Planeten bewohnen. Wir alle atmen die gleiche Luft. Uns allen liegt die Zukunft unserer Kinder am Herzen. Und wir alle sind sterblich. Laßt uns unsere Einstellung zum Kalten Krieg noch einmal überdenken.«

Der wichtigste Schritt in diese Richtung sei ein offizieller Verzicht auf Atomwaffentests. Ein solcher Vertrag würde es den Atommächten

---

* Dieser Satz war glücklicherweise geändert worden. In einer früheren Version hieß es: »Deswegen sind sie nicht größer als der Mensch.«

ermöglichen, »mit einer der größten Gefahren, denen sich der Mensch im Jahr 1963 gegenübersieht«, umzugehen: der weiteren Verbreitung von Atomwaffen. »Dieser Vertrag würde unsere Sicherheit erhöhen und die Wahrscheinlichkeit eines Krieges verringern.«
Am Ende der Rede kündigte Kennedy an, daß die Vereinigten Staaten sämtliche Atombombenversuche in der Atmosphäre einstellen würden, solange auch kein anderer Staat solche Tests durchführen werde. Chruschtschow, Macmillan und er hätten sich auf Teststoppverhandlungen in Moskau auf höchster Ebene geeinigt: »Unsere Hoffnungen dürfen im Hinblick auf die geschichtlich gebotene Vorsicht nicht zu hochfliegend sein, aber wenn wir die Hoffnung verlieren, ist die Hoffnung der ganzen Menschheit dahin.«

Diese poetische Rede war sicherlich die beste in Kennedys Laufbahn. Doch heute, fast drei Jahrzehnte später, strahlen die Worte nicht mehr die gleiche Kraft aus wie zu jener Zeit. Der Grund für die damalige Wirkung dieser Rede liegt darin, daß sie sich in überraschender Weise von Kennedys markigen Tönen in seinen ersten beiden Amtsjahren unterscheidet. Zwischen dieser Rede, Kennedys Jeremiade anläßlich des Wahlkampfes 1960 und seinem Muskelspiel bei der Antrittsrede liegen Lichtjahre.
Kein Präsident der Zeit des Kalten Krieges, mit Ausnahme von Eisenhower nach Stalins Tod*, hat sich öffentlich so deutlich zu der Notwendigkeit bekannt, einen Weg aus diesem Konflikt zu finden. Selbst während der Entspannungsphase zwischen 1959 und 1960 hatte Eisenhower sich davor gescheut, den Amerikanern klarzumachen, daß bessere Beziehungen zur Sowjetunion in ihrem eigenen Interesse lagen.
Später haben Historiker die Rede an der American University als Beweis dafür zitiert, daß Kennedys stürmische Erfahrungen während der Kuba-Krise einen Erkenntnisprozeß hervorgerufen und ihm seine

---

* In einer Rede im April 1953 vor der American Association of Newspaper Editors hatte Eisenhower den Preis eines andauernden Rüstungswettlaufs beschrieben: »Jedes Gewehr, das abgefeuert, jedes Kriegsschiff, das vom Stapel gelassen, jede Rakete, die abgeschossen wird, bedeutet, daß diejenigen, die hungern und frieren, bestohlen werden ... So kann man nicht leben ... Unter der Wolke des drohenden Krieges hängt die Menschheit an einem eisernen Kreuz.« Diese Worte waren auch eine Zusammenfassung von Chruschtschows persönlichem Glaubensbekenntnis.

Fehler vor Augen geführt hätten. So habe der Idealismus schließlich über Vorsicht und politisches Kalkül gesiegt.

Sicherlich hatten die Krisen in Berlin und Kuba dem Präsidenten die Gefahren eines andauernden Kalten Krieges verdeutlicht, doch die Rede enthielt keinen Satz, dem er 1960 als Privatperson widersprochen hätte. Der Wandel hatte sich also nicht in Kennedys Denken vollzogen, sondern in seinem politischen Umfeld.

Im Jahre 1960 hatte es starke Spannungen mit Moskau gegeben, und Kennedy war vor der schwierigen Aufgabe gestanden, eine Wahl zu gewinnen. Zudem fühlte er sich während seiner ersten beiden Amtsjahre verpflichtet, dem amerikanischen Volk, den Staatschefs der Verbündeten und Chruschtschow seine Kompetenz als Führer der freien Welt zu beweisen. Doch 1963 hatte er in den Augen der meisten Amerikaner seine Fähigkeiten als Präsident unter Beweis gestellt, indem er die Russen in Kuba in ihre Schranken wies. Jetzt konnte er es sich leisten, offen für bessere Beziehungen mit der Sowjetunion einzutreten, ohne daß er befürchten mußte, als »Schwächling« abgetan zu werden.

Obwohl die Rede an der American University sicherlich von Herzen kam, war sie ebenso von politischem Kalkül geprägt wie alle anderen Reden Kennedys. Sie sollte die Unterstützung der Öffentlichkeit für den Atomwaffenteststopp-Vertrag sichern, den er zu erwirken hoffte. Außerdem zielte die Rede darauf ab, Chruschtschow nach dem Mißverständnis über die Verifizierungsmaßnahmen zu beruhigen.

Kennedy könnte mit seiner Rede außerdem die Absicht verfolgt haben, dem Parteichef einen Anreiz für ein amerikanisch-sowjetisches Bündnis zu bieten, denn Anfang Juni befanden sich chinesische Regierungsbeamte auf dem Weg nach Moskau. Sie hofften, ihre Streitigkeiten mit der Sowjetunion auf Kosten der Vereinigten Staaten aus der Welt schaffen zu können.

In der Woche nach Kennedys Rede trafen 896 Briefe im Weißen Haus ein. Nur 25 davon waren feindselig. In der gleichen Woche beschwerten sich 28 232 Bürger beim Präsidenten über die Höhe der Frachtkosten. Darauf meinte Kennedy zu seinen Beratern: »Deshalb erzähle ich den Kongreßabgeordneten immer, daß sie verrückt sind, wenn sie ihre Post ernst nehmen.«

Als Voice of America die Rede auf russisch in der Sowjetunion ausstrahlte, beschränkten sich die Störmaßnahmen auf eine einzige Passage, in der von »völlig aus der Luft gegriffenen sowjetischen Behauptungen über die Ziele der USA« die Rede war. Außerdem erschien Kennedys Text in der sowjetischen Presse. Es wird berichtet, daß manche Bürger den Artikel ausschnitten und ihn in der Brieftasche aufbewahrten.

Als Harold Wilson, der Vorsitzende der britischen Labour Party, Chruschtschow einen Besuch abstattete, stellte er fest, der Parteichef sei tief beeindruckt von der Tatsache, daß der Präsident derartige Dinge in der Öffentlichkeit äußerte. Chruschtschow sagte später, dies sei »die beste Rede eines amerikanischen Präsidenten seit Roosevelt gewesen«.[*]

Robert Kennedy las Berichte des Geheimdienstes, die besagten, die Rede habe Chruschtschows Ansichten über die amerikanischen Pläne geändert. In diesem Zusammenhang meinte Humphrey Trevelyan, der neue britische Botschafter in Moskau, »zum erstenmal« habe die sowjetische Regierung den Eindruck gewonnen, Kennedy »arbeite wirklich für eine Entspannung und man könne mit ihm ins Geschäft kommen«.

Am Dienstag, dem 20. Juni, unterzeichneten die Vereinigten Staaten und die Sowjetunion in Genf eine Übereinkunft, nach der ein »heißer Draht« zwischen den Staatschefs der beiden Länder eingerichtet werden sollte. Washington hatte seit Anfang 1961 ohne Erfolg die Einrichtung einer solchen Leitung vorgeschlagen.

Erst nachdem es während der Kuba-Krise zu verhängnisvollen Verzögerungen gekommen war, da Kennedy und Chruschtschow ihre Kommunikation über Radio Moskau und einen fahrradfahrenden Telegrammboten von der Western Union bestreiten mußten, hatten die Russen sich der Vernunft gebeugt. »Wir können das nicht noch einmal mitmachen«, meinte Kennedy.

Die beiden Staatschefs entschieden sich für eine Telexverbindung, deren Leitungen durch London, Kopenhagen, Stockholm und Helsinki führen sollten. In Krisenzeiten, wenn jede Sekunde zählte, würde man kodierte Botschaften senden. Als man den neuen heißen Draht testete, waren die Techniker in Moskau überrascht über die erste

---

[*] Valentin Falin erinnerte sich, sowjetische Regierungsbeamte in Moskau hätten angenommen, diese Rede werde dem Präsidenten »enorme Schwierigkeiten in seinem eigenen Land« bereiten, da sie »in keiner Weise mit den Ansichten mächtiger Kreise übereinstimmte, die eine Konfrontation zwischen den USA und der Sowjetunion wünschten«.

Botschaft aus Washington: »Der schnelle, braune Fuchs sprang über den faulen Hund.«

Zwei Tage danach stieg Kennedy in die *Air Force One,* um seine erste Europareise seit seinem Besuch in Wien anzutreten.

Kapitel 21

Der Geist von Moskau

Kennedys Europareise zielte darauf ab, seine Stellung unter den Alliierten und somit auch seine Handlungsfreiheit auf der politischen Weltbühne zu verbessern. Eine linksgerichtete französische Tageszeitung sprach von »Kennedys Verführungsfahrt«.

Aber der Präsident wußte, daß Charles de Gaulle von allen europäischen Staatschefs am schwierigsten zu verführen war, und es entging der Aufmerksamkeit der Weltöffentlichkeit natürlich nicht, daß sein Reiseplan keinen Abstecher nach Paris vorsah. Beim Gedanken an eine *Détente* mit Chruschtschow fühlte sich de Gaulle ebenso unwohl wie angesichts des amerikanischen Drucks, ein Teststoppabkommen zu unterschreiben. Damit hätte er sich von seinem Traum eines mächtigen französischen Atomwaffenarsenals, durch das sich Frankreich als Weltmacht etablieren würde, verabschieden müssen.

Während des nächtlichen Fluges von Washington nach Bonn dachte der Präsident an die Fahrt durch Deutschland zurück, welche er 1939 mit seinem Freund Byron White unternommen hatte, der inzwischen zum Richter am Obersten Bundesgericht ernannt worden war. Damals hatten junge Nazis das Auto mit den englischen Nummernschildern mit Steinen beworfen. Kennedy sah den Haß in ihren Gesichtern noch deutlich vor sich.

In seiner Begrüßungsrede auf dem Bonner Flughafen verschwendete Adenauer keine Zeit. Er erinnerte seinen Gast daran, er habe in seiner Rede an der American University gesagt, die Vereinigten Staaten würden mit der Sowjetunion keinen Handel auf Kosten anderer Staaten abschließen.

In Köln, Frankfurt und anderen Städten riefen Hunderte von Westdeutschen: »Ken-ne-dy! Ken-ne-dy!« William Tyler vom Außenministerium hatte das Gefühl, die Popularität des Präsidenten »ging weit über das hinaus, was man durch seine Taten hätte erklären können . . . Irgend etwas an seiner Person . . . schien die Herzen und Stimmen der Menschen zu beleben, die ihn begrüßten.«

Am Mittwoch, dem 26. Juni, traf der Präsident in Berlin ein – rechtzeitig zum fünfzehnten Jahrestag der Berliner Luftbrücke. Am frühen Nachmittag bestieg er eine mit Fahnen drapierte Tribüne auf den Stufen zum Schöneberger Rathaus, wo im August 1961 die Massen gegen den »Verrat« durch den Westen protestiert hatten.
Heute drängten sich eine Million jubelnder Berliner auf dem Platz. William Manchester stand inmitten der »riesigen, immer größer werdenden, wogenden, euphorischen Menge, die fast zu allem fähig zu sein schien«, und stellte fest, daß Kennedy »attraktiv, männlich, und . . . ja . . . arisch« aussah. Da seine Lebenserfahrung ihn gelehrt hatte, dem Gefühlsüberschwang der Massen zu mißtrauen, wandte sich Adenauer an Rusk: »Bedeutet das vielleicht, daß Deutschland eines Tages einen neuen Hitler haben könnte?«
Noch in Washington hatte Robert Kennedy seinen Bruder gedrängt, vor den Westberlinern etwas auf deutsch zu sagen. Während des Fluges in der *Air Force One* fragte der Präsident O'Donnell: »Wie drücken doch gleich die alten Römer den Stolz auf ihre Nation aus? . . . Schicken Sie mir bitte Bundy. Er weiß bestimmt, wie man das ins Deutsche übersetzt.« Bundy erinnerte sich später, daß sein Chef »keinerlei Gefühl für Fremdsprachen hatte. Und jetzt saßen wir in diesem verdammten Flugzeug in Anflug auf Berlin, während er den Satz wieder und wieder vor sich hin sagte . . . und es klappte. Mein Gott, und wie das geklappt hat!«
Vor der tobenden Menge sprach Kennedy in rhythmischen, genau bemessenen Sätzen, die seine Worte wie ein zorniges Gedicht klingen ließen:

Vor zweitausend Jahren,
vor zweitausend Jahren
sagte ein stolzer Bürger:
»Civis Romanus sum.«
Heute,
in der freien Welt,

lautet dieser Ruf:
»Ich – bin – ein – Berliner!«*

Theatralisch beschrieb er mit der Hand einen Bogen abwärts, ergriff seine Textseiten und wandte sein Profil der Menge zu.

Als sie diesen Ruf in deutscher Sprache von dem Staatsoberhaupt hörten, dem die Stadt auf Gedeih und Verderb ausgeliefert war, brachen die Westberliner in stürmische Jubelrufe aus.** Gerhard Wessel, der Chef des Militärischen Abwehrdienstes unter Adenauer, sagte Jahre später, von diesem Augenblick an hätten die Deutschen Kennedy als großen Präsidenten und als Freund ihres Volkes empfunden.

Dieser Gefühlsausbruch verwirrte und bewegte Kennedy. Er spielte mit seiner Krawatte, befingerte seine Kragenaufschläge und nahm seinen Worten das Pathos, indem er die Menge zum Lachen brachte: »Ich hoffe, wenigstens mein Dolmetscher kann mein Deutsch übersetzen.«

Früher einmal hatte sich Kennedy geschworen, die manipulative Demagogie seiner politischen Vorfahren in Boston zu vermeiden. Heute jedoch brach er mit diesem Vorsatz. Angesichts der empfänglichsten Zuhörerschaft seines Lebens ließ er den Worten freien Lauf und sprach von seiner Bewunderung für den Westen, der Tapferkeit der Berliner und versicherte den Anwesenden noch einmal, er werde sie im Zuge seiner Entspannungspolitik nicht an Chruschtschow verschachern.

Einer seiner Gründe mag ein Gefühl der Mitschuld am Bau der Berliner Mauer gewesen sein, die er an diesem Vormittag zum erstenmal gesehen hatte. Wie vor zwei Monaten, als er reuig die Gefangenen der Schweinebucht im Orange-Bowl-Stadion begrüßte, wurde er auch heute von seinen Gefühlen übermannt. Und so sagte er mehr, als er eigentlich hatte sagen wollen:

---

  * Im Bostoner Akzent klang dieser Satz ungefähr so: »Isch – bihn – ain – Be-li-nah!«
** Mit Bedauern stellte Bundy später fest, daß Kennedy besser »Ich bin Berliner« gesagt hätte, da das grammatikalisch richtiger gewesen wäre, »und weil ›ein Berliner‹ in der Umgangssprache auch einen Krapfen bezeichnen kann. Glücklicherweise störte sich die Menge in Berlin nicht an meinem Fehler; niemand auf dem Platz verwechselte J.F.K. mit einem Krapfen.«

Es gibt viele Menschen
auf der Welt,
die tatsächlich nicht verstehen
oder nicht verstehen wollen,
was der große Unterschied
zwischen der freien Welt
und der Welt des Kommunismus ist.
Laß sie nach Berlin kommen!

Manche sagen,
der Kommunismus
sei der Weg der Zukunft.
Laß sie nach Berlin kommen! ...
Und es gibt sogar einige,
die sagen,
der Kommunismus sei zwar ein System des Bösen,
ermögliche uns aber den wirtschaftlichen Fortschritt.
Laß sie nach Berlin kommen,
let them come to Berlin!

Zum erstenmal kritisierte der Präsident öffentlich die Berliner Mauer:

Die Freiheit ist nicht leicht zu erhalten,
und keine Demokratie ist vollkommen,
aber wir mußten noch nie eine Mauer bauen,
um unser Volk daran zu hindern,
daß es uns davonläuft!

Man erinnert sich dieser Rede wohl hauptsächlich wegen des Satzes
»Ich bin ein Berliner«. Aber drei Jahrzehnte später, nach dem Ende des
Kalten Krieges und der deutschen Wiedervereinigung, ist der Schluß
von Kennedys Rede sehr viel bedeutsamer:

So lassen Sie mich zum Schluß
die Bitte an Sie richten,
Ihren Blick über die Gefahren von heute hinaus
auf die Hoffnungen von morgen zu richten.
Über die Freiheit dieser einen Stadt Berlin oder Ihrer
Heimat Deutschland hinaus

auf die Freiheit überall,
jenseits der Mauer,
bis zum Tag des gerechten Friedens ...

Dann können wir uns freuen
auf den Tag,
an dem diese Stadt wieder eins sein wird ...
und auch dieses Land und dieser wunderbare europäische
Kontinent
auf einem friedlichen und hoffnungsfrohen Erdball.

Wenn dieser Tag endlich kommt –
und das wird er –,
können sich die Menschen in West-Berlin
von Herzen darüber freuen,
daß sie an vorderster Front gestanden sind ...

Hätte Chruschtschow die Rede Kennedys vor dem Rathaus Schöneberg ebenso wörtlich genommen wie Kennedy die Rede des Parteichefs zu den Befreiungskriegen im Jahre 1961, wäre die positive Wirkung seiner Worte an der American University wahrscheinlich null und nichtig gewesen. Glücklicherweise war der Parteichef nicht kleinlich und verbuchte die Ansprache als Wortgefecht im Kalten Krieg, eine rhetorische Form, mit der auch er nicht eben geringe Erfahrungen vorzuweisen hatte.*
Allerdings wurden im Anschluß an die Ansprache die amerikanischen Diplomaten in Europa angewiesen, den Regierungen ihrer Gastländer die folgende Mitteilung zu machen: Der Präsident habe nicht sagen wollen, der Westen hielt eine Zusammenarbeit mit den Kommunisten für unmöglich.

* Zwei Wochen später sagte Chruschtschow in einer Rede: »Wenn man liest, was er in Westdeutschland, und besonders in West-Berlin, gesagt hat, und seine Worte mit der Rede an der American University vergleicht, könnte man meinen, diese Reden seien von zwei verschiedenen Präsidenten gehalten worden.« Kennedy wetteifere »mit dem französischen Präsidenten um die Hand der alten westdeutschen Witwe. Beide versuchen, ihr Herz zu gewinnen, das schon alt geworden ist und seine Besitzerin zu oft zu unkonstruktiven Gedanken verleitet.« Auf diese Weise könnte sie »eingebildet werden und denken, die Lösung der Probleme auf dieser Welt hinge nur von ihr ab«.

Später händigte Bundy seinem Chef das Ergebnis einer Umfrage in Westdeutschland aus: »Sie haben de Gaulle knapp geschlagen – doch seine Popularität gründet sich auf die Vergangenheit, Ihre auf die Gegenwart.«

Von Berlin aus flog der Präsident nach Irland, obwohl Bundy der Ansicht war, dieser Abstecher würde die Reise unnötig verlängern. O'Donnell meinte, der Präsident habe doch eigentlich keine weiteren Wählerstimmen von irischstämmigen Amerikanern nötig. »Man wird sagen, daß es sich um eine Vergnügungsreise handelt.« Doch sein Chef erwiderte: »Ich bin der Präsident der Vereinigten Staaten und nicht Sie.«

Nach seiner Ankunft in Dublin verkündete Kennedy, er werde denjenigen Präsidentschaftskandidaten in den Wahlen 1968 unterstützen, der ihn zum Botschafter in Irland machen würde. Er traf sich in Dunganstown mit Verwandten, sang »Danny Boy« mit Bänkelsängern im Bunratty Castle und zitierte James Joyce vor dem irischen Parlament. Abgesehen von Debatten, die sich mit Zensur befaßten, war es das erstemal, daß der als Gotteslästerer verschriene Autor in diesem hohen Hause erwähnt wurde.

Danach flog der Präsident nach England und begab sich zu Macmillans Landsitz Birch Grove in Sussex, um mit ihm über Strategien zum Atomtestverbot zu beraten.

Der Premierminister war außergewöhnlich niedergeschlagen, denn er litt gerade unter den Nachwirkungen eines Sex- und Spionageskandals. Wenige Wochen zuvor hatte sein Verteidigungsminister John Profumo zugegeben, er habe die Tänzerin Christine Keeler mit dem sowjetischen Militärattaché Jewgeni Iwanow geteilt, was er bis dato standhaft abgeleugnet hatte.[*] David Bruce hatte nach Washington telegrafiert, die meisten britischen Wähler seien der Ansicht, Macmillan solle zurücktreten: »Die Konservativen denken nun offen darüber nach, wann und durch wen Macmillan abgelöst werden soll.«

Kennedys freundschaftliche Gefühle gegenüber dem Premierminister

---

[*] 1989 sagte Iwanow: »Wenn ich lese, daß ich versucht haben soll, Keeler dazu zu bringen, Profumo wegen der Raketen auszufragen, kann ich nur lachen.« Er schrieb den Skandal »irgendeiner Gruppe« zu, die »an Profumos Sturz Interesse hatte. Welche Gruppe das war, weiß ich nicht. Er hatte Feinde, die Material brauchten, um ihn zu kompromittieren.« Er behauptete, zu wissen, daß Chruschtschow »sich keine Minute um die ganze Angelegenheit gekümmert hat«.

hatte ihre Grenzen, denn er wollte unter allen Umständen vermeiden, mit Macmillans schlechter Publicity in Verbindung gebracht zu werden. Seine Mitarbeiter hatten die Briten informiert, daß der Präsident bedauerlicherweise nicht länger als 24 Stunden bleiben könne (und das nach seiner viertägigen Reise durch Irland!). Der Tagungsort solle von London nach Sussex verlegt werden, damit das Zusammentreffen weniger Aufmerksamkeit hervorrufen würde.

Die letzte Etappe der Reise war ein zweitägiger Aufenthalt in Italien, wo Kennedy mit dem gerade gewählten Papst Paul XI. sowie dem italienischen Präsidenten Antonio Segni, Premierminister Giovanni Leone und anderen hohen Regierungsbeamten des Landes zusammentraf. Kennedy hatte Rusk gebeten, für ihn einen Abend in einer erholsamen und schönen Gegend irgendwo in Italien zu arrangieren, und der Außenminister besorgte dem Präsidenten die prachtvolle Villa der Rockefeller Foundation am Ufer des Comer Sees. Jahre später erinnerte er sich, daß sein Chef gleich nach der Ankunft das gesamte Personal und die Sicherheitskräfte nach Hause geschickt habe: »Es wurde stark vermutet, daß Kennedy die Nacht nicht allein verbracht hat.«

Am Montag, dem 1. Juli, während der Präsident sich noch am Comer See aufhielt, traf Robert Kennedy mit James Horan und Dom Frasca vom *New York Journal American* zusammen. Anlaß des Treffens war eine Titelstory der Zeitschrift, in der es hieß, einer der »wichtigsten Männer in der amerikanischen Politik« habe eine Affäre mit einer New Yorkerin namens Suzy Chang gehabt, die ihrerseits wiederum 1962 Christine Keeler und ihre Freundin Mandy Rice-Davies während eines Besuches in Manhattan kennengelernt habe.

Robert Kennedy erkundigte sich nach dem Namen des hohen Regierungsmitglieds, worauf die Journalisten antworteten, es sei »der Präsident«. Daraufhin spielten sie ihm die Tonbandaufnahme eines Telefoninterviews mit einer Bekannten von Miß Chang vor. Kennedy fragte, ob sich die Geschichte auch noch durch andere Quellen erhärten ließ. Die Journalisten bejahten das mit Bestimmtheit, weigerten sich aber, die Quellen zu enthüllen. Courtney Evans vom FBI, den Kennedy gebeten hatte, die Sitzung zu leiten, hielt fest, daß das Treffen »äußerst kühl« und »fast mit offener Feindseligkeit zwischen dem Justizminister und den Reportern endete«.

Am nächsten Tag fragte Robert bei J. Edgar Hoover an, ob das FBI nicht feststellen könne, was genau Keeler und Rice-Davies in New York zu tun gehabt hätten. Die Untersuchungen ergaben jedoch keine überzeugenden Beweise, daß Chang, Keeler oder Rice-Davies zu den Frauen gehörten, die sich angeblich gelegentlich ins Penthouse des Präsidenten im Carlyle-Gebäude schlichen. Trotzdem war die Sorge des Justizministers nicht unbegründet, der Aufruhr um Profumo und Keeler werde die Affären von politischen Führungspersönlichkeiten zum Lieblingsthema für die Presse machen.

Im Juli 1963 schwebte der Präsident dann tatsächlich selbst in Gefahr, über einen Sexskandal zu stolpern. Eine umfassende Darstellung von John Kennedys Liebesleben würde den Rahmen dieses Buches sprengen, doch das, was wir über die Frauengeschichten des Präsidenten wissen, sollte uns zu Fragen über seine diplomatischen Fähigkeiten und Führungsqualitäten Anlaß geben.

Kennedy wußte, daß es zu den ältesten Tricks der Spionage gehörte, jemanden sexuell zu kompromittieren und dann zu erpressen. Im Amerika der frühen sechziger Jahre hätte es der politischen Karriere des Präsidenten sehr geschadet, wenn bekannt geworden wäre, daß er außereheliche Beziehungen pflegte. Falls die betreffende Frau auch noch über wichtige Verbindungen zu der Regierung eines Ostblockstaates verfügt hätte, hätte man ihn sicherlich aus dem Amt gejagt.

Für eine historische Betrachtung seiner politischen Leistungen ist dabei nicht von Bedeutung, ob der Präsident sich neben seiner Gattin noch zu anderen Frauen hingezogen fühlte. Wichtig ist nur, daß angesichts der uns zur Verfügung stehenden Beweise Kennedy keinerlei systematische Anstrengungen unternahm, die Frauen, mit denen er ein Verhältnis unterhielt, sicherheitstechnisch überprüfen zu lassen. Somit konnte er nicht wissen, ob eine von ihnen ein Motiv oder die Fähigkeit besaß, den Präsidenten mit Einzelheiten aus seinem Intimleben zum Vorteil einer feindlichen Nation oder Organisation zu erpressen.

Herve Alphand, der französische Botschafter in Washington, hielt in seinem Tagebuch fest, die »Bedürfnisse« des Präsidenten »sind schwer zu befriedigen, ohne daß Angst vor einem Skandal und vor dem Nutzen, den seine politischen Gegner daraus ziehen könnten, aufkommt. Das nämlich könnte eines Tages geschehen, weil er in diesem puritanischen Land nicht die notwendigen Sicherheitsvorkehrungen einhält.«

Falls beispielsweise Sam Giancana jemals gedroht hätte, Hinweise auf Kennedys Beziehung zu Judith Campbell zu veröffentlichen, wäre der Präsident vielleicht vor der Wahl gestanden, jedweder Forderung von seiten Giancanas nachzugeben oder zuzulassen, daß man ihn aus dem Amt jagte. Welcher Präsident hätte wohl die Enthüllung überlebt, daß er wissentlich mit der Geliebten eines Mafiabosses schlief?*

Noch unangenehmer war die Vorstellung, ein Agent eines Ostblocklandes könne sich eines Tages vertraulich an den Justizminister wenden: Tonbänder und/oder Fotografien einer Begegnung des Präsidenten mit einer Frau, die verdächtige Verbindungen unterhielt, seien in die Hände seiner Regierung gefallen, aber der Präsident brauche sich keine Sorgen zu machen; solange er eine »freundliche« Außenpolitik verfolge, sei sein Geheimnis sicher aufgehoben.

Der Geheimdienst verfügte weder über die Mittel noch den Auftrag, jede Frau zu überprüfen, die das Schlafzimmer des Präsidenten betrat. Statt dessen blieb der Behörde nichts anderes übrig, als Dean Rusks Haltung einzunehmen, der später meinte, er sei Kennedys Außenminister gewesen, »nicht seine Anstandsdame«.

Dem Präsidenten konnte kaum entgangen sein, daß die Sowjets Sex zu Erpressungszwecken benutzten. Als Thompson ihm einmal erklärte, daß die Botschaft in Moskau von unverheirateten jungen Marineinfanteristen bewacht werde, war Kennedy »sehr bestürzt« über die Möglichkeit, die Männer könnten von den Russen kompromittiert werden: »Mein Gott, Tommy! Wollen Sie damit etwa sagen, daß die Jungen dort drüben ein volles Jahr keine Frau zu Gesicht bekommen? Was machen die nur ohne Frauen?«

Schon einmal hatte eine Romanze Kennedys Karriere in Gefahr gebracht. Als junger Offizier beim Abwehrdienst der Marine hatte er ein Verhältnis mit Inga Arvad Fejos, einer verheirateten Frau und angeblichen Geliebten von Axel Wenner-Gren gehabt. Der Schwede stand wegen seiner engen Beziehungen zu Hermann Göring und anderer Nazigrößen auf der schwarzen Liste des Außenministeriums. Auf einer Fotoaufnahme von den Olympischen Spielen 1936 sitzt Inga

---

* Als Kennedy Judith Campbell kennenlernte, konnte er nicht wissen, daß sie gleichzeitig auch ein Verhältnis mit Giancana hatte. Doch er setzte die Affäre auch dann noch fort. Entweder wollte er mit dem Mafiaboß in Verbindung bleiben, oder er befürchtete, es könne auf ihn zurückfallen, wenn er die Beziehung zu schnell beendete.

Arvad Fejos neben Hitler, der sie »für ein vollkommenes Beispiel nordischer Schönheit« hielt.

Die große, blonde ehemalige Miss Dänemark hatte sich offen gegen die »verdammten, dreckigen Juden« ausgesprochen und wurde auf ausdrücklichen Befehl von Franklin Roosevelts Justizminister als mögliche Nazispionin vom FBI überwacht. Aus dieser Überwachung resultiert unter anderem die folgende Eintragung in ihre Akte: »Am 6. Februar 1942 besuchte sie Kennedy in Charleston, South Carolina. Die beiden verbrachten drei Nächte gemeinsam im gleichen Hotelzimmer und gingen wiederholt sexuelle Beziehungen ein.«

Kennedys Bereitschaft, sich mit einer Frau einzulassen, die Hitler gegenüber in keiner Weise kritisch eingestellt war und deren Aktivitäten und Kontakte auf eine Tätigkeit als Spionin hinwiesen, zeugt von seinem damaligen politischen Zynismus. In diesem Winter schrieb er ihr: »Ich bin gerade von einer interessanten Reise zurückgekehrt, mit deren Einzelheiten ich dich nicht langweilen will; falls du eine Spionin bist, darf ich es dir nicht erzählen, bist du keine [sic], interessiert es dich sowieso nicht. Aber ich habe dich vermißt.«

Im März 1942 schrieb Kennedy an Lem Billings, daß Arvad »nach Reno fahren will. Es wäre schon absurd, wenn ich heiraten sollte, während Sie gerade in Deutschland sind.« Im darauffolgenden Sommer schrieb er: »Inga hat geheiratet – aber nicht mich. Offensichtlich wollte sie weg aus Washington und nach New York übersiedeln. Deswegen hat sie einen alten Bekannten geheiratet, den sie aber nicht liebt. Meiner Ansicht wärer es klüger von ihr gewesen, sich einfach statt dessen in den nächsten Zug zu setzen ... Trotzdem geht es ihr gut – und für mich sieht es ziemlich finster aus.«

Aufgrund dieser Affäre wurde Kennedy fast aus der Navy geworfen. Später wurde gemunkelt, Joseph Kennedy habe seinen Einfluß in der Regierung Roosevelt geltend gemacht, um seinen Sohn auf ein PT-Torpedo-Boot im Pazifik versetzen zu lassen. Das geschah offensichtlich, um die Affäre zu beenden, die nicht nur Kennedys Zukunft, sondern auch die seines Bruders und Vaters gefährden konnte. In einem vertraulichen Gespräch erinnerte sich der Präsident: »Sie haben mich an den Haaren aus der Stadt geschleppt, um uns zu trennen.« J. Edgar Hoover bedauerte später die Rolle, die er in dieser Episode gespielt hatte. Er erwähnte gegenüber einem Berater, Kennedy wäre nie Präsident geworden, wenn er nicht das Kommando des PT-109-Bootes übernommen hätte. Trotzdem hielt er seine Akte über diese

Affäre für ein Mittel der politischen Einflußnahme auf Kennedy und bewahrte sie in seinem Büro auf.*

Als man Harry Truman 1955 fragte, warum er den FBI-Chef nicht abgesetzt hätte, antwortete er: »Man kann Hoover nicht einfach feuern. Er hat über jeden Senator hier in Washington eine riesige Akte.« Hoovers Akte über den jungen Senator aus Massachusetts war ein wichtiger Grund, warum sich Joseph Kennedy seit dem Zweiten Weltkrieg bemühte, seine Familie gegenüber dem FBI-Chef in einem guten Licht darzustellen.

Nachdem er trotz der Arvad-Akten die Präsidentschaftswahl gewonnen hatte, nahm Kennedy wahrscheinlich an, sein Privatleben werde ihn kaum öffentlichen Peinlichkeiten aussetzen. Seine Rechtsanwälte, sein Vater und sein Bruder Robert griffen offensichtlich zu Bestechung, rechtlichen Schritten und Drohungen, um diejenigen unter Kennedys ehemaligen Geliebten zum Schweigen zu bringen, die aus Enttäuschung oder aus anderen Gründen an die Öffentlichkeit gehen wollten.

Im Herbst 1960 machte sich der Präsidentschaftskandidat dennoch Sorgen, sein Privatleben könne gegen ihn verwendet werden. In einer Notiz, die er an Bord der Caroline an einen Freund schrieb, nachdem er seine Stimme verloren hatte, meinte er: »Ich glaube, wenn ich gewinne, sind die Tage meiner ›poon‹** gezählt. Man wird mir eins überbraten, noch ehe wir fertig sind.« Später fügte er noch hinzu: »Wahrscheinlich haben sie kalte Füße bekommen.«

Kennedy wußte, daß die damaligen Spielregeln es dem Gegenkandidaten und der Presse unmöglich machten, peinliche Informationen über das Privatleben eines Politikers zu veröffentlichen, falls sein Verhalten ihn nicht ganz offensichtlich in der Erfüllung seiner Amtspflichten behinderte. Als jemand während des Senatswahlkampfes gegen Henry Cabot Lodge im Jahre 1952 ein Foto ausgrub, das Kennedy und eine nackte Frau am Strand darstellte, sagte er darauf nur: »Machen Sie sich keine Sorgen. Cabot wird das niemals gegen mich verwenden.« Damit behielt er zwar recht, doch die nackte Frau

---

* Charles Colson, Mitarbeiter des Weißen Hauses zur Amtszeit Nixons, erinnerte sich 1975, das FBI habe ihm 1971 oder 1972 Material über die Kennedy-Arvad-Affäre zukommen lassen; wahrscheinlich, um es gegen die Demokraten zu verwenden.
** Eine herabwürdigende Bezeichnung für Frauen im Navy-Jargon.

war in diesem Fall weder eine Agentin des Ostblocks noch die Geliebte eines Mafiabosses.

Obwohl ihn das Liebesleben von Castro, Goulart und anderen Staatsoberhäuptern faszinierte, war der Präsident der Ansicht, das Privatleben eines Regierungschefs gehe die Öffentlichkeit nichts an. Als jemand beim Essen im oberen Stockwerk des Weißen Hauses anfing, von Lenins Geliebten zu erzählen, wurde er vom Kopfe der Tafel aus mit einem eisigen Blick bedacht.

In Kennedys Augen hätte eine Sicherheitsüberprüfung der jeweiligen Frau dem Rendezvous wahrscheinlich viel von seinem Reiz genommen. Ebenso wie sein Vater genoß er die Aufregung, die es bedeutete, nach Belieben und ungestraft Frauen nachzustellen. Man kann sich schwer vorstellen, daß Truman oder Eisenhower mit engen Freunden einen Glücksspielclub gegründet hätten, wie Kennedy es tat, der sich außerdem damit brüstete, er sei »der erste Mann, der im Lincoln-Bedroom außerehelichen Geschlechtsverkehr gehabt hat«.

Für Kennedy waren sein Leben in der Öffentlichkeit und seine Privatsphäre zwei vollkommen getrennte Bereiche. Ersteren füllte er mit viel Verantwortungsgefühl aus, im zweiten lebte er nur für den Augenblick. Er verhielt sich, wie Billings anmerkte, »als ob nur der Moment gilt, und behandelte jeden Tag, als ob er sein letzter wäre. Er verlangte dem Leben ständige Intensität, Abenteuer und Vergnügungen ab.« Einem Gerücht zufolge soll der Präsident gegenüber einem Vertrauten über seine Liebschaften folgendes geäußert haben: »Solange ich noch lebe, kommen sie nicht an mich heran, und wenn ich einmal tot bin, ist es mir egal.«

Ellen Fimmel Rometsch war die 27jährige Gattin eines westdeutschen Piloten, der für die westdeutsche militärische Gesandtschaft in Washington tätig war. Frau Rometsch stammte aus Kleinnitz in der DDR und war Mitglied von zwei kommunistischen Parteiorganisationen gewesen, ehe sie 1953 im Alter von siebzehn Jahren in den Westen fliehen konnte. Ihre Eltern und andere Verwandte blieben in Ostdeutschland.

Mit Sergeant Rolf Rometsch, ihrem zweiten Mann, kam sie im April 1961 in Washington an. »Wir hatten so wenig Geld, daß Ellen zeitweise als Mannequin arbeitete«, erzählte er später. »Ich hatte keine Ahnung davon, daß irgend etwas nicht in Ordnung war.«

In Wirklichkeit jedoch arbeitete Ellen Rometsch, bekleidet mit einem hautengen Kleid und Netzstrümpfen, als Hosteß im Quorum Club, einem privaten Treffpunkt im Carroll-Arms-Hotel, das direkt gegenüber vom Senatsgebäude lag. Der Club wurde hauptsächlich von Kongreßabgeordneten, ihren Mitarbeitern und Lobbyisten besucht. Besitzer war ein gewisser Bobby Baker aus Alabama, ein einstiger Schützling von Lyndon Johnson. Außerdem unterhielt er einen illegalen Spielclub, betätigte sich als Senatssekretär und wurde allgemein als der »hundertste Senator« bezeichnet.

Später besuchte Ellen Rometsch auch die berüchtigten Partys, die Baker in seinem Stadthaus im Südwesten von Washington veranstaltete. Ihr sich rasch vergrößernder Bekanntenkreis auf dem Capitol Hill, im Botschaftsviertel und in den Chefetagen schloß mindestens ein Mitglied der sowjetischen Botschaft und – laut Aussage des FBI – auch den Präsidenten ein.

Die Tatsache, daß sie lautstark mit ihren Bekanntschaften prahlte und auch mit Geld um sich warf, machte das FBI auf sie aufmerksam. Als Robert Kennedy Ende Juli oder Anfang August 1963 davon erfuhr, verlangte er, sie sofort aus den Vereinigten Staaten auszuweisen. Nach einer Frist von weniger als einer Woche wurden Ellen Rometsch und ihr Mann in Begleitung eines Mitarbeiters von Robert Kennedy nach Westdeutschland expediert. »Mein Vorgesetzter in der Botschaft teilte mir mit, ich müsse wegen des Verhaltens meiner Frau zurück nach Deutschland«, berichtete Rolf Rometsch später. »Man sagte mir, es handle sich um Sicherheitsgründe.«

Damit hätte man die Angelegenheit auf sich beruhen lassen können, doch der Senat begann, in Bakers Verfehlungen, Bestechungen und Frauengeschichten herumzustochern, die den Mann aus Alabama letztendlich ins Gefängnis bringen sollten. Am 26. Oktober 1963 veröffentlichte der *Des Moines Register* einen Bericht über Ellen Rometschs Ausweisung. In dem Artikel wurde weiterhin behauptet, sie sei mit »Kongreßabgeordneten und einigen prominenten Anhängern der New Frontier bekannt gewesen« und sei verärgert, daß ihre »einflußreichen Freunde« ihre erzwungene Ausreise nicht verhindert hatten. Der republikanische Senator John J. Williams aus Delaware forderte daraufhin eine Untersuchung des Falls.

Jetzt bat Robert Kennedy seinen engen Freund LaVern Duffy, einen Detektiv, mit dem er bereits früher eng zusammengearbeitet hatte, gemeinsam mit Salinger und O'Donnell vom Labor Rackets Committee unverzüglich nach Deutschland zu fliegen und die Frau zu beruhigen. Ihr Haus in Linderhausen wurde bereits von Reportern umlagert, und ein Wachposten versuchte die Leute mit der Waffe zu verscheuchen. Wahrscheinlich hatte man in Bonn bereits aus Washington von den Vorfällen erfahren, und da man die Amerikaner nicht verärgern wollte, gab die Regierung eine Verlautbarung mit dem Inhalt heraus, Frau Rometsch verfüge nicht über Kontakte in der DDR: »Die ganze Angelegenheit scheint völlig harmlos zu sein.«

Nun bat der Justizminister J. Edgar Hoover um seine Hilfe. Dirksen und Mansfield, die Fraktionsvorsitzenden im Senat, mußten unter allen Umständen davon überzeugt werden, daß keine Untersuchung im Senat stattfinden durfte.

Aufgrund eines Treffens zwischen Hoover und den beiden Senatoren in Mansfields Haus blieb die Beziehung zwischen Ellen Rometsch und dem Präsidenten ein Staatsgeheimnis. Beamte des FBI stürmten das Büro eines Kongreßfotografen und konfiszierten Fotoabzüge und Negative, auf denen Frau Rometsch zu sehen war.* Nach diesem Ereignis standen der Präsident und sein Bruder unfreiwilligerweise noch tiefer in Hoovers Schuld.

In der folgenden Woche übermittelte Kennedy Ben Bradlee einige falsche Informationen. Er erwähnte gegenüber dem Newsweek-Journalisten, er habe vor, sich nach dem Beispiel Franklin Roosevelts regelmäßig mit dem FBI-Chef zu treffen, »jetzt, wo all diese Gerüchte umgehen und es aussieht, als würde viel schmutzige Wäsche gewaschen werden«. Er schüttelte den Kopf: »Junge, Junge, was der für Dreck über die Senatoren zusammengetragen hat. Es ist unglaublich.« Dann beschrieb er ein Foto von Ellen Rometsch, das der FBI-Chef angeblich vor kurzem beim Essen herumgezeigt hatte. Sie sei »eine wirklich schöne Frau«. Hoover habe ihm mitgeteilt, sie wolle in die Vereinigten Staaten zurückkehren, um ein Mitglied der Untersuchungskommission des Senats zu heiraten: Der Senatsberater »bekommt umsonst, wofür Ellen anderen einige hundert Dollar pro Nacht abkassiert hat«. Was Baker anbelangte, hatte Kennedy Bradlee im vergangenen Monat mitgeteilt, er sei »eher ein Spitzbub als ein wirklicher Betrüger. Er hat mir zwar immer gesagt, er könne die süßesten Mädchen für mich auftreiben, aber er hat es nie getan.« 1965 gab Robert Kennedy in einem Interview seine eigene Interpreta-

---

* Genauso waren sie bei kommerziellen Bildarchiven verfahren, die über Fotos von Kennedy und Marilyn Monroe verfügten.

tion der wenigen öffentlich bekanntgewordenen Tatsachen aus der Rometsch-Episode ab: »Ich sprach nur mit dem Präsidenten darüber, da ja sonst niemand im Weißen Haus davon betroffen war. Auf jeden Fall war ich der Ansicht, die Angelegenheit würde das Vertrauen des amerikanischen Volkes in seine Regierung zerstören und uns wirklich in der ganzen Welt lächerlich machen. Deshalb schlug ich vor, Hoover solle sich mit Mike Mansfield und Dirksen zusammensetzen und ihnen den Inhalt der Akten erläutern ... Einige der Mädchen haben offensichtlich Lügen verbreitet ... Aber wir hatten stets alles unter Kontrolle.«

Wäre es dem Justizminister und Hoover nicht gelungen, die Affäre Rometsch »unter Kontrolle« zu halten, und wäre der Präsident deswegen gezwungen gewesen, 1963 oder 1964 zurückzutreten, hätte dies das politische Klima in den Vereinigten Staaten für die nächste Generation vergiftet. Sicher wären von seiten der amerikanischen Rechten und auch anderer Gruppierungen Behauptungen aufgeworfen worden, der Präsident sei von den Geheimdiensten des Ostblocks unter Druck gesetzt worden und habe deshalb die nukleare Überlegenheit der USA weder in der Schweinebucht, in Laos noch in der Kuba-Krise ausgespielt.

In einem solchen Klima wäre jede amerikanische Entscheidung während des Kalten Krieges auf den Verdacht überprüft worden, ob US-Regierungsbeamte insgeheim unter der Fuchtel der Russen standen. Welches amerikanische Staatsoberhaupt hätte es unter diesen Umständen noch gewagt, sich um bessere Beziehungen mit der Sowjetunion zu bemühen?

Am Dienstag, dem 2. Juli 1963, lobte Nikita Chruschtschow in einem Ost-Berliner Sportstadion die »nüchterne Betrachtung« der Welt in Kennedys Rede an der American University. Vor Tausenden von jubelnden Kommunisten sagte er, die Sowjetunion sei bereit, einem eingeschränkten Testverbot zuzustimmen, das die Atmosphäre, das Weltall und den Meeresgrund einschloß. Zusammen mit der »gleichzeitigen Unterzeichnung eines Nichtangriffspakts« zwischen Ost und West würde ein solcher Vertrag »ein neues internationales Klima« schaffen.

Zugleich aber zog der Generalsekretär seine Zustimmung zu Verifizierungsmaßnahmen vor Ort zurück. Er erklärte, die Sowjetunion würde niemals »Spionen der NATO Tür und Tor öffnen«. Später sagte er, die Sowjetunion werde ebensowenig zulassen, daß Inspektoren durch ihr Land reisten, wie Orientalen fremden Männern den Eintritt in ihren Harem gestatteten.

Kennedy erfuhr von Chruschtschows Rede auf einem Flug von Naples nach Andrews. Thompson meinte dazu, der Parteichef habe wahrscheinlich »militärischem Druck nachgegeben«, als er sein Angebot zurückzog.

Am 4. Juli, dem amerikanischen Unabhängigkeitstag, besuchte Mikojan einen festlichen Empfang im Spaso-Haus. Bei dieser Gelegenheit sagte er zu Kohler: »Wir sind dafür, den Kalten Krieg zu beenden.« Als am nächsten Tag Vertreter der chinesischen Regierung in der sowjetischen Hauptstadt zu den vielbeschworenen Gesprächen eintrafen, stieß Chruschtschow die Delegation vor den Kopf, indem er direkt von Ost-Berlin nach Kiew flog, ohne in Moskau haltzumachen. In seiner Datscha in der Nähe von Kiew, die inmitten von Feldern am Flußufer lag, teilte der Parteichef Paul-Henry Spaak, dem Generalsekretär der NATO, mit, es werde wahrscheinlich viele Generationen lang keinen Krieg geben. Es läge jedoch am Westen, ob die Sowjetunion einen harten oder weichen Kurs verfolgen werde.

Dann wandte sich der Generalsekretär dem Thema Berlin zu. Er erzählte eine Geschichte von Tschechow, in der ein Bauer verhaftet wird, weil er Bolzen von Eisenbahngleisen gestohlen hat, um daraus Angelhaken zu machen. Er sagte dem Richter, es könne deswegen kein Unfall geschehen, weil die Dorfbewohner schon seit Jahren diese Bolzen stehlen würden. Chruschtschow teilte seinem Besucher mit, er werde weiterhin in Berlin Bolzen stehlen, aber nie zu viele auf einmal. Spaak warnte ihn davor, Berlin und das Atomwaffentestverbot miteinander zu verbinden: »Sie manövrieren sich in eine Sackgasse, wenn Sie darauf beharren.«

Harold Macmillan schrieb an Kennedy, dieser sollte das »große Ziel« eines eingeschränkten Testverbots verfolgen, wenn der sowjetische Staatschef »tatsächlich das Angebot, Inspektionen durchführen zu lassen, fallenläßt«. »Dann hätten wir vielleicht Zeit, uns effektiver um die Probleme in Frankreich, Deutschland und so weiter zu kümmern, und Chruschtschow kann möglicherweise etwas in China erreichen.« Während der Präsident seine Anweisungen für Harriman entwarf, dachte er darüber nach, wie man verhindern könnte, daß China eine

Atommacht würde.* Er hatte den französischen Kultusminister André Malraux gewarnt, China als Atommacht würde eine »große Bedrohung für die Zukunft der Menschheit, der freien Welt und der Freiheit auf Erden bedeuten«. China sei bereit, Millionen seiner Bürger für seine »aggressive und militante Politik« zu opfern. Gegenüber Beratern hatte Kennedy erwähnt, er sei sogar willens, gegenüber den Sowjets ein Auge zuzudrücken, solange ein umfassendes Atomwaffentestverbot verhinderte, daß China in den Besitz der Bombe gelangte.

Im Jahre 1963 brauchte China keine weitere sowjetische Hilfe mehr, um eine Atombombe zu entwickeln. Trotzdem aber hätten die Chinesen im Falle eines Atomteststopps nicht mehr die Ausrede gehabt, ihre Atomversuche seien nur eine Antwort auf die Tests der Amerikaner und der Sowjets. Außerdem hätte ein Testverbot Chruschtschow die Möglichkeit gegeben, neue politische und wirtschaftliche Sanktionen über China zu verhängen, obwohl solche Maßnahmen in den vergangenen Jahren nicht dazu beigetragen hatten, den Chinesen einen Dämpfer zu versetzen.

Im Außenministerium existierten streng geheime Pläne, die Sowjets darum zu bitten, China ihre atomare Schutzmacht zu entziehen. Im Tausch dafür bot man »ein Geheimabkommen, Tschiang Kai-scheks Rückkehr zum Festland nicht zu unterstützen«, oder das Versprechen, die amerikanische Unterstützung für eine deutsche Wiedervereinigung aufzugeben. Thompson meinte gegenüber dem Präsidenten, die Sowjets könnten diejenigen chinesischen Regierungsmitglieder, die es auf die Atombombe abgesehen hätten, warnen – »Entweder Sie lassen es, oder Sie bekommen Schwierigkeiten« – und sich so die Möglichkeit eines Präventivschlages gegen chinesische Atomreaktoren vorbehalten.

Eines der Instruktionspapiere, die Harriman mit auf den Weg bekam, schlug »radikale Schritte in Zusammenarbeit mit der UdSSR« vor. Denkbar war in diesem Zusammenhang beispielsweise »eine rein sowjetische oder eine gemeinsame militärische Aktion« gegen China.

* Bei den Vorbereitungen für Wien vor zwei Jahren hatten Kennedys Berater Chruschtschow eine sowjetisch-amerikanische Einigung mit dem Ziel einer »stabilen, lebensfähigen Weltordnung« vorgeschlagen, die auch die Eindämmung chinesischer Aggressivität einschließen sollte. 1961 jedoch hatte sich der Parteichef noch nicht dazu entschließen können, seine Beziehungen mit Peking zu gefährden.

Es gab auch den Vorschlag, sowjetische und amerikanische Bomber Sprengstoff über dem chinesischen Atomreaktor in Lop Nor abwerfen zu lassen.

Walt Rostow schrieb an den Präsidenten: »Wir beide haben ein nationales Interesse und die historische Verpflichtung, Harriman in dieser Angelegenheit seine Fühler ausstrecken zu lassen.« Thompson meinte dazu, es sei nahezu unmöglich, Chruschtschow zu einem ernsthaften Gespräch über China zu bewegen. Kennedy jedoch bat Harriman, so weit wie möglich zu gehen, um zu einer Verständigung über dieses Problem zu kommen. Harriman erwiderte, er müsse dem Parteichef die Angelegenheit schmackhaft machen, wenn er Erfolg haben wolle: Eine »offensichtliche Möglichkeit« böte die Multilateral Force (MLF).

Dieses Konzept für ein nukleares Arsenal unter europäischer und amerikanischer Kontrolle hatte die Regierung Kennedy bereits 1962 entworfen, um die Befürchtungen der westeuropäischen Staatsoberhäupter, besonders de Gaulles, zu zerstreuen, die USA würden auf ihre Kosten einen Atomkrieg riskieren. Das Projekt scheiterte, da Frankreich auf Distanz zu dem westlichen Militärbündnis ging. Nach der Kuba-Krise fragten sich nur noch wenige, ob Kennedy einen Atomkrieg mit der Sowjetunion riskieren würde.* Als Bundy feststellte, daß die MLF wohl »gestorben ist«, erwiderte der Präsident: »Wo waren Sie denn die ganze Zeit?«

Kennedy teilte Harriman nun mit, er solle die MLF als Verhandlungsmasse einsetzen, falls er damit eine Einigung mit Chruschtschow im Hinblick auf China bewirken könne. Andere Berater hatten jedoch den Eindruck, der Präsident beabsichtige, die MLF als Faustpfand zu benutzen, um ein umfassendes Atomtestverbot mit einer angemessenen Anzahl an Verifizierungsmaßnahmen zu erreichen.**

Macmillan drängte währenddessen auf ein amerikanisch-sowjetisches

---

* Die europäischen Alliierten hätten sich wahrscheinlich über seine Verpflichtungserklärungen gegenüber der NATO gewundert, wenn sie von seinem geheimen Zugeständnis gegenüber Chruschtschow gewußt hätten, die Raketen in der Türkei abzuziehen.

** Harriman hatte Schlesinger bereits früher mitgeteilt, die Sowjetunion würde einer annehmbaren Anzahl von Inspektionen nicht zustimmen, wenn er nicht »ein paar Bonbons im Reisegepäck« hätte. Da er nichts von dem geheimen Kompromiß zur Entschärfung der Kuba-Krise wußte, drückte er sein Bedauern darüber aus, daß die USA »einseitig« die Jupiter-Raketen aus der Türkei abgezogen hätten: Er wünsche sich, daß sie ihm jetzt als Verhandlungsmasse zur Verfügung stünden.

Gipfeltreffen, das anläßlich der Unterzeichnung des Teststoppabkommens stattfinden sollte. Angesichts der immer neuen Enthüllungen im Profumo-Skandal benötigte seine Partei für die bevorstehenden Wahlen dringend eine Aufbauspritze. Deshalb wollte der Premierminister wieder an der Tradition der britischen Beteiligung an Ost-West-Gipfeln anknüpfen, mit der in Camp David und Wien gebrochen worden war. Und er wollte das Testverbot, für das er so lange gekämpft hatte, als krönenden Abschluß ans Ende seiner Karriere setzen.

Kennedy teilte Harriman mit, er sei zu einem Gipfeltreffen bereit, falls dies Chruschtschow dazu bewegen würde, einem Vertrag zuzustimmen. Er meinte jedoch, die Franzosen und die Westdeutschen würden die Anwesenheit der »Taube« Macmillan als Provokation empfinden.

Am Montag, dem 15. Juli, trafen Harrimans fünfköpfige Delegation und eine britische Abordnung unter der Leitung von Lord Hailsham, Macmillans Wissenschaftsminister, in Moskau ein.* Harriman sagte zu Reportern, wenn Chruschtschow so stark an einem Testverbot interessiert sei wie Kennedy und Macmillan, »sollten wir in zwei Wochen hier fertig sein«. Gromyko führte die sowjetische Delegation an, was Harriman und Hailsham für ein gutes Omen hielten.

Der Parteichef begrüßte die Unterhändler im Kreml mit den Worten: »Warum beschließen wir nicht gleich ein Testverbot, unterschreiben es sofort und lassen die Experten die Einzelheiten unter sich ausmachen?« Harriman schob ihm einen leeren Schreibblock zu: »Bitte sehr, Mr. Chruschtschow, Sie unterschreiben zuerst und ich nach Ihnen.«

Er händigte Chruschtschow einen Brief von Kennedy aus. Darin äußerte sich der Präsident lobend über Harriman und schrieb weiterhin, er hoffe, ein umfassendes Testverbot zu erreichen. Er bedaure die Meinungsverschiedenheiten bezüglich der Inspektionen: »Ich kann nur noch einmal wiederholen, daß es keinesfalls in unserem Interesse liegt, diese Verifizierungsmaßnahmen zu Spionagezwecken zu mißbrauchen. Ich weiß jedoch aus Ihren jüngsten Äußerungen, daß Sie dieser Erklärung keinen Glauben schenken.«

---

* Harriman hielt Hailsham für einen typischen britischen Amateur, der nicht ausreichend vorbereitet sei und darauf brennen würde, einen Vertrag abzuschließen, ohne auch nur im geringsten an die Kosten zu denken. Hailsham hingegen betrachtete Harriman als »einen Mann, der seinen Höhepunkt längst überschritten hat, müde ist und langsam ein wenig schwerhörig wird«.

Trotz dieser Beteuerungen teilte der Generalsekretär Harriman mit, er habe kein Interesse an Verifizierungsmaßnahmen: »Das Problem mit Ihnen ist, daß Sie spionieren wollen ... Sie versuchen mir weiszumachen, eine Maus würde einen Käse nicht beachten, auch wenn er offen herumliegt.«

Dann holte er den Entwurf eines eingeschränkten Testverbots hervor, das nach der Unterschrift durch die Sowjets, die Amerikaner, die Briten und die Franzosen in Kraft treten würde. Harriman und Hailsham bestanden natürlich darauf, Frankreich auszunehmen, obwohl sie einräumten, der spätere Beitritt der Franzosen sei »sehr wichtig«. Harriman ergriff die Gelegenheit, auf die von China drohende Gefahr hinzuweisen. Chruschtschow erwiderte, Peking würde »noch jahrelang« nicht über Atomwaffen verfügen. Außerdem könne China auf dem Rüstungssektor bei weitem nicht mit den USA oder der Sowjetunion konkurrieren.

Anschließend stellte er den Entwurf eines Nichtangriffspaktes vor. Seit Jahren schon hatten die Russen versucht, die USA für einen solchen Vertrag zu gewinnen.* Harriman erklärte, eine solche Einigung bedürfe umfangreicher Beratungen mit den westlichen Verbündeten der USA, was den Abschluß eines Testverbotabkommens für eine lange Zeit verzögern könnte. Er sehe keinen Weg, wie die USA einen solchen Pakt akzeptieren könnte, solange West-Berlin nicht frei zugänglich sei.

Chruschtschow konterte, Bonn halte Kennedy davon ab, einen Nichtangriffspakt zu akzeptieren: »Sie haben Deutschland erobert, und jetzt fürchten Sie sich vor diesem Land.«

Kennedy hielt Harriman und seine Delegation an der kurzen Leine. Er verlangte nicht nur tägliche Berichte über die Teststoppverhandlungen, sondern auch ein Protokoll vom Verlauf jeder Sitzung, »damit wir die Angelegenheit selbst beurteilen können«.

Nachdem er Harrimans Bericht über die Begegnung mit Chruschtschow gelesen hatte, telegrafierte der Präsident: »Sie haben recht, wenn Sie die Franzosen aus dem eigentlichen Vertrag heraushalten,

---

* Vor Harrimans Abreise aus Washington teilte Alexander Zintschuk von der sowjetischen Botschaft einem amerikanischen Regierungsbeamten mit, ein Nichtangriffspakt sei unbedingt nötig. So könne man diejenigen am besten beruhigen, die befürchteten, ein eingeschränktes Testverbot werde kein Verbot unterirdischer Tests einschließen.

obwohl ich mich um Frankreich kümmern werde, wenn die Sowjets ihrerseits China bearbeiten.« Er war immer noch davon »überzeugt, daß das China-Problem ernster ist, als Chruschtschow annimmt«.

Bei einem vertraulichen Treffen sollte Harriman den Parteichef daran erinnern, »daß selbst eine relativ kleine Anzahl Atomwaffen in den Händen der chinesischen Kommunisten für uns alle sehr gefährlich werden kann. Sie sollten versuchen, herauszubekommen, was Chruschtschow davon hält, die Entwicklung der Chinesen auf atomarem Gebiet einzuschränken, wenn nicht gar zu verhindern, und ob er bereit ist, eventuelle amerikanische Aktionen zu billigen.«

Als Harriman zu den ersten offiziellen Gesprächen ins Spiridonowka-Palais kam, erzählte er seinen Mitarbeitern, er sei zuletzt 1943 anläßlich einer amerikanisch-sowjetischen Konferenz über die Vereinten Nationen in diesem Gebäude gewesen.

Zu Anfang der Sitzung verlangte Harriman eine Verbesserung der schwammigen Sprache des Vertragswerks, das auch den Einsatz von Atomwaffen zur Selbstverteidigung zu verbieten schien. Der gemeinsame Entwurf von Amerikanern und Briten ließ Atomversuche für friedliche Zwecke in bestimmten Bereichen zu, falls alle Unterzeichner damit einverstanden waren. Gromyko erklärte, dies würde die Anziehungskraft des Vertrages auf andere potentielle Unterzeichner erheblich schmälern.

Eine weitere Klausel des angloamerikanischen Entwurfes erlaubte dem einzelnen Unterzeichner, sich aus dem Vertrag zurückzuziehen, falls ein anderes Land eine Atomexplosion auslöste, durch die er seine Sicherheit bedroht sah. Gromyko wandte ein, diese Klausel würde die ernsthaften Absichten der Unterzeichner in Frage stellen. Zudem sehe es die Sowjetunion selbstverständlich als ureigenstes Recht an, daß sie jeden Vertrag auflösen könne, der ihre nationalen Interessen beeinträchtigte.

Harriman wußte, daß der Senat einen Vertrag ohne Rückzugsklausel wahrscheinlich nicht ratifizieren würde, da man befürchtete, China könne Moskau und Washington im Rüstungswettlauf überholen. Einmal wurde die Diskussion so hitzig, daß er seine Papiere ergriff und drohte, die Sitzung zu verlassen. Schließlich ersetzten die westlichen Unterhändler die Klausel, die sich auf Atomversuche für friedliche Zwecke bezog, durch eine ungenaue Formulierung, die es den unterzeichnenden Nationen ermöglichte, sich aus dem Vertrag zurückzuziehen.

Gromykos Forderung nach einem Nichtangriffspakt wurde so massiv, daß Harriman sich fragte, ob die Russen die Verhandlungen abbrechen würden. Deshalb sicherte er Gromyko zu, er werde in seinem Bericht an den Präsidenten die sowjetische Position positiv würdigen. Thompson in Washington fand zwar, daß dies Harrimans Kompetenzen »ein wenig überstieg« und außerdem »ein unnötiges Zugeständnis« sei, aber es tat seine Wirkung.

Doch es bestand noch ein weiteres Hindernis: Wie konnten Länder, die nicht offiziell anerkannt waren (also die DDR und China), den Vertrag unterzeichnen? Hailsham beschwerte sich telegrafisch bei Macmillan, daß Harrimans Unnachgiebigkeit in diesem Punkt die ganzen Gespräche zu gefährden drohe.

Am Mittag des 25. Juli kam Ormsby Gore ins Weiße Haus, um Kritik an Harrimans Position zu üben. Die amerikanische Delegation hatte gerade telefonisch aus Moskau mitgeteilt, daß man eine Lösung gefunden habe: Jede Nation würde den Vertrag nur in Verbindung mit den Nationen unterzeichnen, die sie anerkannte. Kennedy telefonierte mit Macmillan. Grinsend sagte er dem Premierminister: »Machen Sie sich keine Sorgen ... Es hat sich alles gelöst, und ich habe ihnen gesagt, sie sollen weitermachen.«

Macmillan war darüber hoch erfreut. In seinem Tagebuch schrieb er, er habe »Nacht für Nacht innigst darum gebetet«. Dem Präsidenten telegrafierte er: »Ich konnte meine wahren Gefühle heute abend am Telefon nicht richtig zum Ausdruck bringen ... Ich bewundere von ganzem Herzen den Mut und den Glauben, den Sie bewiesen haben.«

An diesem Abend unterzeichneten Harriman, Hailsham und Gromyko das wichtigste Rüstungskontrollabkommen seit Anfang des Kalten Krieges mit ihren Initialen. Harriman bewunderte Hailshams geschwungenes Initial und sagte: »Haben Sie sein ›H‹ gesehen? Es ist wunderschön!«

Zum Zeitpunkt der Gespräche hatte Chruschtschow Harriman bei einem Empfang für den ungarischen Ministerpräsidenten, János Kádár gesagt, er sei erfreut, »den Imperialisten« zu sehen. Der Amerikaner antwortete: »Als Sie mich in New York besuchten, nannten Sie mich einen Kapitalisten. Ist das nun eine Beförderung oder eine Herabstufung?«

Chruschtschow erwiderte: »Eine Beförderung ... Ein Imperialist ist ein Kapitalist, der sich in die Angelegenheiten anderer Länder einmischt ... wie Sie es beispielsweise in Südvietnam tun.« Dann fragte er: »Warum schließen wir eigentlich keinen Nichtangriffspakt?« Harriman hatte eine »bessere Idee«: Man sollte die Oberkommandierenden austauschen. Der neue Oberbefehlshaber der NATO, General Lemnitzer, könne nach Warschau gehen und Marschall Andrej Gretschko nach Paris. Daraufhin rief der Parteichef Gretschko zu sich. »Ich höre, Sie wollen nach Paris.« Als der Marschall den Kopf schüttelte, sagte Chruschtschow: »Nein, schließen wir doch lieber einen Nichtangriffspakt.« Harriman erinnerte ihn, eine amerikanische Amateurmannschaft werde im Lenin-Stadion gegen eine sowjetische Mannschaft antreten. Der Parteichef antwortete, er sei noch nie bei einer Leichtathletik-Veranstaltung gewesen. Daraufhin erschien er mit Kádár, Breschnew und deren Ehefrauen im Stadion. Harriman und die Kohlers schlossen sich ihnen in der Regierungsloge an. Als die amerikanischen und sowjetischen Sportler Arm in Arm über das Spielfeld liefen, erhoben sich Harriman und Chruschtschow und nahmen den tosenden Applaus der Menge entgegen. Harriman bemerkte Tränen in den Augen des Generalsekretärs.

Nachdem der Vertrag mit Initialen abgezeichnet war, suchte Harriman den Kreml auf. Chruschtschow hob die Arme und umarmte ihn freundschaftlich. »Modjez!«* rief er. Wie er es mit Kennedy vereinbart hatte, begann Harriman über China zu sprechen. Er sagte, der Präsident »sei sehr besorgt über die Entwicklung von Atomwaffen in China« und versuche herauszufinden, was Chruschtschow über das chinesische Atomprogramm wisse und wie er darüber denke. Doch Chruschtschows Antworten fielen einsilbig aus.

Harriman blieb hartnäckig: »Stellen Sie sich vor, wir könnten Frankreich dazu bewegen, den Vertrag zu unterzeichnen; wäre es Ihnen dann möglich, China in unserem Sinne zu beeinflussen?« Der Parteichef erwiderte: »Das ist Ihr Problem.« Harriman versuchte es noch einmal: »Stellen Sie sich vor, die Raketen wären gegen Sie gerichtet?« Wieder schwieg Chruschtschow. Harriman erwähnte die Möglichkeit eines gemeinsamen Angriffs der Amerikaner und der Sowjets auf chinesische Kernreaktoren nicht.**

---

 * »Gute Arbeit!« oder »Gut gemacht!«
** Ein Beamter des Außenministeriums bemerkte im Oktober 1964, daß »eine Überprüfung unserer Aufzeichnungen über die Verhandlungen zum Testverbot in Moskau zeigt, daß Harriman kein Angebot zu einer gemeinsamen Aktion der USA und der UdSSR gemacht hat, um Rotchinas Entwicklung zur Atommacht zu bremsen«.

Dann führte der Parteichef seinen Gast in aufgeräumter Stimmung durch den Kreml, wobei er viele Hände schüttelte und ein Mädchen in die Wange kniff. »Darf ich Ihnen Gospodin Garriman vorstellen«, rief er. »Wir haben gerade den Teststoppvertrag unterzeichnet, und jetzt lade ich ihn zum Essen ein. Meinen Sie, er verdient es?« Die Sklaven des Kommunismus jubelten ihm zu.[*]

Während des Essens erwähnte Harriman, Robert Kennedy würde »sehr gerne die UdSSR besuchen«. Vielleicht könne der Parteichef ihn einladen. Chruschtschow erwiderte, daß eine solche Einladung angesichts einiger antisowjetischen Reden des Justizministers wahrscheinlich zu seinem Parteiausschluß führen würde.

Später schrieb Chruschtschow an den Präsidenten: »Mr. Harriman hat sich Ihres Empfehlungsbriefes würdig erwiesen. Das haben wir auch niemals bezweifelt.« Nach Abschluß des Teststoppvertrages berichtete Ormsby Gore Kennedy, Macmillan befände sich »in einem Zustand der Euphorie«. Arthur Schlesinger schrieb in diesem Zusammenhang an Harriman: »Ich bin verdammt froh, daß Sie in der Regierung sind!« Und die Herausgeber des *Bulletin of the Atomic Scientist* konnten die Zeiger ihrer Weltuntergangsuhr auf zwölf Minuten vor zwölf zurückstellen.

Als die bevorstehende Unterzeichnung des Vertrags angekündigt wurde, machten die chinesischen Delegierten, die nach Moskau gekommen waren, um ihre Meinungsverschiedenheiten mit den Russen zu diskutieren, auf dem Absatz kehrt. Sie bezeichneten den Atomteststopp als Mittel, das sowjetisch-amerikanische Machtpotential zu zementieren. Das Zerwürfnis zwischen China und der Sowjetunion kam nun an die Öffentlichkeit.

In einem Telegramm Harrimans nach Washington hieß es: »Es wird glasklar, daß sich die Sowjets das Ziel gesetzt haben, die chinesischen Kommunisten zu isolieren.« Er habe den Eindruck, Chruschtschow glaube, er könne die Chinesen zur Einstellung ihres Atomprogramms zwingen, indem er viele andere Länder »besonders der Dritten Welt« in den Vertrag einbeziehe.

---

[*] Harriman äußerte später, daß »die Art, in der er jede Gelegenheit ergreift, mit dem Volk zu sprechen, typisch für Chruschtschow« war. Er erinnerte sich, daß Stalin, wenn er den Kreml verließ, »sehr schnell fuhr ... Der Verkehr auf den Kreuzungen wurde aufgehalten, wenn er, geschützt von kugelsicherem Glas, vorbeiraste; die Rollos in seinem Auto waren heruntergelassen.«

Deswegen war es für den Generalsekretär von »höchster Wichtigkeit«, auch Frankreich zur Unterschrift zu bewegen. Im gleichen Sommer scherzte er: »De Gaulle hat gesagt, er wolle seinen eigenen nuklearen Schutzschild haben, aber ein nuklearer Schutzschild ist nicht so einfach zu bauen wie ein Regenschirm. Am Schluß steht man vielleicht nicht nur ohne Schirm, sondern auch ohne Hosen da!«

Kennedy versuchte, den Franzosen den Vertrag schmackhaft zu machen, indem er ihnen technische Informationen anbot, die sie andernfalls nur durch atmosphärische Tests erhalten hätten. Außerdem erklärte er Frankreich nach den Maßgaben des Atomenergievertrages zur Atommacht. Damit konnte das Land amerikanische Unterstützung im atomaren Bereich erhalten, ohne daß dazu ein neues Gesetz vonnöten gewesen wäre.

Nachdem der Vertrag mit Initialen unterzeichnet war, bat Präsident Kennedy de Gaulle brieflich, keine »voreilige endgültige Entscheidung zu treffen«: »Wir haben immer gehofft, Frankreich würde sich am Verbot von Atomtests beteiligen . . . Ich bitte Sie jetzt nur dringend darum, zum gemeinsamen Vorteil unserer drei Regierungen diese Frage zu überdenken.«

Der französische Präsident erklärte in Paris, Frankreich werde sich nicht daran hindern lassen »sich mit ebenbürtigen Machtmitteln auszurüsten«.* Einige Tage später fügte er hinzu, er sei vom Anschluß zahlreicher Länder der Dritten Welt nicht beeindruckt: »Es kommt mir vor, als würde ich jemanden darum bitten, nicht den Ärmelkanal zu durchschwimmen.« Er lehnte Kennedys Angebot einer Zusammenarbeit im nuklearen Bereich als Verletzung der französischen Souveränität ab.

Kennedy war enttäuscht und verärgert. Denn der Boykott durch die Franzosen und die Chinesen würde zur Folge haben, daß der Vertrag seinen Zweck nicht erreichte. Eher vom Gefühl als von Voraussicht bestimmt, schimpfte er, man werde sich an »Charles de Gaulle nur wegen einer Sache erinnern – seiner Weigerung, dem Vertrag zuzustimmen«.

---

* David Klein vom Nationalen Sicherheitsrat berichtete: »Seltsamerweise hat er sich dazu entschlossen, das Abkommen zum Atomtestverbot nicht zu kritisieren, sondern es herunterzuspielen . . . Offensichtlich zeigt das, daß er sich bewußt ist, daß es auch in Frankreich Menschen gibt, die die Moskauer Verhandlungen befürworten.«

Trotzdem hielt der Präsident am Abend des 25. Juli vom Oval Office aus eine Fernsehrede »im Geiste der Hoffnung«: Die kommunistische Welt und die freie Welt seien nun schon seit achtzehn Jahren in einem »Teufelskreis aus einander widersprechenden Ideologien und Interessen« gefangen. ».. . Gestern hat ein Lichtstrahl die Finsternis durchdrungen.«

Das eingeschränkte Testverbot sei das Ergebnis von »Geduld und Wachsamkeit. Wir haben erst kürzlich in Berlin und Kuba unsere feste Entschlossenheit, unsere Sicherheit und Freiheit gegen jegliche Form der Aggression zu verteidigen, deutlich gemacht . . . Dieser Vertrag läutet zwar kein neues Goldenes Zeitalter ein . . . aber er ist ein wichtiger Schritt, ein erster Schritt hin zum Frieden, hin zur Vernunft und weg vom Krieg . . .«

Der Vertrag könne den radioaktiven Niederschlag reduzieren und »die Verbreitung von Atomwaffen unter Nationen, die sie jetzt noch nicht besitzen, verlangsamen . . . Ich bitte Sie, einen Moment innezuhalten und sich zu überlegen, was Atomwaffen in den Händen von stabilen und instabilen, verantwortungsvollen und verantwortungslosen Ländern, wie es sie auf der ganzen Welt gibt, bedeuten können.« Während die Gefahr in »Kuba, Südostasien und Berlin« noch nicht gebannt sei, läge zum erstenmal seit Jahren »der Weg zum Frieden vielleicht offen vor uns. Niemand weiß, was die Zukunft uns bringen wird . . . aber die Geschichte und unser eigenes Gewissen werden um so härter über uns zu Gericht sitzen, wenn wir nicht alles versuchen, um unsere Hoffnungen an unseren Taten zu messen.«

Kennedy gab den Gedanken auf, den Vertrag anläßlich eines Gipfeltreffens mit Chruschtschow in Moskau zu unterzeichnen. Er wollte sich die Mühe ersparen, die es gekostet hätte, die Teilnahme Macmillans zu verhindern, dessen Gegenwart den Parteichef vielleicht dazu ermutigen konnte, weitere Konzessionen zu fordern. Außerdem gefiel ihm die Vorstellung nicht, zu Chruschtschow zu pilgern, um ein Dokument zu unterzeichnen, das seine innenpolitischen Gegner sicherlich als Geschenk an die Russen interpretieren würden.

Statt dessen beschloß er, wichtige Senatoren – je konservativer, desto besser – in einer von Rusk angeführten Delegation nach Moskau zu schicken.

Am Montag, dem 5. August, suchte Rusk Gromyko vormittags im Außenministerium auf. Gromyko zeigte ihm, daß die Fenster seines Büros nach Westen blickten, und erzählte, er sehe oft hinaus und frage sich, was »wirklich« im Westen »geschieht«.

Als die amerikanische Delegation im Kreml eintraf, meinte Chruschtschow zu Rusk, das eingeschränkte Testverbot sei lediglich ein erster Schritt. Jetzt müsse man dem Deutschlandproblem ins Auge sehen. Rusk erwiderte darauf höflich, Deutschland sei »äußerst wichtig« und die Amerikaner hätten Verständnis für die Besorgnis der Sowjetunion.

Der Generalsekretär rügte ihn, weil er einige Länder als »den Osten« und nicht als »sozialistisch« bezeichnet hatte. Rusk meinte darauf, einige Amerikaner hielten auch die Regierung Kennedy für sozialistisch. »Wer würde denn so etwas behaupten?« fragte Chruschtschow. Fulbright erinnerte sich an den Nachmittagstee des Parteichefs mit Mitgliedern des Komitees für auswärtige Beziehungen vor vier Jahren: Falls der amerikanische Süden mit den »verdammten Yankees« auskommen könne, bestünde auch die Möglichkeit einer Einigung zwischen den USA und der Sowjetunion.

Nach einem Galadiner, Schnaps und Reden spielte ein sowjetisches Orchester »Love Walked In« von Gershwin, während Chruschtschow U Thant, die Amerikaner, Briten und Russen mit strahlender Miene in die mit weißem Marmor ausgekleidete Halle des Kreml führte. Rusk, Gromyko und der Earl of Home unterzeichneten den Vertrag. Beim Anstoßen mit Champagner riefen einige Russen aus: »Friede und Freundschaft!« Glenn Seaborg schrieb in sein Tagebuch: »Ein ruhmreicher Tag!«

Während des Essens gedachte Chruschtschow des gescheiterten »Geistes von Genf« und des ebenfalls gescheiterten »Geistes von Camp David«. Jetzt, sagte er, »laßt uns einen neuen Geist schaffen – den Geist von Moskau!«

Kennedy befürchtete, die Koalition aus Demokraten aus den Südstaaten und Republikanern, die schon das Bürgerrechtsgesetz blockierte, würde ihm die Zweidrittelmehrheit verweigern, die er für den Teststoppvertrag brauchte. Einige Senatoren beschuldigten Harriman bereits jetzt, er habe »einen geheimen Handel mit Chruschtschow« abgeschlossen, um eine Einigung zu erreichen.

McNamara teilte den Stabschefs vertraulich mit: »Wenn Sie darauf bestehen, diesen Vertrag abzulehnen, schön und gut, aber ich werde nicht zulassen, daß jemand sein Zustandekommen aus rein gefühlsmäßigen Gründen oder aus Unwissenheit verhindert.« Während einer Reihe von Sitzungen, die sich über zwei Wochen hinzogen, versuchte er ihre Ängste zu beschwichtigen, die Sowjets könnten die Vereinigten Staaten hintergehen. Er versprach ihnen eine Verbesserung der Aufklärungsmethoden. Außerdem sollte im Falle einer Vertragsverletzung die Möglichkeit bestehen, Tests in der Atmosphäre kurzfristig durchzuführen. Unterirdische Tests sollten vom Testverbot unberührt bleiben. Nach der Überzeugung von General LeMay würde der Vertrag dazu beitragen, China und die UdSSR voneinander zu entfernen. Dem Präsidenten berichtete man, die im Kongreß eingetroffenen Briefe sprächen sich fünfzehn zu eins gegen den Vertrag aus.* So waren Kennedys Berater nicht wenig erstaunt, als er ihnen sagte, er werde für diesen Vertrag »gern« seine Wiederwahl aufs Spiel setzen. Anfang August meinte er, er könne auf Anhieb fünfzehn Senatoren nennen, die jeden Vorschlag von seiner Seite unbesehen ablehnen würden, »und nicht alle sind Republikaner«. Falls die Abstimmung heute stattfinden sollte, würde der Vertrag seiner Meinung nach durchfallen.

Vor dem Senatsausschuß für auswärtige Angelegenheiten brachte McNamara ein »konservatives« Argument für den Vertrag vor. Er warnte, daß die USA im Falle weiterer Tests auf allen Bereichen wahrscheinlich die Führungsrolle auf diesem Gebiet verlieren würden. In diesem Zusammenhang meinte auch Kennedy vor den Senatoren, die Nation benötige keine Hundert-Megatonnen-Bombe. Außerdem könnte jede Seite auch ohne weitere Tests ohne größere Probleme eine Raketenabwehrrakete entwickeln. Es sei ganz gleich, wie viele unterirdische Test die Sowjets auch durchführten. Selbst wenn es der UdSSR gelingen sollte, den Vertrag unbemerkt zu unterlaufen, wäre die amerikanische Führungsrolle nicht in Gefahr.

---

* Als er eine Aufstellung über die im Weißen Haus eingegangene Post überflog, stellte der Präsident fest: »Diese Woche stehen Bitten an die Familie Kennedy um Geld an oberster Stelle . . . Ich sehe auch, daß wir mehr Briefe zu den Haustieren im Weißen Haus bekommen haben als zu der Finanzkrise der Vereinten Nationen. Die Atomversuche stehen ganz unten auf der Liste, doch die meisten Briefeschreiber sind gegen das Verbot.« (Die *New York Times* hatte berichtet, Carolines Terrier Charly und die Hündin Puschinka, die Chruschtschow Kennedy geschenkt hatte, seien Eltern eines Wurfes Welpen geworden. Viele Amerikaner hatten an den Präsidenten geschrieben und angeboten, die kleinen Hunde aufzunehmen.)

Der Präsident war wütend, als er erfuhr, daß Atomspezialisten der CIA im Auftrag McCones den Senatoren mitteilten, die Sowjets hätten sich während des Stillhalteabkommens nicht an die Abmachungen gehalten. Seine Beziehungen zu McCone hatten sich seit der Kuba-Krise drastisch verschlechtert.

Der Justizminister hatte sogar den Verdacht, McCone könne sich angesichts des bevorstehenden Wahljahres als Trojanisches Pferd erweisen, indem er »mit den Republikanern Geschäfte machte«.

An der Spitze der Opposition gegen das Abkommen mit der UdSSR, das sie »den Moskauer Vertrag« nannte, stand der Physiker und Vater der Wasserstoffbombe Edward Teller, der den Kommunismus aus tiefster Seele verabscheute. In einem vertraulichen Gespräch beharrte er darauf, daß die USA mit ihren geheimen Tests in großer Höhe fortfahren müßten, um eine Waffe zu erfinden, mit der man sowjetische Raketen schon im Anflug zerstören könne: Die Russen hätten schon 1962 Anti-Raketen-Tests durchgeführt.

Andere wiederum forderten, dem Vertrag müßten Vorbehaltsklauseln beigefügt werden. In diesem Zusammenhang warnte Arthur Dean davor, noch einmal mit Moskau und den über hundert unterschriftswilligen Nationen in Verhandlungen einzutreten und dadurch vielleicht »jede Möglichkeit zu weiteren Verhandlungen mit der Sowjetunion zu verspielen«.

Der Senatsausschuß für auswärtige Angelegenheit empfahl dem Senat mit nur einer Gegenstimme, die von dem Demokraten Russell Long aus Louisiana abgegeben wurde, den Vertrag über ein eingeschränktes Atomtestverbot anzunehmen, Barry Goldwater forderte, die Ratifizierung müsse vom Abzug aller sowjetischen Truppen aus Kuba abhängig gemacht werden. Er behauptete, daß keine »zehn Männer in Amerika« wirklich die Wahrheit über Kuba, den Teststoppvertrag oder andere Vereinbarungen wüßten, die man mit Regierungen eingegangen sei, »deren Ziel unsere Zerstörung ist«.

Daraufhin erwiderte Kennedy in einer Pressekonferenz: »Es bestehen keine derartigen Vereinbarungen, und ich glaube, zumindest Senator Goldwater gehört zu den zehn Männern in Amerika, die eigentlich wissen müßten, daß seine Behauptung unwahr ist.«

Als der Vertrag im Senat auf die Tagesordnung gesetzt wurde, befürchtete Kennedy, Eisenhower, der ebenfalls Vorbehalte gegenüber dem Vertrag geäußert hatte, könne die Ratifizierung verhindern. Der Präsident hatte jedoch noch ein besonderes Druckmittel in der Hand. Kurz nach seiner Inauguration hatte das Justizministerium den Bostoner Textilfabrikanten Bernard Goldfine verhört, dessen Zuwendungen an Eisenhowers Stabschef Sherman Adams einen Skandal ausgelöst hatten. Adams hatte schließlich zurücktreten müssen. Die Berater von Mortimer Caplin, dem Direktor der Finanzbehörde, waren nun der Ansicht, die Beweise reichten aus, um Anklage gegen ihn zu erheben.

Aller Wahrscheinlichkeit nach war der Justizminister nicht traurig über die Gelegenheit, Eisenhowers Ruf durch diesen Bestechungsskandal zu ruinieren. Schließlich war der General ein politischer Gegner seines Bruders und hatte immer noch großen Einfluß auf die öffentliche Meinung.

Bobby Baker behauptete 1978, Eisenhower habe sich, als er von den Beweisen gegen Adams erfuhr, an Everett Dirksen gewandt. Dieser sollte Kennedy bitten, dem ehemaligen Präsidenten einen »persönlichen Gefallen« zu tun und den Fall niederzuschlagen. Eisenhower habe hinzugefügt: »Er hat bei mir etwas gut, wenn er mir diesen Gefallen tut.« Laut Baker hatte der Präsident zugestimmt: Als sein Bruder sich sperrte, sagte er: »Wenn du meinem Wunsch nicht nachkommst, werde ich deinen Rücktritt annehmen.«

In einem mysteriösen Briefwechsel zwischen Eisenhower und Dirksen aus dem Jahre 1962 finden sich Hinweise darauf, daß Bakers Version der Ereignisse anscheinend zutrifft. Dirksen schrieb am 10. Januar an den General, Bryce Brown, Eisenhowers alter Verbündeter im Senat, habe mit ihm »über die früheren Angehörigen Ihres Stabes gesprochen . . . Ich bin sicher, Sie werden sich daran erinnern . . . und ich habe es am Montag beim Frühstück mit dem Präsidenten erörtert. Meiner Ansicht nach ist alles in bester Ordnung.« Eisenhower antwortete: »Ich stehe tief in Ihrer Schuld, weil Sie der Angelegenheit, die Sie im zweiten Absatz Ihres Briefes erwähnen, nachgegangen sind.«

Zu Anfang der Auseinandersetzung um das Testverbot hatte Dirksen noch keine offizielle Entscheidung getroffen. Frederick Dutton vom Außenministerium gewann den Eindruck, daß der Fraktionsvorsitzende der Republikaner sich »nicht festlegen will«, um zu verhindern, daß der Vertrag als »eindeutiges Verdienst der Regierung« angesehen wird, was uns »1964 nutzen könnte«.

Nach Bakers Bericht beorderte Kennedy Dirksen ins Weiße Haus, um ihn dazu zu bewegen, den Teststoppvertrag zu unterstützen: »Ike hat gesagt, er schulde mir noch etwas, und Sie haben mir das gleiche zugesichert … Ich möchte, daß Sie Ihre Meinung ändern und sich offen für den Vertrag aussprechen. Ich wünsche auch, daß Ike offiziell seine Unterstützung für den Vertrag erklärt, ehe die Abstimmung im Senat stattfindet. Damit wäre die Rechnung dann beglichen.« Laut Baker erwiderte Dirksen: »Mr. President, Sie würden einen guten Pferdehändler abgeben, aber ich werde meiner Verpflichtung nachkommen, und ich bin mir sicher, General Eisenhower wird das gleiche tun.«

Also befürwortete Dirksen den Vertrag und erinnerte seine Parteifreunde daran, daß auch ihr Parteiprogramm von 1960 ein Testverbot gefordert hatte.*

Trotz seiner anfänglichen distanzierten Haltung unterstützte auch Eisenhower den Vertrag. Er fügte jedoch hinzu, der Vertrag werde den Gebrauch von Atomwaffen im Kriegsfall nicht verhindern.** Am 23. November 1963 beschwerte er sich dann in einem vertraulichen Gespräch mit Lyndon Johnson über die »Taktiken«, die Kennedys Justizministerium und das Finanzministerium anwendeten.

Der Vertrag über das eingeschränkte Testverbot wurde am Dienstag, dem 24. September, im Senat gebilligt. Elf Demokraten aus dem Süden und auch acht Republikaner aus dem Westen stimmten gegen den Vertrag. Sorensen hatte den Eindruck, daß »kein anderer Erfolg im Weißen Haus Kennedy jemals so befriedigt hatte«.

Am gleichen Tag brach der Präsident zu seiner Wahlkampfreise in den Westen der Vereinigten Staaten auf. Er würde neue Unterstützung brauchen, um die Verluste in den Südstaaten wieder wettzumachen, deren Widerstand er nach seiner Kampagne für die Bürgerrechte erwartete.

Am Donnerstag, dem 26. September, besuchte er den Tempel der Mormonen in Salt Lake City. Genau dort hatte der demokratische Präsidentschaftskandidat vor drei Jahren seine antikommunistische

---

* In seinem Buch über die Geschichte des Vertrages vermutete Glenn Seaborg, das Testverbot wäre zwar nicht abgelehnt worden, wenn Dirksen seine Opposition aufrechterhalten hätte, doch der Sieg wäre um einiges »knapper ausgefallen«.
** Er erwähnte seine Bedenken, die Rückzugsklausel könnte der Sowjetunion gestatten, den Westen bei der Entwicklung von Raketenabwehrwaffen zu überrunden, nicht in der Öffentlichkeit.

Haltung betont und Chruschtschow als den »Diktator« des »feindlichen« kommunistischen Systems verurteilt, das »unbeirrbar, unersättlich, unaufhörlich« die Beherrschung der Welt anstrebe.

Nun sagte er, »die kommunistische Offensive, die für sich in Anspruch nahm, auf den Wogen der historischen Unvermeidbarkeit zu reiten«, sei »in den letzten Monaten zurückgeworfen worden«. Das eingeschränkte Testverbot sei »ein wichtiger erster Schritt. Vielleicht wird dieser Schritt in die Irre führen oder sich in einen Rückschritt verwandeln. Doch wenigstens sind die Vereinigten Staaten und der Senat 1963 mit überwältigender Mehrheit die Verpflichtung eingegangen, die Atomstrahlung und die Möglichkeit eines Atomkrieges einzudämmen.«

Am Tage zuvor sei er über Little Big Horn geflogen, »wo General Custer 400 oder gar 500 Menschen niedermetzeln ließ. Dieses Massaker hat in der Geschichte weitergelebt. Heute aber sprechen wir vom Tod von 300 Millionen Männern und Frauen innerhalb von 24 Stunden. Ich halte es für einen weisen Entschluß, diese Gefahr zu verringern.« Die Menge jubelte Kennedy zu.

Reporter meinten gegenüber Salinger, Kennedy habe nun wohl ein wichtiges Thema für die Wahlen 1964 gefunden. »Ja, damit haben Sie recht«, erwiderte Salinger. »Es ist uns klargeworden, daß der Friede ein Thema ist.«

Das eingeschränkte Testverbot erfüllte niemals die Hoffnungen, die Kennedy und Chruschtschow in den Vertrag gesetzt hatten. Zwar wurde nach Abschluß des Vertrages eine geringere Menge Strontium 90 in der Atmosphäre gemessen, doch das Abkommen führte nicht zu einer völligen Einstellung aller Atomversuche. So konnte das eingeschränkte Testverbot auch nicht das atomare Wettrüsten verhindern.

Vielleicht hätte der Präsident die Chance gehabt, ein umfassendes Testverbot zu erreichen, wenn er auf Chruschtschows Angebot vom Dezember 1962 eingegangen wäre. Der sowjetische Parteichef hatte damals angeboten, zwei bis drei Verifizierungsmaßnahmen jährlich durchführen zu lassen. Doch Kennedy war in diesem Monat mit den ungelösten Problemen der Kuba-Krise beschäftigt. Angesichts dieser Tatsache wäre es ihm nicht möglich gewesen, das amerikanische Volk mit diesem Zugeständnis zu konfrontieren. Auch hätten seine politischen Gegner Mittel und Wege gefunden, eine Einigung mit Chruschtschow im Hinblick auf die Verifizierungsmaßnahmen zu verhindern. Sie hätten einfach nur behaupten müssen, der Teststopp sei Teil eines geheimen Handels mit dem Generalsekretär, damit dieser die Raketen aus Kuba abzog.

Als Kennedy schließlich in der Lage war, sich für ein umfassendes Testverbot einzusetzen, hatten die Hardliner in der Sowjetunion den Parteivorsitzenden bereits so weit unter Druck gesetzt, daß Chruschtschow das Angebot von Verifizierungsmaßnahmen vor Ort zurückzog und sich mit einem eingeschränkten Teststopp begnügte.

So ging das atomare Wettrüsten weiter.*

William Attwood, der frühere Herausgeber von *Look*, war zwei Jahre lang als Kennedys Botschafter in Guinea gewesen. Jetzt war er Delegierter der Vereinigten Staaten bei der UNO. Am Dienstag, dem 23. September, besuchte er in New York eine Cocktailparty bei Lisa Howard, einer Korrespondentin von der ABC.

Dort erzählte ihm der kubanische UNO-Botschafter Carlos Lechuga, Castro habe 1961 gehofft, Kontakt zu Kennedy knüpfen zu können. Die Kuba-Krise jedoch habe eine solche Möglichkeit zunichte gemacht. Er klagte über die immer noch andauernden Überfälle durch Exilkubaner, meinte aber, Castro habe am Ton von Kennedys Rede an der American University Gefallen gefunden. Vielleicht könne Attwood einmal inoffiziell Kuba besuchen.

Ehe Attwood zustimmte, schrieb er eine Aktennotiz, in der er um die Erlaubnis bat, »diskrete Nachforschungen anstellen« zu dürfen, ob die Möglichkeit besteht, Kuba nach unseren Bedingungen zu neutralisieren«. Es gebe gute Gründe anzunehmen, daß Castro mit den Russen unzufrieden sei und unter dem amerikanischen Handelsembargo leide. Falls die Annäherung erfolgreich verliefe, könne man so »das Thema Kuba aus dem Wahlkampf von 1964 heraushalten«. Als Attwood die Aktennotiz Stevenson zeigte, meinte dieser: »Leider ist Kuba immer noch Sache der CIA.« Stevenson erwähnte die Initiative gegenüber Kennedy und berichtete Attwood, der Präsident habe nichts dagegen.

---

* In den achtziger Jahren gab der über die Eskalation des atomaren Wettrüstens entsetzte Macmillan Kennedy die Schuld an dieser Entwicklung. Er habe sich nicht genügend für ein umfassendes Testverbot eingesetzt. »Er war angeschlagen, weil er jeden Tag ein anderes Mädchen hatte. Es war ein Fehler, sieben statt drei Verifizierungsmaßnahmen zu fordern. Wenn wir wenigstens das erreicht hätten, gäbe es vielleicht jetzt keine Tests in der Atmosphäre mehr.«

Attwood traf sich nach der Begegnung mit Lechuga mit Robert Kennedy, der ihm mitteilte, eine Reise nach Kuba sei zu riskant, da es nicht möglich sei, sie geheimzuhalten. Falls die Mission fehlschlüge, würden die Republikaner von »Appeasementpolitik« sprechen und eine Untersuchung durch den Kongreß verlangen. Aber die Sache sei es wert, daß man sie weiterverfolge.

Der Justizminister besprach sich mit seinem Bruder, der seine Bereitschaft erklärte, die Beziehungen mit Kuba zu normalisieren. Die Bedingung sei jedoch, daß Castro die Militärpräsenz des Ostblocks in seinem Land beende, die Verbindungen mit den kubanischen Kommunisten abbräche und von einer Unterwanderung Lateinamerikas absähe.

Währenddessen setzte die CIA ihr Sabotageprogramm fort, das der Präsident im Juni bewilligt hatte, um »einen Geist des Widerstandes und der Ablehnung« zu säen, »der zu einem klaren Widerstand gegen die Regierung und weiterer Unruhe führen könnte«.*

Robert Kennedy berichtete später: »In jeder Woche wurden bei Unruhen im Innern des Landes 10 000 bis 20 000 Tonnen Zuckerrohr verbrannt.« Bundy übergab dem Präsidenten »den Bericht über die Sabotage an Sägemühlen ... Auf den ersten Blick sieht er aus wie die nüchterne Beschreibung eines Abenteuers, die Sie interessieren könnte.«

Die ständige Arbeitsgruppe beim Nationalen Sicherheitsrat, die sich mit Kuba beschäftigte, hatte im Frühling 1963 die CIA gebeten, die Folgen von Castros möglichem Tod zu untersuchen. Die Antwort der Behörde lautete, daß »sein Bruder Raúl oder ein anderes Mitglied des Regimes mit sowjetischer Unterstützung die Macht übernehmen

---

* George Denney vom Außenministerium schlug vor, ein mittelamerikanisches Staatsoberhaupt »solle die Rolle des David übernehmen und Castro zum wütenden, ohnmächtigen Goliath stempeln, indem er ihn lächerlich machte und beschimpfte. So würde man Castros Prestige und somit auch den Erfolg seiner Untergrundarbeit in Lateinamerika vermindern.« Die Ausstrahlung von Castros Reden in Radio Havanna könnten von »jemandem mit einem schlagfertigen, beißenden Witz« unterbrochen werden, der den kubanischen Staatschef herausfordere, indem er »seine Stimme nachahme« oder einfach sagte: »Fidel, du lügst! ... Rasier dich erst einmal ... Fidel, du Schlächter! ... Du lügst ja schon wieder, du Affe.« Denney war der Ansicht, derartige »Angriffe auf Castros Eitelkeit könnten ihn provozieren und ihn eher zu Terrormaßnahmen veranlassen als der bestehende wirtschaftliche und politische Druck«.

würde«. Falls Castro zufällig einem Anschlag zum Opfer fallen sollte, »würden die USA von vielen der Mittäterschaft beschuldigt werden«. Doch die CIA fuhr fort, Pläne gegen das kubanische Staatsoberhaupt zu schmieden. Im Januar 1963 machte Desmond FitzGerald, der William Harvey als Koordinator der verdeckten Aktionen gegen Kuba abgelöst hatte, den Vorschlag, man könnte einen kleinen Sprengkörper in eine seltene Muschel einpflanzen und diese an einem möglichen Badeplatz Castros plazieren, wo er sie sicherlich aufheben würde. Doch dieser Vorschlag überstieg die technischen Möglichkeiten der Behörde.

Anfang September traf sich ein Beamter der CIA im brasilianischen São Paulo mit einem hochrangigen kubanischen Regierungsbeamten namens Roland Cubela. Der Arzt trug den Codenamen AM/LASH. Er hatte als Anführer der Studentenguerilla 1956 Batistas Geheimdienstchef ermordet und den Präsidentenpalast besetzt. Cubela sagte, er lehne die Anwesenheit der Sowjets auf Kuba ab, da diese die Revolution verraten hätten. Er sei bereit, einen »Anschlag aus den eigenen Reihen« zu versuchen.

Bald nach dieser Begegnung besuchte Castro einen Empfang in der brasilianischen Botschaft in Havanna. Dort warnte er die Amerikaner vor den Konsequenzen eines Versuchs, die kubanische Regierung zu beseitigen: ». . . Wir sind dazu bereit, sie zu bekämpfen und es ihnen in gleicher Münze heimzuzahlen. Die amerikanische Führung sollte bedenken, daß sie ihr eigenes Leben riskiert, wenn sie Pläne zur Ermordung kubanischer Regierungsangehöriger unterstützt.« Nervös fragten sich die Beamten der CIA, ob Castro die brasilianische Botschaft für diese Äußerung gewählt hatte, weil er von der Begegnung in São Paulo wußte.

Gordon Chase vom Nationalen Sicherheitsrat übergab Bundy die Kopie eines Presseberichts über Castros Auftreten in der Botschaft und schrieb dazu, ein Freund habe vermutet, »daß Castro auf der Cocktailparty ein paar Drinks zuviel erwischt hat«.

Kapitel 22

»Diese Chancen stehen immer noch auf tönernen Füßen«

Im Oktober hatte Kennedy mit der Planung seines Präsidentschaftswahlkampfes für 1964 begonnen. Nach Aussage seines Bruders befürchtete der Präsident, das amerikanische Volk könne ihn für einen Politiker halten, der wenig »Anteil« am Schicksal anderer nehme und sich deshalb nicht persönlich mit ihm verbunden fühlen«.*

In diesem Herbst war die Zustimmung der Bevölkerung zur Politik des Präsidenten, die nach dem Debakel in der Schweinebucht bei 82 Prozent gelegen hatte, auf den bislang niedrigsten Punkt von 59 Prozent abgesackt. Laut Gallup war die Civil Rights Bill des Präsidenten vom Juni dieses Jahres die Hauptursache dieses Popularitätstiefs: Zwischen zwölf und sechsundvierzig Prozent der Amerikaner waren der Ansicht, daß der Präsident »die Integration der Schwarzen zu überstürzt vorantreibt«.

Kennedy hatte eigentlich erwartet, daß Nelson Rockefeller 1964 gegen ihn antreten würde. Doch dann wurde die Kandidatur des Gouverneurs des Staates New York durch seine Heirat mit einer geschiedenen Frau vereitelt, die auf ihre Kinder verzichtet hatte.

Nachdem Rockefeller aus dem Rennen war, sah Kennedy in George Romney, dem neuen Gouverneur von Michigan, seinen stärksten Konkurrenten. Der weißhaarige Exdirektor von American Motors, ein gläubiger Mormone, verfügte über beträchtliche finanzielle Mittel und entsprach von seiner äußeren Erscheinung her eher dem Bild, das man sich von einem Präsidenten machte, als Kennedy.

Der Präsident hoffte allerdings, daß die Republikaner Goldwater als

---

* 1959 hatte James MacGregor Burns bemerkt, Kennedy sei nicht der Mann, auf dessen Begräbnis Nichtangehörige weinen würden. Im August 1963 klagte William F. Buckley in der *National Review* über die »Glattheit« von Kennedys öffentlichem Auftreten.

Präsidentschaftskandidaten nominieren würden: »Wenn der gute alte Barry kandidiert, werde ich das Oval Office niemals verlassen müssen.« »Wir hatten mit Goldwater zusammengearbeitet und wußten, daß er nicht besonders intelligent war«, meinte Robert Kennedy später. Die Brüder hofften darauf, daß er »sich selbst demontieren« würde.

Aus diesem Grund bat Kennedy seine Berater, Romney nach Möglichkeit nicht zu erwähnen und Goldwater bei jeder Gelegenheit als Anwärter auf das Weiße Haus zu nennen. Mit Goldwater alias »Mr. Conservative« als Gegenkandidaten würde Kennedy wahrscheinlich einen erdrutschartigen Wahlsieg davontragen. Außerdem hoffte er, sich auf diese Weise eine Mehrheit im Kongreß zu sichern und endlich die vielen Dinge in Angriff nehmen zu können, die er während seiner ersten Amtszeit aufgeschoben hatte. Ganz oben auf Kennedys Liste stand der weitere Ausbau der Beziehungen zur Sowjetunion, die mit dem eingeschränkten Atomteststopp ihren Anfang genommen hatten.

Im Herbst 1963 kam es aufgrund einer Dürreperiode zu einer katastrophalen Mißernte in der Sowjetunion. Selbst am üblichen Standard gemessen, reichte der Ertrag nicht aus, die Bevölkerung zu versorgen. Daraufhin entwarf Chruschtschow ein Notprogramm, dem zufolge bis 1970 jährlich hundert Millionen Tonnen von chemischen Düngemitteln produziert werden sollten. Dem Präsidium teilte er mit, daß es nur zwei Möglichkeiten gebe: die Menschen wie zu Stalins Zeiten verhungern zu lassen oder Getreide aus dem Westen zu kaufen.

Kurz darauf berichtete der Landwirtschaftsminister Orville Freeman in einer Kabinettssitzung im September, die Sowjets zeigten Interesse, amerikanisches Getreide zu kaufen.

Bundy erklärte, es werde den amerikanischen Überschuß nur unbedeutend schmälern, wenn man den Russen rund 250 000 Tonnen Weizen verkaufte. Außerdem würde ein solches Geschäft Arbeitsplätze schaffen, die Staatsschulden reduzieren und die Lagerhaltungskosten des Bundes verringern. Schließlich hätten auch andere westliche Länder schon seit Jahren Weizen und Mehl an den Ostblock verkauft.

Auch Hubert Humphrey war überzeugt, daß der Verkauf von Weizen den Farmern in Minnesota helfen würde. Er und Freeman, der ehemalige Gouverneur von Minnesota, waren der Ansicht, es sei »vertretbar, den Sowjets alles zu verkaufen, womit sie nicht auf uns schießen können«. Dagegen äußerten O'Donnell und O'Brien die Befürchtung, daß ein Verkauf von Weizen ausgerechnet im Wahljahr 1964 verhängnisvolle Folgen haben könnte, da ein solcher Schritt gewiß die Popularität des Präsidenten bei den Amerikanern deutscher und polnischer Herkunft sowie den irischstämmigen Katholiken schmälern würde. Da O'Donnell vermutete, daß Johnson sich gegen den Verkauf aussprechen würde, bat er Kennedy, dem Vizepräsidenten das Problem zu unterbreiten.

Johnson weigerte sich jedoch, eine Stellungnahme abzugeben. Schließlich wußte er nur zu gut, daß derartige Meinungsäußerungen oft ihren Weg in die Redaktionen der Zeitungen fanden, wo sie dann als Beweis für seine mangelnde Loyalität ausgeschlachtet wurden. Deshalb teilte er dem Präsidenten mit: »Kenny [O'Donnell] und ich werden darüber sprechen, und er wird Sie wissen lassen, wie ich darüber denke.« Später sagte er zu O'Donnell: »Wenn er den Russen Weizen verkauft, begeht er den schlimmsten politischen Fehler seines Lebens.«

Freeman hatte den Eindruck, daß Kennedy sich angesichts des Weizenverkaufs nicht sonderlich wohl in seiner Haut fühlte. Während der Berlin-Krise hatte der Kongreß einen Verfassungszusatz verabschiedet, der den Verkauf subventionierter Waren an feindliche Nationen untersagte. Doch Robert Kennedy riet seinem Bruder, dieses Schriftstück als eine nicht bindende Willenserklärung zu betrachten. Der Präsident jedoch wollte nicht den Eindruck erwecken, er setze sich über Gesetze hinweg, um den Sowjets zu helfen.

Deshalb schloß er einen Handel mit Mansfield und Humphrey ab: Um die Zustimmung des Kongresse, der stark antikommunistischen Seeleutegewerkschaft und anderer Arbeitnehmerverbände zu erkaufen, sollte das Getreide ausschließlich auf amerikanischen Schiffen in die Sowjetunion transportiert werden. Anfang Oktober traf sich Thompson mit Dobrynin, der sein Einverständnis erklärte. Eine Gallup-Umfrage ergab, daß sechzig Prozent der Amerikaner »unserem Verkauf von überschüssigem Weizen an Rußland« zustimmten; nur 31 Prozent sprachen sich dagegen aus.

Am Mittwoch, dem 2. Oktober, stellte Rusk gegenüber Gromyko in der sowjetischen Vertretung in New York fest, daß Berlin zweifellos immer noch den Streitpunkt Nummer eins zwischen den beiden Nationen darstelle. Trotzdem habe sich die Situation in den letzten beiden Jahren deutlich entspannt. Die DDR drohe nicht länger aufgrund von Emigrantenströmen »auszubluten«, und Westdeutschlands Osthandel beliefe sich jetzt auf »ungefähr fünf Milliarden Dollar jährlich«. Hatte Chruschtschow nicht gesagt, Handel bedeutete Frieden?

Gromyko klagte jedoch erneut darüber, daß Bonn sich weiterhin gegen einen Friedensvertrag mit der Sowjetunion sperre. Daraufhin erklärte Rusk noch einmal, die amerikanische Regierung sei »keine Marionette Westdeutschlands«: Ein Friedensvertrag sei zwar »wichtig«, aber eine Lösung dieses Problems stünde im Augenblick nicht auf der Tagesordnung. Seiner Ansicht nach solle man lieber eine weitere Verbesserung der Beziehungen abwarten und die Angelegenheit noch eine Zeitlang auf sich beruhen lassen. Dies sei besonders in Anbetracht der Tatsache wichtig, daß Adenauer sich nicht mehr als Kanzler zur Verfügung stellen wollte.* Auf jeden Fall müsse man »eine Krise vermeiden, von der keine Seite profitieren würde«.

Den Großteil des Jahres 1963 war es um Berlin ruhig geblieben, denn nach der Kuba-Krise hatte Chruschtschow einen neuerlichen Konflikt mit Kennedy vermeiden wollen. Im Januar 1963 erinnerte er anläßlich eines Parteitages in der DDR daran, daß die Mauer mit sowjetischer Unterstützung gebaut worden sei. Dank dieser Maßnahme sei es Ostdeutschland nun möglich, seine Grenzen zu kontrollieren und sich gegen die Kräfte zu behaupten, die eine Schwächung der DDR anstrebten.

Im Herbst geriet Chruschtschow wegen seiner Zurückhaltung in der Berlin-Frage zunehmend unter Druck. Innenpolitische Kritiker, die bereits über das eingeschränkte Testverbot und die Weizenkäufe verärgert waren, warfen dem Parteichef vor, er rücke von sowjetischen Forderungen ab, um sich beim Westen beliebt zu machen. Im Oktober gingen die Sowjets wieder dazu über, US-Soldaten auf den Transitstrecken nach Berlin zu schikanieren. So hielten beispielsweise Grenzposten zwei amerikanische Militärkonvois auf der Autobahn an. Die Männer wurden aufgefordert, auszusteigen und sich zum Abzählen aufzureihen. Als die amerikanischen Offiziere diese Provokation zurückwiesen, wurde ein Konvoi, der nach Osten fuhr, fünfzehn Stunden festgehalten, während ein anderer, der sich auf dem Weg nach

---

* Adenauer gab das Amt an seinen wohlbeleibten Finanzminister Ludwig Erhard ab.

Westen befand, 52 Stunden lang an der Weiterfahrt gehindert wurde. Ungefähr zur gleichen Zeit überflog ein sowjetischer Jet in geringer Höhe ein amerikanisches Aufklärungsflugzeug.

Am Donnerstag, dem 10. Oktober, stattete Gromyko Kennedy den ersten Besuch nach der Kuba-Krise im Weißen Haus ab. Er fand den Präsidenten »lächelnd und wie üblich gutgelaunt« vor.
Zunächst sprachen die beiden Männer über eine Ausweitung des eingeschränkten Teststopps. Denkbar seien beispielsweise weitere Sicherheitsvorkehrungen gegen einen Überraschungsangriff oder einen versehentlich ausgelösten Atomschlag sowie ein Verbot von unterirdischen Atomtests. Außerdem wurde die Möglichkeit eines gemeinsamen Raumfahrtprogramms der USA und der UdSSR erörtert. Gromyko forderte einen Friedensvertrag mit Deutschland und einen Nichtangriffspakt und sprach sich für verstärkte Handelsbeziehungen zwischen Ost und West aus.
Anschließend teilte ihm Kennedy seine Absicht mit, den nächsten Verteidigungshaushalt zu »kürzen«, obwohl er gleichzeitig die Bezüge der amerikanischen Soldaten erhöhen wolle. Selbstverständlich mache er diese Maßnahme davon abhängig, daß »keine neue Krise ausbrechen« würde. Vielleicht könnten ja auch die Sowjets ihre Militärausgaben einschränken. Er versicherte Gromyko, die Anzahl amerikanischer Soldaten in Europa würde 1964 reduziert werden. In diesem Zusammenhang werde er es begrüßen, wenn die Russen dem Beispiel der USA folgten. Eine formelle Übereinkunft zu dieser Frage würde jedoch »Schwierigkeiten« mit sich bringen, da in diesem Falle erneut das »Problem der Verifizierungsmaßnahmen« aufgeworfen würde.
Anschließend lobte Gromyko Kennedys Rede an der American University, worauf der Präsident meinte, er und Chruschtschow müßten »alles Menschenmögliche tun, um uns vor einer Konfrontation zu bewahren«. Es sei zwar »eine Hilfe«, daß die sowjetischen Truppen Kuba verließen, aber die Probleme seien damit noch nicht beseitigt. Weitere Vorfälle auf der Transitstrecke nach Berlin müßten unter allen Umständen vermieden werden, da sie »eine unnötige Belästigung« darstellten und »Verärgerung« auslösten.
Am gleichen Abend machte Rusk bei einem Dinner in der sowjetischen Botschaft den Vorschlag, daß die Amerikaner ihre B-47 und die Sowjets ihr Potential an Badger-Bombern zerstören sollten. Eine

solche Maßnahme wäre leicht nachzuprüfen und gleichzeitig der erste Schritt zur Abrüstung. »Wenn diese Flugzeuge sowieso in fünf Jahren veraltet sind ... warum zerstören wir sie dann nicht gleich innerhalb der nächsten Jahre?« Dieser Schritt würde »auch in anderen Bereichen positive Wirkungen zur Folge haben: Mit der Summe, die ein Überschallbomber koste, könne man »in einem Entwicklungsland eine ganze Universität unterhalten ... Es wäre doch Unsinn, den unterentwickelten Ländern solche Bomber zu geben.«

Gromyko erwiderte, man solle auch die Raketen ins Auge fassen. Rusk stimmte ihm zu: Die Vereinigten Staaten seien »bereit, alle Trägersysteme für Atomwaffen in die Gespräche einzubeziehen«. Aber »wir müssen schließlich irgendwo anfangen«. Wenn die B-47 und Badgers abgeschafft seien, könnten er und Gromyko sich dann vielleicht anderen Waffensystemen zuwenden, bei denen sich »eine ähnliche Herangehensweise anbieten würde«.

Als Gromyko seine übliche Kritik an den amerikanischen Militärstützpunkten äußerte, empfahl ihm Rusk, bei Malinowski anzufragen, wie viele Stützpunkte die USA seit 1948 wieder aufgegeben hätten. Die Antwort würde Gromyko sehr in Erstaunen versetzen.

Daraufhin wiederholte Gromyko die alte sowjetische Forderung nach atomwaffenfreien Zonen auf der ganzen Welt. Rusk entgegnete, die Vereinigten Staaten hätten nichts dagegen einzuwenden, solange auch die betroffenen Länder dem Vorschlag zustimmten. In Lateinamerika wäre zum Beispiel Kuba das größte Problem; und in Afrika würde sich wahrscheinlich Ägypten dagegen sperren.

Im Hinblick auf den Mittleren Osten meinte Rusk, man »könne sich Gedanken darüber machen«, wie man mit Israel umgehen solle. War dies eine indirekte Aufforderung an die Sowjetunion, gemeinsam mit den USA zu verhindern, daß Israel in den Besitz von Atomwaffen kam?

Israel hatte in den späten fünfziger Jahren mit dem Bau eines Atomreaktors in der Negev-Wüste begonnen. Ministerpräsident Ben Gurion behauptete zwar, bei dem Projekt handle es sich um eine »Textilfabrik«, erklärte aber gleichzeitig: »Israelische Wissenschaftler sind sehr wohl in der Lage, für ihr eigenes Volk dasselbe zu tun, was Einstein, Oppenheimer und Teller – alle drei Juden – für die Vereinigten Staaten getan haben.«

Kennedy persönlich betrachtete den Staat Israel mit einem gewissen

Argwohn. Er bewunderte Stevenson, weil dieser 1956 große Partei-spenden von Bostoner Juden zurückgewiesen hatte, die ihn um politische Unterstützung für den israelischen Angriff auf den Suezkanal gebeten hatten. 1960 hatte er Theodore White gefragt: »Teddy, sagen Sie mir, warum sind die Juden in Israel so anders als die Juden hier? Sie sind so hart.«

In den Jahren 1961 und 1962 unternahm der Präsident vorsichtige Schritte, um das Pulverfaß im Mittleren Osten zu entschärfen. Er wollte erreichen, daß die Palästinenser ungehindert nach Israel und in die arabischen Länder einwandern könnten. Neben anderen Mitarbeitern versuchte sein jüdischer Berater Myer Feldman vergeblich, die Israelis für diesen Plan zu gewinnen.* Kennedy konnte es sich jedoch nicht leisten, Israel vor den Wahlen im Jahre 1964 massiver unter Druck zu setzen. Denn wie er zu Bradlee sagte, waren »die einzigen Leute«, die damals wirklich seinen Wahlkampf unterstützten, Juden. Wie so viele andere Dinge wollte er wahrscheinlich auch dieses Problem erst nach seiner Wiederwahl angehen.

Ein anderes Problem jedoch duldete keinen Aufschub: Wenn Israel an der Entwicklung der Atombombe gehindert werden sollte, mußte rasch etwas unternommen werden. 1962 erklärte die israelische Regierung, daß sich keine Atomwaffen im Mittleren Osten befänden. Israel werde auch nicht das erste Land sein, das derartige Waffen einführte. Diese Beteuerung schloß allerdings nicht die Herstellung von Apparaturen aus, die innerhalb von Minuten in Atombomben verwandelt werden konnten.

In Kennedys Auftrag handelte Feldman einen geheimen Pakt mit den Israelis aus. Die Amerikaner sollten in regelmäßigen Abständen den Dimona-Reaktor inspizieren; als Gegenleistung dafür würde Israel die Hawk-Luftabwehrraketen erhalten, an denen Ben Gurion schon so lange Interesse gezeigt hatte. Die Regierung rechtfertigte den Raketentransfer, die erste wirkliche Militärhilfe der Amerikaner an Israel, mit dem Hinweis auf die SAMs, die die Sowjetunion Ägypten geliefert hatte.

Im März 1963 übergab Bundy dem Präsidenten einen Bericht der CIA über »unser Wissen zum Stand der Entwicklung von Atomwaffen in

---

* In einem Interview äußerte Robert Kennedy 1964, der sich bekanntlich immer gern als Anwalt aller guten Amerikaner aufspielte, über Feldman: »Sein Interesse an Israel war größer als das an den Vereinigten Staaten.«

Ägypten und Israel. Dieser ist offensichtlich unzureichend, und wir bemühen uns um weitere Inspektionen israelischer Reaktoren.« Im Oktober zeigte sich Kennedy verärgert darüber, daß die Israelis sich nicht an die geheime Abmachung hielten und den Amerikanern nicht in ausreichendem Maße Zugang zu israelischen Atomanlagen gewährten.

Bundy stellte später fest: »Soweit ich mich erinnere, beschäftigte sich nach Kennedys Tod niemand mehr mit diesem Thema.« Wenn der Präsident am Leben geblieben wäre, hätte er sich in seiner zweiten Amtszeit wahrscheinlich ernsthaft darum bemüht, Israel an der Entwicklung der Atombombe zu hindern.*

Im August hatte Chruschtschow in Pizunda gegenüber Rusk geäußert: »Falls es Ihnen Spaß macht, gehen Sie doch hin und kämpfen Sie im Dschungel von Vietnam. Die Franzosen haben sieben Jahre lang dort Krieg geführt und mußten am Ende aufgeben. Vielleicht halten die Amerikaner ein wenig länger durch, aber schließlich werden auch sie die Waffen strecken.«

Rasch ergriff Kennedy Maßnahmen, um seine Vietnam-Politik auf einen eindeutigen Kurs zu bringen. Im Januar 1962 hatte er den Nationalen Sicherheitsrat gebeten, Chruschtschows Rede über die Befreiungskriege noch einmal zu lesen: »Vor uns steht eine große Aufgabe, und sie wird nicht leicht sein.« Außerdem befürchtete er eine Verschärfung der Lage in Vietnam, »sobald die Chinesen über Raketen, Bomben und Atomwaffen verfügen«. Der Nationale Sicherheitsrat entwickelte daraufhin sofort Pläne für paramilitärische Aktivitäten. Dazu gehörte auch das Konzept der berühmten »strate-

---

* Gromyko behauptete Jahre später, der Präsident habe ihm anvertraut, es gebe »zwei Gruppen in der amerikanischen Bevölkerung, die nicht allzu erfreut sind, wenn sich die Beziehungen zwischen unseren beiden Ländern entspannen«. Während die eine ideologische Vorbehalte habe, bestünde die andere aus »Angehörigen einer Nationalität, die glauben, daß der Kreml immer und unter allen Umständen die Araber unterstützen und ein Feind Israels sein wird. Diese Gruppe verfügt über wirksame Mittel, bessere Beziehungen zwischen unseren Ländern sehr zu erschweren.« Gromyko nahm an, Kennedy habe »die jüdische Lobby« gemeint. Das ist nicht ganz richtig: Diejenigen Amerikaner, die Israel unterstützten, waren in den siebziger Jahren eher geneigt, die Entspannungspolitik als Schaden für den jüdischen Staat zu sehen, als in den frühen Sechzigern. Trotzdem waren Kennedy und Rusk im Herbst 1963 an einem gemeinsamen Vorgehen mit den Sowjets interessiert, um zu verhindern, daß Israel zur Atommacht wurde.

gischen Dörfer«: die Befestigung von tausend Dörfern mittels Stacheldraht und Schutzwällen als Antwort auf die Guerillataktik des Vietcong.

Rusk teilte einigen Senatoren im März 1962 vertraulich mit, daß trotz der sowjetischen »Beteuerungen, man werde eine Entspannung der Lage begrüßen, weiterhin Agenten, Kader, Soldaten und geringe Mengen von Nachschub nach Südvietnam gelangten«: Es sei »durchaus möglich, daß Moskau die Kontrolle verliert und kaum mehr in der Lage ist, auf die Situation einzuwirken«.

In einem Brief im April gab Galbraith dem Präsidenten zu bedenken, daß die Sowjets möglicherweise nicht »übermäßig daran interessiert« seien, in Südostasien einen Konflikt heraufzubeschwören: Der Präsident solle »allen Beteiligten klarmachen, wie wichtig es sei, die amerikanischen Truppen aus dem bewaffneten Kampf herauszuhalten«. Tatsächlich hatte Kennedy ein unbehagliches Gefühl bei dem Gedanken, US-Streitkräfte könnten in einen Bodenkrieg in einem asiatischen Land verwickelt werden – und dies auf seiten eines Regimes, das offensichtlich bei der eigenen Bevölkerung unbeliebt war! Deshalb teilte er Harriman im gleichen Monat mit, man müsse »jede günstige Gelegenheit ergreifen, uns soweit wie möglich aus der Sache herauszuhalten«, obwohl diese Gelegenheit »wahrscheinlich noch in weiter Ferne liegt«.

Präsident Ngo Dinh Diem hatte sich im Juli 1962 geweigert, das Genfer Abkommen zu Laos zu unterzeichnen, da er der Ansicht war, daß es dem Vietcong einseitig Vorteile verschaffte. Außerdem würde das Abkommen letztendlich zur Neutralisierung Vietnams führen. Doch schließlich gelang es Kennedy, Diem durch die vertrauliche Zusicherung umzustimmen, Laos werde »nicht als Ausgangsbasis für militärische oder subversive Einmischung in die Angelegenheiten anderer Länder dienen«.

Chruschtschow hingegen zeigte sich unwillig oder außerstande, Hanoi in die Schranken zu weisen. Lediglich ein Drittel der 9000 nordvietnamesischen Berater und Kampfeinheiten wurden aus Laos zurückgezogen. Jeden Monat sickerten mehrere hundert Nordvietnamesen in Südvietnam ein. Harriman klagte, das Genfer Abkommen sei bereits gebrochen worden, »noch ehe die Tinte getrocknet war«.

Nach der Kuba-Krise hatte Walt Rostow Bundy gedrängt, die nunmehr gestärkte amerikanische Position dazu zu nutzen, um »Druck auf die Sowjetunion auszuüben«. Die Sowjets sollten »sich an das in

Genf gegebene Versprechen halten, die Infiltration Südvietnams von
Laos aus gleich nach dem Abschluß des Abkommens einzustellen«.
Ein Gutachten der CIA vom Januar 1963 bezeichnete den Krieg als
»eine langsam eskalierende Pattsituation«. Als General Earle Wheeler,
der Oberbefehlshaber des Heeres, von einer achttägigen Reise nach
Südvietnam zurückkehrte, berichtete er Kennedy, eine Beschränkung
der Angriffe auf kommunistische Schlupfwinkel in Laos und Kam-
bodscha durch politische Mittel ließe »einen Sieg in weite Ferne
rücken«. Er und die CIA schlügen »ein koordiniertes Programm,
bestehend aus Sabotage, Zerstörung, Propaganda und subversiven
Aktionen, gegen Nordvietnam« vor.
Bundy machte den Präsidenten darauf aufmerksam, bei einem solchen Vorgehen werde man »mit allen Schwierigkeiten einer Operation auf feindlichem Gebiet zu kämpfen haben, aber es besteht Einvernehmen, daß die Angelegenheit einen Versuch wert ist«. Noch im
selben Frühjahr ordneten die Vereinigten Staabschefs Stippangriffe
gegen Nordvietnam an, deren »Urheberschaft unklar« bleiben müsse.
Die Angriffe sollten durch die Südvietnamesen ausgeführt werden,
wobei die Amerikaner lediglich »Unterstützung im Sinne von mate-
rieller Hilfe, Ausbildung und Beratung« geben wollten.
Wie Rusk sich erinnerte, waren das Scheitern des Abkommens über
Laos und Chruschtschows Unfähigkeit, die Nordvietnamesen in ihre
Schranken zu weisen, eine »bittere Enttäuschung« für Kennedy. Sowohl der Präsident als auch der Außenminister sahen darin einen
Beweis für die fehlende Bereitschaft der Kommunisten, sich an internationale Vereinbarungen zu halten. Im Juni 1963, kurz bevor Kennedy nach Europa aufbrach, schlugen Rusk und MacNamara eine
Reihe von verdeckten und offenen Maßnahmen vor, die zum »Beginn
von militärischen Aktionen gegen Nordvietnam führen« würden.
Der Präsident stimmte den ersten Punkten des Programms zu. Dem-
nach sollten US-Berater militärische Aktionen rechtsgerichteter oder
neutraler Gruppen gegen den Pathet Lao unterstützen, um den Zugang
zu Thailand und die Bergpfade nach Südvietnam unter Kontrolle zu
behalten. Diese Aktionen sollten durch Angriffe der amerikanischen
Luftwaffe und Spezialeinheiten der Bodentruppen Rückendeckung erhalten. Der amerikanischen Botschaft in Vientiane wurde mitgeteilt,
mit diesen bewaffneten Vorstößen wolle man dem Pathet Lao zeigen,
daß er »solche Aktionen nicht länger ungestraft anzetteln könne«.

Währenddessen verlor Präsident Diem zusehends die Unterstützung des südvietnamesischen Volkes. Diem, Jahrgang 1901, war Katholik, entstammte einer adeligen Familie und hatte ursprünglich einmal Priester werden wollen. Während des Zweiten Weltkrieges war er aus dem Kabinett des vietnamesischen Kaisers Bao Dai ausgeschieden, den er »für eine Marionette der Franzosen« hielt. Nach der französischen Niederlage bei Dien Bien Phu im Jahre 1954 kandidierte Diem für das Amt des südvietnamesischen Staatsoberhaupts. Die Vereinigten Staaten unterstützten ihn, und er gewann die Wahl mit einer Mehrheit von 98,2 Prozent.

Aber eine wachsende Zahl von Generälen und Bürgern mißbilligte Diems militärische Inkompetenz, seinen autoritären Führungsstil und den Nepotismus, der unter seiner Regierung herrschte. Außerdem verabscheute die Bevölkerung Diems herrischen jüngeren Bruder und wichtigsten Berater Ngo Dinh Nhu wie auch Nhus Frau, eine elegante Salonlöwin, die die traditionellen buddhistischen Gesetze zu Ehe, Sex und Scheidung durch katholische Normen ersetzen wollte.

Drei Tage nach Kennedys Wahl zum Präsidenten 1960 unternahm eine Gruppe südvietnamesischer Offiziere einen erfolglosen Putschversuch gegen Diem. George Carver von der CIA meinte, die Putschisten hätten zu diesem Zeitpunkt losgeschlagen, weil sie befürchteten, »ein neuer katholischer US-Präsident könne mit allen den Vereinigten Staaten zur Verfügung stehenden Mitteln« Diem unterstützen.

Im Mai 1963 versammelten sich Tausende von Vietnamesen, um Buddhas Geburtstag zu feiern und gegen ein Gesetz der Regierung Diem zu protestieren, das das Mitführen der traditionellen safrangelben Wimpel der Buddhisten verbot. Als Regierungstruppen die Demonstration auflösten, wurden mindestens sieben Buddhisten getötet. Mitte Juni verbrannte sich ein buddhistischer Mönch auf einer Straßenkreuzung in Saigon, woraufhin Madame Nhu sich bemüßigt sah, die buddhistischen Führer als »Marionetten des Kommunismus« und die Selbstverbrennung als »Grillparty« zu diffamieren.

Rusk befürchtete, es könne der Eindruck entstehen, daß in Südvietnam eine »große buddhistische Mehrheit durch eine katholische Minderheit tyrannisiert wird«. Deshalb war sich Kennedy darüber im klaren, daß es zu innenpolitischen Problemen führen konnte, wenn er als Katholik diese religiöse Verfolgung anscheinend billigend in Kauf nahm. Nach seiner Rückkehr aus Europa im Juli fragte er seine Berater: »Wie konnte das nur geschehen? Wer sind diese Leute? Warum haben wir nicht schon früher davon erfahren?«*

Wie immer bewies Kennedy Selbsterhaltungsinstinkt, indem er wichtige Mitglieder der Republikanischen Partei zu seinen Mitarbeitern ernannte. Daher nahm er das schon seit langem bestehende Angebot von Henry Cabot Lodge, seinem alten Gegner aus Massachusetts, an und schickte ihn als Botschafter nach Saigon. Da O'Donnel, O'Brien und Powers wußten, daß Kennedy keine sonderlich hohe Meinung von Lodges politischen Fähigkeiten hatte, waren sie über diese Entscheidung des Präsidenten schockiert. Kennedy aber meinte, er habe der Versuchung »nicht widerstehen« können, Lodge im vietnamesischen Chaos schmoren zu lassen.

Im August erklärte Ngo Dinh Nhu vor südvietnamesischen Generälen, das eingeschränkte Testverbot könnte der Beginn einer allgemeinen amerikanischen »Appeasementpolitik« gegenüber dem Kommunismus bedeuten. Daher müsse Saigon damit rechnen, seinen wichtigsten Verbündeten zu verlieren. Daraufhin rief Diem das Kriegsrecht aus. Nhus Überfallkommandos zerstörten Pagoden in fünf Städten und nahmen 1400 buddhistische Mönche und Nonnen fest.

Harriman zog aus diesen Ereignissen den Schluß, die USA dürften die Regierung Dhiem/Nhu nicht länger unterstützen. Am Samstag, dem 24. August, entwarf er zusammen mit Roger Hilsman, der nun Staatssekretär im Außenministerium für den Fernen Osten war, ein Telegramm, das George Ball unterzeichnen sollte. Das Telegramm ermächtigte Lodge in Saigon, Maßnahmen für einen Putsch zu treffen. Das Schreiben setzte den neuen Botschafter ferner davon in Kenntnis, daß die »Regierung der Vereinigten Staaten nicht länger eine Situation tolerieren kann, in der alle Macht in Nhus Händen liegt«. Falls Diem sich weigern sollte, ihn abzusetzen und eine Verständigung mit den Buddhisten herbeizuführen, »müssen wir uns mit der Möglichkeit auseinandersetzen, daß wir Diem selbst nicht mehr halten können«.

---

* Dies dürfte ein weiteres Beispiel für Kennedys Bestreben sein, die Aufmerksamkeit von politischen Fehlschlägen abzulenken, indem er sich über die Unfähigkeit des Geheimdienstes beschwerte. Im Zusammenhang mit dem Bau der Berliner Mauer, den Raketen in Kuba und den Buddhistenverfolgungen betonte er ausdrücklich, er sei nicht ausreichend informiert worden. Was die Mauer und die Raketen anbelangt, hatte er jedoch umfassende Informationen erhalten; ebenso wußte er, daß Diem die buddhistische Mehrheit durch massive Repressionen gegen sein Regime aufgebracht hatte.

Lodge wurde gebeten, mit dieser Nachricht an »Männer in militärischen Schlüsselpositionen heranzutreten« und auch »genaue Pläne auszuarbeiten, wie wir nötigenfalls Diems Entmachtung bewerkstelligen können«.

Um zu verhindern, daß Nhu seine Position weiter stärkte, wollten Harriman und Hilsman das Schreiben sofort abschicken. Doch weder Rusk, McNamara, McCone noch Bundy hielten sich an diesem Wochenende in der Stadt auf. Als Michael Forrestal vom Nationalen Sicherheitsrat das Telegramm dem Präsidenten, der sich in Hyannis Port befand, am Telefon vorlas, fragte Kennedy: »Kann das nicht bis Montag warten, wenn alle wieder zurück sind?« Daraufhin teilte ihm Forrestal mit, Harriman und Hilsman wollten »das Ding auf der Stelle abschicken«.

Schließlich rief Ball in Hyannis Port an. Am Telefon äußerte der Präsident die Befürchtung, man könne mit Diems potentiellem Nachfolger vom Regen in die Traufe geraten, aber »wenn Rusk und Gilpatric zustimmen, George, tun Sie, was Sie für richtig halten«. Gilpatric erinnerte sich, er sei zwar »mit dem Telegramm nicht völlig zufrieden« gewesen, habe es aber letztendlich für eine Sache des Außenministeriums und nicht des Verteidigungsministeriums gehalten. Rusk sagte später, er hätte gegen diese Entscheidung von Ball, Harriman und Kennedy keine Einwände erhoben. So wurde die Botschaft am Samstag abend nach Saigon geschickt.

Am Montag morgen im Weißen Haus war Kennedy ziemlich überrascht, als sich McNamara, McCone und Taylor entschieden gegen das Telegramm aussprachen. Taylor verstieg sich sogar zu der Anschuldigung, eine »Gruppe von Gegnern Diems im Außenministerium« habe die Abwesenheit wichtiger Regierungsmitglieder ausgenützt, um eine Botschaft abzuschicken, die sonst niemals gebilligt worden wäre.

Die Voice of America sendete am Montag eine vom Außenministerium freigegebene Stellungnahme, die USA würden wahrscheinlich »ihre Unterstützung Vietnams drastisch reduzieren«, falls Diem die Verantwortlichen für die Überfälle auf die Pagoden nicht aus dem Amt entließ. Daraufhin telegrafierte Lodge verärgert nach Washington, diese Stellungnahme habe soeben die Möglichkeit eines »Überraschungscoups« der Militärs zunichte gemacht.

In einer Sitzung des Nationalen Sicherheitsrats am Mittwoch vertrat das Außenministerium die Ansicht, die USA müßten »jetzt den Sturz der Regierung erfolgreich durchziehen«. Frederick Nolting, Lodges Vorgänger in der amerikanischen Botschaft in Saigon, gab zu bedenken, daß das Vertrauen in die Bündnistreue der USA schwinden könnte, wenn Diem und Nhu jetzt aus dem Amt katapultiert würden. Harriman hingegen sprach Nolting jedes politische Urteilsvermögen in dieser Frage ab.

Später äußerte Kennedy gegenüber Charles Bartlett: »Mein Gott, meine Regierung fällt auseinander!« Robert Kennedy berichtete später, in dieser Woche sei die Regierung zum erstenmal »in zwei Lager gespalten« gewesen. Weiter meinte er: »Diem war korrupt und ein schlechter Präsident . . . aber wir hatten ihn nun mal geerbt.« Außerdem hielt er es für politisch unklug, »jemanden, den wir nicht mögen, durch jemanden, der uns sympathisch ist, zu ersetzen. Das konnte doch nur dazu führen, daß alle anderen Länder es mit der Angst zu tun bekommen, wir würden überall einen Putsch anzetteln, wo es uns gerade paßt.«

Inzwischen hatte General Taylor nach Saigon telegrafiert, die »Regierung habe nun Skrupel« im Hinblick auf Diem, womit er den Präsidenten verärgerte, der nicht als wankelmütig erscheinen wollte. Kurz darauf traf Lodges Antwort ein: »Wir haben uns für einen Kurs entschieden, von dem wir nicht mehr zurückweichen können, ohne unglaubwürdig zu werden: den Sturz der Regierung Diem . . . In meinen Augen besteht keine Möglichkeit, den Krieg zu gewinnen, solange Diem an der Macht ist.« Außerdem meinte Lodge, man müsse »alles unternehmen, um die Generäle zu einem raschen Zuschlagen zu bewegen«.

Daraufhin kabelte Kennedy an Lodge: »Ich weiß, daß sich ein Fehlschlag verheerender auswirken kann als Unentschlossenheit . . . Wenn wir losschlagen, müssen wir siegen.« Er hielt es für besser, »daß wir unsere Meinung ändern, als daß wir eine Niederlage erleiden«. Er beauftragte Lodge, mit den Anführern der Putschisten Kontakt aufzunehmen.

Am Samstag, dem 31. August, teilte General Paul Harkins, der Kommandant der amerikanischen Militärberater in Südvietnam, den Putschisten mit, die Regierung der Vereinigten Staaten werde einen Schlag gegen Diem unterstützen. Die Generäle jedoch fragten sich mittlerweile, auf wessen Seite Washington wirklich stand, und waren besorgt über die zunehmende Macht der Anhänger Diems. Daher teilten sie Harkins mit, das Projekt sei gestorben.

Im September schlossen sich die Studenten in Südvietnam den buddhistischen Demonstranten an. Viele der jungen Leute stammten aus der bürgerlichen Oberschicht, auf die sich Diems Herrschaft stützte. Am Dienstag, dem 10. September, erstattete General Victor Krulak, der soeben von einem 36stündigen Besuch in Südvietnam zurückgekehrt war, dem Präsidenten Bericht. Er war zu dem Schluß gekommen, daß Diems politische Probleme »geringfügig« seien. Im Gegensatz dazu meinte Joseph Mendenhall vom Außenministerium, der Krulak auf dieser Reise begleitet hatte, die Bevölkerung werde »sich zusehends dem Vietcong zuwenden«, wenn nicht wenigstens Nhu zurückträte. Überrascht fragte Kennedy: »Meine Herren, haben Sie beide wirklich das gleiche Land besucht?«

In einem Telegramm empfahl Lodge der Regierung in Washington, die amerikanische Wirtschaftshilfe an Südvietnam zu kürzen. Durch einen solchen Schritt könne man die südvietnamesischen Generäle vielleicht doch dazu ermutigen, gegen Diem zu putschen.* Doch der Präsident befürchtete, diese Maßnahme könnte Diem und Nhu dazu bewegen, eine rasche Verständigung mit Hanoi zu suchen. Da ein baldiger Putsch unwahrscheinlich schien, schlug er statt dessen einen Katalog schrittweise eskalierender Maßnahmen vor, die Diem zwingen würden, seinen Bruder zu entmachten und seine Regierung umzubilden.

Ende September reisten McNamara und Taylor für zehn Tage nach Südvietnam. Gleich bei ihrer ersten Begegnung warnte der Verteidigungsminister Diem, »politische Fehler« seiner Regierung würden seine Chancen, den Krieg zu gewinnen, stark vermindern. Diem jedoch warf der »bösartigen« amerikanischen Presse vor, die Tatsachen verfälscht darzustellen: In Wirklichkeit sei er »zu freundlich zu den Buddhisten« gewesen. Die demonstrierenden Studenten seien »unreif, unerfahren und verantwortungslos«. Außerdem teilte er McNamara mit, er bereite »ein Dossier« über die amerikanische Verschwörung gegen seine Person vor.

---

* Er schlug ebenfalls vor, das Vietnam-Problem solle mit Chruschtschow besprochen werden, falls der Parteichef an der Versammlung der Vereinten Nationen im Herbst teilnehmen würde. Harriman erwiderte, es gebe »momentan keinen Hinweis« darauf, daß Chruschtschow vorhabe, nach New York zu kommen: »Ich bezweifle auf jeden Fall, daß Chruschtschow angesichts der augenblicklichen Probleme der Sowjetunion mit den chinesischen Kommunisten bereit ist, die Lage in Vietnam mit einem Repräsentanten der Vereinigten Staaten ... zu diskutieren.«

Am Mittwoch, dem 2. Oktober, berichteten Taylor und McNamara dem Präsidenten, der »große Fortschritt« bei den militärischen Anstrengungen könne durch »weitere repressive Maßnahmen von seiten Diems und Nhus« gefährdet werden. Sie empfahlen zusätzliche Kürzungen der Wirtschaftshilfe. Außerdem sei es besser, wenn die USA »nicht eindeutig« zur Lage in Vietnam Stellung nähmen. Schließlich könnten bestimmte Kreise in Vietnam selbst ihre Schlüsse aus den amerikanischen Sanktionen gegen Diems Regime ziehen. McNamara sagte voraus, dies werde »uns entweder auf den Weg einer Versöhnung mit Diem oder eines Putsches gegen ihn bringen«.

Drei Tage später traf Generalmajor Duong Van »Big« Minh, einer der Verschwörer gegen Diem, in Saigon mit Lucien Conein von der CIA zusammen. Er wollte eine Zusicherung, daß die Vereinigten Staaten einen Putsch »in naher Zukunft« nicht verhindern würden.
Nachdem Washington über die Begegnung informiert worden war, telegrafierte man an Lodge, man »wolle zwar keinen Putsch provozieren«, habe aber auch nicht vor, »eine sich bietende Chance dazu ungenützt verstreichen zu lassen«. Daher würde man einem neuen Regime nicht die Unterstützung verweigern, »falls es fähig erscheint, die Militäreinsätze effektiver zu gestalten, die Zustimmung der Bevölkerung zum Krieg zu gewinnen und die Beziehungen mit den USA zu verbessern«.
David Smith, der führende CIA-Mann in Saigon, setzte McCone davon in Kenntnis, einer der drei Pläne General Minhs schlösse die Ermordung von Nhu und Diems jüngstem Bruder Ngo Digh Can ein. Darauf antwortete McCone, die USA »können auf keinen Fall einen Mordanschlag ... billigen oder gar offen unterstützen«.
Bei einem vertraulichen Treffen mit dem Präsidenten und dem Justizminister ging McCone in der üblichen umschreibenden Art auf Minhs Plan ein. Er meinte, es gebe keine ernstzunehmende Alternative zu Diem: »Wenn ich Manager einer Baseballmannschaft wäre und nur einen Werfer hätte, würde ich ihn behalten, ganz gleichgültig, ob er ein guter Werfer ist oder nicht.« Da McCone annahm, daß der Präsident der gleichen Ansicht sei, telegrafierte er nach Saigon, man solle den Generälen mitteilen, ein Mord käme für die Vereinigten Staaten nicht in Frage.
Am Dienstag, dem 29. Oktober, telegrafierte Lodge, ein Putsch stehe »unmittelbar bevor«. Der Präsident antwortete, Lodge solle die Put-

schisten von ihrem Vorhaben abbringen, wenn nicht »die Möglichkeit eines raschen Erfolges« bestünde. »Eine Fehleinschätzung könnte zu einer Gefährdung der amerikanischen Position in Südostasien führen.«

Lodge erwiderte: »Glauben Sie, wir hier hätten die Macht, einen Putsch zu verschieben oder abzublasen . . . Diese Männer sind offensichtlich dazu bereit, ihr Leben aufs Spiel zu setzen, und verfolgen keine eigennützigen Ziele.«

Bundy telegrafierte zurück: »Wir akzeptieren die Aussage, wir hätten keine Macht, einen Putsch zu verschieben oder abzublasen, nicht als Grundlage amerikanischer Politik.« Er wies Lodge an, jede Bitte um eine amerikanische Intervention zurückzuweisen, eine Vermittlerposition einzunehmen, falls es zu einer Pattsituation käme, und den Verschwörern politisches Asyl anzubieten, falls ihr Versuch fehlschlagen sollte.

Am Freitag, dem 1. November, suchte Lodge den Präsidentenpalast auf. Diem brüstete sich mit den südvietnamesischen Erfolgen im Krieg und erklärte dann: »Ich weiß, daß es einen Putsch geben wird, aber ich habe keine Ahnung, von welcher Seite.« Auf diese Bemerkung ging Lodge nicht ein. Bevor sich der Botschafter dann verabschiedete, meinte Diem: »Bitte teilen Sie Präsident Kennedy mit, daß ich ein guter und ehrlicher Verbündeter bin und daß ich offene Fragen lieber auf ehrliche Weise und sofort klären würde als später, wenn bereits alles verloren ist.«

Während Lodge noch mit Diem sprach, brachte Conein eine Pistole, Handgranaten und eine Tasche mit 42 000 Dollar in vietnamesischer Währung zum Hauptquartier des Generalstabs in Saigon. General Minh teilte Conein mit: »Falls wir scheitern, werden Sie mit uns untergehen.«

Als die Putschisten den Flughafen, den Radiosender und das Verteidigungsministerium besetzten, rief Diem sofort Lodge an: »Einige Einheiten haben eine Rebellion angezettelt, und ich würde gerne die Haltung der USA dazu erfahren.« Lodge erwiderte, in Washington sei jetzt noch früher Morgen: »Die Regierung der Vereinigten Staaten kann sich noch gar keine Meinung gebildet haben.« Weiterhin sagte er: »Wenn ich etwas für Ihre Sicherheit tun kann, rufen Sie mich bitte an.«

Am nächsten Tag besetzten die Truppen der Putschisten den Präsidentenpalast, doch Diem und Nhun waren bereits geflohen. Erst als sie in Nationalchina kein politisches Asyl erhielten, ergaben sie sich den Putschisten, deren Anführer Conein baten, ihnen ein Flugzeug zur Verfügung zu stellen. Die beiden Brüder sollten an einen weit entfernten Ort verfrachtet werden, von wo aus sie keine Möglichkeit hätten, erneut die Macht in Saigon an sich zu reißen. Es stellte sich jedoch heraus, daß ein solcher Flug frühestens in 24 Stunden stattfinden konnte, da die Vereinigten Staaten keine entsprechenden Vorbereitungen getroffen hätten, um nicht mit dem Putsch in Verbindung gebracht zu werden.

Daraufhin wurden Diem und Nhu von einer katholischen Kirche, in der sie untergebracht waren, in einen gepanzerten Truppentransporter gezerrt. Als das Fahrzeug an einem Bahnübergang haltmachte, wurden sie angeschossen und durch mehrere Messerstiche getötet.

Der Präsident ließ sich gerade im Lageraum vom Verlauf des Putsches unterrichten, als er von den Morden erfuhr. Erbittert stürzte er aus dem Zimmer. Dabei hatte Forrestal den Eindruck, daß die Mordanschläge Kennedy »schockierten« und ihn »aus moralischen und religiösen Gründen belasteten. Ich glaube, in diesem Moment wurde sein Vertrauen in die Ratschläge, die man ihm zu Südvietnam erteilt hatte, schwer erschüttert.«*

In diesem Herbst beschäftigte den Präsidenten aufs neue die Frage der sowjetischen Truppen auf Kuba. Im Oktober berichtete Joseph Alsop, Chruschtschow habe Harriman in Moskau zugesichert, daß alle sowjetischen Einheiten Schritt für Schritt aus Kuba abgezogen würden. Er habe hinzugefügt, den Männern bekäme das feuchtheiße Klima nicht. Doch das Außenministerium erklärte, es wisse von keiner derartigen Zusage der Sowjets.

In einer Pressekonferenz am 31. Oktober sagte Kennedy lediglich, daß »die Anzahl« der Truppen »stetig vermindert worden ist«. Eine Woche später soll er nach einem Mittagessen mit Verlegern aus Ohio erklärt haben, er erwarte, »daß fast alle bis zum Jahresende abgezogen sein werden«. Gordon Chase äußerte gegenüber Bundy die Befürch-

---

* Eisenhower schrieb an Nixon: »Ich habe den Verdacht, die Diem-Affäre wird noch lange Zeit von einem Geheimnis umgeben sein. Ganz gleich, welche Meinungsverschiedenheiten die Regierung mit ihm hatte, kann ich nicht glauben, ein Amerikaner hätte dem kaltblütigen Mord an einem Mann zugestimmt, der immerhin vor einigen Jahren großen Mut bewiesen und sich dem Versuch der Kommunisten widersetzt hat, die Macht im Lande an sich zu reißen.«

tung, eine solche »übertrieben optimistische Aussage« könne dem Präsidenten später »schwer zu schaffen machen«.

Die Arbeitsgruppe Kuba hatte für den Rest des Jahres 1963 zwanzig weitere verdeckte Operationen gegen den Inselstaat befürwortet. Ende Oktober traf sich Desmond FitzGerald mit AM/LASH alias Cubela und teilte ihm mit, ein Putsch gegen den kubanischen Staatschef fände die volle Unterstützung der amerikanischen Regierung. Im gleichen Monat hatte der Hurrikan Flora den Osten Kubas heimgesucht. Der Sturm hatte tausend Menschenleben gefordert und die Region verwüstet, in der fünfzig Prozent des kubanischen Zuckers und fast die gesamte Kaffeeproduktion der Insel angebaut wurden. Einige Zeit nach der Katastrophe beschuldigte Castro im Fernsehen die CIA, sie nütze »diese Verwüstung des Landes aus, um ihre Aktivitäten gegen Kuba zu verstärken«. Anschließend zählte er Beispiele von Infiltration, Sabotage und Mord auf und wetterte schließlich: »So sieht also die Hilfe aus, die die Vereinigten Staaten Kuba nach dem Hurrikan zukommen lassen.«

Jean Daniel, der Herausgeber der französischen sozialistischen Zeitung *L'Observateur*, plante ein Interview mit Castro. Auf William Attwoods Bitte hin arrangierte Ben Bradlee einen Besuch Daniels im Oval Office. Danach würde der Journalist nach Havanna weiterreisen. Am Donnerstag, dem 24. Oktober, teilte Kennedy Daniel mit, er habe Castros politischen Forderungen während der Kämpfe in der Sierra Maestra zugestimmt, aber er sei Präsident der Vereinigten Staaten, »nicht Soziologe«. Jetzt sei Castro ein Agent der Sowjetunion. »Ich habe nicht vergessen, daß durch seine Schuld – sei es wegen seines ›Wunsches nach Unabhängigkeit‹, weil er wahnsinnig ist oder weil er den Kommunismus will – die Welt im Oktober 1962 am Rande eines Atomkriegs stand.«

Daraufhin fragte Daniel den Präsidenten, was sich die USA von ihrer Wirtschaftsblockade gegen Kuba versprächen. Der Präsident erwiderte: »Wollen Sie damit die politische Wirkung der Blockade in Frage stellen? Wenn Sie nach Kuba fahren, werden Sie ja sehen, ob die Blockade etwas nützt.« An dieser Maßnahme werde man festhalten, solange Castro mit seinen umstürzlerischen Bemühungen in Lateinamerika fortfahren werde.

Eine Woche später teilte Attwood Bundy mit, Major Rene Vallejo, Castros Arzt und Berater, habe Lisa Howard angerufen und gesagt, der

kubanische Staatschef wünsche, daß ein amerikanischer Regierungsbeamter von Key West aus zu einem »geheimen Flugplatz« in der
Nähe von Havanna flöge.

Nach einer Besprechung mit dem Präsidenten berichtete Bundy Attwood, Kennedy wolle »mehr über Castros Vorstellungen wissen, ehe
wir uns auf weitere Gespräche über Kuba einlassen«. Am Montag,
dem 18. November, nahm Attwood mit Vallejo Verbindung auf. Der
Major erklärte, daß Castro mit Lechuga eine Tagesordnung ausarbeiten werde.

Am gleichen Tag sprach der Präsident in Miami vor der Inter-Ame-
rican Press Association. Sorensen wußte, daß die Zuhörer »sehr stark
gegen Castro« eingestellt war. Trotzdem hatte ihn Kennedy um eine
Rede gebeten, die den kubanischen Staatschef in ein günstigeres Licht
rücken würde. Nun teilte Kennedy den anwesenden Journalisten mit,
alles, was Kuba von den Vereinigten Staaten trenne, sei die Tatsache,
daß sich das Land von »fremden Mächten« dazu benutzen lasse, »die
anderen amerikanischen Republiken aufzuwiegeln ... Solange dies
der Fall ist, können wir nichts tun; wenn die Lage sich jedoch ändert,
stehen alle Möglichkeiten offen.«

Bundy teilte Attwood in einem Telefongespräch mit, wenn Castros
Vorschlag für den Ablauf der Gespräche vorliege, werde der Präsident
ihm genaue Anweisungen geben, worüber er mit dem kubanischen
Staatschef reden solle. Aber vorher stehe noch Kennedys Reise nach
Texas ins Haus.

Kennedy und Chruschtschow hatten schon seit Anfang Oktober nicht
mehr miteinander korrespondiert. Am Donnerstag, dem 10. Oktober,
nachdem der Generalsekretär das eingeschränkte Teststoppabkommen im Kreml unterzeichnet hatte, händigte Sorin Kohler einen Brief
von Chruschtschow an den Präsidenten aus. Darin schlug der Generalsekretär vor, man solle nun auch Lösungen für andere wichtige
Probleme suchen. Dazu gehörten zum Beispiel die Berlin-Frage, die
Ausbreitung von Atomwaffen, Bombenzündungen im All und die
Gefahr eines Überraschungsangriffs.

Zehn Tage später schickte das Außenministerium Bundy den Entwurf
zu einer Antwort, in dem es hieß: »Ich bin überzeugt, daß wirkliche
Chancen zur Verbesserung der internationalen Lage existieren ...
Diese Chancen stehen jedoch immer noch auf tönernen Füßen, und
wir müssen stets bemüht sein, weitere Fortschritte zu erzielen, wenn

unsere Hoffnungen auf Erfolg nicht enttäuscht werden sollen.« Nachdem der Präsident den Entwurf gelesen hatte, kritzelte Bundy darunter: »In Ordnung, und jetzt raus damit.«

Später erfuhr der Berater Kennedys, daß »aufgrund eines Mißverständnisses in der Verwaltung des Außenministeriums« die Antwort des Präsidenten auf Chruschtschows Schreiben niemals abgeschickt worden war. Wäre dies dem Präsidenten jemals zu Ohren gekommen, so hätten sich die Verantwortlichen wahrscheinlich auf einigen Ärger gefaßt machen müssen. Doch Kennedy sollte niemals davon erfahren, da auch Bundy erst im Dezember 1963 informiert wurde, daß der Brief liegengeblieben war.

Chruschtschow, der in Moskau auf Kennedys Antwort wartete, mag sich gewundert haben, warum der Präsident seinen freundschaftlichen Brief nicht beantwortete und seine Vorschläge zur Friedenssicherung ignorierte. War der Präsident etwa im Begriff, sich von der neuen Entspannungspolitik abzuwenden? Auf jeden Fall weigerte sich der stolze, empfindliche und stets mißtrauische Parteichef, als erster das Schweigen zu brechen, und der private Schriftwechsel zwischen Kennedy und Chruschtschow kam zum Erliegen.

Kapitel 23

»Jetzt hängt der Friede
von Ihnen ab«

Den ganzen Herbst über war es in Washington kalt und regnerisch
gewesen. Wie Robert Kennedy sich später erinnerte, fühlte sich sein
Bruder Mitte November 1963 »ziemlich niedergeschlagen«. Einer der
Gründe für die melancholische Stimmung des Präsidenten mag darin
gelegen haben, daß die amerikanisch-sowjetischen Beziehungen zusehends verkümmerten.

Außerdem hatten sich die Befürchtungen des Präsidenten, der Putsch
in Saigon könne zu zusätzlichen Komplikationen führen, bewahrhei-
tet. Bald würde Kennedy eine Entscheidung darüber fällen müssen,
wie weit die Vereinigten Staaten bei der Verteidigung Südvietnams
gehen sollten. Doch damit waren Kennedys Probleme noch nicht zu
Ende, denn die John Birch Society und Millionen anderer Menschen,
die der Bürgerrechtsbewegung und der Entspannungspolitik feindlich
gegenüberstanden, wollten seine Wiederwahl verhindern.

Nirgends schwelte der Haß gegen den Präsidenten stärker als in Texas,
wohin ihn eine »nichtpolitische« Rundreise führen sollte. Sein Ziel
war es, Gelder für den Wahlkampf aufzutreiben. Außerdem wollte
Kennedy versuchen, die erbitterte Fehde zwischen den beiden wichtigsten Demokraten des Bundesstaates, dem konservativen Gouverneur John Connally und dem liberalen Senator Ralph Yarborough,
beizulegen. Andernfalls mußte er befürchten, daß sich seine Chancen
für einen Wahlsieg in Texas beträchtlich verringern würden.

Von Dallas aus wollte der Präsident zu einer Benefizveranstaltung der
Demokraten nach Austin fliegen, bei der sein Vizepräsident als Gastgeber fungieren sollte. Johnson fühlte sich jedoch beim Gedanken an
Kennedys Besuch in der zweitgrößten Stadt seines Heimatstaates
ziemlich unbehaglich, da Stevenson bei seinem Besuch im November
dort ausgebuht worden war. Deshalb teilte er seinen Mitarbeitern mit,
er beabsichtige, seine Rede mit einem Witz einzuleiten: »Mr. Presi-

dent, wir danken Gott, daß Sie lebendig aus Dallas herausgekommen sind!«

Kennedy verbrachte das letzte Wochenende seines Lebens in Palm Beach mit seinem Freund Torbert MacDonald, den er noch aus Harvard kannte und mit dem er am Vorabend der Kuba-Krise im Carlyle-Gebäude zu Abend gegessen hatte. MacDonald erinnerte sich: »Ich fühlte mich wie damals im Jahre 1939, als wir alle nicht an die aktuellen Ereignisse dachten.«

Am Samstag morgen flogen Kennedy und MacDonald nach Cape Canaveral und trafen dort mit Lyndon Johnson zusammen, um dem Start einer Polaris-Rakete beizuwohnen. Vor Kennedys Reise nach Florida waren dem FBI und dem Geheimdienst Informationen zugegangen, daß die Exilkubaner möglicherweise einen Anschlag auf den Präsidenten planten. Doch der Präsident hatte einem Mitarbeiter des Geheimdienstes die Anordnung erteilt, er solle »diese geschniegelten Bürschchen vom Rücksitz meines Autos entfernen«.

Am Montag kehrte der Präsident mit der *Air Force One* nach Washington zurück. Von seinem Sitz im Ruheraum der Maschine aus ließ er George Smathers zu sich rufen: »Mein Gott, wie schön wäre es, wenn Sie sich etwas ausdenken könnten, damit ich nicht nach Texas muß . . . Es wird entsetzlich werden. Erst mal ist da Lyndon, der darauf besteht, daß Jackie in seinem Auto mitfährt. Dann haben wir noch Ralph Yarborough, der Lyndon nicht ausstehen kann, und Johnson will Yarborough nicht in seinem Auto haben. Schließlich ist da noch Connally, den wir als Gouverneur nicht einfach übergehen können. Alle benehmen sie sich wie die reinsten Primadonnen und bestehen darauf, mit mir oder Jackie zu fahren. Nach dem Gesetz darf der Vizepräsident aber nicht mit dem Präsidenten in einem Auto reisen. Dazu kommt noch, daß ich am Anfang der Rede erwähnen muß, was für nette Kerle Johnson und Connally sind. Außerdem darf ich auch nicht vergessen, Yarborough zu loben, und dabei sind sie sich alle spinnefeind. Verdammt, ich wünschte mir, daß ich nicht hinfahren müßte. Können Sie denn nicht dafür sorgen, daß irgend etwas dazwischenkommt?«

Am Dienstag, dem 19. November, suchten Richard Helms und ein Lateinamerika-Experte der CIA namens Hershel Peake Robert Kennedy auf. Nach Helms' Erinnerung hatten sie »schon lange nach stichhaltigen Beweisen dafür gesucht, daß die Kubaner die Revolution auch auf andere lateinamerikanische Länder ausweiten wollten«.

Jetzt hatten die Männer der CIA ein Versteck mit drei Tonnen Waffen an einem Strand in Venezuela entdeckt, das außerdem Pläne für einen Putsch gegen Präsident Rómulo Betancourt enthielt, den Castro als »bürgerlichen Liberalen« beschimpfte.

Helms wußte, daß Kennedy auf diese Beweise nicht mit einem Einmarsch in Kuba reagieren würde – »darauf kann man Gift nehmen«. Trotzdem vermutete er, alle Versuche des Präsidenten, eine Einigung mit Castro zu erreichen, seien bestenfalls »eine Finte«: »Wie immer, wenn man eine doppelgleisige Politik betreibt, darf man nichts unversucht lassen.« Er war sich sicher, daß die Bemühungen der Regierung in Wirklichkeit auf verdeckte Aktionen abzielten.

Peake erklärte Robert Kennedy: »Sie haben gesagt, der Präsident setze Castro deswegen nicht stärker unter Druck, weil wir über keine konkreten Beweise verfügten. Jetzt haben wir sie.« Mit diesen Worten zeigte er dem Justizminister eines der Gewehre aus dem Versteck und meinte später, Robert habe ihm nicht widersprochen. Statt dessen rief er den Präsidenten an und sagte: »Ich schicke dir die beiden rüber.« Die beiden CIA-Männer begaben sich in den Westflügel und warteten im Kabinettssaal. Den Aktenkoffer mit der »gefährlich aussehenden Waffe« stellten sie auf dem langen Tisch ab. Um 16.45 Uhr händigten sie Kennedy das Gewehr aus, wobei Helms darauf hinwies, daß das kubanische Wappen entfernt worden war.

Bei seiner Pressekonferenz vor genau einem Jahr hatte Kennedy die Krise um Kuba entschärft, indem er der Karibik den Frieden zugesichert hatte, »falls alle Offensivwaffen aus Kuba abgezogen werden« und »falls Kuba nicht dazu benutzt wird, die kommunistische Aggression in andere Länder zu exportieren«. Würden die Gegner des Präsidenten angesichts der von Helms unterbreiteten Beweise nun fordern, daß er in Kuba intervenierte?

Möglicherweise würden republikanische Falken auf einer erneuten kriegerischen Aktion gegen Kuba bestehen und vielleicht sogar die Seeblockade wieder ins Gespräch bringen, was sicherlich zu einer Abkühlung der Beziehungen mit Moskau führen würde. Kennedy wußte, daß die Berichte über die Waffenfunde in Venezuela sicherlich bald in der Presse auftauchen würden, wenn er nichts unternahm. Angesichts des bevorstehenden Wahlkampfes würden seine Kritiker ihn dann fragen, warum er zuließe, daß Chruschtschow ungestraft sein Versprechen brach.

Aber der Präsident war nicht willens, derartige politische Probleme mit Angehörigen der CIA zu besprechen. Deshalb dankte er Helms lediglich für die Hinweise auf Castros feindselige Absichten in Lateinamerika. Außerdem erinnerte er ihn an seine bevorstehende Reise nach Texas: »Gute Arbeit. Kümmern Sie sich darum, daß bei meiner Rückkehr alle Informationen vorliegen. Ich glaube, jetzt kriegen wir ihn.«

Am Mittwoch, dem 20. November, rief Kennedy im Oval Office Dillon an. Er meinte, man habe mit dem Weizenverkauf an die Sowjetunion in ein Wespennest gestochen. Auf dem Capitol Hill herrsche helle Aufregung.

Sorensen übergab dem Präsidenten zwei Kopien der Rede, die Kennedy im Handelszentrum in Dallas halten sollte. Mit dem ihm eigenen Sinn fürs Dramatische, der den seiner Frau beinahe noch übertraf, sah der Präsident sich gern als Daniel in der Löwengrube. Er setzte seine Lesebrille auf, nahm in seinem Schaukelstuhl Platz und studierte Sorensens Entwurf. Der Text übte Kritik an gewissen Strömungen, die »den sechziger Jahren nicht mehr angemessen sind«, weil sie davon ausgingen, daß man mit »Schmähungen einen Sieg erringen kann und der Friede ein Zeichen von Schwäche darstellt«.

Als er zu Ende gelesen hatte, rief Kennedy Michael Forrestal zu sich: »Ich möchte, daß Sie eine eingehende Untersuchung darüber anstellen, welche Möglichkeiten uns in Vietnam offenstehen und wie wir am besten wieder aus der Sache herauskommen. Wir müssen die ganze Angelegenheit noch einmal von Grund auf überprüfen.«

Am Donnerstag, dem 21. November, flogen der Präsident und die First Lady um die Mittagszeit nach Texas. In seinem Büro hoch über den Wolken blätterte Kennedy Informationsmaterial über den bevorstehenden Besuch des westdeutschen Kanzlers Ludwig Erhard durch. Dabei meinte er zu O'Donnell und Powers: »Sie beide werden sich nicht aus dem Staub machen und die arme Jackie und mich auf Lyndons Ranch allein lassen. Wenn ich es bis Samstag dort aushalten und sogar einen dieser riesigen Cowboyhüte tragen muß, bleiben Sie auch.«

Im Rice-Hotel in Houston stellte der Präsident seinen Vizepräsidenten sofort wegen seiner feindseligen Einstellung gegenüber Yarborough zur Rede. Wie gewöhnlich riß sich Johnson in Kennedys Gegenwart zusammen, aber schließlich »verließ er wutschnaubend die Suite«. »Was war denn los? Er schien stinksauer zu sein?« fragte Jacqueline. Der Präsident erwiderte: »Das ist typisch für Lyndon. Er hat Ärger.« Später erzählte er ihr, Johnson sei »außerstande, die Wahrheit zu sagen«.*

Am Freitag, dem 22. November, verließ Kennedy frühmorgens das Hotel Texas in Fort Worth, um zu Demonstranten auf der anderen Straßenseite zu sprechen. Jetzt schlug er bereits Töne an, deren er sich 1964 bedienen wollte. Seine Regierung habe »ein Verteidigungssystem aufgebaut, an dessen Niveau niemand heranreicht«. Deshalb seien die Vereinigten Staaten heute »stärker als jemals zuvor in ihrer Geschichte«.
Beinahe im Stil von Chruschtschow pries er die amerikanischen Verdienste auf dem Gebiet der Raumfahrt und der Wirtschaft: »Im Dezember – also im nächsten Monat – werden die USA die größte Raumfähre der Welt ins All schicken. Dann werden wir zum erstenmal in unserer Geschichte die Sowjetunion auf diesem Gebiet überrundet haben . . . In den ersten sechs Monaten des Jahres 1963 ist die amerikanische Wirtschaft nicht nur schneller gewachsen als die irgendeines anderen westlichen Landes – was in den fünfziger Jahren noch nicht der Fall war –, sondern auch schneller als die sowjetische.«
Bei einem Frühstücksempfang in der Handelskammer erklärte er: »Ich blicke zuversichtlich in die Zukunft, denn unsere Chancen, in Frieden zu leben, stehen besser als in der Vergangenheit. Das liegt daran, daß wir stärker sind. Und mit dieser Stärke verknüpft sich der feste Wille, nicht nur den Frieden zu erhalten, sondern auch die vitalen Interessen der Vereinigten Staaten zu verteidigen. Texas und die Vereinigten Staaten sind dieser großen Aufgabe verpflichtet. Danke.«

Nach der Rückkehr in sein Hotelzimmer las er eine ganzseitige Anzeige in der *Dallas Morning News: »Willkommen in Dallas, Mr. President.«* Darin wurde die Frage aufgeworfen, warum er »Tausende von Kubanern« habe festnehmen lassen und warum er Weizen an diejeni-

---

* Arthur Schlesinger schrieb in seinen Aufzeichnungen über dieses Treffen: »Johnsons Chancen waren noch nie schlechter gewesen . . . und er wußte das.«

gen verkaufe, die in Vietnam Amerikaner töteten. »Warum haben Sie die Monroe-Doktrin zugunsten des ›Geists von Moskau‹ fallengelassen? . . . Mr. Kennedy, wir *fordern* Antworten auf diese Fragen, und wir wollen diese Antworten sofort.«

Jacqueline wurde übel, und ihr Mann schüttelte den Kopf: »Du weißt, daß wir hier in der finstersten Provinz sind.« Während er im Zimmer auf und ab ging, fuhr er fort: »Gestern abend wäre der ideale Zeitpunkt gewesen, den Präsidenten zu ermorden . . . Es hat geregnet, es war dunkel, und es herrschte ein ziemliches Gedränge. Stell dir vor, wenn jemand eine Pistole in der Tasche gehabt hätte.«

Jacqueline schrieb diese Bemerkung der »makabren Ader« ihres Mannes zu und hielt sie für seine Methode, mit der Anzeige fertig zu werden. Da sie sich an den Jubel erinnerte, mit dem ihr Mann auf all seinen Reisen überhäuft worden war, konnte sie sich nicht einmal vorstellen, daß irgend jemand eine Tomate nach ihm werfen könnte. Während des Fluges nach Dallas fragte Kennedy O'Donnell: »Was ist die *Dallas Morning News* für eine Zeitung? Wissen Sie, wer für diese Anzeige verantwortlich ist? Dealey vielleicht? Erinnern Sie sich an ihn? Nach der Show, die er im Weißen Haus abgezogen hat, habe ich ein paar Nachforschungen über ihn angestellt. Er nennt sich Kriegsberichterstatter, und jeder in Dallas nimmt ihm das ab.«

Der Geheimdienstbericht, der dem Präsidenten an diesem Morgen vorgelegt wurde, enthielt Einschätzungen über die Lage in Saigon, Zypern und Korea, Berichte über die Verluste in Vietnam und Chruschtschows Warnung aus Kiew, die sowjetische Haltung in der Berlin-Frage sei »unverrückbar«. Um den Präsidenten während dieser Krisenmonate aufzuheitern, hatte ein Mitarbeiter der CIA einen Vers von Robert Graves beigefügt, den der Präsident am 16. Oktober 1962 im Außenministerium zitiert hatte, nachdem er gerade über die Raketen auf Kuba informiert worden war.

Stierkampfkommentatoren ohne Zahl
Bevölkern die riesige Arena;
Aber nur einer *weiß wirklich*, worum es geht:
Derjenige, der mit dem Stier kämpft.

Dean Rusk, fünf weitere Kabinettsmitglieder und Salinger flogen von Honolulu aus nach Tokio, um die bevorstehende Reise des Präsidenten Anfang 1964 vorzubereiten. Währenddessen arbeiteten Bundy und McNamara im Pentagon den Rüstungshaushalt für 1965 aus, den sie dem Präsidenten am Tag nach dem Erntedankfest in Hyannis Port vorlegen wollten.

Robert Kennedy war nach einer Sitzung über seinen Kampf gegen das organisierte Verbrechen zum Mittagessen nach Hause gefahren. Im Außenministerium sprach George Ball am Telefon mit einem Beamten des Finanzministeriums über den Weizenverkauf an die Sowjetunion, und im Metropolitan Club aß Llewellyn Thompson mit Dean Acheson zu Mittag. In Moskau war es neun Uhr abends, und Foy und Phyllis Kohler speisten im Spaso-Haus.

Im Hauptquartier der CIA in Langley setzten sich Richard Helms und John McCone an den Mittagstisch. Den ganzen Morgen hatten sie Fragen von Kennedys »Wachhunden« beantwortet. Jetzt war das Verhör vorbei, und sie waren froh, endlich ein wenig entspannen zu können.

Plötzlich wurde die Tür aufgerissen, und McCones Mitarbeiter Walter Elder stürzte herein und rief: »Man hat auf Präsident Kennedy geschossen!«

Jemand schaltete den Fernseher im Raum ein. »Mein Gott! Ich muß sofort zu Bob rüber«, rief McCone, der trotz ihrer Streitigkeiten über Kuba und das Atomwaffentestverbot nicht vergessen hatte, wie sehr sich Robert und Ethel nach dem Tod seiner ersten Frau um ihn gekümmert hatten. Er trommelte den Krisenstab der CIA zusammen und bestellte einen Wagen nach Hickory Hill.

Helms erinnerte sich: »Wir gingen sofort in Gefechtsstellung und prüften, ob es sich um eine Verschwörung handeln könne – und wer dabei die Fäden zog. Wir beeilten uns, Botschaften in die ganze Welt hinauszuschicken, um allen Hinweisen auf eine Verschwörung zur Ermordung des Präsidenten der Vereinigten Staaten auf den Grund zu gehen.«

Entsetzt stellten die Beamten der CIA fest, daß sie Chruschtschow nicht erreichen konnten. Bestand vielleicht ein Plan, die Staatsoberhäupter beider Supermächte zu ermorden? Steckte China dahinter? Oder hielt sich der sowjetische Staatschef etwa deshalb von Moskau fern, weil er einen nuklearen Vergeltungsschlag der Amerikaner als Antwort auf ein sowjetisches Komplott zur Ermordung des Präsidenten befürchtete?

Im Parkland Memorial Hospital schirmten Beamte des Geheimdienstes Lyndon Johnson von der Öffentlichkeit ab, während die Ärzte um das Leben des Präsidenten kämpften. »Ich fürchtete mich in der kleinen Klinik, in der sie mich versteckten«, erinnerte sich Johnson später. »Man sagte mir, es könne sich um eine umfangreiche Verschwörung handeln, die darauf abzielte, die gesamte Regierung zu beseitigen.«

Als McCone Robert Kennedys Bibliothek im oberen Stockwerk seines Hauses in Hickory Hill betrat, war der Justizminister gerade im Begriff, zum Flughafen zu eilen, um mit einem Flugzeug der Air Force nach Dallas zu fliegen. Dann läutete das Telefon. »Er hatte ein wunderbares Leben«, sagte Robert, nachdem er den Hörer aufgelegt hatte, und fügte hinzu: »Mein Gott, es ist schrecklich. Die Dinge hatten sich so prächtig entwickelt.«

Seit John F. Kennedy sich als Senator zur Wahl gestellt hatte, war es Roberts wichtigste Aufgabe gewesen, die Karriere seines Bruders voranzutreiben. Jetzt hielt er es für seine Pflicht, John F. Kennedys Vermächtnis zu verwalten. Selbst unter dem niederschmetternden Eindruck der Nachricht aus Dallas besaß er noch die Geistesgegenwart, Bundy anzurufen und zu fragen, ob die Briefe und Papiere eines im Amt verstorbenen Präsidenten seiner Familie gehörten.

Bundy holte sich eine Bestätigung vom Außenministerium und ordnete an, daß die Kombination des Safes, der John F. Kennedys private Unterlagen enthielt, sofort geändert wurde.

In Dallas wurde der neue Präsident unter Mißachtung roter Ampeln auf schnellstem Wege zum Flughafen Love Field gefahren. Der Geheimdienst hatte es so eilig, Johnson aus Dallas herauszubekommen, daß dieser von General Clifton und dem »Taschenträger« getrennt wurde, der den Aktenkoffer mit den kodierten Anweisungen für einen Atomangriff bei sich trug.

Wenn die Sowjetunion in diesem Moment Raketen und Bomber über die DEW-Linie geschickt hätte, wäre mindestens eine halbe Stunde vergangen, ehe die beiden Männer den Präsidenten hätten erreichen können. Ein Offizier an der Schaltzentrale des Weißen Hauses in Dallas informierte das Pentagon, daß McNamara und die Oberbefehlshaber der Truppen »jetzt der Präsident sind«.

Im Flugzeug hoch über dem Pazifik verkündete Rusk Kennedys Tod über Bordlautsprecher. Während manche der Fluggäste in Tränen ausbrachen, ordnete Rusk den sofortigen Rückflug nach Washington an. Nun war er gezwungen, bis zur Landung untätig auszuharren. Er hatte sich noch nie so hilflos gefühlt. Zudem beschäftigte ihn die Frage, »wer jetzt den Finger am roten Knopf« hatte. An Bord war man sich einig, daß das Attentat der »Auftakt zu einer Verschwörung« sei.

In Paris fühlte sich Chip Bohlen, »als ob die Zukunft sich in die Gegenwart zurückgezogen hätte«: »Trotz seines Realismus besaß Kennedy die seltene Fähigkeit, in anderen die Hoffnung zu erwecken, er werde irgendwie den Lauf der Geschichte verändern.«

Während die *Air Force One* mit dem 35. und dem 36. Präsidenten der Vereinigten Staaten an Bord in Richtung Washington flog, ließ die Regierung den Himmel über dem Südosten der USA nach »nicht identifizierten, feindlichen« Flugzeugen absuchen. Entsetzt erfuhr Johnson, daß sechs Mitglieder des Kabinetts sich über dem Pazifik befanden, und an Bord der Regierungsmaschine fragte sich Charles Roberts von der *Newsweek*: »Werden die Russen irgend etwas unternehmen, während wir zwei Stunden lang in der Luft hängen?«

Noch vor Mitternacht erhielt Andrej Gromyko einen Bericht der TASS über die Ereignisse in Dallas. Sofort dachte er an sein letztes Gespräch mit Kennedy, das gerade erst einen Monat zurücklag, und rief Kohler im Spaso-Haus an. Der Botschafter und seine Frau waren »zu Tode erschrocken«, als der wachhabende Offizier ihnen im Schlafzimmer Gromykos Nachricht überbrachte, seine Regierung werde »auf höchster Ebene« ihr Beileid zum Ausdruck bringen.

In Washington richtete der Geheimdienst eine dringende Anfrage ans Außenministerium, ob eine Akte über Lee Harvey Oswald existiere. Oswald, ein ehemaliger Marineinfanterist, war zu den Sowjets übergelaufen, hatte eine Russin geheiratet und war 1962 in die Vereinigten Staaten zurückgekehrt.

Man fragte sich, ob der Kreml den Anschlag veranlaßt habe. Darauf erwiderte Thompson, daß dies nicht die Art der Kommunisten sei: Die Russen brächten vielleicht Überläufer um, aber keine Staatsoberhäupter* und würden niemals einen Präzedenzfall schaffen, der unange-

---

* Es ist nicht sicher, ob Thompson wußte, daß die Regierung der Vereinigten Staaten sich keineswegs immer an diese Praxis hielt.

nehme Folgen für sie haben könnte. Harriman stimmte dieser Einschätzung zu.

Währenddessen las Rusk im Flugzeug ein Fernschreiben über Oswalds Verbindungen zur Sowjetunion: »Wenn das wahr ist, wird es noch die ganzen nächsten Jahre über auf der ganzen Welt Nachbeben geben.« In Paris hatte sich AM/LASH regelmäßig mit einem Beamten der CIA getroffen und von diesem vor kurzem einen Kugelschreiber erhalten. Das Schreibgerät enthielt eine vergiftete Nadel, mit der Castro ermordet werden sollte. Doch Cubela meinte, nur ein Stümper würde jemanden mit einem Kugelschreiber umbringen; er interessiere sich eher für Gewehre mit Zielfernrohren und Sprengstoff, womit man Castro aus der Entfernung würde töten können. Nach dem niederschmetternden Ereignis von Dallas stellten die beiden Männer jedoch ihre Treffen ein.*

Bei einem Gespräch im Pentagon sagte Robert Kennedy zu Ed Guthman: »Die Leute wissen nicht, wie konservativ Lyndon in Wirklichkeit ist. Es wird sich hier einiges verändern.« Dann flog er in Begleitung von Taylor und McNamara im Helikopter zum Flughafen Andrews. Als der Hubschrauber aufsetzte, war es schon dunkel. Robert Kennedy bemerkte eine Menge Reporter und Regierungsbeamte aus Washington, die seinem Bruder den letzten Empfang bereiten wollten. Robert wollte den Leuten aus dem Weg gehen, auf der anderen Seite aber so rasch wie möglich bei Jacqueline sein. Da entdeckte er einen parkenden Lastwagen der Air Force, sprang über die Absperrung und kauerte sich zwischen die Ladung.

Währenddessen saßen die Mitarbeiter des Weißen Hauses gebannt vor einer riesigen Leinwand im Lagerraum und sahen sich ein Videoband mit den Höhepunkten von Kennedys Präsidentschaft an. Soeben rief der schlanke junge Mann auf dem Bildschirm einer Menge jubelnder Deutscher zu: »*Ich bin ein Berliner!*«

An Bord der *Air Force One* packte O'Donnell einen Mitarbeiter Ken-

---

* Jahre später meinte Bundy, der darauf beharrte, Kennedy habe der CIA niemals die Anweisung erteilt, Castro zu beseitigen: »Wir waren der Ansicht, die CIA sei zumindest nach der Schweinebucht ein disziplinierter Teil der Exekutive.« Er gab »empörender Eigenmächtigkeit« die Schuld an den Kontakten mit Cubela. »Es lag an der laxen Führung und war das schlimmste Ergebnis einer Unordnung in der Organisation, die sich in anderen Fällen als äußerst konstruktiv erwiesen hat.«

nedys beim Arm und deutete auf Lyndon Johnsons breiten Rücken: »Jetzt hat er, was er will; aber 1968 holen wir es uns zurück.«

Der neue Präsident wurde von Bundy, Ball und McNamara am Flughafen abgeholt und bestieg mit ihnen einen Hubschrauber der Armee. »Es war entsetzlich ... schrecklich ... Die kleine Frau war so tapfer«, meinte er. »Wer hätte so etwas für möglich gehalten. Ihr wißt doch, daß ich das nicht wollte ... Kennedy hatte Fähigkeiten, die ich einfach nicht besitze.«

Dann fragte er in geschäftsmäßigem Ton: »Steht irgend etwas Wichtiges an?« Dies war nicht der Fall. McNamara berichtete von der Alarmbereitschaft im Pentagon: Falls das Attentat der Auftakt zu einem feindlichen Angriff sein sollte, wären die Vereinigten Staaten bereit, mit aller Wucht zurückzuschlagen.

Nachdem sie auf dem Rasen vor dem Weißen Haus gelandet waren, begleitete Bundy Johnson zum Westflügel. »Ich gehe von zwei Voraussetzungen aus, Mr. President. Die erste ist, daß alles, was sich bis heute nachmittag um zwei in verschlossenen Aktenschränken befunden hat, der Familie des Präsidenten gehört. Zum zweiten wird Mrs. Kennedy sich um die Vorbereitungen für das Begräbnis kümmern.« – »Das ist doch selbstverständlich«, erwiderte Johnson.

Im Weißen Haus begegnete Schlesinger Adlai Stevenson, der gerade aus New York gekommen war. 1952 hatte der Harvard-Absolvent die Reden für den Präsidentschaftskandidaten der Demokraten geschrieben. An diesem Abend mußte Schlesinger feststellen, daß Stevensons »Freude über Kennedys Ermordung nicht zu übersehen war. Ein Lächeln lag auf seinem Gesicht, das mir tief ins Herz schnitt. Ich hatte Stevenson sehr gern, aber nach diesem Erlebnis änderte sich meine Einstellung ihm gegenüber.«

In West-Berlin trugen die Menschen brennende Fackeln durch die Straßen. Der Platz vor dem Rathaus wurde in John-F.-Kennedy-Platz umbenannt. In Paris zeigte Charles de Gaulle sich verwundert: »Ich bin überrascht. Ganz Frankreich weint wie um einen Franzosen und ein Mitglied der eigenen Familie.« Auch Harold Macmillan, der inzwischen im Ruhestand war, erinnerte sich an den »prachtvollen jungen Mann«, der noch im Juni in Sussex aus dem Hubschrauber gestiegen war.

Aber auch Kennedys Gegner schwiegen nicht. In Peking klatschten

die Schulkinder Beifall, als man ihnen von dem Attentat erzählte.*
Eine Karikatur in einer chinesischen Zeitung zeigte den am Boden
liegenden Präsidenten. Seine Krawatte war mit Dollarzeichen be-
druckt. »Kennedy beißt ins Gras«, lautete die Bildunterschrift.

Als Chruschtschow in Kiew durch Gromyko von Kennedys Tod erfuhr, brach der Generalsekretär in Tränen aus. Außerdem entsetzte
ihn die Nachricht, daß der Präsident in Gegenwart seiner Frau getötet
worden war, so daß sie von seinem Blut »besprizt« wurde.
Nach Adschubejs Erinnerung war es eine »persönliche Tragödie« für
Chruschtschow: »Zwar wußte er fast nichts über die amerikanische
Geschichte, weil er über keine besondere Schulbildung verfügte, aber
ihm war bekannt, daß so etwas nicht zum erstenmal geschehen war. Es
hat ihn tief getroffen.«
Dem Parteichef war klar, daß seine Abwesenheit von Moskau das
Mißtrauen der Amerikaner erregen würde; in einer solch kritischen
Situation war sein Platz in seiner Hauptstadt. Angesichts der aktuellen
Probleme mit China vermutete er vielleicht sogar selbst, das Attentat
sei Teil eines Komplotts gegen die beiden Staatschefs, die sich um eine
sowjetisch-amerikanische Entspannung bemühten. Sofort fuhr er mit
einem Sonderzug zurück nach Moskau.
Dort war man erschrocken über Oswalds Verbindungen zur Sowjet-
union und befürchtete, die UdSSR könne für das Attentat verantwortlich gemacht werden. Außerdem kannten die Sowjets Lyndon Johnson als emotionalen Texaner und Kalten Krieger. Würde der neue
Präsident vielleicht Vergeltung üben? Sofort wurden die sowjetischen
Truppen in aller Welt in Alarmbereitschaft versetzt, und Agenten des
Nachrichtendienstes verhörten jeden Sowjetbürger, der Oswald gekannt haben konnte.
Während den ersten Stunden der Amtszeit des neuen amerikanischen
Präsidenten erhielt die sowjetische Regierung offensichtlich eine persönliche Zusicherung Johnsons, es würden keine Vergeltungsmaßnahmen erfolgen.
Die sowjetische Presse bemühte sich, zu beweisen, daß der Anschlag
nicht von den Kommunisten, sondern von der amerikanischen Rechten angezettelt worden sei. Wenn das amerikanische Volk den Ultrakonservativen die Schuld an der Ermordung des Präsidenten geben

* Derartige Beifallsbekundungen gab es auch in mehr als einer Schule in Dallas.

sollte, würden es die Konservativen nicht wagen können, die amerikanisch-sowjetischen Beziehungen zu untergraben.

Die TASS berichtete: »Als Kennedy in Dallas ankam, demonstrierten bereits kleine Gruppen ultrarechter Elemente in verschiedenen Teilen der Stadt. Sie schwenkten Fahnen der Konföderierten und riefen Slogans gegen Kennedy ... In seiner Rede, die er beim Mittagessen hätte halten sollen und die man später in seiner Tasche fand, übte der verstorbene Präsident scharfe Kritik an seinen ultrakonservativen Gegnern.«

Und in der *Iswestja* hieß es: »Die Umstände von Präsident Kennedys tragischem Tod weisen darauf hin, daß das Attentat von ultrarechten, faschistischen und rassistischen Kreisen vorbereitet und ausgeführt wurde«, die um jeden Preis die Entspannungspolitik sabotieren und die Verbesserung der sowjetisch-amerikanischen Beziehungen verhindern wollten.

Die *Prawda* brachte eine Fotografie des verstorbenen Präsidenten auf der Titelseite. Als ob die Auseinandersetzungen um Berlin und Kuba niemals stattgefunden hätten, erwähnte das Blatt ferner »Kennedys Schritte zur Klärung der internationalen Lage«. Diese Bemühungen hätten jedoch »heftige Angriffe von amerikanischen ›Irren‹« hervorgerufen. Das sowjetische Radio spielte slawische Trauermusik, und das Fernsehen übertrug Aufzeichnungen von Kennedys Antrittsrede und der Ansprache vor der American University.

In den Straßen der sowjetischen Hauptstadt lobten die Bürger Kennedy für den Vertrag über das eingeschränkte Testverbot und die Weizenverkäufe. Eine alte Frau sagte: »Er war noch so jung! Diese Halunken! Und das in seinem eigenen Land! Hat man denn nicht auf ihn aufgepaßt?« Ein anderer Moskauer Bürger meinte: »Endlich gab es einmal einen Menschen, der versuchte, Gutes zu tun, und sie ließen ihn nicht am Leben.«

Fidel Castro aß gerade mit Jean Daniel in Varadero zu Mittag, als er von dem Attentat auf den Präsidenten erfuhr. Er bemerkte, daß Kennedy »schon so gut wie wiedergewählt« sei, wenn er überleben würde. Dann schaltete Major Vellejo einen Sender aus Miami ein und übersetzte: »Kopfschuß ... man fahndet nach dem Attentäter ... Präsident Kennedy ist tot.« Castro erhob sich: »Alles wird sich verändern ... An Kennedy als Gegner hatten wir uns wenigstens schon gewöhnt.« Zwanzig Minuten später sagte er: »Sie müssen den Attentäter schnell finden. Sonst werdet ihr sehen, daß sie wahrscheinlich uns die Schuld an dieser Sache in die Schuhe schieben.« Später hörten Jean Daniel und Castro im Autoradio, der Verdächtige sei mit einer Russin verheiratet. Daraufhin meinte der kubanische Staatschef: »Habe ich es Ihnen nicht gesagt? Als nächstes bin ich dran.«

Im Radio hieß es weiter, der Verdächtige sei ein Bewunderer Castros und Mitglied der kubanischen Freundschaftsgesellschaft. Castro meinte dazu: »Wenn sie Beweise hätten, würden sie behaupten, er sei ein Agent, ein Komplize, ein gedungener Mörder. Statt dessen bezeichnet man ihn nur als Bewunderer, damit in den Köpfen der Leute eine Verbindung zwischen dem Namen Castro und ihrer Trauer über Kennedys Tod entsteht.«

Castro sagte all seine Termine ab. Wie die Sowjets befürchtete auch er, die Vereinigten Staaten könnten Oswalds Bewunderung für ihn als Vorwand für den Luftangriff und die Invasion benutzen, die der CIA und dem Pentagon schon lange auf den Nägeln brannten.

Im Fernsehen beteuerte Castro, er habe mit dem Attentat nichts zu tun: Trotz Kennedys »feindseliger Politik gegen uns« habe ihn die Nachricht von seinem Tod »erschüttert«. Die Berichte über Kuba seien nichts weiter als »ein machiavellistischer Plan. Oswald stand niemals in Kontakt mit uns . . . Aber in allen Verlautbarungen wird er immer als Castro-freundlicher Kommunist dargestellt. Das ist alles nur Teil einer Verleumdungskampagne gegen die UdSSR und Kuba . . . Wer wirklich hinter diesem Attentat steht, weiß niemand.«

Am Samstag, dem 23. November, rief Kohler seine Mitarbeiter zusammen, um des verstorbenen Präsidenten zu gedenken. Der sowjetische Außenminister rief an und teilte mit, Chruschtschow sei auf dem Weg zum Spaso-Haus. Kurz nach zwölf Uhr mittags stieg der Parteichef mit geröteten Augen, gefolgt von Gromyko und Smirnowski, die Treppe hinauf. Selbst der Außenminister, der sonst eher eine steinerne Miene zur Schau trug, hatte Tränen in den Augen.

Kohler führte Chruschtschow zu einem Tischchen, auf dem das Kondolenzbuch und eine Fotografie des Präsidenten mit Trauerflor und einer Widmung an den Botschafter lagen. Der sowjetische Parteichef und Kohler sprachen kein Wort, und im Raum war nur das Surren der Fernsehkameras zu hören. Dann setzte der Generalsekretär seine goldgeränderte Brille auf und beugte sich vor, um sich ins Kondolenzbuch einzutragen.

Dann führte Kohler seinen Gast in einen Salon mit offenem Kamin, den man das Jagdzimmer nannte. Wie er sich erinnerte, »bestritt Chruschtschow die Unterhaltung«. Der Parteichef beteuerte, daß die Sowjetunion nichts mit Kennedys Tod zu tun habe. Außerdem teilte Chruschtschow Kohler mit, seine Regierung habe Attentate schon immer abgelehnt. Im Gegensatz zu den Menschewiki und den Black Hunters hätten die Bolschewisten politischen Mord stets verurteilt. Nach ein paar Worten über seine Begegnung mit Kennedy in Wien kehrten Chruschtschow und sein Gefolge zu ihren schwarzen Limousinen zurück. Am gleichen Tag schrieb der Parteichef an Lyndon Johnson, dieser »verbrecherische Mord« sei ein »schwerer Schlag gewesen«. Gromyko erklärte in einem Brief an Rusk, es sei das »angemessenste Denkmal für den Verstorbenen«, wenn die Bemühungen um die Entspannung der Weltlage fortgesetzt würden. Ein erster Schritt dazu sei das eingeschränkte Testverbot gewesen, das Kennedy für »sehr wichtig« gehalten habe.

Bündelweise trafen Briefe sowjetischer Bürger in der amerikanischen Botschaft ein, deren Stil nichts mit der trockenen Diplomatensprache gemein hatte. Ein Genosse Babitschew schrieb an Johnson: »Ich bin sicher, Sie werden den Kurs des verstorbenen Mr. Kennedy weiterverfolgen, der uns allen so am Herzen gelegen hat. Seine großen Taten werden ewig weiterleben! . . . Tod den verbrecherischen Schlächtern!« Ein Student der Universität Charkow schrieb: »Das amerikanische Volk muß die Attentäter gnadenlos und mit äußerster Härte bestrafen, da sie den Frieden zwischen unseren Völkern stören wollen.« Tatjana und Jewgenia Schtscherbakow aus Brjansk schrieben: »Der Gedanke, daß hundert Millionen russischer Frauen ihren Kummer teilen, soll Mrs. Kennedy helfen, ihre Trauer zu überwinden.«
Wladimir Abrositschkin aus Moskau schickte Kohler ein Gedicht über den »verbrecherischen Akt der wahnsinnigen Reaktionäre«:

Er kam uns entgegen.
Er suchte einen Weg, um den Frieden zu sichern.
Die Dunkelheit des Todes gebot seinem Schritt Einhalt.

Und schweigend sanken die Flaggen auf Halbmast.
Der Thron des Präsidenten wankte.
Eine Schar schwarzer Krähen schwebt über Washington.

Terror und Erpressung herrschen in diesem Land,
wo Geld Gesetz ist, Ansehen und Macht.
Welche Schande, Amerika! Du schweigst, selbst wenn man deine
Söhne mordet.

Ein weiterer Moskowiter namens Lazarew schickte ebenfalls ein Gedicht:

Parteichef Chruschtschow schwieg minutenlang . . .
Er schwieg für uns anstelle aller Russen.
Des Adlers Schwingen sind erlahmt.
Verflucht sei dieser Mörder, der sein Leben nahm!
Ein Freund der ganzen Menschheit ist verloren.
Das helle Licht des Sterns ist uns verblaßt.
Er geht von uns auf seine letzte Reise.
Amerikaner! Sucht für ihn Ersatz,
Und laßt es einen zweiten Lincoln sein.

Am Sonntag, dem 24. November, traf Lyndon Johnson anstelle des
verstorbenen Präsidenten mit Lodge zusammen und teilte dem Botschafter mit, er sei nicht willens, »Vietnam zu verlieren«: »Sagen Sie
diesen Generälen in Saigon, daß Lyndon Johnson zu unserem Wort
steht.«
Nach der Ermordung von Lee Harvey Oswald durch Jack Ruby sah
Thompson eine diplomatische Katastrophe heranziehen – »gerade in
dem Moment, als die Beerdigung des Präsidenten unser Ansehen im
Ausland hätte wiederherstellen können«. Die *Prawda* fragte: »Wer
führte Ruby in das schwerbewachte Gefängnis? . . . Darauf kann es nur
eine Antwort geben: Es waren die gleichen Leute, die den schändlichen Anschlag auf den Präsidenten verübten, die gleichen Ultrarechten, die jetzt versuchen . . . den amerikanischen Kommunisten und der
kubanischen Freundschaftsgesellschaft die Schuld in die Schuhe zu
schieben.«
Als Kennedys britischer Freund Henry Brandon von der *Sunday Times*
einen Monat später in die Sowjetunion reiste, zeigte er sich überrascht
darüber, daß die Trauer in Moskau »fast größer« war »als in Washington«. Immer wieder fragte man ihn: »Glauben Sie, daß Johnson das
Attentat angezettelt hat?«

Zunächst hatte Chruschtschow Gromyko zu der Beerdigung schicken wollen; doch dann kam er zu dem Schluß, es werde stärkeren Eindruck machen, wenn Mikojan der Beisetzung beiwohnte. Am Montag vor den Feierlichkeiten in Washington schwebte Dillon »in Todesangst, man könne auf Mikojan schießen«.

Auf Rusks Ersuchen hin hatte Thompson darum gebeten, Mikojan solle besser nicht im Trauerzug mitgehen. Als Gründe könne man sein Alter, eine kürzlich überstandene Operation und Hepatitis vorschieben. Doch der Armenier beharrte darauf, mit de Gaulle* und den anderen Staatsoberhäuptern hinter dem Sarg herzuschreiten.

Der Präsident wurde auf dem Soldatenfriedhof in Arlington beigesetzt. Mit Tränen in den Augen sagte McNamara, die Grabstätte werde wahrscheinlich »ein Wallfahrtsort« werden.

Jacqueline beobachtete den sowjetischen Politiker, der immer weiter in der Reihe der Trauergäste vorrückte, und stellte fest, daß er zitterte und »entsetzt« aussah. Rusk berichtete, daß sie gegenüber Mikojan geäußert habe: »Mein Mann ist tot. Jetzt hängt der Friede von Ihnen ab.«

Mikojan blinzelte und schlug die Hände vors Gesicht.

Einige Tage nach den Trauerfeierlichkeiten fragte Lyndon Johnson Sorensen, ob eine ausländische Beteiligung an dem Attentat angenommen werden könne, und zeigte ihm einen Bericht des FBI, den Sorensen allerdings für »bedeutungslos« erklärte.

Der neue Präsident wußte, daß Rusks Befürchtungen sich bewahrheiten konnten: Falls Kennedy tatsächlich auf Veranlassung einer ausländischen Regierung ermordet worden war, würde Amerikas Außenpolitik in den nächsten Jahren darunter leiden. Einer Untersuchung des Gallup-Instituts zufolge waren viele Amerikaner der Ansicht, die Sowjetunion, Kuba oder »die Kommunisten« seien in den Mordanschlag verwickelt.

George Kennan schrieb an Kohler, die Schlüsselfrage sei »nicht, ob Oswald der Attentäter war, worüber wenig Anlaß zu Zweifeln besteht.

---

* Bei seiner Ankunft in Washington sagte de Gaulle: »Das französische Volk hat auf meinem Kommen bestanden.« Als Lyndon Johnson ihn bat, seinen Besuch in den Vereinigten Staaten im Frühling 1964 fortzusetzen, wie de Gaulle Kennedy widerstrebend zugesagt hatte, erklärte der französische Staatschef brüsk, mit seiner Teilnahme an den Begräbnisfeierlichkeiten sei seine Zusage bereits abgegolten.

Viel bedeutsamer sind die seltsamen Umstände seiner eigenen Ermordung. Normalerweise neige ich nicht zu übertriebenem Mißtrauen, doch ... im Moment plagen mich Zweifel, und ich halte weitere Untersuchungen für äußerst wichtig. Nicht nur vom Standpunkt unserer eigenen Auslandsbeziehungen aus müssen die Hintergründe dieser Affäre von Grund auf geprüft und ans Licht gebracht werden.« Richard Helms zufolge belastete Lyndon Johnson der Gedanke an eine mögliche Verschwörung bis weit in das Jahr 1964 hinein. Laut Helms bestärkte die CIA Johnson in diesen Befürchtungen und erstellte auf die Bitte des Präsidenten hin eine unabhängige Studie. Filmaufnahmen des Autokonvois in Dallas und Fotografien von der Autopsie wurden der Behörde übermittelt.

Eine Woche nach dem Attentat überredete Johnson den Vorsitzenden des Obersten Bundesgerichtshofs, Richter Earl Warren, den Vorsitz einer Kommission zur Untersuchung des Verbrechens zu übernehmen: Falls man den Gerüchten nicht Einhalt geböte und »die Öffentlichkeit sich immer mehr gegen Castro und Chruschtschow wendete, könnte es zum Krieg kommen«.

Als die Warren-Kommission im September 1964 zu dem Schluß gelangte, daß keine ausländische Macht in den Mord verwickelt sei, veröffentlichte die sowjetische Wochenzeitung *Za Rubeschom* eine Zusammenfassung des Berichts, begleitet von Zitaten aus westlichen Zeitungen, in denen Zweifel geäußert wurden, daß Oswald allein gearbeitet habe. Die Sowjets hatten den Verdacht, der Präsident sei von der CIA ermordet worden, die ihm nie das Debakel in der Schweinebucht und die Entspannungspolitik mit der Sowjetunion verziehen habe. Weiterhin verdächtigte man in Moskau auch die Mafia, die das Interesse verfolgte, ihre kubanischen Besitzungen zurückzuerhalten. Auch über eine mögliche Beteiligung von Johnson wurde gemunkelt, da er nach Ansicht der Sowjets sonst nie an die Macht gekommen wäre.

Im Frühling 1967 erschienen die ersten Artikel, die andeuteten, Castro habe Kennedys Ermordung veranlaßt, um sich für die gegen ihn gerichteten Mordpläne der CIA zu rächen. Johnson bat das FBI um eine Untersuchung und ließ Helms kommen, der damals schon Direktor der CIA war. Der Präsident war äußerst schockiert, als er erfuhr, »daß wir in der Karibik eine verdammte Mörder-GmbH betrieben«. Auch nach mehr als drei Jahren im Weißen Haus und einer erdrutschartigen Wiederwahl litt Johnson immer noch darunter, mit einem Präsidenten verglichen zu werden, der mittlerweile fast als Heiliger galt. Fast zwanghaft schien Johnson glauben zu wollen, Kennedy habe sein Schicksal selbst heraufbeschworen. In vertraulichen Gesprächen beharrte er darauf, daß »Kennedy versucht hat, Castro zu erwischen, aber Castro ist ihm zuvorgekommen«.

Als Rolando Cubelas Kontakte mit der CIA während einer Untersuchung durch den Geheimdienstausschuß des Senats im Jahre 1975 bekannt wurden, fragten sich manche, ob AM/LASH nicht ein kubanischer Doppelagent gewesen sein könnte, der einerseits Castro von den Plänen gegen seine Person berichtet und andererseits eine Verschwörung zur Eliminierung seines Gegners angezettelt habe. Zu diesem Zeitpunkt war Cubela bereits von der kubanischen Spionageabwehr verhaftet und ins Gefängnis geworfen worden. Falls er jedoch wirklich ein Doppelagent gewesen wäre, hätte man ihn wahrscheinlich nicht zum Tode verurteilt.* Als Castro 1978 vom Senatsausschuß zur Untersuchung des Attentats in Havanna befragt wurde, antwortete er: »Wer hier hätte wohl eine so diffizile Angelegenheit wie den Tod des Präsidenten der Vereinigten Staaten planen können? Das wäre doch Wahnsinn gewesen.« Weiterhin stellte er fest, durch Kennedys Ermordung sei ein Mann ins Amt gekommen, von dem man einen härteren Kurs gegenüber Kuba erwartet habe.

Castro betonte, seine Warnung in der brasilianischen Botschaft im September 1963 sei nicht als wirkliche Drohung gemeint gewesen. Die Vereinigten Staaten seien in der Lage, einen derart vernichtenden Vergeltungsschlag gegen Kuba zu führen, so daß es »selbstmörderisch« gewesen wäre, ein Attentat auf den Päsidenten zu verüben.

Abgesehen von Lee Oswalds selbstgezimmerter Interpretation des Marxismus, seinen zwei Jahren in der Sowjetunion, seiner Ehe mit einer Russin, die angeblich die Nichte eines KGB-Offiziers war, und einem möglichen Besuch in der kubanischen und der sowjetischen Botschaft in Mexico City im September 1963, gibt es wenig Hinweise darauf, daß die Russen in den Mord an Kennedy verwickelt gewesen sind.

Man kann sich jedoch leicht vorstellen, daß ein skrupelloser Angehöri-

---

* Auf Castros persönliche Fürsprache hin wurde das Urteil in eine Gefängnisstrafe von dreißig Jahren umgewandelt.

ger des KGB oder ein Mitglied der sowjetischen Regierung Vorteile aus Kennedys Tod hätte ziehen können. Die Gegner von Chruschtschows Entspannungspolitik vermuteten wahrscheinlich, Johnson werde sich als linientreuer Kalter Krieger erweisen. Außerdem beraubte Kennedys Tod den sowjetischen Parteichef eines wichtigen Arguments, warum er unbedingt an der Macht bleiben müsse: Schließlich könne kein anderer seinen Platz als Verhandlungspartner des amerikanischen Präsidenten einnehmen.

Wir wissen, daß sowjetische Geheimagenten und auch höhere Regierungsbeamte wie zum Beispiel Breschnew nicht vor Anschlägen gegen Politiker anderer Ostblockländer, der Dritten Welt und auch des Westens zurückschreckten. Doch selbst sie hätten sich gescheut, den Präsidenten der Vereinigten Staaten umbringen zu lassen und einen möglichen Vergeltungsschlag der Amerikaner in Kauf zu nehmen.

Im Januar 1964 erhielt die CIA eine verschlüsselte Botschaft von einem Offizier des KGB in Genf. Juri Nossenko, ein Mitglied der sowjetischen Abrüstungsdelegation, war ein Doppelagent, mit dessen Hilfe die CIA Informationen über den sowjetischen Geheimdienst zu erhalten hoffte. Nun ließ der Russe die CIA in Langley wissen, seine Vorgesetzten hätten seine Rückkehr nach Moskau innerhalb von fünf Tagen angeordnet. Da er befürchtete, sein Verrat könne entdeckt worden sein, überzeugte er die Amerikaner davon, es sei das beste, ihn in die Vereinigten Staaten zu bringen.

Nossenko teilte den zuständigen Beamten bei der CIA folgendes mit: »Ich kann aus vollster Überzeugung bestätigen, daß die Sowjetunion nichts mit der Angelegenheit zu tun hat.« Er berichtete, er habe als Angehöriger der Spionageabwehr gegen die Amerikaner und die Briten jahrelang den Fall Oswald betreut, als der damals Zwanzigjährige 1959 in die Sowjetunion eingereist sei. Die sowjetische Regierung habe vor Oswalds Einreise nichts über ihn gewußt.

Nossenkos Bericht zufolge war es dem KGB nicht bekannt gewesen, daß Oswald als Marineinfanterist auf dem gleichen japanischen Stützpunkt gedient hatte, von dem aus zwei U-2-Aufklärungsflugzeuge in die Sowjetunion gestartet waren. Der sowjetische Geheimdienst habe Oswald für »psychisch instabil« und nicht besonders intelligent gehalten. Daher habe der KGB »das Interesse an ihm verloren«, als Oswald auf Moskaus Anweisung, das Land zu verlassen, mit einem Selbstmordversuch reagiert habe.

Nossenkos Geschichte klang ziemlich unglaubwürdig. Man konnte sich schwer vorstellen, daß die Sowjets kein Interesse an einem Mann gehabt hatten, der als dritter amerikanischer Marineinfanterist in die Sowjetunion übergelaufen war. Außerdem war davon auszugehen, daß er wenigstens einige Informationen über die Aufklärungsflugzeuge besaß, die die Sowjets seit drei Jahren vergeblich abzuschießen versuchten.

Die CIA wußte nicht, ob sie Nossenkos Bericht als Beweis für Moskaus Unschuld oder als Hinweis ansehen sollte, daß die Sowjets jeden Verdacht von sich abwenden wollten, also etwas zu verbergen hatten. Auch ein Verhör Nossenkos trug in den Augen der CIA-Leute nicht dazu bei, die Glaubwürdigkeit seiner Aussagen zu erhöhen. Er versagte beim Test mit dem Lügendetektor und wußte wenig über die amerikanische Präsenz in Moskau, obwohl er als Regierungsbeamter mit einiger Berufserfahrung eigentlich über diese Informationen hätte verfügen müssen. Vier Jahre lang sperrte man den Russen ohne Bücher, Besucher, Zahnbürste und Zahnpasta in eine Einzelzelle und versuchte, durch strenge Verhöre seinen Widerstand zu brechen.

Aber die Bemühungen waren vergeblich. Helms meinte: »Ich habe in meinem ganzen Leben noch nie so etwas Frustrierendes erlebt.« Nossenko wurde freigelassen, erhielt ein neues Zuhause und die amerikanische Staatsbürgerschaft. Innerhalb der CIA war man geteilter Meinung darüber, ob er wirklich ein Überläufer war.*

Die Theorie, daß die Mafia an dem Mordanschlag beteiligt gewesen sein könnte, ist weitaus schwieriger von der Hand zu weisen. 1963 waren Mafiabosse wie Carlos Marcello, Santos Trafficante, Sam Giancana und ihr Verbündeter James Hoffa, die ganz Louisiana und

---

* Die populärste Darstellung der Theorie, Oswald habe den Präsidenten im Auftrag Moskaus ermordet, war ein Buch, das 1977 mit dem Titel *Krushchev Killed Kennedy* herauskam. Der Verfasser war ein britischer Rechtsanwalt namens Michael Eddowes, welcher behauptete, Jewgeni Iwanow, der sowjetische Agent in London, der Verbindungen mit Christine Keeler und John Profumo unterhielt, habe versucht, auch ihn anzuwerben.
Eddowes stellte weiterhin die These auf, der wirkliche Oswald sei nie aus der Sowjetunion zurückgekehrt, sondern durch einen sowjetischen Doppelgänger ersetzt worden. Dieser habe Kennedy auf Chruschtschows Befehl hin umgebracht. In den frühen achtziger Jahren erwirkte Eddowes über ein texanisches Gericht die Öffnung von Oswalds Grab, um herauszufinden, wer wirklich dort beerdigt worden war. Die Antwort lautete, es sei tatsächlich Oswald.

Texas kontrollierten, verärgert, weil die Kennedy-Brüder sie energischer als je zuvor verfolgten. Als Hoffa von Kennedys Ermordung erfuhr, sagte er: »Jetzt ist Bobby Kennedy wieder ein ganz normaler Rechtsanwalt.«

Die Mafia war auch erbittert über die Einigung des Präsidenten mit Chruschtschow nach der Kuba-Krise. Dies bedeutete nämlich, daß Castro auf lange Sicht an der Macht bleiben und die Mafia von ihren Geschäften auf Kuba abschneiden würde, die ihr vor 1959 über eine Milliarde Dollar jährlich eingebracht hatten. Sowohl Oswald als auch Jack Ruby verfügten über Kontakte zu Angehörigen dieser Organisation, von denen die Öffentlichkeit unmittelbar nach dem Attentat nichts wußte.

Im Frühling und Sommer des Jahres 1963 hatte Oswald in New Orleans bei seinem Onkel Charles »Dutz« Murret gewohnt, der ihm den Vater ersetzt hatte.* Murret war Buchmacher in New Orleans und arbeitete mit den dortigen Mafiabossen Sam Saia und Nofio Pecora zusammen, die beide enge Verbindungen zu Carlos Marcello unterhielten. Im August 1963 wurde Oswald nach einer Schlägerei, die sich wegen seiner Mitgliedschaft in der kubanischen Freundschaftsgesellschaft entzündet hatte, festgenommen. Die Kaution zahlte offensichtlich ein Geschäftspartner Pecoras.

Der junge Jack Ruby war in Chicago als Botenjunge für Al Capone unterwegs gewesen und hatte später für Paul Dorfman von der Schrottarbeitergewerkschaft gearbeitet. Robert Kennedy bezeichnete diese Organisation in seinem Buch *Gangster drängen zur Macht* als »wichtiger Drahtzieher in der Unterwelt von Chicago«. Ein Mitglied des Kefauver Committee im Senat, das 1950 das organisierte Verbrechen untersuchte, fand heraus, daß Ruby ein »Handlanger des Syndikats war, den man nach Dallas geschickt hatte, um als Kontaktmann für Mafiabosse aus Chicago zu arbeiten«.

Während der Monate vor dem Attentat stand Ruby offensichtlich in Kontakt mit Robert »Barney« Baker, den Robert Kennedy als Hoffas »Botschafter der Gewalt« bezeichnete. Außerdem unterhielt Ruby Verbindungen zu Nofio Pecora, der wiederum mit Carlos Marcello und Oswalds Onkel zu tun hatte. In den frühen siebziger Jahren äußerte John Roselli, Sam Giancanas und Santos Trafficantes Partner an der Westküste (der auch an den Plänen der CIA gegen Castro

---

* Oswalds Vater war schon vor seiner Geburt gestorben.

beteiligt gewesen war), gegenüber Reportern, daß Ruby »einer unserer Jungs« gewesen sei. Seine Aufgabe habe darin bestanden, Oswald zum Schweigen zu bringen, damit die Mafia nicht in die Sache hineingezogen würde.

Im Jahr 1959 war Ruby mindestens einmal nach Kuba gereist, um sich mit Lewis McWillie, dem Manager des Tropicana Nightclub, zu treffen. Dieser Club gehörte einem Geschäftspartner Trafficantes. Möglicherweise besuchte Ruby auch Trafficante selbst, der in einem Gefängnis in der Nähe von Havanna einsaß.* Offensichtlich war Ruby auch am Waffenschmuggel der Mafia beteiligt – zuerst lieferte man an Castro, um sich bei ihm beliebt zu machen, und dann an die Guerilla, nachdem der kubanische Staatschef das organisierte Verbrechen aus Kuba vertrieben hatte.

Nach dem Attentat beeilte sich die CIA, ihre Spuren zu verwischen. Selbst wenn nur die routinemäßige Überwachung Oswalds während seiner Zeit als Überläufer und nach seiner Rückkehr aus der Sowjetunion ans Licht gekommen wäre, hätte die trauernde Nation wahrscheinlich angenommen, Oswald habe den Präsidenten im Auftrag der CIA ermordet. Ein Motiv wäre gewesen, daß Kennedy 1963 die Hoffnungen des Geheimdienstes, Castro zu beseitigen und den Kalten Krieg weiterzuführen, zunichte gemacht hatte.

Falls das amerikanische Volk in den letzten Wochen des Jahres 1963 erfahren hätte, daß die CIA gemeinsam mit der Mafia ein Komplott zur Ermordung Castros geschmiedet hatte und daß diese Pläne vielleicht den Tod des Präsidenten herbeigeführt hatten, wäre ein Sturm der Entrüstung losgebrochen. Man hätte gefordert, die CIA in tausend Stücke zu zerschlagen und diese dann in alle Winde zu zerstreuen – ein Schicksal, das Kennedy der Behörde nach dem Debakel in der Schweinebucht angedroht hatte.

Indem sie diese Informationen der Warren-Kommission vorenthielt, gewann die CIA Zeit und hoffte, man könne die Angelegenheit auch weiterhin geheimhalten. Doch dieses Vorhaben scheiterte: Mitte der siebziger Jahre wurden die Mordpläne gegen Castro aufgedeckt. Nun fragten sich die Kritiker der CIA ernsthaft, ob die Behörde ihre Verbindungen zur Mafia und zu den Exilkubanern deshalb verschleiert hatte, weil sie etwas zu verbergen wünschte.

---

* Im Club Tropicana hatten die jungen Senatoren John F. Kennedy und George Smathers ein Jahr zuvor die Sängerin Denise Darcel kennengelernt.

Wir werden wahrscheinlich niemals erfahren, wer Kennedys Ermordung letztendlich angezettelt hat und welche Motive die Drahtzieher dazu verleiteten. Die Geheimdienste und andere Gruppierungen haben aus den verschiedensten Gründen so viele widersprüchliche und unbeweisbare Informationen in Umlauf gebracht, daß wir das Mosaik drei Jahrzehnte später nicht zusammensetzen können.

Politischer Mut und Männer, die jung für ihre Ideale starben, faszinierten Kennedy. Wesentlich intensiver als seine Vorgänger hatte er auch die dunklen Seiten der amerikanischen Politik kennengelernt. Er wußte, daß er sein Leben aufs Spiel setzte, wenn er zuerst großangelegte Anstrengungen unternahm, um Castro zu stürzen, und die Sache dann wieder abblies; wenn er die Amerikaner zuerst auf einen antisowjetischen Kurs einschwor und dann wieder Entspannungspolitik betrieb. Vielleicht hat er auch zu heftig mit Akteuren des organisierten Verbrechens kokettiert, um dann seinem Justizminister zu gestatten, die Mafia unerbittlicher zu verfolgen als je zuvor.

Die einzige Vermutung, die sich in allen ernstzunehmenden Untersuchungen über Kennedys Tod wiederfindet, ist, daß das Motiv für seine Ermordung in seiner Politik zu suchen ist. Kennedy führte sich immer vor Augen, daß die besten Absichten durch Zufall und Fehleinschätzungen zunichte gemacht werden konnten. Anders als die meisten amerikanischen Politiker war er stets bereit, seine politische Karriere und sein Leben aufs Spiel zu setzen. Bezeichnenderweise meinte er auch sein physisches und nicht sein politisches Überleben, als er im Herbst 1963 sagte: »Wer es wirklich auf mich abgesehen hat, wird es schaffen.«

Während ihrer letzten beiden Wochen im Weißen Haus, als Lyndon Johnson bereits im Westflügel arbeitete, schrieb Mrs. Kennedy auf einem Briefbogen des Weißen Hauses einen Brief an den Staatschef der Sowjetunion, der den Kreis des privaten Briefwechsels zwischen den beiden mächtigsten Männern der Welt schloß. Die Korrespondenz hatte mit dem überraschenden Brief aus Pizunda angefangen, den Georgi Bolschakow unter einer Zeitung verborgen im Carlyle-Gebäude abgegeben hatte. Die Witwe heftete nach Beendigung des Schreibens eine Notiz an den Umschlag: »Wichtig. Mrs. Lincoln. Das ist mein Brief an Chruschtschow, der ihm durch Botschafter Thompson übermittelt werden soll.«

Sehr geehrter Herr Ministerratsvorsitzender,
ich möchte Ihnen für die Entsendung von Mr. Mikojan als Ihren
Vertreter bei der Beerdigung meines Mannes danken. Er wirkte
tief erschüttert, als er mir sein Beileid aussprach, und ich war sehr
bewegt darüber. Ich habe noch versucht, ihm eine Botschaft an Sie
mitzugeben, aber da dieser Tag so schrecklich für mich war, weiß
ich nicht, ob ich mich richtig habe ausdrücken können.
Jetzt, in einer der letzten Nächte, die ich im Weißen Haus verbringen werde, möchte ich noch einmal auf diesem Briefpapier an Sie
schreiben. Ich schicke Ihnen dieses Schreiben nur, weil ich weiß,
wie wichtig der Friede für meinen Mann war und wie sehr ihm die
Freundschaft mit Ihnen am Herzen lag.
Er pflegte Ihre Worte in einigen seiner Reden zu zitieren: »Im
nächsten Krieg werden die Überlebenden die Toten beneiden.« Sie
und er waren Gegner, die jedoch die Überzeugung verband, daß
man die Welt nicht in die Luft sprengen darf. Sie respektierten
einander und kamen miteinander aus. Ich weiß, daß Präsident
Johnson alles tun wird, um dieselbe Beziehung zu Ihnen herzustellen.
Mein Mann sorgte sich wegen der Gefahr, ein Krieg könne eher
von einem kleinen Mann als von einem großen begonnen werden.
Große Männer wissen um die Notwendigkeit von Selbstkontrolle
und Zurückhaltung – kleine Leute lassen sich zuweilen von Angst
und Stolz leiten. Wenn die großen Männer es in Zukunft erreichen, daß die kleinen sich zusammensetzen und miteinander sprechen, ehe sie kämpfen, wäre der Wunsch meines Mannes erfüllt.
Ich weiß, Präsident Johnson wird die Politik weiterführen, an die
mein Mann so sehr geglaubt hat – eine Politik der Kontrolle und
Zurückhaltung –, und er wird Ihre Hilfe brauchen.
Ich sende Ihnen diesen Brief, weil ich weiß, wie wichtig die Freundschaft zwischen Ihnen und meinem Mann war, und auch deshalb,
weil Sie und Mrs. Chruschtschowa in Wien so freundlich zu mir
gewesen sind. Ich habe gelesen, daß sie Tränen in den Augen hatte,
als sie nach der Eintragung ins Kondolenzbuch die amerikanische
Botschaft in Moskau verließ. Bitte danken Sie ihr in meinem
Namen dafür.

Mit freundlichen Grüßen
Jacqueline Kennedy

Epilog

Auf dem Höhepunkt des Dramas

Als Lyndon Johnson nach der Beisetzung Kennedys im Außenministerium die Beileidsbezeugungen der Trauergäste entgegennahm, widmete er Mikojan gerade 35 Sekunden, weit weniger als den meisten Kondolenten. Besorgt fragten sich sowjetische Diplomaten, ob der neue Präsident auf diese Weise die amerikanische Verbitterung über Oswalds »sowjetische Vergangenheit« zum Ausdruck bringen wollte.

Daher atmeten sie erleichtert auf, als Johnson den Vizepremier am nächsten Tag im Oval Office empfing und ihm versicherte, daß er sich in der Kuba-Frage an Kennedys Zusagen gegenüber Chruschtschow halten werde. Außerdem wünsche er, den vertraulichen Briefwechsel weiterzuführen. Dann händigte er Mikojan ein Schreiben an den Generalsekretär aus und fügte hinzu, er sei über die Verbesserungen in den amerikanisch-sowjetischen Beziehungen »auf dem laufenden« und stimme »völlig mit der Politik von Präsident Kennedy überein«. Trotzdem fragte sich Chruschtschow besorgt, wie sich nach Kennedys Ermordung »die Ereignisse weiter entwickeln würden«. Er hielt Johnson für »reaktionär« und »inflexibel«: »Wir glaubten und vertrauten Johnson nicht.« Die Berater des Parteichefs erinnerten ihn an Johnsons enge Beziehungen mit der Öl- und Gasindustrie in Texas, die sie als antisowjetisch einstuften und der Mittäterschaft an dem Attentat verdächtigten.

Am Neujahrsmorgen des Jahres 1964 übergab Dobrynin Rusk den ersten langen Brief Chruschtschows an den neuen Präsidenten. Das lange, weitschweifige Schreiben las sich wie eine gönnerhafte Lektion in Geschichte und Geopolitik an den politischen Neuling aus Texas. In seinem Brief geißelte der Parteichef die Kriegstreiberei der »Kolonialisten« und des »Imperialismus« und betonte, daß Taiwan ein »unveräußerlicher Teil« der Volksrepublik China sei. Alle »Kriegsstützpunkte« im Ausland sollten »aufgelöst« werden. Die italienischen

Faschisten hätten das Mittelmeer als »Mare nostrum« bezeichnet und sich als Erben des alten Roms geriert. Man solle daran denken, wieviel Blut im neunzehnten Jahrhundert in Paraguay vergossen worden sei, dessen Bevölkerung heute »immer noch kleiner« sei »als vor diesem Krieg«. Daher sollten heutzutage alle territorialen Auseinandersetzungen »ausschließlich mit friedlichen Mitteln« bereinigt werden.

Johnson las den Brief auf seiner Ranch. Enttäuscht meinte er, das Schreiben sei »ausschließlich zu Propagandazwecken und nicht im Dienste ernsthafter Diplomatie verfaßt worden«.* In seiner Antwort betonte er, die Klärung territorialer Ansprüche solle sich nicht nur auf bereits gezogene Grenzen, sondern auch auf international anerkannte Regelungen wie die entmilitarisierten Zonen in Korea und Vietnam und die Transitstrecke nach Berlin beziehen. Der Begriff Gewaltanwendung müsse auch »Aggression, Umsturz und heimliche Waffenlieferungen« einschließen.

Um die friedlichen Absichten der Vereinigten Staaten zu demonstrieren, regte McNamara eine Verringerung der amerikanischen Produktion spaltbaren Materials an, das für Atomwaffen benötigt wurde. In seinem ersten Bericht zur Lage der Nation kündigte Johnson eine 25prozentige Kürzung der Produktion von angereichertem Uran an. Außerdem teilte er den Sowjets im Februar mit, er werde eine weitere Kürzung vornehmen, und ersuchte sie, ebenfalls in diesem Sinne tätig zu werden.

Als die Verhandlungen zu diesem Themenkomplex Mitte April zum Stillstand kamen, setzte er den Parteichef davon in Kenntnis, er werde die neuerlichen Kürzungen in drei Tagen bei einem Mittagsempfang vor der New Yorker Presse ankündigen. Als Johnson gerade zu seiner Rede ansetzte, wurde ihm eine Botschaft Chruschtschows ausgehändigt. Nun konnte er die Anwesenden ferner davon informieren, daß die Sowjetunion den Bau zweier Plutoniumreaktoren einstellen und außerdem die Produktion von angereichertem Uran »erheblich reduzieren« werde.

---

* Harlan Cleveland schrieb an Rusk, daß Chruschtschow sich stets »erst einmal durch alle gewohnten Themen kämpft, ehe er zur Sache kommt – genauso wie Beethoven, der zu Anfang des vierten Satzes der neunten Symphonie alle Themen der ersten drei Sätze wiederholt, ehe er mit dem Thema der vierten anfängt«. In der Kuba-Krise »erhielt der Präsident einige Briefe von Chruschtschow, die blanken Unsinn darstellten ... Doch diese Briefe enthielten einzelne Absätze, die wir aufgriffen und ausbauten, um die nukleare Entspannung voranzutreiben.«

Bald nach Johnsons Rückkehr aus Dallas hatte ihm McCone die geheimen Beweise für die kubanischen Umsturzpläne in Venezuela vorgelegt, von denen Helms Kennedy drei Tage vor der Ermordung des Präsidenten in Kenntnis gesetzt hatte. Daraufhin warnte Johnson Mikojan, Castros Umsturzversuche in Lateinamerika stellten eine schwere Belastung für die amerikanisch-sowjetischen Beziehungen dar. Mikojans schwarze Augen blitzten: Kuba habe nicht den Wunsch, einen Umsturz in irgendeinem Land anzuzetteln! Eine so kleine Nation könne doch gar niemanden bedrohen, schon gar nicht eine Supermacht.

Nun unterrichteten die USA den venezolanischen Präsidenten Betancourt über die Beweise. Daraufhin forderte dieser Ende November eine teilweise Luft- und Seeblockade gegen Kuba, um die Waffenexporte zu unterbinden. Castro befürchtete, der kriegerisch eingestellte Johnson könne nach Kennedys Ermordung einen Vorwand für eine Invasion suchen, und beschuldigte deshalb die CIA, sie würde gefälschte Beweise fabrizieren. Außerdem warnte er Venezuela und andere »abhängige« Nationen, sie würden »keine 24 Stunden durchhalten«, wenn sie versuchen sollten, in sein Land einzumarschieren. Chruschtschow erklärte vor dem Zentralkomitee, die Beweise seien »erfunden«: »Ich sage Ihnen ganz offen, meine Herren Aggressoren: Spielen Sie nicht mit dem Feuer!«

Wäre Kennedy nicht ermordet worden, so hätten die Beweise aus Venezuela ihn gezwungen, sich zwischen zwei Möglichkeiten zu entscheiden: Entweder wäre ihm im Wahlkampf der Vorwurf gemacht worden, er betreibe Appeasementpolitik, oder er hätte etwas gegen Kuba unternehmen und eine zweite Kuba-Krise riskieren müssen. Nach Ansicht von Helms hätten Castros Revolutionäre ihre Pläne gegen Betancourt sicherlich in die Tat umgesetzt, wenn Kennedy am Leben geblieben wäre.

Johnson wollte um keinen Preis zu Anfang seiner Präsidentschaft eine neue Kuba-Krise heraufbeschwören, um seinen Wahlsieg nicht zu gefährden. Da das amerikanische Volk noch unter Schock stand, würde jegliche Kritik von seiten der Republikaner an der Politik des nun allseits überschwenglich idealisierten Präsidenten Kennedy sicherlich noch eine Zeitlang wirkungslos verpuffen. Deshalb beschloß Johnson, auf die Mitglieder der Organisation Amerikanischer Staaten einzuwirken, damit sie Castros Umsturzpläne öffentlich verurteilten und notfalls mit Waffengewalt drohten.

Der neue Präsident erhielt ein Memo von William Attwood, in dem dieser über seine Bemühungen um ein Gespräch mit Castro berichtete. Doch Johnson hatte kein Interesse an einer Annäherung gegenüber Kuba. Deshalb teilte er Attwood lediglich mit, er habe seinen Bericht »aufmerksam« gelesen. Später erfuhr Attwood von Gordon Chase, Johnsons Mitarbeiter hätten nicht die Absicht, »im Wahljahr etwas wegen Kuba zu unternehmen«.

Inzwischen mußte Helms feststellen, daß Johnson im Gegensatz zu seinem Amtsvorgänger kein Interesse an verdeckten Aktionen gegen Castro hatte, denn der neue Präsident erteilte der CIA die Anweisung, das Sabotageprogramm abzubrechen. Helms erinnerte sich: »Er sah keinen Sinn darin, Kuba unter Druck zu setzen, da er bereits mit Vietnam, der Aufklärung des Mordes an Kennedy, der Auseinandersetzung um die Bürgerrechte und dem Wahlkampf beschäftigt war.« In diesem Zusammenhang äußerte Desmond FitzGerald 1964 gegenüber seinen Mitarbeitern, daß »wir Castro sicherlich bis Weihnachten losgeworden wären, wenn Kennedy noch lebte«.

McNamara, der im März von einer Reise nach Saigon zurückkehrte, plädierte für eine zeitlich unbegrenzte Unterstützung Südvietnams. Seiner Ansicht nach hatte sich die Situation seit Diems Ermordung »ohne Zweifel verschärft«. Ungefähr vierzig Prozent der ländlichen Gebiete befänden sich »in den Händen oder unter dem Einfluß« des Vietcong.* Das politische Schicksal von General Nguyen Khanh, der die Militärjunta in Saigon gestürzt hatte, sei »unsicher«.

Daraufhin billigte Johnson ein Dokument, in dem Vietnam als »Testfall« für die amerikanische Fähigkeit bezeichnet wurde, mit »nationalen Befreiungskriegen« im Sinne Chruschtschows umzugehen. Immer noch befürchtete er, die Republikaner könnten das Vietnam-Thema gegen ihn verwenden, und beauftragte deshalb seine Berater, eine ausgewogene Resolution für den Kongreß zu entwerfen. Diese hatte zum Ziel, den Präsidenten den Krieg nach seinem Gutdünken führen zu lassen, und sollte gleichzeitig das Thema Vietnam aus dem Wahlkampf im Herbst heraushalten.

Am Sonntag, dem 2. August, kreuzte der amerikanische Zerstörer *Maddox* entlang den Buchten und Inseln der nordvietnamesischen

---

* Die Amerikaner fanden auch heraus, daß das Diem-Regime über seine Kriegserfolge in beschönigender Weise berichtet hatte.

Küste im Golf von Tonking. Er war mit Abhörgeräten ausgestattet und sammelte Informationen über sowjetische SAM-Raketen und Radarstationen. Außerdem befand sich die *Maddox* in Kontakt mit den südvietnamesischen Truppen, die zwei Nächte zuvor eine nahegelegene Insel erobert hatten. Der Zerstörer fuhr außerhalb der Dreimeilenzone, die von den französischen Kolonien festgesetzt worden war, aber noch innerhalb der Zwölfmeilenzone, auf die China und andere kommunistische Länder bestanden.

Plötzlich wurde die *Maddox* von drei nordvietnamesischen Schiffen mit Torpedos beschossen, die jedoch keinen Schaden anrichteten. Von der *Maddox* und der in der Nähe liegenden *Ticonderoga* wurde zurückgeschossen. Nach dem Scharmützel waren zwei der nordvietnamesischen Schiffe beschädigt; das dritte sank.

Trotz dieses Zwischenfalls sprach sich Präsident Johnson gegen weitere Vergeltungsmaßnahmen aus. Zum erstenmal benutzte er den heißen Draht nach Moskau und kabelte an Chruschtschow, er wünsche nicht, den Konflikt auszuweiten. Er hoffe jedoch, Nordvietnam werde von weiteren Angriffen auf amerikanische Schiffe in internationalen Gewässern absehen.

Die *Maddox* und der Zerstörer *C. Turner Joy* wurden angewiesen, acht Meilen vor der nordvietnamesischen Küste und vier Meilen vor den Inseln zu kreuzen. Währenddessen fuhren die südvietnamesischen Kommandos mit ihren Operationen fort. Am Sonntag abend erhielt der Kommandant der Maddox, Captain John Herrick, durch abgefangene Funksprüche den »Eindruck, Patrouillenboote der Kommunisten bereiteten einen Angriff vor«. Daraufhin eröffneten die *Maddox* und die *C. Turner Joy* mit Unterstützung der *Ticonderoga* das Feuer.

Die Offiziere der *Maddox* meldeten 22 feindliche Torpedos, von denen aber keiner getroffen habe. Zwei oder drei feindliche Schiffe seien gesunken. Doch nach Einstellen des Feuers warnte Herrick seine Vorgesetzten, die »gesamte Aktion läßt viele Zweifel offen«. Kein Seemann auf einem der amerikanischen Schiffe hatte feindliches Feuer gehört oder gesehen. Ein »übereifriger« junger Radaroffizier, der die Torpedos gezählt hatte, sei vielleicht »durch Wettereinflüsse« getäuscht worden.

Trotzdem ordnete der Präsident den ersten Bombenangriff gegen Nordvietnam an. Außerdem ließ er das Dokument zu Vietnam überarbeiten, das in dieser neuen Fassung als »Tonking-Resolution« in die Geschichte eingehen sollte. Diese Erklärung sah vor, daß Johnson

»alle notwendigen Maßnahmen ergreifen« könne, um die amerikanischen Streitkräfte zu schützen und »weitere Aggressionen zu vermeiden«. Der Senat verabschiedete die Resolution mit nur zwei Gegenstimmen.

Chruschtschow aber wollte die Entspannungspolitik unter allen Umständen fortführen. Er drängte Hanoi vertraulich, von der »Befreiung« des Südens abzulassen. Auf Bitten um erneute Militärhilfe antwortete er mit dem Ratschlag, man solle doch lieber verhandeln.

Kennedy hatte Mansfield, O'Donnell, Bartlett und anderen mitgeteilt, er plane, die amerikanischen Streitkräfte zurückzuziehen, wenn er erst einmal wiedergewählt sei und kein politisches Risiko mehr für ihn bestehe. Im Januar 1965 jedoch hätte vielleicht auch Kennedy befürchtet, daß die Frage »Wer hat Vietnam verloren?« seine weitere Zusammenarbeit mit der Sowjetunion und sein innenpolitisches Programm zunichte machen könnten. Außerdem hätten Rusk, McNamara, Bundy und die anderen Berater, die Lyndon Johnson in den Vietnamkrieg führten, Kennedy wahrscheinlich die gleichen Ratschläge wie seinem Nachfolger erteilt.*

Als Chruschtschow in den späten sechziger Jahren seine Memoiren diktierte, bemerkte er, Johnson sei »bis zum Hals im Vietnamkrieg versunken, doch das lag an seiner eigenen Dummheit. Vielleicht wäre Kennedy ja genauso dumm gewesen. Das kann ich heute nicht mehr beurteilen.« 1966 erklärte die sowjetische Regierung, die USA hätten unter der »seltsamen und hartnäckigen Täuschung« gelitten, sie könnten die Beziehungen mit der Sowjetunion trotz des Vietnamkrieges verbessern.

Im April 1964, anläßlich von Chruschtschows siebzigstem Geburtstag, erschien Leonid Breschnew mit einer Gruppe von Regierungsmitgliedern in dem Stadthaus des Parteichefs in Moskau. Nachdem er sich die Augen gewischt hatte, küßte er den Jubilar und las die Glückwünsche vor: »Wir wünschen Ihnen noch einmal so viele Jahre. Mögen Sie sie ebenso strahlend und fruchtbar verbringen wie die vergangenen.« Die

---

* Der Wissenschaftler Eliot Cohen meint, dank der gemeinsamen Erfahrung in der Kuba-Krise hätten sich diese Männer zu einer ähnlich abgestuften Anwendung militärischer Gewalt in Vietnam entschlossen. Cohen geht nicht so weit, zu behaupten, daß Kennedy die Pläne für die ersten großen Bombenangriffe auf Vietnam im Jahre 1965 gebilligt hätte, wenn er sie noch erlebt hätte. Doch man nimmt an, daß er so reagiert hätte.

Prawda widmete sieben ihrer acht Seiten dem Geburtstag des Parteichefs.

Zu diesem Zeitpunkt dachte Chruschtschow schon daran, sich aus der Politik zurückzuziehen: »Wir Alten haben unseren Teil getan. Jetzt ist es Zeit, den Weg für andere frei zu machen.« Sergej Chruschtschow stellte fest, daß die Kräfte seines Vaters schwanden. »Die Augen schmerzten ihm vom ewigen Lesen. Immer öfter bat er einen seiner Mitarbeiter oder seine Kinder, ihm laut vorzulesen.«

Die Mitarbeiter Chruschtschows ärgerten sich zunehmend über den Personenkult um den Parteichef, über die Streitigkeiten mit China, sein Versagen auf dem Gebiet der Landwirtschaft, seine dauernden Einmischungen in militärische Angelegenheiten und seine willkürlichen Entscheidungen. Da Kennedy nicht mehr am Leben war, konnte der Parteichef seine Unersetzbarkeit auch nicht mehr mit seiner persönlichen Beziehung zum Präsidenten begründen. Außerdem fragte man sich allmählich, ob Johnsons Amtsübernahme nicht die amerikanische Entspannungspolitik zunichte machen würde, die dem Parteichef so sehr am Herzen lag und die der Sowjetunion sowenig eingebracht hatte.

Im Juli schickte Chruschtschow Adschubej nach Westdeutschland, wo er mit Ludwig Erhard und Willy Brandt zusammentraf, um den Weg für einen offiziellen Besuch des Parteichefs zu ebnen. Nachdem er den Ostdeutschen vor anderthalb Jahren deutlich gemacht hatte, daß er nicht vorhabe, eine neue Berlin-Krise heraufzubeschwören, hegte Chruschtschow nun große Hoffnungen auf eine Annäherung an Westdeutschland und lukrative Handelsbeziehungen mit Bonn. Seine Gegenspieler in Moskau dagegen waren schockiert über den angeblichen Ausverkauf der DDR und die Entsendung seines allgemein unbeliebten Schwiegersohns auf eine diplomatische Mission.[*]

In Bonn gingen Gerüchte um, Adschubej habe auf die Frage, ob bessere Beziehungen auch Einfluß auf die Berliner Mauer haben werden, vertraulich geantwortet, wenn Chruschtschow von den ehrlichen Absichten der Westdeutschen überzeugt sei, werde sich die Mauer in Luft auflösen. Als der Parteichef von diesen Gerüchten erfuhr, ordnete er an, Adschubej müsse »einen Bericht für das Präsidium schreiben«.

---

[*] Kurz darauf sagte Gromyko zu einem Gast: »Warum wurde Chruschtschow gestürzt? Natürlich weil er Adschubej nach Bonn geschickt hat.«

Zwei Monate nach Adschubejs Besuch in Bonn reiste der westdeutsche Ingenieur Horst Schwirkmann nach Moskau, um die Botschaft der Bundesrepublik nach Abhörvorrichtungen zu durchsuchen. Nachdem er sie gefunden hatte, schickte er einen starken Stromstoß durch die Leitung, daß den KGB-Leuten die Ohren klingelten. Jetzt sah der Geheimdienst eine Gelegenheit, Chruschtschows Annäherung an Deutschland zu sabotieren: Während einer Besichtigung des Klosters von Sagorsk bekam Schwirkmann eine Ladung Senfgas ins Gesäß geschossen, was ihn beinahe das Leben gekostet hätte.

Erbost kündigte Westdeutschland an, der Besuch Chruschtschows in Bonn müsse so lange verschoben werden, bis die Angelegenheit zufriedenstellend aufgeklärt sei. Die Entschuldigung der Sowjets im Oktober fiel außergewöhnlich konkret aus: »Diejenigen Personen, die diese Tat veranlaßt haben, versuchen, die guten Beziehungen zwischen unseren beiden Ländern zu zerstören.« Doch sie kam zu spät. Zu diesem Zeitpunkt war Chruschtschow bereits von Männern abgelöst worden, die andere Vorstellungen über die Beziehungen zu Westdeutschland hatten.

Die an Heiligsprechung grenzende Verehrung für John Kennedy und die Nominierung von Barry Goldwater als Kandidat der Republikaner verhinderten, daß der Wahlkampf 1964 in einen erbitterten Streit um die Außenpolitik ausartete, wie es der Präsident befürchtet hatte. Lyndon Johnson stellte sich als Mann der Mitte und politische Alternative zu dem Rechtsaußen Goldwater dar.

Außerdem ließ der Präsident Chruschtschow durch Norman Cousins bitten, »sich aus der Wahl herauszuhalten«: Er wolle Goldwater mit Argumenten besiegen und durfte nicht als Kandidat des Kreml erscheinen. Während eines Besuches in Moskau berichtete David Rokkefeller von der Chase Manhattan Bank dem Parteichef von Johnsons Hoffnung, die beiden Staatschefs könnten »Beziehungen, wie Sie sie mit Präsident Kennedy hatten«, etablieren, was »in Zeiten des Konflikts sehr nützlich« gewesen sei.

Chruschtschow hatte den Eindruck, Johnson habe »sich als kluger Mann erwiesen«, und stellte erleichtert fest, daß der Präsident weder Kennedys Politik ins Gegenteil gewendet noch dem Druck von Goldwater nachgegeben hatte. Auf jeden Fall nahm der sowjetische Parteichef an, Johnson werde bei den Wahlen einen erdrutschartigen Sieg erringen. Dann könnten der Präsident und er die unter Kennedy begonnene Entspannungspolitik fortsetzen.

Doch der Generalsekretär ahnte nicht, daß seine engsten Mitarbeiter schon seit Monaten eine Verschwörung gegen ihn planten. Wie der KGB-Chef Semitschastni später berichtete, hatte Breschnew ihn im Juni gefragt, ob man Chruschtschow nicht vergiften oder sein Flugzeug sabotieren könne.

Semitschastni habe erwidert, er sei »kein Mörder«. Außerdem sei die Besatzung des Flugzeugs dem Parteichef treu ergeben und es befänden sich auch noch Gromyko und andere an Bord. Man überlegte auch, Chruschtschows Zug bei der Rückkehr aus Schweden im Juli aufzuhalten und den Parteichef festzunehmen.*

Im gleichen Monat forderte Chruschtschow Breschnew auf, das Amt des Vorsitzenden des Präsidiums an Mikojan abzutreten, damit er sich auf seine Pflichten im Zentralkomitee »konzentrieren« könne. Breschnew mag dies als ein Zeichen gedeutet haben, daß Chruschtschow ihn nicht als seinen Nachfolger vorschlagen werde.**

Wahrscheinlich war er noch mehr beunruhigt, als Chruschtschow im November das Zentralkomitee zusammenrufen wollte. Einem westlichen Reporter wurde mitgeteilt, man erwarte »viele Veränderungen an der Spitze. Beinahe alle hochrangigen Regierungsbeamten, abgesehen von Chruschtschow selbst, würden betroffen sein.« Sergej Chruschtschow erinnerte sich, sein Vater habe vorgehabt, jüngere Männer ins Präsidium zu bringen, »die eines Tages die Macht übernehmen sollten«. Vorgesehen waren Adschubej, Charmalow und Juri Andropow, der während des ungarischen Aufstandes Botschafter in Budapest gewesen war.

Im September erhielt Sergej einen Anruf von dem Geheimdienstmann Wassili Galjukow: »Ich habe erfahren, daß man etwas gegen

---

* Der amerikanische Historiker William Traubmann meint ganz richtig, diese Anschuldigung solle mit Vorsicht behandelt werden: Als Semitschastni sie 1989 aussprach, gehörte die Kritik an dem mittlerweile in Ungnade gefallenen Breschnew zum guten Tone.
** Breschnew könnte erfahren haben, daß Chruschtschow gegenüber seinem Sohn und anderen geäußert hatte, für das Amt des Generalsekretärs fehle es ihm an der nötigen Charakterstärke. Chruschtschow erinnerte sich, daß man Breschnew in der Ukraine vor dem Krieg »die Ballerina« genannt habe: »Jeder kann ihn nach Belieben herumdrehen.«

Nikita Sergejewitsch plant! Ich wollte es ihm persönlich sagen. Semitschastni darf nichts davon wissen, weil er selbst an der Verschwörung beteiligt ist. Außerdem sind noch Schelepin, Podgorny und andere dabei.«

Bei einem Spaziergang vor der Stadt erzählte Galjukow dem Sohn des Parteichefs von verschiedenen »Andeutungen, Hinweisen und geheimen Zusammenkünften«. Immer wieder sei das Wort »November« gefallen. Sergej hoffte, das Ganze sei nur ein »Alptraum«, der bald vorübergehen würde.

Normalerweise besprach der Parteichef politische Angelegenheiten nicht mit seinem Sohn. Als Sergej beispielsweise Lyssenkos Herangehensweise an die Genforschung kritisierte, wies ihn sein Vater zurecht: »Steck deine Nase nicht in Dinge, die dich nichts angehen.« Wenn Sergej ihn warnte, würde er »nicht nur dieses Tabu verletzen, sondern auch seine engsten Mitarbeiter und Kampfgefährten der Verschwörung bezichtigen«.

Am Sonntag, dem 27. September, spazierte er nach dem Frühstück in der Datscha mit seinem Vater über eine Wiese und suchte nach einer Möglichkeit, die Sprache auf das Komplott zu bringen: »Weißt du, es ist etwas Seltsames geschehen ... vielleicht ist es ja Unsinn, aber ich darf es nicht für mich behalten.« Nachdem Chruschtschow die Geschichte gehört hatte, sagte er seinem Sohn, er habe recht daran getan, ihn zu informieren. Doch er könne nicht glauben, daß Breschnew, Podgorny und die anderen sich gegen ihn verbündet hätten. »Das paßt nicht zu ihnen.«

Am nächsten Abend berichtete der Parteichef, er habe Podgorny von der angeblichen Verschwörung erzählt und dieser habe lachend geantwortet: »Wie können Sie so etwas von uns denken?« Vorsichtshalber aber bat Chruschtschow seinen Sohn schließlich doch, Galjukow mit Mikojan zusammenzubringen, der sich »um alles kümmern würde«. Daraufhin sprach Mikojan mit dem Geheimdienstmann und versicherte Chruschtschow danach, er brauche sich keine Sorgen zu machen.

Sergej meinte, sein Vater habe nicht glauben wollen, »daß die Dinge sich so hatten entwickeln können. Schließlich waren die Beschuldigten seit vielen Jahren seine Freunde. Wenn er ihnen nicht vertrauen konnte, wem dann? Dazu kommt noch, daß mein Vater siebzig Jahre alt und müde war. Er war physisch und psychisch erschöpft und hatte weder den Wunsch noch die Kraft, um die Macht zu kämpfen.«

Am Montag, dem 12. Oktober, als die Sonne gerade im Schwarzen Meer versank, spazierte Chruschtschow mit Mikojan am Strand entlang, als er wegen eines wichtigen Anrufs von Michail Suslow ins Haus gerufen wurde. Chruschtschow schimpfte in den Hörer: »Ich bin im Urlaub. Was gibt es denn Wichtiges? . . . Was meinen Sie, Sie haben sich alle zusammengesetzt? Die Landwirtschaftsplanung werden wir im November im Plenum besprechen. Dann haben wir genügend Zeit, über alles zu reden.«

Suslow aber bestand darauf, Chruschtschow solle am nächsten Tag nach Moskau fliegen, und schließlich stimmte der Parteichef zu. Dann setzte er seinen Spaziergang mit Mikojan fort und sagte: »Ich glaube, der Anruf hat mit der Sache zu tun, von der Sergej uns erzählt hat.« Und er vertraute seinem alten Kampfgefährten an, er werde nicht kämpfen, wenn sich die Situation von 1957 wiederholen sollte.

Nina Petrowna Chruschtschowa erholte sich gerade mit Viktoria Breschnewa in einem Heilbad in der Tschechoslowakei. Später vermutete man, daß Breschnew selbst diesen Urlaub arrangiert habe, damit Chruschtschow sich nicht bei seiner Frau, die als gute Menschenkennerin galt, Rat holen konnte.

Als Chruschtschow und Mikojan in Moskau landeten, wurden sie nur von Semitschastni erwartet, der meinte: »Sie warten alle im Kreml auf Sie.« In der alten Festung des Zaren wurde Chruschtschow Unbedachtheit, Egoismus, Vetternwirtschaft, Verwirrtheit, »undurchdachte Planung« und Versagen bei der Organisierung der Landwirtschaft und der Industrie vorgeworfen. Außerdem habe er in der Öffentlichkeit nicht die gehörige Würde gezeigt und die Beziehungen zu China geschädigt.

Mikojan setzte sich mutig dafür ein, daß Chruschtschow einen seiner Posten behalten solle, worauf jemand erwiderte: »Sie sind besser still, sonst werden wir uns auch um Sie kümmern.« Mikojan erwiderte: »Wir verteilen hier keine Kuchenstücke, sondern entscheiden über die Zukunft . . . eines großen Landes. Chruschtschows Arbeit ist das politische Kapital unserer Partei. Deshalb sollten Sie besser aufhören, mir zu drohen.«

Laut eigenem Zeugnis sagte Chruschtschow: »Ich bitte Sie, mir zu vergeben, wenn ich jemanden verärgert haben sollte . . . Ich kann mir nicht alle Vorwürfe merken und werde auch nicht versuchen, darauf zu antworten. Ich sage Ihnen nur das eine: Mein größter Fehler war es, daß ich zu gutmütig und vertrauensselig gewesen bin; vielleicht auch, daß ich meine eigenen Schwächen nicht bemerkt habe. Doch keiner der hier Anwesenden hat jemals offen mit mir über meine Fehler gesprochen.«

Anschließend verteidigte er seinen Kompromiß zur Beilegung der Kuba-Krise: »Sie beschuldigen mich, unsere Raketen abgezogen zu haben. Wollen Sie damit etwa sagen, wir hätten ihretwegen einen Weltkrieg anfangen sollen? Wie können Sie mir die Schuld an irgendeinem kubanischen Abenteuer in die Schuhe schieben, da wir doch alle diesbezügliche Entscheidungen gemeinsam getroffen haben?

Oder denken wir einmal an die Berliner Mauer. Damals waren Sie alle damit einverstanden, und jetzt machen Sie mir Vorwürfe. Weswegen denn, um Gottes willen? . . . Reden kann jeder, aber es ist eine andere Sache, eine konkrete Entscheidung zu fällen . . . Damals hat keiner von Ihnen einen brauchbaren Vorschlag gemacht, und auch jetzt sind Sie nicht dazu in der Lage. Die Beziehungen mit China waren ziemlich komplex und haben sich immer schwieriger gestaltet. In vier oder fünf Jahren werden Sie vor gewaltigen Problemen stehen.«

Chruschtschow fügte hinzu, dies werde seine letzte politische Rede sein – »mein Schwanengesang, könnte man sagen«. Als er darum ersuchte, eine letzte Bitte an das Plenum des Zentralkomitees im November richten zu dürfen, unterbrach ihn Breschnew: »Sie haben hier um gar nichts zu bitten!«

Daraufhin soll Chruschtschow weinend zusammengebrochen sein. Dann jedoch faßte er sich wieder: »Es sieht aus, als würde alles jetzt nach Ihren Wünschen geschehen. Was kann ich noch sagen – ich habe bekommen, was ich verdiente. Jetzt bin ich zu allem bereit . . . Wir stehen einer Menge Problemen gegenüber, und in meinem Alter ist es nicht leicht, mit ihnen umzugehen. Wir müssen jüngeren Leuten die Chance geben, sich zu bewähren. Manchen heute fehlt es an Mut und Integrität . . . Doch das ist jetzt nicht das Thema. Eines Tages wird die Geschichte die ganze Wahrheit über das berichten, was heute vorgefallen ist.«

Am gleichen Abend sagte er zu Mikojan: »Hätten wir damals auch nur daran gedacht, Stalin zu erklären, er passe uns nicht mehr und solle sich doch bitte aus der Politik zurückziehen? An der Stelle, wo wir gestanden hätten, wäre nicht mal ein Fettfleck zurückgeblieben. Heute ist alles anders . . . Das ist wohl mein Verdienst.«

Am Mittwoch morgen stand Chruschtschow zum letztenmal vor dem Präsidium. Seine Partei- und Regierungsämter fielen an Breschnew und Kossygin. Adschubej erinnert sich, daß Chruschtschow zusammengesunken auf seinem Stuhl saß. »Er hielt den Kopf gesenkt und starrte zu Boden. Auf einmal sah er so klein aus, als hätte alle Kraft seinen früher so starken Körper verlassen.«

Noch vor zwölf Uhr mittags kehrte Chruschtschow nach Hause zurück und übergab Sergej seine Aktenmappe, die er nie mehr öffnen sollte.* Dann seufzte er: »Das war's. Jetzt bin ich Privatmann.« Der davongejagte Staatschef und sein Sohn gingen schweigend spazieren, gefolgt von Jelena Chruschtschowas Hund Arbat. Sergej erinnert sich, daß Arbat früher nie viel Interesse an seinem Vater gezeigt hatte. Von diesem Tag an aber sei der Hund nicht mehr von seiner Seite gewichen.

Am Abend dieses Tages überbrachte Mikojan Chruschtschow die Nachricht, er werde auf Lebenszeit eine Pension beziehen und seine Datscha und sein Stadthaus behalten können. Sein Vorschlag, Chruschtschow einen Posten als Berater anzubieten, sei abgelehnt worden. Chruschtschow dankte ihm: »Es ist gut, einen Freund wie Sie an meiner Seite zu wissen.«

Der Armenier umarmte seinen alten Kampfgenossen und küßte ihn auf beide Wangen. Dann entfernte sich Mikojan rasch. Chruschtschow sollte ihn nie mehr wiedersehen.

Am Donnerstag fuhr Lyndon Johnson gerade im Rahmen seiner Wahlkampfkampagne durch Brooklyn, als er im Autoradio eine Meldung der TASS hörte, Chruschtschow habe sich plötzlich aus »gesundheitlichen Gründen« aus der Politik »zurückgezogen«.**

Am Freitag zündeten die Chinesen ihre erste Atombombe. Anders als sein Amtsvorgänger blieb Johnson ruhig und gelassen. Von der CIA wußte er, daß die Chinesen noch einen langen und kostspieligen Weg vor sich hatten, ehe sie zielgenaue Interkontinentalraketen würden entwickeln können.

Vierzehn Tage später gewann Johnson mit der größten Mehrheit in

---

* Nach dem Tode seines Vaters fand Sergej darin eine Aktennotiz über McNamaras Abschreckungsdoktrin.

** Charles Bartlett rief seinen Freund Alexander Sintschuk von der sowjetischen Botschaft an: »Sie können uns einfach nicht in Ruhe wählen lassen. Vor zwei Jahren haben Sie Unordnung in Kuba angerichtet, und jetzt jagen Sie Chruschtschow aus dem Amt, während wir gerade zu entscheiden versuchen, wer unser Präsident werden soll.«

der amerikanischen Geschichte die Präsidentschaftswahlen. Jetzt war er nicht mehr an das Vermächtnis seines Vorgängers gebunden und stand zwei sowjetischen Führern gegenüber, die mit allen Mitteln zu verhindern suchten, daß der Name ihres Vorgängers öffentlich genannt wurde. Die Ära Kennedy–Chruschtschow war ein für allemal vorüber.

Fast fünfundzwanzig Jahre nach der Wahl Johnsons fiel die Berliner Mauer. Das Ende des Kalten Krieges gibt uns heute die Möglichkeit, die Relevanz der Kennedy-Chruschtschow-Ära deutlicher denn je zu erkennen.

In diesen Jahren stand die Menschheit näher als je zuvor am Rande eines Atomkriegs, und die Vereinigten Staaten und die Sowjetunion begannen das größte Wettrüsten der Menschheitsgeschichte. Trotzdem ist es den beiden Staatschefs gelungen, zwei schwere Krisen mit friedlichen Mitteln beizulegen, und dieses Verdienst wird auch durch die Schattenseiten ihres politischen Vermächtnisses nicht geschmälert. Mehr als jedem sowjetischen Politiker in dem Jahrzehnt nach Stalins Tod war Chruschtschow daran gelegen, die Versorgungslage der Bevölkerung seines Landes zu verbessern, indem er die Militärausgaben auf möglichst niedrigem Niveau hielt. Doch angesichts des damaligen politischen Klimas wäre es wohl keinem sowjetischen Staatschef gelungen, den Weltmachtambitionen der Sowjetunion eine Absage zu erteilen, um den Lebensstandard ihrer Bürger zu erhöhen. Eine solche Entscheidung hätte den Betreffenden wahrscheinlich sein Amt gekostet. Außerdem war Chruschtschow auch gar nicht willens, seinen Traum vom Weltkommunismus einfach aufzugeben.

Deswegen sah er sich gezwungen, öffentlich Lügen über die Stärke der sowjetischen Atomstreitmacht zu verbreiten und die Vereinigten Staaten dadurch unter Druck zu setzen. Zu Zeiten Eisenhowers war diese Strategie noch relativ ungefährlich, denn der alte General wußte, daß die Sowjetunion den Vereinigten Staaten unterlegen war. Außerdem hatte er es wegen seines politischen Prestiges im eigenen Land nicht nötig, Chruschtschows Beteuerungen von der atomaren Überlegenheit der Sowjetunion zu widersprechen. Auf diese Weise gelang es Eisenhower, den Verteidigungshaushalt der USA auf einem niedrigen Niveau zu halten und Chruschtschows Berlin-Ultimatum mit der nötigen Gelassenheit zu begegnen.

Jedoch begriff Chruschtschow nicht, wie gefährlich seine Strategie nach Kennedys Einzug ins Weiße Haus geworden war. Da Kennedy nicht über Eisenhowers Besonnenheit verfügte, sich als Präsident nur auf eine hauchdünne Mehrheit stützen konnte und außerdem dazu neigte, das amerikanische Volk mit Schreckensmeldungen über die Machenschaften der Sowjets zu beunruhigen, führte Chruschtschows Methode zu einer fast unlösbar erscheinenden Krise, die Jahre andauern sollte.

Während dieser schwierigen Jahre zeigte Kennedy besonders in Gefahrensituationen großes Fingerspitzengefühl und eine beachtliche Souveränität im Umgang mit Krisen. Außerdem verfolgte er die Frage des Atomteststopps mit größerer Beharrlichkeit, als irgendein anderer Präsident es getan hätte.

Doch während seiner gesamten Präsidentschaft legte Kennedy nur selten jene Weitsicht an den Tag, die man vom Staatschef einer Supermacht erwarten mußte. Statt dessen versetzte er die westliche Welt wegen einer angeblich drohenden Gefahr in Alarmbereitschaft und provozierte seinen Gegner, indem er der Welt die Schwäche der Sowjets auf atomarem Gebiet vor Augen führte. Zudem löste er bei den Sowjets unwillentlich die Angst aus, er beabsichtige, die atomare Streitmacht der Amerikaner einzusetzen, um den Kalten Krieg nach amerikanischen Bedingungen – vielleicht sogar durch einen Präemptivschlag – zu entscheiden.

Dies führte unter anderem zu Chruschtschows riskanten Versuchen, seine Macht in Berlin und Kuba festzuschreiben. Eine weitere Folge war die Anfang der sechziger Jahre getroffene Entscheidung des Kreml, die Aufrüstung voranzutreiben. Man ignorierte die Bedürfnisse der sowjetischen Bürger und steckte das Geld statt dessen in den Rüstungswettlauf mit den USA. Hätte der amerikanische Präsident Chruschtschow oder einen seiner Nachfolger dazu ermutigt, mit der ursprünglichen Politik der minimalen Abschreckung fortzufahren, wäre das gewaltige Wettrüsten der nächsten beiden Jahrzehnte verhindert worden.

Wir können natürlich nicht mit Sicherheit sagen, ob ein fortdauerndes atomares Ungleichgewicht zwischen den beiden Supermächten zu weiteren gefährlichen Episoden wie Berlin oder Kuba geführt hätte oder ob eine weniger umfassende Aufrüstung den Zusammenbruch des Kommunismus und das Ende des Kalten Krieges verzögert hätte. Aufschlußreichere Antworten auf diese Fragen können erst gegeben werden, wenn die Historiker aller Länder ungehinderten Zugriff auf die Archive der Sowjetunion und des Westens bekommen.

Um 1970 bestand weitgehend ein atomares Patt zwischen der Sowjetunion und den Vereinigten Staaten. Chruschtschow hatte behauptet, daß die sowjetische Wirtschaft in diesem Jahr die stärkste der Welt sein würde. Statt dessen lag die sowjetische Wirtschaft im Jahr 1980 in den letzten Zügen, was zum Aufstieg von Gorbatschow führte.

Berlin wurde nie wieder zum Streitpunkt zwischen Ost und West. Bis zum Jahr 1971 war die strategische Streitmacht der Sowjets so groß, daß es der Kreml nicht mehr nötig hatte, die Verwundbarkeit des Westens in der geteilten Stadt auszunutzen. Zudem führte die Ostpolitik von Bundeskanzler Willy Brandt dazu, daß die vier Besatzermächte ein Abkommen unterzeichneten, das »die Grenzen aller Staaten in Europa für unverletzlich« erklärte. Als Gegenleistung garantierte die Sowjetunion dem Westen den Zugang zu Berlin.

Fidel Castro hielt das Zustandekommen der strategischen Stärke der Sowjetunion für sein Verdienst. In den späten sechziger Jahren behauptete er, wenn Chruschtschows Schlappe in Kuba nicht gewesen wäre, hätten die Sowjets niemals solche Anstrengungen unternommen, im Rüstungswettlauf mitzuhalten.

1968 befürwortete Castro die sowjetische Invasion in der Tschechoslowakei. Mitte der siebziger Jahre schöpfte Kuba fast die Hälfte der sowjetischen Wirtschaftshilfe an die Dritte Welt ab. Gleichzeitig dehnte Castro seine revolutionären Ambitionen bis nach Afrika aus und schickte Truppen nach Angola und Äthiopien. In den frühen achtziger Jahren wurde er zum politischen und militärischen Paten der nicaraguanischen Sandinisten und der Guerilla in El Salvador.

Kennedys Tod brachte die amerikanischen Bemühungen, den kubanischen Staatschef zu beseitigen, nicht zum Erliegen. Diese endeten erst 1965. Ein Jahrzehnt später nahm Henry Kissingers Außenministerium Kontakt zu kubanischen Diplomaten auf. Als Reagan an die Regierung kam, wurde Castros Furcht vor einer Invasion der Amerikaner aufs neue geweckt, denn der neue Präsident drohte, den Unruhen in Mittelamerika »an die Wurzel zu gehen«.

Als Chruschtschow nach der Invasion in Prag seine Memoiren diktierte, nannte er Breschnews Entscheidung »einen Fehler«. Doch er beharrte darauf, daß »die Zeit die Wunden heilen wird . . . Die Tschechen und Slowaken werden sich schließlich unter die anderen sozialistischen Völker einreihen und . . . die Freundschaft des sowjetischen

Volkes suchen ... Wir verfolgen die gleichen Ziele ... und stehen Seite an Seite im Kampf für den Sozialismus und den Kommunismus. Ich glaube, alles wird sich schließlich zum Guten wenden«.

Aber Chruschtschow versagte als Prophet. Als Michail Gorbatschow zwei Jahrzehnte später deutlich machte, daß er nicht länger gewillt sei, Marionettenregierungen mit Hilfe sowjetischer Panzer und Wirtschaftshilfe aufrechtzuerhalten, schüttelte Osteuropa die Ketten des Kommunismus ab. Es kam zur Wiedervereinigung zwischen Ostdeutschland und Westdeutschland. Währenddessen wetterte Fidel Castro in Havanna über Gorbatschows Verrat.

Nach 1964 wurde Chruschtschow gleich der schönen Lara in Pasternaks Roman *Doktor Schiwago* »vergessen wie eine namenlose Nummer auf einer Liste, die jemand verlegt hat«. Übrigens bedauerte Chruschtschow später, daß er dieses Buch verboten hatte. Sergej schrieb: »Die Breschnew-Regierung hat das vergangene Jahrzehnt weder öffentlich analysiert noch kritisiert. Auch über die Fehler, die mein Vater zweifellos begangen hat, wurde nicht gesprochen. Er verschwand einfach von der Bildfläche – und mit ihm seine Siege und Niederlagen, seine Tugenden und Schwächen, die Liebe seiner Freunde und der Haß seiner Feinde.«

Anfang 1965 nahmen Breschnew und Kossygin dem alten Mann auch noch das Haus weg und verbannten ihn und Nina Petrowna in eine grüne Blockhütte neben einer Apfelplantage in der Nähe von Moskau. »Jetzt muß ich lernen, die Zeit totzuschlagen«, sagte Chruschtschow tief enttäuscht zu seiner Familie.

Als Breschnew erfuhr, daß Chruschtschow seine Memoiren diktierte, beorderte er den ehemaligen Parteichef ins Zentralkomitee, wo dieser den Anwesenden sagte: »Sie können mir alles nehmen. Meine Pension, meine Datscha, meine Wohnung ... na und! Ich kann immer noch meinen Lebensunterhalt verdienen. Vielleicht kann ich ja wieder in der Metallindustrie arbeiten ... Mein Handwerk beherrsche ich noch. Wenn das nicht möglich ist, nehme ich eben meinen Beutel und gehe betteln. Die Leute werden mir schon geben, was ich brauche ... Ihnen aber würde niemand auch nur eine Brotkruste hinwerfen. Sie müßten elend verhungern!«

Der erste Band von Chruschtschows Memoiren erschien 1970 im Westen unter dem Titel *Chruschtschow erinnert sich*. Als er daraufhin wieder vors Zentralkomitee geladen wurde, schimpfte er: »Jetzt ist es sechs Jahre her, daß ich aus dem Amt gejagt wurde, sechs Jahre, seit Sie mich für alles verantwortlich gemacht haben. Sie haben einmal gesagt, alles würde besser werden, wenn Chruschtschow erst einmal weg wäre ... statt dessen bricht jetzt unsere Landwirtschaft zusammen ... Die Läden sind leer ... Es sollte nur eine Ausnahme sein, daß wir 1963 Getreide von Amerika gekauft haben, doch jetzt ist das zum Normalzustand geworden. Sie sollten sich schämen!«

Über die Streitigkeiten mit China meinte Chruschtschow: »Sechs Jahre sind jetzt vergangen, und die Beziehungen haben sich noch weiter verschlechtert. Nun ist es offensichtlich, daß die Gründe tiefer liegen ... Es wird neuer Köpfe sowohl hier als auch in China bedürfen, um die Probleme auf eine andere Weise anzugehen und die alten, verkrusteten Ansichten über Bord zu werfen.«

Als man ihn aufforderte, eine Erklärung zu unterschreiben, er habe »niemals seine Memoiren« dem Westen zukommen lassen, zögerte er zuerst, besann sich dann aber eines anderen: »Ich habe getan, was Sie von mir verlangten, und unterschrieben. Jetzt möchte ich nach Hause, denn ich habe Schmerzen in der Brust.« Zu Hause angekommen, erlitt er einen Herzinfarkt. Im folgenden Frühling beklagte er sich: »Niemand braucht mich mehr. Ich laufe nur noch ziellos herum. Wenn ich mich jetzt aufhängen würde, würde es niemand bemerken.«

Im September 1971 starb Chruschtschow. Damals fragte sich Sergej, ob einer der hohen Regierungsbeamten wohl einen Kondolenzbesuch abstatten würde, doch niemand kam. Unter den zahlreichen Briefen von Sowjetbürgern und Menschen aus dem Westen befanden sich auch Beileidsbezeugungen von Llewellyn Thompson und Jacqueline Kennedy Onassis.

Drei Jahre später erschien der zweite Band von Chruschtschows Memoiren. Darin brachte Chruschtschow seine Achtung vor Kennedy zum Ausdruck, denn in der Erinnerung des alten Mannes waren nicht die martialischen Töne von 1961 ausschlaggebend, sondern die Worte des Präsidenten in Wien. Damals hatte Kennedy eingeräumt, die USA und die Sowjetunion verfügten über die gleiche militärische Stärke. Außerdem gedachte Chruschtschow des Mannes, der mit ihm gemeinsam eine friedliche Lösung der Konflikte in Berlin und Kuba herbeigeführt und 1963 die Entspannungspolitik vorangetrieben hatte. Sergej erinnerte sich, daß sein Vater »Kennedy vertraute und ihn als Menschen gern hatte. Solche Sympathien und Abneigungen spielten in Vaters Leben stets eine große Rolle«.

In seinen Memoiren räumte Chruschtschow ein, zwischen den Biographien der beiden Staatschefs seien »Welten gelegen«: »Ich war ein Bergmann, ein Eisenbieger, der durch den Willen der Partei und des Volkes Vorsitzender des Ministerrates seines Landes wurde. Kennedy hingegen war Millionär und der Sohn eines Millionärs. Er verfolgte das Ziel, den Kapitalismus zu stärken, während ich den Kapitalismus zerstören wollte, um eine neue Gesellschaft zu schaffen, die auf den Lehren von Marx und Engels basiert.«

Trotzdem hatten die beiden Staatschefs in der Kuba-Krise eine »gemeinsame Basis und eine gemeinsame Sprache« gefunden. Kennedy »wußte, daß der Krieg zur Verarmung eines Landes führt und Verderben über ein Volk bringt. Außerdem war ihm klar, daß ein Krieg gegen die Sowjetunion kein Spaziergang werden würde . . . Er bewies große Flexibilität, und gemeinsam haben wir ein Unglück verhindert«.

Bei ihrer ersten Begegnung im September 1959 hatte Chruschtschow Kennedy und den anderen Senatoren prophezeit, ihre Enkel würden einmal unter dem Kommunismus leben. Es würde ihn wohl verblüffen zu erfahren, daß seine Enkel in einer Sowjetunion leben, die sich immer mehr der Freiheit öffnet. Als Michail Gorbatschow ankündigte, er beabsichtige, den Lebensstandard in der Sowjetunion zu erhöhen, erinnerten sich viele daran, daß sie diese Worte schon einmal gehört hatten. Viele nannten die Regierungszeit Chruschtschows »unsere erste Perestroika«.

Alexei Adschubej war lange Zeit von der politischen Bühne verschwunden. Als Jane Thompson in den späten sechziger Jahren nach Moskau zurückkehrte, sah sie ihn, wie er »sich nach Kräften abmühte, einen riesigen Kartoffelsack auf den Rücksitz seines kleinen Autos zu hieven«. Aber sie grüßte ihn nicht: »Es wäre ihm sicherlich peinlich gewesen. Später erfuhren wir, man habe ihn nach Alma-Ata oder in die Mongolei geschickt, um eine Zeitung herauszugeben. Dann erfuhren wir, er sei wieder zurückgekehrt.«*

---

* Tatsächlich war Adschubej aufgefordert worden, Moskau zu verlassen und eine Stellung im Fernen Osten der Sowjetunion anzunehmen. Daraufhin drohte er, er werde eine offizielle Beschwerde an U Thant bei den Vereinten Nationen richten. Überraschenderweise wirkte das. In seinen Memoiren deutet Sergej Chruschtschow an, die Behörden hätten mit Adschubej auch »über einige andere Angelegenheiten« gesprochen. Damit will er sagen, Adschubej könnte sein Einverständnis erklärt haben, sich von seinem Vater zu distanzieren.

In den späten achtziger Jahren teilte Adschubej einem Reporter mit: »Die Chruschtschow-Periode war der erste Akt eines großen Dramas – eines Dramas, in dem eine Gesellschaft sich ihre Visionen zurückeroberte. Die ganze Entwicklung erinnert mich an eine dieser griechischen Tragödien, in denen schon das erste Wort das Publikum erschüttert. In unserem Drama wurden die ersten Worte von Chruschtschow gesprochen. Jetzt haben wir den Höhepunkt erreicht.«

Sergej Chruschtschow stimmte diesen Worten zu: »Freiheit und Glasnost lagen in diesen Tagen noch in weiter Ferne, doch damals hat alles angefangen.« Er schrieb an Gorbatschow: »Ihre Arbeitsweise, Ihre schnellen Reaktionen und Ihr Drang, das Leben mit eigenen Augen zu sehen, sich selbst um alles zu kümmern und unabhängige Entscheidungen zu fällen, erinnern mich sehr an meinen Vater ... Chruschtschow ist ein Teil unserer Geschichte und meiner Ansicht nach nicht der schlechteste.«

Als man ihn fragte, ob sein Vater an die Kreml-Mauer umgebettet werden solle, lachte er: Chruschtschow liege jetzt neben Künstlern, Dichtern, Schriftstellern und Kriegshelden, an deren Seite er gekämpft habe. »Ich glaube, er bleibt besser, wo er ist. Er befindet sich in sehr guter Gesellschaft.«

Im Februar 1989 reiste Sergej Chruschtschow in die Vereinigten Staaten, wohin er seinen Vater bereits vor vielen Jahren begleitet hatte. In gebrochenem Englisch hielt er einen Vortrag an der Kennedy School of Government in Harvard. Während seiner Rede schlugen rechtsgerichtete Störer mit ihren Schuhen auf die Pulte.

Sergej Chruschtschow ließ sich jedoch nicht aus der Ruhe bringen: »Glücklicherweise trennt uns nur eine Frage: Der rechte oder der linke Schuh?« Das Publikum applaudierte. Er fuhr fort: »Man darf einen Menschen nicht nur kritisieren, sondern muß auch die Geschichte und ihre Grundlagen studieren, damit sie sich nicht wiederholt ... Wir haben eingesehen, wie schlecht wir einander kennen. Diese Unkenntnis hat selbst auf höchster Regierungsebene zu vielen Fehlern geführt.«

Er sagte über die Geschichte: »Für Sie im Westen ist sie nur interessante Information über die Leute von nebenan. Für uns jedoch weist sie in die Zukunft, die sich immer aus der Vergangenheit entwickelt.«

Danksagung

Wie ich bereits im Vorwort erwähnt habe, schulde ich vor allem den vielen Wissenschaftlern Dank, die die Themen, Ereignisse und Persönlichkeiten untersucht haben, von denen dieses Buch handelt. Leider würde es den Rahmen der Auswahlbibliographie sprengen, wenn ich jedes Buch aufführte, das mich beeinflußt hat, seit ich als Schüler in Illinois begann, mich mit John F. Kennedy, Nikita Chruschtschow und den amerikanisch-sowjetischen Beziehungen zu beschäftigen.

An dieser Stelle möchte ich auch noch all denjenigen meinen Dank aussprechen, die an der Entstehung dieses Buches beteiligt waren. Stephen Ambrose, James Blight, James MacGregor Burns, Mary Graham und Strobe Talbot haben das Manuskript gelesen und meine Arbeit durch konstruktive Kritik gefördert. Priscilla Johnson McMillan, die sowohl Kennedy als auch Chruschtschow kannte und über sie geschrieben hat, stellte mir ihre Wohnung wie auch so manchen guten Rat zur Verfügung, als ich in Cambridge und in Boston meine Recherchen anstellte. Schwester Cynthia Binder und Maryam Mashayekhi haben mir in Washington bei der Recherche geholfen.

Außerdem haben sich wichtige Persönlichkeiten aus den Vereinigten Staaten, der Sowjetunion, Großbritannien, Deutschland und Frankreich, die zur Regierungszeit Kennedys und Chruschtschows im öffentlichen Leben standen, zu Interviews bereit erklärt. Sie alle sind in den Quellenangaben aufgeführt. Zudem haben mir diese Personen auch Zugang zu ihren persönlichen Papieren und Tagebüchern gewährt. An dieser Stelle möchte ich auch denjenigen Amerikanern, Sowjets und Kubanern danken, die an den Konferenzen über die Kuba-Krise in Hawk's Cay, Cambridge, Moskau und Antigua teilgenommen haben. Ohne sie wäre der Nachwelt eine historische Quelle von unschätzbarem Wert verlorengegangen. Zivi Dor-Ner und Adrianna Bosch vom Fernsehsender WGBH in Boston haben mir freundlicherweise die Mitschriften von Interviews zur Verfügung gestellt, die mit Amerikanern und Sowjets anläßlich der Sendung *War and Peace in the Nuclear Age* durchgeführt wurden. Auch Władisław Zubok, James Blight, Benina Berger-Gould und Peter Collier waren so freundlich, mir zusätzliches Material zugänglich zu machen, das in den Anmerkungen aufgeführt ist.

Außerdem möchte ich John Wickman, Martin Teasley, David Haight und ihren Kollegen von der Eisenhower Library für ihre zehnjährige Mitarbeit an den Recherchen für dieses Buch danken. Mein Dank geht auch an William Johnson, Barbara Whealan, Michael Desmond, Alan Goodrich und das Personal der Kennedy Library wie auch an die Angestellten aller anderen Archive, die in den Quellenangaben aufgeführt sind.

Zudem schulde ich auch allen Mitarbeitern des Verlages Harper-Collins Dank, ohne die es mir nur halb soviel Freude bereitet hätte, dieses Buch herauszubringen. Mein Verleger und Freund Edward Burlingame hat jeden Arbeitsschritt bei diesem Projekt im Geiste der besten Traditionen amerikanischen Verlegertums intensiv betreut. Er wurde dabei von Christa Weil und Kathy Banks von Edward Burlingame Books sowie von William Shinker, Buz Wyeth, Joseph Montebello, Karen Mender, Steven Sorrentino, Sheryl Fuchs und ihren Kollegen von Harper-Collins unterstützt.

Die Recherchen für dieses Buch waren sehr spannend, da Ende der achtziger Jahre ständig neue amerikanische und sowjetische Quellen zugänglich wurden. Diese Informationen haben unser Bild von der Ära Kennedy–Chruschtschow sehr verändert. Da selbst zu dem Zeitpunkt, als bereits die Druckfahnen korrigiert wurden, wichtige Quellen erschlossen werden konnten, sah ich mich gezwungen, bis zuletzt neues Material in das Buch einzufügen. Bill Luckey, C. Linda Dingler, Kim Lewis, Dot Gannon und andere Mitarbeiter in der Herstellungsabteilung von Harper-Collins haben sich dieser Herausforderung gestellt. Ihnen wie auch Janet Baker und Vincent Virga, der die Fotografien ediert hat, bin ich zu großem Dank verpflichtet.

Während der sechs Jahre, die ich an diesem Buch schrieb, ist mir mein Agent Timothy Seldes stets mit Rat und Tat zur Seite gestanden. Außerdem danke ich Afsaneh Mashayekhi und vielen anderen Freunden und Verwandten, die vielleicht manchmal wegen Kennedy und Chruschtschow ein wenig zu kurz gekommen sind.

Quellenverzeichnis

Auswahlbibliographie

In der folgenden Liste sind jene Veröffentlichungen enthalten, die in den Quellenangaben zitiert werden. Aus Platzgründen wurde darauf verzichtet, sämtliche Werke aufzuführen, die den Autor bei der Abfassung dieses Buches beeinflußt haben.

Abel, Elie: *The Missile Crisis* (Philadelphia: Lippincott, 1966) [dt: *Dreizehn Tage vor dem Dritten Weltkrieg* (Wien/München: Molden, 1966)]

Adams, Sherman: *Firsthand Report* (New York: Harper, 1961)

Adenauer, Konrad: *Erinnerungen 1959–1963* (Stuttgart: Deutsche Verlagsanstalt, 1968)

Adler, Richard: »*You Gotta Have Heart*« (New York: Donald I. Fine, 1990)

Adomeit, Hannes: *Soviet Risk-Taking and Crisis Behavior* (London: Allen & Unwin, 1982) [dt: *Die Sowjetmacht in internationalen Krisen und Konflikten* (Baden-Baden: Nomos, 1983)]

Allison, Graham T.: *Essence of Decision. Explaining the Cuban Missile Crisis* (Boston: Little, Brown, 1971)

Alsop, Stewart: *The Center. People and Power in Political Washington* (New York: Harper, 1968)

Ambrose, Stephen E.: *Eisenhower. The President* (New York: Simon and Schuster, 1984)

–: *Nixon. The Education of a Politician, 1913–1962* (New York: Simon and Schuster, 1987)

–: *Nixon. The Triumph of a Politician, 1962–1972* (New York: Simon and Schuster, 1989)

–: *Rise to Globalism* (New York: Penguin, 1988)

–: *Espionage Establishment* (New York: Doubleday, 1981)

Andrew, Christopher M./Gordievsky, Oleg: *KGB. The Inside Story* (New York: Harper Collins, 1990)

Attwood, William: *The Twilight Struggle. Tales of the Cold War* (Harper, 1987)

Baker, Bobby, mit Larry L. King: *Weeling and Dealing. Confessions of a Capitol Hill Operator* (New York: Norton, 1978)

Baker, Leonard: *The Johnson Eclipse. A President's Vice Presidency* (New York: Macmillan, 1966)

Ball, Desmond: *Politics and Force Levels. The Strategic Missile Program of the Kennedy Administration* (Berkeley: University of California, 1981)

Ball, George W.: *The Past Has Another Pattern* (New York: Norton, 1982)

Barnet, Richard: *The Alliance. America, Europe, Japan* (New York: Simon and Schuster, 1983)

–: *The Giants. Russia and America* (New York: Simon and Schuster, 1977)

Barron, John: *KGB. The Secret Work of Soviet Secret Agents* (London: Corgi reprint, 1975) [dt: *KGB. Arbeit und Organisation des sowjetischen Geheimdienstes in Ost und West* (München: Knaur 1978)]

Berg, Raisa: *Acquired Traits* (New York: Penguin, 1990)

Bergquist, Laura/Tretick, Stanley: *A Very Special President* (New York: McGraw-Hill, 1965)

Berle, Beatrice/Jacobs, Travis Beal, Hrsg.: *Navigating the Rapids 1961–1971. From the Papers of Adolf A. Berle* (New York: Harcourt, 1973)

Beschloss, Michael R.: *Kennedy and Roosevelt. The Uneasy Alliance* (New York: Haper, 1986)

–: *Mayday. Eisenhower, Khrushchev and the U-2 Affair* (New York: Harper, 1986)

–/Thomas E. Cronin: *Essays in Honor of James MacGregor Burns* (Englewood Cliffs, N. J.: Prentice-Hall, 1988)

Bishop, Jim: *A Bishop's Confession* (Boston: Little, Brown, 1981)

–: *The Day Kennedy Was Shot* (New York: Random House, 1968)

Blair, Clay jr./Blair, Joan: *The Search for JFK* (New York: Putnam, 1976)

Blakey, Robert/Billings, Richard: *The Plot to Kill the President* (New York: Times Books, 1981)

Blechman, Barry/Kaplan, Stephen: *Force Without War* (Washington, D. C.: Brookings, 1978)

Blight, James G./Welch, David A.: *On the Brink. Americans and Soviets Reexamine the Missile Crisis* (New York: Farrar, Straus, 1989)

Bohlen, Charles E: *Witness to History 1929–1969* (New York: Norton, 1973)

Bourne, Peter G.: *Fidel. A Biography of Fidel Castro* (New York: Dodd, Mead, 1986) [dt: *Fidel Castro – »Maximo Líder« der kubanischen Revolution* (München: Heyne, 1990)]

Bowles, Chester: *Promises to Keep. My Years in Public Life, 1941–1969* (New York: Harper, 1971)

Bradlee, Benjamin C.: *Conversations with Kennedy* (New York: Norton, 1975)

Branch, Taylor: *Parting the Waters. America in the King Years, 1954–63* (New York: Simon and Schuster, 1988)

Brandon, Henry: *Special Relationships* (New York: Atheneum, 1988)

Brandt, Willy: *Begegnungen und Einsichten* (Hamburg: Hoffmann & Campe, 1976)

Brodie, Fawn: *Richard Nixon. The Shape of his Character* (New York: Norton, 1981)

Brook-Shepherd, Gordon: *The Storm Birds. Soviet Postwar Defectors* (New York: Weidenfeld, 1989)

Brown, Thomas: *JFK. History of an Image* (Bloomington, Ind.: Indiana University, 1988)

Brune, Lester H : *The Missile Crisis of October 1962. A Review of Issues and References* (Claremont, Calif.: Regina, 1985)

Bundy, McGeorge: *Danger and Survival. Choices About the Bomb in the First Fifty Years* (New York: Random House, 1988)

Burner, David/West, Thomas: *The Torch Is Passed. The Kennedy Brothers and American Liberalism* (New York: Atheneum, 1984)

Burns, James MacGregor: *Edward Kennedy and the Camelot Legacy* (New York: Norton, 1976)

–: *John Kennedy. A Political Profile* (New York: Harcourt, 1959)

Burrows, William E.: *Deep Black. Space Espionage and National Security* (New York: Random House, 1986)

Carbonell, Nestor T.: *And the Russians Stayed. The Sovietization of Cuba* (New York: William Morrow, 1989)

Cassini, Oleg: *In My Own Fashion* (New York: Simon and Schuster, 1987)

Cate, Curtis: *The Ides of August. The Berlin Wall Crisis 1961* (New York: M. Evans, 1978) [dt: *Riß durch Berlin. Der 13. August 1961* (Hamburg: Knaus, 1980)]

Catudal, Honoré Marc: *Kennedy and the Berlin Wall Crisis* (Berlin: Berlin Verlag, 1981) [dt: *Kennedy in der Mauer-Krise. Eine Fallstudie zur Entscheidungsfindung in USA* (Berlin: Berlin Verlag, 1981)]

Chang, Gordon H.: *Friends and Enemies. The United States, China and the Soviet Union 1948–1972* (Stanford: Stanford University, 1990)

Chayes, Abram: *The Cuban Missile Crisis* (New York: Oxford, 1964)

Chruschtschow, N. S.: s. unter Khrushchev, Nikita S.

Chruschtschow, S. N.: s. unter Khrushchev. Sergej N.

Cline, Ray S.: *The CIA Under Reagan, Bush and Casey* (Washington, D. C.: Acropolis, 1981)

Clubb, Oliver: *China and Russia. The »Great Game«* (New York: Columbia, 1971)

Cohen, Stephen F.: *Sovieticus. American Perceptions and Soviet Realities* (New York: Norton, 1985)

Cohen, Warren I.: *Dean Rusk* (Totowa, N. J.: Cooper Square, 1989)

Colby, William: *Lost Victory* (Chicago: Contemporary, 1989)

Collier, Peter/Horowitz, David: *The Fords. An American Epic* (London: Collins, 1988)

–: *The Kennedys. An American Drama* (New York: Summit, 1984) [dt: *Die Kennedys. Ein amerikanisches Drama* (München: Goldmann, 1991)]

Corson, William R./Crowley, Robert T.: *The New KGB. Engine of Soviet Power* (New York: Morrow, 1985)

Cousins, Norman: *The Improbable Triumvirate. John F. Kennedy, Pope John, Nikita Khrushchev* (New York: Norton, 1972)

Crankshaw, Edward: *Khrushchev. A Career* (New York: Viking, 1966) [dt: *Der rote Zar. Nikita Chruschtschow* (Frankfurt/M.: S. Fischer, 1967)]

Davis, John H.: *The Kennedys. Dynasty and Disaster* (New York: McGraw-Hill reprint, 1984) [dt: *Siegen! Siegen um jeden Preis: die Kennedys, ihre wahre Geschichte* (Zürich: Schweizer Verlagshaus, 1987)]

–: *Mafia Kingfish. Carlos Marcello and the Assassination of John F. Kennedy* (New York: McGraw-Hill, 1989) [dt: *Mafia. Schattengeschichte der USA* (Zürich: Schweizer Verlagshaus, 1991)]

Deakin, James: *Straight Stuff. The Reporters, the White House and the Truth* (New York: William Morrow, 1984)

De Gaulle, Charles: *Memoirs. Renewal 1958–1962* (London: Weidenfeld and Nicholson, 1971) [dt: *Memoiren der Hoffnung, 1958–1962* (Wien/München: Molden 1971)]

Demaris, Ovid: *The Director. An Oral Biography of J. Edgar Hoover* (New York: Harper's Magazine, 1975)

Destler, I. M.: *Presidents, Bureaucrats and Foreign Policy* (Princeton: Princeton University, 1974)

–/Leslie H. Gelb/Anthony Lake: *Our Own Worst Enemy. The Unmaking of American Foreign Policy* (New York: Simon and Schuster, 1984)

Detzer, David: *The Brink. Cuban Missile Crisis 1962* (New York: Crowell, 1979)

Dinerstein, Herbert S.: *The Making of a Missile Crisis* (Baltimore: Johns Hopkins, 1976)

Divine, Robert A.: *Blowing on the Wind. The Nuclear Test Ban Debate 1954–1960* (New York: Oxford, 1978)

–: *Foreign Policy and U.S. Presidential Elections 1952–1960* (New York: New Viewpoints, 1974)

Donmen, Arthur J.: *Conflict in Laos. The Politics of Neutralization* (New York: Praeger, 1964)

Donovan, Hedley: *Roosevelt to Reagan. A Reporter's Encounter with Nine Presidents* (New York: Harper, 1985)

Donovan, James B.: *Challenges. Reflections of a Lawyer-at-Large* (New York: Atheneum, 1967)

Eddowes, Michael: *Khrushchev Killed Kennedy* (Privately published, 1975)

–: *The Oswald File* (New York: Clarkson N. Potter, 1977)

Eisenhower, Dwight D.: *The White House Years. Waging Peace 1956–1961* (New York: Doubleday, 1965) [dt: *Wagnis für den Frieden, 1956–1961* (Düsseldorf/Wien: Econ, 1966)]

Enthoven, Alain/Smith, Wayne: *How Much is Enough?* (New York: Harper, 1971)

Epernay, Mark (John Kenneth Galbraith): *The McLandress Dimension* (Boston: Houghton Mifflin, 1963)

Epstein, Edward Jay: *Legend. The Secret World of Lee Harvey Oswald* (New York: McGraw-Hill, 1978)

Exner, Judith: *My Story* (New York: Grove, 1977)

Faber, Harold, Hrsg.: *The Kennedy Years* (New York: Viking, 1964)

Fay, Paul B., jr.: *The Pleasure of His Company* (New York: Harper, 1966)

Ferrell, Robert H., Hrsg.: *Off the Record. The Private Papers of Harry S. Truman* (New York: Harper, 1980)

Finder, Joseph: *Red Carpet* (New York: Holt, 1983)

Firestone, Bernard J.: *The Quest for Nuclear Stability. John F. Kennedy and the Soviet Union* (Westport, Conn.: Greenwood, 1982)

FitzSimons, Louise: *The Kennedy Doctrine* (New York: Random House, 1972)

Foreign Relations of the United States 1950 (U.S. Government Printing Office, 1975)

Fox, Stephen: *Blood and Power. Organized Crime in Twentieth-Century America* (New York: Morrow, 1989)

Frankland, Mark: *Khrushchev* (London: Harmondsworth, Penguin, 1966)

Franqui, Carlos: *Family Portrait with Fidel* (New York: Vintage reprint. 1984)

Fulbright, J. William, mit Tillman, Seth P.: *The Price of Empire* (New York: Pantheon, 1989)

Gaddis, John Lewis: *The Long Peace. Inquiries into the History of the Cold War* (New York: Oxford, 1987)

–: *Russia, the Soviet Union and the United States* (New York: Oxford, 1978)

–: *Strategies of Containment. A Critical Appraisal of Postwar American Security Policy* (New York: Oxford, 1982)

Galbraith, John Kenneth: *Ambassador's Journal* (Boston: Houghton Mifflin, 1969) [dt: *Tagebuch eines Botschafters. Ein persönlicher Bericht über die Jahre mit Kennedy* (München/Zürich: Droemer Knaur, 1970)]

–: *A Life in Our Times* (Boston: Houghton Mifflin, 1981)

Gallup, George H., Hrsg.: *The Gallup Poll. Public Opinion, 1935–1971* (New York: Random House, 1972), zitiert als *Gallup*

Garthoff, Raymond: *Detente and Confrontation. American-Soviet Relations from Nixon to Reagan* (Washington, D. C.: Brookings, 1985)

–: *Intelligence Assessment and Policyamaking. A Decision Point in the Kennedy Administration* (Washington, D. C.: Brookings, 1984)

–: *Reflections on the Cuban Missile Crisis* (Washington, D. C.: Brookings, 1987), zitiert als Garthoff

–: *Reflections on the Cuban Missile Crisis* (Second Edition) (Washington, D. C.: Brookings, 1989), zitiert als Garthoff (1989)

Gehlen, Reinhard: *The Service: The memoirs of General Reinhard Gehlen* (New York: Popular Library, 1972) [dt: *Der Dienst. Erinnerungen 1942–1971* (München/Zürich: Droemer Knaur, 1973)]

Gelb, Norman: *The Berlin Wall. Kennedy, Khrushchev and a Showdown in the Heart of Europe* (New York: Times Books, 1986)

George, Alexander L./Smoke, Richard: *Deterrence in American Foreign Policy* (New York: Columbia, 1974)

Giancana, Antoinette/Renner, Thomas C.: *Mafia Princess* (New York: Avon reprint, 1984)

Goldmann, Marshall I.: *Gorbachev's Challenge. Economic Reform in the Age of High Technology* (New York: Norton, 1987)

Goldwater, Barry M.: *With No Apologies* (New York: William Morrow, 1979)

Goldwater, Barry M., mit Casserly, Jack: *Goldwater* (New York: Doubleday, 1988)

Goodwin, Doris Kearns: *The Fitzgeralds and the Kennedys* (New York: Simon and Schuster, 1987)

Goodwin, Richard N.: *Remembering America. A Voice from the Sixties* (Boston: Little, Brown, 1988)

Graves, Robert: *Oxford Addresses on Poetry* (London: Cassell, 1962)

Griffith, William E.: *Albania and the Sino-Soviet Rift* (Cambridge, Mass.: MIT, 1963)

–: *The Sino-Soviet Rift* (Cambridge: MIT, 1964)

Gromyko, Anatoli: *1036 dnei prezidenta Kennedi* (Moskau: Politizdat, 1971) [dt: *Die 1036 Tage des Präsidenten Kennedy* (Berlin: Dietz, 1970)]

–: *Wneschnaja politika SShA. uroki i deistwitel'nost. 60-70e godi* (Moskau: Mesdunarodnaja Otnoschenija, 1978)

Gromyko, Anatoli/Kokoschin, Andrej: *Bratja Kennedi* (Moskau: Misl, 1985)

Gromyko, Andrej: *Memoirs* (New York: Doubleday, 1989) [dt: Gromyko, Andrej: *Erinnerungen* (Düsseldorf: Econ, 1989)

Grossman, Michael Barone/Kumar, Martha Joynt: *Portraying the President. The White House and the News Media* (Baltimore: Johns Hopkins, 1981)

Gunther, John: *Inside Europe, 1937* [dt: *So sehe ich Europa!* (2. Aufl. Amsterdam: de Lange 1937)]

–: *Procession* (New York: Harper, 1965)

Guthman, Edwin O.: *We Band of Brothers* (New York: Harper, 1971)

–/Shulman, Jeffrey: *Robert Kennedy. In His Own Words. The Unpublished Recollections of the Kennedy Years* (New York: Bantam, 1988)

Halberstam, David: *The Best and the Brightest* (New York: Random House, 1963) [dt: *Die Elite* (Hamburg: Rowohlt, 1974)]

Haldeman, H. R., mit DiMona, Joseph: *The Ends of Power* (New York: Times Books, 1978)

Hammer, Armand, mit Lyndon, Neil: *Hammer* (New York: Putnam, 1987)

Hammer, Ellen J.: *A Death in November. America in Vietnam 1963* (New York: Dutton, 1987)

Hammer, Manfried, u. a.: *Das Mauerbuch* (Berlin: Oberbaum, 1984)

Hearst, William Randolph, jr./Conniff, Frank/Considine, Bob: *Ask Me Anything. Our Adventures with Khrushchev* (New York: McGraw Hill, 1960)

Herken, Gregg: *Counsels of War* (New York: Knopf, 1985)

Heymann, C. David: *A Woman Named Jackie* (New York: Lyle Stuart, 1989)

Higgins, Trumbil: *The Perfect Failure. Kennedy, Eisenhower and the CIA at the Bay of Pigs* (New York: Norton, 1987)

Hilsman, Roger: *To Move a Nation. The Politics of Foreign Policy in the Administration of John F. Kennedy* (New York: Doubleday, 1967)

Hirsch, Richard/Trento, John: *The National Aeronautics and Space Administration* (New York: Praeger, 1973)

Hofmann, Gunter: *Willy Brandt. Porträt eines Aufklärers aus Deutschland* (Hamburg: Rowohlt, 1988)

Höhne, Heinz/Zolling, Hermann: *The General Was a Spy* (New York: Coward, McCann and Geoghegan, 1972) [dt: *Pullach intern. General Gehlen und die Geschichte des Bundesnachrichtendienstes* (Hamburg: Hoffmann & Campe, 1971)]

Holloway, David: *The Soviet Union and the Arms Race* (New Haven: Yale, 1983)

Horelick, Arnold L./Rush, Myron: *Strategic Power and Soviet Foreign Policy* (Chicago: University of Chicago, 1966)

Horne, Alistair: *Macmillan. 1957–1986* (London: Macmillan, 1989)

Hurt, Henry: *Reasonable Doubt* (New York: Holt, 1985)

Hyland, William/Shyrock, Richard: *The Fall of Khrushchev* (New York: Funk & Wagnalls, 1968)

Isaacson, Walter/Thomas, Evan: *The Wise Men. Six Friends and the World They Made* (New York: Simon and Schuster, 1986)

Jahn, Hans Edgar: *An Adenauers Seite* (München: Langen Müller, 1987)

Jaipur, Maharani of: *A Princess Remembers* (Delhi: Tarang reprint, 1984)

Johnson, Haynes: *The Bay of Pig* (New York: Norton 1984)

Johnson, Haynes/Gwertzmann, Bernard M.: *Fulbright. The Dissenter* (New York: Doubleday, 1968)

Johnson, Lyndon B.: *The Vantage Point. Perspectives on the Presidency 1963–1969* (New York: Holt, 1971) [dt: *Meine Jahre im Weißen Haus* (München, 1972)]

Johnson, Priscilla: *Krushchev and the Arts. The Politics of Soviet Culture. 1962–1964* (Boston: MIT, 1965)

Kalb, Madeleine G.: *The Congo Cables. The Cold War in Africa* (New York: Macmillan, 1982)

Kaplan, Fred: *The Wizards of Armageddon* (New York: Simon and Schuster, 1983)

Karnow, Stanley: *Vietnam. A History* (New York: Penguin reprint, 1984)

Kearns, Doris: *Lyndon Johnson and the American Dream* (New York: Harper, 1976)

Kelley, Kitty: *Jackie Oh!* (New York: Ballantine reprint, 1978)

–: *His Way. The Unauthorized Biography of Frank Sinatra* (New York: Bantam reprint, 1987)

Kennan, George F.: *Memoirs. 1950–1963* (Boston: Little, Brown, 1972) [dt: *Memoiren 1950–1963* (1972)]

Kennedy, Edward M., Hrsg.: *The Fruitful Bough* (Privately published, 1965)

Kennedy, John F.: *Profiles in Courage* (Harper, 1964A) [dt: *Zivilcourage* (Wien/Stuttgart, 1960)]

–: *The Strategy of Peace* (New York: Harper, 1960) [dt: *Der Weg zum Frieden* (Düsseldorf: Econ, 1961)]

–: *Why England Slept* (New York: Wilfried Funk, 1940)

Kennedy, Robert F.: *The Enemy Within* (New York: Harper, 1960) [dt: *Gangster drängen zur Macht* (München/Bern: Scherz, 1969)]

–: *Thirteen Days. A Memoir of the Cuban Missile Crisis* (New York: Norton, 1969) [dt: *Dreizehn Tage* (München/Bern: Scherz, 1969)], zitiert als RFK13

Kennedy, Rose Fitzgerald: *Times to Remember* (New York: Doubleday, 1974) [dt: *Alles hat seine Stunde* (Frankfurt/M.: Fischer)]

Kern, Montague: *The Kennedy Crisis. The Press, the Presidency and Foreign Policy* (Chapel Hill: University of North Carolina, 1983)

Khrushchev, Nikita S.: *Khrushchev Remembers* (Boston: Little, Brown, 1970) [dt: *Chruschtschow erinnert sich* (Hamburg: Rowohlt, 1971)], zitiert als NSK1

–: *Chruschtschow, N. S.: Remembers. The Glasnost Tapes* (Boston: Little, Brown, 1990), zitiert als NSK3

–: *Khrushchev Remembers. The Last Testament* (Boston: Little, Brown, 1974), zitiert als NSK2

Khrushchev, Sergei N.: *Khrushchev on Khrushchev. An Inside Account of the Man and His Era* (Boston: Little, Brown, 1990), zitiert als SNK

King, Larry, mit Occhiogrosso, Peter: *Tell It to the King* (New York: Jove reprint, 1989)

Kissinger, Henry A.: *White House Years* (Boston: Little, Brown, 1979) [dt: *Memoiren* (München: Bertelsmann, 1979)]

Kistiakowsky, George B.: *A Scientist at the White House* (Cambridge: Harvard, 1976)

Klurfeld, Herman: *Winchell. His Life and Times* (New York: Praeger, 1976)

Knightley, Phillip/Kennedy, Carole: *An Affair of State. The Profumo Case and the Framing of Stephen Ward* (New York: Atheneum, 1987)

Koch, Thilo: *Tagebuch aus Washington* (Frankfurt/M.: Fischer Bücherei, 1965)

Koerfer, Daniel: *Kampf ums Kanzleramt. Erhard und Adenauer* (Stuttgart: Deutsche Verlags-Anstalt, 1987)

Kohler, Foy D.: *Understanding the Russians* (New York: Harper, 1970)

Kokoschin, Andrej/Rogow, Sergej: *Serie kardinaly belogo doma* (Moskau: Nowosti, 1986)

Kraft, Joseph: *Profiles in Power. A Washington Insight* (New York: New American Library, 1966)

Kroll, Hans: *Lebenserinnerungen eines Botschafters* (Köln: Kiepenheuer und Witsch, 1967)

Kutler, Stanley: *The Wars of Watergate* (New York: Knopf, 1990)

Lacey, Robert: *Ford. The Men and the Machine* (Boston: Little, Brown, 1986) [dt: *Ford. Eine amerikanische Dynastie* (Düsseldorf: Econ, 1987)]

LaFeber, Walter: *America, Russia and the Cold War. 1945–1975* (New York: John Wiley, 1976)

Laqueur, Walter: *A World of Secrets. The Uses and Limits of Intelligence* (New York: Basic, 1985)

Lash, Joseph P.: *A World of Love. Eleanor Roosevelt and Her Friends. 1943–1962* (New York: Doubleday, 1984)

Lasky, Victor: *It Didn't Start with Watergate* (New York: Dial, 1977)

–: *J. F. K. The Man and The Myth* (New York: Macmillan, 1963)

Lawrence, Bill: *Six Presidents, Too Many Wars* (New York: Saturday Review, 1972)

Lebow, Richard Ned.: *Between Peace and War. The Nature of International Crisis* (Baltimore: Johns Hopkins, 1981)

Legvold, Robert: *Gorbachev's Foreign Policy. How Should th U.S. Respond?* (New York: Foreign Policy Association, 1988)

Leonhard, Wolfgang: *Child of the Revolution* (Chicago: Regnery, 1958) [dt: *Die Revolution entläßt ihre Kinder* (Köln/Berlin: Kiepenheuer und Witsch, 1955)]

–: *The Kremlin Since Stalin* (New York: Praeger, 1962) [dt: *Kreml ohne Stalin* (Köln: Verlag für Politik und Wirtschaft, 1959)]

Lewis, John Wilson/Xue Litai: *China Builds the Bomb* (Stanford: Stanford University, 1988)

Lieberson, Goddard/Meyers, John, Hrsg.: *John Fitzgerald Kennedy. . . . As We Remember Him* (New York: Atheneum, 1965)

Lincoln, Evelyn: *Kennedy and Johnson* (New York: Holt, 1968)

–: *My Twelve Years with John F. Kennedy* (New York: McKay, 1965) [dt: *Zwölf Jahre mit John F. Kennedy* (Frankfurt/M.: Lorch, 1966)]

Linden, Carl A.: *Khrushchev and the Soviet Leadership. 1957–1964* (Baltimore: Johns Hopkins, 1966)

Lippmann, Walter: *Conversations with Walter Lippmann* (Boston: Atlantic Monthly, 1965)

Logsdon, John M.: *The Decision to Go to the Moon. Project Apollo and the National Interest* (Cambridge: MIT, 1970)

Lowell, Robert: *For the Union Dead* (New York: Farrar, Straus, 1964) [dt: *Für die Toten der Union* (Frankfurt: Suhrkamp, 1969)]

Lukas, J. Anthony: *Nightmare. The Underside of the Nixon Years* (New York: Viking, 1976)

MacDuffie, Marshall: *The Red Carpet* (New York: Norton, 1955) [dt: *Der rote Teppich* (München: List, 1955)]

MacMahon, Edward/Curry, Leonard: *Medical Coverups in the White House* (Washington, D. C.: Farragut, 1987)

Macmillan, Harold: *At the End of the Day* (New York: Harper, 1973)

–: *Pointing the Way. 1959–1951* (New York: Harper, 1972)

–: *Riding the Storm. 1956–1959* (New York: Harper, 1971) [dt: *Erinnerungen* (Frankfurt: Propyläen, 1972)]

MacNeil, Robert: *The Right Place at the Right Time* (Boston: Little, Brown, 1982)

Mahoney; Richard D.: *JFK. Ordeal in Africa* (New York: Oxford, 1983)

Manchester, William: *The Death of a President. November 20–25, 1963* (New York: Harper, 1967) [dt: *Der Tod des Präsidenten* (Frankfurt: Fischer 1967)]

–: *One Brief Shining Moment. Remembering Kennedy* (Boston: Little, Brown, 1983)

–: *Portrait of a President. John F. Kennedy in Profile* (Boston: Little, Brown, 1962)

Marchetti, Victor/Marks, John: *The CIA and the Cult of Intelligence* (New York: Dell reprint, 1975) [dt: *CIA* (Stuttgart: DVA, 1974)]

Martin, David C.: *Wilderness of Mirrors* (Harper, 1980)

Martin, John Bartlow: *Adlai Stevenson and the World* (New York: Doubleday, 1977)

–: *It Seems Like Only Yesterday* (New York: Morrow, 1986)

Martin, Lawrence: *The Presidents and the Prime Ministers. Washington and Ottawa Face to Face* (New York: Doubleday, 1982)

Martin, Ralph: *A Hero for Our Time. An Intimate Story of the Kennedy Years* (New York: Macmillan, 1983)

Mazo, Earl: *Richard Nixon* (New York: Harper, 1959)

McCauley, Martin, Hrsg.: *Khrushchev and Khrushchevism* (London: Macmillan, 1987)

McDougall, Walter A.: . . . *the Heavens and the Earth. A Political History of the Space Age* (New York: Basic, 1985)

McGehee, Ralph W.: *Deadly Deceits. My 25 Years in the CIA* (New York: Sheridan Square, 1983)

McGwire, Michael: *Military Objectives in Soviet Foreign Policy* (Washington, D. C.: Brookings, 1987)

McLellan, David S./Acheson, David C., Hrsg: *Among Friends. Personal Letters of Dean Acheson* (New York: Dodd, Mead, 1980)

McMillan, Priscilla Johnson: *Marina and Lee* (New York: Harper, 1978)

McNamara, Robert S.: *Blundering into Disaster* (New York: Pantheon, 1986)

McNeil, Neil: *Dirksen. Portrait of a Public Man* (Cleveland: World, 1970)

McSherry, James E.: *Kennedy and Khrushchev in Retrospect* (Palo Alto: Open-Door Press, 1971)

Medved, Michael: *The Shadow Presidents. The Secret History of the Chief Executives and Their Top Aides* (New York, Times Books, 1979)

Medvedev, Roy: *All Stalin's Men* (New York: Anchor/Doubleday, 1984)

–: *Khrushchev* (New York: Doubleday, 1983)

Micunovic, Velkjo: *Moscow Diary* (New York: Doubleday, 1980)

Miller, Arthur: *Timebends. A Life* (New York: Grove, 1987) [dt: *Zeitkurven* (Frankfurt: Fischer, 1987)]

Miller, Merle: *Lyndon. An Oral Biography* (New York: Putnam, 1980)

Miroff, Bruce: *Pragmatic Illusions. The Presidential Politics of John F. Kennedy* (New York: David McKay, 1976)

Moldea, Dan E.: *The Hoffa Wars. Teamsters, Rebels, Politicians and the Mob* (New York: Paddington, 1978)

Moran, Lord: *Winston Churchill. The Struggle for Survival. 1940–1965* (London: Constable, 1966) [dt: *Der Kampf ums Überleben 1940–1965* (München/Zürich: Droemer Knaur, 1967)]

Morley, Morris H.: *Imperial State and Revolution. The United States and Cuba 1952–1986* (London: Cambridge, 1987)

Morris, Charles R.: *Iron Destinies, Lost Opportunities. The Arms Race Between the U.S.A. and the U.S.S.R.. 1945–1987* (New York: Harper, 1988)

Mosley, Leonard: *Dulles. A Biography of Eleanor, Allen and John Foster Dulles and Their Family Network* (New York: Dial, 1978)

Navasky, Victor S.: *Kennedy Justice* (New York: Atheneum, 1971)

Neustadt, Richard E.: *Presidential Power. The Politics of Leadership* (New York: Wiley, 1960)

Neustadt, Richard E./May, Ernest R.: *Thinking in Time. The Uses of History for Decision Makers* (New York: The Free Press, 1986)

Newhouse, John: *War and Peace in the Nuclear Age* (New York: Grove, 1989)

Nixon, Richard: *RN. The Memoirs of Richard Nixon* (New York: Grosset & Dunlap, 1978) [dt: *Memoiren* (Frankfurt/M.: Ullstein, 1981)

–: *Six Crises* (New York: Doubleday, 1962)

Novosti: *Nikita Khrushchev. Life and Destiny* (Moskau: Nowosti, 1989)

Nowosti: s. unter Novosti

Nye, Joseph S., jr.: *Bound to Lead. The Changing Nature of American Power* (New York: Basic, 1990)

Oberg, James E.: *Red Star in Orbit* (New York: Random House, 1981)

–: *Uncovering Soviet Disasters. Exploring the Limits of Glasnost* (New York: Random House, 1988)

O'Donnell, Kenneth P./Powers, David F./McCarthy, Joe: »*Johnny, We Hardly Knew Ye*«. *Memories of John Fitzgerald Kennedy* (Boston: Little, Brown, 1972), zitiert als Odon

Opotowsky, Stan: *The Kennedy Government* (New York: Dutton, 1961)

Pachter, Henry M.: *Collision Course. The Cuban Missile Crisis and Coexistence* (New York: Praeger, 1963)

Paper, Lewis J.: *The Promise and the Performance. The Leadership of John F. Kennedy* (New York: Crown, 1975)

Parmet, Herbert S.: *Jack. The Struggles of John F. Kennedy* (New York: Dial, 1980)

–: *JFK. The Presidency of John F. Kennedy* (New York: Dial, 1983)

Paterson, Thomas G., Hrsg.: *Kennedy's Quest for Victory* (New York: Oxford, 1989)

Pearson, John: *The Life of Ian Fleming* (London: Pan reprint, 1966)

Penkovsky, Oleg: *The Penkovsky Papers* (New York: Ballantine reprint, 1982)

Petschull, Jürgen: *Die Mauer* (München: Stern 1981)

Phillips, David Atlee: *The Night Watch* (New York: Ballantine reprint, 1977)

Pierpoint, Robert: *At the White House. Assignment to Six Presidents* (New York: Putnam, 1981)

Pistrak, Lazar: *Khrushchev's Rise to Power* (New York: Praeger, 1961)

Plimpton, George/Stein, Jean: *American Journey. The Times of Robert Kennedy* (New York: Harcourt, 1970)

Powers, Richard Gid: *Secrecy and Power. The Life of J. Edgar Hoover* (New York: Free Press, 1987)

Powers, Thomas: *The man Who Kept the Secrets. Richard Helms & the CIA* (New York: Knopf, 1979) [dt: *CIA* (Hamburg: Hoffman und Campe, 1980)]

Prados, John: *The Soviet Estimate. U. S. Intelligence Analysis and Russian Military Strength* (New York: Dial, 1982)

Prittie, Terrence: *Willy Brandt* (New York: Schocken, 1974) [dt: *Willy Brandt. Biographie* (Frankfurt: Krüger, 1973)]

Public Papers of the Presidents of the United States. Dwight D. Eisenhower. 1953–1961 (U. S. Government Printing Office, 1954–1961), zitiert als DDEPP

Quirk, John Patrick: *The Central Intelligence Agency* (Guilford, Conn.: Foreign Intelligence Press, 1986)

Rabinowitch, Alexander: *Revolution and Politics in Russia* (Bloomington, Ind.: Indiana University, 1972)

Ranelagh, John: *The Agency. The Rise and Decline of the CIA* (New York: Simon and Schuster, 1986)

Report to the President by the Commission on CIA Activities within the United States, Nelson A. Rockefeller, Chairman (Washington, D. C.: U. S. Government Printing Office, 1975)

Reston, James, jr.: *The Lone Star. The Life of John Connally* (New York: Harper, 1989)

Roberts, Chalmers M.: *First Rough Draft* (New York: Praeger, 1973)

Rositzke, Harry: *The CIA's Secret Operations* (New York: Reader's Digest, 1977)

–: *The KGB. The Eyes of Russia* (London: Sidgwick & Jackson reprint, 1983)

Rostow, W. W.: *The Diffusion of Power* (New York: Macmillan, 1972)

–: *Open Skies* (Austin: University of Texas, 1982)

Rovere, Richard: *Final Reports* (New York: Doubleday, 1984)

Rowan, Carl: Breaking Barriers (Boston: Little, Brown, 1991)

Rusk, Dean, unter Mitarbeit von Rusk, Richard: *As I Saw It* (New York: Norton, 1990)

Rust, William J.: *Kennedy in Vietnam* (New York: Scribners, 1985)

Sacharow: s. unter Sakharov

Sakharov, Andrei: *Memoirs* (New York: Knopf, 1990) [dt.: *Sacharow, A. Memoiren* (München: Piper, 1991)]

Salinger, Pierre: *With Kennedy* (New York: Doubleday, 1966) [dt: *Mit John F. Kennedy* (Düsseldorf: Econ, 1967)]

Salisbury, Harrison: *A Journey for Our Times* (New York: Harper, 1983)

–: *Without Fear Or Favor. The New York Times and Its Times* (New York: Times Books, 1980)

Saunders, Frank, unter Mitarbeit v. Southwood, James: *Torn Lace Curtain* (New York: Holt, 1982)

Scheim, David E.: *Contract on America. The Mafia Murder of President John F. Kennedy* (New York: Shapolsky, 1988)

Schick, Jack M.: *The Berlin Crisis. 1958–1962* (Philadelphia: University of Pennsylvania, 1971)

Schlesinger, Arthur M., jr.: *The Cycles of American History* (Boston: Houghton Mifflin, 1986)

–: *Kennedy or Nixon. Does It Make Any Difference?* (New York: Macmillan, 1960)

–: *Robert Kennedy and His Times* (Boston: Houghton Mifflin, 1978), zitiert als AMSRK

–: *A Thousand Days: John F. Kennedy in the White House* (Boston: Houghton Mifflin, 1965) [dt: *Die tausend Tage Kennedys* (Bern/München: Scherz, 1966)], zitiert als AMSTD

Schmidt, Helmut: *Menschen und Mächte* (Berlin: Siedler, 1987)

Schoenbaum, Thomas J.: *Waging Peace and War. Dean Rusk in the Truman, Kennedy and Johnson Years* (New York: Simon and Schuster, 1988)

Schorr, Daniel: *Clearing the Air* (Boston: Houghton Mifflin, 1977)

Seaborg, Glenn T.: *Kennedy, Khrushchev and the Test Ban* (Berkeley: University of California, 1981)

–: *Stemming the Tide. Arms Control in the Johnson Years* (Lexington, Mass.: Lexington, 1987)

Searls, Hank: *The Lost Prince. Young Joe, the Forgotten Kennedy* (Cleveland: World, 1969)

Sejna, Jan: *We Will Bury You* (London: Sidgwick & Jackson, 1982)

Shell, Kurt L.: *Bedrohung und Bewährung. Führung und Bevölkerung in der Berlin-Krise* (Köln: Westdeutscher Verlag, 1965)

Shevchenko, Arkady N.: *Breaking with Moskow* (New York: Knopf, 1985)

Schewtschenko: s. unter Shevchenko

Shulman, Marshall: *Beyond the Cold War* (New Haven: Yale, 1966)

–: *Stalin's Foreign Policy Reappraised* (Cambridge: Harvard, 1963)

Sick, Gary: *All Fall Down. America's Tragic Encounter with Iran* (New York: Random House, 1985)

Sidey, Hugh: *John F. Kennedy President* (New York: Atheneum, 1963)

–: *John F. Kennedy President* (Second edition, New York: Atheneum, 1964), zitiert als Sidey (1964)

Simmonds, George W., Hrsg.: *Soviet Leaders* (New York: Crowell, 1967)

Slater, Ellis D.: *The Ike I Knew* (privat veröffentlicht, 1980)

Slusser, Robert M.: *The Berlin Crisis of 1961* (Baltimore: Johns Hopkins, 1973)

Smith, Jean Edward: *The Defense of Berlin* (Baltimore: Johns Hopkins, 1963) [dt: *Der Weg ins Dilemma. Preisgabe und Verteidigung der Stadt Berlin* (Berlin: Propyläen, 1965)]

Smith, Joseph Burkholder: *Portrait of a Cold Warrior* (New York: Putnam, 1976)

Smith, Wayne: *The Closest of Enemies* (New York: Norton, 1987)

Spector, Leonard C.: *Nuclear Proliferation Today* (New York: Vintage reprint, 1984)

Sorensen, Theodore C.: *Kennedy* (New York: Harper, 1965) [dt: *Kennedy* (München: Piper, 1966)], zitiert als Sor

Steel, Ronald: *Walter Lippmann and the American Century* (Boston: Atlantic Little Brown, 1980)

Stoughton, Cecil/Clifton, Chester V.: *The Memories. JFK, 1961–1963* (New York: Norton, 1973)

Strauß, Franz Josef: *Die Erinnerungen* (Berlin: Siedler, 1989)

Stromseth, Jane E.: *The Origins of Flexible response* (New York: St. Martin's, 1988)

Stützle, Walther: *Kennedy und Adenauer in der Berlin-Krise. 1961–1962* (Bonn: Verlag Neue Gesellschaft, 1973)

Sullivan, William/Brown, Bill: *The Bureau: My Thirty Years in Hoover's FBI* (New York: Pinnacle reprint, 1979)

Sulzberger, C. L.: *The Last of the Giants* (New York: Macmillan, 1970)

Summers, Anthony: *Conspiracy* (New York: Paragon reprint, 1989) [dt: *Die Wahrheit über den Kennedy-Mord* (München: Langen Müller, 1983)]

–: *Goddess. The Secret Lives of Marilyn Monroe* (New York: Onyx reprint, 1986) [dt: *Marilyn Monroe. Die Wahrheit über ihr Leben und Sterben* (Düsseldorf: von Schröder, 1986)]

–/Dorril, Stephen: *Honeytrap. The Secret Worlds of Stephen Ward* (London: Weidenfeld, 1987)

Szulc, Tad: *Fidel. A Critical Portrait* (New York: Morrow, 1986)

Talbott, Strobe: *The Master of the Game. Paul Nitze and the Nuclear Peace* (New York: Knopf, 1988)

Tatu, Michel: *Power in the Kremlin* (New York: Viking, 1969)

Taubman, William: *Stalin's American Policy* (New York: Norton, 1982)

Taylor, Maxwell: *Swords and Plowshares* (New York: Norton, 1972)

Terrill, Ross: *Mao. A Biography* (New York: Harper, 1980)

Theoharis, Athan G./Cox, John Stuart: *The Boss. J. Edgar Hoover and the Great American Inquisition* (Philadelphia: Temple, 1988)

Thomas, Hugh: *Cuba. The Pursuit of Freedom* (New York: Harper, 1971)

Thomas, Liselotte, u. a.: *Walter Ulbricht* (Berlin: Staatsverlag der Deutschen Demokratischen Republik, 1968)

Thompson, Kenneth W., Hrsg.: *The Kennedy Presidency, Seventeen Intimate Perspectives of John F. Kennedy* (Lanham, Md.: University Press of America, 1985)

Travell, Janet: *Office Hours. Day and Night* (Cleveland: World, 1968)

Trewhitt, Henry L.: *McNamara* (New York: Harper, 1971)

Turner, Stansfield: *Secrecy and Democracy* (Boston: Houghton Mifflin, 1985)

U. S. Congress: *Memorial Addresses and Tributes in Eulogy of John Fitzgerald Kennedy* (Washington, D. C.: U. S. Government Printing Office, 1979), zitiert als Assassination Report

U. S. Senate, Select Committee on Intelligence Activities: *Interim Report. Alleged Assassination Plots Involving Foreign Leaders* (Washington, D. C.: U. S. Government Printing Office, 1975), zitiert als Assassination Plots

U. S. Senate: *Executive Sessions of the Senate Foreign Relations Committee (Historical Series). 1961–1963* (Washington, D. C.: U. S. Government Printing Office, 1984–1986), zitiert als DFR mit Jahresangabe

U. S. Senate: *Joint Appearances of Senator John F. Kennedy and Vice President Richard M. Nixon. Presidential Campaign of 1960* (Washington, D. C.: U. S. Government Printing Office, 1961)

U. S. Senate: *The Speeches of Senator John F. Kennedy. Presidential Campaign of 1960* (Washington, D. C.: U. S: Government Printing Office, 1961), zitiert als PCS

U. S. Senate: *The Speeches of Vice President Richard M. Nixon. Presidential Campaign of 1960* (Washington, D. C.: U. S. Government Printing Office, 1961)

Ulam, Adam: *Expansion and Coexistence. Soviet Foreign Policy, 1917–73* (New York: Praeger, 1974)

–: *The Rivals. America and Russia Since World War II* (New York: Viking, 1971)

Vidal, Gore/Stanton, Robert: *Views from a Window. Conversations with Gore Vidal* (Secaucus, N. J.: Lyle Stuart, 1980)

Von Hoffmann, Nicholas: *Citizen Cohn* (New York: Doubleday, 1988)

Walton, Richard J.: *Cold War and Counterrevolution. The Foreign Policy of John F. Kennedy* (New York: Penguin reprint, 1972)

Watt, D. C.: *Survey of International Affairs. 1961* (London: Oxford, 1965)

Weinberg, Steve: *Hammer. The Untold Story* (Boston: Little, Brown, 1989)

Weintal, Edward/Bartlett, Charles: *Facing the Brink. An Intimate Study of Crisis Diplomacy* (New York: Scribner, 1967)

Weissman, Steve/Krosney, Herbert: *The Islamic Bomb* (New York: Times Books, 1981)

West, J. B./Kotz, Mary Lynn: *Upstairs at the White House* (New York: Warner reprint, 1974)

White, Theodore H.: *In Search of History* (New York: Harper, 1978), zitiert als White Search

–: *The Making of the President. 1960* (New York: Atheneum, 1961) [dt: *Der Präsident wird gemacht* (Köln/Berlin: Kiepenheuer u. Witsch, 1963)]

–: *The Making of the President. 1964* (New York: Atheneum, 1965), zitiert als White (1965)

Wills, Garry: *The Kennedy Imprisonment. A Meditation on Power* (Boston: Little, Brown, 1982)

Wise, David: *The Politics of Lying. Government Deception, Secrecy and Power* (New York: Random House, 1973)

Wise, David/Ross, Thomas B.: *The Invisible Government. The CIA and U. S. Intelligence* (New York: Vintage reprint, 1974) [dt: *Die unsichtbare Regierung* (Frankfurt/M.: Scheffler, 1966)]

Wofford, Harris: *Of Kennedys and Kings. Making Sense of the Sixties* (New York: Farrar, Straus, 1980)

Wright, Lawrence: *In the New World. Growing Up with America. 1960–1984* (New York: Knopf, 1987)

Wyden, Peter S.: *Bay of Pigs. The Untold Story* (New York: Simon and Schuster, 1979)

–: *Wall. The Inside Story of Divided Berlin* (New York: Simon and Schuster, 1989)

Zolling, Hermann/Bahnsen, Uwe: *Kalter Winter im August* (Oldenburg: Gerhard Stalling, 1968)

Manuskriptsammlungen

Joseph und Stewart Alsop Papers, Library of Congress, mit freundlicher Genehmigung von Joseph Alsop.

Lord Beaverbrook Papers, House of Lords Record Office, London.

Adolf A. Berle Diary, Franklin D. Roosevelt Library.

Charles Bohlen Papers, Library of Congress.
Chester Bowles Papers, Yale University Library.
John Mason Brown Papers, Harvard University.
James MacGregor Burns Papers, Privatbesitz, Williamstown, Mass., mit freundlicher Genehmigung von James MacGregor Burns.
Homer Capehart Papers, Indiana State Library, Indianapolis, Ind.
Everett Dirksen Papers, Dirksen Congressional Leadership Research Center, Pekin, Ill.
John Foster Dulles Papers, Dwight D. Eisenhower Library and Princeton University.
Dwight D. Eisenhower Papers, Dwight D. Eisenhower Library.
Federal Bureau of Investigation Files, Washington, D. C.
Foreign Office Archives, Public Record Office, Key Gardens, Surrey, U. K.
J. William Fulbright Papers, University of Arkansas.
John Kenneth Galbraith Papers, John F. Kennedy Library.
W. Averell Harriman Papers, Library of Congress, mit freundlicher Genehmigung von Pamela Harriman und Clark Clifford.
Christian Herter Papers, Dwight D. Eisenhower Library und Harvard University.
Bourke B. Hickenlooper Papers, Herbert C. Hoover Library.
Roger Hilsman Papers, John F. Kennedy Library.
Lyndon B. Johnson Papers, Lyndon B. Johnson Library.
John F. Kennedy Papers, John F. Kennedy Library.
Foy D. Kohler Diary und Papers, University of Toledo und Privatbesitz, Tequesta, Florida, mit freundlicher Genehmigung von Foy D. Kohler.
Arthur Krock Papers, Princeton University.
Walter Lippmann Papers, Yale University.
Henry R. Luce Papers, Library of Congress und Privatbesitz, New York.
John Bartlow Martin Papers, Princeton University.
John J. McCloy Papers, Amherst College.
Wayne Morse Papers, University of Oregon, Eugene.
National Security Archive, Washington D. C.
Richard Nixon Papers, National Archives, Alexandria, Va.
Richard Nixon Papers, National Archives, Laguna Niguel, Calif.
Lauris Norstad Papers, Dwight D. Eisenhower Library.
Drew Pearson Papers, Lyndon B. Johnson Library.
Dean Rusk Collection, University of Georgia, Athens.
Richard Russell Papers, University of Georgia, Athens.
Pierre Salinger Papers, John F. Kennedy Library.
Arthur M. Schlesinger jr. Papers, John F. Kennedy Library.
George Smathers Papers, University of Florida, Gainesville.
Howard Snyder Diary, Dwight D. Eisenhower Library.
Theodore C. Sorensen Papers, John F. Kennedy Library.
Adlai E. Stevenson Papers, Princeton University.
Llewellyn Thompson Papers, Familienbesitz, Washington, D. C., mit freundlicher Genehmigung von Jane Thompson.
Harry S. Truman Papers, Harry S. Truman Library, Independence, Mo.
Time Archives, Time & Life Building, New York.

Konferenzberichte

Ablauf der Konferenz über die kubanische Raketenkrise in Hawk's Cay. David A. Welch, Hrsg. Marathon, Florida, 5.–8. März, 1987, finanziert von der Carnegie Corporation, der Alfred P. Sloan Foundation und dem Center for Science and International Affairs, Harvard University. Folgende ehemalige Vertreter der amerikanischen Regierung nahmen teil: George Ball, McGeorge Bundy, Abram Chayes, Douglas Dillon, Raymond Garthoff, Robert McNamara, Arthur Schlesinger jr., Theodore Sorensen und Maxwell Taylor. Zitiert als HCCT.

Ablauf der Konferenz über die kubanische Raketenkrise in Cambridge. David A. Welch, Hrsg., Cambridge, Mass., 11.–12. Oktober 1987, finanziert von der Ford Foundation und dem Center für Science and International Affairs. Die sowjetischen Teilnehmer waren Fjodor Burlazki, Sergo Mikojan und Georgi Schachnasarow. Zu den ehemaligen amerikanischen Regierungsvertretern gehörten McGeorge Bundy, Raymond Garthoff, Robert McNamara und Theodore Sorensen. Zitiert als CCT.

Ablauf der Moskauer Konferenz über die kubanische Raketenkrise, Bruce J. Allyn, James G. Blight und David A. Welch, Hrsg., Moskau, 27.–28. Januar 1989, finanziert vom Institute for the Study of the U.S.A. and Canada, der Carnegie Corporation und dem Center for Science and International Affairs, Harvard. Folgende ehemalige und jetzige sowjetische Regierungsvertreter nahmen daran teil: Alexander Alexejew, Georgi Arbatow, Georgi Bolschkow, Fjodor Burlazki, Anatoli Dobrynin, Valentin Falin, Alexander Fomin, Andrej Gromyko, Sergej Chruschtschow, Sergo Mikojan und Georgi Schachnasarow. Zu den ehemaligen amerikanischen Regierungsvertretern gehörten Robert McNamara, McGeorge Bundy, Theodore Sorensen und Pierre Salinger. Unter den kubanischen Teilnehmern waren Emilio Aragones, Jorge Risquet und Sergio del Valle. Zitiert als MCT

Vom Autor geführte Interviews

Hier werden sowohl frühere vom Autor durchgeführte Interviews aufgelistet als auch Gespräche, die zum besseren Verständnis der in diesem Buch behandelten Themen beitrugen.

Robert Amory, jun., Georgi Arbatow, Charles Bartlett, Richard Bissell, Dino Brugioni, McGeorge Bundy, James MacGregor Burns, Clark Clifford, Ray S. Cline, Thomas Corcoran, Ernest Cuneo, Richard Davies, François de Labolaye, Douglas Dillon, Sir Philip de Zulueta, Robert Donovan, John Eisenhower, Milton Eisenhower, Gerald Ford, Clayton Fritchey, J. William Fulbright, Andrew Goodpaster, Edwin Guthman, Karl Harr, Richard Helms, Frank Holeman, Lawrence Houston, Fred Holborn, Philip Kaiser, Sergej Chruschtschow, James Killian, Foy Kohler, Boris Klosson, Clare Boothe Luce, Henry Luce III, Arthur Lundahl, Carl Marcy, Priscilla Johnson McMillan, Robert McNamara, Cord Meyer, Sergo Mikojan, Newton Minow, Luvie Pearson, Clairborne Pell, Robert Pierpoint, Henry Raymont, Sergej Rogow, Walt Rostow, Franklin Roosevelt jr., Dean Rusk, Roald Sagdejew, Oleg Sachalow, Ray Scherer, Dorothy Schiff, Daniel Schorr, Herbert Scoville, Lawrence Spivak, Mary Ann Stoessel, Melor Sturua, Jane Thompson, Vladimir Toumanoff, Robert Tucker, Frank Waldrop, Gerhard Wessel.

Historische und von anderen durchgeführte Interviews

Hierzu gehören historische Interviews, die vom Oral History Project der Columbia University und der John F. Kennedy Library durchgeführt wurden, außerdem Aufzeichnungen von Interviews des Fernsehsenders WGBH, Boston, für die Serie »War and Peace in the Nuclear Age«, in die der Autor freundlicherweise Einsicht nehmen konnte, und Interviews von Bartlow Martin für *Adlai Stevenson and the World*, Unterlagen, die sich in den Martin Papers in Princeton befinden. All diese Interviews werden im Anhang zu den Kapiteln zitiert.

Quellennachweis

Abkürzungen

AMSTD	Arthur M. Schlesinger, siehe Quellenverzeichnis
AMSRK	Arthur M. Schlesinger, siehe Quellenverzeichnis
CR	*Congressional Record*
DDEL	Dwight D. Eisenhower Library
DDEPP	Dwight D. Eisenhower Papers
DFR	siehe Literaturliste unter U. S. Senate
FBI	Akten des Federal Bureau of Investigation
FO	British Foreign Office Archives
Gespr.	Gespräch mit dem Autor
hist.	historisches Interview
hist. COHP	historisches Interview, Columbia Oral History Project
Int.	Interview mit dem Autor
Int. JBM	Interview mit John Bartlow Martin
Int. WGBH	Interview mit dem Fernsehsender WGBH
Isw	*Iswestija*
JMB	James Barttow Martin
JFK	John F. Kennedy
JFKL	John F. Kennedy Library
JFKPP	John F. Kennedy Papers
L	*Life* Magazine
LBJ	Lyndon B. Johnson
Memo	Gesprächsnotiz
NSC	Nikita S. Chruschtschow
NSK	Nikita S. Khrushchev, siehe Quellenverzeichnis
NW	*Newsweek* Magazine
NYHT	*New York Herald Tribune*
NYkr	*The New Yorker*
NYT	*New York Times*
Odon	O'Donnell, siehe Quellenverzeichnis
PA	»The President's Appointments«, 1961–1963, John F. Kennedy (Terminkalender des Präsidenten)
PCS	U. S. Senate, siehe Quellenverzeichnis
Praw	*Prawda*
PRO	Public Relation Office
RFK	Robert F. Kennedy
Sal	Salinger, siehe Quellenverzeichnis
SEP	*Saturday Evening Post*
SNC	Sergej N. Chruschtschow

SNK	Sergej N. Khrushchev, siehe Quellenverzeichnis
Sor	Sorensen, siehe Quellenverzeichnis
SR	*Saturday Review*
Tel.	Telefonnotiz
T	*Time Magazine*
USN	*U. S. News & World Report*
WP	*Washington Post*
WS	*Washington Star*

Kapitel 1
Fünf Minuten vor zwölf

JFK wacht auf: *Pittsburgh Press* 15. 10. 62, PA 14. 10. 62. Wenn nicht anders vermerkt, ist die Hauptquelle für den Zeitpunkt und den Ort der Termine Kennedys und seiner Schritte PA. Ereignisse in Niagara-Buffalo: *Buffalo Evening News*, NYT 15. 10. 62, FBI-Memo 11. 10. 62. »Der Tagesablauf plötzlich geändert«: *New York Mirror* 15. 10. 62. Stevensons Reise nach New York: *Newsday*, NYT 15. 10. 62, Bartlow Martin *Stevenson* 719 f. Die Suite im Carlyle wird beschrieben in Sidey hist., Gallagher 185, Ralph Martin 402. Geschehen in den Räumen der CIA: Lundahl Int., Lundahl hist., Brugioni Int., Bissell Int., *Life* 2. 11. 62, *Look* 18. 12. 62, Burroughs 122, Davis Martin 142 f. Kreml-Spezialisten über NSC und die Stationierung von Raketen: Thompson hist., Bundy Int., Davies Int. Allgemeine Quellen über den 16. 10. 62: Abel 43–54, 99–116. *The President's Intelligence Checklist*: Wise und Ross 238 f, SEP 27. 7. 63, RFK hist. »Die Saudis haben es satt«: *The President's Intelligence Checklist* 15. 10. 62, JFKL.

JFK erfährt über Goulart: Bradlee 151. »spricht, wenn er betrunken ist«: Bundy-JFK 15. 9. 61, JFKL. Ankunft von Ben Bella: NYT 16. 10. 62, *New York World Telegram* 16. 10. 62. Die Entdeckung der Raketen, Anruf bei Bundy und Bundys Reaktion: Bundy-JFK 4. 3. 63, JFKL, Cline Int., Bundy Int., Lundahl Int., Lundahl hist., *Look* 18. 12. 62, SEP 8. 12. 62, Cline 219–221, Bundy 684 f, Ralph Martin 459. Bundy erstattet JFK Bericht und Reaktion JFKs: Bundy Int., Transkript eines Interviews von Martin Agronsky mit Bundy, 1964, Schlesinger Papers, AMSTD Entwurf, Richard Neustadt und Graham Allison »Nachwort« in RFK13 122, Bundy 414, RFK13 1, Abel 44. AMSTD-Entwürfe anstelle von AMSTD werden immer dann zitiert, wenn der Entwurf eine ausführlichere Behandlung des jeweiligen Ereignisses oder Themas liefert. Helms trifft RFK und Helms über die Kennedys und Mongoose: CIA Memo 4. 10. 62, JFKL, Helms Int., Prados *President's Secret War* 213, *Assassination Plots* 147. Siehe auch Anhang zu Kapitel 6 und 14.

JFK wagt nicht, einer umfassenden militärischen Invasion zuzustimmen: McNamara Int., MCT. »höchste Priorität«: *Assassination Plots* 144, Thomas Powers 138. Über die Zusammenarbeit der CIA mit der Mafia, siehe Kapitel 7. RFK sieht sich die Bilder der U-2 an: Helms Int., Bundy Int., AMSRK 506 f. JFKs Bitte an Sorensen und Ergebnis: Sorensen hist. Keine Warnung an die Sowjets, siehe Quellennachweis zu Kapitel 14. JFKs Aussehen am 16. 10. 62 und Reaktionen seiner Mitarbeiter: Odon 310 f, Sal 249 f, Sidey (1964) 271 f, Parmet *JFK* 284 f. JFKs Aufzeichnungsverfahren, siehe Bouck hist. und Anhang zu Kapitel 13. Treffen am Morgen des 16. 10. 62: Transkript und Bandaufnahmen in JFKL. Siehe auch Quellennachweis zu Kapitel 16. Kohlers Besuch bei NSC: Kohler Int.,

Kohler-Rusk 16. 10. 62, Kohler Tagebuch 16. 10. 62, JFKL, NYT 27. 10. 62, Davies Int. NSCs Urlaub: SNK 27 f, 79–80, 199, Sergej Chrustschow Int.

NSC und *Krieg und Frieden*: Harriman-NSC Memo 23. 6. 59, JFKL und DDEL, Frank Roberts in McCauley 222. In dem Quellennachweis zu den Kapiteln werden Memos mit dem Datum des jeweiligen Treffens zitiert: JFK im Außenministerium: Abel 53 f. Gedicht über den Stierkämpfer: NW 12. 11. 62, RFK hist., Graves 4. Bohlen über das Abendessen: Bohlen Aufzeichnungen, Bohlen hist., Susan Mary Alsop-Jacqueline Kennedy 19. 9. 62, JFKL. Bohlen 489 f, Ralph Martin 458 f, Alsop Gespr. Berlin über JFKs »Vorstellung«: Sulzberger 922. Spalding, Manchester, Rostow über JFK: Spalding hist., Manchester *Portrait* 236, Rostow hist. Joseph Kennedys pessimistische Lebenseinstellung: Beschloss *Kennedy and Roosevelt* 65, 16 f, 184–186, 190 f, 204, 167–169. JFK zu Smathers über die beste Art zu sterben: Smathers Int. JFK beobachtet Flugzeug und mimt seinen eigenen Tod: Manchestèr *Death* 121, Ralph Martin 545, Kearns Goodwin 743–746, McMillan Gespr. Ähnliches erzählte JFK Priscilla Johnson McMillan, Ted Reardon, LeMoyne Billings und Charles Spalding. Siehe auch Kapitel 23. »einfach davon ausging«: Kearns Goodwin 743–746.

»notorisch schlechter Fahrer«, »Wer mich kriegen will« und »Steigen Sie mit in mein Flugzeug«: W. C. Sullivan-D. J. Brennan 1. 12. 63, FBI. »der beste Job« und »Man weiß nie«: RFK hist., Bartlett Int. JFKs Zorn über Kohler-Bericht: RFK13 5–6. »eines Verbrechers ohne Moral« und »Es waren alles Lügen gewesen«: RFK hist. Eisenhower über den Kalten Krieg: DDEPP 8. 12. 53. Dieser und alle folgenden Hinweise auf die *Public Papers* und ähnliche Anthologien werden mit dem Datum und nicht mit der Seitenangabe zitiert. JFK liest *Fail Safe*: Sulzberger 935. NSC vergaß nie JFKs Verspätung beim Treffen des Senatsausschusses im Jahre 1959: Siehe Quellennachweis zu Kapitel 8.

Kapitel 2
»Er ist jünger als mein Sohn«

JFKs Ankunft in Washington: Holborn Int., WP 17. 9. 59, WS 17. 9. 59. *Caroline*: Sor 100, Lincoln *My Twelve Years* 125 f. JFK fährt: Lincoln *My Twelve Years* 31 f, Sor 25. O'Leary: Gallagher 17, Bradlee 43. JFK beneidet Humphrey um dessen Treffen mit Chruschtschow: Holborn Int. Menschikows Bemühungen um ein Treffen mit JFK, JFK im Senatsbüro und Gang zum Capitol: Holborn Int. JFK kommt zu spät, wie NSC feststellt: Siehe Quellennachweis zu Kapitel 8. NSCs Treffen mit Senatoren: JFK undatierte Aufzeichnungen in JFKL, Gwirtzman hist., Marcy, Fulbright Ints., *Boston Globe, Christian Science Monitor*, NYT 17. 9. 59. NSC lernt JFK kennen: Odon 294, NSK2 488, Holborn Int. NSC »beeindruckt«: NSK1 458. »Lieber Jack«: Fulbright an JFK, September 1959, zitiert in Johnson und Gwirtzman 1965.

JFK berichtet in Columbus von dem Treffen: *Cincinnati Enquirer* 17. 9. 59. »Ich glaube das nicht«: PCS, New Castle, Pa., 15. 10. 60. JFK eignet sich schon früh Wissen über Weltpolitik an: Parmet *Jack* 38–83, Burns *Kennedy* 29–48, Blairs 56–114. Reise Joe Kennedys jr. in die Sowjetunion: Searls 77 f. »Joe scheint«: AMSRK 19 f. Reise Rose Kennedys: Rose Kennedy 206–210. Zitat Gunther: Gunther *Inside Europe* 511. »Bin mit Gunther fertig«: AMSTD 82. JFK besucht Kurs in russischer Geschichte: Nachweis in JFKL. Briefe JFKs an Billings in Form von Fotokopien wurden dem Autor freundlicherweise von Peter Collier überlassen. NSC und U-Bahn: Crankshaw 84–95. »roh, zurückgeblieben«: Burns *Kennedy* 38. JFK über *Blind Date*: Parmet *Jack* 99 f. JFK besucht Bohlen: Bohlen hist., Bohlen Aufzeichnungen in Bohlen Papers, Bohlen 476. »Die Reise war großartig«: JFK-Billings 17. 7. 39.

»Es mag dir ziemlich merkwürdig erscheinen«: JFK-Billings 12. 2. 42. JFK bei der UNO siehe *New York Journal-American* 39. 4. 45. JFK über FDR und Polen: Lasky *JFK* 99 f. JFK über den »verrückten Roosevelt«: CR 21. 2. 49. JFKs Gespräch mit Eisenhower: JFK-Krock, undatiert, 1951, Krock Papers. JFK zu Algerien und Polen: Burns *Kennedy* 199, Parmet *Jack* 401–408, Texte der Reden in JFKL. JFK zu der Debatte innerhalb der Demokratischen Partei: AMSTD 298–301, AMSRK 417–419. »Der Barbar«: Parmet *Jack* 318 f. JFK an Kennan: 13. 2. 59, JFKL, und Kennan 267 f Fußnote. Weg der Russen zur Weltherrschaft: CR 14. 8. 58. Gespräch mit Burns: Transkript vom 17. 7. 59 in Burns Papers und Sorensen Papers. Über den Wahlkampf 1960 und auswärtige Beziehungen allgemein, siehe Divine 183–287. Stimmung nach Camp David: Beschloss *Mayday* 7 f, 216–242. Rede in Rochester: Text in JFKL, 1. 10. 59. Zitat aus *Washington Star*: WS 4. 10. 59. »einen plumpen Versuch«: NYT 18. 5. 60. »die gefährlichste Zeit«: Sor 149.

JFK in St. Helens: *Oregonian* 17. 5. 60–25. 5. 60, tel. Int. mit dem Direktor der High-School Len Monroe und Wallace Thompson, der die Frage gestellt hatte. Forderung Hugh Scotts und JFK zu seiner Verteidigung: CR 23. 5. 60. »Wenn sich jemand bei Chruschtschow entschuldigt«: T. A. Hawkins-JFK 29. 5. 60, JFKL. »Zu behaupten oder auch nur anzudeuten«: Thomas Lee- JFK 18. 5. 60, JFKL. »Sie sind völlig ungeeignet«: Edward Stettedahl-JFK 24. 5. 60, JFKL. LBJ zur Frage der Entschuldigung: Lasky *JFK* 357, Sor 149. Kendall Memo Mai 1960: U-2-Akte, DDEL. Nixon über die Äußerungen Kennedys: Beschloss *Mayday* 319. »die neuen Kaltluftmassen«: T 13. 6. 60. »einen sehr, sehr harten Kurs«: Divine *Presidential Elections* 211. Zweifel der Amerikaner an JFK: *Gallup* Mai-Juni 1960. JFKs Zwölf-Punkte-Plan: CR 14. 6. 60. Ereignisse im Sommer 1960: Beschloss *Mayday* 305–341. Eine Umfrage der NYT (26. 9. 60) ergab, daß NSCs Reise nach New York dazu beitrug, daß die Außenpolitik die amerikanischen Wähler am meisten beschäftigte.

Nixon über JFK und NSC: U. S. Senate *Speeches of Nixon* 194 f. Nixon prahlt mit seinen Erfahrungen: Brodie 421. JFK weist Angriff seines Gegners zurück: f. e., PCS, 29. 9. 60, Syracuse, N. Y. »uns Demokraten als die Partei«: Beschloss *Mayday* 319. Rostows Warnung: Rostow hist. Nixon zu Rogers: 4. 11. 60, Nixon Papers. Kennedy im Mormonentempel: PSC 23. 9. 60. Stevenson zum Thema Erfahrung an JFK: undatiert, Stevenson Papers. Bowles an JFK: 17. 10. 60, JFKL. Führungsposition der USA: Nye 69–112. »wie Würste«: Prados 77.

Nixon, Eisenhower und die Raketenlücke: Alsop Int. mit Nixon, undatiert, 1958, Alsop Papers, Bissell Int., Goodpaster Int., Beschloss *Mayday* 153 f, 237, Ambrose *Eisenhower* 561–563, 487. Wiesners Erstaunen: Herken 133. Lagebericht an Eisenhower und Dulles: Dulles-Eisenhower 3. 8. 60, DDEL. SAC-Bericht an Kennedy: Wheeler, Sorensen, McCone hist., Sor 610–613. JFK zur Raketenlücke: *Wilson Quarterly*, Winter 1980. JFKs Äußerung, die Regierung verlasse sich auf Atomwaffen: PCS, Portland, 7. 9. 60. JFK zum Wirtschaftswachstum der Sowjetunion: Detroit, 5. 9. 60, und Greenville, 17. 9. 60, PCS. Tatsächliche wirtschaftliche Situation in den USA und in der Sowjetunion: Nye 5–13, 69–130. Dulles' ausweichende Antwort: Thomas Powers 201. Nixons Verdacht gegenüber Dulles: Kissinger 11. JFK über das Ansehen Amerikas: Detroit 25. 10. 60, und Queens, 27. 10. 60. Umfragen im November: *Gallup* 30. 11. 60. »Ich bitte Sie«:

PCS, York, Pa., 16. 9. 60. JFK, Kuba und Wahlkampf 1960: Smathers Int., *Diplomatic History*, Winter 1984, Divine *Presidential Elections* 242–286, Goodwin 124–126.
Goodwin zu Kuba: Goodwin 75, AMSTD 224. Eisenhower wütend über Allen: Howard Snyder Tagebuch 26. 10. 60, DDEL. Entwurf zum Artikel Kuba und Text: Goodwin 125, NYT 21. 10. 60. Reaktion Nixons und Anruf bei Seaton: Goodpaster Int., Nixon *Six Crisis* 353 f. Nixon zum Bericht Dulles': Nixon *Six Crisis* 354. Bundy an JFK: 14. 3. 62, JFKL. Das Weiße Haus gibt bekannt, JFK sei ». . . nicht . . . informiert worden«: 20. 3. 62, JFKL. JFKs Bitte, Dulles' Äußerung, Anruf McCones: Robert Donovan Tel., Nixon Tel., Äußerung vom 20. 3. 62, DDEL. Goodpaster zu Mitteilung Dulles': Goodpaster Int. Zitat Goodwin von 1981 in Parmet *JFK* 48. Zitat Goodwin von 1988 in Goodwin 172–174. »durch all das in die Klemme«: Goodpaster Int. Nixon bei dem vierten Streitgespräch: NYT 22. 10. 60. Kennedys Erklärung, er befürworte keine Intervention, und »grober Schnitzer«: NYT 22. 10. 62–23. 10. 60. Stevenson zu Fehler JFKs: Stevenson-Barbara Ward 28. 10. 60, Stevenson Papers.
Stevenson zu JFK über die Berlin-Frage: 17. 8. 60, Stevenson Papers. »Wenn man weiß«: PCS, Silmington, El., 16. 10. 60. JFK und Nixon über NSC in den Fernsehdebatten: U. S. Senate *Joint Appearances* 26. 9. 60. »Das amerikanische Volk«: Frankland 159. »Der Kampf zwischen«: NSK2 489. »die politische Propaganda«: Praw 28. 1. 63. NSCs Versicherungen in bezug auf Eisenhower und die Tatsache, daß er sich lächerlich gemacht hatte: Beschloss *Mayday* 216 f, 238–242.
Chruschtschow zu Mitarbeitern über die Kandidaten für 1960: Shevchenko 108 f, NSK2 488 f, Harriman 14. 12. 60 Memo über Treffen mit Menschikow. *Iswestija* zu JFK: Isw 15. 7. 60. Äußerungen anderer sowjetischer Publikationen: *Reporter* 8. 12. 60. Washingtoner Establishment zu JFK als Playboy: Burns Gespr. »Sie haben alle«: Crankshaw 3. Über Chruschtschows Herkunft siehe Quellennachweis zu Kapitel 7. »Er ist jünger als mein Sohn« und ähnliche Äußerungen machte NSC häufig in der Zeit zwischen 1960 und 1962. Siehe zum Beispiel William Knox' Auflistung in *New York Time Magazine* 18. 11. 62 und Walter Lippmann in USN 1. 5. 61.
»Mr. Nixon hat sich den Mantel«: Praw 31. 8. 60 und Sal 221. »Roosevelt!« Beschloss *Mayday* 340. Lodge zu NSC: Lodge-Christian Herter 9. 2. 60 in DDEL, NSK2 489 f, Nixon Tel. 27. 2. 69. Ich habe mir die Freiheit genommen, Abschnitte aus Telegrammen einzufügen, ausgenommen in den Fällen, in denen dies den Sinn entstellen würde. Thompson an Nixon: 13. 8. 60, Nixon Papers. Zu Harriman siehe Anhang zu Kapitel 20. Harrimans Rat an Chruschtschow im Oktober: Isaacson/Thomas 603. NSC hielt die Flieger weiterhin gefangen, um JFK zur Wahl zu verhelfen: Sal 230, Shevchenko 109, NSK1 458, NSK2 490 f. Essen im Spaso-Haus, Verbindung Thompson-JFK: Jane Thompson, Klosson Ints., Thompson hist. Sieben Jahre unter Eisenhower: Kennan hist., Bohlen Aufzeichnungen, Jane Thompson Int., Kennan 178–187, Bohlen 441–443. Essen in Hyannis Port und Telegramm NSCs: Bohlen Aufzeichnungen, Text des Telegramms in JFKL, Sor 211 f, Bradlee 32–34, 227, Odon 225 f, Bohlen 474.

Kapitel 3
»Unser Schlüssel zur Sowjetunion«

Beziehung Bohlen-JFK im Jahre 1960: Holborn Int., Bohlen hist. Zu Bohlen werden als wichtigste Quellen herangezogen: Bohlen selbst, Bohlen hist., Isaacson/Thomas, Brandon 79 f. »häßlichen Ruf«: Mosley 311. Auseinandersetzung im Senat: Isaacson/Thomas 566–570. »Es würde ihn zu sehr in den Vordergrund stellen«: Tel., Dulles Papers, DDEL. Bohlens Abberufung aus Moskau: Bohlen-Thompson 11. 1. 57, Thompson-Bohlen 17. 1. 57, Bohlen-Dulles 25. 1. 57, Bohlen-Thompson 28. 1. 57, Bohlen Papers, Jane Thompson Int. Text der Antwort JFKs an NSC in JFKL und NYT 11. 11. 60. Gespräche mit Menschikow: Douglas hist., Bowles hist., Bohlen 475 f. Zu Menschikows Berichterstattung an NSC und dessen Zweifel: Shevchenko 196 f, Beschloss *Mayday* 203 f, Memo von dem Treffen Lodge mit Eisenhower 25. 9. 59, DDEL. »*nasch durak*«: NW 25. 12. 61.

Kusnezow über Chruschtschow, er werde »etwas lernen«: Lodge Memo 19. 9. 59, DDEL. Kontakt Menschikow-Stevenson: Stevenson Memo vom Treffen mit Menschikow 16. 11. 60, Stevenson Papers, Stevenson-JFK 22. 11. 60, JFKL. Kontakt Menschikow-Harriman: Harriman Memos 21. 11. 60 und 14. 12. 60, JFKL und Harriman Papers. Treffen Rostow-Wiesner in Moskau: Rostow Memo 27. 11. 60–7. 12. 60, JFKL, Rostow hist., AMSTD 301–304. Mittagessen RFK-Menschikow: RFK-Rusk 18. 12. 60, RFK Papers. Gespräch Menschikow-Salisbury: Salisbury Memo 15. 12. 60, JFKL. Hauptquellen für die drohende sowjetisch-chinesische Spaltung: CIA Memo 1. 4. 61, JFKL, Gaddis *America* 223 f, Gaddis *Strategies* 194 f, Ulam *Expansion* 623–625, Ulm *Rivals* 286–308. »Wenn die Imperialisten«: NSK2 255.

NSC über Mao: SR 7. 9. 74. Spannungen zwischen der Sowjetunion und China 1959–1960: Terrill 281 f, Clubb 435–437, Hyland und Shyrock 4–17, Tatu 101–106, Linden 101–104, Ulam *Expansion* 634 f. Treffen der 81 Delegationen: 1. 4. 61 CIA Memo, NYT 2. 12. 60 und 12. 2. 61. »dafür verantwortlich machen kann«: Penkovksy 264. NSCs innenpolitische Probleme: Beschloss *Mayday* 323–325. Tatu 114–122, Linden 105 f, Ulam *Rivals* 305–313, Ulam *Expansion* 634–640. Thompson am 29. 1. 60 über chinesisch-sowjetischen Bruch in DDEL, genauso Thompson-Herter 14. 10. 60 und 28. 11. 60. Neunundneunzigseitiger CIA-Bericht s. o. CIA-Memo 1. 4. 61. »ganze Art, Politik zu machen«: Thompson-Rusk 2. 2. 61, JFKL. NSCs Haltung gegenüber JFK: Shevchenko 110, NSK2 492. JFK vor der Amtsübernahme im Hause seines Vaters: Lincoln *My Twelve Years* 199 f, Odon 229. JFK bittet Bruce, Menschikow zu fragen: Kennan hist. Ansichten der Sowjets über JFKs Kabinett: Anatoli Gromyko 104–110.

»gefährlichste Mann«: Mosley 6. NSCs Ansichten über die Art der Ämterbesetzung in den USA, siehe Frankland 160. JFK fragt Kennan: Kennan hist. JFK zu seinem knappen Wahlsieg: Nixon *Memoirs* 235. Text der Antrittsrede: JFKPP 20. 1. 61. Radio Moskau: NYT 21. 1. 61. Goldwater zu der Rede: Jack Bell hist. Reaktion Menschikows: Sidey 40. NSCs Anruf bei Thompson: Jane Thompson, Klosson Ints. Treffen NSC-Thompson am 21. 1. 61 s. u. Zu Thompson und seinen Beziehungen zu NSC: Thompson hist., Jane Thompson, Klosson, Davies, Rusk, Toumanoff, Kohler, Bundy Ints., McMillan Gespr., Polly Fritchey Gespr., NYHT 26. 2. 58, *New York Times Magazine* 11. 3. 61, L 10. 8. 52.

Bohlen über NSC: Bohlen in einem Gespräch mit dem norwegischen Botschafter in Moskau, Eric Braadland, 30. 7. 58 und 31. 7. 59, Bohlen Papers. NSC zu Harriman: Harriman Memo 23. 6. 59, JFKL. Thompson an NSC über Bohlens Äußerung: Thompson Memo 29. 9. 59, DDEL. Kanadischer Botschafter über NSC und Thompson: Micunovic 412. »Als ich mich verabschieden wollte«: Thompson-Herter, November 1959, DDEL. Wochenende in der Datscha: Jane Thompson, Klosson Ints., *Look* 14. 8. 62, SNK 72–74. NSC nach dem Abschuß der U-2: NYT 10. 5. 60, Salisbury 489 f. Gespräch NSC-Thompson: Thompson-Herter 8. 9. 60

und 9. 9. 60 DDEL, NYT 9. 9. 60. Treffen NSC-Thompson am 21. 1. 61: Thompson-Rusk 21. 1. 61 und 24. 1. 61, JFKL. JFKs erster Morgen im Weißen Haus: AMSTD Entwurf.

»einer gewissen Skepsis«: Bundy Int. Rusk-Thompson: 23. 1. 61, JFKL. Abendessen im Hause JFKs mit Bartlett: Bartlett Int., Bartlett hist., Rostow *Diffusion* 170. »Es war wahrscheinlich«: Bergquist 11. Sowjets drucken Text der Antrittsrede ab: Allen Dulles-Goodpaster 23. 1. 61 JFKL. Reduzierung der Störungsmanöver: NW 6. 2. 61. Freilassung der RB-47-Flieger: Thompson-Rusk 24. 1. 61, Rostow hist. T 3. 2. 61, NYT 26. 1. 61, Wise 324–326, Sal 138–141, Sidey 51–57, Lincoln *My Twelve Years* 233–236, JFKPP 25. 1. 61. KGB-Mann über die Zugeständnisse der Amerikaner: Memo Estabrook 20. 3. 61, JFKL, s. u. Verheimlichter Flug eines amerikanischen Aufklärers: Rusk-Thompson 2. 2. 61, JFKL. JFKs Bemühungen, das Klima zwischen Washington und Moskau zu verbessern: AMSTD 304. Aufforderung, keine antisowjetischen Töne zu gebrauchen, und Reaktionen: Sylvester hist., NYT 28. 1. 61, 31. 1. 61, 14. 4. 61, Trewhitt 89 f, 164 f.

Eisenhowers Reaktion auf die Rede NSCs vom 6. 1. 61: Goodpaster Int., NYT 19. 1. 61. JFKs Reaktion auf die Rede: SEP 31. 3. 62, RFK hist. McNamara Int. Thompson zur Rede NSCs: Thompson-Herter 19. 1. 61, DDEL und JFKL. Arthur Schlesinger jr. schrieb, JFK habe auf NSCs Rede vom 6. 1. 61 in der Weise reagiert, daß er »seine Antrittsrede vierzehn Tage später fast ausschließlich der Außenpolitik widmete« (AMSRK 421–424, siehe auch Bericht an den Senatsausschuß für auswärtige Beziehungen 10. 5. 72). Tatsächlich aber kann das, was Schlesinger JFKs »Antrittsprahlerei« nennt, nicht auf NSCs Rede zurückgeführt werden, da letztere erst am 18. 1. 61 dem Westen zugänglich gemacht wurde (NYT 19. 1. 61), als die Antrittsrede schon vollständig ausgearbeitet war. »Sie alle hier müssen diese Rede richtig verstehen«: Ralph Martin 351.

Kapitel 4
Nowosibirsk

Bericht zur Lage der Nation: NYT 30. 1. 61 und 31. 1. 61, Sidey 5–9. Abfassung und Text der Rede: Sor 292, NYT 30. 1. 61, JFKPP 30. 1. 61. Text der Akte NSC-68 in *Foreign Relations of the United States; 1950*, Bd. 2, 22–44. Über die Herkunft des Ausdrucks »Stunde der höchsten Gefahr« siehe Herken 49 f, Kaplan 144–173. Eisenhowers Bericht zur Lage der Nation 1961: DDEPP 12. 1. 61. JFK zieht sich mit außenpolitischem Beraterstab zurück: Helms, Bundy, Rusk, McNamara Ints. Thompson breitete sein Wissen über den chinesisch-sowjetischen Bruch bei solchen Gelegenheiten wie der geheimen Berichterstattung vor dem Ausschuß für auswärtige Beziehungen aus: DFR 13. 2. 61. JFKs Neigung zu Dramatik, siehe Miroff 12 f. Verärgerung der Sowjets über den Bericht zur Lage der Nation: NYT 11. 2. 61, Praw 5. 2. 61, Isw 10. 2. 61. Probestart der Minuteman und Reaktion im Kreml: Herken 153, McGwire 51, 483.

Gerüchte über Jupiter-Raketen für die Türkei und Reaktion Ryschows: Rabinowitch 286. McNamara gibt Hintergrundinformationen: Jack Raymond Memo 6. 2. 61, Krock Papers, McNamara Int. WGBH, McNamara Int., Charles Murphy-Lauris Norstad 11. 2. 61, Norstad Papers, Trewhitt 20 f. »schrecklichen Fehler«: McNamara Int. WGBH. Reaktion JFKs: Taylor 205, JFKPP 8. 2. 61, McNamara Int., McNamara Int. WGBH.

JFKs Gespräche im Februar über die Beziehungen zur Sowjetunion: 11. 2. 61 Memo,

JFKL, Rusk, Bundy Ints., Kennan, Bohlen, Thompson hist., JFKL, NYT 10. 2. 61,
12. 2. 61, 19. 2. 61, Thompson-DFR 13. 2. 61, Weintal/Bartlett 13, AMSTD 303–6,
Sor 510, 541 f, Cohen 135 f. Bohlen über JFKs Ansichten über die Beziehungen
zu Moskau: Bohlen Aufzeichnungen und hist. Rusk über JFKs Wunsch nach
einem Gipfeltreffen: Rusk Int.
Zur Person Rusks siehe Rusk, Schoenbaum, Cohen, Halberstam *Best* 307–329.
Rusks unrichtige Behauptung über den Arzt: AMSTD 432. »G-A-L«: Halberstam
Best 314. Rusk und Lee: Rusk 55, Schoenbaum 34. »Ich empfinde diesen Krieg«:
Schoenbaum 94. Rusk in Gegensatz zu Kennan: Schoenbaum 137 f. Rusks
Artikel »The President« erschien in *Foreign Affairs*, April 1960. »weichliche Senti-
mentalität«: JFK *Strategy* 7. Kennedy hatte jedoch »den Eindruck«: Rusk Int.
»Bin an harmonischen Beziehungen interessiert«: undatierte Aufzeichnungen in
JFKL. »einen eröffnenden Schachzug«: Bundy Int. JFKs erster Brief an NSC,
22. 2. 61 in JFKL. Reden NSCs und Slussers Ansicht über die Präsidiumssitzung:
Rabinowitch 281–292. Sowjetische Demarche an Adenauer: Rusk–JFK 17. 2. 61
und beigefügtes sowjetisches Memo, JFKL. Zur Kongo-Frage Anfang 1961 siehe
Kalb 3–329, Mahoney 3–88, Clare Timberlake und G. Mennen Williams an DFR
6. 2. 61. »Sie behaupten, daß die Sowjetunion«: NYT 8. 11. 60. »Ich kann kaum
glauben«: JFKPP 15. 2. 61. JFK zu Thompson in bezug auf die Kongo-Frage:
Memo, undatiert, Februar 1961, JFKL.
Treffen Thompson-NSC in Nowosibirsk: Jane Thompson, Klosson Ints., Thompson-
Rusk 10. 3. 61, Bohlen-Thompson 10. 3. 61, NW 20. 3. 61, NYT 4. 3. 61, 8. 3. 61,
7. 3. 61, 10. 3. 61, Sidey 163 f. Estabrook stand zum Beispiel Schlesinger so nahe,
daß er sich für seine Mitgliedschaft im Metropolitan Club einsetzte (Estabrook-
Harriman 19. 4. 61, Harriman Papers). Zur Person Fomins: Andrew/Gordievsky
473. Sein Name taucht auf einer Liste der Reisebegleiter NSCs auf in DDEL.
Gespräch Fomin-Estabrook: Estabrook Memo 20. 3. 61, JFKL. JFK und Atomteststopp im Jahre 1960, siehe AMSTD 452 f, Sor 617, Seaborg 3–25, Sorensen hist.
JFK im Wahlkampf über Atomteststopp: PCS, Milwaukee und Madison, Wisc.,
23. 10. 60.
JFK und Atomteststopp Anfang 1961: Seaborg 30–53, AMSTD 453. Treffen Gro-
myko-JFK 27. 3. 61: Bowles-Thompson 27. 3. 61, JFKL, NYT 19. 3. 61 und 22. 3. 61,
Sidey 82 f. Zur Laos-Frage Anfang 1961 siehe Bohlen hist., Rostow hist., Win-
throp Brown an DFR 2. 2. 61, Rusk an DFR 11. 4. 61, Bowles an DFR 17. 5. 61, LBJ
an DFR 25. 5. 61, Donmen 94–183, Parmet *JFK* 131–143, AMSTD 320–342,
Hilsman 105–131. JFK entsendet Marines: Donmen 189–191. JFK und Guerilla-
krieg: Sidey 74 und JFKPP 24. 3. 61. JFKs Drohung und Gromyko zu Stevenson:
JFKPP 23. 3. 61 und Bartlow Martin *Stevenson* 613–615. NSC Ende März 1961:
Thompson-Rusk 20. 3. 61, Tatu 124–140, Linden 105–116. NSC und Geheim-
dienste: Corson/Crowley 271, SNC in MCT.
Bissells Bericht am 29. 3. 61: Wyden *Bay* 139 f und Maxwell Taylor »Taylor
Committee Report and Memorandum for Record of Paramilitary Study Group
Meetings« 17. 5. 61–18. 6. 61. Im folgenden zitiert als Taylor Report. Mit
Giftpillen gegen Castro: Thomas Powers 154.

Kapitel 5
»Ich werde kein amerikanisches Ungarn riskieren«

Debatten über Kuba während der Treffen im Februar und Bohlens Standpunkt: 11. 2. 61 Memo, JFKL, Kennan hist., Bohlen Aufzeichnungen, Bohlen 477 f. Zur Geschichte Kubas und Kubas Beziehungen zu den USA, siehe Hugh Thomas 1–1180. Über Castros Herkunft, siehe Szulc, Bourne, Geyer. Castros Äußerung, er sei in einer »Pseudorepublik« aufgewachsen: Szulc 96–99. Castros Vorwürfe gegen seinen Vater und »Haß« auf die obere Gesellschaftsschicht: Szulc 114, 123. Castros Verteidigung vor Gericht: Szulc 294–298. Die CIA soll Castros Bewegung unterstützt haben und »Ich habe geschworen«: Szulc 427–429, 51. Bericht des britischen Botschafters aus Havanna: A. S. Fordham-Lloyd 4. 7. 58, FO. Gardners Botschaft an Nixon: 5. 12. 58, Nixon Papers. Gespräch Nixon-Gardner: 5. 12. 58, Nixon Papers. Eisenhower über Pawley: Eisenhower-Taylor 26. 6. 61, DDEL. Die CIA in Indonesien: Ambrose *Ike's Spies* 249–251. Pawleys Mission in Havanna: Aufzeichnungen der Mitarbeiter Nixons vom 3. 10. 60, Nixon Papers, Higgins 40 f.

»Die Revolution beginnt« und »Wenn es den Amerikanern nicht gefällt«: Szulc 459, 482 f. Trujillos Umgehensweise mit Batista: Dalton Murray-Hankey 26. 8. 59, PRO. Herter über Castro: Memo des Treffens mit Eisenhower vom 18. 4. 59, DDEL. »Mein Spanisch«: Bundy Int. Castros Verhältnis zum Kommunismus: Szulc 50 f, 141 f, 148–150, 162, 172 f, 181–199, 444 f, 453–455. Zum Verhältnis Sowjetunion–Kuba: Hugh Thomas 731, 793, 967, 1265 f. Alexejew und seine Rolle in Kuba: Alexejew Int. WGBH, Alexejew in MCT, Alexejew in *Echo Planeti* (Moskau), November 1988, Alexejew Int. in *Argumenti i fakti* (Moskau), 11. 3. 89–17. 3. 89, Szulc 507 f, 510 f, 522, Barron 23, 202, Andrew/Gordievsky 457 f. Eisenhower zu Kabinettsmitgliedern über die Sowjets und Kuba: Memo 7. 6. 59, DDEL. »Das hätte den Tod für die kubanische Revolution bedeutet« und »Ich übergab Fidel das Telegramm«: Alexejew in WBGH. Castro zum Zuckerembargo: Sulzberger 518. Eisenhowers Schwur, eine Blockade zu errichten: Krock Memo des Treffens mit Eisenhower vom 7. 7. 60, Krock Papers.

Thompson über die Sowjets und »diese Kuba-Sache«: Thompson-Herter, 1960, DDEL. NSC zur Monroe-Doktrin und Äußerungen seiner Mitarbeiter, Guevaras und Eisenhowers dazu: NYT 10. 7. 60, Szulc 518 f. JFKs Beziehung zu Smathers: Smathers Int., Raskin Int., Spivak Gespr., *Nation* 7. 12. 64, T 4. 5. 62, Kelley *Jackie* 137. JFK und Smathers in Havanna: Smathers Int., Earl Smith Gespr., *Times* (Havanna) 23. 12. 57 und 25. 12. 57. »Kennedy war eigentlich kein großer Freund von Nachtclubs« und »Ich kann mich nicht erinnern«: Smathers Int. JFK über »eine der blutigsten und repressivsten Diktaturen«: PCS, Cincinnati, 6. 10. 60. Castros Äußerung über Kennedy »ein reicher Analphabet«: Ralph Martin 323.

JFKs Gespräch mit Bergquist: Bergquist 20–1. JFK holt Rat bei Smith und Smathers ein: Smathers Int., Earl Smith Gespr. Holborn Int. Smathers versucht, JFK gegen Castro einzunehmen: Smathers Int., Smathers hist. JFK über Castro und Bolívar: JFK *Strategy* 132 f. »Ich weiß nicht, warum«: Ralph Martin 509 f. JFKs Kritik an der Eisenhower-Regierung: PCS 6. 10. 60. Rusk über die Gegnerschaft JFKs gegen Castro: Rusk Int. Überlegungen gegen das Castro-Regime im Januar 1960: Wyden *Bay* 19–27, Ambrose *Eisenhower* 555–557, Eisenhower Memo 25. 1. 60, DDEL.

»Geheimer Aktionsplan«: 16. 3. 60, DDEL. Nixons Verdacht über die Verzögerung der Kuba-Invasion und die »Liberalen« bei der CIA: Thomas Powers 201, Kissinger 11, Kutler 201. Geheimdienstbericht an JFK durch Dulles und Bissell im

November 1960: NYT 19. 11. 60, Amory Int. Amory hist., Bissell Int., Thomas Powers 113, AMSTD 231 f, Sor 291 f. CIA-Gutachten über JFK: Corson/Crowley 30–32. Über JFKs Affäre mit Inga Arvad Fejos, siehe Quellennachweis zu Kapitel 21. Die Beziehung zwischen Kennedy und Hoover findet sich dokumentiert in den FBI-Akten über Joseph Kennedy, FBI. Nixon über Eisenhower und den Tadel, den er und Kennedy wegen Kuba verdienten: Nixon-Pawley 8. 5. 63, Nixon Papers. Dulles zu Kuba und den »chinesisch-sowjetischen Block«: Dulles an DFR 1. 1. 61. Eisenhowers Mitteilung an Kennedy wegen des Kuba-Projekts 19. 1. 61: Aufzeichnungen Clark Clifford vom 24. 1. 51, JFKL, Clifford Gespr. Zusammenkunft des Nat. Sicherheitsrats am 28. 1. 61: Memo und General David Gray »Summary of White House Meetings«, 9. 5. 61, JFKL.

Entwicklung des Invasionsplans: Wyden *Bay* 86–92, Higgins 61–94. Bundy zu JFK über die Haltung des Verteidigungsministeriums und der CIA zu einer Invasion: 25. 2. 61, JFKL. JFKs Befürchtungen, Kuba könne ein zweites Ungarn werden: Goodwin 174. Zu JFKs Befürchtungen in Hinblick auf einen Zusammenhang zwischen Kuba und Berlin, siehe Quellennachweis zu Kapitel 6. JFKs Forderung, den Geräuschpegel bei der Landung gering zu halten: Memo 9. 2. 61, JFKL. JFKs Sorge, der Plan sei zu »spektakulär«, und Reaktion der CIA: Wyden *Bay* 499–501, National Security Action Memorandum 31, JFKL, AMST 240–243. Bundy an JFK über »beachtliche Anstrengungen«: 15. 3. 61, JFKL. Fehlende Information darüber, daß das »Verschwinden in den Bergen« nicht möglich war: Wyden *Bay* 102 f, AMSTD 243. Fulbrights Memo an JFK: Marcy Int., Fulbright-JFK 29. 3. 61, JFKL, Fulbright 164 f. JFK in Palm Beach: NYT 2. 4. 61, 3. 4. 61, PA. Schlesingers Tagebucheintragung findet sich in AMSTD 249.

Bundy über Kennedy, daß er »es wirklich wollte«, und »Es gibt verschiedene Kandidaten«: Bundy Int. Joseph Kennedys politische Ansichten: Waldrop, Corcoran Ints., Manchester *Portrait* 185. Treffen am 4. 4. 61: NYT 5. 4. 61, Rusk Int., Wyden *Bay* 146–152, Higgins 110–113, Taylor Report. NSCs Skepsis angesichts der Geheimdienstberichte über eine Invasion in Kuba: Corson/Crowley 271. »Die kubanische Küste«: NSK1 492. »Aggressive amerikanische Monpolkapitalisten«: NYT 3. 1. 61.

NSC erwähnt bei Gespräch mit Thompson Kuba nur am Rande: Thompson-Rusk 21. 1. 61, 10. 3. 61, JFKL. NSC und sein Reich auf der Halbinsel Pizunda: *Atlantic*, September 1963, Cousins 83–85, SNK 124–142, T 16. 8. 53. »Er kommt von Ihren Verbündeten«: NSC-Eric Johnston Memo 6. 10. 58, DDEL. Gespräch Lippmann-NSC: Aufzeichnungen in Lippmann Papers, NW 24. 4. 62, Steel 526–528, Text in USN 1. 5. 61 und WP 17. 4. 61–19. 4. 61. Chruschtschow benutzt das Raumfahrtspektakel zu politischen Zwecken: McDougall 231–299, NSK2 53–57, Oberg *Red Star* 28–30. Der Bondarenko-Unfall: Oberg *Uncovering* 159–162. Gagarin-Flug: NYT 13. 4. 61–15. 4. 61, Praw 13. 4. 61–15. 4. 61, Oberg *Uncovering* 161 f, McDougall 244–249, Oberg *Red Star* 50–98.

NSC über die Bedeutung des erfolgreichen Gagarin-Fluges: Thompson-Rusk 13. 4. 61,
JFKL, McDougall 248 f. JFKs Äußerung zum Gagarin-Flug: 12. 4. 61, JFKL. JFK über den »Vorteil« einer Diktatur: JFKPP 12. 4. 61. »Dieser Tag« und »Enttäuschung, Scham«: »Man into Space«, NBC-TV 12. 4. 61, T 21. 4. 61. »Der russische Wohnungsbau ist in einem erbärmlichen Zustand«: Bergquist 12. Sorensen berichtet von der Verbissenheit JFKs: Wyden *Bay* 165. »Unter gar keinen Umständen«: Goodwin 174. Telegramm des Marine-Oberst und JFKs Zustimmung zu den Luftangriffen: Taylor Report, Wyden *Bay* 168–170, Higgins 126–130.

Luftangriffe am Samstag, Landung des Exilkubaners in Miami und Reaktion der Castro-Regierung darauf: NYT 16. 4. 61, AMSTD 270 f. Stevenson verteidigt die Behauptungen des Piloten: Charles Yost Int. JBM, Bartlow Martin *Stevenson* 627 f, Wofford 348–350, Higgins 130 f.

Gespräch Bundy-Bissell-Cabell-Rusk: Cabell- Taylor 9. 5. 61, JFKL, Higgins 133 f, Wyden *Bay* 199 f. JFK macht sich Vorwürfe: Billings Tagebuch 29. 4. 61. JFK meinte später zu Schlesinger, er halte das Verbot eines zweiten Luftangriffs für einen Irrtum, wenn auch nicht unbedingt für den entscheidenden (Schlesinger Tagebuch 23. 5. 61, Auszüge in AMSTD). Cabells Vorschläge am Morgen: AMSTD 273 f, Higgins 135, Wyden *Bay* 205 f. Beginn der Invasion: Higgins 138–143, Wyden *Bay* 206–235. NSC erfährt von der Invasion: Radio Moskau 17. 4. 61, Gespr. Sergej Chruschtschow, NSK1 492.

Kapitel 6
Ein kräftiger Tritt in den Hintern

Castros Rede vom 16. 4. 61: NYT 17. 4. 61. NSC kommentiert Castros Äußerung, seine Bewegung sei »sozialistisch«: NSK1 492. *Prawda* über Dulles: Praw 18. 4. 61. Zitat *Iswestija*: Isw 17. 4. 61. JFK ruft RFK an: RFK hist., RFK Memo vom 1. 6. 61, RFK Papers, AMSRK 444. »lieber als Aggressor denn als Feigling gelten«: RFK Memo 1. 6. 61, RFK Papers. Gespräch RFK-Guthman: Guthman 110–114. Thompsons Abreise: Jane Thompson Int. Übergabe des Schreibens an Freers: Memo, das dem Telegramm Freers-Rusk vom 18. 4. 61 beigefügt ist, in JFKL, auch NYT 19. 4. 61. Demonstration in Moskau: Praw 19. 4. 61, NYT 18. 4. 61, Klosson Int. Andere Demonstrationen: NW 1. 5. 61, L 28. 4. 61. Dienstagsfrühstück am 18. 4. 61: Memo in JFKL, NW 1. 5. 61. JFKs Äußerungen gegenüber Exilkubanern über Kuba und Berlin fanden im Dezember 1962 statt: Carbonell 190. »Sie werden vermutlich heute mittag feststellen«: Bundy-JFK 18. 4. 61, JFKL.

Gespräch JFK-Reston: Schlesinger Tagebuch 18. 4. 61, Auszug in AMSTD. Ich habe die tatsächliche Ausdrucksweise des Präsidenten gewählt, die Schlesinger in *A Thousand Days* abgeschwächt hat. Reaktion amerikanischer Regierungsbeamter auf NSCs Botschaft: AMSTD 276 f. JFKs Antwort an NSC: 18. 4. 61, JFKL. Besprechung im Kabinettssaal am Dienstag abend: Rostow hist., RFK hist., Sor 307, Sidey 131–134, Collier/Horowitz *Kennedys* 271, Wyden *Bay* 269–272, Higgins 467 f. Ereignisse am Mittwoch morgen: RFK Memo 1. 6. 61, RFK Papers, Taylor Report, Higgins 148 f, Wyden *Bay* 272–288. JFK und Jacqueline: Jacqueline Kennedy Int., V, 7, zitiert in einem AMSTD-Entwurf. Robert Kennedy über die Notwendigkeit zu handeln und Erwiderung Rostows: Rostow hist., Rostow *Diffusion* 210 f. Mao über den Westen als »Papiertiger« taucht in dem CIA-Memo vom 1. 4. 61 über die chinesisch-sowjetische Spaltung auf, genauso NSCs Reaktion.

Bowles über Konsens und das Treffen am Mittwoch abend: Bowles hist., Bowles 329 f, RFK Memo 1. 6. 61, RFK hist. Zur Person Bowles siehe *Reporter* 13. 2. 64, Sor 16 f, Medved 260–283. »der einzige Mensch, der mich wirklich interessierte«, »sein Kunstwerk«: Medved 260–262. »Eine Kennedy-Rede muß Klasse haben«: Bartlow Martin *It Seems* 195.

Treffen JFK-Sorensen am Mittwoch in der Nacht: Sidey 138, AMSTD 287. Bohlen über JFK »Er blickte nie zurück«: Bohlen hist. und Aufzeichnungen. Sorensen geht mit seinem Chef über den Rasen: Sor 308. JFKs Rede vor den Zeitungsverlegern befindet sich in JFKPP 20. 4. 61. Reaktion der Exilkubaner: NYT 21. 4. 61.

Menschikows Terminabsage: Bartlow Martin *Stevenson* 632. RFK über die Rede
seines Bruders: RFK Memo 1. 6. 61, RFK Papers. Goodwins Kritik an der Rede und
Erwiderung JFKs: Goodwin 180 f. Goldwater »Besorgnis und Scham«: NYT 21. 4.
61, 23. 4. 61. Norstad über die schlimmste Niederlage seit 1812: Sulzberger 743.
Thompson über die Rede JFKs: Thompson-Rusk 21. 4. 61, JFKL. Jewtuschenkos
Gedicht: Praw 14. 10. 62. JFKs Äußerungen zur Schweinebucht auf der Pressekonferenz und Frage Vanocurs: JFKPP 21. 4. 61 und Vanocur Int. »Wir können
nicht alle auf unsere Seite bringen«: AMSTD Entwurf, der auf dem Tagebucheintrag Schlesingers vom 21. 4. 61 beruht. Auch hier habe ich die tatsächliche
Ausdrucksweise des Präsidenten rekonstruiert. Chruschtschows Antwort an JFK
am Samstag: Freers-Rusk 22. 4. 61, JFKL. »Er hat diese äußerst angenehme
Angewohnheit«: Bundy Int. Verlautbarung des Außenministeriums über »eine
ausufernde Diskussion«: NYT 29. 4. 61.

»Wie konnte ich nur so dumm sein?«: Sor 309. »Es war Eisenhowers Plan«: Wofford
355. Bundy zu der Frage, ob der Präsident die CIA-Pläne befürworte: Bundy hist.
COHP. Aufzeichnungen Dulles' in Dulles Papers, Princeton University, zitiert in
Lucien Vandenbroucke, »The ›Confessions‹ of Allen Dulles«, *Diplomatic History*.
Herbst 1984. Ich habe mich nicht bemüht, die Genehmigung zur Überprüfung
der Allen Dulles Papers zu erhalten, weil deren Besitzer außergewöhnliche
Forderungen stellten, Einfluß auf den Inhalt von Büchern zu nehmen, in denen
daraus zitiert wird.

Bissells Äußerung über den Abwurf von fünfmal soviel Bomben: Interview in WS
20. 7. 65. Bissell zur Ermordung Castros: Bissel Int., Thomas Powers 146–149,
153 f, Wyden *Bay* 23–25, 40 f, 109 f. JFKs Gespräch mit Fleming: Pearson 382–
384, Brandon Gespr. Überlegungen der CIA, Castros Schuhe mit einem Enthaarungsmittel zu präparieren: *Assassination Plots* 72 f. Memo J. C. King über »Eliminierung«: *Assassination Plots* 92. Treffen Edwards-Maheu im September 1960:
Assassination Plots 74, Joseph Smith 240. Dokumente über Trafficante und Ruby,
siehe Quellennachweis zu Kapitel 23. Treffen Maheu-Giancana im Oktober
1960: Thomas Powers 147–9. Bissells Kommentar »ein hervorragender Deckmantel«: Wyden *Bay* 41. In den Nixon Papers taucht eine Anzeige von »Maheu &
King Associates, Inc., Consultants in Management, Government and Public
Relations« mit Büros in Washington, Beverley Hills und San Francisco auf. King
war auch mit Nixons kubanisch-amerikanischem Freund Bebe Rebozo befreundet (King-Nixon, 4. 12. 52, Nixon Papers).

Beziehung King-Nixon und Nixon über King als sein »Alter ego«: King-Nixon Tel.
29. 10. 54, Nixon Papers, *St. Louis Post-Dispatch* 19. 9. 54. Nixon äußerte gegenüber
Reportern, King sei »ein Experte in in- und ausländischem Kommunismus« und
seine geheimdienstliche Tätigkeit habe ihm »einen tiefen Einblick in die immense
Gefahr und Möglichkeit der Subversion in den Vereinigten Staaten« gegeben. Als
der Vizepräsident den Mitarbeiter des Whisky-Herstellers als seinen Chefberater
anheuerte, erhielt er zahlreiche Protestbriefe von Antialkoholikern, die sich ebenfalls in den Nixon Papers befinden. King meinte später, als Nixon ihn eingestellt
habe, habe er es als eine seiner Hauptaufgaben betrachtet, ihn zu »schützen«, so
daß er Zeit habe, zu lesen und nachzudenken (NYT 7. 9. 73).

King begleitete Nixon nach Wien, wo sich die beiden mit Opfern der gescheiterten
ungarischen Revolution, die sich im Exil befanden, trafen. Im Juni 1959 begleitete
er Nixon und dessen Frau Pat in die sowjetische Botschaft in Washington zu
einem Treffen mit dem stellvertretenden Premier Frol Koslow. Später bedankte
sich King in einem Brief beim Vizepräsidenten für »die spannenden Stunden«:

»Ich war so mit meiner langjährigen Jagd auf Russen befaßt, daß ich davon träumte, einmal in Moskau sein zu können. Daher hatte die Botschaft für mich eine besondere Bedeutung« (King-Nixon 5. 7. 60, Nixon Papers). Dieser Besuch in der Botschaft fand drei Monate vor dem Treffen von Kings Partner Maheu mit Sam Giancana zur Besprechung der Mordpläne gegen Castro statt.

Pawleys Telefonat mit Rose Mary Woods und Antwort Nixons: Woods-Nixon Notiz vom 4. 1. 60, Nixon Papers. Mittagessen Nixon-Pawley und Brief an Pawley: Nixon-Pawley 12. 1. 60, Nixon Papers. Treffen Nixon-King am 12. 1. 60: Notiz 12. 1. 60, Nixon Papers. Pawley an Nixon 18. 7. 60 in Nixon Papers. Präsident Nixons Interesse an der CIA-Akte über Kuba: John Ehrlichman Notizen 18. 9. 71, veröffentlicht in Appendix 3 des U. S. House Judiciary Committee, *Statement of Information*, Mai–Juni 1974, AMSRK 486–8. In den letztlich entscheidenden Tonbandaufzeichnungen von seinen Gesprächen im Oval Office am 23. 6. 72 bittet Nixon seinen Mitarbeiter H. R. Haldemann, der CIA folgendes mitzuteilen: Da durch eine Untersuchung des Einbruchs in das Watergate-Gebäude die ganze »Sache mit der Schweinebucht« erneut ans Tageslicht gebracht werden könne, solle das FBI zum Wohle des Landes auf eine falsche Spur gebracht werden (Band in Nixon Archive, Alexandria, Va.). Nixons Interesse an O'Briens Akte: Lukas 173–81, Ambrose *Nixon: Education* 421–423, Kutler 202–205, Haldeman 109, 133–135, 144–147, 159 f.

CIA-Mafia plant den Mord an Castro, März–April 1961: Wyden *Bay* 38–45, 109 f. Bissells »rein persönliche Vermutung«: Davis 543–550. McNamara über die CIA als »höchst disziplinierte Organisation«: *Assassination Plots* 158.

»Man muß zwei Dinge wissen«: Thomas Powers Brief in *Times Literary Supplement* 21.-27. 4. 89. Helms sagte fast wörtlich dasselbe zum Autor dieses Buches (Helms Int.). JFK zu Smathers über Ermordung Castros: Smathers hist., Smathers Int. Hoover an RFK über die Beziehung Edwards-Maheu und die Pläne gegen Castro: Davis 385 f, AMSRK 493 f. Keine Nachforschungen von JFK und RFK über »schmutziges Geschäft« und »Kontakte«: Helms Int. RFK »Aufgabe Nummer eins«: Davis *Kennedys* 367. »Ich würde gern als der Mann in Erinnerung bleiben«: Opotowsky 74 f. RFK »Wunschliste«: Blakey und Billings 169. Ausweisung Marcellos: Davis *Mafia Kingfish* 90–93. »Ich helfe der Regierung«: Akte Samuel Giancana, FBI, Fox 341. Kritiker über die Verbindung JFK-Giancana: Fox 333–335. Gerücht über Unterstützung Nixons durch Trafficante und Marcello: Moldea 198. Hunter an Nixon über Treffen mit Hoffa: zitiert in Drew Pearson, WP 5. 2. 61.

Pearson über Hilfe für die Wahl in Ohio und Hunter-Hoffa: WP 4. 1. 61. Eisenhower über Sinatras Aktivitäten für Kennedy: Slater 240. Joseph Kennedys Besuche in der Cal-Neva Lodge: Raskin Int. und unveröffentlichtes Manuskript. Besuche von Gangstern werden genannt in Kelley *His Way* 304. Beziehung JFK-Campbell: Exner 49–252. Verzeichnisse über die Telefongespräche des Weißen Hauses: *Assassination Plots* 194. Smathers zu Campbell in den Privaträumen des Präsidenten: Smathers Int., Raskin Int. Gerüchte über Joseph Kennedys Verbindungen zur Unterwelt: Blakey und Billings 274–298.

Campbells Behauptung über geheime Treffen und versiegelte Umschläge und ff: *People* 29. 2. 88 und »Donahue«, Los Angeles, Transkript # 030 188, Februar 1988. Roselli stachelt seinen Boß an: Fox 338 f. Äußerung Giancanas, er wisse »alles über die Kennedys«: Akte Giancana, FBI. Kennedy schleudert *Time* in den offenen Kamin: Collier und Horowitz *Kennedys* 271. »Wir hatten zusammen schon eine Menge durchgemacht«: RFK hist. »Er war der festen Überzeugung«:

RFK Memo 1. 6. 61, AMSRK 446. JFK zu Clifford über »zweite Schweinebucht«:
Clifford hist., Clifford Gespr. *Christian Science Monitor* 24. 7. 75.
Rusks Befürchtungen wegen Offensivraketen auf Kuba: Rusk an DFR 3. 5. 61.
Entschluß des Nationalen Sicherheitsrats: Taylor Report und Taylor-JFK 13. 6.
61, JFKL. »Die kubanische Sache gleitet uns langsam aus den Händen«: RFK
Memo 1. 6. 61, RFK Papers. Eisenhowers Ausschuß und dessen Schlußfolge-
rung in U. S. Senate *Final Report of the Senate Select Committee on Intelligence* 52 f.
Arnold Smith über NSC nach der Schweinebucht: 26. 4. 61, Bohlen Papers. NSC
über das Zurückfallen der SU: siehe z. B. Tatu 127–140. Shevchenko über die
Wirkung der Schweinebucht-Affäre auf die Stimmung in Moskau: Shev-
chenko 109 f. Haltung der Sowjets gegenüber JFK nach der Schweinebucht:
Klosson Int., Kohler Int., RFK hist., Chayes hist., AMSTD Entwurf, Shevchenko
110, 117, Corson und Crowley 271, Ulam *Expansion* 653, Andrew und Gor-
dievski 468 f.
NSCs »Eindruck... Kennedy sei unentschlossen«: Shevchenko 110. Osteuropäischer
Diplomat zu Bowles: Bowles hist. NSC, er sei nicht Führer der sowjetischen
Regierung geworden, weil sein Vater ein reicher Mann gewesen sei: zitiert in Ulam
Expansion 650. Bohlen, »die Sache sei gestorben«: Bohlen Aufzeichnungen.

Kapitel 7
Der Geheimagent

Bolschakows erstes Treffen mit RFK und allgemein: RFK hist., Holeman Int.,
Guthman Int., Bartlett Int., Bolschakow in *Nowoje wremja* (Moskau) 27. 1. 89,
NW 24. 12. 62, Salinger in *Macleans* 28. 11. 83, AMSRK 499–501, Bradlee 194,
Guthman 119, Symington 144, Salinger 184, 187. Meine Diskussion der Aus-
wahlkriterien des KGB für seine Mittelsmänner stützt sich auf ein Gespräch mit
einem Angehörigen des britischen Geheimdienstes. »Ich würde gerne... ken-
nenlernen«, »der einzige in der Botschaft« und »Hinter Georgi war... her«:
Holeman Int. »Ein hochrangiger Agent«: *Macleans* 28. 11. 83.
JFK an Adenauer, er sehe sich »mit dem Problem konfrontiert«: 16. 5. 61, JFKL.
Bohlen zu Bedingungen für Gipfeltreffen, JFKs Mitteilung an Bolschakow, durch
RFK und Bolschakows Antwort: Aufzeichnungen Bohlen, RFK hist. »Kontakt...
nicht über ihren Botschafter pflegen«: RFK hist. »Bobby war mein Klient«:
Holeman Int. »Mein Mann möchte...«: Guthman 119 und Guthman Int. »Ich
wollte, daß mein Freund und der Justizminister...«: Holeman Int. Bolschakows
großer Bekanntenkreis in Washington: NW 24. 12. 62.
»Unglücklicherweise...«: RFK hist. Thompson betrachtete als »groben Fehler«,
JFKs Reaktion auf seinen Rat, Haltung Rusks und Bundys zu dieser Art des
Informationsaustauschs und ihrer Kenntnis davon: Thompson hist., Jane Thompson Int., Rusk Int., Bundy Int. Symington über Bolschakow, »einschmeichelnde
Fröhlichkeit« und RFKs »gefährliches Spiel«: Symington 145. JFK ließ sich mit
sowjetischen Delegationen und Bolschakow fotografieren, z. B. am 26. 6. 61 und
25. 11. 61 – siehe Beleg im Quellenverzeichnis zu Kapiteln 10 und 13. Beobach-
tung Bolschakows beim Essen in Holemans Haus durch FBI: Holeman Int. NSCs
Bemerkung, Gromyko würde »die Hosen herunterlassen«, fiel während Macmillans Reise in die Sowjetunion 1969: Macmillan *Riding* 589–635. Molotow
nach Wien und NSCs Beunruhigung über Molotow-Anhänger: Medvedev *All
Stalin's Men* 106 f. Sergej Chruschtschow glaubt, sein Vater beorderte Molotow

aus Ulan Bator zurück, weil die Mongolen keinen Gesandten wollten, zu dem NSC offenbar sowenig Vertrauen hatte (Gespr. mit Sergej Chruschtschow).
Schepilows Kritik an NSCs Außenpolitik: Simmonds 92. »Jede Krise, die ich bisher als Präsident erlebt habe«: Sidey (1964) 141. »Überall auf der Welt Druck auf uns auszuüben«: zit. in: Lasky *JFK* 569, bezugnehmend auf Gespr. Laskys mit Nixon. »In einem Krieg zwischen ... verwickelt zu werden«: Odon 286. »Je mehr ich falsch mache« und »Wenn ich so weitergemacht hätte«: AMSTD 292, nach Schlesinger Journal, 3. 5. 61 und 7. 5. 61, wie in AMSTD-Entwurf vermerkt. »Die Ereignisse der letzten Zeit«: Thompson-Rusk 4. 5. 61 und 6. 5. 61, JFKL. JFK atmete (nach Shephards Erfolg) erleichtert auf: Sidey 157 f. »Es wird uns ... in den Schoß fallen«: AMSTD 334. W. Brown bat Rusk, Luftangriffe zu genehmigen: Brown-Rusk 26. 4. 61 JFKL. Chefs der Streitkräfte planen Krieg gegen Nordvietnam: Parmet *JFK* 148. »Noch einmal einen Fehler zu machen«: Tagebuch Billings 7. 5. 61.
»Nicht einmal das Leben eines einzigen Farmerssohnes«: Salisbury *Without Fear* 292. »Die Heeresleitung sagte«: RFK Memo 1. 6. 61, RFK Papers. »Wenn die Marines dort nicht hinwollen«: Rostow hist. und RFK hist.. »Die Kommunisten (könnten) für jeden unserer Soldaten«: RFK Memo 1. 6. 61, RFK Papers. JFK gegen Truppen nach Laos und ». . . bis zum Hals in Laos stecken«: Odon 267–269, Schlesinger Journal 7. 5. 61, nach AMSTD-Vermerk, RFK Memo 1. 6. 61, RFK Papers. Genfer Laos-Konferenz und JFK an Averell Harriman: AMSTD 337, AMSRK 702 f. RFK beriet sich mit Bolschakow und Sorge über Zugang der Kommunisten nach Südvietnam: RFK hist., RFK Memo 1. 6. 61, RFK Papers. Treffen JFK-Menschikow am 16. 5. 61: Memo 16. 5. 61, JFKL. Gespräch Bohlen-Rusk: Bohlen-Bundy 16. 5. 61, JFKL. Ankündigung des Gipfels: TASS-Bericht 19. 5. 61 und NYT 20. 5. 61. Fulbright über »große Nervosität«: DFR 20. 5. 61. Reaktionen aus Jacksonville und Carson City: USN 5. 6. 61. Biddle-Telegramm: Biddle-Rusk 31. 5. 61, JFKL. *Newsweek*-Bericht zum Gipfel: NW 29. 5. 61. Ball zum Gipfel: Sulzberger 755 f. und Ralph Martin 350. Mansfield zu JFK zum Gipfel, 26. 5. 61, in JFKL. Restons Kolumne (NYT 30. 4. 61) abgedruckt in *Prawda* 5. 5. 61. JFK Mitte Mai 1961: Sidey (1964) 160 f.
JFKs Entschluß, einen zweiten Bericht zur Lage der Nation abzugeben: Sorensen hist., Sidey 123, 172. Text von JFKs Rede in JFKPP 25. 5. 61. Sorensen über Rockefeller als wahrscheinlichen Kandidaten 1964: Sorensen hist. Rat an Kennedy, sich vom Projekt Mercury zu distanzieren: McDougall 309 f. »Können wir sie irgendwie zu fassen kriegen?«: Sidey 122. ». . . in den Augen der Welt«: Hirsch und Trento 108. JFKs Überlegungen zum Mondlandungsprogramm: Sor 523–526, McDougall 317–322, Sidey 113–123. Eisenhowers Widerstand gegen Mondlandung: Ambrose *Eisenhower* 640 f. »Schon fast hysterisch«: Briefentwurf Eisenhowers 22. 6. 61, DDEL. Eisenhower an Borman: 18. 6. 61, DDEL. Prescott Bush über Inflation: NYT 26. 5. 61. Joseph Kennedy über Budget-Probleme: Corcoran Int. JFK beschäftigt sich mit Instruktionen von Außenministerium und CIA: Rostow *Diffusion* 224, Sidey 166–170. Außenministerium zu NSC in Wien: State Department, »Scope Paper«, 23. 5. 61, JFKL.
CIA- Persönlichkeitsprofile: Office of Current Intelligence, »Khrushchev: A Personality Sketch« und »Kruschev: The Man and His Outlook«, 11. 9. 59 und 25. 5. 61, DDEL und JFKL. CIA-Beurteilung NSCs von 1960 und Zitat aus Wedge-Brief: Bryant Wedge in *Transaction,* Oktober 1968. Abschriften anderer Gespräche NSCs in Amerika sind in DDEL und JFKL. »Sie sind wie eine Nachtigall«: NSC-Reuther Memo 30. 10. 59, DDEL und JFKL. »Wie sowjetische Führer . . .«:

Stevenson-JFK 25. 5. 61, JFKL, und Bartlow Martin *Stevenson* 638–641. Bohlen zu JFK und NSC: Aufzeichnungen Bohlens und Sulzberger 758. Lippmann zu JFK über NSC: Lippmann hist., Bundy-JFK 29. 5. 61, JFKL; und Steel 532. NSCs Herkunft und Persönlichkeit: NSK1, NSK2, NSK3, Pistrak, Crankshaw, Medvedev und SNC sowie biographisches Material in DDEL und JFKL. »Das Cambridge des Arbeiters«: *Prawda* 13. 12. 62. McDuffie zum Treffen mit NSC 1946: McDuffie 199 f.

Text der »Geheimrede«: NSK1 559–618. »Dann sind wir alle Stalinisten«: Leonhard 232. »Ihr habt doch Angst« und »Dieser Dummkopf«: Micunovic 270 f. »Der Posten des Ministerpräsidenten«: NSC-Hubert Humphrey Memo 3. 12. 58, JFKL. Amerikanisch-sowjetische Differenzen über Prioritäten beim Gipfeltreffen: Thompson-Rusk 24. 5. 61, 30. 5. 61, JFKL. Zum Berlin-Problem 1945–1960 siehe Schick 3–133, Slusser in: Blechman und Kaplan 303–408. »Wir müssen sie nicht einmal ... abfeuern«: NSC-Humphrey Memo 3. 12. 58, JFKL. Dulles und Mikojan über die DDR-Regierung: Memo 17. 1. 59, DDEL. NSC zu Humphrey über deutsche Wiedervereinigung: NSC-Humphrey Memo 3. 12. 58, JFKL. Stevenson über unmögliche Wiedervereinigung Deutschlands: Gespr. Newton-Minow, Minow Int. von JBM. Eisenhower über »magnetische« Anziehung Westdeutschlands: Eisenhower-Bernard Law Montgomery 14. 7. 53, DDEL. Westdeutschland erhält Souveränität: Ambrose *Eisenhower* 216 f.

»Es war uns klar, daß sie die Bombe«: Sergo Mikojan in Harvard University 13.–15. 2. 89. Ich danke Benina Berger-Gould und Priscilla Johnson-MacMillan für Einsicht in ihre Notizen und Aufzeichnungen dieser Sitzungen. NSCs Furcht vor Atomwaffen der BRD und Rapacki-Plan: Ulam *Expansion* 610–613, Ulam *Rivals* 288–294. Eisenhower über NSCs »künstlich herbeigeführte Krise«: Eisenhower 336 f. Zu den Gesprächen Eisenhower-NSC in Camp David siehe Beschloss, *Mayday* 187–215. Zu Eisenhowers Konzessionen bezüglich Berlin und Deutschland s. *Documents on Germany* und AMSTD 348. NSCs Berater empfehlen ihm, keine harte Position zu vertreten: Gelb 70. NSC zu Kroll: NYT 2. 1. 61. JFKs Ansichten zu Berlin vor 1961: JFK *Strategy* 96–98, 212–214, AMSTD 346 f, *Documents on Germany 1944–1961* 699, CR 14. 6. 60. JFKs Bitte an NSC um Zeit zur Ausarbeitung seiner Position: Sor 542. JFK erwähnt Berlin nicht in seinem Bericht zur Lage der Nation und seine Erklärung dafür: JFKPP 30. 1. 61, 1. 2. 61.

Thompson über NSC, daß dieser »mit größter Wahrscheinlichkeit seinen Friedensvertrag ...«: Thompson-Rusk 4. 2. 61, JFKL. JFK instruiert Thompson bezüglich Berlin: Martin Hillenbrand-Thompson 20. 2. 61, JFKL. »Überrascht über Einmütigkeit«: Thompson-Rusk 10. 3. 61, JFKL. »Alle meine Kollegen im diplomatischen Dienst«: Thompson-Rusk 10. 3. 61, JFKL. Lippmann-NSC über Berlin: Lippmann 51 f, Steel 526–528, WP 17. 4. 61–19. 4. 61. »Wenn ich in die Kirche gehe«: Sulzberger 572. NSC wollte beweisen, daß er dem Präsidenten gegenüber nicht schwach wurde: siehe dazu Beschloss *Mayday* 215–220, 239, 257, 300 f, 304–307. Achesons Rat zu Berlin vom März: Acheson-JFK 3. 4. 61, Bundy-JFK 4. 4. 61, AMSTD 346, Isaacson/Thomas 609–611. Schlesinger widersprach Achesons Darstellung in einem Memo an JFK (JFKL 6. 4. 61). »Die gesamte Diskussion über Berlin«: *Der Tagesspiegel* 9. 3. 61. Lightner befürwortet harte Gangart: Lightner-Rusk 25. 5. 61, JFKL. Thompsons dringender Rat zu Berlin vom Mai: Thompson-Rusk 30. 5. 61, JFKL.

»Die einen glauben« und »Dabei besteht eine Chance«: Bundy-JFK 29. 5. 61, JFKL. RFK zu Bolschakow über Berlin-Verpflichtung: RFK hist. JFK in Hyannis: Sidey (1964) 144. Joseph Kennedy vor JFKs Ankunft: Saunders 38 und Edward Kennedy 264. JFKs Entschluß bezüglich eines Geschenks für NSC und seine Bitte um Geld an den Vater: Billings hist. und Edward Kennedy 264. Die Feier in der Boston Armory ist beschrieben in NYkr, 17. 6. 61 von Richard Rovere und in Rovere 158–160. Text der Rede in JFKPP 29. 5. 61. JFK über Samuel Adams: 16. 9. 60, Pikesville, Md., PCS. NSCs Fahrt nach Wien: Telegramm der US-Botschaft in Prag an das US-Außenministerium, 31. 5. 61, JFKL, NYT 29. 5. 61, 1. 6. 61, 2. 6. 61 und Medvedev 179 f. NSC und Thompson bei »Ice Capades«: Thompson-Rusk 24. 5. 61 und 30. 5. 61, JFKL, NYT 25. 5. 61. JFKs Abflug: NYT 28. 5. 61, Lincoln *My Twelve Years* 252, Sidey 173 f. JFK an Salinger, er solle Erfolgschancen herunterspielen: Sal 169, 175–177. RFK »einigermaßen optimistisch« in bezug auf Wien: RFK hist.

Kapitel 8
»Nicht als Krüppel«

JFKs Ankunft in Orly: NYT 1. 6. 61, NW 12. 6, 61, Sidey 175 f. Autokolonne in die Stadt und Ankunft am Quai d'Orsay: Lincoln *My Twelve Years* 262 f, Odon 288, Sidey 177 f. »Etwas ungeschickt«: de Gaulle 254. Gespräche de Gaulle-JFK: Memo zum Treffen JFKs mit Kongreßführern 6. 6. 61, JFKL, Bohlen hist., Bohlen Aufzeichnungen, Bohlen 479 f, de Gaulle 254–259, AMSTD 349–358, Sor 559–562, Sulzberger 759–762, Odon 290 f. De Gaulle zu Eisenhower über Berlin, 1960: Herter-Dillon 16. 5. 60, JFKL und Couve de Murville hist.
»Je mehr Sie sich . . . einsetzen«: de Gaulle 256. Mord an Trujillo und Reaktion in Paris: Rusk an DFR 20. 12. 61, Bowles hist., NYT 1. 6. 61, Sal 172 f, Sidey 187 f. »Weltweite Bedeutung Frankreichs«: NW 12. 6. 61. »Ich habe jetzt mehr Vertrauen«: Manchester *Shining* 186. JFKs Abflug aus Paris und Flug nach Wien: Abram Chayes hist., Kohler Int., Jane Thompson Int., Sorensen hist., NYkr 17. 6. 61, Sidey 192. JFKs Äußerung, er wolle nicht »als Krüppel« nach Europa reisen, fiel gegenüber General Chester Clifton: Stoughton und Clifton 7. JFKs Äußerung über Roosevelt und die Kurilen fiel in Salem, Mass.: CR 21. 2. 49. Gespräch Radford-Snyder: Radford erzählte diese Begebenheit Arthur Krock, der sie in einem Memo niederschrieb, Krock Papers 9. 2. 72. JFKs Addisonsche Krankheit und Verheimlichung derselben: MacMahon und Curry 122–136, Blairs 561–579, Parmet *Jack* 190–192, 308 f, Kearns Goodwin 734 f. JFKs Mitarbeiter und Travell zu JFKs Gesundheit: Parmet *JFK* 18–20. JFKs Rückenproblem: Kearns Goodwin 646 f, 700 f, 735, 774–776, Blairs 24. JFK zu Billings über seinen Rücken: Billings hist. Mit »instabilem Rücken« geboren: Blairs 24. Jacqueline Kennedy über Procain-Behandlung: AMSTD-Entwurf, basierend auf Interview mit Jacqueline Kennedy, I, 11–13, Schlesinger Papers. JFK in goldener Badewanne: Odon 288. Spritzen von Travell in Paris: Travell 999, Burkleys Bedenken: Burkley hist., Parmet 121 f.
Max Jacobson und Beziehung zu JFK: NYT 4. 12. 72–8. 12. 72, 10. 12. 72, 12. 12. 72, 16. 1. 73, 24. 2. 73, 25. 2. 73, 19. 4. 73, 24. 6. 73, 29. 10. 73, 24. 3. 74, 25. 4. 75, 25. 6. 75, 30. 5. 79, Fisher 81–84, 97 f, 102, 236 f, 261–266, 282 f, 313 f, Heymann 296–319. Die Darstellung Heymanns ist zum Thema JFK-Jacobson die umfassendste. Sie stützt sich auf eine lt. Heymann »sehr langatmige Abhandlung«, andere Aufzeichnungen Jacobsons und Interviews mit Jacobsons Sohn Thomas, seine Frau Ruth und seinen Freund Ken McKnight sowie Patienten von Jacobson, u. a. Charles Spalding und Truman Capote. Details der Beziehung zwischen JFK und

Jacobson sind ebenso schwer – und nicht mit derselben Gewißheit – zu verifizieren wie etwa die Beziehungen der Kennedys zur Mafia oder JFKs zu Judith Campbell. Nicht zuletzt gilt es zu bedenken, daß das Interesse der Familie Jacobson an der Rehabilitierung des Rufes Dr. Jacobsons ebenso groß ist wie das der Familie Kennedy, den Präsidenten mit diesem Arzt nicht in Zusammenhang zu bringen. Ich habe dieses Thema deshalb nur mit großer Vorsicht behandelt. »Akute Vergiftung durch Amphetamine«: NYT 4. 12. 72. Auslassung beim Autopsie-Befund und RFKs mögliche Beteiligung Dr. John K. Lattimer in *Resident and Staff Physician*, Mai 1972, und Davis *Mafia Kingfish* 291–294. Travells Anwesenheit in Paris: Travell 999. Jacobsons Anwesenheit in Paris und Wien: Heymann 302–306, es wird Jacobsons unveröffentlichtes Manuskript zitiert. »Meinetwegen spritzt er mir«: Heymann 313. NSCs Ankunft in Wien: NYT 3. 6. 61, Sidey 191. Interesse der CIA an Molotow: Flora Lewis in NYT 18. 11. 86. Richard Helms versicherte dem Autor, dieser Artikel sei sehr wahrscheinlich zutreffend (Helms Int.).

JFKs Ankunft in Wien: NYT 4. 6. 61, Lincoln *My Twelve Years* 268 f, Sidey 191 f. CIA-Beteiligung bei Auslandsempfängen des Präsidenten: Helms Int. Billings über die Ankunft: Billings hist. Ankunft am Botschaftsgebäude: Jane Thompson Int., Sidey 192. JFK trifft NSC: NYT 4. 6. 61, NW 12. 6. 61, Odon 292–294, Lincoln *My Twelve Years* 268 f, Sidey 192 f, Gespr. mit David Wise, der damals beim *New York Herald Tribune* arbeitete und anwesend war. ». . . fünf Wochen . . . gelesen und geredet«: Odon 293. JFK und NSC über Thompson: NW 12. 6. 61.

Die wichtigste Quelle für meine Darstellung dessen, was Kennedy und Chruschtschow in Wien miteinander besprachen, sind die offiziellen amerikanischen Aufzeichnungen der Gespräche, die vom Dolmetscher des Präsidenten, Alexander Akalowski, abgefaßt wurden. Sie beinhalten getrennte Gesprächsnotizen für den 3. 6. 61 (12.45 Uhr, Essen, 15 Uhr) und 4. 6. 61 (10.15, Essen, 15.15). Am 5. September 1990 wurden sie, abgesehen von einigen Auslassungen, vom *Archivist of the United States* als Reaktion auf »Ihren Einspruch gegen die Entscheidung des Direktors der John F. Kennedy Library, [die Aufzeichnungen] weiterhin unter Sicherheitsverwahrung zu belassen«, dem Autor zugänglich gemacht (Deputy Archivist Claudine Weiher in einem Brief an den Autor, 5. 9. 90). Ich muß auf den Mißbrauch der Geheimhaltungseinstufung hinweisen, dessentwegen diese Transkriptionen 29 Jahre lang nicht zugänglich waren. Der Inhalt der Gespräche zwischen Kennedy und Chruschtschow dürfte der sowjetischen Regierung wohl kaum unbekannt sein. 1965 veröffentlichten Schlesinger und Sorensen äußerst aufschlußreiche Berichte über den Wiener Gipfel auf der Grundlage des ihnen möglichen Zugangs zu offiziellen Aufzeichnungen. Offizielle Aufzeichnungen der Gespräche zwischen Eisenhower und Chruschtschow von 1960 sind seit 1982 der Öffentlichkeit zugänglich.

Meine Wiedergabe der Gespräche stützt sich auch auf »Talking Points Reviewing Conversations between President Kennedy and Chairman Krushchev«, 3./4. Juni 1961, undatiert (zur Öffentlichkeit freigegeben im Dezember 1989) und das Memo von JFKs Treffen mit Führern des Kongresses vom 6. 6. 61, JFKL. Ferner berufe ich mich auf meine Interviews mit Rusk, Bundy und Kohler, die bei Teilen der Gespräche anwesend waren, und die Darstellungen in AMSTD 358–374, Sor 543–551, Bohlen 480–482, Odon 294–297, Sal 177–182, Kohler 330, Rusk an DFR 16. 6. 61, Bradlee 124–126 und Sidey 159–167. Zusätzlich beziehe ich mich auf sowjetische Quellen zum Gipfeltreffen: Andrej Gromyko 136 f, 175, NSK1 458, NSK2 492–509, NSK 50 f, Adschubej Int. WGBH, Falin Int. WGBH, Burlazki

Int. WGBH, Shevchenko 110 f, Gespr. mit Sergej Chruschtschow. Essen JFK-NSC am Samstag: Memo 3. 6. 61, JFKL, Sal 178, NSK1 458, NSK2 491, AMSTD 361 f, Sor 544 f.

NSC ruhiger und zugänglicher bei Spaziergängen im Wald: Adams 454 f. JFK und NSC Spaziergang im Park der Botschaft: Memos 3. 6. 61, JFKL, Odon 296. Gipfelgespräche und Iran: Sick 8 f, *Dallas Morning News* 6. 6. 61. NSC hingerissen von JFKs Bemerkung über Kräftegleichgewicht: SNK 106. Brandon über JFK nach dem ersten Tag: Brandon 169, Brandon Gespr. »Läuft das immer so?«: Thompson hist. »Sie haben einen ziemlich ruhigen Eindruck gemacht«: Odon 295 f. »Er ist wirklich davon überzeugt«: Thompson-Rusk 2. 2. 61, JFKL. Pressekonferenz am ersten Tag: NYT 4. 6. 61, NYkr 17. 6. 61, Sal 179 f. Randolph Churchill verläßt Pressekonferenz: NYT 4. 6. 61, NYkr 17. 6. 61, Russell Baker in NYT 9. 12. 87.

Jacqueline und Nina Petrowna am Samstag: NYT 2. 6. 61, 4. 6. 61, NYkr 17. 6. 61, Gespr. Philip Geyelin. »Die amerikanische Prinzessin« und »Zuerst möchte ich«: NYT 4. 6. 61. NSC über Jacqueline Kennedy: NSK2 498 f. De Gaulle und Jacqueline über Nina Petrowna: Sulzberger 914–916. Nina Petrownas Persönlichkeit und Herkunft: Salisbury *Journey* 485–490, Kohler Int., Jane Thompson Int. Dr. Travells Tagebuch: Travell 999. »Sehr schlagfertig«: NSK2 499. Jacquelines Unterhaltung mit NSC: AMSTD-Entwurf basierend auf Interview mit Jacqueline Kennedy, V, 33 f, AMSTD 366 f. Bohlens Eindruck von JFK nach dem ersten Tag: Bohlen 482 f, Bohlen hist., Bohlen Aufzeichnungen. Thompson verärgert: Thompson hist., Jane Thompson Int.

Kohler wirft Frage auf: Kohler Int. JFK zerstreut ihre Bedenken: RFK hist. »Sie machen keinen Kommunisten aus mir«: Rusk Int. »Rusk, Sie sind ein toller Ersatz« und Rusks Befürchtung: Schoenbaum 335, Rusk 220. »Ich begrüße Sie auf«: NYT 5. 6. 61.

Kapitel 9
»Er machte mir die Hölle heiß«

Bolschakow zu RFK im Mai: RFK hist. JFK überreicht NSC Geschenk: Billings hist. NSCs Geschenke siehe Entwurf JFK-NSC 10. 6. 61 nicht abgesandtes Dankschreiben, JFKL. NSC über JFK am Ende der Sitzung vom Sonntag nachmittag: NSC 2500 f. »In diplomatischen Verhandlungen«: Rusk Int. Das sowjetische Memorandum zur Deutschlandfrage ist in JFKL. JFKs Sorge über falsches Bild der Öffentlichkeit: Kern 65. Bohlens Pressemitteilung und JFKs Anweisung an Salinger: Lisagor hist. und Sal 182.

Interview Reston-JFK: NYT 5. 6. 61, Sal 182, Halberstam *Best* 75–77, Odon 298. »Es war, als ob ich bei den Basketball-«: Heymann 306. JFK über NSC im Flugzeug: Gespr. Geyelin. JFK zu O'Donnell über Berlin: Odon 292, 299 f. JFKs Ankunft in London: NYT 5. 6. 61, Lisagor hist., Macmillan *Pointing* 385, 400. Gespräche Macmillan-JFK: Memo 5. 6. 61 und Bundy-Rusk, 5. 6. 61, JFKL. »Verzichten wir doch auf ein Treffen«: Macmillan Interview mit Schlesinger, 20. 5. 64, Aufzeichnungen in Schlesinger Papers. Frühe Bekanntschaft JFK-Macmillan: de Zulueta Int., Brandon hist., Macmillan *Pointing* 306 f, Horne 281–297. Bruce über Macmillan: Bruce-Rusk 13. 12. 61, JFKL.

»Die Hälfte seiner Zeit mit Gedanken«: Alistair Horne in *National Review* 30. 1. 87. »Wissen Sie, wie das ist«: Macmillan Interview mit Schlesinger, 20. 5. 64, Aufzeichnungen in Schlesinger Papers. Macmillan über JFKs Bericht des Treffens mit NSC: Macmillan *Pointing* 357. NSCs Vergleich JFKs mit Eisenhower: NSK1 458, NSK2 397 f. »Zu intelligent und zu schwach«: Burlazki Int. WBGH und in CCT. NSCs Erstaunen über JFKs Unterhöhlung seiner eigenen Argumente und »hauchdünner Mehrheit«: Brief an Nehru, zit. in Macmillan *Pointing* 398 f. »Eher wie ein politischer Berater«: Burlazki in Harvard, 27. 9. 88. »Dieser Mann gelangte nach Wien«: Burl Int. WBGH. Sergej Chruschtschow zu NSCs Meinung über JFK: SNK 50 f., Sergej Chruschtschow in Harvard, 13. 2. 89–15. 2. 89, Gespr. Sergej Chruschtschow.

Kornjenko über NSC und Bericht von 1959 über JFK: Schlesinger Journal, 23. 8. 62, erwähnt in AMSTD-Entwurf. Bundy rät Sorensen zu Fernsehrede über Wien: 5. 6. 61, JFKL.

Kapitel 10
Die Uhr läuft

Rede NSCs am 21. 6. 61: Praw 22. 6. 61, NYT 22. 6. 61, USN 3. 7. 61, T 30. 6. 61. »Die Uhr lief«: NSK2 503. NSC 24. 6. 61 und 25. 6. 61: Praw 25. 6. 61 und 26. 6. 61, Isw 25. 6. 61, Radio Moskau 25. 6. 61, Slusser 19. NSC-JFK zu Strelka 15. 6. 61, JFKL. JFK fragt, was es mit dem Hund auf sich habe: Schlesinger Int. mit Jacqueline Kennedy, V, 33 f, erwähnt in AMSTD Entwurf. Strelkas Ankunft wird auch erwähnt in Traphes Bryant hist., NYT 21. 6. 61 und Odon 300 f. NSC gefiel der Gedanke: Adschubej Int. WGBH. »Strelka und Belka, nicht Rover«: PCS, Portland, Ore., 7. 9. 60. Dankschreiben JFKs an NSC 21. 6. 61, JFKL. Mansfield zur Berlin-Frage: Mansfield hist., NYT 15. 6. 61, USN 10. 7. 61, T 23. 6. 61. JFK zu Mansfields Äußerung: JFKPP 28. 6. 61.

Drummond über JFKs Äußerung: zitiert in Nixon *Six Crises* 336 Fußnote. JFK als »der Tiger«: Sidey 218 Fußnote. Adenauer hätte Eisenhower und Dulles bevorzugt: RFK hist., Acheson hist. Quellen zur Person Adenauers: Gunther *Procession* 452–456, Brandt 48–61, Jahn, Koerfer 181-368. Adenauers Haltung zum amerikanischen Wahlkampf 1960: William Tyler hist., Jahn 393–398, Stützle 21 f, 37–43, Strauß 355 f, Koerfer 529–531, Prittie 283 f. JFKs Artikel in *Foreign Affairs*: Oktober 1957, »A Democrat Looks at Foreign Policy.« JFKs Eindruck, Adenauer sympathisiere mit Nixon: Sor 541. Adenauers Nähe zu Nixon: Nixon-Adenauer 19. 9. 60, Nixon Papers, NYT 10. 11. 60. Adenauers Zurückhaltung beim Thema Wiedervereinigung: 16. 3. 60 Memo Gespräch Adenauer-Herter, DDEL.

Treffen JFK-Adenauer im April 1961 und Hintergrund: Jahn 401–404, Stützle 89 f, Koerfer 533, USN 24. 4. 61. Kissinger-JFK 6. 4. 61, JFKL. JFK über Adenauer: AMSTD Entwürfe, basierend auf Interview mit Jacqueline Kennedy, V, 43 f, VI, 1–4, Sor 559. »Ununterbrochenen . . . Liebes- und Treueschwüren«: Sor 559. Adenauer über JFK: Barnet 223, Koerfer 532, Prittie 283 f. Wessel über die Schweinebucht und Wien: Wessel Int. Einberufung des Nat. Sicherheitsrats am 29. 6. 61: Memo, JFKL, Acheson hist., Catudal 143–147, Sor 583 f, AMSTD 381–383. »drei Essentials«: Catudal 145, Zolling 78, Brandt 21. JFK vor dem Polnisch-Amerikanischen Kongreß: PCS, Chicago 1. 10. 60.

Newsweek-Artikel und Reaktion JFKs: NW 3. 7. 61 und 10. 7. 61, NYT 1. 7. 61, NYHT 6. 7. 61. NSC zu »Enthüllungen« über Mobilisierung: NYT 30. 6. 61. NSC zu Roberts: Roberts' Bericht in McCauley 222, WP 12. 7. 61, NYT 14. 7. 61, SEP 21. 10. 61. NSC beim Empfang zum Unabhängigkeitstag: Klosson Int., Jane

Thompson Int., Sherry Thompson Gespr., NYT 5. 7. 61. NSC gibt sein Vorhaben der Truppenreduzierung auf: Praw 10. 7. 61, USN 24. 7. 61. JFK mit Regierungs-beamten in Hyannis Port: NYT 9. 7. 61, T 14. 7. 61, AMSTD 388 f, Catudal 160–163. Sitzungen am 13. 7. 61: Memo 13. 7. 61, JFKL, Bohlen hist., McNamara Int., AMSTD 389 f.

Tatsächliche Geschichte der Antwort auf das *Memorandum*: Bundy-JFK 21. 7. 61, JFKL und Martin Hillenbrand in Catudal 153 f. »kürzere, einfachere Version«: Sor 587. Die Antwort wurde am 17. 7. 61 abgeschickt: NYT 18. 7. 61, Text in JFKL. »Die Vorstellung«: JFK-Bundy 10. 7. 61, JFKL. »vom Präsidenten selbst oder«: RFK hist. »Verdammt, Bundy und ich«: AMSTD Entwurf. Bundys Vorgehen: Bundy Int., Cohen 100, Destler 184–194. Verhältnis JFK-Bundy: Bundy Int., Bundy in *Foreign Affairs*, April 1964, Bundy in *Massachusetts Historical Society*, Bd. 90, 1978, Rusk Int., Lisagor hist., Halberstam *Best* 43–47, 59–63, Brief Bundys an den Autor 1. 1. 90.

»McBundy«: Lincoln *My Twelve Years* 239. »Ich kann bloß hoffen«: SEP 10. 3. 62. »Es geht nichts über einen klugen Kopf«: Bradlee 134 und NW 4. 3. 63. »Ich glaube, das Weiße Haus«: Bundy-JFK 28. 10. 63, JFKL. Bundy zu JFK, ob er in die Demokratische Partei eintreten solle: Bundy Gespr. und Rede vor dem Women's National Democratic Club, 1990. Zur Person Bundys: Bundy Int., NW 4. 3. 63, T 15. 11. 63, SEP 10. 3. 62, *New York Times Magazine* 2. 12. 62, Hilsman 44–46, Halberstam *Best* 40–63. »Es gibt im Krieg«: Bundy-John Mason Brown 6. 10. 43, 2. 1. 49, Brown Papers.

Cutler bietet Posten an: Bundy Int. »keine große Liebe«: Bundy-Bohlen 18. 11. 73, Bohlen Papers. Bundy zu gemeinsamem Schulbesuch mit JFK: Bundy Int. JFKs Überlegung, Bundy ins Außenministerium zu berufen: NW 4. 3. 63, Odon 235, 243. Bundys Ernennung zum Sonderberater für Nationale Sicherheit: Bundy Int. Menschikow, »Wenn es hart auf hart geht«: NYHT 16. 7. 61 und 21. 7. 61, NYHT 16. 7. 61, USN 31. 7. 61, NYkr 5. 8. 61. »Mag sein, daß wir unrecht hatten«: Burlazki in Harvard 27. 9. 88.

Bolschakow über Menschikows Berichte an NSC: RFK hist. Andere Amerikaner zu Menschikow: USN 7. 8. 61, Nitze Memo 15. 7. 61, erwähnt in AMSTD Entwurf. Rowen-Kaysen Frage: Sorensen Int., Sorensen Int. WGBH, Carl Kaysen Int. WGBH, Herken 159 f, Kaplan 299–301. Treffen am 19. 7. 61: Memo 19. 7. 61, Bundy-JFK 19. 7. 61, Sorensen-JFK 19. 7. 61, JFKL, Sorensen hist., McNamara Int., Sorensen Int. JBM, RFK Int. JBM, Sor 590 f. Eisenhower »weiter standhaft und einsatzbereit«: DDEPP 11. 3. 59. »Ich glaube, es ist ganz klar«: Eisenhower-McCloy 22. 6. 61, DDEL. »Wenn Mr. Chruschtschow glaubt«: Sor 588. McNamara und »flexible response«: Trewhitt 25, 80, 103. Kissinger zu Ausrufung des nationalen Notstands: Kissinger-Bundy 14. 7. 61, JFKL. »eine Alarmglocke«: Sorensen hist. Vorschlag der Erhöhung der Einkommenssteuer: Walter Heller-Sorensen 18. 7. 61, JFKL, T 4. 8. 61, RFK hist., Odon 278 f.

JFK zu Luftschutzbunkern: Bundy Int., JFK-Bundy 5. 7. 61, 7. 7. 61, RFK hist., Sorensen hist., Bundy in Thompson 206–209, AMSRK 428, Sor 613, Kaplan 307–314, Catudal 171 f. »Gentlemen, blicken Sie doch«: Catudal 182 Fußnote. »Ich an Ihrer Stelle«: Bundy 375. Achesons SEP-Artikel erschien am 7. 3. 59. Entdeckt von Marquis Childs (WP 28. 7. 61). »Weder von seiten des Präsidenten«: McNamara Int. WGBH. »Niemand wußte«: Bundy 378. Abfassung der Rede JFKs für den 25. 7. 51 und Rede: T 4. 8. 61, NW 7. 8. 61, NYT 26. 7. 61, 27. 7. 61, Sor 591 f, Sidey 229–232, Lincoln *My Twelve Days* 278 f, Manchester *Portrait* 26 f. Rede JFKs in JFKPP 25. 7. 61. »Der Junge hat Nerven«: Leonard Baker 101.

Nixon zu der Rede: *Dallas Morning News* 29. 7. 61. Briefe und Telegramme an das Weiße Haus: NYT 5. 8. 61. Kommentar der *Indianapolis News*: 28. 7. 61. TASS Behauptung: NYT 27. 7. 61. *Times* Titel: *The Times*, London 26. 7. 61. David Bruce zur Berlin-Krise: Bruce-Rusk 17. 7. 61, JFKL. Reston in der *New York Times*: NYT 26. 7. 61, 29. 7. 61. Higgins über »Nichtangriffspakt«: NYT 27. 7. 61. McCloys Besuch in der Sowjetunion und NSC: McCloy Aufzeichnungen in McCloy Papers, Praw 27. 7. 61, NYT 28. 7. 61, 1. 8. 61, *Manchester Guardian* 23. 8. 61, AMSTD 392, Isaacson/Thomas 613 f. »am Donnerstag fürchterlich wütend«: McCloy-JFK 29. 7. 61, JFKL. »Chruschtschow wußte«: Burlazki in Harvard 27. 9. 88. »Flüchtlingsrekord«: Macmillan *Pointing* 392.

Fulbright zur Berlin-Krise: NYT 3. 8. 61, Marcy Int. *Der Tagesspiegel*: 8. 2. 61. »realistische« Kompromißformel: *Neues Deutschland*, Ost-Berlin, 2. 8. 61. »Auswahl von Kommentaren«: Bundy-JFK 4. 8. 61, JFKL. Bundys Erklärung zu seiner Bemerkung: Bundy Int., Bundy 682. Fragen zu Fulbrights Vorschlag: Koch 60, Catudal 200–203. Treffen JFK-McCloy: NYT 1. 8. 61. »Wenn wir von den Sowjets erwarten«: Thompson-Rusk 16. 3. 61, JFKL. »Ostdeutschland gleitet Chruschtschow aus der Hand«: Abwandlungen dieser Äußerungen in Rostow hist., Rostow *Diffusion* 231, AMSTD 394.

Kapitel 11
»Eine Mauer ist verdammt noch mal besser als ein Krieg«

Treffen in Moskau Anfang August: Praw 6. 8. 61, NYT 6. 8. 61, NYHT 4. 8. 61, Griffith 83 f. Austausch zwischen NSC und Ulbricht über die Schließung der Grenze: Jan Sejna in *Der Spiegel* 16. 8. 61, Sejna 112–115 und Wyden *Wall* 85–90, Auszug aus einem Interview mit Sejna. Sejna war stellvertretender Verteidigungsminister und Vertreter der Tschechoslowakei im Warschauer Pakt. Da es sich um Aufzeichnungen Catudals handelt, müssen die Äußerungen mit Vorsicht behandelt werden (Catudal 50 Fußnote). Andere Quellen sind Sergo Mikojan und Sergej Chruschtschow in Harvard 13. 2. 89–15. 2. 89, Burlazki in Harvard 27. 9. 88, Zolling/Bahnsen 102–104, Thomas 211. Reden NSCs im August, Erwiderung und Penkowski: Thomas Hughes Memo 7. 5. 61, JFKL, Praw 8. 8. 61, Isw. 9. 8. 61, NYT 8. 8. 61–10. 8. 61, Wyden *Wall* 116–121, Garthoff 40 f, David Martin 111–117. Treffen Fanfani NSC: Salinger-JFK 8. 8. 61, JFKL, NYT 3. 8. 61, 5. 8. 61, 28. 8. 61, Watt 243. JFK über eine mögliche Grenzschließung: JFKPP 10. 8. 61.

Auftreten NSCs am 11. 8. 61 und 12. 8. 61: Praw 12. 8. 61 und 15. 8. 61, NYT 12. 8. 61. Schließung der Grenze: *Der Tagesspiegel* 15. 8. 61, Wyden *Wall* 150–152, Catudal 257–261. Reaktion in Washington: Rusk Int., Kohler Int. Kohler hist., Ausland in *Foreign Service Journal*, Juli 1971, Kohler 333, Gelb 167–181, Wyden *Wall* 170–176, 213, Catudal 22–35, Cate 304–307. Kennedy wird benachrichtigt: Rusk Int., Kohler Int., PA 13. 8. 61. »Erklärung der Vereinigten Staaten« vom 13. 8. 61, JFKL, Wyden *Wall* 26–29, 176 f, Catudal 35–38, Weintal/Bartlett 211. »Wir machten Witze darüber ...«: NSK2 506.

Brandt wird benachrichtigt: Brandt 13, 18, Wyden *Wall* 152, 162 f, Zolling und Bahnsen 16–18. Über Brandt und dessen Verhältnis zu Adenauer siehe Brandt, Prittie, Hofmann. Brandt über JFK: Brandt 71 ff. »*Kennedy* haut uns in die Pfanne.« Wyden *Wall* 164. »Am dreizehnten August« und »Der Vorhang ging auf«: Wyden *Wall* 164. »die Führungsmacht der westlichen Welt herausgefor-

dert«: Brandt 23. Treffen mit Kennedy 14. 8. 61: Slusser 149. Treffen zwischen
Bundy und Amory: Amory Int., Amory hist., Wyden *Wall* 217 f. Bundy über die
»deutliche Initiative«: AMSTD 398. »mehr und mehr unter Druck«: JFK-McNa-
mara 14. 8. 61, JFKL. »Welche Schritte werden wir unternehmen«: JFK-Rusk
14. 8. 61, JFKL. Treffen Kennedys mit Kennan: Kennan hist. 15. 8. 61 PA, Isaac-
son/Thomas 614. Brandt vor dem Schöneberger Rathaus: Petschull 155–157,
Zolling/Bahnsen 144 f, Wyden *Wall* 225 f.

Brandt-Brief an JFK und Reaktion JFKs: *Frankfurter Allgemeine Zeitung* 19. 8. 61, NYT
20. 8. 61. *Vierteljahreshefte für Zeitgeschichte*, Bd. 33, 1985, Brandt 31, Wyden *Wall*
224. Adenauer wird von Grenzschließung benachrichtigt, Reaktion und Angriff
gegen Brandt: NYT 17. 8. 61, Zolling/Bahnsen 11 f und 141, Stützle 133–140,
Koerfer 544 f, Prittie 286. Smirnows Mitteilung an Adenauer: Watt 250. Berichte
über die sinkende Moral in West-Berlin: Wyden *Wall* 226. »Vergessen Sie nicht,
was hier auf dem Spiel steht«: Rostow-Bundy 16. 8. 61, JFKL. Kennedys Schweigen: JFKPP 13. 8. 61–20. 8. 61. Der Präsident »sei schockiert«, »sah er die Mauer«
und »Chruschtschow hätte doch keine Mauer bauen lassen«: Odon 303.

Fünfzehn Jahre, »ihr Gefängnis zu verlassen«: NYT 6. 9. 61. Eine Kolumne von James
Reston, die er nach einem Gespräch mit JFK geschrieben hatte. JFKs Verärgerung,
nicht gewarnt worden zu sein: Allen Dulles und Robert Amory, zitiert in Catudal
242. Der Chef des Bundesnachrichtendienstes Reinhard Gehlen betonte ebenfalls,
daß eine Vorwarnung nahezu unmöglich gewesen wäre (Wessel Int., Gehlen 239,
Höhne/Zolling 221 f). Wessel arbeitete als Gehlens Nachfolger mit Höhne und
Zolling bei ihren Untersuchungen zusammen (Wessel Int.). »Heute verläuft die
gefährdete Grenze«: JFKPP 25. 7. 61. »Chruschtschow ermutigt«: Bundy 367–370.
Paques und Whalen: Rusk Int., Barron 31, Marchetti und Marks 214 f, Gelb 142
Fußnote. »wenn wir die Mauer niedergerissen hätten«: Sorensen hist. »bis die
andere Seite keine Lust mehr hat«: Burlazki in Harvard 27. 9. 88. Strauß über das
Risiko eines dritten Weltkriegs: Zitiert in Bundy 367. »Wie Sie wissen, befinden
sich Ost-Berlin«: JFKPP 11. 10. 61 Kennedys Bemerkungen zur Mauer: JFKPP
17. 12. 61, 10. 3. 62, 18. 5. 63. »es wäre außerdem besser gewesen«: Bundy 370. »Zu-
allererst möchte ich«: NYT 19. 8. 61. Johnson mit einer Delegation in der BRD und
West-Berlin: Jack Bell hist., Clay hist., Bohlen hist., RFK hist., L 25. 8. 61, NW 20. 11.
89, T 25. 8. 61, Bohlen Aufzeichnungen, Bohlen 483–485, Jahn 425 f, Brandt 31–34,
Cate 404–436, Wyden *Wall* 227–234, Merle Miller 286–290, Roberts 229, Leonard
Baker 71–77, Jahn 425 f, Isaacson/Thomas 615.

Amerikanische Truppen treffen in Berlin ein: Petschull 173–176, Wyden *Wall* 232–
234. Einwilligung des Kommandeurs in sowjetische Forderungen: Schick XV.
Sowjetische Erklärung über »Extremisten«: NYT 25. 8. 61. Erklärung möglicher-
weise in NSCs Abwesenheit herausgegeben: Slusser 143–149, 169. NSC an
Fanfani über seinen Wunsch nach Verhandlungen: NYT 28. 8. 61. Pearsons
Besuch bei NSC: Luvie Pearson Gespr., SEP 7. 4. 62, NYT 28. 8. 61, WP 28. 8. 61,
Praw 25. 8. 61 und 29. 8. 61, Isw. 25. 8. 61.

Kapitel 12
»Am liebsten würde ich mich aus dem Staub machen«

JFK erfährt von der neuen Testreihe der Sowjets: Bundy Int., Bundy in *Foreign
Affairs*, April 1964, Bundy-Salinger 5. 9. 61, JFKL, Sor 619, AMSTD 459, Auszug
AMSTD. Gallup-Umfrage vom Juli: Gallup 12. 7. 61. Druck durch die Stabschefs:

Sor 618. »Damals ging ich davon aus«: Eisenhower-Herter 16. 6. 61, Herter Papers. »Wir können nie sicher sein« und JFKs Überlegungen, auf einen eingeschränkten Teststopp hinzuarbeiten: JFK-Macmillan 3. 8. 61, 5. 9. 61, JFKL, AMSTD 458 f. JFK bereitet die Wiederaufnahme der Tests vor und macht einen Kompromißvorschlag: Seaborg 71 f. JFK an Pearson und Pearson an NSC: Pearson-NSC 1. 9. 61, 5. 9. 61, JFKL. JFKs Erklärung zur Wiederaufnahme der sowjetischen Tests: 30. 8. 61 JFKL.

NCS und Sacharow am 10. 7. 61: Sakharow 215–17. Burlazkis Aussage, NSC habe »viel verlangt«: Burlazki Int. WBGH und CCT. Sergej Chruschtschow über die sowjetischen Militärführer: Sergej Chruschtschow in Harvard, 13. 2. 89–15. 2. 89. Treffen des Nationalen Sicherheitsrats v. 31. 8. 61: RFK hist., RFK 1. 9. 61 Memo in AMSRK 429 f, AMSTD 448 f, Seaborg 82–82. »Ich hätte ihn hinzuziehen sollen« und »Aber nun sah er ein«: Collier/Horowitz *Kennedys* 271 f. Allgemeines über RFK und seinen Hintergrund, siehe AMSRK. Jacqueline über die »Einwanderermentalität«: Collier/Horowitz 264. »In vielerlei Hinsicht fühlte sich John«: Collier/Horowitz *Kennedys* 254.

RFK als »Tunte«: Rose Kennedy in »The Journey of Robert F. Kennedy«, ABC-TV, 1969. RFK und Che Guevara: AMSRK 801 f. RFK und Sondereinsatztruppen: AMSRK 46 f. »Eine Ideologie, für die es sich zu sterben lohnt«: RFK-Joseph Kennedy, undatiert, zitiert nach AMSRF 92 f. »In jener Zeit glaubte ich«: Stein/Plimpton 50.

RFK analysiert Statistiken: Bartlett Int. »Dabei mußte er feststellen«: AMSRK 109. Reise RFKs mit Douglas: Douglas hist., Douglas 306 f. »Als Kolonianismus bezeichnen ließe«: NYT 2. 1. 56 und AMSRK 128. »Verlange ich, daß uns die Sowjetunion mehr gibt«: 10. 10. 55 Text der Rede an der Georgetown University in RFK Papers. Wofford über RFK 1957: Wofford 32 f. RFK und der Wahlkampf von 1956: AMSRF 133–36. Dokumentation über JFKs-RFKs Interesse an einer nationalen Kommission zur Verbrechensbekämpfung und Kritik an Hoover siehe JFK FBI Files, FBI. Joseph Kennedys Voraussagen über RFKs und JFKs Zukunft: SEP 7. 9. 57. Beziehung Joseph Kennedys zu Hoover und der enge Kontakt Murphys und Jacksons zur Diplomatie: Joseph Kennedy FBI-Akten und Beschloss *Kennedy and Roosevelt* 200, 213 f, 231, 253.

»Bobby wollte eigentlich gar nicht«: Demaris 180–83. RFK kam Anfang 1961 nur begrenzt mit amerikanisch-sowjetischen Angelegenheiten in Berührung: Kohler Int., Guthman Int., Helms Int. »Nicht gerade glücklich war«: Billings hist. Gallup-Umfrage von 1962: *Gallup* 19. 8. 62. RFKs Entschlossenheit in der Vorgehensweise gegen Castro: Helms Int.

JFK empfängt seine Berater an der Schlafzimmertür: AMSTD-Entwurf, kürzere Version in AMSTD 459 f. JFKs Anruf bei Rusk und die Note der Amerikaner: AMSTD 460, Sor 620. JFK erfährt vom zweiten sowjetischen Test und seine Reaktion auf die Resolution der blockfreien Staaten: Sidey 203, Parme *JFK* 201, AMSTD 520. »Ich hatte keine andere Wahl«: Sidey 245. »Die Zeit ist noch nicht reif«. »Hatten wir denn eine andere Wahl?«: Bartlow Martin Stevenson 661. Reston über JFKs Frustration: NYT 6. 9. 61. Sulzberger Interview mit NSC: NYT 8. 9. 61, 11. 9. 61, 13. 9. 61, 26. 6. 70, Sulzberger 786–806, Marina Sulzberger 246 f. Private Mitteilung wurde über die Pariser Botschaft geschickt: Cecil Lyon-Sorensen 10. 9. 61, JFKL.

Lemnitzers Bericht vom 13. 9. 61: SIOP-62 Bericht 13. 9. 61 Memo, JFKL, Scott Sagan in *International Security*, Sommer 1987, Prados *Soviet Estimate*, 116–19. JFK zu Sorensen vor der UNO zur Berlin-Frage: Bartlow Martin Stevenson 660. JFK über

»zwei mögliche Entwicklungen in Berlin«: Schlesinger Journal 5. 9. 61, zitiert in AMSRK 431. Die Aussagen JFKs gegenüber Wechsler in *New York Post* 21. 9. 62 bis 22. 9. 61. Näheres über die Beziehung zwischen JFK und Wechsler erfuhr der Autor von Joseph Rauh (Rauh Int.). JFK erfährt von Hammarskjölds Tod: Sidey 248–50. Gespräche zwischen Gromyko und Rusk im September 1961: Rusk–JFK 20. 9. 61, Bundy–Tazewell Shepard 23. 9. 61. JFKL, NYT, 22. 9. 61, 24. 9. 61, 28. 9. 61, 29. 9. 61, 1. 10. 61, 6. 10. 61, T 29. 9. 61, NW 2. 10. 61, 9. 10. 61, Watt 266.

Zu Salingers Persönlichkeit und Lebenslauf: Lisage hist., Pierpoint Gespr., Sal Deakin 162–91, Bartlow Martin *It Seems* 176. Bolschakows Anruf bei Salinger: Sal 191. Die Sowjets treffen Salinger, und Salinger informiert JFK: Sal 191–94. Die erste Seite von JFKs Entwurf der Rede vom 25. 9. 61 wurde in NW vom 9. 10. 61 abgedruckt. Text: JFKPP 25. 9. 61. Robert stellt sich der Presse: Mitschrift der Pressekonferenz vom 24. 9. 61 in LC. Die Sowjets treffen erneut mit Salinger zusammen: Sal 193–266.

Kapitel 13
Sehr geehrter Mr. President,
sehr geehrter Herr Ministerratsvorsitzender

Salinger bringt den Brief nach Newport: Sal 198–200. Inhalt des Briefes NSC–JFK: Sor 515, 552, 599. Der genaue Wortlaut einiger Briefe des Briefwechsels NSC–JFK, auf die im folgenden Bezug genommen wird, ist auch nach drei Jahrzehnten immer noch unbekannt. Korrespondenz Eisenhower–NSC: Kohler-Calhoun 22. 3. 60. DDEL, Kohler Int., Goodpaster Int., Eisenhower–NSC, 19. 3. 60, Liste der Briefe Eisenhower–Bulganin, DDEL. JFKs Reaktion auf NSCs Brief: Bundy Int., Rusk Int., Kohler Int. Sal 199 f. Sor 533, Ralph Martin 503. JFK über Gromyko 1945: Sulzberger 811.

Über Gromykos Lebenslauf und Persönlichkeit: Rusk, Closson, Davies, Kohler, Jane Thompson Ints., Andrej Gromyko, Simmonds 164–70, Shevchenko 143–62, 167–71, 196–208, *New York Times Magazine* 24. 5. 59, Medvedev *Stalin's Men* 82–112. Vergleich Gromykos mit Talleyrand: beispielsweise Shevchenko 153. Bemerkung Gromykos über Persönlichkeit: Shevchenko 146. Harrimans Ansicht: NYT 5. 3. 59. »Ungeduld, Kälte«: K.B.A. Scott 5. 3. 59. Gromyko über seinen Vater: Shevchenko 146. Molotow über »Litwinows Liberalismus«: Shevchenko 147. Stalins Vasallen über Gromykos Schicksal: Shevchenko 146. Wischynskis Vorwurf und die Bestrafung: Shevchenko 148. Molotows Entlassung und Amtsübernahme durch Schepilow: Medvedev *Stalin's Men* 105 f.

NSC über Gromyko: Shevchenko 104, 146. Beschreibung von Gromykos Verhalten bei der UNO basiert auf Ansicht des Filmmaterials der Nachrichtensendungen, das in den National Archives in Washington, D. C., vorhanden ist. »Der erbarmungslose Filter«: Andrej Gromyko 75. »Lassen Sie den Außenminister«: Weintal/Bartlett 159. Treffen Gromyko–JFK: NYT 4. 10. 61, 7. 10. 61, 8. 10. 61, T 13. 10. 61, SR 9. 1. 71, Sor 599, Sidey 261 f., Odon 304–06. JFK zu Lippmann über das Treffen: Lippmann Gespr. Inhalt des Gesprächs an die Presse: Salisbury *Without Fear* 285. »Ich glaube, die Russen«: Macmillan *Pointing* 403.

JFKs Antwortschreiben an NSC vom 29. 9. 61 (genauer Wortlaut noch immer unveröffentlicht) und über die Korrespondenz JFK–NSC allgemein: Bundy Int., Rusk Int., Kohler Int., MacLeans 28. 11. 83, Sor 552–55, 599, Sal 197–200. NSC eröffnet den Zweiundzwanzigsten Parteitag: Praw 18. 10. 61, NYT 18. 10. 61,

McSweeney–Rusk 19. 10. 61, JFKL. Note des Weißen Hauses: NYT 18. 10. 61. Verhältnis JFK–Dealey: *Manchester Death* 48 f, 85. Quellen für die US-Schätzung des sowjetischen Raketenpotentials: Prados *Soviet Estimate* 192–226. CIA-Schätzung vom 6. 9. 61: CIA, »Current Status of Soviet and Satellite Military Forces and Indications of Military Intentions«, 6. 9. 61, JFKL, Prados *Soviet Estimate* 117 f. Hilsman über die Nutzlosigkeit der sowjetischen Interkontinentalraketen: Hilsman 164. JFKs Erwägungen, die sowjetische Unterlegenheit bekanntzugeben: Hilsman 162–65. »Wenn ich solche Dinge sage«: Sidey 282. Über Gilpatrics Person: T 6. 7. 62. Trewhitt 11.

Gilpatrics Laufbahn, seine Rede: Rusk Int., McNamara Int., Hilsman hist. COHP, Gilpatric Int. WGBH, Hilsman 162–65. Text der Rede Gilpatrics: *Documents on Disarmament* 542–50, Defense Department press release, 21. 10. 61, JFKL. »Mr. Chruschtschow soll wissen«: *Department of State Bulletin* 1961. »Mit keiner anderen Nation die Plätze tauschen«: JFKPP 8. 11. 61. Tschou En-lais Verhalten und seine vorzeitige Abreise aus Moskau: NYT 20. 10. 61, Praw 24. 10. 61, Linden 133 f, Griffith 94.

Zündung der Dreißig-Megatonnen-Bombe der Sowjets: NYT 24. 10. 61. Malinowski auf dem Parteitag: Praw 25. 10. 61, NYT 25. 10. 61. Konfrontation am Checkpoint Charlie: Clay–Dowling 31. 10. 61, Norstad Papers, Clay hist., Falin Int. WGBH, NYT 26. 10. 61, 28. 10. 61, Jean Edward Smith 319–21, Gelb 250–60, Wyden *Wall* 260–67. Gespräche RFK–Bolschakow über den Konflikt: RFK hist. Falin über Vorschläge der Vereinigten Staaten: Falin Int. WGBH. Adschubej über NSCs Ruhe: Adschubej Int. WBGH. »Solange wir auf sie zielen«: NSK2 506 f. Falins Informationen über Niederwalzen der Mauer: Falin Int. WBGH; siehe auch NSC (NSK2 506 f). Clays Mauer im Wald zu Übungszwecken: Catudal 133. »Gefahr eines Dritten Weltkrieges«: Falin Int. WGBH.

NSCs Hoffnungen in bezug auf den Parteitag: Ulam *Expansion* 656–62, Tatu 141–45. Die Entfernung des Leichnams Stalins und andere Maßnahmen zur Entstalinisierung: NYT 12. 11. 61, NW 13. 11. 61. Pläne für Dreier-Gremium fallengelassen und U Thants Wahl zugestimmt: Watt 294. Rusk über U Thant: Rusk zu DFR 20. 9. 61. NSCs Erklärung vom 7. 11. 61: NYT 8. 11. 61. NSCs Bemerkung gegenüber Hans Kroll: Kroll 527. Bolschakow zu RFK über Parteitag und JFKs Kommentar: RFK Notes 7. 11. 61, zitiert in AMSRK 499. »Preis hochgetrieben werden«: Bundy–JFK 12. 12. 61. JFKL. »Er sei sich bewußt«: JFK–NSC 16. 11. 61, JFKL. Vietnam-Konflikt, Situation 1961: Rust 21–73, Karnow 247–54, Halberstam *Best* 64–151. RFK erhält den Rat, Vietnam sei der beste Platz zum Kämpfen: Rust 34. »Anstrengungen . . . im Kampf« JFK–Diem 8. 5. 61, JFKL. »Jetzt müssen wir versuchen«: Halberstam *Best* 76. Rostow über NSCs Strategie: Rostow–JFK 26. 9. 61, JFKL. Empfehlungen Taylors und Rostows: Taylor–JFK 1. 6. 61, JFKL. Reaktion McNamaras und der Stabschefs: McNamara–JFK 8. 11. 61, JFKL.

»Dann wird es wie in Berlin«: Schlesinger Journal 13. 11. 61, zitiert in AMSRK 705. Memo Rusk/McNamara an JFK vom 11. 11. 61 in JFKL. Lemnitzers Warnung über die »eingeplante Etappe«: Rust 63. JFKs privates Gespräch mit Krock am 11. 10. 61: Krock Memo, Krock Papers. »Kräfte von außen mit allen Mitteln«: JFK–NSC 16. 11. 61, JFKL. JFK an Diem »mit wachsender Empörung« vom 15. 12. 61, JFKL. JFKs Gespräche mit Adenauer im November 1961: NYT 23. 11. 61, T 1. 12. 61, Jahn 433 f, Strauß 357–67, Koerfer 613. Lagebericht an Adenauer: Amory hist., Gaddis *Strategies* 207, Enthoven/Smith 132–42. Lemnitzers Protest gegen diese Praxis: Lemnitzer–Norstad 25. 11. 61, Norstad Papers. NSC im

November 1961: Slusser 459–65. Salinger gegenüber Tscharmalow bezüglich Interview Kennedys durch die Sowjets: Sal 192 f, 200. NCSs Anweisungen an Adschubej: Adschubej Int. WGBH.

CIA über Adschubej: Office of Current Intelligence, Persönlichkeitsprofil Adschubej, 8. 6. 61, Helms–Hugh Cumming 26. 7. 60, JFKL. Weitere Quellen über Adschubej: Adschubej, »Retracing an Anniversary from Contemporary History«, *Ogonjok*, Oktober 1989, Adschubej Int. WGBH, CIA Persönlichkeitsprofil vom 30. 1. 62, JFKL, Jane Thompson Int., Kohler Int., *Reporter* 4. 8. 60. Beschloss *Mayday* 52 f, 201, 218. NSC über Stalins Frau: NSK1 44.

Treffen Adschubej–JFK: Adschubej Int. WGBH. NYT 26. 11. 61, T 1. 12. 61, Sal 203 f. Text wurde der NYT vom 29. 11. 61 entnommen. JFKS Abhöranlagen: Bouck hist., Powers hist. COHP, Bestandsverzeichnis der Tonbänder in JFKL, WP 5. 2. 82. Eisenhowers Abhörsystem: T 5. 11. 79. RFKs Einsatz der Tonbandmitschnitte für die Arbeit an *Thirteen Days:* WP 5. 2. 82.

Veröffentlichung von JFKs Interview in der *Iswestija:* Isw 28. 11. 61, L 8. 12. 61, NW 11. 12. 61, NYT 7. 12. 61. Salinger über Textänderung: Sal 206. Rede NSCs vom 9. Dezember 1961: Praw 10. 12. 61. Bundy über nukleare Überlegenheit: Bundy 384 f. »Aus schweren Krisen gehen große Persönlichkeiten hervor«: JFK *Profiles* 49. Sergej Chruschtschow über Berlin-Krise: CCT, Sergej Chruschtschow in Harvard 13. 2. 89–15. 2. 89.

Kapitel 14
»Ihr Präsident hat einen schweren Fehler gemacht«

»Unser wichtigstes Ziel« und NSCs Stimmung: NYT 2. 1. 62. Gerüchte über NSC und andere Hinweise auf innenpolitische Schwierigkeiten zu Beginn des Jahres 1962 und die offizielle Reaktion der Sowjets: George Ball-Thompson 26. 1. 62, JFKL. Myron Rush in *Current History,* Oktober 1962, NYT 6. 2. 62, 9. 2. 62, USN 15. 1. 62, 29. 1. 62, NW 19. 2. 62. NSC in Minsk: Praw 13. 1. 62. Bohlen, NSC sei nicht ernsthaft in Bedrängnis: Bohlen Notes, Bohlen Papers. McCone über NSCs Status: McCone–JFK, »Appraisal of Soviet Intentions«, 5. 1. 62, JFKL. Thompson über sowjetisch-chinesischen Konflikt: Thompson–Rusk 18. 2. 62, JFKL. Bolschakow zu Bradlee: Bradlee–RFK 10. 1. 62, RFK Papers.

Beziehung zwischen Außenministerium und Weißem Haus, Rusk–Kennedy: Bohlen hist., Jack Bell hist., Dutton hist., USN 31. 7. 61, *Commonweal* 29. 3. 63, *Harpers* November 1961, NR 24. 7. 61, Halberstam *Best* 35–37, 344–46, Weintal/Bartlett 149–66, Galbraith *A Life* 402–06, Trewhitt 253 f, Hilsman 34 f, 59 f, Bohlen 474–76, Cohen 213–16. JFK zu seinen Beratern bezüglich des Life-Porträts (vom 8. 6. 62) und seine Bemerkungen über Rusk gegenüber White: White-Notizen in Schlesinger Papers, JFKL. »Wie soll man einen Außenminister feuern«: Hilsman hist. Beziehung Rusk–JFK zu Beginn des Jahres 1962: Schoenbaum 263–89, Rusk 292–95.

Rusks Bemühungen, Davies zu rehabilitieren: Schoenbaum 200 f. »Robert Kennedy wollte nur die Leute«: Rusk Int. Schlesingers Notizen über Rusk: Schlesinger Notizen in Schlesinger Papers. JFK im Gespräch mit O'Donnell über mögliche Entlassung Rusks: Odon 281 f.

Bolschakow über RFKs Besuch in Moskau: NYT 1. 3. 62, Sal 207–210. RFKs Brief an NSC und die Antwort NSCs sind in der Bestandsliste des Briefwechsels JFK–NSC in der JFKL aufgeführt. Aschubejs Besuch in Washington: Adschubej Int. WGBH,

Thomas Mann–Rusk, 26. 1. 62, JFKL, JFKPP 31. 1. 62, NYT 25. 1. 62, NW 5. 2. 62, USN 12. 2. 62, *Good Housekeeping*, Juli 1962, Roberts 205–07.

Castro erhält Adschubejs Bericht über Gespräch mit JFK: Jean Daniel in NR 14. 12. 63 und NYT 12. 12. 62. JFK und Macmillan in Bermuda: David Bruce–Rusk 13. 12. 61, JFKL, Interview Schlesingers mit Macmillan vom 20. 5. 64, Notizen in Schlesinger Papers, AMSTD 489–551, Seaborg *Kennedy* 125–31, Horne 321–24. Bundy warnt JFK am 27. 10. 61 (Memo JFKL), Macmillan möchte »Ihre Zusicherung erlangen, die Tests nicht ohne seine Zustimmung wiederaufzunehmen«. In Bundys Augen ein »Sumpftümpel«. JFK möchte das Testgelände in Nevada nicht benutzen: Seaborg *Kennedy* 136 f. Macmillan an JFK über »Diktatoren und Reaktionäre: Macmillan *At The End* 156. »Warum machen wir uns überhaupt«: AMSTD Entwurf, Kohler Int. JFK und Macmillan an NSC über »Gemeinsame Verantwortung« vom 6. 2. 62: JFKL.

Briefe JFK–NSC von Februar und März: NSC–JFK 10. 2. 62, 21. 2. 62, 3. 3. 62, 13. 3. 62, 20. 3. 62, JFK–NSC 6. 2. 62, 13. 2. 62, 15. 2. 62, 21. 2. 62, 24. 2. 62–5. 3. 62, 7. 3. 62, JFKL. JFK über die Wiederaufnahme der Tests: JFKPP 2. 3. 62, Bradlee 63, Bolschakow zu Sorensen über die sowjetische Reaktion auf die Wiederaufnahme der Tests: Sor 558. Thompson–Gromyko Berlin-Verhandlungen und die sowjetischen Schikanen: JFK–Norstad 26. 2. 62, Norstad Papers, Hillenbrand hist., Kohler Int., McNamara Int., NYT 3. 1. 62, 29. 1. 62, NW 15. 1. 62 T 26. 1. 62, Ulam *Expansion* 661–63.

Thompson über Berlin-Gespräche: Thompson zu DFR 3. 4. 62. Dobrynins Lebenslauf und Ankunft: NYT 31. 3. 62 und 24. 4. 62, NW 7. 5. 62, USN 26. 2. und 26. 3. 62, T 23. 3. 62. *New York Times Magazine* 29. 7. 62. Menschikows Rückruf und Entlassung: Kohler Int., Davies Int., Thompson zu DFR 3. 4. 62. Thompson über Dobrynin: Thompson zu DFR 3. 4. 62. »Aber das hört jetzt auf«: Sal 220 f.

Gespräche Rusk–Dobrynin zur Berlin-Frage: Hillenbrand hist., Kohler Int., NYT 13. 4. 62, 17. 4. 62, 21. 4. 62, NW 23. 4. 62, USN 30. 4. 62. Rusk über »keinen großen Spielraum«: Seaborg *Kennedy* 146. Der erste amerikanische Atomtest nach der Wiederaufnahme wird in NW vom 23. 4. 62 und *Life* beschrieben, zitiert nach Wright 32. Sakharow über die sowjetischen Geheimdienste im Zusammenhang mit US-Tests: Sacharow 225. McNamaras Lagebericht: McNamara zu DFR 8. 2. 62, McNamara Int., Roberts 203 f.

Auswirkung des Alsop-Interviews auf NSC: Tatu 218 f. Salingers Besuch in Moskau: Sal 222–37, Schlesinger–Salinger 8. 5. 62, Salinger Papers, NYT 13. 5. 62, *Look* 14. 8. 62. Das abendliche Telegramm an Konrad Adenauer: Sal 233. Castros marxistisch-leninistisches Programm: Szulc 568 f. Bundy über die neuesten Einschätzungen: Bundy JFK 31. 3. 62. CIA, »The Situation and Prospects in Cuba«, 21. 3. 62. JFKL. Castro und der Jahrestag des Sieges an der Schweinebucht: NW 19. 3. 62, 26. 3. 62, 30. 4. 62. Castros Situation im Frühjahr 1962: Szulc 569–76, Bourne 232–37.

Dulles gegenüber Senatoren: Dulles zu DFR 2. 5. 62. »Dieser Mann mit Eiswasser«: Rusk Int. McNamara über »Hysterie«: *Assassination Report*, 157 f, Parmet JFK 217. »Himmel und Hölle«, der Ausschluß aus der OAS, Wirtschaftsblockade: Davis *Kennedys* 394, Szulc 571–75. »Ein Chaos herzustellen«: RFK 7. 11. 61, Memo RFK Papers. Allgemeines über die Operation Mongoose: Bissell Int., Amory Int., Amory hist., McNamara Int., Helms Int., Bissell Int., Prados *Secret Wars* 210–13, *Assassination Plots* 139–45, *Miami Herald* 21. 1. 62, Lagebericht der CIA vom 28. 11. 61, JFKL, Taylor Branch/George Crile III in *Harper's* August

1975, Thomas Powers 132–38, Davis 393–99, 428 f, 433 f, 835–39, AMSRK 477–80, Szulc 562–76, Garthoff 5, 17 f, 78 f, 90, David Martin 126–44. »Aber der faktische Leiter«: Helms Int. Einschätzung vom März 1962: Lagebericht der CIA vom 21. 3. 62, JFKL.

Vergiftete Tabletten und Manöver zur Invasion: Thomas Powers 148 f. JFK als Initiator zahlreicher Geheimoperationen: Quirk 197. Diplomat zu NSCs »romantischer Haltung«: A. S. Fordham-Lloyds Bericht vom 14. 7. 59 FO. Besuch von Castros Sohn in Moskau: NYT 14. 12. 63. Sowjetisch-kubanische Beziehungen im Frühjahr 1962: Hugh Thomas 1377–84, Hyland/Shyrock 28–31. Castro und NSC warnen sich gegenseitig vor einer Invasion: New Republic 14. 12. 63, Szulc 578–80, Igor Stasenko, »On Some Military-Political Aspects Of The Caribbean Crisis«, *Latinskaja Amerika*, November–Dezember 1973. JFKs Ausschluß einer Invasion, die Haltung der Sowjets und Kubaner dazu und Gromykos Antwort: McNamara und Gromyko in MCT. »Öffentlicher Balanceakt«: Bundy–JFK 17. 9. 62, JFKL. JFK über Castros Drohung gegen Guantanamo: JFKPP 21. 3. 62.

»Sobald die Vereinigten Staaten«: USN 17. 9. 62. Harris zu JFK über Haltung der Öffentlichkeit: Harris–JFK 4. 10. 62, JFKL. Meinungsumfrage des *San Francisco Chronicle:* Kern 101. NSC wußte, daß die meisten der Abgeordneten auf dem Parteitag gegen die Entstalinisierung eingestellt waren: Burlazki Int., WGBH, und Burlazki in Harvard 27. 9. 88. Verhältnis NSC-Mikojan und Gespräch über das Risiko von Raketen auf Kuba: Sergo Mikojan in CCT, MCT, in Harvard 13. 2. 89–15. 2. 89, Mikojan Gespr., Sergej Chruschtschow Gespr., Sergo Mikojan in *Latinskaja Amerika,* Januar 1988. JFK während einer Pressekonferenz über den Unterschied, ob Raketen aus der Nähe oder aus achttausend Kilometern abgefeuert seien: JFKPP, 3. 7. 62.

Geheimes Vorgehen als Norm in der sowjetischen Politik: Burlazki Int., Schaknasarow in MTC. Malinowski über die Raketenbasen in der Türkei: Burlazki in CCT. NSC zu Stevenson über die türkischen Stellungen: Tucker Notizen 5. 8. 58, Stevenson Papers. NSC zu Harriman und Pearson bezüglich der Stellungen: NSC–Harriman Memo 23. 6. 59, JFKL, SEP 27. 4. 62, WP 28. 8. 61, Luvie Pearson Gespr. Mikojans Einstellung zu NSCs Raketenpoker: Sergo Mikojan in CCT, MCT, in Harvard 13. 2. 89–15. 2. 89 und Sergo Mikojan Gespr. »Nur zwei Gedanken«: Sergo Mikojan in CCT. Mikojans Bewunderung für Castro: Sergo Mikojan Gespr. »Ging mir diese Vorstellung«: NSK1 493–95. NSC in Warna 16. 5. 62 und Sofia 19. 5. 62: Praw 17. 5. 62 und 20. 5. 62.

NSC berichtet Gromyko vom Raketenpoker: Gromyko in MCT und Gromyko in Isw 15. 4. 89, »On Glasnost Now And Secrecy Then«, *Observer* (London) 2. 4. 89, Alexejew in *Argumenti i Fakti* 11. 3. 89–17. 3. 89. NSCs Bemerkung über mangelnde Diskretion der Präsidiumsmitglieder: Burlazki in CCT. NSC weiht nur fünf Mitglieder ein: Sergo Mikojan in CCT und MGT, außerdem in NSK1 498 f. NCS über Geheimtreffen nach Bulgarien-Besuch: NSK1 494 f. Planspiel mit Malinowski über Inselbesetzung: Sergo Mikojan in CCT. Schätzung der CIA zu den Kosten der Raketenstationierung: CIA »The Crisis: USSR/Cuba«, 25. 10. 62. JFKL. Die Sowjets hatten noch nie Raketen außer Landes gebracht: Thompson hist., Bundy Int. Gromyko hat den Eindruck, Malinowski unterstützt NSCs Pläne: Gromyko in MCT und Isw 15. 4. 89.

Gromyko erleichtert über NSCs Versicherung: Gromyko in MCT und Isw 15. 4. 89. »Wir wollen Marschall Birjuzow« Sergo Mikojan in MCT. Alexejew über seine Ernennung und Einführung in das Raketenpoker: Alexejew Int. WGBH,

MCT, Mikojan in CCT, Alexejew in *Argumenti i Fakti*, 11. 3. 89–17. 3. 89, *Echo Planeti*, November 1988. Castro zu NSCs Vorschlag: Szulc 576–81, *New Republic* 14. 12. 63.
»Ein sehr gefühlsbetonter Mann«: Burlazki Int. WGBH und in CCT. »Sie sollen einmal«: NSK1 494, siehe auch Wolgonow und Sergej Chruschtschow in MCT.

Kapitel 15
Am Vorabend der Krise

Benny Goodman in der Sowjetunion und NSCs Einstellung zum Jazz: Adschubej Int. WGBH, Jane Thompson Int. NYT 31. 5. 62, 2. 6. 62, 5. 7. 62, 9. 7. 62, NW 11. 6. 62, SNK 206. Laos im Frühjahr 1962: RFK hist., Laos File 1962 in den Harriman Papers, Rusk und Chayes zu DFR 13. 7. 62, Diplomatic History, Frühling 1962, Hilsman 136–55, Donmen 200–80. »Ich fürchte«: Rusk zu DFR 29. 3. 62. JFKs Warnung an Adschubej im Hinblick auf Südostasien: Sal 213 f. JFKs Warnung an NSC im Hinblick auf Laos: Memo 18. 1. 62. Pressekonferenz im Februar: JFKPP 21. 2. 62. »Halb bluffte und halb wirklich entschlossen« Sor 645–48, Sor hist. JFK zu Alsop bezüglich Laos: SEP 31. 3. 62. Rusks Kontakt zu Thompson: Thompson-Rusk 14. 5. 62, außerdem Thompson-Rusk 15. 5. 62, Harriman Papers. NSC über JFKs »gefährliches Spiel«: NW 11. 6. 62. Rusks Entwurf für JKFs Brief: 11.6.62 Harriman Papers. Kontakt zwischen Bolschakow und RFK bezüglich Laos: RFK hist.
»Aus Laos kommen gute Nachrichten: NSC–JFK 12. 6. 62, JFKL. Zur weiteren Entwicklung in Laos: Hilsman 151–55, Donmen 281–303, Rust 76 f. Raúl Castro und Aragones in Moskau: Mikojan in CCT, Aragones und Risquet in MCT. Risquet über den Vorschlag der Kubaner und Aragones über NSCs Antwort: MCT. Zu McNamaras Lebenslauf und Persönlichkeit: McNamara Int., McNamara Int. WBGH, Kohler Int., Henry Trewhitt Gespr., Hilsman hist., Sylvester hist., Lovett hist., Dutton hist., T 11. 2. 91, SEP 5. 8. 61, L 30. 3. 62, *Reporter* 18. 1. 62, *Harper's* August 1961, NW 26. 12. 60, 12. 5. 62, Trewhitt, Burner and West 105 f. Halberstam 214–47, 258 f, Alsop 127–29.
»Die klüger sind als ich«: Trewhitt 29. »Er läuft selbst«: Burner/West 103. »Bob kann Dummheit nicht ausstehen«: Trewhitt 96. JFKs Bewunderung für McNamara: RFK hist. JFK über die Probleme des Jahrzehnts im administrativen Bereich: JFKPP 11. 6. 62. O'Donnells Warnung: Vanocur Int.
»Beeindruckt von der Tatsache«: RFK hist. »Der gefährlichste Mann im Kabinett«: Trewhitt 83. McNamara, die Strategie der Abschreckung und die Rede in Chicago: McNamara Int. WGBH, Trewhitt 122–25. »Er hat auf seine Wunderknaben gehört«: Trewhitt 122–25. NSC über Strategie der Abschreckung: Praw 11. 7. 62, NYT 21. 7. 62.
NSC über Abwehrrakete und das Pentagon: Praw 18. 7. 62, 19. 7. 62, NYT 17. 7. 62. Galbraith' Empfehlung für den Posten des Botschafters: Bradlee 114. RFK über Kohler: RFK hist. Kohlers Lebenslauf: Kohler Int., NYT 29. 6. 62, NYT 21. 10. 64, JFKL. Holemans Essen mit Bolschakow: Holeman Int. und Holeman Memo 11. 7. 62, JFKL.
»Selten habe es in der Politik«: NW 9. 7. 62. NSCs innenpolitische Probleme im Sommer 1962: Tatu 229–60. »Chruschtschow in Bedrängnis«: Rostow *Diffusion* 251 f. Rostow hist., T 25. 8. 87. Möglichkeit einer Amerikareise NSCs im Herbst und das voraussichtliche Diskussionsprogramm: Hilsman-Rusk 20. 9. 62. Reak-

tion der Chinesen auf Rusks Vorschlag: Griffith *Sino* 351, Ulam *Expansion* 664–66. Aktivitäten der Operation Mongoose: Davis *Kennedys* 397–99, Thomas Powers 129 f, AMSRF 447–80, Prados *Secret Wars* 194–207.

Diskussion über »Castros Liquidation«: *Harper's* Juli 1975, Goodwin 189, Thomas Powers 129 f, *Assassination Plots* 105, 161, AMSRF 497 f. CIA-Kontrolle über die sowjetischen Schiffe: Prados *Soviet Estimate*, Laqueur 159 f. Burrows 116–23. Mikojans Ansicht, der Fehler habe »eindeutig bei den Russen selbst« gelegen: CCT. Castros Vorschlag, man hätte die Raketen als landwirtschaftliche Produkte tarnen sollen: Mikojan in CCT. Berichte von Agenten und Flüchtlingen: William Harvey, Zusammenfassung der Agentenberichte ab Juli 1962 vom 18. 10. 62, JFKL, siehe auch Frank Sieverts offizielle Darstellung »The Cuban Crisis«, die er 1962 im Auftrag des Außenministeriums unter Verwendung offizieller Quellen für begrenzte Verbreitung innerhalb des Ministeriums angefertigt hat, 1963, JFKL. Im folgenden als »Sievarts history« zitiert.

McCones Befürchtungen, auf Kuba könnten Atomraketen stationiert werden: Bundy Int., Helms Int., Rusk Int., SEP 27. 7. 63. McCones Mitteilung an JFK und JFKs Reaktion: Laqueur 165–69, Prados *Soviet Estimate* 127–50. Flug der U-2 vom 29. 8. 62: Hilsman Memo 5. 2. 63, Hilsman Papers. Rusk über sowjetische Militärhilfe: Rusk zu DFR 5. 9. 62. Keatings und anderer Senatoren Vorwurf der Vorenthaltung vertraulicher Informationen: Keating in *Look* 3. 11. 64. Keatings Verdacht, er werde abgehört: Lasky *Watergate* 81 f. JFK über »fünfzigtausend kubanische Flüchtlinge«: JFK zu Theodore White 13. 2. 63, in White Notizen, Schlesinger Papers. Forderung der Republikaner nach Seeblockade: *National Review* 25. 9. 62, 23. 10. 62, Garthoff 16.

Nixon über »eindeutige Gefahr«: NYHT 4. 11. 62. Kongreß ermächtigt den Präsidenten, Reservisten einzuberufen: NYT 22. 9. 62. Demonstration mit kubanischen Flaggen in Houston: J. Edgar Hoover Chief, Secret Service 14. 9. 62, FBI. JFK verschiebt Entscheidungen während der ersten zwei Jahre seiner Amtszeit auf den Zeitraum nach der Wahl von 1962: Odon 307. McCone Lebenslauf und Persönlichkeit: Amory Int., Hilsman hist., Amory hist., R. O. L'Allier–W. C. Sullivan 28. 9. 61, Thomas Powers 159–67, Halberstam 152–55, Phillips 152 f, Laqueur 79–81, Alsop 232 f., 244 f. Hilsman 46 f. Wise/Ross 193–99. »Snob und Puritaner«: David Martin 186. JFK über Geld und Religion: AMSTD 72.

McCones Einstellung zu Teststopp-Abkommen: McCone–Krock 23. 2. 61, Krock Papers. JFK spielte mit dem Gedanken, seinen Bruder als Direktor der CIA einzusetzen: RFK hist., Sor 630 f.

RFK über Raketen auf Kuba als »großes politisches Problem«: RFK Memo 11. 9. 62, RFK Papers. RFKs Treffen mit Dobrynin: RFK hist., RFK13 2–4. »Wir taten das lediglich«: Bundy Int. und Bundy in Thompson 210. Sorensen über den Punkt, an dem JFK die Grenze zieht: HCCT. Treffen zwischen Sorensen und Dobrynin am 6. 9. 62 und Sorensens Bericht an JFK: Sor 667–69.

Erklärung der TASS vom 11. 9. 62: Kohler–William Tyler 11. 6. 63 und Kennan-Rusk 13. 9. 62, JFKL. JFKs Reaktion: JFKPP 13. 9. 62. NSC gegenüber einem Vertreter der österreichischen Regierung: Tatu 240 f, Garthoff 12 f. Bundy über die »rauhen Töne«: Kaysen–JFK 21. 9. 62, JFKL: Bundys Empfehlung, »Tacheles« zu reden: Bundy–JFK 15. 9. 62, JFKL. Ankunft des Frachters *Omsk* und die Entladung: Detzer 69, Garthoff 19. U-2-Vorfall über China: Praw 10. 9. 62. Ankunft der *Poltawa* am 15. 9. 62: Garthoff 19. Flug der U-2 am 19. 9. 62: Hilsman Memo 5. 2. 63, Hilsman Papers. Berichte an JM/Wave: Harvey Memo 18. 10. 62, JFKL, Rusk Int. Sievarts history, RFK13, 6 f.

Castros Ankündigung, die Sowjetunion wolle Fischereihafen bauen: NYT 25. 9. 62. JFKs Vergleich mit Pearl Harbor: RFK hist. Fortschritte in Genf: Seaborg *Kennedy* 167–71. NSC–JFK über eingeschränktes Teststopp-Abkommen: NSC–JFK 4. 9. 62, JFKL. JFK über »ernsthafte Bemühungen«: JFK–NSC 15. 9. 62, JFKL. Rusks Vermutung bezüglich »neuer Schachzüge« der Sowjets in Berlin und sein Kommentar vom 10. 10. 62: Roberts 203, NYT 11. 10. 62.

JFK läßt sich Akten kommen: Hilsman–Rusk 20. 9. 62, Kaysen–Lincoln 29. 9. 62, Kaysen–JFK 29. 9. 62, Rusk zu DFR 5. 9. 62, Rusk Int., Sorensen hist., USN 3. 9. 62, Sor 668–89. CIA über die IL-28 und Gespräche Hughes–Bowles–Dobrynin: Thomas Hughes Gespr., Bowles hist., Garthoff in HCCT, Bowles 418, Roberts 210. Anweisung zur Eile in Kuba: Bundy 405. Bundy steht Rede und Antwort: Mitschnitt der ABC-Sendung vom 14. 10. 62. NSC beim Empfang für die Chinesen: NYT 15. 10. 62, Hyland/Shyrock 53 f. Walter Elder zu McCone: David Martin 142 f.

Kapitel 16
»Er benimmt sich, als wäre er Gott«

16. 10. 62, Szene im Kabinettssaal: RFK hist., Fotografien in JFKL, Lundahl Int., Lundahl hist., Sidey (1964) 272 f, Burrows 124 f, *Look* v. 18. 12. 62. Gilpatric über JFK auf der Sitzung: Parmet *Jack* 284 f. Gespräch JFK–Bohlen: Bohlen Notizen, Bohlen 488 f. Gespräche auf der Vormittagssitzung vom 16. 10. 62: Abschrift und Tonband, 16. 10. 62, JFKL. Briefentwurf an »Mr. F. C.« und Begleitnotiz: undatiert, Sorensen Papers. Bundy über NSC »viel zu vernünftig«: Bundy 419. Bundy über JFKs Überzeugung, daß USA 1962 in der Defensive: Bundy 418 f. Kohlers Telegramme und JFKs Reaktion: Kohler–Rusk 16. 10. 62, JFKL, Tagebuch Kohlers 16. 10. 62 und RFK hist. Mittelstreckenraketen in Europa: Sievarts history, William Bundy Memo zu Jupiter-Raketen und überseeischen Stützpunkten, 20. 10. 62, JFKL, Garthoff 43n, Ambrose *Eisenhower* 447, 495, 553. Gespräch Eisenhower–McElroy: Gesprächsnotiz 5. 6. 59, DDEL.

Harr über »Öffentlichkeit«: Harr Gespr., Harr-Eisenhower 14. 10. 59, DDEL. Rusk über veraltete Raketen: Rusk Int., NYT 7. 8. 87. Bitte JFKs, Raketenabzug zu überprüfen, und Ergebnis: Rusk–DFR 11. 1. 63, Garthoff 43f. Rostow über Scheitern diplomatischer Gespräche: Rostow hist. NSCs Furcht vor Atomwaffen in der BRD: vgl. z. B. Ulam *Expansion* 610 f, 663 f. Gespräche bei der Abendsitzung v. 16. 10. 62: Abschrift und Tonband, 16. 10. 62, JFKL. Formosa-Krise 1958 und JFKs Meinung: JFK *Strategy* 102–104. McNamara über NSCs Annahme einer »zahlenmäßigen Unterlegenheit« der Sowjetunion: MCT. JFKs Privatmeinung zur Monroe-Doktrin: Norbert Schlei hist., AMSRK 505. JFK öffentlich über die Doktrin: JFKPP 29. 8. 62. JFKs Ärger über Geheimhaltung und Täuschung: RFK hist., RFK13 5 f.

Bundys Eindruck, »man habe uns absichtlich in die Irre geführt«, und Sorensen über Schwierigkeiten bei Vorankündigung der Stationierung: MCT, Bundy Int. JFK »wäre unglaubhaft geworden«: RFK13 45. »Haben Sie vergessen . . .«: Odon 316. Treffen JFK–Stevenson am 16. 10. 62: L 14. 12. 62, Abel 49, Bartlow Martin: *Stevenson* 720. Stevensons Notiz v. 17. 10. 62 und JFKs Reaktion: Kopie in JFKL und Stevenson Int. JBM. Bohlens Ablehnung zu bleiben: Bohlen hist., Bohlen-Notizen, Bohlen 489–493.

»Der Wahlkampf ist bereits gelaufen«: Sidey (1964) 278. JFK in Waterbury: JFKPP

17. 10. 62. Blight/Welch über zwei Lager: Blight/Welch 7 f, 200–221. Wolkogonow über Waffen in Kuba: MCT. Rusk über seine Rolle im ExComm: Rusk Int.
Rusks angeblicher Nervenzusammenbruch: RFK hist., Rusk Int. RFK als De-
facto-Versammlungsleiter: Abel 57 f, George Ball 290. »Wir wußten, daß der
kleine Bruder . . .«: Abel 58.
Raketenkrise wie U-2-Episode behandeln: Gesprächsnotiz 17. 10. 62, JFKL, Sievarts
history. Sorensens Magengeschwür: NYHT 3. 10. 62. Sorensens Aufzählung der
Optionen: Sorensen-Notizen 17. 12. 62, JFKL. Sorensen und RFK holen JFK vom
Flughafen ab: Sorensen hist. ExComm-Vormittagssitzung 18. 12. 62: Notizen
und Gesprächsnotiz Sorensens, JFKL, Sievarts history, *President's Intelligence
Checklist* (Geheimdienstbericht für den Präsidenten) 18. 12. 62, JFKL. JFK zu
»Was passiert, wenn Chruschtschow Berlin zerstört?«: Weintal/Bartlett 65–69.
Sorensens Entwurf einer Fernsehrede und eines »wasserdichten Briefes«: Ent-
wurf v. 18. 10. 62 und »Synopse der Rede des Präsidenten«, undatiert, Sorensen
Papers. Sorensen läßt Idee eines Briefes an NSC fallen: Sor 685 f. Thompson über
mögliches Abdrehen sowjetischer Schiffe vor einer Blockade: Thompson hist.,
Jane Thompson Int., Sievarts history. Rusk über »mit einem großen Knall unter-
zugehen«: Sievarts history. Gespräch Acheson–JFK: Acheson hist., Acheson in
Esquire, Februar 1969.
Rusk, Thompson und Bundy beraten JFK vor Gromyko-Gespräch: David Klein–
Bundy 17. 10. 62, Bundy–JFK 18. 10. 62, Rusk–JFK 18. 10. 62, Roberts 211.
Gespräch JFK–Gromyko 18. 10. 62: Gesprächsnotiz 18. 10. 62, JFKL, Sievarts
history, Gromyko in Praw. 23. 1. 63, Gromyko in Isw 15. 4. 89, Gromyko in MCT,
Burlazki in CCT, Andrei Gromyko 175–179, RFK hist., RFK13 17–20, Abel 75–77,
Sor 689–691, NW 29. 10. 62, NYT 19. 10. 62, 20. 10. 62, 27. 10. 62. JFK bedauert
Schweigen über Raketen und Antwort Rusk/Thompson: Cohen 154. JFKs Über-
legungen zu Gipfeltreffen: Garthoff 28. Rusk »kalt über den Rücken«: Rusk Int.
»Mehr glatte Lügen« und Fragen RFKs: Lovett hist. ExComm-Abendsitzung
18. 10. 62: Sievarts history, RFK13 21 f.
JFKs Besprechung mit Beratern 19. 10. 62 vormittags: Memo RFK 31. 10. 62 RFK
Papers, Odon 321. RFK und Sorensen über Bundys Schwanken: RFK hist.,
Sorensen Int. JBM. ExComm-Vormittagssitzung 19. 10. 62; Gesprächsnotiz,
JFKL. Dillon über Argumente RFKs: Abel 81, Stein/Plimpton 136 f. Anruf
Bundys bei O'Donnell: *Look* 18. 12. 62. JFKs und McNamaras Dementis: Sylve-
ster hist., Sievarts history, Abel 83 f, Bundy 402 f. Sorensens Arbeit an der
Fernsehansprache: Entwurf 20. 10. 62. Sorensen Papers, Sor 691 f. Mittagessen
mit Koslow 20. 10. 62; Kohler Int., Davies Int., Tagebuch Kohler 20. 10. 62.
JFKs Rückkehr 20. 10. 62 und Nachmittagssitzung Nat. Sicherheitsrat: Gesprächsnotiz 20. 10. 62, JFKL, Notizen Sorensens 20. 10. 62 Sorensen Papers, Sievarts
history, Sorensen Int. JBM, George Ball 295 f, Sor 695 f, Odon 321–326, Abel 91–
99, RFFK13 25–28, NYT 21. 10. 62, RFK Interview mit Schlesinger 6. 4. 64
Schlesinger Papers, Bartlow Martin *Stevenson* 723 f, Stevenson–Schlesinger Jan.
1963 undatiert, JFKL. Stevenson über »Versuch, einen Zusammenstoß zu verhindern«: Phillip Klutznick Int. JBM. Stevenson über JFK »kalt und rücksichtslos«
und allgemein: Adlai Stevenson III. Int. JBM, Minow Int. JBM, Gespr. Minow, Ball
Int. JBM, Sulzberger 923 f., Bartlett Int., Bartlett hist., Bartlow Martin *Stevenson*
530. Stevensons Schwierigkeiten: Tree Int. JBM, Bartlow Martin *Stevenson* 592.
»Kennedy ein Pragmatiker«: Cleveland Int. JBM. »Ich mag das Wort hart nicht«:
RFK Int. JBM. RFK–JFK nach der Besprechung: RFK hist., Odon 322 f. Stevenson
zu O'Donnell: Odon 326. Geplanter NYT-Bericht: Sievarts history, Schlesinger-

Reston Gesprächsnotiz 24. 12. 64, Schlesinger Papers, Ball in HCCT. JFK ruft Jacqueline an und schwimmt mit Powers: Odon 325. Vormittagssitzung v. 21. 10. 62: Gesprächsnotiz, JFKL, Notizen McNamara 21. 10. 62, CIA »Current Intelligence«-Memo 21. 10. 62, Sievarts history, Taylor in HCCT, Taylor in WP 5. 10. 82, Rusk Int. Evakuierungspläne und Bunker für den Präsidenten: Goodpaster Int., Rusk Int., USN 7. 10. 89. Jacqueline–JFK über Schutzraum: AMSTD Entwurf, Ralph Martin 465, Odon 324 f., Parmet *JFK* 277–298.

Kapitel 17
»Wir hatten gehofft, dieser Moment würde niemals kommen«

Mitteilung an Boggs, Halleck und andere Sprecher im Kongreß: Sievarts history, Mansfield hist., Halleck hist., Boggs hist., Hickenlooper hist. in Hickenlooper Papers, *Look* 18. 12. 62, L 2. 11. 62. Acheson trifft Bruce und Information Macmillans: Acheson in *Esquire* Februar 1969, T 2. 11. 62, Sievarts history, Chester Cooper hist., Acheson hist., Horne 364 f. Acheson informiert de Gaulle: T 2. 11. 62, Acheson hist. Telefongespräch JFK–Eisenhower: Eisenhower Interview mit Moos 8. 11. 66, Eisenhower 10/22 Gesprächsnotiz, DDEL. Verhaftung Penkowskis und seine Spionageleistung: Helms Int., Garthoff in HCCT, Garthoff 39–41, Roberts 211, Blight/Welch 208. Bundy berichtete dem Autor, er sei davon überzeugt, daß Penkowskis Rolle in der Literatur zu dieser Epoche sehr überbewertet werde. Er selbst habe im Text seines Buches *Danger and Survival*, einer Geschichte der atomaren Waffen, jeden Hinweis auf den Spion vermieden (Bundy Int.).

Sitzung des Nat. Sicherheitsrates am 22. 10. 62: Gesprächsnotiz, JFKL, und »Record of Actions« (Tätigkeitsbericht) des Nat. Sicherheitsrates 22. 10. 62, Sievarts history. Castro alarmiert durch »Aktivitäten in Washington« und Mobilmachung: Detzer 184 und del Valle in MCT. JFKs Treffen mit führenden Kongreßmitgliedern: Smathers Int., Russell hist. und Notizen in Russell Papers, RFK hist., Fulbright hist., Marcy Int., Hickenlooper hist., Hickenlooper Papers, Lundahl hist., George Darden hist. in Russell Papers, MacNeul 205–207, RFK13 31–33, Odon 327 f, Sidey (1964) 283. JFK verspottet Senatsmitglieder: Odon 328. »Wenn man die führenden Leute im Kongreß . . .«: Rusk Int. »Diejenigen von uns, die noch nach den alten Spielregeln . . .«: Gerald Ford Int. Gespräch Dobrynin–Gromyko: MCT, auch Schaknasarow in CCT, nach einer Unterhaltung mit Dobrynin, Harriman hist. COHP.

»Wenn sie diesen Job haben wollen«: Sorensen Entwurf von *Kennedy* in Sorensen Papers. Ich habe versucht, den vermutlichen Wortlaut zu rekonstruieren. Botschaft von Macmillan: Macmillan–JFK 22. 10. 62, JFKL, Sievarts history. Gespräch Rusk–Dobrynin: Rusk Int., NYT 23. 10. 62, Sievarts history, Harriman hist. COHP, Schaknasarow in CCT, Garthoff 15. Telegramm von Rusk: Rusk–Kohler 22. 10. 62, Kohler Int., Davies Int., Davies hist. COHP, Davies Memo zum 22. Oktober – 8, 1962, undatiert, von Davies freundlicherweise dem Autor überlassen. Szenerie im Oval Office: L 2. 11. 62, Sidey hist. Rede JFKs findet sich in JFKPP 22. 10. 62. Die Vorschläge Sorensens und Dillons stehen in den Entwürfen zur Rede vom 22. 10. 62, JFKL. »Nun, das war's«: Ralph Martin 467. ». . . keineswegs so wohl in unserer Haut . . .«: Bundy Int. und Bundy in HCCT. Bundys Kritik an der Rede: Bundy in CCT, Bundy 457 f.

Szene im »War Room« des Pentagon und Alarmbereitschaft: *Foreign Service Journal*

Juli 1971, L 30. 11. 62, Garthoff 37 f. Erklärung des kubanischen Regierungssprechers: *New Orleans Times-Picayune* 23. 10. 62. Die einzige britische Zeitung, die nicht von einer Überreaktion des Präsidenten sprach, war der *Daily Express* Lord Beaverbrooks (24. 10. 62). Lord Russell an JFK und Antwort JFKs: T 2. 11. 62, Detzer 203 f. *Time* über JFKs Entscheidung: T 2. 11. 62. Russell über »alle guten Amerikaner«: Russell–Arthur Burdett 24. 10. 62, Russell Papers. Goldwater über JFKs Aktion: NYT 23. 10. 61. Hugh Scotts und William Millers Bemerkungen: *New Orleans Times-Picayune* 23. 10. 62. Kritik des *Crimson:* Detzer 191. Reaktion Keatings: NYT 23. 10. 62, 24. 10. 62. Nixons zerstörte Wahlhoffnungen: Nixon *Memoirs* 244.

»Kannst du dir vorstellen«: *Boston Herald* 26. 10. 62. Frazier Chestons Aufruf: *Boston Herald* 25. 10. 62. Konservative im Madison Square Garden: Detzer 187. Reaktion NSCs und Mikojans auf JFKs Rede: Mikojan in MCT, Garthoff 33 f. Kusnezow bestellt Kohler zu sich und Brief NSCs: NSC–JFK 23. 10. 62 und Ergänzungen, JFKL. Sowjetische Alarmbereitschaft, NSC im Bolschoi-Theater und Mitteilung des US-amerikanischen Außenministeriums: Garthoff 41 f, Hilsman–Rusk 24. 10. 62, T 2. 11. 62, NSK1 497. Erklärung über Radio Moskau: 23. 10. 62 Text in JFKL. Andere Reaktionen in der Weltöffentlichkeit vgl. CIA-Memo 23. 10. 62, JFKL. Erleichterung JFKs am Morgen des 23. 10. 62: RFK13 35. Erstaunen JFKs über Vermeidung einer Berlin-Blockade: Bradlee 124 f, Sulzberger 926 f. Bundy über JFKs Furcht vor Gegenschlag in Berlin: Bundy 421 f. und Odon 318 f, 329–331.

Vormittagssitzung von ExComm 23. 10. 62: Bundy Gesprächsnotiz, JFKL, Hilsman–Rusk 23. 10. 62, Hilsman Papers. JFK–NSC 23. 10. 62 und Entwürfe liegen in JFKL. Einschätzung der CIA zu Blockaden in Kuba und West-Berlin: CIA, »The Possible Role of a Progressive Economic Blockade Against Cuba« (Die möglichen Auswirkungen einer fortschreitenden Wirtschaftsblockade gegen Kuba), 25. 10. 62, »Survivability of West Berlin« (Die Überlebensfähigkeit West-Berlins), 23. 10. 62, »Effect on Cuba of a Blockade Covering All Goods Except Food and Medicines« (Wirkungen auf Kuba durch eine Blockade, die alle Waren außer Lebensmitteln und Medikamenten umfaßt), 23. 10. 62, JFKL ExComm-Abendsitzung 23. 10. 62: Bundy Gesprächsnotiz, JFKL. JFK unterzeichnet Blockadeordnung: NYT 24. 10. 62, Sievarts history, Abel 135 f, L 2. 11. 62. JFK über Gefahr der Fehleinschätzung und August 1914: RFK13 40. Bemerkung des sowjetischen Militärattachés und CIA-Bericht an JFK: Abel 134. Abendliches Treffen RFK–Dobrynin 23. 10. 62: RFK13 41–44, Dobrynin in MCT. »Alle meine Telegramme waren chiffriert«: Dobrynin in MCT.

Beziehung JFK–Ormsby-Gore: de Zulueta Int, David Bruce hist., AMSTD 423 f., NYT 18. 10. 61, Macmillan *Pointing* 338 f, Sor 559, Odon 94, 266 f. »Ich möchte Ihnen mitteilen, daß ich es als große Ehre . . .«: Ormsby-Gore–JFK 18. 5. 61, JFKL. Ormsby-Gores Telegramm an Macmillan, Gaitskells Äußerung und abendliches Gespräch Ormsby-Gore–JFK 23. 10. 62: AMSTD Entwurf, AMSTD 815–818, RFK13 44 f, Abel 138–140, 148. McNamaras Hintergrundgespräch: Mitschrift, JFKL. CIA an JFK über Lager für nukleares Material: Einschätzung, 23. 10. 62, 24. 10. 62, in JFKL.

Kein Beweis für Lieferung von Gefechtsköpfen: Rusk Int., Sievarts history, Garthoff in HCCT, 25. 10. Nachmittagssitzung Protokoll, JFKL. Wolkogonow über zwanzig Atomsprengköpfe: MCT. Geheimdienstinformation über Gefechtsköpfe auf der *Poltawa:* Garthoff 21 f. Davies übergibt Blockadeanweisungen: Davies Int. Demonstrationen in der Sowjetunion: Davies Int., Kohler Int., Kohler Tagebuch

24. 10. 62, NYT 25. 10. 62. Gespräch NSC–Knox: *New York Times Magazine* 18. 11. 62, Meldung der Associated Press London 25. 10. 62, T 23. 11. 62, Praw 25. 10. 62, Kohler–Rusk 25. 10. 62, Rusk–Kohler 27. 10. 62, Hilsman–Rusk 26. 10. 62, JFKL. NSCs Antwort an Russell: NSC–Russell 24. 10. 62, *Foreign Broadcast Information Service.*

ExComm-Vormittagssitzung 24. 10. 62: CIA, »The Crisis: USSR/Cuba«, 24. 10. 62, ExComm-Tätigkeitsbericht 24. 10. 62, JFKL, RFK13 45–52. »Jetzt stehen wir uns Auge in Auge . . .«: SEP 18. 12. 62. NSC über »Durchfahren« der Schiffe: NSK1 496. Ormsby–Gore an Bundy, 24. 10. 62: Bundy–JFK 24. 10. 62. Gespräch Macmillan–JFK, 24. 10. 62: Macmillan *At End* 196–203. Bemerkungen Gaitskells und Wilsons: CIA, »The Crisis«, 24. 10. 62. RFK über Bolschakows Versuch, eine Botschaft von NSC zu übermitteln: RFK hist. Bartletts Gespräch mit Bolschakow und Reaktion RFKs: Bartlett Int., RFK hist., Bartlett–RFK 25. 10. 62, RFK Papers, Garthoff 27, Sor 668, AMSRK 502, Bolschakow in *New Times*, Nr. 4–6, 1989, NW 24. 12. 62, *Look* 18. 12. 62.

Was NSC und Mikojan in diesem Gespräch genau sagten, was weitergegeben wurde, von wem und an wen, wird man wohl nie mit Sicherheit feststellen können. Garthoff, der als Quelle Sorensens Buch *Kennedy* angibt, berichtet, daß RFK in den ersten Oktobertagen über Bolschakow von der Botschaft NSCs und Mikojans erfuhr. Sorensen schreibt zwar, daß NSC und Mikojan die Mitteilung an Bolschakow übergeben hätten, nicht aber, daß RFK sie weitergab. *Newsweek* berichtet, Bolschakow habe kurz vor JFKs Rede am 22. 10. 62 RFK eine falsche Botschaft übergeben und dieser habe sich geweigert, die Mitteilung ans Weiße Haus zu übermitteln. In *Look* wird behauptet, Bolschakow habe RFK aufgesucht. Dann habe er erklärt, NSC wolle JFK wissen lassen, daß auf Kuba keine Waffen stationiert würden, die von ihrer Reichweite her amerikanischen Boden treffen könnten. Sintschuk wird in diesen Artikeln nicht erwähnt.

Abendessen 24. 10. 62: Bartlett Int., Cassini 323, Abel 214. NSC–JFK 24. 10. 62: Brief liegt in der JFKL. Antwort JFKs: JFK Notizen, 24. 10. 62 und JFK–NSC 25. 10. 62, JFKL. Stevenson–JFK 24. 10. 62 Telefongespräch und Stevensons Ablehnung und Annahme von Balls Bitte: Ball Int. JBM, George Ball 301 f, Abel 157 f. Stevensons Weigerung, Mrs. King anzurufen: Branch 360. »Er dachte, wie kann ein Burmese . . .«: Ball Int. JBM. »Einen sehr zivilisierten . . .«: Thant Int. JBM. ExComm-Vormittagssitzung 25. 10. 62: Sievarts history, 25. 10. 62. Protokoll, JFKL, Bundy, ExComm Record of Action (Tätigkeitsbericht) 23. 10. 62, CIA, »The Crisis«, 25. 10. 62, Hilsman–Rusk 25. 10. 62, JFKL. JFK–Stevenson 25. 10. 62, über Antwort an U Thant: Sievarts history.

JFK–U Thant 25. 10. 62 befindet sich in JFKL. U Thant–NSK, 25. 10. 62, und U Thant–JFK sind in JFKL. Sorins Krankheit: Shevshenko 114. Sorins Behauptung, der Beweis für die Raketen sei gefälscht: Sievarts history. White fordert Stevensons Rücktritt: *Rochester Democrat-Chronicle* 25. 10. 62. *Chicago Tribune* über »unsichere Kandidaten« am 25. 10. 62. Wortwechsel Stevenson–Sorin: NYT 26. 10. 62, Sievarts history. »Ich wußte gar nicht, daß soviel in Adlai steckt«: Odon 334. Zustimmung republikanischer Freunde: Jane Dick Int. JBM. Sorensen über Stevensons Vorstellung: Sorensen Int. JBM. JFK »sehr dringend«: JFK–U Thant 25. 10. 62, JFKL. Plimpton über Stevensons Zögern, die U-2-Bilder zu zeigen: Jane Dick Int. JBM. ExComm-Sitzung 25. 10. 62, 17 Uhr: Protokoll, JFKL, Bundy, ExComm Record of Action (Tätigkeitsbericht) 25. 10. 62, JFKL.

Kapitel 18
»Ich weiß nicht, wie wir einen erfolgreichen Krieg führen wollen«

Blockade tritt in Kraft, 26. 10. 62: Sievarts history, Abel 173 f, RFK13 59–61. Vormittagssitzung von ExComm 26. 10. 62: 26. 10. 62 Protokoll, JFKL, CIA, »The Crisis«, 26. 10. 62, Tätigkeitsbericht 26. 10. 62, JFKL, Sievarts history, Abel 175 f, RFK13 63 f. Rostow über das Verhandlungziel der Sowjets, Außenministerium zur Ausweitung der Blockade, Warnung vor NSCs Reaktion auf Luftangriff: Rostow–ExComm 26. 10. 62, Hilsman–Rusk 26. 10. 62. LBJs Gespräch mit Krueger: Hugh Aynesworth in *Washington Times* 26. 10. 87. RFK und JFK über LBJ in ExComm: RFK hist. LBJ über die Raketen-Krise im Wahlkampf 1964: RFK hist., White (1965). LBJs Teilnahme an ExComm: Rostow–LBJ 5. 10. 68, LBJ Tägliches Tagebuch 24. 10. 62–30. 10. 62, Lyndon B. Johnson Library. . . . daß »niemand weniger über den Kongreß Bescheid wußte«: William Leuchtenburg in *American Heritage*, Mai–Juni 1990.

»Sie wissen, daß wir Johnson . . .« Raskin Int. und unveröff. Ms. »LBJs bloße Anwesenheit . . .«: Bradlee 194 f . . . daß »die Luft aus Lyndon raus war«: Bradlee 226. Der »bedeutendste Vizepräsident« und »Feuerwehrmann«: NYT 10. 11. 60. »sehr loyal . . .«: RFK hist.

»Wenn etwas Wesentliches . . .«: Bartlett hist. »Ich weiß, daß er mit dem Amt . . .« und »Wenn ich ein einziges Wort . . .«: Bobby Baker 115–117. »Ich habe jede Minute davon gehaßt«: Kearns 164. Scali-Fomin-Beziehung, speziell in der Raketen-Krise: Fomin und Scali in MCT, Sievarts history, NW 17. 8. 64, *Family Weekly* 25. 10. 64, Abel 177–180, Hilsman 217–219, 222 f, Odon 334–336, Sal 271, 274–280, Scali, Salinger und Hilsman in »ABC New Reports«, 13. 8. 64, Abschrift. Fomins Erklärung 1989: MCT, ABC-TV »World News Tonight«, 29. 1. 89, Garthoff (1989) 80–1. Auch die sowjetischen Botschafter Nikita Rischow in der Türkei und Nikolai Michailow in Indonesien zogen die Parallele Türkei-Kuba als Vorschlag an den Westen (Garthoff 50–1).

U Thants Vorschlag an Stevenson und Rusks Eindruck: Rusk Int. JBM, U Thant Int. JBM, Garthoff 51 f, Komer–Bundy 26. 10. 62, Sievarts history. Kohlers Mittagessen für Stone: Kohler Tagebuch 26. 10. 62 und Kohler Int. Übergabe des Briefes von NSC: Davies Int., Davies hist., Kohler–Rusk 26. 10. 62, NSC–JFK 26. 10. 62, JFKL. Lektüre von NSCs Brief: Thompson hist., RFK13 64–69, George Ball 303–5, Acheson in *Esquire*, Februar 1969, Abel 179–185, Sievarts history. Rusk zu Senatoren über NSCs Brief: Rusk zu DFR 13. 1. 63. O'Donnell und Sorensens Reaktion auf den Brief: Odon 335 f, Sor 712 f. JFK zu McNamara über Sekretärin: King 88. ExComm Abendsitzung 26. 10. 62: 26. 10. 62 Protokoll, JFKL, Sievarts history, RFK13 68 f, Abel 185 f. Bundy in HCCT.

Interne Diskussion der sowjetischen Führung: Garthoff 46–48, Tatu 229–297, Hyland und Shyrock 45–65, London 146–173. RFKs morgendliche »innere Unruhe«: RFK13 71 f. NSC–JFK Botschaft 27. 10. 62 befindet sich in der JFKL. Dobrynin leugnet Verbrennen der Papiere: MCT. Bericht über Verbrennen: RFK13 71, Garthoff in HCCT. JFK enthüllt vor ExComm RFKs Zugeständnis nicht: Abschrift des Bandes der ExComm-Sitzungen vom 27. 10., JFKL. Siehe auch Blight, Welch und Bruce J. Allyn in *International Security*, Winter 1989–1990. ExComm-Sitzungen vom 27. 10. 62: Protokolle und Abschriften in JFKL, Bundy und Sorensen in HCCT, Clifton–JFK über militärische Einsatzbereitschaft, 27. 10. 62, CIA, »The Crisis«, 27. 10. 62, ExComm-Tätigkeitsbericht, 27. 10. 62, Rostow–ExComm 27. 10. 62, Hilsman–Rusk 27. 10. 62, Abel 187–202, RFK13 73 f.

753

Ein Auszug von McNamaras Wahlspot findet sich in »The Journey of Robert F. Kennedy«, ABC-TV, 1969. Treffen Dobrynin–RFK 26. 10. 62: Dobrynin in MCT, Schaknasarow in MCT. JFK und ExComm-Mitglieder über offene Stationierung von Raketen und NSCs mögliche Forderung nach Verhandlungen um »Raketenstützpunkte in aller Welt«: Sievarts history. McNamara zu Presse über »Tauschhandel« Türkei–Kuba: Abschrift des Hintergrundgesprächs 22. 10. 62, JFKL. Rostow und Tyler zu Rusk über Türkei: Rostow–Tyler an Rusk 23. 10. 62, JFKL. Lippmann über parallele Situation Kuba–Türkei und Handel: WP 22. 10. 62 und 25. 10. 62, Kern 129 f. Lincoln über »unerträgliche Spannung«: Lincoln *My Twelve Years* 327–329. U-2-Vorfälle 27. 10. 62: Hilsman–Jacqueline Kennedy 6. 3. 64, Hilsman Papers, Sievarts history, RFK 75–77, Hilsman 220–223, Abel 189–90, 195 f, Garthoff 52 f, 56 f, Mikojan und Burlazki in CCT, Igor Stasenko in *Kommunist woruschennich sil* (Moskau), Oktober 1987. U-2-Abschuß nicht angeordnet: Alexejew in MCT. Franquis Behauptung: T 16. 3. 81. Castro 1985 über den Flugzeugabschuß: Szulc 583–585. Sergej Chruschtschow über NSC »sehr verärgert«: MCT. Malinowskis Verweis: MCT. Kubanische Feier des Abschusses: Risquet in MCT. Außenministerium zu kubanisch-türkischem »Tausch«: Hilsman–Rusk 27. 10. 62. Hilsman Papers. JFK–NSC 27. 10. 62 Entwurf: Entwurf in den McCloy Papers. Neufassung RFKs und Sorensens: RFK–Sorensen Entwürfe, JFKL, RFK13 79–82, Abel 189 f.

Brief JFK–NSC 27. 10. 62 befindet sich in JFKL. LBJ und Ball dazu, weshalb die Vereinigten Staaten nicht über die Jupiter-Raketen verhandeln: 27. 10. 62 Protokoll, JFKL. JFK bittet Thompson, sich mit Dobrynin zu treffen, Thompsons Antwort: Jane Thompson Int. »Sag ihm, daß wir eine Militäraktion . . .«: *International Security*, Winter 1989–1990. Sorensen über JFKs Bewußtsein, daß Zusicherung über Türkei nützlich sei: MCT, *International Security*, Winter 1989–1990. Sorensens »Geständnis« 1989: MCT. Treffen RFK–Dobrynin 27. 10. 62: Dobrynin in MCT, RFK13 83–87, AMSRK 521 f, Garthoff (1989) 88n. RFK trifft JFK und Powers am Abend des 27. 10. 61: Odon 339–441. JFK und Powers im Kino: Odon 341.

Gespräch Castro–Alexejew 26. 10. 62, Brief an NSC und NSCs Interpretation: Alexejew Int. WGBH, Alexejew in MCT, NSK3 177, *Le Monde* 24. 11. 90, Alexejew in *Echo planeti*, November 1988. Bill Kellers Artikel und Sergej Chruschtschows Ableugnung: NYT 29. 1. 89, 30. 1. 89, Garthoff (1989) 92n. NSC zu Thompson über Gefahr durch amerikanische Generäle: Jane Thompson Int. NSC zu Treffen RSK–Dobrynin: NSK1 497 f. NSC gibt Antwort heraus, 28. 10. 62: Gromyko in MCT. ExComm-Vorannahme zu möglichem Luftangriff: HCCT, CCT, MCT, Sievarts history, Abel 194 f. Übertragung der Botschaft NSK–JFK 28. 10. 62: NYT 29. 10. 62, Alexejew in MCT, Burlazki, Mikojan in CCT. Bundy bei Information über NSCs Brief: Martin Agronskys Interview für NBC-TV, »NBC White Paper«, 1964, Schlesinger Papers. RFK und andere unterrichtet: RFK13 87 f, Abel 204–207. Diplomaten schauen Footballspiel: Tyler–Kohler 31. 10. 62, Kohler Papers.

»Ich fühle mich wie neugeboren«: Odon 341. Besuch Dobrynins bei RFK 28. 10. 62: Dobrynin in MCT, RFK13 88. ExComm-Vormittagssitzung 28. 10. 62: 28. 10. 62 Protokoll, CIA, »The Crisis«, 28. 10. 62, Sievarts history, Hilsman–Rusk 28. 10. 62, JFKL, Ralph Martin 471. JFK über NSC »genug schlucken müssen« und Theaterbesuch: Ralph Martin 471, RFK13 88, Abel 210. Rusk im Hintergrundgespräch mit Reportern: Abel hist., Meg Greenfield in NW 18. 10. 62, Abel 207. RFK über LBJs »Unfähigkeit«: RFK 15. 11. 62 Memo, RFK Papers. LBJ zu Aynesworth:

Washington Times 26. 10. 87. Alexejew zu NSCs Botschaft: MCT, Alexejew Int. WGBH. Castros Ärger über NSCs Botschaft: Risquet in MCT, Alexejew Int. WGBH, Castro in *Le Monde* 22. 3. 63, Castro zu George McGovern in NYT 29. 10. 62, *Miami Herald* 29. 10. 62, 30. 10. 62. Sowjetische Presse über »amerikanische Erfindung« und Erstaunen der Sowjetbürger nach NSCs Botschaft: NYT 29. 10. 62, NW 12. 11. 62.
JFKs Abflug und Rückkehr: PA 28. 10. 62. JFK–NSC 29. 10. 62 und früherer Entwurf befinden sich in der JFKL. Treffen JFK–Stabschefs: McNamara Int., Garthoff 58 ff. JFK zu Schlesinger: Schlesinger Journal 29. 10. 62, vermerkt in AMSRK 524 f, auch Schlesinger in HCCT. »Wir haben einen großen Sieg errungen«: Dieser Kommentar taucht in verschiedenen Versionen auf, darunter Boggs hist. und Roberts 217.

Kapitel 19
»Jetzt haben wir endlich die Hände frei«

RFK–Dobrynin Treffen 29. 10. 62 und 30. 10. 62: Dobrynin in MCT, AMSRK 523 und RFK Notizen 30. 10. 62, RFK Papers. Aufruf des sowjetischen Rundfunks 29. 10. 62: Radio Moskau, 29. 10. 62, Text in JFKL. Rostows Warnung zum »Wiederansprechen« von Kuba und Guantanamo durch die Sowjets: Rostow–Bundy 31. 10. 62, JFKL. Salingers Aussage zur Anzahl der NSC–JFK-Briefe: Abschrift der Salinger-Pressekonferenz, 29. 10. 62, JFKL. Evans über NSC-Brief v. 26. 10. 62, JFKs Versuch, die Quelle zu finden: Tyler hist., JFK in ExComm-Protokoll 2. 11. 62, Tyler Memos 2. 11. 62, 6. 11. 62, JFKL. JFK zu ExComm über Umgang mit der Presse: Sorensen Int. JBM. JFK zeigt Lippmann den Briefwechsel mit NSC: Lippmann hist. »Dabei würde ich mich nur selbst loben«: Bartlett hist. und Bartlett Int.
JFKs Hintergrundgespräche: Bartlett Int., Sulzberger 926–929, Bradlee 122–126. »Ich habe ihn fertiggemacht«: Manchester *Shining* 215. . . . daß »unserem Land die Blockade . . .«: Sidey 318. Abbau der Raketenstellungen und Gesten der sowjetischen Matrosen: Sievarts history, ExComm-Protokoll 3. 11. 62, Memo des Verteidigungsministeriums 12. 1. 63, JFKL. Forderungen Castros 28. 10. 62: NYT 29. 10. 62. »Wer Kuba inspizieren will . . .«: Abel 212. U Thants Kuba-Besuch: Mikojan in CCT, U Thant Int. JBM, NW 12. 11. 62, Abel 212 f. »Nikita, Nikita . . .«: Abel 213, *Reporter* 6. 12. 62.
NSK über Castro als »Sohn« und »schlaflose Nächte«: Bourne 243. Mikojan zu Rusk über Castro: Rusk Int. Mikojans Lebensgeschichte: Sergo Mikojan Gespr., Medvedev *All Stalin's Men* 28–60, Geheimdienst-Profil in Sorensen Papers, Sulzberger 622, 557, Micunovic 265–279, NYT 16. 10. 64, Eisenhower Tagebuch 12. 1. 59, Eisenhower Memo 26. 3. 59, Lodge–NSC Gesprächsnotiz 18. 9. 59, DDEL, Stevenson–Mikojan Gesprächsnotiz 31. 7. 58, Stevenson Papers. »Anastas und ich«: Harriman–NSC 23. 6. 59 Gesprächsnotiz, JFKL. Mikojan zu Kusnezow und Stevenson über Castros Widerstand gegen die Verifikationsmaßnahmen: Rusk zu DFR 11. 1. 63, McCloy Notizen 29. 10. 62, McCloy Papers, Garthoff 63–65. Mikojans Besuch in Kuba: Mikojan in CCT, Sergo Mikojan Gespr., Rusk zu DFR 11. 1. 63, NW 12. 11. 62, 26. 11. 62, T 29. 11. 62, Sergo Mikojan in *Latinskaja Amerika*, Januar 1988, NSK1 500, 504, Garthoff 64. Bericht über Bewerfen mit faulem Obst: Sejna 54.
Rusk vor ExComm über kein »gültiger Vertrag«: 6. 11. 62 ExComm-Protokoll, JFKL.

Stevensons Mittagessen mit Kusnezow und JFKs Reaktion: Stevenson–Rusk 30. 10. 62, JFKL, Sorensen JBM, NW 12. 11. 62, Kusnezow–Stevenson Gesprächs-notiz 30. 10. 62, Schlesinger–JFK 30. 10. 62, RFK Int. JBM, McCloy–Rusk Telefon-notiz 29. 10. 62. Kusnezows Drängen, die Amerikaner sollten ihre Aufklärungs-flüge auf Küstengebiete beschränken, und Reaktion JFKs: WP 9. 10. 87, Garthoff 62.

McCone über Baumaßnahmen, Thompson über Angebot an Sowjets und JFK zur Situation: ExComm-Protokolle 1. 11. 62–18. 11. 62, JFKL. JFK über IL-28-Bom-ber: ExComm-Protokoll 28. 10. 62, JFKL, Garthoff 65–68. ExComm über SAM-Angriff auf U-2-Flugzeuge: Memo für ExComm, »Revised course of action in the contingency that a surveillance plane ist shot at or destroyed« (Handlungsalter-nativen für den Fall, daß ein Überwachungsflugzeug beschossen oder zerstört wird), 8. 11. 62, JFKL, *Political Science Quarterly*, Herbst 1980. JFKs Forderung nach Abzug der IL-28 und Kusnezows Antwort: ExComm-Protokoll 2. 11. 62, JFKL, McCloy–Kusnezow 5. 11. 62, McCloy Papers, Garthoff 68 f. RFK–Dobrynin Treffen 3. 11. 62: Bromley Smith Notiz, JFKL. RFK–Dobrynin Treffen 6. 11. 62: AMSRK 526, RFK hist.

JFK »überrascht« über NSC: JFK–NSC 6. 11. 62 und Entwurf, JFKL Garthoff 69. JFKs Reise nach Boston und Rückkehr: NYT 7. 11. 62. Gallup über Popularität des Präsidenten: *Gallup* 19. 8. 62, 5. 12. 62. Harriman über Ruf »unterminieren«: Harriman–RFK, undatiert, Harriman Papers. Curtis und Goldwater über Krise und Lösung: NYT 6. 11. 62, *Journal of American History*, Band 73, 1986, T. J. Paterson und W. G. Brophy, »October Missiles and November Elections« (Rake-ten im Oktober und Wahlen im November). Behandlung von Exilkubanern, JFKs Bitte um Dementis, Weißes Haus versucht, Kauf von Radiosendezeit zu verhin-dern, JFKs Verhöranordnung: ExComm-Protokoll 12. 11. 62, JFKL. RFK über FBI-Verhöre der Stahlmanager: RFK hist. Sullivan und Dillon über FBI-Verhöre: AMSRK 402–407.

LBJs Bitte um Hoovers Hilfe und Hoovers Antwort: C. D. DeLoach–Mr. Mohr 28. 6. 62, J. Edgar Hoover–Al Rosen 3. 7. 62, FBI. Wahlergebnisse 1962: *Journal of American History*, Band 73, 1986, NYT 8. 11. 62. Nixon über »diese Sache in Kuba« und geheime »Vereinbarung«: *Los Angeles Times* 8. 11. 62. Geringe Wich-tigkeit der Kuba-Krise für die Wahlergebnisse und Curtis zu diesem Thema: *Journal of American History*, Band 73, 1986. JFK über Ergebnisse und »Wartet bis 1964«: Bartlett Int. und Harris–JFK 19. 12. 62, JFKL. Mitteilung Sintschuks: Bartlett–JFK 6. 11. 62, JFKL, Bartlett Int. JFK–Macmillan Telefongespräch 14. 11. 62: Macmillan *At the End* 215.

Stabschefs empfehlen Erweiterung der Blockade und Luftangriff: Maxwell Taylors Gesprächsvorlage 16. 11. 62, JFKL, Garthoff 71 f. JFK–NSC über U-Boot-Stütz-punkt, 7. 11. 62, befindet sich in JFKL. Siehe auch ExComm-Protokolle vom 5. 11. 62/6. 11. 62 und Garthoff 75 f. McCloy zu Kusnezow über sowjetische Truppen und Zusicherungen der Sowjets: Stevenson–Rusk 18. 11. 62 und Garthoff 77. Mittagessen McCloy–Kusnezow 18. 11. 62: Protokoll, JFKL und McCloy Papers, Stevenson–Rusk 19. 11. 62, Garthoff 72 f. Treffen RFK–Bolschakow 19. 11. 62: AMSRK 526. JFKs Erklärung an NATO-Führung: Garthoff 73. Zerstörung der Fabrik auf Kuba: Garthoff 79. Castros Warnung an Mikojan und dessen Antwort: Mikojan in CCT, Risquet und Aragones in MCT. Castros Entscheidung bezüglich der Flugzeuge: Aragones in MCT. Treffen RFK–Dobrynin 20. 11. 62: Abel 211 f.

NSC–JFK-Brief 20. 11. 62: ExComm 20. 11. 62 Protokoll, WP 9. 10. 87. JFK über Gründe für Castros Nachgeben: JFKPP 17. 12. 62. RFK, Bolschakow und Pressekonferenz: AMSRK 526 f und JFKPP 20. 11. 62. Frühere Entwürfe der Erklärung JFKs befinden sich in den Sorensen Papers. JFK beendet Blockade und Alarmbereitschaft: Memo des Verteidigungsministeriums über die Operationen während der Raketenkrise 12. 2. 63, JFKL, Garthoff 73 f. JFK–NSC, 21. 11. 62, befindet sich in JFKL. ExComm-Sitzung 23. 11. 62: Protokoll, Bundy–JFK 22. 11. 62, 23. 11. 62, 24. 11. 62, JFKL, Sorensen Int. JBM. 23. 11. 62 Anweisungen an McCloy: McCloy Papers. IL-28 aus Kuba abgezogen: Sievarts history. Kusnezows Bitte um Streichung und McCloys Antwort: Stevenson–Rusk 25. 11. 62, McCloy Papers. Verhandlungen im Dezember: McCloy–Bundy 22. 11. 62, Rusk–Stevenson 11. 12. 62, McCloy–Kusnezow 20. 12. 62, McCloy Papers, Stevenson und Kusnezow an U Thant, 7. 1. 63, JFKL, Garthoff 81–83.

Sorensen über JFKs Haltung zur Lösung der Krise: Sorensen hist. Vorfall in der Cienfuegos-Bucht: Garthoff 97–106, Kissinger 632–635. NSC über »die amerikanische imperialistische Bestie«: NSK2 512. Gromyko über »für die Welt günstiger gewesen« und Arbatow über »Demütigung«: MCT. »Ihr Amerikaner«: Bohlen 495 f. Moynihan über Verlieren in der Raketenkrise: *Playboy*, März 1977. Will über JFKs Versagen: NW 11. 10. 82, auch in WP 3. 9. 87. JFK streicht Zusicherungen: JFK–NSC 27. 10. 62 und 20. 11. 62 Entwürfe, JFKL. Mitteilung der Stabschefs: Stabschefs–JFK 16. 11. 62 und ExComm-Dokumente, JFKL. Bundys Verteidigung JFKs gegen Blockadeausweitung: Bundy 408. Rusk–McCloy 11. 12. 62 befindet sich in JFKL.

Außenministerium akzeptiert MiG-23 in Kuba: Garthoff 103 f. »Gettysburg des Kalten Krieges«: Sor 724. Rovere über diplomatischen Sieg: zitiert in *New Republic* 1. 12. 62. *Newsweek* über JFK während der Krise: NW 12. 11. 62. Sokolsky über Ende der »weichen Periode«: *Miami Herald* 1. 11. 62. Meinungsumfragen zu JFK, Dezember 1962: *Gallup* 5. 12. 62. ». . . alle, wie wir hier sitzen . . .«: Bradlee 119–178. Bartlett/Alsop-Artikel: SEP 8. 12. 62. Über den gesamten Zusammenhang siehe Bartlow Martin *Stevenson* 741–748, Stevenson–Schlesinger Memo, Januar 1963, undatiert, JFKL, Acheson Int. JBM, RFK Int. JBM, Schlesinger Int. JBM, Bundy Int. JBM, Roberts 207–209. »die Kubakrise oder irgendeines der Ereignisse . . .«: JFK–Stevenson 5. 12. 62, JFKL. JFK zu Bartlett über Stevensons Vorschlag und Bitte, Sorensen zu helfen: Bartlett hist. und Bartlett Int., Stewart Alsop–Schlesinger 25. 8. 65, Schlesinger Papers.

Harwood in *Washington Post*: WP 29. 8. 87. Bartlett über Recherche für Artikel: Bartlett hist., Bartlett Int., Bartlett Int. JBM. Spekulationen Pierpoints und Balls: Pierpoint Gespr., Ball Int. JBM, NYT 12. 12. 62. Stevenson auf Festbankett: JFKPP 6. 12. 62 und Betrachtung des Films über dieses Ereignis in National Archives durch den Autor. »ohne innere Beteiligung«: Ball Int. JBM. JFK zu Ormsby Gore über Abrüstung: AMSRK 530. Gespräch Schukow–Harriman: Gesprächsnotiz 31. 10. 62, Harriman Papers. Rostow zu Bundy über zukünftige Pläne der Sowjets: Bundy–JFK 17. 11. 62, JFKL. Chinesen über »Abenteurertum«: Abel 213, Linden 155.

Entgegnung NSC: Praw 13. 12. 62, Burlazki Int. WGBH. Die Analyse von Hilsman und Ball 13. 12. 62 befindet sich in den Hilsman Papers. JFK bewundert Text: AMSTD Entwurf, zitiert Schlesinger Journal 25. 12. 62. Deans Dementi und sein Ruf: Seaborg *Kennedy* 175–181. JFK im Orange-Bowl-Stadion: JFKPP 29. 12. 62, *Miami Herald* 30. 12. 62, Collier/Horowitz, *Kennedys* 300 f, Odon 276 f. RFKs Versuche zur Befreiung der Gefangenen: Clay hist., RFK hist., USN 7. 1. 63, NW 30. 4. 62, 14. 1. 63, AMSRK 468 f, Carbonell 184–191, Navasky 327–346, Thompson 57 f.

»sehr beträchtlicher Teil« von Factor: Raskin Int. und unveröffentlichtes Ms. Dobrynin über Chancen für bessere Beziehungen: Cousins 68–73.

Kapitel 20
Die »Friedensrede«

JFK bei NSR: Hilsman Aufzeichnungen, 22. 1. 63, Hilsman Papers. JFK Pressekonferenz: USN 14. 1. 63, 21. 1. 63. NSC an JFK, 9. 1. 63, in der JFKL. CIA über die Botschaft des sowjetischen Regierungsbeamten: CIA Memos, 16. 1. 63 und JFKL 31. 1. 63. JFKs Beschluß zu den Atomversuchen, sechs Inspektionen sind die »absolute Obergrenze«: AMSTD 181, 895 f, Seaborg Kennedys 185–192. JFK zu Rusk und McNamara über Atomtests: 8. 2. 63 Memo, JFKL. Foster zu Kusnezow über die sieben Verifikationsmaßnahmen: Seaborg *Kennedy* 189. »Befand ich mich ganz entschieden im Nachteil« und Rusks Antwort: Kohler an Rusk 22. 1. 63 und Rusk an Kohler 23. 1. 63. Kohlers Biographie: Kohler, NYT 21. 10. 64. Kohlers erste Begegnung mit JFK und Kohlers Wiederernennung durch JFK: Kohler Int. Kohler über NSC und Stalin: Kohler Int. und Kohler 128–131. Kohlers Abschiedsgespräch mit JFK: Kohler Int. Sowjetunion »völlig verändert« und sowjetische Dienstboten: Kohler Int. Versöhnungstreffen mit China: Praw 14. 1. 62, 14. 3. 63, Tatu 319–324.

Kühle Haltung der Sowjets im Februar und Kohler über die Fortschritte im Hinblick auf die Atomtests: Kohler an Rusk 27. 1. 63, 13. 3. 63, JFKL, Tatu 310 f. »Wir werden immer gut Freund«: NYT 10. 2. 62, Tatu 319–324. Kampagne gegen sowjetische Künstler: Priscilla Johnson 101–339. NSC Treffen mit Künstlern im Dezember: Praw 11. 12. 62, Davies–Rusk 1. 1. 63, JFKL, Linden 159 f. Bericht der CIA über Treffen und Bundys Reaktion: Bundy–JFK, Januar 1963, JFKL. Helms' Bitte um plazierten Artikel und JFKs Zustimmung: Helms–Chester Clifton 4. 1. 63, Clifton Memo 17. 1. 63, Helms Int. Hergang von »Chruschtschows Niederlage«: Tatu 298–314. Kohler über NSCs »entmutigte« Rede: Kohler–Rusk 27. 2. 63, JFKL. Gallup über Kuba: Gallup 22. 3. 63. Bush über JFK und Kuba: *Boston Globe* 12. 6. 88. Die Anwesenheit von sowjetischen Truppen auf Kuba wird wieder zum Problem: Bundy in *Massachusetts Historical Society*, Band 90 1978, NYkr 2. 3. 63, USN 18. 2. 63. JFK fragt McCone nach Inspektion und Antwort: McCone–Hilsman Telefonnotiz 4. 2. 63, Hilsman Papers, JFK Memo 4. 2. 63, JFKL.

Eisenhower über die sowjetische Absicht, »Kuba zu ... verhelfen«: Eisenhower–McCone, November 1962, DDEL. Zweiundvierzigtausend Russen in Kuba und Bundys Ansicht: MCT und NYT 23. 10. 79. »Wollen Sie wirklich«: JFKPP 7. 2. 63. JFK zu Bradlee und White über die sowjetischen Truppen auf Kuba: Bradlee 131 f, White-Aufzeichnungen 13. 2. 63, Schlesinger Papers. Bundy über die sowjetischen Truppen auf Kuba: NYT 23. 10. 79. CIA über »Castros Abenteuerlust«: CIA-Gutachten 22. 4. 63, RFK über die russische Zuständigkeit für die SAM-Stützpunkte: RFK hist. Geäußerte Befürchtung gegenüber Dobrynin und Dobrynins Antwort: NYT 11. 2. 63, RFK hist. JFKs Bestätigung des sowjetischen Abzugs im März: JFKPP 21. 3. 63. Baldwin in der *Times*. JFKs Reaktion und Elders Bericht: NYT 20. 4. 63, Elder–Bundy, April 1963, JFKL. Nixon an Verleger und Rovere über Kuba: NYkr 4. 5. 63. NSCs weitere innenpolitische Probleme: T 3. 5. 63, USN 1. 4. 63 und 6. 5. 63, Hyland and Shyrock 67–97, Tatu 298–351, Linden 146–159.

Koslows Biographie: K. B. A. Scott-Protokoll 5. 3. 59, Livingston–Merchant–Koslow Memo 3. 7. 59, Eisenhower–Koslow Memo 1. 7. 59, CIA Personenbeschreibung 1959, DDEL, Hyland und Shyrock 70–73. »Heimatlose Waise« und »Trotz seines weißen Haares«: Harriman–NSC Memo 23. 6. 59, JFKL. Koslow war während dieses Treffens anwesend. Thompson über Koslow als »Strohmann«: Thompson–Herter 17. 7. 59, DDEL. Treffen zwischen RFK und Dobrynin 3. 4. 63: RFK hist., AMSRK 597 f. Die Briefe vom April von NSC an JFK und JFK an NSC sind 3. 4. 63 und 11. 4. 63 datiert. »Für mich gibt es keinen Grund«: Sulzberger 978. Politische Ereignisse in der UdSSR im April und Koslows Herzanfall: Praw 10. 4. 63, Tatu 341–9. Moskauer Gerücht über heftigen Streit zwischen NSC und Koslow: Tatu 341, Hyland und Shyrock 80. NSC und der Völkermord in der Ukraine und in Polen: Crankshaw 96–147. NSC über mögliche Beihilfe zu Stalins Tod: Jane Thompson Int.

NSC und die Ermordung Berias, Ungarn: Medvedev *Chruschtschow* 62–68, Crankshaw 186–191, 241 f, NSK1 334–341. Breschnews Beförderung 1963 und Unsicherheit des Westens über Breschnews und Podgornys Status: Tatu 349 f. Treffen zwischen NSC und Cousins 12. 4. 63: Cousins 95–110. Treffen zwischen JFK und Cousins 22. 4. 63: Cousins 111–120. »Uns stehen sowieso«: Bundy–JFK September 1962, JFKL. McNamara über den Abzug der Jupiter-Raketen: CCT. Harriman Biographie und Vorgeschichte JFK–Harriman: Isaacson/Thomas 40 f, 601 f, Halberstam *Best* 191 f, NSK2 350 f, Philip Kaiser Gespr., Dorothy Schiff Int.

»Ich bin noch nicht an die Schaltstellen«: Sulzberger 753. »Verdammt, ich habe auf . . . gehofft«: Isaacson/Thomas 619. Harriman bezeichnet Außenministerium als »tot«: Schlesinger Tagebuch 14. 4. 63, zitiert in AMSTD. Eunices Eingreifen vor Wien: Halberstam *Best* 75. Harriman während der Berlin- und Kuba-Krise: AMSTD 383. Sor 589, Isaacson und Thomas 627 f.

JFK–NSC über Harriman: 23. 4. 63, in JFKL. Dobrynin über die Streitkräfte der USA und Tschiangs in Laos und JFKs Antwort: 4. 1. 63 Dobrynin Memo, 23. 1. 63 Entwurf einer Antwort, 10. 1. 63, Dobrynin–Kusnezow Memo, Harriman Papers. Bolschakow–RFK, 10. 5. 63 befindet sich in den RFK-Papers. Angriffe auf Kuba im Winter und Frühling 1963: Summers *Conspiracy* 325, 424 f., AMSRK 539 f., NYT 21. 4. 63, Garthoff 90 f. Sowjetische Beschwerde: sowjetisches Außenministerium an die amerikanische Botschaft in Moskau, 27. 3. 63, 26. 3. 63, JFKL. Rusk über die Überfälle und sowjetisch-amerikanischen Beziehungen: Rusk–JFK 28. 3. 63, JFKL. Amerikanisches Statement: AMSRK 540, *Assassination Report*, Band V, 11 f. Arbeitsgruppe Kuba und »Einigung«: AMSRK 538. *Assassination Plots* 137. Castro über die »Behinderung der Überfälle der Exilkubaner«: AMSRK 542.

Castros Besuch in der Sowjetunion: NSK1 504 f, NSK2 511, NSK3 181 f, Szulc 589 f, USN 13. 5. 63. CIA Schlußfolgerung über Sowjets auf Kuba: Gutachten 22. 4. 63, JFKL. JFK »Druck auf Castro ausüben«: ExComm Memo 29. 11. 62, JFKL. Sabotage Anfang 1963: Prados *Secret Wars* 215 f. *Assassination Plots* 172. JFK billigt neues Sabotageprogramm, Juni 1963: AMSRK 543, *Assassination Plots* 172 f, 337. JFK–Macmillan an NSC über Atomtests, 15. 4. 63 in der JFKL. NSC–JFK, 8. 5. 63, in der JFKL. Dobrynin an Wiesner und Bowles über NSCs Flexibilität: Thompson hist., Bowles hist., Wiesner–Dobrynin Memo 16. 5. 63, JFKL, Cohen 162. NSC und Abgesandte und Rusk: JFK–NSC 15. 5. 63, JFKL. Gespr. Fomin-Scali Februar 1963: Scali–Robert Manning Telefonnotiz 19. 2. 63, JFKL. NSC–JFK, 20. 4. 63 und 8. 5. 63 und JFKs Antwort, 13. 5. 63 in der JFKL. Cousins drängt auf Friedensangebot, und Sorensen bittet um Vorschläge: Cousins 122 f,

Sor 730, AMSTD 900. JFK beschließt Friedensrede: Bundy in *Massachusetts Historical Society*, Band 90, 1978, NYkr 22. 6. 63, AMSTD 900. Bundy und Sorensen bereiten Rede vor: Sorensen hist. COHP, Sorensen 730 f, Kaysen Int., mit Schlesinger 6. 8. 64, Schlesinger Papers. JFK über »die Friedensrede«: Odon 357. Überarbeitung: Thompson hist., Salinger (Honolulu)–Kaysen (White House) über JFKs Text zur Genehmigung durch Kaysen, 1:55 E.S.T., 9. 6. 63, in der JFKL. JFKs Rückkehr nach Washington und Rede von »äußerster Wichtigkeit«: Sor 731. Rede an der American University: JFKPP 10. 6. 63 und Entwürfe in der JFKL.
Eisenhower über Wettrüsten: DDEPP 16. 4. 53. Chinesische Delegation in Moskau: George Denney–Rusk 25. 7. 63, Gordon Chang im *Journal of American History*, »JFK, China and the Bomb«, März 1988. Post trifft nach der Rede im Weißen Haus ein und JFKs Reaktion: AMSTD 910. Sowjetische Öffentlichkeit erfährt von der Rede und Reaktionen: Kohler–Rusk 11. 6. 63, Sor 733, Seaborg *Kennedy* 218, Barnet *Giants* 24 f. NSC an Wilson und »beste Rede eines amerikanischen Präsidenten«: NYT 11. 6. 63, Sor 733. JFK liest Geheimdienstberichte: RFK hist. Falin über die Rede: Falin Int. WGBH. Trevelyan über die Rede: Trevelyan hist.
»Heißer Draht« vereinbart und Vorgeschichte: Davies hist., Davies Int., *Business Week* 13. 4. 63, 29. 6. 63, *Defense Nationale* (Paris) Juli–Dezember 1983, »Le Teletype Rouge«, NW 24. 12. 62, NYT 21. 6. 63, USN 1. 7. 63, Sor 724 f, Sulzberger 980, Salisbury *Without Fear* 54.

Kapitel 21
Der Geist von Moskau

Vorgeschichte und Ankündigung von JFKs Europareise: USN 10. 6. 63, Seaborg *Kennedy* 224, Odon 338, AMSTD 881 f, Rovere 160 f. JFKs Erinnerung beim Flug nach Bonn: Michaelis 155 f, Ralph Martin 488. Empfang in Köln: NYT 24. 6. 63, Tyler hist. »Versuchen Sie nicht, mir weiszumachen, diese Familien«: Tyler hist. JFK vor dem Schöneberger Rathaus: JFKPP 26. 6. 63, NYT 27. 6. 63, Manchester *Shining* 207 f. Der Autor hat auch die Filmaufzeichnung der Rede in den National Archives gesehen. Adenauer zu Rusk über »einen neuen Hitler«: Gelb 226. Entstehungsgeschichte von »Ich bin«: Bundy Int. NYkr 13. 7. 63, Odon 361, Bradlee 95 f, Bundy 390, 683, Ralph Martin 489, Wyden *Wall* 282 f. JFKs nächste Rede wurde an der Freien Universität Berlin gehalten: JFK 23. 6. 63, Kraft 167. Bundy zu JFK über Volksumfrage, 19. 6. 63 in JFKL. Bundy und O'Donnell über Irlandreise und JFKs Antwort: Odon 358 f. JFK in Irland: Odon 361–371. JFKs Reise nach Chatsworth und Birch Grove: Odon 361, 371, Horne 512–518.
Profumo-Keeler-Skandal: »Bowtie« Akten, FBI, Knightley/Kennedy, Summers/ Dorril. Iwanow über Skandal, 1989: WP 19. 5. 89. Absage des Besuches gefordert, JFKs Mitarbeiter arrangieren Besuch fern der Öffentlichkeit: Knightley/Kennedy 196–207. JFK in Italien, Bitte an Rusk und Rusks Erinnerung: Odon 372–374, AMSTD 887 f, Schoenbaum 282.
»Wir hatten sowenig Geld«: *London Daily Mirror* 25. 10. 63. Rometsch-Geschichte: RFK hist., Akte Rometsch, FBI, Evans–Belmont 21. 10. 63, 25. 10. 63, 28. 10. 63, J. Edgar Hoover–Clyde Tolson 28. 10. 63, 7. 11. 63, FBI, NYT 29. 11. 63, 1. 12. 64, 9. 12. 64, WS 28. 10. 63, 29. 10. 63, 1. 12. 64, 4. 12. 64, 5. 12. 64, 9. 12. 64, WP 3. 12. 64, 10. 12. 64, *New York Post* 29. 10. 63, *Des Moines Register* 30. 10. 63, 31. 10. 63, Bradlee 227 f, Branch 911 f, Bobby Baker 77 f. Rometschs Abschiebung berichtet: Clark Mollenhoff im *Des Moines Register* 26. 10. 63.

NSC in Ost-Berlin: Praw 3. 7. 63, NYT 3. 7. 63. Thompsons Rat bzgl. der Rede: Thompson hist., Jane Thompson Int. Mikojan im Spaso-Haus, 4. 7. 63: NW 15. 7. 63, NYT 5. 7. 63. NSC stößt Chinesen vor den Kopf: Chang im *Journal of American History*, März 1988, NYT 4. 7. 63, USN 22. 7. 63. Treffen NSC–Spaak: Harriman-Botschaft Brüssel, 13. 7. 63, Harriman Papers, Seaborg *Kennedy* 230. Macmillan an JFK, 4. 7. 63, in der JFKL. Über eingeschränktes Testverbot allgemein s. Videoband von der Kennedy Library Tagung über dieses Thema, 1988. JFKs Anweisungen an Harriman: Thompson hist, Kaysen–Harriman 5. 7. 63, Harriman Papers, 18. 7. 63 JFK Memo, JFKL. Berater zu JFK vor Wien: Außenministerium an JFK 25. 5. 61–26. 5. 62, JFKL. JFK an Malraux und Berater über Atommacht China: Tyler hist. Chance, daß Teststopp Atommacht China verhindert: Chang 237–238, 243.

»Geheimabkommen«, Thompsons Vorschlag: JFK–Harriman 15. 7. 63, Harriman Papers, Chang 242 f, Chang im *Journal of American History*, März 1988. Vorschläge für »radikale Schritte«, Sprengstoff auf Lop Nor, Industriesabotage: Chang im *Journal of American History*, März 1988. »Wir beide haben ein nationales Interesse«: Rostow–JFK 8. 7. 63, JFKL, auch Rusk Memo 5. 7. 63, Rusk Harriman 2. 7. 63, Harriman Papers. Thompson zu NSCs Meinung zu China: Thompson hist. JFKs Anweisung an Harriman und Antwort: Chang im *Journal of American History*, März 1988, AMSTD Entwurf. Geschichte der MFL: Bundy Int., Seaborg *Stemming* 83–94, Herken 174 f, Bundy 503 f. Harriman über »Bonbons im Reisegepäck«: AMSTD 903, AMSTD Entwurf. Macmillan drängt auf Gipfeltreffen: Seaborg *Kennedy* 258. Harriman zu »zwei Wochen«: Seaborg *Kennedy* 251. Gromyko führt sowjetische Delegation an und NSC–Harriman 15. 7. 63 Treffen: Seaborg *Kennedy* 238. JFK–NSC, 15. 7. 63, in Harriman Papers.

Sintschuk über Nichtangriffspakt: Bartlett Int. JFK hält Harriman-Delegation an kurzer Leine: Benjamin Read hist., Sorensen Int. JBM, Schlesinger Int. mit Adrian Fisher 2. 4. 65, Schlesinger Papers. »Sie haben recht, wenn Sie die Franzosen«: JFK–Harriman 15. 7. 63, Harriman Papers. Harriman über Konferenz 1943: NW 29. 7. 63. Debatte über Atomwaffen zur Selbstverteidigung, Rückzugsklausel, Nichtangriffspakt, nicht anerkannte Unterzeichner: AMSTD 906 f, John McNaughton *Contingency Paper* 20. 7. 63, Harriman Papers, JFK Memo 18. 7. 63, JFKL, Thompson hist., Seaborg Kennedy 249 f. Moskau–London–Washington 25. 7. 63, Reaktionen auf Vertragsabschluß: Harriman, »Personal Notes on meeting with Gromyko«, 25. 7. 63, Harriman Papers. »Innig darum gebetet« und »Ich konnte nicht«: Telegramm vom 27. 7. 63 und Tagebuch in Horne 522. »Haben Sie sein ›H‹ gesehen?« Seaborg *Kennedy* 256.

NSC–Harriman bei Kádár-Empfang: Harriman Memo 20. 7. 63, Harriman Papers. NSC und Harriman bei der Leichtathletik-Veranstaltung: Harriman–DFR 29. 7. 63, Harriman Papers. Treffen NSC–Harriman nach Abzeichnung des Vertrages: Memo 26. 7. 63, Harriman Papers, Roberts 218 f. Beamter des Außenministeriums über Harrimans Vorschlag bzgl. China: John de Martino–Benjamin Read 2. 10. 64, Harriman Papers. NSC–Harriman beim Essen: 26. 7. 63 Memo, Harriman Papers. »Mr. Harriman hat sich . . . erwiesen«: NSC–JFK 26. 7. 63, JFKL. »In einem Zustand der Euphorie«: Ormsby Gore–JFK 2. 8. 63, JFKL. »Ich bin verdammt froh«: Schlesinger–Harriman 28. 7. 63, Harriman Papers. *Bulletin of the Atomic Scientist* dreht die Zeiger zurück: Seaborg *Kennedy* 285 f. Chinesen machen auf dem Absatz kehrt: Thomas Hughes–Ball 21. 8. 63, JFKL. »Es wird glasklar«: Harriman–Rusk 23. 7. 63, Harriman Papers. »De Gaulle hat gesagt, er wolle seinen eigenen«: Seaborg *Kennedy* 999.

JFKs Versuche, de Gaulle zu überzeugen: JFK Memo 22. 7. 63, 23. 7. 63, JFK–de Gaulle Vorschlag 3. 7. 63, JFK–de Gaulle 24. 7. 63, Bohlen–Bundy 6. 8. 63, JFKL. »Wir haben immer gehofft«: JFK–de Gaulle 24. 7. 63, JFKL. Bericht über de Gaulles Verhalten: David Klein–Bundy 30. 7. 63, JFKL. »Es kommt mir vor«: AMSTD 914. JFKs Reaktion und de Gaulles Weigerung: JFK–Macmillan, undatiert und AMSTD 914. JFKs Fernsehrede über Testverbot: JFKPP 26. 7. 63 und NYT 27. 7. 63.

JFK gibt Gedanken einer Vertragsunterzeichnung in Moskau auf: Seaborg *Kennedy* 258. Rusk–Gromyko: 5. 8. 63 Treffen: Rusk–Ball 5. 8. 63, JFKL, Seaborg *Kennedy* 260 f. NSC und amerikanische Delegation, Treffen 5. 8. 63: Rusk–Ball 6. 8. 63, 7. 8. 63, JFKL.

Vertragsunterzeichnungs-Zeremonie und Seaborgs Tagebucheintrag: NYT 6. 8. 63, Seaborg *Kennedy* 260 f. NSC über »Geist von Moskau«: Kohler Int. McNamara überzeugt die Stabschefs: JFK Memo 18. 7. 63, JFKL, Chang im *Journal of American History,* März 1988, USN 5. 8. 63, Trewhitt 252–3. JFK zu Behinderungen durch Senat, Post an Kongreß, Gefährdung der Wiederwahl: Sorensen hist., Cousins 128–35, Sorensen 737–40, Seaborg *Kennedy* 263 f.

»Steht an erster Stelle«: Cousins 129. McNamara vor dem Ausschuß für auswärtige Angelegenheiten: Seaborg *Kennedy* 266 und Chang im *Journal of American History,* März 1988. JFKs Argumente vor dem Senat: JFK–Mansfield 12. 8. Tonband, JFKL. JFK verärgert über McCones Einflußnahme: Halberstam *Best* 153 f, Herken 182. RFK über McCones Erinnerungen und Trojanisches Pferd: RFK hist., SEP 27. 7. 63. Dean über Wiederaufnahme der Verhandlungen: Seaborg *Kennedy* 274 f. Ausschuß für auswärtige Angelegenheiten stimmt zu, Goldwater dagegen: Seaborg *Kennedy* 281, NYT 25. 9. 63, 28. 9. 63. »Es bestehen keine derartigen Verpflichtungen«: JFKPP 12. 9. 63.

Fall Goldfine aufgegriffen und fallengelassen: Caplin Gespr., William Hundley hist., AMSRK 385 f. Empfehlung von Caplins Mitarbeitern: Caplin Gespr. Eisenhower–Dirksen Briefwechsel: Eisenhower–Dirksen 16. 1. 62, 5. 2. 62, 21. 2. 62, 11. 5. 62, Dirksen–Eisenhower 10. 1. 62, 16. 2. 62, DDEL. Dutton über Dirksen »nicht festlegen will«: Dutton–Rusk 7. 9. 63, JFKL. Bakers Bericht über JFK–Dirksen-Gespr.: Bobby Baker 97 f. »Ich werde meinen Verpflichtungen«: U. S. *Congress Memorial Addresses* 7. Seaborg über Dirksens Einfluß: Seaborg *Kennedy* 279–280. Eisenhower unterstützt Vertrag: NYT 27. 8. 63, DDEL. Eisenhowers Beschwerde über JFK, Justizministerium und Finanzministerium: Eisenhower–LBJ Memo 23. 11. 63, DDEL. Senat verabschiedet Teststopp und Sorensen über JFKs Reaktion: NYT 25. 9. 63, Sor 740. JFKs Motive für Reise in den Westen: Edward Cliff hist., Douglas hist., Odon 379, Bradlee 212 f. JFK in Salt Lake City: JFKPP 25. 9. 63–26. 9. 63.

Salinger über »Friede ist . . . Thema«: Halberstam *Best* 295 f. JFK über Sowjetunion-Reise: Brandon 200. Begrenzte Wirkung des Teststopps: Bundy 460–1, Seaborg *Kennedy* 285–301. Macmillan über JFKs »Schwäche«: Horne 525. Attwoods Bemühungen um Annäherung an Kuba: Attwood hist., Attwood Gespr., RFK hist., Helms Int., Attwood im *Virginia Quarterly Review,* Herbst 1983, Attwood 257 f, Szulc 588 f, Bundy in *Massachusetts Historical Society,* Band 90, 1978. »Einen Geist des Widerstandes«: *Assassination Plots* 172. Fitzgerald über Muschelbombe: AMSRK 485, *Assassination Plots* 85 f. Cubela Biographie und Kontakt zur CIA: AMSRK 485, Summers *Conspiracy* 321 f. Castro in der brasilianischen Botschaft und Reaktion der CIA: AMSRK 546 f: *Baltimore Sun* 9. 9. 63. Chase über Castro in der brasilianischen Botschaft: Chase–Bundy 10. 9. 63, JFKL.

Kapitel 22
»Diese Chancen stehen immer noch auf tönernen Füßen«

JFK befürchtet, er könne sich nicht richtig darstellen: RFK hist. Burns über JFK: Burns Gespr., Burns hist. JFKs Popularität fällt nach Meinungsumfrage: Louis Harris–JFK 3. 9. 63, USN 8. 7. 63 »Is Kennedy in Political Trouble at Home?«. JFKs Befürchtungen wegen Rockefeller 1964: Sor 184, 614, Bradlee 121. JFK über Romney: Harris–JFK 19. 11. 62, JFKL, Bartlett Int., Bartlett hist., RFK hist., Bradlee 195, Fay 259. JFK über Goldwater: Bartlett Int., RFK hist., Odon 13, Fay 259. JFK hofft auf zweite Amtszeit: RFK hist., Rosotw hist., AMSTD 921 f.

Sowjetische Mißernte und Weizenverkauf: RFK hist., Thompson hist., Freeman in Thompson 169 f, Odon 381 f, Sor 741 f, 753, AMSTD 920, 1018, Linden 187 f. Gallup über Weizenverkauf: Gallup 25. 10. 63. Rusk–Gromyko Treffen 2. 10. 63: Memo, JFKL, USN 7. 10. 63.

NSC in Ost-Berlin, Januar 1963: NYT 17. 1. 63, Slusser 469. Berlin-Problem geht weiter, Herbst 1963: McCloy Memo über FRG Reise, Oktober 1963, McCloy Papers, T 18. 10. 63. Gromyko–JFK Treffen 10. 10. 63: 10. 10. 63 Memo, JFKL, Andrej Gromyko 181 f, NYT 27. 8. 63. Ben Gurion über Dimona: Weissman und Krosney 111. JFK und Israel: Bundy Int., Bundy–JFK 16. 8. 63, 26. 9. 63, AMSTD 566 f, Sor 558, Bundy 509 f, Parmet JFK 225–235. JFK zu White über Juden: White Notes 27. 6. 60, Schlesinger Papers. JFK über Spenden von Juden: Bradlee 200. Jerusalem zu Atomwaffen, 1962: Spector 122. Feldman handelt Abkommen aus und Washington zu Hawk-Transfer: Bundy Int., Bundy 510 f, Journal of American History, Band 73, 1986. »Unser Wissen zum Stand der Entwicklung«: Bundy–JFK 23. 3. 63, JFKL. JFK verärgert, Oktober 1963: Bundy Int. »Soweit ich mich erinnere«: Bundy 510. Gromyko über JFK über amerikanische Juden: Andrej Gromyko 181 f.

JFK und Vietnam, allgemein 1962–63: Rust 60–182, Karnow 247–348, Hammer 103–320. »Wir stehen vor«: 18. 1. 62 Nat. Sicherheitsrat Memo, JFKL. Rusk über Vietnam: Rusk zu DFR 9. 3. 62. Galbraith über Südostasien: Galbraith–JFK 4. 4. 62, Harriman Papers. JFK »jede günstige Gelegenheit ergreifen«: Rust 73. Diems Weigerung zu unterzeichnen und Überzeugung: Rust 75 f. »Noch ehe die Tinte getrocknet war«: Rust 77. »Eine langsam eskalierende Pattsituation«: CIA Current Intelligence Memorandum 11. 1. 63, JFKL. Wheelers Bericht und Vorschlag der CIA: Rust 85 f. »Mit allen Schwierigkeiten zu kämpfen haben«: Bundy–JFK 12. 1. 63, JFKL. Rusk über JFK und Scheitern des Abkommens über Laos: Rust 88. Rusk–McNamara Vorschlag vom Juni und JFKs Antwort: Rusk–JFK 17. 6. 63, JFKL, Rusk 89–90.

Diem Biographie: Rust 3–7. Carver über Putsch von 1960: Rust xvii, 1, 8–20. Rusk und JFK machen sich Sorgen über Buddhisten und Katholiken: Rust 94–107. JFK zu Beratern über Lodge: Odon 16. Nhu über Teststopp: Rust 106. Gescheiterter Putschversuch August 1963: Hilsman 482–498. Hammer 166–198, Rust 108–130, Colby 128–158. Sitzung Nat. Sicherheitsrat: Memo JFKL. »Mein Gott, meine Regierung«: Bartlett hist., Bartlett Int. RFK über JFKs Politik bzgl. Diem: RFK hist. Taylor Telegramm und JFK, Lodge Antwort: Taylor–Harkins 28. 8. 63, JFKL, Rust 123 f. »Ich weiß, ein Scheitern«: JFK–Lodge 29. 8. 63, JFKL. LBJ bei Sitzung des Nat. Sicherheitsrats: Rust 129.

Forrestal über JFK, September 1963: Rust 132. Berichte Krulak, Mendenhall und JFKs Antwort: Rust 134–139. McNamara–Diem September 1963 Treffen: 29. 9. 63 Memo, JFKL. McNamara–Taylor 2. 10. 63 Bericht an JFK und JFKs Antwort:

McNamara–Taylor 2. 10. 63, JFKL, Rust 143 f. Oktober 1963 Entwicklung des Putsches: Rust 144–157, Hammer 207–279, Colby 148–154. Lodge–Diem 1. 11. 63 Treffen: Rust 157–163. Diem Putsch: Rust 163–178, Hammer 280–311, Colby 152–158. Forrestal über JFKs Reaktion: Rust 175. Eisenhower zu Nixon über Diem-Affäre, 11. 11. 63 in der DDEL. Galbraith–Harriman über Putsch: 4. 11. 63, Harriman Papers.

Alsop Bericht über Sowjets auf Kuba und Antwort Außenministerium: Isw 13. 11. 63, 17. 11. 63, NYT 20. 10. 63, 13. 11. 63. JFK über »verringerte« Anzahl: JFKPP 31. 11. 63. JFK beim Mittagessen mit Verlegern und Chase Warnung: Chase-Bundy 13. 11. 63, JFKL. Arbeitsgruppe Kuba verabschiedet neue Operationen und Fitzgerald–AM/Lash Treffen: AMSRK 547 f. Hurrikan Flora und Castros Reaktion: USN 4. 11. 63, NW 4. 11. 63, NYT 29. 10. 63, 1. 11. 63. Daniel–JFK Treffen 24. 10. 63: *New Republic* 14. 12. 63. Attwood bereitet sich auf Besuch in Havanna vor: RFK hist., Sorensen hist., Attwood hist. JFK Rede in Miami: JFKPP 18. 11. 63, Sorensen hist COHP, Sor 723.

Sorin überbringt NSC–JFK Brief vom 10. 10. 63: Kohler/Rusk 10. 10. 63, JFKL. JFK-NSC Entwurf vom Außenministerium und Bundys Anmerkung: 20. 10. 63 in der JFKL. »Mißverständnis in der Verwaltung«: Notiz an Bundy 9. 12. 63, JFKL.

Kapitel 23
»Jetzt hängt der Friede von Ihnen ab«

Kälte und Regen in Washington: Martin *It Seems* 242. RFK über melancholische Stimmung von JFK: RFK hist., Manchester *Death* 11. Vietnam, November 1963: Rust 175–182, Hammer 312–320. Vorgeschichte der Texas-Reise und JFKs Sorgen über Feindschaft: RFK hist., Odon 3–22, Reston 240–264. Johnson über Rede in Austin: Wright 47, Raymont Gespr. Macdonald über letztes Wochenende: Lieberson 217. JFK in Canaveral: Smathers Int., NYT 17. 11. 63, Manchester *Shining* 263–268. Warnungen vor Florida-Reise und JFKs Anordnung an Geheimdienst: FBI 18. 11. 63 und 19. 11. 63 Memos, W.C. Sullivan–D. J. Brennan 1. 12. 63, FBI, Bishop *Day Kennedy* 27, Manchester *Death* 37. JFK zu Smathers, 18. 11. 63: Smathers Int.

Helms und Peake suchen RFK und JFK auf, 19. 11. 63: Helms Int. und PA 19. 11. 63. Entdeckung des Waffenverstecks in Venezuela: Helms Int., s. a. zusätzliche Quellen im Quellennachweis des Epilogs. »Gute Arbeit«: Helms Int. und Joseph Smith 7 f. JFK im Oval Office, 20. 11. 63: PA 20. 11. 63, Manchester *Shining* 268 f, Manchester *Death* 10–15.

JFK im Flugzeug nach Texas und zu O'Donnell, Powers: Manchester *Death* 65–70. JFK–LBJ Streit im Rice-Hotel: Schlesinger–Manchester Memos 20. 11. 63, 6. 1. 64, 6. 1. 65, Manchester *Death* 82. JFK in Fort Worth: JFKNP 22. 11. 63. JFK liest *Morning News* und »Idealer Zeitpunkt«: Manchester *Death* 121 f, Odon 23 f. Geheimdienstbericht 22. 11. 63: RFK hist. Aufenthalt um die Mittagszeit von Rusk, Salinger, Bundy, McNamara, RFK, Ball, Thompson, Acheson, Kohler, 22. 11. 63: Rusk Int., Bundy Int., Jane Thompson Int., Kohler Int., Manchester *Death* 139, 140 f, 192, George Ball 310 f.

Helms–McCone Mittagessen, 22. 11. 63: Helms Int. McCones Reaktion auf Attentat und »Wir gingen sofort in Gefechtsstellung«: Helms Int. CIA weiß nicht, wo NSC ist: Corson und Crowley 32 f. »Wir untersuchten angespannt«: Helms Int. »In der kleinen Klinik«: Bishop *Bishop's Confession* 418 f. McCone in Hickory Hill und »ein wunderbares Leben«: Manchester *Death* 256 f. RFK fragt nach Papieren, Bundy ordnet Auswechseln der Schlösser an: Manchester 257 f, 403. LBJ Weg zum Flughafen Love Field, »jetzt der Präsident sind«: Bishop *Day Kennedy* 271, Manchester *Death* 261 f. Rusk im Flugzeug über Pazifik: Rusk Int., Freeman in Thompson 163 f, Manchester *Death* 356 f. Bohlens Reaktion: Bohlen hist, Bohlen Aufzeichnungen. Flug nach Washington: Manchester *Death* 339–352. Roberts' Sorge wegen Russen: Charles Roberts hist.

Gromyko erhält Nachricht und ruft Kohler an: Kohler Int., Andrej Gromyko 182. Akte Oswald angefordert und Thompsons Reaktion: Manchester *Death* 364 f. »Wenn das wahr ist«: Rusk Int., Manchester *Death* 356 f. AM/LASH Begegnung in Paris: *Assassination Plots* 88 f., AMSRK 547 f. »Wir waren der Ansicht, die CIA«: Bundy in *Massachusetts Historical Society*, Band 90, 1978. RFK Flughafen Andrews: Manchester *Death* 377 f. »Jetzt hat er, was er will«: Bishop *Day Kennedy* 617. »Es war entsetzlich«: Bishop *Day Kennedy* 415. McNamara zu LBJ über Alarmbereitschaft des Pentagon: Manchester *Death* 345 f, 402 f. Bundy zu LBJ auf Rasen des Weißen Hauses: Manchester *Death* 403. Schlesinger über Stevenson: Schlesinger Int. JBM.

De Gaulle und Macmillan über Attentat: Rusk Int., Horne 574 f, Macmillan *At End* 471 f. Chinesische Reaktion: NYT 25. 11. 63. NSC Reaktion auf Attentat: Adschubej Int. WGBH, SNC 50 f. NSC fragt sich nach Verschwörung und Rückkehr nach Moskau: Adschubej Int. WGBH, NYT 23. 11. 63. Sowjets versuchen mehr über Oswald zu erfahren: Shevchenko 123. LBJ Versicherung keine Vergeltungsmaßnahmen: Shevchenko 123. Sowjetische Presse über Attentat und Reaktionen der Bürger: TASS 23. 11. 63, ISW 23. 11. 63, Praw 23. 11. 63, NYT 23. 11. 63, 24. 11. 63, 25. 11. 63. Castro erfährt von Attentat: *New Republic* 21. 11. 63. Castros Fernsehansprache: NYT 24. 11. 63. Kohler ruft Mitarbeiter zusammen und Gespr. NSC–Kohler: Kohler Int., Kohler Tagebuch 23. 11. 63, NSK2 514, NYT 24. 11. 63. NSC–LBJ und Gromyko Rusk, 23. 11. 63, in LBJ Library und Kohler Papers. Briefe von Sowjetbürgern in Kohler Papers. JBJ–Lodge Treffen, 24. 11. 63: Manchester *Death* 543, Halberstam 298 f.

NSC schickt Mikojan und Dillons Angst vor Anschlag: NYT 24. 11. 63, 5. 11. 63, George Ball 314. Thompson über Mikojans Fernbleiben: Jane Thompson Int., Manchester *Death* 611 f. Jacqueline zu Mikojan: Manchester *Death* 609 f, Rusk Int.

JBJs Angst vor Verschwörung: Manchester *Death* 481, Rowan 232 f, NYT 26. 4. 75. Kennan über Oswald: Kennan–Kohler 26. 11. 63, Kohler Papers. Helms über LBJs Belastung und CIA Gutachten: Helms Int. JBJ überredet Warren: Manchester *Death* 630. Sowjetische Reaktion auf Warren-Commission Resultate: *Za Rubedschom* (Moskau) 14. 10. 64. JBJ ordnet Untersuchung der Berichte von 1967 an: Thomas Powers 156 f. »Eine verdammte Mörder-GmbH«: *Atlantic*, Juli 1973. »Kennedy hat versucht, Castro zu erwischen«: NYT 25. 6. 76. Entdeckung von Cubelas Machenschaften und sein Schicksal: Summers *Conspiracy* 321 f, 400 f, 411. »Wer hier hätte . . . planen können«: *Assassination Report*, Band 3, 216, 220. Oswalds Frau und KGB und Oswald in Mexico City: Summers *Conspiracy* 160 f. Sowjetische »Mordanschläge« in den frühen Sechzigern: Andrews/Gordievsky 464 f, Barron 413–447.

Nosenko: Helms Int., Epstein 3–50, 257–274, Barron 85 f, 452, David Martin 111 f, 200–208. Eddowes Theorie s. h. Eddowes. Oswalds Exhumierung: NYT 5. 10. 81. »Jetzt ist Bobby Kennedy nur ein ganz normaler Rechtsanwalt«: Fox 181. Mafia verärgert über Vereinbarung zur Kuba-Krise: Scheim 193 f. Oswald und Murret und Pecora: McMillan 161 f, 309 f, Summers 449 f. Ruby und Capone, Dorfman, »Barney« Baker, Miller, Pecora, Roselli: Davis *Kennedys* 559 f., Summers 246, 432–451.

Ruby fährt nach Kuba und Waffenschmuggel: Davis *Kennedys* 552 f, 559 f, Summers 440 f, Scheim 104 f. Als Rusk sich im Ruhestand befand, ärgerte er sich, weil Allen Dulles es versäumt hatte, der Warren-Commission Mitteilung von den Plänen der CIA gegen Castro zu machen (Rusk Int.). Jacqueline Kennedy–NSC, 1. 12. 63 in der JFKL und Manchester *Death* 653 f.

Epilog
Auf dem Höhepunkt des Dramas

Begegnung LBJ–Mikojan: Mikojan in MCT, Praw 27. 11. 63, NYT 4. 12. 63, NSC 1 505, Weintal/Bartlett 116. LBJ–NSC, 25. 11. 63 in der Johnson Library. NSC »besorgt« und erhält Berichte über LBJ: Sergej Chruschtschow Gespr. Sergej Chruschtschow in Harvard, 13. 2. 89–15. 2. 89, Shevchenko 123 f, NSK3 181, Crankshaw 285 f. NSC Neujahrsbrief, Übergabe und LBJs Reaktion: NSC–LBJ 31. 12. 63, Johnson Library, LBJ *Vantage Point* 464 f, Robert McCloskey Instruktionen 3. 1. 64, Johnson Library. Cleveland über Brief: Cleveland–Rusk 4. 1. 64, Harriman Papers. LBJs Antwort: LBJ–NSC 18. 1. 64, Johnson Library, LBJ *Vantage Point* 465. USA Kürzung angereichertes Uran und sowjetische Reaktion: Seaborg *Stemming* 21 f, 35–50, LBJ *Vantage Point* 465 f.

McCone berichtet LBJ von Waffenversteck, Beweise an Betancourt, LBJs Reaktion: Helms Int., T 3. 7. 64, USN 23. 12. 63, 10. 2. 64, 9. 3. 64, NYT 30. 11. 63, 4. 12. 63, 7. 12. 63, 10. 12. 63, Departement of State Bulletin 9. 12. 63, 16. 12. 63, 10. 8. 64, Joseph Smith 374–378. Castro und NSCs Reaktionen: NYT 7. 12. 63, 8. 12. 63, 18. 1. 64, Praw 13. 12. 63. LBJ verhindert Attwoods Vorhaben: Attwood hist. »Er sah keinen Sinn darin, Kuba unter Druck zu setzen«: Helms Int. »Wenn Kennedy noch lebte«: Joseph Smith 377. LBJ und Vietnam. Frühjahr 1964 und Vorfall im Golf von Tonking: Karnow 319–386, LBJ *Vantage Point* 112 f. NSC an Hanoi über Verhandlungen: Karnow 328. »Bis zum Hals versunken«: NSK 3 181. JFK über Rückzug aus Vietnam: Odon 16 f., AMSRK 708–723, George Ball 366 f. Rusk über möglichen Rückzug: Rusk 441.

Wirkung der Kuba-Krise auf Entscheidungen bzgl. Vietnam: Eliot Cohen in *The National Interest*, Winter 1986. NSCs siebzigster Geburtstag: SNK 52–6, 337–8, NYT 18. 4. 64. »Wir Alten«: SNK 28. Unzufriedenheit mit NSC in Moskau: Tatu 364–398. Adschubejs Mission und Schwirkmann-Vorfall: *L'Humanité* 9. 11. 64, *Le Monde* 7. 1. 65, SNK 132 f, Tatu 388 f, Linden 201, Hyland und Shyrock 161, Barron 10 f, 120, Crankshaw 285 f. Gromyko über Auswirkung von Adschubejs Mission auf NSCs Absetzung: Tatu 389. NSK über LBJ als Präsident: NSK3 181. Verschwörung gegen NSK: SNK 45–155. Breschnew als »die Ballerina«: SNC 32.

NSCs Absetzung: SNK 145–62, Medvedev *Khrushchev* 235–345, Adschubej in WP 15. 10. 89, Sergej Chruschtschow in NYT 23. 10. 88, Tatu 394–423, Linden 202–230. Bericht über Breschnews Rolle bei Nina Chruschtschowas Abwesenheit: Sejna 92 f. LBJ erfährt von NSCs Absetzung und chinesischem Atomtest: NYT 19. 10. 64, 28. 10. 64, LBJ *Vantage Point* 468 f. Stagnation der sowjetischen Wirtschaft 1980: Goldman 1–41. Michael Gorbatschows Berater Georgi Schaknasarow sagte, der Preis des militärischen Gleichgewichts sei »die Stagnation unserer Wirtschaft. Wir haben für das Gleichgewicht einen hohen Preis bezahlt« (CCT).

Berlin-Abkommen 1971: Bundy 385 f. Castro und Sowjets nach 1963: Szulc 595–683, Hugh Thomas 91–106, Wayne Smith 84–257. Ende der Umsturzversuche gegen Castro: Szulc 600. Reagan-Regierung Drohungen gegen »Wurzel«: Risquet in MCT, Garthoff 106, USN 8. 3. 62, NYT 15. 9. 83. NSC über Invasion in Prag: NSK3 139 f.

NSC im Ruhestand: SNK 163–331, Medvedev *Khrushchev* 250 f. »Sie können mir alles«: SNK 247. »Jetzt ist es sechs Jahre her«: SNK 303 f. Briefe von Jane Thompson und Jacqueline Onassis: Jane Thompson Int., SNK 341. NSC über JFK in Memoiren: NSK2 513 f. NSC zu Senatoren über Enkel leben unter dem Kommunismus: NYT 17. 9. 59 und JFK Aufzeichnungen 16. 9. 59, JFKL. »Unsere erste Perestroika«: *Financial Times* 29. 4. 88. »Sich abmühte, um einen riesigen«: Jane Thompson Int. Adschubejs Schicksal nach 1964: Adschubej Int. WGBH, NYT 14. 11. 64. »Die Chruschtschow-Periode war der erste Akt«: WP 15. 10. 89. »Freedom und Glasnost lagen . . . noch in weiter Ferne«: *Boston Globe* 18. 2. 89.

Sergej Chruschtschow an Gorbatschow, 1986 in SNK 315 f. »Ich glaube, er bleibt besser«: NYT 23. 10. 88. Sergej Chruschtschow in Harvard und über Zukunft: *Harvard Crimson* 16. 2. 89, *Boston Globe* 18. 2. 89, Sergej Chruschtschow Gespr., NYT 13. 10. 88.

Personenregister